· 2026 ·

KOREAN NATIONAL POLICE UNIVERSITY

경찰대학 기출문제

국어·영어·수학

2025~2019

7 개년

연차별 동형
기출문제

2026
국·영·수
경찰
대학
7
총·정·리
2025~2019학년도
기출문제
개년

인쇄일 2025년 3월 1일 10판 1쇄 인쇄   **발행처** 시스컴 출판사
발행일 2025년 3월 5일 10판 1쇄 발행   **발행인** 송인식
등 록 제17-269호   **지은이** 경찰대학입시연구회
판 권 시스컴2025

ISBN 979-11-6941-650-4 13350
정 가 27,000원

주소 서울시 금천구 가산디지털1로 225, 514호(가산포휴) | 홈페이지 www.nadoogong.com
E-mail siscombooks@naver.com | 전화 02)866-9311 | Fax 02)866-9312

머리말

경찰대학은 국가치안부문에 종사하는 경찰간부가 될 자에게 학술을 연마하게 하고 심신을 단련시키기 위하여 설립된 국립대학입니다. 경찰대학을 졸업하면 초급 간부인 경위로 임관하여 국가 수호의 주도적인 역할을 하게 됩니다. 즉, 경찰대학에는 졸업과 동시에 취업이 보장된다는 이점이 있기 때문에 해마다 응시 인원이 증가하고 있어 경찰대학의 높은 인기를 실감할 수 있습니다.

그렇다면 경찰대학에 입학하려면 무엇이 가장 중요할까요?

당연한 말이지만 바로 1차 필기시험입니다. 왜냐하면 1차 시험에서 6배수 안에 들어야 그 다음 사정에 응시할 수 있는 기회가 주어지기 때문입니다. 1차 시험을 잘 보기 위해서는 무엇보다도 기출문제를 꼼꼼하게 파악하고 풀어보는 것이 중요합니다. 그래야 실제 시험에서 긴장하지 않고 실수를 최소화할 수 있기 때문입니다. 기출문제 풀이는 모든 시험의 필수적인 요소라고 할 수 있습니다.

이에 본서는 경찰대학 입시에 필수적인 과년도 최신 기출문제를 실어 연도별로 기출문제를 풀어볼 수 있도록 구성하였으며, 정답 및 해설에서 알기 쉽고 자세하게 풀이하였습니다.

본서는 여러분의 합격을 응원합니다!

경찰대학 입학 전형

▌모집 정원

50명(남녀통합선발)(일반전형 44명, 특별전형 6명)

※학과는 법학과/행정학과 각 25명 정원이며 2학년 진학 시 결정

※일반/특별전형 미충원 시 다른 전형 정원으로 전환함

▌지원 자격

– 1984. 1. 1부터 2009. 12. 31까지 출생한 대한민국 국적을 가진 자

　※군복무 기간 1년 미만은 1세, 1년 이상~2년 미만은 2세, 2년 이상은 3세 연장

– 고등학교 졸업자, 2026. 2월 졸업예정자 또는 법령에 따라 이와 같은 수준 이상의 학력이 있다고 인정된 자

　※인문·자연계열 구분 없이 응시 가능

　※검정고시 응시자는 2025년 12월 31일 이전에 합격한 사람에 한함

▌결격 사유

–「경찰공무원법」제8조 제2항의 결격사유에 해당하는 자

　※「국적법」제11조의2 제1항의 복수국적자는 입학 전까지 외국 국적 포기 절차가 완료되어야 함

– 경찰대학 학생모집 시험규칙으로 정한 신체기준(신체 조건과 체력 조건을 말한다)에 미달하는 자

– 위에서 지원 자격으로 제시된 학력, 연령, 국적에 해당하지 않는 자

▌1차 시험 방법

과 목		국 어	영 어	수 학
문 항 수		45문항	45문항	25문항
시험시간		60분	60분	80분
출제형태		객관식(5지 택일 형태) ※수학은 단답형 주관식 5문항 포함		
배점	전체	100점	100점	100점
	문항	2점, 3점	2점, 3점	3점, 4점, 5점
출제범위		독서, 문학	영어Ⅰ, 영어Ⅱ	수학Ⅰ, 수학Ⅱ

▎전형 절차

구 분		내 용	장 소
인터넷 원서접수 (11일간)		▪ 대학 홈페이지에 접속하여 원서접수 (대행업체 홈페이지와 링크)	인터넷
1차 시험	시험	▪ 지구(14개) : 서울 · 부산 · 대구 · 인천 · 광주 · 대전 · 경기 · 강원 · 충북 · 전북 · 경남 · 울산 · 제주 · 충남 ※ 지정장소는 원서접수 후 홈페이지 공지 ▪ 수험표, 컴퓨터용 사인펜, 수정테이프, 신분증(주민등록증, 학생증, 운전면허증, 여권 등 사진 대조 가능) 휴대	응시지구 지방경찰청 지정장소
	시험문제 이의제기	홈페이지 1차 시험 이의 제기 코너에서 이의 접수	인터넷
	합격자 발표	▪ 대학 홈페이지 발표 ▪ 원서접수 홈페이지 성적 개별 확인	인터넷
2차 시험	구비서류 제출	미제출자 불합격 처리	인편 또는 등기우편
	자기소개서 제출	제출 기간 내 원서 접수 대행업체 "자기소개서 업로드"에 작성 완료한 자기소개서 제출(파일 업로드)	인터넷
	신체검사서 제출	경찰공무원 채용 신체검사(약물검사 포함) 가능한 국 · 공립병원 또는 종합병원에서 개별 수검(검사비용 등 수험생 부담) ※ 미제출자 불합격 처리	인편 또는 등기우편
	체력 · 적성검사, 면접시험	세부 일정은 1차 시험 후 홈페이지 공지 ※ 식비는 수험생 부담	경찰대학
최종 합격자 발표		대학 홈페이지 발표	인터넷
합격자 등록		원서접수 홈페이지에서 입학등록 및 입학등록표 출력	인터넷
1차 추가합격자 발표		원서접수 홈페이지 개별 확인	인터넷
1차 추가합격자 등록		원서접수 홈페이지에서 입학등록 및 입학등록표 출력 ※ 이후 등록포기자 발생 시 개별 통지	인터넷
청람교육 입교		본인이 직접 입교 후 합숙 예정 ※ 미입교 및 퇴교자 발생 시 추가합격 개별 통지	경찰대학

신체 및 체력조건

– 신체조건(남 · 여 공통)

구 분	내 용
체격	국 · 공립병원 또는 종합병원에서 실시한 경찰공무원 채용시험 신체검사 및 약물검사의 결과 건강상태가 양호하고, 직무에 적합한 신체를 가져야 함
시력	시력(교정시력 포함)은 좌 · 우 각각 0.8 이상이어야 함
색각	색각 이상(약도 색약은 제외)이 아니어야 함
청력	정상(좌우 각각 40데시벨(db) 이하의 소리를 들을 수 있는 경우를 말함)이어야 함
혈압	고혈압 또는 저혈압이 아니어야 함 • 고혈압 : 수축기 혈압이 145mmHg을 초과하거나 확장기 혈압이 90mmHg 초과 • 저혈압 : 수축기 혈압이 90mmHg 미만이거나 확장기 혈압이 60mmHg 미만
사시 (斜視)	복시(複視 : 겹보임)가 없어야 함(다만, 안과 전문의가 직무수행에 지장이 없다고 진단한 경우는 제외)
문신	내용 및 노출여부에 따라 경찰공무원의 명예를 훼손할 수 있다고 판단되는 문신이 없어야 함

– 체력검사 종목 및 평가기준

구 분		10점	9점	8점	7점	6점	5점	4점	3점	2점	1점
남자	좌우 악력(kg)	64이상	63–61	60–58	57–55	54–52	51–49	48–46	45–43	42–40	39이하
	팔굽혀펴기 (회/1분)	61이상	60–56	55–51	50–46	45–40	39–34	33–28	27–22	21–16	15이하
	윗몸일으키기 (회/1분)	58이상	57–55	54–52	51–49	48–46	45–43	42–40	39–36	35–32	31이하
	50m달리기(초)	7.00 이하	7.01– 7.21	7.22– 7.42	7.43– 7.63	7.64– 7.84	7.85– 8.05	8.06– 8.26	8.27– 8.47	8.48– 8.68	8.69 이상
	왕복오래달리기 (회)	77이상	76–72	71–67	66–62	61–57	56–52	51–47	46–41	40–35	34이하
여자	좌우 악력(kg)	44이상	43–42	41–40	39–38	37–36	35–34	33–31	30–28	27–25	24이하
	팔굽혀펴기 (회/1분)	31이상	30–28	27–25	24–22	21–19	18–16	15–13	12–10	9–7	6이하
	윗몸일으키기 (회/1분)	55이상	54–51	50–47	46–43	42–39	38–35	34–31	30–27	26–23	22이하
	50m달리기(초)	8.23 이하	8.24– 8.47	8.48– 8.71	8.72– 8.95	8.96– 9.19	9.20– 9.43	9.44– 9.67	9.68– 9.91	9.92– 10.15	10.16 이상
	왕복오래달리기 (회)	51이상	50–47	46–44	43–41	40–38	37–35	34–32	31–28	27–24	23이하

※체력검사의 평가종목 가운데 1종목이라도 1점을 받은 경우 불합격

최종 사정(1,000점 만점) 방법

- 1차 시험 성적(20%) : 환산 성적 200점 만점 → 최종사정 환산 성적=(3과목 합계점수)×200/300
- 체력검사 성적(5%) : 환산 성적 50점 만점 → 최종사정 환산 성적=20점+[(평가 원점수)×3/5]
- 면접시험 성적(10%) : 환산 성적 100점 만점 → 최종사정 환산 성적=50점+[(평가 원점수)÷2]

항 목	점수(100)	비고
적성	40	■ 평가원점수 100점 만점 기준 60점 미만 불합격
창의성 · 논리성	30	※적성 면접 평가 40점 만점 기준으로 4할(16점) 미만자는 전체 평가 원점수 60점 이상이어도 불합격
집단토론	30	■ 생활태도 평가의 감점상한은 최대 10점으로 하고, 감점하는 사유는 면접시험 안내 시 별도로 설명
생활태도	감점제	

- 학교생활기록부 성적(15%) : 교과 성적 135점, 출석 성적 15점 만점(고등학교 1학년 1학기~3학년 1학기)

<table>
<tr><td rowspan="4">교과성적
산출방법</td><td colspan="10">■ 이수단위와 석차등급(9등급)이 기재된 전 과목 반영
■ 산출공식 = 135점 – (5 – 환산평균) × 5
  – 환산평균 = (환산총점) ÷ (이수단위 합계)
  – 환산총점 = (과목별 단위 수 × 석차등급 환산점수)의 합계
  – 학교생활기록부 석차등급 환산점수</td></tr>
<tr><td>석차등급</td><td>1등급</td><td>2등급</td><td>3등급</td><td>4등급</td><td>5등급</td><td>6등급</td><td>7등급</td><td>8등급</td><td>9등급</td></tr>
<tr><td>점 수</td><td>5점</td><td>4.5점</td><td>4점</td><td>3.5점</td><td>3점</td><td>2.5점</td><td>2점</td><td>1.5점</td><td>1점</td></tr>
<tr><td colspan="10">※ 예체능 교과(우수, 보통, 미흡 3등급 평가) 제외</td></tr>
</table>

<table>
<tr><td rowspan="5">출석성적
산출방법</td><td colspan="6">1 · 2학년 및 3학년 1학기까지 결석일수를 5개 등급으로 구분</td></tr>
<tr><td>결석일수</td><td>1일 미만</td><td>1~2일</td><td>3~5일</td><td>6~9일</td><td>10일 이상</td></tr>
<tr><td>점 수</td><td>15점</td><td>14점</td><td>13점</td><td>12점</td><td>11점</td></tr>
<tr><td colspan="6">– 무단지각, 조퇴, 결과는 합산하여 3회를 결석 1일로 계산</td></tr>
<tr><td colspan="6">– 질병 및 기타 인정사항으로 인한 결석, 지각, 조퇴, 결과는 결석일수 계산에서 제외
※학교생활기록부 출결사항에서 사고(무단)의 경우만 산정</td></tr>
</table>

학생부 비적용 대상자	대학수학능력시험 성적에 따라 유사한 성적군의 학교생활기록부 성적과 비교하여 산출한 비교내신 반영 – 고등학교 졸업학력 검정고시 출신인 사람 – 고등학교에서 조기졸업을 하였거나 상급학교 조기입학 자격을 갖춘 사람 – 외국 소재 고등학교에서 과정의 1개 학기 이상을 이수하여 고등학교 1학년 1학기부터 3학년 1학기까지 1개 학기 이상의 학교생활기록부가 없는 사람 – 그 밖에 위에 나열한 사람에 준하는 사유로 고등학교 1학년 1학기부터 3학년 1학기까지 1개 학기 이상의 학교생활기록이 없는 사람 – 석차등급(9등급제)을 적용받지 않은 사람

- 대학수학능력시험 성적(50%) : 국어 · 수학 · 영어 및 탐구 2과목 필수(계열 구분없이 사회 · 과학탐구 영역 중 2과목 선택), 한국사 필수

영 역	합계	국어 · 수학	영어	탐 구	한국사
점 수	500점	각 140점	등급별 환산점수	80점	수능 환산 점수에서 등급별 감점

※ 탐구영역에서 제2외국어 · 직업탐구는 제외(사회탐구 · 과학탐구 대체 불가)

※한국사 : 수능 환산점수에서 등급에 따라 감점 적용

등급	1	2	3	4	5	6	7	8	9
반영점수	0	−0.5	−1	불합격					

▌구비 서류

1차 시험	■ 대상 : 응시자 전원 ■ 홈페이지에서 대행업체 웹사이트 접속하여 응시원서 접수(수수료 : 25,000원) ■ 인터넷에 게시된 양식에 따라 응시원서 작성 ■ 컬러사진 3.5cm×4.5cm(온라인 응시원서 작성 시 첨부파일로 첨부)

2차 시험	■ 대상 : 1차 시험 합격자
	■ 신원진술서 2부
	■ 개인정보제공동의서 2부
	■ 기본증명서(상세) 1부
	■ 가족관계증명서(상세) 1부
	■ 고등학교 학교생활기록부 2부
	  (비적용 대상자는 졸업증서나 검정고시 합격증 사본 등을 제출하되 원본은 면접시험 시 지참)
	■ 고등학교 개인별 출결 현황 1부(해당자만)
	  ※3학년 기간 중 결석, 지각, 조퇴, 결과 기록이 있는 경우 발생한 학기의 증명을 위해 제출

▌응시자 유의사항

– 응시자는 경찰대학 홈페이지의 입학안내 게시사항을 확인하고 안내에 따라야 함

– 다음에 해당하는 응시자는 불합격(합격 및 입학 취소) 처리됨

  1. 제출기간 내 구비서류 미제출자

  2. 1차 시험 또는 2차 시험에 결시한 자

  3. 원서 접수 후 지원자격에 부합하지 않은 사실이 확인된 자

  4. 부정행위, 서류의 허위 기재, 위조, 변조, 기타 부정한 방법으로 지원한 자

  5. 신체검사, 체력검사, 면접시험 등 기준 미달자

  6. 국내 또는 외국 소재 고등학교 졸업(예정)자로서 최종 합격한 자 중 2022학년도 학기 개시일 이전 졸업 증명서를 제출하지 않은 자

  7. 사회적 물의 야기 등으로 경찰대학 대학운영위원회에서 합격취소 결정한 자

– 제출한 서류는 반환하지 않음

 모집 요강은 추후 변동될 수 있으므로 반드시 경찰대학 홈페이지에서 확인하시기 바랍니다.

순환식 체력검사

구분	합격		불합격
기록	5분 10초 이하		5분 10초 초과
	채용기준	4분 40초 이하	

※ 4.2kg 조끼 미착용 후 평가 실시	채용기준	4.2kg 조끼 착용

	삼각콘
←→	장애물 달리기 동선(6회 반복)
←→	2회 시작 시 동선
←→	6회 완료 시 동선
←→	구조하기 동선

수행방법

① [파란선] 매트넘기, 5계단오르내리기, 허들넘기로 구성된 장애물 달리기* 1회
 *장애물 달리기: 매트넘기 1회, 5계단오르내리기 2회(왕복), 허들넘기 2회
② [주황선] 장애물 달리기 2회 시작 시 1.5m 높이 장벽 넘기
③ [파란선] 장애물 달리기 추가 5회 반복 수행
④ [노란선] 장대허들(0.9m) 넘기 왕복 3회
⑤ [노란선] 신체저항성 기구(27kg) 당기기·밀기 각 3회 총 6회

채용기준	32kg

⑥ [초록선] 72kg 더미 끌고 반환점 돌아오기(10.7m)
⑦ [노란선] 38권총 방아쇠 당기기(주손·반대손 각 16, 15회)

※ 순환식 체력검사 불합격 시 당일에 한해 2회 추가기회 부여
※ 경찰대학 입학생들은 졸업(임용) 전 채용기준으로「순환식 체력검사」를 통과하여야 함
– 채용기준: 4.2kg 조끼를 착용하고 신체저항성 기구 32kg으로 중량 강화하여 4분 40초 이하 수행

경찰대학 Q&A

Q1 경찰대학의 학과에는 무엇이 있나요?

법학과, 행정학과 총 2개의 학과가 있습니다.

Q2 학과별로 모집하나요?

학과 구분 없이 50명을 모집하며, 2학년 진학 시 학생의 희망에 따라 각 학과별 25명씩 학과를 선택합니다. 특정 학과 지원자가 많을 경우 1학년 성적에 의하여 강제로 나뉠 수 있습니다.

Q3 특성화 고등학교, 검정고시 합격자도 지원할 수 있나요?

특성화 고등학교, 검정고시 합격자 모두 아무 제한 없이 지원할 수 있습니다. 다만, 경찰대학에서 요구하는 대학수학능력시험의 영역을 응시해야 합니다.

Q4 편입학제도가 있나요? 타 대학 수시합격자도 지원할 수 있나요?

2023학년도부터 편입학제도가 실시됩니다. (일반 대학생 25명, 재직경찰관 25명)
※ 경찰대학은 특별법에 의해 설립된 대학으로 복수지원 금지규정에 해당되지 않습니다.

Q5 외국어 특기, 경시대회 입상, 학생회 활동, 봉사활동, 무도 단증 등에 대한 가산점이 있나요?

어떤 종류에 대해서도 가산점을 부여하지 않고 있으며, 아울러 차별이나 감점도 없습니다.

Q6 아버지, 친척 등이 전과자인데, 응시에 제한을 받나요?

연좌제는 법으로 금지되고 있으므로 부모, 형제, 친척의 전과 등으로 인해 본인에게 영향은 없습니다.

Q7 1차 시험은 어디에서 보나요?

1차 시험은 수험생 응시지구의 관할 지방경찰청이 지정하는 장소에서 실시되며 보통 해당 지방 경찰청 소재지 내 지정학교에서 시행됩니다. 장소는 원서접수 후 홈페이지에 별도로 공지합니다.

Q8 1차 시험은 어떤 과목을 보나요?

1차 시험 과목은 국어, 영어, 수학입니다. 각각 100점 만점 기준 고득점자 순으로 모집정원(50명)의 6배수를 선발합니다. 커트라인 동점자는 모두 합격처리합니다.

Q9 1차 시험의 시험시간, 출제형태, 난이도 등은 어떻게 되나요?

1차 시험의 시험시간은 국어 60분(45문항), 수학 80분(25문항), 영어 60분(45문항)이고, 객관식 (5지 택일 형)이며 수학 과목만 단답형 주관식 5문항이 포함되어 있습니다. 말하기, 듣기 평가는 제외됩니다. 문제의 난이도는 응시자의 수준을 고려하여 출제하므로 일반적인 시험보다 어렵다고 느끼는 학생들이 있으며, 문제 형식은 가급적 수능시험 형태를 유지하는 것을 기본으로 합니다.

Q10 수학능력시험은 최종에 어떤 방법으로 반영하나요?

국어, 수학, 영어 및 탐구 2과목(계열 구분없이 사회·과학탐구 영역 중 2과목) 표준점수를 총 500점 만점으로 반영합니다. 국어, 수학은 각 140점 만점으로 반영하고, 영어는 등급별 환산점수로, 탐구는 80점 만점으로 반영합니다. 최종사정 1,000점 만점 중 500점을 반영하므로 50% 반영하는 것입니다.

Q11 내신은 어떤 방법으로 산출 하나요?

내신성적 산출은 학교생활기록부에 기재된 과목별 석차등급(1-9등급)을 반영하여 산출하게 되며 1학년 1학기부터 3학년 1학기까지 5학기를 적용하고 학기별 배점비율은 동일합니다.

Q12 수능시험만 잘 봐도 합격이 가능한가요?

최종합격생 선발 시, 대학수학능력시험 성적은 50%가 반영되므로 수능만 잘 본다고 해서 반드시 합격하는 것은 아닙니다.

경찰대학 연도별 최신 7개년 기출문제

■ 경찰대학 1차 시험 국어, 영어, 수학, 세 과목의 기출문제를 2025학년도부터 2019학년도까지 연도별로 정리하여 수록함으로써 연도별 기출 경향과 출제 방향을 파악할 수 있도록 구성하였습니다.

정답 및 해설

- **정답해설** : 각 문항별로 자세하고 알기 쉽게 풀이하여 수험생들이 쉽게 이해할 수 있도록 구성하였습니다.

- **오답해설** : 정답을 아는 것에서 나아가 오답이 오답인 이유를 명백히 이해할 수 있도록 오답에 대한 해설도 함께 수록하였습니다.

- **TIP** : 문제와 관련된 내용을 TIP으로 정리하여 배경지식을 넓힐 수 있도록 구성하였습니다.

- **핵심어휘** : 본문에 제시된 주요 어휘를 정리하여 단어를 쉽게 익힐 수 있도록 구성하였습니다.

- **본문해석** : 본문 해석을 함께 수록하여 문제를 좀 더 쉽게 이해할 수 있도록 구성하였습니다.

목차

경찰대학 스터디 플랜

날 짜	연 도	과 목	내 용	학습시간
Day 1~3	2025학년도	• 국어영역 기출문제 • 영어영역 기출문제 • 수학영역 기출문제		
Day 4~6	2024학년도	• 국어영역 기출문제 • 영어영역 기출문제 • 수학영역 기출문제		
Day 7~9	2023학년도	• 국어영역 기출문제 • 영어영역 기출문제 • 수학영역 기출문제		
Day 10~12	2022학년도	• 국어영역 기출문제 • 영어영역 기출문제 • 수학영역 기출문제		
Day 13~15	2021학년도	• 국어영역 기출문제 • 영어영역 기출문제 • 수학영역 기출문제		
Day 16~18	2020학년도	• 국어영역 기출문제 • 영어영역 기출문제 • 수학영역 기출문제		
Day 19~21	2019학년도	• 국어영역 기출문제 • 영어영역 기출문제 • 수학영역 기출문제		

2026
경찰대학
7개년 국어·영어·수학

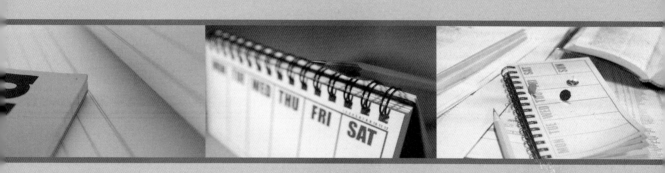

2025학년도 기출문제 | 제1교시 국어영역

제2교시 영어영역

제3교시 수학영역

제1교시 국어영역

▶정답 및 해설 394p

[01~05] 다음 글을 읽고 물음에 답하시오.

노화는 유전자와 환경이 시간의 흐름과 상호작용하여 세포, 조직, 기관, 개체에 일으키는 구조와 기능의 변화를 의미한다. 노화는 일종의 속도 개념으로 생활 습관 등의 요인에 의해 빨라지거나 느려질 수 있다. 이를 각각 '가속노화'와 '역노화'라고 한다. 생물학 연구에서는 유전자 또는 환경을 조절하거나 생물학적 기전을 조작하는 방법으로 노화의 속도가 달라질 수 있음을 확인하였다. 예를 들어 식이를 조절하는 방법으로 노화 속도를 빠르게 하여 2년 가까이 사육해야 얻을 수 있는 생쥐를 빠르면 6개월 정도 만에 얻을 수도 있는 것이다.

우리 몸에 노화가 쌓이면 개체의 구조와 기능에 변화가 누적되는데, 이 누적 정도를 측정하는 표준화된 방법으로 생물학적 나이가 활용된다. 이러한 생물학적 나이를 알 수 있는 방법으로 노쇠 지수라는 것이 있다. 노쇠 지수는 진찰이나 면담을 통해 측정할 수 있는 항목 30가지 이상을 측정하여 정상은 0, 이상은 1로 계산하여 나온 총점수를 구성 항목의 개수로 나눈 값이다. 대신 한 쪽으로 치우치지는 않게 해야 신뢰할 만하다. 만약 측정 항목 100개 가운데 10개가 정상이 아니라고 하면 노쇠 지수는 0.1이 된다.

측정한 항목 개수가 같다면 사람들의 평균 점수는 나이가 많아질수록 지수적으로 올라간다. 0~1의 범위로 나타나는 노쇠 지수도 결과적으로 전체 인구 집단에서 나이에 비례한다. 이런 원리를 이용하면, 개인의 노쇠 지수를 숫자 나이가 같은 동년배의 평균과 비교해 그 사람이 노화가 더 축적되었는지, 덜 진행되었는지를 꽤 정확히 알 수 있다. 이 노쇠 지수가 일정 정도가 되면 생물학적으로는 '노인의 몸'이라고 할 수 있다. 이렇게 노인의 몸을

가지게 되면 질병, 투약, 치료나 스트레스 등 환경 변화에 대해 많은 측면에서 몸의 반응이 이전과는 달라진다.

(A) 이상 소견 개수   (B) 노쇠 지수

[그림1]   [그림2]

실제로 인체의 이상 소견 개수를 대규모 인구 집단에서 평균으로 나타내면, 생활 습관이나 유전자의 차이를 제외한 시간 자체의 영향을 관찰할 수 있다. 즉 [그림1]에서처럼 노화와 연관성이 있는 이상 소견의 개수는 나이에 따라 증가하고, [그림2]와 같이 노쇠 지수도 마찬가지로 인구 집단에서 나이를 추종한다. 대략 60대 초반까지는 아주 천천히 오르다가 그 이후가 되면 곡선의 모양이 급격히 증가되는 것을 확인할 수 있다.

노인 인구 집단에서 노화 정도를 평가하는 데 사용할 수 있는 기능적 항목으로는 걷는 속도, 균형 감각, 인지 기능, 일상생활 수행 능력 등 다양하다. 노화 연구자들은 '움직임과 관련된 신체 기능'이 상당히 간단하면서도 정확한 노화 평가 방법이라고 했다. 걷는 속도와 의자에서 일어나는 데 걸리는 시간 등을 조합해 계산한 생물학적 나이는 인터뷰를 통해 계산한 노쇠 지수나 분자생물학적인 방법으로 측정된 생물학적 나이에 필적하는 정확도를 보이기 때문이다. 눈에 보이지 않는 구조와 기능 이상이 쌓이고 쌓여서 실제로 큰 문제가 될 정도이면 그 문제는 신체 기능 변화로 관찰된다는

것인데, 움직이는 능력과 같은 신체 기능의 차이만으로도 그 사람의 노화 축적 정도를 어느 정도 알아낼 수 있다는 것이다.

젊은 성인 시기의 노화 속도는 사람마다 차이를 보이며, 중년기에 접어들 때의 생물학적 나이에 영향을 준다. 가속노화를 경험한 사람은 그렇지 않은 사람에 비해 신체 기능, 인지 기능, 삶의 질 등 모든 면에서 기능이 떨어진다. 현실적으로 질병과 노쇠는 장애를 가져오며, 누군가의 돌봄이 필요한 기간은 계속해서 늘어나지 않을 수 없다. 그 결과 개인적, 사회적으로 지속 가능성이 떨어지고 비용이 많이 들게 된다. 따라서 노인의 몸에 이르기 전부터 노화 속도를 늦추는 노력을 통해 질병과 노쇠로 인한 돌봄 요구 기간을 줄일 수 있도록 미리 대비할 필요가 있다.

㉠그렇다면 잘 나이가 드는 것은 어떤 상태를 의미하는 것일까?

01 윗글에 대한 이해로 적절하지 <u>않은</u> 것은?

① 생물학적 나이는 노화가 진행된 정도를 측정하는 표준화된 방법이 될 수 있다.

② 사람마다 나타나는 신체 기능의 차이는 분자생물학적인 측정 방법을 통해서 파악할 수 있다.

③ 눈에 보이지 않는 몸의 이상이 누적되어 큰 문제가 발생하면 신체 기능의 변화로는 관찰할 수 없다.

④ 개인의 노쇠 지수를 측정한 후 동년배의 평균과 비교하면 그 사람의 상대적인 노화 정도를 알 수 있다.

⑤ 기능적 항목을 조합해 계산한 결과는 인터뷰를 통해 계산한 노쇠 지수에 필적하는 간단하면서도 정확한 노화 평가 방법일 수 있다.

02 윗글에서 활용한 서술 방식으로 가장 적절한 것은?

① 여러 사례를 제시하여 대상의 종류를 구분하고 있다.

② 근거 자료를 제시하여 개념의 특성을 분석하고 있다.

③ 질문의 방식으로 개념의 정확성에 의문을 드러내고 있다.

④ 항목을 나열하여 각각의 특성을 통시적으로 설명하고 있다.

⑤ 상반된 양상을 제시하여 두 대상의 공통점을 도출하고 있다.

03 노쇠 지수 에 대한 설명으로 가장 적절한 것은?

① 30개의 측정 항목 가운데 정상이 24, 이상이 6이면 노쇠 지수는 0.25이다.

② 여러 질병과 관련된 변수를 적게 고려할수록 노쇠 지수의 신뢰도가 높아진다.

③ 100개 항목을 측정할 때의 노쇠 지수는 구성 항목의 개수를 이상 항목의 개수로 나누면 구할 수 있다.

④ 30개 항목을 측정한 사람들의 나이별 이상 소견 개수는 시간의 영향에 따른 노쇠 지수의 증가와 유사한 패턴을 드러낸다.

⑤ 30개 항목을 측정하여 산출한 개인별 노쇠 지수가 비슷한 나이대의 평균값보다 높으면 노화가 덜 진행된 것으로 볼 수 있다.

19

04 윗글을 바탕으로 ㉠에 대해 답했을 때 적절하지 않은 것은?

① 건강수명을 늘리기 위해서는 운동과 같은 생활 습관의 변화가 유효한 방법이 될 수 있다.

② 노쇠나 장애로 인한 불필요한 고통을 예방하기 위해 움직임과 관련된 신체 기능을 향상시켜야 한다.

③ 가속노화의 경험이 가져올 결과를 고려하여 생물학적 나이에 미치는 영향 요인을 개선해 나가야 한다.

④ 중년기의 영향을 줄이기 위해 젊은 성인기에서부터 환경 변화에 대한 몸의 반응 속도를 조절하는 대비가 필요하다.

⑤ 건강수명의 손실에 따른 일상생활의 급격한 변화가 오기 전에 돌봄 요구 기간을 앞당겨 지속 가능성을 유지해야 한다.

05 [그림1]과 [그림2]에 초점을 두고 윗글을 추론한 내용으로 적절하지 않은 것은? [3점]

① 이상 소견 개수가 많아질수록 노쇠 지수가 커지는 추세가 지속될 것이다.

② 건강수명을 늘려 돌봄 시간을 줄이게 되면 노쇠 지수의 기울기는 이전보다 완만하게 나타날 수 있다.

③ 완만하게 증가하던 노쇠 지수는 60세에서 70세로 넘어갈수록 급격히 증가하는 양상을 드러낼 것이다.

④ 측정한 기능적 항목 개수가 같을 때 이상 소견 개수나 노쇠 지수는 나이대별로 같은 값을 나타내지 않을 것이다.

⑤ 개인의 생활 습관이나 유전자를 포함할 때, 나이와 노쇠 지수의 관계를 나타낸 각 개인별 그래프는 같은 곡선을 형성할 것이다.

[06~10] 다음 글을 읽고 물음에 답하시오.

(가)
낙엽은 폴란드 망명 정부의 지폐
포화(砲火)에 이지러진
도룬 시의 가을 하늘을 생각게 한다.
길은 한 줄기 구겨진 넥타이처럼 풀어져
일광(日光)의 폭포 속으로 사라지고
조그만 담배 연기를 내뿜으며
새로 두 시의 급행 열차가 들을 달린다.
포플라 나무의 근골(筋骨) 사이로
공장의 지붕은 흰 이빨을 드러내인 채
한 가닥 구부러진 철책(鐵柵)이 바람에 나부끼고
그 위에 셀로판지로 만든 구름이 하나.
자욱한 풀벌레 소리 발길로 차며
호올로 황량(荒涼)한 생각 버릴 곳 없어
허공에 띄우는 돌팔매 하나.
기울어진 풍경의 장막(帳幕) 저쪽에
고독한 반원(半圓)을 긋고 ㉠잠기어 간다.

– 김광균, 「추일서정」

(나)
폭포(瀑布)는 곧은 절벽(絶壁)을 무서운 기색도 없이 떨어진다

규정(規定)할 수 없는 물결이
무엇을 향(向)하여 떨어진다는 의미(意味)도 없이
계절(季節)과 주야(晝夜)를 가리지 않고
고매(高邁)한 정신(精神)처럼 쉴 사이 없이 떨어진다

금잔화(金盞花)도 인가(人家)도 보이지 않는
밤이 되면   [A]
폭포(瀑布)는 곧은 소리를 내며 떨어진다

곧은 소리는 소리이다
곧은 소리는 곧은
소리를 부른다

번개와 같이 떨어지는 물방울은

취(醉)할 순간(瞬間)조차 마음에 주지 않고
나타(懶惰)와 안정(安定)을 뒤집어 놓은 듯이
높이도 폭(幅)도 없이
ⓒ떨어진다

– 김수영, 「폭포」

06 (가), (나)에 대한 설명으로 가장 적절한 것은?

① (가)는 구체적 심상을 나열하면서, (나)는 추상적 관념을 반복하면서 시상을 형성한다.

② (가)는 역동적인 장면을 서술하면서, (나)는 정적인 장면을 묘사하면서 분위기를 조성한다.

③ (가), (나) 모두 자연물이 주는 정감을 주제로 형상화하고 있다.

④ (가), (나) 모두 상황의 반전을 통해 작품 속 사건의 의미를 드러내고 있다.

⑤ (가), (나) 모두 비유를 통해 대상의 여러 속성들에 구체성을 부여하고 있다.

07 제목과 관련지어 (가)를 감상한 것으로 적절하지 <u>않은</u> 것은?

① '추일'은 화자가 감각적으로 경험한 대상이다.

② '추일'은 화자에게 경험적 시간보다는 심리적 상황으로 여겨진다.

③ '서정'은 '추일'에 반발하여 화자가 갖게 된 정서이다.

④ '서정'은 화자의 행동을 통해 겉으로 드러난다.

⑤ '추일서정'은 화자가 벗어나지 못하고 있는 심리 상태로 그려진다.

08 (가)에서 〈보기〉와 같은 표현을 사용한 구절은?

〈보기〉

흔들리는 종소리의 동그라미 속으로

① 낙엽은 폴란드 망명 정부의 지폐

② 조그만 담배 연기를 내뿜으며 새로 두 시의 급행 열차가 들을 달린다.

③ 공장의 지붕은 흰 이빨을 드러내민 채

④ 그 위에 셀로판지로 만든 구름이 하나.

⑤ 자욱한 풀벌레 소리 발길로 차며

09 (A)를 단서로 (나)의 '폭포'를 이해한 내용으로 가장 적절한 것은? [3점]

① 폭포가 지닌 본질은 이해할 수 없다.

② 폭포의 현상은 밤이 되어야 드러난다.

③ 폭포의 본질은 폭포의 현상에 있지 않다.

④ 폭포는 현상과 모순되는 본질을 나타낸 것이다.

⑤ 밤이 되면 폭포는 낮과는 다른 본질을 갖게 된다.

10 ㉠, ㉡에 대한 설명으로 가장 적절한 것은?

① ㉠과 ㉡은 대상의 핵심적인 속성을 드러낸다.

② ㉠과 ㉡은 하강 이미지를 통해 슬픔을 나타낸다.

③ ㉠과 ㉡은 단호한 어조로 화자의 의지를 표현한다.

④ ㉠은 ㉡과 달리, 문제를 해결하는 계기가 된다.

⑤ ㉡은 ㉠과 달리, 사건의 전후가 상반된 의미를 지닌다.

[11~15] 다음 글을 읽고 물음에 답하시오.

두 번째로 **내가 건우란 소년에 대해서 관심을 더욱 가지게 된 것은** 학기 초 가정 방문을 나가기 전에 그가 써 낸 작품을 읽고부터였다. (나는 가정 방문을 나가기 전 가끔 학생들에게 자기 자신에 관한 글을 써 오라고 하였다.)

[A]
「섬 얘기」란 제목의 그의 글은 결코 미문은 아니었다. 그러나 내용은 끔찍한 것이라 생각했다. 자기가 사는 고장 — 복숭아꽃도, 살구꽃도, 아기 진달래도 피지 않는 조마이섬은, 몇 백 년, 아니 몇 천 년 갖은 풍상과 홍수를 겪어 오는 동안에 모래가 밀려서 된 나라 땅인데, 일제 때는 억울하게도 일본 사람의 소유가 되어 있다가 해방 후부터는 어떤 국회의원 명의로 둔갑이 되었는가 하면, 그 뒤는 또 그 조마이섬 앞 강의 매립 허가를 얻은 어떤 다른 유력자의 앞으로 넘어가 있다든가 하는 — 말하자면 선조 때부터 거기에 발을 붙이고 살아오던 사람들과는 무관하게 소유자가 도깨비처럼 뒤바뀌고 있다는, 섬의 내력을 적은 글이었다.

그저 그런 정도의 얘기를 솔직히 적었을 따름인데, 어딘지 모르게 무엇인가를 저주하는 듯한, 소년의 ㉠날카롭고 냉랭한 심사가 글 밑바닥에 좍 깔려 있었다. 나는 나 자신이 갑자기 무슨 고발이라도 당한 심정으로 그 글발을 따로 제쳐서 책상 서랍 속에 넣어 두었다. (중략)

"와 빤히 보능기요? 내 안주 술 안 취했음데이. 염려 마아소."

갈밭새 영감은 기름이 절은 수건을 꺼내더니 이마를 한 번 훔치고서

"인자 딴 말은 안 하지요. 언제 또 만날지 모르이칸에 이왕 만낸 짐에 저 송아지 빨갱이나 이 갈밭새가 사는 조마이섬 이바구나 좀 하지요."

그러곤 정신을 가다듬기나 하듯이 앞에 놓인 술

잔을 훌쩍 비웠다.

건우 할아버지와 윤춘삼 씨가 들려준 조마이섬 이야기는 언젠가 건우가 써냈던 「섬 얘기」에 몇 가지 기막히는 일화가 붙은 것이었다.

"우리 조마이섬 사람들은 지 땅이 없는 사람들이요. 와 처음부터 없기싸 없었겠소마는 죄다 뺏기고 말았지요. 옛적부터 이 고장 사람들이 젖줄같이 믿어 오던 낙동강 물이 맨들어 준 우리 조마이섬은……."

건우 할아버지는 처음부터 개탄조로 나왔다. 선조로부터 물려받은 땅, 자기들 것이라고 믿어 오던 땅이 자기들이 겨우 철 들락말락할 무렵에 별안간 왜놈의 동척 명의로 둔갑을 했더란 것이었다.

"이완용이란 놈이 '을사보호조약'이란 걸 맨들어낸 뒤라 카더만!"

윤춘삼 씨의 ㉡퉁방울 같은 눈에도 증오의 빛이 이글거리기 시작했다.

[B]
1905년 — 을사년 겨울, 일본 군대의 포위 속에서 강제로 맺어진 '을사보호조약'이란 매국 조약을 계기로, 소위 '조선토지사업'이란 것이 전국적으로 실시되던 일, 그리고 이태 후인 정미년에 가서는 '한국 정부는 시정 개선에 관하여 통감의 지도를 수할 사'란 치욕적인 조목으로 시작된 '한일신협약'에 따라, 더욱 그 사업을 강행하고 역둔토(驛屯土)의 대부분과 삼림 원야(森林原野)들을 모조리 국유로 편입시키는 등 교묘한 구실과 방법으로써 농민들로부터 빼앗은 뒤, 다시 불하하는 형식으로 동척과 일인 수중에 옮겨 놓던 그 해괴망측한 처사들이 문득 내 머릿속에서도 떠올랐다.

"쥑일 놈들."

건우 할아버지는 그렇게 해서 다시 국회 의원, 다음은 하천 부지의 매립 허가를 얻은 유력자…… **이런 식으로 소유자가 둔갑되어 간 사연들을 죽 들 먹거리더니.**

"이 꼴이 되고 보니 선조 때부터 둑을 맨들고 물

과 싸워 가며 살아온 우리들은 대관절 우찌 되는기요?"

그의 ⓒ꺽꺽한 목소리에는, 건우가 지각을 하고 꾸중을 듣던 날 '나릿배 통학생임더.' 하던 때의, 그 무엇인가를 ②저주하듯 한 감정이 꿈틀거리고 있는 것 같았다. **얼마나 그들의 땅에 대한 원한이 컸던가를 가히 짐작할 수 있었다.**

– 김정한, 「모래톱 이야기」

11 윗글에 대한 이해로 적절하지 <u>않은</u> 것은?

① '건우'는 '조마이섬'에 대해 안타깝게 생각했다.

② '윤춘삼'은 '건우 할아버지'의 생각에 동조하며 분노했다.

③ '건우 할아버지'는 부당한 권력의 횡포에 대해 비판했다.

④ '나'는 '건우'의 글에서 '나'를 고발하려는 의도를 읽고 걱정했다.

⑤ '조마이섬 사람들'은 '유력자'의 행위로 인해 억울하게 살아왔다.

12 윗글에 대한 설명으로 적절하지 <u>않은</u> 것은?

① 대화 장면을 통해 과거에 일어난 사건을 드러내고 있다.

② 지역 방언을 사용하여 이야기에 현장감을 부여하고 있다.

③ 인물이 처한 현재 상황을 과거와 연결지어 보여주고 있다.

④ 역사적 사건을 직접적으로 언급하여 이야기의 사실성을 부각하고 있다.

⑤ 공간적 배경을 상세하게 묘사하여 장소의 외적 특징을 구체화하고 있다.

13 ㉠~㉣에 대한 설명으로 가장 적절한 것은?

① ㉠과 ㉡은 외양 묘사에 내포된 인물의 행동을 암시하고 있다.

② ㉠과 ㉢에서 드러나는 상황에 대한 인물의 태도는 상반되어 있다.

③ ㉠은 ㉣과 달리 인물의 심리를 서술하여 주제를 부각하고 있다.

④ ㉡과 ㉢은 인물의 외적 모습과 마음 상태의 괴리를 강조하고 있다.

⑤ ㉢은 ㉣에서 인물이 느낀 것과 같은 감정이 외적으로 발현되고 있다.

14 (A)와 (B)를 비교한 내용으로 가장 적절한 것은?

① (A)는 '나'가 직접적으로 겪은 경험의 기록을, (B)는 '건우'가 간접적으로 경험한 사실의 기억을 전달하고 있다.

② (A)는 특정한 글 속에 적혀 있는 사건에, (B)는 머릿속에 떠오르는 과거의 사건에 초점을 두고 내용을 정리하고 있다.

③ (A)는 (B)와 달리 시대적 배경을 구체적으로 명시하여 이야기의 사실성을 높이고 있다.

④ (B)는 (A)와 달리 비유적인 표현을 활용하여 사건에 대한 독자의 정서적 공감을 유도하고 있다.

⑤ (A)와 (B)는 모두 사건의 내용을 인과적으로 서술하여 이야기의 경과를 일목요연하게 제시하고 있다.

15 〈보기〉를 참고하여 윗글을 감상한 것으로 적절하지 <u>않은</u> 것은? [3점]

〈보기〉

1인칭 소설에서 서술자로서의 '나'는 인물로서 극화된 모습으로 드러난다. 이때 '나'는 이야기의 주인공과 일치할 때도 있고 구분될 때도 있다. 후자의 경우 '나'는 이야기 안에 있으면서 사건을 관찰하고 보고하는 목격자 역할을 한다. 그런데 서술자로서의 '나'가 목격자임에도 이야기에 개입을 하여 서사 전개를 이끌어간다고 한다면, 전지적 시점과 유사한 편집자적 논평을 하고 있는 것으로 볼 수도 있다.

① '내가 건우란 소년에 대해서 관심을 더욱 가지게 된 것'에서 주인공의 위치에서 이야기를 이끌어가는 서술자로서의 '나'를 확인할 수 있겠군.

② '갈밭새 영감은 기름이 절은 수건을 꺼내더니 이마를 한 번 훔치고서'에서 서술자가 이야기 안에 있으면서 사건을 관찰하고 보고하고 있음을 유추할 수 있겠군.

③ '건우 할아버지와 윤춘삼 씨가 들려준 조마이섬 이야기'에서 서술자는 이야기 안의 극화된 인물임을 짐작할 수 있겠군.

④ '이런 식으로 소유자가 둔갑되어 간 사연들을 죽 들먹거리더니'에서 서술자가 대화의 목격자 역할을 하고 있음을 이해할 수 있겠군.

⑤ '얼마나 그들의 땅에 대한 원한이 컸던가를 가히 짐작할 수 있었다'에서 인물로서 극화된 서술자가 편집자적 논평을 하고 있는 것으로 볼 수 있겠군.

[16~20] 다음 글을 읽고 물음에 답하시오.

사회학자 알박스는 무엇이 사회 집단을 결속시키는가를 연구하다 기억이 중요한 역할을 함을 통찰하였다. 기억은 개인이 사건이나 경험을 간직하거나 회상하는 것을 말한다. 흔히 기억을 개인적 차원의 의식작용으로 간주한다. 알박스가 보기에 기억은 사회적 관계 속에서 형성되며 사회 집단의 성질과 분리될 수 없다. 이에 그는 '집단 기억'이란 개념을 주창하였다.

㉠알박스가 제안한 집단 기억은 사회적으로 형성된 집단 차원의 기억을 말한다. 집단 기억은 구성원들이 상징적 기호를 공유하고 사회적 상호작용에 참여하여 의미를 획득할 때 형성된다. 이때 사회 집단의 구성원들은 사건을 상징적으로 표현한 기념물, 건축물, 제의 등을 공유한다. 그리고 사건에 대한 기억을 말이나 글로 소통한다. 집단 기억은 어디까지나 개인의 의식 속에 존재하지만, 구성원들은 소속 집단의 관점에서 사건을 이해하고 관련된 기억을 공유한다. 그리고 이를 후속 세대에 전승한다.

그렇다면 집단 기억은 어떻게 전승되는가? 집단 기억의 전승에는 공간과 시간 그리고 사회 집단과의 연관 등이 관여한다. 사회 집단은 공간을 통해 기억을 의미화하면서 널리 확산시키고 오랫동안 보전한다. 사회 집단이 특정한 사건과 관련된 장소나 건축물을 설정하면 구성원들은 그 공간을 대면하면서 집단 기억을 회상할 수 있다. 공간이 사건을 의미화하지만, 그것이 기억으로 작용하려면 시간과의 접속이 이루어져야 한다. 낮과 밤, 계절 변화 등 자연적 시간은 기억이라는 의식작용에 필수적이다. 그런데 집단 기억의 형성과 전승에서 특히 중요한 것은 사회적 시간이다. 절기, 기념일, 축제일, 정치적·사회적 사건과 관련된 날 등 사회적 시간은 구성원들에게 집단 기억을 환기하고 다시금 널리 확산하는 계기를 마련한다. 이렇듯 공간과 시간에서 형성된 집단 기억은 사회적 상호작용 속에서 상징적 기호를 통해 지속적으로 공유되고 소통된다. 개인의 기억은 그의 죽음과 동시에 소멸되지만, 집단 기억은 소통을 통해 후속 세대에까지 전승된다.

집단 기억은 구성원들이 소속 집단에 대한 귀속감을 갖고 공동체 집단의 정체성을 형성하는 데 기여한다. 구성원들은 소속 집단의 주요 사건에 대한 집단 기억을 공유하고 그로부터 자신 혹은 그 집단의 정체성이 무엇인가를 깨닫게 된다. 예를 들어 자신의 뿌리가 되는 가문의 집단 기억을 공유함으로써 자신이 어떠한 집단의 구성원인지를 파악하고 가문의 후손으로서 정체성을 정립할 수 있다.

집단 기억은 사회 집단을 둘러싼 여러 요인들에 의해 변화되기도 한다. 문제적인 사건이 발생하면, 사회 집단 구성원들은 그 사건에 대한 기억을 교섭한다. 이 과정에서 기억들 간의 경합이 발생한다. 특정한 기억은 사회적으로 의미를 획득하여 집단 기억으로 자리 잡고, 다른 기억은 개인적 차원에 국한되거나 망각된다. 이러한 과정에 권력 구조나 정치적 여건, 경제적 조건, 지리적 환경 등의 요인들이 영향을 미친다.

[A] 사회 집단의 권력 구조가 집단 기억의 형성 및 전승 과정에 직접적인 영향을 미치기도 한다. 문제적인 사건을 두고 기억이 경합하는 과정에서 권력을 가진 이가 자신에게 유리한 방향으로 집단 기억이 형성되도록 권력을 행사할 수 있다. 동시에 자신에게 불리한 기억은 배제하고 억압한다. 이런 경우, 집단 기억은 해당 사회 집단의 권력적 역학관계에 따라 결정되므로 신뢰성 문제가 있을 수 있다. 하지만 이러한 기억은 집단 구성원들이 형성한 기억들과 충돌하며, 구성원들은 때로 결집하여 권력에 대응하며 권력자의 의도와 다른 집단 기억을 지키고 확산시키기도 한다.

16 윗글의 설명 방식으로 가장 적절한 것은?

① 개념을 정의한 후, 그에 영향을 미치는 요소에 대해 설명하고 있다.

② 여러 개념들 간의 관계를 제시한 후, 그 인과 관계를 분석하고 있다.

③ 개념에 관한 여러 이론들을 제시한 후, 각 이론의 장단점을 비교하고 있다.

④ 개념의 역사적 변천 과정을 살펴본 후, 그 의의 및 한계점을 밝히고 있다.

⑤ 개념의 문제점을 제시한 후, 이를 보완하기 위한 해결 방안을 제시하고 있다.

17 윗글을 읽고 알 수 있는 내용이 아닌 것은?

① 집단 기억의 의미

② 집단 기억의 종류

③ 집단 기억의 형성

④ 집단 기억의 전승

⑤ 집단 기억의 영향

18 (A)를 이해한 것으로 가장 적절한 것은?

① 집단 기억의 안정성은 사회 집단의 권력관계와 독립적으로 유지된다.

② 권력자와 달리 집단 구성원들은 집단 기억이 형성되는 것을 원하지 않는다.

③ 집단 기억은 권력관계에 영향을 받으므로 이를 공유하는 것은 금지해야 한다.

④ 집단 기억이 전승될 때 사회적 조건 중 권력 구조가 작용하므로 신뢰성에 대한 평가가 필요하다.

⑤ 권력자와 집단 구성원 간에 일방적 권력관계가 형성되는 경우, 그 사회의 집단 기억은 형성될 수 없다.

19 〈보기〉의 '아스만'의 관점에서 ㉠을 이해한 내용으로 가장 적절한 것은?

─〈보기〉─

아스만은 알박스의 집단 기억 개념을 받아들여 이를 문화적 기억으로 발전시킨다. 그는 문화적 기억이 문화적 재현 형식을 통해 과거에 대한 의미를 구체화한다고 하였다. 그리고 기억이 사회적 상황에 따라 집단의 관념 속에 존재한다고 하더라도 그 관념이 물질적이고 상징적인 문화적 형식으로 보존되고 전승될 때 신념과 인식으로 기능할 수 있다고 강조하였다. 아스만은 집단 기억을 소통적 기억과 문화적 기억으로 구분하고, 소통적 기억이 일상의 상호 행위를 통해 나타나는 비교적 가까운 시대적 지평에 의존하는데 비해, 문화적 기억은 문화적 상징을 통해 다수의 구성원들 사이에서 오랫동안 소통된다고 하였다.

① 집단 기억은 문화적 기억보다 소통적 기억에 근거할 때 구성원의 집단에 대한 신념을 높일 수 있다.

② 집단 내의 사회적 상호작용을 통해 개인의 의식 속에 형성되는 집단 기억은 문화적 재현 형식이 된다.

③ 개인이 자신의 기억을 문학 작품으로 형상화하면 그 자체로 문화적 재현 형식으로서 집단 기억이 된다.

④ 집단이 함께 기억하는 역사적 사실이 존재한다면 그들의 집단 기억은 신념이나 공동의 인식으로 기능하게 된다.

⑤ 집단 기억이 말을 통해 전달되며 개인의 의식 속에서 공유된다면 시간의 흐름에 따라 달라지거나 잊혀질 수 있다.

20 윗글을 바탕으로 〈보기〉를 이해한 내용으로 적절하지 <u>않은</u> 것은? [3점]

─〈보기〉─

제2차 세계대전 당시 독일의 나치가 아우슈비츠에서 유태인들을 대량 학살하는 사건이 벌어졌다. 나치의 항복으로 전쟁이 끝난 후, 유태인들은 생존자들의 증언을 기록하고 확산하여 나치의 만행을 규탄하였다. 독일인들은 유태인을 대량 학살한 가해자로서의 기억과 패전 과정에서 폭력을 당한 피해자로서의 기억 사이에서 혼란스러워했다. 독일인 중에는 나치와 관련된 건물을 없애 가해의 증거를 지우려 하는 이들도 있었다. 1979년 유네스코가 아우슈비츠를 세계문화유산으로 등재하면서 아우슈비츠는 인류의 어두운 역사를 성찰하는 공간으로 남게 되었다. 유태인들은 지금까지도 아우슈비츠를 방문해 죽은 이들을 추모하고 민족 절멸의 위기를 기억한다.

① 유태인의 집단 기억에서 아우슈비츠는 전쟁과 반인도적 행위를 상징하는 기호로서 공유되었겠군.

② 아우슈비츠라는 상징적 기호는 독일인들과 유태인들의 집단 기억 속에서 동일한 의미를 가지겠군.

③ 유태인이 아우슈비츠에 관한 집단 기억을 전승하는 것은 그들의 공동체 의식 형성에 영향을 주었겠군.

④ 일부 독일인이 나치와 관련된 건물을 없애려 한 것은 불리한 집단 기억을 제거하기 위한 행동으로 볼 수 있겠군.

⑤ 독일인들은 전쟁에 대한 집단 기억을 형성하면서 가해자로서 기억과 피해자로서 기억이 경합하는 혼란을 경험했겠군.

[21~25] 다음 글을 읽고 물음에 답하시오.

실제 상황에서 목격할 일이 많지는 않겠지만, 영화나 드라마를 보면 피의자를 체포한 경찰이 '미란다 원칙의 고지'를 하는 장면이 곧잘 나온다. 이제는 우리가 당연한 것으로 알고 있는 이 '미란다 원칙'은 언제 어떠한 과정을 통해 확립된 것일까? 그리고 그 안에 담긴 의미는 무엇일까?

어네스트 미란다는 어린 시절을 불우한 환경에서 여러 범죄를 저지르며 처벌을 받은 이력이 있는 20대의 히스패닉계 청년이다. 어느 날 아침에 그의 집에 두 명의 경찰관이 찾아온다. 열흘 전 쯤 애리조나 주 사막에서는 납치 및 강간 사건이 발생했고, 경찰은 그를 용의자로 지목한 상태였다. 경찰관은 그에게 신분 확인을 요청한 후 경찰서에 나와 진술해 줄 수 있는지를 물었다. 그는 순순히 동의하며 경찰과 동행했다.

미란다와 관련하여 여러 정황이 의심스러웠지만 핵심적인 증거가 될 만한 것은 없었다. 범죄 피해자나 목격자가 진술한 범인과 용의자가 일치하는지를 확인하는 과정인 범인 식별 절차에서 피해자는 범인을 알아보지 못했다. 경찰로서는 곤혹스러운 상황이었다. 절차를 마치고 경찰관이 조사실에 다시 왔을 때, 그곳에서 혼자 기다리던 미란다가 불안해하며 결과가 어떤지를 물었다. 경찰관은 짐짓 그에게 불리한 상황이 생겼음을 암시했다. 미란다는 자신이 범인으로 지목되었을 것으로 짐작하고는 자백하겠다고 밝혔다. 조사실에는 변호사나 목격자가 없었고, 대화 내용은 녹음되지 않았다. 미란다를 신문하면서 경찰관은 일정한 양식의 서류를 내밀었다. 거기에는 자의에 의해 협박이나 강요, 이익의 약속 없이 진술했음을 선서하며, 피의자 자신의 권리를 알고 진술이 불리하게 작용할 수 있음을 이해한다고 써 있었다. 미란다는 거기에 진술 내용을 자세히 적고 자신의 이름과 사인을 했다. 자백한 지 얼마 안 되어 미란다는 다른 강도 및 강간, 강간 미수 사건들을 추가로 자백했다.

애리조나 주 마리코파 구법원에서 재판이 열렸다. 대개 이런 재판은 하루만에 마치고 뻔한 결론에 이르곤 했다. ㉠국선 변호인 무어는 증인으로 나선 경찰관에게서 조사 중 진술의 임의성 을 확인하기 위한 고지를 하지 않았다는 증언을 이끌어 내고 이의를 제기했지만 받아들여지지 않았다. ㉡이 재판의 검사는 최후 변론을 통해 경찰관의 훌륭한 자질에 비추어볼 때 그들이 피고인의 권리를 빼앗은 적이 없고 피고에게 그러한 권리를 고지하는 것이 불필요했다고 주장했다. 변호인은 경찰의 조사 과정에 다시 의문을 제기했지만, 배심원들은 검사의 말에 공감한 것으로 보였다. 평의를 마친 후 그들은 만장일치로 유죄 평결하였으며, 판사는 장기형을 선고했다.

그 후 이 재판은 주 대법원에 상고되었다. 자술서의 임의 진술을 문제 삼은 것이었다. ㉢1965년 애리조나 주 대법원은 미란다가 조사 과정에서 권리 고지를 받았고 변호인을 요구하지 않았으며 변호인의 도움받을 권리를 거절당한 사실도 없다는 이유로 그에 대한 유죄 판결을 다시금 확인했다.

1966년까지 연방대법원은 자백의 허용성을 검토할 때 적정절차 조항에 근거를 둔 임의성 기준에 따랐다. '임의성'이 있는지를 '사정의 전체'를 살펴서 판단한다는 것이다. 이 임의성에 대한 주장과 입증은 피의자와 경찰에게 맡겨졌다. 이는 본질적으로 수사 기관에 더 유리하게 작용하는 것이었다. 1965년 11월 연방대법원은 미란다 판결을 심리하기 위한 변론을 열기로 결정했다. ㉣1966년 1월 28일 연방대법원 상고심에서 피고를 변호한 존 플린은 구두 변론을 담당하며 다음 두 가지에 초점을 두었다. 첫째, 대부분의 미국 시민이 경찰 조사를 받을 때 변호사의 도움을 제대로 받지 못한다는 사실을 분명히 확인해 두고자 하였다. 둘째, 권리 고지를 하는지 여부가 아니라 언제 권리 고지를 하는지가 중요함을 확실히 밝혀두고자 하였다. 플린은 미란다가 조사를 받으면서 자백을 받기 전에 묵비권과 변호인 선임권, 변호인과 상의할 권리를 고지받지 않았음을 지적했다. 그는 피의자 단계에서부터 정당한 권리를 주장할 수 있기 위해서는 수정헌법 제5조의 권리를 확대하여 당사자 지위를 갖출 수 있게 해야 한다고 변론했다. 이 말은 미란다가 조사를 받았을 때 그가 경찰과 대립하는 당사자 지위에 있었으므로 그 시점에 이미 변호인의 조력을 받을 권리가 보장되었어야 한다는 뜻이었다.

이 주장은 매우 대담한 것이었다. 이전까지 법원은 시민의 권리 보장을 위해 수정헌법 제6조의 보호 아래 재판 전 변호인 선임권을 부여해 왔으며 형편이 안 되는 피고인을 위해 국선 변호인을 두게 하였다. 그런데 플린은 이 권리가 피의자의 체포, 조사 과정에서부터 지켜져야 한다는 것을 수정헌법 제5조에 근거하여 주장했던 것이다.

이때가 역사적인 순간이었다

ⓐ1966년 7월 13일 열린 상고 허가심에서 연방 대법원은 '미란다 원칙'을 채택하고 헌법적 근거를 찾음에 있어 수정헌법 제6조가 아닌 수정헌법 제5조를 선택했다. 그 요지는 다음과 같다. "구속된 사람은 반드시 신문 전에 묵비권이 있음과 진술 내용이 법정에서 불리하게 쓰일 수 있다는 사실을 분명하게 고지해야 한다. 또한 변호인 선임권이 있고, 조사받는 동안 변호인과 상의할 수 있으며, 변호인을 선임할 형편이 안 되면 국가가 변호인을 선임해준다는 사실을 분명히 고지해야 한다. …… 질문하기 전에 묵비권을 행사하겠다는 의사를 표시하면 질문을 중단해야 한다. 피의자가 원한다면 변호인이 참여하기까지 조사를 중단해야 한다. …… 구속된 상태에서는 이러한 특권을 포기하지 않을 수 있음과 변호인 선임권이 있다는 사실을 환기시키고 그 후에 진술하도록 해야 한다." 플린이 그 역사적 순간에 밝혔던 '미란다 원칙의 고지'의 내용이었다.

21 윗글을 이해한 내용으로 적절하지 <u>않은</u> 것은?

① 미란다는 불우한 가정 환경 속에서 성장하며 여러 건의 범죄 행위로 처벌을 받았다.

② 경찰이 범죄 피의자로 미란다를 지목해 찾아왔을 때, 그는 자의에 의해 경찰서로 동행하였다.

③ 경찰은 미란다에게 자술서를 쓰게 했으며, 미란다는 자의에 의해 자술한다는 자술서 내용을 확인하고 서명하였다.

④ 애리조나 주 대법원은 재판 과정에서 피고인의 권리 보호가 충분히 이루어지지 않았다는 것을 이유로 변호인의 이의제기를 수용하였다.

⑤ 연방대법원은 기존에 인용해 왔던 수정헌법 제6조 대신 수정헌법 제5조에 근거하여 피의자 진술의 임의성을 재평가하였다.

22 윗글에 따를 때, '미란다 사건'을 다룬 연방대법원 재판의 핵심적인 쟁점으로 가장 적절한 것은?

① 하급심 판사의 형량 산정은 적정했는가

② 피고인은 변호인의 조력을 충분히 받았는가

③ 증인은 범인의 범죄 사실을 명확히 증언했는가

④ 피의자는 당사자로서 법적 권리를 보장받았는가

⑤ 대법원 판결은 수정헌법의 정신을 위배하였는가

23 진술의 임의성 과 관련하여 미란다 사건에 대해 각 주체가 판단한 내용으로 적합하지 <u>않</u>은 것은? [3점]

① ㉠ : 피의자가 자의에 따라 진술할 수 있다는 사실을 미리 알려주지 않았기에 진술의 임의성이 침해되었다.

② ㉡ : 경찰관은 강요하지 않았고 피의자는 자의로 진술했으므로 진술의 임의성이 침해되지 않았다.

③ ㉢ : 피고인이 변호인의 조력을 요구하지 않았고 진술서에 기록된 피의자 권리를 확인한 후 서명했으므로 진술의 임의성이 있다.

④ ㉣ : 경찰은 피의자를 조사하기 전 피의자 권리를 고지했어야 하지만 그렇게 하지 않았으므로 진술의 임의성을 침해했다.

⑤ ㉤ : 경찰은 적정절차 조항을 지켜 피의자를 조사하지 않았고 사정의 전체를 고려했을 때 피의자가 변호인의 조력을 거부한 것이므로 진술의 임의성을 인정하기 어렵다.

24 윗글의 맥락으로 볼 때, 이때가 역사적인 순간이었다 의 의미로 가장 적절한 것은?

① 형사 피고인의 권리가 최초로 법령에 규정된 순간이었다.

② 적법하지 않은 수사에 대해 유죄 판결이 내려진 순간이었다.

③ 법원이 피고측 변호인의 주장을 전폭적으로 수용한 순간이었다.

④ 피의자가 보장받아야 할 법적 권리가 처음으로 법원에서 공론화된 순간이었다.

⑤ 불우한 환경에 있는 사람들에 대한 법적 조력의 중요성을 사람들이 인식하기 시작한 순간이었다.

25 윗글에 따라 〈보기〉를 이해한 내용으로 가장 적절한 것은? [3점]

─〈보기〉─

우리 헌법은 묵비권을 보장하고 있다. 하지만 수사 실무 차원에서 보면, 피의자의 묵비권이라는 권리와 이율배반 관계에 있는 것처럼 보이는 피의자의 자백이 의외로 높은 비율을 차지한다.

① 현실이 법을 따르는 경우는 거의 없다.

② 많은 피의자들이 자신의 진술이 가져올 법적 판단의 결과나 파장을 잘 알지 못한다.

③ 범죄를 저지르지 않은 피의자들은 자백이 자신에게 더 유리할 것이라는 착각을 한다.

④ 묵비권은 범죄를 저지르지 않은 사람에게 주어지지만, 피의자의 대부분은 범죄자이다.

⑤ 피의자는 법정에서 재판을 받기 전까지는 변호인의 도움을 받을 수 없다고 생각하기 때문에 자백을 선택한다.

[26~30] 다음 글을 읽고 물음에 답하시오.

극심한 우울증으로 병원에 입원해 있던 환자가 자신의 기분이 훨씬 나아졌고 더 이상 나쁜 생각을 하지 않는다고 주장하며 하룻밤 귀가를 원할 때, 그 환자가 진실을 말하는지 어떻게 알 수 있을까? 그 환자가 병원의 감독을 벗어나기 위해 의도적으로 거짓말을 할 수도 있지 않은가?

메리(가명)는 마흔 살의 여성으로 입원하기 전 세 차례나 자살을 시도했고 거의 성공할 뻔했다. 그 후 그녀는 병원에 입원했고, 나중에 더 이상 우울증에 시달리고 있지 않다고 주장하며 주말 외박을 신청했다. 심리학자 폴 에크먼은 한 직원의 보고 덕분에 그녀가 외박 신청 인터뷰에서 거짓말을 했다고 고백했다는 사실을 알게 되었다. 외박 며칠 전 그녀는 병원을 나가면 자해하려고 한다는 사실을 털어놓았던 것이다. 그녀의 입원 중 인터뷰 영상을 처음 봤을 때, 에크먼은 그녀가 자신의 감정에 대해 거짓말을 하고 있다는 어떠한 증거도 보지 못했다. 그녀는 자주 웃었고 긍정적으로 말했으며 쾌활하게 보였다. 그녀를 담당했던 담당 의사는 실제로 그녀를 믿었다.

에크먼과 그의 공동연구자인 월리 프리센은 다중 고속 모션 프로젝터를 활용하여 그녀의 표정과 몸짓 하나하나를 프레임별로 검토했다. 인터뷰 중 어느 순간, 그녀가 멈칫하면서 얼굴에 엄청난 고통이 섬광처럼 스쳐 지나가는 것이 보였다. 의사가 메리에게 그녀의 장래 계획에 대해 물었을 때였다. 24장의 프레임 중 단 두 장뿐이었고 1/12초 사이에 지나갔으며 금방 웃음으로 덮였다. 그들은 그 장면을 반복해 보았고, 그것이 무엇을 드러내는지는 확인할 수 있었다. 정지된 프레임에서 그녀의 진정한 감정은 매우 분명했지만, 곧 의도적으로 숨겨졌다. 그들은 필름에서 아주 재빨리 지나가는 고뇌의 표정을 두 번 더 찾아냈다. 이처럼 사람들의 진짜 느낌을 비언어적으로 '누설'하는, 아주 잠깐 동안의 얼굴 움직임을 그들은 미표정(微表情)이라고 명명했다.

그 후 20여 년 동안 에크먼과 프리센은 일부러 숨긴 감정과 억압된 감정에 대한 연구를 진행하며 다음과 같은 사실을 더 밝힐 수 있었다. 미표정은 메리의 경우와 같이 의도적인 은폐일 때나, 또는 자신이 어떤 감정을 느끼는지 알지 못할 때, 즉 감정이 억압된 상태일 때 발생할 수 있다. 어떤 미표정이 이 둘 중 하나를 가리키는지는 구분이 안 된다. 어떤 감정의 상태인지에 대한 판정이 가능하려면 미표정이 발생하는 맥락을 분석해야 하고 종종 더 많은 질문도 던져야 한다. 여기서 맥락이란, 대개는 어떤 대화 상황이나 특성을 가리키는지를 뜻하는 대화의 맥락을 뜻하며, 그 외에도 두 대화 당사자 간 관계의 내력, 미표정이 나타나는 순간의 대화 순서, 그리고 미표정에 드러나는 감정과 발화 간의 일치, 이를테면 피평가자가 말하는 내용이나 목소리, 몸짓, 자세 등과 일치 등이 포함된다.

그렇다면 사람들은 왜 미표정을 발견하지 못하고 실제 감정을 알아채지 못하거나 거짓말에 속게 되는 것일까? 이에 대해 에크먼은 대화 도중 미표정이 발생할 때 대부분의 사람들은 그 미표정에 주의를 기울이는 대신, 단어들과 목소리의 톤, 그리고 몸짓에 관심을 쏟기 때문에 아주 잠깐 동안의 얼굴 움직임을 식별하는 데 실패하는 것이라고 설명한다. 또한 대화 중 대개 다음 순간 상대방이 무슨 말을 할지에 대한 생각으로 종종 주의를 빼앗겨서 미표정을 놓치기도 한다고 말한다. 하지만 그는 미표정을 분간하기 위한 반복적 학습과 그 판단의 적절성에 대한 즉각적인 피드백, 그리고 가장 흔히 혼동하는 감정표현, 이를테면 분노와 혐오, 두려움과 놀람 등을 시각적으로 대조하는 훈련을 해 봄으로써 표정 속에 감추어진 감정을 탐지하는 방법을 익힐 수 있다고 판단했다. 만약 미표정을 확인할 수 있다면, 누군가의 억압된 감정도 알 수 있겠거니와 그가 일부러 숨긴 감정과 이를 통해 은폐하려 했던 진실에도 한 걸음 더 다가갈 수 있을 것이다.

"거짓말을 할 때마다 확실한 신호가 나타나는 것은 피노키오밖에 없다." 에크먼은 거짓말을 할 때 나타나는 여러 단서들을 살피면서, 순간적인 느낌에 관한 거짓말은 감정 숨기기와 표정 꾸미기 중

하나로 이루어지며 그 중 표정을 꾸미는 것이 더 쉽다고 말한다. 특히 대부분의 사회적 상황에서 불쾌한 느낌을 은폐하고 긍정적으로 행동하는 것이 요구된다는 점에서 웃음은 가장 흔히 사용되는 가면이라고 주장한다. 하지만 그는 이럴 경우에도 표정 속에 나타나는 자연스럽지 않은 비대칭이나 감정 기반 근육 운동의 부재(예컨대 웃을 때 눈둘레근의 외측 부분이 움직이지 않는 것 같은), 표정의 시점 등을 확인함으로써 꾸며낸 표정을 식별할 수 있다고 말한다.

26 윗글의 주제와 가장 가까운 것은?

① 메리는 왜 거짓말을 했을까
② 거짓말에 담긴 감정은 무엇인가
③ 거짓말은 어떻게 가려낼 수 있는가
④ 거짓말은 인간관계에서 왜 중요한가
⑤ 성공한 거짓말은 어떤 특징이 있는가

27 윗글에 대한 이해로 적절하지 **않은** 것은?

① 말은 생각과 일치하지 않을 때가 있다.
② 사람은 내면의 모든 감정을 자각하지는 못한다.
③ 꾸며낸 표정은 의도적으로 감정을 숨길 수 있다.
④ 숨기려 하지 않는 한, 감정은 표정을 통해 드러난다.
⑤ 감정을 숨기는 것이 꾸며낸 표정을 보이는 것보다 쉽다.

28 윗글을 읽고 독자가 추론한 내용으로 가장 적절한 것은?

① 정밀한 기계 장치를 사용하지 않으면 미표정을 분간할 수 없겠군.
② 미표정을 보면, 그 사람이 그런 감정을 갖게 된 이유와 배경을 알 수 있겠군.
③ 미표정에 대해 더 깊이 알게 되면 현실의 문제에서 실용적인 도움을 얻을 수 있겠군.
④ 어떤 사람이 보인 미표정을 다른 사람에게서 발견하게 된다면 그들은 같은 생각을 하고 있다는 뜻이겠군.
⑤ 대화 중 상대방의 말이 진실인지 알려면, 매 순간 주의를 집중하여 그 다음에 어떤 말을 할지 예측해야겠군.

29 〈보기〉의 내용과 윗글 간의 논리적 관계를 가장 적절하게 나타낸 것은? [3점]

―――〈보기〉―――

　　모든 거짓말이나 거짓된 행동 단서들이 감정적인 것은 아니다. 단서는 사고와 감정 양쪽에서 발생할 수 있다. 사람들이 자신이 했거나 계획하고 있는 일에 대해 설명할 때, 그 설명이 거짓일 가능성을 알려주는 가장 명백한 인지적 단서는 설명 속에 존재하는 모순이다. 즉각적인 반응이 요구될 때 나타나는 망설임 또한 명백하고 유익한 단서가 된다. 하지만 이런 것들이 속이는 것과는 무관한 무언가를 뜻할 수도 있으므로, 거짓의 판명을 위해서는 추가적인 정보들을 더 검토하는 것이 필요할 것이다.

① 〈보기〉는 윗글과 대립적 관점에서 미표정의 기능이 제한적인 이유를 증명한다.

② 〈보기〉는 윗글에 대한 보완적 관점에서 거짓말을 판단할 수 있게 하는 또 다른 단서를 추가한다.

③ 〈보기〉는 윗글과 동일한 관점에서 사람의 행동 특성이 거짓말을 드러내는 유일한 단서라는 데 동의한다.

④ 〈보기〉는 윗글에 대한 비판적 관점에서 사람의 표정에서 그의 감정 상태를 읽어낼 수 있다는 견해를 반박한다.

⑤ 〈보기〉는 윗글을 포괄하는 관점에서 감정적 단서나 인지적 단서로는 거짓말에 익숙한 사람을 변별할 수 없음을 주장한다.

30 표정 과 미표정(微表情) 의 의미 관계를 보이는 것은?

① 개척 : 미개척　　② 생물 : 미생물

③ 결정 : 미결정　　④ 소년 : 미소년

⑤ 완성 : 미완성

[31~35] 다음 글을 읽고 물음에 답하시오.

(가)

엊그제 젊었더니 하마 어이 다 늙거니

소년 행락(少年行樂) 생각하니 일러도 속절없다

늙어서야 서러운 말 하자 하니 목이 멘다

부생모육(父生母育) 신고(辛苦)하여 이내 몸 길러 낼 제

공후 배필(公侯配匹)은 못 바라도 군자호구(君子好逑) 원하더니

삼생의 원업이요 월하의 연분으로

장안 유협(長安遊俠) 경박자(輕薄子)를 꿈같이 만나 있어

당시의 마음 쓰기 살얼음 디디는 듯

삼오 이팔(三五二八) 겨우 지나 천연 여질(天然麗質) 절로 이니

이 얼굴 이 태도로 백 년 기약하였더니

연광(年光)이 훌쩍 지나 조물이 시샘하여

봄바람과 가을 물이 베올에 북 지나듯

설빈 화안(雪鬢花顔) 어디 가고 면목가증(面目可憎) 되었구나

내 얼굴을 내 보거니 어느 임이 날 사랑할까

스스로 참괴(慚愧)하니 누구를 원망하랴

삼삼오오(三三五五) 야유원(冶遊園)의 새 사람이 났단 말인가

꽃 피고 날 저물 제 정처(定處) 없이 나가 있어

백마 금편(白馬金鞭)으로 어디어디 머무는고

원근을 모르거니 소식이야 더욱 알랴

인연을 끊었어도 생각이야 없을쏘냐

얼굴을 못 보거든 그립기나 말았으면

열두 때 길기도 길구나 서른 날 지리하다
옥창(玉窓)에 심은 매화 몇 번이나 피고 졌는고
겨울밤 차고 찬 제 자취눈 섞어 치니
여름날 길고 길 제 굳은비는 무슨 일인고
삼춘 화류(三春花柳) 호시절의 경물(景物)이 시름
없다
가을 달 방에 들고 실솔(蟋蟀)이 상에 울 제
긴 한숨 지는 눈물 속절없이 생각만 많다
아마도 모진 목숨 죽기도 어려울사
도로혀 풀쳐 혜니 이리하여 어이하리
청등을 돌라 놓고 녹기금(綠綺琴) 빗겨 안아
벽련화(碧蓮花) 한 곡조를 시름 좇아 섯거 타니
소상야우(瀟湘夜雨)의 댓소리 섯도는 듯
화표천년(華表千年)의 별학이 우니는 듯
옥수(玉手)의 타는 수단 옛 소리 있다마는
부용장(芙蓉帳) 적막하니 뉘 귀에 들리소니
간장(肝腸)이 구곡(九曲)되어 굽이굽이 끊쳤어라
차라리 잠을 들어 꿈에나 보려 하니
바람에 지는 잎과 풀 속에 우는 벌레
무슨 일 원수로서 잠조차 깨우는가
천상의 견우직녀 은하수 막혔어도
칠월 칠석 일 년 일도 실기(失期)치 않거든
우리 임 가신 후는 무슨 약수(弱水) 가렸관대
오거나 가거나 소식조차 그쳤는고
난간에 빗겨 서서 임 가신 데 바라보니
풀 끝에 아침 이슬은 맺혀 있고 저녁 구름 지나갈 제
죽림 푸른 곳에 새소리 더욱 섧다
세상에 서러운 사람 수없다 하려니와
박명(薄命)한 홍안(紅顔)이야 나 같은 이 또 있을까
아마도 이 임의 탓으로 살 동 말 동 하여라

　　　　　　　　　　　　－ 허난설헌, 「규원가(閨怨歌)」

(나)
임 그리워하는 꿈이 │귀뚜라미│의 넋이 되어
기나긴 가을밤에 임의 방에 들어갔다가
날 잊고 깊이 든 잠을 깨워 볼까 하노라

　　　　　　　　　　　　－ 박효관

(다)
㉠연못에 비 뿌리고 버드나무에 안개 끼었는데
사공은 어디 가고 │빈 배│만 매어 있는고
석양에 짝 잃은 갈매기는 오락가락 하는구나

　　　　　　　　　　　　－ 조헌

31 (가)~(다)에 대한 설명으로 가장 적절한 것은?

① (가)는 자신의 감정을 감추고 있고, (나)는 감정을 격하게 드러내고 있다.
② (가)는 과거를 후회하는 마음을, (다)는 임과의 만남에 대한 기대를 표현하고 있다.
③ (나)는 임을 그리워하는 심사를, (다)는 외로운 심사를 표출하고 있다.
④ (나)와 (다)는 현재 상황에 대한 만족감을 드러내고 있다.
⑤ (가)~(다) 모두 임과 이별하는 상황을 회상하며 원망하는 태도를 보이고 있다.

32 (가)의 내용으로 적절하지 않은 것은?

① 화자는 임의 소식을 듣고 안도하고 있다.
② 화자는 꿈에서라도 임을 만나고 싶어 한다.
③ 화자는 서러운 마음으로 거문고를 연주하고 있다.
④ 화자의 부모는 화자가 좋은 배필을 만나기를 원했다.
⑤ 화자는 세월이 흘러 변해버린 자신의 용모를 안타까워한다.

33 귀뚜라미 와 빈 배 의 역할로 가장 적절한 것은?

① 화자의 감정을 간접적으로 드러낸다.

② 시간의 흐름을 가시적으로 나타낸다.

③ 화자가 소망하는 이상향을 상징한다.

④ 공간적 배경을 시각적으로 묘사한다.

⑤ 시상의 전환을 구체적으로 보여준다.

34 〈보기〉를 참고할 때 (가)에서 ㉠과 성격이 다른 것은?

> ── 〈보기〉 ──
>
> 시적 상황은 화자가 처한 문제 상황을 드러내는 역할을 하기도 한다.

① 겨울밤 차고 찬 제 자취눈 섞어 치니

② 여름날 길고 길 제 궂은비는 무슨 일인고

③ 삼춘 화류 호시절의 경물이 시름없다

④ 가을 달 방에 들고 실솔이 상에 울 제

⑤ 죽림 푸른 곳에 새소리 더욱 섧다

35 〈보기〉를 바탕으로 (가)를 이해한 것으로 적절하지 <u>않은</u> 것은? [3점]

> ── 〈보기〉 ──
>
> 조선은 봉건적 규범 아래 여성에게 가해지는 제약이 많던 시대였다. 당대 여성들은 출가외인(出嫁外人)이라 하여 친정으로부터 격리된 삶을 살아가야 했고, 삼종지도(三從之道)라 하여 평생 아버지, 남편, 아들을 따르며 살아야 했다. 남편이 아내를 내쫓을 수 있는 악행을 칠거지악(七去之惡)이라 하였는데, 아내가 시부모에게 불순하거나 남편의 외도를 시샘하는 것, 심지어 말이 많은 것도 해당되었다. 〈규원가〉는 그러한 시대적 배경 아래 창작된 규방가사로, 화자는 남성 위주의 사회에서 억압받으며 살아가면서도 자신의 처지나 상황을 직접적으로 말하지 못하는 안타까운 심정을 드러낸다.

① '당시의 마음 쓰기 살얼음 디디는 듯'에서 시집 온 후 남편을 모시며 조심스럽게 살았던 화자의 삶을 엿볼 수 있군.

② '내 얼굴을 내 보거니 어느 임이 날 사랑할까'에서 남편이 자신을 찾지 않는 것을 자신의 탓으로 돌리는 화자의 모습을 드러내고 있군.

③ '삼삼오오 야유원의 새 사람이 났단 말인가'에서 남편의 행실이 바르지 못하다고 생각하는 화자의 생각을 엿볼 수 있군.

④ '간장이 구곡되어 굽이굽이 끊쳤어라'에서 봉건적 규범 속에 살아가는 화자의 한이 얼마나 큰지 느낄 수 있군.

⑤ '아마도 이 임의 탓으로 살 동 말 동 하여라'에서 남편이 자신을 찾지 않는 현실을 적극적으로 비판하는 화자의 태도를 엿볼 수 있군.

[36~40] 다음 글을 읽고 물음에 답하시오.

빅데이터란 크고 복잡해 일반 컴퓨터로는 처리할 수 없는 많은 양의 데이터를 말한다. 데이터는 단순히 수집하는 것뿐만 아니라 분석이 수반돼야 한다. 빅데이터는 큰 용량, 빠른 속도, 다양성을 갖는 정보 자산으로 통찰력, 의사결정, 프로세스 자동화 등 혁신적인 처리 방식이 필요하다.

빅데이터 활용에는 데이터 마이닝이 필수적이다. 데이터 마이닝이란 빅데이터 안에서 체계적이고 자동적인 규칙이나 패턴을 찾아내는 작업으로, 통계학에서 쓰이는 다양한 기법을 활용한다. 데이터 마이닝이 다루는 데이터베이스는 크게 정형 데이터와 비정형 데이터로 구분할 수 있다. 정형 데이터는 결제 금액, 회계 등과 같이 구조화된 데이터를 일컫는다. 비정형 데이터는 소셜 미디어의 텍스트, 이미지, 영상처럼 형태와 구조가 정형화되지 않은 복잡한 데이터를 뜻한다. 대표적인 비정형 데이터로는 온라인 리뷰, 소셜 미디어 포스팅을 꼽을 수 있다. 과거에는 데이터 마이닝이 대부분 정형 데이터 위주였다면, 지금은 비정형 데이터의 비중이 월등히 높다.

비정형 데이터는 형태와 구조가 다양하여 기존의 통계로는 분석이 쉽지 않다. 최근에는 비정형 데이터를 분석하기 위해 텍스트 마이닝이 부각되고 있다. 텍스트 데이터를 다룰 때 가장 어려운 점은 바로 구조화가 되지 않는다는 것이다. 컴퓨터가 데이터를 분석하려면 그 데이터를 이해할 수 있어야 하는데, 언어에 따라 의미나 문법 규칙이 전부 다르다는 문제가 있다. 따라서 언어를 이해하고 처리하는 기술이 필요하다. 모든 텍스트는 특정 언어로 만들어지는 만큼, 언어의 문장구조를 분석하고 단어의 의미를 이해해야 비로소 데이터에서 가치를 찾아낼 수 있다. 이러한 작업을 가능하게 하는 기술이 텍스트 마이닝이다.

하루에 생산되는 데이터의 양은 정말 어마어마하다. 특히 페이스북과 인스타그램 같은 소셜 미디어에는 수십억 개 이상의 콘텐츠가 공유되고 있다. 유튜브와 틱톡 등 동영상 기반 서비스는 짧게는 몇 초에서 길게는 수십 시간 분량의 영상이 끊임없이 생겨나고 스트리밍된다. 최근 이러한 데이터는 영상, 음악, 이미지 등 다양한 형태로 그 수가 급격히 늘어났는데, 사용자가 특정한 목적으로 ⓐ처리하지 않은 상태에 있는 것을 ㉠원시 데이터라 한다. 그리고 이러한 다양한 원시 데이터 세트를 기본 형식으로 저장하는 곳이 데이터 레이크이다.

이렇게 많은 데이터를 분석하려면 컴퓨터의 성능은 물론 많은 시간과 비용이 필요하다. 그 시간과 비용을 줄이거나 좀 더 효율적으로 정보와 지식을 활용하기 위해, 데이터 마이닝은 많은 양의 데이터에서 인간이 찾을 수 없는 패턴까지 추출해 스마트 데이터를 찾아낸다. 빅테이터가 가공 처리 전 원재료라면, 데이터마이닝은 이를 정제하는 작업이다. 정제 및 가공 처리된 데이터를 ㉡스마트 데이터라고 한다. 이렇게 분석과 가공된 스마트 데이터는 개인과 기업의 생산성을 높이는 데 활용된다.

36 윗글에 대한 이해로 적절하지 않은 것은?

① 데이터 마이닝은 데이터에서 가치를 추출하고 결과를 분석하는 기술의 종류이다.

② 형태가 구조화된 데이터보다 형태가 일정하지 않은 데이터가 점점 많아지고 있다.

③ 텍스트 데이터는 언어 규칙에 일정한 패턴이 있어서 정보를 구조화하는 데 용이하다.

④ 원시 데이터는 다양한 데이터가 특정한 목적에 맞게 처리되지 않은 상태의 것을 의미한다.

⑤ 빅데이터를 실제로 활용하기 위해서는 많은 양의 데이터에서 목적에 맞는 규칙이나 패턴을 찾아내는 과정을 거쳐야 한다.

37 ⊙, ⓒ에 대한 설명으로 가장 적절한 것은?

① ⊙은 효율적인 정보와 지식을 활용하기 위해 패턴을 추출한 결과를 축적한 것이다.

② ⓒ은 유튜브와 틱톡 등 동영상 기반 서비스에서 생성된 영상 자료를 그대로 보관한다.

③ ⊙은 ⓒ과 달리 인공지능 서비스로 생성되는 데이터를 가공 처리한 정보를 기본 형식으로 이루어진다.

④ ⓒ은 ⊙과 달리 수십억 개 이상의 콘텐츠를 데이터 마이닝을 통해 처리한 결과를 저장한다.

⑤ ⊙과 ⓒ은 모두 영상, 음악, 이미지 등 다양한 형태로 존재하는 빅데이터를 원재료 상태로 구성한 것이다.

38 윗글을 바탕으로 〈보기〉를 이해한 것으로 가장 적절한 것은?

〈보기〉

(가) 킬로바이트 단위에 불과했던 텍스트 데이터의 양이 이미지와 영상 등이 포함된 데이터로 바뀌며 메가바이트와 기가바이트 수준이 되었다.

(나) 데이터 수집은 컴퓨터, 네트워크, 스마트폰 등에서 이루어지며 이러한 데이터 흐름은 단절되지 않고 연속적으로 신속히 진행된다.

(다) 환자가 병원에서 검사를 받을 때 컴퓨터에 수치 정보가 입력되며 또한 검사 기기에서 생성된 생체 정보, 유전자 정보, 질병 정보, 영상 정보 등 다양한 데이터가 저장된다.

① (가)는 데이터가 생성되는 속도가 빠르다는 빅데이터 처리 속도의 변화 양상을 분석한 것이다.

② (나)는 정형 데이터를 비롯해 비정형 데이터까지 다양하게 생성되는 빅데이터의 종류를 분류한 것이다.

③ (다)는 데이터 환경의 변화로 정형 데이터를 비롯해 비정형 데이터까지 생성되는 예를 들어 설명한 것이다.

④ (가)와 (나)는 모두 빅데이터를 통해 체계적인 규칙과 방법을 적용하는 분석이 활발하게 이루어지고 있음을 논증한 것이다.

⑤ (나)와 (다)는 모두 데이터 처리 방식이 발전함에 따라 빅데이터의 양이 증가된 상황을 구체화하여 제시한 것이다.

39 〈보기〉의 내용을 윗글에 추가하려고 할 때, 글쓴이가 한 생각으로 적절하지 **않은** 것은? [3점]

〈보기〉

아침에 일어나 스마트폰 알람을 보니 야채, 고기가 문 앞에 배송되었다. '주문지도 않은 식재료가 왜 왔지?' 하는 생각에 냉장고 문을 열어보니 텅 비어 있었다. 평소 출근 시간보다 늦어 택시를 부르려고 음성 인식 스피커에 말을 걸자 내가 입을 열기도 전에 '택시를 호출할까요?'라고 물었다. 점심식사 시간이 다가오자 주변 식당 정보가 스마트폰 알람으로 전송되어 가장 덜 붐비는 식당에서 식사하고 돌아왔다. 오후 회의에 필요한 자료를 정리하는데 인공지능이 지난 수십 년간의 데이터를 토대로 향후 5년 치 예측 데이터를 이미 내놨다. 지금까지 인공지능이 예측한 데이터는 오차 없이 맞았다. 물론 갑작스러운 사고나 기후 변화로 인한 변수는 아직 완벽히 반영되는 것 같지는 않다. 그래도 빅데이터 분석의 정확도가 워낙 높아져 생산과 재고로 인한 손실은 크게 줄었다.

① 빅데이터가 인간의 실생활에 미치는 영향을 사례를 들어 보여주는 것이 좋겠다.

② 개인에게 제공되는 스마트 데이터가 어떤 도움이 되는지를 일상적 경험을 토대로 제시할 필요가 있겠다.

③ 불확실하거나 예측 불가능한 상황에 대비하는 빅데이터의 한계에 대해 언급하는 것이 좋겠다.

④ 스마트 데이터의 변수에 따른 손실 규모가 과거에 비해 점점 커지는 이유를 상세히 설명할 필요가 있겠다.

⑤ 예측 데이터를 활용한 음성 인식 스피커가 인간의 마음을 어디까지 읽어낼 수 있는지를 구체적으로 보여주면 좋겠다.

40 문맥상 ⓐ의 의미와 가장 가까운 것은?

① 경찰은 그를 무혐의 처리하기로 방침을 세웠다.

② 당신은 이 일을 신속하게 처리해야 할 것입니다.

③ 업무를 제게 맡겨 주시면 완벽하게 처리하겠습니다.

④ 부패 방지를 위해 시신을 알코올로 처리하여 안치했다.

⑤ 이 일을 장난처럼 처리하는 당신의 태도가 못마땅하다.

[41~45] 다음 글을 읽고 물음에 답하시오.

[앞부분 줄거리]

홍모 부부는 선녀가 품에 들어오는 태몽을 꾸고 딸 계월을 낳는다. 계월은 난으로 인해 부모와 헤어진 후 평국으로 개명하고 남장한다. 이후 평국은 장원 급제하고 대원수가 되어 난을 평정한다. 천자는 평국이 여자임을 알고도 신임하여 보국과 혼인시켰으나 보국은 평국을 소홀히 대한다. 그러던 중 반란이 일어난다.

[A]
천자가 깜짝 놀라 조정의 모든 신하를 불러 의논했다. 우승상 정영태가 말했다.

"이 도적은 좌승상 평국을 보내야 막을 수 있을 것입니다. 빨리 평국을 부르십시오."

천자가 듣고 곰곰 생각하다가 말했다.

"평국이 예전에는 밖에 나와 일을 했기에 불렀지만, 지금은 규중에 머물러 있는 여자인지라 차마 불러낼 수 없는데, 어찌 전쟁터로 보내겠는가?"

이에 모든 신하가 말했다.

"평국이 비록 아녀자로 집 안에 있으나, 조야에 이름이 있고 작록을 거두지 않았는데, 어찌 아녀자라 하여 거리끼겠습니까?"

천자가 마지못해 급히 평국을 불렀다.

평국은 집 안에서 날마다 시녀들을 데리고 장기와 바둑을 두며 세월을 보내고 있었다. 이때 사관이 와서 천자가 부르는 명령을 전하자, 평국이 깜짝 놀라 곧바로 여자 옷을 벗고 조복으로 갈아입은 뒤 사관을 따라가 천자 앞에 엎드렸다. 천자가 매우 기뻐하며 말했다.

"그대가 집 안에 머문 후로 오랫동안 보지 못해 밤낮으로 보고 싶었는데, 이제 그대를 보니 기쁘기 한이 없도다. 짐이 덕이 없어 지금 오나라와 초나라 양국이 반역하여, 호주 북쪽 지방을 쳐서 항복을 받고 남관을 열어젖히고 황성을 침범하려 한다고 하니, 그대는 나아가 나라와 조정을 편안하게 지키도록 하라."

평국이 엎드려 아뢰었다.

"제가 외람되게 폐하를 속이고 높은 관직에 올라 영화롭게 지내기가 황공했는데, 저의 죄를 용서하시고 이처럼 사랑하시니, 제가 비록 어리석으나 힘을 다해 성은을 만분의 일이나마 갚고자 합니다. 폐하는 근심하지 마옵소서."

천자가 매우 기뻐하며 즉시 천병만마를 뽑아 모으도록 했다. 삼남원에 진을 치고 홍 원수가 친히 붓을 잡아 보국에게 명령을 내렸다.

"적병이 급하니 중군장은 급히 대령하여 군령을 어기지 마라."

보국이 이 명령을 보고 분함을 이기지 못해 부모께 여쭈었다.

"계월이 또 저를 중군장으로 부리려 하니, 이런 일이 어디 있습니까?"

여공이 말했다.

㉠"전날 내가 너에게 뭐라고 이르더냐? 계월을 괄시하다가 이런 일을 당하니, 어찌 그르다 하겠느냐? 나랏일이 매우 중하니, 어떻게 해볼 수가 없다."

여공은 보국에게 나가라고 재촉했다. 보국은 할 수 없이 바삐 갑주를 갖추고 진중에 나아가 홍 원수 앞에 엎드리니, 홍 원수가 분부했다.

"만일 명령을 거역하는 자가 있으면, 군법을 시행할 것이다."

[B] 보국이 두려워하며 처소로 돌아와 명령 내리기를 기다렸다. 홍 원수가 장수들에게 각각의 임무를 정해 주고 가을날 구월 갑자일에 행군을 시작했다. 십일월 초하룻날 남관에 당도해 삼일 동안 군사를 머물게 하고, 즉시 떠나 오일에 천속산을 지나 영경루에 다다랐다. 적병이 평원광야에 진을 치고 철통같이 지키고 있었다.

홍 원수가 적진 가까이 진을 치고 명령했다.

"명령을 어기는 자가 있으면, 세워 두고 벨 것이다."

호령이 서릿발 같아, 모든 장수와 군졸들이 두려워하며 어찌 할 줄 몰라 했다. 보국 또한 매우 조심했다.

이튿날 홍 원수가 보국에게 분부했다.

"오늘은 중군장이 나가 싸워라."

보국이 명령에 순종해 말에 올라 삼척장검을 들고, 적진을 향해 외쳤다.

"나는 명나라 중군장 보국이다. 대원수의 명을 받아 너희 머리를 베려 하니, 너희는 빨리 나와 칼을 받아라."

적장 운평이 이 소리를 듣고 크게 화를 내며 말을 몰고 나와 싸웠다.

세 번도 채 겨루지 않아 보국의 칼이 빛나더니, 순간 운평의 머리가 말 아래로 떨어졌다. 적장 운경이 운평의 죽음을 보고 크게 화를 내며 말을 몰아 달려들자, 보국이 승리의 기세가 등등해 창검을 높이 들고 서로 싸웠다. 두어 차례 겨루지도 못해, 보국이 칼을 날려 칼을 들고 있는 운경의 팔을 치니, 운경이 미처 손을 놀리지 못하고, 칼을 든 채 말 아래로 떨어졌다.

보국은 운경의 머리를 베어 본진으로 돌아왔다. 그때 적장 구덕지가 크게 노해 장검을 높이 들고 말을 몰아 큰 소리로 고함치며 달려들고, 난데없이 적병들이 사방에서 달려들었다. 보국이 매우 다급해 피하려 했으나, 한순간에 적들이 함성을 지르며 보국을 천여 겹이나 에워쌌다.

사세가 위급하자 보국이 하늘을 우러러 탄식했

다. 이때 홍 원수가 장대에서 북을 치다가 보국의 위급함을 보고 재빨리 말을 몰아, 장검을 높이 들고 좌충우돌하여 적진을 헤치고 들어가, 구덕지의 머리를 베어 들고 보국을 구해 낸 후, 몸을 날려 적진 속을 헤집고 다녔다. 동에 번쩍하더니 어느새 서쪽에 있는 적장을 베고, 남쪽으로 가는 듯하더니 어느새 북쪽에 있는 장수를 베고, 좌충우돌하여 적장 오십여 명과 군사 천여 명을 한칼로 쓸어버리고 본진으로 돌아왔다.

41 윗글의 내용을 이해한 것으로 가장 적절한 것은?

① 반란이 일어나기 전에 평국은 나랏일을 한 적이 없다.

② 평국이 군령을 몇 번 반복하자 비로소 장수들과 군졸들이 움직이기 시작하였다.

③ 평국의 부하가 된 것에 불만을 가진 보국이 처소에만 머물러 진군이 더디게 이루어졌다.

④ 보국이 평국의 군령을 어기고 적진으로 뛰어들어 상황이 악화되었다.

⑤ 평국이 위기에 빠진 보국을 구하러 적진으로 가서 활약하고 돌아오면서 상황이 일단락되었다.

42 (A)에 대한 설명으로 가장 적절한 것은?

① 대화 당사자는 함께 문제 해결의 방법을 찾아낸다.

② 대화 당사자는 각자의 견해를 상대방에게 강요하고 있다.

③ 대화 당사자는 누구도 대화 상황을 인식하지 못하고 있다.

④ 대화 당사자는 모두 동등한 의사결정 권한을 가지고 있다.

⑤ 대화 당사자는 대상 인물의 능력에 대해 견해 차이를 보인다.

43 (B)에 대한 설명으로 가장 적절한 것은?

① 과거와 현재의 교차를 통해 환상성을 높이고 있다.

② 공간의 이동을 통해 인물의 성장 과정을 그리고 있다.

③ 공간적 배경 묘사를 통해 인물이 처한 상황을 보여주고 있다.

④ 사건의 흐름을 요약적으로 서술하여 이야기를 전개하고 있다.

⑤ 주인공에 대한 일화를 나열하여 주인공의 인물됨을 드러내고 있다.

44 윗글을 감상한 내용으로 적절하지 <u>않은</u> 것은? [3점]

① 주인공은 자신이 여자라 전쟁에서 원수의 직분을 수행하기에는 능력이 부족하다고 여겼겠군.

② 수많은 적군을 한칼에 쓸어버리는 모습에서 주인공은 비범한 능력을 가지고 있다고 볼 수 있군.

③ 주인공이 나라의 위기 상황에서 아내로서의 역할보다 신하로서의 책무를 더 우선시하였음을 알 수 있군.

④ 주인공이 여자라는 이유로 결혼 후 사회적 활동을 제약받긴 하지만 그 능력에 대해서는 인정을 받고 있군.

⑤ 주인공은 더 높은 관직을 얻고 싶어서가 아니라 자신의 잘못을 용서해 준 천자의 성은에 보답하기 위해 전쟁에 나서기로 했군.

45 ㉠의 상황에 어울리는 속담으로 가장 적절한 것은?

① 개미 구멍이 둑을 무너뜨린다.

② 남의 눈에 눈물 내면 제 눈에는 피가 난다.

③ 낮말은 새가 듣고 밤말은 쥐가 듣는다.

④ 사공이 많으면 배가 산으로 간다.

⑤ 산이 커야 골이 깊다.

제2교시 영어영역

▶정답 및 해설 406p

[01~05] 밑줄 친 부분의 뜻으로 가장 적절한 것을 고르시오.

01

He has violated one of the profession's most sacred rules.

① holy
② weird
③ demanding
④ practical
⑤ uncommon

02

Ask them to send you information on how to assess the value of your belongings.

① upgrade
② evaluate
③ maximize
④ negotiate
⑤ overestimate

03

She was filled with despair at the conditions under which miners were forced to work.

① anger   ② regret
③ hopelessness   ④ sympathy
⑤ contentment

04

The fresh tire tracks in the snow were obvious proof that someone had recently driven down this country road.

① abstract   ② invisible
③ evident   ④ plentiful
⑤ unruly

05

The company provided valid reasons for the delay in delivering the product to customers.

① reasonable   ② unsound
③ multiple   ④ invaluable
⑤ incredible

[06~07] 다음 대화의 빈칸에 들어갈 말로 가장 적절한 것을 고르시오.

06

A: Hey, have you ever thought about picking up a new hobby?

B: I don't know. I feel like I'm too old to start something new.

A: Not at all! What's something you've always wanted to try?

B: Well, I've always wanted to learn how to play the piano.

A: That's a fantastic idea! There are plenty of resources for adult beginners. You could start with online lessons or find a local class.

B: I guess you're right. I'll think about it.

A: I've seen people of all ages learn new things. It's very inspiring. Remember, _____.

B: Thanks for the encouragement! I'll give it a shot!

① practice makes perfect

② it's never too late to learn

③ two heads are better than one

④ never judge a book by its cover

⑤ there is no royal road to learning

07

A: What are you up to this weekend?

B: Probably just chilling at home. What about you?

A: I'm thinking of going hiking. It's been a while.

B: Where are you headed?

A: I found a great spot in the mountains with awesome views.

B: Nice! Are you going by yourself?

A: Yeah, I need some time to clear my head.

B: Understood. Besides hiking, do you have any other plans?

A: Maybe I'll catch up on some reading. There's a new thriller I've been waiting for.

B: Sounds like a perfect weekend! _____.

A: I will.

① Let's play outside more often

② Hiking is my favorite activity

③ I'll meet you up in the mountains

④ Let me know how the book turns out

⑤ I'll try to make some other plans tomorrow

[08~09] 밑줄 친 부분 중, 어법상 틀린 것을 고르시오.

08 Growing up in India, I would spend summer breaks visiting my grandparents in Kolkata. Each afternoon, my grandmother ①settling down on a floor mat, facing the family's worship room, where stone idols of Hindu gods sat on little wooden thrones. For half an hour, she would sit still, her eyes closed, fingers rolling her prayer beads, chanting Krishna's name in a whisper. It's impossible to know, objectively, ②whether those meditation sessions helped my grandmother achieve some sort of communion with a higher power, but a growing body of scientific evidence suggests she benefited from it in multiple ways. The practice was ③likely an effective approach for her to manage her stress. It may have also helped slow down aging−related cognitive decline. It also probably enhanced her ability to cope with pain. ④Defined most broadly as the exercise of focusing one's attention on the current moment, meditation in some form has been practiced for millennia by religious traditions around the world —most rooted in a quest for spiritual enlightenment. Today, the popularity of meditation ⑤has grown in parallel with awareness about the importance of mental health and stress relief.

* throne: 왕좌

09 Anger is clearly related to aggression but they are not one and the same. It is possible to be aggressive without being angry and it is ① equally possible to be angry without becoming aggressive. However, the two (the emotion of anger and the behaviour of aggression) are linked and are biologically based, with obvious survival value. Anger always results in a much increased burst of energy and, ② although biologically based, is seen by some psychologists as largely socially constructed. That is, some people might be temperamentally more prone to anger than others, but the extent ③ to which they express this is probably socially

determined. In our culture, for example, boys are encouraged to express their anger more openly than girls and a far greater proportion of men than women are made ④ take anger management courses. These are ⑤ learned differences, not differences of biology. [3점]

[10−11] (A), (B), (C)의 각 네모 안에서 문맥에 맞는 낱말로 가장 적절한 것을 고르시오.

10 As a result of the political and social changes of recent decades, cultural pluralism is now generally recognized as an organizing principle of this society. In (A) addition / contrast to the idea of the melting pot, which promised to erase ethnic and group differences, children now learn that variety is the spice of life. They learn that America has provided a shelter for many different groups and has allowed them to (B) maintain / reform their cultural heritage or to assimilate, or—as is often the case—to do both; the choice is theirs, not the state's. They learn that cultural pluralism is one of the norms of a free society; that differences among groups are a national resource rather than a problem to be solved. Indeed, the unique feature of the United States is that its common culture has been formed by the interaction of its subsidiary cultures. It is a culture that has been influenced over time by immigrants, American Indians, Africans (slave and free), and by their descendants. American music, art, literature, language, food, clothing, sports, holidays, and customs all show the effects of the blending of (C) similar / diverse cultures in one nation. Paradoxical though it may seem, the United States has a common culture that is multicultural.

* subsidiary: 부차적인

	(A)		(B)		(C)
①	addition	……	maintain	……	similar
②	addition	……	addition	……	similar
③	contrast	……	maintain	……	similar
④	contrast	……	maintain	……	diverse
⑤	contrast	……	reform	……	diverse

11 Popular understanding of the interrelationship between knowledge and power is frequently expressed through the phrase "Knowledge is power." Foucault, in his genealogical studies, (A) confirms / reverses the logic of this expression. He contends that it is not the acquisition of knowledge that gives one power. Instead, knowledge is already always deeply invested with power in such a way that it must be said that "power is knowledge." Thus, in Foucault's analysis, knowledge is never separate from power but is instead a specific means for (B) exercising / resisting power. In this way, power is not simply something embodied within an individual or a social structure and expressed by brute coercion or punishment. Power appears in its most potent form when successfully translated into systems of "knowledge" and thus removed from reflection under the veil of obvious truths. The (C) inseparability / separability of power and knowledge is so thoroughgoing, according to Foucault, that he often conjoins the two into the term power/knowledge.

* coercion: 강제

	(A)		(B)		(C)
①	confirms	…	exercising	…	inseparability
②	confirms	…	resisting	…	inseparability
③	reverses	…	exercising	…	inseparability
④	reverses	…	resisting	…	separability
⑤	reverses	…	exercising	…	separability

[12~13] 밑줄 친 부분 중, 문맥상 낱말의 쓰임이 적절하지 않은 것을 고르시오.

12 Every economics textbook will tell you that competition between rival firms leads to innovation in their products and services. But when you look at innovation from the long-zoom perspective, competition turns out to be less ① central to the history of good ideas than we generally think. Analyzing innovation on the scale of individuals and organizations— as the standard textbooks do—② broadens our view. It creates a picture of innovation that overstates the role of proprietary research and "survival of the fittest" competition. The long-zoom approach lets us see that openness and connectivity may, in the end, be more ③ valuable to innovation than purely competitive mechanisms. Those patterns of innovation deserve recognition—in part because it's intrinsically important to understand why good ideas emerge historically, and in part because by ④ embracing these patterns we can build environments that do a better job of nurturing good ideas, whether those environments are schools, governments, or social movements. We can think more creatively if we open our minds to the many ⑤ connected environments that make creativity possible. [3점]

* proprietary: 독점의

13 The great American author Edgar Allan Poe, who needs no ① lengthy introduction, is one of the writers who invented the modern short story. A modern short story is different from earlier forms of tales and fables not only in that it sets the story on a modern realistic background but also in the way its form ② concentrates on a single dramatic event. In Poe's case, this single event very often has to do with some ③ abnormal act typically involving death and murder. It was Poe's innovation to narrate such disturbing event from the viewpoint of the murderer himself, so that the reader of Poe's short story has to hear the vivid voice of the ④ aggressor who takes great care to give a detailed account of how he committed the act. The ⑤ disadvantage of such mode of storytelling is that it allows the writer to explore that mysterious thing, the human mind, in a most intimate and extreme fashion.

14 Virgil에 관한 다음 글의 내용과 일치하지 않는 것은?

Virgil's masterful poetry earned him a legacy as the greatest poet in the Latin language. Throughout the Middle Ages and the Renaissance, his fame only grew. Before the invention of the printing press, when classical texts, transmitted by the hands of scribes, were scarce, Virgil's poetry was available to the literate classes, among whom he was regarded as the most significant writer of the ancient time. He inspired poets across languages, including Dante in Italian, Milton in English, and an anonymous French poet who reworked the *Aeneid* into the medieval romance *Le Roman d'Eneas*. In what became a Christian culture, Virgil was viewed as a pagan prophet because several lines in his works were interpreted as predictions of the coming of Christ. Among writers of the Renaissance, Virgil was appreciated for his vivid portrayals of human emotion. Modern critics, on the other hand, have been less kind. Virgil's poetry is often judged in relation to that of his Greek predecessors, especially the *Iliad* and the *Odyssey*, epics attributed to Homer that also portray the Trojan War. Most contemporary scholars hold that Virgil's poetry pales in comparison to Homer's.

* pagan: 이교도의

① His skillful poems in Latin made him a noted poet.

② His reputation fell into a decline during the Renaissance.

③ He influenced the poems of different languages.

④ His poetry clearly expressed human emotion.

⑤ His poetry was valued less than Homer's by modern critics.

15 Alice James에 관한 다음 글의 내용과 일치하는 것은?

Alice James is always classified as some famous person's sister or brother. Both of her brothers, Henry James the novelist and William James the philosopher, are important figures in their fields. Her family itself was a famous and respected household in Cambridge, MA. Yet Alice, the youngest daughter, was something of a problem, ever since she had her first mental breakdown at sixteen. She also suffered from numerous health problems. The brothers, in the meantime, were becoming more and more successful in their public career. Alice James died at the age of forty-four, yet she left behind a most interesting record of her thoughts during the last three years of her life. She was, however, too weak even to write. Her close friend

K. P. Loring wrote down her words for her. Loring also printed a copy of her diary for Alice's brothers and herself. The challenge in reading her journal is to appreciate the mixture of anger, self-pity, and, of course, the pain the writer feels. One should also remember that hers was a uniquely feminine experience, as women in those times were very often considered to be a "case" or "problem" to be studied and treated by male doctors.

① She came from a lower-class family in Cambridge.

② She was the oldest child in her family.

③ Her brothers failed to gain a reputation.

④ She left a dictated writing of her thoughts.

⑤ Her journal was full of her pity for other women.

16 다음 글의 내용과 일치하는 것은?

The American transition to analytic philosophy was mediated by several important figures, institutions, and events. One such figure was Morris Cohen (1880-1947). Born in Russia, he was educated at City College of New York. With a 1905 Harvard Ph.D., he taught at City from 1912 to 1938, and at the University of Chicago from 1938 to 1941. Known for his interest in logic and the philosophy of science, he was a committed naturalist who recognized no non-scientific methods capable of attaining knowledge in philosophy. One of his students was the Czechoslovakian-born Ernest Nagel, who, after earning his B.A. at City, got his Ph.D. in 1931 from Columbia University. With the exception of a year at Rockefeller University in the 1960s, he spent his career at Columbia University teaching and writing about the philosophy of science and explaining the centrality of logic to philosophy.

① Cohen was born in Czechoslovakia.

② Cohen taught at City College of New York until 1941.

③ Cohen was known for his interest only in logic.

④ Nagel earned his Ph.D. from Harvard University in 1931.

⑤ Nagel spent most of his career at Columbia University.

[17~21] 다음 글의 빈칸에 들어갈 말로 가장 적절한 것을 고르시오.

17 In terms of education, history has not always received a good press. Advising his son in 1656, Francis Osborne was far from enthusiastic about the subject. His experience of hearing contradictory reports about the Civil Wars of his own time (contemporary history), led him to be doubtful about the _____ of records of less recent events. Such historical records, he concluded, were likely to present a 'false, or at best but a contingent beliefe'; and as such they hardly warranted serious study. Osborne's anxiety about his son potentially wasting his time by studying history that is unreliable, implies an understanding of history as being ideally of a certain kind —the kind that yields certain, 'factual' knowledge about the past. Now, although that model was already under challenge in Osborne's day, it has persisted to some extent up to our own time.

* contingent: 부수적인

① continuity

② reliability

③ rediscovery

④ conciseness

⑤ predictability

18 Every intelligence has to _____.
A human brain, which is genetically primed to categorize things, still needs to see a dozen examples as a child before it can distinguish between cats and dogs. That's even more true for artificial minds. Even the best-programmed computer has to play at least a thousand games of chess before it gets good. Part of the AI breakthrough lies in the incredible amount of collected data about our world, which provides the schooling that AIs need. Massive databases, self-tracking, web cookies, online footprints, terabytes of storage, decades of search results, and the entire digital universe became the teachers making AI smart. Andrew Ng explains it this way: "AI is akin to building a rocket ship. You need a huge engine and a lot of fuel. The rocket engine is the learning algorithms but the fuel is the huge amounts of data we can feed to these algorithms."

① be taught

② exceed itself

③ think by itself

④ be governed by rules

⑤ calculate all possibilities

19 Etymology is the study of the root or origin of a word: it derives from the Greek root *etymos*, meaning 'true'. The importance and the implications of etymology are considerable. Generally speaking, there are two contradictory processes at work in the relation between etymology and meaning. The first is a gradual erosion of the original link: words tend to move steadily away from their original meanings. Contrary to this is a desire to revive the link, to get words 'to make sense' with their past. People _____, and even invent them if they do not exist. Some words do indeed have such striking origins. Few of us ever forget (once we are told) that the *sandwich* derives from the Earl of Sandwich, a compulsive gambler who, in order not to leave the gaming table during a twenty-four-hour bout, sustained himself in part with slices of cold beef between slices of toast. Thus was born the *sandwich*, first recorded in 1762. [3점]

* erosion: 침식

① prefer memorable or logical origins for words

② pay little attention to the implications of etymology

③ consider the original meanings of words unimportant

④ are unaware of the contradictory processes of etymology

⑤ dislike any association between use and meaning of words

20 Our intuition is that in chess experts, the parsing of board games becomes a reflex. Indeed, research proves that a single glance is enough for any grand master to evaluate a chessboard and to remember its configuration in full detail, because he automatically parses it into meaningful chunks. Furthermore, a recent experiment indicates that this segmenting process is truly unconscious: a simplified game can be flashed for 20 milliseconds, sandwiched between masks that make it invisible, and still influence a chess master's decision. The experiment works only on expert chess players, and only if they are solving a meaningful problem, such as determining if the king is under check or not. It implies that the visual system takes into account the identity of the pieces (rook or knight) and their locations, then quickly binds together this information into a meaningful chunk ("black king under check"). These sophisticated operations _____. [3점]

* parsing: 분석

① happen only when the master's consciousness is working

② unfold consciously with meaningful awareness

③ occur entirely outside conscious awareness

④ succeed through careful analysis and repetition

⑤ prove that multisensory information can be bound together

21 The industrial (and associated agricultural) revolution which occurred in Europe during the eighteenth and nineteenth centuries not only changed the nature of work, but also dramatically transformed the organization of society, gender and kinship relationships, and _____. In particular, the composition of, and link between, the rural and the urban was completely overturned as a result of the large-scale migration of potential industrial workers from the countryside to the cities where the factories of the emerging manufacturing bourgeoisie were located. The scope of the demographic change that occurred at this time is underlined by research showing that at the beginning of the nineteenth century only 15 British towns had populations of more than 20,000 but by its end there were 185. Indeed, it has been estimated that in 1800 only 2.2 percent of the population of Europe lived in cities of more than 100,000—today that geopolitical space is predominantly urbanized and highly industrialized.

* kinship: 친족 ** demographic: 인구학의

① the geographical features of some nations

② the system of the manufacturing industry

③ the concept of social justice and equality

④ the dominant form of human settlement

⑤ the definition of the working class

22 다음 글의 빈칸 (A), (B)에 들어갈 말로 가장 적절한 것은?

Are you the type of person who sees the proverbial glass as half full or as half empty? People with more optimistic attitudes—who see the glass as half full—tend to be more resilient than others to the effects of stress, including stress associated with physical disorders.   (A) , investigators link optimism to lower levels of emotional distress among heart disease and cancer patients and to lower levels of reported pain among cancer patients. Optimism in pregnant women even predicts better birth outcomes, as measured, for instance, by higher infant birth weights. Optimism in coronary artery bypass surgery patients is also associated with fewer serious postoperative complications.   (B) , people with more pessimistic attitudes tend to report greater emotional distress in the form of depression and social anxiety.

* resilient: 탄력 있는

	(A)		(B)
①	For instance	……	Hence
②	For example	……	On the other hand
③	In addition	……	Nevertheless
④	However	……	Therefore
⑤	In fact	……	As a result

[23~26] 다음 글의 제목으로 가장 적절한 것을 고르시오.

23   One of the most daring deep-space missions NASA has ever planned is turning out to be one of the least publicized. The target is a large asteroid named 1992KD, which orbits the sun millions of km from Earth. But that destination is almost incidental to the performance of the spacecraft that will make the trip. Though it looks little different from countless other unmanned spaceships NASA has launched, the ship will be navigated by an electronic brain that has been likened to HAL, the independent-minded computer in the film *2001 Space Odyssey*, and will move through space under power of a system that has long been the stuff of technological fantasies: an ion propulsion engine. If all goes as planned, Deep Space 1, scheduled for launch later this month, will be the forerunner of a new generation of spacecraft. While flight planners hope the ship will make some interesting observations about the target asteroid, including its composition and the structure of its surface, DS1's prime assignment is to validate a host of new technologies NASA had always considered too risky to try on a high-profile mission. [3점]

* asteroid: 소행성 ** propulsion: 추진

① A Smart New Kind of Spacecraft

② The Launch of Unmanned Rockets

③ Failure of DS1's Risky Technologies

④ Performance of Computerized Engine System

⑤ New Mission to Navigate a Larger Asteroid

24 Cattle are sensitive creatures. They have evolved a suite of sensory adaptations to detect predators at long distances. They have a keen sense of smell and hearing at least as good as a dog's or cat's. People often say that elephants never forget, but neither do cattle. Cattle can recognize pictures of herd mates as well as humans they know. Charles Darwin argued that both humans and animals possess a similarity in the expression of emotions. We can, of course, discern basic emotions, like pleasure and fear. But what endears dogs to us is their apparent capacity for what we take as their version of love—the longing in their eyes to be with their people and their overall willingness to please. How do you know cattle love you? Pretty much the same way you do with dogs. My bull, Ricky Bobby, happily lies down next to me and puts his horned head in my lap. He loves for me to brush him, and he'll even roll over for a belly rub.

① Cattle Can Be Our New Pets

② Pets Express Emotional Change

③ How to Domesticate Wild Animals

④ Ways to Drive the Cattle Home Safe

⑤ Darwin's Discovery of Animal Behaviors

25 Because of the goals of protecting life and property and maintaining order, and because the police are open for business 24 hours a day in all kinds of weather, it is inevitable that the police are called upon to look after people who cannot or will not properly care for themselves. This includes young children, elderly citizens, the mentally ill, and the homeless. Police assistance to these people can only go so far, of course—police cannot raise other people's children, cure the mentally ill, or build houses for all the homeless people in this country. However, police can and often do provide or arrange for temporary shelter and transportation for those in need. They also make referrals and provide information so that people can take advantage of programs and services available to them. During times when the economy is struggling, when social programs are underfunded, and when many citizens turn a cold shoulder to those less fortunate, police assistance is often the only option for those who cannot properly care for themselves.

① Police Always on the Lookout for Potential Problems

② A Key Objective of the Police: To Prevent Serious Crimes

③ Police Are Here for Those Who Cannot Care for Themselves!

④ Who Is in Charge of Resolving Various Kinds of Conflicts?

⑤ Patrol as the Backbone of the Police Service

26 Although there had been a long tradition of religious and morally enlightening dramas (termed respectively the miracle and morality plays) the first public playhouse in England was built only in 1576. This proved the catalyst for what Gamini Salgado has rightly called 'the greatest efflorescence of dramatic writing England has ever seen'. The conditions of the Elizabethan stage, though difficult to reconstruct with total accuracy now, were generally primitive. To compensate for these inadequacies, a whole new linguistic medium was created. On a bare stage with minimal properties and effects with which to build up a sense of theatrical illusion, the great dramatists, Shakespeare especially, created an extraordinary diversity of experience and range of characters exclusively through the medium of individuated language, worlds of words in which their creations could philosophize, agonize, laugh, suffer and die. [3점]

* catalyst: 촉매 ** efflorescence: 전성기

① Technological Advancements of Elizabethan Theaters

② The Elizabethan Stage and Its Linguistic Innovation

③ Shakespeare's Effective Use of the Primitive Stage

④ The Decline of Religious Drama in England

⑤ The Rise of Medieval Morality Plays

27 다음 글의 주장으로 가장 적절한 것은?

Behind every anhedonic choice that keeps you stuck is the belief that you (or your life) will fall apart if you challenge the rules. This is a powerful myth! It can keep you absolutely paralyzed! The only way to rid yourself of it is to put your psychological strengths to the test. Few people realize how strong they really are until they stop putting up with the problems in their lives and take some steps toward change. It won't be easy. You may get knocked down a few times, but you won't fall apart. On the contrary, the more you assert your ability to take control over your life, the stronger you'll become. Developing psychological strengths is just like developing physical abilities. The more you exercise, the stronger you become.

* anhedonic: 쾌락을 추구하지 않는

① Do not feel you always have to have a realistic plan.

② Identify the conditions that help you become a success.

③ Choose one of your bigger dreams and make it a reality.

④ Set attainable goals and enjoy each small step of progress.

⑤ Stop thinking of yourself as fragile and be mentally strong.

28 다음 글의 주제로 가장 적절한 것은?

No clear-cut category can encompass all jazz. Each performer's idiom is a style unto itself; if it were not so, the music would hardly be jazz. Jazz, like almost all other music, comprises three artistic activities: creating, performing, and listening. In traditional Western European music, these three activities are not always performed by the same individual, although they quite often are. In jazz, however, it is necessary for the performer to combine all three at the same time. Musical creation is an active part of any jazz performance and depends on the performers' understanding of the developing creation, an understanding gained only by their ability to listen well. They must react instantaneously to what they hear from their fellow performers, and their own contribution must be consistent with the unfolding themes and moods. Every act of musical creation in jazz is, therefore, as individual as the performer creating it.

① traits of jazz reflecting performers' individuality

② how to compose jazz for a great performance

③ similarities between jazz and Western music

④ celebrated figures in the modern jazz scene

⑤ influences of traditional music on jazz

[29-30] 다음 글에서 전체 흐름과 관계 없는 문장을 고르시오.

29 Computer-aided instruction is changing the very nature of the educational process at the college level. An increasingly large number of students want a college education, yet they work during the day and may not have a university nearby that offers evening instruction. A solution to this problem is called *distance learning*, meaning that students can enroll in college courses yet not be physically present at the college. ① Course lectures offered at the college are recorded and made available for viewing by students on their personal computers, at whatever time the students have available. ② Thus a course can be offered without regard to time or space because computer technology delivers the course to the student. ③ Some universities are now offering entire degree programs to students through this technology. ④ Hence, distance learning cannot be a good option for students who keep delaying things or those who aren't able to stick to deadlines. ⑤ A student can earn a degree from a university without ever having physically attended the university.

30 It is common knowledge that Descartes was a Cartesian Dualist. (Perhaps it's nothing more than common sense!) ① As everyone knows, he held that there are two worlds, one of mental objects and one of material things, including animals and human bodies. ② The mental objects are 'states of consciousness' (e.g. pains, visual experiences, beliefs and desires, fear and joy); the material objects are more or less complex bits of 'clockwork'. ③ The items in the 'inner world' are understood through the exercise of a special faculty called 'introspection'; objects in the 'outer world' are perceived by the five senses. ④ Like most items of 'common knowledge', the importance of reading is often taken for granted without critical examination. ⑤ Mental states and states of the body are logically independent but causally interrelated: causal interaction is, as it were, the glue bonding mind to body in each individual person.

[31~33] 글의 흐름으로 보아, 주어진 문장이 들어가기에 가장 적절한 곳을 고르시오.

31

> But AI promises to transform all areas of human experience.

Humanity has experienced technological change throughout history. Only rarely, however, has technology fundamentally transformed the social and political structure of our societies. (①) More frequently, the preexisting frameworks through which we order our social world adapt and absorb new technology, evolving and innovating within recognizable categories. (②) The car replaced the horse without forcing a total shift in social structure. (③) The rifle replaced the musket, but the general paradigm of conventional military activity remained largely unaltered. (④) Only very rarely have we encountered a technology that challenged our prevailing modes of explaining and ordering the world. (⑤) And the core of its transformations will ultimately occur at the philosophical level, transforming how humans understand reality and our role within it.

32

> Seeking refuge, the pair transformed themselves into fish, tied together for safety, and leapt into the river Euphrates.

The constellation Pisces is most often imagined as a pair of fish that are joined together by a rope. This image has been recorded in ancient Egypt of the 2nd millennium BCE and later Babylonian texts. Why these two fish happen to be tied together is not recorded by these earliest sources but later Greek and Roman myths offer some explanations. (①) When the gods were facing the terrible monster Typhon, it is said that Aphrodite and Eros were far away from the battle. (②) Being gods of love and lust, these two had little they could do in the face of such a world-crushing threat. (③) This is the moment that was captured in the form of this constellation. (④) An alternative version has the two fish of Pisces rescuing the gods who rode away on their backs. (⑤) As a reward for their help the fish were placed in the night sky.

33

A principal vehicle of this enterprise was educational reform and specifically the building of a university system dedicated to the ideals of science, reason, and humanism.

Writing just after the end of World War I, an acute observer of the French philosophical scene judged that "philosophical research had never been more abundant, more serious, and more intense among us than in the last thirty years." (①) This flowering was due to the place of philosophy in the new educational system set up by the Third Republic in the wake of the demoralizing defeat in the Franco-Prussian War. (②) The French had been humiliated by the capture of Napoleon III at Sedan and wasted by the long siege of Paris. (③) They had also been terrified by what most of the

bourgeoisie saw as seventy-three days of anarchy under the radical socialism of the Commune. (④) Much of the new Republic's effort at spiritual restoration was driven by a rejection of the traditional values of institutional religion, which it aimed to replace with an enlightened worldview. (⑤) Albert Thibaudet highlighted the importance of this reform when he labeled the Third Republic "the republic of professors." [3점]

* siege: 포위 ** anarchy: 무정부

[34~36] 주어진 글 다음에 이어질 글의 순서로 가장 적절한 것을 고르시오.

34

"National forests need more roads like farmers need more drought." We heard somebody say this who was trying to persuade an audience that more roads would be bad for our national forests.

(A) An argument attempts to prove or support a conclusion. When you attempt to persuade someone, you attempt to win him or her to your point of view; trying to persuade and trying to argue are logically distinct enterprises. True, when you want to persuade somebody of something, you might use an argument.

(B) But not all arguments attempt to persuade, and many attempts to persuade do not involve arguments. In fact, giving an argument is often one of the least effective methods of persuading people—which, of course, is why so few advertisers bother with arguments. People notoriously are persuaded by the weakest of arguments and sometimes are undisturbed by even quite good arguments.

(C) The remark, however, is not an argument; it's just a statement that portrays road building in the forests in a bad light. Now, some writers define an argument as an attempt to persuade somebody of something. This is not correct. [3점]

① (A)-(C)-(B)　　② (B)-(A)-(C)

③ (B)-(C)-(A)　　④ (C)-(A)-(B)

⑤ (C)-(B)-(A)

35

Good critical thinking is a cognitive skill. In general, developing a skill requires three conditions—learning the theory, deliberate practice, and adopting the right attitudes.

(A) However, your attitudes make a big difference as to whether your practice is effective and sustainable. If you hate playing the piano, forcing you to practice is not productive in the long run.

(B) However, knowing the theory is not the same as being able to apply it. You might know in theory that you should balance the bike when you are cycling, but it does not mean you can actually do it. This is where practice comes in, because it translates your theoretical knowledge into actual ability.

(C) By theory we mean the rules and facts we have to know in order to possess the skill. For example, one cannot be a good basketball player without knowing the rules of the game—for example, kicking the basketball is not allowed. Likewise, thinking critically requires knowing a certain amount of logic.

① (A)-(C)-(B)　　② (B)-(A)-(C)

③ (B)-(C)-(A)　　④ (C)-(A)-(B)

⑤ (C)-(B)-(A)

36

In regard to problem solving, imagery can be used to help solve problems that one could not easily solve using verbal reasoning.

(A) She then realizes that after driving to Washington, traveling to Chicago and then to Buffalo before returning to New York City will save her many hours of driving.

(B) For example, a salesperson who lives in New York City has to drive to three cities, Washington, DC; Buffalo; and Chicago. If she plans to travel to the cities in that order and then return to New York City, she might not be traveling the shortest route.

(C) Hence, she might image a map of the United States and make several virtual trips in her mind's eye. She realizes if she travels to Buffalo after visiting Washington and then after visiting Buffalo travels to Chicago and back to New York, she would be partially retracing her path.

① (A)–(C)–(B)　　② (B)–(A)–(C)

③ (B)–(C)–(A)　　④ (C)–(A)–(B)

⑤ (C)–(B)–(A)

[37-38] 다음 글의 내용을 한 문장으로 요약하고자 한다. 빈칸 (A), (B)에 들어갈 말로 가장 적절한 것은?

37

To be really smart, an online group needs to obey one final rule and a rather counterintuitive one. The members can't have too much contact with one another. To work best, the members of a collective group ought to be able to think and work independently. This rule came to light in 1958, when social scientists tested different techniques of brainstorming. They posed a thought-provoking question: If humans had an extra thumb on each hand, what benefits and problems would emerge? Then they had two different types of groups brainstorm answers. In one group, the members worked face-to-face; in the other group, the members each worked independently, then pooled their answers at the end. You might expect the people working face-to-face to be more productive, but that wasn't the case. The team with independently working members produced almost twice as many ideas. Traditional brainstorming simply doesn't work as well as thinking alone, then pooling results.

↓

In brainstorming, group members who have direct contact produce ___(A)___ ideas than those who work physically separately from one another, which is against our ___(B)___.

	(A)		(B)
①	fewer	······	intuition
②	fewer	······	benefit
③	more	······	conclusion
④	more	······	intuition
⑤	smarter	······	benefit

38

Soon after the first computers appeared, their blunders became the subjects of jokes. The tiniest errors in programming could wipe out clients' bank accounts, or send out bills for outlandish amounts, or trap the computers in cyclical loops that kept repeating the same mistakes. This maddening lack of common sense led most of their users to conclude that machines could never become intelligent. Today, of course, computers do better. Some programs can beat people at chess. Others can diagnose heart attacks. But no machine yet can make a bed, or read a book, or babysit. What makes our computers unable to do the sorts of things that most people can do? Do they need more

memory, speed, or complexity? Do they use the wrong kinds of instruction-sets? Or do machines lack some magical attribute that only a human brain can possess? I will argue that none of those are responsible for the deficiencies of today's machines; instead, all those limitations come from the out-of-date ways in which programmers have chosen to program them.

* blunder: 큰 실수

↓

Although early computers had significant errors, modern machines ___(A)___ at tasks like chess and medical diagnosis but struggle with basic human activities due to outdated programming rather than inherent technological ___(B)___.

	(A)		(B)
①	fail	······	problems
②	excel	······	limitations
③	malfunction	······	problems
④	succeed	······	advances
⑤	stare	······	limitations

[39~40] 다음 글을 읽고, 물음에 답하시오.

Pompeii was destroyed by the catastrophic eruption of Mount Vesuvius in 79 A.D., entombing residents under layers of volcanic ash. But there is more to this story of an ancient Roman city's doom. Research published in the journal *Frontiers in Earth Science* offers proof that Pompeii was simultaneously wrecked by a massive earthquake. The discovery establishes a new timeline for the city's collapse and shows that fresh approaches to research can (a) reveal additional secrets from well-studied archaeological sites. Researchers have always had an idea that seismic activity contributed to the city's destruction. The ancient writer Pliny the Younger reported that the eruption of Vesuvius had been accompanied by violent shaking. But, until now, no evidence had been discovered to (b) support this historical account. A team of researchers led by Domenico Sparice from Italy decided to investigate this (c) gap in the record. Dr. Sparice said that excavations of Pompeii to date had not included experts in the field of archaeoseismology, which deals with the effects of earthquakes on ancient buildings. Contributions from (d) specialists in this area were key to the discovery, he said. "The effects of seismicity have been speculated by past scholars, but no factual evidence has been reported before our study," Dr. Sparice said, adding that the finding was "very exciting." The team focused on the Insula of the Chaste Lovers. This area encompasses several buildings, including a bakery and a house where painters were evidently interrupted by the eruption, leaving their paintings (e) colored. After excavation and careful analysis, the researchers concluded that walls in the insula had collapsed because of an earthquake.

* seismic: 지진의 ** excavation: 발굴

39 윗글의 제목으로 가장 적절한 것은?

① Who Found Pompeii Covered with Volcanic Ashes
② Mt. Vesuvius's Influence on the Scenery of Pompeii
③ The Eruption of Mt. Vesuvius Triggered by Earthquake
④ Seismic Timeline by Archaeological Discovery in Pompeii
⑤ The Eruption of Mt. Vesuvius Wasn't Pompeii's Only Killer

40 밑줄 친 (a)~(e) 중, 문맥상 낱말의 쓰임이 적절하지 <u>않은</u> 것은? [3점]

① (a)　　　　② (b)
③ (c)　　　　④ (d)
⑤ (e)

[41~42] 다음 글을 읽고, 물음에 답하시오.

Personality is one of those parts of the human condition that is obvious in everyday life. Each of us is unique and it is the study of personality that stresses this uniqueness, whereas much of the remainder of psychology emphasises similarities between people. Some parts of personality appear to be built in and others appear to be learned. Certainly, personality is also influenced by culture, either through environmental necessity or through beliefs, values, opinions and judgements.

Whichever way that personality is looked at or theorised about, it is clear that it does not exist in a vacuum. A person may be made up of an id, an ego and a superego, or of an actualising self, or of a series of learned social behaviours, or of a set of traits. Whichever of these it might be occurs within a context or a series of situations or experiences, no two of which are the same. So the best way to look at personality in general, or at someone's personality in particular, is through the eyes of _____. People cannot exist without their environment, each influencing the other. It is therefore best to make sense of personality as it exists in its particular environment. Personality cannot exist in isolation.

41 윗글의 제목으로 가장 적절한 것은?

① How Does Personality Develop as One Grows Older?

② Gender Differences in Personality and Social Behaviour

③ Understanding Personality: Uniqueness, Culture, and Context

④ Personality, One Factor That Determines Your Social Behaviours

⑤ What Are the Similarities between Personality and Characteristics?

42 윗글의 빈칸에 들어갈 말로 가장 적절한 것은? [3점]

① emotion　　② creativity

③ usefulness　　④ interaction

⑤ productivity

[43~45] 다음 글을 읽고, 물음에 답하시오.

(A)

Sophia leaned against the brick wall of North High, tracing the graffiti with her fingers. The final bell had rung, and students were leaving quickly. She looked around for her older sister Sara but couldn't find her. With a sigh, (a) she started walking home. Next week was the school talent show, and she had signed up to sing. She loved singing but had never sung in front of a big audience before.

(B)

Sophia's eyes widened. "Really? That'd be amazing!" They spent the next hour planning and practicing. When they finally said goodbye, Sophia felt more confident because Janet helped her a lot. As she walked home, the evening sun made the town look golden. She realized that unexpected moments and new friends could make everything better. The talent show was no longer something to be scared of but a chance for (b) her to shine.

(C)

As Sophia walked, she was lost in thought and didn't notice Janet, the senior class president, until she was right in front of her. Janet and Sara knew each other, but Sophia had never talked to her before. "Hey, Sophia," Janet said with a big smile. "Hi, Janet. What's up?" (c) she replied, feeling surprised. "I heard you signed up for the talent show," Janet said. "What are you going to sing?" Sophia felt nervous. "I'm not sure yet," (d) she said. "I'm still deciding." Janet smiled again. "Want to grab a coffee and talk about it?"

(D)

They walked to a local cafe and talked about school and music. Janet was easy to talk to, and Sophia felt more relaxed with (e) her. "What kind of music do you like?" Janet asked. "I love classic rock," Sophia said. "So, I'm thinking about doing an acoustic version of classic

rock." Janet's eyes lit up. "That sounds perfect. I play a bit of guitar; maybe I could play with you?"

43 주어진 글 (A)에 이어질 내용을 순서에 맞게 배열한 것으로 가장 적절한 것은?

① (B)-(D)-(C)   ② (C)-(B)-(D)

③ (C)-(D)-(B)   ④ (D)-(B)-(C)

⑤ (D)-(C)-(B)

44 밑줄 친 (a)~(e) 중, 가리키는 대상이 나머지 넷과 다른 것은?

① (a)   ② (b)

③ (c)   ④ (d)

⑤ (e)

45 윗글에 관한 내용으로 적절하지 <u>않은</u> 것은?

① Sophia signed up to sing in the school talent show.

② Sophia felt more confident after practicing with Janet.

③ Sophia's sister and Janet knew each other.

④ Sophia was thinking about singing a classic rock song.

⑤ Sophia taught Janet how to play the guitar.

제3교시 수학영역

▶정답 및 해설 428p

01 $(2^{\sqrt{3}+1})^{2\sqrt{3}-2}$의 값은? [3점]

① $8\sqrt{2}$　　　　② 16

③ $16\sqrt{2}$　　　　④ 32

⑤ $32\sqrt{2}$

02 두 자연수 a, b에 대하여 $0 \leq x \leq 2\pi$에서 정의된 함수 $f(x) = a\sin(bx) + a$의 그래프가 직선 $y = 2$와 서로 다른 네 점에서 만난다. ab의 최솟값은? [3점]

① 4　　　　② 6

③ 8　　　　④ 10

⑤ 12

03 자연수 n에 대하여 다항식 $(x+1)^n$을 $x(x-1)$로 나누었을 때의 나머지를 $R_n(x)$라 하자. $\sum\limits_{n=1}^{8} R_n(2)$의 값은? [3점]

① 1008　　　　② 1012

③ 1016　　　　④ 1020

⑤ 1024

04 40 이하의 두 자연수 m, n에 대하여 $-\log_{\sqrt{2}} m + \log_{\frac{1}{2}}(4n+6)^{-1}$의 값이 자연수가 되도록 하는 모든 순서쌍 (m, n)의 개수는? [3점]

① 4　　　　② 5

③ 6　　　　④ 7

⑤ 8

05 $1^3-2^3+3^3-4^3+\cdots+19^3$의 값은? [4점]

① 3300   ② 3400

③ 3500   ④ 3600

⑤ 3700

06 함수 $f(x)$는

$$f(x)=\begin{cases} 1-|x| & (x(x-3)\neq 0) \\ 0 & (x(x-3)=0) \end{cases}$$

이고 함수 $g(x)$는 최고차항의 계수가 1인 삼차함수이다. $g(0)=5$이고 함수 $(g\circ f)(x)$가 실수 전체의 집합에서 연속일 때, $g(6)$의 값은? [4점]

① 245   ② 247

③ 249   ④ 251

⑤ 253

07 수직선 위를 움직이는 점 P의 시각 $t(t\geq 0)$에서의 위치 x가 $x=t^4-4t^3+2kt$이다. 점 P가 원점을 출발한 후 운동 방향을 두 번 바꾸도록 하는 정수 k의 개수는? [4점]

① 1   ② 3

③ 5   ④ 7

⑤ 9

08 넓이가 $4\sqrt{3}$이고 $\angle A=\dfrac{\pi}{3}$인 삼각형 ABC의 외접원의 반지름의 길이가 4일 때, $\overline{AB}+\overline{BC}+\overline{CA}$의 값은? [4점]

① $4(\sqrt{2}+\sqrt{3})$

② $4(2+\sqrt{3})$

③ $4(\sqrt{3}+\sqrt{5})$

④ $4(\sqrt{3}+\sqrt{6})$

⑤ $4(\sqrt{3}+\sqrt{7})$

09 함수 $f(x)=x^2+ax+1$에 대하여 집합 $\{x|f(f(x))=f(x), x$는 실수$\}$의 원소의 개수가 2일 때, 양수 a의 값은? [4점]

① 1 ② 2

③ 3 ④ 4

⑤ 5

10 실수 θ에 대하여 직선 $y=x$와 곡선 $y=x^2+2x\sin\theta-\cos^2\theta$이 만나는 두 점 사이의 거리의 최댓값은? [4점]

① $2\sqrt{2}$ ② $3\sqrt{2}$

③ $4\sqrt{2}$ ④ $5\sqrt{2}$

⑤ $6\sqrt{2}$

11 첫째항과 공차가 정수인 등차수열 $\{a_n\}$에 대하여 수열 $\{b_n\}$이

$$b_n = n^2 \sin(\pi a_n) + n\cos(\pi a_n) + 1$$

$\displaystyle\sum_{n=1}^{7} b_n = 3$을 만족시킬 때, $b_{48} + b_{49} + b_{50}$의 값은? [4점]

① 48 　　　　② 50

③ 52 　　　　④ 54

⑤ 56

12 수열 $\{a_n\}$의 첫째항부터 제n항까지의 합을 S_n이라 할 때, 모든 자연수 n에 대하여 $S_n = 2a_n - pn$이다.

$\displaystyle\sum_{k=1}^{6} \frac{p + a_k}{a_k a_{k+1}} = 3$일 때, 상수 p의 값은? [4점]

① $\dfrac{36}{127}$ 　　　　② $\dfrac{38}{127}$

③ $\dfrac{40}{127}$ 　　　　④ $\dfrac{42}{127}$

⑤ $\dfrac{44}{127}$

13 함수 $f(x)=x^3+6x^2+13x+8$의 역함수를 $g(x)$라고 하자. 두 곡선 $y=f(x)$, $y=g(x)$와 직선 $y=-x+8$로 둘러싸인 도형의 넓이는? [4점]

① 36

② 40

③ 44

④ 48

⑤ 52

14 자연수 n에 대하여 함수 $y=|2^{|x-n|}-2n|$의 그래프가 직선 $y=15$와 제1사분면에서 만나는 점의 개수를 a_n이라 할 때, $\sum\limits_{n=1}^{20} a_n$의 값은? [4점]

① 52

② 55

③ 58

④ 61

⑤ 64

15 실수 a, b, c, d에 대하여, 삼차함수 $f(x)=ax^3+bx^2+cx+d$가 다음 조건을 만족시킨다.

> (가) $\displaystyle\int_{-1}^{1} f(x)\,dx=0$
>
> (나) $\displaystyle\int_{-1}^{1} xf(x)\,dx=0$

함수 $f(x)$에 대한 설명으로 옳은 것만을 〈보기〉에서 있는 대로 고른 것은? [4점]

───── 〈보기〉 ─────

ㄱ. $abcd \geq 0$

ㄴ. $ab < 0$이면 방정식 $f(x)=0$은 열린구간 $(-1, 0)$에서 적어도 한 개의 실근을 갖는다.

ㄷ. $ab > 0$이면 방정식 $f(x)=0$은 열린구간 $(0, 1)$에서 오직 한 개의 실근을 갖는다.

① ㄱ
② ㄴ
③ ㄱ, ㄴ
④ ㄴ, ㄷ
⑤ ㄱ, ㄴ, ㄷ

16 다음 그림과 같이 삼차함수 $f(x)=x^3-x^2-2x$의 그래프와 직선 $y=kx$로 둘러싸인 도형의 넓이를 각각 S_1, S_2라 하자. $S_2-S_1=18$일 때, 실수 k의 값은? [4점]

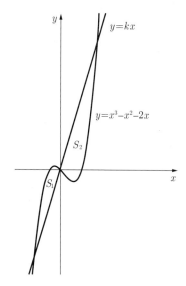

① $\dfrac{21}{4}$
② $\dfrac{23}{4}$
③ $\dfrac{25}{4}$
④ $\dfrac{27}{4}$
⑤ $\dfrac{29}{4}$

17 양수 a에 대하여 함수 $f(x)$를

$$f(x) = \begin{cases} x^2 - 1 & (x < 1) \\ a - a|x - 2| & (x \geq 1) \end{cases}$$

이라 하자. 양수 b에 대하여 함수

$$g(x) = |x(x-2)| \int_b^x f(t)\,dt\,가$$

실수 전체의 집합에서 미분가능할 때, $a+b$의 최댓값은? [5점]

① $\dfrac{14}{3}$ 　　　　② $\dfrac{29}{6}$

③ 5 　　　　④ $\dfrac{31}{6}$

⑤ $\dfrac{16}{3}$

18 두 삼차함수 $f(x)$, $g(x)$에 대하여 함수

$$h(x) = \begin{cases} \dfrac{f(x)}{g(x)} & (x \neq 2) \\ 3 & (x = 2) \end{cases}\,가\ 실수\ 전체의$$

집합에서 연속이고 다음 조건을 만족시킨다.

> (가) $\lim\limits_{x \to \infty} h(x) = 3$이고 $\lim\limits_{x \to 1} \dfrac{1}{h(x)} = \infty$이다.
>
> (나) 방정식 $h(x) = 12$가 오직 하나의 실근을 가진다.

$h(0)$의 값은? [5점]

① $\dfrac{1}{7}$ 　　　　② $\dfrac{2}{7}$

③ $\dfrac{3}{7}$ 　　　　④ $\dfrac{4}{7}$

⑤ $\dfrac{5}{7}$

19 최고차항의 계수가 1인 삼차함수 $f(x)$에 대하여 함수 $g(x)$를 $g(x)=|f(x)|-f'(x)$라 할 때, 두 함수 $f(x)$, $g(x)$는 다음을 만족시킨다.

> (가) $g(0)=f(0)=1$
> (나) 방정식 $|f(x)|=3$의 서로 다른 실근의 개수는 3이다.
> (다) 함수 $g(x)$가 $x=k$에서 미분불가능한 실수 k의 개수는 3이다.

$g(1)$의 값은? [5점]

① -1 ② 0

③ 1 ④ 4

⑤ 7

20 함수 $f(x)$를 $f(x)=(x+1)^2(x-1)^2$이라 하자.

$-1 \le x \le 1$인 모든 실수 x에 대하여 $f(x) \le f'(t)(x-t)+f(t)$를 만족시키도록 하는 실수 t의 최댓값은? [5점]

① $\dfrac{1}{2}$ ② $\dfrac{1}{3}$

③ $\dfrac{1}{4}$ ④ $\dfrac{1}{5}$

⑤ $\dfrac{1}{6}$

21 모든 항이 자연수인 수열 $\{a_n\}$이 다음 조건을 만족시킬 때, 모든 a_1의 값의 합을 구하시오. [3점]

> (가) 모든 자연수 n에 대하여
> $$a_{n+1} = \begin{cases} a_n + 1 & (a_n \text{은 홀수}) \\ \dfrac{a_n}{2} & (a_n \text{은 짝수}) \end{cases}$$
> (나) $a_5 = 1$

22 자연수 n에 대하여 집합
$$\{x \mid x \le \log_2(x+n),\ x \text{는 자연수}\}$$
의 원소의 개수를 $f(n)$이라 할 때,
$\displaystyle\sum_{n=1}^{20} f(n)$의 값을 구하시오. [4점]

23 다항함수 f, g가 모든 실수 x, y에 대하여

$f(0)=5$,

$f(x-g(y))=(x+4y^2-1)^3-3$을

만족시킬 때, 함수 $h(x)=f(x)-g(x)$의

극댓값을 구하시오. [4점]

24 실수 전체의 집합에서 도함수가 연속인 함수

$f(x)$가 다음 조건을 만족시킬 때,

$\displaystyle\int_0^4 f(x)dx$의 값을 구하시오. [4점]

> (가) 모든 실수 x에 대하여
> $$(f'(x)+2)(f'(x)-2)=x(x-4)$$
> 이다.
> (나) $f(0)<f(4)$, $f(2)=1$

25 함수 $f(x)=\dfrac{2^x}{2^x+\sqrt{2}}$에 대하여

수열 $\{a_n\}$의 일반항이

$$a_n=f\left(\frac{1}{n}\right)+f\left(\frac{2}{n}\right)+f\left(\frac{3}{n}\right)+\cdots$$

$$+f\left(\frac{n-1}{n}\right)+f\left(\frac{n}{n}\right)$$일 때,

$\displaystyle\sum_{n=1}^{20}a_n=p+q\sqrt{2}$이다.

정수 p, q에 대하여 $p+q$의 값을 구하시오.

[5점]

2026
경찰대학
7개년 국어·영어·수학

2024학년도 기출문제 | 제1교시 국어영역

제2교시 영어영역

제3교시 수학영역

제1교시 국어영역

▶ 정답 및 해설 438p

[01~05] 다음 글을 읽고 물음에 답하시오.

19세기 초반부터 의학 분야에서는 실험과학의 방법을 엄격히 적용해야만 의학이 진보할 수 있다는 믿음이 확산되고 있었고, 의학을 실험실에 접목하려는 실험실 의학이 체계적으로 시도되기 시작했다. 병실에서의 우연적이고 소극적인 관찰보다는 통제된 실험실 환경에서 살아 있는 동물을 대상으로 실험하는 것이 더 믿을 만한 정보를 줄 수 있을 것이라는 증거들이 확인되고 있었다.

19세기 초반의 실험실에 기반을 둔 의학 모델은 유스투스 리비히에 의해 개발되었다. 그는 기센 대학의 화학 교수로 일하며 생물학적 기능을 선천적인 생기적 활동의 소산으로 다루기보다 신체 내부의 화학적, 물리적 과정의 결과로서 연구하면서 의학 연구에 화학 연구를 결부시키는 전통을 확립하는 데 핵심적인 역할을 담당했다. 이와 비슷하게 클로드 베르나르도 실험실 과학을 프랑스 의학의 일부분으로 승격하는 데 중요한 역할을 했다. 특히 의학 교육과 연구에서 실험과학이 담당하는 역할을 강력하게 옹호했다. 그는 질병이 진행하는 방식을 알기 위해서는 통제된 실험실 환경에서 살아 있는 동물을 가지고 실험하는 것이 필수적이라고 생각했다.

실험실 연구 덕분에 1830년대 이후로 세포가 핵과 그 외의 여러 구조를 가지고 있다는 사실이 확인되었고 과학자들은 이를 빠르게 받아들였다. 하지만 썩은 고기나 고여 있는 물에서 단순한 생물이 생겨나는 것처럼 보인다는 '자연발생설'에 관한 해묵은 논쟁은 별개의 문제였다. 사람들은 아무것도 덮지 않고 식탁에 고기 조각을 방치하면 며칠 안에 구더기가 생긴다는 사실을 알고 있었다. 당시에는 파리가 낳은 알에서 구더기가 부화한다는 것을 알

지 못했다. ㉠그렇다면 구더기가 어디에서 왔는지 어떻게 설명할 수 있겠는가? 이 시기 과학자들에게 가장 쉬운 설명은 영양분이 공급되는 환경에서 이 생물들이 일종의 화학적 과정을 통해 만들어졌다는 해석이었다. 이는 ㉡당시의 일반적인 견해에 따른 해석이었으며 이치에 맞는 것 같았다.

1850년대 후반부터 자연발생 여부를 두고 벌어진 '파스퇴르─푸셰 논쟁'은 실험 방법의 중요성이 다시금 확인된 사건이었다. 화학자로서 훈련이 되어 있던 파스퇴르는 다양한 화합물의 화학적 특성을 조사하는 데 능했고, 포도에 효모를 섞어 와인을 만들거나 효모를 넣어 빵을 부풀리거나 하는 발효 과정에 대해서도 잘 알고 있었다. 그 이전까지는 발효를 효모가 반응속도만 높이며 그 스스로는 변하지 않는 촉매 역할을 하는 일종의 화학적 반응으로 이해해 왔으나, 파스퇴르는 발효가 포도나 밀가루 반죽의 당분을 먹고 살아가는 효모 때문에 일어나는 생물학적 과정임을 보여주었다. 그는 상한 고기에서 구더기가 생기는 과정에도 다른 미생물이 관여했을 가능성을 생각했고, 엄밀한 실험 도구로 이를 증명할 수 있을 것이라 보았다.

파스퇴르와 유사한 실험을 했던 푸셰의 실험에서는 미생물이 발견되었다. 하지만 여러 차례의 실험을 통해 파스퇴르는 실험기구가 철저히 소독되어 있고 주변 환경이 오염되어 있지 않다면 어떤 상황에서도 유기물이 발생하지 않는다고 주장했다. 이것은 자연발생이 일어났다는 푸셰의 관찰은 외부 미생물에 의해 실험기구가 오염된 결과라는 것이었다. 물론 고온의 가열에도 죽지 않는 균이 존재함을 알고 있는 오늘날의 관점에서 보면, 미생물을 발견한 푸셰의 실험 결과가 틀렸다고 하기는 어렵다. 하지만 이 사실을 알 수 없었던 당시에 파스퇴르가 취했던 과학적 검증 방식은 합리적인 것

이었다. 이 논쟁은 파스퇴르의 승리로 끝났다. 여기에는 '모든 세포는 세포에서 나온다.'라는 병리학자 피르호의 중요한 발언이 당시 지지를 얻고 있었다는 배경도 있었을 것이다. 사람들은 파스퇴르의 이론이 과학적으로 큰 발전을 이룬 것이었기 때문에 파스퇴르를 믿고 싶어 했고, 이는 과학적으로도 매우 중요했다. 1860~70년대에 파스퇴르는 미생물 연구를 진척시키는 동안에 질병세균설을 강력하게 옹호하였고, 이후 여러 백신을 개발하는 데 성공하였다.

실험 도구와 장비들의 개선은 당대 과학은 물론 의학 연구에 큰 발전을 가져왔다. 현미경뿐 아니라 렌즈 아래에 놓고 검사할 표본을 준비하는 도구도 크게 개선되었다. 염료처럼 작용하는 특수 화학물질인 착색제는 그냥 지나칠 수도 있는 세포 구조의 특징적인 부분에 색을 입혀 강조할 수 있었기 때문에 특히 중요했다. 염색된 핵에는 '염색체'라는 이름이 붙은, 어둡게 염색된 여러 가닥이 보였다. 세포분열 중에는 염색체가 부풀어 오르는 모습을 실제로 볼 수 있었다. 이러한 발견이나 과학자들이 확인한 세포의 다른 부분은 20세기가 되어서야 주목받기 시작했다. 하지만 이처럼 실험 도구와 방법들이 개선되는 과정에서 실험실 의학은 정당성을 확보할 수 있었다.

01 윗글의 중심 내용으로 가장 적절한 것은?

① 19세기 자연발생설의 양상
② 19세기 실험실 의학의 정립 과정
③ 1850년대 파스퇴르와 푸셰의 논쟁
④ 19세기 중반 생물학의 성과와 한계
⑤ 1860년 이후 파스퇴르의 미생물 연구

02 윗글의 내용과 일치하지 않는 것은?

① 실험을 통해서 파스퇴르와 푸셰는 생물의 자연발생 여부에 관해 논쟁했다.
② 19세기 초반까지 과학자들은 대체로 생물의 발생을 화학적 과정으로 이해했다.
③ 파스퇴르는 효모가 발효 과정에서 촉매 작용만 하지는 않는다는 것을 실험을 통해 확인했다.
④ 파스퇴르는 푸셰가 실험기구를 철저히 관리하지 않아 부정확한 실험 결과를 얻었다고 생각했다.
⑤ 실험실 의학의 중요성은 과학적 실험 방법이 마련된 20세기에 들어와서 비로소 인정되기 시작했다.

03 ㉠의 진술 의도를 가장 잘 나타낸 것은? [3점]

① 답이 명확하다면 굳이 질문할 필요는 없다.
② 알 수 없는 것을 아는 것으로 속일 수는 없다.
③ 답은 알고 있으나 어떻게 말해야 할지 알지 못한다.
④ 최선의 답을 모른다면 차선의 답이라도 구해야 한다.
⑤ 답에 대한 시비가 있다면 확실해질 때까지 기다려야 한다.

04 ⓛ에 해당하지 <u>않는</u> 것은?

① 고온의 가열에도 죽지 않는 균이 존재한다.

② 발효는 효모에 의해 일어나는 화학적 과정이다.

③ 단순한 생물은 자연발생 과정으로 생겨날 수 있다.

④ 외부적 관찰을 통해 생물의 발생 과정을 확인할 수 있다.

⑤ 방치된 고기 조각에서 생긴 구더기는 화학적 변화의 결과이다.

05 윗글을 바탕으로 〈보기〉를 이해한 내용으로 가장 적절한 것은?

〈보기〉

1879년에 파스퇴르는 우연한 일로 독성이 약해진 닭콜레라 유발 미생물을 닭에게 주사하여 면역 여부를 확인하게 되었는데, 닭이 콜레라에 걸리지 않았을뿐더러 면역이 생기기도 했음을 확인했다. 이를 바탕으로 그는 양이나 소와 같은 가축에 생기는 탄저병에 관한 백신도 만들었고, 많은 사람들 앞에서 행한 공개실험을 통해 그 효과를 증명하기도 하였다. 즉, 백신을 주사한 양과 주사하지 않은 양에게 탄저균을 주입하여, 백신을 맞지 않은 양들은 거의 죽어가고 백신을 맞은 양들은 한 마리도 죽지 않은 것을 사람들에게 보인 것이다.

① 파스퇴르가 닭콜레라를 치료하는 데 백신을 사용한 까닭은 소독이 병균 억제에 중요했기 때문이겠군.

② 파스퇴르가 백신 개발에 성공한 것은 푸셰와의 논쟁에 사용했던 실험 방법을 그대로 따랐기 때문이겠군.

③ 파스퇴르는 발효나 미생물 발생 실험에서 이미 알고 있었기에 동물의 병을 일으키는 원인을 미생물과 관련지어 생각했겠군.

④ 파스퇴르는 같은 실험에서도 다른 결과가 생길 수 있다는 것을 알고 있었기에 백신의 발견에서도 우연에 의존했겠군.

⑤ 파스퇴르가 백신의 효과를 공개실험을 통해 확인하려 한 것은 실험실 연구로는 확실한 성과를 얻을 수 없기 때문이겠군.

[06~10] 다음 글을 읽고 물음에 답하시오.

변화 없던 사내의 얼굴에 비로소 어떤 심상찮은 표정이 떠오른 것은 그가 그 2백여 미터 남짓한 교도소 길목을 빠져나와 공원 입구께에까지 닿았을 때였다.

—새들은 하늘과 숲이 그립습니다.

공원 입구의 오른쪽으로 한 작은 가겟집이 비켜 앉아 있고, 그 가겟집 부근의 벚나무 가지들에 크고 작은 새장들이 줄줄이 매달려 있었다. 그리고 그 벚나무 가지들 중의 몇 곳에 그런 비슷한 광고 문구가 씌어진 현수막이 이리저리 내걸려 있었다.

—새들에게 날 자유를 베풉시다.

—자비로운 방생은 당신의 자유로 보답받게 됩니다.

새장의 새를 사서 제 보금자리로 날려 보내게 해 주는 이른바 방생의 집이었다.

사내는 비로소 긴 망각의 골목을 벗어져 나온 듯 거기서 문득 발길을 머물러 섰다. 그리고는 ㉠ 어떤 깊은 반가움과 안도감에 젖으며 고개를 두 번 끄덕여 댔다. 사내의 그 마르고 지친 얼굴 위로는 잠시 어떤 희미한 미소 같은 것이 솟아 번지기까지 하였다.

(가) 사내는 이윽고 다시 고개를 돌려 그가 걸어 나온 교도소 길목을 조심스럽게 한번 건너다보고 나서 그 방생의 집 쪽으로 길을 건너갔다.

마침 그때 그 길 건너 가겟집에서는 공원을 찾아온 중년의 사내 한 사람이 흥정을 한 건 끝내 가던 참이었다.

"이제 선생님께선 이 녀석에게 하늘과 숲을 마음껏 날 날개를 주신 겁니다. 그건 바로 이 녀석의 자유지요. 그리고 선생님께서 이 녀석의 자유를 사신 것은 바로 선생님 자신의 자유를 사신 것입니다……"

[중략 부분 줄거리] '방생의 집' 주인이 방생에 쓰일 새들의 날개에 상처를 입혀 새들이 멀리 날지 못하게 하여, 방생된 새들을 다시 수거하고서 장사에 재사용한다는 사실이 '사내'에 의해 밝혀진다. '사내'는 상처 입은 새를 구하여 고향을 향하는 길에 나선다.

"그래 어쨌거나 우리가 녀석을 떠나온 건 백 번 천 번 잘한 일이었을 게다. 게다가 이제부터 도시엔 겨울 추위가 몰아닥치게 되거든. 너 같은 건 절대로 그 도시의 추위를 견디지 못한다. 작자도 아마 그걸 알았을 게다. 글쎄, 네놈도 그 작자가 암 말 못하고 멍청하게 날 바라보고만 있는 꼴을 봐뒀겠지. 내가 네놈을 데리고 떠나려 할 때…… 아, 그야 나도 물론 작자한테 그만한 값을 치르긴 했지만 말이다."

맞은편 산굽이께로부터 도시를 향해 길을 거꾸로 들어가고 있는 사람들의 한 패가 사내의 곁을 시끌적하게 떠들고 지나갔다.

ⓛ사내는 잠시 말을 끊고 그 도시로 들어가는 사람들의 일행을 스쳐 보냈다. 그리고 그들의 말소리가 등 뒤로 멀리 사라져 간 다음 다시 말하기 시작했다.

"마지막 반 해분만이라도 내 그 노역의 품삯을 한사코 주머니 속에 깊이 아껴 뒀던 게 천만다행이었지. 널 데려올 수 있었던 건 순전히 그 돈 덕분인 줄이나 알아라. 하기야 그건 내가 정말로 집엘 닿는 날까지 기어코 안 쓰고 지니려던 거였지만…… 하지만 난 후회 않는다. 암 후회 않구말구. 그까짓 돈이야 몇 푼이나 된다구…… 이런 몰골을 하고 빈손으로 고향 길을 찾기는 좀 뭣할지 모르지만, 그런다구 어디 사람까지 변했나…… 아니, 아니 내 아들 녀석도 물론 그런 놈은 아니구."

ⓒ사내는 제풀에 고개를 한번 세차게 흔들었다.

가슴속 녀석이 응답을 해 오듯 발가락을 몇 차례 꼼지락거렸다. 그 바람에 잠시 발길을 멈추고 │녀석│ 의 발짓을 느끼고 있던 사내의 얼굴에 만족스런 웃음기가 번지고 있었다.

"그래, 어쨌든 잘했지. 떠나온 건 잘했어."

사내는 다시 발길을 떼 옮기며 말하기 시작했다.

"녀석도 아마 잘했다고 할 거야. 글쎄, 이렇게 내가 제 발로 녀석을 찾아 나섰기가 망정이지 하마터면 우리도 거기서 겨울을 지낼 뻔했질 않았나 말이다."

그리고 ⓔ사내는 뭔가 더욱 은밀하고 소중스런 자신만의 비밀을 즐기듯 몽롱스런 눈길로 중얼거림을 이어갔다.

"너도 곧 알게 될 게다. 우리가 함께 남쪽으로 길을 나서길 얼마나 잘했는가를 말이다. 남쪽은 북쪽하곤 훨씬 다르다. 겨울에도 대숲이 푸른 곳이니까. 넌 아마 대숲이 있는 곳이면 겨울도 그만일 테지. 내 너를 그런 대숲이 있는 곳으로 데려다 줄 테다. 녀석의 집 뒤꼍에도 그런 대숲은 얼마든지 많을 테니까. 암 대숲이야 많구말구…… 넌 그럼 그 대숲으로 가거라. 그리고 거기서 겨울을 나려무나……."

사내의 얼굴은 이제 황홀한 꿈속을 헤매고 있는 사람의 그것처럼 밝고 행복하게 빛나고 있었다.

그는 계속 걸으면서 중얼댔다.

"넌 아마 그래야 할 게다. 가엾게도 작은 것이 날개를 너무 상했으니까. 이 겨울은 그 대숲에서 날개가 다시 길어 나기를 기다려야 할 게야. 내년에 다시 날이 풀리면 네 하늘을 맘껏 날 수가 있을 때까진 말이다. 그야 너만 좋다면 녀석의 집에서 이 겨울을 너와 함께 지내줄 수도 있지만, 그건 아무래도 네 맘은 아닐 테니까……"

석양의 햇발이 점점 더 풀기를 잃어 갔다.

ⓜ구불구불 남쪽으로 뻗어 나가고 있는 하얀 신작로 길도 먼 곳에서부터 차츰 윤곽이 아득히 흐려져 가고 있었다.

하지만 사내에겐 아직도 한줄기 햇볕이 등줄기에 그토록 따스할 수가 없었다. 그리고 그 한줄기 햇살이 꺼지지 않는 한 그의 눈앞에서 남쪽으로 뻗어 나가고 있는 좁은 신작로 길이 그토록 따뜻하고 맑게 빛나고 있을 수가 없었다. 그건 차라리 사내의 가슴속을 끝없이 비춰주는 영혼의 빛줄기와도 같았다.

– 이청준, 「잔인한 도시」

06 윗글의 서술상 특징으로 가장 적절한 것은?

① 이야기의 전모를 알고 있는 전지적 서술을 통해 인물의 행위와 심리가 밀도 있게 드러나고 있다.

② 동시에 벌어진 일들을 교차시켜 편집한 장면의 제시를 통해 이야기의 구성이 다각화되고 있다.

③ 이념에 대한 대조적 입장의 병치를 통해 인물들의 생각이 대립적 국면으로 극화되고 있다.

④ 인물로 등장한 서술자의 개입을 통해 주인공이 직면한 문제 상황이 해소되고 있다.

⑤ 인물의 행위에 대한 객관적 서술을 통해 갈등 양상에 대한 판단이 유보되고 있다.

07 (가)의 서사적 기능에 대한 설명으로 가장 적절한 것은?

① 변화된 시간적 배경이 제시되어 사건의 개연성이 부각된다.

② 인물이 처한 상황의 변화가 대비되어 사건의 계기가 형성된다.

③ 일상에 변화를 주는 행위가 묘사되어 사건의 반전이 이루어진다.

④ 인물의 감정이 변화된 정황이 드러나서 사건의 위기감이 고조된다.

⑤ 공간적 배경의 변화된 분위기가 조성되어 사건 해결의 실마리가 생긴다.

08 녀석 에 대한 이해로 적절하지 않은 것은?

① '사내'의 연민을 부르는 대상이다.

② '사내'에게서 특별한 의미를 부여받은 대상이다.

③ '사내'가 몸의 감각을 통해 느낄 수 있는 대상이다.

④ '사내'로 하여금 마음의 위로를 얻게 하는 대상이다.

⑤ '사내'가 재회의 기대를 이루어 반가워하는 대상이다.

09 문맥을 고려할 때, ㉠~㉤에 대한 이해로 적절하지 <u>않은</u> 것은?

① ㉠: 자신이 바라는 어떤 것을 마주쳤음을 짐작하게 하는 행위가 나타난다.

② ㉡: 지향하는 가치관이 상반된 이들의 간섭으로 자신의 여정이 방해받고 있는 장면이 연출된다.

③ ㉢: 자신의 선택에 대해 잠시 들었던 의구심을 떨쳐 내려는 모습이 나타난다.

④ ㉣: 자신만의 생각에 몰입해 가는 정황이 드러난다.

⑤ ㉤: 시간의 변화로 대상의 속성이 약화되는 상황에 대한 의미가 부여되는 문맥이 형성된다.

10 〈보기〉를 바탕으로 하여 윗글을 감상한 내용으로 적절하지 <u>않은</u> 것은? [3점]

─── 〈보기〉 ───

「잔인한 도시」는 도시가 주요 인물처럼 설정된 소설이다. 수감 생활의 억압된 처지를 벗어난 자유로운 새 삶에 대한 염원을 새의 방생을 통해 기원하는 선한 의지가, 방생을 부당한 돈벌이 수단으로 악용하는 '잔인한 인간'에게 배신당하였음을 깨달은 '사내'는 도시를 떠나 고향을 향하는 길에 나선다. 이 길은 '잔인한 도시'에 대적하여 투쟁하는 수행에 수렴되는 것이라 해도 좋다. 다만 그 싸움의 승패를 섣불리 확신하기 어려운 것은, 대적의 상대가 현대 사회의 강력한 구조적 문제의 거점인 '도시'인 까닭이다.

① '교도소 길목'에서 '방생의 집'으로 향하는 '사내'의 심정은 자유로운 삶에 대한 염원을 기원하려는 선한 의지에 맞닿아 있겠군.

② '너 같은 건' '도시의 추위를 견디지 못한다'고 '새'에게 이르는 것을 보면, '방생의 집'으로 대변된 도시의 잔인한 이면에 대한 방증을 상처 입은 '새'의 처지를 보고 짐작할 수 있겠군.

③ '사내'가 자기 판단이 '잘한 일'이라고 말하는 장면에서 도시에 대적한 투쟁의 성공에 대한 확신과 의구심의 혼재가 '새'의 상태에서 비롯된 것임을 확인할 수 있겠군.

④ '겨울에도 대숲이 푸른 곳'은 '새'에게 상처를 준 '잔인한 도시'와는 달리 '새'의 상처를 치유할 수 있는 환경이라고 할 수 있겠군.

⑤ '사내'의 남행 길을 비추는 '한 줄기 햇볕'이 '영혼의 빛줄기'와 같다고 한 것을 보면, 도시를 떠나 고향을 향해 나선 '사내'의 새로운 삶에 대한 염원을 엿볼 수 있겠군.

[11~15] 다음 글을 읽고 물음에 답하시오.

(가)
어느 집에나 ㉠문이 있다
우리 집의 문 또한 그렇지만
어느 집의 문이나
문이 크다고 해서 반드시
잘 열리고 닫힌다는 보장이 없듯

문은 열려 있다고 해서
언제나 열려 있지 않고
닫혀 있다고 해서
언제나 닫혀 있지 않다

어느 집에나 문이 있다
어느 집의 문이나 그러나
문이라고 해서 모두 닫히고 열리리라는
확증이 없듯

문이라고 해서 반드시
열리기도 하고 또 닫히기도 하지 않고
또 두드린다고 해서 열리지 않는다

어느 집에나 문이 있다
어느 집이나 문은
담이나 벽을 뚫고 들어가
담이나 벽과는 다른 모양으로
자리 잡는다

담이나 벽을 뚫고 들어가
담이나 벽과 다른 모양으로
자리 잡기는 잡았지만
담이나 벽이 되지 말라는 법이나
담이나 벽보다 더 든든한
문이 되지 말라는 법은 없다

　　　　　　　　　　　－ 오규원, 「문」

(나)
ⓒ유리에 차고 슬픈 것이 어른거린다.
열없이 붙어 서서 입김을 흐리우니
길들은 양 언 날개를 파닥거린다.
지우고 보고 지우고 보아도
새까만 밤이 밀려 나가고 밀려와 부딪히고,
물 먹은 별이, 반짝, 보석처럼 박힌다.
밤에 홀로 유리를 닦는 것은
외로운 황홀한 심사이어니,
고운 폐혈관이 찢어진 채로
아아 너는 산새처럼 날아갔구나!

　　　　　　　　　　　－ 정지용, 「유리창 1」

11 (가), (나)에 대한 설명으로 가장 적절한 것은?

① (가)와 달리 (나)는 화자의 행동과 관련한 감각적 경험 내용이 직접 표현되고 있다.

② (가)는 (나)와 달리 현실과 환상을 함께 경험하는 화자가 모순된 감정을 느끼고 있다.

③ (가), (나) 어디에도 시적 대상에 대한 화자의 태도가 드러나지 않는다.

④ (가), (나)는 각기 상징적 표상을 사용하여 대상에 대한 통념을 비판한다.

⑤ (가), (나) 모두 작품 전반에 걸쳐 구조적인 반복과 병치를 사용함으로써 리듬을 형성한다.

12 (가)에 대한 감상으로 적절하지 <u>않은</u> 것은? [3점]

① 대상이 '우리 집'에서 '어느 집'으로 확대되어 가면서 시인의 인식도 확장되고 있군.

② 하루하루 살아가는 과정에서 깨닫게 된 삶의 무상함이 상징적 시어들을 통해 표현되고 있어.

③ 각각의 개인이 각각의 '집'이라 생각한다면 '문'이나 '담', '벽' 등은 사람들 사이의 다양한 소통 관계를 뜻한다고 할 수 있겠군.

④ 일상에서는 쉽게 놓칠 수 있는 대상의 여러 특징들을 성찰을 통해 발견하면서 대상의 의미에 대한 새로운 접근을 시도하고 있군.

⑤ 대상과 관련한 다양한 상황들을 제시하면서 그것의 의미들을 단정적으로 말하지 않는 것은 독자들이 직접 생각해 보게 하려는 까닭인 것 같아.

13 (가)의 주제와 가장 유사한 발상을 보여 주는 진술은?

① 우리 모두는 저마다 웃는 표정이 다르다.

② 어린아이의 웃음은 어른의 웃음보다 밝고 깨끗하다.

③ 어제는 모두가 웃고 있었지만, 오늘은 아무도 웃지 않는다.

④ 내가 보이는 웃음은 내 마음이 기쁘다는 것을 나타내는 표현이다.

⑤ 웃음이 선의를 나타낸다고 하지만, 그것은 어색함일 수도, 위선일 수도 있다.

14 (나)에 대한 이해로 적절하지 <u>않은</u> 것은?

① '차고 슬픈 것'에는 화자의 내면 심리가 투영되어 있다.

② '길들은 양 언 날개'는 시적 대상이 화자를 불러내었음을 보여준다.

③ 쉼표 전후에 배치한 '반짝'은 슬픔의 승화를 함축한다.

④ '고운 폐혈관이 찢어진 채'는 작품의 창작 배경을 암시한다.

⑤ '날아갔구나!'는 화자가 새삼 현실을 자각하게 되었음을 드러낸다.

15 ㉠, ㉡에 대한 설명으로 가장 적절한 것은?

① 각 시의 화자는 ㉠, ㉡을 통해 외부와 소통하고 있다.

② 각 시의 화자는 ㉠, ㉡에 대해 탐구적인 태도를 취한다.

③ 각 시의 화자는 ㉠, ㉡의 실체가 확인되자 절망하고 만다.

④ 각 시의 화자는 ㉠, ㉡을 가변적 속성을 지닌 것으로 인식한다.

⑤ 각 시의 화자에게 ㉠, ㉡과의 관계 형성은 중요한 과제이다.

[16~20] 다음 글을 읽고 물음에 답하시오.

(가)

인간이 공간에 존재한다는 것은 어느 사물이 그릇 속에 존재하는 것과는 의미가 다르다. 인간은 사물들 중의 하나가 아니라 주변 세계와 관계를 맺는 주체이며 그런 의미에서 인간은 ㉠지향성이라는 특징으로 설명되어야 한다. 사람들은 그저 세상에 던져져 주어진 자리에 머무른 채 살지는 않는다. 어떤 필요에 따라 사물들을 이용하거나 대상에 대해 어떤 감각이나 느낌을 가지고 상호 작용하며 이리저리 생각하면서 어떤 일을 해 나가는데, 이러한 과정에서 필요한 수행의 영역이 인간 삶의 공간에 상응한다. 이 공간은 수행의 진전 여하에 따라 확장되거나 축소될 수 있고 다른 양태로 변경될 수도 있다.

공간은 인간 존재의 지향에 따라 의미를 얻는다. 인간은 공간 속 '어딘가에', 즉 특정한 위치에 존재한다. 인간이 어느 곳에 처해 있는 방식은, 그가 우연히 '어딘가에' 버려졌다고 느끼는지 아니면 바로 그 곳이 자신에게 속해 있고 자신과 한 몸처럼 묶여 있다고 느끼는지에 따라 각기 다를 수 있다. 인간은 공간에 버려진 듯이 느낄 수도 있고 공간에서 안도감을 느낄 수도 있다. 또 공간과 일체감을 느끼기도 하고 공간을 낯설게 여기기도 한다. 이것이 인간이 처한 공간에서 공간과 맺는 관계의 변화 양상이다.

하이데거는 인간 실존이 세계에 던져져 있는 상태에 대해 얘기한다. 던져진 상태는 인간이 그의

81

의지와 무관하게, 혹은 그의 의지에 반하여 낯선 세계 안에 들어있음을 말한다. 이처럼 생각지도 않은 자리에 있는 인간은 무의미한 존재이기 때문에 그 상태에서 벗어나 삶의 영역에 상응하는 세계의 지평을 넓히려고 도모하는데, 이를 '존재의 기획'이라 한다. 이러한 기획을 성공적으로 수행하지 못할 경우, 인간은 던져진 상태에서 벗어나지 못하는 것이다. 이는 실제로 고향을 잃어버리고 뿌리가 뽑혀 나간 우리 시대의 인간이 공간과 맺고 있는 관계를 정확하게 본 모습이다. 이 모습은 인간과 공간의 관계에서 무엇인가 중요한 것이 결여된 경우에 나타나는 현대인의 특징이다.

(나)

사람들이 장소를 경험할 때는 보통 긴밀한 애착, 즉 친밀감이 생긴다. 친밀감은 특정 장소에서 '여기'를 알게 되는 과정의 일부이다. 우리가 장소에 내린 뿌리는 바로 이 애착으로 구성된 것이며, 이 애착이 포괄하고 있는 친밀감은 단지 장소에 대해 세부적인 것까지 알고 있는 것만이 아니라 그 장소에 대한 깊은 배려와 관심이다. 장소에 애착을 갖게 되고 그 장소와 깊은 유대를 가진다는 것은 인간의 중요한 욕구이다.

ⓛ한 장소에 뿌리를 내린다는 것은 세상을 내다보는 안전지대를 가지는 것이며, 사물의 질서 속에서 자신의 입장을 확고하게 파악하는 것이며, 특정한 어딘가에 의미 있는 심리적 애착을 가지는 것이다. 우리가 애착을 가지는 장소들은 그 속에 우리의 복잡다단한 경험이 있으며 복잡한 애정과 반응을 불러일으키는 환경이다. 그러나 장소를 소중히 여긴다는 것은 과거의 어떤 경험과 미래에 대한 기대 때문에 가지는 관심 이상이다. 실제로 어떤 장소에 대한 전적인 관심, 사람이 할 수 있는 어느 것 못지않은 심오한 관심이 거기에 있다. 소중히 한다는 것은 인간이 세계와 맺는 관계의 기초이기 때문이다.

그런 헌신과 책임에는 하이데거가 '아낌'이라고 부른 것이 포함된다. 즉, 아낌이란 사물, 여기서는 장소를, 그것이 존재하는 방식 그대로 두는 것이

다. 예컨대 장소를 무리하게 인간의 의지에 복종시키려 하지 않으면서 건물을 세우거나 농사를 지음으로써 장소를 돌보는 것이 온당한 자세이다.

16 (가)의 내용에 부합하는 것은?

① 공간의 의미를 규정하는 유일한 기준은 인간과 공간의 일체감이다.

② 던져진 자리에 머무르는 행위는 사람들이 존재의 기획을 위한 주요 전략이다.

③ 어떤 곳에 묶여 있다고 느끼는 감각은 인간과 공간의 관계에 대한 올바른 이해를 방해한다.

④ 공간을 고정된 사물로 보는 것은 인간과 공간의 관계에 대한 논의의 전제로 적절하지 않다.

⑤ 인간이 특정한 공간에 부여한 의미에는 상황이나 조건의 변화에도 유지되는 불변의 자질이 있다.

17 (나)의 논지 전개 방식에 대한 설명으로 가장 적절한 것은?

① 기존 논의의 한계를 지적하며 새로운 논점을 제시하고 있다.

② 다른 학자의 견해를 제시하여 여러 해석의 가능성을 보이고 있다.

③ 용어의 개념적 이해를 바탕으로 논의의 논리적 맥락을 형성하고 있다.

④ 개념이 잘못 적용된 사례를 들고 이를 바로잡는 과정을 제시하여 설득력을 높이고 있다.

⑤ 난해한 표현을 대체할 일상적 표현을 제안한 뒤 둘의 공통점과 차이점을 해설하고 있다.

18 ㉠에 주목하여 추론한 생각으로 가장 적절한 것은? [3점]

① 인간이 사물과 관계를 맺는 방식은 ㉠을 배제할 때 가능해진다.

② 인간이 고정불변의 사물로 규정된다는 것은 ㉠을 전제로 할 때 타당하다.

③ 인간이 필요에 따라 사물을 이용할 때 이미 ㉠의 방향은 결정된 상태이다.

④ 인간이 사물과 구별되는 속성은 ㉠과 무관하게 선험적으로 부여받은 것이다.

⑤ 인간의 존재 방식과 사물의 존재 방식의 다른 점은 공간과 연관될 때 ㉠의 자질이 나타나는지 여부이다.

19 ㉡에 대한 이해로 적절하지 <u>않은</u> 것은?

① 인간이 세계에서 입지를 확고하게 할 수 있는 행위이다.

② 인간이 장소에 대해 친밀감을 가지려는 적극적인 행위이다.

③ 인간이 복잡다단한 삶을 이어갈 환경을 마련하는 행위이다.

④ 인간이 세계를 경험할 때 자신을 보호해 줄 영역을 확보하는 행위이다.

⑤ 인간이 과거 경험을 통해 미래의 장소에 대해 세부적인 것까지 알게 되는 행위이다.

20 윗글을 바탕으로 〈보기〉를 이해한 내용으로 적절하지 <u>않은</u> 것은?

〈보기〉

집은 건축물로서의 의미를 넘어, 생활 공동체의 근거지라는 가치를 함의한다. 가족들에게 집이란 거주의 공간이면서, 가족 구성원들에게 안정성을 보장하는 영역이다. 안정성이란 스스로의 의지에 따라 지속적으로 정착할 수 있는 가능성에서 비롯된다. 정착이 특정한 공간을 점유하는 것을 의미한다는 점을 고려할 때, 정착을 통해 집은 물리적 공간에서 개인적·심리적 가치를 지닌 곳으로 바뀔 수 있다.

외부 세계의 위협으로부터 보호와 안락을 제공하는 안식처로서의 집은, 가족들에게 자신들만의 고유한 가치를 부여한다. 일상생활을 함께 영위하면서 구성원들은 각자의 방식으로 외부 세계를 고찰하고 해석한다. 이 과정에서 발생하는 구성원들 간의 동질감은 생활 공동체를 유지하는 원동력으로 작용한다. 이때 집은 구성원들의 유대 관계를 형성하는 심리적 터전의 의미를 지닌다. 따라서 가족들이 집에 함께 머무는 것은 결속을 강화하여 외부 세계의 위협에 맞설 수 있는 계기가 된다.

① 집을 단순한 건축물이 아니라 공동체적 의미를 지닌 것이라 한 얘기는, 인간과 공간의 관계에 관한 생각을 드러내는군.

② 특정한 공간을 점유하는 인간과 공간의 관계는 공간을 돌보는 동시에 인간 자신의 의지에 복종시키는 현대인의 이중성을 드러내는군.

③ 정착을 통해 집의 가치가 물리적 차원에서 다른 차원으로 변환될 수 있다는 것은, 공간이 일정한 양태로 환원되지 않는다는 점을 방증하는군.

④ 집이 구성원들을 어우러지게 하는 심리적 터전이라고 보는 것은 인간이 특정한 장소에 심리적 애착을 가지는 성향이 있다는 견해와 부합하는 면이 있군.

⑤ 가족들이 집에 함께 머무는 것이 결속을 강화하여 외부 세계의 위협에 맞설 수 있는 계기가 된다고 하니, 어딘가에 거주하는 것이 안전지대를 얻고 자기 입장을 확고하게 파악하는 계기가 된다는 점을 이해할 수 있군.

[21~25] 다음 글을 읽고 물음에 답하시오.

서로 영향을 주고받는 상황에서 상대방의 행동을 고려하여 자신의 행동을 결정하는 것을 전략적 행동이라 한다. 게임이론은 이러한 '전략적 행동'을 연구하는데, 경제학에서 상호작용이 중요하게 작용하는 과점기업들의 경쟁을 설명하는 이론으로 활용된다. 현실에서 접하는 여러 경제 문제가 이 게임과 비슷한 구조를 지니고 있기 때문이다. 완전경쟁시장이나 독점시장의 분석에는 게임이론을 적용할 필요가 없다. 완전경쟁시장에서 각 기업의 규모는 시장 전체에 비해 매우 작아서 기업끼리의 상호작용은 중요하지 않으며, 독점시장에서는 기업이 하나뿐이어서 상호작용이라는 것이 가능하지 않기 때문이다. ㉠

게임이론에서 자주 인용되는 죄수의 딜레마 게임을 살펴보자. 명백하게 징역 1년 형 정도의 범죄를 저지른 두 사람이 체포되었다. 이에 더해 이들은 이보다 더 중대한 범죄를 저질렀을 것이라는 혐의를 받고 있었다. 그 혐의를 입증하는 방법의 하나로 두 사람의 자백을 받아 내기 위해 각각 격리된 채 조사를 받게 되었다. 중대 범죄를 시인하고 다른 사람을 주범이라 증언하면 수사에 협조한 대가로 석방되고 그 주범만 징역 20년 형을 받을 것

이지만, 둘 다 시인하면 공범으로 8년 형씩 받을 것이라는 제안에 둘은 어떤 전략적 행동을 할까? 두 사람은 각각 자백과 침묵 중 하나를 선택할 수 있으므로 경우의 수는 네 가지로 한정된다. 이들이 받을 형량은 자신의 선택뿐만 아니라 상대방의 선택에도 달려 있다. 둘 다 자백하지 않는 것이 더 좋은 결과를 낳지만, 상대방이 자백할 것을 두려워하여 둘 다 자백하게 된다. ㉡

게임이론의 핵심 개념은 '최적 대응'과 '내쉬균형'이다. 최적 대응은 상대방의 전략에 대응하여 자신에게 더 유리한 결과를 가져올 전략을 말한다. 상대방이 선택한 전략이 무엇이든 상관없이 자신의 입장에서 볼 때 최적의 전략이라면 이를 '우월전략'이라 하고, 둘 다 우월전략을 선택해서 다른 상태로 바뀔 유인이 없는 상황을 '우월전략균형'이라 한다. 죄수의 딜레마 게임에서 자백은 두 사람 모두에게 우월전략이며, 이 전략을 사용한 결과로 나타난 균형, 즉 둘 다 자백한 상태가 우월전략균형 에 해당한다. 그러나 죄수의 딜레마 게임처럼 우월전략균형이 존재하는 조건이 현실에서 완전히 충족되기는 무척 어려우며, 어느 한쪽만 우월전략을 갖는 경우도 그리 흔하지 않다. 게임에서 나타날 수 있는 여러 균형 중에는 우월전략균형 외에도 '내쉬균형'과 같은 다른 종류의 균형이 나타날 수 있다. 상대방의 모든 전략에 대해 최적 대응의 성격을 지니는 우월전략과 달리 내쉬균형 의 전략은 주어진 상대방의 전략에 대해서만 최적 대응이라는 성격을 갖는다. 이는 존 내쉬(John Nash)가 제안한 균형 개념의 핵심으로, 균형이 아닌 상태에서는 적어도 한쪽이 자신의 전략을 바꿀 유인을 가지며, 따라서 그 상태가 유지되지 않기에 균형이 아니다. ㉢

죄수의 딜레마 게임에서 보듯이 과점기업들이 협조 관계를 유지한다면 더 많은 이윤을 얻을 수도 있지만 실제로 그렇게 하기는 어렵다. 정부가 과점기업들의 명시적 담합을 금지하고 있을 뿐만 아니라 기업들이 협조 관계를 유지하는 것이 말처럼 쉽지는 않기 때문이다. 그런데 현실에서는 협조 관계를 유지하는 경우도 발생한다. 만약 죄수의 딜레마

게임이 여러 번 반복된다면 상대방이 어떤 전략을 쓰는지 파악한 다음 자신의 전략을 수정할 수 있다. 예컨대 상대방도 범행을 부인하리라 믿고서 침묵으로 버텼는데 막상 상대방은 자백하는 전략을 선택했다고 하자. 반복되는 다음 게임에서는 자신도 자백하는 전략을 선택함으로써 상대방에게 보복을 가할 수 있다. 마찬가지로 기업 간의 협정을 위반해 일시적으로 이득을 얻을 수 있다고 해도 곧 다른 기업의 보복으로 인해 더 큰 손해를 입을 수 있다. ⓔ

그렇다면 과점기업들이 현실적으로 협조 관계를 유지하기 힘들다는 것이 사회적 관점에서는 어떤 의미가 있을까? 공유자원을 사용하는 경우나 불필요한 군비 경쟁 등의 경우에는 협조 관계를 유지하는 것이 사회적으로 이득이 될 수 있다. 그러나 일반적으로는 과점기업들이 협조 관계를 유지하지 못하여 담합에 실패하는 것이 사회적으로 바람직할 수 있다. ⓜ

21 윗글을 통해 답할 수 있는 질문으로 적절하지 않은 것은?

① 게임이론에서 핵심을 이루는 것은 무엇일까?
② 게임이론의 연구 대상인 전략적 행동은 무엇일까?
③ 게임이론에서 다루는 게임에는 어떤 것이 있을까?
④ 게임이론이 만들어져 지금까지 발전해 온 과정은 어떠한가?
⑤ 게임이론을 경제 문제의 분석에 적용하게 된 이유는 무엇일까?

22 윗글을 통해 알 수 있는 내용으로 적절하지 않은 것은?

① 인접한 두 나라 간에 벌어지는 국제적인 경제 정책과 그 효과를 분석하는 데에도 게임이론을 적용할 수 있다.
② 시장 전체의 규모에 비해 규모가 작은 다수의 기업이 경쟁하는 완전경쟁시장은 기업들의 상호작용이 중요하지 않다.
③ 담합을 통해 독점 이윤을 얻고자 하는 과점기업들이 협조 관계를 유지하지 못하는 것은 대체로 소비자들에게 유리하다.
④ 특정 재화를 독점 공급하는 기업이 이윤을 극대화하기 위해 가격정책을 수립하는 것에는 게임이론을 적용할 필요가 없다.
⑤ 과점기업들이 협정을 위반하는 것을 정부가 엄격히 단속하기 때문에 과점기업들은 더 많은 이윤을 얻기가 현실적으로 어렵다.

23 우월전략균형 과 내쉬균형 에 대한 이해로 가장 적절한 것은?

① '우월전략균형'은 '내쉬균형'을 이루기 위한 필수 조건이다.
② '내쉬균형'을 이루기 위한 전략은 상대의 전략과 상관없이 자신에게 최적인 전략이다.
③ '내쉬균형'을 이룬 상태에서 상대가 전략을 바꾸면 자신의 전략이 바뀔 수 있다.
④ 한 대상만 우월전략을 갖더라도 '우월전략균형'이 이루어질 수 있다.
⑤ 현실에서 '우월전략균형'의 조건이 충족되는 것은 불가능하다.

24 윗글의 주요 내용을 구체화하기 위해 〈보기〉의 사례를 추가한다고 할 때, 가장 적절한 곳은?

〈보기〉

우물이 2개뿐인 마을에서 각각의 소유주 두 사람은 물 공급량 결정을 매주 토요일 만나 결정하기로 한다. 물값은 공급량에 따라 시장에서 결정되며, 편의상 물을 퍼 올리는 비용은 들지 않는다고 하자. 또한 총생산량이 60갤런일 때 물값은 갤런당 60달러로 3,600달러의 최대 수입을 거두지만, 70갤런을 생산하면 물값은 갤런당 50달러로, 80갤런을 생산하면 갤런당 40달러로 점차 하락한다고 할 때 두 소유주의 물 공급량 결정은 어떠할까? 어느 한 소유주가 약속을 위반하고 40갤런을 생산하면 그 후로 둘은 모두 40갤런씩 생산하기로 하는 벌칙 조항을 정할 수 있다. 이런 벌칙만으로도 장래의 이윤을 중요하게 여기는 소유주라면 아무도 한 번의 높은 수입을 위해 약속을 위반하지는 않을 것이다.

① ㉠ ② ㉡ ③ ㉢ ④ ㉣ ⑤ ㉤

25 윗글을 바탕으로 〈보기〉를 이해할 때 가장 적절한 것은? [3점]

〈보기〉

어떤 마을에 경쟁 관계에 있는 서핑용품 판매점 A, B 두 곳만 있다. A와 B는 각각의 이득을 극대화하기 위해 광고를 할지 고민하고 있다. A와 B가 벌어들인 수익을 상황별로 제시하면 다음과 같다. 이를 바탕으로 새로운 전략을 세우려고 한다.

		A의 선택	
		광고함	광고 안 함
B의 선택	광고함	400만원 / 400만원	300만원 / 700만원
	광고 안 함	700만원 / 300만원	800만원 / 800만원

① A, B 모두 광고를 하지 않은 경우, A는 전략을 바꿀 유인을 가진다.

② A, B 모두 광고를 하지 않은 경우, B는 전략을 바꿀 유인을 가진다.

③ A가 광고를 하고 B가 광고를 하지 않은 경우, B는 전략을 바꿀 유인을 가진다.

④ A가 광고를 하지 않고 B가 광고를 한 경우, A는 전략을 바꿀 유인을 갖지 않는다.

⑤ A, B 모두 광고를 한 경우, B는 전략을 바꿀 유인을 가진다.

[26~30] 다음 글을 읽고 물음에 답하시오.

적정기술이란 한 사회의 환경, 윤리, 문화, 사회, 경제적인 측면을 모두 고려하여 특별히 고안된 기술로, 적은 비용으로 제품을 제작할 수 있고 지역 생태 환경에 적합하며 자주적으로 유지·운영할 수 있는 지속 가능한 기술을 말한다. 이 개념은 1973년 영국의 경제학자 에른스트 슈마허의 저서 『작은 것이 아름답다(Small is Beautiful)』로부터 비롯되었다. 슈마허는 대중에 의한 생산을 강조하면서 지역에서 생산되는 자원을 최대한 활용할 수 있고 저렴하며 전문가가 아니더라도 사용법을 쉽게 익힐 수 있다는 의미에서 중간기술을 제안했다. 이것은 기술혁신이 빠르고 기술 집약도가 높으며 고부가가치 창출을 실현하기 위해 대규모로 자원을 소비하는 특징을 지닌 첨단기술과 구분되고 전래부터 사용해 온 토속기술과도 구분되는 중간적 의미를 지니는 것이었다.

슈마허가 중간기술을 구상했을 때, 그것은 빈곤국의 자원과 필요에 적합하게 소규모이며 간단하고 돈이 적게 드는 기술을 의미했다. 어느 정도 '가난한 사람을 위한 착한 기술'이라는 다소 추상적이고 정신적인 슬로건에 가까웠다. 따라서 주로 저개발국의 빈곤 퇴치나 기술의 자주성에 초점이 맞춰진 단순한 기술, 또는 값싼 기술로 인식되는 것이 일반적이었다. 이는 구매력이 있는 상위의 소비자들만을 대상으로 하는 첨단의 기술이 진정한 의미에서 적정기술이 될 수 있느냐는 문제의식, 곧 기술이 무엇을 위해 존재해야 하는가 하는 목적론적 관점의 문제의식을 반영한 것이었다. ⓒ

하지만 그 이후 현지화된 발전, 지속가능한 발전, 환경 친화적 발전 같은 요소들을 공통적으로 포함하는 개념이 정리되어 가면서 얼마 지나지 않아 부유한 선진국에서도 각 나라가 처한 상황에 적합한 새로운 형태의 적정기술이 필요하다는 것이 확인되기 시작했다. 보편적인 관점에서 실제적인 필요와 당위성이 생겼던 것이다. 1973~1974년에 일어난 석유 파동은 사람들이 값싸고 풍족하게 여겼던 석유가 한순간에 고갈될 수 있다는 사실을 깨닫게 하기에 충분했다. 오랫동안 첨단기술에 의존하여 그 속에서 편리를 추구해 왔던 사람들은 첨단기술이 정작 위기상황에 취약하다는 것을 알게 되었다. 첨단기술은 지속 가능성을 염두에 두고 설계된 것이 아니었기에, 지정학적 불안정, 환경 재해, 자원 고갈 같은 문제들은 모두 위기를 야기하는 요인들이었다.

위기는 새로운 상황을 기존 시스템이 수용하지 못할 때 발생하며 그 자체가 위기상황이 된다. 2004년 남아시아 대지진으로 35만 명의 사망자를 냈던 쓰나미 사태라든가 2008년 리만 브라더스 파산과 함께 찾아온 세계적 차원의 금융·경제 위기 등은 첨단기술에 의지하고 있는 사회 시스템이 일순간에 무력해질 수 있다는 사실을 확인시켜 주고 있었다. 이에 따라 사람들은 기존의 고비용 중앙집중식 에너지 공급의 한계, 원자력 발전의 재난 위기 취약성, 성장 위주 경제 발전의 부작용 등의 문제들에 대해 다시 생각하게 되었고, 그와 함께 적정기술의 가치에 대해서도 재발견하게 되었다.

적정기술의 재발견과 관련하여 주목할 만한 사례가 있다. 리만브라더스 사태 이후 미국에서는 장기 주택 담보 대출로 인한 고통을 피하려는 배경에서 '타이니 하우스'라는 새로운 주택 형태가 유행하였다. 10제곱미터 남짓의 작은 집 형태의 타이니 하우스는 이동이 가능한 데다가 태양광 발전으로 전기를 이용하고 빗물과 샘물을 활용하여 물을 얻는 친환경적 기술을 사용한다. 이 작은 집은 주택담보 대출의 과중한 부담으로부터 벗어나고 싶은 저소득층 청년들의 관심을 받아 인기를 끌었지만, 그 후로는 주거 환경에 대한 새로운 접근으로서 널리 알려졌다. 지속적인 경제 호황을 경험하던 시기에는 찾아보기 힘들었던 이러한 사례는 위기에 대응하면서 지속 가능한 발전을 모색하려는 적정기술의 지향적 가치에 부합하는 것이었다.

오늘날에 와서 적정기술은 경제적 수익을 창출하는 실용적이고 자립적인 기술로까지 개념이 확장되어 사용되고 있다. 미래의 자원을 끌어다 현재의 필요를 채우는 방식으로는 작동하지 않는 기술, 그렇기에 기본적으로 지속 가능한 시스템을 배경으로 작동하는 기술로서의 새로운 모색이다. 이제 적정기술은 단순하고 낮은 수준의 기술뿐 아니라 정보통신기술을 비롯한 첨단기술과의 접목을 통해 적은 비용으로 자원을 고갈시키지 않으면서 저개발 국가와 선진국의 다양한 사회 문제를 해결하는 복지 기술, 공동체 기술, 혹은 사회 문제 해결 기술 등과 같은 새 시대의 대안적 기술과 사업 모델로서 모색될 전망이다.

26 윗글의 서술 방식에 대한 설명으로 가장 적절한 것은?

① 가설과 검증을 통해 이론의 타당성을 마련하고 있다.

② 시간적 흐름에 따른 개념의 발전 과정을 소개하고 있다.

③ 다양한 사례를 통해 상반된 개념의 절충을 시도하고 있다.

④ 항목별로 구체적인 근거를 제시하면서 주장을 강화하고 있다.

⑤ 문제에 대한 서로 다른 관점에서의 분석 내용을 비교하고 있다.

27 윗글의 내용과 일치하는 것은?

① 적정기술은 극빈국 국민의 삶을 구제하기 위한 원조 기술이다.

② 영리를 기술 개발의 목적으로 삼는 것은 적정기술의 취지에 부합하지 않는다.

③ 적정기술은 사회 시스템의 도움을 받기 어렵기 때문에 대규모 위기상황에 취약하다.

④ 오늘날 적정기술은 다수의 시민들에게 경제적이며 실용적인 이득을 제공해 줄 수 있다.

⑤ 선진국이 적정기술에 새롭게 주목하는 까닭은 환경 문제 해결을 위해 첨단기술로부터 적정기술로의 전환이 필요해졌기 때문이다.

28 윗글의 맥락을 고려할 때, '첨단기술'에 대한 설명으로 적절하지 않은 것은?

① 적정기술과의 접목 가능성이 낮다.

② 저비용의 친환경적 기술로 보기 어렵다.

③ 저개발 국가에서는 사용하기 어려운 제약이 있다.

④ 대규모 에너지 공급을 안정적으로 지원받아야 한다.

⑤ 위기상황에 대처하는 유연한 체제를 갖추고 있지 못하다.

29 ㉠에 제시할 만한 사례로 적절하지 않은 것은? [3점]

① 책가방 없이 학교에 오는 아이들이 대부분인 어느 학교에서는 교실에서도 아이들이 공책을 바닥에 놓고 공부하는 경우가 많다. 이 아이들을 위해 가방 기능을 하는 책상인 '헬프데스크'가 제작되었다. 폐지를 모양대로 자른 뒤 접어서 만들 수 있는 이 제품은 적은 비용으로 가방이나 책상을 사용할 수 있게 해 준다.

② 과일이나 채소 작물은 일시적으로 다량 생산된다. 이것들의 수확과 가공에는 주로 여성 노동이 투입되는데, 손으로 딱딱한 껍질을 제거하기에 긴 노동 시간과 부상의 위험이 뒤따른다. 금속과 콘크리트로 만든 '범용 견과 껍질 제거기'는 농촌 마을 여성들의 노동 부담을 줄여주며 판매 수익을 높이는 데 기여한다.

③ 물과 전기가 부족한 어느 시골에서는 '페달 펌프'가 제작되어 사용된다. 페달 펌프는 실린더를 제외하면 현지에서 나는 대나무 재료를 사용하여 만들 수 있고 사람의 힘으로 소규모 농업용수를 확보할 수 있다. 이 펌프를 사용하여 농부들은 지하 6~7미터 깊이에 있는 물을 쉽게 끌어올릴 수 있다.

④ 어느 시골에서는 전기가 안 들어와 대낮에도 움막 형태의 집안은 매우 어둡다. 투명 페트병 안에 물과 표백제를 넣고 지붕의 틈새에 끼워 태양 빛을 투과하게 하면 빛의 산란으로 집안은 상당히 밝아진다. 페트병은 매우 적은 비용을 필요로 할 뿐 아니라 꽤 오랫동안 사용할 수 있는 경제성을 지니고 있다.

⑤ 전기 사정이 안 좋은 어느 나라에서는 기부자나 투자자의 자본 및 기술 지원으로 소규모 친환경 태양광 발전소를 운영하고 있다. 다수의 태양광 패널을 결합하여 사용하면

소형 가전부터 냉장고나 텔레비전 같은 중형 가전의 전력을 공급할 수 있어 전기 문제를 해결할 수 있다.

30 〈보기〉에 언급된 사례가 윗글에서 설명하는 '적정기술'로서 적합하지 <u>않은</u> 가장 주된 이유는? [3점]

─〈보기〉─

플레이펌프(PlayPump)는 전기가 보급되지 않는 오지 지역의 주민들에게 놀이와 전력 공급이라는 두 가지 수단을 동시에 갖게 한 상품이다. 아이들이 회전목마를 돌리면서 놀기만 하면 그것이 동력이 되어 지하수를 끌어올려 탱크에 물을 채우는 장치이다. 이 간단한 아이디어 사업에 미국의 정치가와 기부자들이 동참했고, 수천만 달러의 기부금을 모아 남아프리카 모잠비크에 1,500대가 넘는 플레이펌프를 공급했다. 이로 인해 한때 적정기술의 대표적 사례로 다루어지기도 했다. 하지만 시간이 지난 후 이 제품은 실패한 적정기술의 사례로 회자되고 있다. 이 제품을 설치한 마을에서 아이들이 주민들이 먹을 만큼 지하수를 올리려면 학교도 가지 않고 하루 종일 놀이기구를 돌려야 하는 불편을 감수해야 한다는 사실이 확인되었기 때문이다.

① 다른 지역에 적용하기 어려웠다.

② 지속 가능한 발전을 고려하지 못했다.

③ 환경 친화적인 기술을 적용하지 않았다.

④ 사업에 필요한 자금을 기부를 통해 모았다.

⑤ 기술을 구현하는 데 많은 천연 자원이 필요했다.

[31~35] 다음 글을 읽고 물음에 답하시오.

(가)

추성(楸城) 진호루(鎭胡樓) 밖에 울어 예는 저 시냇물아
무엇을 하려고 주야로 흐르느냐
㉠임 향한 내 뜻을 좇아 그칠 때를 모르는도다
〈제3수〉

뫼는 길고 길고 물은 멀고 멀고
어버이 그리워하는 뜻은 많고 많고 크고 크고
어디서 ⓐ외기러기는 울고 울고 가나니 〈제4수〉

어버이 그리워할 줄을 처음부터 알았건마는
임금 향한 뜻도 하늘이 생기게 했으니
㉡진실로 임금을 잊으면 불효인가 여기노라
〈제5수〉

– 윤선도, 「견회요(遣懷謠)」

(나)

청천에 떠서 울고 가는 ⓑ외기러기 날지 말고 내 말 들어
한양성 안에 잠깐 들러 부디 내 말 잊지 말고 웨웨쳐 불러 이르기를 ㉢월황혼 겨워 갈 때 적막한 빈방에 던진 듯 홀로 앉아 임 그려 차마 못 살레라 하고 부디 한 말을 전하여 주렴
우리도 임 보러 바삐 가는 길이오매 전할동 말동 하여라

– 작자 미상

(다)

일조(一朝) 낭군 이별 후에 소식조차 돈절하야
㉣자네 일정(一定) 못 오던가 무슨 일로 아니 오더냐
이 아해야 말 듣소
황혼 저문 날에 개가 짖어 못 오는가
이 아해야 말 듣소
춘수(春水)가 만사택(滿四澤)하니 물이 깊어 못 오던가

이 아해야 말 듣소

하운(夏雲)이 다기봉(多奇峰)하니 산이 높아 못 오던가

이 아해야 말 듣소

한 곳을 들어가니 육관 대사 성진이는

석교(石橋)상에서 팔선녀 데리고 희롱한다

지어자 좋을시고

병풍에 그린 황계(黃鷄) 수탉이 두 나래 둥덩 치고

짧은 목을 길게 빼어 긴 목을 에후리어

사경(四更) 일점(一點)에 날 새라고 꼬꾀요 울거든 오려는가

자네 어이 그리하야 아니 오던고

너는 죽어 황하수(黃河水) 되고 나는 죽어 도대선(都大船) 되어

밤이나 낮이나 낮이나 밤이나

바람 불고 물결치는 대로 어하 둥덩실 떠서 노자

저 달아 보느냐

ⓜ임 계신 데 명휘(明輝)를 빌리려문 나도 보게

이 아해야 말 듣소

추월(秋月)이 양명휘(揚明輝)하니 달이 밝아 못 오던가

어데를 가고서 네 아니 오더냐

지어자 좋을시고

– 작자 미상, 「황계사」

31 (가)~(다)의 공통점으로 가장 적절한 것은?

① 대상의 부재를 시적 상황으로 삼고 있다.

② 계절의 변화에 따라 시상을 전개하고 있다.

③ 세태에 대한 비판적인 시선을 기본으로 하고 있다.

④ 자연과 속세를 대비하여 주제의식을 강조하고 있다.

⑤ 규범과 현실의 괴리로 인한 심리 상태를 부각하고 있다.

32 (가)의 표현상 특징으로 가장 적절한 것은?

① 시어의 반복을 통해 소재의 속성을 강조하고 있다.

② 색채 이미지를 활용하여 분위기를 조성하고 있다.

③ 점층법을 사용하여 화자의 감정을 표출하고 있다.

④ 반어적 표현을 통해 시적 긴장감을 형성하고 있다.

⑤ 다양한 의성어를 활용하여 생동감을 자아내고 있다.

33 ⓐ, ⓑ에 대한 이해로 가장 적절한 것은?

① ⓐ는 화자의 소망을 실현해 주는 자연물이고, ⓑ는 화자의 희망을 방해하는 자연물이다.

② ⓐ는 화자의 감정을 이입한 대상이고, ⓑ는 화자의 바람을 실행해 주기를 기대하는 대상이다.

③ ⓐ, ⓑ는 모두 화자의 불만을 유발하는 소재이다.

④ ⓐ와 달리 ⓑ는 화자의 추억을 촉발하는 요소이다.

⑤ ⓑ와 달리 ⓐ는 화자의 고민을 해결해 주는 존재이다.

34 ㉠~㉤에 대해 이해한 내용으로 적절하지 <u>않은</u> 것은?

① ㉠ : 어버이와 임금을 향한 뜻이 영원히 변치 않을 것이라는 다짐에서 화자의 강한 의지를 확인할 수 있다.

② ⓛ : 충성과 효도를 동등한 것으로 여기는 것에서 화자의 가치관을 파악할 수 있다.

③ ⓒ : 시간적 · 공간적 배경과 함께 진술된 외로운 상황에서 화자의 절박한 심정을 느낄 수 있다.

④ ⓔ : 상대방이 못 오는지 안 오는지 묻는 화자의 어조에서 상대방을 그리워하는 화자의 마음을 엿볼 수 있다.

⑤ ⓜ : 밝은 달빛을 빌려 임이 계신 곳을 비추려는 화자의 모습에서 임의 안위에 대한 화자의 걱정을 엿볼 수 있다.

35 〈보기〉를 바탕으로 (다)를 감상한 내용으로 적절하지 <u>않은</u> 것은? [3점]

─〈보기〉─

조선 후기 유행한 십이가사에는 관념적이고 추상적인 조선 전기 사대부 가사와 달리 정제된 형식적 틀에서 벗어나 가창 현장의 자유분방한 분위기가 반영되어 있다. 특정한 어구의 반복, 장황하다고 느낄 정도의 구체적 묘사 등은 가창 현장의 즉흥적이고 흥겨운 유흥적 상황이 반영된 결과들이다. 특히 대중의 통속적 흥미와 관심에 맞추기 위해 널리 알려진 소설, 시조, 한시 등으로 노랫말을 구성하다 보니, 작품 내용과 무관한 어구가 삽입되고 노랫말의 유기성이 떨어지는 특징을 보이기도 한다.

① '이 아해야 말 듣소'와 같은 표현을 반복적으로 사용한 것은 가창 현장의 특성을 고려하여 음악적 효과를 형성하기 위한 것이겠군.

② '육관 대사 성진이는 석교상에서 팔선녀 데리고 희롱한다'는 구절을 제시한 것은 대중들에게 잘 알려진 소설의 내용을 활용하여 대중들의 흥미를 불러일으키려고 한 것이겠군.

③ 노랫말의 맥락과는 동떨어진 정서의 '지어자 좋을시고'를 이용한 것은 가창 현장에 모인 대중들의 흥을 돋우기 위한 것이겠군.

④ '춘수가 만사택', '하운이 다기봉', '추월이 양명휘'라는 한시 구절을 인용한 것은 관념적이고 추상적인 사대부 가사에 문제를 제기하기 위한 것이겠군.

⑤ '병풍에 그린 황계 수탉'이 우는 모습을 구체적으로 묘사하여 나타낸 것은 가창 현장의 자유분방한 분위기에 발맞추기 위한 것이겠군.

[36~40] 다음 글을 읽고 물음에 답하시오.

여 부인이 상서를 심하게 꾸짖으니 상서가 아무 말도 못 하고 가만히 생각하다가 여쭙기를,

"누님께서 주관하신 줄 몰랐나이다. 예전에 양왕(梁王)이 구혼하여 허락했는데, 요즘 '선이 부모 모르게 미천한 사람을 얻어 혼례를 치렀다' 하여 조정에 시비가 들끓기에 낙양 수령에게 기별했나이다."

하니 여 부인이 말했다.

ⓐ"부부의 인연은 하늘이 정한 것이며, 애정에는 천하고 귀한 것이 없는지라. 옛날 송나라 황제도 정궁(正宮)을 폐하고 후궁(後宮)을 맞이하여 죽을 때까지 사랑한 일이 있소. 내가 비록 그대 모르게 주관했으나, 그 낭자는 첩과는 다르오. 또한 선이 급제하여 벼슬이 높아지면 두 부인을 얻는 것이 어렵지 않을 것이니, 그때 상서가 원하는 가문을 골라 며느리를 구해도 될 것이오. 그러니 더 이상 죄 없는 낭자를 죽이려 하지 마시오."

상서는 본래 충효를 겸비한 사람이었다. 속으로는 탐탁지 않았지만, 맏누이의 말씀이라 거역하지 못하고 말하기를,

"그렇게 하오리다."

하고 새로 보낸 낙양 수령을 불러 분부했다.

ⓛ"그 여자를 반드시 죽이려 했는데, 우리 누님이 하도 말리시니 그럴 수가 없도다. 그 여자를 죽이지 말고 놓아 주되, 멀리 보내 그 근처에 얼씬거리지 못하게 하라."

[중략 부분 줄거리] 상서 부인은 아들 이선을 낳을 때 해산을 도운 선녀가 남양 땅 김전의 딸 숙향이 아들의 배필이라고 한 말을 뒤늦게 떠올리고서 숙향을 다시 불러들인다.

"네 집은 어디며, 부모는 누구이고, 나이는 몇이나 되었느냐?"

낭자가 절을 하고 바르게 고쳐 앉으며 여쭈었다.

"다섯 살 때 부모님을 난리 중에 잃고 길거리를 방황했는데 어떤 짐승이 업어다 남군 땅 장 승상 댁에 내려놓았나이다. 마침 그 집에 자식이 없어 저를 친자식처럼 십 년을 기르셨으니, 고향은 물론 부모님의 성명도 모르옵나이다."

상서가 또 묻기를,

"장 승상이라 하면 남군 땅 장송밖에는 없는데, 거기 있다가 어찌하여 이화정 할미의 집으로 왔느냐?"

하니 낭자가 대답했다.

"승상 댁에 있던 사향이란 종이 승상 부인의 봉채를 훔쳐다 첩의 화장 그릇에 넣어 놓고 첩이 훔친 것처럼 모함했나이다. 그 일로 인해 승상 댁에서 쫓겨나 포진물에 빠져 죽으려 했는데, 마침 연꽃을 따는 아이들이 구해 주며 동쪽으로 가라 했나이다. 동쪽으로 가다 또 갈대밭에서 화재를 만나 거의 죽게 되었사온데, 화덕진군이라는 노인이 구하여 살아나게 된 것을 이화정 할미가 지나가다 보고 데려갔나이다."

"장 승상 댁에서 할미 집까지 며칠 만에 왔느냐?"

"장 승상 댁에서 하룻밤 자고, 그 이튿날 바로 왔나이다."

ⓒ"장 승상 댁에서 여기까지는 삼천삼백오십 리나 되니, 비록 천리마를 탔을지라도 쉽게 오기 어려우리라. 그런데 이틀 만에 왔다고 하니, 참으로 이상하도다."

상서와 낭자의 문답이 끝난 뒤에 부인이 물었다.

"네 이름은 무엇이며, 몇 년 몇 월에 태어났느냐?"

"이름은 숙향이옵고, 나이는 열여섯 살이오며, 기축년 4월 초파일 해시(亥時)에 났사옵니다."

"부모님 성명도 모르면서 생월생시는 어찌 그렇게 자세히 아느냐?"

"어렸을 때 부모님께서 제게 ⓐ비단주머니를 채워주셨는데, 자란 후에 보니 생월생시를 적어넣었더이다."

숙향이 주머니를 끌러 부인에게 드렸다. 부인이 비단주머니를 풀어 보니, 붉은 비단조각에 '이름은 숙향이요, 자는 월궁선이며, 기축년 4월 초파일 해시생이라'는 글씨가 금자(金字)로 쓰여 있었다.

부인이 크게 기뻐하며 말하기를,

"네가 내 아들과 나이가 같고, 이름도 선녀가 일러준 것과 같되, 다만 부모가 누구인지 모른다고 하니, 참으로 답답하구나."

하니 상서가 말하기를,

"이 글을 금자로 썼으니, 틀림없이 성은 김씨인가 하노라."

했다. 낭자가 말하기를,

ⓓ"제가 자란 후에 우연히 듣자오니, 지난번에 낙양 수령으로 계시던 김전이 제 부친이라 하더이다. 그러나 제가 어찌 그것을 자세히 알 수 있사오리까?"

하니 상서가 말했다.

"만일 그렇다면 오죽 좋으랴."

이에 부인이 묻기를,

"그 사람이 어떤 사람이나이까?"

하니 상서가 말했다.

"김전은 이부상서 운수 선생의 아들이라. 가문이 어찌 거룩하지 않으리오."

부인이 말하기를

ⓔ"시간이 지나면 자연 알게 되리이다."

하고 낭자에게 이선의 처소인 봉황당에 가 있으라고 했다. 낭자가 봉황당으로 내려가니, 낭군이 부리던 시녀 여남은 명이 낭자를 매우 공경하면서 극진하게 모시더라.

– 작자 미상, 「숙향전」

36 윗글의 서술상 특징으로 가장 적절한 것은?

① 배경 묘사를 통해 극적 긴장감이 고조되고 있다.

② 인물들의 대화를 통해 과거 행적이 드러나고 있다.

③ 편집자적 논평을 통해 비극적 분위기가 조성되고 있다.

④ 과거와 현재의 대비를 통해 부당한 현실을 비판하고 있다.

⑤ 구체적인 시대 상황을 통해 사건의 사실성에 주목하고 있다.

37 윗글의 내용으로 적절하지 <u>않은</u> 것은?

① 맏누이는 숙향을 죽이려는 상서를 질타했다.

② 이화정 할미는 숙향을 데려다 친자식처럼 십 년 동안 길렀다.

③ 상서 부부는 숙향의 부모가 누구인지 알고 싶어 한다.

④ 낙양 수령을 지낸 김전은 이부상서를 지낸 가문의 자손이다.

⑤ 낭자는 상서 부인의 말에 따라 낭군의 처소에 머물게 된다.

38 ㉠~㉤에 대한 설명으로 적절하지 <u>않은</u> 것은?

① ㉠ : 역사적 사실을 근거로 제시하여 자신의 요구를 관철하려는 태도가 드러나 있다.

② ㉡ : 연장자의 권위를 감히 침범하지 못하는 입장을 내세워 자신의 생각을 마지못해 수정하는 모습이 드러나 있다.

③ ㉢ : 현실적으로 실현되기 어려움을 지적하며 상대방의 말에 의문을 표하는 모습이 나타나 있다.

④ ㉣ : 자신이 알게 된 사실이 전해 들은 것임을 들어 판단에 신중을 기하는 태도가 나타나 있다.

⑤ ㉤ : 자연의 이치를 고려하면서 이후에 펼쳐질 사태에 대해 염려하는 자세가 나타나 있다.

39 ⓐ에 대한 설명으로 가장 적절한 것은?

① 사건이 현실성을 지니게 한다.

② 현재 사건의 원인이 드러나도록 한다.

③ 인물을 대하는 태도가 호의적으로 바뀌게 한다.

④ 권선징악의 주제의식이 표출되도록 한다.

⑤ 인물의 감춰진 재능이 발휘되게 한다.

40 〈보기〉를 참고하여 윗글을 감상한 내용으로 적절하지 <u>않은</u> 것은? [3점]

> ─〈보기〉─
>
> 조선 후기에 창작된 「숙향전」은 남녀 주인공의 결합을 위한 고난의 여정으로 이루어져 있다. 여러 차례의 위기가 두 인물의 결합을 방해하지만, 이들은 다른 존재의 도움으로 고난을 극복하며 하늘의 예정된 운명에 따라 혼인한다. 이 과정에서 애정을 중시하는 두 남녀가 봉건적 신분 질서와 가문을 중시하는 지배층과 갈등을 빚기도 한다. 개인적 차원의 애정이 권위적인 지배 이념과 충돌하는 대목을 통해 신분제가 동요되는 당시의 사회현상을 엿볼 수 있다.

① 불에 타 죽을 위기에 처한 숙향을 화덕진군이 구해주는 것은 다른 존재의 도움으로 고난을 극복한 경우이겠군.

② 부모 몰래 아들이 결혼한 것이 조정의 시빗거리가 되었다는 상서의 말은 권위적인 지배 이념에 따라 나타난 반응이겠군.

③ 숙향의 이름이 선녀가 일러준 것과 같다는 상서 부인의 말은 하늘의 예정된 운명을 받아들이려는 의지의 표현이겠군.

④ 아들이 미천한 여자와 결혼했다는 이유로 상서가 낭자를 죽이려는 것은 개인적 애정보다 가문의 위상을 중시한 결과이겠군.

⑤ 사향의 모함으로 장 승상 댁에서 쫓겨난 숙향이 죽으려 한 것은 남녀 주인공이 결합에 이르는 여정 중 겪는 고난에 해당하겠군.

[41~45] 다음 글을 읽고 물음에 답하시오.

융에 의하면, 인간에게는 태어날 때부터 마음의 토대를 이루고 있는 무의식의 층이 있다. 그것은 개인의 특수한 생활사에서 나온 무의식의 층과는 달리, 인간이면 누구나 태어날 때부터 갖추어져 있는 인간 고유의 원초적이며 보편적인 무의식의 층이다.

융은 이를 '집단 무의식'이라고 했다. 융의 이와 같은 가설은 환자뿐만 아니라 많은 건강한 사람의 꿈과 원시 종족의 심성, 신화와 종교, 서양 사상과 인도·중국 등 동양의 사상을 비교하여 고찰한 결과다. 융은 무의식이 개인 생활의 경험 자료만이 아니라 인류의 태곳적부터 끝없이 반복되어 경험되는 일정한 인간적 체험의 조건들을 갖추고 있다고 본다. 이러한 무의식은 수많은 신화적 상징으로 표현되고 경험되며 모든 의식된 마음에 활력을 주

고 그 기능을 조절하여 의식과 통일된 '전체 정신'을 실현시킬 수 있는 원동력을 가지고 있다. 한마디로 무의식은 충동의 창고, 의식에서 쓸어 낼 쓰레기장이거나 병적인 유아기 욕구로 가득 찬 웅덩이에 불과한 것이 아니라, 마음을 성숙케 하는 '창조의 샘'이라는 얘기다.

㉠무의식의 창조적 작용은 자율성과 보상 작용으로 표현된다. 자아 의식이 한 방향으로만 나가면 무의식이 자율적으로 작동하여 의식의 방향과는 다른 방향의 이미지를 보내서 그것을 보상한다. 예컨대, 지나치게 이성적인 사람이 꿈속에서는 매우 불합리한 행동을 하거나 욕망에만 사로잡힌 일을 벌일 수 있는데, 이는 단순한 욕구 충족을 위해서가 아니라, 의식의 일방성을 깨우치고 의식이 소홀히 하고 있는 것이 무엇인지를 알려주기 위한 무의식의 의도를 드러낸 것이다. 무의식이 자율적으로 보상 작용을 발휘하여 의식화할 수 있는 기회가 생긴 셈이다.

이 맥락에서 융이 말하는 그림자 개념이 주목을 끈다. 그림자는 무의식의 열등한 인격으로, 자아의 어두운 면이다. 그림자는 자아와 비슷하면서도 자아와는 대조되는, 자아가 가장 싫어하는 열등한 성격을 지니고 있다. 자아의식이 한쪽 면을 지나치게 강조하면, 그림자는 그만큼 반대편 극단을 나타낸다. 그래서 일상적으로 자아는 자신이 어떤 그림자를 가지고 있는지 모른다. 그것은 자아에게는 보이지 않는 무의식의 그늘에 속하는 인격이기 때문이다. 자아의식으로서는 결코 있을 수 없는 성격, 가장 싫어하기 때문에 절대로 그렇게 되지 않으려고 노력해 온 바로 그 성격이다. 가령, 친구한테 비난당할 때 심한 분노를 느낀다면, 바로 그 순간 미처 의식하지 못하고 있던 자기 그림자의 일부를 발견할 수 있다.

그림자를 밖으로 투사(projection)할 때 그 투사 대상을 향한 자기의 감정을 살펴볼 수 있다. 투사란 어떤 대상에 대하여 강력한 감정 반응을 일으키고 자아가 그 대상에 집착하게 만든다. 투사는 나쁜 것은 남에게만 있다고 생각함으로써 괴로운 마음을 피하려는 자기 방어의 수단으로서만 아니라

자기의 무의식적인 마음의 일부를 의식화할 수 있는 기회를 갖도록 하는 목적으로도 일어난다. 무의식의 내용이 밖에 있는 어떤 대상에 투사되면 우리는 최소한 우리 안에 있는 것을 투사 대상에게서 경험하게 되고 그런 경험을 통해서 자기 마음속의 무의식적 내용을 깨달을 수 있는 가능성이 생긴다.

그림자의 투사는 집단 차원에서도 벌어진다. 그림자의 집단적 투사는 어떤 집단 성원의 무의식에 같은 성질의 그림자가 형성되어 다른 집단에 투사되는 것을 가리킨다. 이 경우 그림자는 개인적인 특성을 가지기보다 집단적 특성을 지닌다. 그러한 그림자가 생기는 이유는 그 집단의 구성원이 자신을 하나의 집단 의식과 동일시하고 있기 때문이다. 가령 '우리는 하나'로 대변되는 슬로건 밑에 결속을 다짐할 때, 거기에 속하지 않은 집단과의 차별화가 일어나고 이 집단은 쉽게 배타적이 되거나 다른 집단으로부터 배타적이라는 비난을 받게 된다. 그러므로 지향하는 집단적 목표가 일방적이고 뚜렷한 것일수록 이에 어긋나는 요소가 억압되어 공통된 그림자를 집단 성원이 나누어 가지게 된다. 아무리 선의로 뭉친 집단이라도 너무 밝은 목표에 치중한 나머지 자기 집단 성원의 그림자를 보지 못할 때 처음의 좋은 뜻을 펼치는 데 실패할 ⓛ공산이 크다.

다만, 인간 집단은 집단 행동을 통하여 집단적 그림자를 만들어내고 이를 다른 집단에 투사하여 서로 반목하고 비난하며 싸우기도 하지만, 때로는 그림자를 사회 표면으로 끌어내어 사람들이 그것을 보고 경험하게 하는, '카니발'과 같은 문화적 장치를 가지고 있다. 한 사람에게 집단적으로 그림자를 투사하여 속죄양을 만들고 자기의 그림자를 보지 않으려는 부정적인 기능을 가진 경우가 아니라, 문화적으로 허용되고 예술적으로 승화된 형태에서 '그림자 놀이'를 통해 각자의 그림자를 살려서 도덕이나 규범 의식과 무의식적 충동 사이의 단절을 지양할 수 있는 것이다.

41 윗글을 통해 알 수 있는 것은?

① 의식과 무의식의 조화를 이루기 위한 시도는 불가능하다.

② 집단 무의식은 특정한 문화권에서만 발견되는 특수한 현상이다.

③ 무의식이 제어 불가능한 충동으로 가득차 있다는 점에서 집단적 무의식의 발현은 공동체에 위해를 가한다.

④ 속죄양에 관한 개념을 만들어 자아의 부정적인 이미지를 입히는 것은 무의식이 작용하는 결과이다.

⑤ 사회적인 차원에서는 무의식이 자율적인 방식으로 작동하므로 항상 예술적으로 승화된 형태의 결실을 낳는다.

42 ㉠에 대한 이해로 가장 적절한 것은?

① 의식이 안정된 상태에서 이루어지는 정신 활동의 일부이다.

② 의식이 무의식과 활발하게 상호 작용한 결과로 주어지는 보상이다.

③ 의식이 한 방향으로만 활성화될 경우 그에 반발하여 표출되는 무의식의 이미지 작용이다.

④ 의식이 작동하지 않는 상태에서 의식이 지향하는 인격을 대신 구현하려는 무의식의 작용이다.

⑤ 의식이 무의식을 억압하는 강도가 커질 때 무의식이 의식 표층에 떠오르는 이상 징이다.

43 그림자 에 관한 이해로 적절하지 않은 것은? [3점]

① 분노의 상황에서는 그림자를 볼 수 없다.
② 그림자는 무의식의 그늘에 속하는 인격이다.
③ 그림자는 집단 차원에서도 나타나는 현상이다.
④ 그림자는 자아가 싫어하여 닮으려고 하지 않는 열등한 성격의 일부이다.
⑤ 사회 표면으로 그림자를 끌어 내어 경험할 수 있게 하는 문화적 장치가 있다.

44 윗글을 바탕으로 〈보기〉를 이해한 내용으로 적절하지 않은 것은?

〈보기〉

카니발은 가톨릭교회가 지배하고 있는 라인 강 유역에서 명맥을 유지하고 있다. 해가 바뀌는 연말에는 각지에서 가면무도회가 열리고, 부활절 전의 카니발에서는 기상천외한 분장을 한 사람들이 대규모로 등장한다. 마치 근엄한 가톨릭 수도원 곳간에 유폐되었던 이교(異敎)의 귀신과 악마와 별의별 부도덕한 불한당들이 뚜껑을 열고 나온 듯하다. 신분적 위계나 윤리 규범의 제약 속에서 억압된 욕망을 분출하는 극적 상황이 연출되는 것이다. 이러한 양상은 신분적 위계 질서에서 하층에 속하는 이들이 펼치는 의례나 연희, 놀이 등에서 자주 확인된다. 가령 탈춤판에서 양반 세력을 희화화하고 농락하며 신분적 위계를 해체한 가운데 성원들 서로가 어울려지는 장이 펼쳐지는 것은 카니발을 떠올리게 한다.

① 기성 질서에서 지배층은 '집단적 그림자'가 만든 무의식의 그늘에서 벗어날 특권을 얻는다고 할 수 있겠군.

② '가면'을 쓰거나 기괴한 모습으로 '분장'하는 행위는 투사된 '그림자'를 극적으로 연출한 것이라고 할 수 있겠군.
③ '카니발'은 참여자들의 억눌린 감정을 표출할 수 있는 계기가 되므로, '그림자 놀이'를 설명하는 예로 삼을 수 있겠군.
④ '수도원 곳간'은 현실에서 허용되지 않는 욕망에 연관된 '집단적 그림자'를 가두는 수용소에 상응하는 표상이라 할 수 있겠군.
⑤ '탈춤'은 신분 질서에 억눌린 욕구가 연희를 통해 투사되는 장을 연다고 할 수 있으니 '집단적 그림자'가 승화된 형태라 할 수 있겠군.

45 문맥상 ⓛ을 바꿔 쓰기에 가장 적절한 것은?

① 기회(機會)가 많다
② 단서(端緒)가 많다
③ 여지(餘地)가 많다
④ 예외(例外)가 많다
⑤ 정보(情報)가 많다

제 2 교시 영어영역

▶정답 및 해설 450p

[01~05] 밑줄 친 부분의 뜻으로 가장 적절한 것을 고르시오.

01

No art can conquer the people alone — the people are conquered by an ideal of life <u>advocated</u> by authority.

① opposed

② championed

③ disregarded

④ undermined

⑤ overwhelmed

02

We rarely begin with completely open minds, which would allow us to discuss a topic in a completely <u>impartial</u> way.

① fair

② harmless

③ meaningful

④ timely

⑤ creative

03

We read through the <u>minutes</u> of the last meeting.

① hours　　　② records

③ moment　　④ duration

⑤ melody

04

The youngest police officer's duties were <u>confined</u> to taking statements from the crowd.

① limited　　② enlarged

③ classified　④ promoted

⑤ conformed

05

<u>It goes without saying that</u> the difficulties of color photography are multiplied when movement is added to the composition, and when the image is projected.

① Arguably　　② Probably

③ Fortunately　④ Agreeably

⑤ Obviously

[06~07] 다음 대화의 빈칸에 들어갈 말로 가장 적절한 것을 고르시오.

06

A: Have you finished your assignment?

B: No, not yet. I plan to do it tonight.

A: Tonight? Aren't you going to the football game?

B: Oh, the game! I completely forgot about it. I've been looking forward to this game.

A: I know. I guess you have a big decision to make.

B: Right. Should I go to the game or just stay home and do the assignment?

A: _____

B: I know. Still, I don't know what to do.

A: Don't worry. I know you'll make the right decision.

① You should've practiced harder.

② I need to stay home tomorrow.

③ Well, it's up to you.

④ I have a profound question.

⑤ We watched the football game yesterday.

07

A: What are you doing?

B: My car doesn't start. I'm trying to find out what's wrong.

A: Oh, no. Do you know about cars? Did you find something?

B: I think the battery is dead. I was out of town for a few weeks, and during that time, nobody had used my car.

A: Did you call your insurance company?

B: For what?

A: Normally, car insurance companies offer battery recharging services. They'll come to you and recharge the battery instantly. It's very convenient.

B: Oh, I didn't know that. _____ I'll call right away.

A: You're welcome.

① This runs great!

② Take your time.

③ What is the registration number?

④ I didn't do anything wrong.

⑤ Thanks for the tip.

[08~09] 밑줄 친 부분 중, 어법상 틀린 것을 고르시오.

08 No one had yet attempted to survey the consequences of the fifteenth-century communications shift from script to print. While recognizing that it would take more than one book to remedy this situation, I also felt that a preliminary effort, however inadequate, was better than none, and began a decade of study — devoted primarily to ① become acquainted with the special literature on early printing and the history of the book. Between 1968 and 1971 some preliminary articles were published to draw reactions from scholars and to take advantage of ② <u>informed</u> criticism. My full-scale work, *The Printing Press as an Agent of Change*, ③ <u>appeared</u> in 1979. It has been abridged for the general reader in the present version. Illustrations have been added, but footnotes ④ <u>have been dropped</u> from this abridgment. The unabridged version should be consulted by any reader ⑤ <u>seeking</u> full identification of all citations and references.

*preliminary: 예비의 **abridge: 단축하다

09 There is no neutral position from which to evaluate the benefits and burdens of new technologies. ① <u>Consider</u> the mass-produced Ford Model T at the beginning of the twentieth century or self-driving cars in the twenty-first century. With cars, we weigh benefits of autonomous mobility and ② <u>swiftly</u> transport against human congestion and earth-devastating pollution. And so it is with photography. Since its inception, skeptics worried that widespread and uncontrolled photography would destabilize communities and governments by spreading lies and ③ <u>invading</u> privacy. This anxiety arose in the early years of the Kodak camera, ④ <u>when</u> its popularity combined with the spread of yellow journalism to produce invasive and misleading photographs. These concerns persist today with ubiquitous digital camera phones, deep-fake videos, and the viral internet. Then and now, arguments about how cameras work and the power of photographic expression ⑤ <u>concern</u> personal lives, international politics, and public justice. [3점]

*inception: 시작

[10~12] (A), (B), (C)의 각 네모 안에서 문맥에 맞는 낱말로 가장 적절한 것을 고르시오.

10 Thanks to its broad popularity, sports could be a powerful tool for raising awareness about the climate crisis among people across the world, regardless of their geographical location and social background. Simply put, the industry could (A) restrain / share important messages about the environment to billions of individuals that are involved in sports either as spectators, practitioners, or facilitators. Such strategy of increasing awareness and educating has shown good results in the past. Research found that fans are (B) receptive / resistant to ecological initiatives organised at sporting events, some even to the extent that they are willing to change their lifestyle habits regarding sustainability. This study precisely concluded that "the norms related to sport events have a significant relationship with (C) negative / positive perceptions of the efforts undertaken by sport organisations while also influencing at-home environmental behavioural intentions."

	(A)	(B)	(C)
①	restrain	receptive	negative
②	restrain	resistant	positive
③	share	resistant	positive
④	share	receptive	positive
⑤	share	resistant	negative

11 Whenever a scholar needed a technical term to refer to a concept that English didn't have name for, they would import one from Greek or Latin. If Greek or Latin didn't have name for the concept either — a situation that became increasingly (A) frequent / rare as scientific knowledge rapidly expanded beyond the dreams of the ancients — they would make up a name for the concept out of Latin and/or Greek roots, rather than from English roots. This practice continues to this day. As a result, many (B) abandoned / borrowed Latin terms, and newly formed words from Latin roots as well as affixes that had never been used in Cicero's time, entered English in this period. Many such words fell out of use almost immediately, but many others were (C) picked up / taken out by contemporaries and are still with us today.

	(A)	(B)	(C)
①	frequent	abandoned	picked up
②	frequent	abandoned	taken out
③	frequent	borrowed	picked up
④	rare	abandoned	taken out
⑤	rare	borrowed	picked up

12 The two centuries prior to the time of Plato and Aristotle had been a period of economic liberalization, and with this came an enormous rise in commercial activity including international trade. Moreover, tremendous economic disturbance and social instability accompanied the rapid commercial (A) expansion / reduction, and this greatly influenced Plato and Aristotle's economic thinking. They believed that the instability resulted from the pursuit of financial gain, which, as the fable of Midas made clear, brought with it dreadful consequences. Just as Midas had (B) destroyed / liberated himself in the pursuit of gold, so too had the pursuit of wealth endangered Greek society. It was partly in response to this threat that Plato and Aristotle undertook to examine what life would look like in the ideal state, and their analysis was built around the question of what, in such a state, would constitute "the good life"? It was clear to them that economic growth had undesirable effects, and they stressed the need for an economic system that generated a relatively (C) dynamic / stationary level of economic activity. [3점]

	(A)	(B)	(C)
①	expansion	destroyed	dynamic
②	expansion	liberated	dynamic
③	expansion	destroyed	stationary
④	reduction	destroyed	dynamic
⑤	reduction	liberated	stationary

[13~14] 밑줄 친 부분 중, 문맥상 낱말의 쓰임이 적절하지 **않은** 것을 고르시오.

13 Because all evidence of the past can only be found in the present, creating a story about the past inevitably implies ① interpreting this evidence in terms of processes with a certain history of its own. We do so because we experience both the surrounding environment and our own persons to be such processes. As a result, all historical accounts are reconstructions of some sort, and thus likely to ② change over time. This also means that the study of history cannot offer absolute certainties, but only ③ precision of a reality that once was. In other words, true historical accounts do not exist. This may sound as if there is endless leeway in the ways the past is viewed. In my opinion, that is not the case. Just as in any other field of science, the major test for historical reconstructions is whether, and to what extent, they ④ accommodate the existing data in a concise and precise manner. Yet there can be no way around the fact that all historical reconstructions consist of a ⑤ selected number of existing data placed within a context devised by the historian.

[3점]

*leeway: 여지

14 The battle against single-use plastic bags may not be won, but it's definitely under way. Restrictions on their use are in place in almost a dozen US states and in many other countries around the world. And in many cases, these efforts have been ① successful at eliminating new sales of thin plastic bags that float up into trees, block waterways, leech microplastics into soil and water, and harm marine life. But this environmental success story of sorts ② masks another problem. Many of us are ③ drowning in reusable bags that retailers sell cheaply or give away to customers as an apparently greener alternative to single-use plastic. Campaigners say these bag hoards are ④ solving fresh environmental problems, with reusable bags having a much higher carbon footprint than thin plastic bags. According to one eye-popping estimate, a cotton bag should be used at least 7,100 times to make it a truly environmentally friendly alternative to a ⑤ conventional plastic bag. The answer to what's the greenest replacement for a single-use plastic bag isn't straightforward, but the advice boils down to this: Reuse whatever bags you have at home, as many times as you can.

*leech: 달라붙어 떨어지지 않다 **hoard: 축적

15 다음 글의 내용과 일치하는 것은?

The son of a minister in Basel, Switzerland, Jacob Burckhardt originally intended to follow his father's footsteps and become a Protestant minister. However, while studying theology in Basel, he came to the conclusion that Christianity was a myth. Turning instead to the study of history and art history,

101

he spent four years studying with Leopold Ranke in Berlin. Burckhardt's relationship with Ranke is the subject of contrary points of view among historians. Some argue that Burckhardt retained a high regard for Ranke throughout his life, despite their differences, which were fundamental. While Ranke saw the power of the state as guardian of order and stability, Burckhardt regarded power as tied to evil. Ranke, the Protestant scholar, confidently sought the hand of a generous God in the events of the past; but Burckhardt, skeptical and withdrawn, saw in history an unending struggle between hostile forces. These differences led other historians to argue that we should not be misled by Burckhardt's references to Ranke as 'my great master'. Rather, Burckhardt came to reject both Ranke's personal ambition and his intellectual approach.

*theology: 신학

① Jacob Burckhardt never wanted to become a minister.

② Jacob Burckhardt studied art history in Basel.

③ Jacob Burckhardt's relationship with Ranke is uncontroversial.

④ Jacob Burckhardt thought power and evil went hand in hand.

⑤ Jacob Burckhardt embraced Ranke's intellectual approach.

[16~17] 다음 글의 내용과 일치하지 않는 것을 고르시오.

16 During a certain stage of sleep, which can be identified by rapid eye movements and characteristic brain wave patterns, we engage in dreaming. Everybody dreams, but unless we concentrate on remembering what we just dreamed, the images fade almost immediately once we wake up. Dreams are often bizarre because they are formed without outside stimulation and are based instead on our own internal associations, memories, and emotional inputs. Often, we can trace our associations to the symbols and metaphors that occur in dreams. Sometimes we are able to decode what it is that the dream sequence and images were expressing. The existence of "lucid dreams" has been established in research studies. People who can have lucid dreams are able to influence their own dreams, recognize that they are having a dream, and are able to wake themselves up if they wish.

① While people are dreaming, their eyes can move.

② Not everyone remembers what they dreamed.

③ Dreams are related with our mind and thought.

④ Dreams can be figurative and be interpreted.

⑤ People are unable to affect their own dreams.

17 Noise from inland wind farms, part of a growing industry located largely in the central midwestern United States and in the Canadian provinces of Ontario and Quebec, is the subject of scientific controversy. It is believed by many scientists to subject nearby residents to insomnia and headaches as well as the muscle aches, anxiety, and depression that result from sleep loss, from low-frequency noise, and possibly from changes in air pressure caused by operation of the turbines. Whether these symptoms are the result of actual wind turbine activity, of weather sensitivity, or of stress reactions brought on by noise annoyance is not entirely clear. Because the definition of noise annoyance includes emotional reactions as well as physical symptoms, studies are showing conflicting results: each side of the controversy can cite extensive evidence, but neither side is convinced by the other's interpretation of research design or findings.

*insomnia: 불면증

① Noise from inland wind farms is a scientifically controversial topic.

② Residents near inland wind farms probably experience both mental and physical illness.

③ Scientists have not successfully identified the major cause of the symptoms that residents near inland wind farms suffer.

④ Noise annoyance is defined only within emotional reactions.

⑤ The results of the research on the noise from inland wind farms are still inconclusive.

[18~22] 다음 글의 빈칸에 들어갈 말로 가장 적절한 것을 고르시오.

18 Different cultural groups think, feel, and act differently. There is no scientific standards for considering one group as essentially superior or inferior to another. Studying differences in culture among groups and societies presupposes a position of cultural relativism. It does not imply normalcy for oneself, nor for one's society. It, however, calls for judgment when dealing with groups or societies different from one's own. Information about the nature of cultural differences between societies, their roots, and their consequences should _____. Negotiation is more likely to succeed when the parties concerned understand the reasons for the differences in viewpoints.

[3점]

① construct our cultural identity

② precede judgment and action

③ form presupposed goals

④ be reevaluated objectively

⑤ explain the fundamental principles

19 Scientific superstructures resemble historical truths, or theological notions of God. They are provisionally useful as being the best we have for the moment, but they are _____. Our acceptance of them remains provisional, our commitment something less than wholehearted, while we continue to search for something better to displace them. In whatever area of human aspiration, the ultimate goal — the 'truth' or 'god' or 'reality' — remains forever elusive, out of reach, beyond us; but our belief that it's there provides the necessary motivation for our continuing search.

① to become the proof of aspiration

② to transform our lifestyle

③ not to motivate your life

④ to display the absolute truth

⑤ not to be relied upon for ever

20 It is estimated that for every human being alive today, there are as many as two hundred million individual insects. Just the total weight of all the ants in the world, all nine thousand different kinds, is twelve times greater than the weight of all the humans on the planet. Despite their amazing numbers and the fact that they are found virtually everywhere, insects and other arthropods are still very alien to us, as if they were beings from another planet. They move on six or more legs, stare with unblinking eyes, breathe without noses, and have hard skinless bodies made up of rings and plates, yet there is something _____ about them, too. Arthropods have to do all the things people do to survive, such as find food, defend themselves from their enemies, and reproduce. They also rely on their finely tuned senses to see, touch, hear, smell, and taste the world around them.

*arthropod: 절지동물

① surprisingly suspicious

② minutely categorized

③ steadily progressive

④ humanly productive

⑤ strangely familiar

21 The fact remains that meditation has been practiced for centuries. Critics agree that, whatever the reason, it does seem to work. It is possible that psychological benefits may exist, even if physiological changes are not well established. Furthermore, studies have not controlled possible differences between persons who choose to practice meditation and those who do not. It is possible that such subject differences exist and that they influence the results of the meditation more than the technique itself. What we can conclude here is that _____. People will continue to meditate, often with beneficial results. Therapists will continue to use it to treat conditions of hypertension, alcohol abuse, drug abuse, insomnia, and many other psychiatric disorders. Similarly, behavioral scientists will continue to study meditation and its effects until more definitive findings are available. Yet there will always be those who refuse to accept objective, scientific evidence as the standard of acceptance and belief. [3점]

*meditation: 명상 **physiological: 생리학의

① the meditation waters are muddy

② its critics should try to practice meditation

③ meditation can relieve various physical pains

④ the definition of meditation is now unclouded

⑤ scientists should examine the methods of meditation

22 Ecological people interact with nature, in contrast with logical people who act upon nature and mythological people who are acted upon by nature. They engage in dialogue with nature. Dikes in Holland are made with layers of mud and rocks and woven willow mats. When the fury of the North Atlantic strikes these dikes they absorb the force with the flexibility of willow branches by moving in tune with the waves. This ecological solution stands in contrast to the logical solution of most European port cities that have built sea walls of steel-reinforced concrete to stop the waves. Acting against nature, these firm walls are eventually smashed apart and need to be rebuilt unlike the Dutch dikes that _____. The mythological solution is to passively accept the edict of nature by neither building firm walls nor flexible dikes. Following the mythological solution, one third of Holland would be under water. [3점]

*dike: 제방 **edict: 칙령, 명령

① silently remain as objective observers

② constantly change with dramatic shifts

③ flexibly move with the natural rhythms

④ actively respond to the ecological mysteries

⑤ simply disregard the order of natural worlds

[23~24] 다음 글의 제목으로 가장 적절한 것을 고르시오.

23 Claims are *not*, as you might think, the opposite of facts. Nor does a claim 'become' a fact once we know it is true. A claim is always a claim, but the truth of some claims is established. And a claim does not necessarily involve some personal advantage or bias. Although in everyday speech we often use the word 'claim' to try to distinguish between statements whose truth is suspect or that are biased and those statements (called 'facts') whose truth is established and that are unbiased, these distinctions are dangerously misleading. All the statements that we think of as 'facts' are, actually, claims; they are so widely and clearly accepted as true that they *seem* different from claims that are not accepted. Put simply, claims are those statements that express beliefs or views about the way the world is or the way the world should be. Whether they are true or not is, of course, important, but it does not determine whether or not they are claims.

① Can We Separate Facts from Claims?

② Landmarks of the Truthful Claims

③ Facts, Everlasting Promises!

④ What Is the Opposite of Facts and Claims?

⑤ A Journey from Suspicion to Determination

24 Don't be afraid to try or to fail. It teaches you strength and how to overcome your personal challenges. Life's trials are not unique to you; they happen to everyone in differing degrees and help develop your mental tolerance and a strong character giving you the tools to help others to avoid the dangers. When you do not achieve the conclusion that you aimed for in a project or task, you often look on it as a defeat. This thought process can keep you stuck in a position of stalemate and prevent real progress because you give up. Never look at this experience as something bad, trying and failing is progress in every sense of the word. It can prove to be the vehicle that really launches you forward with renewed energy and a desire to try again.

*stalemate: 교착상태

① A Stay at the Bottom of Fate

② Welcome Hardships, Kicks of Life

③ Giving Up Is Part of Life's Trials

④ How to Apply Knowledge to Reality

⑤ Be Open-minded to New Experiences

[25~26] 다음 글의 요지로 가장 적절한 것을 고르시오.

25   We are regularly confronted by the need to make choices in our use of language. For most of the time, no doubt, coping with variance does not constitute anything of a problem and may indeed be unconscious: we are dealing with family and friends on everyday affairs; and what is more, we are usually talking to them, not writing. It is in ordinary talk to ordinary people on ordinary matters that we are most at home, linguistically and otherwise. And fortunately, this is the situation that accounts for the overwhelming majority of our needs in the use of English.

① The vast majority of us make careless mistakes in ordinary talk.

② We should not confront family and friends about their everyday affairs.

③ A linguistically diverse group of people must try harder to live in harmony.

④ Making unconscious choices does not constitute using language creatively.

⑤ Our everyday use of English does not usually require coping with variance.

26   As we observe the "objective" world, we view it through our own lenses or filters. Our everyday environment is like water to a fish—it's just there; we don't take note of it. Most of the time, we're not particularly conscious of what we consider normal activities, since we already have a place for them on our mental map; they fall into familiar categories. We have a tendency, as linguists have shown, to generalize from what we know to what we don't know— and either to distort or to delete (edit out) anything that doesn't make sense, given that view. All snow may look alike to Floridians; their experience does not provide a "map" for differentiation, so differences in the type of snow are ignored. Swedes or Aleuts, on the other hand, have the worldview, including the language, to distinguish among many different kinds of snow. Deleting or distorting that information would cause them real inconvenience.

① We should keep the objective filters of our perception.

② We see the world through a lens of subjectivity.

③ Our expectations shape our dream.

④ Our reason should avoid distorted information.

⑤ We must take a neutral position in generalizing what we know.

27 다음 글의 주제로 가장 적절한 것은?

Celtic Studies is a field long connected with the study of mythology. In the western European context the Celtic-speaking peoples have been amongst those most often held up as the recipients of a rich body of 'tradition'. From early descriptions of the Gauls through to modern accounts of Scottish Highland culture we find a reappearing emphasis on oral culture and a concern with the supernatural in daily life. In modern scholarship Celtic languages developed a strong connection to the discipline of comparative Indo-European philology and, in turn, to theories of comparative mythology that are its by-products. Aside from these external perspectives, a primary stimulus of interest for mythologists is the very strong sense of the mythic present within Celtic literature itself; reference to gods, to heroes with supernatural qualities, and to events of the distant past. For these reasons, studies of Celtic religion, folklore and literature have very often been made subject to mythological models of interpretation.

*philology: 문헌학

① the repeated theme in describing supernatural qualities in gods

② the importance of Scottish Highland culture in classic literature

③ the characteristics of Celtic Studies and its connection to mythology

④ the novel perspectives on how to understand Celtic-speaking peoples

⑤ the rich body of tradition present in comparative Indo-European philology

[28~29] 다음 글에서 전체 흐름과 관계 없는 문장을 고르시오.

28　Camouflage, also known as cryptic coloration, is the one-size-fits-all defense in the world of animals. Animals as small as insects and as large as the boldly patterned giraffe —towering at a height of 18 feet (6 m) —depend on their cryptic colorations to help them blend in. ① Colors and patterns may camouflage an animal not only by helping it blend in, but also by breaking up its shape. ② That way, a predator does not recognize it at first. ③ An animal's coloring can hide the roundness of its body, making it look flat. ④ Our planet continues to be damaged as its inhabitants are indifferent to environmental issues. ⑤ Colors and patterns also can help hide an animal's shadow.

*cryptic: 숨은, 비밀의

29 The structuring of time can have many functions, some of which are more or less important in different cultures. But everywhere, one of the main functions is to set the schedule of the culture and, thereby, coordinate the activities of individuals in the culture. Other functions may be to relate the group's activities to some natural phenomena or to some supernatural phenomena. ① The structure may be used to order events in the past or in the future, or to measure the duration of events, or to measure how close or far they are from each other or from the present. ② Above all, the structure provides a means of orientation and gives form to the occurrence of events in the lives of individuals, as well as in the culture. ③ It provides a continuous and coherent framework in which to mark periodically repeating events and in which to place special events. ④ Mathematical ideas as fundamental as order, units, and cycles are the very building blocks. ⑤ As such, the structure imposed on time extends well beyond itself, reflecting and affecting much in a culture.

[30~34] 글의 흐름으로 보아, 주어진 문장이 들어가기에 가장 적절한 곳을 고르시오.

30

> Odysseus got most of these aboard again, though he had to abandon his dead and seriously wounded.

According to the Odyssey, a poem that shows Odysseus in a different light, he first sailed for Thrace after leaving Troy. There he attacked and burned the city-port of Ismarus. (①) A priest of Apollo, whose life he undertook to spare, gratefully gave him several jars of sweet wine, half of which his men drank at a picnic on the beach. (②) Some Thracians who lived inland saw flames rising from Ismarus, and charged vengefully down on the drunken sailors. (③) A fierce north-easterly storm then drove his ships across the Aegean Sea towards Cythera, an island at the southernmost point of Greece. (④) Taking advantage of a sudden calm, he made his men use their oars and tried to round Cythera, bearing north-west for Ithaca, but the storm sprang up more fiercely than before, and blew nine days. (⑤) When at last it dropped, Odysseus found himself within sight of Syrinx, the Lotus-eaters' Island off the North African coast. [3점]

*vengeful: 복수심에 불타는 **oar: 노

31

> Of course, grills are but one component of the growing interest in outdoor kitchens.

For consumers who desire more flexibility, an increasing number of companies are offering hybrid gas grills outfitted with pans or pullout drawers to accommodate charcoal and/or wood. (①) In addition, some barbecues can be customized with carts containing refrigeration or even an oven, allowing one to grill and bake at the same time. (②) And those who like their meat smoked on occasion can opt for accessories such as smoking trays and smoker boxes, or simply invest in a separate smoker. (③) In addition, because grilling is a day- and nighttime activity, many of today's barbecues incorporate surface lighting, as well as LEDs on the control panel to ensure temperature settings are visible after dark. (④) However, as these spaces continue to expand in functionality, taking on features that allow for year-round enjoyment, so too will the development of grill technology. (⑤) After all, as Russ Faulk noted, "Everything tastes better off a grill."

*incorporate: 포함하다

32

> If an epidemic is particularly fierce or prolonged (like the Black Death), a great number of people who were weak will die, leaving the resistant survivors to repopulate their communities.

When an epidemic hits a population, there will be individuals in that population who have genetic mutations that make them more naturally resistant to infection. (①) Upon facing exposure to the pathogen, they will be more likely to survive than their normal, nonmutant counterparts. (②) After many generations of such "weeding out," the new surviving population will have a much higher frequency of individuals with the mutation than did the original, pre-epidemic population. (③) As a result, they will be more genetically prepared if that epidemic were to ever hit again. (④) Therefore, an epidemic can act as a selective pressure that triggers a change in the genetic profile of a population over time. (⑤) In other words, it can promote human evolution.

*epidemic: 전염병 **pathogen: 병원균

33

The only reason we know even this bare outline is that the tale was passed on by word of mouth until a visitor from the Mediterranean world wrote it down.

Over two thousand years ago, someone on the cold and windswept shores of the Atlantic Ocean sat down before a blazing fire and told a story. (①) Long ago, this person said, there were two gods who were brothers, twins born together from a great mother goddess of the sea. (②) When these brothers grew up, they left the ocean behind and came to dwell among the people who lived near the sea. (③) There was much more to the story, but that is all that survives. (④) In time, that document found its way to a Greek historian named Timaeus from the island of Sicily, who lived just after the age of Alexander the Great. (⑤) He recorded the story as part of his impressive history of the world from legendary times until his own day.

34

In France, many words of the conquering Frankish Germans were incorporated into the vocabulary.

In the fifth century, Germanic expansion brought about the fall of the Roman Empire. Subsequently, without the Roman army to defend them, many lands passed under the control of Germanic tribes. (①) The movements of the West Germanic tribes are particularly important to the story of English. (②) By the end of the fifth century, West Germanic speakers had taken control of much of France and England. (③) These words included the name of the land itself: called *Gallia* (*Gaul*) under the Romans, it now came to be called *Francia* (*France*) 'land of the Franks'. (④) Still, Latin remained the language of France. (⑤) It is perhaps surprising that the conquerors adopted the language of the conquered people, but the high prestige of Latin as the language of a great empire and civilization may have contributed to its survival.

[35~38] 주어진 글 다음에 이어질 글의 순서로 가장 적절한 것을 고르시오.

35

Petroleum is the "blood" of industry. But as it is buried deep in the earth, how can we find it? Sometimes, considerable labor, materials, and money are spent without exactly identifying the distribution range of petroleum.

(A) Therefore, when explorers detect a great amount of such bacteria in a place, they know there is probably petroleum. On the basis of the quantity of bacteria detected in the sample, they can also predict the quantity of petroleum and gas in reserve.

(B) Here, bacteria can be said to have a mysterious bond with petroleum. Petroleum is composed of various organic compounds, of which the majority is a carbon and hydrogen compound called hydrocarbon.

(C) Although petroleum is buried deep, there are always some hydrocarbons coming up to the earth's surface through the gaps in rock formations. Gas components in petroleum can also leak to the surface. Some bacteria feed on petroleum.

① (A)-(C)-(B) ② (B)-(A)-(C)
③ (B)-(C)-(A) ④ (C)-(A)-(B)
⑤ (C)-(B)-(A)

36

Pearl Harbor transformed the nature of Hollywood's social concern, and criticism of government information services in the first half of 1942 led the President to create one unified body, the Office of War Information (OWI), from three existing agencies.

(A) It also encouraged Hollywood to publicise the efforts of the Allies and of resistance groups in Norway, Yugoslavia and elsewhere in occupied Europe. By late 1942 the manual began to have an impact on studio production.

(B) Lowell Mellett, a close friend of and adviser to the President, became head of the Bureau of Motion Pictures, part of the OWI's domestic branch. In the same month, June 1942, the administration issued a *Government Information Manual for the Motion Picture Industry*, a document written by Mellett's appointee Nelson Poynter and his staff.

(C) The manual has been seen as 'the clearest possible statement of New Deal, liberal views on how Hollywood should fight the war'. It stressed that the 'people's war' was not just a fight of self-defense but also a fight for democracy. [3점]

① (A)−(C)−(B)　　② (B)−(A)−(C)

③ (B)−(C)−(A)　　④ (C)−(A)−(B)

⑤ (C)−(B)−(A)

37

　　The reproducibility of published results is the backbone of scientific research. Objectivity is crucial for science and requires that observations, experiments and theories be checked independently of their authors before being accepted for publication.

(A) Unfortunately, this is not the case today, as most peer−reviewed journals belong to a few major publishers, who keep scientific articles behind pay−walls. Since all over the world the majority of research programs are supported by public funds financed by taxpayers, not only researchers, but everyone from everywhere should have access to scientific publications.

(B) Consequently, the set of all scientific publications is the common heritage that researchers have collectively built over centuries, and are constantly developing. Given the constructive and universal nature of science, any researcher should have access, as early

and easily as possible, to all scientific publications.

(C) Indeed, a result to be recognized as scientific must be presented and explained in an article which has been reviewed and accepted by peers, i.e., researchers able to understand, verify and, if necessary, correct it. It is only after successful peer review that a new result can be published and belongs to scientific knowledge.

① (A)−(C)−(B)　　② (B)−(A)−(C)

③ (B)−(C)−(A)　　④ (C)−(A)−(B)

⑤ (C)−(B)−(A)

38

　　The psychological answers to the question of why we should be bothered with history may seem too obvious to labour.

(A) But, if only because they seem so obvious, these answers can easily be taken for granted, and it's only when we are deprived of our pasts that we realise their importance—if not our actual dependence on them. That is why the examples of deprivation and abnormality recorded by Oliver Sacks and others are so instructive.

(B) From them we can see that a malfunctioning memory, or a complete loss of memory, has crucial implications for our sense of personal identity and therefore our ability to live in society with other people. Our personal histories provide support for our selves and our sanity.

(C) After all, it has become a platitude of history's defenders that the subject is needed as an essential part of education to provide a sense of national identity; and, at the personal level, we are all well enough aware that we have memories that have something to do with who we are, and where we are, and even where we hope to go. [3점]

*sanity: 제정신 **platitude: 상투어

① (A)–(C)–(B)　　② (B)–(A)–(C)

③ (B)–(C)–(A)　　④ (C)–(A)–(B)

⑤ (C)–(B)–(A)

[39~40] 다음 글의 내용을 한 문장으로 요약할 때, 빈칸 (A), (B)에 들어갈 말로 가장 적절한 것을 고르시오.

39

Though it sounds so simple and obvious, people screw this up all the time. When you train, many different factors influence each other and cause the resultant adaptations of the body. The experiences of trainees in gyms around the world for the last century, when combined with research over the last few decades, has enabled us to establish a fairly clear order of importance as to what will and won't give you the most from your training efforts. When you see seemingly conflicting advice —which exercises to do, how heavy to go, how many sets to perform, whether to train to failure, lifting explosively or slowly to 'feel the burn' etc. —you need to decide how important these factors are relative to your goals, and how they will affect the other aspects of your training. By looking at these variables through the lens of a pyramid of importance, you'll save yourself unnecessary confusion. As the classic saying goes, if you want to "fill your cup to the brim" when it comes to your training potential, get your big rocks in place before your pebbles, and your pebbles in place before your sand.

*brim: 가장자리 **pebble: 자갈

↓

As considering ___(A)___ factors in training is crucial for maximizing results, a pyramid of importance can help ___(B)___ the key elements over seemingly conflicting advice.

	(A)		(B)
①	various	······	prioritize
②	limited	······	prioritize
③	unique	······	generate
④	diverse	······	generate
⑤	powerful	······	characterize

40

Theory and practice are often at odds. Yet there is something particularly strange in the way in which the received theory and the presumed practice of toleration in contemporary societies seem to go their separate ways. Theoretical statements on toleration assume at the same time its necessity in democratic societies, and its impossibility as a coherent ideal. In her introduction to a comprehensive collection on tolerance and intolerance in modern life, Susan Mendus appropriately makes the point that the commitment that liberal societies have to toleration 'may be more difficult and yet more urgent than is usually recognised'.

In contrast with the urgency insisted on by the theory, the practice can appear contented: liberal democratic societies seem to have accepted the need for the recognition and accommodation of difference without registering its depth. So much so that 'practical' people often just dismiss such toleration as an excess of permissiveness. The success of 'zero tolerance' as a slogan for a less forgiving society bears witness to the spread of such a mood in public opinion.

*coherent: 통일성 있는.

↓

Theoretically, tolerance is regarded ___(A)___ in democratic societies, but in reality, some people frequently overlook it as a(n) ___(B)___ of permissiveness.

	(A)		(B)
①	fundamental	······	overflow
②	fundamental	······	lack
③	radical	······	balance
④	customary	······	luxury
⑤	customary	······	shortage

[41~42] 다음 글을 읽고, 물음에 답하시오.

Why do we gesture? Many would say that it brings emphasis, energy and ornamentation to speech (which is assumed to be the core of what is taking place); in short, gesture is an "add-on." However, evidence is against this. The lay view of gesture is that one "talks with one's hands." You can't find a word so you resort to gesture. Marianne Gullberg debunks this ancient idea. As she simply puts it, rather than gesture starting when words stop, gesture stops as well. The reasons we gesture are more profound. Language is _____. While gestures enhance the material carriers of meaning, the core is gesture and speech together. They are bound more tightly than saying the gesture is an "add-on" or "ornament" implies. They are united as a matter of thought itself. Even if, for some reason, the hands are restrained and a gesture is not externalized, the imagery it embodies can still be present, hidden but integrated with speech (it may surface in some other part of the body, the feet for example).

*debunk: (정체를) 폭로하다

41 윗글의 제목으로 가장 적절한 것은?

① The Hidden Power of Language
② Dissociation Between Gesture and Thought
③ Essential Principles of Gestures
④ Can We Measure the Depth of Our Thought?
⑤ Gestures: More Than Supplements

42 윗글의 빈칸에 들어갈 말로 가장 적절한 것은? [3점]

① inseparable from imagery
② emphasized by underlying meaning
③ different from superficial embodiment
④ dependent upon linguistic decoration
⑤ constructed by externalization

[43~45] 다음 글을 읽고, 물음에 답하시오.

(A)

"Dad, are you keeping an eye on the time?" Tom asked. He thought they had to go to the gate now, but (a) his dad seemed careless about the time. "Yes, I am, Tom. Don't worry. We're not going to be late," Dad said, but he had been saying that for at least twenty minutes. Dad was trying to find a duty-free shop with one special brand of watches. When they got there, the place was packed with a multitude of people. It seemed as though everyone in the airport wanted something from this duty-free shop.

(B)

However, Dad did not even look at his son. He was talking with a salesman while examining a few watches in front of him. The salesman was very patient and considerate. Finally, Dad chose one, and the salesman said, "I'll wrap this for you then." Dad paid quickly and received the package from (b) him. Finally, the transaction was over. Dad turned to his son and said, "Let's roll." Before even Dad finished his words, Tom was already running.

(C)

They dashed along the passageway like 100-meter racers, and the bag of the package was flying, chasing after them. In the distance, (c) the son saw the gate closing and shouted, "Wait, we are here!" "Wait, please!" the father yelled too, right after his son. The attendant saw them, and they made it by the skin of their teeth. Sitting in his seat, Dad said, "See, I was right!" Tom didn't know what to say, but (d) he simply sighed with relief.

(D)

In the shop, there were many small booths selling different goods, and Dad was again walking around to look for the watch booth. "The plane leaves at four thirty, and the boarding begins thirty minutes earlier, which means we have to be at the gate by four," Tom was calculating in his mind and looked at (e) his watch. It was almost four. They should have been at the gate already. It would take at least ten minutes to reach the gate from where they were. Tom looked at his dad and made a long face.

43 주어진 글 (A)에 이어질 내용을 순서에 맞게 배열한 것으로 가장 적절한 것은?

① (B)–(D)–(C)　　② (C)–(B)–(D)

③ (C)–(D)–(B)　　④ (D)–(B)–(C)

⑤ (D)–(C)–(B)

44 밑줄 친 (a)~(e) 중에서 가리키는 대상이 나머지 넷과 다른 것은?

① (a)　　② (b)

③ (c)　　④ (d)

⑤ (e)

45 윗글에 관한 내용으로 적절하지 않은 것은?

① Tom was concerned about his dad's attitude toward time.

② The duty-free shop Tom visited was very crowded.

③ The salesperson provided a patient and considerate service.

④ Tom and his dad successfully went on board.

⑤ Tom was delighted with his dad's shopping.

제3교시 수학영역

▶정답 및 해설 471p

01 부등식 $(\log_{\frac{1}{2}}x-2)\log_{\frac{1}{4}}x<4$를 만족시키는 자연수 x의 개수는? [3점]

① 1   ② 3

③ 5   ④ 7

⑤ 9

02 함수 $y=f(x)$의 그래프가 그림과 같다.

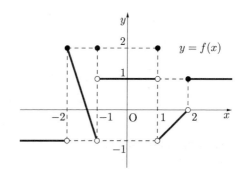

$$\lim_{x \to 1-}(f \circ f)(x)+\lim_{x \to -\infty}f\left(-2-\frac{1}{x+1}\right)$$

의 값은? [3점]

① -4 ② -2

③ 0 ④ 2

⑤ 4

03 〈보기〉에서 옳은 것만을 있는 대로 고른 것은? [3점]

〈보기〉

ㄱ. 함수 $y=\tan\dfrac{3\pi}{2}x-\sin2\pi x$의 주기는 2이다.

ㄴ. 함수 $y=2\pi+\cos2\pi x\sin\dfrac{4\pi}{3}x$의 주기는 3이다.

ㄷ. 함수 $y=\sin\pi x-\left|\cos\dfrac{3\pi}{2}x\right|$의 주기는 2이다.

① ㄱ 　　　　　② ㄷ

③ ㄱ, ㄴ 　　　④ ㄴ, ㄷ

⑤ ㄱ, ㄴ, ㄷ

04 두 다항함수 $f(x)$, $g(x)$가 다음 조건을 만족시킨다.

(가) $\displaystyle\int xf'(x)dx=x^3+3x^2+C$ (단, C는 적분상수)

(나) $g(x)=\displaystyle\int_{-1}^{x}tf(t)dt$

$g'(2)=0$일 때, $f(-2)$의 값은? [3점]

① -30 　　　② -24

③ -18 　　　④ -12

⑤ -6

05 두 실수 a, b가 다음 조건을 만족시킬 때, $a^3 - 2b$의 값은? [4점]

> (가) b는 $-\sqrt{8a}$의 제곱근이다.
> (나) $\sqrt[3]{a^2}\,b$는 -16의 세제곱근이다.

① $-2-2\sqrt{2}$ ② -2

③ $4-2\sqrt{2}$ ④ 2

⑤ $2+2\sqrt{2}$

06 $x \geq 0$에서 정의된 함수 $f(x) = \dfrac{x^2}{12} + \dfrac{x}{2} + a$ 에 대하여 $f(x)$의 역함수를 $g(x)$라 하자. 방정식 $f(x) = g(x)$의 근이 b, $2b$ $(b>0)$ 일 때, $\displaystyle\int_b^{2b} \{g(x) - f(x)\}\,dx$의 값은? (단, a는 상수이다.) [4점]

① $\dfrac{2}{9}$ ② $\dfrac{1}{3}$

③ $\dfrac{4}{9}$ ④ $\dfrac{5}{9}$

⑤ $\dfrac{2}{3}$

07 3θ는 제1사분면의 각이고 4θ는 제2사분면의 각일 때, θ는 제m사분면 또는 제n사분면의 각이다. $m+n$의 값은? (단, $m \neq n$) [4점]

① 3   ② 4

③ 5   ④ 6

⑤ 7

08 모든 항이 음수인 수열 $\{a_n\}$이

$$\frac{1}{2}\left(a_n - \frac{2}{a_n}\right) = \sqrt{n-1} \ (n \geq 1)$$

을 만족시킬 때, $\sum_{n=1}^{99} a_n$의 값은? [4점]

① -20 ② $-10-3\sqrt{11}$

③ $-10-7\sqrt{2}$ ④ $-9-3\sqrt{11}$

⑤ $-9-7\sqrt{2}$

09 실수 전체의 집합에서 연속인 두 함수 $f(x)$, $g(x)$가 다음 조건을 만족시킨다.

> (가) 모든 실수 x에 대하여
> $$f(x)+f(-x)=1$$이다.
> (나) $x^2-x-2\neq0$일 때,
> $$g(x)=\frac{2f(x)-7}{x^2-x-2}$$이다.

방정식 $f(x)=k$가 반드시 열린구간 $(0, 2)$에서 적어도 2개의 실근을 갖도록 하는 정수 k의 개수는? [4점]

① 3   ② 4

③ 5   ④ 6

⑤ 7

10 함수
$$f(x)=\begin{cases}2(x-2) & (x<2)\\4(x-2) & (x\geq2)\end{cases}$$
와 실수 t에 대하여 함수 $g(t)$를
$$g(t)=\int_{t-1}^{t+2}|f(x)|\,dx$$
라 하자. $g(t)$가 $t=a$에서 최솟값 b를 가질 때, $a+b$의 값은? [4점]

① 6   ② 7

③ 8   ④ 9

⑤ 10

11 두 실수 $a(a>0)$, b에 대하여 수직선 위를 움직이는 점 P의 시각 $t(t \geq 0)$에서의 위치 $x(t)$가

$$x(t)=t^3-6at^2+9a^2t+b$$

일 때, $x(t)$는 다음 조건을 만족시킨다.

> (가) 점 P가 출발한 후 점 P의 운동 방향이 바뀌는 순간의 위치의 차는 32이다.
> (나) 점 P가 출발한 후 점 P의 가속도가 0이 되는 순간의 위치는 36이다.

$b-a$의 값은? [4점]

① 18   ② 23

③ 28   ④ 33

⑤ 38

12 함수

$$f(x)=\begin{cases} \dfrac{x^2+ax+b}{x-5} & (x \neq 5) \\ 7 & (x=5) \end{cases}$$

에 대하여 두 함수 $g(x)$, $h(x)$를

$$g(x)=\begin{cases} \sqrt{4-f(x)} & (x<1) \\ f(x) & (x \geq 1) \end{cases},$$

$$h(x)=|\{f(x)\}^2+\alpha|-11$$

이라 하자. 함수 $f(x)$가 실수 전체의 집합에서 연속일 때, 함수 $g(x)h(x)$도 실수 전체의 집합에서 연속이 되도록 하는 모든 실수 α의 값의 곱은? (단, a, b는 상수이다.) [4점]

① -34 ② -36

③ -38 ④ -40

⑤ -42

13 삼각형 ABC가 다음 조건을 만족시킨다.

> (가) $\cos^2 A + \cos^2 B - \cos^2 C = 1$
> (나) $2\sqrt{2}\cos A + 2\cos B + \sqrt{2}\cos C = 2\sqrt{3}$

삼각형 ABC의 외접원의 반지름의 길이가 3일 때, 삼각형 ABC의 넓이는? [4점]

① $4\sqrt{3}$ 　　　② $5\sqrt{2}$

③ $6\sqrt{2}$ 　　　④ $5\sqrt{3}$

⑤ $6\sqrt{3}$

14 최고차항의 계수가 양수인 다항함수 $f(x)$와 $f(x)$의 한 부정적분 $F(x)$가 다음 조건을 만족시킨다.

> (가) $\displaystyle\lim_{x\to\infty}\dfrac{\{F(x)-x^2\}\{f(x)-2x\}}{x^5}=3$
> (나) $\displaystyle\lim_{x\to 0}\dfrac{f(x)-2}{x}=2$
> (다) $f(0)F(0)=4$

곡선 $y=F(x)-f(x)$와 x축으로 둘러싸인 도형의 넓이는? [4점]

① $\dfrac{1}{3}$ 　　　② $\dfrac{2}{3}$

③ 1 　　　④ $\dfrac{4}{3}$

⑤ $\dfrac{5}{3}$

15 모든 항이 양수인 수열 $\{a_n\}$이 다음 조건을 만족시킨다.

(가) $a_2 = \pi$

(나) $7a_n - 5a_{n+1} > 0 \ (n \geq 1)$

(다) $2\sin^2\left(\dfrac{a_{n+1}}{a_n}\right) - 5\sin\left(\dfrac{\pi}{2} + \dfrac{a_{n+1}}{a_n}\right) + 1 = 0 \ (n \geq 1)$

$\dfrac{(a_4)^5}{(a_6)^3}$의 값은? [4점]

① 4   ② 9

③ 16   ④ 25

⑤ 36

16 $0 \leq x \leq 1$인 모든 실수 x에 대하여 부등식

$$2ax^3 - 3(a+1)x^2 + 6x \leq 1$$

이 성립할 때, 양수 a의 최솟값은? [4점]

① $\dfrac{11+\sqrt{5}}{6}$ ② $\dfrac{5+\sqrt{5}}{3}$

③ $\dfrac{3+\sqrt{5}}{2}$ ④ $\dfrac{4+2\sqrt{5}}{3}$

⑤ $\dfrac{7+5\sqrt{5}}{6}$

17 두 실수 a, b가 다음 조건을 만족시킬 때, $a+b+c+d$의 값은? [5점]

> (가) $\lim\limits_{x \to \infty}(\sqrt{(a-b)x^2+ax}-x)=c$ (c는 상수)
>
> (나) $\lim\limits_{x \to -\infty}(ax-b-\sqrt{-(b+1)x^2-4x})$
> $=d$ (d는 상수)

① $-\dfrac{5}{2}$ ② -3

③ $-\dfrac{7}{2}$ ④ -4

⑤ $-\dfrac{9}{2}$

18 모든 자연수 n에 대하여 세 점 $(n-1, 1)$, $(n, 0)$, $(n, 1)$을 꼭짓점으로 하는 삼각형을 T_n, 직선 $y=\dfrac{x}{n}$가 직선 $y=1$과 만나는 점을 A_n, 점 A_n에서 x축에 내린 수선의 발을 B_n이라 할 때, 삼각형 T_1, T_2, $\cdots$, T_n의 내부와 삼각형 OA_nB_n의 내부의 공통부분의 넓이를 a_n이라 하자. 예를 들어, 그림과 같이 a_3은 세 삼각형 T_1, T_2, T_3의 내부와 삼각형 OA_3B_3의 내부의 공통부분의 넓이를 나타내고 $a_3=\dfrac{7}{12}$이다. a_{50}의 값은? (단, O는 원점이다.) [5점]

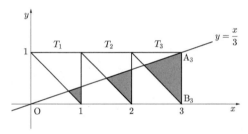

① $\dfrac{49}{6}$ ② $\dfrac{101}{12}$

③ $\dfrac{26}{3}$ ④ $\dfrac{107}{12}$

⑤ $\dfrac{55}{6}$

19 실수 $t\,(2 < t < 8)$에 대하여 이차함수 $f(x) = (x-2)^2$ 위의 점 $\mathrm{P}(t, f(t))$에서의 접선이 x축과 만나는 점을 Q라 하자. 직선 $y = 2(t-2)(x-5)$ 위의 한 점 R를 $\overline{\mathrm{PR}} = \overline{\mathrm{QR}}$가 되도록 잡는다. 삼각형 PQR의 넓이를 $S(t)$라 할 때,

$$\lim_{t \to 2+} \frac{S(t)}{(t-2)^2}$$의 값은? [5점]

① $\dfrac{3}{2}$ ② 2

③ $\dfrac{5}{2}$ ④ 3

⑤ $\dfrac{7}{2}$

20 $0 \le x < 2\pi$일 때, 함수
$$f(x) = 2\cos^2 x - |1 + 2\sin x| - 2|\sin x| + 2$$
에 대하여 집합
$$A = \{x \,|\, f(x)$$의 값은 0 이하의 정수$\}$
라 하자. 집합 A의 원소의 개수는? [5점]

① 6 ② 7

③ 8 ④ 9

⑤ 10

21 최고차항의 계수가 1인 삼차함수 $f(x)$에 대하여 함수 $g(x)$를

$$g(x)=\begin{cases} f(x) & (x<1) \\ -f(x) & (x\geq1) \end{cases}$$

이라 하자. 함수 $g(x)$가 실수 전체의 집합에서 미분가능하고 $x=-1$에서 극값을 가질 때, 함수 $f(x)$의 극댓값을 구하시오. [3점]

22 다항함수 $f(x)$가 다음 조건을 만족시킬 때, $f(1)$의 값을 구하시오. [4점]

> (가) 모든 실수 x에 대하여 $2f(x)-(x+2)$ $f'(x)-8=0$이다.
> (나) x의 값이 -3에서 0까지 변할 때, 함수 $f(x)$의 평균변화율은 3이다.

23 방정식

$3^x + 3^{-x} - 2(\sqrt{3^x} + \sqrt{3^{-x}}) - |k-2| + 7 = 0$이 실근을 갖지 <u>않도록</u> 하는 정수 k의 개수를 구하시오. [4점]

24 수열 $\{a_n\}$과 공차가 2인 등차수열 $\{b_n\}$이

$$n(n+1)b_n = \sum_{k=1}^{n}(n-k+1)a_k \ (n \geq 1)$$

을 만족시킨다. $a_5 = 58$일 때, a_{10}의 값을 구하시오. [4점]

25 두 함수

$$y=4^x,\; y=\frac{1}{2^a}\times 4^x-a$$

의 그래프와 두 직선

$$y=-2x-\log b,\; y=-2x+\log c$$

로 둘러싸인 도형의 넓이가 3이 되도록 하는 자연수 a, b, c의 모든 순서쌍 $(a,\,b,\,c)$의 개수를 구하시오. [5점]

2026
경찰대학
7개년 국어·영어·수학

제1교시 국어영역

▶정답 및 해설 479p

[01~05] 다음 글을 읽고 물음에 답하시오.

현대 사회와 문명의 발전을 대표하는 요인으로 과학과 민주주의를 들 수 있다. 그러나 이 요인들이 위기에 봉착하지 않는 것은 아니다. 과학은 환경 위기의 재앙을 낳았고 민주주의는 전체주의로 퇴행할 위험이 상존한다. 칼 포퍼 는 '반증주의'로 이러한 위기에 대응하고자 한다.

우선 그는 **과학 이론**이 논리적으로 모순이 없다고 해도 반드시 경험적 적용을 통해 타당성을 검증해야 한다고 본다. 이론들은 자연에 대해 이런저런 설명을 시도하지만 항상 오류 가능성을 포함하고 있다. 이때 경험적 적용은 이론의 예외가 되는 반증 사실이 있는지에 대해 검증하는 것으로서 만약 반증이 성립하면 그 이론은 수정되거나 폐기될 수밖에 없다. 반증은 과학 이론에 대해 지속적인 비판이 이루어진다는 것을 의미한다. 그러기에 모든 과학 이론은 완전하지 않으며 반증 가능성을 통해 개선되거나 폐기된다.

그러나 모든 이론의 가설이 동일한 정도로 반증 가능성이 있는 것은 아니다. 예컨대 "검은 백조는 없다."라는 가설은 "여기 검은 백조가 있다."라는 경험적 적용을 통해 반증되지만, "모든 백조는 희다."라는 가설은 여러 색깔의 백조가 있을 가능성까지 배제하기 때문에 더 많은 반증이 필요하다. 이런 관점에서 좋은 이론은 반증 가능성이 큰 대담한 내용을 내포함에도 쉽게 무너지지 않는 이론으로 볼 수 있다. 포퍼는 자연의 진화처럼 과학 이론 역시 끊임없는 반증과 오류 제거를 통해 점진적으로 발전한다고 본다.

포퍼는 정치 역시 반증 가능성이 발전의 조건이 된다고 본다. 그는 현대 사회가 민주주의 사회로 발전했지만 다수결에 의해 폭군과 독재자가 통치하도록 결정될 수 있다는 역설을 배제할 수 없다고 본다. 민주주의 사회는 '열린 사회'지만 그렇다고 해서 '닫힌 사회'로 퇴보할 가능성이 없어진 것은 아니라는 것이다. 그가 보기에 닫힌 사회는 주술적이다. 통치자가 어떤 반박도 허용하지 않는 ⊙주술적 가치를 통해 지배하기 때문이다. 열린 사회를 구성하는 합리주의는 자신의 한계를 인식하고, 범할 수 있는 오류를 인정하기에 다른 의견을 경청하는 지적 겸손의 태도를 지니는 반면, 닫힌 사회의 독단주의는 소수의 폐쇄된 집단만 사태를 정확히 인식한다고 전제하는 지적 오만을 드러낸다.

그리하여 포퍼는 역사가 어떤 일반적 법칙에 따라 정해진 목적을 향해 발전해 간다는 역사주의를 비판한다. 그에게 역사주의란 전체론, 역사적 법칙론, 그리고 유토피아주의를 합쳐놓은 사상이다. 먼저 그는 전체 자체를 인식할 수 있다는 전체론이 오류라고 지적한다. 예컨대 국가를 구성원들 간의 단순한 집합 이상의 것이라고 한다면, 구성원 개개인을 넘어서는 국가 전체의 정신이나 논리를 전제할 수밖에 없다. 이런 관점에서는 국민이 희생되어도 국가 전체에 대한 지식을 소유한 소수 집단에게 국가 운영을 맡겨야 한다는 전체주의가 @싹트게 된다. 그래서 그는 단편적 지식만 아는 다수가 자신이 아는 지식을 자유롭게 교환하면서 국가의 미래를 논의하는 것이 전체주의보다 낫다고 본다.

다음으로 그는 역사적 법칙이 미래를 확실히 예측하는 수단인 것 같지만 실제로 이러한 예측은 불가능하며 오히려 그 법칙이 독단이 되어 국민을 억압하게 된다고 역사적 법칙론을 비판한다. 예를 들어 공산주의는 유물론의 법칙에 따라 국가가 모순이 완전히 해결된 공산사회로 나아갈 것이라고 보았지만, 그것은 닫힌 사회로의 퇴행일 뿐이다. 포퍼는 인간의 역사를 독단적인 법칙에 따라 예언할 수 없으며, 자연의 진화처럼 사회도 시행착오와 오류 제거를 통해 변화한다고 본다.

마지막으로 유토피아주의는 불변적이고 절대적인 이상 사회에 대한 믿음을 뜻하는데, 이는 독단의 법칙에 의해 뒷받침된다. 미래에 실현될 최종 유토피아가 완전하면 할수록 현재의 세계는 더욱 극복해야 할 부정적 대상이 된다. 포퍼는 열린 사회에서는 유토피아처럼 궁극적인 최종 목적이 아니라 현재 문제를 점진적으로 해결하려는 합리적 과정을 통해 설정된 단기적 목적을 이루는 것이 더 중요하다고 본다. 미래가 어떨지는 누구도 알 수 없고, 그것을 주장하는 사람은 마법사일 뿐이라는 것이다. 이런 관점에서 그는 '누가 통치해야 하는가' 대신, ⓒ'사악하거나 무능한 지배자들이 심한 해악을 끼치지 않도록 어떻게 정치 제도를 만들 것인가'를 질문해야 한다고 역설한다.

01 윗글에 따를 때, '과학 이론'에 대한 설명으로 적절하지 <u>않은</u> 것은?

① 반증 가능성의 정도가 각기 다를 수 있다.

② 오류 제거를 통해 점진적으로 발전할 수 있다.

③ 가치 있는 이론은 반증을 잘 견디는 성질이 있다.

④ 경험적 적용은 이론을 이상적으로 만드는 방안이다.

⑤ 이론에 논리적 모순이 없더라도 타당성이 없을 수 있다.

02 ㉠에 대한 설명으로 적절하지 <u>않은</u> 것은?

① 비판과 검증을 허용하지 않는 가치이다.

② 열린 사회에서는 배척되어야 하는 가치이다.

③ 사회를 무오류의 상태로 바꾸려는 가치이다.

④ 미래가 어떻게 될지 확신할 수 있는 가치이다.

⑤ 다수결에 따를 때는 나타날 수 없는 가치이다.

03 ㉡에 대한 답변으로 적절하지 <u>않은</u> 것은?

① 단편적인 지식을 가진 개인들의 의견을 모으게 하는 제도가 필요하다.

② 소수 집단이라 해도 자신의 의견을 자유롭게 개진하게 하는 제도가 필요하다.

③ 치열한 토론과 자유로운 의사 결정이 침해되지 않게 하는 제도가 필요하다.

④ 단기적 목적을 세워 문제를 합리적으로 해결하게 하는 제도가 필요하다.

⑤ 시행착오로 인한 희생이 있어도 이상적 미래를 구현하게 하는 제도가 필요하다.

04 ⓐ와 의미가 통하는 한자어로 가장 적절한 것은?

① 태동(胎動)　　② 준동(蠢動)

③ 활동(活動)　　④ 가동(可動)

⑤ 약동(躍動)

05 〈보기〉의 견해에 대해 칼 포퍼가 제기할 만한 반론으로 가장 적절한 것은? [3점]

─〈보기〉─

어떤 시각 장애인이 코끼리 다리를 만지고 "코끼리는 원기둥 모양이다."라는 가설을 세웠다고 하자. 이후 많은 시각 장애인이 똑같이 그렇게 하여 같은 결론을 내린다면, 그 가설은 반증이 소용없다는 것을 뜻하는 것이 아닌가? 오히려 "우리가 만진 것은 코끼리 전체가 아닌 일부분이 아닐까?"라고 생각의 틀 자체를 바꾸는 발상이 필요하다. 과학의 발전은 한 이론적 틀에서 다른 틀로 급격히 전환되는 과정을 거쳐야만 이루어진다. 정치 역시 마찬가지다. 당면한 문제에 대한 방안은 치열한 토론으로 마련할 수도 있지만, 그것으로는 작은 과제들만 겨우 해결할 수 있다. 현대 정치가 부딪친 문제들은 작은 과제들이 아닌 전반적인 사회 구조에 의해 생기며, 따라서 정치는 사회 구조가 혁명적 과정을 통해 변해야만 발전할 수 있다.

① 과학의 이론적 틀은 하나여서 결코 바뀌지 않으며, 모든 정치적 문제는 작은 문제부터 해결하는 것이 출발점이 되어야 한다.

② 많은 반증이 제시된다고 해서 과학의 이론적 틀이 무너지는 것은 아니며, 사회 구조가 급격히 바뀐다고 해서 정치가 발전하는 것도 아니다.

③ 이전의 과학적 틀에 따른 가설들이 새로운 가설로 바뀌는 과정은 급격하며, 정치적 문제를 해결하는 방안들도 혁명 후에는 급격하게 바뀔 것이다.

④ 과학의 이론적 틀이 바뀌어도 반증을 통한 검증은 여전히 필요하며, 혁명적 과정에서 나타날 수 있는 정치적 독단은 문제 해결을 오히려 저해할 수 있다.

⑤ 과학의 이론적 틀은 여럿이기 때문에 어떤 틀을 택하는지가 중요하며, 정치적 문제의 해결책도 여럿이기 때문에 어떤 해결책을 택하는지가 중요하다.

[06~10] 다음 글을 읽고 물음에 답하시오.

(가)
알룩조개에 입맞추며 자랐나
눈이 바다처럼 푸를 뿐더러 까무스레한 네 얼굴
가시내야
나는 발을 얼구며
무쇠다리를 건너온 함경도 사내

바람소리도 호개*도 인전 무섭지 않다만
어두운 등불 밑 안개처럼 자욱한 시름을 달게 마시련다만
어디서 흥참한 기별이 뛰어들 것만 같애
두터운 벽도 이웃도 못 미더운 북간도 술막

온갖 방자의 말을 품고 왔다
눈포래를 뚫고 왔다
가시내야
너의 가슴 그늘진 숲속을 기어간 오솔길을 나는 ⊙헤매이자
술을 부어 남실남실 술을 따르어
가난한 이야기에 고히 잠거다오

네 두만강을 건너왔다는 석 달 전이면
단풍이 물들어 천리 천리 또 천리 산마다 불탔을 겐데
그래두 외로워서 슬퍼서 초마폭으로 얼굴을 가렸더냐
두 낮 두 밤을 두리미처럼 울어 울어
불술기* 구름 속을 달리는 양 유리창이 흐리더냐

차알싹 부서지는 파도소리에 취한 듯

때로 싸늘한 웃음이 소리 없이 새기는 보조개
가시내야
울 듯 울 듯 울지 않는 전라도 가시내야
두어 마디 너의 사투리로 때아닌 봄을 불러 줄게
손때 수집은 분홍 댕기 휘 휘 날리며
잠깐 너의 나라로 돌아가거라

이윽고 얼음길이 밝으면
나는 눈포래 휘감아치는 벌판에 우줄우줄 나설 게다
노래도 없이 사라질 게다
자욱도 없이 사라질 게다

　　　　　　　　　　　　– 이용악, 「전라도 가시내」

*호개 : '승냥이'의 방언
*불술기 : '기차'의 방언

(나)
조국(祖國)을 언제 떠났노,
파초(芭蕉)의 꿈은 가련하다.

남국(南國)을 향한 불타는 향수(鄕愁),
너의 넋은 수녀(修女)보다도 더욱 외롭구나.

소낙비를 그리는 너는 정열(情熱)의 여인(女人),
나는 샘물을 길어 네 발등에 붓는다.

이제 밤이 차다,
나는 또 너를 내 머리맡에 있게 하마.

나는 즐겨 너를 위해 종이 되리니,
네의 그 드리운 치마자락으로 우리의 겨울을 ⓒ가
리우자.

　　　　　　　　　　　　– 김동명, 「파초」

06 (가), (나)의 공통점으로 가장 적절한 것은?

① 대상을 의인화하여 동적인 이미지를 구현
　한다.
② 독백적 어조로 자신의 상황을 반성적으로
　성찰한다.
③ 장면을 시간순으로 배열하여 서사적 맥락을
　형성한다.
④ 반어의 수사적 표현으로 대상의 부정적 면
　모를 부각한다.
⑤ 대상의 과거 상황을 상상하여 대상의 현재
　처지를 이해한다.

07 (가), (나)의 화자가 시적 대상에 대해 가지고
있는 태도로 가장 적절한 것은?

① (가), (나) : 관조적 태도
② (가), (나) : 공감적 태도
③ (가), (나) : 반성적 태도
④ (가) : 풍자적 태도, (나) : 숭배적 태도
⑤ (가) : 비관적 태도, (나) : 낙관적 태도

08 가시내 에 대한 이해로 적절하지 않은 것은?

① 고향을 그리워하고 있다.
② 가을 무렵 두만강을 건넜다.
③ 봄이 오면 술막을 떠날 예정이다.
④ 자신의 처지에 냉소적이기도 하다.
⑤ 먼 길을 떠나 현재의 장소에 오게 되었다.

09 맥락에 따라 시어 불타는 을 읽은 내용으로 적절하지 **않은** 것은? [3점]

① '불타는'과 '정열(情熱)'은 모두 뜨거움의 의미를 갖는데 이는 '남국'의 특성이므로, '너'가 '남국'을 그리워하는 까닭을 알 수 있군.

② 뜨거움을 뜻하는 '불타는'이 '밤이 차다', '우리의 겨울'과 대립적이므로, '너'는 '밤'과 '겨울'에 저항하는 능동적인 존재임을 알 수 있군.

③ '향수(鄕愁)'를 '불타는' 것으로 설정한 데서 갈증이 연상되는데 '샘물'은 이를 해소해 줄 수 있으니, '너'가 '나'를 필요로 하는 까닭을 알 수 있군.

④ '불타는'은 '향수(鄕愁)'를 낮게 하기 위한 수단이 '소낙비'임을 암시하므로, '샘물'을 발등에 붓는 '나'의 행동이 '너'에 대한 배려를 뜻함을 알 수 있군.

⑤ '불타는'의 '불'은 '정열(情熱)'과 함께 상승적 이미지를 갖는데 이는 긍정적 가치로 볼 수 있으므로, '너'라는 시적 대상이 긍정적인 가치를 갖는 존재임을 알 수 있군.

10 ㉠, ㉡에 대한 설명으로 가장 적절한 것은?

① ㉠의 행위 주체는 화자이지만, ㉡의 행위 주체는 청자이다.

② 화자와 청자의 심리적 거리는 ㉠의 행위로는 멀어지지만, ㉡의 행위로는 가까워진다.

③ ㉠, ㉡ 모두 청자에게 행위의 동참을 요구하고 있다.

④ ㉠, ㉡ 모두 불확실한 미래에 대한 걱정을 바탕으로 한다.

⑤ ㉠, ㉡ 모두 행위가 실현되면 현실의 고난에서 벗어날 수 있다는 믿음이 담겨 있다.

[11~15] 다음 글을 읽고 물음에 답하시오.

여기에는 여러 가지 이유가 있는 것이다. 그러나 ㉠이러한 사실도 그중의 중요한 원인들이 되었을 것이다. —조선 사람은 외국인에 대해서 아무 것도 보여 준 것은 없으나, 다만 날만 새면 자릿속에서부터 담배를 피워 문다는 것, 아침부터 술집이 번창한다는 것, 부모를 쳐들어서 내가 네 애비니 네가 내 손자니 하며 농지거리로 세월을 보낸다는 것, 겨우 입을 떼어 놓은 어린애가 엇먹는 말부터 배운다는 것, 주먹 없는 입씨름에 밤을 새고 이튿날에는 대낮에야 일어난다는 것…… 그 대신에 과학지식이라고는 소댕 뚜껑이 무거워야 밥이 잘 무른다는 것조차 모른다는 것을, ㉡외국 사람에게 실물로 교육을 하였다는 것이다. 하기 때문에 그들이 조선에 오래 있다는 것은 그들이 우리를 경멸할 수 있는 사실을 골고루 보고 많이 안다는 의미밖에 아니 되는 것이다.

"담바구야 담바구야…… 노이구곤 오데기루네……."

입을 이상하게 뾰족이 내밀었다 오므렸다 하고, 젓가락으로 화롯전을 두들겨 가며 장단을 맞춰서 콧노래를 하다가 뚝 그치더니,

"얘가 제일 잘 해요. 우리는 온 지가 삼사 년밖에 아니 되었지만……."

하며 벙벙히 앉았는 화롯불 가져온 아이 를 가리킨다.

"응! 그래? 너는 얼마나 있었길래?"

말담도 별로 없이 조용히 앉았는 것이 어디로 보아도 건너온 지 얼마 안 되는 숫보기로만 생각하였던 것이, 조선 소리를 잘 한다니 조선애가 아닌가도 싶다.

"예서 아주 자라났답니다. 제 어머니가 조선 사람인데요."

하며 담바고타령을 하던 계집애가 이때까지 하고 싶던 이야기를 겨우 하게 되었다는 듯이 입이 재게 즉시 대답하고 나서,

"그렇지!"

하며 당자에게 얼굴을 들이댄다. 그 소리가 너무도

커닿기 때문에 조소하는 것같이 들리었다. 일인 애비와 조선인 에미를 가졌다는 계집애는 히스테리컬하게 얼굴이 주홍빛이 되고 눈초리가 샐룩하여졌다. 어쩐지 조선 사람 어머니를 가진 것이 앞이 굽는다는 모양이다.

"정말 그래? 그럼 어머니는 어디 있기에?"

나는 호기심이 생겨서 물었다.

"대구에 있에요."

고개를 숙이고 앉았다가 간신히 쳐들면서 대답을 한다.

"그래 어째 여기 와서 있니? 소식은 듣니?"

왜 여기까지 와서 있느냐고 묻는 것은 우스운 수작이지만 나는 정색으로 이렇게 물었다.

그 계집애는 생글생글하며 나를 쳐다보더니,

"글쎄 그러지 않아두 누가 대구 가시는 이나 있으면 좀 부탁을 해서 알아보고 싶어두 그것도 안 되구……천생 언문으로 편지를 쓸 줄 알아야죠."

하며 이번에는 자기 신세를 조소하듯이 마음 놓고 커닿게 웃는다.

"그럼 아버지하군 지금 헤져서 사는 모양이구나?"

"그야 벌써 헤쳤죠. 내가 열 살 적인가, 아홉 살 적에 장기(長崎)로 갔답니다."

"그래 그 후에는 소식은 있니?"

"한참 동안은 있었는데 지금은 어떻게 되었는지……? 하지만 이 설이나 쇠고 나건 찾아가 볼 테에요."

하며 흑흑 느끼듯이 또 한 번 어색하게 웃는다. 그 웃음은 어느 때든지 자기의 기이한 운명을 스스로 조소하면서도 하는 수 없다는 단념에서 나오는, 말하자면 큰일을 저지르고 하도 깃구멍이 막혀서 나오는 웃음 같았다.

"아무리 조선 사람이라두 길러낸 어머니가 정다울 테지? 너의 아버지란 사람이 어떤 사람인지는 모르겠다마는, 지금 찾아간대야 그리 반가워는 아니 할걸?"

조선 사람 어머니에게 길러 자라면서도 조선 말보다는 일본말을 하고, 조선옷보다는 일본옷을 입고, 딸자식으로 태어났으면서도 조선 사람인 어머니보다는 일본 사람인 아버지를 찾아가겠다는 것은, 부모에 대한 자식의 정리를 지나서 ⓒ어떠한 이해관계나 일종의 추세라는 타산이 앞을 서기 때문에 이별한 지가 벌써 칠팔 년이나 된다는 애비를 정처도 없이 찾아간다는 것이라고 생각할 제, 이 계집애의 팔자가 가엾은 것보다도 ⓓ그 에미가 한층 더 가엾다고 생각지 않을 수 없었다.

(중략)

젊은 사람들의 얼굴까지 시든 배춧잎 같고 주눅이 들어서 멀거니 앉았거나, 그렇지 않으면 빌붙는 듯한 천한 웃음이나 '헤에' 하고 싱겁게 웃는 그 표정을 보면 가엾기도 하고, 분이 치밀어 올라와서 소리라도 버럭 질렀으면 시원할 것 같다.

┌ '이게 산다는 꼴인가? 모두 뒈져 버려라!'
│ 찻간 안으로 들어오며 나는 혼자 속으로 외
(가) 쳤다.
└ '무덤이다! 구더기가 끓는 무덤이다!'

나는 모자를 벗어서 앉았던 자리 위에 던지고 난로 앞으로 가서 몸을 녹이며 섰었다. 난로는 꽤 달았다. 뱀의 혀 같은 빨간 불길이 난로 문틈으로 날름날름 내다보인다. 찻간 안의 공기는 담배 연기와 석탄재의 먼지로 흐릿하면서도 쌀쌀하다. ⓔ우중충한 남폿불은 웅크리고 자는 사람들의 머리 위를 지키는 것 같으나 묵직하고도 고요한 압력으로 지그시 내리누르는 것 같다.

– 염상섭, 「만세전」

11 윗글의 서술 방식으로 가장 적절한 것은?

① 인과 관계가 약한 사건들을 병치하여 우연성을 강조하고 있다.

② 서술자는 이야기 속 이야기를 통해 인물의 과거를 소개하고 있다.

③ 상징적 소재를 통해 중심 갈등이 해소되는 과정을 서술하고 있다.

④ 인물의 내적 독백을 통해 인물들의 긍정적인 면모를 부각하고 있다.

⑤ 등장인물인 서술자가 다른 인물들을 관찰하며 논평하고 있다.

12 (가)에 드러난 태도로 가장 적절한 것은? [3점]

① 실의에 빠진 대상을 포용하면서도 절망적인 상황에 좌절하는 태도

② 어떤 기대도 더 이상 할 수 없는 대상을 일방적으로 저주하는 태도

③ 한심한 모습의 대상에 대한 안타까움과 분노를 같이 드러내는 태도

④ 큰 소리로 말하고 싶지만 대상이 잘 받아들이지 않을 것을 염려하는 태도

⑤ 무기력한 대상을 구원하려던 시도가 좌절되었을 때의 실망한 태도

13 화롯불 가져온 아이 에 대한 설명으로 적절하지 <u>않은</u> 것은?

① 조선에서 태어나고 자랐다.

② 자신이 혼혈인 것이 드러나는 것을 꺼린다.

③ 자신을 얕보는 동료에게 무례한 행위를 한다.

④ 어머니와 헤어진 상태이다.

⑤ 한글로 편지를 쓸 줄 모른다.

14 ㉠~㉤의 문맥적 의미를 해석한 것으로 적절하지 <u>않은</u> 것은?

① ㉠: 조선인들이 일본인에게 천대를 받는 것은 조선인들에게 원인이 있다는 사실

② ㉡: 외국 사람에게 조선인들이 실제 물건들을 사용하여 교육하는 것

③ ㉢: 일본인 아버지에게 기대어 사는 것이 더 이롭다는 계산

④ ㉣: 그 어머니는 남편과 딸에게 모두 버림받았기 때문에 더 가엾다고 생각함

⑤ ㉤: 무덤 같은 찻간의 분위기를 더욱 무겁게 만드는 흐리고 침침한 램프 불빛

15 〈보기〉를 참조하여 윗글에 드러난 '나'의 생각을 비판한 것으로 가장 적절한 것은?

─〈보기〉─

「만세전」의 제목에 쓰인 '만세'는 3·1운동을 가리킨다. 이 작품은 3·1운동 직전인 1918년 12월 일본 동경에서 식민지 수도 서울로의 여행을 통해 일본에서 유학하던 주인공이 본 당시 식민지 조선의 상황을 그려내고 있다. 그 다음 해에 일어난 3·1운동은 일제강점기가 시작된 이후 펼쳐진 조선총독부의 억압적인 무단통치에 온 민족이 들고일어나 독립 만세를 외친 역사적 사건이다. 이 운동을 통해 우리 민족은 일제가 아니라 우리가 우리의 운명을 결정한다는 자주성을 높이 드러내었다.

① '나'는 무덤 같은 환경에 지배받았던 당시 조선인들의 삶을 그들이 자주적으로 선택한 삶이라 보고 있어.

② 일제 총독부의 무단통치가 낳은 폐해를 목격하면서도 '나'는 일본에 기대어야 한다는 생각을 벗어나지 못한 거야.

③ '나'는 구습에 젖은 당시 조선인들에게서도 희망을 발견하려는 자신이 우월하다는 생각에 갇혀 있어.

④ 당시 조선인들을 무덤 속 구더기로 보는 '나'의 관점으로는 조선에서 왜 자주적인 만세 운동이 일어났는지 이해할 수 없을 거야.

⑤ 시대에 뒤떨어졌다고 해서 조선인들을 경멸하는 것은 일본인들의 잘못이기에 '나'는 일본인들이 잘못을 깨달으면 상황이 나아질 것이라고만 보고 있어.

[16~19] 다음 글을 읽고 물음에 답하시오.

생물학에서 유전 물질 간의 전이는 DNA가 전사를 통해 RNA가 되며 이 RNA가 번역을 통해 단백질을 형성하는 과정을 거친다. 이 과정의 마지막 단계에서 형성된 단백질은 세포나 조직의 구조를 이루거나, 기능상 혹은 조절상 중요한 역할을 한다. 그 때문에 적절한 시점에 정상적으로 단백질이 발현되지 않으면 질병으로 이어지게 된다. 근본적인 유전 물질인 DNA의 변이가 질병의 원인일 경우 RNA와 단백질에도 문제가 생기게 되므로 유전자의 변이를 고칠 수 있다면 단백질 이상 발현이 생길 가능성이 현저히 줄어들 것이다. 이처럼 근본적인 원인이 되는 비정상 유전자를 고치는 것을 유전자 치료라고 하는데, 그중 현재 가장 발전한 것이 ㉠3세대 유전자 가위, 크리스퍼 시스템이다.

세균과 고세균에서만 발견되는 특이한 반복서열을 사용하였다고 하여 이름 붙여진 크리스퍼 시스템은 면역 반응을 이용하여 바이러스 유전체의 염기서열을 조작하는 유전자 치료 방법으로, 2012년 엠마뉴엘 샤펜티어 교수와 제니퍼 다우드나 교수 연구팀에 의해 제안되었다. 이 시스템은 기술적으로 비교적 다루기 쉽고 비용이 적게 든다는 장점이 있어 〈사이언스〉에서 가장 혁신적인 기술로 선정되기도 했다. 앞서 2000년대 초반 징크핑거 뉴클레아제가 1세대 유전자 가위로 등장했고 이후 2세대 유전자 가위로 탈렌이 등장한 바 있었으나, 기술적으로 다루기 어렵고 비용이 많이 든다는 단점이 있었다.

자연계에는 세균의 후천성 면역 작동 기제의 한 종류로 크리스퍼 시스템이 존재한다. 1987년 일본에서 박테리아의 유전체 분석 과정 중에 특이하게 반복되는 서열이 발견되었다. 이 서열은 일정한 간격(스페이서)을 두고 반복되었는데, 당시로는 그것이 갖는 중요성이 충분히 인지되지 못했다. 2000년대 초반에 염기서열 분석 기술이 비약적으로 발전하자 저렴한 가격으로 더 빠르게 유전체 분석을 할 수 있게 되었고, 지난 10여 년 동안 잊혔던 반복서열이 주목받기에 이르렀다. 2002년에 세균과 고세균에서만 발견되던 이 반복서열은 크리스퍼(CRISPR)라고 명명되었다. 크리스퍼 근처에 자리 잡고 있으면서 그 기능에 중요한 역할을 할 것이라고 예상되는 유전자도 발견되었으며, 이 유전자는 카스(Cas: CRISPR associated protein)라고 이름 붙여졌다.

이렇게 세균에서 구조적인 특징이 발견되자, 연구자들은 이 시스템의 기능 연구에 몰두하게 되었는데 2005년에 스페이서 서열이 세균을 숙주로 하는 바이러스의 유전체와 일부 동일하다는 여러 논문이 나왔다. 이 사실을 바탕으로 크리스퍼 시스템은 적응 면역과 관련 있을 가능성이 제시되었으며, 2007년 실험적으로 증명되어 〈사이언스〉에 발표되었다. 이 연구에서 크리스퍼 시스템은 다음과 같이 정리되었다. 우선 세균 내에서 크리스퍼의 반복서열을 인식하는 트랜스활성화RNA와, 스페이서 서열과 반복서열을 포함한 크리스퍼RNA를 만든다. 만약 이전에 감염된 적이 있는 바이러스의 유전체 서열 정보가 스페이서 서열에 포함되어 있다면, 다시 그 바이러스가 침입한 경우 이를 크리스퍼RNA가 인식하고, 이 반응에 맞춰 트랜스활성화RNA와 카스 단백질은 바이러스의 유전체를 공격해 절단한다. 또한 2012년에는 앞에서 언급한 엠마뉴엘 샤펜티어 교수와 제니퍼 다우드나 교수의 연구를 통해 세균 내에 따로 존재하는 트랜스활성화RNA와 크리스퍼RNA를 하나로 이어 만든 가이드RNA에 카스 단백질을 넣으면 세균의 크리스퍼 시스템의 모사가 가능하다는 사실이 밝혀지기도

했다. 또한 세균 내 스페이서 서열이 바이러스를 인식하는 것과 비슷하게 스페이서 서열 대신 우리가 원하는 표적의 서열을 넣으면 원하는 유전체를 자를 수 있다는 것도 증명되었다. 이듬해에는 인간을 포함한 고등생물에서도 이 크리스퍼 시스템이 사용될 수 있다는 것이 증명되기도 했다.

크리스퍼 시스템은 생명과학 분야에서 유전자 교정을 통해 동식물의 생산량과 안정성을 조절하는 데 기여할 수 있을 것으로 예상된다. 또한 유전자 드라이브, 곧 인간이 아닌 생물의 유전자를 변형시켜 유전자 구성을 바꾸는 과정을 통해 바이러스 매개체인 야생 모기 등을 멸종시키는 것도 가능할 것이다. 그리고 생명 윤리의 문제를 해결한다면 유전자 치료를 통해 유전질환을 치료하는 데에도 활용될 수 있을 것으로 기대된다. 하지만 크리스퍼 시스템은 아직까지는 기술적 정확성 면에서 한계가 있고 유전자 변이를 완벽히 통제하지 못하고 있다는 제약을 가지고 있다. 나아가 미래 생명 과학이 우생학적 편견 같은 잘못된 가치관과 만났을 때의 문제를 보여준 영화 〈가타카〉(1997)에서 알 수 있듯이 유전자 편집의 경계 기준이 단지 기술적인 차원에서뿐 아니라 생명 윤리의 차원에서 다루어질 필요도 있다는 점을 간과해서는 안 된다.

16 윗글의 서술 방식으로 가장 적절한 것은?

① 대상의 속성들을 나열한 후, 그것을 통일된 구조로 종합하고 있다.

② 대상을 정의한 후, 그와 관련된 사항들을 구체적으로 설명하고 있다.

③ 권위 있는 의견을 제시한 후, 대상이 그것에 부합함을 설득하고 있다.

④ 대상의 세부적인 요소를 분석한 후, 그 전체적인 외양을 묘사하고 있다.

⑤ 대상에 관한 다양한 사례를 제시한 후, 그것을 하나의 개념으로 요약하고 있다.

17 윗글에서 밝힌 사건의 순서를 바르게 파악한 것은?

〈보기〉

ⓐ 세균의 유전자에 존재하는 특정한 반복 염기서열을 크리스퍼로 명명

ⓑ 크리스퍼 시스템과 적응 면역의 관련 가능성을 실험적으로 증명

ⓒ 박테리아 유전체에서 일정한 스페이서를 둔 서열 발견

ⓓ 인간의 유전자에 크리스퍼 시스템을 사용할 수 있음을 확인

① ⓐ - ⓑ - ⓒ - ⓓ
② ⓐ - ⓒ - ⓓ - ⓑ
③ ⓒ - ⓐ - ⓓ - ⓑ
④ ⓒ - ⓐ - ⓑ - ⓓ
⑤ ⓓ - ⓐ - ⓑ - ⓒ

18 윗글에 따를 때, '크리스퍼 시스템'의 핵심적인 작동 기제는? [3점]

① 크리스퍼RNA와 트랜스활성화RNA의 결합

② 가이드RNA에 의한 스페이서 서열의 절단

③ 트랜스활성화RNA에 의한 크리스퍼RNA의 복제

④ 가이드RNA와 카스에 의한 표적 염기서열 절단

⑤ 트랜스활성화RNA와 크리스퍼RNA에 의한 표적 염기서열의 복제

19 ㉠의 의의를 진술한 것으로 적절하지 <u>않은</u> 것은?

① 비용이 비교적 적게 드는 처리 방법이다.

② 고등생물을 대상으로 사용할 수 있다고 증명된 방법이다.

③ 생명 윤리 차원에서 우생학적 편견을 안고 있는 방법이다.

④ 식량 증산을 위한 산업적 활용의 가능성이 있는 방법이다.

⑤ 현재까지는 기술적으로 가장 발전한 유전자 치료 방법이다.

[20~23] 다음 글을 읽고 물음에 답하시오.

국어사전에 따르면, '구독'은 '책이나 신문, 잡지 따위를 구입하여 읽음'으로 풀이되어 있다. 몇 년 전까지만 해도 무엇인가 '구독'한다고 할 때에는 주로 이 뜻을 떠올렸다. 하지만 요즈음 사전에서는 '정기적으로 내는 기부금, 가입, 모금, (서비스) 사용'으로도 정의한다. 영어로는 서브스크립션(subscription)이라고 하는데, 여기에는 '이용'한다는 의미가 담겨 있다. 실제로 구독 서비스는 소유보다는 이용에 초점을 두고 있으며, 이 때문에 구독 경제가 소유에서 이용으로 경제 패러다임을 전환시켰다는 평가를 받기도 한다. ㉠

1913년 자동차 대량생산을 위해 '포드 시스템'이 도입된 이래, 지난 백여 년간 우리의 주된 소비 방식은 구매하고 소유하는 것이었다. 소비자들에게는 선택권이 많지 않았고 기업과 소비자 사이에서 이루어지는 거래는 단순했다. 기업은 소비자의 수요를 고려하여 싸고 질좋은 제품을 판매하고 소비자는 합당한 가격을 지불하고 구매하여 소유하는 것이 당연한 일이었다. 경제 성장으로 노동자들의 수입이 증가하고 가처분 소득이 늘면서 소유가 주는 의미는 각별해졌다. 큰 집, 고급 승용차, 고가의 보석, 그리고 더 많은 물건을 내 것으로 만들어 자신이 거둔 성공을 과시하는 것이 소비의 목적 중 하나가 되었다. 지금도 소유는 어느 정도 그런 의미를 내포한다. 하지만 소유는 소비의 유일한 목적이 아니다. ㉡

책을 예로 들면, 소장 자체를 목적으로 책을 사는 소비자들도 있지만, 대개는 책을 읽으면서 지식을 넓히고 정서적 풍요를 누리며 무료한 시간을 즐겁게 보내려고 한다. 이 때문에 굳이 비싼 비용과 긴 시간의 기다림과 추가적인 보관 공간의 부담 없이도 이용할 수 있는 전자책 구독 서비스가 활성화되는 바탕이 마련된다. 소유를 하지 않더라도 구독을 통해 책을 읽는 각자의 목적이 충족될뿐더러 새로운 서비스로 인해 책과 관련된 경험이 여전히 풍부하고 즐거울 수 있는 것이다. 구독 서비스는 이렇게 소비자의 다양한 소비 목적 달성과 그 과정에서 얻게 되는 경험에 주목하는 경제 모델이다. 판매자와 소비자의 관계에서도 판매는 판매자가 상품을 소비자에게 건네주고 소비자가 그에 맞는 비용을 지불함으로써 그 관계가 일단 완성되는 반면, 구독은 소비자가 비용을 지불한 이후에도 계약 기간 동안 그 관계가 지속된다. ㉢

오늘날 구독 경제가 하나의 주요한 경제 모델로서 확산된 데에는 판매자와 소비자가 직접 연결될 수 있게 한 기술적 발전의 기여가 크다. 판매에서는 판매자와 소비자 사이에 계층화된 영업소와 영업사원이 있다. 이 전통적인 유통 채널은 일방향성이라는 소통적 특성과 시간적 지연으로 인해 소비자의 욕구와 불만을 후속 판매에 반영하는 데 제약이 있다. 소유를 전제로 한 이러한 경제 모델은 미래에도 존재할 것이다. 하지만 모바일 기술이나 콜드 체인 기술 같은 발전된 기술로 인해 판매자와 소비자가 직접 연결될 수 있게 되었고, 구독 서비스의 등장을 통해 기업이나 판매자가 소비자와 쌍방향적으로 직접 소통하며 소비자의 요구에 따라 특화되거나 개별화된 상품을 신속하게 제공하는 것이 가능하게 되었다. 기술적 발전 외에도 1인 세대가 증가한 것이 주요 원인이 되기도 했으며, 이른바 가성비를 중시하는, 혹은 이와는 달리 가격과 관계없이 높은 만족감을 주는 상품을 중시하는 가치 소비 세대로서 밀레니얼 세대가 새로운 소비 주체로 등장하게 된 것도 구독 경제의 규모를 키우는 주요한 요인이 되었다고 평가된다. ㉣

구독 경제는 소비 주체가 충성 고객이 될 수 있는지 여부에 항상 촉각을 곤두세운다. 충성 고객을 많이 확보할수록 판매자는 발전할 수 있고 구독 경제 또한 성장한다. 그렇기에 판매자인 유통 회사들은 자신들의 정체성을 판매업에서 서비스업으로 변화시키는 혁신에 나선다. 구독 경제에서 충성 고객이 되는 소비자들은 흔히 '최우수 고객'으로 불린다. 그들에게는 여느 고객이 누리는 혜택에 더하여 배타적이고 고객 특화적인 추가 혜택이 주어지며 무료 혜택이 함께 부여되기도 한다. 그런 만큼 이러한 자격을 갖게 된 소비자는 구독료가 비싸더라도 구독 서비스에 충성한다. 판매자 또한 충성도 높은 소비자를 확보하기 위해 구독료에 비해 훨씬 비싼 구독 서비스를 제공하는 비용 지출을 감수할 수 있다. 그것은 소비자의 반복된 구독에 의해 생산되는 구독 정보를 구독 서비스의 비용 절감을 위한 평가 및 예측 정보로 활용할 수 있고 나아가 상품이나 서비스와 직접 관련이 없는 소비자 정보까지도 빅데이터로 활용하여 새로운 사업 진출에 중요한 판단 근거로 활용할 수 있기 때문이다. ㉤

20 윗글의 내용과 일치하지 <u>않는</u> 것은?

① 구독 서비스는 비용을 지불한 서비스의 계약 기간을 조건으로 한다.
② 구독 경제에서는 상품을 위한 비용 지불 이후에도 판매자와 소비자의 관계가 지속된다.
③ 모바일 기술 발전으로 판매자와 소비자가 직접 연결됨으로써 판매자는 특정 소비자에 특화 상품 및 서비스를 제공할 수 있게 된다.

④ 밀레니얼 세대의 가치 소비 경향은 구독 경제를 지탱하는 주요한 요인 중 하나이다.
⑤ 충성도 높은 소비자를 유지하기 위해 구독 서비스가 선택하는 일반적인 전략은 값싼 구독료를 유지하는 것이다.

21 윗글에 따를 때, 판매와 비교하여 구독 서비스가 갖는 특징으로 가장 적절한 것은?

① 상품의 독점적 사용
② 상품의 저렴한 가격
③ 상품의 높은 품질과 명성
④ 유통 채널의 직접성과 쌍방향성
⑤ 소비 수요를 고려한 상품 생산과 제공

22 윗글의 맥락을 고려하여 이해한 내용으로 적절하지 <u>않은</u> 것은?

① 미래에는 소유를 목적으로 한 소비는 사라질 것이다.
② 구독 경제는 오늘날 경제에서 규모를 키워가고 있다.
③ 구독 서비스의 활성화는 세대 구성의 변화와 밀접한 관련이 있다.
④ 구독 서비스에서는 소비자가 상품 생산에 직접적인 영향을 끼치기도 한다.
⑤ 소비자의 구독 정보는 해당 구독 서비스 외의 목적을 위해서도 활용될 수 있다.

23 윗글의 주요 내용을 구체화하기 위해 〈보기〉의 사례를 추가한다고 할 때, 가장 적절한 위치는? [3점]

〈보기〉

○○는 꽃 구독 서비스이다. 2주 단위로 그 시기에 가장 아름다운 꽃을 주제로 꽃다발이나 꽃바구니를 꾸며 제공한다. 가격대별로 여러 방식으로 제공되는 서비스가 있으며 여기에는 꽃꽂이 강좌 구독 같은 병행 서비스도 포함된다. 기존의 꽃 배달 서비스가 상품인 꽃을 일회적으로 판매하는 것인 데 반해, 꽃 구독 서비스는 꽃의 선별과 장식, 그리고 정보 제공 등을 서비스의 대상으로 삼아 자기 자신을 위해 주문하는 소비자에게 주기적으로 제공한다. 꽃 구독 서비스는 자주 꽃을 사서 직접 장식하기에는 시간과 노력의 부담이 있지만 집을 아름답고 생기 있게 꾸미고자 하는 젊은 가치 소비 세대에게 특히 호응을 얻고 있다.

① ㉠   ② ㉡
③ ㉢   ④ ㉣
⑤ ㉤

[24~27] 다음 글을 읽고 물음에 답하시오.

'가스라이팅'은 1944년 조지 쿠커가 감독한 영화 〈가스등(Gaslight)〉에서 유래한 용어이다. 이 영화에서 남편 그레고리는 계속 상황을 조작하여 아내 폴라의 판단과 기억력에 영향을 줌으로써 그녀가 왜곡된 현실 감각으로 자신을 미쳤다고 의심하도록 정신적으로 조종한다. 영화에서처럼 현실의 인간관계에서도 정서적 학대를 동반하는 심리적 지배나 억압의 사례들이 많이 발견되는데, 이에 착안하여 가스라이팅이라는 용어가 생겼다. 이 용어는 이제 널리 퍼져서, 반복적인 강요나 압박, 두려움에 의한 복종 같은 것들과 혼동되기도 한다. 하지만 이런 것들과 달리 가스라이팅은 지속적인 심리 조작으로 피해자가 자기 불신과 가해자에 대한 자발적 순종 또는 의존을 하게 만드는 심리적 억압 기제를 갖는다. 여기에 반드시 범죄적 의도나 폭력적 강제가 동반되는 것은 아니다.

흔히 가스라이팅은 불평등한 남녀 관계와 관련하여 많이 주목되지만, 개인과 집단의 관계, 더 나아가 사회 제도와의 관계에서도 구조적으로 발생한다. 이 때문에 가스라이팅은 사회적 불평등에 뿌리를 둔 사회학적 현상이라고 주장되기도 한다. ㉠집단 내 가스라이팅은 특히 억압적 질서와 과잉된 친밀함을 제도화하고 있는 집단에서 강한 권력관계에 의한 불평등한 위계질서를 바탕으로 나타나며, 편견과 차별을 강화하는 방향으로 심화된다. 이러한 집단 내에서 구성원들에게 친밀감이나 정서적인 일체감을 강요하는 것은 일상적이다. 이때 발생하는 정서적 억압은 집단 내에 있지 않을 때 자신을 미약하고 무의미한 존재일 뿐이라고 여기게 하고 집단 내에 있어야 자신이 보호받을 수 있다고 생각하게 만듦으로써 자발적 복종에 이르게 한다.

집단 내의 가스라이팅은 강한 권력 관계를 바탕으로 주로 서열상 말단이나 하위에 있는 사람들을 피해자로 만든다. 권력 관계는 집단 구성원들이 불평등을 받아들이는 정도인 '권력 거리(power distance)'를 만드는데, 권력 관계가 강할수록 서열의 경계가 뚜렷해지고 상급자와 하급자가 분리되는 가운데 권력 거리도 커지는 공고한 위계질서가 생기게 된다. 권력 거리가 커질수록 피지배적 지위에 있는 하급자가 권력을 가진 상급자에게 자신의 의견을 나타낸다거나 저항, 도전, 항거 따위를 하기는 어렵다. 그리고 집단의 권력 관계가 강해지면, 더 커지는 권력 거리를 은폐하기 위해 집단 내 친밀성은 더 강하게 요구된다. 하지만 더 커진 권력 거리로 인해 피해자가 가스라이터의 거짓된 친밀함을 자각할 가능성도 커진다. ㉡아이러니한 것은, 가해자와의 더 큰 권력 거리로 인해 피해자는 더 큰 무력감을 느끼게 되고 자신이 겪는 고통도 해결할 수 없기에 심지어 가스라이팅을 자신의 무지와 무능 때문에 받는 처벌처럼 받아들여 가해자에게 의존할 가능성도 더 커진다는 것이다. 권력을 가진 상급자는 이러한 조직 특성을 악용하여 하급자에 대한 가스라이팅을 일상화한다.

집단 내 가스라이팅은 상급자에 의해 저질러지는 위계에 의한 성폭력 즉 권력형 성범죄를 포함하여 조직 내 괴롭힘의 형태인 폭력, 갑질, 업무 과중, 따돌림 등의 다양한 형태로 표현된다. 그래서 가스라이팅을 자각하는 경우라 하더라도 피해자는 여전히 가해자에 의한 과다한 업무 부여나 업무 배제로 인해 압박감을 느끼고, 승진 배제나 징계 등으로 좌절감을 느끼며, 집단 내 따돌림으로 인해 고립감을 겪게 될 수 있다. 피해자의 동료들이 도움이 될 수도 있지만, 이들이 만약 피해자와 비슷한 처지에 있다면 서로에게 느끼는 연민과 공감의 감정에도 불구하고 가해자에게 저항하기란 쉽지 않다. 개인 간 가스라이팅에 비해 집단 내 가스라이팅은 훨씬 공공연하고, 피해자와 동료 모두가 가해자가 지닌 권력의 통제권 내에 있기 때문이다. 집단 내 가스라이팅이 그 집단의 조직 문화인 것처럼 치부될 수 있는 것은, 피해자의 동료들이 침묵으로 가스라이팅의 방관자가 되고 무력감으로 인해 피해자와 동료들 모두가 순응하게 됨으로써 집단에 속한 다수나 전체, 더 나아가 집단 자체가 가학적이든 자학적이든 가스라이팅에 참여하게 되기 때문이다.

집단 내 가스라이팅은 사회적이며 구조적인 사태이기 때문에, 한 개인의 용기나 저항으로 해결되기는 쉽지 않다. 가스라이터는 자기 주관이 약하고 의존적인 심리를 갖는 사람을 표적으로 삼는다. 가스라이팅을 당하지 않거나 거기서 벗어나기 위해서 집단의 구성원은 자신의 목소리를 낼 수 있어야 할 뿐 아니라 그 목소리를 키우기 위해 같은 처지의 구성원들과 연대해야 한다. 가스라이팅은 권력에 의해 지배받지 않으려는 자유의지를 가진 구성원에게는 작동하지 않기 때문이다.

24 윗글을 통해 답할 수 있는 질문으로 적절하지 **않은** 것은?

① 가스라이팅이라는 용어는 어디서 비롯되었는가?

② 개인적 차원의 가스라이팅이 일어나는 까닭은 무엇인가?

③ 가스라이팅이 일어나는 집단은 어떤 특징을 지니는가?

④ 집단 내 가스라이팅은 어떤 방식으로 이루어지는가?

⑤ 가스라이팅을 극복하기 위한 방법은 무엇인가?

25 윗글의 중심 내용을 뒷받침할 사례로 가장 적절한 것은? [3점]

① 조금만 실수를 해도 "내가 없어서 그래."라고 하면서 자신의 중요성을 강조하는 친구

② TV 토론에 나와 사회의 급격한 인구 감소 원인이 시민들이 자신의 삶만을 중시하는 이기적인 태도 때문이라고 주장하는 토론자

③ 전투에 앞서 부대원들에게 조국이 있어야 내가 있고 조국과 나는 한몸이라며 목숨을 내던져서라도 조국을 지켜야 한다고 연설하는 부대장

④ 학교의 유구한 전통과 진학 성과를 강조하면서 학생들에게 자랑스러운 학교의 구성원으로서 명문대에 합격해 줄 것을 믿는다고 매주 훈시하는 교장

⑤ 심판의 날이 다가왔다면서 신도들로 하여금 지옥에 떨어지지 않기 위해 모든 재산을 헌납하고 종교활동에만 몰두하도록 지속적으로 세뇌하는 신흥 종교의 교주

26 ㉠에 대한 설명으로 적절하지 <u>않은</u> 것은?

① 자기 주관이 강한 사람이 주로 가스라이팅의 표적이 된다.

② 피해자는 자신의 무지와 무능력 때문에 가스라이팅을 당한다고 자책한다.

③ 강한 권력 관계로 인해 불평등한 위계질서가 뚜렷한 조직에서 주로 나타난다.

④ 가해자는 친밀함으로 위장된 권력 관계를 이용하여 하급자에 대한 가스라이팅을 시도한다.

⑤ 피해자의 동료들이 침묵의 방관자가 되거나, 심지어는 가스라이팅의 동조자가 되기도 한다.

27 ㉡의 문맥적 의미에 대한 이해로 가장 적절한 것은?

① 친밀감이 커지면서 권력 거리도 커지는 것

② 가스라이팅이 지속될수록 가스라이팅의 정체가 드러나는 것

③ 가스라이팅의 고통에서 벗어나려고 가스라이터에게 더 의존하는 것

④ 문제 상황에 대한 인식이 분명해질수록 문제 해결의 의지가 커지는 것

⑤ 피해자와의 서열의 경계가 뚜렷해져서 가스라이팅을 하기가 더 어려워지는 것

[28~32] 다음 글을 읽고 물음에 답하시오.

(가)

㉠뎨 가는 뎌 각시 본 듯도 혼뎌이고

텬샹(天上) 빅옥경(白玉京)을 엇디후야 니별(離別)후고

히 다 뎌 져믄 날의 눌을 보라 가시는고

어와 네여이고 이내 스셜 드러 보오

내 얼굴 이 거동이 님 괴얌즉 혼가마는

엇던디 날 보시고 네로다 녀기실식

나도 님을 미더 군뜨디 젼혀 업서

ⓐ이릭야 교틱야 어주러이 후돗썬디

반기시는 눗비치 녜와 엇디 다루신고

누어 싱각후고 니러 안자 혜여후니

내 몸의 지은 죄 뫼フ티 싸혀시니

하늘히라 원망후며 사름이라 허믈후랴

셜워 플텨 혜니 조믈(造物)의 타시로다

글란 싱각 마오 미친 일이 이셔이다

ⓑ님을 뫼셔 이셔 님의 일을 내 알거니

믈 フ튼 얼굴이 편후실 적 몃 날일고

춘한 고열(春寒苦熱)은 엇디후야 디내시며

츄일 동텬(秋日冬天)은 뉘라셔 뫼셧는고

죽조반(粥早飯) 조셕(朝夕) 뫼 녜와 굿티 셰시는가

기나긴 밤의 줌은 엇디 자시는고

– 정철, 「속미인곡」

(나)

어화 긔 뉘신고 염치(廉恥) 업산 닉옵노라

초경(初更)도 거읜딕 긔 엇지 와 겨신고

연년(年年)에 이러후기 구차(苟且)훈 줄 알건만는

쇼 업슨 궁가(窮家)애 혜염 만하 왓삽노라

공후나나 갑시나 주엄즉도 후다마는

다만 어제 밤의 거넨 집 져 사람이

목 불근 수기치(雉)을 옥지(玉脂) 읍(泣)게 쑤어 닉고

간 이근 삼해주(三亥酒)을 취(醉)토록 권(勸)후거든

이러한 은혜(恩惠)을 어이 아니 갑흘넌고

내일(來日)로 주마 후고 큰 언약(言約) 후야거든

㉢실약(失約)이 미편(未便)후니 사셜이 어려왜라

실위(實爲) 그러ᄒ면 혈마 어이할고

— 박인로, 「누항사」

(다)

형님 온다 형님 온다 분고개로 형님 온다
형님 마중 누가 갈까 형님 동생 내가 가지
ⓒ형님 형님 사촌 형님 시집살이 어떱뎁까
이애 이애 그 말 마라 시집살이 개집살이
앞밭에는 당추 심고 뒷밭에는 고추 심어
고추 당추 맵다 해도 시집살이 더 맵더라
둥글둥글 수박 식기(食器) 밥 담기도 어렵더라
도리도리 도리소반 수저 놓기 더 어렵더라
오 리(五里) 물을 길어다가 십 리(十里) 방아 찧어
다가
아홉 솥에 불을 때고 열두 방에 자리 걷고
외나무다리 어렵대야 시아버니같이 어려우랴
ⓓ나뭇잎이 푸르대야 시어머니보다 더 푸르랴
시아버니 호랑새요 시어머니 꾸중새요
동세 하나 할림새요 시누 하나 뾰족새요
시아지비 뾰중새요 남편 하나 미련새요
ⓔ자식 하난 우는 새요 나 하나만 썩는 샐세

— 작자 미상, 「시집살이 노래」

28 (가), (나), (다)에 대한 설명으로 적절하지 않은 것은?

① (가), (나), (다) 모두 대화체를 통해 주제를 표현하고 있다.
② (가)와 (나)는 억울한 일을 당한 원통함의 정서가 공통된다.
③ (가)와 (다)는 여성 화자를 등장시켜 주제를 선명히 하고 있다.
④ (가)에 비해 (나)는 화자의 경제적 궁핍이 구체적으로 그려져 있다.
⑤ (가)에 비해 (다)는 화자가 일상에서 겪는 실제적인 어려움이 나타나 있다.

29 〈보기〉와 (가)를 비교한 내용으로 가장 적절한 것은?

〈보기〉

엊그제 님을 뫼셔 광한뎐(廣寒殿)의 올낫더니
그 더딕 엇디ᄒ야 하계(下界)예 ᄂ려오니
올 적의 비슨 머리 얼킈연 디 삼 년(三年)이
라
연지분(臙脂粉) 잇ᄂ마는 눌 위ᄒ야 고이 홀고
ᄆᄋ의 미친 실음 텹텹(疊疊)이 ᄢ혀 이셔
짓ᄂ니 한숨이오 디ᄂ니 눈물이라

— 정철, 「사미인곡」

① (가)는 '님'과의 이별을, 〈보기〉는 '님'과의 재회를 그려낸다.
② (가)는 '님'에 대한 걱정을, 〈보기〉는 화자의 현재 처지를 나타낸다.
③ (가)는 슬픔과 자책의 감정을, 〈보기〉는 분노와 절망의 감정을 드러낸다.
④ (가)는 정중하고 우아한 태도를, 〈보기〉는 경박하고 소심한 태도를 보인다.
⑤ (가)는 고유어와 고사성어를, 〈보기〉는 한자어와 한시구를 주로 사용한다.

30 (나), (다)에 대해 비교하여 설명한 것으로 가장 적절한 것은?

① (나)는 낭만적인 분위기가, (다)는 고상한 취향이 나타나 있다.
② (나)는 시간의 역전을 통해, (다)는 공간의 배치를 통해 시상을 전개하였다.
③ (나)는 당시의 음식이 소재로 쓰였고, (다)는 가사노동의 양상이 반영되어 있다.
④ (나)는 상징적, 역설적인 표현을, (다)는 감각적, 직설적인 표현을 주로 사용하였다.

⑤ (나)는 대상을 풍자하기 위해, (다)는 주제를 드러내기 위해 서사적인 상황을 설정하였다.

31 ⊙, ⓒ의 기능에 대한 설명으로 가장 적절한 것은? [3점]

① 화자의 내면적 욕망을 드러내는 기능을 한다.
② 상대의 생각과 태도를 비판하는 기능을 한다.
③ 상대와의 친밀한 관계를 깨뜨리는 기능을 한다.
④ 시적인 상황에 대해 자세히 묘사하는 기능을 한다.
⑤ 상대의 발화를 이끌어내어 주제가 드러나게 하는 기능을 한다.

32 ⓐ~ⓔ에 대한 이해로 적절하지 않은 것은?

① ⓐ: 자기의 행동에 대한 자부심과 만족감이 드러나 있다.
② ⓑ: 화자가 예전에 '님'을 모신 적이 있음이 나타나 있다.
③ ⓒ: 부탁을 들어주기 어렵다는 거절의 뜻을 완곡하게 전달하고 있다.
④ ⓓ: 화자를 힘들게 하는 시어머니에 대해 말하고 있다.
⑤ ⓔ: 자녀 양육과 시집살이로 인한 마음의 고통을 나타내고 있다.

[33~37] 다음 글을 읽고 물음에 답하시오.

(가)

초란이 말했다.

"듣자 하니 특재라는 자객이 사람 죽이는 것을 주머니 속에서 물건 꺼내듯 한다고 합니다. 그에게 많은 돈을 주어 밤에 들어가 길동을 해하게 하면, 상공이 아신다 하더라도 어찌할 수 없사오리니 부인은 다시 생각하소서."

부인과 좌랑이 눈물을 흘리며 말했다.

"이는 차마 못 할 바이나, 첫째는 나라를 위함이요, 둘째는 상공을 위함이요, 셋째는 가문을 보존하기 위함이라. 너의 계교대로 행하라."

초란이 크게 기뻐하며 다시 특재를 불러 이 말을 자세히 이르고 오늘 밤으로 급히 행하라 하니, 특재가 응낙하고 밤이 깊어지기만을 기다렸다.

한편, 길동은 그 원통한 일을 생각하면 잠시도 머물지 못할 일이지만 상공의 엄명이 중하므로 어찌할 길이 없어 밤마다 잠을 이루지 못했다. 그날 밤 촛불을 밝히고 「주역」을 보며 깊이 생각하다가 문득 들으니 까마귀가 세 번 울고 가는 것이었다. 길동이 괴이하게 여겨 혼자 말하기를,

"이 짐승은 본디 밤을 꺼리거늘 지금 울고 가니 심히 불길하도다."

하고, 잠깐 팔괘를 벌여 점을 쳐 보고는 크게 놀라 책상을 물리고 둔갑법을 행하여 동정을 살피고 있었다. 사경쯤 되자 한 사람이 비수를 들고 천천히 방문을 열고 들어왔다. 길동이 급히 몸을 감추고 진언을 외우니, 홀연 한바탕 음산한 바람이 일어나며 집은 간데없고 ⓐ첩첩산중(疊疊山中)에 풍경이 거룩했다. 특재가 크게 놀라 길동의 조화가 신기함을 알고 비수를 감추고 피하고자 하니, 갑자기 길이 끊어지고 층암절벽이 앞을 가리니 ⓑ진퇴유곡(進退維谷)이었다. 사방으로 방황하고 있을 때 문득 피리 소리가 들렸다. 정신을 차려 살펴보니 한 소년이 나귀를 타고 오며 피리 불기를 그치고 꾸짖었다.

"네 무슨 일로 나를 죽이려 하느냐? 죄 없는 사람을 해하면 어찌 하늘의 재앙이 없으리오?"

소년이 진언을 외우니 홀연 한바탕 검은 구름이 일어나며 큰비가 퍼붓듯이 쏟아지고 모래와 돌이 날렸다. 특재가 정신을 수습하고 살펴보니 길동이었다. 비록 그 재주를 신기하게 여기나 '어찌 나를 대적하리오?' 하고 달려들며 큰소리로 말했다.

㉠"너는 죽어도 나를 원망하지 말라. 초란이가 무녀, 관상녀와 함께 상공과 의논하고 너를 죽이려 한 것이니 어찌 나를 원망하리오?"

특재가 칼을 들고 달려드니 길동이 분한 마음을 참지 못해 요술로 특재의 칼을 빼앗아 들고 크게 꾸짖었다.

"네 재물을 탐하여 사람 죽이는 것을 좋아하니 너같이 무도한 놈을 죽여 후환을 없애리라."

길동이 한번 칼을 드니 특재의 머리가 방 가운데로 떨어졌다. 길동이 분한 마음을 이기지 못해 그날 밤 바로 관상녀를 잡아 특재가 죽은 방에 들이밀고 꾸짖기를,

"네 나와 무슨 원수를 졌기에 초란과 더불어 나를 죽이려 했느냐?"하고 칼로 베니, 어찌 가련하지 않으리오.

– 허균, 「홍길동전」

(나)

일귀 왈,

"적실히 그러하면 유심의 집을 함몰하여 후환이 없게 함이 옳을까 하노라."

한담이 옳다 하고, 그 날 삼경에 가만히 승상부에 나와 나졸 십여 명을 차출하여 유심의 집을 둘러싸고 화약 염초를 갖추어 그 집 사방에 묻어 놓고 화심에 불붙여 일시에 불을 놓으라고 약속을 정하니라.

이때에 장 부인이 유 주부를 이별하고 충렬을 데리고 한숨으로 세월을 보내더니, 이날 밤 삼경에 홀연히 곤하여 침석에 졸더니 어떠한 한 노인이 홍선(紅扇) 일 병을 가지고 와서 부인을 주며 왈,

"이날 밤 삼경에 대변이 있을 것이니 이 부채를 가졌다가 화광이 일어나거든 부채를 흔들면서 후원 담장 밑에 은신하였다가 충렬만 데리고 인적이

그친 후에 남천(南天)을 바라보고 가없이 도망하라. 만일 그렇지 아니하면 옥황께서 주신 아들이 화광 중에 고혼이 되리라."하고 문득 간데없거늘 놀라 깨어 보니 ㉢남가일몽(南柯一夢)이라.

충렬이 잠이 깊이 들어 있고 과연 홍선 한 자루 금침 위에 놓였거늘 부채를 손에 들고 충렬을 깨워 앉히고 안절부절하며 잠도 못 자던 차에, 삼경이 당하매 ㉣일진광풍(一陣狂風)이 일어나며 난데없는 천불이 사면으로 일어나니 웅장한 고루거각이 일시에 무너지고 전후에 쌓인 세간 ㉤추풍낙엽(秋風落葉) 되었도다. 부인이 창황 중에 충렬의 손을 잡고 홍선을 흔들면서 담장 밑에 은신하니, 화광이 충천하고 재만 땅에 가득하니 구산(丘山)같이 쌓인 기물 화광에 소멸하였으니 어찌 아니 망극하랴.

사경이 당하매 인적이 고요하고 다만 중문 밖에 두 군사가 지키거늘 문으로 못 가고 담장 밑에 배회하더니, 어슴푸레한 달빛 속으로 두루 살펴보니 중중(重重)한 담장 안에 나갈 길이 없었다. 다만 물 가는 수챗구멍이 보이거늘 충렬의 옷을 잡고 그 구멍에 머리를 넣고 복지(伏地)하여 나올 제, ㉡겹겹이 싸인 담장 수채로 다 지나 중문 밖에 나서니 충렬이며 부인의 몸이 모진 돌에 긁히어서 백옥 같은 몸에 유혈이 낭자하고 월색같이 고운 얼굴 진흙빛이 되었으니, 불쌍하고 가련함은 천지도 슬퍼하고 강산도 비감한다.

– 작자 미상, 「유충렬전」

33 (가), (나)를 비교하여 설명한 것으로 가장 적절한 것은?

① (가)와 (나)는 모두 적대자 측이 주인공의 부모 상봉을 방해한다.

② (가)와 (나)는 모두 주인공 측이 위기에 빠졌을 때 구원자가 나타난다.

③ (가)와 (나)는 모두 주인공 측과 적대자 측의 갈등이 심각한 양상으로 나타난다.

④ (가)는 주인공의 내면적 고뇌, (나)는 주인공의 행동과 태도가 중점적으로 드러난다.

⑤ (가)는 적대자 측의 주인공 측에 대한 공격, (나)는 주인공 측의 적대자 측에 대한 포용이 나타난다.

34 〈보기〉를 참조하여 (가), (나)의 사건에 대해 설명한 것으로 가장 적절한 것은? [3점]

> ─── 〈보기〉 ───
>
> 영웅 소설은 영웅의 일대기 구조로 이루어진 소설들을 말한다. '고귀한 혈통─비정상적인 출생─비범한 능력─어릴 때 버려짐─구출 및 양육자의 도움─성장 후의 위기─승리와 성공'의 서사적 구조로 짜여 있다.

① 영웅이 애초에 고귀한 혈통으로 이 세상에 태어났다는 점을 강조하는 내용이다.

② 영웅이 당하는 고난의 동기가 비정상적인 출생에 있음을 보여주는 내용이다.

③ 비범한 능력의 영웅이 고난 중에 그 능력을 전혀 발휘하지 못하는 과정이다.

④ 영웅과 협력 관계를 맺고 있는 보조 인물들에 의해 도움을 받는 과정이다.

⑤ 최종의 성공에 이르기 위해 영웅이 역경에 처하여 고난을 겪는 과정이다.

35 ㉠에 대해 이해한 것으로 적절하지 <u>않은</u> 것은?

① 길동이 특재의 재물 욕심을 꾸짖는 이유가 되었다.

② 특재는 자신에게 잘못이 없다는 이유를 댄 것이다.

③ 특재가 이전의 상황에 거짓을 덧붙여 말한 것이다.

④ 특재와 길동이 날카롭게 대립하는 중에 나온 말이다.

⑤ 이후에 길동이 하는 행동을 촉발하는 계기로 작용하였다.

36 ㉡에 대한 설명으로 적절하지 <u>않은</u> 것은?

① 인물이 당하는 고난의 과정을 강조하여 그리고 있다.

② 사건 전개상 이후의 사건을 암시하는 복선이 들어 있다.

③ 인물과 사건에 대한 서술자의 직접적인 개입이 나타나 있다.

④ 평상시의 모습에 대조하여 인물의 현재 모습을 부각하고 있다.

⑤ 독자의 동정심을 유발하기 위해 감정을 자극하는 표현을 쓰고 있다.

37 ⓐ~ⓔ의 뜻풀이로 적절하지 <u>않은</u> 것은?

① ⓐ: 여러 산이 겹치고 겹친 산속

② ⓑ: 이러지도 저러지도 못하고 꼼짝할 수 없는 궁지

③ ⓒ: 꿈속에서 꿈 이야기를 하듯이 종잡을 수 없는 말

④ ⓓ: 한바탕 몰아치는 사나운 바람

⑤ ⓔ: 가을바람에 떨어지는 낙엽

[38~41] 다음 글을 읽고 물음에 답하시오.

장애가 오로지 의료나 복지의 문제로만 취급되는 것에 반대하면서, 이를 사회적 억압의 한 형태로 재공식화하는 작업은 1970년대 영국에서 시작되었다. 장애인과 장애 단체들은 여러 문제 중에서도 특히 거주 시설로의 수용, 노동 시장에서의 배제, 강요된 빈곤 등에 저항하기 위해 조직화하여 운동하였다. 이러한 ⓐ장애인 운동은 다시 장애에 대한 급진적이고 새로운 개념을 낳았다. 장애는 손상을 지닌 사람들을 고려하지 않고 사회 활동의 주류로부터 배제하는, 당대의 사회 조직에 의한 불이익이나 활동의 제한이라는 것이다. 이러한 재정의로 인해 장애인이 경험하는 활동의 제한과 수많은 불리함이 손상 자체에서 야기된 것보다는 손상을 지닌 사람들과 그렇지 않은 사람들 간의 사회적 관계의 결과로 간주되어 사회의 책임으로 돌려질 가능성이 열렸다. 의료적, 복지주의적 담론들 내의 장애 개념에 대해 ㉠반박할 수 있게 된 것이다.

장애가 사회 제도의 결과라는 ⓑ사회적 모델론의 개념은 장애학의 중심 사상이 되었다. 사회적 모델은 장애인 운동에 공감하는 장애 단체들을 불러 모으는 호각(號角)이었다. 장애인들이 사회적 모델을 접했을 때 그 효과는 계시적이고 해방적이었으며, 그들이 겪는 대부분의 어려움이 사회적으로 초래된 것임을 인식할 수 있게 해 주었다. 주거, 교육, 고용, 교통, 문화·여가 활동, 보건·복지 서비스, 시민적·정치적 권리 등 사회생활의 모든 영역에서 장애를 만들어 내는 장벽들이 시야에 들어와 장애인 운동이 다면화되었다.

당대의 사회 구조와 관행에 의해 부과된 활동의 제한으로서 장애는 어떻게 발생했는가? 그 답은 산업 자본주의의 등장에 있다. 영국에서 18세기 말부터 임노동 관계가 점점 더 대규모 산업과 연결되면서, 손상을 지닌 사람들은 경제 활동으로부터 체계적으로 배제되기 시작했다. 공장의 장시간 노동에 표준화된 숙련도·속도·강도가 요구되는 상황에서 그들 중 다수는 노동력을 팔 수 없었다. 그들은 사회적으로 점점 더 의존적인 존재로 자리매김되고 일반화된 상품 생산 경제에서 배제되었다. 19세기 동안 대규모 산업이 소규모 매뉴팩처와 소상품 생산을 잠식함에 따라 그들의 의존성은 공고화되었다. 20세기에 장애인들이 경험했던 배제와 의존성은 자본주의의 초기에 손상을 지닌 사람들이 '비생산적'이고 의존적인 존재로 강등되었던 사실에서 기원을 찾을 수 있다.

사회적 모델론은 장애가 초역사적이고 어디에나 존재하는 사회 현상이 아니며, 특정한 역사적 시점의 사회적 관계들과 밀접히 관련되어 있음을 주장한다. 장애란 언제나 어떤 유형의 '제한된 활동'을 발생시킨다는 개념을 넘어서 공간적, 시간적, 경제적으로 의미가 다르게 자리매김된다. 이러한 의의에도 불구하고 사회적 모델론은 자본주의 경제 체제 내에서 일어나고 있는 현대의 변화된 양상들을 다룰 수 있도록 이론적 분석을 새롭게 할 필요성이 있다. 지구적 자본주의 또는 초자본주의로 특징지어지는 현재의 경제 제도들이 손상을 지닌 사람들의 사회적 위상을 어떻게 변화시키고 있는지를 검토해야 한다.

근래에 들어 사회적 모델론은 그 자신이 비판의 대상이 되었다. 코커는 사회적 모델이 견지하는 유물론에서는 인간의 행위 주체성이 누락되고, 담론은 사회 구조의 부수적 효과로 간주되기 때문에, 행위 주체성도 담론도 사회 변화를 위한 초점이 될 수 없다고 비판한다. 그보다 ㉡손상을 지닌 사람들에 관한 부정적인 사회 문화적 인식들이 장애를 구성하는 역할을 하고 있다는 것을 강조한다. 이러한 인식들은 혐오스러운 것으로 속성화된 신체적·행동적 차이를 지닌 사람들을 제약하고, 무력하고 의존적인 상태에 위치시키며, 그들의 자존감과 정체성을 심각하게 훼손한다.

사회적 모델론자들은 손상을 지닌 삶에 대한 개인적 경험은 장애학의 관심사가 아니며, 지적이고 정치적인 에너지는 장애의 좀 더 넓은 사회적 원인들을 다루는 데 집중되어야 한다고 주장한다. 그러나 손상 자체에 주의를 기울여야 한다는 주장도 제기된다. 첫째, 사회적 모델이 손상을 '사적이고 개인적인 것'의 영역으로 격하한 것은, 공적·사회적인 것과 개인적·사적인 것을 분할한 것이라고 주장한다. 손상의 경험은 장애의 정치와 장애학 내에서 논의되고 공유되어야 한다는 것이다. 둘째, 장애와 손상 간의 구별이 본질주의적·이원론적 사고의 산물이라는 주장이다. 이러한 관점에서는 손상과 장애는 모두 담론적으로 구성된 사회적 범주이고, 그중 손상은 생물학적 실재와 아무런 관련성을 갖지 않는 그 자체로 또 하나의 구성 개념이다. 셋째, 몸을 자체적 동력이 없는 물질적인 대상, 자아와 분리된 것으로 다룸으로써 손상을 생물학적 영역으로 격하해서는 안 된다는 주장이다. 손상에 대한 체험의 중요성을 강조하는 손상의 사회학, 몸의 사회학을 추구한다.

38 윗글에 대한 이해로 적절하지 <u>않은</u> 것은?

① 1970년대 이전에는 장애를 의료와 복지의 문제로 취급하였다.

② 사회적 모델론은 손상의 체험이 지닌 중요성이 간과되었다고 비판받았다.

③ 사회적 모델론은 인간의 행위 주체성이 누락되었다는 이유에서 비판받았다.

④ 사회적 모델론은 초기 자본주의가 장애에 끼친 영향을 다루지 못한 한계를 지닌다.

⑤ 지구적 자본주의 경제 제도에서 손상을 지닌 사람들의 사회적 위상에 대한 이론적 분석의 필요성이 제기된다.

39 〈보기〉의 관점에 대한 ㉠의 내용으로 적절하지 <u>않은</u> 것은?

〈보기〉

의료적 모델의 관점은 장애를 손상과 동일한 것으로 본다. 그래서 손상을 치료하거나 개선하여 정상적인 기능을 회복하도록 하는 것을 과제로 삼는다. 장애는 개인적 문제로 간주되고, 장애인이 사회 제도에 적응할 수 있도록 하는 것이 목표가 된다. 지식과 기술을 지닌 전문가에게 권한과 영향력이 부여된다.

① 장애는 손상과 구분되는 개념이다.

② 장애는 사회 제도에 의한 제약이다.

③ 장애는 손상 자체로부터 야기된 것이다.

④ 장애는 사회적 관계로부터 나타난 결과이다.

⑤ 장애에 대한 해결책을 전문가에게만 맡길 일은 아니다.

40 〈보기〉를 ㉡과 관련지어 이해한 것으로 적절하지 <u>않은</u> 것은? [3점]

〈보기〉

장애 보조 기술이나 보조 장치에는 장애를 두드러져 보이게 하는 것들이 많다. 시각 장애는 흰 지팡이를 사용할 때 더 드러난다. 발달장애 혹은 자폐가 있는 사람이 사진이나 그림, 스마트폰 앱을 이용한 '보완 대체 의사소통'을 쓴다면 장애는 더 드러날 것이다. 이처럼 기술이나 장치의 사용으로 숨겨져 있던 장애를 드러내고, 이를 통해 장애의 낙인 효과를 발생시키는 것을 '보조 기술 낙인'이라고 한다. 이 때문에 장애인들이 보조 기술 사용을 꺼리거나 아예 거부하기도 한다.

151

① 장애를 구성하는 데 사회 문화적 인식들이 역할을 하고 있다.

② 신체적 · 행동적 차이가 드러나기에 사회적 제약을 받을 수 있다.

③ 기술의 발달은 장애인을 사회적 의존 상태에서 벗어나게 한다.

④ 보조 기술 낙인은 장애에 대한 일종의 사회 문화적 인식이라 할 수 있다.

⑤ 보조 기술 낙인으로 인해 장애인의 자존감과 정체성이 훼손될 수 있다.

41 ⓐ와 ⓑ의 관계로 가장 적절한 것은?

① 서로 영향을 주고받는 상호 계기적 관계이다.

② 양쪽의 논리가 충돌하는 상호 모순적 관계이다.

③ 지향하는 목적이 상반되는 상호 대척적 관계이다.

④ 각각의 결점을 서로 채워주는 상호 보완적 관계이다.

⑤ 서로의 개념과 활동을 한정하는 상호 규정적 관계이다.

[42~45] 다음 글을 읽고 물음에 답하시오.

동굴 입구가 무너져 두 사람이 갇혔는데 산소가 모자란다. 당신이라면 어떻게 하겠는가? 가능한 방안은 1) 다른 사람을 희생시키거나, 2) 그냥 있거나, 3) 다른 사람을 위해 당신이 기꺼이 희생하는 것이다. 이 세 방안은 다른 윤리적 입장을 드러낸다. 2)는 피동적으로 운명에 맡기는 운명주

의 입장이지만, 사람들은 대개 적극적으로 1)이나 3)을 시도할 것이다. 이때 1)은 ㉠윤리적 이기주의로, 3)은 ㉡윤리적 이타주의로 부른다.

윤리적 이타주의는 타인의 이익을 위해 행동해야 한다는 입장이다. 몸으로 수류탄을 덮어 부하를 구한 경우가 전형적 사례이다. 이는 성인(聖人)의 경지라고 하겠지만, 가족을 위할 때나 익명으로 기부할 때처럼 평범한 이들도 이러한 행위를 할 수 있다. 그러나 윤리적 이타주의를 모두가 행할 수는 없으며, 설혹 타인을 위하려 해도 어려운 점이 있다. 무엇이 타인을 위한 행위가 되는지 모를 수 있고, 적절한 행위가 떠오른다고 해도 그것을 실제로 행할 능력이 없을 수도 있다. 실현성에서 윤리적 이타주의는 큰 난점이 있는 것이다.

반면에 윤리적 이기주의는 인간이 본능적인 이기심을 가진다는 사실과 부합한다. 인간은 무엇이 자신에게 이익이 될까 생각하고 실제로 그렇게 행동하기 때문이다. 이처럼 인간은 '오로지' 자기 이익을 위해서만 행동하도록 동기 부여된 존재이며 타인을 위한 동기를 갖지 않는다고 보는 것을 ㉢심리적 이기주의라고 한다. 윤리적 이기주의자들은 자신의 입장이 심리적 이기주의를 기반으로 성립한다고 주장한다. 심리적 이기주의가 타당하다면 인간은 자기 이익을 위해 행동하는 것이 마땅하다는 윤리 규범도 성립한다는 것이다.

(가) '이기심'이라는 용어에 대해 인간의 심리적 동기를 기준으로 살펴보면, 일반적으로 인간의 모든 심리적 동기는 여섯 유형으로 구분된다. 이는 1) 타인에게 해를 끼치는 악의적 동기, 2) 오로지 자신의 이익만 추구하는 이기적 동기, 3) 자신과 타인의 이익을 같이 고려하는 합리적 동기, 4) 타인의 이익만을 고려하는 이타적 동기, 5) 자신과 타인의 이익 대신 오로지 도덕적으로 옳은 것만을 고려하는 의무적 동기, 6) 마음의 유덕한 성품에서 저절로 우러나오는 유덕한 동기이다.

심리적 이기주의는 이 가운데 2)만 인정할 수밖에 없다. 그래서 일단 1)과 3)은 2)의 변형이며, 특

히 3)에 대해서는 자신의 이익이 우선일 것으로 본다. 여기에 4), 5), 6)까지 불가능해야 심리적 이기주의가 타당하게 될 것인데, 5)와 6)에 대해서는 그 이면에 자기 이익이라는 동기가 반드시 숨어 있을 것이므로 2)와 같다고 보며, 4)에 대해서는 이에 따른 행위가 불가능하다고 본다. 그러나 4)에 따른 행위가 실제로 있다는 반박에 대해 또 다른 해명을 시도한다. 4)는 겉으로는 이타적일지 몰라도 속으로는 심리적 자기만족이라는 동기가 숨어 있기에 결국 2)가 된다는 것이다. 그러나 이에 대해 또 다른 반박이 가능하다. 그러한 해명은 타인을 속이거나 무시하여 정당한 몫 이상의 이익을 추구한다는 이기적이라는 말의 뜻을 '고상한 욕구 만족'이라는 뜻으로 슬쩍 대체하여 4)를 2)인 것처럼 보이게 한 궤변이라는 것이다.

이로 볼 때 심리적 이기주의를 기반으로 윤리적 이기주의가 성립한다는 주장은 근거가 빈약하게 된다. 그러나 윤리적 이타주의로 되돌아가도 인간의 모든 행위를 포괄할 수 없다면, 실현성 있는 윤리적 이기주의를 좀 더 가다듬을 필요가 있다.

'죄수의 딜레마'로 불리는 실험이 있다. 이는 공범 관계의 두 혐의자에게 범죄를 먼저 자백한 사람은 바로 석방하지만 남은 사람에게는 5년의 형량을 부과하며, 모두 자백하지 않으면 3년을 부과한다고 제안하는 사고 실험이다. 이때 두 사람 각각에게 가장 이익이 되는 것은 동료를 배신하고 먼저 자백하는 것인데, 이는 부도덕하다는 비난을 받기 쉽겠지만 윤리적 이기주의의 입장에서는 타당한 것이 된다. 그러나 배신의 선택이 가장 나을까? 플러드와 드레셔는 이 같은 유형의 실험을 반복하는 연구를 수행한 결과, 배신하지 않을 확률이 높아진다고 보고하였다. 이는 이기심이 맹목적으로 지금 당장 자신만 위하게끔 하는 경향 외에 무엇이 자신에게 장기적으로 더 이익이 될 것인지 고려하면서 타인과 협력하거나 상호부조를 하게끔 하는 합리적인 경향으로도 나타날 수 있음을 시사한다.

이에 따라 윤리적 이기주의는 좀 더 큰 안목의 합리적인 경향으로 이기심을 드러내어야 한다는

규범을 마련할 수 있다. 이를 ⓔ'합리적인 윤리적 이기주의'라고 한다면, 이는 이기심을 긍정하는 윤리의 출발점이 될 것이다.

42 윗글에 대한 이해로 적절하지 않은 것은?

① 윤리 규범은 인간의 심리적 사실을 기반으로 성립한다.

② 인간은 이기심을 통하여 타인과 상호부조를 할 수 있다.

③ 이기심으로 인간의 모든 행위를 포괄하여 설명하기 어렵다.

④ 어떤 행위를 해야 타인의 이익이 될 것인지 모를 때가 있다.

⑤ 성인이 아닌 평범한 사람은 타인을 위한 행위를 할 수 없다.

43 〈보기〉의 관점에서 ㉠이 ㉡을 평가하는 말로 가장 적절한 것은? [3점]

〈보기〉

칸트는 윤리 규범이 성립하기 위하여 요구되는 원칙으로 '당위 가능 원칙'을 들었다. 이 원칙에서 '당위'는 마땅히 해야 할 것을 뜻하며, '가능'은 실천에 옮길 수 있다는 것을 뜻한다. 곧 마땅히 해야 할 것이라 해도 실천할 수 있어야 규범이 될 수 있다는 것이다.

① 이타적인 행위를 정확히 정의할 수 없다면 ㉡은 규범으로 성립할 수 없다.

② 이타적인 행위가 아무리 옳다고 해도 실천할 수 없기에 ㉡은 규범으로 성립할 수 없다.

③ 이기적인 행위에도 이타적인 동기가 개입될 수 있으므로 ㉡은 규범으로 성립할 수 없다.

④ 이기적인 행위든 이타적인 행위든 모두 인간의 자연스러운 행위이기에 ⓒ처럼 규범으로 정할 필요가 없다.

⑤ 이타적인 행위는 이기적인 행위와 관계없이 인간이 당연히 행해야 할 덕목이므로 ⓒ처럼 규범으로 정할 필요가 없다.

난을 받지 않는 것이 더 낫다고 보았을 것이다.

---

44 〈보기〉는 (가)에 제시된 동기들의 사례를 든 것이다. 이에 대한 ⓒ의 해석으로 적절하지 <u>않은</u> 것은?

───〈보기〉───

ⓐ 악의적 동기: 재판에서 피고인을 곤경에 빠뜨리려고 거짓 증언을 함

ⓑ 합리적 동기: 친구와 즐거운 시간을 보내려고 놀이 공원에 가고자 함

ⓒ 이타적 동기: 연인과 헤어진 동료에게 위로차 식사를 대접하고자 함

ⓓ 의무적 동기: 말기 암 환자에게 암에 걸린 사실을 알려주고자 함

ⓔ 유덕한 동기: 길거리에 쓰러진 할머니를 측은하게 여기는 마음으로 돕고자 함

① ⓐ: 피고인을 곤경에 빠뜨림으로써 얻는 유형무형의 이익이 반드시 있을 것이다.

② ⓑ: 자신의 즐거움이라는 이익을 보려 한 것이 우선일 것이며, 친구의 즐거움은 부수적일 것이다.

③ ⓒ: 동료에게 자신이 인간적임을 드러내는 만족감을 느끼려 했을 것이다.

④ ⓓ: 진실을 알려줌으로써 환자에게 죽음에 대비할 시간을 주려고 했을 것이다.

⑤ ⓔ: 할머니를 돕는 데 드는 노력과 시간보다 할머니를 외면함으로써 받을 도덕적 비

---

45 ⓔ의 입장에서 〈보기〉의 '그'에게 할 수 있는 말로 가장 적절한 것은?

───〈보기〉───

그는 고속도로로 차를 운전하며, 다른 사람들도 차를 운전한다. 그는 운전 중에 다른 운전자들을 의식하지 않고, 안전하게 교통 규칙을 지키면서도 목적지에 빠르게 도착하는 데에 관심을 쏟으면서 운전한다. 결국 그는 목적지에 빠르고 안전하게 도착한다.

① '그'를 포함한 모든 운전자들이 교통 규칙을 지키는 것이 더 이익이 된다고 믿었으니까 목적지에 빠르고 안전하게 도착하게 된 거야.

② 원래부터 목적지에 빠르고 안전하게 도착하게끔 예정된 운명이었으니까 '그'가 다른 운전자들을 의식하지 않아도 괜찮았던 거야.

③ '그'가 목적지에 빠르고 안전하게 도착하기만 하면 된다고 생각하면서 운전한 것이 의도치 않게 다른 운전자들에게도 이익이 된 거야.

④ 다른 운전자들을 의식하더라도 사정이 그다지 바뀌는 것은 없기에 '그'만 조심해서 안전하게 운전하는 것이 가장 큰 이익이야.

⑤ '그'는 다른 운전자들에게 폐가 될까 걱정해서 안전하게 운전했으니까 사고가 난 것보다 빠르게 목적지에 도착하는 이익을 거둔 거야.

제2교시 영어영역

▶정답 및 해설 491p

[01~05] 밑줄 친 단어의 뜻으로 가장 적절한 것을 고르시오.

01

When I was a trainee doctor, one of my first patients was an old man with a persistent cough.

① fatal

② occasional

③ irregular

④ chronic

⑤ infectious

02

During the televised court case, the witness statements contradicted each other.

① agreed

② opposed

③ confirmed

④ duplicated

⑤ appreciated

03

As many as two billion people might not exist now if it hadn't been for the advent of agribusiness.

① emergence   ② transformation

③ collapse   ④ manipulation

⑤ supplement

04

Promotion in the first year is only given in exceptional circumstances.

① adverse   ② suspicious

③ customary   ④ profitable

⑤ unusual

05

When a nurse holds a bias toward her patients, she may provide substandard care.

① sophisticated ② considerate

③ temporary   ④ conventional

⑤ insufficient

[06~07] 다음 대화의 빈칸에 들어갈 말로 가장 적절한 것을 고르시오.

06

A: Hey, Mom. Do you know where my favorite red shirt is?
B: Did you check the top drawer in your room?
A: Yes. But it wasn't there.
B: Take a look inside the dryer, then.
A: Oh, here it is. But it's still wet.
B: _____.
A: Oh, no! The school bus is going to be here any minute.
B: Well, you're just going to have to wear a different shirt then.

① You can buy a new shirt instead
② Then you can wear it right away
③ Just put it in the washing machine
④ I hope you find your favorite shirt soon
⑤ It's going to take at least twenty more minutes

07

A: Congratulations on getting the Medal of Honor, Sergeant Park.
B: I don't know if I deserve it, Commissioner.
A: Of course you do. What you did to save that young man's life was very brave.
B: _____.
A: That's very modest of you. It's people like you that make our department proud.

B: Thank you. I'm just glad the young man is doing well.
A: Thanks to you, our city's streets are a little safer and warmer.
B: I will cherish this moment forever.

① I've never been afraid of anything
② I've always considered myself to be a hero
③ I'm sure anyone else would have done the same
④ I'm not sure if you're the right person for this medal
⑤ I think arresting criminals should come before everything

[08~09] 밑줄 친 부분 중, 어법상 **틀린** 것을 고르시오.

08 The most common theory points to the fact that men are stronger than women, and that they have used their greater physical power to force women into submission. A more subtle version of this claim argues that their strength allows men to monopolise tasks that demand hard manual labour, such as ploughing and harvesting. This gives them control of food production, which in turn ① translate into political power. However, the statement that 'men are stronger than women' is true only on average, and only with regard to certain types of strength. Women are generally more resistant to hunger, disease and fatigue than men. There are also many women who can run faster and ② lift heavier weights than many men. Furthermore, and most problematically for this theory, women have, throughout history, ③ been excluded mainly from jobs that require little physical effort such as the priesthood, law and politics, while ④ engaging in hard manual labour in the fields, in crafts and in the household. If social power ⑤ were divided in direct relation to physical strength, women should have got far more of it. [3점]

09 Hugs play a role in physical intimacy and health. Researchers examined the interplay between exposure to illness, social support, and daily hugs. In the name of science (and possibly a hundred bucks), 404 healthy adults agreed to inhale nasal drops that exposed ① them to the common cold. First, the researchers drew blood samples to confirm ② that the volunteers were not immune. Then they surveyed the participants over fourteen consecutive days, ③ asked about hugs received. Finally, they exposed volunteers to the cold virus and ④ monitored symptoms, such as mucus production, in quarantine for five days. Those who got daily hugs ⑤ were 32 percent less likely to get sick. Hugs don't make you impervious to a cold, it turns out. But the huggers who did get sick didn't get as sick. They had less severe symptoms and got better faster.

[10~12] (A), (B), (C)의 각 네모 안에서 문맥에 맞는 낱말로 가장 적절한 것을 고르시오.

10 Are hybrid cars really environmentally friendly? It depends on how they're used. They're great for city drivers, when a hybrid can rely almost fully on its electric motor, which is quiet, doesn't create any emissions, will turn off completely when the car is stationary and, crucially, gives (A) poor / superb fuel economy. Drive out onto the highway, though, and the hybrid will have to fall back on its petrol engine because the electric motor simply doesn't have the power to drive the car at (B) higher / lower speeds, nor the energy to run for long distances. In such cases the hybrid will act just like a comparable conventional petrol-powered car, offering similar fuel economy and the same emissions. You should also take into account that the manufacturing of batteries for a hybrid car requires a lot of energy. Then, after they have reached the end of their life—which may be after just a few years—more energy is required to decommission and recycle them. This and the development impact actually make hybrid cars (C) less / more environmentally friendly than the manufacturers would like you to believe.

	(A)		(B)		(C)
①	poor	……	lower	……	less
②	poor	……	lower	……	more
③	poor	……	higher	……	less
④	superb	……	higher	……	more
⑤	superb	……	higher	……	less

11

Given the diversity of American society, it has been impossible to insulate the schools from pressures that result from differences and tensions among groups. When people differ about basic values, sooner or later those (A) agreements / disagreements turn up in battles about how schools are organized or what the schools should teach. Sometimes these battles remove a terrible injustice, like racial segregation. Sometimes, however, interest groups (B) retain / politicize the curriculum and attempt to impose their views on teachers, school officials, and textbook publishers. Across the country, even now, interest groups are pressuring local school boards to remove myths and fables and other imaginative literature from children's readers and to inject the teaching of creationism in biology. When groups cross the line into extremism, advancing their own agenda without regard to reason or

to others, they threaten public education itself, making it difficult to teach any issues honestly and making the entire curriculum (C) invulnerable / vulnerable to political campaigns.

	(A)	(B)	(C)
①	agreements	retain	invulnerable
②	agreements	politicize	vulnerable
③	disagreements	retain	invulnerable
④	disagreements	politicize	vulnerable
⑤	disagreements	retain	vulnerable

12

As the largest predatory fish on Earth, great white sharks are already impressive, armed with up to 300 sharp teeth and weighing up to 5,000 pounds. Now, new research adds more intrigue to the oceanic beasts, suggesting that the animals can change color—perhaps as a (A) camouflage / cluster strategy to sneak up on prey. In new experiments off South Africa, researchers dragged a seal decoy behind a boat to (B) dispel / entice several sharks to leap out of the water near a specially designed color board with white, gray, and black panels. The team photographed the sharks each time they jumped, repeating the experiment throughout the day. One shark, easily (C) concealable / identifiable because of a mark on its jaw, appeared as both dark gray and much lighter gray at different times of day. The scientists verified this using computer software to correct for variables such as weather, light levels, and camera settings.

	(A)	(B)	(C)
①	camouflage	dispel	identifiable
②	camouflage	entice	identifiable
③	camouflage	entice	concealable
④	cluster	entice	concealable
⑤	cluster	dispel	identifiable

[13~14] 밑줄 친 부분 중, 문맥상 낱말의 쓰임이 적절하지 않은 것을 고르시오.

13 Left to their own devices, most children won't hesitate to, say, lick a doorknob or wipe snot with their sleeve. But is there any truth to the idea that their ① distaste for getting dirty can be beneficial to their health? That theory dates to the 1800s, when European doctors realized that farmers suffered fewer allergies than city slickers. However, it didn't gain widespread attention until 1989, when British epidemiologist David Strachan discovered that youngsters with older siblings were less susceptible than other kids to hay fever and eczema. Strachan suggested that early childhood infections "transmitted by unhygienic contact" helped ② foster a robust immune system. His theory, called the hygiene hypothesis, provides a ③ convenient explanation for why allergies and asthma, as well as autoimmune disorders like multiple sclerosis and Crohn's disease, have increased 300 percent or more in the U.S. since the 1950s. Maybe Western societies have become too clean for their own good, and parents too ④ fearful of a little dirt. "Whatever it is that's happening in the modern world, it's causing the immune system to be ⑤ active when it doesn't need to be," says microbiologist Graham Rook of University College London. [3점]

14 Age is much more than the number of birthdays you've ① clocked. Stress, sleep, and diet all influence how our organs cope with the wear and tear of everyday life. Factors like these might make you age faster or slower than people born on the same day. That means your biological age could be quite different from your chronological age—the number of years you've been alive. Your biological age is likely a better ② reflection of your physical health and even your own mortality than your chronological age. But calculating it isn't nearly as ③ straightforward. Scientists have spent the last decade developing tools called aging clocks that assess markers in your body to ④ veil your biological age. The big idea behind aging clocks is that they'll essentially indicate how much your organs have ⑤ degraded, and thus predict how many healthy years you have left.

15 Porcelain Tower에 관한 다음 글의 내용과 일치하는 것은?

In early 15th-century China, the Yongle Emperor of the Ming dynasty ordered the construction of a towering monument to honor his mother. The Porcelain Tower was a grand pagoda built in the city of Nanjing—the imperial capital at the time—as part of the grand Bao'en Buddhist Temple complex. The tower was constructed from white porcelain bricks, which would have glistened in the sunlight, and adorned with vibrant glazed designs of animals, lowers and landscapes in greens, yellows and browns. Historians studying the remnants suggest that the glazed porcelain bricks were made by highly skilled workers, but sadly the methods used to make them have been lost to history. Some of the largest bricks were more than 50 centimeters thick and weighed as much as 150 kilograms each, with the colored glazes staying bright for centuries. Nowadays, workers trying to replicate these porcelain slabs struggle to make anything larger than five centimeters thick and their colors fade after just a decade.

① Its bricks were all the same size.

② It stood in a temple of a rural area.

③ It was built to honor the Emperor's mother.

④ It was decorated with the shapes of the sun.

⑤ Its porcelain slabs have been successfully replicated today.

16 Nadine Gordimer에 관한 다음 글의 내용과 일치하는 것은?

The South African novelist Nadine Gordimer was awarded the Nobel Prize for Literature in 1991 not only for her excellent literary skills but also for her consistent and courageous criticism of apartheid, which was a system of strictly segregating the blacks from the whites in all spheres of life. Her attack on apartheid was not primarily a political gesture. As a novelist, she was more interested in the human aspect of apartheid and racism. She knew, for one thing, that she herself, as a white middle-class intellectual living in South Africa, benefited from the system. She also knew that the whites responsible for keeping up the racist system suffered in their own ways from it. Her novels and short stories, therefore, concentrate on the moral dilemmas imposed on the individuals by the social relations of South Africa. Although as an intellectual she is capable of making unambiguous political statements on delicate social issues, as a novelist she is more interested in the less clear aspects of humans living in a society based on inequality and injustice.

① Her novels neglected the ethical problems faced by the whites.
② Her fight against apartheid was mainly driven by political ambition.
③ Her growth as a writer was attributed to her middle-class black parents.
④ She was acknowledged for her strong stance against racial discrimination.
⑤ She was praised for her ability to avoid delicate issues on South African politics.

[17~23] 다음 글의 빈칸에 들어갈 말로 가장 적절한 것을 고르시오.

17

Imagine you jump into a river to save a drowning child. This would probably seem to most people a good thing to do. For Kant, however, it is only a good thing to do if you jumped into the river to save the drowning child because you knew it was your moral duty to do so. If you jumped into the river to save the child because you thought it might make you look good, would impress your friends and get you on television or even because you cared for the child, then, from a Kantian perspective, it

is no longer a moral act. For Kant, it is not essential that you actually save the drowning child. What counts is the will or intention to save them. Where the consequentialist, obviously, would be primarily focused on the outcome, Kant is concerned with choice and _____. [3점]

① repression ② decision
③ intuition ④ satisfaction
⑤ motivation

18

The ability to record information is one of the lines of demarcation between primitive and advanced societies. Basic counting and measurement of length and weight were among the oldest conceptual tools of early civilizations. By the third millennium B.C. the idea of recorded information had advanced significantly in the Indus Valley, Egypt, and Mesopotamia. Accuracy increased, as did the use of measurement in everyday life. The evolution of script in Mesopotamia provided a precise method of keeping track of production and business transactions. Written language enabled early civilizations to measure reality, record it, and retrieve it later. Together, measuring and recording _____ the creation of data. They are the earliest foundations of datafication.

① complicated   ② reversed

③ imitated   ④ hindered

⑤ facilitated

① subjective opinion

② racy headlines

③ boring truth

④ online etiquette

⑤ exaggerated ads

19

The news is not what it used to be. These days most consumers get most of their bulletins online. Since online publishing is cheap, a profusion of new sources have sprung up. Websites run by established newspapers compete with newer, online-only outlets and professional (or amateur) blogs, not to mention the mix of articles, digital chain-letters and comments curated by the algorithms of social-media sites such as Facebook and Twitter. Established media have struggled. Much of the advertising that used to pay journalists' salaries has gone to Facebook and Google, the two big technology firms that dominate the market for online advertising. Print circulation has collapsed. Local papers have been particularly hard hit, with many going bust. Social-media algorithms prioritise attention-grabbing clickbait over _____, which helps propel nonsense around the world. Collins, a dictionary-publisher, declared "fake news" its 2017 neologism of the year.

20

Since the 1990s, businesses and police have teamed up to pump classical music onto crime-ridden streets, parking lots, and malls. Why? Because there's evidence that a little bit of Bach may deter crime. In 2005, the London Underground started piping classical music at certain Tube stations, and within a year, robberies and vandalism were sliced by a third. Light-rail stations in Portland, Oregon—and other transit hubs like New York's Port Authority bus terminal—have also reported drops in vagrancy thanks to the crime-stopping powers of Baroque maestros like Vivaldi. The logic? For one, classical music can be calming. But more importantly, the people who loiter and vandalize—often teenagers—usually don't enjoy orchestral music. And if an environment's soundscape annoys you, then chances are you won't _____. Apparently, this works on animals too. At Gloucestershire Airport in Staverton, England, airport chiefs learned the best way to scare away birds was to drive a van blaring Tina Turner's biggest hits. [3점]

*vagrancy: 방랑, 부랑죄

① get emotionally stable

② want to loaf around there

③ be in the mood for classical music

④ commit a serious crime on the spot

⑤ pay attention to the music any more

① felt the need to free themselves to succeed

② were burdened with expectations from their elders

③ internalized the social values of their environment

④ learned how to avoid oppressive norms and conventions

⑤ had the desire to develop and realize their own potential

21

African American psychologists Kenneth and Mamie Phipps Clark used sets of toy babies—some with white skin, some with brown—to understand how black children living under segregation in the 1940s developed their sense of self. Black kids presented with both options preferred the pale doll; some even cried when asked which looked like them. The Clarks took this as evidence that youths ＿＿＿＿＿＿＿＿＿＿＿ : They saw themselves as inferior because of their skin color. The tests impressed attorneys in the famous *Brown v. Board of Education* lawsuit, where Kenneth testified that segregation led to self-hatred. The Supreme Court's 1954 ruling on that case finally integrated schools and spurred a growing movement for civil rights.

22

Astrology contends that which constellation the planets are in at the moment of your birth profoundly influences your future. A few thousand years ago, the idea developed that the motions of the planets determined the fates of kings, dynasties, and empires. Astrologers studied the motions of the planets and asked themselves what had happened the last time that, say, Venus was rising in the Constellation of the Goat; perhaps something similar would happen this time as well. It was a subtle and risky business. Astrologers came to be employed only by the State. In many countries it was a capital offense for anyone but the official astrologer to read the signs in the skies: a good way to overthrow a regime was to predict its downfall. Chinese court astrologers who made inaccurate predictions were executed. Others simply doctored the records so that afterward _____. Astrology developed into a strange combination of observations, mathematics and careful record-keeping with fuzzy thinking and fraud. [3점]

① a more cautious position would be adopted

② they were in perfect conformity with events

③ people would pay close attention to the stars

④ descendants could learn from their ancestors

⑤ observations of the planets could be encouraged

23

Why don't teens talk to their parents? "Basically, they don't think their parents will understand," says a noted psychologist. "When they are constantly reprimanded or instructed, they may feel that a parent doesn't care how they feel. Silence for a teenager is a weapon. It's their way of saying, "You can't control me anymore." But that doesn't mean you need to spend the next few years in suspended animation. It does mean you have to establish an atmosphere of trust, understanding and flexibility. Here is how: _____. If your daughter tells you her best friend said her new outfit was awful, refrain from saying, "Why should you care what Jennifer says?" Teenagers care very much what their peers think, and the wise parent accepts that as normal. Try instead, "That must have made you feel terrible. It hurts when people we care about say mean things."

① Resist the temptation to control and keep silent

② Acknowledge and legitimize a teenager's feelings

③ Encourage teens to accept criticism from others

④ Maintain family rituals as a way of staying in touch

⑤ Take adolescent mood swings and silences personally

[24~26] 다음 글의 제목으로 가장 적절한 것을 고르시오.

24

It wasn't unusual in Victorian London to see children digging through junkyards, looking for anything they could resell: scraps of metal, rags, bones—which could be used to make buttons and soap—and even dead cats, which they sold to furriers. But the most prized find? Coal dust. Brickmakers, who mixed it with clay to make blocks, paid a pretty penny for it. It's not that coal dust was scarce. In fact, because of open-hearth fires, ash was everywhere, and would have clogged the city's streets were it not for the dustmen who lugged it from dustbins to the city's outskirts. The scene resembled a regular Dickensian recycling operation: women, men, and children working thigh-deep in dust. Their bosses got filthy rich, but as London's dust supply outstripped demand, profits declined. By the late 19th century, prospects had already tarnished for these once "Golden Dustmen."

① When Victorians Got Rich on Dust

② A Foolproof Recipe for Brickmaking

③ How Bad Is Working in a Coal Mine?

④ Child Labor During the Industrial Revolution

⑤ Air Pollution: Why London Struggled to Breathe

25

The company formerly known as Facebook is so convinced that the metaverse is the future of the internet that last year it changed its name to Meta. Meta and its boss Mark Zuckerberg think that eventually many of us will work, play, and shop in the metaverse. Or at least our avatars will. While for many people this all sounds fanciful, a growing number of companies are buying up space in the metaverse so that they can set up shop there. These firms include the likes of Adidas, Burberry, Gucci, Tommy Hilfiger, Nike, Samsung, Louis Vuitton, and even banks HSBC and JP Morgan. The question for such businesses, though, is what location they pick. There are now some 50 or so different providers of worlds within the metaverse, with the most popular ones including The Sandbox, Decentraland, Voxels, and Somnium Space, plus Meta's own Horizon Worlds. Retailers and other investors are having to gamble on which of these will go on to become the dominant force in the metaverse, gaining the most visits from our avatars. And which other worlds may fade away into obscurity. Further, within the winning ecosystems, firms have to try to pick what will be the most popular areas.

① Setting up Shop in the Metaverse

② Opening Electronic Bank Branches

③ Building Virtual Eco-friendly Environments

④ Climbing the Social Ladder in the Metaverse

⑤ Dominating the Shopping Space with Avatars

26

A new study tests the common belief that the angrier people appear after a service failure, the more compensation they'll get—and shows that often the reverse is true. The effect of intense anger on service reps, the researchers found, varies according to a cultural trait known as *power distance*, or PD: a person's level of acceptance of power differences and hierarchy. Across four experiments involving simulated service interactions, participants with high PD—those who accepted power differences as natural or inevitable—gave more compensation to mildly angry customers than to intensely angry ones, while participants with low PD did just the opposite. Why? The high-PD subjects saw displays of intense anger as inappropriate and punished them, while the low-PD subjects saw the displays as threatening and rewarded them. But when the perception of threat was mitigated (participants were told that customers couldn't harm them), low-PD people, too, gave more compensation to mildly angry customers.

① Does Time Really Fly When You're Having Fun?

② Does the Squeaky Wheel Get the Most Oil?

③ Can a Rolling Stone Gather Any Moss?

④ Can Too Many Chefs Spoil the Broth?

⑤ Can a Stitch in Time Save Nine?

[27~28] 다음 글의 주제로 가장 적절한 것을 고르시오.

27

After the go-go 1990s and 2000s, the pace of economic integration stalled in the 2010s, as firms struggled with the aftershocks of a financial crisis, a populist revolt against open borders and President Donald Trump's trade war. The flow of goods and capital stagnated. Many bosses postponed big decisions on investing abroad: just-in-time gave way to wait-and-see. No one knew if globalisation faced a blip or extinction. Now the waiting is over, as the pandemic and war in Ukraine have triggered a once-in-a-generation reimagining of global capitalism in boardrooms and governments. Everywhere you look, supply chains are being transformed, from the $9 trillion in inventories, stockpiled as insurance against shortages and inflation, to the fight for workers as global firms shift from China into Vietnam. This new kind of globalisation prioritises doing business with people you can rely on, in countries your government is friendly with. It could descend into protectionism, big government and worsening inflation.

① the era of globalisation ushered in by new businesses

② the promotion of globalisation through cost efficiency

③ the switch to a security—first model of globalisation

④ the disruption of globalisation caused by war

⑤ the threat of globalisation to workers' rights

28

Members of the Lost Generation viewed the idea of the "American Dream" as a grand deception. This becomes a prominent theme in F. S. Fitzgerald's *The Great Gatsby* as the story's narrator Nick Carraway comes to realize that Gatsby's vast fortune had been paid for with great misery. To Fitzgerald, the traditional vision of the American Dream—that hard work led to success—had become corrupted. To the Lost Generation, "living the dream" was no longer about simply building a self-sufficient life, but about getting stunningly rich by any means necessary. The term "American Dream" refers to the belief that everyone has the right and freedom to seek prosperity and happiness, regardless of where or into what social class they were born. A key element of the American Dream is the assumption that through hard work, perseverance, and risk-taking, anyone can rise "from rags to riches," to attain their own version of success in becoming financially prosperous and socially upwardly mobile. Since the 1920s, the American Dream has been questioned and often criticized by researchers and social scientists as being a misplaced belief that contradicts reality in the modern United States.

① the repentance of self—reliance through hard work

② the fallacy of the great American Dream

③ the revision of the American Dream

④ the criticism of material success in America

⑤ the realization of the Lost Generation's ideals

[29~30] 다음 글의 요지로 가장 적절한 것을 고르시오.

29

Caitlin Mooney is 24 years old and passionate about technology that dates to the age of Sputnik. Mooney, a recent New Jersey Institute of Technology graduate in computer science, is a fan of technologies that were hot a half-century ago, including computer mainframes and software called COBOL that powers them. That stuff won't win any cool points in Silicon Valley, but it is essential technology at big banks, insurance companies, government agencies and other large institutions. During Mooney's job hunt, potential employers saw her expertise and wanted to talk about more senior positions than she was seeking. "They would get really excited," Mooney said. She's now trying to decide between multiple job offers. The resilience of decades-old computing technologies and the people who specialize in them shows that new technologies are often built on lots of old tech.

① Old technology can still be of great use.

② Keep up with the changing times in the tech world.

③ The best job is one that makes full use of your abilities.

④ Silicon Valley is always in the market for new technology.

⑤ The future of digital technology lies within academic institutions.

30

It's tempting to assume that past successes are a sign of good judgment, and in some cases they may be. The multigenerational success of some German midsize companies and the sheer longevity of Warren Buffett's investment performance are frequently cited examples. But success can have other parents. Luck, the characteristic that Napoleon famously required of his generals, is often the unacknowledged architect of success. Those in sports can attest to the importance of luck as well as skill. Grant Simmer, navigator and designer in four America's Cup yachting victories, has acknowledged the help of luck in the form of mistakes made by his competitors. Sometimes, what looks like sustained success may conceal trickery. Before the Enron scandal broke, in 2001, CEO Jeff Skilling was hailed as a highly successful leader. Toshiba's well-regarded boss, Hisao Tanaka, resigned in disgrace in 2015 after a $1.2 billion profit overstatement covering seven years was unearthed. [3점]

① A watched pot never boils.

② All that glitters is not gold.

③ Time and tide wait for no man.

④ Birds of a feather flock together.

⑤ Don't put all your eggs in one basket.

[31~32] 다음 글에서 전체 흐름과 관계 없는 문장을 고르시오.

31 For centuries, natives of the New Hebrides islands considered a head full of lice a sign of good health. "Observation over the centuries had taught them that people in good health usually had lice and sick people very often did not. The observation itself was accurate and sound," writes Darrell Huff in *How to Lie with Statistics*. ① But the correlation didn't mean lice are the key to good health—it's the other way around. ② Healthy people had lice because their body was just the right temperature, a perfect home for bugs. ③ Thus the proliferation of lice was a key determinant in promoting health in the human body. ④ But when people ran a high fever, their flesh became hot, sending the lice scattering. ⑤ Lice didn't cause good health—they preyed on it.

32 Cryptocurrencies have been around since 2009, and in all this time they have never come to play a major role in real-world transactions—El Salvador's much-hyped attempt to make bitcoin its national currency has become a disaster. ① Suppose, for example, that you use a digital payments app like Venmo, which has amply demonstrated its usefulness for real-world transactions. ② So how did cryptocurrencies come to be worth almost $3 trillion at their peak? ③ Why was nothing done to rein in "stablecoins," which were supposedly pegged to the U.S. dollar but were clearly subject to all the risks of unregulated banking, and are now experiencing a cascading series of collapses reminiscent of the wave of bank failures that helped make the Great Depression great? ④ My answer is that while the crypto industry has never managed to come up with products that are of much use in the real economy, it has been spectacularly successful at marketing itself, creating an image of being both cutting edge and respectable. ⑤ It has done so, in particular, by cultivating prominent people and institutions. [3점]

*cryptocurrency: 암호화폐

[33~34] 글의 흐름으로 보아, 주어진 문장이 들어가기에 가장 적절한 곳을 고르시오.

33

> But newly analyzed fossils including wing bones, presented today in the journal *Royal Society Open Science*, have changed the story.

In ancient Flores, an island in eastern Indonesia, "hobbit"-size humans shared the landscape with an immense bird. (①) At more than five feet tall, the Ice Age stork *Leptoptilos robustus* would have towered over the three-foot-tall Homo floresiensis, who lived more than 60,000 years ago. (②) Paleontologists previously thought the big bird was a flightless species that had adapted to live in an isolated island ecosystem. (③) Despite the stork's size, its 12-foot wingspan likely would have allowed it to soar overhead. (④) This new realization prompted paleontologists to revise what they previously thought about the anatomy and behavior of *L. robustus*. (⑤) Rather than a hunter of small prey, the new study suggests the bird was probably a scavenger like other prehistoric, flying storks that are known to have relied on dead animals for their meals.

*paleontologist: 고생물학자

34

> Lead ions—while still toxic in other ways—also helped produce nitric oxide, a free radical that killed bacteria before they could infect the eyes.

Egyptians famously rimmed their eyes with black makeup. The makeover wasn't just for humans—cows led into ritual slaughter also got the face paint, as shown in art from 2500 B.C.E. (①) Manuscripts from the era claimed that the eyeliner protected wearers from eye infections, but modern-day scientists were skeptical. (②) After all, the most common formula contained lead. (③) But in 2009, a team of chemists led by a researcher from the University of Pierre and Marie Curie in Paris analyzed samples scraped from tombs and found the ancients were onto something. (④) Further, some of the compounds in the eyeliner aren't native to Egypt, leading researchers to believe that the makeup wasn't just used because it was on hand—it was deliberately manufactured. (⑤) The study's authors dubbed the eyeliner the first large-scale chemical manufacturing process known to us.

35 다음 글의 내용을 한 문장으로 요약할 때, 빈칸 (A), (B)에 들어갈 말로 가장 적절한 것은?

Ancient Greek democracy allowed the public to participate directly in the affairs of government, choosing policies and making governing decisions. In this sense, the people were the state. In contrast, the Roman Empire laid out the concept of republicanism, which emphasized the separation of powers within a state and the representation of the public through elected officials. Thus, while Greece gives us the idea of popular sovereignty, it is from Rome that we derive the notion of legislative bodies like a senate. In their earliest forms, neither Greek democracy nor Roman republicanism would be defined as liberal democracies by today's standards. Both emphasized certain democratic elements but restricted them in fundamental ways. As political rights and institutions have expanded over the centuries, republicanism and democracy have become intertwined to produce the modern liberal democratic regime we know today.

Although the forms of government in ancient Greece and Rome were (A)____, together they provided the (B)____ for modern democracy.

	(A)		(B)
①	primitive	……	deficiencies
②	interchangeable	……	inspiration
③	ideal	……	riddles
④	dissimilar	……	foundation
⑤	groundbreaking	……	groundwork

36 다음 글의 빈칸 (A), (B)에 들어갈 말로 가장 적절한 것은?

How we look at purpose is often connected to perceived importance. ____(A)____, we say that the purpose of the bee is to pollinate the flower if we see the flower as the object of primary concern; but if we are, say, beekeepers, we would be more likely to say that the purpose of the bee is to produce honey to feed the hive. Here purpose can be seen to be relative to a larger context—carrying seeds for flowers, or producing honey for the hive—and is connected with exploiting or using something for certain ends. ____(B)____, in nature it is often not quite clear who is using who. Is the small bird that eats ticks from the hide of the rhinoceros using the rhino as a large all-you-can-eat buffet, or is the rhino using the bird as a means of ridding itself of annoying ticks? They both need each other. So purpose is relative, then, and relates to something's or someone's relative importance.

	(A)		(B)
①	For instance	……	Otherwise
②	In contrast	……	Moreover
③	For instance	……	Yet
④	In contrast	……	Thus
⑤	Furthermore	……	However

[37~38] 주어진 글 다음에 이어질 글의 순서로 가장 적절한 것을 고르시오.

37

The women's movement since the sixties has developed in a way that exactly mirrors traditional male attitudes. It is as if we have a pattern burned into our brains and we can't move outside it. I've been thinking recently about why on the whole the women's movement has not fulfilled its potential.

(A) In today's Japan there are very few women in public life, much fewer than anywhere in the West, and when they are, it's nearly always in cultural things. So, all the great explosion of energy has ended up with a very narrow section of the female population doing better than it did before.

(B) They have good jobs, usually in cultural things like television and radio, newspapers, and so on. This is also true in countries where women have an extremely bad time, like Japan.

(C) It burst on the scene with enormous energy all over Europe and in America. Yet the energy dissipated, and what has actually been achieved is this: that in all the European countries and America and Canada middle-class women who were probably young in the sixties and are now middle-aged have done rather well.

① (A)-(C)-(B)   ② (B)-(A)-(C)
③ (B)-(C)-(A)   ④ (C)-(A)-(B)
⑤ (C)-(B)-(A)

38

Ever more scholars see cultures as a kind of mental infection or parasite, with humans as its unwitting host. Organic parasites, such as viruses, live inside the body of their hosts.

(A) The human dies, but the idea spreads. According to this approach, cultures are not conspiracies made up by some people in order to take advantage of others. Rather, cultures are mental parasites that emerge accidentally, and thereafter take advantage of all people infected by them.

(B) In just this fashion, cultural ideas live inside the minds of humans. They multiply and spread from one host to another, occasionally weakening the hosts and sometimes even killing them. A cultural idea can compel a human to dedicate his or her life to spreading that idea, even at the price of death.

(C) These parasites multiply and spread from one host to the other, feeding off their hosts, weakening them, and sometimes even killing them. As long as the hosts live long enough to pass along the parasite, it cares little about the conditions of its host. [3점]

① (A)−(C)−(B) ② (B)−(A)−(C)
③ (B)−(C)−(A) ④ (C)−(A)−(B)
⑤ (C)−(B)−(A)

[39~40] 다음 글을 읽고, 물음에 답하시오.

To many Americans, Cinco de Mayo is a day for eating Mexican food and drinking liberally. But the real history is far more _____.

It started in the 1860s. France wanted to expand its empire into Mexico, and Napoleon III ordered his troops to head toward Mexico City to overthrow Mexico's democratically elected President Benito Juárez, while Abraham Lincoln was preoccupied with the Civil War. The hyperorganized French forces were widely expected to triumph, leading to a new Mexican monarchy that would side with the Confederacy.

But then, on May 5, 1862, the Mexican forces defeated the French in the Battle of Puebla. That surprise victory brought together Latinos who had come north during the gold rush, leading to spontaneous celebrations, says David E. Hayes-Bautista, author of *El Cinco de Mayo: An American Tradition.* (The first took place in Tuolumne County in California.) Soon they started a network of organizations to support the fight against slavery both in Mexico and the U.S.

But in the 1930s, though, as the Civil War became a more distant memory, Cinco de Mayo's significance as a civil rights holiday started to fall by the wayside. By the 1980s and 1990s the number of Hispanic consumers had risen dramatically, and marketers−especially within the spirits industry−seized the moment. They made the holiday ubiquitous by turning it into a general celebration of Mexican-American culture, and the parties rage on today.

39 윗글의 빈칸에 들어갈 말로 가장 적절한 것은? [3점]

① geographically driven
② politically charged
③ conspiracy ridden
④ culturally distorted
⑤ economically balanced

40 윗글의 제목으로 가장 적절한 것은?

① The Surprising Evolution of Cinco de Mayo

② The Political Significance of Mexican Cuisine

③ Revisiting the History of Mexican Immigration

④ All Against Slavery: Struggles of the Confederacy

⑤ The Restoration of Civil Rights Through Cinco de Mayo

[41~42] 다음 글을 읽고, 물음에 답하시오.

Have you ever looked at the nighttime horizon and gasped at the sight of a spectacularly large moonrise? Typically, if you glance up at the sky hours later, the moon will seem to have shrunk. Dubbed the moon illusion, this phenomenon has been witnessed for thousands of years, a visual trickery that takes place all in the mind. And, even after so long, scientists still disagree on what exactly is happening in our brains. To test it, you can snap a picture of the rising moon on the horizon and compare it to an image taken later that night. The size will remain consistent, even if your eyes deceive in the moment.   (A)   ,

during a supermoon, when the date of the full moon coincides with the point closest to Earth in the lunar orbit and the moon appears roughly 7 percent bigger, the naked eye can barely see the increase—even if you convince yourself otherwise.

One common explanation for the illusion is that when the moon is near the horizon, trees or buildings juxtaposed against the sky fool your brain into perceiving the moon as closer to Earth, and therefore extra big.   (B)   , astronauts in orbit also witness the moon illusion without foreground objects, so this doesn't quite solve the problem. While other hypotheses abound, the moon illusion still holds some intrigue for scientists—and anyone who takes the time to sit back and savor this lunar mystery.

*juxtapose: 나란히 놓다

41 윗글의 제목으로 가장 적절한 것은?

① Traveling to the Moon Made Easy

② Lunar Eclipse During Supermoons

③ The Breathtaking View from Outer Space

④ The Optical Illusion of the Size of the Moon

⑤ The Shrinking Universe: A Cause for Worry?

42 윗글의 빈칸 (A), (B)에 들어갈 말로 가장 적절한 것은?

	(A)		(B)
①	Similarly	......	Moreover
②	For example	......	On one hand
③	Similarly	......	However
④	For example	......	Likewise
⑤	On the contrary	......	Therefore

[43~45] 다음 글을 읽고, 물음에 답하시오.

(A)

It was 1948, and Eleanor Abbott was bored. The retired schoolteacher was stuck in a San Diego hospital surrounded by young children who, like her, were suffering from polio. The kids were lonely and sad, and Abbott, with nothing else to do, decided that a cheerful board game could be the perfect antidote. So she supposedly grabbed a piece of butcher paper and started sketching plans.

(B)

While Milton Bradley kept that origin story under wraps for decades, the game's connection to the disease didn't stop there. It's possible that polio helped make *Candy Land* famous. In the early 1950s, a polio epidemic swept the country. The best way to stay healthy was to avoid people. Public swimming pools, playgrounds, and bowling alleys

were shuttered. Moviegoers were encouraged to sit far from each other at the theater. Wary parents wouldn't even let their kids outside to play. Healthy or sick, everybody needed entertainment to help pass the time. That, coupled with the fact that postwar Americans had more money and leisure time than ever, provided ideal conditions for making a child's board game popular. Plus, it was about candy!

(C)

Today, polio has practically been eradicated from the globe. *Candy Land*, however, keeps on giving. It's sold more than 40 million copies and was inducted into the National Toy Hall of Fame in 2005. But Abbott kept a humble low profile for the rest of her life. According to Nicolas Ricketts of The Strong—a museum in Rochester, New York, devoted to the history and exploration of play—when Abbott received her first royalty check, she gave much of the money right back to the children she met in the ward. How sweet!

(D)

The end result was perfect for young children. No counting. No reading. Players simply needed to grasp colors and follow instructions on the cards to travel around the board, stopping at various delicious-sounding locations along the way. She shared it with the children in the polio ward, and they loved it. One year later, Milton Bradley bought the game—and it became a surprise hit: *Candy Land*.

43 주어진 글 (A)에 이어질 내용을 순서에 맞게 배열한 것으로 가장 적절한 것은? [3점]

① (B)−(D)−(C)
② (C)−(B)−(D)
③ (C)−(D)−(B)
④ (D)−(B)−(C)
⑤ (D)−(C)−(B)

44 윗글의 제목으로 가장 적절한 것은?

① How to Play *Candy Land* with Kids
② The Bittersweet History of *Candy Land*
③ Using *Candy Land* as an Educational Tool
④ *Candy Land*: Boosting Children's Confidence
⑤ The Decline of the Popularity of *Candy Land*

45 윗글의 내용과 일치하지 <u>않는</u> 것은?

① *Candy Land* requires basic arithmetic skills.
② America was struck with an epidemic in the 1950s.
③ Eleanor Abbott made *Candy Land* while hospitalized.
④ Eleanor Abbott shared her first royalty check with others.
⑤ At first, Milton Bradley did not reveal the origin story of *Candy Land*.

제**3**교시 수학영역

▶정답 및 해설 513p

[01~20] 각 문항의 답을 하나만 고르시오.

01 넓이가 $5\sqrt{2}$인 예각삼각형 ABC에 대하여 $\overline{AB}=3$, $\overline{AC}=5$일 때, 삼각형 ABC의 외접원의 반지름의 길이는? [3점]

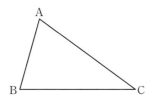

① $\dfrac{3\sqrt{3}}{2}$ ② $\dfrac{7\sqrt{3}}{4}$

③ $2\sqrt{3}$ ④ $\dfrac{9\sqrt{3}}{4}$

⑤ $\dfrac{5\sqrt{3}}{2}$

02 시각 $t=0$일 때 동시에 원점을 출발하여 수직선 위를 움직이는 두 점 P, Q의 시각 $t(t\geq0)$에서의 속도가 각각 $v_P(t)=3t^2+2t-4$, $v_Q(t)=6t^2-6t$ 이다. 출발한 후 두 점 P, Q가 처음으로 만나는 위치는? [3점]

① 1 ② 2

③ 3 ④ 4

⑤ 5

03 직선 $x=a$와 세 함수

$$f(x)=4^x, g(x)=2^x, h(x)=-\left(\dfrac{1}{2}\right)^{x-1}$$

의 그래프가 만나는 점을 각각 P, Q, R라 하자. $\overline{PO}:\overline{QR}=8:3$일 때, 상수 a의 값은? [3점]

① 1 ② $\dfrac{3}{2}$

③ 2 ④ $\dfrac{5}{2}$

⑤ 3

04 자연수 $k(k\geq2)$에 대하여 집합 $A=\{(a,\,b)\,|\,a,\,b$는 자연수, $2\leq a\leq k$, $\log_a b\leq2\}$의 원소의 개수가 54일 때, 집합 A의 원소 $(a,\,b)$에 대하여 $a+b+k$의 최 댓값은? [3점]

① 27 ② 29

③ 31 ④ 33

⑤ 35

05 사차함수 $f(x)$는 $x=1$에서 극값 2를 갖고, $f(x)$가 x^3으로 나누어떨어질 때, $\displaystyle\int_0^2 f(x-1)dx$의 값은? [4점]

① $-\dfrac{12}{5}$ ② $-\dfrac{7}{5}$

③ $-\dfrac{2}{5}$ ④ $\dfrac{3}{5}$

⑤ $\dfrac{8}{5}$

06 두 정수 a, b에 대하여

$$a^2+b^2\leq 13,\ \cos\frac{(a-b)\pi}{2}=0$$

을 만족시키는 모든 순서쌍 $(a,\ b)$의 개수는? [4점]

① 16   ② 20

③ 24   ④ 28

⑤ 32

07 최고차항의 계수가 1인 삼차함수 $f(x)$는 $x=1$과 $x=-1$에서 극한값을 갖는다. $\{x\,|\,f(x)\leq 9x+9\}=(-\infty,\ a]$를 만족시키는 양수 a의 최솟값은? [4점]

① 1   ② 2

③ 3   ④ 4

⑤ 5

08 원 $x^2+y^2=r^2$ 위의 점 $(a,\ b)$에 대하여 $\log_r|ab|$의 최댓값을 $f(r)$라 할 때, $f(64)$의 값은? (단, r는 1보다 큰 실수이고, $ab\neq 0$이다.) [4점]

① $\dfrac{7}{6}$ ② $\dfrac{4}{3}$

③ $\dfrac{3}{2}$ ④ $\dfrac{5}{3}$

⑤ $\dfrac{11}{6}$

09 집합 $A=\{1,\ 2,\ 3,\ 4,\ 5\}$에서 A로의 함수 중에서 다음 조건을 만족시키는 함수 $f(x)$의 개수는? [4점]

> (가) $\log f(x)$는 일대일함수가 <u>아니다.</u>
> (나) $\log\{f(1)+f(2)+f(3)\}$
> $=2\log 2+\log 3$
> (다) $\log f(4)+\log f(5)\leq 1$

① 134　　　　　② 140

③ 146　　　　　④ 152

⑤ 158

10 함수
$$f(x)=\begin{cases}(x+2)^2 & (x\leq 0)\\ -(x-2)^2+8 & (x>0)\end{cases}$$
이 있다. 실수 $m\,(m<4)$에 대하여 곡선 $y=f(x)$와 직선 $y=mx+4$로 둘러싸인 부분의 넓이를 $h(m)$이라 할 때, $h(-2)+h(1)$의 값은? [4점]

① 75　　　　　② 78

③ 81　　　　　④ 84

⑤ 87

11 수열 $\{a_n\}$의 일반항이
$$a_n=\frac{\sqrt{9n^2-3n-2}+6n-1}{\sqrt{3n+1}+\sqrt{3n-2}}$$
일 때, $\displaystyle\sum_{n=1}^{16}a_n$의 값은? [4점]

① 110　　　　　② 114

③ 118　　　　　④ 122

⑤ 126

12 좌표평면에서 점 $(18,\ -1)$을 지나는 원 C가 곡선 $y=x^2-1$과 만나도록 하는 원 C의 반지름의 길이의 최솟값은? [4점]

① $\dfrac{\sqrt{17}}{2}$　　　　　② $\sqrt{17}$

③ $\dfrac{3\sqrt{17}}{2}$　　　　　④ $2\sqrt{17}$

⑤ $\dfrac{5\sqrt{17}}{2}$

13 좌표평면 위의 점 (a, b)에서 곡선 $y=x^2$에 그은 두 접선이 서로 수직이고 $a^2+b^2\leq\dfrac{37}{16}$ 일 때, $a+b$의 최댓값을 p, 최솟값을 q라 하자. pq의 값은? [4점]

① $-\dfrac{33}{16}$ ② $-\dfrac{35}{16}$

③ $-\dfrac{37}{16}$ ④ $-\dfrac{39}{16}$

⑤ $-\dfrac{41}{16}$

14 두 다항함수 $f(x), g(x)$에 대하여 $f(1)=2, g(1)=0, f'(1)=3, g'(1)=2$ 일 때, $\displaystyle\lim_{x\to\infty}\sum_{k=1}^{4}\left\{xf\left(1+\dfrac{3^k}{x}\right)g\left(1+\dfrac{3^k}{x}\right)\right\}$ 의 값은? [4점]

① 400   ② 440

③ 480   ④ 520

⑤ 560

15 좌표평면에서 정삼각형 ABC에 내접하는 반지름의 길이가 1인 원 S가 있다. 실수 $t(0\leq t\leq 1)$에 대하여 삼각형 ABC 위의 점 P와 원 S의 거리가 t인 점 P의 개수를 $f(t)$라 하자. 함수 $f(t)$가 $t=k$에서 불연속인 k의 개수를 a, $\displaystyle\lim_{t\to 1-}f(t)=b$라 할 때, $a+b$의 값은?

(여기서, 점 P와 원 S의 거리는 점 P와 원 S 위의 점 X에 대하여 선분 PX의 길이의 최솟값이다.) [4점]

① 6   ② 7

③ 8   ④ 9

⑤ 10

16 좌표평면에 네 점 $A(0, 0)$, $B(1, 0)$, $C(1, 1)$, $D(0, 1)$이 있다. 자연수 n에 대하여 집합 X_n은 다음 조건을 만족시키는 모든 점 (a, b)를 원소로 하는 집합이다.

> (가) 점 (a, b)는 정사각형 $ABCD$의 내부에 있다.
> (나) 정사각형 $ABCD$의 변 위를 움직이는 점 P와 점 (a, b) 사이의 거리의 최솟값은 $\dfrac{1}{2^n}$이다.
> (다) $a=\dfrac{1}{2^k}$이고 $b=\dfrac{1}{2^m}$인 자연수 k, m이 존재한다.

집합 X_n의 원소의 개수를 a_n이라 할 때, $\displaystyle\sum_{n=1}^{10} a_n$의 값은? [4점]

① 100 ② 120
③ 140 ④ 160
⑤ 180

17 두 자연수 a, b에 대하여 함수
$$f(x)=\sin(a\pi x)+2b\,(0\le x\le 1)$$
이 있다. 집합 $\{x\,|\,\log_2 f(x)$는 정수$\}$의 원소의 개수가 8이 되도록 하는 서로 다른 모든 a의 값의 합은? [5점]

① 12 ② 15
③ 18 ④ 21
⑤ 24

18 함수 $f(x)=\begin{cases}1+x & (-1\le x<0)\\ 1-x & (0\le x\le 1)\\ 0 & (|x|>1)\end{cases}$
에 대하여 함수 $g(x)$를
$$g(x)=\int_{-1}^{x} f(t)\{2x-f(t)\}dt$$
라 할 때, 함수 $g(x)$의 최솟값은? [5점]

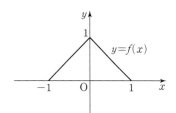

① $-\dfrac{1}{4}$ ② $-\dfrac{1}{3}$
③ $-\dfrac{5}{12}$ ④ $-\dfrac{1}{2}$
⑤ $-\dfrac{7}{12}$

19 최고차항의 계수가 양수인 다항함수 $f(x)$와 함수 $y=f(x)$의 그래프를 y축에 대하여 대칭이동한 그래프를 나타내는 함수 $g(x)$가 다음 조건을 만족시킨다.

> (가) $\lim\limits_{x \to 1} \dfrac{f(x)}{x-1}$의 값이 존재한다.
>
> (나) $\lim\limits_{x \to 3} \dfrac{f(x)}{(x-3)g(x)}=k$ (k는 0이 아닌 상수)
>
> (다) $\lim\limits_{x \to -3+} \dfrac{1}{g'(x)}=\infty$

$f(x)$의 차수의 최솟값이 m이다. $f(x)$의 차수가 최소일 때, $m+k$의 값은? [5점]

① $\dfrac{10}{3}$ ② $\dfrac{43}{12}$

③ $\dfrac{23}{6}$ ④ $\dfrac{49}{12}$

⑤ $\dfrac{13}{3}$

20 곡선 $y=x^3-x^2$ 위의 제1사분면에 있는 점 A에서의 접선의 기울기가 8이다. 점 $(0, 2)$를 중심으로 하는 원 S가 있다. 두 점 $B(0, 4)$와 원 S 위의 점 X에 대하여 두 직선 OA와 BX가 이루는 예각의 크기를 θ라 할 때, $\overline{BX}\sin\theta$의 최댓값이 $\dfrac{6\sqrt{5}}{5}$가 되도록 하는 원 S의 반지름의 길이는? (단, O는 원점이다.) [5점]

① $\dfrac{3\sqrt{5}}{4}$ ② $\dfrac{4\sqrt{5}}{5}$

③ $\dfrac{17\sqrt{5}}{20}$ ④ $\dfrac{9\sqrt{5}}{10}$

⑤ $\dfrac{19\sqrt{5}}{20}$

[21~25] 각 문항의 답을 답안지에 기재하시오.

21 수열 $\{a_n\}$이 모든 자연수 n에 대하여
$$\sum_{k=1}^{n} \frac{a_k}{2k-1}=2^n$$
을 만족시킬 때, a_1+a_5의 값을 구하시오. [3점]

22 실수 a, b, c가
$$\log\frac{ab}{2}=(\log a)(\log b),$$
$$\log\frac{bc}{2}=(\log b)(\log c),$$
$$\log(ca)=(\log c)(\log a),$$
를 만족시킬 때, $a+b+c$의 값을 구하시오. (단, a, b, c는 모두 10보다 크다.) [4점]

23 최고차항의 계수가 1인 이차함수 $f(x)$에 대하여 함수 $g(x)$를

$$g(x) = \begin{cases} -x^2+2x+2 & (x<1) \\ f(x) & (x\geq 1) \end{cases}$$

이라 하자. 함수 $g(x)$가 $x=1$에서 연속이고 실수 전체의 집합에서 증가하도록 하는 모든 함수 $f(x)$에 대하여 $f(3)$의 최솟값을 구하시오. [4점]

24 모든 실수 x에 대하여 부등식

$$(a\sin^2 x-4)\cos x+4\geq 0$$

을 만족시키는 실수 a의 최댓값과 최솟값의 합을 구하시오. [4점]

25 세 집합 A, B, C는

$$A=\left\{(2+2\cos\theta,\, 2+2\sin\theta)\,\middle|\, -\frac{\pi}{3}\leq\theta\leq\frac{\pi}{3}\right\},$$

$$B=\left\{(-2+2\cos\theta,\, 2+2\sin\theta)\,\middle|\, \frac{2\pi}{3}\leq\theta\leq\frac{4\pi}{3}\right\},$$

$$C=\{(a,\,b)\,|\,-3\leq a\leq 3,\, b=2\pm\sqrt{3}\}$$

이다. 좌표평면에서 집합 $A\cup B\cup C$의 모든 원소가 나타내는 도형을 X라 하고, 도형 X와 곡선 $y=-\sqrt{3}x^2+2$가 만나는 점의 y좌표를 c라 하자. 집합 X로 둘러싸인 부분의 넓이를 α, 곡선 $y=-\sqrt{3}x^2+2$와 직선 $y=c$로 둘러싸인 부분의 넓이를 β라 하자. $\alpha-\beta=\dfrac{p\pi+q\sqrt{3}}{3}$일 때, $p+q$의 값을 구하시오. (단, p, q는 정수이다.) [5점]

If you would thoroughly know anything, teach it to others.
어떤 것을 완전히 알려거든 그것을 다른 이에게 가르쳐라.

– 트라이언 에드워즈(Tryon Edwards)

2026
경찰대학
7개년 국어·영어·수학

제1교시 국어영역

▶정답 및 해설 522p

[01~05] 다음 글을 읽고 물음에 답하시오.

한국에 사는 외국인들의 한국어 구사 능력은 적응 정도에 따라 차이가 나지만, 그들이 구사하는 한국어는 한국어를 모국어로 배운 사람들의 한국어와는 꽤 다르다. 그들의 모국어가 새로 익힌 한국어에 간섭하고 있기 때문이다. 이것은 한국인이 외국어를 배울 때도 생기는 일이다.

한국어는 음운 구조나 통사 구조가 주류 언어들과 크게 달라서, 외국인들이 쓰는 한국어에는 이들의 모국어가 행사하는 간섭의 흔적이 짙어 보일 수밖에 없다. 많은 외국어에서 조음부가 같은 자음들을 성대 울림 유무(유성/무성)로 변별하는 데 견주어, 한국어는 조음부가 공기의 흐름을 어떻게 ㉠방해하는지에 따라 이 자음들을 변별한다. 그래서 한국인들에게는 너무 쉬운 /ㄱ/ /ㅋ/ /ㄲ/, /ㄷ/ /ㅌ/ /ㄸ/, /ㅂ/ /ㅍ/ /ㅃ/의 구별이 어떤 외국인들에게는 ㉡넘지 못할 산이다.

한국어에서 유성 자음은 /ㄴ/ /ㄹ/ /ㅁ/ /ㅇ/ 소리 말고는 유성음(이들 네 자음과 모음) 사이의 동화로만 실현된다. 예컨대 '가구'의 첫 음절과 둘째 음절은 둘 다 'ㄱ'으로 시작하지만, 음성 수준에선 각각 [k]와 [g]로 실현된다. 그래서 '가구'는 [kaːgu]로 발음된다. 둘째 음절의 무성 평자음 'ㄱ'이 그것을 둘러싼 두 모음의 영향을 받아 유성음으로 변하는 것이다. 한국인들은 어려서부터 이런 규칙을 깊이 내면화하고 있어서 그걸 깨닫지도 못한 채 실현하지만, 자신들의 모국어에 이런 규칙이 없는 외국인들에게는 이것이 쉽지 않다.

[A] 무성 평자음이 두 유성음 사이에서 유성 자음으로 변한다는 규칙을 비롯해 한국어는 복잡한 음운 규칙들을 많이 지니고 있다. 예컨대 '독립문'을 글자 그대로 [독립문]으로 읽지 않고 [동님문]으로 읽어야 하고, '실내'를 [실내]로 읽지 않고 [실래]로 읽어야 한다. 또 '낯을', '낮을', '낫을'을 발음할 땐 첫 음절 마지막 음운이 글자대로 [ㅊ], [ㅈ], [ㅅ]으로 실현되는 데 비해, 앞의 명사들이 홀로 남아 '낯', '낮', '낫'이 되면 그 마지막 소리가 왜 하나 같이 [ㄷ]으로 실현되는지 한국어를 배우기 시작한 외국인들은 알 도리가 없다.

사실 그 정확한 이유는 대다수 한국인들도 모른다. 그들은 다만 그 규칙을 내면화하고 있을 뿐이다. 그런데 그 내면화가 자신들의 모국어에 이런 규칙이 없는 외국인들에겐 매우 어려운 일이다. 예컨대 /ㅡ/나 /ㅓ/ 같은 모음을 지닌 언어는 매우 드물어서, 외국인들이 이 소리를 제대로 익히는 일도 쉽지 않다.

통사 수준의 어려움은 이보다 훨씬 더하다. 통사 구조가 한국어와 꽤 엇비슷한 일본어 화자가 아닌 경우에, 한국어 초보자 외국인들은 단어들을 똑바른 순서로 배열하는 데 적잖은 어려움을 느낀다. 또한 주격 조사 '이', '가'와 보조사 '은', '는'의 구별은 이들에게 ㉢악몽이다. 구별은커녕 많은 외국인들이 자신들의 모국어에 없는 조사라는 ㉣괴물을 아예 생략해 버린다. 통사 구조를 익히는 것으로 마무리될 일도 아니다. 한국인들도 더러 헷갈려 할 만큼 복잡한 경어 체계가 그 뒤에 기다리고 있다. 방송 프로그램에 나와서 유창하게 한국어를 구사하는 외국인들은 이 모든 ㉤어려움을 이겨낸 예외적인 사람들이다.

01 윗글의 내용과 일치하는 것은?

① 한국어와 일본어는 어순이 비슷하다.

② 한국어를 배우려는 외국인이 늘고 있다.

③ 한국어의 음운 구조는 통사 구조와 달리 체계적이다.

④ 한국어 음운 규칙의 이유를 한국인들은 잘 이해하고 있다.

⑤ 한국어의 조음부가 같은 자음은 성대 울림 유무로 변별된다.

02 [A]에 대한 이해로 적절하지 <u>않은</u> 것은?

① 무성 평자음이 두 유성음 사이에서 유성 자음으로 변한 사례로는 '논리[놀리]'가 있다.

② '독립문[동님문]'의 음운 규칙에 해당하는 사례로는 '섭리[섬니]'가 있다.

③ '실내[실래]'의 음운 규칙에 해당하는 사례로는 '칼날[칼랄]'이 있다.

④ '낫을', '낯을'의 음운 규칙에 해당하는 사례로는 '옷이', '옻이'가 있다.

⑤ '낫', '낯'의 음운 규칙에 해당하는 사례로는 '갓', '갗'이 있다.

03 윗글을 읽고 추론한 내용으로 적절하지 <u>않은</u> 것은?

① 어떤 외국인들은 '의사'를 정확하게 발음하기가 어렵겠군.

② 복잡한 음운 규칙을 내면화한 한국인이 외국어를 발음하기는 어렵지 않겠군.

③ 외국인들이 가끔 실수로 반말하는 것은 한국어의 경어 체계에 익숙하지 못하기 때문이겠군.

④ 외국인들이 "아이 학교 가요."라고 불분명하게 말하는 것은 조사선택에 어려움을 느꼈기 때문이겠군.

⑤ 영어 초보자 한국인이 "Marry me."라고 하지 않고 "Marry with me."라고 실수하는 것은 모국어인 한국어가 영어에 간섭한 것이겠군.

04 〈보기〉를 참고해 윗글을 이해한 내용으로 적절하지 <u>않은</u> 것은? [3점]

― 〈보기〉 ―

음성은 사람의 입을 통해 나오는 소리 가운데 말할 때에 사용되는 소리를 가리킨다. 머릿속에서 추상적으로 인식하는 소리인 음운과 달리 음성은 물리적으로 귀에 들리는 구체적인 소리로, 의미변별의 기준이 되지 못한다. 반면에 음운은 의미 변별에 관여하는 최소의 말소리이다.

① 외국인에게는 '가구'의 'ㄱ'들이 서로 다르게 들릴 수 있겠군.

② '가구[ka:gu]'의 'k'와 'g'는 한국어에서 음운이 아닌 음성이겠군.

③ '가구'에서 둘째 음절의 'ㄱ'이 유성음이 됨으로써 의미 변별이 되는군.

④ 한국어에서는 성대 울림 유무만으로 단어의 뜻이 변별되는 경우는 없겠군.

⑤ 한국어에서는 음운으로서의 자격을 가지는 자음과 모음만 다른 글자로 표기하는군.

05 ㉠~㉤ 중 문맥상 의미가 **다른** 하나는?

① ㉠   ② ㉡   ③ ㉢   ④ ㉣   ⑤ ㉤

[06~08] 다음 글을 읽고 물음에 답하시오.

빌렘 플루서는 디지털 시대에 들어서서 글쓰기에 중요한 변화가 나타났다고 주장한다. 특히 그는 디지털이라는 형식이 긍정적이든 부정적이든 인간 행동, 의식, 지각에 커다란 영향을 끼친다는 점을 눈여겨보았다. 따라서 그는 ㉠ 패러다임 변화에 발맞추어 새로운 글쓰기 방식을 실험하고 구성해야 한다고 주장한다. 디지털 글쓰기 장(場)에서는 저자로부터 독자로 향하는 일방적 의미 전달 관계가 저자와 독자의 상호 대화적 관계로 변화할 수 있다. 이러한 소통방식은 글쓰기에 있어서 새로운 도전 영역이다. 우리는 이러한 방식을 어떻게 활용할 것인가에 대해 따져 보아야 한다.

[A] 디지털 시대는 글쓰기 조건, 지식 전달 방식, 지식 분배 방식을 변화시킨다. 디지털 글쓰기는 대화 구조에서 사용되는 양방향적 채널을 통해 지식을 확대·재생산한다. 이뿐만 아니라 과거 일방적 전달 방식이 구조화한 지식의 특징까지 비판적으로 수용할 수 있다.

디지털 시대 이전의 저자는 머릿속에 떠오른 이미지를 문자와 개념으로 바꿔 독자에게 의미를 전달하는 사람이었다. 하지만 ㉡ 디지털 시대의 저자는 문자와 개념을 디지털 이미지로 만들어 수용자와 주고받는 사람이다. 여기서 한 걸음 더 나아가면 만들어진 이미지를 개념으로 재구조화해 새로운 의미를 생산할 수도 있다.

플루서는 기술적 발전과 대중 매체 확산에 따른 대중문화 현상들이 인간과 세계를 의미화하는 강력한 방식으로 대두되었으므로 이에 대한 깊이 있는 인식이 절실하다고 강조한다. 그가 디지털 시대의 주도적 소통방식으로 명명한 ㉢ 기술적 형상은 이전 시대의 주도적 소통방식이었던 문자의 개념적 의미를 이미지로 펼쳐 보여준다. 하지만 쉽고 빠르게 수용자에게 전달되는 디지털 이미지는 그 안에 담긴 상징적 의미를 은폐하거나 왜곡할 가능성을 갖고 있다.

플루서는 디지털 이미지가 갖는 현실 은폐와 기만의 작용을 간파해야 한다고 강조한다. 그에 따르면 우리는 아직 기술적 형상이라는 새로운 소통방식에 어울리는 의식을 갖추지 못한 채 쉽고 간단한 이미지에 만족해 메시지를 주고받는 것에만 집중한다. 대중이 비판의 필요성을 간과하거나 무시할 때 권력과 자본은 기술적 형상을 장악하고 대중 매체를 이용해 정보 수용자들을 탈정치화, 탈윤리화, 탈가치화할 수 있다. 이에 저항하려면 기술적 형상을 이해하고 기술을 이용해 상상과 개념을 종합하는 새로운 능력이 절실하다. 플루서는 이를 ㉣ 기술적 상상력이라고 이름 짓는다. 또한 기술적 상상력을 갖춘 사람을 기술적 상상가라고 부른다. 디지털 시대의 기술적 상상가, ㉤ 정보 유희자가 되려면 만인을 위한 커뮤니케이션 매체가 기만의 도구로 오용될 위험을 간파해야 한다.

06 문맥상 ㉠~㉤의 의미로 가장 적절한 것은?

① ㉠ : 글쓰기의 조건과 방식, 도구, 정보 전달 방향 등을 포함한 일체의 변화

② ㉡ : 이미지와 상징을 문자로 표현하는 사람

③ ㉢ : 디지털 도구나 기계를 이용해 만든 대화 구조

④ ㉣ : 문자가 개념화한 의미를 선형적으로 배열하는 능력

⑤ ㉤ : 디지털 이미지가 갖는 정보를 일방향적으로 전달하는 사람

07 [A]에 해당하는 사례로 적절하지 <u>않은</u> 것은?

① 바둑, 장기, 체스 경기 이해에 필요한 기본 규칙

② 폐쇄 회로 카메라와 얼굴 인식 기능의 영상 접속 프로그램

③ 누구나 글을 올리고 수정할 수 있는 소프트웨어 미디어 위키

④ 이용자 정보를 활용해 새로운 정보를 추천하는 SNS 알고리즘

⑤ 모든 것이 검색되고 저장되는 스마트 기기, 트위터, 구글, 페이스북

08 윗글의 논지를 지지하는 근거로 적절하지 <u>않</u>은 것은? [3점]

① 대중 매체와 대중문화 현상은 디지털 사회와 깊은 연관성을 갖고 있다.

② 기술적 발전은 의미의 해독과 생산을 방해해 수용자들을 탈정치화한다.

③ 상호 작용성, 지식 개방과 공유, 참여와 협력 등 디지털 글쓰기의 가능성을 개발해야 한다.

④ 디지털 글쓰기 주체들은 협력적으로 지식을 생산, 공유해 탈정치화에 저항할 수 있다.

⑤ 디지털 사회의 통제 위험성에서 벗어나기 위해 새로운 소통방식에 어울리는 의식을 갖추어야 한다.

[09~13] 다음 글을 읽고 물음에 답하시오.

(가)
바다는 뿔뿔이
달아나려고 했다.

푸른 도마뱀 떼같이
재재발렀다.

꼬리가 이루
잡히지 않았다.

흰 발톱에 찢긴
산호(珊瑚)보다 붉고 슬픈 생채기!

가까스로 몰아다 부치고
변죽을 둘러 손질하여 물기를 씻었다.

이 애쓴 해도(海圖)에
손을 씻고 떼었다.

찰찰 넘치도록
돌돌 구르도록

휘동그란히 받쳐 들었다!
지구(地球)는 연(蓮)잎인 양 오므라들고…… 펴고…….

– 정지용, 「바다2」

(나)
막차는 좀처럼 오지 않았다
대합실 밖에는 밤새 송이 눈이 쌓이고
흰 보라 수수꽃 눈 시린 유리창마다
톱밥 난로가 지펴지고 있었다
그믐처럼 몇은 졸고
몇은 감기에 쿨럭이고
그리웠던 순간들을 생각하며 나는
한 줌의 톱밥을 불빛 속에 던져 주었다
내면 깊숙이 할 말들은 가득해도
청색의 손바닥을 불빛 속에 적셔 두고

모두들 아무 말도 하지 않았다
산다는 것이 때론 술에 취한 듯
한 두름의 굴비 한 광주리의 사과를
만지작거리며 귀향하는 기분으로
침묵해야 한다는 것을
모두들 알고 있었다
오래 앓은 기침 소리와
쓴 약 같은 입술 담배 연기 속에서
싸륵싸륵 눈꽃은 쌓이고
그래 지금은 모두들
눈꽃의 화음에 귀를 적신다
자정 넘으면
낯섦음도 뼈아픔도 다 설원인데
ⓐ 단풍잎 같은 몇 잎의 차창을 달고
밤 열차는 또 어디로 흘러가는지
그리웠던 순간들을 호명하며 나는
한 줌의 눈물을 불빛 속에 던져 주었다

– 곽재구, 「사평역에서」

(다)

마른 잎사귀에 도토리 알 얼굴 부비는 소리 후두
둑 뛰어내려 저마다 멍드는 소리 멍석 위에 나란히
잠든 반들거리는 몸 위로 살짝살짝 늦가을 햇볕 발
디디는 소리 먼길 날아 온 늙은 잠자리 채머리 떠
는 소리 맷돌 속에서 껍질 타지며 가슴 동당거리는
소리 사그락사그락 고운 뼛가루 저희끼리 소근대
며 어루만져 주는 소리 보드랍고 찰진 것들 물속에
가라앉으며 안녕 안녕 가벼운 것들에게 이별 인사
하는 소리 아궁이 불 위에서 가슴이 확 열리며 저
희끼리 다시 엉기는 소리 식어 가며 단단해지며 서
로 핥아주는 소리

도마 위에 다갈빛 도토리묵 한 모

모든 소리들이 흘러 들어간 뒤에 비로소 생겨난 저
고요
저토록 시끄러운, 저토록 단단한,

– 김선우, 「단단한 고요」

09 (가)~(다)에 대한 설명으로 가장 적절한 것은?

① (가)와 (나)는 이국적인 소재를 시어로 활용해 신선한 느낌을 주었다.
② (가)와 (다)는 대상을 살아 있는 것으로 비유하여 생동감을 드러내고 있다.
③ (나)와 (다)의 지배적 정서는 삶에 대한 슬픔과 회한이다.
④ (가)~(다)는 시제 변화를 통해 화자와 독자 사이 거리를 조절한다.
⑤ (가)~(다)는 화자의 시선 이동에 따른 공간 변화를 활용해 정서의 변화를 이루었다.

10 (가)의 표현상 특징으로 적절하지 <u>않은</u> 것은?

① 다양한 비유와 선명한 이미지를 사용했다.
② 색채 대비를 통해 파도치는 해변을 형상화했다.
③ 음성 상징어를 사용해 바다의 움직임을 제시했다.
④ 반어적 표현을 활용해 파도의 흔적을 구체화했다.
⑤ 전반부는 관찰을, 후반부는 상상을 중심으로 시상을 전개했다.

11 〈보기〉를 참고해 (나)를 감상한 내용으로 적절하지 <u>않은</u> 것은?

〈보기〉

「사평역에서」는 소박하고 일상적인 소재, 냉온 감각 등을 도입해 막차를 기다리는 사람들의 풍경을 그리고 있다. 고단한 삶을 사는 사람들에 대한 화자의 연민과 애정 어린 시선이 따뜻한 공감을 불러일으킨다.

① '대합실'은 다양한 서민 군상들이 모여 있어 애환이 느껴지는 공간이군.

② '톱밥 난로'는 막차를 기다리는 사람들을 위로해 주는 소재로 사용되었군.

③ '그믐처럼 몇은 졸고'는 사람들의 지친 모습을 나타내고 있군.

④ '모두들 아무 말도 하지 않았다'는 서로를 믿지 않는다는 점을 암시하는군.

⑤ '한 줌의 눈물을 불빛 속에 던져 주었다'는 고달픈 삶에 대한 화자의 연민을 보여 주는군.

12 〈보기〉를 참고할 때, 원관념과 보조 관념의 관계가 ⓐ와 유사한 것은? [3점]

〈보기〉

비유는 원관념과 보조 관념 각각의 구상성과 추상성에 따라 의미와 효과가 달라진다. ⓐ의 경우 원관념과 보조 관념이 모두 구상성을 지니고 있다.

① 사랑은 숭고한 정념

② 내 마음같이 푸른 모래밭

③ 추억인 양 내리는 물안개

④ 푸른 건반인 듯 주름진 계단

⑤ 해바라기처럼 타오르는 기도

13 (다)에 대한 설명으로 적절하지 <u>않은</u> 것은?

① 유사한 시구를 반복하여 리듬감을 조성했다.

② 역설법과 도치법을 통해 대상의 이미지를 강조했다.

③ 정서를 배제하고 대상의 회화적 이미지를 만들었다.

④ 다양한 감각을 활용해 대상의 변화 과정을 나타냈다.

⑤ 시적 대상이 만들어지는 단계에 따라 시상을 전개했다.

[14~17] 다음 글을 읽고 물음에 답하시오.

플라톤의 사유는 가짜 정치가들로부터 진짜 정치가를, 소피스트들로부터 진짜 철학자를 가려내기 위한 '진품 가려내기'의 철학이라고 할 수 있다. 그래서 플라톤의 철학은 일반적으로 가짜들 속에서 진짜를 가려내기 위한 철학이라고 본다.

플라톤에게 '진짜'와 '가짜'의 구분은 대단히 중요한 주제이다. 기만적 현실에 대한 의구심과 환멸에서 출발했기 때문에 그의 사유에는 가짜, 허상, 이미지 등에 대한 강한 저항 의식이 배어있다. 이러한 측면에서 그에게 진짜와 가짜의 구분은 본질적 문제였다. 여기에서 그의 사유 전체를 관류하는 기본적인 주제들 중 하나가 성립한다. 만일 진짜가 존재하고 우리가 그것을 알 수 있다면, 다른 모든 것들은 진짜에 대한 모방의 성공 정도에 입각해 존재론적으로 파악할 수 있다는 것이다. 물론 그의 이런 생각에는 현실 세계가 제작된 것으로 보는 관점이 맞물려 있으며, 이는 곧 현실 세계가 이데아 세계를 모방하도록 창조되었다는 의미이기도 하다.

이데아 모방론을 전제할 때 자연스럽게 따라 나오는 결론 중 하나는 인공물에 대한 자연물의 존재론적 우위에 관한 것이다. 자연은 이데아를 모방한 산물이지만 인공물은 자연물을 다시 모방한 산물이기 때문이다. 나아가 인공물 중에서도 실물과 그것을 그린 회화 사이에는 다시 존재론적 위계가 설정된다. 가령, '인공물로서의 의자' 그리고 '의자를 그린 그림'은 존재론적 위계에서 차이가 난다. 현실 세계의 의자는 의자의 이데아를 모방한 인공물이다. 의자를 그린 그림은 이 현실 세계의 의자를 다시 모방한 것으로 이데아로부터 두 단계나 떨어져 있다. 플라톤에게 있어 이데아의 세계와 현실 세계의 관계에서 후자의 폄하는 현실 세계와 인위적 세계의 관계에서 후자에 대한 폄하이다. 이러한 존재론적 위계는 플라톤의 사유 전체를 떠받치고 있다.

플라톤의 가치관이 압축적으로 담겨 있는 저서로 『소피스트』를 들 수 있다. 여기에서 플라톤은 '모상술(模像術)'을 '사상술(寫像術)'과 '허상술(虛像術)'로 위계화한다. 『소피스트』에서 플라톤은 이데아의 세계와 현실 세계를 구분하는 것 못지않게, 아니 그 이상으로 이데아와 유사한 것, 이데아로부터 아예 멀어진 것을 구분하는 것이 중요하다고 역설한다.

존재론을 우선시하는 일반적 해석과 달리, 플라톤이 이데아론을 체계화한 목적이 사실은 현실 세계 사물들 사이의 위계를 세우기 위함이었음을 추측해 볼 수 있다. 이데아는 바로 이 구분과 위계를 설명하는 기준이 된다. 즉, 이데아는 허상으로부터 직선을 긋고 그 선을 계속 연장할 때 도달하게 되는 가장 진실한 극점이다. 역으로 이데아라는 극점에서 직선을 긋고 그 직선을 계속 연장했을 때 도달하는 반대 극점은 허상이다. 이렇게 생각해 보면 이데아론은 애초부터 순수 존재론적 맥락에서가 아니라 오히려 가치론적 맥락에서 착상되지 않았을까 하고 추측해 볼 수 있다.

14 윗글에 대한 설명으로 가장 적절한 것은?

① 특정 이론의 견해를 구성하는 핵심 개념을 정의한 후 주장의 특징을 열거하고 있다.

② 특정 이론의 견해에 대한 통념을 제시하고 통념과는 다른 해석 관점을 설명하고 있다.

③ 특정 이론의 견해가 지닌 한계점을 지적한 후 이를 보완할 수 있는 새로운 견해를 주장하고 있다.

④ 특정 이론의 일반적 견해에 대한 상반된 평가 내용을 비교한 후 그 이론의 의의를 소개하고 있다.

⑤ 특정 이론의 견해가 등장한 역사적 배경을 설명하고 시대적 흐름에 따른 수용 양상을 제시하고 있다.

15 윗글의 내용과 일치하지 <u>않는</u> 것은?

① 일상생활에서 사용하는 의자는 실물과 유사하게 그린 의자 그림보다 이데아에 더 가깝다.

② 이데아론은 진짜와 가짜를 구분할 뿐 아니라 모방물 사이의 가치를 구분하는 기준이 된다.

③ 이데아 모방론에서는 자연물의 존재론적 가치와 인공물의 존재론적 가치를 다르게 평가한다.

④ 현실 세계의 존재들은 이데아로부터 얼마나 가까운가 떨어져 있는가를 기준으로 위계를 갖는다.

⑤ 현실 세계는 이데아의 세계보다 존재론적으로 가치가 있지만, 인위적 세계의 가치는 이데아에 대한 모방의 성공 정도에 따라 다르다.

16 윗글을 읽은 학생의 반응으로 적절하지 <u>않은</u> 것은?

① 아름 : 실제의 남자 철수와 실제의 여자 순이는 현실 세계에 존재하지만 남자의 이데아와 여자의 이데아는 현실 세계에 존재하지 않아.

② 다운 : 비슷한 맥락으로 볼 때 인간은 신을 모방한 창조물이라는 주장으로 나아갈 수 있겠네.

③ 우리 : 성공한 케이팝 아이돌의 이미지가 팬에게 힘을 발휘하기만 한다면 그 아이돌의 이미지는 이데아인 거야.

④ 강산 : 그림 그릴 때 활용하는 원근법, 명암, 투시법은 가짜를 진짜처럼 보이게 하는 방법이지.

⑤ 만세 : 여러 개의 의자 그림에 대해 가치를 매기려면 우선 의자의 이데아가 어떤 건지 알아야 하겠군.

17 윗글을 참고해 〈보기〉의 내용을 이해한 것으로 가장 적절한 것은? [3점]

〈보기〉

아리스토텔레스는 '서사시가 역사보다 위대하다.'고 보았다. 모방 대상의 본질을 꿰뚫은 허구는 이데아에 가깝기 때문이다. 이러한 진실을 '시적 진실'이라고 한다.

① '시적 진실'은 현실을 모방한 가짜의 극점이다.

② '시적 진실'은 '역사'보다 이데아로부터 떨어져 있다.

③ 모방 대상의 본질을 꿰뚫은 '서사시'는 '역사'보다 가치론적으로 우위에 있다.

④ '서사시'의 허구적 가치는 허상들의 위계를 명확히 구분하는가에 달려 있다.

⑤ '서사시가 역사보다 위대하다.'는 견해는 현실 세계에 대한 폄하가 반영되어 있다.

[18~20] 다음 글을 읽고 물음에 답하시오.

우리는 잠자리에서 몸을 보호하거나 장식하던 옷을 벗어 놓고 보다 편안한 상태가 되려 한다. 이어서 잠이 들 때는 마치 옷을 벗어 놓는 행위처럼 의식도 벗어서 한쪽 구석에 치워 둔다. 정신적 측면에서 볼 때 잠드는 일은 판단과 책임으로부터 자유로운 태아 상태로 돌아가는 것과 비슷하다. 정신분석학에서는 자궁 속 태아, 말 배우기 이전의 유아처럼 스스로의 행동을 책임지지 않아도 되는 상태로 되돌아가 자아를 보호하려는 방어 기제를 ⓐ'퇴행'이라고 부른다. 실제로 많은 사람들은 잠을 잘 때 자궁 속 태아와 같은 자세를 취한다. 그리고 잠자는 사람의 정신 상태는 의식의 세계에서 거의 완전히 물러나 있으며, 외부에 대한 관심도 정지되는 것처럼 보인다.

하지만 잠자는 동안 꿈을 통해 정신 활동은 계속 이루어지고 있다. 꿈을 자세히 관찰하면 수면 중 인간의 정신적 상태에 대해 많은 내용을 알 수 있다. 그동안 이루어진 여러 연구들은 꿈이 철저하게 자기중심적이라는 점, 꿈에서 주도적인 역할을 하는 주체는 항상 꿈꾸는 사람 자신이라는 점 등을 밝혀 주었다. 꿈의 이러한 특징을 '수면 상태의 나르시시즘'이라고 부르는데, 이는 정신의 작용 방향이 외부 세계에서 자기 자신으로 바뀌면서 나타나는 현상이다.

또한 꿈속에서는 모든 감각이 크게 과장되어 있어 깨어 있을 때보다 더 빨리, 더 분명하게 정신적, 신체적 이상 증상을 감지할 수 있다. 이러한 감각의 과장을 '꿈의 과장성'이라 부르는데 이 역시 수면 상태의 나르시시즘처럼 꿈꾸는 사람이 외부 세계로 향하던 정신적 에너지를 자아로 되돌려 집중하기 때문에 가능하다.

꿈이 중요한 또 다른 이유로 꿈꾸는 사람 자신이 깨닫지 못하는 무의식의 세계를 구체적 형태로 바꾸어서 보여 준다는 점을 들 수 있다. 꿈은 꿈을 꾼 사람이 미처 인식하지 못하지만 마음에 방해가 되는 어떤 사건을 암시해 주고 그 사건에 어떻게 대처하면 좋을지도 암시해 준다. 꿈속에서는 정신적 에너지를 외부 세계가 아닌 내면세계로 집중하므로 평소에 억누르고 있던 내적 욕구나 콤플렉스를 민감하게 느낄 수 있다. 정신 분석학에서는 무의식의 세계를 외적 형태로 구체화하는 꿈의 역할을 '투사'로 설명하기도 한다. 예를 들어 전쟁터에서 살아 돌아온 사람이 몇 달 동안 계속해서 죽은 동료의 꿈을 꾸는 경우, 이는 꿈꾸는 사람 내면에 잠재한, 그러나 깨어 있을 때는 인정하고 싶지 않은 죄책감이 구체화되어 나타난 투사로 볼 수 있다.

깨어 있을 때는 꿈이 알려 주는 문제를 쉽사리 알아내기가 어렵다. 따뜻하고 화려한 옷이 상처나 결점을 가려 주는 것처럼 깨어 있는 의식은 내면세계를 가리거나 보호해 내면의 관찰을 방해하기 때문이다. 우리는 정신이 옷을 벗기를 기다려 비로소 한 사람의 내면세계로 들어갈 수 있다.

18 윗글을 이해한 내용으로 적절하지 <u>않은</u> 것은?

① 꿈은 인간의 내면세계를 들여다볼 수 있게 해 주는 기제이다.

② 수면 상태에서는 외부로 향하는 정신 에너지가 더욱 강해진다.

③ 꿈을 꿀 때 정신의 작용은 외부 세계가 아니라 꿈꾸는 사람의 내면으로 집중된다.

④ 깨어 있는 사람의 정신 상태는 꿈이 알려 주는 문제를 가리거나 발견을 어렵게 한다.

⑤ 깨어 있을 때보다 꿈을 통해서 신체적 이상 징후를 더 신속하고 정확하게 알 수 있다.

19 ⓐ에 해당하는 사례로 가장 적절한 것은?

① 알코올 중독 치료 후 금주 강연을 다니는 사람

② 엄격한 부친을 두려워하지만 닮고자 하는 남자

③ 외모 콤플렉스로 인해 자신을 비하하는 청소년

④ 외과 수술에 거부 반응이나 두려움이 없는 의료진

⑤ 동생이 태어난 후 대소변을 제대로 못 가리는 아이

20 〈보기〉를 참고해 윗글을 이해한 내용으로 가장 적절한 것은? [3점]

─────〈보기〉─────

정신 분석학자 프로이트가 제시한 정신의 세 가지 영역은 꿈에도 영향을 준다.

ㅇ 이드(id) : 즉각적인 쾌락을 추구하는 무의식. 쾌락 원칙을 따른다.

ㅇ 자아(ego) : 현실을 고려하여 욕구를 억제하는 의식. 현실 원칙을 따른다.

ㅇ 초자아(superego) : 성장 과정에서 규범과 가치를 내면화한 의식. 도덕 원칙을 따른다.

① 꿈은 '이드'를 의식 세계와 연결하는 역할을 한다.

② 꿈은 '자아'의 표현이므로 쾌락 원칙으로 해석해야 한다.

③ '꿈의 과장성'은 '초자아'가 무의식에 관여하기 때문이다.

④ 꿈에서 '이드'는 정신 작용의 방향을 외부 세계로 돌린다.

⑤ 꿈은 외부 세계에 대한 관심이므로 도덕 원칙으로 해석해야 한다.

[21~25] 다음 글을 읽고 물음에 답하시오.

내가 지금까지 상상한 바로는, 도시란 결코 그처럼 가까운 곳에 있는 것이 아니었다. ㉠ 도시란 보다 더 멀고 아득한 곳에 있어야만 했다. 그래서 그곳에 닿기 위해서는 철로 위를 바람처럼 내달리는 급행열차로도 하루 낮 하루 밤은 꼬박 걸려야만 했다. 그런데 우리가 타고 온 것은 털털거리는 짐차였다. 그것으로도 고작 두세 시간밖에 걸리지 않다니…… 그처럼 가까운 곳에 있다는 사실이 무슨 결함처럼 내게는 느껴졌다.

녀석들은 지금도 그 교실에 앉아 있을 것이었다. 사철나무가 병사들처럼 늘어서 있는 남향 창으로는 풋풋한 햇살이 온종일 들이치고, 방아깨비 선생의 낮고 부드러운 목소리가 간단없이 흘러나오는 그 4학년 우리 반 교실에 말이다. 유일하게 나의 자리는 비어 있을 게다. 창 쪽으로 둘째 줄 여섯 번째 책상…… 거기 내가 남긴 흠집과 낙서를 누군가 눈여겨보고 있을지도 모른다. 그리고는 도회지로 전학 간 나를 조금은 부러워할 게다. 하지만 작정만 한다면 누구나 쉽게 우리 뒤를 좇아올 수 있으리라고 나는 생각했다. 도시란 생각보다 훨씬 가까운 곳에 있기 때문이었다. 그래서 ㉡ 나는 조금 자존심이 상했다.

아버지는 물 대신 나에게 돈을 주셨다. 그것은 단풍잎처럼 작고 빨간 1원짜리 종이돈이었다. 나는 곧장 한길가로 뛰어나갔다. 딸딸이 위에다 어항보다 큰 유리 항아리를 올려놓은 물장수가 거기 있었다. 항아리 속엔 온갖 과일 조각들이 얼음 덩어리와 함께 채워져 있었다.

나는 꼭 쥐고 있던 돈을 한 잔의 물과 맞바꾸었다. 유리컵 속에 든 물은 짙은 오렌지 빛이었다. 손바닥에 닿는 냉기가 갈증을 더 자극했다. 그러나 ㉢ 나는 마시지 않았다. 이 도시와 그 생활이 주는 어떤 경이와 흥분 때문에 실상은 목구멍보다도 가슴이 더 타고 있었다. 나는 유리컵을 조심스럽게 받쳐 든 채 천천히 돌아섰다. 그러고는 두어 걸음을 떼어 놓았다. 물론 나의 그 어리석은 짓은 용납되지 않았다. 나는 금세 제지를 받았던 것이다.

"이봐, 너 어디로 가져가는 거냐?"

나를 불러 세운 물장수가 그렇게 물었다. 나는 금방 얼굴을 붉히었다. 무언가 잘못을 저지르고 있다고 판단되었기 때문이다.

㉣ 나는 아무런 대답도 하지 못했다. 그러자 물장수가 다시 말했다.

"잔은 두고 가야지. 너, 시골서 온 모양이로구나. 그렇지?"

나는 단숨에 잔을 비웠다. 숨이 찼다. ㉤ 콧날이 찡해지고 가슴이 꽉 막혔다. 그러나 ⓐ 그 자리에 더 어정거리고 있을 수는 없었다. 내던지듯 잔을 돌려준 나는 숨을 헐떡거리면서 가족이 있는 곳으로 되돌아왔다.

우리 세간살이들이 골목에 잔뜩 쌓여 있었다. 시골집 안방 윗목을 언제나 차지하고 있던 옛날식 옷장, 사랑채 시렁 위에 올려두던 낡은 고리짝, 나무로 만든 쌀 뒤주와 조롱박, 크고 작은 질그릇 등. 판잣집들이 촘촘히 들어서 있는 그 골목길 위에 아무렇게나 부려 놓은 세간살이들은 왠지 이물스런 느낌을 주었다. 그것들은 지금까지 흔히 보고 느껴 오던 바와는 사뭇 다른 모양이요, 빛깔이었다. 아마도 이웃인 듯한, 낯선 사람 몇이 아버지와 어머니의 바쁜 일손을 거들고 있었다.

나는 판자벽을 기대고 웅크려 앉았다. 물맛이 어떠했던가를 생각해 보려 했지만 도무지 기억에 남아 있지 않았다. 가슴이 답답하고 머리가 어지러웠다. 속이 메스껍기도 했다. 눈앞의 사물들이 자꾸만 이물스레 출렁거렸다. 이사를 왔다, 하고 나는 막연한 기분으로 중얼댔다. 그래, 도시로 이사를 왔다. 아주 맥 풀린 하품을 토해 내며 새삼 주위를 두리번거렸다. 촘촘히 들어앉은 판잣집들, 깡통 조각과 루핑이 덮인 나지막한 지붕들, 이마를 비비대며 길 쪽으로 늘어서 있는 추녀들, 좁고 어둡고 질척한 그 많은 골목들, 타고 남은 코크스 덩어리와 검은 탄가루가 낭자하게 흩어져 있는 길바닥들, 온갖 말씨와 형형색색의 입성을 어지러이 드러내고 있는 주민들, 얼굴도 손도 발도 죄다 까맣게 탄 아이들…… ⓑ 나는 자꾸만 어지럼증을 탔고, 급기야는 속엣것을 울컥 토해 놓고 말았다. 딱 한 잔 분량의, 오렌지 빛 토사물이었다.

세간살이들을 대충 들여놓은 다음에 우리 가족은 이른 저녁을 먹었다. 아니 그것은 때늦은 점심이기도 했다. 어쨌거나 우리 가족이 도시에서 가진 첫 식사였다.

밥은 오렌지 물을 들이기라도 한 것처럼 노란 빛깔이었다. 물이 나쁜 탓일 거라고 아버지가 말했다. 공동 펌프장에서 길어 온 그 물은 역할 정도로 악취가 심했다.

"시궁창 바닥에다가 한 자 깊이도 안 되게 박아 놓은 펌프 물이니 오죽할라구요……."

어머니는 아예 숟갈을 잡을 생각조차 없는 듯 조그만 목소리로 중얼대기만 했다.

"내다 버린 구싯물을 다시 퍼마시는 거나 다름없지 뭐예요."

하지만 나는 심한 허기에 시달리고 있던 판이었다. 게다가 어쨌든 귀한 이밥이었다. 식구들 중에서 제일 먼저 한 술을 떠 넣었다. 그러고는 생전 처음 입에 넣어 보는 음식처럼 조심스레 씹었다. 쇳내 같은, 아니 쇠의 녹 냄새 같은 게 혀끝에서 달착지근하게 느껴졌다. 다시 한 숟갈을 퍼 넣었다. 그러자 저 오렌지 빛의 물을 마시고 났을 때처럼 속이 다시 출렁거리기 시작했다.

— 이동하, 「장난감 도시」

21 윗글의 서술 방식에 대한 설명으로 가장 적절한 것은?

① 언어유희를 통해 당시의 세태를 희화화하고 있다.

② 인물이 서술자가 되어 자신의 경험을 서술하고 있다.

③ 요약적 서술을 통해 사건을 긴박감 있게 전개하고 있다.

④ 동시에 벌어지는 사건을 병치하여 주제를 강화하고 있다.

⑤ 공간적 배경의 변화를 통해 인물의 갈등이 해소되는 과정을 보여주고 있다.

22 ㉠~㉤에 대해 이해한 내용으로 적절하지 않은 것은?

① ㉠ : '나'에게 도시는 아무나 쉽게 갈 수 없는 곳으로 막연한 이상과 동경이 투영된 곳이었다.

② ㉡ : 도시가 '나'의 상상보다 실제로는 가까이 있었음을 그동안 미처 알지 못한 것이 스스로 부끄럽게 생각되었다.

③ ㉢ : '나'는 도시에서의 경이로운 체험이 주는 즐거운 흥분을 오래도록 느끼고자 한다.

④ ㉣ : '나'는 뭔가 잘못하였지만 그것이 구체적으로 무엇인지 알지 못해 당혹해 한다.

⑤ ㉤ : 도시의 낯선 생활에 대한 '나'의 실수로 인해 시골 출신이라고 무안당한 '나'의 심리가 나타난다.

23 ⓐ에서의 '나'의 상황에 어울리는 말로 가장 적절한 것은?

① 간에 기별도 안 간다.

② 도랑 치고 가재 잡는다.

③ 바늘 도둑이 소도둑 된다.

④ 쥐구멍에라도 들어가고 싶다.

⑤ 여우를 피하려다 호랑이를 만난다.

24 ⓑ의 이유로 가장 적절한 것은?

① 가족 간 갈등의 조짐이 보이기 시작했기 때문이다.

② 낯선 도시 생활에 대한 적응이 어려웠기 때문이다.

③ 도시의 물과 주변 환경이 비위생적이었기 때문이다.

④ 도시의 위치를 제대로 몰랐던 것을 알게 되었기 때문이다.

⑤ 도시를 두려워해 피하기만 한 자신이 부끄러웠기 때문이다.

25 〈보기〉를 참고해 윗글을 이해한 내용으로 적절하지 <u>않은</u> 것은? [3점]

─── 〈보기〉 ───

「장난감 도시」는 시골에서 도시로 이사 온 소년의 이야기이다. 이 작품에는 이주 초기에 소년 '나'가 여러 가지 사건을 겪으면서 도시에 대해 갖는 인상과 감정이 시골에서의 추억과 대비되거나, 어떤 사건을 경험하기 전과 후의 심리 변화가 다채롭게 표현되어 있다.

① 시골집에서는 아무렇지도 않게 생각되던 세간살이들이 이사 와서 보니 촌스럽고 보잘 것없게 느껴졌다.

② 도시에 와서 첫 끼니로 시골에서는 귀했던 이밥을 지었으나 시골과 달리 나쁜 물 때문에 밥은 노란색을 띠고 녹 냄새가 났다.

③ 물장수로부터 핀잔을 듣기 전에는 새로운 도시 생활에 신기해했지만, 핀잔을 들은 후에는 가슴이 답답하고 머리가 어지럽고 속이 메스껍게 되었다.

④ 도시는 급행열차로 하루 낮과 하루 밤이 걸려 닿을 수 있을 것으로 예상했던 것과 달리 털털거리는 짐차로 두세 시간 만에 도착한 사실에 실망했다.

⑤ 시골 교실은 풋풋한 햇살이 비치고 선생님의 낮고 부드러운 목소리가 들리는 곳인 반면, 도시의 판잣집들 주변은 좁고 어둡고 질척한 곳으로 묘사된다.

[26~30] 다음 글을 읽고 물음에 답하시오.

계약을 이행하는 데 드는 비용이 계약 이행으로 당사자들이 얻는 편익보다 더 큰 경우에는 계약을 이행하지 않는 쪽이 더 효율적이다. 다시 말해 계약을 이행하지 않음으로써 사회적 순편익을 더 크게 만드는 경우가 있는데, 이를 '효율적 계약불이행'이라고 한다.

먼저 (가) 사례를 보자. 큰 레스토랑을 개업하려는 A는 한빛조명이란 회사에 2천만 원짜리 샹들리에를 주문하고 한 달 안에 공급받기로 계약을 체결했다. 그는 이 샹들리에에 대해 2천 5백만 원의 가치를 부여하고 있으며, 한빛조명이 이를 생산하는 데 드는 비용은 1천 7백만 원이다. 단, 이 사례에 등장하는 모든 경제주체는 위험 부담에 대해 중립적이라고 가정한다.

A는 계약 이행을 믿고 개업 전단지를 돌렸다. 이 광고에 2백만 원의 비용이 들었는데, 이 비용은 한빛조명이 계약을 이행하지 않아 A가 정한 날에 개업하지 못하면 전혀 쓸모없는 지출이 되고 만다. 그 광고비는 계약이 이행될 것을 믿고 행한 투자라는 의미에서 ㉠ 신뢰투자라고 부른다.

만약 한빛조명이 계약을 지켜 정해진 날짜까지 샹들리에를 갖다 주면 A는 이 계약으로부터 3백만 원에 해당하는 순편익을 얻게 된다. 한편 한빛조명은 이 거래로부터 3백만 원의 이윤을 얻을 것이므로, 계약이 이행되었을 경우의 사회적 순편익은 이 둘을 합친 6백만 원이 된다.

그런데 이 둘 사이의 계약 관계에 건축업자 B라는 인물이 끼어들었다. 그는 샹들리에를 급하게 구하고 있어, 최고 2천 8백만 원까지 지불해도 좋으니 구하기만 하면 다행이라고 생각했다. 그는 A에게 배달될 예정인 샹들리에를 발견하고 2천 4백만 원을 줄 테니 그것을 자신에게 팔라고 한빛조명에 제의했다. 만약 한빛조명이 이 제의를 받아들이면 그 회사의 이윤은 7백만 원으로 늘게 된다. 문제는 계약을 위반할 때 A에게 어느 정도의 손해배상을 해 주어야 하느냐에 있다. 그 회사는 계약 위반에서 생기는 추가적인 이윤이 손해 배상액보다 더 크다고 판단되는 경우에만 계약을 위반하려 할 것이기 때문이다.

(가) 사례의 경우, 사회적인 관점에서 볼 때는 원래의 계약이 파기되는 것이 더 효율적이라고 말할 수 있다. A가 아닌 B가 그 샹들리에를 공급받을 때 사회적 순편익이 더 크기 때문이다. 이를 표로 정리하면 다음과 같다.

	구입자의 순편익	한빛조명의 이윤	사회적 순편익
계약 이행 시	A : 300만 원	300만 원	600만 원
계약 불이행 시	A : −200만 원 (신뢰투자분) B : 400만 원	700만 원	900만 원

그렇다면 계약법에 손해 배상의 규칙을 어떻게 정해 놓을 때 이와 같은 효율적 계약불이행이 나타날 수 있을까? 다시 말해 효율적 계약불이행을 가져오기 위해서는 계약 위반 시의 구제 방법을 어떻게 만들어 놓아야 할까? 일반적으로 계약 위반이 일어났을 때 다음 두 가지 원칙 중 하나의 구제 방법이 채택되는 것이 보통이다.

ⓐ 기대손실의 원칙은 계약을 위반한 측이 이로 인해 손해를 본 측에게 만일 계약이 이행되었더라면 누렸을 효용 수준과 동일한 수준의 효용을 보장하는 금액을 배상할 것을 요구한다. 이때 신뢰투자

로 지출한 것은 계약이 이행되어야만 의미를 갖기 때문에 이 부분도 보상을 해 주어야 한다는 점에 유의해야 한다. 반면에 ⓑ 신뢰손실의 원칙은 계약을 위반한 측이 이로 인해 손해를 본 측에게 애당초 그 계약이 맺어지지 않았더라면 누렸을 효용 수준과 똑같은 수준의 효용을 보장할 수 있는 금액을 보상해 줄 것을 요구한다.

계약을 위반하는 측인 한빛조명은 요구되는 손해 배상액이 계약불이행으로 말미암아 회사가 얻게 된 추가적 이윤보다 작으면 계약을 파기할 가능성이 크다. (가) 사례에서 계약을 위반함으로써 한빛조명의 이윤은 4백만 원만큼 증가하게 된다. 만약 요구되는 손해 배상액이 이보다 작으면 한빛조명은 계약을 이행하지 않는 선택을 하게 될 것이다. 따라서 (가) 사례의 경우는 신뢰손실의 원칙이 효율적 계약불이행을 유발한다고 볼 수 있는 반면에, 기대손실의 원칙하에서는 계약이 이행되는 비효율적 결과가 나타난다.

하지만 이 사례만 보고 신뢰손실의 원칙이 언제나 효율적인 계약불이행을 가져다주고, 기대손실의 원칙은 언제나 비효율적인 결과를 유발한다고 속단해서는 안 된다. (가) 사례의 내용 중 약간만 달리하여 (나) 사례를 상정해 보자. 즉 B가 그 샹들리에의 가치를 2천 4백만 원으로 평가하고 있으며, 한빛조명에게 2천 3백만 원을 제의한 것으로 바꾸면, 이번에는 신뢰손실의 원칙이 비효율적인 결과를 가져오게 된다.

(나) 사례에서는 한빛조명이 그 샹들리에를 B에게 팔면 6백만 원의 이윤을 얻는데 이는 계약을 이행했을 때 얻을 수 있는 이윤보다 3백만 원이 증가한 금액이다. 이 경우의 사회적 순편익은 B의 순편익 1백만 원에 한빛조명의 이윤 6백만 원을 더한 것에서 A의 신뢰투자 지출액 2백만 원을 빼어 구한 5백만 원이 된다. 그런데 계약 이행 시의 사회적 순편익은 (가)와 마찬가지로 6백만 원이 된다. 따라서 이와 같은 상황에서는 계약을 이행하는 것이 더 효율적이다.

그런데 한빛조명은 기대손실의 원칙하에서 손

해 배상액이 계약파기로 증가하는 이익보다 크므로 계약을 그대로 이행하기로 결정한다. 그러나 신뢰손실의 원칙하에서는 손해 배상액이 계약 파기로 증가하는 이익보다 작으므로 계약을 이행하지 않는 비효율적 결과가 나타난다. 즉 이제는 기대손실의 원칙이 효율적인 결과를 가져오는 상황으로 반전된 것이다.

26 윗글의 내용 전개 방식으로 가장 적절한 것은?

① 통계 자료를 활용하여 논지의 신뢰성을 강화하고 있다.

② 다양한 추론과 해석을 통해 문제의 원인을 규명하고 있다.

③ 가설 검증을 통해 기존의 권위 있는 학설을 비판하고 있다.

④ 서로 다른 주장과 사례를 비교해 근거의 타당성을 평가하고 있다.

⑤ 개념 정의와 예시를 통해 이해를 돕고 질문을 통해 설명의 범위를 확장하고 있다.

27 ㉠에 해당하는 사례로 가장 적절한 것은?

① 백혈병 환우 돕기 캠페인에 참여하여 헌혈하는 경우

② 유동 인구가 많은 곳에 편의점을 임대하고 점포세를 받는 경우

③ 땅값이 오르고 있다는 지인의 조언을 듣고 부동산을 매입하는 경우

④ 조카에게 게임기를 사 주겠다며 친구와 사이좋게 지내라고 당부하는 경우

⑤ 방학 동안 해외에 있는 친구의 집을 빌려 쓰기로 하고 비행기표를 미리 구입하는 경우

28 윗글에서 계약 위반 시의 구제 방법으로 ⓐ와 ⓑ를 채택했을 때, '한빛조명'이 'A'에게 보상해 주어야 할 금액은? [3점]

	ⓐ	ⓑ
①	5백만 원	2백만 원
②	5백만 원	3백만 원
③	7백만 원	2백만 원
④	7백만 원	3백만 원
⑤	7백만 원	5백만 원

29 (가) 사례에 대한 이해로 적절하지 <u>않은</u> 것은?

① 효율적 계약불이행이 일어날 수 있는 사례가 된다.

② 계약불이행 시의 사회적 순편익은 B의 순편익과 한빛조명의 이윤을 더한 값이다.

③ 계약이 이행되었을 때의 사회적 순편익인 6백만 원보다 계약 불이행 시의 사회적 순편익이 더 크다.

④ 계약불이행 시의 한빛조명의 이윤은 B가 제안한 2천 4백만 원에서 샹들리에 제작비 1천 7백만 원을 뺀 것이다.

⑤ 계약불이행 시 B의 순편익은 샹들리에 구입에 지불할 용의가 있었던 2천 8백만 원에 샹들리에 구입을 제안한 금액인 2천 4백만 원을 뺀 것이다.

30 윗글을 읽고 추론한 내용으로 적절하지 **않은** 것은?

① 두 손해 배상 원칙 모두 과다한 신뢰투자를 유발할 수 있다는 문제점이 있다.

② 기대손실의 원칙하에서는 계약의 불이행이 효율적인데도 이행하게 되는 경향이 있다.

③ 어떤 손해 배상의 원칙이 효율적인 결과를 가져오는지는 주변여건에 따라 달라지지 않는다.

④ 신뢰손실의 원칙하에서는 과다한 계약 파기 혹은 과소한 계약이행의 문제가 발생할 수 있다.

⑤ 계약의 모든 당사자들은 위험 부담에 대해 선호하거나 기피하지 않고 화폐액의 기대치만을 기준으로 계약을 진행하고 있다.

[31~35] 다음 글을 읽고 물음에 답하시오.

(가)
어름 우희 댓닙 자리 보와 님과 나와 어러 주글만뎡
어름 우희 댓닙 자리 보와 님과 나와 어러 주글만뎡
졍(情)둔 오ᄂᆞᆯ 밤 더듸 새오시라 더듸 새오시라

경경(耿耿) 고침샹(孤枕上)애 어느 ᄌᆞ미 오리오
셔창(西窓)을 여러ᄒᆞ니 도화(桃花) ㅣ 발(發)ᄒᆞ두다
도화는 시름업서 쇼츈풍(笑春風)ᄒᆞᄂᆞ다 쇼츈풍ᄒᆞᄂᆞ다

넉시라도 님을 ᄒᆞᆫᄃᆡ 녀닛 경(景) 너기더니
넉시라도 님을 ᄒᆞᆫᄃᆡ 녀닛 경(景) 너기더니
벼기더시니 뉘러시니잇가 뉘러시니잇가

올하 올하 아련 비올하
여흘란 어듸 두고 소해 자라 온다
소콧 얼면 여흘도 됴ᄒᆞ니 여흘도 됴ᄒᆞ니

남산(南山)애 자리 보와 옥산(玉山)을 벼여 누어
금슈산(錦繡山) 니블 안해 샤향(麝香) 각시를 아나 누어
남산애 자리 보와 옥산을 벼여 누어
금슈산 니블 안해 샤향 각시를 아나 누어
약(藥)든 ᄀᆞ슴을 맛초ᄋᆞᆸ사이다 맛초ᄋᆞᆸ사이다

아소 님하 원ᄃᆡ평ᄉᆡᆼ(遠代平生)에 여힐술 모ᄅᆞᄋᆞᆸ새
– 작자 미상, 「만전춘별사」

(나)
[A]
┌ 이화우(梨花雨) 흩날릴 제 울며 잡고 이별한 님
│ 추풍낙엽(秋風落葉)에 저도 나를 생각는가
└ 천 리(千里)에 외로운 꿈만 오락가락 하꽤라
– 매창

[B]
┌ 뫼ㅅ버들 가려 겪어 보내노라 님의손대
│ 자시는 창 밖에 심어두고 보소서
└ 밤비에 새 잎 곧 나거든 나인가도 여기소서
– 홍랑

(다)
인간 이별 만사 중에 독수공방(獨守空房)이 더욱 섧다
㉠ 상사불견(相思不見) 이내 진정(眞情)을 제 뉘라셔 알리
매친 시름 이렁저렁이라 흐트러진 근심 다 후리쳐 던져두고 자나 깨나 깨나 자나 임을 못 보니 가슴이 답답
어린 양자(樣姿)* 고운 소리 눈에 암암(黯黯) 귀에 쟁쟁(錚錚)
보고지고 임의 얼굴 듣고지고 임의 소리
비나이다 하느님께 임 생기라 비나이다
전생차생(前生此生) 무슨 죄로 우리 둘이 생겨나서
죽지 마자 하고 백년기약
만첩청산을 들어간들 어느 우리 낭군이 날 찾으리
㉡ 산은 첩첩하여 고개 되고 물은 충충 흘러 소(沼)

200

가 된다
오동추야(梧桐秋夜) 밝은 달에 임 생각이 새로 난다
한번 이별하고 돌아가면 다시 오기 어려워라
ⓒ 천금주옥(千金珠玉) 귀 밖이요 세사(世事) 일부
(一富) 관계하랴

…(중략)…

일조(一朝) 낭군 이별 후에 소식조차 돈절(頓絕)하니
오늘이나 들어올까 내일이나 기별 올까
일월무정(日月無情) 절로 가니 옥안운빈공로(玉顔
雲鬢空老)*로다.
이내 상사(相思) 알으시면 임도 나를 그리리라
ⓔ 적적(寂寂) 심야(深夜) 혼자 앉아 다만 한숨 내
벗이라
일촌간장(一寸肝腸) 구비 썩어 피어나니 가슴 답답
ⓜ 우는 눈물 받아내면 배도 타고 아니 가랴
피는 불이 일러나면 임의 옷에 당기리라
사랑겨워 울던 울음 생각하면 목이 멘다

– 작자 미상, 「상사별곡」

*양자 : 앳된 얼굴.
*옥안운빈공로 : 고운 얼굴과 머리숱 풍성하던 젊은 여인이 헛되이
늙음.

31 (가)~(다)의 공통점으로 적절하지 않은 것은?

① 임과의 이별 상황에서 임을 향한 애절한 목
소리가 담겨 있다.
② 화자와 임 사이의 정서적 또는 물리적 거리
감이 드러나 있다.
③ 임 소식이 없어 답답해하는 화자의 일방향
적인 감정이 드러나 있다.
④ 상심에서 벗어나 사태를 객관적으로 파악하
려는 화자의 태도가 나타나 있다.
⑤ 임에 대한 추억 또는 원망의 감정이 가장 고
조되는 시간을 '밤'으로 설정하고 있다.

32 (가)~(다)의 표현상 특징으로 가장 적절한 것은?

① (가)의 '어러 주글만뎡'과 (나)의 '천 리(千里)
에'는 과장적 표현을 반복하여 화자의 심정
을 고조하고 있다.
② (가)의 '아련 비올하'와 (다)의 '피는 불이 일
러나면'은 풍자적 기법을 활용하여 교훈의
효과를 높이고 있다.
③ (나)의 '보내노라 님의손대'와 (다)의 '듣고
지고 임의 소리'는 어순 도치를 통해 화자의
가치관을 강조하고 있다.
④ (나)의 '추풍낙엽'과 (다)의 '오동추야'는 시
간과 자연물을 활용하여 화자의 심정을 드
러내고 있다.
⑤ (나)의 '새 잎 곧 나거든'과 (다)의 '일촌간장
구비 썩어'는 과거와 현재를 대비하여 화자
의 처지를 부각하고 있다.

33 (가)와 (나)를 이해한 것으로 적절하지 않은 것은?

① (가)의 2연에서 '도화'는 화자와 대비되어 화
자의 마음을 아프게하는 객관적 상관물이다.
② (가)의 3연에서 '넉시라도 님을 흔디 ' 는 이
별 전에 임과 화자가 함께 약속한 것이다.
③ (가)의 5연에서 '옥산'과 '금슈산'은 임과의
만남을 기대하며 상상해 낸 공간이다.
④ (나)의 [A]에서 '외로운 꿈'과 '오락가락'은
임과의 재회가 어려울 것이라는 화자의 심
리를 드러내고 있다.
⑤ (나)의 [B]에서 '뫼스버들 가려 걲어'는 임에
한 화자의 원망을 행동으로 보여 주고 있다.

34 (다)의 ㉠~㉤을 이해한 것으로 적절하지 않은 것은? [3점]

① ㉠ : 작품 전체의 내용과 주제를 압축적으로 제시해 놓고 있다.

② ㉡ : 산과 물의 속성을 활용해 화자의 고립감을 부각하고 있다.

③ ㉢ : 화자가 임과 이별하게 된 이유를 간접적으로 드러내고 있다.

④ ㉣ : '적적', '혼자'는 '한숨'의 의미와 이유를 강조하고 있다.

⑤ ㉤ : 임을 향한 화자의 연정을 과장되게 나타내고 있다.

35 <보기>를 참고해 (가)의 형식상 특징을 설명한 것으로 적절하지 않은 것은?

─〈보기〉─

「만전춘별사」는 신라와 고려 시대 시가 갈래의 형식에 영향을 받아 만들어졌다고 보기도 한다. 기존 시가 갈래로는 분연체이면서 '위~경(景) 긔 엇더ᄒ 니잇고'가 반복되는 경기체가, 감탄사나 3단 구성이 보이는 10구체 향가, 시조, 향가계 고려 속요, 그리고 분연체와 후렴구가 두드러진 고려 속요 등이 있다. 향가계 고려 속요에는 「정과정」과 「도이장가」 2편이 있는데, 이중 '넉시라도 님은 ᄒᄃᆡ 녀겨라 아으' 표현으로 대표되는 「정과정」은 충신연주지사의 시초이다.

① 제2연과 제5연에는 시조의 4음보 율격이 드러나 있다.

② 제2연과, 반복되는 부분을 뺀 제5연은 시조의 3단 구성과 유사하다.

③ 제3연의 '넉시라도 님을 ᄒᄃᆡ'는 향가계 고려 속요에도 등장한다.

④ 제3연에서 '녀닛 경(景) 너기더니'는 경기체가의 양식적 특징과 유사하다.

⑤ 제6연의 '아소 님하'는 고려 속요에서 연과 연 사이에 발견되는 후렴구이다.

[36~40] 다음 글을 읽고 물음에 답하시오.

21세기에 인간은 자연 선택의 법칙을 깨면서 스스로의 한계를 초월하는 중이다. 40억 년에 걸쳐 이어져 온 자연 선택이라는 구(舊) 체제가 오늘날 완전히 다른 종류의 도전에 직면하고 있다. 전 세계의 실험실에서 과학자들은 살아 있는 개체의 유전자를 조작해 원래 해당 종에게 없던 특성을 제공하는 ㉠ 생명 공학을 통해 자연선택의 법칙을 위반하는 중이다. 이외에도 자연 선택을 지적 설계로 대체하는 기술로는 사이보그 공학, 비유기물 공학 등이 있다.

사이보그 공학에서 말하는 사이보그는 생물과 무생물을 부분적으로 합친 존재로, 생체 공학적 의수(義手)를 지닌 인간이 그 하나의 예이다. 어떤 의미에서 우리는 거의 모두가 생체 공학적 존재이다. 타고난 감각과 기능을 안경, 심장 박동기, 의료 보장구, 그리고 ㉡ 컴퓨터와 스마트폰으로 보완하고 있기 때문이다. 우리는 지금 진정한 사이보그가 되려는 경계선에 아슬아슬하게 발을 걸치고 있다. 이 선을 넘으면 우리는 신체에서 이러한 보완기를 떼어낼 수 없으며 우리의 능력, 욕구, 성격, 정체성이 달라지게 하는 비유기물적 속성을 갖게 될 것이다.

인간 역시 사이보그로 변하는 중이다. '망막 임플란트'라는 회사는 시각 장애인이 부분적으로라도 볼 수 있도록 망막에 삽입하는 장치를 개발 중이다. 환자의 눈에 작은 마이크로칩을 삽입하는 게 핵심이다. 마이크로칩을 활용해 광세포의 역할을 보완할 수 있기 때문이다. 광세포는 감각 수용체로서, 눈에 비치는 빛을 흡수해 이를 전기 신호로 바꾸는 역할을 한다. 이 전기 신호는 망막의 손상되지 않은 신경 세포로 전달되고, 이 신호는 뇌로 전송된다. 뇌는 이 전기 신호를 번역해 무엇이 보이는지를 파악한다. 현재 이 기술은 환자들이 방향을 정하고 문자를 식별하며 심지어 얼굴을 인식하게 해 줄 정도로 발전했다. 한편, 현재 진행되는 프로젝트 중에 가장 혁명적인 것은 뇌와 컴퓨터를 직접 연결하는 방법을 고안하려는 시도다. 컴퓨터가 인간 뇌의 전기 신호를 읽어내는 동시에 뇌가 읽을 수 있는 신호를 내보내는 것이 목표다. 이런 인터페이스가 뇌와 컴퓨터를 직접 연결한다면, 혹은 여러 개의 뇌를 직접 연결한다면 어떻게 될까? 그렇게 해서 일종의 뇌 인터넷을 만들어 낸다면? 만일 뇌가 집단적인 기억 은행에 직접 접속할 수 있게 된다면 인간의 기억, 의식, 정체성에는 어떤 일이 일어날까? 그런 상황이 되면 가령 한 사이보그가 다른 사이보그의 기억을 검색할 수 있을 것이다. 그러면 마치 자신의 것인 양 기억하게 된다. 뇌가 집단으로 연결되면 자아나 성 정체성 같은 개념은 어떻게 될까? 어떻게 스스로를 알고 자신의 꿈을 좇을까? 그 꿈이 자신의 기억 속이 아니라 모종의 집단 기억 저장소에 존재한다면 말이다.

그리고 자연 선택의 법칙을 바꾸는 또 다른 방법은 완전히 무생물적 존재를 제작하는 것이다. 유전적 프로그래밍은 컴퓨터 과학에서 가장 흥미로운 분야인데, 유전자의 진화를 모방하려 노력하고 있다. 많은 프로그래머가 창조자에게서 완전히 독립한 상태로 학습, 진화할 능력을 갖춘 프로그램을 창조하는 꿈을 꾼다.

이 경우 프로그래머는 원동력이자 최초로 움직인 자가 되겠지만, 그 피조물의 진화는 아무 방향으로나 자유롭게 이뤄질 것이다. 프로그램 작성자를 포함해 어느 누가 마음속에 그렸던 방향과도 전혀 상관없이 말이다.

이런 프로그램의 원형은 이미 존재한다. 바로 컴퓨터 바이러스다. 컴퓨터 바이러스는 포식자인 백신 프로그램에 쫓기는 한편, 사이버 공간 내의 자리를 놓고 다른 바이러스들과 경쟁하면서 스스로를 수없이 복제하며 인터넷을 통해 퍼져 나간다. 그 복제 과정에서 어느 날 실수가 일어나면, 컴퓨터화한 돌연변이가 된다. 어쩌면 애초에 인간 엔지니어가 무작위적 복제 실수가 일어나도록 프로그램을 ⓐ 짰기 때문일 수도 있고, 아니면 무작위적 오류 탓일 수도 있다. 우연히 이 변종 바이러스가 다른 컴퓨터에 침범하는 능력을 잃지 않으면서 백신 프로그램까지 피하는 능력이 더 우수하다면, 그것은 더 잘 살아남고 번식하게 될 것이다.

미래에 사이버 공간은 새 바이러스들로 가득 찰 것이다. 그렇다면 아무도 일부러 설계하지 않았지만, 무기물로서 스스로 진화를 거친 개체들은 과연 살아 있는 피조물일까? 그 답은 '살아 있는 피조물'을 어떻게 정의하느냐에 달렸다. 이 바이러스가 유기체 진화의 법칙과 한계와는 전혀 무관한 새로운 진화 과정에 의해 만들어진 것임은 분명한 사실이다.

36 윗글의 내용과 일치하는 것은? [3점]

① 컴퓨터 바이러스는 백신 프로그램을 무력화할 수 있도록 만들어졌다.

② 인간은 성격과 정체성을 바꾸는 비유기물적 속성을 선천적으로 갖고 있다.

③ 컴퓨터는 뇌의 전기 신호를 읽어낼 뿐, 스스로 복제할 수 있는 능력이 없다.

④ 망막의 신경 세포는 외부의 빛을 전기 신호로 바꾸어 뇌에 전기 신호를 보낸다.

⑤ 자연 선택을 지적 설계로 대체한 결과, 인간의 뇌와 컴퓨터를 직접 연결하는 방법이 시도되고 있다.

37 윗글로 미루어 볼 때, ㉠의 예로 적절하지 않은 것은?

① 곰팡이 유전자를 변형해 인슐린을 생성한다.

② 대장균 유전자를 조작해 바이오 연료를 생산한다.

③ 뇌의 신경망을 모방한 컴퓨터 전기 회로를 컴퓨터 안에 심는다.

④ 메머드에서 복원한 DNA를 코끼리 DNA를 제거한 코끼리 수정란에 삽입해 자궁에 넣는다.

⑤ 벌레에서 추출한 유전 물질을 돼지에 삽입해 해로운 지방산을 건강에 이로운 지방산으로 바꿔 준다.

38 윗글로 미루어 볼 때, ㉡을 사이보그 공학의 일부로 보는 이유로 가장 적절한 것은?

① 인간의 생리 기능과 면역계, 수명에 영향을 미치기 때문이다.

② 인간이 자연 선택의 결과로 갖게 된 물리적 힘을 보여 주기 때문이다.

③ 인간의 뇌가 담당해야 하는 자료 저장, 처리의 부담을 덜어 주기 때문이다.

④ 전기적 명령을 해석할 수 있는 생체 공학용 팔의 원시적 형태물이기 때문이다.

⑤ 인간의 뇌가 일상생활에서 데이터를 처리하는 능력의 한계를 알 수 있기 때문이다.

39 윗글을 참고할 때, 〈보기〉의 ㉯에 들어갈 말로 가장 적절한 것은?

─── 〈보기〉───

완전히 무생물적 존재를 만들어 내는 비유기물 공학에서 주요하게 연구하는 대상은 독립적인 진화가 가능한 (㉯)이다.

① 전기 신호　　　　② 신경 세포

③ 뇌 인터넷　　　　④ 컴퓨터 프로그램

⑤ 컴퓨터 전자 회로

40 문맥상 ⓐ와 바꿔 쓸 수 있는 말로 적절하지 않은 것은?

① 제작(製作)했기　　② 구성(構成)했기

③ 조직(組織)했기　　④ 개발(開發)했기

⑤ 활용(活用)했기

[41~45] 다음 글을 읽고 물음에 답하시오.

[앞부분 줄거리] 전라도 남원에 양생이라는 노총각은 일찍이 부모를 여의고 만복사에서 외롭게 지냈다. 젊은 남녀가 절에 와서 소원을 비는 날, 양생은 법당에서 자신에게 좋은 배필을 달라고 소원을 빌며 부처와 저포 놀이 시합을 하여 이긴다. 양생은 외로운 신세를 한탄하며 배필을 얻게 해 달라는 내용의 축원문을 읽던 아름다운 처녀를 만나 절에서 하룻밤을 보낸다.

이때 달이 서산에 걸리며 인적 드문 마을에 닭 울음소리가 들렸다. 절에서 종소리가 울리기 시작하며 새벽빛이 밝아 왔다. 여인이 말했다.

"얘야, 자리를 거둬 돌아가려무나."

여종은 "네." 하고 대답하자마자 자취 없이 사라졌다.

여인이 말했다.

"인연이 이미 정해졌으니 제 손을 잡고 함께 가셔요."

양생이 여인의 손을 잡고 마을을 지나갔다. ㉠ 울타리에서 개들이 짖어 댔고 길에는 사람들이 다니고 있었다. 그런데 지나가던 이들은 양생이 여인과 함께 가는 것을 알지 못한 채 다만 이렇게 묻는 것이었다.

"이렇게 일찍 어딜 가시나?"

양생이 대답했다.

"술에 취해 만복사에 누워 있다가 친구 집에 가는 길입니다."

아침이 되었다. 여인이 이끄는 대로 풀숲까지 따라와 보니, 이슬이 흥건한 것이 사람들 다니는 길이 아니었다. 양생이 물었다.

"어찌 이런 곳에 사시오?"

여인이 대답했다.

"혼자 사는 여자가 사는 곳이 본래 이렇지요, 뭐."

여인은 이렇게 우스갯소리를 건넸다.

[A]
이슬 젖은 길 / 아침저녁으로 다니고 싶건만
옷자락 적실까 나설 수 없네.

양생 역시 장난으로 이런 한시(漢詩)를 읊었다.

여우가 짝을 찾아 어슬렁거리니
저 기수(淇水)의 돌다리에 짝이 있도다.
노(魯)나라 길 확 트여 / 문강(文姜)이 쏜살같이 달려가네.

한시를 읊조리고 나서 껄껄 웃었다. 두 사람은 마침내 개녕동에 도착했다. ㉡ 쑥이 들판을 뒤덮었고, 가시나무가 하늘을 가렸다. 그 속에 집 한 채가 있는데, 크기는 작지만 매우 화려했다. …(중략)… 술자리가 끝나고 헤어질 때가 되었다. ㉢ 여인이 양생에게 은그릇을 하나 내주며 이렇게 말했다.

"내일 저희 부모님이 보련사에서 제게 밥을 주실 거예요. 길가에서 기다리고 계시다가 함께 절에 가서 부모님께 인사를 드렸으면 하는데, 괜찮으시겠어요?"

양생은 그렇게 하겠다고 대답했다.

이튿날 양생은 여인의 말대로 은그릇을 들고 길가에서 기다리고 있었다. 잠시 후, 과연 명문가 여인의 대상(大祥)*을 위한 행차가 보였다. 이들 일행의 수레와 말이 길을 가득 메운 채 보련사에 올라가다가 선비 하나가 그릇을 들고 서 있는 것을 보고는 하인 하나가 이렇게 말했다.

"㉣ 아씨와 함께 묻은 물건을 누가 훔쳐서 갖고 있사옵니다."

주인이 말했다.

"뭐라고?"

하인이 말했다.

"이 선비가 아씨의 그릇을 가지고 있사옵니다."

주인이 말을 멈추고 사정을 묻자, 양생은 앞서 여인과 약속했던 일을 그대로 말했다. 여인의 부모가 놀라 한참을 어리둥절해하더니 이렇게 말했다.

"우리 외동딸이 노략질하던 왜구의 손에 죽었는데 아직 장례를 치르지 못하고 임시로 개녕사 골짜기에 매장했구려. 차일피일 하다 지금껏 장사를 지내지 못한 채 오늘에 이르게 되었소이다. 오늘이 벌써 세상을 뜬 지 두 돌이 되는 날이라 절에서 재(齋)를 베풀어 저승 가는 길을 배웅하려는 참이라오. 청컨대 딸아이와 약속했던 대로 여기서 기다렸다가 함께 절로 와 주셨으면 하오. 부디 놀라지 말아 주었으면 하오."

그렇게 말하고는 먼저 절로 갔다.

양생은 우두커니 서서 여인을 기다렸다. 약속 시간이 되자 ㉤ 여자 한 사람이 여종과 함께 사뿐히 걸어오고 있었다. 과연 기다리던 그 여인이었다. 양생과 여인은 기쁘게 손을 잡고 절로 향했다.

여인은 절에 들어가 부처님께 절하고 하얀 장막 안으로 들어갔다. 여인의 친척들과 절의 승려들은 모두 여인의 존재를 믿지 않았다. 오직 양생의 눈에만 여인이 보였기 때문이다. 여인이 양생에게 말했다.

"음식을 함께 드시지요."

양생이 여인의 부모에게 그 말을 전하자, 부모는 시험해 볼 생각으로 그렇게 해 보라고 했다. 수저 소리만 들릴 따름이었지만, 그 소리는 사람들이 밥 먹을 때와 똑같았다. 부모는 깜짝 놀라 마침내 양생더러 장막에서 함께 자라고 권유했다.

한밤중에 말소리가 낭랑하게 들렸는데, 다른 사람들이 자세히 엿들어 보려 하면 그때마다 말소리가 뚝 그쳤다. 여인의 말은 다음과 같았다.

[B]
"제가 규범을 어겼다는 건 저 역시 잘 알지요. 어려서 『시경』과 『서경』을 읽어 예의범절을 조금은 알고 있사오니, 「건상(褰裳)」*과 「상서(相鼠)」*가 부끄러워할 만한 것인 줄 모르지 않아요. 하오나 오랜 세월 쑥대밭 너른 들판에 버려진 채 살다 보니 마음속에 있던 정이 한번 일어나자 끝내 다잡을 수 없었어요. 며칠 전 절에서 소원을 빌고 불전(佛殿)에 향을 사르며 제 기구한 일생을 한탄하던 중에 문득 삼세의 인연을 이루게 되었지요. 서방님의 아내가 되어 나무 비녀를 꽂고 백 년 동안 시부모님을 모시며 음식 시중에 옷 시중으로 평생 아내의 도리를 다하고 싶었어요. 하지만 한스럽게도 정해진 운명은 피할 수 없고, 이승과 저승의 경계는 넘을 수 없군요. 기쁨이 아직 다하지 않았는데 슬픈 이별이 눈앞에 이르렀어요. 지금 이별하고 나면 다시 만나긴 어렵겠지요. 이별할 때가 되니 너무도 서글퍼 무슨 말을 해야 할지 모르겠어요."

이윽고 여인의 영혼을 떠나보내는데 여인의 울음소리가 끊이지 않았다.

– 김시습, 「만복사저포기」

*대상 : 2년 상을 마치고 탈상(脫喪)하는 제사.
*건상(褰裳)」: 『시경』에 실린, 자유분방한 여인의 마음을 읊은 노래.
*상서(相鼠)」: 『시경』에 실린, 예의를 모르는 사람을 풍자한 노래.

41 윗글에 대한 이해로 가장 적절한 것은?

① 여인은 양생의 아내가 되어 함께 살다가 죽음을 맞이했다.
② 여인은 양생에게 자신의 거처를 소개하는 것이 부끄러웠다.
③ 부모는 양생을 만나기 위해 일행을 이끌고 보련사로 향했다.
④ 양생은 아침 일찍 지나가는 이들의 질문에 마지못해 대답했다.
⑤ 양생은 이별의 날에야 여인이 장례 후 저승으로 간다는 사실을 알았다.

42 〈보기〉를 참고해 [A]의 역할을 이해한 것으로 가장 적절한 것은?

〈보기〉

애정 전기(傳奇) 소설은 서사와 서정의 교직(交織)이 다른 갈래보다 더 두드러진다. 작품에 한시(漢詩)가 다수 등장하는데, 이때 한시는 여러 서사적 기능을 담당한다. 분위기 조성, 감정 전달, 사상 전달, 대상 묘사는 물론, 등장인물 간 대화를 대신하거나 남녀 간 만남의 매개 역할을 한다.

① 등장인물 간 대화를 대신하고 있다.
② 남녀 주인공의 감정을 위로하고 있다.
③ 남녀 주인공의 첫 만남을 매개하고 있다.
④ 경물을 묘사하여 사건의 결말을 암시하고 있다.
⑤ 이별의 슬픔을 표현하여 주제 의식을 드러내고 있다.

43 윗글의 등장인물에 대한 이해로 적절하지 <u>않</u>은 것은?

① 양생이 혼자 살며 부처와 저포 놀이까지 한 것으로 보아 양생의 외로움은 여인과 만나기 위한 필요조건이다.

② 여인의 부모가 양생이 딸과 함께 절로 와 주기를 청한 것으로 보아 그들은 딸이 살아 돌아오기를 소망하고 있다.

③ 여인의 부모는 수저 소리를 듣고 양생을 믿게 되어 그에게 장막에 머물 것을 권했다.

④ 여인이 어릴 적부터 『시경』과 『서경』을 읽었다는 것으로 보아 여인은 명문가 규수로서 소양을 갖춘 인물이다.

⑤ 이승과 저승의 경계를 넘을 수 없어 저승으로 가야 한다는 것으로 보아 여인은 운명론적 세계관을 지니고 있다.

44 ㉠~㉤에 대해 설명한 내용으로 가장 적절한 것은?

① ㉠은 사건을 이해하는 데 필요한 대상의 특징을 묘사하고 있다.

② ㉡은 공간 묘사를 통해 여인이 처하게 되는 위기 상황을 나타내고 있다.

③ ㉢은 소재를 활용하여 이어지는 사건 전개의 필연성을 강화하고 있다.

④ ㉣은 하인의 말을 통해 양생의 비범한 능력을 부각하고 있다.

⑤ ㉤은 등장인물이 이승의 존재가 아님을 직설적으로 드러내고 있다.

45 [B]를 참고해 윗글을 이해한 것으로 적절하지 <u>않</u>은 것은? [3점]

① 명혼(冥婚) 이야기를 통해 결핍 상태인 현실 세계에서 벗어나고픈 남녀 주인공의 욕망을 형상화하고 있다.

② 양생이 간절히 바라던 배필이 귀신이었다는 사실은 양생의 고독이 이 세상에서 해소될 수 없음을 의미한다.

③ 인간적 욕망으로 원통한 죽음을 넘어서고자 하나 실현하지 못하는 데에서 비극적 아이러니를 드러내고 있다.

④ 여인이 규범을 어기면서까지 양생과의 결연을 시도한 것은 현실세계에서의 고달픈 삶을 긍정하는 민중 의식을 보여 준다.

⑤ 양생과 죽은 여인 간에 삼세의 인연이 맺어진 것은 배필을 원했던 여인의 발원이 부처의 도움으로 이루어졌음을 의미한다.

[01~05] 밑줄 친 단어의 뜻으로 가장 적절한 것을 고르시오.

01

Tracking stray dogs may soon be easier thanks to the ubiquitous microchip.

① vociferous   ② equivocal

③ omnipresent   ④ inexorable

⑤ complimentary

02

Through public education, political advocacy, and protests, we also sought to protect open spaces and forests from unscrupulous developers.

① prudent   ② abnormal

③ industrious   ④ indifferent

⑤ dishonest

03

Individuals who took such action risked being ostracized by their fellow workers.

① bewildered   ② rectified

③ inundated   ④ permeated

⑤ excluded

04

Stuttering was an embarrassing nemesis that Timothy struggled with throughout his childhood.

① adversary   ② catalyst

③ convention   ④ prodigy

⑤ zenith

05

As I exchanged banal congratulations with the climbers filing past, inwardly I was frantic with worry.

① affectionate   ② aversive

③ ordinary   ④ apprehensive

⑤ exaggerated

[06~07] 다음 대화의 빈칸에 들어갈 말로 가장 적절한 것을 고르시오.

06

A : Hey, you know what? Last night, I saw the International Space Station with my own eyes!

B : Really? That's amazing! Is it really possible to see the ISS from Earth?

A : Yes. It looked like a bright star moving across the sky.

B : _____?

A : It moved very quickly, so I could easily tell the difference between it and the stars around it. You can check the location of the ISS on the NASA website if you want to see it.

B : That sounds really neat. I'll try that.

① Would you explain the difference between the ISS and the NASA

② Can you see the star in the center of the clouds

③ What was the purpose of watching the ISS

④ How did you know that it was the ISS

⑤ How far is it from Earth

07

A : What are you doing?

B : I'm looking through a blog about some interesting things.

A : What is so interesting?

B : According to this blog, a monster called Nessie lives in a lake in Scotland.

A : Oh, that's quite interesting, but you'd better not believe it. These kinds of things are not proven.

B : _____.

A : The photos could have been modified. I think it is important to approach things with reasonable suspicion rather than just believing everything that you see.

B : Okay, I'll try to keep that in mind.

① Scientists believed its existence, really

② However, that seems to be my mistake

③ The monster disturbs the order of nature

④ There are lots of photos of Nessie, though

⑤ Yes, they are completely proven to be authentic

08 밑줄 친 부분 중, 어법상 틀린 것은?

Mental illness in many ways remains a mystery to us. Some scientists think that it is hereditary. Others think it is caused by a chemical imbalance in the body. Other factors ① considering are a person's environment or perhaps an injury to the brain. Experts have differing opinions as to ② what causes mental illness and different ideas on how to treat it. One method is to place mentally ill people in hospitals and even prisons ③ to separate them from society. Another method is to give medications under the supervision of a psychiatrist to modify behavior. Mentally ill persons under medication often ④ live in supervised housing. Another method of treatment pioneered by Sigmund Freud is psychoanalysis, ⑤ whereby the patient receives many hours of counseling and talk therapy at a psychiatrist's office. The above treatments are often combined.

[09~11] (A), (B), (C)의 각 네모 안에서 문맥에 맞는 낱말로 가장 적절한 것을 고르시오.

09

Some people get (A) nervous/relaxed living placidly and safely. They run as surely toward danger as most people run away from it. They bungee jump, or skid down gravel roads on mountain bikes, or hang by their fingertips from minuscule cracks in the face of cliff, or even quit secure jobs in order to take a chance on some risky venture. They are risk-takers, and scientists have long wondered why they deliberately (B) court/evade loss, injury, or even death. Answers to that question involve a complex interplay of psychological and physiological factors. The key ingredient in the body's physiological response to danger is adrenaline. The body produces this chemical in the center of the adrenal glands atop the kidneys. When a physically or mentally stressful situation (C) arises/disappears, a flood of adrenaline into the blood stream prepares the body to act swiftly and forcefully to protect itself.

	(A)	(B)	(C)
①	nervous	court	arises
②	nervous	evade	disappears
③	relaxed	court	arises
④	relaxed	court	disappears
⑤	relaxed	evade	arises

10

(A) Fleeing/Hunting has been perfected to a fine art, inspiring mythic levels of speed, endurance, and agility in prey species. Plain animals, such as antelopes, gazelles, and zebras, have also learned to measure their attackers' talents against their own. Knowing that lions, leopards, and cheetahs are capable of only short bursts of speed, the hoofed residents rarely (B) idle/panic at the sight of a cat as long as they have running room and a head start. The important thing is to keep an eye out so the predator doesn't "steal the bases" and get close enough for a deadly sprint. Against hunting dogs and wolves, however, prey animals know they can't depend on their endurance alone. Canines are not as fast as cats, but they can run for a long time, long enough to (C) exhaust/invigorate weak, old, or sick prey.

	(A)	(B)	(C)
①	Fleeing	idle	exhaust
②	Fleeing	panic	invigorate
③	Fleeing	panic	exhaust
④	Hunting	panic	invigorate
⑤	Hunting	idle	invigorate

11

If you're thinking your way through a melodic and harmonic combination and you're struggling a little, often the best combinations of these two elements work in (A) contrary/parallel motion. In other words, as your melody rises up, try to make the bass note of the chord progression you're accompanying it with fall. Equally, when your melody line falls, bring the bass notes (and their chords) upwards. This doesn't have to be true for every single melody note and every single chord but, as a rule, (B) implanting/separating the movement between these two parts and imagining a mirror between them—so that movement in one direction prompts movement the other way in the other part—often works well. The reason for this is that the listener likes to hear one part as a melody and the other part as (C) discord/harmony, so that a single line can be identified as carrying 'the tune'. Somehow, this is often easier for the brain if the supporting line is as different as possible from the part playing the melody. [3점]

	(A)	(B)	(C)
①	contrary	separating	harmony
②	contrary	implanting	discord
③	contrary	implanting	harmony
④	parallel	implanting	discord
⑤	parallel	separating	harmony

2022 기출문제

[12~13] 밑줄 친 부분 중, 문맥상 낱말의 쓰임이 적절하지 <u>않은</u> 것을 고르시오.

12 Running a farm in the Middle West today is likely to be a very expensive operation. This is particularly true in the Corn Belt, where the corn that ① <u>fattens</u> the bulk of the country's livestock is grown. The heart of the Corn Belt is in Iowa, Illinois, and Indiana. The soil is extremely ② <u>futile</u>, the rainfall is abundant, and there is a long, warm growing season. All this makes the land extremely valuable. When one adds to the cost of the land the cost of livestock, seed, machinery, fuel, and fertilizer, farming becomes a very expensive operation. Therefore many farmers are ③ <u>tenants</u> and much of the land is owned by banks, insurance companies, or wealthy business people. These owners rent the land out to farmers, who generally provide machinery and labor. Some farms operate on contract to milling companies. The companies buy up farms, put in managers to run them, provide the machinery to farm them, and take the ④ <u>produce</u> for their own use. Machinery is often equipped with electric lighting to ⑤ <u>permit</u> round-the-clock operation.

13 Digital information plays a part in the increasing uncertainty of knowledge. First, the infinitude of information now accessible through the Internet ① <u>dwarfs</u> any attempt to master a subject—it is simply no longer possible to know what is to be known in any area. The response is to focus on ever narrower or more esoteric disciplines or interests, or to admit that all that can be done is to ② <u>sample</u> the field. Second, the stature of knowledge is challenged, because the quality of what can be accessed is often ③ <u>unknown</u>. In the printed book, the signs of quality—publisher, author affiliation, and so on—are usually clearly marked. But the quality of information on the Internet is not always so obvious, sometimes deliberately ④ <u>unveiled</u>, sometimes simplistic but loud. Even the encyclopedic is not guaranteed : Wikipedia bills itself as 'the free encyclopedia that anyone can edit'. Despite the theory that correct material will usually overcome incorrect, there is nevertheless a caveat that knowledge is always ⑤ <u>relative</u>.

14 Songbird House에 관한 다음 글의 내용과 일치하는 것은?

Songbird House opened July 23, 2012 and is located in an historic house built in 1904. While our focus is coffee and tea, you will love our house-made pastries and breakfast sandwiches. We are proud to have a low staff turn-over so that we all personally get to know our customers and in turn, our customers are assured of consistent quality. Sixty percent of the faces we welcome are our regulars, but we have fun meeting a beautiful variety of people from all walks of life every day. No matter who you are, who you love, or where you are in life. Come on in! Business people, students, creatives, nursing mothers—I want you to feel comfortable. Songbird is an extension of your living room.

① Songbird House was a well-known historical site in 1904.

② Breakfast is not offered in Songbird House.

③ New staff members are frequently employed.

④ More than half of the customers visit this cafe regularly.

⑤ Songbird House is a company which renovates living rooms.

15 cobra lily에 관한 다음 글의 내용과 일치하지 않는 것은?

The cobra lily is a unique and eye-catching plant thanks to its dramatic leaves that resemble the heads of cobra snakes. Its curling leaves rise from the base of the plant and round out into hooded foliage. Along with its almost startling appearance, these carnivorous plants feed on insects as well as small vertebrates. Native to North America, the cobra lily is often found growing in distinct groupings in boggy areas that are devoid of nutrition. Their hooded leaves secrete an aroma that attracts insects and then allows the plant to gather fuel from trapping and digesting their prey. Once inside, it's difficult for insects to escape, and the plant will also secrete digestive enzymes to help break down the animal matter. Unlike many other pitcher plants, however, cobra lily plants are not able to collect rainwater to trap prey.

① Its leaves take after the heads of cobra snakes.

② It is eaten by small animals with a backbone.

③ It is often found in marshlands.

④ It attracts insects by secreting a pleasant smell.

⑤ It does not trap prey by gathering rainwater.

[16~17] 다음 글의 제목으로 가장 적절한 것을 고르시오.

16

Its unmistakable smell permeates Seoul subway carriages during the rush hour, and admirers claim it is the healthiest food on the planet. Once valued as a source of vitamin C before the arrival of refrigerators, kimchi now crops up on menus far from its birthplace on the Korean peninsula. The spicy, garlicky cabbage dish is to be found as a pizza topping and taco filling in the UK, Australia and the US. Kimjang, the traditionally communal act of making kimchi, was recently awarded world cultural heritage status by UNESCO. But despite its growing popularity in restaurants from Los Angeles to London, Korea's national dish is in crisis in its country of origin. To kimchi's basic ingredients of napa cabbage, garlic, seasoning and copious amounts of chilli power, we can now add a trade war with China and fears of lasting damage to Korean cultural identity.

① Kimchi : Soaring in Popularity

② How does Kimchi Impact Health?

③ Korea Wins a Trade War Against China

④ Kimjang : Put Forward for UNESCO Award

⑤ Popularity and Crisis of Korea's National Dish

17

Innovative solutions—to prevent, monitor and clean (PMC) marine litter—are necessary to restore healthy oceans and maintain their well-being over time. And again, little is known about how many of these solutions have been developed and implemented, and to what extent they have been effective as information is scattered across platforms and not easily accessible. In a global analysis by Bellou and colleagues, also in *Nature Sustainability*, the researchers identify 177 PMC solutions and find that 106 of them address monitoring; 33 address prevention (mostly via wastewater treatment); only 30 address cleaning. They also find an inconsistent use of litter size terms across the various developers, which required a harmonization effort to assess the type of litter addressed—results show that 137 of the solutions targeted macrolitter. Overall, only few solutions reached technical readiness and no solution was validated for efficiency and environmental impacts. [3점]

① Saving Marine Animals : Target the Microlitter

② A Passive Journey to the Marine Discovery

③ Oceanic Threats to Human Race

④ Want to Heal the Ocean? More Work Needed

⑤ Questioning the Utility of Sea Wastes Recycling

[18~19] 다음 글의 주제로 가장 적절한 것을 고르시오.

18

After observing the "care" given the aged in the United States, I can only conclude that personalization in that culture involves not only the acquisition of certain symbols and statuses, but also the achievement of a series of successes. By that token, an individual who fails or who has lost the capacity to succeed is considered less a person, because he or she has withdrawn from the success mechanism. Old people in the United States, because they have withdrawn or have been displaced from the occupational system, are deprived of the ability to succeed or fail; they are seen as scarcely persons at all—unless they can still symbolize their past success by continued consumption capability. In this way an individual's retention of consumption capability, even after he or she has withdrawn from the success machinery, is taken as an adequate substitute for success, because, through this consumption, an indispensable service is rendered to the economy.

① various strategies of personalization

② a typical misconception about old people

③ problems of aged care in the United States

④ one aspect of personalization in the United States

⑤ contribution of consumption to the United States economy

19

It is simply unclear just how technologies can be inevitable, at least from an ethical perspective, and how they can be autonomous. Some individuals elect to use a given technology; others do not. For any technology, it could be the case that all individuals elect not to use it. A competitor could arise, or moral argument may appear and convince a critical number of people no longer to use a technology. That technology then ceases to be implemented because of individuals' decisions. The technology, or at least its implementation, is thus not inevitable. Insofar as it depends upon individuals' electing to maintain it, it is not autonomous. An effort to fashion an ethics of technology based upon technologies' inevitability and autonomy would not reflect the way that people make choices, much less ethical decisions, nor reflect the entire relationship between individuals and technologies.

① technical critiques against autonomy

② the impact of ethics on the innovative technology

③ how to understand and utilize an ethical technology

④ reasons why people have to publicize their favorite technology

⑤ the destiny of a technology determined by individual choices

[20~22] 다음 글의 요지로 가장 적절한 것을 고르시오.

20

The flood of people—foreign-born and native-born, white and black—fit no single profile. A minority were professionals : businessmen and teachers, doctors and lawyers, priests, ministers, and rabbis. Most were working people who filled the factories, built the homes, scrubbed the floors, and nursed the babies of the well-to-do. These new residents brought more than brawn to the cities, though. They brought their religions, their politics, their institutions, and their art. They jammed the streets on the feast days of their village saints and they emptied them on the Day of Atonement. They opened tiny storefront churches and substantial fraternal lodges. They rushed to vaudeville theaters, where Jewish entertainers honed their craft, and to the ghetto dancehalls, where ragtime bands pushed the boundaries of American music. And they elbowed their way into the cities' public life.

① American frontiers overcame unexpected troubles.

② The perilous damage was begot by the new people.

③ Diverse immigrants engendered the political renaissance.

④ Minor cultures are transformed so as to fit into American public life.

⑤ The immigrants released their own cultures into the American mainstream.

21

The power of apologies as a display of caring lies at the heart of the veritable avalanche of them that we are now seeing in the public sphere. Government, for instance, can demonstrate that they care about a group that was wronged, such as when the United States apologized in 1997 to African-American men who were denied treatment for syphilis as part of a medical experiment. Offering an apology to another country is an effective way to lay the ground work for future cooperation. In the late 1990s, the Czech Republic remained the only European nation with which Germany had not reached a settlement providing restitution for Nazi persecution during World War II. Germany refused to pay Czech victims until the Czechs formally apologized for their postwar expulsion of ethnic

Germans from the Sudetenland. In the interest of receiving both reparations and Germany's support for inclusion in NATO, the Czech government offered the apology in 1997. Germany responded by setting up a philanthropic fund for the benefit of the Czechs, and both NATO and the European Union have invited the Czech republic to join their ranks. [3점]

① Germany did not pay Czech victims until the Czechs expressed apologies for their postwar behavior.

② Apologies help people repair schisms between the rich and the poor countries.

③ Apologies restore equilibrium in domestic and international relations.

④ Apologies are often manipulated to suggest that people let bygones be bygones.

⑤ The United States apologized to African–American men who were denied treatment for syphilis.

22

Nothing is more jarring to the nervous system than repeated interruptions when you're in the midst of concentrating on an important problem. One of the worst mistakes is to get into the habit of taking every phone call no matter what you're doing. A good way to handle the telephone is to concentrate your calls in one time segment, say between nine and ten in the morning or four and five in the afternoon. During that time you take all calls, and call people back who called you. You aren't being rude to refuse a call because you are busy. You are being wise. If you are a victim of the telephone, telephone screening can change your work life.

① Consciously project ease and enjoyment.

② Beware of any lingering fears of success.

③ Become aware of your natural optimum work cycles.

④ Think of success as a process, not a final destination.

⑤ Insulate yourself as much as possible from interruption.

[23~30] 다음 글의 빈칸에 들어갈 말로 가장 적절한 것을 고르시오.

23

You can buy a television at the store so you can watch television at home, but the television you buy isn't the television you watch, and the television you watch isn't the television you buy. Expressed that way, it seems confusing, but in daily life it isn't confusing at all, because we never have to think too hard about what television is, and we use the word *television* to talk about all the various different parts of the bundle : industry, content, and appliance. Language lets us work at the right level of _____; if we had to think about every detail of every system in our lives all the time, we'd faint from overexposure. This bundling of object and industry, of product and service and business model, isn't unique to television. People who collect and preserve rare first editions of books, and people who buy mass-market romance novels, wreck the spines, and give them away the next week, can all legitimately lay claim to the label book lover.

① consistency   ② literacy

③ ambiguity   ④ discretion

⑤ popularity

24

The situations into which the product of mechanical reproduction can be brought may not touch the actual work of art, yet the quality of its presence is always depreciated. This holds not only for the art work but also, for instance, for a landscape which passes in review before the spectator in a movie. In the case of the art object, a most sensitive nucleus—namely, its authenticity—is interfered with whereas no natural object is vulnerable on that score. The authenticity of a thing is the essence of all that is transmissible from its beginning, ranging from its substantive duration to its testimony to the history which it has experienced. Since the historical testimony rests on the authenticity, the former, too, is jeopardized by reproduction when substantive duration ceases to matter. And what is really jeopardized when the historical testimony is affected is the _____ of the object. [3점]

① authority   ② negativity

③ promotion   ④ performance

⑤ limitation

25

Remember those electrons that are orbiting the nucleus of an atom. Well those electrons contain energy; however, this energy is not always stable. The stability depends on the number of electrons that are within an atom. Atoms are more stable when their electrons orbit in pairs. An atom with an odd number of electrons must have an unpaired electron. When oxygen has one unpaired electron it is known as superoxide. Atoms and molecules such as superoxide that have unpaired electrons are called free radicals. The unpaired electron in free radicals makes the atom or molecule unstable. Electrons in atoms "hate" not existing in pairs. An atom with an unpaired electron wants to become stable again, so it quickly seeks out _____ to "steal" from another atom or molecule. The instability of free radicals is what poses a threat to macromolecules such as DNA, RNA, proteins, and fatty acids.

① other cells ② powerful energy

③ a stable nucleus ④ another electron

⑤ nutritious proteins

26

Underlying the issues about the role of self-esteem in language learning are the fundamental concepts of attribution and self-efficacy. Attribution theory focuses on how people explain the causes of their own success and failures. Bernard Weiner describes attribution theory in terms of four explanations for success and/or failure in achieving a personal objective : ability, effort, perceived difficulty of a task, and luck. Two of those four factors are internal to the learner : ability and effort; and two are attributable to external circumstances outside of the learners : task difficulty and luck. According to Weiner, learners tend to explain, that is, to attribute, their success on a task on these four dimensions. Depending on the individual, a number of causal determinants might be cited. Thus, failure to get a high grade on a final exam in a language class might for some be judged to be a consequence of their poor ability or effort, and by others to difficulty of exam, and perhaps others to _____.

① just plain old bad luck

② previous learning experiences

③ excessive self-esteem in language learning

④ using inappropriate teaching methods

⑤ the lack of self-efficacy

27

Black and Hispanic New Yorkers represent 51% of the city's population, yet account for 62% of Covid-19 deaths. They have twice the rate of death compared with whites, when adjusted for age. This disparity likely is the result of several factors. Co-morbid conditions, such as hypertension and diabetes, are strongly associated with death from Covid-19 and are more common in black and Hispanic communities. But what causes high rates of poorly controlled hypertension and diabetes? Lack of appropriate health care. People who cannot easily find good health care for reasons of money, time, location, or trust may be more likely to stay at home undiagnosed and spread the virus— as well as experience potentially fatal delays in diagnosis and treatment. The explanation is the same for New York City as for Italy, New Orleans and probably Iran : _____ in health and health care.

① doctors are reluctant to carry out their roles

② minorities develop an appropriate policy

③ the virus exploits weaknesses

④ we have understood the urgency

⑤ treatments for the variants of Covid−19 require education

28

The sociocultural approach begins by attacking the heart of the problem : What is creativity? To explain creativity, we _____, and this turns out to be surprisingly difficult. All of the social sciences face the task of defining concepts that seem everyday and familiar. Psychologists argue over the definitions of intelligence, emotion, and memory; sociologists argue over the definitions of group, social movement, and institution. But defining creativity may be one of the most difficult tasks facing the social sciences, because everybody wants to believe he's creative. People typically use "creativity" as a complimentary term of praise. It turns out that what gets called creative has varied according to the historical and cultural period. Psychologists have sometimes wondered if we'll ever reach a consensus about creativity, and even whether it is a useful subject for scientific study at all. [3점]

① should establish a set of rules

② first need to agree on what it is

③ must do an extensive research on the word

④ examine the psychological implication of the term

⑤ mostly concentrate on the essence of its meaning

29

Every new tool shapes the way we think, as well as what we think about. The printed word helped make our cognition linear and abstract, along with vastly enlarging our stores of knowledge. Newspapers shrank the world; then the telegraph shrank it even more dramatically. With every innovation, cultural prophets bickered over whether we were facing a technological apocalypse or a utopia. Depending on which Victorian-age pundit you asked, the telegraph was either going usher in an era of world peace or drown us in a Sargasso of idiotic trivia. Neither prediction was quite right, of course, yet neither was quite wrong. The one thing that both apocalyptics and utopians understand and agree upon is that every new technology pushes us toward new forms of behavior while nudging us away from older, familiar ones. Living with new technologies means understanding _____. [3점]

① why they were ignored in the past

② how the telegraph functions properly

③ what innovations should be made in the future

④ what causes technological innovations

⑤ how they bias everyday life

30

A moral argument is often stopped in its tracks when someone refuses to consider a position by saying that '_____'. The implication is that anybody's judgement is as good as anyone else's, and that no one has a right to tell others what to do. The fact that I do not like bananas may be a fact about me, but it has no bearing on what you may enjoy. Similarly, it is implied, if I disapprove of something, that may tell you about me, but it has no relevance to what you should do. The confusion in all this is displayed by the idea that we have no 'right' to tell others what to do. We seem at the same moment to be denying that moral claims can tie everyone down, and asserting that there is at least one moral claim that we should all respect, namely that we ought not to impose our views on others. [3점]

① action speaks louder than words

② I can't agree with you more

③ that is just your opinion

④ we are on the same boat

⑤ never judge a book by its cover

31 다음 글의 빈칸 (A), (B)에 들어갈 말로 가장 적절한 것은?

The nature of the initial attachments we make in life is crucial to our later development and social and emotional experiences. These attachments have a strong influence on any later attachments that we might make. So, (A) , if an initial attachment has been ambivalent, flicking about between feeling secure and feeling insecure, then such might also be a person's commitment to a group. A person might join an interest group reluctantly, become enthusiastic for a time but constantly be on the alert for social slights or loss of status perceived as brought about by other members of the group. This would lead to a tendency to withdraw. (B) , a person whose initial attachments were secure might well be attracted in a straightforward way to joining groups and to be reasonably steadfast in membership.

	(A)		(B)
①	for example	······	In comparison
②	for example	······	Hence
③	in fact	······	Nevertheless
④	in addition	······	Therefore
⑤	in addition	······	On the other hand

[32~33] 다음 글에서 전체 흐름과 관계 <u>없는</u> 문장을 고르시오.

32 It is time for a deeper probe in a different setting, entered at a different angle, to a greater depth, and exploring a deeper causation. Why have the creative arts so dominated the human mind, everywhere and throughout history? We will not find the answer in the finest art galleries and symphony halls. ① The innovations of jazz and rock, arising more directly from human experience, will probably give us a better idea of where to excavate. ② Nevertheless, Hollywood composers began experimenting in the vocabularies of jazz and the structuring model of rock. ③ Because the creative arts entail a universal, genetic trait, the answer to the question lies in evolutionary biology. ④ Bear in mind that Homo sapiens has been around about 100,000 years but literate culture has existed for less than a tenth of that time. ⑤ So the mystery of why there are universal creative arts comes down to the question of what human beings were doing during the first nine-tenths of their existence. [3점]

33 To keep from breaking glass, all movement near and on the glass must be parallel (don't put any pressure on the glass when scraping), and always use a pull-type scraper. ① That way if you slip, all the force is away from the glass and it won't break. ② To remove glazing points, hook the sharp edge of the pull-type scraper into their soft metal points and pull them out along with the putty. ③ The glass manufacture corporations have begun to move their factories to some of East Asian countries to reduce the production cost. ④ Double-check to make sure all of the glazing points are removed, and that old putty beside and under the edge of the glass is loose. ⑤ If not, you need another round of heat.

[34~35] 주어진 글 다음에 이어질 글의 순서로 가장 적절한 것을 고르시오.

34

> Psychologists and behaviour ecologists think that the ability to learn should be favoured over the genetic transmission of fixed trait when the environment in which an animal lives changes often, but not too often.

(A) In such a case, the environment is stable enough to favour learning, but not so stable as to favour genetic transmission. David Stephens, while agreeing with the above, has challenged the assumptions about environmental stability saying that various types of stability need to be separated.

(B) Information is best passed on by genetic transmission when the environment rarely changes, because such a means of transmission avoids the cost of learning and the environment the offspring encounters is similar to that of their parents. However, if the environment is constantly changing, there is nothing worth learning as what is learnt is completely irrelevant in the next situation.

(C) Past experience, thus, is of no predictive value. Therefore, genetic transmission of a fixed response, rather than a learned response, is favoured. Somewhere, in between an environment that never changes and one that always does, learning is favoured over genetic transmission of a fixed response as it is worth paying the cost of learning. [3점]

① (A) – (C) – (B) ② (B) – (A) – (C)
③ (B) – (C) – (A) ④ (C) – (A) – (B)
⑤ (C) – (B) – (A)

35

> One of the more recent theories of creativity is *psychoeconomics*. This may not sound like it applies directly to education, but actually it does help to clarify what needs to be done in the classroom and why there are problems designing education that supports creativity.

(A) Consider, for example, the idea of educational objectives. Educators have only so much time in the school day, and just so many resources, and there is a great deal of accountability in today's schools, at least in the United States.

(B) Additionally, creative thinking is original, so by definition an educator will not know what the result will be if he or she presents an open-ended task that in fact does allow creative thinking. The problem, then, is that the benefits are uncertain and it is difficult to justify the costs (i.e., the investment of time).

(C) This all means that the curriculum must have a clear payoff. Creativity does not. It is often dependent on a student's intrinsic motivation and the self-expression of an individual student.

① (A) − (C) − (B)　② (B) − (A) − (C)

③ (B) − (C) − (A)　④ (C) − (A) − (B)

⑤ (C) − (B) − (A)

so identifying the cost of sales figure for inclusion in the income statement is not a problem. (③) Many large retailers (for example, supermarkets) have point−of−sale (checkout) devices that not only record each sale but also simultaneously pick up the cost of the goods that are the subject of the particular sale. (④) Other businesses that sell a relatively small number of high−value items also tend to match sales revenue with the cost of the goods sold at the time of the sale. (⑤) They find it easier to identify the cost of sales figure at the end of the accounting period.

36 글의 흐름으로 보아, 주어진 문장이 들어가기에 가장 적절한 곳은?

> However, some businesses (for example, small retailers) do not usually find it practical to match each sale to a particular cost of sales figure as the accounting period progresses.

The cost of sales (or cost of goods sold) figure for a period can be identified in different ways. (①) In some businesses, the cost of sales is identified at the time a sale has been made. (②) Sales are closely matched with the cost of those sales and

[37~38] 다음 글을 읽고, 물음에 답하시오.

On June 23, 1970, I had just been mustered out of the Army after completing my one-year tour of duty in Vietnam. I was a 23-year-old Army veteran on a plane from Oakland, Calif., returning home to Dallas, Texas.

I had been warned about the hostility many of our fellow countrymen felt toward returning Nam vets at that time. There were no hometown parades for us when we came home from that unpopular war. Like tens of thousands of others, I was just trying to get home without incident.

I sat, in uniform, in a window seat, chain-smoking and avoiding eye contact with my fellow passengers. No one was sitting in the seat next to me, which added to my isolation. A young girl, not more than 10 years old, suddenly appeared in the aisle. She smiled and, without a word, timidly handed me a magazine. I accepted her offering, her quiet "welcome home." All I could say was, "Thank you." I do not know where she sat down or who she was with because right after accepting the magazine from her, I turned to the window and wept. Her small gesture of compassion was the first I had experienced in a long time.

That young girl undoubtedly has no memory of what happened years ago. I like to think of her as having grown up, continuing to touch others and teaching her children to do the same. I know she might have been told to give me the "gift" by her mother. Her father might still have been in Vietnam at that point or maybe he had not survived the war. It doesn't matter why she gave me the magazine. The important thing is she did.

Since then, I have followed her example and tried, in different ways for different people, to do the same for them. Like me on that long ago plane ride, they will never know why a stranger took the time to extend a hand. But I know that my attempts since then are all because of that little girl. Her offer of a magazine to a tired, scared andlonely soldier has echoed throughout my life.

37 윗글의 제목으로 가장 적절한 것은?

① Can We Beat the Combat?

② A Small Act of Kindness Matters

③ The Triumph of a Courageous Soldier

④ Pain in the Mind of War Veterans

⑤ In Search of the Little Girl

38 윗글의 내용과 일치하는 것은?

① The narrator has to return to Vietnam in a month.

② The narrator had been one of the military personnel.

③ The narrator was emotionally hurt by the young girl.

④ The young girl had been a good friend of the narrator.

⑤ The young girl followed the narrator's footsteps in her life.

[39~40] 다음 글을 읽고, 물음에 답하시오.

The twentysomething age group is often referred to as the period of emerging adulthood. Some say that being 30 is now equivalent to being age 21 a generation ago. The term *quarterlife crisis* was coined to describe the problems and issues facing twentysomethings. According to recent college graduates, the quarterlife crisis is a "response to overwhelming instability, constant change, too many choices, and a panicked sense of helplessness." Indecision and apprehension are common companions during this period. On leaving the protective spheres of family and college, twentysomethings encounter disorientation and confusion regarding identity, career choices, living arrangements, establishing independence, discovering and harnessing a life passion, and creating new social networks. Having little experience at making major life decisions and accepting responsibility for them places twentysomethings in a transition zone of trying to find guideposts on what to do, where to go, and who to be. It is a time of _____, making premature resolutions, and sometimes paralysis due to indecision.

39 윗글의 제목으로 가장 적절한 것은?

① Twentysomethings in Their Heyday

② The Hot-blooded Youth of the Twenties

③ Challenges : What the Emerging Adult Faces

④ Infinite Possibilities of Twentysomethings

⑤ A Mind of Steel in the Twenties

40 윗글의 빈칸에 들어갈 말로 가장 적절한 것은?

① body and soul

② cause and effect

③ pride and joy

④ pros and cons

⑤ trial and error

[41~42] 다음 글을 읽고, 물음에 답하시오.

The response to mother figure is called filial imprinting. The range of objects which can elicit approach and attachment in young birds (a) are very large. Stimuli for imprinting may be visual, auditory or olfactory. There seems to be no limit to the range of visual stimuli. Movements help to catch attention like flashing lights. A stationary object will attract young birds (b) provided it is contrasting with its background.

Auditory stimuli are found to be attractive to many young birds. For example, in mallard ducklings, sound is very important to induce following the mother figure. Wood-ducks nest in holes in trees. The call of the mother from the water outside the nest hole induces the young ones (c) to approach the mother in spite of the fact that they have not seen her properly.

An example of odor stimuli is provided by the 5 to 14 day old baby shrews. These baby shrews become imprinted on the odor of the individual mother that is nursing them. Young shrews form a caravan early in life, having learned the odor of their mother, (d) <u>which</u> they will follow. When 5 or 6 day old shrews are provided with a substitute mother of another species, the odor of this caretaker mother becomes imprinted upon them.

Later, when the shrews are 15 days old, they are returned back to their real mother. It was seen that these siblings do not follow her and do not form the caravan like chain on any siblings that (e) <u>were left</u> with the real mother. However, they followed a piece of cloth impregnated with the odor of their caretaker mother, a response that demonstrates that young shrews become imprinted with the

_____ .

41 밑줄 친 (a)~(e) 중에서 어법상 <u>틀린</u> 것은?

① (a)   ② (b)

③ (c)   ④ (d)

⑤ (e)

42 윗글의 빈칸에 들어갈 말로 가장 적절한 것은? [3점]

① time spent in following their caretaker mother

② odor of whoever nurses them when they are young

③ call of their caretaker mother before they leave their nest

④ amount of visual attention paid to their real mother

⑤ care of their real mother when they grow up

[43~45] 다음 글을 읽고, 물음에 답하시오.

(A) "Are you carrying any fruit or handguns?"

"Sure, I've got three kilos of kiwis in the trunk, and she has a .44 magnum in her purse."

No, that's not what I say to the border guard. It's best not to joke with these guys. They don't have much of a sense of humor, and they like to tear cars apart. Border guards make me nervous. I feel better as soon as I'm beyond those expressionless eyes and frozen faces.

(B) The rain slashes sideways, driving me back inside under an awning I try to use for cover. The ferry is starting to sway. Margaret tells a story of a ferry ride she once took from Sicily to Malta when she got seasick from diesel fumes and waves. Some kids are running toy cars up and down the plastic seats. Through rain mottle windows the mountaintops are obscured in mist. Soon we're pulling into the dock on the far side. Cars file off the ferry, and we heard the last nine miles to the hot springs. Admission is $4.00 Canadian.

(C) It winds along Kootenai Lake for fifty miles with only about three spots for cars to pass the whole way. We're the last car to board. Nautical looking workers in navy blue direct us to a parking space on the lower deck. We climb steep stairs to the passenger level. The wind and rain gain intensity as the ferry pulls away from the dock and heads across the lake. I step outside on the deck, but only for a minute.

(D) But a trip to Ainsworth is worth facing a hundred border guards. Ainsworth Hot Springs. I've been wanting to go for years now. Everyone I know has been there. It's gotten to the point where I feel deprived whenever anyone starts talking about Ainsworth. So off my friend Margaret and I go on a cold, rainy November Tuesday—not a bad day for hot spring. A few miles into Canada the road changes.

(E) There aren't any locker; each of us gets a plastic bag to put our clothes in, which we check with a clerk who gives out velcro wristbands with claim numbers on them. Mine is 38. Rain dots my body as I head out to the pool. The big pool is warm—a good place to get psyched-up for the hotter pool above and the caves. The caves! That's what makes Ainsworth so unique. We paddle back into the mountainside following the hot water to its source. Dim lights reveal an incredible scene.

43 주어진 글 (A)에 이어질 내용을 순서에 맞게 배열한 것으로 가장 적절한 것은?

① (B) − (D) − (C) − (E)
② (B) − (D) − (E) − (C)
③ (D) − (C) − (B) − (E)
④ (D) − (C) − (E) − (B)
⑤ (E) − (C) − (D) − (B)

44 윗글에 나타난 Ainsworth에 대한 화자의 심경 변화로 가장 적절한 것은?

① relieved → tensed
② determined → excited
③ frightened → amazed
④ regretful → committed
⑤ dejected → uninterested

45 윗글의 내용과 일치하지 <u>않는</u> 것은?

① The narrator did not have a casual talk with the border guard.
② Ainsworth was nine miles away from the Canadian border.
③ The travelers faced heavy rain and wind on the ferry.
④ Margaret went to the trip with the narrator.
⑤ The cave was the point that made Ainsworth distinctive from other hot springs.

제3교시 수학영역

▶정답 및 해설 553p

[01~20] 각 문항의 답을 하나만 고르시오.

01 두 양수 a, b가

$$\log_b a + \log_a b = \frac{26}{5}, \ ab = 27$$

을 만족시킬 때, $a^2 + b^2$의 값은? (단, $a \neq 1$, $b \neq 1$) [3점]

① 240   ② 242

③ 244   ④ 246

⑤ 248

02 삼각형 ABC에서 선분 BC의 길이가 3이고

$$4\cos^2 A - 5\sin A + 2 = 0$$

일 때, 삼각형 ABC의 외접원의 반지름의 길이는? [3점]

① $\dfrac{3}{2}$ ② 2

③ $\dfrac{5}{2}$ ④ 3

⑤ $\dfrac{7}{2}$

03 수직선 위를 움직이는 점 P의 시각 $t(t \geq 0)$에서의 속도 $v(t)$가

$$v(t) = at^2 + bt \ (a, b는 상수)$$

이다. 시각 $t = 1$, $t = 2$일 때, 점 P의 속도가 각각 15, 20이다.

시각 $t = 1$에서 $t = 5$까지 점 P가 움직인 거리는? [3점]

① $\dfrac{166}{3}$ ② 56

③ $\dfrac{170}{3}$ ④ $\dfrac{172}{3}$

⑤ 58

04 다항함수 $f(x)$가 다음 조건을 만족시킬 때, $f(2)$의 값은? (단, a는 0이 아닌 상수이다.) [3점]

> (가) $\displaystyle\lim_{x \to \infty} \dfrac{f(x) - ax^2}{2x^2 + 1} = \dfrac{1}{2}$
>
> (나) $\displaystyle\lim_{x \to 0} \dfrac{f(x)}{x^2 - ax} = 2$

① 1   ② 2

③ 3   ④ 4

⑤ 5

05 두 양수 a, b에 대하여
$0 \leq \log_2 a \leq 2$, $0 \leq \log_2 b \leq 2$이고
$\log_2(a+b)$가 정수일 때, 두 점 $(4, 2)$와
(a, b)사이의 거리의 최솟값을 m, 최댓값을
M이라 하자. $m^2 + M^2$의 값은? [4점]

① 12 ② 14

③ 16 ④ 18

⑤ 20

06 모든 항이 양수인 등비수열 $\{a_n\}$에 대하여
$$a_1 = 2a_4, \quad a_3^{\log_2 3} = 27$$
일 때, 집합 $\left\{ n \,\middle|\, \log_4 a_n - \log_2 \dfrac{1}{a_n} \text{은 자연수} \right\}$
의 모든 원소의 개수는? [4점]

① 4 ② 5

③ 6 ④ 7

⑤ 8

07 실수 k에 대하여 함수
$$f(x) = x^3 + kx^2 + (2k-1)x + k + 3$$
의 그래프가 k의 값에 관계없이 항상 점 P를 지
난다.
곡선 $y = f(x)$ 위의 점 P에서의 접선이 곡
선 $y = f(x)$와 오직 한 점에서 만난다고 할
때, k의 값은? [4점]

① 1 ② 2

③ 3 ④ 4

⑤ 5

08 자연수 n과 $\displaystyle\lim_{x \to \infty} \dfrac{f(x) - x^3}{x^2} = 2$인 다항함수
$f(x)$에 대하여 함수 $g(x)$가
$$g(x) = \begin{cases} \dfrac{x-1}{f(x)} & (f(x) \neq 0) \\ \dfrac{1}{n} & (f(x) = 0) \end{cases}$$
이다. $g(x)$가 실수 전체의 집합에서 연속이
되도록 하는 n의 최솟값은? [4점]

① 7 ② 8

③ 9 ④ 10

⑤ 11

09 삼차함수 $f(x)=x^3+x^2$의 그래프 위의 두 점 $(t, f(t))$와 $(t+1, f(t+1))$에서의 접선의 y절편을 각각 $g_1(t)$와 $g_2(t)$라 하자. 함수 $h(t)=|g_1(t)-g_2(t)|$의 최솟값은? [4점]

① $\dfrac{1}{3}$

② $\dfrac{2}{3}$

③ 1

④ $\dfrac{4}{3}$

⑤ $\dfrac{5}{3}$

10 두 수열 $\{a_n\}$, $\{b_n\}$이

$$a_n=\sum_{k=1}^{n} k,$$

$$b_1=1, \ b_n=b_{n-1}\times\dfrac{a_n}{a_n-1}\ (n\geq 2)$$

를 만족시킬 때, b_{100}의 값은? [4점]

① $\dfrac{44}{17}$

② $\dfrac{46}{17}$

③ $\dfrac{48}{17}$

④ $\dfrac{50}{17}$

⑤ $\dfrac{52}{17}$

11 그림과 같이 원에 내접하는 삼각형 ABC가 있다. 호 AB, 호 BC, 호 CA의 길이가 각각 3, 4, 5이고 삼각형 ABC의 넓이가 S일 때, $\dfrac{\pi^2 S}{9}$의 값은? [4점]

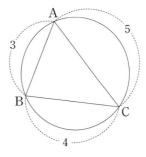

① $2-\sqrt{3}$

② $\sqrt{3}$

③ $1+\sqrt{3}$

④ $2+\sqrt{3}$

⑤ $3+\sqrt{3}$

12 다항함수 $f(x)$가 다음 조건을 만족시킬 때, 상수 a의 값은? [4점]

> (가) 모든 실수 x에 대하여
> $$\dfrac{d}{dx}\left\{\int_1^x (f(t)+t^2+2at-3)dt\right\}$$
> $$=\int_1^x \left\{\dfrac{d}{dt}(2f(t)-3t+7)\right\}dt$$
> (나) $\displaystyle\lim_{h\to 0}\dfrac{f(3+h)-f(3-h)}{h}=6$

① -1

② -2

③ -3

④ -4

⑤ -5

13 실수 $r=\dfrac{3}{\sqrt[3]{4}-\sqrt[3]{2}+1}$에 대하여

$$r+r^2+r^3=a\sqrt[3]{4}+b\sqrt[3]{2}+c$$

일 때, $a+b+c$의 값은? (단, a, b, c는 유리수이다.) [4점]

① 7   ② 9

③ 11   ④ 13

⑤ 15

14 삼각형 ABC에서 $\angle A=\dfrac{2\pi}{3}$이고 $\overline{AB}=6$이다. $\overline{AC}$와 $\overline{BC}$의 합이 24일 때, $\cos B$의 값은? [4점]

① $\dfrac{19}{28}$ ② $\dfrac{5}{7}$

③ $\dfrac{21}{28}$ ④ $\dfrac{11}{14}$

⑤ $\dfrac{23}{28}$

15 실수 p에 대하여 곡선 $y=x^3-x^2$과 직선 $y=px-1$의 교점의 x좌표 중 가장 작은 값을 m이라 하자. $m<a<b$인 모든 실수 a, b에 대하여

$$\int_a^b (x^3-x^2-px+1)\,dx>0$$

이 되도록 하는 m의 최솟값은? [4점]

① $-\dfrac{1}{2}$ ② -1

③ $-\dfrac{3}{2}$ ④ -2

⑤ $-\dfrac{5}{2}$

16 자연수 n에 대하여 곡선

$$y=n\sin(n\pi x)\ (0\le x\le 1)$$

위의 점 중 y좌표가 자연수인 점의 개수를 a_n이라 할 때, $\sum\limits_{n=1}^{10} a_n$의 값은?

[4점]

① 340   ② 350

③ 360   ④ 370

⑤ 380

17 자연수 n에 대하여 함수
$$f(x)=|x^2-4|(x^2+n)$$
이 $x=a$에서 극값을 갖는 a의 개수가 4이상일 때, $f(x)$의 모든 극값의 합이 최대가 되도록 하는 n의 값은? [5점]

① 1   ② 2

③ 3   ④ 4

⑤ 5

18 실수 $t(0<t<3)$에 대하여 삼차함수
$$f(x)=2x^3-(t+3)x^2+2tx$$
가 $x=a$에서 극댓값을 가질 때, 세 점 $(0, 0)$, $(a, 0)$, $(a, f(a))$를 꼭짓점으로 하는 삼각형의 넓이를 $g(t)$라 하자.
$\displaystyle\lim_{t\to 0}\frac{1}{g(t)}\int_0^a f(x)dx$의 값은? [5점]

① 1   ② $\dfrac{13}{12}$

③ $\dfrac{7}{6}$ ④ $\dfrac{5}{4}$

⑤ $\dfrac{4}{3}$

19 두 함수 $f(x)$와 $g(x)$가
$$f(x)=\begin{cases}\cos x & (\cos x\geq\sin x)\\ \sin x & (\cos x<\sin x)\end{cases},$$
$$g(x)=\cos ax \ (a>0인 \ 상수)$$
이다.
닫힌구간 $\left[0, \dfrac{\pi}{4}\right]$에서 두 곡선 $y=f(x)$와 $y=g(x)$의 교점의 개수가 3이 되도록 하는 a의 최솟값을 p라 하자.
닫힌구간 $\left[0, \dfrac{11}{12}\pi\right]$에서 두 곡선 $y=f(x)$와 $y=\cos px$의 교점의 개수를 q라 할 때, $p+q$의 값은? [5점]

① 16   ② 17

③ 18   ④ 19

⑤ 20

20 최고차항의 계수가 1인 두 이차다항식 $P(x)$, $Q(x)$에 대하여 두 함수 $f(x)=(x+4)P(x)$, $g(x)=(x-4)Q(x)$가 다음 조건을 만족시킨다.

(가) $f'(-4)\neq0$, $f(4)\neq0$, $g(-4)\neq0$

(나) 방정식 $f(x)g(x)=0$의 서로 다른 모든 해를 크기순으로 나열한 -4, a_1, a_2, a_3, 4는 등차수열을 이룬다.

(다) $f'(a_i)=0$인 $i\in\{1,\ 2,\ 3\}$은 하나만 존재하고 모든 $i\in\{1,\ 2,\ 3\}$에 대하여 $g'(a_i)\neq0$이다.

두 곡선 $y=f(x)$와 $y=g(x)$가 서로 다른 두 점에서 만날 때, 두 교점의 x좌표의 합은? [5점]

① $-\dfrac{1}{2}$ ② $-\dfrac{1}{4}$

③ 0 ④ $\dfrac{1}{4}$

⑤ $\dfrac{1}{2}$

[21~25] 각 문항의 답을 답안지에 기재하시오.

21 방정식 $\log_2(x+4)+\log_{\frac{1}{2}}(x-4)=1$을 만족시키는 실수 x의 값을 구하시오. [3점]

22 이차방정식 $x^2-x-1=0$의 두 근을 α, β라 하자. 수열 $\{a_n\}$이 모든 자연수 n에 대하여
$$a_n=\frac{1}{2}(\alpha^n+\beta^n)$$
을 만족시킬 때, $\displaystyle\sum_{k=1}^{3}a_{3k}$의 값을 구하시오. [4점]

23 최고차항의 계수가 1인 이차함수 $f(x)$에 대하여 함수 $g(x)$는

$$g(x) = \int_{-1}^{x} f(t)dt$$

이다. $\displaystyle\lim_{x \to 1} \frac{g(x)}{x-1} = 2$일 때, $f(4)$의 값을 구하시오. [4점]

24 좌표평면 위에 원점을 중심으로 하고 반지름의 길이가 1인 원 C와 두 점 A$(3, 3)$, B$(0, -1)$이 있다. 실수 $t(0 < t \le 4)$에 대하여 $f(t)$를 집합 $\{$X$\,|\,$X는 원 C 위의 점이고, 삼각형 ABX의 넓이는 $t\}$의 원소의 개수라 하자. 함수 $f(t)$가 연속하지 않은 모든 t의 값의 합을 구하시오. [4점]

25 두 집합 X, Y를

$X = \{\{a_n\} \,|\, \{a_n\}$은 모든 항이 자연수인 수열이고, $\log a_n + \log a_{n+1} = 2n\}$,

$Y = \{a_4 \,|\, \{a_n\} \in X\}$

라 하자. 집합 Y의 모든 원소의 합이 $p \times 100$일 때, p의 값을 구하시오. [5점]

If you would thoroughly know anything, teach it to others.
어떤 것을 완전히 알려거든 그것을 다른 이에게 가르쳐라.

– 트라이언 에드워즈(Tryon Edwards)

2026
경찰대학
7개년 국어·영어·수학

2021 학년도 기출문제 | 제1교시   국어영역

제2교시   영어영역

제3교시   수학영역

01 밑줄 친 ㉠, ㉡의 사례가 올바르게 짝지어진 것은?

───〈보기〉───

한글 맞춤법의 기본 원리로는 소리대로 적는 ㉠ 표음주의와 어법에 맞도록 적는 ㉡ 표의주의가 있다. 표음주의는 표기가 소리를 그대로 반영하도록 적는 원리이다. 반면 표의주의는 형태를 밝혀 적는 것으로서, 간단히 말하면 동일한 형태소를 고정해서 적는 원리를 말한다.

	㉠	㉡
①	쇠붙이	무르팍
②	쓰레기	달맞이
③	달맞이	쇠붙이
④	코끼리	쓰레기
⑤	무르팍	코끼리

02 〈보기〉를 참고하여 탐구한 내용으로 적절하지 <u>않은</u> 것은?

───〈보기〉───

'의'의 표준 발음

– 'ㅢ'는 이중 모음으로 발음한다.
– 다만(1), 자음을 첫소리로 가진 'ㅢ'는 [ㅣ]로 발음한다. ㉮ 희망[히망]
– 다만(2), 단어의 첫 음절 이외의 '의'는 [ㅣ], 조사 '의'는 [ㅔ]로 발음하는 것도 허용한다. ㉮ 주의[주의/주이], 협의[혀븨/혀비], 우리의[우리의/우리에]

① '의식'을 [의식]으로 발음하면 표준 발음이군.
② '너희'를 [너희]로 발음하면 표준 발음이 아니군.
③ '논의'를 [노늬]로 발음하면 표준 발음이 아니군.
④ '의의'를 [으이]로 발음하면 표준 발음이 아니군.
⑤ '너의 (집)'를 [너에]로 발음하면 표준 발음이군.

03 밑줄 친 ㉠의 사례로 적절하지 <u>않은</u> 것은?

〈보기〉

　모음과 모음이 결합할 때에는 여러 가지 음운 변동이 일어날 수 있다. ㉠ <u>모음 중 하나가 탈락할 수도 있고, 두 모음이 합쳐져 하나의 이중 모음으로 바뀔 수도 있다.</u> 둘 중 어느 변동이 일어나든 모음과 모음이 직접 결합하는 것을 막아 준다.

① 비+어서 → [벼:서]

② 펴+어서 → [펴서]

③ 서+어서 → [서서]

④ 쓰+어서 → [써서]

⑤ 크+어서 → [커서]

04 다음 문장들의 공통점에 대한 설명으로 적절하지 <u>않은</u> 것은?

〈보기〉

・나는 정성껏 만든 선물을 몰래 엄마에게 드렸다.
・나는 예전에 존경하던 선생님께 편지를 보냈다.

① 세 자리 서술어가 쓰였다.

② 부사가 부사어로 나타난다.

③ 객체를 높이는 형태소가 쓰였다.

④ 관형어로 기능하는 안긴문장이 있다.

⑤ 문법적 관계를 나타내는 품사가 나타난다.

05 ㉠에 속하는 예로 적절한 것은?

〈보기〉

　어근과 어근으로 이루어진 복합어를 합성어라고 한다. 그런데 접사가 포함되어 있는데도 합성어로 분석되는 특이한 경우도 있다. '금목걸이'가 대표적이다. 이 단어에는 접사 '-이'가 결합되어 있지만 '금목걸이'는 파생어가 아닌 합성어이다. '금목걸이'를 둘로 쪼개면 '금'과 '목걸이'가 되는데, 이 둘은 모두 어근 또는 어근의 자격을 지니므로 '금목걸이'에 접사가 포함되어 있지만 파생어가 될 수는 없다. 이처럼 ㉠ <u>접사가 포함되어 있어도 합성어로 분석되는 경우</u>는 더 존재한다.

① 나뭇가지　　　② 병따개

③ 손가락질　　　④ 아침밥

⑤ 비웃음

06 〈보기〉에서 설명하는 사례에 속하지 <u>않는</u> 것은?

2021 기출문제

〈보기〉

한글 맞춤법 제18항. 다음과 같은 용언들은 어미가 바뀔 경우, 그 어간이나 어미가 원칙에 벗어나면 벗어나는 대로 적는다.
1. 어간의 끝 'ㄹ'이 줄어질 적
　예 갈다 : 가니 간 갑니다 가시다 가오
2. 어간의 끝 'ㅅ'이 줄어질 적
　예 긋다 : 그어 그으니 그었다
3. 어간의 끝 'ㅎ'이 줄어질 적
　예 그렇다 : 그러니 그럴 그러면 그러오
　　　　　　　…

① (가방에) 넣다　　② (울음을) 울다

③ (젓가락을) 젓다　④ (색깔이) 벌겋다

⑤ (사이를) 잇다

07 밑줄 친 ㉠의 예로 가장 적절한 것은? [3점]

─〈보기〉─

　동사 중에 목적어를 필요로 하는 것을 타동사, 그렇지 않은 것을 자동사라고 한다. 하나의 동사는 타동사 또는 자동사로만 쓰이는 것이 일반적이다. 그런데 때로는 ㉠ 동일한 동사가 타동사와 자동사로 모두 쓰이기도 한다. 예컨대 '움직이다'의 경우 '환자가 팔을 움직였다.'에서는 타동사, '환자의 팔이 움직였다.'에서는 자동사로 쓰이고 있다.

① ┌ 그는 사람들에게 천사로 불렸다.
　└ 그는 갖은 방법으로 재산을 불렸다.

② ┌ 그는 수배 중에 경찰에게 잡혔다.
　└ 그는 자기 집도 저당으로 잡혔다.

③ ┌ 그가 접은 배가 물에 잘 떴다.
　└ 그는 집에 가기 위해 자리를 떴다.

④ ┌ 그가 부르던 노랫소리가 그쳤다.
　└ 그는 하던 일을 갑자기 그쳤다.

⑤ ┌ 그는 품행이 매우 발랐다.
　└ 그는 손에 연고만 발랐다.

08 빈칸 ㉠에 들어갈 예문으로 적절한 것은?

─〈보기〉─

타다² [타다]
활용 타[타], 타니[타니]
「동사」
1.【…에】【…을】
　탈것이나 짐승의 등 따위에 몸을 얹다.
　(예문) 비행기에 타다.
2.【…을】
　「1」도로, 줄, 산, 나무, 바위 따위를 밟고 오르거나 그것을 따라 지나가다.
　(예문) 원숭이는 나무를 잘 탄다.
　「2」어떤 조건이나 시간, 기회 등을 이용하다.
　(예문) [㉠]
　　　　　…

① 썰매를 타려면 장갑을 꼭 끼어야 한다.
② 그는 따뜻한 차를 타서 천천히 마셨다.
③ 사람들은 틈을 타서 도주하려고 했다.
④ 아이들이 놀이 기구를 타러 가고 있다.
⑤ 연이 바람을 타고 하늘로 올라간다.

09 다음 설명을 참고하여 탐구한 결과로 적절하지 않은 것은?

─〈보기〉─

　한글 자모 24자 중 모음을 나타내는 글자는 10개(ㅏ, ㅑ, ㅓ, ㅕ, ㅗ, ㅛ, ㅜ, ㅠ, ㅡ, ㅣ)이다. 이것은 훈민정음의 중성자 11자 중 'ㆍ'가 없어진 결과이다. 이 글자들을 제외한 나머지는 10개의 글자들이 합쳐져서 만들어진 복합적인 글자이다. 가령 'ㅐ'는 'ㅏ'와 'ㅣ'의 두 글자가 합쳐진 것이고 'ㅞ'는 'ㅜ, ㅓ, ㅣ'의 세 글자가 합쳐진 것이다.

① 'ㅟ'는 'ㅜ'와 'ㅣ'의 두 글자가 합쳐진 글자이다.

② 'ㅐ'은 'ㅣ'와 'ㅕ'의 두 글자가 합쳐진 글자이다.

③ 'ㅘ'는 'ㅗ'와 'ㅏ'의 두 글자가 합쳐진 글자이다.

④ 'ㅝ'는 'ㅜ'와 'ㅕ'의 두 글자가 합쳐진 글자이다.

⑤ 'ㅙ'는 'ㅗ, ㅏ, ㅣ'의 세 글자가 합쳐진 글자이다.

10 ㉠~㉤ 중 '선혜'를 높이는 말이 **아닌** 것은? [3점]

〈보기〉

善慧(선혜) 精誠(정성)이 ㉠ 至極(지극)ᄒ실ᄊᆡ 고지 소사나거늘 조차 블러 사아지라 ㉡ ᄒ신대 俱夷(구이) 니ᄅ샤ᄃᆡ 大闕(대궐)에 ㉢ 보내ᅀᆞᄫᅡ 부텻긔 받ᄌᆞᄫᆞᆯ 고지라 몯ᄒᆞ리라 善慧(선혜) 니ᄅ샤ᄃᆡ 五百(오백) 銀(은) 도ᄂᆞ로 다ᄉᆞᆺ 줄기를 사아지라 俱夷(구이) ㉣ 묻ᄌᆞᄫᅡ샤ᄃᆡ 므스게 ㉤ 쓰시리

[현대역] 선혜가 정성이 지극하시므로 꽃이 솟아나거늘 좇아서 불러 사고 싶다고 하시니, 구이가 이르시되 대궐에 보내어 부처께 바칠 꽃이라 못하리라. 선혜가 이르시되 오백은 돈으로 다섯 줄기를 사고 싶다. 구이가 물으시되 무엇에 쓰시리?

① ㉠   ② ㉡

③ ㉢   ④ ㉣

⑤ ㉤

[11~14] 다음 글을 읽고 물음에 답하시오.

2018년 미국 크리스티 경매에서 인공 지능 화가 '오비어스'가 그린 「에드몽 드 벨라미(Edmond de Belamy)」라는 초상화가 43만 2천 달러(약 5억 원)에 낙찰되었다. 이 사건은 해묵은 논쟁을 다시 불러일으켰다. 인공 지능이 그린 그림을 예술품이라고 할 수 있을까? 적어도 누군가 돈을 주고 샀으니 예술품인 걸까? 우선 인공 지능이 그린 그림이 팔렸다는 사실 자체는 예술품인지 여부를 판단하는 중요한 근거가 아니라는 것을 말해 두고 싶다. 5억 원이라는 엄청난 액수조차 문제의 핵심은 아니다.

예술의 가치를 돈으로 평가하는 것 자체에 거부감이 있는 사람도 있으리라. 예술에 특별한 의미를 부여하는 사람들에게는 특히 그럴 것이다. 하지만 예술품이 일단 시장에 나오면 그것의 가치는 예술이 아니라 시장이 결정한다. 따라서 인공 지능의 그림이 경매에서 5억 원에 팔렸다는 사실 자체는 뉴스가 아니다. 누군가 이 그림이 앞으로 더 비싼 값에 팔릴 가능성이 있다고 믿었다는 것에 불과하다. 거래에 있어 그림이 진짜 예술품인지 여부는 중요하지 않다. 인공 지능이 만든 작품이 예술품인지 여부는 다른 관점에서 생각해야 한다.

E. H.곰브리치의 『서양미술사』는 이런 문장으로 시작된다. "미술(art)이라는 것은 사실상 존재하지 않는다. 다만 미술가들이 있을 뿐이다." 미술가가 하는 일이 미술이라는 말인데, 그렇다면 미술가는 누구인가? 미술 하는 사람이 미술가니까 결국 자기 참조의 오류에 빠진 것이 아닌가? 곰브리치의 말에는 심오한 의미가 있다고 생각한다. 어떤 결과물이 미술품인지 판단하는 근거는 결과물이 아니라 그 결과물을 만든 주체에 있다는 것이다.

미술가는 반드시 인간이어야 할까? 2005년 '콩고'라는 침팬지가 그린 그림들이 약 2,500달러(약 250만 원)에 팔렸다. 콩고는 1964년에 죽었는데, 살아 있는 동안 수백여 점의 그림을 그렸다고 한다. 앞서 이야기했듯이 콩고가 그린 것이 예술품이냐는 문제에 있어 그림이 팔렸다는 것은 중요하지

않다. 인간이 만든 것만이 예술품이라면, 콩고의 작품은 예술품이 아니다. 하지만 작품은 언제나 작가에 의해 만들어질까?

앤디 워홀은 그의 작품을 직접 제작하지 않았다. 앤디 워홀의 작품이 예술품이라면 기획이나 지시만으로도 예술품이 되는 것은 가능하다. 인간이 주체라면 의도만으로 예술품을 만들 수 있지만, 동물은 자신이 기획하고 직접 제작하더라도 예술품을 만들 수 없다. 동물은 자신이 그린 그림의 지적 재산권도 가질 수 없다. 동물은 인간이 아니기 때문이다.

결과물에 대한 법적 권리가 예술품인지 여부를 판단하는 데 중요한 기준이 될까? 법인(法人)은 인간이 아니지만 인간의 법적 권리를 가질 수 있다. 재단 법인은 소송, 소유, 계약에서 재물(財物)이 인간의 권리를 갖는 것인데, 인간의 모든 권리를 갖는 것은 아니다. 적어도 재단 법인이 그린 미술품은 없다. 하지만 인간은 필요하다면 자신의 권리 일부를 법인이라는 비인간에게 줄 수 있다.

미술가를 인간으로 국한하더라도 인공 지능이 그린 그림은 예술품이 될 수 있다. 인간이 의도를 가지고 인공 지능을 이용하여 작품을 만들면 된다. 아니면 작품이 만들어지는 과정에 인간이 조금이라도 개입하면 된다. 인공 지능은 침팬지와는 비교도 안 되는 수준으로 인간을 흉내 낼 수 있다. 아니, 기술적으로는 웬만한 인간의 수준을 뛰어넘는다. 인공 지능의 작품이 예술품이 되지 못하도록 막는 것은 어쩌면 예술은 인간만이 할 수 있다는 근거 없는 믿음뿐이다. 결국 인공 지능이 그린 그림이 예술품이냐는 질문은 논리나 예술이 아니라 정치적인 문제인지도 모르겠다. 법인과 같이 인간이 자신이 가진 예술적 권리의 일부를 인공 지능에 양도하기로 결정한다면, 그때부터 인공 지능은 예술가가 될 것이다.

11 윗글의 설명 방식으로 가장 적절한 것은?

① 다양한 질문을 제시하여 쟁점 사항을 구체화하는 방식으로 전개하고 있다.

② 대상의 개념을 구체적으로 설명하여 논쟁의 이유를 분명하게 밝히고 있다.

③ 인과 관계를 논리적으로 서술하여 사회적 쟁점에 대한 해결책을 찾아가고 있다.

④ 다양한 가설을 명시적으로 드러냄으로써 충돌되는 견해의 유사점을 강조하고 있다.

⑤ 적절한 예시를 활용하여 서로 다른 주장에 내포된 공통점을 부각하여 설명하고 있다.

12 윗글에 대한 이해로 가장 적절한 것은?

① 침팬지의 그림이 팔렸다는 데서 침팬지도 그림의 지적 재산권을 가진다는 것을 알 수 있다.

② 인간만이 예술품을 창작할 수 있다는 믿음은 인공 지능이 예술 작품을 창작하는 근본 바탕이 된다.

③ 예술품 여부에 대한 판단 기준에 의거하여 인공 지능의 그림이 경매에서 거래되었다고 할 수 있다.

④ 재단 법인은 인간에게 소송, 소유, 계약의 권리를 부여받더라도 예술품에 대한 법적 권리를 가질 수 없다.

⑤ 예술을 특별한 것으로 여기는 사람 가운데 그림의 가치가 시장에서 결정되는 것에 거부감이 있는 사람도 있다.

13 하는 과 문맥적 의미가 가장 가까운 것은?

① 엄마가 갑자기 무서운 얼굴을 했다.

② 내 친구는 건강한 삶을 목표로 했다.

③ 오늘은 가족들이 점심으로 냉면을 했다.

④ 범인은 그 사건을 자신이 저질렀다고 했다.

⑤ 그는 대학에 다니면서 여러 가지 전공을 했다.

14 〈보기〉를 참고하여 윗글을 이해한 것으로 가장 적절한 것은? [3점]

─〈보기〉─

2009년 소더비 경매에서 앤디 워홀의 작품 「200개의 1달러 지폐」는 4,380만 달러(약 500억 원)에 팔렸다. 인공 지능 화가 오비어스가 그린 그림의 100배 가격이다. 앤디 워홀의 작품은 제목 그대로 1달러 지폐 200장이 가로 열 개, 세로 스무 개로 열을 맞춰 늘어서 있다. 1달러 지폐는 전문 판화가가 제작한 것이다. 앤디 워홀이 직접 한 일은 판화를 200번 찍은 것뿐이 아닐까 생각되지만, 그마저도 다른 사람이 했을지 모른다. 이런 작품이 500억 원에 팔렸다는 것은 놀라운 일이다.

① 앤디 워홀은 오비어스보다 그림을 창작하는 데 있어서 더 많은 공력을 들였다.

② 앤디 워홀은 미술품을 직접 제작했지만 오비어스는 작품 제작을 직접 하지 않았다.

③ 앤디 워홀의 기획과 지시는 인간의 의도가 반영된 인공 지능의 창작과 크게 다를 바 없다.

④ 콩고가 그린 그림이 매매되었다는 것과 오비어스가 그린 그림이 매매되었다는 것은 전혀 다른 문제이다.

⑤ 오비어스가 그린 그림보다 콩고가 그린 그림이 앤디 워홀의 그림 수준에 더욱 가까이 다가갔다고 할 수 있다.

[15~19] 다음 글을 읽고 물음에 답하시오.

(가)

거울속에는소리가없소
저렇게까지조용한세상은참없을것이오

거울속에도내게귀가있소
내말을못알아듣는딱한귀가두개나있소

거울속의나는왼손잡이오
내악수를받을줄모르는─악수를모르는왼손잡이오

거울때문에나는거울속의나를만져보지를못하는구려마는
거울이아니었던들내가어찌거울속의나를만나보기만이라도했겠소

나는지금거울을안가졌소마는거울속에는늘거울속의내가있소
잘은모르지만외로된사업에골몰할게요

거울속의나는참나와는반대요마는
또꽤닮았소
나 는거울속의나를근심하고진찰할수없으니퍽섭섭하오

─ 이상, 「거울」

(나)

┌ 산모퉁이를 돌아 논 가 외딴 **우물**을 홀로 찾아
│ 가선 가만히 들여다봅니다.
[A]
│ 우물 속에는 달이 밝고 구름이 흐르고 하늘이
└ 펼치고 파란 바람이 불고 가을이 있습니다.

┌ 그리고 한 사나이가 있습니다.
[B]
└ 어쩐지 그 사나이가 미워져 돌아갑니다.

[C] ┌ 돌아가다 생각하니 그 사나이가 가엾어집니다.
    └ 도로 가 들여다보니 사나이는 그대로 있습니다.

[D] ┌ 다시 그 사나이가 미워져 돌아갑니다.
    └ 돌아가다 생각하니 그 사나이가 그리워집니다.

[E] ┌ 우물 속에는 달이 밝고 구름이 흐르고 하늘이
   │ 펼치고 파아란 바람이 불고 가을이 있고 추억
    └ 처럼 사나이가 있습니다.

　　　　　　　　　　　　　　　　　－ 윤동주, 「자화상」

(다)
새벽 시내버스는
차창에 웬 ㉠ 찬란한 치장을 하고 달린다
㉡ 엄동 혹한일수록
선연히 피는 성에꽃
어제 이 버스를 탔던
처녀 총각 아이 어른
미용사 외판원 파출부 실업자의
입김과 숨결이
간밤에 은밀히 만나 피워 낸
㉢ 번뜩이는 기막힌 아름다움
나는 무슨 전람회에 온 듯
자리를 옮겨 다니며 보고
다시 꽃 이파리 하나, 섬세하고도
차가운 아름다움에 취한다
어느 누구의 ㉣ 막막한 한숨이던가
어떤 더운 가슴이 토해 낸 ㉤ 정열의 숨결이던가
일없이 정성스레 입김으로 손가락으로
성에꽃 한 잎 지우고
이마를 대고 본다
덜컹거리는 창에 어리는 푸석한 얼굴
오랫동안 함께 길을 걸었으나
지금은 면회마저 금지된 친구여.

　　　　　　　　　　　　　　　　　－ 최두석, 「성에꽃」

15 (가)~(다)에 대한 설명으로 적절하지 <u>않은</u> 것은?

① (가)는 시의 표현 기법과 상식적 질서를 거부하는 방식으로 자의식의 세계를 표출하고 있다.
② (나)는 병렬적 표현을 사용하여 화자의 현실적 상황과 대비되는 세계를 표현하고 있다.
③ (다)는 은유적 표현을 활용하여 시적 대상의 아름다움을 감각적으로 형상화하고 있다.
④ (가)와 (나)는 현실적 자아와 이상적 자아의 대립과 갈등을 직접적으로 표면화하고 있다.
⑤ (나)와 (다)는 시적 대상에 대한 연민의 정서를 드러내고 있다.

16 (가)의 | 나 |에 대한 이해로 적절하지 <u>않은</u> 것은?

① 거울 속에도 세상이 있지만, 아무 소리도 들리지 않는다고 느낀다.
② 거울 속의 자신과 악수를 시도하지만, 거울 속의 자신은 악수를 받을 수 없다고 여긴다.
③ 거울 속의 자신에게 대화를 시도하지만, 거울 속의 자신은 귀가 있으면서도 듣지 못한다고 생각한다.
④ 거울 속의 자신과 단절되었다고 생각하면서도, 거울이 있기에 거울 속의 자신을 만날 수 있다고 생각한다.
⑤ 거울을 안 쳐다볼 때도 거울 속에 자신의 모습이 있다고 생각하면서, 거울 속의 자신과 늘 함께 행동하고 있다고 판단한다.

17 [A]~[E]를 이해한 것으로 가장 적절한 것은?

① [A] : 화자는 우물 속의 평화로운 풍경을 보면서 현실에 비판적인 자신에 대한 부끄러움을 드러낸다.

② [B] : 화자는 현실 초월적인 자신의 모습에 슬픔을 느끼고 정서적으로 공감하는 태도를 드러낸다.

③ [C] : 화자는 현재 상황과 비판적 거리를 둠으로써 미래에 대한 동경의 자세를 드러낸다.

④ [D] : 화자는 자신에 대한 애증을 반복함으로써 현실에 대한 타협적 태도를 드러낸다.

⑤ [E] : 화자는 아름답고 평화로운 자연의 모습을 통해 과거의 자신을 추억하는 그리움의 정서를 드러낸다.

18 ㉠~㉤에서 의미하는 시적 대상이 다른 것은?

① ㉠   ② ㉡

③ ㉢   ④ ㉣

⑤ ㉤

19 '거울', '우물', '차창'에 대한 이해로 가장 적절한 것은? [3점]

① '거울'은 사회를 반영하는 대상으로 현실 비판의 매개체로 작용한다.

② '우물'은 바라봄과 드러남의 양면성을 통해 현대인의 불안 의식을 강조하는 기능을 한다.

③ '차창'은 시적 대상을 감각적으로 느끼게 함으로써 세상을 이해하고 바라보는 통로가 된다.

④ '거울'과 '차창'은 밖과 안의 대비를 통해 단절된 자아의 모습을 상징적으로 부각한다.

⑤ '우물'과 '차창'은 자기 자신을 긍정의 대상으로 심화할 수 있는 물건이라는 점에서 동질적인 의미를 내포한다.

[20~23] 다음 글을 읽고 물음에 답하시오.

저작권은 표현에 미치고, 표현의 바탕이 되는 아이디어에는 미치지 않는다. 저작물의 보호 요건인 창작성의 판단 역시 표현에만 적용된다. 비록 아이디어가 진부하다 할지라도 그 표현이 ㉠ 어떤 것을 모방하지 않은 독자적 성격을 띤다면 문제 될 것이 없다. 이러한 기준을 '아이디어/표현의 이분법'이라 한다. 저작권법에서 이렇게 표현과 아이디어를 구별하여 표현만 보호하는 이유는 ㉡ 어떤 아이디어를 특정 사회 구성원의 소유로 하는 것이 문화와 사회의 발전을 위해 바람직하지 않기 때문이다. 아이디어는 제한 없이 공유되고 소통되어야 한다. 누군가가 먼저 착안했다는 이유만으로 그에게 아이디어를 독점할 수 있는 권리를 부여하면, 자칫 헌법적 권리인 사상과 표현의 자유가 제약되고 민주주의의 토대가 되는 자유로운 토론이 제약되는 결과로 이어질 수 있다. 여기에 '아이디어/표현의 이분법'의 의의가 있다. 기술과 산업 분야에서 착상(conception)이 특허법 등 다른 법률에 의해 보호되는 것과 대비되는 대목이다.

하지만 실제 저작물에서 아이디어와 표현을 분리하는 것은 그리 쉽지 않다. 소설을 예로 들자면, 개별적 사건에 관한 서술은 표현에 가깝겠지만 그 사건을 구성하는 등장인물의 성격이나 작품의 전체적인 줄거리 등은 표현과 아이디어의 성격을 모두 지닌다. 즉, 그것이 얼마나 구체적인가에 따라 표현에 가까워졌다가 다시 아이디어에 가까워지고는 한다. 저작권 침해 사건을 심리할 때 이 문제가 종종 심각하게 거론되는 이유가 여기에 있다. 이 같은 경우에는 현재의 창작자와 미래의 창작자 양쪽의 이익을 균형 있게 보호하는 선에서 판단이 이루어져야 한다. 즉, 표현으로 보호하는 범위를 너무 좁게 함으로써 현재의 창작자의 창작 의욕을 꺾는다거나, 반대로 그 범위를 너무 넓게 인정함으로써 미래의 창작자가 창작 활동에 제한을 받는 일이 없어야 한다는 것이다.

한편, 저작권법으로 보호될 수 있는 요건을 갖춘 표현이라 할지라도 특정한 아이디어를 효과적으로 표현할 수 있는 방법이 논리적으로든 사실적으로든 매우 제한된 경우에는 저작권 보호가 부인되기도 한다. 크게 다음의 세 가지 기준을 적용하는데, 이들 중 ⓒ 어떤 기준을 적용하여 판단하느냐는 사안에 따라 다르다.

먼저 '합체의 원칙'이다. 특정 아이디어를 표현하는 방법이 당초 지극히 제한되어 있어 오직 그 방법을 통하지 않고서는 달리 효과적으로 표현할 수 없는 경우에는 해당 표현에 대하여는 저작권 보호가 부인된다. 만일 그러한 표현마저 저작권으로 보호하면 그와 합체되어 있는 아이디어까지 보호하는 결과로 이어져 필연적으로 아이디어에 대해 독점권 내지 배타적 이용권을 부여하게 되기 때문이다.

다음으로 '사실상의 표준'이다. 처음 창작을 할 당시에는 아이디어를 표현하는 방법이 많이 있었으나, 시간이 흐르면서 ⓓ 어떤 표현 방법이 업계의 표준으로 굳어져 통용되는 경우가 있다. 이런 경우 그와 같은 표현을 저작권으로 보호하면 후발업자는 경쟁에서 매우 불리한 입장에 놓이게 되어 경쟁이 제한되는 부작용을 초래하게 된다. 사실상의 표준은 사후적인 합체에 해당하므로 최초 창작자의 권리가 충분히 보호받지 못하는 일이 발생하지 않도록 그 판단에 신중을 기해야 한다.

끝으로 '필수 장면'이다. 합체의 원칙이 주로 기능적인 저작물에 적용된다면, 필수 장면은 예술적 저작물에 주로 적용된다. ⓔ 어떤 아이디어를 표현하기 위해 당연히 도입해야만 하는 사건 또는 장면이나 전형적으로 등장하는 인물의 유형과 같은

요소들은 설사 그것이 창작적 표현에 해당하더라도 저작권으로 보호하지 않는다. 이러한 경우에까지 저작권을 적용한다면, 장래의 다른 창작자가 창작을 할 수 있는 기회를 박탈함으로써 문화의 향상 및 발전을 추구하는 저작권법의 목적을 오히려 저해할 수 있기 때문이다.

20 윗글의 서술상 특징에 대한 설명으로 가장 적절한 것은?

① 저작권에 대한 이론의 변천 과정을 서술하고 있다.

② 저작권의 개념과 그 유래를 비교하여 제시하고 있다.

③ 저작권에 대한 상반된 견해를 자세히 정리하고 있다.

④ 저작권에 관한 심화 내용을 구체화하여 설명하고 있다.

⑤ 저작권에 관해 쟁점이 된 사건을 유형별로 검토하고 있다.

21 윗글을 읽고 추론한 내용으로 적절하지 <u>않은</u> 것은?

① 아이디어와 착상은 법적으로 서로 다르다.

② 저작권으로 보호받을 수 있는 표현이 보호받지 못하는 경우도 있다.

③ 아이디어와 표현을 구별하는 것은 판단하는 이에 따라 다를 수 있다.

④ 최초 창작자의 이익 보호는 특허법의 소관 사항이어서 저작권과는 무관하다.

⑤ 사상과 표현의 자유는 저작권의 보호 범위를 판단할 때 중요한 고려 대상이 된다.

22 윗글을 바탕으로 판단한 내용으로 적절하지 않은 것은? [3점]

① 유명 작가의 그림을 베껴 그리면 저작권 침해이지만 미대생의 습작을 베껴서 판매하면 저작권 침해가 되지 않는데, 이는 가치가 인정된 표현에만 저작권이 적용되기 때문이다.

② 요리책을 복사해서 판매하면 저작권 침해이지만 책에 소개된 요리 방법을 따라서 요리하면 저작권 침해가 되지 않는데, 이는 요리 방법이 아이디어에 해당하기 때문이다.

③ 가위바위보의 승패 규칙을 설명하는 출판물을 제작할 때 그 설명 방식이 기존 출판물의 것과 같더라도 저작권 침해가 되지 않는데, 이는 '합체의 원칙'이 적용되기 때문이다.

④ 시판되고 있는 것과 동일한 배열로 컴퓨터 자판을 제작하여 판매하더라도 저작권 침해가 되지 않는데, 이는 '사실상의 표준'이 적용되기 때문이다.

⑤ 황량한 들판에서 이루어지는 두 총잡이의 결투 장면을 새로 제작하는 서부 영화에 삽입하더라도 저작권 침해가 되지 않는데, 이는 '필수 장면'이 적용되기 때문이다.

23 ㉠~㉤ 중 문맥적 의미가 다른 하나는?

① ㉠   ② ㉡

③ ㉢   ④ ㉣

⑤ ㉤

[24~28] 다음 글을 읽고 물음에 답하시오.

[앞부분의 줄거리] 왜군이 조선을 침범하여 의주로 피란을 간 상(上)은 명나라에 원군(援軍)을 청한다. 이에 제독 이여송이 원군을 이끌고 조선에 들어온다.

차설. 제독이 의주에 사람을 보내어 상을 청하거늘, 상이 즉시 의주를 떠나 경성에 이르러 이여송을 보사 공로를 치사하시고 설연관대하실새, 천자가 사자를 보내어 왕상을 위로하시고, 용포(龍袍) 일령을 사송(賜送)하시며 제독에게 식물(食物)을 사급(賜給)하사, '호군(犒軍)하라.' 하시니, 상과 제독이 북향사배한 후 다시 술을 나누어 서로 권하시더니, 계수나무 버러지 삼십 개를 내어 놓으며 왈,

"이것을 서축 해조국에서 제공하나니, 하나의 값이 삼천 냥이라. 사람이 먹으면 더디 늙기로 이제 조선왕을 대접하사 보내시니이다."

하고, 저를 들어 버러지 허리를 집으니 발을 허위며 괴이한 소리를 지르니, 부리 검고 빛은 오색을 겸하였으니 보기 가장 황홀한지라. 상이 처음으로 보시매 차마 진어치 못하사 주저하시니, 제독이 소왈,

"세상에 희귀한 진미를 어찌 진어치 아니하시나뇨?"

하며, 그것을 집어먹으니 보는 자 눈썹을 찡그리더라. 상이 무료하사 안색을 변하시니, 이항복이 생낙지 칠 개를 담아 드리거늘, 상이 저로 진어하실새 낙지 발이 저에 감기며 수염에 부딪치는지라. 상이 제독에게 권하신대, 제독이 낙지 거동을 보고 눈썹을 찡그리며 능히 먹지 못하니, 상이 소왈,

㉠ "대국 계충(桂蟲)과 소국 낙지를 서로 비하매 어떠하뇨?"

㉡ 제독이 웃고 다른 말 하더라.

[중략]

남원이 이미 함몰하매 전주로부터 망풍와해 (望風瓦解)하니, 이로 인하여 양원호 북주(北走)하니라. 이때, 적이 승승장구하여 각읍 수령이 다 도망하되, 오직 의병장 곽재우만이 화왕산성에 올라 굳게 지키더니, 적이 이르러 본즉 산세가 험한지라. 감히 치지 못하고 물러가거늘, 재우가 군사를 몰아 도적의 뒤를 엄살하니 적이 패주하다가 황석산성을 치거늘, 김해 부사 백사림과 안의 현감 곽준과 함양 군수 조 [A] 종도가 성중에 있다가 불의지변을 만나매, 인심이 소동하여 사산분주하니 곽준이 싸우다가 죽으니라.

곽준의 여자가 그 지아비 유문호로 더불어 한가지로 아비를 좇아 성중에 피란하였더니, 그 아비와 오라비 이미 죽고 그 지아비 또한 도적에게 잡힘을 듣고 탄식 왈,

"이제 아비와 지아비를 잃었으니 내 홀로 살아 무엇하리오?"

하고, 목매어 죽으니라.

각설. 순신이 전선 수십 척을 거느려 진도 벽파정 아래 결진하였더니, 적장 마득시가 전선 이백여 척을 거느려 오거늘, 순신이 배에 대포를 싣고 순풍을 좇아 나오며 어지러이 놓으니 적장이 당치 못하여 달아나거늘, 순신이 뒤를 따라 일진을 짓치고 적장 마안둔을 베어다가 군정에 대진한지라. 드디어 고금도에 결진하니 군사가 이미 팔천여 인이요, 남녀 백성이 피란하여 오는 자가 수만이라.

무술 칠월에 천주 수군 도독 진인이 경성에서 장차 고금도에 나아가 순신으로 더불어 적을 치려 하여 발행할새, 상이 강두(江頭)에서 전송한지라. 진인의 천성이 본디 강포하매 두려워하는 자가 많은 고로, 진인의 군사가 수령을 욕매(辱罵)하여 조금도 기탄함이 없고, 찰방 이상규를 무수 난타하여 유혈이 낭자한지라. 상이 근심하사 순신에게 전지 (傳旨)하여,

"진인을 후례(厚禮)로 대접하여 촉노(觸怒)함이 없게 하라."

하시다. 이순신이 진인의 일을 듣고 주육을 준

비하여 진인을 맞아 예필하고, 일변 잔치를 배설하여 진인을 관대하고, 일변 천병을 공궤(供饋)하니, 군사가 서로 일러 왈,

"과연 양장(良將)이라." 하고, 진인이 또한 기꺼하더라.

일일은 도적 수백 척이 나오거늘, 순신과 진인이 각각 수군을 거느려 녹도에 이르니 적이 아군을 바라보고 짐짓 뒤로 물러가며 아군을 유인하니, 순신이 따르지 아니하고 돌아올새, 진인이 수십여 척을 머물러 싸움을 돕게 하니라. 진인이 순신으로 술을 먹더니 진인의 휘하 천총(千摠)이 전라도로부터 돌아와 가로되,

"오늘 아침에 도적을 만나 조선 군사는 도적 백여 명을 죽이되, 천병은 풍세가 불리하여 하나도 잡지 못하였다."

하니, 진인이 대로하여 천총을 등 밀어 내치고 잡았던 술잔을 땅에 던지니, 순신이 그 뜻을 알고 가로되,

"ⓒ 노야(老爺)는 천조 대야(大爺)로 이곳에 이르렀으니 우리 승첩은 곧 노야의 승첩이라. 진중에 이른 지 불구에 첩서를 천조(天朝)에 보하니 어찌 아름답지 아니하리오?"

진인이 대희하여 순신의 손을 잡고 왈,

"내 일찍 그대의 성명을 우레같이 들었더니 과연이로다."

하고, 다시 술을 내와 즐기니라. 이로부터 진인이 순신의 진에 있어 그 호령이 엄정함을 탄복할 뿐 아니라, 저의 전선이 도적 막기에 불편하매, 매양 진을 임하여 아국 판옥선(板屋船)을 타고 순신의 지휘를 좇으며 ⓔ 반드시 '이야(李爺)'라 일컫고, 인하여 천조에 주문(奏聞)하되,

"통제사 이순신이 경천위지지재(經天緯地之才)를 품었고 보천욕일지공(補天浴日之功)이 있다." 하더라.

천병이 비록 순신의 위엄을 기탄(忌憚)하나 민간의 작폐가 가장 많으니, 일일은 순신이 하령하여 도중의 대소 여사(旅舍)를 불 지르고 자기 의금(衣衾)을 수습하여 배에 내리치더니, 진인이 이 소식

을 듣고 급히 가정을 보내어 연고를 물은대, 순신 왈,

"소국 군민이 천병 믿기를 저의 부모같이 하거늘, 천병이 노략함을 힘쓰니 사람이 괴로움을 견디지 못하는지라. 내 이제 대장이 되어 무슨 낯으로 이곳에 머물리오? 이러므로 다른 곳으로 가고자 하노라."

하니, 가정이 돌아가 그대로 고하니, 진인이 대경하여 전도에 이르러 순신의 손을 잡고 만류하며 ⓜ 사람을 성중에 보내어 그 의금을 수운하여 드리고 간청하니,

순신 왈, "대인이 내 말을 들으면 어찌 서로 떠나리오?"

진인 왈, "내 어찌 공의 말을 듣지 아니하리오?"

순신 왈, "천병이 아국으로써 배신이라 하여 조금도 기탄함이 없으니, 만일 대인이 나로 하여금 제어케 하면 다른 염려가 없을까 하나이다."

진인 왈, "이 일이 무엇이 어려우리오? 만일 죄를 범하는 자가 있거든 공이 임의로 처치하라."

하니, 순신이 허락받은 후에 천병 중의 위령자(違令者)를 용서함이 없으니 천병이 두려워하기를 진인에게 지나더라.

– 작자 미상, 「임진록」

24 윗글의 서술상 특징에 대한 설명으로 가장 적절한 것은?

① 여러 삽화들을 제시하여 전체 사건의 여러 면모를 보여 주고 있다.

② 우의적 수법을 동원하여 현실의 문제를 비판적으로 형상화하고 있다.

③ 서술자의 개입을 통한 주관적 논평을 중심으로 서술의 밀도를 높이고 있다.

④ 인물들의 성격이 변화하는 과정을 추적하여 다양한 주제를 이끌어 내고 있다.

⑤ 이원적 세계를 설정하여 천상계의 갈등이 지상계로 이어진다는 점을 보여 주고 있다.

25 윗글의 내용에 대한 이해로 가장 적절한 것은?

① '이항복'이 '생낙지 칠 개'를 담아 올린 것은 '이여송'이 '생낙지'를 좋아하리라 예상했기 때문이다.

② '진인'의 군사가 조선의 관리를 거리낌 없이 모욕하고 구타한 것은 '진인'의 위세를 빙자하였기 때문이다.

③ '진인'이 전선 '수십여 척'을 머물러 지키게 한 것은 왜군과의 싸움에서 공을 세울 의향이 없었기 때문이다.

④ '진인'이 '천총'을 내친 것은 '천총'이 자신에게 실제 상황과는 다르게 전황을 보고하였기 때문이다.

⑤ '이순신'이 '여사'에 불을 지르고 '의금'을 수습한 것은 당장은 승산이 없다고 여겨 장차 진을 옮기려 하였기 때문이다.

26 ㉠~㉣에 대한 설명으로 적절하지 않은 것은?

① ㉠ : 상대방의 무례한 행위를 넌지시 일깨우려는 뜻이 담긴 발화이다.

② ㉡ : 상대방의 질책에 반응하여 잘못을 멋쩍게 인정하는 뜻이 담긴 행동이다.

③ ㉢ : 상대방의 능력을 칭송하며 그에 대해 감탄하는 뜻이 담긴 발화이다.

④ ㉣ : 상대방을 특별히 공경하고 우대하는 뜻이 담긴 행동이다.

⑤ ㉤ : 상대방의 결정이 번복되기를 바라는 뜻이 담긴 조치이다.

27 [A]를 통해 작품 속 상황을 추론한 내용으로 적절하지 **않은** 것은?

① 전세의 변화에 따라 적의 행로나 목적지가 바뀌기도 하였다.

② 적의 세력이 강하다는 풍문 때문에 싸우지도 않고 도망을 치기도 하였다.

③ 집안 남성들의 상황에 따라 여성이 취할 수 있는 선택이 영향을 받았다.

④ 전란 중에 많은 수령들이 싸움을 회피했지만 끝까지 항전한 수령도 있었다.

⑤ 산성을 지키면서 적의 공격에 대비하는 것은 의병장과 일부 수령의 공통된 전략이었다.

28 〈보기〉를 참고하여 윗글을 감상한 내용으로 적절하지 **않은** 것은? [3점]

───〈보기〉───

「임진록」에는 민족적 자긍심과 울분을 부각하려는 의도가 담겨 있다. 이는 조선에 뛰어난 인물이 존재한다는 점을 강조하거나 외세에 대한 반감을 표출하는 방식으로 흔히 구현되는데, 특히 외세에 대한 반감은 왜군뿐 아니라 원군으로 조선에 온 명군에 대해서도 나타나고 있다. 또한 작품에는 민중의 생각과 정서가 깊숙이 반영되어 있다. 작품 속 인물들이 백성을 위하는 행동을 취하는 것은 그와 같은 이유 때문이다.

① '이여송'과 '진인'이 부정적인 모습으로 등장하는 것을 보면 왜군뿐 아니라 명군에 대해서도 반감이 나타난다는 점을 알 수 있겠군.

② '상'이 '천자'의 위로를 받고 '용포'를 하사받는 내용은 백성을 위하는 뛰어난 인물이 조선을 다스린다는 점을 강조하기 위해 삽입한 것이겠군.

③ '곽준'의 가족들이 죽는 장면이 제시된 것은 왜군에 대한 분노가 반영된 결과이겠군.

④ '진인'이 '이순신'의 역량을 인정하여 그 사실을 명나라 조정에까지 보고한 대목은 조선에 뛰어난 인물이 존재한다는 점을 드러내려는 의도와 연관되겠군.

⑤ 명군의 노략질을 막지 못한 책임을 통감하는 '이순신'의 모습을 통해 백성을 위하는 인물의 형상을 확인할 수 있겠군.

[29~32] 다음 글을 읽고 물음에 답하시오.

유럽이나 북미의 서구인들은 발달된 산업 사회에서 많은 과학적 성과의 혜택을 누리고 있다. 반면 아프리카나 오세아니아 지역의 원주민들은 21세기에도 여전히 수백 년 전의 전통적 방식에서 벗어나지 못하고 있다. 이러한 불평등은 인류 역사의 발달에 크나큰 영향을 미쳤다. 약탈과 정복의 역사는 바로 여기에서 비롯되었던 것이다.

언뜻 생각하기에 이러한 불평등은 지역마다 서로 다른 역사가 진행되었기 때문이라고 할 수도 있다. 이것은 너무나 당연한 말이기는 한데, 우리에게 새로운 것을 알려 주는 바가 거의 없다. 지역마다 다른 역사가 왜 나타나게 되었는지에 대한 구체적인 사실들을 해명할 필요가 있다.

이에 대한 유력한 주장 중 하나는 발전된 과학 기술이나 사회 제도의 출현 여부와 결부 짓는 것이다. 발달된 문명을 가진 지역의 경우에는 과학이 발달해 있고, 정치 체제를 비롯한 사회 구조도 체계적으로 갖추어져 있다. 반면 낮은 수준의 문명을 가진 지역은 그렇지 못하다. 이것은 확실히 틀린 주장은 아니다. 그런데 이것만으로는 여전히 근본적인 의문에 대한 해답을 주지 못한다. 과연 지역에 따라 과학 기술이나 사회 제도의 발달이 차이를 보이게 된 이유는 무엇일까?

이 질문에 대한 해답으로 다소 관점이 다른 두 가지 견해가 존재한다. 하나는 ㉠ 생물학적 관점이라고 부를 수 있는 견해로, 각 지역별 인종의 능력 차이가 문명 발달의 차이를 일으켰다고 보는 것이다. 즉, 각 지역에 거주하는 사람들의 선천적 능력 때문에 어떤 지역은 높은 문명을 발달시키고 어떤 지역은 그렇지 못하다는 것이다. 그러나 이것은 공식적으로 금기시하는 인종주의를 추구하는 견해에 다름 아니다. 사실 낮은 문명을 가지고 있는 사람들이라고 하더라도 교육에 의해 얼마든지 과학 기술을 숙지하고 사회 제도도 갖출 수 있다. 특히 그들이 거주하는 지역에서의 삶을 기준으로 하면 오히려 낮은 문명의 사람들이 높은 문명의 사람들보다 훨씬 뛰어난 정신적, 신체적 능력을 보여 준다. 그런 점에서 생물학적 관점은 타당한 견해로 수용할 수 없다.

다른 하나는 ㉡ 환경적 관점으로, 각각의 지역이 처한 생태 환경적 요인으로 인하여 문명 발달의 차이가 나타났다고 설명한다. 특히 농업의 발달과 이로 인한 잉여 생산물의 축적이 가능한 자연환경이 중요하다. 이러한 조건이 갖추어진 지역은 사람들의 역할 분담을 통한 전문인의 배출이 가능하고, 유산자와 무산자의 구분과 이에 동반되는 사회 구조의 정립 등이 뒤따르면서 결국 현재와 같은 문명이 발달할 수 있었다. 반면 농업 발달이 어려운 척박한 환경에 처한 사람들은 문명 발달도 지연되었고 그러한 상태가 오늘날까지 이어지게 되었다. 예전에는 이러한 견해가 환경 결정론의 일환으로 간주되어 그 중요성이 무시되기도 하였다. 그러나 최근 자연 과학, 유전학, 분자 생물학, 생태 지리학, 고고학 등의 여러 분야에서 성과들이 쏟아져 나오면서 지금은 생물학적 관점의 단점을 극복할 수 있는 대안으로서 새로운 평가를 받고 있다.

29 윗글의 내용과 일치하지 **않는** 것은?

① 문명의 발달은 지역에 따라 차등적으로 이루어졌다.

② 문명 발달의 차이는 정복이나 약탈로 이어지기도 했다.

③ 문명이 발달하기 위해서는 환경적 제약의 극복이 중요하다.

④ 문명의 발달을 인종 사이의 능력 차이와 결부 짓기는 어렵다.

⑤ 문명이 발달한 지역은 과학 기술이나 사회 제도가 발달해 있다.

30 윗글의 서술상 특징으로 가장 적절한 것은?

① 의문을 해소하기 위해 특정한 구절을 인용하고 있다.

② 통계 자료를 인용하여 주장에 대한 근거로 삼고 있다.

③ 같은 질문에 대한 이견을 소개하며 판단을 유도하고 있다.

④ 다양한 사례를 들어 견해의 공통점과 차이점을 설명하고 있다.

⑤ 쟁점에 대한 근본적 원인을 분석하여 일관된 해결책을 정립하고 있다.

31 (a)와 (b)의 활용방안으로 가장 적절한 것은?

〈보기〉

(a) 폴리네시아의 여러 섬 중에서 자연환경이 좋고 토지가 비옥한 지역이 그렇지 않은 지역보다 경제 규모도 더 크고 계급 분화 등의 사회적 복잡성도 더 다양하게 나타났다.

(b) 가뭄이 빈번하고 토양이 척박한 오스트레일리아의 토러스 해협 인근 지역과 영구적인 큰 강이 많고 화산 활동 등으로 토양이 비옥한 뉴기니는 거리상으로 멀지 않지만 문화적으로는 적지 않은 차이를 보이고 있다.

① (a)는 ㉠의 사례로, (b)는 ㉡의 사례로 활용한다.

② (a)는 ㉠의 사례로, (b)는 ㉡의 반례로 활용한다.

③ (a)와 (b)를 모두 ㉠의 사례로 활용한다.

④ (a)와 (b)를 모두 ㉡의 반례로 활용한다.

⑤ (a)와 (b)를 모두 ㉡의 사례로 활용한다.

32 윗글의 관점에서 〈보기〉의 상황을 비판한 내용으로 가장 적절한 것은? [3점]

〈보기〉

세계사의 서술 범위는 대체로 문자가 쓰이고 이를 통한 역사 서술이 이루어진 약 5,000년 동안의 시기에 집중되며, 서술의 대상은 이집트나 중국 등 발전된 문명을 가진 경우가 중심이 되는 경향이 있다.

① 세계사의 서술 범위가 좁아져서 모든 문명의 발달 과정을 다루지 못한다.

② 문명 발달 자체가 불평등하게 일어나게 된 근본적인 이유를 설명하지 못한다.

③ 문명 발달의 요인을 비윤리적인 측면에서 찾음으로써 도덕적 문제를 야기한다.

④ 특정 지역의 문명에만 가치를 두게 되어 문명들 사이의 우열을 가리기 어렵다.

⑤ 미시적이고 주변적인 측면을 강조하게 되어 문제 해결의 핵심에서 벗어나게 된다.

[33~37] 다음 글을 읽고 물음에 답하시오.

ⓐ 인간 세상 사람들 아 이내 말씀 들어 보소
인간 만물 생긴 후에 금수 초목 짝이 있다
인간에 생긴 남자 부귀 자손 같건마는
이내 팔자 험궂을손 날 같은 이 또 있든가
백 년을 다 살아야 삼만 육천 날이로다
㉠ 혼자 살면 천년 살며 정녀(貞女) 되면 만년 살까
답답한 우리 부모 가난한 좀 양반이
㉡ 양반인 체 도를 차려 처사가 불민(不敏)하여
괴망을 일삼으며 다만 한 딸 늙어 간다
적막한 빈방 안에 적료하게 홀로 앉아
전전반측 잠 못 이뤄 혼자 사설 들어 보소
노망한 우리 부모 날 길러 무엇 하리
죽도록 날 길러서 잡아 쓸까 구워 쓸까
인황씨 적 생긴 남녀 복희씨 적 지은 가취(嫁娶)
인간 배필 혼취(婚娶)함은 예로부터 있건마는
ⓑ 어떤 처녀 팔자 좋아 이십 전에 시집간다
남녀 자손 시집 장가 떳떳한 일이건만
이내 팔자 기험(奇險)하야 사십까지 처녀로다
이런 줄을 알았으면 처음 아니 나올 것을
월명 사창 긴긴 밤에 침불안석 잠 못 들어
적막한 빈방 안에 오락가락 다니면서
장래사 생각하니 더욱 답답 민망하다
㉢ 부친 하나 반편(半偏)이요 모친 하나 숙맥불변(菽麥不辨)
날이 새면 내일이요 세가 쇠면 내년이라
혼인 사설 전폐하고 가난 사설뿐이로다
어디서 손님 오면 행여나 중매신가

아이 불러 힐문한 즉 ㉣ 풍헌(風憲) 약정(約正) 환
자(還子) 재촉
어디서 편지 왔네 행여나 청혼선가
아이더러 물어보니 외삼촌의 부음이라
애고애고 설운지고 이내 간장 어이할꼬
앞집에 아모 아기 벌써 자손 보단 말가
ⓒ 동편 집 용골녀 는 금명간에 시집가네
그동안에 무정 세월 시집가서 풀련마는
친구 없고 혈족 없어 위로할 이 전혀 없고
우리 부모 무정하여 내 생각 전혀 없다
㉤ 부귀빈천 생각 말고 인물 풍채 마땅커든
처녀 사십 나이 적소 혼인 거동 차려 주오
ⓓ 김동(金童)이 도 상처(喪妻)하고 이동(李童)이
도 기처(棄妻)로다
중매 할미 전혀 없네 날 찾을 이 어이 없노

> 감정 암소 살쪄 있고 봉사 전답 같건마는
> 사족 가문 가리면서 이대도록 늙히노니
> 연지분도 있건마는 성적 단장(成赤丹粧) 전폐
> 하고
> 감정 치마 흰 저고리 화경 거울 앞에 놓고
[A] 원산 같은 푸른 눈썹 세류 같은 가는 허리
> 아름답다 나의 자태 묘하도다 나의 거동
> 흐르는 이 세월에 아까울손 나의 거동
> 거울더러 하는 말이 어화 답답 내 팔자여
> 갈데없다 나도 나도 쓸데없다 너도 너도

우리 부친 병조 판서 할아버지 호조 판서
우리 문벌 이러하니 풍속 좇기 어려워라
아연듯 춘절 되니 초목 군생 다 즐기네
두견화 만발하고 잔디 잎 속잎 난다
삭은 바자 쟁쟁하고 종달새 도루 뜬다
춘풍 야월 세우 시에 독수공방 어이할꼬
ⓔ 원수의 아이들 아 그런 말 하지 마라
앞집에는 신랑 오고 뒷집에는 신부 가네
내 귀에 듣는 바는 느낄 일도 하도 많다
녹양방초 저문 날에 해는 어이 수이 가노
초로 같은 우리 인생 표연히 늙어 가니
머리채는 옆에 끼고 다만 한숨뿐이로다
긴 밤에 짝이 없고 긴 날에 벗이 없다

앉았다가 누웠다가 다시금 생각하니
아마도 모진 목숨 죽지 못해 원수로다

– 작자 미상, 「노처녀가」

33 윗글에 대한 설명으로 가장 적절한 것은?

① 화자가 겪고 있는 문제적 상황을 반복적으
로 제시하면서 한탄하고 있다.

② 시간의 흐름에 따라 달라지는 화자의 정서
를 순차적으로 드러내고 있다.

③ 의지적 어조를 통해 미래의 상황에 대한 긍
정적 전망을 강조하고 있다.

④ 상징적 시어를 활용하여 화자의 내면 심리
를 추상적 대상으로 제시하고 있다.

⑤ 과거와 현재를 대비하면서 화자가 겪어 온
갈등의 양상을 상세화하고 있다.

34 ⓐ~ⓔ를 이해한 내용으로 가장 적절한 것은?

① ⓐ : 화자의 사연을 듣도록 설정된 청자로
서 화자의 고민을 해결해 주는 존재이다.

② ⓑ : 화자가 선망하는 대상으로서 화자는 행복
한 삶을 살게 된 그의 앞날을 축복하고 있다.

③ ⓒ : 화자와 아픔을 공유해 왔던 친구로서
화자는 자신을 버리고 떠난 친구를 비난하
고 있다.

④ ⓓ : 화자가 자신의 배필이 될 수도 있다고
여기는 대상으로서 화자는 그를 긍정적으
로 인식하고 있다.

⑤ ⓔ : 화자가 듣고 싶어 하지 않는 소식들을
전해 주는 존재로서 화자는 그들과의 화해
를 시도하고 있다.

2021 기출문제

35 [A]에 대한 이해로 적절하지 <u>않은</u> 것은?

① 화자는 시간의 흐름을 안타까워하는 표현을 하고 있다.

② 화자는 시집을 가고 싶지만 상황이 여의치 않다고 판단하고 있다.

③ 화자는 단장할 도구는 지니고 있지만 시름에 싸여 있어서 단장을 하지는 않는다.

④ 화자는 '거울'에 비친 자신의 모습을 대구로 표현하면서 자부심을 느끼고 있다.

⑤ 화자는 사물에 인격을 부여하여 대화를 주고받음으로써 다소간 위안을 얻고 있다.

36 〈보기〉를 참고할 때, ㉠~㉤에 대한 설명으로 적절하지 <u>않은</u> 것은?

> ─〈보기〉─
>
> 「노처녀가」에 나타나는 갈등은 개인적 차원을 넘어 사회적 차원으로 확대될 수 있다. 「노처녀가」에는 부모의 절대적 권위에 대한 반발, 양반 계층의 허위의식에 대한 비판, 본성의 억제를 당연시하는 재래적 관념에 대한 거부, 개인의 행복보다 집단의 안위를 중시하는 폭압에 대한 저항 등이 발견된다.

① ㉠ : 본성이 억제된 삶의 모습에 대한 부정적인 시각을 표출하고 있다.

② ㉡ : 양반이라는 지위에 집착하여 상황을 제대로 파악하지 못하는 허위의식을 폭로하고 있다.

③ ㉢ : 부친과 모친의 어리석음을 직접적인 어휘로 표출함으로써 부모의 절대적 권위에 반발하고 있다.

④ ㉣ : 끊임없는 수탈을 고발함으로써 개인의 행복보다 집단의 안위를 앞세우는 폭압에 저항하고 있다.

⑤ ㉤ : 집단의 요구를 따르는 것보다 개인의 행복을 추구하는 것이 더 중요하다는 가치 판단을 드러내고 있다.

37 〈보기〉의 설명을 바탕으로 [B]를 감상한 내용으로 적절하지 <u>않은</u> 것은? [3점]

> ─〈보기〉─
>
> 「노처녀가」의 이본은 단형과 장형의 두 계열로 나뉘는데, 윗글은 단형 계열의 작품이다. 장형은 전반적인 내용은 단형과 유사하지만 묘사가 더 자세하고 해학적인 측면이 강화되어 있다. 또한 인물의 적극적인 행동이 부각되며 화자의 처지에 대한 동정적 시선이 발견된다. 장형 계열의 종결부에서는 '노처녀'가 평소 연모해 왔던 '김 도령'과 가상으로 혼례를 치르는 장면 등이 다음과 같이 제시된다.

[B]
> 남이 알까 부끄러우나 안 슬픈 일 하여 보자
> 홍두깨에 자를 매어 갓 씌우고 옷 입히니
> 사람 모양 거의 같다 쓰다듬어 세워 놓고
> 새 저고리 긴 치마를 호기 있게 떨쳐 입고
> 머리 위에 팔을 들어 제법으로 절을 하니
> 눈물이 종행하여 입은 치마 다 적시고
> 한숨이 복발(復發)하여 곡성이 날 듯하다
> 마음을 강잉(强仍)하여 가만히 헤아려 보니
> 가련하고 불쌍하다 이런 모양 이 거동을
> 신령은 알 것이니 지성이면 감천이라
> 부모들도 의논하고 동생들도 의논하여
> 김 도령과 의혼(議婚)하니 첫마디에 되는구나
> 혼인 택일 가까우니 엉덩춤이 절로 난다

① [B]에서 화자가 가상으로 혼례를 치른 것은 자신의 적극적 행동을 스스로 자랑스럽게 여겼기 때문이겠군.

② [B]에서 '김 도령'과의 혼사가 결정된 결말을 설정한 것으로 보아 화자의 처지에 대한 동정적 시선을 확인할 수 있겠군.

③ [B]에서 '홍두깨'를 '김 도령'처럼 꾸미는 장면을 설정한 것은 해학적인 측면이 강화된 장형 계열의 특성과 연관되겠군.

④ [B]에 윗글에는 없는 장면이 포함된 것을 보면 작품이 장형화된 이유 중 하나로 새로운 내용의 삽입을 들 수 있겠군.

⑤ [B]에서 혼례를 치르기 위해 준비한 의복과 혼례의 상황까지 제시된 것은 장형 계열에 나타나는 구체적 묘사를 보여 주는 사례이겠군.

[38~40] 다음 글을 읽고 물음에 답하시오.

원자들은 서로 다른 방식으로 결합되어 생명의 분자를 구성한다. 그러려면 기본 뼈대가 있어야 한다. 생명의 원소 뼈대는 '…탄소–탄소–탄소–…'이다. 뼈대를 담당하는 원소는 오로지 탄소 하나뿐이다. 탄소에게는 꼬리에 꼬리를 물고 기다랗게 연결되는 능력이 있다. 도대체 이 능력은 어디에서 온 것일까?

생명의 분자를 이루는 원자들이 결합되는 데는 조건이 있다. 바로 전자를 공유하는 것이다. 서로 결합하려면 먼저 함께 나눌 전자를 내놓아야 한다. 물론 아무 전자나 공유할 수 있는 것은 아니다. 전자는 핵을 둘러싼 여러 껍질에 나누어 분포하는데 가장 바깥 껍질에 있는 전자만 공유할 수 있다. 하긴 안쪽 껍질에 있는 전자는 보이지도 않는데 어떻게 결합하겠는가?

수소는 한 개의 전자를 내놓을 수 있다. H · 또는 · H라고 표현한다. 잡을 수 있는 손이 하나이다. 산소는 전자를 두 개 내놓아 · O · 가 된다. 잡

을 수 있는 양손이 있는 셈이다. 결합이란 손과 손이 맞잡는 것이다. 이를 '공유 결합'이라 한다. 수소는 손이 하나뿐이니 결합을 하나만 할 수 있지만 산소는 손이 둘이니 두 개의 수소와 결합할 수 있다. H:O:H처럼 말이다. 이걸 우리는 간단하게 'H_2O'라고 쓰고 '물'이라 읽는다.

수소처럼 손이 하나 있거나 산소처럼 손이 두 개만 있어 가지고는 뼈대를 이룰 수 없다. 손이 앞뒤 좌우에 네 개는 있어야 한다. 그래야 위와 아래에 있는 손으로는 뼈대를 이루고 양쪽에 있는 손으로 다른 원자와 결합할 수 있다. 탄소는 손이 네 개다. 덕분에 생명의 뼈대를 이룰 수 있다.

그런데 비밀이 하나 있다. 사실 탄소보다 산소가 바깥 껍질에 더 많은 전자를 가지고 있다는 것이다. 탄소는 네 개뿐이지만 산소는 여섯 개나 된다. 손이 여섯 개가 있는 셈이다. 그런데 양쪽 손을 제외한 네 개의 손은 다른 원자에게 손을 내미는 게 아니라 자기 안에서 두 개씩 손을 잡고 있다. 그래서 뼈대를 이루지 못한다.

산소가 공유하는 정신이 부족해서 그런 게 아니다. 산소의 바깥 껍질에는 전자들이 들어가는 방이 각각 네 개씩 있다. 산소는 네 개의 방을 여섯 개의 전자가 나눠서 써야 한다. 어떻게 나눠 쓸 수 있을까? 일단 앞뒤 좌우 네 개의 방에 전자가 하나씩 들어간다. 전자가 아직 두 개 남았는데 이젠 빈 방이 없다. 어쩔 수 없다. 앞방과 뒷방에 전자가 하나씩 더 들어가야 한다. 같은 방에 둘이 있으니 손을 꼭 잡고 잘 수밖에. 앞쪽 방 전자들만 다른 원자의 전자들에게 손을 내밀 수 있다.

탄소 역시 가장 바깥 껍질에는 방이 네 개 있다. 탄소는 네 개의 전자들이 방을 하나씩 쓰면 된다. 앞뒤 좌우 방 네 개를 차지한 전자들은 외롭다. 누군가에게는 손을 내밀어야 한다. 덕분에 탄소는 뼈대를 이룰 수 있는 것이다.

만약 탄소의 전자들이 각방을 쓰지 않고 한 방에 두 개씩 들어가면 어떻게 될까? 그런 행위는 원자 호텔에서는 금지되어 있다. 원자 호텔은 일단 각자 방을 하나씩 배정하고 빈방이 없을 때만 한

방에 전자 하나씩 더 들어가게 해 놓았다. 그것도 같은 성질의 전자여서는 안 된다. 하나는 위쪽에 베개를 두고 자는 전자라면 다른 하나는 아래쪽에 베개를 두고 자는 전자여야 한다.

원자의 호텔방을 과학자들은 '오비탈'이라고 한다. 그리고 먼저 각방을 채운 다음에 합방을 시키되 결코 같은 성질의 전자가 같은 방을 써서는 안 되는 규칙을 '파울리의 배타 원리'라고 한다. 파울리는 그 규칙을 발견한 사람의 이름이다.

배타 원리는 인간 사회에도 적용된다. 자기 사람으로 방을 채우면 결합은 이뤄지지 않는다. 방을 비워 놓고 생각이 다른 사람과 공유해야 무너지지 않는 세상의 뼈대가 생긴다.

38 윗글의 내용과 일치하는 것은?

① 산소는 여섯 개의 전자와 결합하여야만 생명의 뼈대를 이룰 수 있다.

② 산소와 수소가 각각 두 개의 공유 결합을 하여 이루어진 것이 '물'이다.

③ 원자들은 안쪽 껍질의 전자를 공유하는 방식으로 생명의 분자를 구성한다.

④ 탄소의 전자들은 같은 성질을 가진 네 개의 전자들이 두 개씩 어우러져 한 개의 오비탈을 구성하고 있다.

⑤ 오비탈은 각각의 전자로 모든 방을 완전히 채운 다음에 다른 성질의 전자를 각각의 방에 들어가는 것을 허용한다.

39 윗글의 설명 방식으로 적절하지 <u>않은</u> 것은?

① 설명하려는 내용과 관련된 용어를 제시하고 있다.

② 의인화와 같은 비유를 동원하여 설명의 효과를 높이고 있다.

③ 유추의 방식을 통해 새로운 이론을 정립하여 그 의의를 설명하고 있다.

④ 설명하려는 내용을 물음의 형식으로 제시한 후 그에 대한 답을 하고 있다.

⑤ 과학적 현상을 구체적 사례를 들어 설명하여 독자들의 이해를 돕고 있다.

40 윗글에 근거하여 〈보기〉의 A, B에 대해 추론한 것으로 적절하지 <u>않은</u> 것은? [3점]

〈보기〉

가상의 원자 A와 B가 존재한다. A는 가장 바깥 껍질에 5개의 전자가 있고 방이 5개 있다. B는 가장 바깥 껍질에 7개의 전자가 있고 방이 4개 있다. A와 B는 전자를 공유할 수 있다.

① A의 바깥 껍질에 있는 전자들은 모두 각방을 사용한다.

② A가 다른 원자와 공유할 수 있는 전자의 수는 5개이다.

③ B가 다른 원자와 공유할 수 있는 전자의 수는 1개이다.

④ B의 바깥 껍질에 있는 전자 중 각방을 사용하는 것은 1개이다.

⑤ A와 B가 결합하여 A_5B와 같은 분자가 만들어질 수 있다.

[41~45] 다음 글을 읽고 물음에 답하시오.

태연스럽게 그러한 얘기들을 나누던 유생들도, 오봉 선생의 관이 땅속으로 들어가자, 상가 가족들 못지않게 비통한 표정들을 하였다. 오봉 선생의 옥중 동지였던 한 선비는 일부러 가야 부인을 찾아와서 흐느끼는 부인의 어깨를 두드리며 위로까지 하였다. ⓐ (그는 재판정에서 그녀의 얼굴을 기억했던 것이다.)

㉠ "오, 효부였더군! 내 까막소에서 오봉으로부터 잘 들었소. 친정이 김해라 했지요? 나는 창원이요. 창원 김 진사라면 다 아요."

이러고는 다시,

"억울하지! 만약 우리 오봉과 가야 부인 같은 이들만 이 땅에 살았더람……."

이렇게 혼잣말처럼 중얼거리면서 선비들이 모여 앉은 잔디밭께로 돌아갔다. 위엄이 있는 말씨라든가, 자가 넘게 자란 흰 수염을 바람에 날리며 돌아가는 모습이 과연 기백이 대단한 어른같이 보였다. 결국 이 창원 김 진사란 선비가 그냥 있지를 않았다. 평토제가 끝나고 해반과 아울러 으레 있는 식사와 주찬이 나돌 무렵이었다. 술도 얼마 돌지 않았을 땐데, 별안간 선비들이 모여 앉은 자리에서 호통 소리가 일어났다.

"이놈, 개 같은 놈!"

소리의 주인공은 아까 그 창원 김 진사란 늙은 선비였다. 그는 계속 수염을 부들부들 떨며,

㉡ "오봉은 바로 네 자식이 죽인단 말여! 알겠나, 이 개 같은 놈아? 알았음 썩 물러가거라! 뻔뻔스럽게……."

"이놈이 무슨 소릴 대에놓고 ⓑ (함부로) 하노?"

상대방은 역시 이와모도 참봉이었다. 이와모도 같이 수염을 떨어 댔다. 얼굴이 넓적해 그런지 꼭 삽살개가 으르대는 것 같았다. ㉢ 아무래도 그는 처음부터 자릴 잘못 잡았던 것이다. 애당초 그런 데 온 것부터가 그렇고……

그러나 그도 지기는 싫었다. 지다니!

"이놈아, 안 가라 캐도 갈 끼닷! 버릇없는 니놈과 자리를 같이하다니……."

이와모도 참봉은 벌써 자리에서 일어서 있었다. 상주들이 달려가 말리었으나, 이와모도 참봉은 들을 리 만무했다. 그는 화를 머리끝까지 올려 가지고 어기적어기적 산을 내려갔다.

"저런!"

상가측에서 백관 한 사람이 급히 그를 뒤따라갔다.

[중략]

죽은 이와모도 참봉의 아들 이와모도 경부보 같은 위인들이 목에 핏대를 올려 가며 그들의 '제국'이 단박 이길 듯 떠들어 대던 소위 대동아 전쟁이 얼른 끝장이 나긴커녕, 해가 갈수록 무슨 공출이다, 보국대다, 징용이다 해서 온갖 영장들만 내려, 식민지 백성들을 도리어 들볶기만 했다. 그리고 그것은 '제국'의 빛나는 승리를 위해서 불가피한 일이라고들 했다.

몰강스런 식량 공출을 위시하여 유기 제기의 강제 공출, 송탄유와 조선(造船) 목재 헌납을 위한 각종 부역과 근로 징용은 그래도 좋았다. 조상 때부터 길러 오던 안산 바깥산들의 소나무들까지 마구 찍혀 쓰러진 다음엔 사람 공출이 시작되었다. '전력 증강'이란 이유로 영장 받은 남정들은 탄광과 전장으로, 처녀들은 공장과 위안부로 사정없이 끌려 나갔다. 그러한 오봉산 발치 열두 부락의 가난한 집 처녀 총각과 젊은 사내들은 이마를 히노마루 ⓒ (일본 국기)에 동여매인 채, 울고불고하는 가족들의 손에서 떨어져, 태고나루에서 짐덩이처럼 떼를 지어 짐배에 실렸다. ⓓ (물금까지 나가면 기차편도 있었지만 차는 위데에서 오는 그러한 사람들로 항상 만원이었다.) ㉣ 손자녀를, 자식을, 남편을, 딸을 그렇게 빼앗긴 할머니, 어머니, 아버지, 안내 들은 태고나루에서 눈물을 짓다 가까운 미륵당을 찾기가 일쑤였다. "명천 하느님요!" 하고 땅을 치던 그들은 말 없는 미륵불 앞에 엎드리어 떠난 아들딸들이 무사히 살아 돌아오기를 빌고 또 비는 것이었다.

"시줏돈을랑 그만두이소! 내가 대신 다 내놓았임데이……."

ⓜ 돌아간 시할아버지와 시아버지, 그리고 만세 통에 총 맞아 죽은 시숙과 딸의 영가를 거기에 모셔 둔 가야 부인은 오면가면 그러한 분들을 위로하기에 바빴다.

"억울한 말이싸 우째 다 하겠능기요. 나도 이렇게 안 살아 있능기요."

흐느끼는 아낙네들의 손을 잡아 주며 조용히 '관세음보살'을 염하는 것이었다. 먼데서 온 분은 기어이 재워 보내기도 했다. 그것은 가야 부인 자신에게도 필요한 공덕이었다.

– 김정한, 「수라도」

41 윗글의 서술 방식에 대한 진술로 가장 적절한 것은?

① 서술자가 인물의 말과 행동에 내재된 심리를 서술하고 있다.

② 인물의 내적 독백을 사용하여 사건을 요약적으로 제시하고 있다.

③ 작가가 외부 관찰자의 입장에서 사건을 객관적으로 서술하고 있다.

④ 특정 인물의 반어적 어조를 통해 인물 간의 대립과 갈등을 강조하고 있다.

⑤ 공간의 이동과 변화를 중심으로 인물이 처한 현실적 상황을 상징적으로 부각하고 있다.

42 윗글의 등장인물에 대해 추론한 것으로 적절하지 않은 것은?

① '가야 부인'은 시대의 아픔과 상처를 짊어지고 살아가는 사람들의 마음을 위무하는 삶을 살아가고자 했던 것으로 보인다.

② '김 진사'는 기개와 위엄을 갖춘 꼿꼿한 선비로 시대와 현실에 비판적인 태도를 지녔을 것으로 여겨진다.

③ '이와모도 참봉'은 자식의 잘못을 지적하며 자신을 비난하는 것에 대해 불편한 심정을 가진 것으로 판단된다.

④ '오봉 선생'과 '가야 부인'은 유교를 신봉해 유생들로부터 존경받는 위인이었던 것으로 짐작된다.

⑤ '오봉 선생'과 '김 진사'는 나라를 걱정하는 유생으로 함께 옥살이를 한 경험이 있는 것으로 생각된다.

43 ㉠~ⓜ에 대한 설명으로 적절하지 않은 것은?

① ㉠ : 시아버지와의 인연과 가까운 지역 사람임을 구체적으로 언급함으로써 '가야 부인'과의 친밀감을 표출하고 있다.

② ㉡ : '오봉 선생'의 죽음에 대한 원인을 직접적으로 부각함으로써 인물 간의 대립과 갈등을 강화하고 있다.

③ ㉢ : '이와모도 참봉'이 상가에 오면 안 되는 이유가 있음을 짐작하게 함으로써 '김 진사'와 '이와모도 참봉'의 갈등에 개연성을 더하고 있다.

④ ㉣ : 가족을 잃은 슬픔을 종교에 의탁해 해소하려는 사람들을 통해 현실을 벗어난 초월의식에 기대는 세태를 비판하고 있다.

⑤ ⓜ : 여러 대에 걸쳐 힘든 삶을 이어온 집안의 내력을 설명함으로써 '가야 부인'의 이웃들에 대한 동병상련의 마음을 보여 주고 있다.

44 ⓐ~ⓓ에 대한 설명으로 가장 적절한 것은?

① ⓐ와 ⓑ는 인물의 말과 행동에 담긴 의도를 명시하여 독자의 궁금증을 유발하고 있다.

② ⓑ와 ⓒ는 방언과 표준어를 병렬하여 독자에게 어휘의 의미를 분명하게 전달하고 있다.

③ ⓒ와 ⓓ는 낱말과 문장의 내포적 의미를 상세하게 풀이하여 독자의 의문을 해소하고 있다.

④ ⓐ와 ⓓ는 인물의 행위나 사건에 관한 이유를 덧붙여 설명하여 서사의 개연성을 보충하고 있다.

⑤ ⓑ와 ⓓ는 인물의 행동과 사건의 진행을 직접적으로 지시하여 이야기의 심층을 표면화하고 있다.

45 〈보기〉를 바탕으로 윗글을 감상한 것으로 적절하지 <u>않은</u> 것은? [3점]

―――〈 보기 〉―――

「수라도」는 일제 말 낙동강 변의 한 마을을 배경으로 일본의 태평양 전쟁에 동원된 조선인의 현실을 증언한 작품이다. 항일 독립운동 내력을 가진 오봉 선생 집안과 친일 협력으로 권세를 얻은 이와모도 집안의 선명한 대비를 통해, 일본 경찰로 탈바꿈하여 일본인보다 더욱 악랄하게 조선인을 탄압하는 또 다른 우리 민족의 모습을 극명하게 대조했다. 특히 일제 말 창씨개명과 내선일체에 동조하고 대동아 전쟁에 적극 협력했던 이와모도의 큰아들이, 일제 치하에서는 도경 고등계 경부보로 있다가 해방 이후에는 국회의원이 되었다는 데서, 해방 이후에도 식민지 권력이 처단되기는커녕 오히려 그 권력이 유지되었던 국가적 모순을 비판하고자 했다.

① "억울하지! 만약 우리 오봉과 가야 부인 같은 이들만 이 땅에 살았더람……."이라는 데서, '일본인보다 더욱 악랄하게 조선인을 탄압하는 또 다른 우리 민족의 모습'에 대해 한탄하고 있음을 알겠군.

② "죽은 이와모도 참봉의 아들 이와모도 경부보 같은 위인들"을 제시한 데서, '해방 이후에도 식민지 권력이 처단되기는커녕 오히려 그 권력이 유지되었던 국가적 모순'의 근거로 삼고자 했음을 알겠군.

③ '보국대'와 '징용'이 "'제국'의 빛나는 승리를 위해 불가피한 일"이라고 말한 데서, '내선일체에 동조하고 대동아 전쟁에 적극 협력했던 이와모도의 큰아들'을 비판하고 있음을 알겠군.

④ "'전력 증강'이란 이유로 영장 받은 남정들은 탄광과 전장으로, 처녀들은 공장과 위안부로 사정없이 끌려 나갔다."라는 데서, '일본의 태평양 전쟁에 동원된 조선인의 현실을 증언'하고자 했음을 알겠군.

⑤ "그들은 말없는 미륵불 앞에 엎드리어 떠난 아들딸들이 무사히 살아 돌아오기를 빌고 또 비는 것이었다."라는 데서, '항일 독립운동 내력을 가진 오봉 선생 집안'의 모습을 보여 주고 있음을 알겠군.

[01~05] 밑줄 친 단어의 뜻으로 가장 적절한 것을 고르시오.

01

The news of the rock star's <u>tawdry</u> affair sent shockwaves across his fans all over the world.

① legal   ② immoral

③ passionate   ④ unexpected

⑤ weird

02

Joanne moved to a house in the suburbs because she was easily <u>irked</u> by her apartment neighbors.

① ousted   ② tricked

③ annoyed   ④ disappointed

⑤ persuaded

03

After the philanthropist passed away, close relatives revealed that he was <u>parsimonious</u> when it came to his own lifestyle.

① apathetic   ② stingy

③ distant   ④ objective

⑤ considerate

04

Mr. Brown's favorite pastime was to sit on his porch on <u>languid</u> summer afternoons.

① tardy   ② humid

③ peaceful   ④ capricious

⑤ charming

05

Marley's cheesecakes are very popular among New Yorkers, and their recipe has been <u>arcane</u> for generations.

① identical   ② improved

③ inherited   ④ secretive

⑤ diversified

[06~07] 다음 대화의 빈칸에 들어갈 말로 가장 적절한 것을 고르시오.

06

> A : Excuse me. Do you know the way to Dan's Department Store?
> B : Sure. But it's a good half-hour walk from here.
> A : That's pretty far. Is there another way besides walking?
> B : You can also take the M11 Bus two blocks from here.
> A : _____
> B : The Houston Street Stop. Dan's isn't far from there.
> A : I'll ask someone for directions when I get off. Thanks a lot.
> B : No problem. Good luck.

① How long will it take by bus?
② What if I decided to walk?
③ Where do I get off?
④ Can you lead the way to Dan's?
⑤ Do you know what time they open?

07

> A : Congratulations, Cadet Lee.
> B : Thank you, Sergeant Louis.
> A : After the graduation ceremony today, you will officially be a police officer in the Tonawanda Police Department.
> B : Yeah. I can't believe it myself.
> A : You deserve it. You've worked really hard.

> B : Thank you. Do you have any parting words of wisdom?
> A : _____
> B : I won't. I will always work for the citizens of our city.
> A : I'm sure you will make us proud.

① Take advantage of the perks of being an officer of the law.
② If you work hard, you will make a great police officer.
③ Always be suspicious since anyone can be a criminal.
④ Just let me know if this line of work isn't for you.
⑤ Never forget our motto, "to serve and to protect."

[08~09] 밑줄 친 부분 중, 어법상 틀린 것을 고르시오.

08 Doctors are known for using complicated words that make them sound either extremely intelligent or really out of touch with ① which most people can understand. The medical word for hiccups, singultus, is a perfect example of ② when physicians sound ridiculous. Hiccups are caused when the diaphragm becomes irritated and pushes air rapidly up in such a way that it makes an irregular sound. Some things that irritate the diaphragm and cause hiccups ③ <u>are</u> distension of the stomach from food, alcohol, or air, sudden changes in gastric temperature, or use of alcohol and/or tobacco in excess. Hiccups also can be caused by excitement or stress. While most cases of the hiccups last only ④ <u>a few</u> minutes, some cases of the hiccups can last for days or weeks. This is very unusual, though, and it's usually a sign of ⑤ <u>another</u> medical problem.

09 Tim Richardson's mom, Doris Bohannon, says he's been riding bikes since he ① <u>had been</u> three years old and wrenching since not long after that. And she should know. She's ② <u>the one</u> who taught him how to fix bikes—by bringing home trashed bikes from the dump for her kids ③ <u>to tinker</u> with. "Mom's the mechanic in the family," says Richardson, who grew up in Odd, West Virginia, population 832. "④ <u>Being</u> in a rural area, you either learned how to fix your bike yourself, or you didn't ride." That ethos has carried over to his bike shop, Shenandoah Bicycle Company, in Harrisonburg, Virginia, ⑤ <u>where</u> customers are encouraged to figure out their own bike dilemmas.

[10~11] (A), (B), (C)의 각 네모 안에서 문맥에 맞는 낱말로 가장 적절한 것을 고르시오.

10

Anyone who's crossed a parking lot in August knows that blacktop soaks up a lot of (A) heat/moisture. It turns out, rethinking the color of the surfaces around us could help cool the planet. Roofs and pavements cover 60 percent of urban areas. Scientists calculate that lightening their color worldwide could have the same effect on global warming as keeping 48.5 billion tons of CO_2 out of the atmosphere. That's roughly the equivalent of taking every car in the world off the road for 18 years. This elegantly simple solution works because of increased albedo—the degree to which (B) abrasive/reflective surfaces bounce back the sun's energy. Closer to home, color-consciousness does more than fight climate change. Choosing roofing material that (C) absorbs/repels less heat can mean substantial energy savings. Studies show a "cool roof" can cut air-conditioning bills by 20 percent or more.

	(A)	(B)	(C)
①	moisture	reflective	absorbs
②	moisture	abrasive	repels
③	heat	reflective	absorbs
④	heat	reflective	repels
⑤	heat	abrasive	absorbs

11

Seven billion people have seven billion agendas, and thinking about the big picture is a relatively rare (A) frugality/luxury . A single mother struggling to raise two children in a Mumbai slum is focused on the next meal; (B) refugees/vacationers in a boat in the middle of the Mediterranean scan the horizon for any sign of land; and a dying man in an overcrowded London hospital gathers all his remaining strength to take in one more breath. They all have far more (C) trivial/urgent problems than global warming or the crisis of liberal democracy.

	(A)	(B)	(C)
①	frugality	refugees	trivial
②	frugality	vacationers	trivial
③	luxury	refugees	trivial
④	luxury	vacationers	urgent
⑤	luxury	refugees	urgent

[12~13] 밑줄 친 부분 중, 문맥상 낱말의 쓰임이 적절하지 않은 것을 고르시오.

12 Ocean plastic is estimated to kill millions of marine animals every year. Nearly 700 species, including ① endangered ones, are known to have been affected by it. Some are harmed ② visibly—strangled by abandoned fishing nets or discarded six-pack rings. Many more are probably harmed invisibly. Marine species of all ③ sizes, from zooplankton to whales, now eat microplastics, the bits smaller than one-fifth of an inch across. On Hawaii's Big Island, on a beach that seemingly should have been ④ tainted—no paved road leads to it—I walked ankle-deep through microplastics. They crunched like Rice Krispies under my feet. After that, I could understand why some people see ocean plastic as a looming ⑤ catastrophe, worth mentioning in the same breath as climate change.

13 A factor that's important in coping with a crisis, and that differs from person to person, is something that psychologists call "ego strength." That includes self-confidence, but it's much ① broader. Ego strength means having a sense of yourself, having a sense of purpose, and ② accepting yourself for who you are, as a proud independent person not dependent on other people for ③ approval or for your survival. Ego strength includes being able to ④ tolerate strong emotions, to keep focused under stress, to express yourself freely, to perceive reality accurately, and to make sound decisions. Those linked qualities are essential for exploring new solutions and ⑤ reinforcing the paralyzing fear that often arises in a crisis. [3점]

14 San Marcos Café에 관한 다음 글의 내용과 일치하는 것은?

Expect quite a greeting when you visit San Marcos Café. A mismatched flock of peacocks and peahens, wild turkeys and roosters all cavort around the front and back of the restaurant. The poultry are not allowed in the dining area, but there was one very famous leghorn rooster named Buddy about 15 years ago who served long tenure as unofficial maitre d' of the restaurant. Dressed in black tie, Buddy cheerfully greeted guests at the door and crowed through the breakfast hour. Wandering chickens notwithstanding, San Marcos Café is a real find. A cozy, charming ranchhouse decorated in country-kitchen style, it serves one of the best cinnamon rolls.

① Various poultry can be spotted around the café.

② A few roosters are allowed to enter the dining area.

③ A rooster served as waiter starting 10 years ago.

④ Buddy's costume consisted of a red tie.

⑤ They no longer serve cinnamon rolls.

15 Thomas Eisner에 관한 다음 글의 내용과 일치하지 <u>않는</u> 것은?

Thomas Eisner, an ecologist and evolutionary biologist at Cornell University, died last week at age 81 of complications from Parkinson's disease. In hundreds of journal articles on topics ranging from spider webs to bombardier beetles, Eisner explored how insects and arthropods defend themselves, capture prey, and attract mates in sometimes complex ways. With Cornell collaborator Jerrold Meinwald, he helped found the field of chemical ecology—the study of how animals and plants use chemicals to communicate. An outspoken conservationist, Eisner promoted the idea of allowing companies to "bioprospect" in the rainforest for useful chemicals in order to raise money to protect biodiversity. Eisner was also a pianist, a popular science writer, and—with his wife, Maria—a nature photographer whose images of larval hooks, beetle hairs, and other minute wonders graced many pages and covers of *Science*.

① He died at age 81 from Parkinson's disease complications.

② He was interested in how insects catch their prey.

③ His wife founded the field of chemical ecology.

④ His agendas included protecting rainforest biodiversity.

⑤ His works of photography appeared in *Science*.

④ The Butterfly Effect of a Faltering European Economy

⑤ Economic Outlook for the Average Joe: Cloudy with Rain

[16~17] 다음 글의 제목으로 가장 적절한 것을 고르시오.

16

Since 1967, median household income in the United States, adjusted for inflation, has stagnated for the bottom 60 percent of the population, even as wealth and income for the richest Americans have soared. Changes in Europe, although less stark, point in the same direction. Corporate profits are at their highest levels since the 1960s, yet corporations are increasingly choosing to save those profits rather than invest them, further hurting productivity and wages. And recently, these changes have been accompanied by a hollowing out of democracy and its replacement with technocratic rule by globalized elites. [3점]

① Inflation: A Huge Hurdle for the Economy

② Public Demand for Corporate Transparency

③ If a Technocrat Sneezes, Do Banks Catch a Cold?

17

I am lying here in my private sick bay on the east side of town between Second and Third avenues, watching starlings from the vantage point of bed. Three Democrats are in bed with me: Harry Truman (in a stale copy of the *Times*), Adlai Stevenson (in *Harper's*), and Dean Acheson (in a book called *A Democrat Looks at His Party*). I take Democrats to bed with me for lack of a dachshund, although as a matter of fact on occasions like this I am almost certain to be visited by the ghost of Fred, my dash-hound everlasting, dead these many years. In life, Fred always attended the sick, climbing right into bed with the patient like some lecherous old physician, and making a bad situation worse. All this dark morning, I have reluctantly entertained him upon the rumpled blanket, felt his oppressive weight, and heard his fraudulent report. He was an uncomfortable bedmate when alive; death has worked little improvement—I still feel crowded, still wonder why I put up with his natural rudeness and his pretensions.

① Books Versus Pets: Who Makes a Better Companion?

② Reminiscing About a Bedfellow on a Dark Morning

③ A Message of Hope from My Beloved Dash−hound

④ Unexpected Arrival of a Dog: A New Beginning

⑤ The Truth Behind the Politics of Medical Care

[18~19] 다음 글의 주제로 가장 적절한 것을 고르시오.

18

The inherent fragility of the economic system does not mean that it cannot be made safer. A lot can be done, has been done, and can still be done. But in designing reforms, it's important to choose the objective carefully. The goal should not be to eliminate the risk of the failure of individual banks or large institutions. Failure has its merits. It's important for creating the right incentives, spurring innovation, and promoting efficiency. Rather, policymakers should strive to enhance the resilience of the broader financial system. Even when the system is under extreme stress, it needs to remain able to perform its basic functions of providing payment, clearing, and settlement services; offering credit; and transferring risk. In other words, policymakers should try to build a system in which an idiosyncratic event does not turn into a systemic crisis. This means seeking not only to reduce the probability of financial distress but also to increase the probability that the real economy remains insulated from it. [3점]

① drafting economic policies based on statistics

② building an economy based on idiosyncratic events

③ putting the needs of people ahead of corporations

④ predicting potential problems in the economic system

⑤ reforming an economic system to withstand distress

19

After language had evolved as the principal communication system of modern humans, people were left with the question of who to communicate with through music. Music is, after all, a derivative of 'Hmmmm,' which itself evolved as a means of communication, so the communicative function could not easily be dropped; there remained a compulsion among modern humans to communicate with music, as there still is today. How could this be fulfilled? Communication with other humans was now far better achieved by language than by music, other than for prelinguistic infants. But in the minds of modern humans there was now another type of entity with whom they could and should communicate: supernatural beings. So the human propensity to communicate through music came to focus on the supernatural—whether by beating the shaman's drum or through the compositions of Bach.

① effects of music on our views on the supernatural

② functional diversity of music compared to language

③ music as a means to communicate with the supernatural

④ advantages of language as a medium of communication

⑤ influence of music on the development of language

[20~22] 다음 글의 요지로 가장 적절한 것을 고르시오.

20

The EU, with its 512 million citizens, has, until recently, led the charge into a zero-emission green economy. The People's Republic of China, with its nearly 1.4 billion people, has roared onto the field in recent years with its plan to transition into a postcarbon era. And now the United States, with its 325 million citizens, is poised to join the herd. Without all three elephants marching in sync, sharing best practices, establishing common codes, regulations, standards, and incentives, and reaching out together to bring the rest of humanity into the fold, the race to a zero-carbon civilization in less than twenty years will be lost.

① Population problems need to be addressed before racing to a postcarbon era.

② With all three elephants marching in sync, no competitor will win the race.

③ China's participation is an optimistic sign for the zero-emission economy.

④ Cooperation among the key members is essential for a zero-carbon world.

⑤ A zero-carbon civilization is destined to backfire within twenty years.

21

Traditionally, research has treated goal pursuit as a solitary endeavor. But everyday experiences show that our relationships can either foster or impede our progress. If you want to wake up earlier each morning, you're better off with a spouse who shuts off his bedside lamp at 10 p.m. If you want to become a vegetarian, your spouse's feelings on tofu versus steak will probably have an impact.

Now researchers are examining that influence. A Washington University study found that being married to a spouse who is highly conscientious—that is, organized and reliable—predicts future job satisfaction and higher income. Research by Wilhelm Hofmann at the University of Cologne in Germany indicates that high relationship satisfaction positively affects feelings of control over goal pursuit. Hofmann posits that the stability of happy relationships makes it easier to focus. According to Hofmann, "When people's everyday life feels stable and predictable, they feel more in control of their ability to pursue their goals."

① The chances of achieving your goals hinge on your spouse.

② Psychological stability is the main indicator of your wellbeing.

③ Setting a realistic goal is heavily influenced by your partner.

④ Personal feelings are directly related to pursuing your goals.

⑤ The conscientiousness of your spouse leads to a successful marriage.

22

In the U.S., windmills have been estimated to kill at least 45,000 birds and bats each year. That sounds like a lot of birds and bats. To place that number in perspective, consider that pet cats that are allowed to wander in and out of their owners' houses have been measured to kill an average of more than 300 birds per year per cat. If the U.S. population of outdoor cats is estimated at about 100 million, then cats can be calculated to kill at least 30 billion birds per year in the U.S., compared to the mere 45,000 birds and bats killed per year by windmills. That windmill toll is equivalent to the work of just 150 cats.

① Policies on birds and bats should be based on statistics.

② Cat owners are advised not to let their cats roam free outdoors.

③ Windmills need to be regulated to meet environmental standards.

④ Windmills do not threaten avian wildlife as much as outdoor cats.

⑤ The outdoor cat population must be curbed for ecological balance.

[23~30] 다음 글의 빈칸에 들어갈 말로 가장 적절한 것을 고르시오.

23

We tend to think of statistical sampling as some sort of _____ bedrock, like the principles of geometry or the laws of gravity. But the concept is less than a century old, and it was developed to solve a particular problem at a particular moment in time under specific technological constraints. Those constraints no longer exist to the same extent. Reaching for a random sample in the age of big data is like clutching at a horse whip in the era of the motor car. We can still use sampling in certain contexts, but it need not—and will not—be the predominant way we analyze large datasets. Increasingly, we will aim to go for it all.

① impertinent   ② immutable

③ immature   ④ imminent

⑤ impartial

24

The human fetus, until recently, was a largely invisible and voiceless member of society. Technological innovations over the past few decades have given the fetus greater physical reality and new claims to legal rights while at the same time offering women more grounds for preventing, redefining, and even terminating pregnancy. Conflicts associated with expanded technological options for contraception and abortion offer one vantage point on these issues. Another set of disputes concerns the gradual uncoupling of biological reproduction from social parenting through technological means such as artificial insemination, *in vitro* fertilization, and embryo implantation. Intersecting with the reconfigurations of the family through adoption and divorce, these unconventional reproductive pathways have begun to _____ the accepted meanings of "mother," "father," "child," and "family." [3점]

① undermine   ② duplicate

③ summarize   ④ consolidate

⑤ simplify

25

When we look in the mirror, we see some of the "instruments" necessary for choice. Our eyes, nose, ears, and mouth gather information from our environment, while our arms and legs enable us to act on it. We depend on these capabilities to effectively negotiate between hunger and satiation, safety and vulnerability, even between life and death. Yet our ability to choose involves more than simply _____. Your knee may twitch if hit in the right place by a doctor's rubber mallet, but no one would consider this reflex to be a choice. To be able to truly choose, we must evaluate all available options and select the best one, making the mind as vital to choice as the body.

① reacting to sensory information

② giving into your utmost desires

③ selecting what is most beneficial

④ searching for instant gratification

⑤ suppressing your natural instincts

and business software, gain an edge from the experience that comes with a founder's age. According to research by a tech entrepreneur, the average age of successful start-up founders in these and other high growth industries was 40. It goes to show that if you have the financial resources, the right network and, most important, a great idea, _____. [3점]

① inner success is the reward

② age is nothing but a number

③ it all comes down to who you know

④ the last piece of the puzzle is capital

⑤ youth will always find a way to prevail

26

There is no question that starting a business is easier when you are younger. The fewer nonwork responsibilities you have, the more likely you are to pour your blood, sweat and tears into a new venture. But that does not mean you should leave school or your job to start a company just because you are young. Venture capitalists often favor fresh meat. Michael Moritz of Sequoia Capital, one of Silicon Valley's biggest VC firms, has gushed about how entrepreneurs in their mid to late 20s "see no boundaries, see no limits, see no obstacle that they cannot hurdle." Still, start-ups in some industries, such as biotech

27

Professor Wilhelm Roentgen of the Bavarian University of Wurzburg first made the discovery of x-rays public in December 1895. The notion of a new kind of ray, unrefractable and indifferent to electromagnetic fields, befuddled the scientific world and precipitated feverish research into their nature and implications for the long-standing theories of light and matter. _____. The notion of a "dark light" that could penetrate flesh as easily as glass and produce photographic images of the skeleton was intoxicating. Overnight, the mysterious rays became popular icons constantly encountered in advertisements, prose, songs, and cartoons. More than one thousand articles and fifty books were published on the subject in 1896 alone.

① Popular culture was equally mesmerized
② Advertisers and politicians followed suit
③ This discovery was challenged by many
④ The financial sector was taken aback
⑤ Rarely did it reflect the public craze

28

For a threat to be effectual, its utterer must have the means to carry it out and want the addressee to act otherwise than would be the case without the prompting of the utterance. Then, once a speaker is seen by the target to be in such a position of power, any utterance forecasting _____, even if not framed explicitly as involving the utterer's own behavior, can be reasonably understood as a threat. This is how we make sense of remarks that contain no overtly threatening material. For example, when a Mafia boss in a movie says, "Tonight you sleep with the fishes," it is not taken as an invitation to sleep over at the speaker's house in the room with the aquarium, but as a chilling message of imminent doom. [3점]

① a cordial invitation to an aquarium
② explicit withdrawal of a future action
③ the maintenance of the present status
④ an unspoken agreement of cooperation
⑤ negative consequences to the addressee

29

The volume of Neanderthal brains ranged from 1,200 to 1,750 cc, about the same (1,200 to 1,700 cc) range as that of early and present specimens of modern *Homo sapiens*. This doesn't mean that they were as clever as modern human beings, since brain size _____. People who live in colder climates tend to have larger brains, and Neanderthals lived in Eurasia during a cold period. Neanderthal skeletal bones also show that they were massive. They had short, stocky bodies; males probably weighed about 145 pounds and stood less than five feet seven inches tall. Brain volume also is correlated with heavier massive muscles and body weight in closely related species. Heinz Stephan, a German neuroanatomist, has been studying the sizes of the brains and their various parts in many species over the past forty years. His detailed measurements show that bigger muscles require bigger brains, independent of intelligence. [3점]

① inevitably determines intelligence and body weight

② is a compensation for muscle loss and malnutrition

③ is also related to muscularity and climatic conditions

④ indicates the habitat and the surrounding environment

⑤ has long been noted as a vessel of intellect for mankind

30

The world of business is one area in which _____. Many people now work alone at home. With access to a large central computer, employees such as secretaries, insurance agents, and accountants do their jobs at display terminals in their own homes. They no longer have to actually see the people they're dealing with. In addition, employees are often paid in an impersonal way. Workers' salaries are automatically credited to their bank accounts, eliminating the need for paychecks. Fewer people stand in line with their coworkers to receive their pay or cash their checks. Finally, personal banking is becoming a detached process. Customers interact with machines rather than people to deposit or withdraw money from their accounts. Even some bank loans

are approved or rejected, not in an interview with a loan officer, but by a computer program.

① technology is isolating us

② employees are being overworked

③ artificial intelligence benefits humans

④ managing finances is the top priority

⑤ human resources are evenly allocated

31 다음 글의 빈칸 (A), (B)에 들어갈 말로 가장 적절한 것은?

Many people, including many scientists, tend to confuse the mind with the brain, but they are really very different things. The brain is a material network of neurons, synapses, and biochemicals. The mind is a flow of subjective experiences, such as pain, pleasure, anger and love. Biologists assume that the brain somehow produces the mind, and that biochemical reactions in billions of neurons somehow produce experiences such as pain and love.   (A)   , so far we have absolutely no explanation for how the mind emerges from the brain. How come when billions of neurons are firing electrical signals in a particular pattern, I feel pain, and when the neurons fire in a different pattern, I feel love? We haven't got a clue.   (B)   , even if the mind indeed emerges from the brain, at least for now studying the mind is a different undertaking than studying the brain.

	(A)		(B)
①	In addition	……	For example
②	However	……	Hence
③	In addition	……	Hence
④	However	……	Nevertheless
⑤	Therefore	……	For example

[32~33] 다음 글에서 전체 흐름과 관계 없는 문장을 고르시오.

32 The Internet of Things (IoT) can revolutionize the business and consumer landscape by bridging digital and material worlds. ① Any industry reliant on making, moving or selling objects that were previously not connected to the internet stands to benefit. ② Many industries, however, do not have the infrastructure with 5G broadband connection that can mobilize their IoT. ③ The specific benefits IoT can bring to a business depend on how the technology is used. ④ For example, sensors can be used to reduce waste by optimizing lighting or heating based on occupancy levels, or reduce spoilage of products in transit by monitoring temperatures. ⑤ IoT can also generate revenue and increase productivity, such as acoustic offshore oilfield sensors that analyze activity through pipelines to maximize output and help identify new resource pools.

33 Students of criminology, as well as the average citizen, are often unaware that criminalization of drugs is a twentieth-century American creation. Earlier, what we now construe as "drugs" were not dealt with differently than the vast array of other substances that arguably hold some potential for damaging (or enhancing) health. ① What we now think of as "hard drugs" were once readily available as medicines and even food additives. ② Coca-Cola once lived up to the advertisement jingle dubbing it the "real thing" by including cocaine as a stimulating ingredient, later replaced by caffeine. ③ The past 40 years have witnessed a "drug war" based on the idea that law enforcement should aggressively seek to eliminate specified drugs. ④ Our contemporary view of drugs was launched when Congress passed the Harrison Act in 1914, effectively criminalizing the sale and possession of opiates. ⑤ Legislation criminalizing marijuana was in place in 16 states by 1930, and in all states by 1937.

[3점]

34 글의 흐름으로 보아, 주어진 문장이 들어가기에 가장 적절한 곳은?

> When the researchers opened the boxes, they found that nearly all the caterpillars, with or without vision, had changed their body colors to match the sticks in their box.

Peppered moths are masters of camouflage. (①) In the larval stage, they can change the color of their skin to blend into their settings— even without seeing those surroundings, a new study found. (②) After raising more than 300 peppered moth larvae, U.K. researchers obscured the vision of some with black paint. (③) The larvae were placed in boxes containing white, green, brown, or black sticks, and given time to adapt. (④) The researchers then moved the caterpillars into new boxes containing sticks of two different colors, and about 80 percent of the insects chose to rest on sticks that matched their body color. (⑤) The researchers say their findings provide strong evidence that peppered moth larvae are capable of dermal photoreception—seeing with their skin.

[35~36] 주어진 글 다음에 이어질 글의 순서로 가장 적절한 것을 고르시오.

35

> Urban America was electrified between 1900 and the onset of the Great Depression in 1929, and rural America followed suit between 1936 and 1949. The electrification of factories made way for the era of mass-produced goods, with the automobile as the kingpin.

(A) Without electricity, Henry Ford would not have had available electric power tools to bring the work to the workers and manufacture an affordable automobile for millions of Americans. The mass production of the gasoline-powered Model T car altered the temporal and spatial orientation of society.

(B) Concrete highways were laid out over vast stretches of America, culminating in the US Interstate Highway System—the largest public works project in world history—creating a seamless coast-to-coast road system. The interstate highways were the impetus for a mass exodus of millions of families from urban areas to the newly emerging suburbs popping up off the highway exits.

(C) Millions of people began to trade in their horses and buggies for automobiles. To meet the increased demand for fuel, the nascent oil industry revved up exploration and drilling, built oil pipelines across the country, and set up thousands of gasoline stations to power the millions of automobiles coming off the assembly lines. [3점]

① (A) – (C) – (B)   ② (B) – (A) – (C)

③ (B) – (C) – (A)   ④ (C) – (A) – (B)

⑤ (C) – (B) – (A)

36

Not everyone is aware of the way their emotions impact others in their lives. Even when emotions are appropriate, their intensity may lead to problems. Some feelings, of course, are inappropriate.

(A) Such messages tend to confuse the recipient of that emotion and can lead to problems. When people express emotions, they may facilitate relationships or derail them. Understanding the impact of emotional expression is the core of psychotherapy.

(B) When they are congruent, the emotion fits with the message that is being sent. Some people may indicate one emotion with their words and another with their tone of voice. Sometimes this is referred to as the difference between verbal and nonverbal behavior.

(C) Whether or not an emotion is considered appropriate is related to the context in which it is displayed as well as the people involved.

Emotions may also be either congruent or incongruent.

① (A) – (C) – (B)   ② (B) – (A) – (C)

③ (B) – (C) – (A)   ④ (C) – (A) – (B)

⑤ (C) – (B) – (A)

[37~38] 다음 글을 읽고, 물음에 답하시오.

One morning, when I awoke, the temperature was barely five degrees and the wind was blowing fiercely. Daddy and the other cowboys went about their chores regardless, but my mama held me back. "Why don't you and I make a chocolate cake today?" she said.

Mama told me the ingredients I needed to find and began spooning flour and sugar into a bowl. "How do you know how much to use?" I asked. I'd never seen her look at a recipe to cook anything.

"It's about finding the right balance. You'll make mistakes at first, but that's how you learn," she said.

Soon the house was filled with the sweet aroma of rich, velvety chocolate. The heat from the oven was warm and welcoming.

"You know what comes next?" Mama asked me.

"Eating!" I said.

Mama laughed. "First comes cleaning up," she said, filling the sink with hot soapy water. Hmm, even fun jobs required hard work. "The joy of cooking isn't about the eating. It's about seeing the smiles on people's faces."

I didn't quite see how a smile could beat a piece of chocolate cake until I was a few years older. I was 15, and Daddy, my brother and I were pitching in at a friend's ranch, an annual custom called neighboring up. Around midday, I heard an old man, sweat running down his face, say, "We better get paid well today." *Wow, we're getting cash money,* I thought. Then I looked up to see car after car coming down the driveway, people bringing platters of fried chicken, breaded pork chops, salads of all kinds, cakes and pies. The cowboys were grinning from ear to ear. To this day, I remember how good that food tasted after a morning of hard work. That afternoon, the cowboys worked twice as hard, laughing and cutting up. I thought about what Mama had said about why she liked to cook. To be able to give folks that much pleasure, well, that seemed pretty special.

37 윗글의 제목으로 가장 적절한 것은?

① Old Habits Die Hard
② You Are What You Eat
③ Are You a Good Neighbor?
④ Wide Variety of Cowboy Cuisine
⑤ A Lesson on the Joy of Cooking

38 윗글의 내용과 일치하는 것은?

① When Mama cooked, she followed the recipe faithfully.
② Mama said the most important thing about cooking was the taste.
③ The neighboring up custom was practiced every month.
④ What the old man meant by payment was the food.
⑤ The cowboys were not happy about working in the afternoon.

[39~40] 다음 글을 읽고, 물음에 답하시오.

It is sometimes proposed that direct brain-computer interfaces, particularly implants, could enable humans to exploit the fortes of digital computing—perfect recall, speedy and accurate arithmetic calculation, and high-bandwidth data transmission—enabling the resulting hybrid system to radically outperform the unaugmented brain. But although the possibility of direct connections between human brains and computers has been demonstrated, it seems unlikely that such interfaces will be widely used as enhancements any time soon.

To begin with, there are significant risks of medical complications—including infections, electrode displacement, hemorrhage, and cognitive decline—when implanting electrodes in the brain. Perhaps the most vivid illustration to date of the benefits that can be obtained through brain stimulation is the treatment of patients with Parkinson's disease. The Parkinson's implant is relatively simple: it does not really communicate with the brain but simply supplies a stimulating electric current to the subthalamic nucleus. A demonstration video shows a subject slumped in a chair, completely immobilized by the disease, then suddenly springing to life when the current is switched on: the subject now moves his arms, stands up and walks across the room, turns around and performs a pirouette. Yet even behind this especially simple and almost miraculously successful procedure, there lurk negatives. One study of Parkinson patients who had received deep brain implants showed reductions in verbal fluency, selective attention, color naming, and verbal memory compared with controls. Treated subjects also reported more cognitive complaints. Such risks and side effects might be tolerable if the procedure is used to alleviate severe disability. But in order for healthy subjects to volunteer themselves for neurosurgery, there would have to be some very _____ of normal functionality to be gained.

39 윗글의 제목으로 가장 적절한 것은?

① Full Functionality Gained Via Brain-Computer Interface
② A Breakthrough in Parkinson's Disease Treatment
③ How Best to Augment Brain Power with Implants
④ Direct Brain-Computer Interfaces: Pros and Cons
⑤ Hopes for Success Dwindle Away in Neuroscience

40 윗글의 빈칸에 들어갈 말로 가장 적절한 것은?

① substantial enhancement
② universal application
③ complicated achievements
④ complete deprivation
⑤ authoritative establishments

[41~42] 다음 글을 읽고, 물음에 답하시오.

For centuries, it was believed that disabled people like me were living under a curse that was inflicted by God. Well, I suppose it's possible that I've (A) upset/pleased someone up there, but I prefer to think that everything can be explained another way; by the laws of nature. If you believe in science, like I do, you believe that there are certain laws that are always obeyed. If you like, you can say the laws are the work of God, but that is more a definition of God than a proof of his existence. In about 300 BCE, a philosopher called Aristarchus was fascinated by eclipses, especially eclipses of the Moon. He was (B) brave/obedient enough to question whether they really were caused by gods. Aristarchus was a true scientific pioneer. He studied the heavens carefully and reached a bold conclusion: he realised the eclipse was really the shadow of the Earth passing over the Moon, and not a (C) natural/divine event. Liberated by this discovery, he was able to work out what was really going on above his head, and draw diagrams that showed the true relationship of the Sun, the Earth and the Moon. From there he reached even more remarkable conclusions. He deduced that the Earth was not the centre of the universe, as everyone had thought, but that it instead orbits the Sun. In fact, understanding this arrangement explains all eclipses. When the Moon casts its shadow on the Earth, that's a solar eclipse. And when the Earth shades the Moon, that's a lunar eclipse. But Aristarchus took it even further. He suggested that stars were not chinks in the floor of heaven, as his contemporaries believed, but that stars were other suns, like ours, only a very long way away. What a stunning realisation it must have been. The universe is a machine governed by principles or laws—laws that _____.

41 (A), (B), (C)의 각 네모 안에서 문맥에 맞는 낱말로 가장 적절한 것은?

	(A)		(B)		(C)
①	upset	……	obedient	……	natural
②	upset	……	obedient	……	divine
③	upset	……	brave	……	divine
④	pleased	……	obedient	……	natural
⑤	pleased	……	brave	……	divine

42 윗글의 빈칸에 들어갈 말로 가장 적절한 것은? [3점]

① decipher God's secret codes

② reveal the existence of God

③ transcend human scientific capacity

④ can be understood by the human mind

⑤ strengthen the bond between God and nature

[43~45] 다음 글을 읽고 물음에 답하시오.

I actually knew about Stravinsky very early on in my life. I was about twelve. I was taking piano lessons from Denise, a nice, frizzy-haired, thirty-something bachelorette who would come to our apartment to teach me *Für Elise*, Bach's variations, and, to keep me interested, the theme from *Star Wars*. Despite the minor point that I showed no musical talent whatsoever, I somehow decided I needed to take it to the next level. I needed to become a composer.

So one week, I spent hours every afternoon plonking around on the piano in our foyer, scribbling down notes, erasing, scribbling some more. Finally, on Friday, Denise came, and I played my opus for her. It sounded like a combination of a traffic jam on Madison Avenue, a fax machine, and weasels in heat.

"Good for you, A.J.," she said. "You're experimenting in atonal compositions."

"Yes, I'm very interested in atonal compositions." Of course, I had no idea what atonal compositions were; in fact, I was trying desperately to write tonal compositions. It's just that (A) my ear was 100 percent tin.

"It reminds me of Stravinsky," she said.

"Ah, yes, Stravinsky," I replied, nodding my head. Denise was being exceedingly nice. She didn't want to discourage me, but the only way it could have reminded her of Stravinsky is if Stravinsky had accidentally sat on the keyboard.

That's how I first learned of the Russian master. Then, in college, I expanded my knowledge of Stravinsky by four words: *The Rites of Spring*. An atonal composer who wrote *The Rites of Spring*. So that's about where I stood.

From the *Britannica*, I learned two important things. First, it's *The Rite of Spring*. Only one rite. So I'd been sounding like a jackass all these years when I made the occasional allusion to Stravinsky. Second, *The Rite of Spring* was enough to cause an "opening-night riot" when it debuted at the Théâtre de Champs Elysées on May 29, 1913.

Stravinsky's score—with its "scandalous dissonances and rhythmic brutality"—caused an uproar among the chic Paris audience. The commotion was so loud, the ballet dancers couldn't hear the orchestra in the nearby pit. But the dancers kept dancing anyway, urged on by the choreographer, who stood on a chair in the wings, shouting and miming the rhythm.

I love this. I can't believe that less than a century ago, a ballet with some discordant notes could cause an actual riot. Nowadays, audience members at the ballet rarely riot. They are often too busy falling asleep. Or if they are really upset, they leave after the first act to get a nice pasta dinner somewhere.

43 윗글에 나타난 필자의 태도로 가장 적절한 것은?

① optimistic and jubilant

② objective and impartial

③ amusing and candid

④ annoyed and critical

⑤ calm and reserved

44 밑줄 친 (A)가 의미하는 바로 가장 적절한 것은?

① I lacked the keyboard dexterity expected of a composer.

② I suffered from a strong blow to my ear by Denise.

③ I had a knack for composing atonal and tonal music.

④ I could not hear the differences between musical notes.

⑤ My composition skills were overshadowed by my playing.

45 'I'에 관한 윗글의 내용과 일치하지 <u>않는</u> 것은?

① My piano teacher was unmarried and in her thirties.

② I once learned the *Star Wars* theme on the piano.

③ I gained a comprehensive understanding of Stravinsky in college.

④ The *Britannica* helped me realize my misunderstanding about Stravinsky.

⑤ I was surprised that discordant notes caused a riot.

제**3**교시 수학영역

▶ 정답 및 해설 591p

[01~20] 각 문항의 답을 하나만 고르시오.

01 $\log_3(\log_{27}x)=\log_{27}(\log_3 x)$ 가 성립할 때, $(\log_3 x)^2$의 값은? [3점]

① $\dfrac{1}{9}$ ② $\dfrac{1}{27}$

③ 3   ④ 9

⑤ 27

02 $x=\dfrac{1+\sqrt{2}+\sqrt{3}}{1-\sqrt{2}+\sqrt{3}}$ 일 때, $x(x-\sqrt{2})(x-\sqrt{3})$의 값은? [3점]

① $2\sqrt{2}+3\sqrt{3}$ ② $3\sqrt{2}+2\sqrt{3}$

③ $2(\sqrt{2}+\sqrt{3})$ ④ $3\sqrt{2}+\sqrt{6}$

⑤ $\sqrt{6}+2\sqrt{3}$

03 어느 대학에서 신입생 50명을 모집하는데 5000명이 지원하였다. 지원자 5000명의 입학 시험점수는 평균이 63.7점이고 표준편차가 10점인 정규분포를 따르며, 94.6점 이상인 학생들을 대상으로 장학금을 지급한다고 한다. 아래 표준정규분포표를 이용하여 구한 이 대학에 입학하기 위한 최저 점수를 a라 하고, 장학금을 받는 학생 수를 b라 할 때, $a+b$의 값은? [3점]

z	$P(0 \le Z \le z)$
1.96	0.475
2.33	0.490
2.75	0.497
3.09	0.499

① 92   ② 94

③ 96   ④ 98

⑤ 100

04 $\lim\limits_{x \to 2}\dfrac{f(x)}{x-2}=4$, $\lim\limits_{x \to 4}\dfrac{f(x)}{x-4}=2$를 만족시키는 다항함수 $f(x)$에 대하여 방정식 $f(x)=0$이 구간 $[2, 4]$에서 적어도 m개의 서로 다른 실근을 갖는다. m의 값은? [3점]

① 1   ② 2

③ 3   ④ 4

⑤ 5

05 곡선 $y=x^2-1$ 위의 점 (t, t^2-1)에서의 접선을 l이라 하자. 곡선 $y=x^2-1$과 직선 l 및 두 직선 $x=0$, $x=1$로 둘러싸인 도형의 넓이의 최솟값은? (단, $0<t<1$) [4점]

① $\dfrac{1}{21}$ ② $\dfrac{1}{18}$

③ $\dfrac{1}{15}$ ④ $\dfrac{1}{12}$

⑤ $\dfrac{1}{9}$

06 어느 대학은 방문자가 있을 때 코로나19 발열 검사를 실시하고 그 결과가 정상이면 그날 지정된 색의 종이 밴드를 손목에 채워 들여보낸다. 종이 밴드는 빨간색 밴드, 주황색 밴드, 노란색 밴드, 초록색 밴드, 파란색 밴드가 있고, 그날 사용할 밴드는 전날 사용한 밴드의 색과 다른 한 색을 임의로 선택하여 그 색의 밴드를 사용한다. 첫날 파란색 밴드를 사용하였을 때, 다섯째 날 파란색 밴드를 사용할 확률은? (단, 각각의 밴드의 개수는 충분히 많다.) [4점]

① $\dfrac{13}{64}$ ② $\dfrac{17}{64}$

③ $\dfrac{21}{64}$ ④ $\dfrac{25}{64}$

⑤ $\dfrac{29}{64}$

07 모든 항이 양수이고 공비가 서로 같은 두 등비수열 $\{a_n\}$, $\{b_n\}$이 모든 자연수 n에 대하여

$$a_n b_n = \frac{(a_{n+1})^2 + 4(b_{n+1})^2}{5}$$

를 만족시킬 때, 공비의 최댓값은? [4점]

① $\dfrac{5\sqrt{5}}{2}$ ② $\dfrac{5}{2}$

③ $\dfrac{\sqrt{5}}{2}$ ④ $\sqrt{5}$

⑤ 1

08 모든 자리의 수의 합이 10인 다섯 자리 자연수 중 숫자 1, 2, 3을 각각 한 번 이상 사용하는 자연수의 개수는? [4점]

① 120   ② 132

③ 146   ④ 158

⑤ 170

09 $a_1 = 1$인 수열 $\{a_n\}$이 모든 자연수 n에 대하여

$$(4 - a_{n+1})(2 + a_n) = 8$$

을 만족시킬 때, $\displaystyle\sum_{k=1}^{9} \frac{8}{a_k}$의 정수 부분은? [4점]

① 43   ② 44

③ 45   ④ 46

⑤ 47

10 n쌍의 부부로 구성된 어느 모임의 모든 사람에게 1, 2, 3 중의 한 숫자가 적힌 카드를 한 장씩 임의로 나누어준 후, 카드를 받은 사람들이 1, 2, 3 중의 한 숫자를 임의로 적도록 한다. 남편이 적은 수가 아내가 받은 카드에 적힌 수와 일치하고, 아내가 적은 수가 남편이 받은 카드에 적힌 수와 일치하는 부부에게만 상품을 주기로 한다. 상품을 받는 부부가 2쌍 이하일 확률이 $\dfrac{57}{32}\left(\dfrac{8}{9}\right)^n$일 때, 자연수 n의 값은? [4점]

① 4   ② 5

③ 6   ④ 7

⑤ 8

11 함수 $g(x)$와 수열 $\{a_n\}$이 음이 아닌 모든 정수 k와 모든 자연수 m에 대하여

$$a_1=1,\ a_2=3,$$
$$a_{2k+1}+2a_m=g(m+k)$$

를 만족시킬 때, $\sum_{k=1}^{10} g(k)$의 값은? [4점]

① 170   ② 180

③ 190   ④ 200

⑤ 210

12 $a>1$인 실수 a에 대하여

함수 $f(x)=a^{2x}+4a^x-2$가 구간 $[-1,1]$에서 최댓값 10을 갖는다. 구간 $[-1,1]$에서 함수 $f(x)$의 최솟값은? [4점]

① $\dfrac{1}{4}$ ② $-\dfrac{1}{4}$

③ $\dfrac{1}{2}$ ④ $-\dfrac{1}{2}$

⑤ 1

13 곡선 $y=x^3+1$ 위의 점 $(1,2)$에서의 접선을 l이라 하자. 중심이 y축 위에 있는 원이 점 $(1,2)$에서 직선 l에 접할 때, 이 원의 넓이는? [4점]

① $\dfrac{5}{9}\pi$ ② $\dfrac{8}{9}\pi$

③ π ④ $\dfrac{10}{9}\pi$

⑤ $\dfrac{13}{9}\pi$

14 $(x-y+1)^{n+2}$의 전개식에서 $x^n y^2$의 계수를 $f(n)$이라 할 때,

$$\frac{1}{f(1)}+\frac{1}{f(2)}+\frac{1}{f(3)}+\cdots+\frac{1}{f(2020)}=\frac{a}{b}$$

이다. $a+b$의 값은? (단, a, b는 서로소인 자연수이다.) [4점]

① 2019   ② 2020

③ 2021   ④ 2022

⑤ 2023

15 함수 $y=2^x-\sqrt{2}$의 그래프 위의 점 P를 지나고 기울기가 -1인 직선이 x축과 만나는 점을 Q라 하자. 자연수 n에 대하여 $\overline{PQ}=n$일 때, 점 P의 x좌표를 a_n이라 하자. $\sum_{n=1}^{6} a_n$의 정수 부분은? (단, 점 P는 제1사분면에 있다.) [4점]

① 10   ② 11

③ 12   ④ 13

⑤ 14

16 점 $A(1,0)$과 곡선 $y=2-x^2$ 위의 점 P에 대하여 선분 AP의 길이를 k라 하자. k^2의 최솟값은? [4점]

① $\dfrac{5-3\sqrt{3}}{2}$ ② $\dfrac{6+\sqrt{3}}{2}$

③ $\dfrac{11-6\sqrt{3}}{4}$ ④ $\dfrac{5+3\sqrt{3}}{4}$

⑤ $\dfrac{12-5\sqrt{3}}{4}$

17 $n\geq 2$인 자연수 n에 대하여 직선 $x=n$이 함수 $y=\log_{\frac{1}{2}}(2x-m)$의 그래프와 한 점에서 만나고, 직선 $y=n$이 함수 $y=|2^{-x}-m|$의 그래프와 두 점에서 만나도록 하는 모든 자연수 m의 값의 합을 a_n이라 하자. $\sum_{n=5}^{10} \dfrac{1}{a_n}$의 값은? [5점]

① $\dfrac{1}{10}$ ② $\dfrac{1}{20}$

③ $\dfrac{1}{30}$ ④ $\dfrac{1}{40}$

⑤ $\dfrac{1}{50}$

18 두 함수
$$f(x)=x^4(x-a),\quad g(x)=k(x-1)(x-b)$$
의 그래프가 직선 $y=x-1$에 접한다. 함수 $f(x)$의 그래프와 x축으로 둘러싸인 부분의 넓이가 함수 $g(x)$의 그래프와 x축으로 둘러싸인 부분의 넓이와 같을 때, 세 상수 a, b, k에 대하여 abk의 값은? (단, $b>1$) [5점]

① $-2-\sqrt{5}$ ② $-1-\sqrt{5}$

③ $-\sqrt{5}$ ④ $1-\sqrt{5}$

⑤ $2-\sqrt{5}$

19 최고차항의 계수가 1인 삼차함수 $f(x)$의 도함수 $f'(x)$는 $x=-1$에서 최솟값을 갖는다. 방정식

$$|f(x)-f(-3)|=k$$

가 서로 다른 네 실근을 갖도록 하는 실수 k의 값의 범위는 $0<k<m$이다. 실수 m의 최댓값은? [5점]

① 8 ② 16

③ 24 ④ 32

⑤ 40

20 $\overline{AB}=5$, $\overline{BC}=7$, $\overline{AC}=6$인 삼각형 ABC가 있다. 두 선분 AB, AC 위에 삼각형 ADE의 외접원이 선분 BC에 접하도록 점 D, E를 각각 잡을 때, 선분 DE의 길이의 최솟값은? [5점]

① $\dfrac{64}{15}$ ② $\dfrac{81}{20}$

③ 4 ④ $\dfrac{121}{30}$

⑤ $\dfrac{144}{35}$

[21~25] 각 문항의 답을 답안지에 기재하시오.

21 자연수 n에 대하여 $0\le x\le 2\pi$에서 방정식 $|\sin nx|=\dfrac{2}{3}$의 서로 다른 실근의 개수를 a_n, 서로 다른 모든 실근의 합을 b_n이라 할 때, $a_5 b_6 = k\pi$이다. 자연수 k의 값을 구하시오. [3점]

22 두 함수 $f(x)=-x^2+4x$, $g(x)=2x-a$에 대하여 함수

$$h(x)=\frac{1}{2}\{f(x)+g(x)+|f(x)-g(x)|\}$$

가 극솟값 3을 가질 때, $\displaystyle\int_0^4 h(x)dx$의 값을 구하시오. (단, a는 상수이다.) [4점]

23 $\log_a b = \dfrac{3}{2}$, $\log_c d = \dfrac{3}{4}$을 만족시키는 자연수 a, b, c, d에 대하여 $a - c = 19$일 때, $b - d$의 값을 구하시오. [4점]

24 다음 조건을 만족시키는 자연수 a, b, c, d, e의 모든 순서쌍 (a, b, c, d, e)의 개수를 구하시오. [4점]

> (가) $ab(c + d + e) = 12$
> (나) a, b, c, d, e 중에서 적어도 2개는 짝수이다.

25 좌표평면 위에 5개의 점 $P_1(-2, 1)$, $P_2(-1, 2)$, $P_3(0, 3)$, $P_4(1, 2)$, $P_5(2, 4)$가 있다. 점 $P_i(i = 1, 2, 3, 4, 5)$의 x좌표를 x_i, y좌표를 y_i라 할 때, $\displaystyle\sum_{i=1}^{5}(ax_i + b - y_i)^2$의 값이 최소가 되도록 하는 두 실수 a, b에 대하여 $a + b$의 값을 구하시오. [5점]

It is only with the heart that one can see rightly;

what is essential is invisible to the eye.

사람은 오로지 가슴으로만 올바로 볼 수 있다. 본질적인 것은 눈에 보이지 않는다.

– 앙투안 드 생-텍쥐페리(Antoine de Saint-Exupery)

2026
경찰대학
7개년 국어·영어·수학

2020학년도 기출문제 | 제1교시 국어영역

제2교시 영어영역

제3교시 수학영역

01 〈보기〉의 문장을 어법에 맞게 고쳐쓸 때 공통적으로 고려해야 할 내용으로 가장 적절한 것은?

───〈보기〉───

- 인간은 자연의 위대한 힘과 맞설 때도 있었지만 대개는 굴복하면서 살아왔다.
- 대도시의 수도관이 낡고 녹슬어서 녹이 섞이거나, 물이 새는 일이 적지 않다.

① 생략된 조사를 적절하게 보충한다.

② 잘못 쓰인 관형어를 적절하게 수정한다.

③ 연결 어미가 의미에 맞도록 적절하게 수정한다.

④ 불필요하게 쓰인 피동 표현을 적절하게 수정한다.

⑤ 서술어가 필요로 하는 부사어를 적절하게 보충한다.

02 밑줄 친 부분이 어문 규범에 맞지 <u>않는</u> 것은? [3점]

① 이 나무는 밤나무가 <u>아니에요.</u>

② 위조품은 진품을 <u>본따서</u> 만든다.

③ 마당에 핀 장미꽃이 정말 <u>빨갛네.</u>

④ 가을이 오자 들판의 곡식이 <u>누레졌다.</u>

⑤ 하산길은 경사가 <u>가팔라서</u> 무척 위험하다.

03 〈보기〉의 음운 변동에 대한 이해로 적절한 것은?

───〈보기〉───

- 열여섯 → 열녀섣 → [열려섣]
  　　　　ㄱ　　　　　ㄴ

① ㄱ : 첨가와 교체가 일어난다.

② ㄱ : 교체와 축약이 일어난다.

③ ㄱ : 교체가 두 번 일어난다.

④ ㄴ : 첨가가 일어난다.

⑤ ㄴ : 축약이 일어난다.

04 ㉠~㉤의 로마자 표기로 적절하지 <u>않은</u> 것은?

───〈보기〉───

1. 자음 사이에서 동화 작용이 일어나는 경우
   (보기) 백마 Baengma　㉠ 신라 _____
2. 'ㄴ, ㄹ'이 덧나는 경우
   (보기) 학여울 Hangnyeoul
   　㉡ 알약 _____
3. 구개음화가 되는 경우
   (보기) 해돋이 haedoji　㉢ 같이 _____
4. 'ㄱ, ㄷ, ㅂ, ㅈ'이 'ㅎ'과 합하여 거센소리로 소리 나는 경우
   (보기) 좋고 joko　㉣ 놓다 _____
다만, 체언에서 'ㄱ, ㄷ, ㅂ' 뒤에 'ㅎ'이 따를 때에는 'ㅎ'을 밝혀 적는다.
(보기) 묵호 Mukho　㉤ 집현전 _____

① ㉠ : silla   ② ㉡ : allyak

③ ㉢ : gachi   ④ ㉣ : nota

⑤ ㉤ : Jipyeonjeon

① 이번 일은 <u>비교적</u> 쉽다.

② 이런 태도는 <u>비상식적</u>이다.

③ 이 제품은 <u>기술적</u> 결함이 있다.

④ 오늘은 <u>전국적</u>으로 비가 내린다.

⑤ 갈등을 <u>평화적</u> 방법으로 해결하자.

05 ㉠~㉢의 형태소 분석으로 적절한 것은?

〈보기〉

용언의 활용형 '가는'은 다음 세 가지 의미로 쓰인다.

㉠ 학교에 가는 학생 (등교하는)

㉡ 칼을 가는 사람 (연마하는)

㉢ 손목이 가는 사람 (얇은)

① ㉠ : 갈- + -는

② ㉡ : 가늘- + -는

③ ㉡ : 갈- + -는

④ ㉢ : 가- + -는

⑤ ㉢ : 갈- + -는

07 밑줄 친 말이 ㉠의 예로 적절한 것은?

〈보기〉

국어의 조사나 어미 가운데에는 하나의 형태소가 음운론적 환경에 따라 둘 이상의 모습으로 나타나는 경우가 있다. 예를
들어 목적격 조사는 환경에 따라 '을'과 '를'로 나타나는데, 이 때 '을'과 '를'을 ㉠ 이형태 관계에 있다고 한다.

① ┌ 학교 앞 공원<u>에서</u> 내일 만나자.
   └ 봄이 오니 거리<u>에</u> 꽃이 가득하다.

② ┌ 친구<u>로서</u> 간곡하게 부탁한다.
   └ 이것<u>으로써</u> 결혼식을 마치겠습니다.

③ ┌ 젊은이<u>여</u>, 내일의 희망을 간직<u>하라</u>.
   └ 젊은이<u>여</u>, 내일의 희망을 간직<u>해라</u>.

④ ┌ 심심한데 어디<u>라도</u> 나가 볼까?
   └ 작은 관심<u>이라도</u> 큰 도움이 됩니다.

⑤ ┌ 소풍을 어디로 <u>가니</u>?
   └ 밥을 <u>먹으니</u> 배가 부르다.

06 ㉠의 예로 적절한 것은?

〈보기〉

국어에서 접미사 '-적(的)'이 결합한 말은 명사와 관형사로 쓰이는 것이 보통이지만 부사로 쓰이는 경우도 있다.

• 명사 : 백화점은 **일반적**으로 시장보다 값이 비싸다.

• 관형사 : **일방적** 의견만 제시하는 것은 토론이 아니다.

• 부사 : ㉠ _____

08 〈보기〉는 국어사전의 문형 정보와 용례이다. ㉠~㉤의 예로 적절하지 않은 것은?

―――――――〈보기〉―――――――

설득-하다(說得---)「동사」 상대편이 이쪽 편의 이야기를 따르도록 여러 가지로 깨우쳐 말하다.

【…을】	㉠ _____
【…에게 …을】	㉡ _____
【…에게 -기를】	㉢ _____
【…에게 -도록】	㉣ _____
【…에게 -고】	㉤ _____

① ㉠ : 경찰은 용의자를 설득하여 자수하게 했다.

② ㉡ : 선생님은 학생들에게 용기를 낼 것을 설득하였다.

③ ㉢ : 경찰은 범인에게 투항하기를 설득하였다.

④ ㉣ : 나는 동생에게 누나를 설득하도록 했지만 소용없었다.

⑤ ㉤ : 나는 두 사람에게 그만 화해하라고 설득하였다.

09 밑줄 친 관용 표현의 의미를 나타낸 것으로 적절하지 않은 것은?

① 그는 사업에서 손을 뗀 지 이미 오래다.(→ 그만두다)

② 그런 이상한 말은 머리에 털 나고 처음 들어 본다.(→ 어른이 되다)

③ 내 월급으로는 입에 풀칠하기도 어렵다.(→ 근근이 살아가다)

④ 내 눈에 흙이 들어가기 전에는 어림없다.(→ 죽어 땅에 묻히다)

⑤ 선생은 '독립' 두 글자를 가슴에 새기고 살았다고 한다.(→ 잊지 않고 기억하다)

10 ㉠~㉤의 예로 적절하지 않은 것은?

―――――――〈보기〉―――――――

문장에서 청유형 어미가 쓰이면 화자와 청자가 어떤 행동을 함께 수행한다는 의미가 나타나는 것이 보통이지만 경우에 따라 화자나 청자 단독으로 행동을 수행한다는 의미가 나타기도 한다.

행동 수행 주체 / 청유형 어미	화자, 청자	화자 단독	청자 단독
-자	㉠		㉡
-ㅂ시다		㉢	㉣
-세		㉤	

① ㉠ : (회의를 끝내며) 이 문제는 내일 다시 논의하자.

② ㉡ : (아기에게 밥을 먹이며) 아기야, 밥 먹자.

③ ㉢ : (도서관에서 떠드는 사람에게) 거, 조용히 좀 합시다.

④ ㉣ : (길을 막고 있는 사람에게) 길 좀 비킵시다.

⑤ ㉤ : (책을 읽고 있는 사람에게) 나, 그 책 좀 보세.

11 〈보기〉의 대화문에 대한 이해로 적절하지 <u>않</u>은 것은? [3점]

> ─────〈보기〉─────
> ㉠ 須達이* 닐오딕 니ᄅ샨 양ᄋ로 호리이다
> ㉡ 太子ㅣ 닐오딕 내 롱담ᄒ다라
> ㉢ 須達이 닐오딕 太子ㅅ 法은 거즛마를 아니 ᄒ시ᄂ 거시니
>
> *須達(수달) : 사람 이름

① ㉠ : '호리이다'에는 선어말 어미 '-오-'가 들어 있겠군.

② ㉡ : '내 롱담ᄒ다라'를 보니 화자가 청자보다 상위자로군.

③ ㉡ : '太子ㅣ'가 주어인 걸 보니 'ㅣ'는 주격 조사이겠군.

④ ㉢ : '太子ㅅ 法'은 '法'이 무정물이므로 관형격 조사 'ㅅ'이 쓰였군.

⑤ ㉢ : '아니'가 부사로 쓰이고 있군.

12 ㉠이 적용된 사례로 적절하지 <u>않</u>은 것은? [3점]

> ─────〈보기〉─────
> 국어에서 ㉠ 동일 모음 탈락은 '가- + -아 → 가', '만나- + -아 → 만나', '건너- + -어 → 건너'와 같이 어간의 모음과 어미의 모음이 동일할 때 나타난다.

① 많이 <u>자도</u> 졸리다.

② 집에 <u>가다가</u> 친구를 만났다.

③ 이제는 정말로 <u>떠나야</u> 한다.

④ 여기 <u>서서</u> 잠시 기다리고 있으렴.

⑤ 얘들아, 밤이 너무 늦었으니 어서 <u>자</u>.

[13~17] 다음 글을 읽고 물음에 답하시오.

우리는 일상적인 대화에서 종종 다른 사람이 웃으면 자신도 따라 웃게 되는 경험을 한다. TV 시트콤에서 재미있을 만한 장면에 녹음된 웃음소리를 삽입하는 것도 이를 통해 시청자들의 웃음을 유도하기 위해서다.

이와 관련해 신경과학자들은 타인이 웃으면 따라 웃게 되는 것은 우리의 뇌에 웃음소리에만 반응하는 웃음 감지 영역(laughter detector)이 있기 때문이라고 주장한다. 그들은 청각 신호를 담당하는 뇌 영역 어딘가에 이러한 부분이 있을 것으로 추정하면서, 다른 사람이 하품할 때 덩달아 하품하게 되는 것도 뇌의 시각 영역 어딘가에 하품하는 모습에 반응하는 부분이 존재하기 때문이라고 주장한다. 그들의 가설에 따르면, 다른 사람의 웃음소리를 들으면 웃음 감지 영역이 흥분하게 되고, 이 신호가 웃음 발생 영역(laughter generator)으로 전달돼 결국따라서 웃게 된다는 것이다.

실제로 이츠하크 프리드(Itzhak Fried) 박사와 그의 동료 신경외과 의사들은 ⓐ <u>인간의 웃음을 유발하는 뇌의 영역이 존재하며, 그 곳에 자극을 가하면 웃음을 유발한다</u>는 사실을 『네이처』지에 발표했다. 또 로체스터 의대 신경방사선과에 있던 딘 시바타(Dean K. Shibata) 교수 연구팀은 2000년 학회에서 핵자기공명영상(MRI)을 이용해 뇌의 어떤 부분이 웃음에 관여하는지 촬영했다. 연구 팀은 13명의 피실험자들에게 우스운 만화를 보여주었을 때, 그리고 다른 사람의 웃음소리를 녹음한 테이프를 들려주었을 때 뇌가 어떤 반응을 보이는지 촬영했다. 그 결과 웃을 때 오른쪽 이마 뒤쪽에 있는 뇌의 '전두엽 하단'이 활발하게 활동한다는 사실이 밝혀졌다. 실제로 뇌출혈 등으로 이 영역이 손상된 사람들은 유머를 이해하고 웃는 능력을 잃어버렸다고 한다.

그들의 연구에서 공통적으로 웃음 유발 영역으로 지목된 '전두엽(Frontal lobe)'은 사회적 행동이나 감정적 판단, 의사소통 등을 관장하는 영역이

다. 고등동물일수록 이 영역이 발달된다. 시바타 박사에 따르면, 우울증 환자들은 전두엽 하단이 정상적으로 반응하지 않는다고 한다.

그렇지만 메릴랜드 주립대학교 심리학과 및 신경과학과 로버트 프로빈(Robert R. Provine) 교수는 『웃음, 그에 관한 과학적 탐구』라는 책에서 웃음은 그저 유머에 대한 생리적인 반응이 아니라, 인간관계를 돈독하게 해 주는 사회적 신호 중 하나라고 주장했다.

그는 메릴랜드 주립대학교 광장과 근처의 거리에서 웃고 떠드는 사람들 1,200명의 대화 내용을 분석해 몇 가지 흥미로운 사실을 발견했다. 사람들이 대화 도중 농담이나 재미있는 이야기 때문에 웃는 경우는 10~20퍼센트에 불과했다. 대부분은 '그동안 어디 있었니?' 혹은 '만나서 반가워요.' 같은 일상적인 대화를 나눌 때 가장 많이 웃는다는 것이다. 게다가 농담을 듣는 사람보다 농담을 하는 사람이 1.5배 이상 더 많이 웃는다는 사실도 발견했다. 결국 대화 상대에게 친밀감이나 호감을 느끼기 때문에 대화를 나누는 것 자체가 즐거워 웃는 것이지, 농담을 주고 받아야만 웃음이 넘치는 건 아니라는 얘기다.

웃음이 인간관계를 위한 사회적 신호라는 사실은 웃음의 성격이나 빈도가 이성과 함께 있느냐, 혹은 동성 친구와 함께 있느냐에 따라 현격히 달라진다는 데서도 확인할 수 있다. 프로빈 교수는 남성과 여성이 대화를 나눌 때, 여성이 남성보다 1.3배 더 많이 웃는다는 사실을 발견했다. 그는 이것을 "이성과 대화할 때 남성은 여성을 웃기려는 경향이 있으며, 따라서 여성이 더 많이 웃게 되는 것 같다."라고 해석했다.

[A] 웃음이 남녀 인간관계에 어떤 영향을 미치는지 조사한 조-앤 바호로프스키(Jo-Anne Bachorowski) 교수는 더 자세한 실험을 했다. 피실험자들을 이성이나 동성 친구, 혹은 낯선 사람과 한방에 들어가게 한 다음 로맨틱 코미디의 클라이맥스 장면을 보여주었다. 이 실험에서 여자들은 같은 여자와 함께 영화를 볼 때보다 남자와 함께볼 때 더 많이 웃었다. 재미있는 것은 여성들은 전혀 알지 못하는 남성과 함께 영화를 볼 때 더 크게 웃는다는 것이었다. 반면 여자가 혼자 영화를 보거나 여자들과 영화를 볼 때는 웃음소리가 점점 잦아들었다. 남자들은 여자들과 많이 달랐다. 남자들은 남자 동료들과 함께 있을 때 가장 크게 웃었으며, 여성과 함께 있거나 낯선 사람과 있을 때 웃음소리가 더 작았다.

13 윗글의 제목으로 가장 적절한 것은?

① 대화 속 웃음의 증상
② 웃음에 관한 다양한 이해
③ 남녀 간 웃음 반응의 차이
④ 웃음 유발과 웃음 감지의 상관성
⑤ 웃음을 통한 우울증 치료의 현주소

14 윗글에서 사용한 설명 방식으로 가장 적절한 것은?

① 녹음된 웃음소리의 효과를 유형별로 나눠 설명하고 있다.
② 뇌의 웃음 발생 영역을 개념 정의의 방법으로 설명하고 있다.
③ 전문가의 견해를 통해 웃음에 대한 과학적 논의를 설명하고 있다.
④ 웃음이 남녀 인간관계에 미치는 영향을 정반합의 논리로 설명하고 있다.
⑤ 가설을 설정하여 대화 상대에 따라 웃는 정도가 다름을 설명하고 있다.

15 윗글과 〈보기〉를 참고해 이해한 것으로 가장 적절한 것은?

〈보기〉

미국 캘리포니아 의대에 있는 폴 에크먼 (Paul Ekman) 박사는 입 꼬리를 위로 올리고 억지로라도 웃는 시늉을 하면 기분이 좋아질 수 있다는 것을 실험적으로 보여 주었다. 그가 주장하는 대로라면, 인위적으로 특정한 감정을 만들어 내면 몸도 거기에 따른 생리적 변화를 보인다. 일례로, 슬픈 역할을 오랫동안 맡은 배우는 실제로도 우울증에 걸릴 위험이 높다. 니체가 "세상에서 가장 심하게 고통받는 동물이 웃음을 발명했다."라고 말한 것과도 일맥상통한다.

① 웃음은 타인에 대한 동정심을 유발하는 효과가 있다.

② 웃음소리는 상대방에 대한 호감도에 영향을 미친다.

③ 재미없는 농담이라도 옆 사람이 웃으면 따라 웃는 것이 좋다.

④ 인간은 행복해서 웃기도 하지만 웃는 행위를 통해서 행복해질 수도 있다.

⑤ 사회적 유대감을 높이기 위해서는 무의식적으로 웃는 것이 필요하다.

16 [A]에 나타난 실험 결과를 바탕으로 추론한 내용으로 적절하지 <u>않은</u> 것은? [3점]

① 혼자 개그 프로그램을 시청하는 여성은 남성과 함께 볼 때보다 크게 웃겠군.

② 여성이 여성들과 개그 프로그램을 본다면 남성과 볼 때보다 조용히 시청하겠군.

③ 남성이 낯선 여성과 개그 프로그램을 시청한다면 남성 동료와 시청할 때보다 조용하겠군.

④ 여성이 낯선 남성과 개그 프로그램을 시청한다면 아는 남성과 시청할 때보다 크게 웃겠군.

⑤ 남성들은 동료 남성과 개그 프로그램을 시청할 때 낯선 남성과 시청할 때보다 더 크게 웃겠군.

17 윗글을 읽고 ⓐ에 관해 이해한 것으로 적절하지 <u>않은</u> 것은?

① 인간의 뇌는 다른 동물에 비해 감정적 판단과 의사소통을 관장하는 영역이 발달했다.

② 우울증 환자들은 웃음을 유발하는 뇌의 특정 부분이 정상적으로 반응하지 않을 수 있다.

③ 웃음소리를 들으면 뇌의 웃음 발생 영역이 자극을 받아 웃음 감지 영역으로 신호가 전달된다.

④ 웃음소리를 들려주고 핵자기공명영상(MRI)을 이용해 뇌를 촬영하면 뇌의 웃음 유발 부분을 알아낼 수 있다.

⑤ 대화할 때 재미있는 이야기나 농담을 말하는 사람이 그것을 듣는 사람보다 뇌의 전두엽 하단이 더 활성화된다.

[18~21] 다음 글을 읽고 물음에 답하시오.

잭 케루악(Jack Kerouac)은 미국 문학사조 면에서 대체로 '비트 세대(beat generation)' 작가 군으로 분류된다. 비트 세대 작가들은 제2차 세계대전 이후 1950~60년대 미국의 지배적인 정치, 경제, 문화 상황에 저항하면서 소위 반문화(counter culture)를 형성한 작가들이다.

얼핏 풍요롭고 평온하게 보이던 이 당시 미국 사회에서 케루악을 비롯한 비트 세대 작가들은 당대의 미국 사회가 순응, 일치, 동질화, 물질주의, 검열, 규범, 획일성 등에 의해 지배되고 있다고 판단했다. 풍요와 평온 밑에 은닉된 이러한 속성들은 정치적, 심리적 억압에서 비롯된 것이었다.

미국 시인 로버트 로웰(Robert Lowell)은 이 시기의 미국 사회를 '진정제 맞은 1950년대'라고 규정했다. 로웰의 지적처럼 이 당시 미국 사회는 순응과 획일성을 강요받아 마치 진정제를 맞은 환자처럼 그저 평온한 사회였다. 로웰과 비트 세대 작가들은 문학사조 면에서는 공통점이 없지만, 그들이 진단한 미국 사회의 모습은 비슷했다.

이들은 위에서 언급한 미국 사회의 속성들을 미국적 가치로 신봉하던 중산층 계급의 허위 의식을 비판하였다. 즉 청교도라는 전통적 배경과 냉전 시대의 이데올로기가 함께 작용하여 사회 구성원들에게 자아 검열을 강요하고 개인들의 의식과 무의식을 통한 결과, 개인성과 자율성이 억압되었다는 것이다.

비트 세대 작가들은 그 당시 미국이 풍요와 평온을 가장한 공포의 사회이고, 사회 구성원들은 서로 단절되고 분열되었으며, 개인은 소외되었다는 생각을 공유하였다. 거의 모든 미국 시민들이 무의식적으로 사회에 순응하고 적응할 때, 그들은 자본주의의 물질주의와 국가 권력이 조절하는 규범화된 삶을 거부하고 저항적인 반문화를 형성하였다.

개인의 자율성과 개인성을 강조하는 미국의 개인주의는 제2차 세계대전 후 냉전 시기에 소위 '미국주의'의 대두로 그 존립 근거를 상실하기 시작했다. 자본주의적 경제와 통치의 효율성을 위하여 개인의 사적인 경험, 자율적인 판단, 자유는 억압되거나 유보되었고 개인은 소비로 불안감을 대신하고 대중문화나 매체에 의하여 쉽게 선동되어 스스로 결정을 하지 못하는 소위 일차원적 인간 이 되어 버렸다. 당시에 미국은 일차원적 인간으로 이루어진 전체 국가로 나아가고 있었다. 비트 세대 작가들은 전체 국가와 일차원적 인간을 형성하는 보이지 않는 중심과 그것이 작동하는 메커니즘을 폭로하고 이에 정면으로 저항하였다.

비트 세대 작가들의 저항과 대안 추구는 다양한 방식으로 나타났다. 앨런 긴즈버그(Allen Ginsberg)의 대표작 「절규」는 미국의 지배적 주류 문화에 대한 '울부짖음'이었다. 이처럼 절망과 분노를 직접 표출하는 것 외에도 이들은 다양한 방식으로 기존의 가치 체계에 저항하면서 새로운 대안을 제시하였다. 이러한 방식들은 당시 대다수 미국인들에게 생소하거나 비도덕적 행위로 비난받았지만 기존의 가치 체계를 넘어서서 미국 사회에 새로운 시각을 제공하였다.

비트 세대 작가들에게 가장 많이 나타나는 개인의 모습은 방랑자이다. 보통 여행의 이미지에서 가장 많이 연상되는 덕목은 자유의 추구이다. 이처럼 미국 대륙을 여행하는 방랑자로서 이들 작가들은 그들의 여행을 통하여 모든 억압으로부터 해방이라는 자유를 추구하고 만끽한다. 하지만 이들의 여행은 기차에 몰래 타거나 지나가는 자동차를 얻어 타기도 하고 마치 불교의 수도승처럼 남루한 모습으로 아무 곳에서나 잠을 자는 등 탈규범적인 행위였다. 비트 작가인 윌리엄 버로스(William Burroughs)에 따르면 케루악의 방랑은 '정신적 소외, 불안감, 불만'에서 시작된 것이었고, 비트 세대 작가들 중 대표적인 방랑자였던 게리 스나이더(Gary Snyder)는 방랑의 시작이 '1950년대 미국의 정신적, 정치적 외로움'이었다고 ㉠밝혔다.

대부분의 비트 세대 작가들은 선불교 사상 수용, 새로운 생태 의식, 비윤리적 행위, 탈규범적 행동을 공유하였고 이를 바탕으로 자신들의 반문화를 형성하여 주류 문화에 저항하였다. 이들이 여기에서 추구한 가치는 비순응성, 자율성, 직접성, 단순성 등이었다.

이러한 가치들은 위에 언급한 주류 사회가 강요한 가치들과는 극명하게 대조된다. 또한 이러한 비트 세대 작가들의 행위는 수동적인 삶에서 벗어난 각 개인들의 직접적이고 구체적인 행동이었다. 이는 다시 말하면 억압된 개인성의 회복이며 닫힌 세계가 강요하는 자아 억제에서 벗어나 자아 표현으로 나아가고자 한 것이다.

③ 케루악의 정신적 소외나 스나이더의 외로움은 그들의 방랑의 원천이었다.
④ 비트 세대 작가들은 선불교 사상을 수용하여 주류 문화를 강화하고자 했다.
⑤ 비트 세대 작가들은 내면적으로는 미국의 주류 문화에 대한 긍정을 추구했다.

18 윗글의 논지 전개 방식으로 적절하지 <u>않은</u> 것은?

① 대상의 개념을 밝혀 정확한 이해를 돕고 있다.
② 적절한 예를 제시하여 중심 내용을 구체화하고 있다.
③ 다양한 가설을 세워 서로 다른 논리들을 비교하고 있다.
④ 여러 사람의 견해를 인용하여 설명을 뒷받침하고 있다.
⑤ 원인과 결과를 밝혀 사회적인 현상에 대해 설명하고 있다.

19 윗글을 이해한 내용으로 가장 적절한 것은?

① 1950년대 미국 사회는 진정제가 필요한 정신적 질병을 앓는 환자가 많았다.
② 제2차 세계대전 이후 미국 사회는 개인주의와 반문화주의의 조화를 추구했다.

20 [일차원적 인간]에 대한 설명으로 가장 적절한 것은?

① 자신의 주체적 판단에 따라 행동한다.
② 공익보다 자신의 자유를 먼저 중시한다.
③ 자신의 존재적 불안을 사회적 기여로 극복하고자 한다.
④ 사회적 현안에 대해 자신의 관점을 갖지 못하는 경향이 있다.
⑤ 타인과 구별되는 생활 방식을 유지하는 데 관심을 기울인다.

21 ㉠과 문맥적 의미가 가장 가까운 것은?

① 조명이 경기장을 환하게 <u>밝혔다</u>.
② 회사에서 새로운 사업 계획을 <u>밝혔다</u>.
③ 옛날에는 등잔불을 <u>밝히고</u> 책을 읽었다.
④ 인생에서 돈만 <u>밝혀서는</u> 행복하기 어렵다.
⑤ 자식 걱정에 어머니는 뜬눈으로 밤을 <u>밝히셨다</u>.

[22~27] 다음 글을 읽고 물음에 답하시오.

아파트 는 그 내부의 면적이 어떠하거나 같은 높이의 단일한 평면을 나누어 사용하게 되어 있다. 보통 집, 아니 다시 내 아내의 표현을 빌면 땅집 은 아무리 그 면적이 적더라도 단일한 평면을 분할하게 되어 있지 않다. 다락방이나 지하실은 거실이나 안방과 같은 높이의 평면 위에 있지 않다. 그것들은 거실이나 안방보다 ㉠ 높거나 낮다. 그런데 아파트는 모든 방의 높이가 같다. 다만 분할된 곳의 크기가 다를 뿐이다. 그렇기 때문에 아파트에서의 삶은 입체감을 갖고 있지 않다. 아파트에서는 부엌이나 안방이나 화장실이나 거실이 다 같은 높이의 평면 위에 있다. 그것보다 밑에 또는 위에 있는 것은 다른 사람의 아파트이다. 좀 심한 표현을 쓴다면 아파트에서는 모든 것이 평면적이다. 깊이가 없는 것이다. 사물은 아파트에서 그 부피를 잃고 평면 위에 선으로 존재하는 그림과 같이 되어 버린다. 모든 것은 한 평면 위에 나열되어 있다. 그래서 한눈에 들어오게 되어 있다. 아파트에는 사람이나 물건이나 다 같이 자신을 숨길 데가 없다. 모든 것이 열려 있다. 그러나 그 열림은 깊이 있는 열림이 아니라 표피적인 열림이다. 한눈에 드러난다는 것, 또는 한눈에 드러난 것으로 여겨지는 것은, 깊이를 가진 인간에게는 상당한 형벌이다. 요즈음에 읽은 한 소설가의 소설 속에는, 아파트 단지에서 몸을 숨길 곳을 찾지 못한 아이들이 옥상 위의 물탱크 속에 들어가 숨음으로써 자신들을 죽음으로 이끌고 간 끔찍한 사건이 기술되어 있었다. 물탱크는 밖에서는 열 수 있으나 안에서는 열 수가 없게 되어 있었던 것이다. 같은 평면 위에서 대번에 그 정체를 드러내는 사물과 인간은 두께나 깊이를 가질 수 없다. 두께나 깊이는 차원이 다른 것이 겹쳐서 생기기 때문이다.

땅집에서는 사정이 전혀 딴판이다. 땅집에서는 모든 것이 자기 나름의 두께와 깊이를 가지고 있다. 같은 물건이라도 그것이 다락방에 있을 때와 안방에 있을 때와 부엌에 있을 때는 거의 다르다.

아니 집 자체가 인간과 마찬가지의 두께와 깊이를 갖고 있다. 내가 좋아한 한 철학자는 집이 아름다운 것은 그것이 인간을 닮았기 때문이라고 말했다. 다락방은 의식이며, 지하실은 무의식이다. 땅집의 지하실이나 다락방은 우리를 얼마나 즐겁게 해 주는 것인지. 그곳은 자연과는 또 다른 매력을 갖고 있다. 다락방과 지하실에서는 하찮은 것들이라도 굉장한 신비를 간직한 것으로 나타난다. 그것들은 쓸모가 없는, 또는 쓰임새가 줄어든 것들이어서, 쓰임새 있는 것에만 둘러싸여 살던 우리를 쓰임새의 세계에서 안 쓰임새의 세계로 인도해 간다. 화가 나서, 주위의 사람들이 미워서, 어렸을 때에 다락방이나 지하실에 혼자 들어가, 낯설지만 흥미로운 것들을 한두 시간 매만지면서 나 혼자만의 세계에 잠겨 있었을 때에 정말로 내가 얼마나 행복했던고!

화는 어느새 풀리고, 주위 사람들에 대한 증오도 사라져, 이윽고 밖으로 나와 때로는 이미 전기가 들어와 바깥은 컴컴하나 안은 눈처럼 밝은 것을 볼 때에, 때로는 황혼이 느리게 내려 모든것이 있음과 없음의 그 미묘한 중간에 있는 것을 보고 느낄 때에 세계는 언제나 팔을 활짝 열고 나를 자기 속으로 깊숙이 이끌어 들이는 것이었다. 그래서 다 자란 뒤에도 다락방이나 지하실을 쓸데없는 것들이 잔뜩 들어 있는 쓰레기 창고로서가 아니라 내가 끝내 간직해야 될 신비를 담고 있는 신비로운 사물함으로 자꾸만 인식하게 된다. 나도 내가 사랑한, 그리고 지금도 사랑하고 있는 그 철학자처럼 다락방과 지하실 때문에 땅집을 사랑하는 것인지 모른다. 그 지하실과 다락방 말고도 내가 좋아하는 것은 한식집의 부엌이다. 내가 태어난 시골의 내 외갓집 부엌은, 그 집이 제법 부유했기 때문에 꽤 넓었다. 그 부엌에는 언제나 내가 좋아하는 아낙네들이 가득 차있었고 그 부엌을 건너 질러가면, 외할아버지가 친손자들에게만 주려고 외손자들에겐 접근을 막은 단감나무, 대추나무들이 있었다. 사람이 없을 때에 그 부엌에 들어가 보면, 부엌 바닥은 한없이 깊고 컴컴했고, 누룽지를 넣어 둔 찬장은 한없이 높고 높았다. 그 부엌을 나는 한 한 달 전에 두 사람의 시인과 함께 놀러 간 어떤 절에서 다시 보았다. 그때의 그 즐거움!

땅집이 아름다운 것은 그것이 많은 것을 숨기고 있기 때문이다. 어린 왕자에 대한 아름다운 산문을 남긴 생텍쥐페리는 사막이 아름다운 것은 어디엔가 우물이 있기 때문이라고 말한 적이 있다.

과연 그렇다. 땅집이 아름다운 것은 곳곳에 우물과 같은 비밀스러운 것들이 있기 때문이다. 아파트에는 그 비밀이 있을 수 없다. 5분 안에 찾아낼 수 없는 것은 아파트에는 없다. 거기에는 모든 것이 노출되어 있다. 스물두 평 서른두 평의 평면 위에 무엇을 숨길 수가 있을 것인가.

— 김현, 「두꺼운 삶과 얇은 삶」

22 윗글의 서술상의 특징으로 적절하지 <u>않은</u> 것은?

① 원인과 결과를 밝혀 서술하고 있다.

② 대상을 하위 유형으로 나누어 서술하고 있다.

③ 다른 사람의 견해로 자신의 견해를 뒷받침하고 있다.

④ 사물의 속성을 비유적 표현을 사용하여 드러내고 있다.

⑤ 허구적인 상황을 설정하여 서술의 초점을 이동하고 있다.

23 윗글에서 아파트 와 땅집 에 관해 설명한 것으로 적절하지 <u>않은</u> 것은?

① '나'는 아파트가 삶을 효율적으로 만들기 때문에 비밀을 가질 수 없다고 생각한다.

② 아파트에서는 삶이 입체적이지 않은 반면, 땅집에서는 삶이 입체적이다.

③ 아파트는 한 눈에 모든 것이 드러나는 곳이지만, 땅집은 많은 것을 숨길 수 있는 곳이다.

④ 땅집이 아파트에 비해 아름다운 것은 두께와 깊이를 가지고 있기 때문이다.

⑤ '나'는 땅집의 매력을 직접 경험한 과거의 기억을 가지고 있다.

24 글쓴이가 느끼는 '땅집의 삶'의 매력으로 적절하지 <u>않은</u> 것은?

① 낯설지만 흥미로운 것을 매만지며 시간을 보낼 수 있다.

② 익숙한 쓰임새의 세상에서 벗어나는 체험을 할 수 있다.

③ 해질 녘에 있음과 없음의 중간에 있는 것을 보고 느낄 수 있다.

④ 하찮은 것들 가운데 쓸모 있는 것과 쓸데없는 것을 구분하게 해 준다.

⑤ 컴컴한 바깥의 어둠과 전깃불로 눈처럼 환한 안쪽을 모두 체험할 수 있다.

25 〈보기〉를 참조할 때 단어의 구조가 땅집 과 <u>다른</u> 것은?

─── 〈보기〉 ───
'땅집'은 '장소+대상'의 의미 구조를 지닌다. 따라서 '땅에 지은 집'이라는 뜻이다.

① 은수저　　　② 산돼지

③ 가로등　　　④ 북극곰

⑤ 섬마을

26 윗글의 글쓴이가 〈보기〉의 글에 대해 보일 수 있는 반응으로 가장 적절한 것은?

― 〈보기〉 ―

1970년대에 접어들면서 한국의 주거 문화는 큰 변화를 겪었다. 마당이 있는 집이 있고 그 집들 옆에 골목길이 있는 단독주택들을 대신해서 복도와 계단이 있는 아파트 단지들이 우후죽순 생겨난 것이다. 이와 함께 골목길의 공간적 성격도 달라졌다. 자동차 대수가 엄청나게 증가하면서 자동차들이 사람들이 느리게 사용하던 골목길을 점령하기 시작했다. 사람들의 추억이 깃들어 있던 골목길은 삶 속에서 점차 사라져 갔다.

① 빠른 자동차 세상에도 출구 없는 골목길은 어디엔가 있기 마련이야.

② 외국의 큰길들에 비해 한국의 골목길은 너무 좁아. 이제는 우리 길도 더 넓어져야 할 때가 왔어.

③ 골목길도 사라지고 주거 문화도 변하고 있군. 우리는 과거에 대한 그리움을 품고 미래로 나아갈 수 있어야 해.

④ 비좁은 골목길은 자동차 시대를 가로막는 장애물 중의 하나야. 단독주택들과 골목길은 한시바삐 사라져야 해.

⑤ 동네 주민들이 일하고 이야기 나누던 골목길은 자동차들이 다니기에는 너무 좁았지만 각별한 의미가 있는 곳이야.

27 〈보기〉를 참조할 때 반의어의 유형이 ㉠과 다른 것은?

― 〈보기〉 ―

국어의 등급 반의어는 중간 상태가 있기 때문에 두 단어를 동시에 부정할 수 있다. 예를 들어 '운동장이 넓지도 좁지도 않다.'가 가능하다. 이에 비해 상보 반의어는 동시에 부정하는 것이 불가능하다.

① 살다 – 죽다   ② 춥다 – 덥다

③ 좋다 – 싫다   ④ 크다 – 작다

⑤ 빠르다 – 느리다

[28~32] 다음 글을 읽고 물음에 답하시오.

[이전 줄거리] 수성궁 옛터에서 풍류를 즐기려던 유영은 술을 마시고 잠이 들었는데 우연히 운영과 김 진사를 만나 그들의 비극적인 사랑 이야기를 듣게 된다. 수성궁에서 안평 대군과 궁녀들이 시를 짓고 있을 때 김 진사가 찾아오는데, 궁녀인 운영은 김 진사의 재주와 용모에 마음이 끌려 그를 사랑하게 되고, 김 진사 역시 운영을 마음에 품게 된다. 그러나 두 사람의 관계를 눈치챈 안평 대군이 진노하여 운영을 죽이려 하지만, 다른 궁녀들이 이를 만류한다.

자란이 초사(招辭)*를 올려 말했습니다.
"오늘의 일은 죄가 헤아릴 수 없을 정도로 크니, 마음속에 품은 생각을 어떻게 차마 속이겠습니까? 저희들은 모두 항간(巷間)의 천한 여자로 아버지가 순(舜)임금도 아니며 어머니는 아황(娥皇)과 여영(女英)도 아닙니다. 그러니 남녀의 정욕이 어찌 유독 저희들에게만 없겠습니까? 천자인 목왕도 매번 요대의 즐거움을 생각했고, 영웅인 항우도 휘장 속에서 눈물을 금하지 못했는데, 주군께서는 어찌 운영만이 유독 운우지정(雲雨之情)이 없다 하십니까? 김생은 곧 우리 세대에서 가장 단아한 선비입니다. ⓐ 그를 내당(內堂)으로 끌어들인 것은 주군의 일이었으며, 운영에게 벼루를 받들라 한 것은 주군의 명이었습니다. 운영은 오래도록 깊은 궁궐에 갇히어 가을달과 봄꽃에 매번 성정(性情)을 잃었고, 오동잎에 떨어지는 밤비에는 애가 끊는 듯 고통스러웠습니다. 그러다가 호남(豪男)을 한 번 보고서 심성(心性)을 잃어버렸으며, 마침내 병이 골수에 사무쳐 비록 불사약이나 월인(越人) 명의(名醫)의 재주라 할지라도 효험을 보기 어렵게 되었습니다. 운영이 하루 저녁에 아침 이슬처럼 스러진다면, 주군께서 비록 측은한 마음을 두시더라도 돌이켜 보건대 어떤 이익이 있겠습니까? 저의 어리석은 생각으로는, 김생으로 하여금 운영을 만나게 하여 두 사람에게 맺힌 원한을 풀어주신다면, 주군의 적선(積善)이 이보다 큰 것이 없을 것입니다. 지난날 운영이 훼절(毁節)한 것은 죄가 저에게 있지 운영에게 있지 않습니다. 저의 이 한마디 말은 위로는 주군을 속이지 않고 아래로는 동료를 저버리지 않았으니, 오늘의 제 죽음 또한 영광스러울 것입니다. 엎드려 바라건대, 주군께서는 운영의 목숨을 잇게 해 주십시오."

옥녀가 초사를 올려 말했습니다.

"서궁(西宮)의 영광을 제가 이미 함께 했는데, 서궁의 재난을 저만 홀로 면하겠습니까? 곤강(崑崗)에 불이 나서 옥석구분(玉石俱焚)**하였으니, 오늘의 죽음은 제가 마땅히 죽을 곳을 얻은 것입니다."

제가 초사를 올려 말했습니다.

"주군의 은혜는 산과 같고 바다와 같습니다. 그런데도 능히 정절을 고수하지 못한 것이 저의 첫 번째 죄입니다. 지난날 제가 지은 시가 주군께 의심을 받게 되었는데도 끝내 사실대로 아뢰지 못한 것이 저의 두 번째 죄입니다. 죄 없는 서궁 사람들이 저 때문에 함께 죄를 입게 된 것이 저의 세 번째 죄입니다. 이처럼 세 가지 큰 죄를 짓고서 무슨 면목으로 살겠습니까? 만약 죽음을 늦춰 주실지라도 저는 마땅히 자결할 것입니다. 처분만 기다립니다."

대군은 우리들의 초사를 다 보고 나서, 또다시 자란의 초사를 펼쳐놓고 보더니 점차 노기(怒氣)가 풀리었습니다.

이때 소옥이 무릎을 꿇고 울면서 아뢰었습니다.

"지난날 중추절에 빨래하기를 성내(城內)에서 하지 말자고 한 것은 제 의견이었습니다. 자란이 밤에 남궁에 와서 매우 간절하게 요청하기에, 제가 그 마음을 불쌍히 여겨 여러 사람의 의견을 배척하고 따랐던 것입니다. 그러니 운영의 훼절은 죄가 제 몸에 있지 운영에게 있지 않습니다. 엎드려 바라건대, 주군께서는 제 몸으로써 운영의 목숨을 이어 주십시오."

대군의 분노가 점차 풀려져서 저를 별당에 가두고, 그 나머지 사람은 모두 풀어주었습니다. 그날 밤 저는 비단 수건에 목을 매어 자결하였습니다.

[A] 진사가 붓을 들고 운영이 옛일을 술회한 대로 기록하니, 그 내용이 매우 상세하였다. 두 사람은 서로 마주보면서 슬픔을 억제하지 못하였다. 한참 후 운영이 진사에게 말했다.

"이 이하는 낭군께서 말씀하십시오."

이에 진사가 운영의 뒤를 이어서 이야기를 시작했다.

운영이 자결한 이후 궁중 사람들 가운데 어머니를 잃은 것처럼 통곡하지 않은 사람이 없었습니다. 통곡 소리가 궁문 밖까지 들렸으며, 저 역시 그 소리를 듣고 오랫동안 기절하고 말았습니다.

[중략]

ⓑ 김 진사는 쓰기를 마치고 붓을 던졌다. 그러고 나서 두 사람은 서로 마주 보고 슬픈 울음을 억제하지 못하였다. 이에 유영이 위로하여 말했다.

"두 분이 다시 만나서 바라던 뜻이 이루어졌고, 원수인 노비 특도 이미 제거되어 분통함을 씻었습니다. 그런데 어찌하여 이렇게 비통함을 그치지 아니하십니까? 인간 세상에 다시 태어나지 못함을 한탄하는 것입니까?"

김 진사는 눈물을 흘리며 사례하여 말했다.

"ⓒ 우리 두 사람 다 원한을 품고 죽었습니다. 저승의 관리는 죄 없이 죽은 우리를 불쌍히 여겨 인간 세상에 다시 태어나게 하려 했습니다. 그러나 지하의 즐거움도 인간 세상보다 덜하지 않는데, 하물며 천상의 즐거움이야 어떻겠습니까? 그래서 세상에 나가는 것을 원하지 않습니다. 다만 오늘 저녁에 우리가 슬퍼하는 것은 대군이 한 번 패배한 이후로 고궁(古宮)에는 주인이 없으며, 까마귀와 참새가 슬피 울고 인적이 이르지 않아 슬픔이 극에 달한 때문입니다. 게다가 새로 병화(兵火)를 겪은 뒤에 화려했던 집들은 재가 되고 회칠한 담장은 모두 무너졌는데, 오로지 섬돌의 꽃은 향기롭고 뜰의 풀들만 무성합니다. 이렇듯 봄빛은 옛날의 정경을 바꾸지 않았으나 인사(人事)는 변하여 이처럼 바뀌었습니다. 다시 이곳에 와서 옛일을 회상하니, 어찌 슬프지 아니하겠습니까?"

유영이 말했다.

"그렇다면 당신들은 모두 천상의 사람이 되었습니까?"

김 진사가 말했다.

"우리 두 사람은 본래 천상의 선인(仙人)으로 오래도록 옥황상제를 모시고 있었습니다. 그러던 어느 날 옥황께서 태청궁(太淸宮)에 납시어 저에게 옥원(玉園)의 과실을 따오라고 명하셨습니다. 저는 ⓓ 반도와 보배를 취해 사사로이 운영에게 주었다가 발각되었습니다. 그래서 옥황께서 속세에 적강시켜 인간 세상의 괴로움을 두루 겪게 했던 것입니다. 이제는 옥황께서 이미 전날의 잘못을 용서하고 삼청궁에 올라 다시 향안전(香案前)을 모시도록 하셨는데, 잠시 틈을 내어 폭풍 수레를 타고 옛날에 노닐던 속세를 다시 찾은 것뿐입니다."

[중략]

ⓔ 유영이 취하여 깜빡 잠이 들었다. 잠시 뒤 산새 울음소리에 깨어 보니, 안개가 땅에 가득하고 새벽빛이 어둑어둑하며 사방에는 아무도 보이지 않는데 다만 김 진사가 기록한 책 한 권이 남아 있을 뿐이었다. 유영은 서글프고 하릴없어 책을 소매에 넣고 집으로 돌아왔다. 상자 속에 간직해 두고 때때로 열어 보며 망연자실하더니 침식을 모두 폐하기에 이르렀다. 그 후 명산을 두루 유람하였는데, 그 뒤로 어찌 되었는지 알 수 없다.

– 작자 미상, 「운영전」

*초사 : 조선 시대에 죄인이 범죄 사실을 진술하던 말 또는 글.
**옥석구분 : 옥과 돌이 모두 불에 탄다는 뜻으로, 선악 구별 없이 함께 화를 당함을 의미한다.

28 윗글에 나타난 인물들의 태도로 적절하지 않은 것은?

① 자란은 본성을 근거로 운영의 사랑을 옹호하고 있다.

② 운영은 모든 잘못을 자기 탓으로 돌리며 자책하고 있다.

③ 옥녀는 뚜렷한 자기 소신을 갖고 의리를 지키고자 한다.

④ 유영은 세속적 삶의 의욕을 잃고 다른 곳으로 떠나간다.

⑤ 대군은 김 진사와의 의리 때문에 궁녀들을 용서하고 있다.

29 [A]와 〈보기〉를 참고하여 윗글의 내용을 이해한 것으로 적절하지 않은 것은? [3점]

〈보기〉

이 작품은 일명 '수성궁몽유록'으로 불린다. 몽유록은 흔히 '입몽 – 토론 – 각몽'이라는 정형화된 서술 구조를 가지고 있다. 주인공이 우연히 꿈을 꾸게 되고, 꿈속에서 여러 가지 체험을 한 후 현실로 돌아오는 것으로 끝난다. 운영과 김 진사가 들려주는 사랑 이야기는 몽유록 서술 구조에서 '토론'에 해당한다. 이 작품은 복잡한 방식으로 이야기가 전개되는바, 여러 이야기 장면으로 나눌 수 있다.

① ㉮ - 2로 돌아온 유영은 꿈꾸기 전과는 삶의 태도가 달라졌다.

② ㉯에서 언급된 안평 대군은 ㉰의 운영, 김 진사와 마찬가지로 현실에서 좌절한 인물이다.

③ ㉰의 과거사에서 김 진사와 노비 특은 갈등을 겪었을 것이다.

④ ㉰의 이야기는 운영과 김 진사라는 일인칭 서술자의 입을 통해 진술된 것이다.

⑤ ㉰에 운영과 김 진사가 안평 대군이 몰락한 일로 비통해하는 이유가 나타나 있다.

30 윗글을 감상한 내용으로 적절하지 <u>않은</u> 것은?

① 운영은 고민과 갈등 끝에 결론을 내리고 행동으로 옮기는 여성이군.

② 궁녀들은 대군에게 자신들의 죽음이 초래할 결과에 대해 일깨워 주고 있군.

③ 자란은 역사적 인물들의 고사를 제시하여 자신의 주장에 설득력을 더하고 있군.

④ 평생을 궁에 갇혀 지내는 궁녀라는 설정은 운영과 김 진사의 사랑에 비극성을 부여하고 있군.

⑤ 죽은 뒤 천상에서 복을 누리게 된 운영과 김 진사는 인간 세상에 다시 태어나는 것을 원치 않는군.

31 ⓐ~ⓔ 중 사건 전개상 가장 앞서 일어난 것은?

① ⓐ   ② ⓑ

③ ⓒ   ④ ⓓ

⑤ ⓔ

32 윗글에 나타난 유영의 정서와 가장 가까운 것은? [3점]

① 얼굴 씻으매 눈물이 물을 이루고 / 거문고 타매 한스러움 현(絃)을 울리네 / 가슴속 원망 끝이 없어서 / 고개 들고 하늘에 하소연하네

② 가느다란 푸른 연기 멀리 바라보다 / 미인은 깁 짜는 걸 그만 두누나 / 바람 맞으며 홀로 설워하나니 / 날아가 무산(巫山)에 떨어지누나

③ 옛 궁궐의 버드나무와 꽃은 새봄을 띠었고 / 천 년의 호사 자주 꿈에 보이네 / 오늘 밤 놀러 와 옛 자취 찾노니 / 눈물이 수건 적심 금치 못하네

④ 서리 가득한 외로운 성에 군대 머무니 / 지는 달빛 아래 뿔피리 소리 군막에 울리네 / 등불 앞에서 괴로이 강남의 밤 생각하노라니 / 기러기는 울며 초나라로 돌아가누나

⑤ 베개 베도 호접몽(胡蝶夢) 이루지 못하고 / 눈 빠지게 기다리나 소식이 없네 / 그대 얼굴 눈앞에 어른거리건만 왜 말이 없는지? / 수풀에 꾀꼬리 우니 눈물이 옷을 적시네

[33~37] 다음 글을 읽고 물음에 답하시오.

(가)
내 님을 그리ᅀᆞ와 우니다니
ⓐ 산(山) 졉동새 난 이슷ᄒᆞ요이다
아니시며 거츠르신 ᄃᆞᆯ 아으
잔월효성(殘月曉星)이 아ᄅᆞ시리이다
넉시라도 님은 ᄒᆞᆫᄃᆡ 녀져라 아으
벼기더시니 뉘러시니잇가
과(過)도 허믈도 천만(千萬) 업소이다
ᄆᆞᆯ힛 마리신뎌*
ᄉᆞᆯ읏 븐 뎌** 아으
니미 나를 ᄒᆞ마 니즈시니잇가
아소 님하 도람 드르샤 괴오쇼셔

– 정서, 「정과정」

*ᄆᆞᆯ힛 마리신뎌 : 뭇 사람들의 참소하는 말입니다
**ᄉᆞᆯ읏 븐뎌 : 슬프구나

(나)
천상(天上) 백옥경(白玉京) 십이루(十二樓) 어듸매
오/ 오색운 깁픈 곳의 자쳥젼(紫淸殿)이 ᄀᆞ려시니/
천문(天門) 구만 (九萬) 리(里)를 ᄭᅮᆷ이라도 갈동말
동/ ᄎᆞ라리 싀여지여 억만번 변화ᄒᆞ여/ 남산 늦즌
봄의 두견(杜鵑)의 넉시 되어/ 이화(梨花) 가디 우
희 밤낫즐 못 울거든/ 삼쳥 동리(三淸洞裏)의 졈은
ᄒᆞᄂᆞᆯ 구름 되어/ ᄇᆞ람의 흘리 ᄂᆞ라 자미궁(紫微宮)
의 ᄂᆞ라 올라/ 옥황 향안젼(香案前)의 지쳑의 나
아 안자/ 흉중의 ᄡᅡ힌 말ᄉᆞᆷ 쓸커시 ᄉᆞ로리라/ 어
와 이내 몸이 쳔지간의 ᄂᆞ저 나니/ ⓑ 황하수(黃河
水) 몱다만ᄂᆞᆫ 초객(楚客)*의 후신(後身)인가/ 상심
(傷心)도 ᄀᆞ이 업고/ 가태부(賈太傅)**의 넉시런
가 한숨은 므스 일고

– 조위, 「만분가」

*초객 : 중국 전국 시대 초나라의 시인 굴원. 간신들의 모함으로 누
명을 쓰고 귀양을 가 멱라수에 몸을 던졌다.
**가태부 : 중국 전한(前漢) 시대의 문인 가의(賈誼). 모함을 받아 좌
천되자 자신을 굴원(초객)에 비유한 시를 써 억울함을 드러냈다.

(다)
님다히 쇼식(消息)을 아므려나 아쟈 ᄒᆞ니 / 오늘
도 거의로다 ᄂᆡ일이나 사롬 올가/ 내 ᄆᆞᆷ 둘 ᄃᆡ
업다 어드러로 가쟛 말고/ 잡거니 밀거니 놉픈 뫼
히 올라가니/ 구롬은ᄏᆞ니와 안개는 므사 일고/ 산
쳔(山川)이 어둡거니 일월(日月)을 엇디 보며/ 지
쳑(咫尺)을 모ᄅᆞ거든 쳔리(千里)랄 ᄇᆞ라 보랴/ ᄎᆞ
라리 믈ᄀᆞ의 가 ᄇᆡ 길히나 보쟈 ᄒᆞ니/ ᄇᆞ람이야 믈
결이야 어둥졍 된뎌이고/ 샤공은 어ᄃᆡ 가고 ⓒ 븬
ᄇᆡ만 걸렷ᄂᆞᆫ고 / 강텬(江川)의 혼쟈 셔셔 디ᄂᆞᆫ ᄒᆡ
를 구버보니/ 님다히 쇼식이 더옥 아득ᄒᆞᆫ뎌이고/
ⓓ 모쳠(茅簷) 춘 자리의 밤듕만 도라오니/ ⓔ 반
벽쳥등(半壁靑燈)은 눌 위ᄒᆞ야 불갓ᄂᆞᆫ고/ 오ᄅᆞ며
ᄂᆞ리며 헤ᄯᅳ며 바니니/ 져근덧 녁진(力盡)ᄒᆞ야 풋
ᄌᆞᆷ을 잠간 드니/ 정셩(精誠)이 지극ᄒᆞ야 ᄭᅮᆷ의 님을
보니/ 옥 ᄀᆞᄐᆞᆫ 얼구리 반(半)이나마 늘거셰라/ ᄆᆞ
음의 머근 말ᄉᆞᆷ 슬ᄏᆞ장 숣쟈 ᄒᆞ니/ 눈믈이 바라
나니 말ᄉᆞᆷ인 들 어이ᄒᆞ며/ 졍(情)을 못다 ᄒᆞ야 목
이조차 메여ᄒᆞ니/ 오뎐된 계셩(鷄聲)의 ᄌᆞᆷ은 엇디
ᄭᆡ돗던고/ 어와 허ᄉᆞ로다 이 님이 어ᄃᆡ 간고/ 결
의 니러 안자 창을 열고 ᄇᆞ라보니/ 어엿븐 그림재
날 조츨 ᄲᅮᆫ이로다/ ᄀᆞ 출ᄒᆞ리 싀여디여 낙월(落
月)이나 되야이셔/ 님 겨신 창(窓) 안히 번드시 비
최리라/ 각시님 ᄃᆞᆯ이야ᄏᆞ니와 구즌비나 되쇼셔

– 정철, 「속미인곡」

33 (가)~(다)에 나타난 공통점으로 적절한 것은?
[3점]

① 4음보의 율격으로 화자의 정서를 표출하고
있다.
② 감탄사를 활용하여 시상을 집약하며 마무리
하고 있다.
③ 결핍 상태의 현실에서 벗어나고픈 화자의
욕망을 노래하고 있다.

④ 화자가 현재 상황에 처하게 된 원인이 구체적으로 제시되어 있다.

⑤ 화자는 대상(임)과 같은 공간에 놓여 있지만, 가까이하지 못해 안타까워하고 있다.

34 (가)~(다)의 시어에 대한 설명으로 적절하지 않은 것은?

① (가)의 '산(山) 접동새'와 (나)의 '가태부(賈太傅)의 넋'은 화자 자신을 비유한다.

② (가)의 '괴오쇼셔'와 (다)의 '꿈'은 소망의 간절함을 담고 있다.

③ (나)의 '천상(天上) 백옥경(白玉京)'과 (다)의 '높푼 뫼'는 탈속적 공간을 의미한다.

④ (나)의 '구름'과 (다)의 '빅 길'은 화자의 소망을 성취할 수 있는 통로이다.

⑤ (다)의 '구룸'과 '빅람'과 '믈결'은 화자의 소망을 방해하는 장애물이다.

35 〈보기〉를 참고해 (가)를 이해한 것으로 적절하지 않은 것은?

〈보기〉

작자인 정서(鄭敍)가 역모에 가담했다는 죄명으로 귀양을 가게 되자, 의종(毅宗)은 "오늘은 어쩔 수 없으나, 가 있으면 다시 부르겠다."라고 하였다. 그러나 아무리 기다려도 왕의 소식이 없자, 정서는 왕에게 자신의 결백을 드러내고 자신에게 한 약속을 상기시키고자 이 작품을 지었다. 이 작품은 왕에 대한 원망과 그리움을 사랑하는 이와 헤어진 여성 화자의 마음에 빗대어 표현한 '충신연주지사(忠臣戀主之詞)'의 시초다.

① 1, 2행에서 접동새의 울음은 님에 대한 그리움과 억울함을 표상한다.

② 4행에서 잔월효성(殘月曉星)은 화자의 결백을 알고 있는 초월적 존재에 해당한다.

③ 5행에서 화자는 자신의 소망을 직접적 진술로 드러내고 있다.

④ 7행은 왕을 모시고 싶다는 화자의 충정을 드러내고 있다.

⑤ 10, 11행에는 원망과 그리움이라는 두 가지 정서가 교차되어 있다.

36 〈보기〉를 참고해 (다)의 ㉠을 이해한 것으로 적절하지 않은 것은?

〈보기〉

정철의 「속미인곡」은 전체적으로 대화체로 구성되어 있는데, 본사는 주로 주 화자의 진술로 이루어져 있다. 서사에서 등장했던 보조 화자는 결사 부분에서 다시 나온다. 「속미인곡」에서 보조 화자가 말하는 부분은 얼마 되지 않지만 그 역할이 적지 않다.

① 보조 화자의 발화는 작품을 종결짓는 역할을 한다.

② 주 화자는 죽음을 감수할 정도로 절박한 심경에 놓여 있다.

③ 주 화자와 보조 화자는 작가의 목소리를 대변하는 역할을 한다.

④ 보조 화자는 임을 그리워하는 주 화자의 마음에 공감하고 있다.

⑤ 보조 화자는 주 화자에게 사랑의 표현을 좀 더 완곡하게 할 것을 조언하고 있다.

37 ⓐ~ⓔ 중 화자의 외로움을 심화시키는 대상으로 적절하지 <u>않은</u> 것은?

① ⓐ   ② ⓑ

③ ⓒ   ④ ⓓ

⑤ ⓔ

[38~41] 다음 글을 읽고 물음에 답하시오.

(가)
사랑한다는 것은

열매가 맺지 않는 과목은 뿌리째 뽑고
그 뿌리를 썩힌 흙 속의 해충은 모조리 잡고
그리고 새 묘목을 심기 위해서
깊이 파헤쳐 내 두 손의 땀을 섞은 흙
그 흙을 깨끗하게 실하게 하는 일이다.

그리고
아무리 모진 비바람이 삼킨 어둠이어도
바위 속보다 어두운 밤이어도
그 어둠 그 밤을 새워서 지키는 일이다.
훤한 새벽 햇살이 퍼질 때까지
그 햇살을 뚫고 마침내 새 과목이
샘물 같은 그런 빛 뿌리면서 솟을 때까지
지키는 일이다. 지켜보는 일이다.

사랑한다는 것.
                     – 전봉건, 「사랑」

(나)
㉠ 푸른 하늘에 닿을 듯이
세월에 불타고 우뚝 남아 서서
차라리 봄도 꽃 피진 말아라
㉡ 낡은 거미집 휘두르고
㉢ 끝없는 꿈길에 혼자 설레이는

마음은 아예 뉘우침 아니라
㉣ 검은 그림자 쓸쓸하면
마침내 호수 속 깊이 거꾸러져
차마 ㉤ 바람도 흔들진 못해라
                     – 이육사, 「교목」

(다)
내 가슴에 독을 찬 지 오래로다
아직 아무도 해한 일 없는 새로 뽑은 독
벗은 그 무서운 독 그만 흩어 버리라 한다
나는 그 독이 선뜻 벗도 해할지 모른다 위협하고
독 안 차고 살아도 머지않아 너 나 마저 가 버리면
억만(億萬) 세대가 그 뒤로 잠자코 흘러가고
나중에 땅덩이 모지라져 모래알이 될 것임을
"허무한되!" 독은 차서 무엇 하느냐고?

아! 내 세상에 태어났음을 원망 않고 보낸
어느 하루가 있었던가 "허무한되!" 허나
앞뒤로 덤비는 이리 승냥이 바야흐로 내 마음을 노리매
내 산 채 짐승의 밥이 되어 찢기우고 할퀴우라 내 맡긴 신세임을

나는 독을 품고 선선히 가리라
막음 날 내 외로운 혼(魂) 건지기 위하여
                     – 김영랑, 「독을 차고」

38 (가)~(다)의 화자의 공통점에 대한 설명으로 가장 적절한 것은?

① 자신의 마음속에 소중한 가치를 간직하고 있다.

② 자신의 주장을 논리적으로 설득하고자 한다.

③ 윤리적 고민을 딛고 새로운 삶을 창조하고자 한다.

④ 개인적 차원의 사랑이 인생에서 가장 중요
하다고 믿는다.

⑤ 자신의 정서와 감정을 직접적으로 호소하는
양상을 보인다.

39 (가)의 표현상 특징에 대한 설명으로 가장 적
절한 것은?

① 화자의 정서를 애상적 어조로 드러내고 있다.

② 상반된 함축적 의미를 가진 시어들을 활용
하고 있다.

③ 공감각적 표현으로 생생한 느낌을 자아내고
있다.

④ 계절의 변화를 드러내는 시어들을 적극 활
용하고 있다.

⑤ 점층적 표현을 통하여 주제를 효과적으로
강조하고 있다.

40 (나)의 ㉠~㉤에 관한 설명으로 적절하지 않
은 것은? [3점]

① ㉠은 '이상적인 세계'를 뜻한다.

② ㉡은 '바람직하지 않은 현실'을 가리킨다.

③ ㉢은 '마음속의 이상'을 가리킨다.

④ ㉣은 '부정적인 자아'를 가리킨다.

⑤ ㉤은 '시련'의 의미를 갖는다.

41 (다)에서 독 에 대한 이해로 적절하지 않은
것은?

① 누구라도 해칠 수 있는 '내' 안의 부정적 성
향을 가리킨다.

② '나'로 하여금 부끄럽지 않은 삶을 살아갈
수 있게 해 준다.

③ 부정적 현실로 인해 '내'가 간직해야 했던
삶의 태도를 가리킨다.

④ 부정적 현실 속에서 '나'를 지킬 수 있는 힘
의 원천을 의미한다.

⑤ '나'로 하여금 허무주의적인 삶의 태도를 가
진 사람들과 갈등을 겪게 한다.

[42~45] 다음 글을 읽고 물음에 답하시오.

악몽과 같은 전쟁이 끝났다.

진영 은 아들 문수의 손을 잡고 황폐한 서울로
돌아왔다. 집터는 쑥대밭이 되어 축대조차 찾아볼
수 없었다. 진영은 무심한 아이의 눈동자를 멍하니
언제까지나 바라보고 있었다.

문수가 자라서 아홉 살이 된 초여름, 진영은 내
장이 터져서 파리가 엉겨 붙은 소년병을 꿈에 보았
다. 마치 죽음의 예고처럼 다음 날 문수는 죽어버
린 것이다. 비가 내리는 밤이었다.

일찍부터 홀로 되어 외동딸인 진영에게 의지하
며 살아온 어머니는 '내가 죽을 거로.'하며 문지방
에 머리를 부딪치는 것이었으나 진영은 허공만 바
라보고 있었다.

아이는 앓다가 죽은 것이 아니었다. 길에서 넘
어지고 병원에서 죽은 것이다. 그러나 그것뿐이라
면 진영으로서는 전쟁이 빚어낸 하나의 악몽처럼
차차 잊어버릴 수 있는 일이었는지도 모른다. 그러

나 그것이 아니었다. 의사의 무관심이 아이를 거의 생죽음을 시킨 것이다. 의사는 중대한 뇌수술을 엑스레이를 찍어보지 않고, 심지어는 약 준비도 없이 시작했던 것이다. ㉠ 마취도 안한 아이는 도수장(屠獸場)* 속의 망아지처럼 죽어간 것이다. 그렇게 해서 아이를 갖다 버린 진영이었다.

바깥 거리 위에는 쏴아 하며 밤비가 내리고 있었다.

누워서 멀거니 천장을 바라보고 있는 진영의 눈동자가 이따금 불빛에 번득인다. 창백한 볼이 불그스름해진다. 폐결핵에서 오는 발열이다.

바깥의 빗소리가 줄기차온다.

아이가 죽은 지 겨우 한 달, 그러나 천 년이나 된 듯한 긴 나날들이었다. ㉡ 눈을 감은 진영의 귀에 조수(潮水)처럼 밀려오는 것은 수술실 속의 아이의 울음소리였다.

[중략]

아주머니가 가버린 뒤 진영은 자리에 쓰러졌다. 솜처럼 몸이 풀어진다.

진영은 방속에 피운 구멍탄 스토브에서 가스가 분명히 지금 방에 새고 있는 것이라고 생각한다. 방 안에 가득히 가스가 차면 나는 죽어버리는 것이라고 생각한다.

어느새 진영은 괴로운 잠이 드는 것이었다.

㉢ 내장이 터진 소년병이 꿈에 나타났다. 진영은 꿈을 깨려고 무척 애를 썼다.

"모레가 명절인데 절에도 돈 천 환이나 보내야겠는데……"

어렴풋이 들려오는 어머니의 말소리다. 진영은 몸을 들치며 눈을 떴다.

"귀신이나 사람이나 매한가진데…… 남들은 다 제 몫을 먹는데 우리 문수는 손가락을 물고 에미를 기다릴 거다."

잠이 완전히 깬 진영은 벌떡 자리에서 일어났다. 진영은 외투와 목도리를 안고 마루에 나와 그것을 몸에 감았다.

진영은 부엌에서 성냥 한 갑을 외투 주머니에 넣고 집을 나갔다.

오랫동안 마음속에서만 벼르던 일을 오늘이야말로 해치울 작정인 것이다.

진영은 눈이 사박사박 밟히는 비탈길을 걸어 올라간다.

㉣ 진영은 고슴도치처럼 바싹 털이 솟은 자신을 느낀다.

목도리와 외투자락이 바람에 나부낀다. 그러면은 잡나무 가지위에 앉은 눈이 외투 깃에 날아 내리는 것이었다.

진영은 절로 가는 것이다.

진영이 절 마당에 들어갔을 때 "당신네들 같으면 중이 먹고 살갔수."하던 늙은 중이 막 승방에서 나오는 도중이었다. 절은 괴괴하니 다른 인기척은 없었다.

진영은 얼굴의 근육이 경련하는 것을 의식하며 중 옆으로 다가선다.

"저 말이지요. 저희들이 이번에 시골로 가는데 아이 사진과 위패를 가지고 가고 싶어요."

고개를 푹 숙인 채 진영은 나지막하게 말한다. 허옇게 풀어진 눈으로 진영을 쳐다보던 중이 겨우 생각이 난 모양으로,

"이사를 하신다고요? 그럼 어떠우. 그냥 두구려. 명절에 우편으로라도 잊어버리지 않으면 되지."

진영은 숙인 고개를 발딱 세우더니 옆으로 핵 돌리며,

"참견할 것 없어요. 사진이나 빨리 주세요!"

쏘아붙인다. 중은 좀 어리둥절해하더니 무엇인지 모르게 중얼중얼 씨부렁거리며 법당으로 간다.

이윽고 중이 문수의 사진과 위패를 가지고 나오자 진영은 그것을 빼앗듯이 받아 들고 인사말 한마디 없이 절 문 밖으로 걸어 나간다.

화가 난 중은 진영의 뒷모습을 겨누어보다가 중얼중얼 씨부렁거리며 뒷간으로 간다.

진영은 중에게 화를 낸 것은 아니었다. 다만 진영으로서는 빨리 사진을 받아 가지고 절 문 밖으로 나가고 싶었던 것이다. 그래서 초조했던 것이다.

진영은 비탈길을 돌아 산으로 올라간다. 올라가면서 진영은 이리저리 기웃거린다. 어느 커다란 바

위 뒤에 눈이 없는 마른 잔디 옆에 이르자 진영은 그 자리에 주저앉는다. 그리하여 문수의 사진과 위패를 놓고 물끄러미 한동안 내려다본다.

ⓜ 한참 만에 그는 호주머니 속에서 성냥을 꺼내어 사진에다 불을 그어댄다. 위패는 이내 살라졌다. 그러나 사진은 타다 말고 불꽃이 잦아진다. 진영은 호주머니 속에서 휴지를 꺼내어 타다 마는 사진 위에 찢어서 놓는다. 다시 불이 붙기 시작한다. 사진이 말끔히 타버렸다. 노르스름한 연기가 차차 가늘어진다.

[A]
진영은 연기가 바람에 날려 없어지는 것을 언제까지나 쳐다보고 있었다.

"내게는 다만 쓰라린 추억이 남아 있을 뿐이다. 무참히 죽어버린 추억이 남아 있을 뿐이다!"

진영의 깎은 듯 고요한 얼굴 위에 두 줄기 눈물이 흘러내리고 있었다.

겨울하늘은 매몰스럽게도 맑다. 잡목 가지에 얹힌 눈이 바람을 타고 진영의 외투 깃에 날아 내리고 있었다.

"그렇지. 내게는 아직 생명이 남아 있었다. 항거할 수 있는 생명이!"

진영은 중얼거리며 잡나무를 휘어잡고 눈 쌓인 언덕을 내려오는 것이다.

― 박경리, 「불신시대」

*도수장 : 도살장

42 윗글의 서술상의 특징으로 가장 적절한 것은? [3점]

① 사건의 전개 과정이 우화적인 의미를 갖도록 서술하고 있다.

② 사건의 인과 관계가 느슨한 여러 개의 삽화를 연결하여 서술하고 있다.

③ 특정 인물의 시각을 중심으로 사건을 제시하는 방식으로 서술하고 있다.

④ 사건의 실제적 전개보다 인물의 의식의 흐름을 중심으로 서술하고 있다.

⑤ 여러 인물들의 회상을 통하여 사건의 의미가 입체적으로 드러날 수 있도록 서술하고 있다.

43 진영 에 대한 이해로 적절한 것은?

① 전쟁 중에 의사의 실수로 아들을 잃고 만다.

② 어머니와 어려서부터 사이가 좋지 않다.

③ 건강을 위협하는 병에 걸려 있다.

④ 연탄가스가 새는 집을 떠나고 싶어 한다.

⑤ 절의 늙은 중을 정성껏 응대하고 있다.

44 ㉠~㉤에 대한 설명으로 적절하지 않은 것은? [3점]

① ㉠ : '도수장(屠獸場) 속의 망아지'는 죽어간 아들의 끔찍한 모습을 실감나게 느낄 수 있게 한다.

② ㉡ : '밀려오는' '조수'는 인물이 아이의 죽음을 잊지 못하고 있음을 알려준다.

③ ㉢ : 꿈에 나타난 '내장이 터진 소년병'은 인물이 겪고 있는 심리적 고통을 효과적으로 드러낸다.

④ ㉣ : '고슴도치처럼 바싹' '솟은' '털'은 인물이 앞으로 있을 싸움을 앞두고 몹시 화가 나 있음을 의미한다.

⑤ ㉤ : '사진'을 태우는 행위에는 아들의 죽음을 딛고 새로운 삶을 살아가고자 하는 인물의 의지가 담겨 있다.

45 [A]를 중심으로 윗글을 감상한 것으로 적절하지 <u>않은</u> 것은?

① 주인공은 자신에게는 근본적인 생명력이 있다고 믿고 있는 것 같아.

② 주인공은 자신이 처한 사회적 현실을 부정적으로 생각하고 있음에 틀림없어.

③ 주인공의 경우처럼 전쟁을 겪고 살아남은 사람들도 시련을 겪게 되는 것 같아.

④ 주인공처럼 사람은 아무리 어려운 상황에 처하더라도 살아가고자 하는 의지를 버리면 안 되겠어.

⑤ 주인공이 고통스러운 상황에 빠진 데에는 종교적 믿음이 부족한 것도 한몫을 했다고 할 수 있어.

[01~06] 밑줄 친 단어의 뜻으로 가장 적절한 것을 고르시오.

01

Procrastination becomes a major problem in your work life when important tasks or responsibilities are left undone or are completed in a slipshod manner because inadequate time was left to complete the task properly.

① hastiness   ② postponement

③ spontaneity   ④ concern

⑤ exaggeration

02

A worldwide financial crisis began in the last half of 1997, when the currencies of several Asian economies plummeted in value.

① boomed suddenly

② bounced back

③ got stuck

④ made a difference

⑤ dropped sharply

03

If you can't weave quotations deftly into the fabric of your prose, abjure them altogether and paraphrase instead.

① abandon   ② compose

③ revise   ④ brainstorm

⑤ elaborate

04

The increasing power of the personal computer is making it possible to develop applications that are smarter and more responsive to the user. Anyone who has used a spelling or a grammar checker has experienced this type of application at a very rudimentary level.

① basic   ② deep

③ optimal   ④ conscious

⑤ abstract

05

> One reason to think that written languages will look more or less like they do now is the fact that so far they have proved extremely tenacious. The Chinese system has changed little in more than 3,000 years, and Modern Greek is written with an alphabet that has been used for almost as long.

① arbitrary   ② reliable

③ useful   ④ graphic

⑤ persistent

06

> Lacking a clear formula for making decisions, we get reactive and fall back on familiar, comfortable ways to decide what to do. As a result, we haphazardly select approaches that don't support our goals.

① covertly   ② invariably

③ explicitly   ④ randomly

⑤ precisely

[07~09] 밑줄 친 부분 중, 어법상 틀린 것을 고르시오.

07   As with the question of the date ① at which European antiquarianism was superseded by archaeology, it is not easy to suggest a specific date when the writings of 'early travellers' and the collecting of Egyptian antiquities ② became transformed into something approaching the modern discipline of Egyptology. Most histories of Egyptian archaeology, however, see the Napoleonic expedition at the beginning of the 19th century as the first systematic attempt to record and describe the standing remains of pharaonic Egypt. The importance of the *Description del'Egyptek*, which was the multi-volume publication that ③ resulted from the expedition, lay not only in its high standards of accuracy but also in the fact that ④ they constituted a continuous and internally consistent appraisal by a group of scholars, thus ⑤ providing the first real assessment of ancient Egypt in its entirety.

*antiquarianism : 골동품 연구

08   Fire destroys about 350 ① million ha (1,350 mi²) of forest every year. Some fires are set by humans to cover up illegal logging or land clearing. Others are started by natural causes. The greatest fire hazard in the world is in sub-Saharan Africa, which accounts for about ② half the global total. Uncontrolled fires tend to be ③ worst in countries with corrupt or ineffective governments and high levels of poverty, civil unrest, and internal refugees. ④ As global climate change brings drought and insect infestations to many parts of the world, there's a worry ⑤ which forest fires may increase catastrophically.

09 If contemporary experience ① has taught us anything, surely it is the need for a president to hit the ground running. The difference between Reagan's quick start and Clinton's stumble put one on the path toward ② a succession of legislative triumphs and the other on the road to a debacle in health care and a loss of Congress. Had Clinton not been as agile as he was in recovering in late 1993 and then again in 1995, he ③ would be a one-term president. As it was, he never became the transformational figure he had hoped. In most institutions, the power of a leader grows over time. A CEO, a university president, the head of a union, acquire stature through the quality of their long-term performance. The presidency is ④ just the opposite: power tends to evaporate quickly. It's not that a president must rival Franklin Roosevelt in his First Hundred Days, but his first months in office are usually the widest window of opportunity he will have, ⑤ even if he serves two full terms. That's why he has to move fast.

[10~11] 다음 글의 밑줄 친 부분 중, 문맥상 낱말의 쓰임이 가장 적절하지 <u>않은</u> 것을 고르시오.

10 The book, "Superforecasting: Arts and Science of Prediction," opens with a discussion of Archie Cochrane, a Scottish doctor born in 1909, who did more than perhaps anyone else to transform medicine from a black art into a ① fully fledged science. His insight—deeply controversial half a century ago—was that a doctor's qualifications, eminence and confidence are ② irrelevant and that the only test of a treatment's effectiveness was whether it could be shown, statistically and rigorously, to work. Mr. Tetlock, the author of the book, hopes to bring about a similar rigor to how people ③ analyze forecasts of the future. That will be an ④ easy struggle. Prediction, like medicine in the early 20th century, is still mostly based on ⑤ eminence rather than evidence. [3점]

11 Polling is like Internet dating. There is a little wiggle room in the ① veracity of information provided. We know that people ② shade the truth, particularly when the question asked are embarrassing or sensitive. Respondents may overstate their income. They may not ③ deny that they do not vote. They may hesitate to express views that are unpopular or socially unacceptable. For all these reasons, even the most carefully designed poll is dependent on the ④ integrity of the respondents' answers. Election polls depend crucially on ⑤ sorting those who will vote on Election Day from those who will not. Individuals often say they are going to vote because they think that is what pollsters want to hear. Studies that have compared self-reported voting behavior to election records consistently find that one-quarter to one-third of respondents say they voted when in fact they did not.

of the same species, sharing the same DNA pool. They will happily mate and their puppies will grow up to pair off with other dogs and produce more puppies.

	(A)		(B)		(C)
①	fertile	······	sterile	······	similar
②	fertile	······	fertile	······	similar
③	fertile	······	sterile	······	separate
④	sterile	······	fertile	······	separate
⑤	sterile	······	fertile	······	similar

[12~13] (A), (B), (C)의 각 네모 안에서 문맥에 맞는 낱말로 가장 적절한 것을 고르시오.

12

Biologists classify organisms into species. Animals are said to belong to the same species if they tend to mate with each other, giving birth to (A) fertile/sterile offspring. Horses and donkeys have a recent common ancestor and share many physical traits. But they show little sexual interest in one another. They will mate if induced to do so — but their offspring are (B) fertile/sterile. Mutations in donkey DNA can therefore never cross over to horses, or vice versa. The two types of animals are consequently considered two distinct species, moving along (C) separate/similar evolutionary paths. By contrast, a bulldog and a spaniel may look very different, but they are members

13

Big data has its drawbacks. The flood of information — some of it useful, some not — can (A) overwhelm/maximize one's ability to quickly and efficiently process data and take appropriate action. If we fail to create and utilize methodologies and tools for effectively using big data, we may continue to (B) evolve/drown in it. In the context of national security, lacking adequate big data tools could have profound, even deadly, consequences. However, there are steps that we can take now — steps that are already being taken in many cases — to ensure that we successfully (C) harness/renounce the power of big data. [3점]

	(A)	(B)	(C)
①	overwhelm	drown	harness
②	overwhelm	evolve	renounce
③	overwhelm	drown	renounce
④	maximize	evolve	harness
⑤	maximize	drown	renounce

[14~15] 다음 글에서 전체 흐름과 관계 없는 문장을 고르시오.

14 America is not actually a "melting pot" in the sense that people from different backgrounds somehow all become the same. America has always included a great diversity of ideas, attitudes, and behaviors. ① For example, the constitutional separation of church and state, a fundamental principle present since early days in the United States, guarantees that people of all religion have the same freedoms and rights for worship and religious behavior. ② People of diverse religious backgrounds are not expected to "melt" together into one religion. ③ Conflicts simply occur among people, whether of the same or different background. ④ Other laws guarantee the equal rights of all people regardless of skin color, gender, and age. ⑤ The United States does not even have an official national language — and many government and other publications in various geographical areas are offered in a variety of languages as well. In short, America as a nation has always recognized the realities and benefits of diversity.

15 No one questions that machines displace individual workers from certain jobs and that in the short run this often creates difficult problems. ① For example, the use of diesel engines and electric power by railroads has made obsolete the position of fireman — the employee who shoveled coal into the locomotive boiler that produced the steam for the train's steam engine — but because of union support, railroads had to fill this position for many years after steam power ceased being used by trains. ② However, such problems are temporary. ③ Ultimately, advances in machine technology tend to reduce costs and prices or to hold them down, and by enabling people to buy more goods, they create new employment opportunities. ④ Machines reduce the need for human skills. ⑤ If some industries employ fewer workers, others employ more. At the same time, new products are introduced and new industries are established. [3점]

[16~23] 다음 글의 빈칸에 들어갈 말로 가장 적절한 것을 고르시오.

16

It is a principle in many legal systems that a competent adult has a right to refuse any, even lifesaving, treatment. This principle applies to the treatment of physical illness. It does not apply however in many countries to those with mental illness. Take the case of England, where it is the Mental Health Act that governs the _____ treatment of patients with mental disorder.

① alternative   ② compulsory

③ adjunctive   ④ incremental

⑤ preventive

17

A social-conflict analysis begins by pointing out that sports are closely linked to social inequality. Some sports — including tennis, swimming, golf, and skiing — are expensive, so participation is largely limited to the well-to-do. Football, baseball, and basketball, however, are accessible to people of all income levels. In short, the games people play are not simply a matter of choice but also reflect social _____.

① bonds   ② needs

③ trends   ④ standing

⑤ preference

18

What should the effect of success on motivation be? Should it necessarily increase motivation? The argument earlier suggests that if learners realize that successful performance in some activity leads toward their goal, then expectancies are likely to rise. This would appear to say that success will tend to increase motivation, but matters are not that simple. This argument considers potential motivation and ignores motivational arousal. Motivational arousal is based on a person's assumption of how much effort is needed to perform an activity correctly. Studies indicate that motivational arousal is greatest for tasks that are assumed to be of moderate difficulty. If success rate is considered very high or very low, motivational arousal is _____. In other words, we try hardest for things we consider challenging but not nearly impossible.

① weakened   ② mobilized

③ fluctuated   ④ stabilized

⑤ alternated

19

For historians of Africa identity can be a tricky intellectual issue. Africans are, like people everywhere, compilations of numerous identities, some of which are personally or collectively claimed, others of which are imposed by outsiders. If people are asked who the most famous living African is, the usual answer is 'Nelson Mandela.' But as we write this in the aftermath of the 2006 World Cup, there is a good case for saying that the most famous living African is Zinédene Zidane. Let's consider this one individual. Who, or what, is Zidane? He's a Frenchman, born and raised in Marseilles. But he's also a North African, whose parents emigrated from Algeria; and a Berber, with family roots in the Kabyle mountains and reportedly fiercely proud of his ancestral village. He also describes himself as a Muslim. And he is, of course, a footballer. Whichever of these labels Zidane himself chooses to use would depend both on where he is and how he's thinking at the time. Identity, in other words, is as _____ as it is multifaceted.

[3점]

① unique   ② ethnic
③ political   ④ indigenous
⑤ fluid

20

Picasso's oeuvre includes more than 1,800 paintings, 1,200 sculptures, 2,800 ceramics, and 12,000 drawings, not to mention prints, rugs, and tapestries — only a fraction of which have garnered acclaim. In poetry, when we recite Maya Angelou's classic poem "Still I Rise," we tend to forget that she wrote 165 others; we remember her moving memoir *I Know Why the Caged Bird Sings* and pay less attention to her other 6 autobiographies. In science, Einstein wrote papers on general and special relativity that transformed physics, but many of his 248 publications had minimal impact. If you want to be original, "the most important possible thing you could do," says Ira Glass, the producer of *This American Life* and the podcast *Serial*, "is _____."

*oeuvre : 일생의 작품

① do a lot of work
② reject the default
③ take radical risks
④ gain new insights
⑤ explore better options

21

Lightner Witmer received his doctorate in psychology in 1892 in Germany under Wilhelm Wundt, who many view as the founder of experimental psychology. He also studied under James McKeen Cattell, another pioneer of experimental psychology. At the time Witmer received his doctorate, psychology was essentially an academic discipline, a field of research. It had almost none of the applied functions that characterize the field today. In short, in the late 1800s, _____.

① the field of experimental psychology was not popular

② psychologists didn't practice psychology, but studied it

③ Lightner Witmer was a leading psychologist in Germany

④ it took much effort to receive a doctoral degree in psychology

⑤ Wilhelm Wundt set the stage for the birth of clinical psychology

22

When Adam Smith lectured at the University of Glasgow in the 1760s, he introduced the study of demand by posing a puzzle. Common sense, he said, suggests that the price of a commodity must somehow depend on what that good is worth to consumers — on the amount of *utility* that the commodity offers. Yet, Smith pointed out, some cases suggest that _____. Smith cited diamonds and water as examples. He noted that water has enormous value to most consumers; indeed, its availability can be a matter of life and death. Yet water generally either is free or sells at a very low price, whereas diamonds sell for very high prices even though few people would consider them necessities.

① a good's price may depend on its availability

② a good's price may be intertwined with its value

③ a good's utility may have little influence on its price

④ a good's utility may depend on its supply and demand

⑤ a good's quantity demanded may not depend on its price

23

While to-do lists serve as a useful collection of our best intentions, they also tyrannize us with trivial, unimportant stuff that we feel obligated to get done — because it's on our list. Which is why most of us have a love-hate relationship with our to-do lists. If allowed, they set our priorities the same way an inbox can dictate our day. Most inboxes overflow with unimportant e-mails masquerading as priorities. Tackling these tasks in the order we receive them is behaving as if the squeaky wheel immediately deserves the grease. But, as Australian prime minister Bob Hawke duly noted, "The things which are most important _____."

[3점]

① can easily lead you astray

② don't always scream the loudest

③ sometimes undermine our success

④ are just first things we thought of

⑤ must be at the mercy of things which matter least

24 다음 글의 빈칸에 공통으로 들어갈 말로 가장 적절한 것은?

A blockchain is used in bitcoin to prevent the double-spend problem. Before bitcoin, the issue with a digital currency was that someone could spend the same unit of digital currency in multiple places at the same time. A blockchain solves this problem by providing a shared ledger, which ensures that everyone knows and agrees on how much of the digital currency has transacted among users at any point in time. It is thought that blockchains might provide an effective tool in detecting and preventing corrupt or fraudulent activities. This thinking is premised on the _____ of a blockchain. The _____ prevents any one party from altering past entries, as one might be able to do with paper or digital records.

① availability

② innovation

③ multiplicity

④ flexibility

⑤ immutability

25 다음 글의 빈칸 (A), (B)에 들어갈 말로 가장 적절한 것은?

Former Congresswoman Patricia Schroeder pinpointed one of the most important reasons for women to enter the workforce when she argued that the primary reason they do so in such unprecedented numbers is that they have to maintain their families. Many family women work because they must work. For others, although families have become smaller, wants have become larger.   (A)   , for these family women, work is not an actual necessity but it is a social need: It is the only way the family can meet its desires.   (B)   , for black and other minority females, work has been a necessity for much longer than for white females. Women in the workforce as a percentage of total women of working age rose from 32 percent in 1972 to over 70 percent in the early 2000s. Analysts who study such trends say that the percentage of working women with children is expected to continue to grow even through some very high-income women may choose to stop working and stay home with their children.

[3점]

	(A)		(B)
①	Therefore	……	However
②	Otherwise	……	In addition
③	Thus	……	Nevertheless
④	Moreover	……	Therefore
⑤	For example	……	On the other hand

[26~27] 다음 글을 읽고 물음에 답하시오.

Convinced that human actions derived their emotional energy from the 'heart', which could only be addressed and activated by judiciously selected symbols, Gandhi evolved a powerful cluster of culturally (1) evocative symbols including the spinning wheel, the cow, and the 'Gandhi cap' (a white cotton cap popularized by him). The spinning wheel, for example, which Gandhi asked everyone to ply, served several symbolic purposes. It was a way of gently (2) rebelling against modern technological civilization and (3) denouncing the dignity of India's rural way of life. (a) It united the cities and the villages and the Westernized elite and the masses, and was an 'emblem of their fellowship.' The spinning wheel also established the dignity of manual labor and those engaged in (b) it and (4) challenged the traditional Indian culture which despised both. (c) It symbolized social compassion, for those who did not need the proceeds of (d) its products were urged to give away those products to the needy, an infinitely superior moral act to the (5) patronizing donation of money. And (e) it also forced the individual to be alone with himself and observe silence for at least some time. Gandhi not only evolved countless symbols of this kind but also became one himself.

*ply : 연장을 부지런히 쓰다
**proceeds : 수입, 매상

26 밑줄 친 (1)~(5) 중에서 문맥상 낱말의 쓰임이 가장 적절하지 <u>않은</u> 것은? [3점]

① (1)　　　　② (2)

③ (3)　　　　④ (4)

⑤ (5)

27 밑줄 친 (a)~(e) 중에서 의미하는 바가 나머지 넷과 <u>다른</u> 것은?

① (a)　　　　② (b)

③ (c)　　　　④ (d)

⑤ (e)

28 다음 글에 나타난 Annemarie의 심경 변화로 가장 적절한 것은?

The train started again. The door at the end of their car opened and two German soldiers appeared. Annemarie tensed. Not here, on the train, too? They were everywhere. Together the soldiers strolled through the car, glancing at passengers, stopping here and there to ask a question. One of them had something stuck in his teeth; he probed with his tongue and distorted his own face. Annemarie watched with a kind of frightened fascination as the pair approached. One of the soldiers looked down with a bored expression on his face. "Where are you going?" he asked. "Gilleleje," Mama replied calmly. "My brother lives there. We are going to visit him." The soldier turned away and Annemarie relaxed. Then, without warning, he turned back. "Are you visiting your brother for the New Year?" he asked suddenly. Mama stared at him with a puzzled look. "New Year?" she asked "It is only October." "And guess what!" Kirsti exclaimed suddenly, in a loud voice, looking at the soldier. Annemarie's heart sank and she looked at her mother. Mama's eyes were frightened. "Shhh, Kirsti," Mama said. "Don't chatter so." But Kirsti paid no attention to Mama, as usual. She looked cheerfully at the soldier, and Annemarie knew what she was about to say: This is our friend Ellen and it's her New Year! But she didn't. Instead, Kirsti pointed at her feet. "I'm going to visit my Uncle Henrik," she chirped, "and I'm wearing my brand-new shiny black shoes!" The soldier chuckled and moved on. Annemarie gazed through the window again.

2020 기출문제

The trees, the Baltic Sea, and the cloudy October sky passed in a blur as they continued north along the coast.

① hopeful → disappointed

② terrified → relieved

③ excited → offended

④ surprised → upset

⑤ miserable → ashamed

29 다음 글의 내용과 일치하지 <u>않는</u> 것은?

Millions of years ago, a dozen or so genetic changes took place in the ancestor of all of today's felids, which have locked them into eating meat ever since. All cats require a large amount of animal protein in their diet — protein from plants lacks certain amino acids such as taurine that cats need but other mammals (including ourselves) do not. Cats can't make their own prostaglandins — hormones essential to reproduction — and so need to get these from meat. Compared to other mammals, all cats need large amounts of several vitamins, such as niacin, thiamine and retinol, which are more easily extracted from meat than from plants. And because they don't need to tell the difference between ripe and unripe fruit, they've lost the ability to taste sugars. They have adapted their 'sweet' taste buds for distinguishing between different flavors in meat — which is why pet cats sometimes walk away from food that seems fine to their owners. This knowledge has only come to light in the past 40 years, benefiting not only pet cats but also the captive breeding of endangered felids such as the clouded leopard.

*felids : 고양이과 동물

① 고양이의 조상은 수백만 년 전에 유전적 변이를 겪었다.

② 고양이는 많은 양의 동물성 단백질을 필요로 한다.

③ 고양이는 번식에 필수적인 호르몬을 만들 수 없다.

④ 고양이는 설탕 맛을 느끼지 못한다.

⑤ 고양이는 고기의 다른 맛을 구별하지 못한다.

30 Philip에 관한 다음 글의 내용과 일치하지 <u>않</u>는 것은?

As soon as he came to the throne, Philip began transforming the Macedonian military into a more successful image of what he had seen at Thebes. Philip further lengthened the already longer spears used by the Thebans, creating the Macedonian sarissa, a spear of about eighteen feet in length, double that of the traditional Greek hoplite spear. He retained the Theban wedge formation but also added heavy cavalry to the line, thus incorporating the Macedonians' strongest element into the phalanx. The results spoke for themselves, as over the next twenty years, Philip systematically conquered all of mainland Greece, with the exception of Sparta, which he chose to leave alone. Philip's final great victory was at the Battle of Chaeronea (338 B.C.), in which the Macedonian armies defeated the combined forces of Athens and Thebes. Philip's conquest of the entire mainland was the end of an era, as for the first time, the entire territory was united under the rule of a king.

*phalanx : (고대 그리스의) 방진(方陣)

① 창의 길이를 약 18피트로 늘렸다.

② 기병을 전선에 추가하였다.

③ Sparta를 정복했다.

④ Athens와 Thebes의 연합군을 격퇴했다.

⑤ 그리스 본토를 통합했다.

31 The Code of Hammurabi에 관한 다음 글의 내용과 일치하지 <u>않는</u> 것은?

The Babylonian emperor Hammurabi, who ruled Mesopotamia from about 1792 to about 1750 B.C., is best known for the code of laws that bears his name, one of the earliest law codes yet discovered. His main concern was to maintain order in his empire through authority, which answered the needs of his people. To that effect, he gave his subjects a complex law code. Its 282 decrees, collectively termed the Code of Hammurabi, were inscribed on stone stelae or columns and erected in many places. One was discovered in Persian Susa in the nineteenth century and is now in the Louvre in Paris.

The code dealt primarily civil affairs such as marriage and inheritance, family relations, property rights, and business practices. Criminal offenses were punished with varying degrees of severity, depending on the social status of the offender and the victim. There were clear distinctions between the rights of the upper classes and those of commoners. Payments are generally allowed as restitution for damage done to commoners by nobles. A commoner who causes damage to a noble, however, might have to pay with his head. Trial by ordeal, retribution by retaliatory action, and capital punishment were common practices. But judges distinguished between intentional and unintentional injuries, and monetary fines were normally used as punishment where no malicious intent was manifested. The "eye for an eye" morality often associated with Hammurabi's code was relatively restricted in application and applied only to crimes committed by and against social equals.

① 법전이 새겨진 비석이 19세기에 발견되었다.

② 법전은 형법을 주로 다루었다.

③ 신분에 따라 동일 범죄에 대한 처벌이 달랐다.

④ 사형제도가 포함되었다.

⑤ 재판관들은 상해의 고의성 여부를 구별하였다.

32 다음 글의 제목으로 가장 적절한 것은?

People can actually do two or more things at once, such as walk and talk, or chew gum and read a map; but, like computers, what we can't do is focus on two things at once. Our attention bounces back and forth. This is fine for computers, but it has serious repercussions in humans. Two airliners are cleared to land on the same runway. A patient is given the wrong medicine. A toddler is left unattended in the bathtub. What all these potential tragedies share is that people are trying to do too many things at once and forget to do something they should do. When you try to do two things at once, you either can't or won't do either well. If you think multitasking is an effective way to get more done, you've got it backward. It's an effective way to get less done.

① Fallacy of Multitasking

② The ABCs of Multitasking

③ Multitasking: Why and How

④ Coping Strategies for Multitasking Demands

⑤ Simple Truth behind Great Results: Multitasking

33 다음 글의 주제로 가장 적절한 것은?

Divorce statistics are often used as a measure of family disorganization, and the present high divorce rate is cited as proof that the U.S. family is in serious trouble. However, higher divorce rates today than in the past are not entirely the result of more family unhappiness. In earlier generations, many couples avoided divorce even though their married life was unhappy. They avoided it because it meant social ostracism or, in the case of women, poverty because there were few opportunities for them to earn a good living. As the possibilities for divorced people increased and it became easier to get divorces, more unhappy couples have chosen this route.

① uses of divorce statistics

② collection of divorce statistics

③ reasons why people get divorced

④ cautious interpretation of divorce statistics

⑤ coping with divorce and family breakdown

34 다음 글의 요지로 가장 적절한 것은?

When infant mortality rates are high, as they are in much of the developing world, parents tend to have high numbers of children to ensure that some will survive to adulthood. There has never been a sustained drop in birth rates that was not first preceded by a sustained drop in infant mortality. One of the most important distinctions in our demographically divided world is the high infant mortality rates in the less-developed countries. Better nutrition, improved health care, simple oral rehydration therapy, and immunization against infectious diseases have brought about dramatic reductions in infant mortality rates, which have been accompanied in most regions by falling birth rates. It has been estimated that saving 5 million children each year from easily preventable communicable diseases would avoid 20 or 30 million extra births.

① Infant mortality rates affect birth rates.

② Infant mortality around the world is declining very rapidly.

③ Disparities of wealth are reflected in infant mortality rates.

④ A primary cause of infant mortality is poor quality of water.

⑤ Good prenatal care has been linked to reduced infant mortality.

2020 기출문제

[35~36] 글의 흐름으로 보아 주어진 문장이 들어가기에 가장 적절한 곳을 고르시오.

35

> Yet, despite its ubiquity, astronomers have no real idea what constitutes dark matter.

Dark matter is measurable; it is just not visible. (①) It is invisible because it is 'dark.' (②) Astronomers infer the presence of dark matter because it explains how galaxies manage to hold themselves together, how gravitational lenses work and the observed temperature distribution of hot gas seen in galaxy clusters. (③) The conclusion is that over 80 per cent of the mass of the Universe is in a form we simply can't see. (④) It may include subatomic particles such as heavy neutrinos or other hypothetical particles like axions. (⑤) Some of it may be locked up in objects that simply elude detection. Currently, astronomers believe most dark matter consists of new elementary particles called weakly interacting massive particles (WIMPs), which apparently do not interact with electromagnetic radiation or atoms. They are therefore invisible to conventional means of detection. [3점]

36

> Burned-out workers sometimes depersonalize the people they need to help, thinking about them as objects or things rather than as feeling human beings.

Burnout is a special kind of psychological consequence of stress that afflicts some employees who experience high levels of work stress day in and day out for an extended period of time. It is especially likely to occur when employees are responsible for helping, protecting, or taking care of other people. Nurses, doctors, social workers, teachers, lawyers, and police officers are at risk for developing burnout due to the nature of their jobs. (①) Three key signs of burnout are feelings of low personal accomplishment, emotional exhaustion, and depersonalization. (②) Burned-out workers often feel that they are not helping others or accomplishing as much as they should be. (③) Emotionally they are worn out from the constant stress of dealing with people who are sometimes in desperate need of assistance. (④) A burned-out social worker, for example, may think about a foster child in need of a new one as a case number rather than as a very scared 12-year-old. (⑤) This psychological consequence may lead to a behavioral consequence when the burned-out social worker treats the child in a cold and distant manner.

[37~38] 주어진 글 다음에 이어질 글의 순서로 가장 적절한 것을 고르시오.

37

Historically, rational analytic approaches are often seen as providing superior outcomes compared with intuition, although this decision-making process is much slower.

(A) These types of tasks are common in human resource management, strategic, aesthetic, and investment decisions. In short, intuition is most effective when experts are performing judgmental and holistic tasks.

(B) Hence, some talk about a speed versus effectiveness trade-off in decision making. Intuitions, however, can yield better outcomes than rational models depending on the level of the experience of the decision maker and the nature of the task at hand.

(C) Put simply, individuals who have a lot of experience (i.e., experts) in a particular area are primed to be more effective with intuition than rational decision making depending on the type of task they face. Experts, in general, are most effective in their use of intuitive decision making when the task at hand is one where there is more than one right answer or where the task cannot easily be subdivided into smaller chunks.

① (A) − (B) − (C) ② (B) − (A) − (C)

③ (B) − (C) − (A) ④ (C) − (B) − (A)

⑤ (C) − (A) − (B)

38

Today, we are all aware that the ability of airline cabin crew, pilots, flight attendants, and so on to communicate effectively with each other and with passengers is vital to prevent crises.

(A) Because of this, and other dangerous incidents that resulted from poor communication, Federal Aviation Administration made assertiveness and sensitivity training for all airline crew members mandatory to ensure they have the ability to communicate effectively.

(B) Federal Aviation Administration investigators determined that the crash resulted in part because the copilot failed to tell the pilot about problems with engine power readings that were caused by ice on the engine sensors.

(C) A tragic example that demonstrated the way effective communication is so important on an airliner occurred when an Air Florida 737 plane crashed into a bridge over the Potomac River after taking off from National Airport in Washington, D.C.

① (A) − (C) − (B)　② (B) − (C) − (A)

③ (B) − (A) − (C)　④ (C) − (A) − (B)

⑤ (C) − (B) − (A)

[39~40] 다음 글을 읽고 물음에 답하시오.

From childhood on, social interactions, whether within the family or with other groups, provide the context within which the majority of food experiences occur, and hence by which learning of food likes is (a) facilitated. The pleasure associated with such interactions — the festivity of a meal shared with friends, for example — may represent just as positive a conditioning stimulus for a new food flavor as sweetness. Thus, it may be that our estimation of the food at a restaurant has as much to do with the (b) social environment as it does with the chef's skills. In children, pairing foods with the presence of friends, a liked celebrity, or attention by adults all increase liking for those foods, no doubt reflecting the positive value of each of these groups to the child. This process is strongly evident in the (c) relative impact of different social interactions on the food preferences of children. Surprisingly, despite the enormous opportunities in a family for exposing children to the foods eaten by the parents, parental preferences are (d) strong predictors of child food preferences; in fact, they are no better predictors than the preferences of other adults. This suggests that the extent to which these sets of preferences are related has more to do with the wider culture than with any specific food habits within the family. A child's food likes and dislikes are much more likely to be associated with those of peers, especially specific friends, than those of its parents. The ultimate impact of social facilitation of food choice is that the liking eventually becomes (e) internalized. That is, foods chosen because others do so become liked for their own sensory properties.

39 윗글의 제목으로 가장 적절한 것은?

① Cravings for Sweets

② Yum!: Innate Reponses to Food

③ Conditioning Stimulus for New Flavors

④ Judicious Food Choice for Child Rearing

⑤ How is Food Preference Socially Constructed?

40 밑줄 친 (a)~(e) 중에서 문맥상 낱말의 쓰임이 가장 적절하지 않은 것은? [3점]

① (a)　② (b)

③ (c)　④ (d)

⑤ (e)

[41~42] 다음 글을 읽고 물음에 답하시오.

(A) Meerkats might not be the biggest animals on the African plains, nor appear to boast any particularly formidable weapons, like the rhino's horn, or impressive skills, like the cheetah's speed.

(B) Some of these subterranean networks can play host to up to 50 or so individuals, though an average colony is about half this size, with two or three families living together communally. A type of mongoose, they are equipped with sharp, curved claws used for digging and self-defence, as well as acute vision, which comes in very handy for spotting danger. In fact, when they do venture out of their burrows to search for food, there will always be at least one meerkat that stands sentry — often on a rock or in a bush — primarily looking to the skies for their number-one enemy: birds of prey.

(C) As soon as any threat is detected, the lookout will give a shrill warning bark and the others will immediately make a dash for a nearby bolthole or other cover. It's thought that meerkats have dozens of different calls to signify a range of threats. As well as hunting together over a territorial range, meerkats also share childcare duties. Typically, only the colony's alpha pair will mate, but all the others pitch in to babysit, rooming and feeding the pups,

as well as demonstrating valuable life skills, like where to find food, play-fighting and which parts of a scorpion to eat.

(D) Nevertheless, through a combination of hardy biology, smart tricks and a unique community spirit, these mammals have adapted perfectly to their harsh environment. They escape the most extreme temperatures of southern Africa — as well as the vast majority of predators who'd like to make a meal of them — by living in underground burrows.

*sentry: 보초, 감시자

41 주어진 글 (A)에 이어질 내용을 순서에 맞게 배열한 것으로 가장 적절한 것은?

① (B) – (C) – (D) ② (C) – (D) – (B)
③ (C) – (B) – (D) ④ (D) – (C) – (B)
⑤ (D) – (B) – (C)

42 윗글의 내용과 일치하지 <u>않는</u> 것은?

① 미어캣은 몽구스의 한 종류이다.
② 미어캣은 일반적으로 독립적인 생활을 한다.
③ 미어캣은 땅을 파거나 자기방어를 위한 뾰족한 발톱이 있다.
④ 미어캣은 우두머리만 짝짓기를 한다.
⑤ 미어캣은 위협이 있을 경우 보초가 즉시 동료에게 알린다.

[43~45] 다음 글을 읽고 물음에 답하시오.

[가] Two researchers reported that after college students listened to a Mozart piano sonata they scored higher on a spacial reasoning test. Soon after this observation made the news, doting parents were playing Mozart for their babies around the clock. Obviously, they hoped that, like the college students, their babies would become smarter. However, parents should be suspicious of any practice that claims to offer such magical benefits.

[나] What does the evidence suggest? A few studies have found small increases in spatial intelligence following exposure to Mozart's music. However, most researchers have been unable to _____ (A) _____ the effect.

[다] A major _____ (B) _____ with the "Mozart effect" is that the original experiment was done with adults; it tells us nothing about infants. Also, the study didn't test other styles of music. Why not use the music of Bach or Schubert for that matter? An even more important question is, Does the Mozart effect actually exist?

[라] Why do some studies support the effect and others disconfirm it? Most studies have compared students who heard music to students who rested in silence. However, two psychologists found that listening to a narrated story also improves test scores. This is especially true for students who like listening to stories.

Thus, students who scored higher after listening to Mozart were just more alert or in a better mood.

43 주어진 글 [가]에 이어질 내용을 순서에 맞게 배열한 것으로 가장 적절한 것은? [3점]

① [나] – [라] – [다] ② [다] – [나] – [라]
③ [다] – [라] – [나] ④ [라] – [나] – [다]
⑤ [라] – [다] – [나]

44 윗글의 제목으로 가장 적절한 것은?

① Mozart Effect: Nothing Magical
② Mozart: The Making of a Prodigy
③ Why is Classical Music Good for Babies?
④ Mozart's Sonatas: The Highest Musical Fidelity
⑤ Mozart's Music and Its Pedagogical Implications

45 윗글의 빈 칸 (A), (B)에 들어갈 말로 가장 적절한 것은?

	(A)	(B)
①	support	concern
②	duplicate	benefit
③	duplicate	problem
④	disconfirm	benefit
⑤	disconfirm	problem

제3교시 수학영역

▶정답 및 해설 629p

[01~20] 각 문항의 답을 하나만 고르시오.

01 실수 x에 대하여 $2^{3x}=9$일 때, $3^{\frac{2}{x}}$의 값은?

[3점]

① 4   ② 8

③ 16   ④ 32

⑤ 64

02 $x>1$일 때, $\log_x 1000 + \log_{100} x^4$이 $x=a$ 에서 최솟값 m을 갖는다. $\log_{10} a^m$의 값은?

[3점]

① 6   ② 7

③ 8   ④ 9

⑤ 10

03 실수 x에 대하여

$$f(x)=\lim_{n\to\infty}\frac{x^{2n+1}-2x^{2n}+1}{x^{2n+2}+x^{2n}+1}$$일 때,

$$\lim_{x\to-1-}f(x)=a, \ \lim_{x\to1-}f(x)=b$$라 하자.

$$\frac{b}{a+2}$$의 값은? [3점]

① $-\dfrac{1}{4}$ ② $-\dfrac{1}{2}$

③ $\dfrac{1}{2}$ ④ 2

⑤ 4

04 $\displaystyle\sum_{k=308}^{400} {}_{400}\mathrm{C}_k \left(\frac{4}{5}\right)^k \left(\frac{1}{5}\right)^{400-k}$ 의 값을 아래 표준 정규분포표를 이용하여 구한 것은? [3점]

z	$\mathrm{P}(0 \leq Z \leq z)$
0.5	0.1915
1.0	0.3413
1.5	0.4332
2.0	0.4772

① 0.6826   ② 0.7745

③ 0.8664   ④ 0.9332

⑤ 0.9772

05 자연수 k에 대하여 $a_k = \displaystyle\lim_{n \to \infty} \frac{5^{n+1}}{5^n k + 4k^{n+1}}$ 이라 할 때, $\displaystyle\sum_{k=1}^{10} k a_k$의 값은? [4점]

① 16   ② 20

③ 21   ④ 25

⑤ 50

06 집합 $A = \{1, 2, 3, 4, 5\}$에서 A로의 함수 중에서 $f(1)-1 = f(2)-2 = f(3)-3$을 만족하는 함수 f의 개수는? [4점]

① 25   ② 50

③ 75   ④ 100

⑤ 125

07 실수 t에 대하여 $f(x) = x + t$라 할 때, 직선 $y = f(x)$가 곡선 $y = |x^2 - 4|$와 만나는 점의 개수를 $g(t)$라 하자. 함수 $g(x)$의 그래프와 직선 $y = \dfrac{x}{2} + 2$가 만나는 점의 개수는? [4점]

① 1   ② 2

③ 3   ④ 4

⑤ 5

08 전체집합 $U=\{1,\ 2,\ 3,\ 4,\ 5\}$의 두 부분집합 $A,\ B$에 대하여 $A-B=\{1\}$을 만족하는 모든 순서쌍 $(A,\ B)$의 개수는? [4점]

① 81   ② 87

③ 93   ④ 99

⑤ 105

09 다항함수 $f(x)$가 모든 실수 x에 대하여
$$\int_0^x (x-t)^2 f'(t)dt = \frac{3}{4}x^4 - 2x^3$$
을 만족한다. $f(0)=1$일 때, $\int_0^1 f(x)dx$의 값은? [4점]

① 1   ② 2

③ 3   ④ $-\dfrac{1}{2}$

⑤ $-\dfrac{1}{3}$

10 네 정수 $a,\ b,\ c,\ d$에 대하여 $a^2+b^2+c^2+d^2=17$을 만족하는 $a,\ b,\ c,\ d$의 모든 순서쌍 $(a,\ b,\ c,\ d)$의 개수는? [4점]

① 124   ② 144

③ 164   ④ 184

⑤ 204

11 삼차함수 $P(x)=ax^3+bx^2+cx+d$가 $0\leq x\leq 1$인 모든 실수 x에 대하여 $|P'(x)|\leq 1$을 만족할 때, a의 최댓값은?(단, $a,\ b,\ c,\ d$는 실수이다.) [4점]

① $\dfrac{4}{3}$ ② $\dfrac{5}{3}$

③ 2   ④ $\dfrac{7}{3}$

⑤ $\dfrac{8}{3}$

12 두 실수 a, b와 최고차항의 계수가 1인 삼차 함수 $f(x)$에 대하여 함수 $g(x)$를

$$g(x) = \begin{cases} a & (x < -1) \\ |f(x)| & (-1 \le x \le 5) \\ b & (x > 5) \end{cases}$$

라 하자. $g(x)$가 $x=-1$, $x=5$에서 미분 가능할 때, 〈보기〉에서 옳은 것만을 있는 대로 고른 것은? [4점]

〈보기〉

ㄱ. $f(x)$는 $x=-1$에서 극댓값을 갖는다.
ㄴ. $f(9)=0$이면 $a>b$이다.
ㄷ. $a=b$이면 $f(0)=46$이다.

① ㄱ   ② ㄴ

③ ㄱ, ㄷ   ④ ㄴ, ㄷ

⑤ ㄱ, ㄴ, ㄷ

13 한 개의 주사위를 세 번 던질 때, 나온 눈의 수를 차례로 a, b, c라 하고, 함수 $f(x)$를

$$f(x) = (a-3)(x^2 + 2bx + c)$$

로 정의한다. 함수 $g(x) = \begin{cases} 1 & (x>0) \\ 0 & (x \le 0) \end{cases}$ 에 대하여 합성함수 $(g \circ f)(x)$가 실수 전체의 집합에서 연속일 확률은? [4점]

① $\dfrac{17}{72}$ ② $\dfrac{7}{24}$

③ $\dfrac{25}{72}$ ④ $\dfrac{29}{72}$

⑤ $\dfrac{11}{24}$

14 최고차항의 계수가 1인 삼차함수 $f(x)$와 양수 a가 다음 조건을 만족할 때, a의 값은?

[4점]

(가) 모든 실수 t에 대하여 $\displaystyle\int_{a-t}^{a+t} f(x)dx = 0$ 이다.

(나) $f(a) = f(0)$

(다) $\displaystyle\int_{0}^{a} f(x)dx = 144$

① $2\sqrt{6}$ ② $3\sqrt{6}$

③ $4\sqrt{6}$ ④ $5\sqrt{6}$

⑤ $6\sqrt{6}$

15 두 곡선 $y = x^3 + 4x^2 - 6x + 5$, $y = x^3 + 5x^2 - 9x + 6$이 만나는 점의 x좌표를 α, $\beta (\alpha < \beta)$라 할 때, 곡선 $y = 6x^5 + 4x^3 + 1$과 두 직선 $x = \alpha$, $x = \beta$와 x축으로 둘러싸인 부분의 넓이는 a이다. 자연수 $a\sqrt{5}$의 값은? [4점]

① 160   ② 162

③ 164   ④ 166

⑤ 168

16 사차함수
$$f(x) = k(x-1)(x-a)(x-a+1)(x-a+2) \ (k > 0)$$
이 다음 조건을 만족시킨다.

(가) 사차방정식 $f(x) = 0$은 서로 다른 세 실근을 갖는다.

(나) 함수 $f(x)$의 두 극솟값의 곱은 25이다.

두 상수 a, k에 대하여 ak의 값은? [4점]

① 30   ② 40

③ 45   ④ 50

⑤ 60

17 임의의 두 실수 x, y에 대하여
$$f(x-y) = f(x) - f(y) + 3xy(x-y)$$
를 만족시키는 다항함수 $f(x)$가 $x = 2$에서 극댓값 a를 가진다. $f'(0) = b$일 때, $a - b$의 값은? [5점]

① 2   ② 4

③ 6   ④ 8

⑤ 10

18 1부터 12까지의 모든 자연수를 임의로 나열하여 $a_1, a_2, a_3, \cdots, a_{12}$라 할 때, $|a_1 - a_2| + |a_2 - a_3| + |a_3 - a_4| + \cdots + |a_{11} - a_{12}|$의 최댓값은? [5점]

① 67   ② 68

③ 69   ④ 70

⑤ 71

19 두 실수 x, y가
$$\log_2(x+\sqrt{2}y)+\log_2(x-\sqrt{2}y)=2$$
를 만족할 때, $|x|-|y|$의 최솟값은? [5점]

① $\dfrac{\sqrt{2}}{4}$
② $\dfrac{1}{2}$

③ $\dfrac{\sqrt{2}}{2}$
④ 1

⑤ $\sqrt{2}$

20 두 양수 a, b가
$$\frac{1}{a}+\frac{1}{b}\leq 4, \ (a-b)^2=16(ab)^3$$
을 만족할 때, $a+b$의 값은? [5점]

① 1
② $\sqrt{2}$

③ 2
④ $2\sqrt{2}$

⑤ 4

[21~25] 각 문항의 답을 답안지에 기재하시오.

21 삼차방정식 $x^3+ax-1=0(a>0)$의 실근을 r이라 하자. $\sum\limits_{n=1}^{\infty} r^{3n-2}=\dfrac{1}{2}$일 때, 양수 a의 값을 구하시오. [3점]

22 상자 A에 검은 공 2개와 흰 공 2개가 들어 있고, 상자 B에 검은 공 1개와 흰 공 3개가 들어 있다. 두 상자 A, B 중 임의로 선택한 하나의 상자에서 공을 1개 꺼냈더니 검은 공이 나왔을 때, 그 상자에 남은 공이 모두 흰 공일 확률을 $\dfrac{q}{p}$라 하자. $p+q$의 값을 구하시오. (단, 모든 공의 크기와 모양은 같고, p와 q는 서로소인 자연수이다.) [4점]

23 자연수 n에 대하여 $\left| n - \sqrt{m - \dfrac{1}{2}} \right| < 1$을 만족하는 자연수 m의 개수를 a_n이라 하자. $\dfrac{1}{100}\displaystyle\sum_{n=1}^{100} a_n$의 값을 구하시오. [4점]

24 자연수 n에 대하여 $S_n = \displaystyle\sum_{k=1}^{n} \dfrac{1}{\sqrt{2k+1}}$이라 할 때, S_{180}의 정수 부분을 구하시오. [4점]

25 함수 $f(x)$를

$$f(x) = \begin{cases} \dfrac{[x]^2 + x}{[x]} & (1 \le x < 3) \\ \dfrac{7}{2} & (x \ge 3) \end{cases}$$

이라 하자. 함수 $f(x)$와 $a \ge 3$인 실수 a에 대하여

$g(a) =$

$$\lim_{n \to \infty} \frac{f(a) + f\left(a - \dfrac{2}{n}\right) + f\left(a - \dfrac{4}{n}\right) + \cdots + f\left(a - \dfrac{2(n-1)}{n}\right)}{n}$$

이라 할 때, $8 \times g(3)$의 값을 구하시오. (단, $[x]$는 x보다 크지 않은 최대 정수이다.)

[5점]

A discovery is said to be an accident meeting a prepared mind.
발견은 준비된 사람이 맞닥뜨린 우연이다.

– 알버트 센트 디외르디(Albert Szent-Gyorgyi)

2026
경찰대학
7개년 국어·영어·수학

제1교시 국어영역

▶정답 및 해설 635p

01 다음 중 어법에 맞고 가장 자연스러운 것은?

① 영수는 웃으면서 다가오는 다희의 손을 잡았다.

② 이 샴푸는 두피 건강과 비듬에 좋은 제품입니다.

③ 동일 하자로 고장 발생 시 3회까지는 무료로 수리해 드립니다.

④ 체중 관리를 위해 주중에는 헬스를, 주말에는 북한산에 오른다.

⑤ 서울을 떠나 대전을 경유한 열차가 곧 우리 역에 도착되겠습니다.

③ 대통령하고 사무총장이랑 만나서 비밀리에 의제를 상정했다.

  → 대통령하고 사무총장이 만나서 비밀리에 의제를 상정했다.

④ 끼니때가 되면 식탐이 많은 그는 늘 자기가 먼저 먹을라고 했다.

  → 끼니때가 되면 식탐이 많은 그는 늘 자기가 먼저 먹을려고 했다.

⑤ 김 과장은 최 대리보고 점심시간 전까지 보고서를 내라고 지시했다.

  → 김 과장은 최 대리에게 점심시간 전까지 보고서를 내라고 지시했다.

02 구어체를 문어체로 수정한 것으로 가장 적절한 것은?

① 가족과 함께 지낼 수 있었단 게 가장 큰 기쁨이었다.

  → 가족과 함께 지낼 수 있었다는 게 가장 큰 기쁨이었다.

② 수많은 군중들이 뭘 해야 할지 몰라 우왕좌왕하고 있다.

  → 수많은 군중들이 무얼 해야 할지 몰라 우왕좌왕하고 있다.

03 〈보기〉를 바탕으로 모음 변동을 이해한 내용으로 적절한 것은?

〈보기〉

[국어의 단모음 분류표]

	전설 모음		후설 모음	
	평순 모음	원순 모음	평순 모음	원순 모음
고모음	ㅣ	ㅟ	ㅡ	ㅜ
중모음	ㅔ	ㅚ	ㅓ	ㅗ
저모음	ㅐ		ㅏ	

① '그리고 〉 그리구'에서의 모음 변동은 입술 모양만 달라지는 변동이군.

② '지팡이 〉 지팽이'에서의 모음 변동은 혀의 전후 위치만 달라지는 변동이군.

③ '블 〉 불'에서의 모음 변동은 혀의 전후 위치와 입술 모양이 달라지는 변동이군.

④ '거죽 〉 가죽'에서의 모음 변동은 혀의 높낮이와 입술 모양이 달라지는 변동이군.

⑤ '윗어른 〉 웃어른'에서의 모음 변동은 혀의 전후 위치와 입술 모양이 달라지는 변동이군.

04 〈보기〉의 ⓐ~ⓕ에 대한 설명으로 적절한 것은? [3점]

───── 〈보기〉 ─────

제2절 구개음화

제6항 'ㄷ, ㅌ' 받침 뒤에 ⓐ 종속적 관계를 가진 '(-)이(-)'나 '-히-'가 올 적에는 그 'ㄷ, ㅌ'이 'ㅈ, ㅊ'으로 소리 나더라도 'ㄷ, ㅌ'으로 적는다. (ㄱ을 취하고, ㄴ을 버림.)

ㄱ	ㄴ	ㄱ	ㄴ
ⓑ 맏이	마지	ⓒ	할치다
해돋이	해도지	걷히다	거치다
굳이	구지	닫히다	다치다
ⓓ 같이	가치	묻히다	무치다
ⓔ 끝이	끄치	ⓕ	훌치다

① ⓐ는 모두 단어가 될 수 없는 형태소에 해당하는군.

② ⓑ와 ⓒ는 어근이 ⓐ와 결합하여 모두 새로운 품사로 바뀐 것이군.

③ ⓒ에 들어갈 어형은 접미사 '-이-'가 결합해 생긴 것이군.

④ ⓓ, ⓔ를 보니 선행 음절의 받침이 같아도 구개음은 다르게 실현되는군.

⑤ ⓕ에 들어갈 어형으로는 '훑이다'가 있군.

05 〈보기〉의 ㉠~㉢에 해당하는 것으로 적절한 것은?

───── 〈보기〉 ─────

어떤 형태소가 그 주위 환경에 따라 음상(音相)이 달라지는 현상을 교체(交替)라고 하며, 교체를 통해 원래의 모습과 다르게 나타나는 형식들 각각을 그 형태소의 이형태(異形態)라고 한다. 가령, '믿다'의 '믿-'의 경우, '믿고, 믿어'에서는 [믿-]으로 나타나나 '믿는다'에서는 [민-]으로 나타난다. 즉, '믿-'은 {믿-}과 {민-}을 그 이형태로 갖는 것이다. 마찬가지로, '값이, 값도, 값만'과 같은 경우의 '값'은 각각 {㉠, ㉡, ㉢}의 이형태를 갖는다.

	㉠	㉡	㉢
①	갑	갑	갑
②	갑	갑	감
③	갑	값	감
④	값	갑	감
⑤	값	감	갑

2019 기출

06 〈보기〉의 ㉠~㉢에 대한 설명으로 적절하지 <u>않은</u> 것은? [3점]

> ─〈 보기 〉─
>
> ㉠ 빨랫줄[빨래쭐/빨랟쭐]
> ㉡ 빨래집게[빨래집께]
> ㉢ 빨래터[빨래터]
> ※ [ ]는 표준 발음법에 따른 발음임.

① ㉠, ㉡, ㉢은 모두 복합어에 속한다.

② ㉠, ㉡, ㉢은 모두 직접 구성 요소 중 앞의 요소가 뒤의 요소를 꾸민다.

③ ㉠, ㉡에는 사잇소리 현상으로 인한 경음화가 존재한다.

④ ㉠, ㉢을 이루는 각각의 직접 구성 요소들은 모두 어근이다.

⑤ ㉡을 이루는 구성 요소의 총수는 세 개다.

07 〈보기〉의 ㉠에 해당하는 단어가 쓰인 문장이 <u>아닌</u> 것은?

> ─〈 보기 〉─
>
> 우리말의 명사형 어미 '-ㅁ/음'과 '-기'는 용언 어간에 붙어 그 용언이 문장에서 명사와 같은 역할을 하게 만든다. 그런데 파생 접미사 중에도 '-ㅁ/음'과 '-기'가 있어서 ㉠ <u>용언의 명사형과 파생명사가 같은 모양이 되어 그 둘을 혼동하기 쉽다.</u>

① 자신을 <u>믿음</u>으로써만이 흔들리지 않고 나아갈 수 있다.

② 중임을 맡기기에는 아직 그가 <u>젊음</u>도 고려해야만 한다.

③ 영수는 선하게 <u>웃음</u>으로써 자신을 비난하는 이들을 멋쩍게 했다.

④ 과묵한 그는 상대의 약점을 잘 <u>앎</u>에도 불구하고 절대 내색하지 않았다.

⑤ 남에게 진 신세에 대하여 적절한 <u>갚음</u>을 하는 것은 매우 어려운 일이다

08 〈보기〉의 특성을 가진 단어가 사용된 문장만으로 짝지은 것은?

---〈보기〉---

가. 선행 용언과 연결되어 그 뜻을 보충한다.

나. 선행 용언의 어미는 대체로 '-아/어, -게, -지, -고'로 한정되나 '-ㄴ/은가, -ㄹ/을까, -(으)면' 등이 오기도 한다.

① ┌ 밖의 날씨가 매우 더운가 보다.
   └ 이 부분을 소리 내어 읽어 보렴.

② ┌ 공을 차다 장독을 깨 먹었다.
   └ 여름철에는 음식물을 잘 익혀 먹자.

③ ┌ 막내 동생이 참 예쁘게 생겼다.
   └ 한겨울에 길바닥에 나앉게 생겼구나.

④ ┌ 이것 말고 저것을 주시오.
   └ 최선을 다해서 좋은 성적을 얻고 말겠다.

⑤ ┌ 이것 좀 너희 아버지께 가져다 드리렴.
   └ 나는 주말마다 어머니 일을 거들어 드린다.

09 〈보기〉의 설명을 바탕으로, ㉠과 ㉡에 해당하는 〈자료〉의 용례들을 바르게 짝지은 것은?

---〈보기〉---

우리는 어떤 대상을, 그것의 속성과 밀접한 관계가 있는 다른 말을 빌려서 표현하기도 한다. 가령, '손이 모자라다.'의 '손'은 ㉠ 대상의 일부로 그 전체를 나타낸 것이며, 우리 민족을 '흰옷'으로 표현한 것은 ㉡ 대상과 관련된 속성으로 그 대상 자체를 나타낸 것이다.

---〈자료〉---

가. 주전자가 끓는다.

나. 그 친구를 전화번호부 속에서 찾아냈다.

다. 그 대학에는 훌륭한 두뇌들이 모여 있다.

라. 이번 전국 대회에서는 우리 학교가 우승했다.

마. 당시 청년들은 군홧발에 짓밟히면서도 자유를 외쳤다.

	㉠	㉡
①	가, 나	다, 라
②	나, 다	마
③	다	마
④	다, 마	가
⑤	라	나, 마

10 〈보기〉를 참고할 때 ㉠과 같은 것으로 적절하지 <u>않은</u> 것은?

〈보기〉

무더운 여름날 선생님께서 창문이 닫혀 있는 교실에 들어오셔서 학생들에게 "덥구나."라고 하셨다. 이때 발화된 문장은 실제로 '방이 덥다'는 평서문의 의미뿐만 아니라 '창문을 열라'는 '명령'의 의미로도 해석된다. 따라서 이 발화를 들은 누군가가 창문을 열 수도 있다. 이렇듯 ㉠ 담화 상황에서는 발화된 문장의 유형과 그 발화의 의도가 일치하지 않는 경우가 있다.

① ┌ 상황 : 실수를 저지른 신입 사원에게 상사가
　 └ 발화 : 다음번에는 잘 해.

② ┌ 상황 : 친구와 놀다가 늦게 들어온 아이에게 어머니가
　 └ 발화 : 도대체 지금 몇 시니

③ ┌ 상황 : 비 오는 날 어머니께서 현관문에 둔 우산을 가리키며
　 └ 발화 : 비가 많이 오는구나.

④ ┌ 상황 : 계산대 앞에서 주머니를 뒤적이며 친구에게
　 └ 발화 : 어, 지갑을 깜먹고 안 가지고 왔네.

⑤ ┌ 상황 : 밤늦게 음악을 크게 틀어 놓고 있는 룸메이트에게
　 └ 발화 : 잠 좀 자자.

11 〈보기〉의 ㉠~㉤에 나타난 중세 국어의 특징을 파악한 내용으로 적절한 것은?

〈보기〉

- ㉠곳 ㉡됴코 여름 하ᄂᆞ니 (제2장)
- 내히 이러 ㉢바ᄅᆞ래 가ᄂᆞ니 (제2장)
- ㉣狄人ㅅ서리예 ㉤가샤 (제4장)

– 「용비어천가(龍飛御天歌)」

① ㉠은 팔종성법이 철저하게 지켜진 예이다.

② ㉡은 축약을 통한 음절 수 감소가 발생한 예이다.

③ ㉢은 분철 표기가 준수된 예이다.

④ ㉣은 주격 조사로 'ㅅ'이 실현된 예이다.

⑤ ㉤은 동사 어간에 주체 높임 선어말어미 '-시-'가 결합한 것이다.

[12~14] 다음 글을 읽고 물음에 답하시오.

내가 좋아하는 사람의 취향이 어느 순간 나의 취향이 되어서 그가 좋아하는 물건을 좋아하거나 즐겨 부르는 노래를 따라 부르는 자신을 발견할 때가 있다. 중요한 물건을 살 때 인터넷에서 타인의 경험담을 참조하거나 그 분야에 능통한 주변인을 곁눈질하는 경우도 많다. 이처럼 우리의 모든 행동에는 눈에 보이지는 않지만 항상 타인이 개입되어 있다. 다시 말해 우리는 늘 타인을 모방함으로써 자신의 욕망을 채운다.

이렇듯 타인의 욕망에 대한 모방에서 우리의 욕망이 생겨난다는 점을 주목한 이가 르네 지라르(René Girard)이다. 그는 ㉠ 인간이 갖는 욕구와 욕망을 철저하게 분리하였는데, 그에게 욕구는 본능적으로 실제 대상을 향하는 실질적인 것인 반면,

욕망은 실제 대상 그 자체보다는 그 대상과 관련된 것을 향하는 관념적인 것이다. 이러한 구분에 입각하여 지라르가 전개한 모방 이론은 욕망의 구조에 대한 새로운 시각을 열어 줌으로써 인간 내면에 대한 새로운 지평을 개척했다. 특히 이 이론은 인간 내면을 탐구하는 심리학에도 지대한 영향을 끼쳤는데, 강력한 영향력을 행사해 온 프로이트의 심리학과는 전혀 다른 시각을 보인다. 즉 욕망이 주체의 타고난 본능에서 나온다거나, 욕망을 대상에서 나오는 자연 발생적인 것으로 보는 프로이트의 시각이 주된 비판의 대상이 된다.

무엇보다 중요한 차이는 프로이트가 욕망의 주체 내부에서 나오는 리비도를 중시했던 반면, 지라르는 욕망하는 이의 모방 행위 그 자체를 중시한다는 것이다. 이러한 차이에 입각하여 지라르는 어떤 이가 주체적으로 특정 대상을 욕망한다고 믿는, 즉 '자발적 욕망'이라는 환상을 믿는 것은 바로 프로이트의 '낭만적 거짓'에 현혹되었기 때문이라고 보았다. 지라르는 대상을 소유하거나 밀접하게 관련을 맺는 ⓒ 중개자를 통해서만이 욕망의 주체가 대상을 욕망할 수 있다고 보는 '비자발적 욕망'을 강조한 것이다.

또한 지라르는 프로이트 심리학에서 벗어나 '모방'을 중심으로 인간 내면을 분석하는 '새로운 심리학'의 필요성을 역설한다. 이러한 주장은 자연스럽게 '개인'과 '자아'의 개념을 수정하는 데에 이른다. 즉, "심층적으로 보면 나의 비밀과 타인의 비밀 사이의 차이는 없다. 한 사람의 심층적 자아는 보편적 자아라고 할 수 있다."라고 언급한다.

이러한 지라르의 모방 이론을 임상에 적용해 큰 효과를 입증한 정신의학자 장–미셸 우구를리엥(Jean–Michel Oughourlian)은 고정된 것으로 간주되던 과거의 '자아' 개념을 수정한다. 그는 "진정한 심리학적 사실은 한 개인에게 있는 것이 아니라 두 사람 사이의 관계에 있으며, 주변 사람들과의 대칭적 교환과 만남의 한가운데에서 일어나는 지속적 창조 행위의 결과가 우리의 자아"라고 주장한다.

그가 생각하는 인간은 타인과의 만남에 영향을 받는 존재다. 이 영향을 구체적으로 말하면 바로 '모방'이다. 심리를 변화시키는 움직임을 욕망이라고 보는 그는, 타인과의 관계에서 발생하는 모방적 욕망의 집결체가 바로 우리의 '자아'라고 인식한 것이다. 그런데 알다시피 인간 욕망은 새롭게 갱신되는 가변체이다. 그러므로 욕망에 의해 만들어지는 존재인 자아도 고정된 것이 아니다. 자아는 궁극적으로 유동적이고 가변적인 운동 상태에 있다. 자아는 출생 시부터 결정된 것이 아니다. 기존 심리학과 갈라서게 되는 결정적 지점이 바로 이곳이다.

자아가 더 이상 고정 불변의 존재가 아니라는 생각은 한 사람에게 하나의 자아만이 존재한다는 통념도 수정하게 한다. 다시 말해 우리의 욕망과 마찬가지로 욕망의 산물인 자아도 타인과의 관계에서 매번 새롭게 주조되기에 인간에게는 여러 개의 자아가 있다고 볼 수도 있다. 아울러 우리가 어쩌면 통념적으로 '자아'라 칭하는 것은 습관적으로 그렇게 느끼는 것일 뿐 '실체가 없는 것'이라고도 생각할 수 있다.

12 윗글을 이해한 내용으로 적절하지 <u>않은</u> 것은?

① 지라르는 개인의 자아가 심층적 차원에서는 보편성을 띨 수 있다고 주장했다.

② 우구를리엥은 사회적 관계를 통해서 인간이 자아를 형성할 수 있다고 주장했다.

③ 주체적으로 특정 대상을 욕망한다고 믿는 것은 프로이트의 이론에 기댄 것이다.

④ 지라르는 주체와 욕망하는 대상의 직접 상호작용을 통해 욕망이 발생한다고 주장했다.

⑤ 우구를리엥은 자아가 모방을 통해 고정불변의 것이 아닌 유동적인 것이 된다고 보았다.

13 ㉠을 사례를 통해 이해한 것으로 가장 적절한 것은?

① 갈증을 해소하기 위해 물을 찾는 것은 욕망에 기인한 것이다.

② 식사 시간에 메뉴를 꼼꼼히 선택하는 행위는 욕구에 기인한 것이다.

③ 칸트를 흠모하는 철학도가 매일 규칙적으로 생활하는 것은 욕망에 기인한 것이다.

④ 유년 시절의 농촌 생활을 추억하기 위해 전원주택에 살고자 하는 것은 욕구에 기인한 것이다.

⑤ 텔레비전에서 좋아하는 연예인이 입은 옷을 보고 그것을 구매하려는 것은 욕구에 기인한 것이다.

14 〈보기〉를 바탕으로 ㉡에 대해 추론한 것으로 가장 적절한 것은? [3점]

〈보기〉

욕망의 중개자는 영화의 주인공일 수도 있고 예술이거나 가치와 종교 혹은 정치적 신념 같은 것일 수도 있다. 중개자를 스승이나 영감을 주는 멘토로 인정할 때 우리는 중개자에 대해 존경하는 마음을 갖는다. 그런데 욕망의 중개자와 주체와의 거리가 가까워짐에 따라 중개자가 주체의 일상 안에 들어온 경우에는 존경의 마음이 약화된다. 특히 중개자를 통해 욕망하던 대상이 제한적일 경우, 주체는 중개자를 존경의 대상이 아닌 경쟁자나 적으로 인식하기도 한다.

① 주체가 ㉡의 절대적인 권위를 인정할 때 자신의 모방 행위를 중단하겠군.

② 욕망하는 주체와 ㉡의 심리적 거리감은 둘의 관계에 영향을 미치지 않겠군.

③ ㉡이 주체의 일상 안에 들어온 경우 욕망의 주체는 대상이 희소성을 띌수록 ㉡과 갈등 관계에 놓일 가능성이 높겠군.

④ ㉡과의 거리가 가까워질수록 욕망하던 대상에 대해 주체가 갖는 욕망은 점점 감소하겠군.

⑤ 주체가 ㉡을 자신에게 영감을 주는 대상으로 인식하면 ㉡과 경쟁 관계를 형성하겠군.

[15~19] 다음 글을 읽고 물음에 답하시오.

(가)
노주인(老主人)의 장벽(腸壁)에
무시(無時)로 ㉠ 인동(忍冬) 삼긴 물이 나린다.

㉡ 자작나무 덩그럭 불이
도로 피어 붉고,

구석에 그늘 지어
㉢ 무가 순 돋아 파릇하고,

㉣ 흙냄새 훈훈히 김도 사리다가
바깥 풍설(風雪) 소리에 잠착하다.

산중(山中)에 책력(冊曆)도 없이
㉤ 삼동(三冬)이 하이얗다.

－ 정지용, 「인동차(忍冬茶)」

(나)
누룩 한 덩이가
뜨는 까닭을 알겠느냐
지 혼자 무력(無力)함에 부대끼고 부대끼다가
어디 한군데로 나자빠져 있다가
알맞은 바람 만나
살며시 더운 가슴
그 사랑을 알겠느냐

오가는 발길들 여기 멈추어
밤새도록 우는 울음을 들었느냐
지 혼자서 찾는 길이
여럿이서도 찾는 길임을
엄동설한 칼별은 알고 있나니
무르팍 으깨져도 꽃피는 가슴
그 가슴 울림 들었느냐

속 깊이 쌓이는 기다림
삭고 삭아 부서지는 일 보았느냐

지가 죽어 썩어 문드러져
우리 고향 좋은 물 만나면
덩달아서 함께 끓는 마음을 알겠느냐
춤도 되고 기쁨도 되고
해 솟는 얼굴도 되는 죽음을 알겠느냐

아 지금 감춰 둔 누룩 뜨나니
냄새 퍼지나니

－ 이성부, 「누룩」

(다)
소나무에 호박넝쿨이 올랐다
씨앗 묻은 일도 모종한 일도 없는 호박이다

장정 셋의 하루 품을 빌려 이른 봄에 옮겨온 소나무,
뜬금없이 올라온 호박넝쿨이 솔가지를 덮쳐갔다
일개 호박넝쿨에게 소나무를 내줄 수는 없는 일
줄기를 걷어내려다 보니 애호박 하나가 곧 익겠다

싶어, 애호박 하나만 따고 걷어내기로 맘먹었다.
마침맞은 애호박 따려다 보니 넝쿨은 또 애호박을 낳고
고놈만 따내고 걷으려니 애호박은 또 애호박을 내
놓는다
소나무조차 솔잎 대신 호박잎을 내다는가, 싶더니
애호

호박넝쿨은 기어이 소나무를 잡아먹고 호박나무가
되었다

－ 박성우, 「애호」

15 (가)~(다)에 대한 설명으로 적절하지 <u>않은</u> 것은?

① (가)는 초연한 자세로 현실을 견뎌 내고자 하는 삶의 모습을 보여 주고 있다.

② (나)는 자기희생과 타자와의 연대를 통해, 힘든 현실을 이겨 나가려는 삶의 태도를 드러내고 있다.

③ (다)는 이질적인 대상 사이의 관계를 통해, 경계에 길들여진 인간의 의식을 반성하게 하고 있다.

④ (가)와 (나)는 자연의 생명력에 빗대어, 시련과 고통에 대응하는 삶의 자세를 상징적으로 보여 주고 있다.

⑤ (가)와 (다)는 자연의 변화가 눈앞의 현실과 지향하는 현실 사이의 대립을 초래하고 있음을 비판하고 있다.

16 시적 맥락을 고려할 때, ㉠~㉤ 중 의미가 가장 이질적인 것은?

① ㉠　　　　② ㉡

③ ㉢　　　　④ ㉣

⑤ ㉤

17 (나), (다)에 대한 설명으로 가장 적절한 것은?

① (나)와 (다)는 계절의 변화에 따른 자연의 의미를 담아내고 있다.

② (나)와 (다)는 두 개의 대상 사이의 대립을 통해 시상을 전개하고 있다.

③ (나)와 (다)는 대상의 외적 모습에서 화자의 내적 변화를 이끌어 내고 있다.

④ (나)와 달리 (다)는 반복적인 구조를 통해 주제 의식을 심화하고 있다.

⑤ (다)와 달리 (나)는 대상의 변화를 비판하는 화자의 태도를 드러내고 있다.

18 (나)의 표현상 특징으로 적절하지 <u>않은</u> 것은?

① 의문형 진술을 통하여 제재의 특징과 의미를 환기하고 있다.

② 다가올 상황을 가정하여 제재의 부정적 속성을 강조하고 있다.

③ 역설적 표현을 사용하여 주제 의식을 상징적으로 부각하고 있다.

④ 유사한 통사 구조를 반복적으로 사용하여 운율감을 형성하고 있다.

⑤ 대상을 의인화하여 현실에 대한 알레고리적 기능을 드러내고 있다.

19 〈보기〉를 바탕으로 (다)를 감상한 것으로 적절하지 <u>않은</u> 것은? [3점]

〈보기〉
　박성우의 시는 자연과 생명의 공동체적 가치에 깊은 애착을 드러낸다. 이러한 공동체에 대한 탐구는 자본과 문명에 순응하는 인간 중심의 문화를 근본적으로 성찰하는 문제의식으로 심화된다. 즉 자연과 우주의 섭리 앞에서 모든 인간적 시점을 뒤로한 채 자연 그 자체를 주체로 세움으로써 인간과 자연의 경계를 넘어선 본연의 생명성을 보여 주고자 하는 것이다.

① "뜬금없이 올라온 호박넝쿨이 솔가지를 덮쳐갔다"는 데서, 자연 그 자체를 주체로 세움으로써 인간적 시점을 성찰하려는 화자의 태도를 보여 주는군.

② "일개 호박넝쿨에게 소나무를 내줄 수는 없는 일"이라고 생각하는 데서, 인간 중심의 문화에 대한 화자의 초월적 태도를 보여주는군.

③ "애호박 하나만 따고 걷어내기로 맘먹"어 보지만, "애호박은 또 애호박을 내놓는다"에서, 인간의 마음으로는 거스르기 힘든 것이 자연의 섭리라는 화자의 생각을 보여 주는군.

④ "소나무조차 솔잎 대신 호박잎을 내다는가, 싶더니"에서, 자연이 공동체의 가치를 지향한다는 화자의 생각을 보여주는군.

⑤ "호박넝쿨은 기어이 소나무를 잡아먹고 호박나무가 되었다"는 데서, 화자는 자연 본연의 생명성이 경계와 대립을 넘어선다는 사실을 보여 주고 있군.

[20~23] 다음 글을 읽고 물음에 답하시오.

법과 도덕은 인간의 올바른 행위를 위한 규범이다. 양자는 개념상 구별이 가능하지만 서로 합치되는 부분이 많으며 상호 밀접한 관련이 있다. 도덕은 법의 타당성의 근거인 동시에 목적으로 작용한다. 이처럼 법질서는 도덕적 가치와 불가분의 관계를 맺는데, 이 문제에 대해서는 이미 몇 가지 이론이 제시된 바 있다.

우선 법과 도덕은 상호 보완 관계를 지녀야만 바람직하다는 견해가 있다. 실제로 법적 가치와 도덕적 가치는 일치하는 경우가 많으며 그 공통된 부분을 우리는 흔히 '윤리'나 '예(禮)'라고 지칭하곤 한다. "도덕이 결여된 법은 공허하다."라는 말이 있듯이 법은 도덕을 바탕으로 할 때 강력한 규범성을 갖는다. 반대로 도덕적 ⓐ 지지를 받지 못하는 법은 법으로서의 가치와 타당성이 적어 그 존립의 기초 또한 약해진다. 사회가 일반적으로 인정하는 도덕에 저촉되는 법이 제정될 때 갈등이 일어나는 이유가 여기에 있다. 그러나 모든 도덕이 법제화될 수는 없고, 모든 도덕을 법으로 강제하는 것 역시 온당하지 않다.

그래서 ㉠ 옐리네크(G. Jellinek)는 법과 도덕을 포함 관계로 설정하였다. 그는 법은 도덕 가운데에서 특별히 그 실현을 강제할 필요가 있는 경우에 한하여 성립한다고 보아, 법은 '도덕의 최소한(ethisches Minimum)'이라는 말을 남겼다. 이와 달리 ㉡ 슈몰러(G. Schmoller)는 법의 효력을 중시하여, 법에는 강제력이 있으므로 도덕보다는 실효성이 확고하다고 보았다. 따라서 도덕적 가치의 실현이 법을 통해 가능하다는 의미에서 법은 '도덕의 최대한(ethisches Maximum)'이라 하였다. 법과 도덕의 관계를 바라보는 측면에 따라 이렇듯 상이한 견해가 나온 것이다.

그러나 슈몰러의 견해와 같이 법을 통해 도덕이 실현될 가능성이 있다고 하더라도 모든 경우에 그러한 것은 아니다. 오히려 법 ⓑ 자체가 도덕을 해칠 경우도 있기 때문이다. 예를 들어 "이웃을 사랑하라."라는 도덕적 요구를 법으로 시행하여 그 목적을 달성할 수 있을지라도 이는 자발적인 행위가 아니므로 참된 이웃 사랑이 실현되었다고 보기는 어렵다. 때로는 그 법 때문에 이웃 간에 위선과 역겨움이 야기될 수도 있다. 1794년에 제정된 프로이센의 '일반란트법(Allgemeines Landrecht)' 제179조에서는 부부가 서로를 존중해야 한다는 점까지 법제화하였으나 강제규범으로 효력이 있는지는 의문시된다. 이렇듯 도덕적 영역에 속하는 사항을 법제화한다고 해서 그 법이 모두 본래의 목적을 달성하기는 어려운 것이다. 그러므로 ㉢ 라드브루흐(G. Radbruch)는 "법은 도덕을 실현할 가능성과 동시에 부도덕을 실현할 가능성도 지닌다."라고 지적하였다. 1919년에 제정된 미국의 '금주법(Prohibition Act)'은 도덕적 ⓒ 차원의 문제를 법의 강제력으로 실현하려 하였으나 법으로서의 규범적 기능을 상실하여 사문화된 대표적 사례이다. 물론, 그렇다고 하여 위법이 아니기 때문에 그것이 반드시 도덕적 ⓓ 허용 대상이 된다고 할 수도 없다.

　결국 법과 도덕은 각각 고유의 영역이 있기 때문에 완전히 동일시할 수는 없다는 결론에 이르게 된다. 다만, 라드브루흐가 지적했듯이 "법의 도덕적 세계로의 귀화"를 추진하는 동시에 "도덕규범의 법의 세계로의 귀화"를 동시에 지향하여 법과 도덕이 서로 보완 관계를 지닐 수 있도록 모색함으로써 강력한 규범성을 확보할 수는 있다. 도덕은 법의 목적이 되는 동시에 법에 의무를 주는 효력의 ⓔ 기초가 되는 까닭이다. 다시 말하면, 법의 효력은 국가의 강제력에 의해 보장되는 것이지만, 법은 도덕적으로 승인될 때 더욱 강력한 규범이 될 수 있다. 법과 도덕의 개념은 각각 구별되더라도 양자는 사회 규범으로서 공공질서와 선량한 풍속을 유지한다는 공통의 목적과 사명을 갖고 있으므로, 상호 의존하고 보완하여 올바른 사회적 가치와 법규범의 실현에 이바지하여야 할 필요성이 있는 것이다.

20　윗글의 논지 전개 방식으로 가장 적절한 것은?

① 이론들을 제시하고 각각의 이론이 지닌 장단점을 비교하고 있다.

② 이론들을 설명하면서 각각의 이론에 관련된 사례들을 소개하고 있다.

③ 각각의 이론이 등장한 시대적 배경과 연관 지어 이론들을 개관하고 있다.

④ 이론들을 검토한 후 특정 이론을 바탕으로 필자 자신의 입장을 정리하고 있다.

⑤ 이론들 사이의 관계를 분석하여 이전 이론이 후대 이론으로 대치되는 경과를 서술하고 있다.

21　㉠~㉢의 견해에 대한 이해로 적절하지 않은 것은?

① ㉠은 ㉡에 비해 법 규범의 제정에 보다 신중한 자세를 취할 것이다.

② ㉡은 ㉢에 비해 법 규범의 효과에 대해 확신하는 태도를 보일 것이다.

③ ㉢은 ㉠과 달리 법과 도덕의 영역을 포함 관계로만 생각하지는 않는다.

④ ㉠은 ㉡과 달리 법이 도덕에 비해 강제성과 실효성이 높다는 데에 회의적이다.

⑤ ㉠, ㉡, ㉢은 모두 법과 도덕이 적절한 관계를 유지해야 한다는 데에 동의한다.

22　윗글을 바탕으로 〈보기〉를 이해한 내용으로 적절하지 않은 것은? [3점]

〈보기〉

　㉮ 프랑스 형법 제63조는 "자기가 위험에 빠지지 아니함에도 위험에 처해 있는 자를 구조하지 아니한 자는 징역형 또는 벌금형에 처한다."라고 규정하고 있다. 강도를 만나 죽을 위기에 처한 낯선 사람을 한 사마리아인이 돌보아 주었던 일화에 착안하여 이 법을 '착한 사마리아인의 법'이라 부르기도 한다. 한편 우리 헌법 재판소는 2015. 2. 26. ㉯ 간통죄 위헌 결정에서 "배우자가 있는 자가 간통한 때에는 2년 이하의 징역에 처한다."라고 규정한 형법 제241조를 위헌이라 결정한 바 있다. 헌법 재판소는 부부 간의 정조 의무를 위반한 행위가 비도덕적이기는 하나 법으로 처벌할 사항은 아니라고 판시하였다.

① ㉮는 도덕적 가치의 실현이 법을 통해 가능하다는 전제를 바탕으로 하는군.

② ㉮는 프로이센 '일반란트법'의 제179조나 미국의 '금주법'과 그 취지가 상통하는군.

③ ㉯는 도덕의 영역이 법의 영역보다 기본적으로 더 크다는 전제를 바탕으로 하는군.

④ ㉯는 도덕적으로 허용되지 않는 행위는 반드시 위법한 행위가 된다고 보는 취지이군.

⑤ ㉮와 ㉯는 모두 도덕과 법이 공통의 목적과 사명을 띠고 있다는 전제를 바탕으로 하는군.

23 ⓐ~ⓔ의 문맥적 의미와 일치하는 것은?

① ⓐ : 붕괴 위험에 처한 건물의 지지를 위해서 인부들이 철골콘크리트로 구조물을 구축하고 있다.

② ⓑ : 그 자체는 특이한 것이었지만 현실성이 없었다.

③ ⓒ : 기하학에서는 3차원인 입체 도형을 넘어서는 무한 차원까지가 고려된다.

④ ⓓ : 우리 팀은 선제골의 허용에도 굴하지 않고 전열을 정비해 반격에 나섰다.

⑤ ⓔ : 헌법의 기초는 제헌 국회의 가장 중요한 첫 임무였다.

[24~28] 다음 글을 읽고 물음에 답하시오.

〈아니리〉

한 군사 나서며,

〈중모리〉

"여봐라, 군사들아, 이내 설움을 들어라. 너내 이 설움을 들어 봐라. 나는 남의 오대 독신으로 어려서 장가들어 근 오십이 장근(將近)토록 슬하에 일점혈육이 없어 매월 부부 한탄어따 우리 집 마누라가 온갖 공을 다 들일 제, 명산대찰 성황신당, 고묘총사, 석불 보살 미륵 노구맞이 집짓기와 칠성 불공, 나한 불공, 백일산제, 신중맞이, 가사시주, 연등시주, 다리 권선 길닦기며, 집에 들어 있는 날은 성조조왕, 당산천룡, 중천군웅 지신제를 지극 정성 드리니, 공든 탑이 무너지며 심든 남기 꺾어지랴. 그달부터 태기(胎氣)가 있어 석부정부좌(席不正不坐)하고 할부정불식(割不正不食)하고 이불청음성(耳不聽淫聲) 목불시악색(目不視惡色), 십 삭(十朔)이 절절 찬 연후에 하루는 해복 기미가 있던가 보더라. 아이고, 배 [A] 야. 아이고, 허리야. 아이고, 다리야. 혼미(昏迷) 중 탄생하니 딸이라도 반가울데 아들을 낳었구나. 열 손에다 떠받들어 땅에 누일 날 전혀 없어 삼칠일(三七日)이 지나고 오륙 삭이 넘어 발바닥에 살이 올라 터덕터덕 노는 모양, 방긋방긋 웃는 모양, 엄마 아빠 도리도리, 쥐암잘강 섬마둥둥, 내 아들 옷고름에 돈을 채여 감을사 껍질 벗겨 손에 주며 주야 사랑 애정한 게 자식밖에 또 있느냐. 뜻밖에 이 한 난리, '위국땅 백성들아, 적벽으로 싸움 가자. 나오너라.' 외는 소리, 아니 올 수 없더구나. 사당문 열어 놓고 통곡재배 하즉한 후 간간한 어린 자식 유정한 가족 얼굴 안고 누워 등치며, 부디 이 자식을 잘 길러 나의 후사(後嗣)를 전해주오. 생이별 하직하고 전장에를 나왔으나 언제 내가 다시 돌아가 그립던 자식을 품에 안고 '아가 응아' 업어 볼거나. 아이고, 내 일이야."

〈아니리〉

이렇듯이 설리 우니 여러 군사 꾸짖어 왈, "어라, ㉠ 이놈 자식 두고 생각는 정 졸장부의 말이로다. 전장에 너 죽어도 후사는 전하겠으니 네 설움은 가소롭다." 또 한 군사 가 나서면서,

〈중모리〉

"이내 설움 들어 봐라. 나는 부모 일찍 조실(早失)하고 일가친척 바이 없어 혈혈단신(孑孑單身) 이내 몸이, 이성지합(二姓之合) 우리 아내 얼굴도 어여쁘고 행실도 조촐하야 종가대사(宗家大事) 탁신안정(托身安定) 떠날 뜻이 바이 없어 철 가는 줄 모를 적에, 불화병 외는 소리 '위국 땅 백성들아, 적벽으로 싸움 가자.' 웨는 소리 나를 끌어내니 아니 올 수 있든가. 군복 입고 전립 쓰고 창을 끌고 나올 적에, ㉡ 우리 아내 내 거동을 보더니 버선발로 우루루루 달려들어 나를 안고 엎더지며, '날 죽이고 가오, 살려 두고는 못 가리라. 이팔홍안 젊은 년을 나 혼자만 떼어 놓고 전장을 가랴시오.' 내 마음이 어찌 되겠느냐. 우리 마누라를 달래랄제, '허허 마누라 우지 마오. 장부가 세상을 태어나서 전장출세(戰場出世)를 못하고 죽으면 장부 절개가 아니라고 하니 우지 말라면 우지 마오.' 달래어도 아니 듣고 화를 내도 아니 듣더구나. ㉢ 잡았던 손길을 에후리쳐 떨치고 전장을 나왔으나, 일부지전장 불식이라. 살아가기 꾀를 낸들 동서남북으로 수직(守直)을 허니, 함정에 든 범이 되고 그물에 걸린 내가 고기로구나. 어느 때나 고국을 갈지, 무주공산 해골이 될지, 생사(生死)가 조석(朝夕)이라. 어서 수이 고향을 가서 그립던 마누라 손길을 부여잡고 만단정회(萬端情懷) 풀어 볼거나. 아이고, 아이고, 내 일이야."

(중략)

〈아니리〉

창황분주 도망을 갈 제 새만 푸루루루 날아나도 복병인가 의심하고, 낙엽만 퍼뜩 떨어져도 추병(追兵)인가 의심하여, ㉣ 엎어지고 자빠지며 오림산 험한 산을 반생반사 도망을 간다. 조조 가다 목을

움쑥움쑥하니 정욱이 여짜오되,

"승상님 무게 많은 중에, 말 허리에 목을 어찌 그리 움치시나이까?"

"야야, 화살이 귀에서 앵앵하며 칼날이 눈에서 번뜻번뜻하는구나."

"이제는 아무것도 없사오니 목을 늘여 사면을 살펴보옵소서."

"야야, 진정으로 조용하냐?"

[B]

조조가 목을 막 늘여 좌우 산천을 살펴보려 할 제, 의외에 말 굽통 머리에서 메추리 표루루루 하고 날아 나니 조조 깜짝 놀라,

"아이고 정욱아. 내 목 떨어졌다. 목 있나 봐라."

"눈치 밝소. 조그만한 메추리를 보고 놀랄진대 큰 장끼를 보았으면 기절할 뻔하였소그려."

조조 속없이,

"야 그게 메추리냐? 그놈 비록 자그마한 놈이지만 냄비에다 물 붓고 갖은 양념하여 보글보글 볶아 놓으면 술안주 몇 점 참 맛있느니라만."

㉤ "입맛은 이 통에라도 안 변하였소그려."

– 작자 미상, 「적벽가」

24 [A]의 표현상 특징에 대한 설명으로 적절하지 않은 것은?

① 설의적 표현을 통해 발화자의 판단을 강조하고 있다.

② 고사를 활용하여 발화자의 행위를 구체적으로 묘사하고 있다.

③ 의태어를 활용하여 인물의 행동에 대한 애정을 드러내고 있다.

④ 청자들을 호명하여 주의를 끌면서 발화의 내용을 예고하고 있다.

⑤ 발화 속에 등장하는 인물들의 말을 직접 인용하여 생동감을 높이고 있다.

25 윗글의 인물에 대한 이해로 가장 적절한 것은?

① '한 군사'는 자신의 처지가 다른 군사들에 비해 낮다고 생각한다.

② '또 한 군사'는 전장에서 공을 세울 수 있다는 확신을 지니고 있다.

③ '아내'는 국가에 대한 책무보다 자신과 가족의 소중함을 앞세우고 있다.

④ '조조'는 전쟁에서의 일시적인 패배를 만회할 수 있다는 기대를 품고 있다.

⑤ '정욱'은 '조조'에 대한 적대감을 직설적으로 표출하여 '조조'와 갈등을 빚고 있다.

④ 징발되어 가는 백성들이 적국에 대한 적개심을 드러내는 것을 보니, 외세에 대한 비판 의식이 팽배해 있었겠군.

⑤ 군사들은 걱정하지 않고 자신의 안위만을 생각하는 '승상'의 행태가 묘사된 것을 보니, 위정자에 대한 백성들의 반감이 높았겠군.

26 〈보기〉를 바탕으로 윗글에 나타난 시대상을 추론한 내용으로 적절하지 <u>않은</u> 것은?

─〈보기〉─

　공연 예술로 연행되는 「적벽가」는 조선 후기 청중들의 선호에 민감할 수밖에 없었다. 따라서 청중들이 쉽게 공감할 수 있는 내용을 포함시키기 마련이었으며, 이 과정에서 작품 속 인물과 사건이 조선 후기의 시대적 상황과 밀접하게 연관되는 결과가 나타났다.

① 자식을 얻기 위해 정성을 다하는 모습이 열거된 것을 보니, 다양한 기자(祈子) 풍속이 존재했겠군.

② 자식을 길러 후사를 잇도록 해 달라고 부탁하는 모습을 보니, 가문의 대를 잇는 일이 중요하게 여겨졌겠군.

③ 백성들을 갑자기 싸움터로 징발해 가는 것을 보니, 백성들을 국가적 사업에 동원하는 일이 수시로 있었겠군.

27 ㉠~㉤에 대한 설명으로 가장 적절한 것은?

① ㉠ : 개인의 일에 얽매어 공동의 목표를 등한시하는 상대의 태도에 동조하고 있다.

② ㉡ : 인물의 행동을 과장되게 묘사하여 행동에 포함된 허위를 드러내고 있다.

③ ㉢ : 과거의 일을 떠올리며 현재의 부정적 상황에 대한 한탄을 표출하고 있다.

④ ㉣ : 인물이 처한 급박한 상황을 객관적으로 묘사하여 사건 전개에 개연성을 부여하고 있다.

⑤ ㉤ : 상황에 대해 집약적으로 논평하여 상대의 처지에 공감하는 뜻을 나타내고 있다.

28 [B]와 〈보기〉에 대한 감상으로 적절하지 <u>않은</u> 것은? [3점]

〈보기〉

ᄆᆞᄋᆞᆷ이 어린 後(후)니 ᄒᆞᄂᆞᆫ 일이 다 어리다
만즁(萬重) 운산(雲山)에 어ᄂᆞ 님 오리마ᄂᆞᆫ
지ᄂᆞᆫ 닙 부ᄂᆞᆫ ᄇᆞ람에 힝혀 귄가 ᄒᆞ노라

– 서경덕

① [B]와 〈보기〉에서는 모두 감각적 자극이 인물의 반응을 일으키는군.

② [B]와 〈보기〉에서는 모두 자신이 착각했다는 사실을 깨닫게 되는군.

③ [B]에는 두려움의 정서가, 〈보기〉에는 그리움의 정서가 바탕에 깔려 있군.

④ [B]에서는 상황의 유발 원인이, 〈보기〉에서는 상황에 대한 해석이 먼저 제시되는군.

⑤ [B]에는 상황을 수습하려는 태도가, 〈보기〉에는 상황의 책임을 전가하는 태도가 나타나는군.

[29~31] 다음 글을 읽고 물음에 답하시오.

고려 시대 문학사에서 하나의 지평을 열었다는 이규보가 만약 조선 시대에 다시 태어나 조선백자를 보았다면 뭐라고 했을까? 아마도 무엇이든 하고 싶은 대로 해도 법도에 어긋나지 않는다는 '종심소욕 불유구(從心所欲不踰矩)'란 말을 떠올리지 않았을까. 그는 고려청자의 아름다움을 하늘의 조화를 빌려 빚은 '천공술(天工術)'이라고 극찬한 바 있다.

사실 동아시아의 도자 문화사를 들여다보면 ㉠ 고려청자의 위치는 '월드 챔피언' 급에 해당된다. 고려청자는 명성만큼이나 화려하다. 융성했던 고려의 귀족 문화를 그대로 반영한 듯 모양이나 상감된 문양에는 섬세함과 유려함, 거기에 기기묘묘함까지 깃들어 있다.

그런데 알고 보면 ㉡ 조선백자도 고려청자에 전혀 밀리지 않을 만큼 아름답고 가치가 높다. 단지, 청자처럼 화려함이 덜해 단번에 눈길을 끌지 못할 뿐이다. 기실, 나뿐만 아니라 조선백자를 고려청자보다 훨씬 높게 평가하는 사람은 주변에 많다. 고미술품의 가격이란 것이 미적 가치와 항상 정비례하는 것은 아니나 역대 크리스티 경매에서 세계의 모든 도자기를 제치고 가장 비싸게 팔린 도자기는 다름 아닌 조선백자였다.

기술력도 고려청자에 필적할 만큼 뛰어나다. 안으로 착 가라앉은 듯 순하고 부드러운 빛깔은 아무나 흉내 낼 수 있는 성질의 기술이 아니다. 또한 조선백자가 품고 있는 내용, 즉 예술성은 어떤 의미에선 고려청자보다 훨씬 높은 경지에 있다고 할 수 있겠다. 단지 내용이 너무 깊다 보니 아름다움을 이해하기가 조금 어렵다는 점이 흠 아닌 흠이다.

조선 도자기는 보고 있지 않아도 말없이 옆에서 조용히 기다린다. 성품이 조용하고 점잖기 때문에 부담 없이 같이 옆에서 지낼 수 있어서 좋다. 조선 도자기는 왜 그토록 수수한 맛이 날까? 물론 이유야 많겠으나 그중에 가장 두드러지는 것은 평범하게 느껴지는 모양 때문이 아닌가 한다. 그것에는

어떤 정교함도, 치밀함도 없다. 복잡하고 화려한 형태의 회화적인 요소가 전혀 없다. 형태는 단순하고 빛깔은 소박하고 그림은 간단하다. 간단하면서도 짜임새가 있는 경지에 이른 것이 조선 도자기가 지닌 특성 중의 특성이라 할 만하다. 말하자면 군더더기가 하나도 없는데, 그 아름다움을 '단순미'로 정의한다면 아마도 살아 있는 설명이 될 것이다.

그러나 우리가 그 단순미를 이해하기 위해서는 꼭 알아 두어야 할 것이 있다. 조선은 아름다움을 표현하는 데 있어 남들이 가 본 적이 없는 길을 걸었다. 즉 단순미를 지향하는 방식이 의외로 특별하다. 평범함이란 무엇인가. 꾸밈이나 거짓이 없고 단순하고 쉬워서 보는 이가 전혀 부담감을 느끼지 않는 것이 아닌가. 이 개념에 따르면 조선 도자기는 평범함 그 자체가 훌륭한 아름다움이다. 세상에는 나라도 많고 민족도 많으나 이 같은 표현은 다른 데서는 찾아보기 어렵다. 다른 것을 모방하지 않고, 또 다른 것의 추종을 허락하지 않는 독보적인 세계가 거기에 펼쳐져 있다.

나는 그런 조선 예술을 생각할 때마다 항상 가슴 한 켠이 답답해진다. 우리 중에는 조선 예술에 대해 명확한 개념을 가지고 보는 이가 적지 않다는 사실 때문이다. 우리는 어찌 된 일인지 오히려 그 평범한 점을 들어 미적 요소가 부족한 것으로 스스로 인식한다. 아예 거기에는 아무것도 없는 것으로 생각하고 경멸하는 듯한 제스처를 취하기까지 한다. 이런 경멸의 태도는 정교하고 섬세한 아름다움을 숭배하는 사람들 사이에서 일반화되어 있다. 이는 실로 유감스러운 일이 아닐 수 없다. 그런 생각은 참으로 독단에 지나지 않는, 아름다움에 대한 이해가 부족한 사람의 그릇된 견해에 불과하다. 오랜 세월의 담금질 속에 숙성된 미적 직관을 내면화한 선조들이 빚은 도자기에 어째서 인정할 만한 아름다움이 없다고 생각하는가.

29 윗글에 대한 설명으로 적절하지 <u>않은</u> 것은?

① 제재를 유형별로 세분화하여 종류와 특징을 구체적으로 나열하고 있다.

② 스스로 묻고 답하는 형식을 활용하여 제재의 특성에 대하여 설명하고 있다.

③ 다른 대상과의 비교, 대조의 방식으로 제재가 지닌 미학적 특성을 서술하고 있다.

④ 글쓴이의 감상과 주관적 논평을 통해 제재에 대한 일반화된 통념을 비판하고 있다.

⑤ 특정한 인물의 생각을 추측하는 방식으로 제재에 대한 독자의 관심을 유도하고 있다.

30 ㉠과 ㉡을 비교하여 설명한 것으로 적절하지 <u>않은</u> 것은?

① ㉠은 기기묘묘하고 유려하여 하늘의 조화를 빌려 빚은 '천공술'로 불리었다.

② ㉡은 단순미와 평범함을 미학적 자질로 삼는 개성적인 아름다움의 세계를 담고 있다.

③ ㉠은 ㉡과 달리 귀족 문화를 반영한 섬세함과 화려함이 있어 기술력의 차이가 두드러지게 드러난다.

④ ㉡은 ㉠과 달리 순하고 부드러운 빛깔을 지니고 있고, 예술성의 측면에서 훨씬 높은 경지에 있다고도 볼 수 있다.

⑤ ㉠과 ㉡은 모두 동아시아 도자 문화사에서 기술력이 아주 뛰어난 예술로 손꼽힌다.

31 〈보기〉는 글쓴이의 글 일부분이다. 〈보기〉를 바탕으로 윗글에 나타난 예술관을 추론한 것으로 가장 적절한 것은? [3점]

─〈보기〉─

나는 조선의 정치와 예술이 서로 간에 어떤 관계에 놓여있었는지에 대해서는 알지 못한다. 그러나 조선의 도자기는 그 기술이 본능으로까지 성숙해 있다는 것은 알고 있다. 그것에 재현된 평범함은 생래적인 아름다움이다. 인류가 지향하는 기초적 본질을 거기에서도 찾을 수 있다는 것이 정말 신기하다. 거기에 내가 무슨 말을 더 보탤까. 평범한 사람이 평범하게 그릇을 빚었고 평범한 사람이 평범하게 그릇을 보고 평범하게 사용하는 방법을 알고 있는데, 여기에 내가 무슨 말을 더 보탤까. 내가 여기에 말을 보탠다면 자연으로 다시 돌아온 듯한 단순한 미적 가치는 오히려 퇴색하고 만다.

① 아무나 흉내 낼 수 없는 성질의 기술력을 발휘하여 단순한 미적 가치를 지양해야 한다.

② 사람들의 일상을 담은 평범함의 미학은 다른 것을 모방하는 데에서 실현될 수 있어야 한다.

③ 복잡하고 화려한 형태의 회화적 요소와 단순한 빛깔이 조화를 이루는 미학적 요인을 지니고 있어야 한다.

④ 소박한 그림에 담긴 내용의 깊이가 정치와 예술의 직접적인 연관에서 비롯된 표현 방식이라는 사실을 밝혀내야 한다.

⑤ 오랜 세월을 거쳐 온 미적 직관의 세계가 보여 주는 단순함에 가장 뛰어난 미적 가치가 내재되어 있어야 함을 이해해야 한다.

[32~36] 다음 글을 읽고 물음에 답하시오.

(가)
인간(人間)을 써나와도 내 몸이 겨를 업다
니것도 보려 ᄒ고 져것도 드르려코
ᄇ람도 혀려 ᄒ고 ᄃ도 마즈려코
봄으란 언제 줍고 고기란 언제 낙고
시비(柴扉)란 뉘 다드며 딘 곳츠란 뉘 쓸려뇨
아츰이 낫브거니 나조히라 슬흘소냐
오ᄂ리 부족(不足)거니 내일(來日)이라 유여(有餘)ᄒ랴
이 뫼ᄒ 안ᄌ 보고 져 뫼ᄒ 거러 보니
번로(煩勞)ᄒ 모움의 ᄇ릴 일리 아조 업다
쉴 ᄉ이 업거든 길히나 젼ᄒ리야
다만 ᄒ 청려장(靑藜杖)이 다 뫼되여 가노미라
술리 닉어거니 벗지라 업슬소냐
블ᄂ며 ᄐ이며 혀이며 이아며
온가짓 소리로 취흥(醉興)을 빗야거니
근심이라 이시며 시롬이라 브터시랴
누으락 안ᄌ락 구부락 져츠락
을프락 ᄑ람ᄒ락 노혜로 노거니
천지(天地)도 넙고 넙고 일월(日月)도 ᄒ가ᄒ다
희황(羲皇)을 모올너니 니적이야 긔로고야
신선(神仙)이 엇더턴지 이 몸이야 긔로고야
강산풍월(江山風月) 거늘리고 내 백 년(百年)을 다 누리면
악양루(岳陽樓) 상(上)의 이태백(李太白)이 사라오다
호탕(浩蕩) 정회(情懷)야 이예서 더홀소냐
이 몸이 이렁 굼도 역군은(亦君恩)이샷다

– 송순, 「면앙정가」

(나)
산중의 벗이 업서 한기(漢紀)를 ᄲ하 두고
만고 인물을 거스리 혜여ᄒ니
성현도 만ᄏ니와 호걸도 하도 할샤
엇디ᄒ 시운(時運)이 일락 배락 ᄒ얏는고
모롤 일도 하거니와 ⓐ 애ᄃ름도 그지업다
기산(箕山)의 늘근 고불 귀ᄂ 엇디 싯돗던고

일표(一瓢)를 썰틴 후의 ⓛ 조장이 ᄀ장 놉다
인심이 ᄂᄎ ᄀᄐ야 보도록 새롭거늘
ⓒ 세사(世事)는 구롬이라 머흐도 머흘시고
엇그제 비즌 술이 어도록 니건ᄂᆫ니
잡거니 밀거니 슬ᄏ장 거후로니
ᄆᆞ음의 미친 시름 져그나 ᄒᆞ리ᄂᆞ다
거믄고 시욹 언저 풍입송(風入松) 이야고야
손인동 주인인동 ⓔ 다 니저 ᄇ려셔라
장공(長空)의 ᄯᅧᆫ는 학이 이 골의 진선(眞仙)이라
요대(瑤臺) 월하(月下)의 ⓜ 힝혀 아니 만나신가
손이셔 주인ᄃᆞ려 닐오듸 그듸 긘가 ᄒᆞ노라

– 정철, 「성산별곡」

(다)
백사장(白沙場) 홍료변(紅蓼邊)에 굽니러 먹는 져
빅노(白鷺)야
흔 닙에 두셋 물고 무엇 낫쌔 굽니느냐
우리도 구복(口腹)이 웬슈라 굽니러 먹네

– 작자 미상

32 (가)~(다)의 표현상 특징으로 적절하지 않은 것은?

① (가)에서는 옛 인물을 떠올려 화자 자신과 견주고 있다.

② (나)에서는 동일한 어미와 대구를 활용하여 운율감을 조성하고 있다.

③ (가)와 (나)에서는 계절감을 지닌 소재들을 활용하여 계절의 변화를 묘사하고 있다.

④ (가)와 (다)에서는 자연물에 감정을 이입하여 화자의 정서를 드러내고 있다.

⑤ (나)와 (다)에서는 청자를 명시적으로 나타내어 청자에게 말을 건네고 있다.

33 (가), (나)의 시어를 대비한 내용으로 가장 적절한 것은?

① (가)에서는 '술'을 통해 기쁨을 누리는 반면, (나)에서는 '술'을 통해 근심이 심화된다.

② (가)에서는 '벗'의 존재를 번거롭게 여기는 반면, (나)에서는 '벗'의 부재를 아쉬워한다.

③ (가)의 '시름'은 그 원인이 제시된 반면, (나)의 '시름'은 그 원인이 나타나지 않는다.

④ (가)의 '누으락 안즈락'에는 화자의 흥취가 투영된 반면, (나)의 '일락 배락'에는 세상사의 흥망성쇠에 대한 화자의 인식이 투영되어 있다.

⑤ (가)의 '신선'은 화자가 일체감을 느끼는 대상인 반면, (나)의 '진선'은 화자의 불우한 처지를 더욱 부각하는 대상이다.

34 (가)와 〈보기〉의 화자를 비교한 것으로 적절하지 <u>않은</u> 것은?

> ─〈보기〉─
>
> 빈천(貧賤)을 풀랴 ᄒ고 권문(權門)에 드러가니
> 침 업슨 흥정을 뉘 몬져 ᄒ쟈 ᄒ리
> 강산(江山)과 풍월(風月)을 달나 ᄒ니 그는 그리 못ᄒ리
>
> ─ 조찬한

① (가)와 달리 〈보기〉는 자신의 세계관을 타인과 공유하고자 한다.

② 〈보기〉와 달리 (가)는 삶의 공간에서 누리는 즐거움을 구체적으로 나열하고 있다.

③ 〈보기〉와 달리 (가)는 자신의 만족스러운 삶이 임금의 은혜 덕분이라 진술하고 있다.

④ (가)와 〈보기〉는 모두 자연에 대한 선호를 표출하고 있다.

⑤ (가)와 〈보기〉는 모두 자신의 삶에 대한 자부심을 지니고 있다.

35 ㉠~㉤에 대한 설명으로 적절하지 <u>않은</u> 것은?

① ㉠ : 역사적 인물과 사건들에 대한 회한을 표출하고 있다.

② ㉡ : 대상의 행위에 대한 긍정적 평가를 보이고 있다.

③ ㉢ : 세상의 일에 대한 회의적 시선을 내비치고 있다.

④ ㉣ : 상대방과 어우러져 일체화된 심경을 드러내고 있다.

⑤ ㉤ : 대상과 재회하고자 하는 기대감을 나타내고 있다.

36 〈보기〉를 바탕으로 (다)를 감상한 내용으로 적절하지 <u>않은</u> 것은? [3점]

> ─〈보기〉─
>
> 조선 후기에 들어 시조의 향유층이 확대되면서 작품의 분위기나 표현이 양반 작자층 위주의 조선 전기와는 많은 차이를 보이게 되었다. 일상생활을 담은 표현이 빈번히 쓰였고, 관습적인 의미를 띠었던 소재에 새로운 의미가 부여되기도 하였다. 또한 작품의 내용이 삶의 체험을 다루는 쪽으로 조절되는 양상이 두드러지게 나타났다. 조선 후기 가집에 수록된 (다)와 같은 작품을 그 대표적인 사례로 제시할 수 있다.

① '백사장 홍료변'은 고결하고 청정한 공간이기보다는 일상생활 공간으로서의 의미를 지니는군.

② '굽니러 먹는 져 빅노'는 하루하루를 살아가기 위해 분투하는 생활인의 모습을 띠고 있군.

③ '흔 닙에 두셋 물고'는 일상적으로 자행되던 탐욕에 대한 묘사이며 당시 세태를 비판하기 위한 표현이군.

④ '우리도'는 대상과 자신의 처지를 동일시함으로써 일상적 삶에 대한 화자의 성찰을 집약하는 표현이군.

⑤ '구복이 웬슈'는 일상생활에서 통용되던 말로 당시 삶의 고달픔을 강조하기 위한 표현이군.

[37~40] 다음 글을 읽고 물음에 답하시오.

빙하는 여러 형태로 존재하는데, 가령 남극 지방과 그린란드에는 얼음층인 빙상이 있고 알프스 산맥에는 빙하 계곡이 있다. 빙하의 99퍼센트는 남극 지방과 그린란드에 모여 있으며 빙하에 저장되어 있는 담수는 지구 전체 민물의 4분의 3을 차지할 정도이다. 이러한 빙하를 구성하는 기본적인 물질은 쌓인 눈이다. 본래 눈에는 다량의 기포가 들어 있는데 눈이 계속해서 쌓이면서 기포가 줄어들고 쌓인 눈 내부의 압력은 증가한다. 이때 주변 기온이 영하로 내려가면 눈은 완전한 얼음으로 변한다. 이러한 변화를 눈의 재결정 작용이라 ⓐ 이른다. 눈을 구성하고 있던 물 분자가 압력을 받으면서 협소해진 공간 안에 있던 물의 분자 구조가 재배치되고 그렇게 재결정을 이룬 얼음 입자들이 모여 거대한 얼음층을 형성하면 빙하가 만들어지는 것이다. 흐르는 물에서는 물의 분자 구조가 재배치되기 어려워 빙하가 잘 만들어지지 않으며, 더욱이 유속이 빠를수록 빙하가 생성될 가능성은 더 낮아진다.

빙하는 한 번 생기면 영원히 그 모습이 유지될 것 같지만 실제로는 그렇지 않다. 빙하는 끊임없이 변화하는데, 눈이 얼음 결정을 이루면서 새 빙하가 생성되는 시기를 집적대, 얼음 결정이 기화 또는 액화되면서 빙하의 규모가 줄어드는 시기를 소모대라 한다. 보통 기후 조건에 따라 빙하의 변동 폭에 차이가 생기며 소모대에 비해 집적대가 확장될 경우 빙하는 성장한다. 반대로 소모대가 더 확장되면 빙하의 규모는 자연히 줄어든다. 오늘날 지구 표면을 덮고 있는 빙하는 전체 대륙의 10퍼센트를 차지하고 있지만, 150만 년 전에는 그 비율이 지금보다 2배 이상 높았다고 한다. 이후 확장과 축소를 20번 넘게 반복하였으나, 빙하의 전체적인 규모는 점차 줄어들었다.

빙하의 변화를 촉진하는 또 다른 요인은 빙하의 이동이다. 빙하의 무게로 발생하는 압력이 높아지면 빙하의 표면과 지면 사이에 충돌이 격화되고 그 결과 빙하가 이동하게 된다. 빙하는 평균적으로는 1년에 약 10미터씩 서서히 이동하지만 빙하 밑면과 지면 사이의 마찰력에 따라 그 이동 속도가 달라진다. 물을 가득 채운 물병을 냉동실에 넣으면 곧 터질 것처럼 부풀어 오른다. 마찬가지로 얼음 결정으로 부피가 커진 빙하는 내부에 강한 압력을 받게 되고 압력을 버티지 못해 다시 액화되는 부분이 생기기 마련인데 빙하 하단에서 이러한 현상이 빈번하게 일어난다. 그 같은 액화 현상이 빙하와 지면 사이의 마찰을 줄이면서 빙하의 이동을 가속화하는 결정적인 원인이 된다. 아울러 빙하뿐만 아니라 지면에서도 마찰력을 줄이는 원인이 제공될 수 있다. 가령 빙하 하단에 습기가 많은 연암 퇴적층이 발달해 있다면 빙하의 이동 속도는 빨라진다.

이렇듯이 빙하가 이동하는 과정에서 빙하가 갈라져 내부에 깊고 좁은 틈이 생기는데, 그러한 균열을 '크레바스(crevasse)'라고 한다. 또 빙하가 붕괴하는 동안 형성되는 탑처럼 생긴 얼음 덩어리를 '빙탑'이라고 부른다. 빙하 내부의 긴장 상태가 최고치에 달하면 빙하는 더 큰 붕괴를 일으키게 된다. 한편 빙하의 이동은 빙하 외부에도 흔적을 남기는데, 빙하는 이동하는 동안 주변 환경을 바꾸는 침식 작용을 한다. 빙하에 의한 침식은 다시 두 가지 형태로 나누어 볼 수 있다. 먼저 빙하가 이동하면서 기반암을 밀어낸다. 그때 이 거대한 암석 덩어리에 분열이 일어나면서 암석 파편들이 빙하와 합쳐지고 암석 퇴적물이 차곡차곡 쌓이는 퇴석이 일어나는데 가끔 집채만 한 퇴석이 발견되는 경우도 있다. 또 빙하가 운반하는 크고 작은 암석 퇴적물이 빙하 아래의 기반암을 사포로 긁어내듯 갈아내는 마식 작용을 한다. 마식 작용을 활발하게 일으키는 빙하는 기반암 위를 이동하는 동안 기반암 표면에 입자가 고른 모래, 즉 석분을 만들며 얼음이 녹아 물이 된 빙하가 이 석분을 먼 곳까지 운반한다. 빙하가 녹은 물이 보통 우유처럼 뿌옇게 흐린 것은 바로 이 석분이 함유되어 있기 때문이다.

37 윗글의 서술상 특징으로 적절하지 <u>않은</u> 것은?

① 용어의 개념을 소개하여 이해를 돕고 있다.

② 특정 현상의 세부적 내용을 구분하여 소개하고 있다.

③ 현상이 발생하는 원인을 유추의 방식으로 설명하고 있다.

④ 동일한 현상을 설명하는 상반된 이론의 특징을 대비하고 있다.

⑤ 구체적 수치를 제시하여 현상을 설명하기 위한 자료로 활용하고 있다.

38 윗글의 내용과 일치하지 <u>않는</u> 것은?

① 지난 150만 년 동안 집적대보다 소모대가 항상 우세하였다.

② 기후 조건에 의해 빙하의 규모가 커지기도 하고 작아지기도 한다.

③ 빙하의 무게가 커져서 압력이 증가하면 빙하가 이동할 확률이 더 높아진다.

④ 빙하의 액화 현상은 마찰력에 변화를 주어 빙하의 이동 속도에 영향을 미친다.

⑤ 빙하의 침식 작용은 암석 덩어리를 파편화시키는 것과 기반암을 갈아 내는 것이 있다.

39 윗글과 〈보기〉를 바탕으로 추론한 내용으로 적절하지 <u>않은</u> 것은? [3점]

─〈보기〉─

　바닷물이 얼어서 빙하가 만들어지는 경우도 있지만 이 경우에는 육지에서 눈으로 빙하가 만들어질 때보다 생성 조건이 좀 더 까다롭다. 무엇보다도 바닷물은 그 속에 포함된 염분 때문에 민물에 비해 어는점이 낮다. 같은 바닷물이라도 염분이 높을수록 어는점은 더 낮아진다. 또한 수온이 내려가면 밀도가 높아져 물이 아래로 움직이는 대류 현상이 일어나는데, 대류의 규모는 수위와 비례한다.

① 다른 조건들이 모두 같다면 수위가 낮은 바닷물보다는 높은 바닷물에서 빙하가 생성되기가 좀 더 쉽겠군.

② 얼음 입자들이 생겨야만 빙하가 생성되는데, 바닷물은 어는점이 낮아서 얼음 입자들이 생기는 데 불리하겠군.

③ 다른 조건들이 모두 같다면 염분이 높은 바닷물보다는 낮은 바닷물에서 빙하가 생성되기가 좀 더 쉽겠군.

④ 눈으로 빙하가 생성될 때에는 눈의 무게가 유리한 조건으로 작용하는데, 바다에서는 그러한 눈의 무게가 없어 빙하의 생성이 어렵겠군.

⑤ 물 분자가 압력을 받아 분자 구조가 재배치되어야만 빙하가 생성되는데, 바다에서는 대류 현상 때문에 물 분자가 압력을 받는 데 불리하겠군.

40 윗글의 ⓐ와 문맥적 의미가 같은 것은?

① 한때 도루묵을 달리 이르게 된 사연이 있었다.

② 형은 동생의 잘못을 이르겠다고 엄포를 놓았다.

③ 길산은 전생이에게 같이 떠날 것을 이르고 있었다.

④ 따끔하게 이르면 다시는 그런 짓을 반복하지 않겠지.

⑤ 옛말에 이르기를 부자는 망해도 삼 년은 간다고 했다.

[41~45] 다음 글을 읽고 물음에 답하시오.

타작마당 돌가루 바닥같이 딱딱하게 말라붙은 뜰 한가운데, 어디서 기어들었는지 난데없는 지령이 가 한 마리 만신에 흙고물 칠을 해 가지고 바동바동 굴고 있다. 새까만 개미떼 가 물어뗄 때마다 지렁이는 한층 더 모질게 발버둥질을 한다. 또 어디선지 죽다 남은 듯한 쥐 한 마리가 뛰어나오더니 종종걸음으로 마당 복판을 질러서 돌담 구멍으로 쏙 들어가 버린다.

군데군데 좀구멍이 나서 썩어 가는 기둥이 비뚤어지고, 중풍 든 사람의 입처럼 문조차 돌아가서 – ㉠ 북쪽으로 사정없이 넘어가는 오막살이 앞에는, 다행히 키는 낮아도 해묵은 감나무가 한 주 서 있다. 그러나 그게라야, 모를 낸 이후 비 같은 비 한 방울 구경 못한 무서운 가물에 시달려 그렇지 않아도 쪼그라졌던 ㉡ 고목 잎이 볼모양 없이 배배 틀려서 잘못하면 돌배나무로 알려질 판이다. 그래도 그것이 구십 도가 넘게 쪄 내리는 팔월의 태양을 가리어, 누더기 같으나마 밑둥치에는 제법 넓은 그늘을 지었다. 그걸 다행으로 깔아 둔 낡은 삿자리 위에는 발가벗은 어린애가 파리똥 앉은 얼굴에 땟물을 조르르 흘리며 울어 댄다.

(중략)

노인은 물 불은 콩껍질같이 쪼그라진 눈에 괸 눈물을 뼈다귀 손으로 썩 씻었다. 곁에 누운 손자 놈은 땀국에 쪽 젖어 있다. 노인은 손자 놈의 입이며 콧구멍에 벌떼처럼 모여드는 파리떼를 쫓아 버리면서, 말라붙은 고추를 어루만진다.

"응, 그래, 울지 말아. 자장 자장 우리 애기 …… 네 에미는 왜 여태 오잖을까? 입안이 이렇게 바싹 말랐고나. 그놈의 집에서는 무슨 일을 끼니때도 모르고 시킬꼬 온! 에헴, 에헴……"

노인은 억지힘을 내 가지고, 어린 걸 움켜 안고는 게다리처럼 엉거주춤 벋디디고 일어섰다. 그럴 때, 마침 아들이 볕살에 얼굴을 벌겋게 구어 가지고 들어왔다. 들어서면서부터 통명스럽게,

"다들 어딜 갔어요?"

"일 나갔지."

"무슨 일요?"

"진수네 무명밭 매러 간다고 했지, 아마."

들깨는 잠자코 윗통을 훨쩍 벗어서 감나무 가지에 걸쳐놓고는 늙은 아버지로부터 어린것을 받아 안았다. 치삼 노인은 뽕나무 잎이 반이나 넘게 섞인 담배를 장죽에 한 대 피워 물면서 아들을 위로하듯이 — 그러나 ㉢ 대답을 두려워하며 물었다.

"논은 어떻게 돼 가니?"

"어떻게라니요. 인젠 다 틀렸어요. 풀래야 풀물도 없고, 병아리 오줌만한 봇물도 중들이 죄다 가로막아 넣고, 제에기 ……"

"꼭 기사년 모양 나겠군 그래."

"기사년은 그래도 냇물은 조금 안 있었나요."

"그랬지. ㉣ 지금은 그놈의 수돗바람에 ……"

"그것도 원래 약속을 할 때는 농사철에는 냇물은 아니 막아 가기로 했다는데, 제에기, 면장 녀석은 색주가 갈보 놀릴 줄이나 알았지, 어디 백성 죽는 건 알아야죠."

들깨는 열을 바짝 더 냈다.

"할 수 없이 이곳엔 인제 사람 못 살 거여."

"참 아니꼽지요. 더군다나 전과 달라 중놈들까지 덤비는 꼴을 보면 ……"

아들의 불퉁스러운 어조에는, 거칠 대로 거칠어진 농민의 성미가 뚜렷이 엿보였다. 가물은 그들의 신경을 더욱 날카롭게 하였던 것이다.

치삼 노인은 '중놈'이란 바람에 가슴이 섬뜩하였다. — 그것은, 자기들이 부치고 있는 절논 중에서 제일 물길 좋은 두 마지기가, 자기가 젊었을 때, ⓜ 자손 대대로 복 많이 받고 또 극락 가리라는 중의 꾐에 속아서 그만 불전에 아니 보광사(普光寺)에 시주한 것이기 때문이다. 멀쩡한 자기 논을 괜히 중에게 주어 놓고 꿍꿍 소작을 하게 되고 보니, 싱겁기도 짝이 없거니와, 딱한 살림에 아들 보기에 여간 미안스러운 일이 아니었다.

– 김정한, 「사하촌」

41 윗글의 서술 방식에 대한 설명으로 적절하지 <u>않은</u> 것은?

① 현실에 대한 불평을 토로하는 장면에서 간접적으로 인물의 성격이 드러나고 있다.

② 서술자가 인물의 말과 행동에 내재된 심리적 상태를 논평하여 서술하고 있다.

③ 인물 간의 대화를 통해 대립과 갈등의 현실적 상황을 직접적으로 제시하고 있다.

④ 공간적 배경을 세밀하게 묘사함으로써 인물이 처한 상황을 상징적으로 드러내고 있다.

⑤ 서술자가 현실의 문제를 객관적으로 관찰하고 보고하는 형식으로 상황을 설명하고 있다.

42 윗글의 등장인물에 대한 이해로 가장 적절한 것은?

① 치삼 노인은 일터로 나가 끼니때가 되어도 돌아오지 않는 며느리의 행동을 이해하지 못하고 있다.

② 치삼 노인은 자신의 과거 행동으로 인해 지금의 상황을 초래한데 대한 미안함을 가지고 있다.

③ 들깨는 농사를 짓기 어려운 현실적 상황에 담담히 순응하려는 긍정적인 태도를 지니고 있다.

④ 들깨는 치삼 노인의 물음에 퉁명스럽게 답을 하면서 아버지에 대한 불만을 우회적으로 드러내고 있다.

⑤ 치삼 노인과 들깨는 면장이나 중을 현실의 위기를 타개해 나가는 조력자로 보고 도움을 요청하려 하고 있다.

43 ㉠~㉤에 대한 설명으로 적절하지 <u>않은</u> 것은?

① ㉠ : 치삼 노인의 가계가 몹시 궁핍한 생활로 기울어져 가고 있음을 간접적으로 보여 주고 있다.

② ㉡ : 극심한 가뭄으로 고통 받고 있는 현실적 상황을 자연의 모습에 빗대어 표현하고 있다.

③ ㉢ : 아들에 대한 두려움으로 쉽게 말을 꺼내지 못하는 아버지의 심리를 직접적으로 설명하고 있다.

④ ㉣ : 가뭄이라는 자연적 재해 이외의 또 다른 갈등 요인이 있음을 암시하고 있다.

⑤ ㉤ : 자손들이 평안하게 살기를 소원하는 인물의 심리를 악용한 행태를 비판적으로 제시하고 있다.

44 지렁이 와 개미떼 의 상징성을 인물에 적용한 것으로 가장 적절한 것은?

	지렁이	개미떼
①	들깨	보광사 중
②	보광사 중	면장
③	면장	치삼 노인
④	보광사 중	들깨
⑤	치삼 노인	들깨

45 〈보기〉를 바탕으로 윗글을 감상한 것으로 적절하지 <u>않은</u> 것은? [3점]

〈보기〉

「사하촌」은 지독한 가뭄에 농사지을 물길이 막혀 버린 성동리 농민들의 애타는 심정과 그런 사정을 알면서도 저수지 물길을 막아 제 살 길만을 찾는 보광리 사람들의 대립을 쟁점화한 작품이다. 친일 계급을 등에 업은 사찰과 이를 비호하며 마을 사람들의 어려움을 외면하는 면장과 같은 관리의 행태를 통해, 민중들의 삶의 터전인 농토의 소유와 경작에 대한 갈등이 첨예화된 식민지 현실을 비판적으로 서사화한 것이다.

① "인젠 다 틀렸어요. 풀래야 풀물도 없고"에서 지독한 가뭄에 농사지을 물길이 막혀 버린 농민들의 애타는 심정이 잘 드러나고 있군.

② "기사년은 그래도 냇물은 조금 안 있었나요."에서 농민들 간의 대립이 첨예화된 현재의 원인과 당시의 상황이 발생한 원인이 같다고 생각하고 있군.

③ "원래 약속을 할 때는 농사철에는 냇물은 아니 막아 가기로 했다는데"서 민중들의 삶터와 생활을 근본적으로 위협하는 대립이 발생하고 있음을 알 수 있군.

④ "더군다나 전과 달라 중놈들까지 덤비는 꼴을 보면 ……"에서 친일 계급을 등에 업은 사찰의 횡포를 짐작할 수 있군.

⑤ "멀쩡한 자기 논을 괜히 중에게 주어 놓고 꿍꿍 소작을 하게 되고 보니"에서 농토의 소유와 경작에 대한 갈등이 초래된 현실을 안타까워하고 있군.

제2교시 영어영역

▶정답 및 해설 644p

[01~03] 밑줄 친 단어의 뜻으로 가장 적절한 것을 고르시오.

01

Nothing could be firmer than the tone of this letter, in spite of its pensive gentleness.

① overt
② excessive
③ pervasive
④ thoughtful
⑤ optimistic

02

The doctor asserted that his lifelong research on the human genome was by no means exhaustive.

① rewarding
② revolutionary
③ lenient
④ independent
⑤ thorough

03

This conundrum was like no other that the police officers had faced before.

① instrument
② robbery
③ criminal
④ puzzle
⑤ demonstration

[04~05] 다음 대화의 빈칸에 들어갈 말로 가장 적절한 것을 고르시오.

04

A : How did the meeting go yesterday?
B : It couldn't have been worse.
A : What happened?
B : I said something I shouldn't have and now Jack won't talk to me.
A : _____.
B : Now I need to gather every ounce of courage to do so.

① It's never too late to apologize
② You can't please everyone all the time
③ Sometimes a quarrel is good for the team
④ Just like everything else, time heals all wounds
⑤ That's why you have to think before you speak

05

A : Detective Mills, I think this is the guy we are looking for.

B : Do his prints match the ones from the scene of the crime, Officer Flaherty?

A : The results haven't come in yet, but two witnesses say they saw someone with his descriptions.

B : That won't be enough for an arrest warrant.

A : But, I'm sure this is the perpetrator.

B : _____.

A : Okay. Then we'll just have to wait for the results from the lab.

① I'll ask for a warrant right away

② We move on evidence, not feelings

③ I think we already have all the proof we need

④ Let's concentrate on the statements of the witnesses

⑤ Our main duty is to ensure the safety of the civilians

[06~07] 밑줄 친 부분 중, 어법상 틀린 것을 고르시오.

06 A recurrent issue for courts is whose viewpoint to adopt in deciding how much should be disclosed to patients about ① their medical treatment. The majority of states favor the experts, holding that physicians are responsible for disclosing only as much as ② would be considered reasonable by a "reasonable medical practitioner" in the same community and the same specialty. This approach is grounded in the so-called therapeutic privilege, ③ which recognizes the physician's preeminent right to withhold any information that might harm the patient. The less deferential minority rule holds that the adequacy of disclosure should be judged from the standpoint of the "reasonable patient," not from ④ those of the "reasonable physician." Although these general rules are well settled, questions about the adequacy of disclosure still ⑤ arise.

07 Raku is a popular low-temperature, fast-firing process that yields exciting, ① chance surface effects on ceramic ware. From a simple white crackle glaze to a surprising spectrum of color, from humble tea bowls to sculptural forms abstract or figurative, the range of possibility and innovation ② that resides in raku practice keeps it always young and vibrant. The modern Western practice of this ancient process, as well as ③ its purpose, differs from its Eastern roots, but the results of raku are still infinite in their variety, energy, and beauty. Japanese and Western raku offer the ceramist the possibility ④ of experiencing the final results of the firing in a relatively short time, and it is this very quality that makes the practice of raku ⑤ so satisfied. [3점]

[08~09] (A), (B), (C)에 들어갈 말로 가장 적절한 것을 고르시오.

08

Crabs, birds, and manta rays regularly try to crush sea horses for dinner, but a sea horse has some unusual protective armor. Its tail can be (A) [compressed/expanded] to half its normal size without lasting damage, researchers at the University of California, San Diego, recently found. The tail's (B) [resilience/rigidity] comes from its structure: approximately 36 square segments, each made of four bony plates. The plates connect to the spinal column's vertebrae with collagen and can glide past one another, keeping the spine (C) [safe/vulnerable]. Ultimately, the researchers would like to build a robotic arm out of 3-D-printed plates that mimic the seahorse's flexible and tough tail and use it for underwater excursions or to detonate bombs.

	(A)	(B)	(C)
①	compressed	resilience	vulnerable
②	compressed	rigidity	safe
③	compressed	resilience	safe
④	expanded	rigidity	safe
⑤	expanded	resilience	vulnerable

09

Studies of priming effects have yielded discoveries that (A) [confirm/threaten] our self-image as conscious and autonomous authors of our judgments and our choices. For instance, most of us think of voting as a deliberate act that reflects our values and our assessments of policies and is not influenced by (B) [consensus/irrelevancies]. Our vote should not be affected by the location of the polling station, for example, but it is. A study of voting patterns in precincts of Arizona in 2000 showed that the support for propositions to increase the funding of schools was significantly greater when the polling station was in a school than when it was in a nearby location. A separate experiment showed that exposing people to images of classrooms and school lockers also (C) [increased/minimized] the tendency of participants to support a school initiative. The effect of the images was larger than the difference between parents and other voters.

[3점]

	(A)	(B)	(C)
①	confirm	consensus	minimized
②	confirm	consensus	increased
③	confirm	irrelevancies	minimized
④	threaten	irrelevancies	increased
⑤	threaten	irrelevancies	minimized

[10~12] 밑줄 친 부분 중, 문맥상 낱말의 쓰임이 적절하지 <u>않은</u> 것을 고르시오.

10 Think of a "discovery" as an act that moves the arrival of information from a later point in time to an earlier time. The discovery's value does not ① <u>equal</u> the value of the information discovered but rather the value of having the information available earlier than it otherwise would have been. A scientist or a mathematician may show great skill by being the first to find a solution that has ② <u>eluded</u> many others; yet if the problem would soon have been solved anyway, then the work probably has not much ③ <u>benefited</u> the world. There *are* cases in which having a solution even slightly sooner is immensely valuable, but this is most plausible when the solution is immediately put to use, either being ④ <u>deployed</u> for some practical end or serving as a foundation to further theoretical work. And in the latter case, where a solution is immediately used only in the sense of serving as a building block for further theorizing, there is great value in obtaining a solution slightly ⑤ <u>later</u> only if the further work it enables is itself both important and urgent.

11 We are committed to reason. If we are asking a question, evaluating possible answers, and trying to persuade others of the value of those answers, then we are reasoning, and therefore have tacitly signed on to the ① <u>validity</u> of reason. We are also committed to whatever conclusions follow from the careful application of reason, such as the theorems of mathematics and logic. Though we cannot logically ② <u>prove</u> anything about the physical world, we are entitled to have confidence in certain beliefs about it. The application of reason and observation to discover ③ <u>steadfast</u> generalizations about the world is what we call science. The progress of science, with its dazzling success at explaining and manipulating the world, shows that knowledge of the universe is ④ <u>possible</u>, albeit always probabilistic and subject to revision. Science is thus a paradigm for how we ought to gain knowledge — not the particular methods or institutions of science but its value system, namely to seek to explain the world, to evaluate candidate explanations ⑤ <u>objectively</u>, and to be cognizant of the tentativeness and uncertainty of our understanding at any time.

12 On a boat off Costa Rica, a biologist uses pliers from a Swiss army knife to try to extract a plastic straw from a sea turtle's nostril. The turtle ① <u>writhes</u> in agony, bleeding profusely. For eight painful minutes the YouTube video ticks on; it has ② <u>logged</u> more than 20 million views, even though it's so hard to watch. At the end the increasingly desperate biologists finally manage to ③ <u>dislodge</u> a four-inch-long straw from the creature's nose. Raw scenes like this, which lay ④ <u>bare</u> the toll of plastic on wildlife, have become familiar: The dead albatross, its stomach bursting with refuse. The turtle stuck in a six-pack ring, its shell ⑤ <u>unscathed</u> from years of straining against the tough plastic. The seal snared in a discarded fishing net. Who is to blame? Take a good look in the mirror. [3점]

13 다음 글의 제목으로 가장 적절한 것은?

Do we live on a rare earth? One so exceptional that it is pretty much alone in hosting a rich diversity of life, with almost all other planets being home to simple microbes at best? Or are we in a universe teeming with living things as complex as those here, meaning that we exist as part of a vast, cosmic zoo? Debate on this rages on, but we say it is time to accept that the latter is very likely. To date we know of at least 3,700 exoplanets and there are likely to be trillions of other potentially habitable exoplanets and exomoons in our galaxy and beyond. We do not know how commonly life arises on them, but many scientists think that it may well emerge from the chemical and physical properties of any suitable planet.

① Earth, the Extraordinary Home

② The Intergalactic Superhighway

③ Are Microbes Our True Ancestors?

④ The Cosmic Zoo: The Big Hoax

⑤ Is Anybody Out There?

14 Frank O'Connor에 관한 다음 글의 내용과 일치하는 것은?

Frank O'Connor was born in Cork, Ireland, of a family too poor to give him a university education. During Ireland's struggle for independence he was briefly a member of the Irish Republican Army. Then he worked as a librarian in Cork and Dublin and for a time was director of the Abbey Theatre before he was established as a writer of short stories. From 1931 on he published regularly in American magazines and taught for some years at Harvard and Northwestern Universities. His declared objective was to find the natural rhythms and stresses of the storyteller's voice in shaping his material. He was indeed a prolific historian of Irish manners and the Irish character.

① He is an Irish playwright holding a Harvard degree.

② He was a member of the stage crew at the Abbey Theatre.

③ His writing career in the US took off in the early 1930s.

④ He tried to blur the rhythms of the storyteller's voice.

⑤ His stories are concerned with early American manners.

15 baiji에 관한 다음 글의 내용과 일치하지 <u>않는</u> 것은?

The baiji is a functionally extinct species of freshwater dolphin formerly found only in the Yangtze River in China. It is also called the Chinese river dolphin. It is not to be confused with the Chinese white dolphin. The baiji population declined drastically in decades as China industrialized and made heavy use of the river for fishing, transportation, and hydroelectricity. The baiji could be the first dolphin species in history that humans have driven to extinction. Efforts were made to conserve the species, but a late 2006 expedition failed to find any baiji in the river. In August 2007, a Chinese man reportedly videotaped a large white animal swimming in the Yangtze, believed to be a baiji. The World Wildlife Fund is calling for the preservation of any possible baiji habitat, in case the species is located and can be revived.

① Its sole habitat was the Yangtze River.

② It should not be mistaken for the Chinese white dolphin.

③ Industrialization played a role in its decline in population.

④ It did not turn up during the 2006 expedition.

⑤ The World Wildlife Fund has given up all hope in reviving the species.

16 다음 글의 목적으로 가장 적절한 것은?

Please let me take this opportunity to introduce myself and to welcome you to the neighborhood. My wife, Monica, and I live at #19, just up the road from your new home. We have lived on Meadow Street for the past twenty years. Most likely because I'm older than everyone else around here, I am often addressed as the unofficial "mayor" of the neighborhood.

I have been asked by several of our neighbors to communicate their wishes about a problem that has arisen since you moved in. We all love music, and most of us have had, or will have, teenagers. We would, though, appreciate it if you would ask your teens to turn down the volume.

We all look forward to meeting and greeting you properly after you have the chance to settle in.

① to solicit donations for needy neighbors

② to invite a neighbor to a block party

③ to offer best wishes to a leaving family

④ to request an exchange for a better stereo

⑤ to complain about a neighbor's loud music

17 다음 글의 요지로 가장 적절한 것은?

Laughter is one clue to compatibility. It tells you how much you will enjoy each other's company over the long term. If your laughter together is good and healthy, and not at the expense of others, then you have a healthy relationship to the world. Laughter is the child of surprise. If you can make each other laugh, you can always surprise each other. If you can always surprise each other, you can always keep the world around you new. Beware of a relationship in which there is no laughter. Even the most intimate relationships based only on seriousness have a tendency to turn dour. Over time, sharing a common serious viewpoint on the world tends to turn you against those who do not share the same viewpoint, and your relationship can become based on being critical together.

① A key to a healthy relationship is laughing together.

② "No action, talk only" is the seed of relationship failures.

③ Serious talk leads to endless criticism of one another.

④ The element of surprise brings laughter into your relationship.

⑤ Laugh a lot, and you will end up with new relationships.

[18~24] 다음 글의 빈칸에 들어갈 말로 가장 적절한 것을 고르시오.

18

Good reductionism consists not of replacing one field of knowledge with another but of connecting or unifying them. The building blocks used by one field are put under a microscope by another. A geographer might explain why the coastline of Africa fits into the coastline of the Americas by saying that the landmasses were once adjacent but sat on different plates, which drifted apart. The question of why the plates move gets passed on to the geologists, who appeal to an upwelling of magma that pushes them apart. As for how the magma got so hot, they call in the physicists to explain the reactions in the Earth's core and mantle. None of the scientists is _____.

① innocent   ② dispensable

③ meticulous   ④ qualified

⑤ connected

19

Even small differences in annual economic growth rates, if sustained for decades or centuries, eventually lead to huge differences in the levels of economic well-being. The per capita gross national product of the United States, for example, grew at an annual rate of around 1.7 percent per year during the period 1820 to 1998. This led to a twenty-five-fold increase in living standards, with per capita incomes rising from around $1,200 per person in 1820 to around $30,000 today (in 1990 dollars). The key for the United States to become the world's richest major economy was not spectacularly fast growth, such as China's recent achievement of 8 percent growth per year. The key was _____, the fact that the United States maintained that income growth rate for almost two centuries.

① velocity   ② originality

③ transparency   ④ liquidity

⑤ consistency

2019 기출문제

20

Believing-for-a-reason _____.
I may believe that my neighbor has few friends because no one ever visits him. I may never have made this reasoning explicit, either to myself or to anyone else. Still, if asked the question "Why do you think he has few friends?" I can reply, without any introspection or self-observation: "Because no one ever visits him." That a subject is in the relevant state does not necessarily manifest itself in conscious review of the reasoning but does necessarily include the ability to express it both in the form of a demonstration and an expressive self-explanation, i.e., a rational explanation of one's own belief that one can just give. [3점]

① often results from the state of mutual contradictions

② need not be the result of any conscious process at all

③ may lie in the subject's ability to review a conclusion

④ seldom denies the existence of premise and conclusion

⑤ ought to be constantly mediated by connecting principles

21

We know that blind evolutionary processes can produce human-level general intelligence, since they have already done so at least once. Evolutionary processes with foresight — that is, genetic programs designed and guided by an intelligent human programmer — should be able to achieve a similar outcome with far greater efficiency. This observation has been used by some philosophers and scientists to argue that human-level AI is not only theoretically possible but feasible within this century. The idea is that we can estimate the relative capabilities of evolution and human engineering to produce intelligence, and find that human engineering is already vastly superior to evolution in some areas and is likely to become superior in the remaining areas before too long. The fact that evolution produced intelligence therefore indicates that human engineering will _____.

① compete against superintelligence

② lag far behind evolutionary processes

③ disguise itself as human−level AI

④ soon be able to do the same

⑤ repeat similar mistakes

22

The number of electric cars in the world passed the 2 million mark last year and the International Energy Agency estimates there will be 140 million electric cars globally by 2030 if countries meet Paris climate agreement targets. This electric vehicle boom could leave 11 million tons of spent lithium-ion batteries in need of recycling between now and 2030. However, in the EU as few as 5% of lithium-ion batteries are recycled. _____.
Not only do the batteries carry a risk of giving off toxic gases if damaged, but core ingredients such as lithium and cobalt are finite and extraction can lead to water pollution and depletion among other environmental consequences.

① This has an environmental cost

② It is prohibited to take further steps

③ It has identified the cause

④ This ratifies the Paris climate agreement

⑤ This supports current energy policies

23

The electromagnetic field is everywhere, and every single electron that exists in the universe not only belongs to it, but also is exactly identical to any other electron, anywhere and anywhen. Interchange two of them, and the universe won't notice. Because of that, because of the quantum field they are an expression of, electrons cannot be described as one would describe a macroscopic object. They belong to the field. They are part of it, like a drop of water in the vast ocean, or a gust of wind in the night air, a drop or a gust you cannot localize. As long as one does not look, drops and gusts are just like the ocean itself, like the wind. Mingled into an entity much vaster than themselves, _____.

[3점]

① they provide vectors to the core of the universe

② they create a ripple effect in the quantum field

③ they have no identity of their own

④ they fail to achieve their full potential

⑤ they serve as catalysts for many reactions

24

Cost of production concepts are not very useful to the understanding of the economics of agriculture, just as cost of production of pizza is not very useful to understanding the pizza industry. A more appropriate comparison, given the nature of joint production in agriculture, is the relation of cost of production of pizza to the structural understanding of the restaurant industry. Too great a reliance on cost of production is a danger because of the inherent weaknesses of analyses that follow, the resources devoted to cost of production which would be better used elsewhere, and the limited focus of issues which can result from its emphasis. Cost of production seems, on the surface, to be a useful and basic element to economic analysis. Further, noneconomists relate well to the concept of cost of production, while supply functions, input demand functions, length-of-run and other important issues are less obvious concepts. As a result, cost of production often becomes considered as ＿＿＿＿＿＿＿.

① an instrumental source of agricultural investment decision

② an end rather than a tool with limited analytic capability

③ one of the weakest indices of long-term market growth

④ a test of inter-industry collaboration assessment

⑤ an obscure measurement of market assets

[25~26] 다음 글의 주제로 가장 적절한 것을 고르시오.

25

In the U.S. the proportion of infants who were nursed at all by their mothers, and the age at which those nursed infants were weaned, decreased through much of the 20th century. For example, by the 1970s only 5% of American children were being nursed at the age of six months. In contrast, among hunter-gatherers not in contact with farmers and without access to farmed foods, infants are nursed far beyond six months, because the only suitable infant food available to them is mother's milk: they have no access to cow's milk, baby formula, or soft food replacements. The age of weaning averaged over seven hunter-gatherer groups is about three years old, an age at which children finally become capable of fully nourishing themselves by chewing enough firm food.

① relationship between the age of weaning and available food

② necessity of early weaning in hunter-gatherer societies

③ controversy over the role of weaning in children's health

④ agricultural motivations for early weaning in children

⑤ demographic contrasts between farmers and hunter-gatherers

③ the critical need for governmental intervention in China

④ the unwarranted concern about China's bond market

⑤ the doomed future of China's accumulating debt

[27~28] 다음 글의 빈칸 (A), (B)에 들어갈 말로 가장 적절한 것을 고르시오.

26

Never has China's bond market had such a stormy spring. It has already set a record for defaults in the second quarter. The cost of credit for firms has shot up. Even the state-owned companies that invest in infrastructure, previously sacrosanct, are seen as risks. What has gone wrong? The answer is nothing at all. Defaults are progress for China, which needs to clear a backlog of accumulated debt. This year's casualties amount to a mere 0.1% of the bond market. But that is still an improvement on the recent past, when investors assumed that the government would rescue any big firm in trouble. [3점]

① the hidden pitfalls of China's economy

② the risky investments on China's infrastructure

27

Deficiencies of innate ability may be compensated for through persistent hard work and concentration. One might say that work substitutes for talent, or better yet that it __(A)__ talent. He who firmly determines to improve his capacity will do so, provided that education does not begin too late, during a period when the plasticity of nerve cells is greatly reduced. Do not forget that reading and thinking about masterpieces allows one to assimilate much of the skill that created them, providing of course that one extends beyond conclusions to the author's insights, guiding principles, and even style. What we refer to as a great and special talent usually implies superiority that is expeditious rather than qualitative. In scientific undertakings, however, the slow prove to be as useful as the fast because scientists like artists are judged by the quality of what they produce, not by the   (B)   of production.

	(A)		(B)
①	creates	······	power
②	creates	······	speed
③	suppresses	······	quantity
④	suppresses	······	speed
⑤	encourages	······	power

28

Professions embody expertise, prestige, autonomy, dignity, and formal learning, values that often are incompatible with politics. The historic struggles of public professions to purge themselves of politics — for example, the city manager *versus* party hacks; the librarian *versus* ignorant censors; the environmental scientist *versus* political ideologues — all reflect this   (A) . Nor do professionals like bureaucracy, which they often view as an impediment to the free exercise of their specializations. Certain kinds of specialized professionals, such as scientists and engineers, working for the federal government express much less satisfaction with their work

than federal executives. Put bluntly, professionals who choose the public service often must overcome their   (B)   for its two major features: politics and bureaucracy.

[3점]

	(A)		(B)
①	resistance	······	antipathy
②	congruence	······	affinity
③	resistance	······	affinity
④	congruence	······	antipathy
⑤	incompatibility	······	aspiration

[29~30] 주어진 글 다음에 이어질 글의 순서로 가장 적절한 것을 고르시오.

29

For most of Western history, curiosity has been regarded as at best a distraction, at worst a poison, corrosive to the soul and to society. There's a reason for this. Curiosity is unruly.

(A) In short, curiosity is deviant. Pursuing it is liable to bring you into conflict with authority at some point, as everyone from Galileo to Charles Darwin to Steve Jobs could have attested. A society that values order above all else will seek to suppress curiosity.

(B) It doesn't like rules, or, at least, it assumes that all rules are provisional, subject to the laceration of a smart question nobody has yet thought to ask. It disdains the approved pathways, preferring diversions, unplanned excursions, impulsive left turns.

(C) But a society that believes in progress, innovation, and creativity will cultivate it, recognizing that the inquiring minds of its people constitute its most valuable asset. By the time of the Enlightenment, European societies started to see that their future lay with the curious and encouraged probing questions rather than stamping on them.

① (A) – (C) – (B)　② (B) – (A) – (C)
③ (B) – (C) – (A)　④ (C) – (A) – (B)
⑤ (C) – (B) – (A)

30

> Most existing drones need to be flown by an experienced operator. Indeed, the law often requires this. Drones also need technical support and maintenance.

(A) The drone may fly autonomously, according to a preprogrammed schedule, find its way automatically to a point it is ordered to visit, or be piloted remotely by an operative

of the company that supplies the system, from a control centre anywhere on the planet.

(B) This is a term being applied to the offerings of several firms that aspire to sell the advantages of drones without the associated worries. The box in question is a base station that houses the drone, recharges it and transfers the data it has collected to the customer.

(C) And the people operating them would be well advised to have an understanding of the legal and safety implications of what they are up to. Hence the appeal of the "drone-in-a-box."

① (A) – (C) – (B)　② (B) – (A) – (C)
③ (B) – (C) – (A)　④ (C) – (A) – (B)
⑤ (C) – (B) – (A)

31 다음 글에서 전체 흐름과 관계 없는 문장은?

Many animals cooperate effectively, and a few even give loans. The most famous lenders in nature are vampire bats. These bats congregate in their thousands inside caves and every night fly out to look for prey. When they find a sleeping bird or careless mammal, they make a small incision in its skin, and suck its blood. ① But not all vampire bats find a victim every night. ② In order to cope with the uncertainty of their life, the vampires loan blood to each other. ③ Vampires, however, don't give loans in order to alleviate their evolutionary pressure. ④ A vampire that fails to find prey will come home and ask a more fortunate friend to regurgitate some stolen blood. ⑤ Vampires remember very well to whom they loaned blood, so at a later date if the friend returns home hungry, he will approach his debtor, who will reciprocate the favour.

32 글의 흐름으로 보아 주어진 문장이 들어가기에 가장 적절한 곳은? [3점]

> When you see grass as *green*, the green is no more a property of grass than rustish is a property of water.

Imagine that you are a piece of iron. So there you are, sitting around doing nothing, as usual, when along comes a drop of water. What will be your perception of the water? Yes, of course, a bar of iron doesn't have a brain, and it wouldn't have any perception at all. But let's ignore that inconvenient fact and imagine what it would be like if a bar of iron could perceive the water. From the standpoint of a piece of iron, water is above all *rustish*. (①) Now return to your perspective as a

human. (②) You know that rustishness is not really a property of water itself but of how it reacts with iron. (③) The same is true of human perception. (④) Green is the experience that results when the light bouncing off grass reacts with the neurons in your brain. (⑤) Greenness is in us — just as rust is in the piece of iron.

33 다음 글에 나타난 "I"의 심경 변화로 가장 적절한 것은?

> I left for Brussels by train in April 1939. Leaving my parents behind when I was only nine years old was deeply distressing. As I reached the border between Germany and Belgium, the train stopped for a brief time and German customs officials came on board. They demanded to see any jewelry or other valuables I might have. I had been forewarned of this request by a young woman who was traveling with me. I had therefore hidden in my pocket a small gold ring with my initials on it, which I had been given as a present on my seventh birthday. My anxiety in the presence of Nazi officers reached almost unbearable heights as they boarded the train, and I feared that they would discover the ring. Fortunately, they paid little attention to me and allowed me to go undisturbed. As

their footsteps grew fainter, a quiet sigh escaped my lips.

① nervous → relieved

② joyous → discouraged

③ indifferent → outraged

④ irritated → terrified

⑤ surprised → disappointed

[34~35] 다음 글을 읽고 물음에 답하시오.

People who learn to extract the key ideas from new material and organize them into a mental model and connect that model to _____ show an advantage in learning complex mastery. A mental model is a mental representation of some external reality. Think of a baseball batter waiting for a pitch. He has less than an instant to decipher whether it's a curveball, a changeup, or something else. How does he do it? There are a few subtle signals that help: the way the pitcher winds up, the way he throws, the spin of the ball's seams. A great batter winnows out all the extraneous perceptual distractions, seeing only these variations in pitches, and through practice he forms distinct mental models based on a different set of cues for each kind of pitch. He connects these models to what he knows about batting stance, strike zone, and swinging so as to stay on top of the ball. These he connects to mental models of player positions: if he's got guys on first and second, maybe he'll sacrifice to move the runners ahead. Because he has culled out all but the most important elements for identifying and responding to each kind of pitch, constructed mental models out of that learning, and connected those models to his mastery of the other essential elements of this complex game, an expert player has a better chance of scoring runs than a less experienced one who cannot make sense of the vast and changeable information he faces every time he steps up to the plate.

34 위 글의 제목으로 가장 적절한 것은?

① Split-Second Decisions Made Easy

② When Baseball Players Go Wild

③ Baseball 101: Choose the Right Bat

④ The Anatomy of a Baseball Pitcher

⑤ How Far Can a Batter Hit the Ball?

35 위 글의 빈칸에 들어갈 말로 가장 적절한 것은? [3점]

① future course of events

② athletic endowment

③ prior knowledge

④ de facto principles

⑤ controlled motivation

[36~37] 다음 글을 읽고 물음에 답하시오.

In the region of western New York State in which I was brought up, as indeed in a huge part of the English-speaking regions of the world, the form *doesn't* (a) scarcely exists in vernacular speech. Where I come from, almost everyone says *It don't matter and He don't need that.*

Naturally, my high school English teacher, Mrs. Breck, took strong exception to this usage, and she relentlessly (b) waged her own little war upon it. I well remember sitting in class one day when her campaign was in full swing. Having heard my classmate Norman say, for the seven hundredth time that day, something like "He don't know that," she decided to strike: "He *doesn't* know that, Norman." "Yeah, that's right," replied Norman, "he *don't*." "Not *don't*, Norman," reiterated Mrs. Breck, her face turning an interesting colour, "say 'He DOESN'T know that.'" "But... but..." A look of (c) contentment appeared on Norman's face. "But it don't *sound* right!"

This little episode encapsulates very neatly the (d) contrast between the very special position of one particular form of English, which we call standard English, and all the other varieties of English that there are, which we may collectively term non-standard English. The great majority of English-speakers grow up learning and speaking the (e) local vernacular form of English, which is almost always significantly different from standard English, and is sometimes spectacularly different.

36 위 글의 제목으로 가장 적절한 것은?

① Good Old Days: Reflections on My English Teacher
② Avoid Dialect Extinction for Diversity's Sake
③ Sounding Right: A Dilemma for Policy-Makers
④ Standard vs. Non-standard English: Don't It Matter?
⑤ Vernacular vs. Prestige English: End the War

37 위 글의 밑줄 친 부분 중, 문맥상 낱말의 쓰임이 적절하지 않은 것은?

① (a)　　　　② (b)
③ (c)　　　　④ (d)
⑤ (e)

[38~39] 다음 글을 읽고 물음에 답하시오.

That music can increase cooperation and helpfulness by inducing good moods has been demonstrated experimentally. Rona Fried and Leonard Berkowitz undertook a study with their students at the University of Wisconsin. They divided them into four groups and induced different moods in three of them by playing them different pieces of music. Two selections from Mendelssohn's 'Songs Without Words' were chosen to instill a soothing mood in one group; Duke Ellington's 'One O'Clock Jump' was played to create feelings of excitement in another; and John Coltrane's 'Meditations' was used to instill negative emotions, of sadness and despondency, in the third group. The fourth, control group simply sat in silence for the seven-minute duration of the musical recordings. The students had to complete a mood questionnaire both before and after listening to the music, and this confirmed that the music had made a significant difference to their feelings.

Just before they were dismissed, the experimenter asked for volunteers to help with another, quite unrelated experiment which would require anywhere between fifteen minutes and two hours of their time. They were requested to complete a form to specify whether they were prepared to help, and if so for what amount of time. This, of course, was the test of helpfulness — the experimenter wanted to discover whether the four groups varied in their willingness to help according to the type of music to which they had been listening.

This _____. Those who had listened to the Mendelssohn pieces turned out to be the most helpful, as measured by their willingness to help with the second experiment and the length of time they were prepared to offer. On both measures, the students who had listened to Coltrane's music, leading to adverse moods, were the least willing to be helpful.

38 위 글의 요지로 가장 적절한 것은?

① Cooperative groups tended to prefer Mendelssohn's music.

② Classical music instilled soothing moods in people.

③ Cooperation and helpfulness were affected by musical talents.

④ Types of music influenced people's willingness to help.

⑤ Excited moods led people to offer more assistance.

39 위 글의 빈칸에 들어갈 말로 가장 적절한 것은?

① had been tested before

② proved to be the case

③ was challenged by many

④ contradicted earlier findings

⑤ needed further support

[40~42] 다음 글을 읽고 물음에 답하시오.

According to most definitions of intelligence, a million years ago humans were already the most intelligent animals around, as well as the world's champion toolmakers, yet they remained insignificant creatures with little impact on the surrounding ecosystem. They were obviously lacking some key feature other than intelligence and toolmaking.

Perhaps humankind eventually came to dominate the planet not because of some elusive third key ingredient, but due simply to the evolution of even higher intelligence and even better toolmaking abilities? It doesn't seem so, because when we examine the historical record, we don't see a direct correlation between the intelligence and toolmaking abilities of individual humans and the power of our species as a whole. Twenty thousand years ago, the average Sapiens probably had higher intelligence and better toolmaking skills than the average Sapiens of today. Modern schools and employers may test our aptitudes from time to time but, no matter how badly we do, the welfare state always guarantees our basic needs. In the Stone Age natural selection tested you every single moment of every single day, and if you flunked any of its numerous tests you (A) were pushing up the daisies in no time. Yet despite the superior toolmaking abilities of our Stone Age ancestors, and despite their sharper minds and far more acute senses, 20,000 years ago humankind was much weaker than it is today.

Over those 20,000 years humankind moved from hunting mammoth with stone-tipped spears to exploring the solar system with spaceships not thanks to the evolution of more dexterous hands or bigger brains. Instead, the crucial factor in our conquest of the world was our ability to connect many humans to one another. Humans nowadays completely dominate the planet not because the individual human is far smarter and more nimble-fingered than the individual chimp or wolf, but because *Homo sapiens* is the only species on earth capable of cooperating flexibly in large numbers. Intelligence and toolmaking were obviously very important as well. But if humans had not learned to cooperate flexibly in large numbers, our crafty brains and deft hands would still be _____(B)_____.

40 위 글의 밑줄 친 (A)가 의미하는 바로 가장 적절한 것은?

① might prosper eternally

② would die soon

③ sharpened tools slowly

④ could pick flowers quickly

⑤ became a farmer eventually

41 위 글의 빈칸 (B)에 들어갈 말로 가장 적절한 것은? [3점]

① developing far more acute senses

② significantly impacting the ecosystem

③ overcoming numerous hurdles in the wild

④ searching for easy prey in groups

⑤ splitting flint stones rather than uranium atoms

42 위 글의 내용을 한 문장으로 나타낼 때, 빈칸 (C)와 (D)에 들어갈 말로 가장 적절한 것은?

> It is not higher intelligence or better __(C)__ , but largescale, flexible cooperation abilities which played a key role in Homo sapiens' __(D)__ of the world.

	(C)		(D)
①	dexterity	······	domination
②	dexterity	······	exploration
③	evolution	······	cultivation
④	welfare	······	domination
⑤	welfare	······	exploration

[43~45] 다음 글을 읽고 물음에 답하시오.

(A) Do you know a childlike view of the world can frequently put adult life in perspective? The innocent view of children can help adults to not be so weighed down by their problems. Nancy Craver, director of a day-care center, relates the following story of how a child's perspective helped (a) her turn a big problem into a small one. It was the center's annual multicultural dinner, created as a chance for parents, children, and staff to celebrate both their diversity and their ability to work well together.

(B) As (b) she instinctively reached out her arms, she not only caught the little one but also caught her laughter and excitement. Immediately, those first terrible images melted away. Swinging (c) her around, Nancy was reminded by the child's enthusiasm that this was a celebration. Her laughter and play did not fix things, but it did change Nancy's perspective. And the evening continued better for her and for those around her.

(C) The previous year's celebration had been quite challenging for Nancy, as she had just been hired as the new director. This year (d) she planned things out early so that she could relax and participate in the dinner — or so she thought. At first just minor things went wrong. Then, someone dropped the slide projector that was to be used for an after-dinner presentation. When the dinner itself was over, the woman who had been hired to take the children to another place to play did not show up. The kids became restless and began running about.

(D) In the midst of all this commotion, an elderly man insisted on someone moving the car that was blocking his in the parking lot. With her tension — and temperature — rising, Nancy went to help him get out of the lot. Just as (e) she started back into the building, one of the young children came charging down the stairs and threw herself at her. The images that flashed across Nancy's mind as the child was flying through the air included an injured child, shocked parents, and people saying, "You see, she cannot control or even protect our children!"

43 주어진 글 (A)에 이어질 내용을 순서에 맞게 배열한 것으로 가장 적절한 것은?

① (B) − (D) − (C) ② (C) − (B) − (D)
③ (C) − (D) − (B) ④ (D) − (B) − (C)
⑤ (D) − (C) − (B)

44 밑줄 친 (a)~(e) 중에서 가리키는 대상이 나머지와 다른 것은?

① (a) ② (b)
③ (c) ④ (d)
⑤ (e)

45 위 글의 Nancy에 관한 내용과 일치하지 않는 것은?

① She was in charge of a day−care center.
② She caught a child in mid−air.
③ She became the director three years ago.
④ She planned for this year's dinner in advance.
⑤ She helped out with a parking problem.

제3교시 수학영역

▶정답 및 해설 663p

[01~20] 각 문항의 답을 하나만 고르시오.

01 등차수열 $\{a_n\}$에 대하여
$a_1+a_3=10$, $a_6+a_8=40$일 때,
$a_{10}+a_{12}+a_{14}+a_{16}$의 값은? [3점]

① 149   ② 152

③ 155   ④ 158

⑤ 161

02 세 정수 a, b, c에 대하여
$1\le a\le|b|\le|c|\le7$을 만족시키는 모든
순서쌍 (a, b, c)의 개수는? [3점]

① 300   ② 312

③ 324   ④ 336

⑤ 348

03 명제 '$x^2-x-6\le0$인 어떤 실수 x에 대하여 $x^2-2x+k\le0$이다.'가 거짓일 때, 정수 k의 최솟값은? [3점]

① -2 ② -1

③ 0   ④ 1

⑤ 2

04 양의 실수 x, y가 $\dfrac{x^2}{4}+\dfrac{y^2}{9}=1$을 만족시킬 때, $(3x+2y)^2$의 최댓값은? [3점]

① 36   ② 48

③ 60   ④ 72

⑤ 84

05 전체집합 $U=\{1,\ 2,\ 3,\ 4,\ 5\}$의 두 부분 집합 A, B에 대하여 $A=\{1,\ 2,\ 3\}$일 때, $n(A\cap B)\leq2$를 만족시키는 집합 B의 개수는? [4점]

① 22   ② 24

③ 26   ④ 28

⑤ 30

06 세 양수 a, b, c에 대하여

$$\begin{cases} \log_{ab}3+\log_{bc}9=4 \\ \log_{bc}3+\log_{ca}9=5 \\ \log_{ca}3+\log_{ab}9=6 \end{cases}$$

이 성립할 때, abc의 값은? [4점]

① 1   ② $\sqrt{3}$

③ 3   ④ $3\sqrt{3}$

⑤ 9

07 이차함수 $f(x)=x^2-4x+7$의 그래프 위의 두 점 $A(1,\ 4)$, $B(6,\ 19)$가 있다. 직선 AB와 평행하고 포물선 $y=f(x)$에 접하는 직선이 두 직선 $x=1$, $x=6$과 만나는 점을 각각 D, C라 할 때, 평행사변형 $ABCD$의 넓이는? [4점]

① 30   ② $\dfrac{125}{4}$

③ $\dfrac{65}{2}$ ④ $\dfrac{135}{4}$

⑤ 35

08 주머니 A에는 1, 2, 3, 4의 숫자가 각각 하나씩 적힌 4장의 카드가 들어있고 주머니 B에는 1, 2, 3, 4, 5의 숫자가 각각 하나씩 적힌 5개의 공이 들어있다. 주머니 A에서 임의로 한 장의 카드를 꺼내고 주머니 B에서 임의로 하나의 공을 꺼낼 때 나오는 두 자연수 중 작지 않은 수를 확률변수 X라 하자. 이때, $E(X)$의 값은? [4점]

① $\dfrac{13}{4}$ ② $\dfrac{7}{2}$

③ $\dfrac{15}{4}$ ④ 4

⑤ $\dfrac{17}{4}$

09 함수 $f(x)=(x-1)^3+(x-1)$의 역함수를 $g(x)$라 할 때, $\displaystyle\int_2^{10} g(x)dx$의 값은?

[4점]

① $\dfrac{51}{4}$　　　　② $\dfrac{59}{4}$

③ $\dfrac{67}{4}$　　　　④ $\dfrac{75}{4}$

⑤ $\dfrac{83}{4}$

10 곡선 $y=x^2-8x+17$ 위의 점 $\mathrm{P}(t,\ t^2-8t+17)$에서의 접선이 y축과 만나는 점을 Q, 점 P를 지나고 x축에 평행한 직선이 y축과 만나는 점을 R라 하고 삼각형 PQR의 넓이를 $S(t)$라 하자. $1\leq t\leq 3$일 때, $S(t)$가 최대가 되는 t의 값은? [4점]

① $\dfrac{4}{3}$　　　　② $\dfrac{5}{3}$

③ 2　　　　④ $\dfrac{7}{3}$

⑤ $\dfrac{8}{3}$

11 백인 80%, 흑인 10%, 동양인 10%의 세 인종의 주민으로 구성된 지역에서 범죄 사건이 일어났다. 목격자는 '범인은 동양인'이라고 진술하였지만 가까이서 정확히 범인의 얼굴을 본 것은 아니고 CCTV도 없었다. 어두워지기 시작하는 저녁 무렵에 벌어진 사건임을 감안하여 수사관은 목격자 진술의 신빙성을 알아볼 필요가 있다고 판단하여 비슷한 조건에서 많은 테스트를 해 보았다. 그 결과 목격자가 인종을 옳게 판단할 확률은 모든 인종에 대해 동일하게 0.9였고, 인종을 잘못 판단하는 경우에는 백인을 동양인으로, 흑인을 동양인으로 판단하였다고 한다. 목격자가 동양인이라고 진술한 범인이 실제로 동양인일 확률은? [4점]

① $\dfrac{1}{2}$　　　　② $\dfrac{2}{3}$

③ $\dfrac{3}{4}$　　　　④ $\dfrac{4}{5}$

⑤ $\dfrac{5}{6}$

12 함수 $f(x)=\dfrac{ax+b}{x+c}$ $(b-ac\neq0,\ c<0)$ 의 그래프와 직선 $y=x+1$의 두 교점이 $P(0, 1)$, $Q(3, 4)$이다. 두 점 P, Q와 곡선 $y=f(x)$ 위의 다른 두 점 R, S를 꼭짓점으로 하는 직사각형 PQRS의 넓이가 30일 때, $f(-2)$의 값은? [4점]

① $\dfrac{1}{6}$ ② $\dfrac{1}{3}$

③ $\dfrac{1}{2}$ ④ $\dfrac{2}{3}$

⑤ $\dfrac{5}{6}$

13 자연수 p에 대하여 수열 $\{a_n\}$의 일반항이 $a_n=\dfrac{(n!)^4}{(pn)!}$이다. $\displaystyle\lim_{n\to\infty}\dfrac{a_n}{a_{n+1}}=\alpha$ (α는 0이 아닌 상수)일 때, $\log_2\alpha$의 값은? [4점]

① 0   ② 2

③ 4   ④ 6

⑤ 8

14 원 위에 일정한 간격으로 8개의 점이 놓여있다. 이 중 세 개의 점을 연결하여 삼각형을 만들 때, 이 삼각형이 둔각삼각형일 확률은? [4점]

① $\dfrac{2}{7}$ ② $\dfrac{5}{14}$

③ $\dfrac{3}{7}$ ④ $\dfrac{1}{2}$

⑤ $\dfrac{4}{7}$

15 1부터 9까지의 자연수가 각각 하나씩 적힌 9개의 공이 들어 있는 주머니가 있다. 이 주머니에서 임의로 4개의 공을 동시에 꺼낼 때, 꺼낸 공에 적혀 있는 수 a, b, c, d가 다음 조건을 만족시킬 확률은? [4점]

> (가) $a+b+c+d$는 홀수이다.
> (나) $a\times b\times c\times d$는 15의 배수이다.

① $\dfrac{4}{21}$ ② $\dfrac{3}{14}$

③ $\dfrac{5}{21}$ ④ $\dfrac{11}{42}$

⑤ $\dfrac{2}{7}$

16 양의 실수 t에 대하여 한 변 의 길이가 1인 정사각형 ABCD 위의 점 P_0, P_1, P_2, P_3, …은 다음과 같은 규칙을 따라 정해진다.

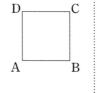

(규칙1) $P_0 = A$

(규칙2) 자연수 n에 대해 점 P_{n-1}에서 점 P_n까지 정사각형 ABCD의 변을 반시계방향으로 따라 가는 경로의 길이는 t^{n-1}이다.

다음을 만족시키는 실수 k의 최솟값은? [4점]

> $k < t < \dfrac{39}{40}$인 t에 의해 정해지는 점 P_0, P_1, P_2, P_3, … 중에서 무수히 많은 점들이 변 DA 위에 있다.

① $\dfrac{30}{31}$　　② $\dfrac{32}{33}$

③ $\dfrac{34}{35}$　　④ $\dfrac{36}{37}$

⑤ $\dfrac{38}{39}$

17 곡선 $y = x^3 + 1$에 대하여 곡선 밖의 점 (a, b)에서 곡선에 그은 접선의 개수가 3일 때, 점 (a, b)가 나타내는 영역의 넓이는? (단, $0 \le a \le 1$) [5점]

① $\dfrac{1}{4}$　　② $\dfrac{1}{3}$

③ $\dfrac{1}{2}$　　④ $\dfrac{2}{3}$

⑤ $\dfrac{3}{4}$

18 함수 $f(x) = [4x] - [6x] + \left[\dfrac{x}{2}\right] - \left[\dfrac{x}{4}\right]$가 $x = a$에서 불연속이 되는 실수 $a(0 < a < 5)$의 개수는? (단, $[x]$는 x보다 크지 않은 최대의 정수이다.) [5점]

① 30　　② 31

③ 32　　④ 33

⑤ 34

19 함수

$$f(x) = \begin{cases} \lim\limits_{n \to \infty} \dfrac{x(x^{2n} - x^{-2n})}{x^{2n} + x^{-2n}} & (x \neq 0) \\ 0 & (x = 0) \end{cases}$$

에 대하여 방정식 $f(x) = (x-k)^2$의 서로 다른 실근의 개수가 3인 실수 k의 범위는 $a < k < b$이다. 상수 a, b에 대하여 $a+b$의 값은? [5점]

① $\dfrac{1}{4}$ ② $\dfrac{1}{3}$

③ $\dfrac{1}{2}$ ④ $\dfrac{2}{3}$

⑤ $\dfrac{3}{4}$

20 집합 $X = \{1, 2, 3, 4, 5\}$에 대하여 X에서 X로의 함수 중에서 다음 조건을 만족시키는 함수 f의 개수는? [5점]

$$\{(f \circ f)(x) \mid x \in X\} \cup \{4, 5\} = X$$

① 402   ② 424

③ 438   ④ 456

⑤ 480

[21~25] 각 문항의 답을 답안지에 기재하시오.

21 $\lim\limits_{n \to \infty} \dfrac{1}{n^3}\{(n+3)^2 + (n+6)^2 + \cdots + (n+3n)^2\}$ 의 값을 구하시오. [3점]

22 각 항이 양수인 수열 $\{a_n\}$의 첫째항부터 제n항까지의 합을 S_n이라 할 때, $S_n + S_{n+1} = (a_{n+1})^2$이 성립한다. $a_1 = 10$일 때, a_{10}의 값을 구하시오. [4점]

23 부등식 $10^{10} \leq 2^x 5^y$을 만족시키는 양의 실수 x, y에 대하여 $x^2 + y^2$의 최솟값을 m이라 할 때, m의 정수부분을 구하시오. (단, $\log 2 = 0.3$, $\log 5 = 0.7$로 계산한다.) [4점]

25 그림과 같이 인접한 교차로 사이의 거리가 모두 1인 바둑판 모양의 도로가 있다. A지점에서 B지점까지의 최단 경로 중에서 가로 또는 세로의 길이가 3 이상인 직선 구간을 포함하는 경로의 개수를 구하시오. [5점]

24 다항함수 $g(x)$와 자연수 k에 대하여 함수 $f(x)$가 다음과 같다.

$$f(x) = \begin{cases} x+1 & (x \leq 0) \\ g(x) & (0 < x < 2) \\ k(x-2)+1 & (x \geq 2) \end{cases}$$

함수 $f(x)$가 모든 실수 x에 대하여 미분가능하도록 하는 가장 낮은 차수의 다항함수 $g(x)$에 대하여 $\dfrac{1}{4} < g(1) < \dfrac{3}{4}$일 때, k의 값을 구하시오. [4점]

2019 기출문제

Life is like riding a bicycle.
To keep your balance
you must keep moving.
인생은 자전거를 타는 것과 같다.
균형을 잡으려면 움직여야 한다.

– 알버트 아인슈타인(Albert Einstein)

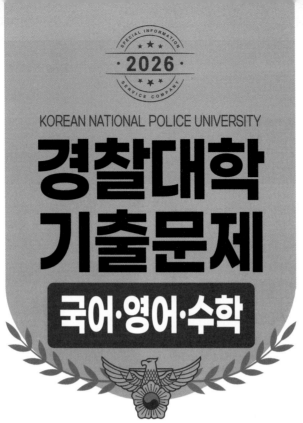

SPECIAL INFORMATION
· 2026 ·
SERVICE COMPANY

KOREAN NATIONAL POLICE UNIVERSITY

경찰대학 기출문제

국어·영어·수학

2025 ~ 2019

7 개년

연차별 동형
기출문제

정답 및 해설

2025학년도 기출문제 정답 및 해설

2025학년도

[국어]

정답 및 해설

▌[국어] 2025학년도 | 정답

01	③	02	②	03	④	04	⑤	05	⑤
06	①	07	③	08	⑤	09	③	10	①
11	④	12	⑤	13	⑤	14	②	15	①
16	①	17	②	18	④	19	⑤	20	②
21	④	22	④	23	⑤	24	④	25	②
26	③	27	④	28	③	29	③	30	②
31	③	32	①	33	④	34	③	35	⑤
36	③	37	③	38	③	39	④	40	④
41	⑤	42	①	43	④	44	①	45	②

▌[국어] 2025학년도 | 해설

[01~05] 독서 – 과학

01	글의 중심 내용 파악하기	③

[정답해설]

5문단에서 눈에 보이지 않는 구조와 기능 이상이 쌓이고 쌓여서 실제로 큰 문제가 될 정도이면 그 문제는 신체 기능 변화로 관찰되며, 움직

이는 능력과 같은 신체 기능의 차이만으로도 그 사람의 노화 축적 정도를 어느 정도 알아낼 수 있다고 서술하고 있다. 그러므로 눈에 보이지 않는 몸의 이상이 누적되어 큰 문제가 발생하면 신체 기능의 변화로는 관찰할 수 없다는 ③의 설명은 적절하지 않다.

[오답해설]

① 2문단에서 우리 몸에 쌓인 노화의 누적 정도를 측정하는 표준화된 방법으로 생물학적 나이가 활용된다고 서술하고 있다.

② 5문단에서 생물학적 나이는 인터뷰를 통해 계산한 노쇠 지수나 분자생물학적인 방법으로 측정된 생물학적 나이에 필적하는 정확도를 보인다고 하였으므로, 사람마다 나타나는 신체 기능의 차이, 즉 생물학적 나이는 분자생물학적인 측정 방법을 통해서 파악할 수 있다.

④ 3문단에서 개인의 노쇠 지수를 숫자 나이가 같은 동년배의 평균과 비교해 그 사람이 노화가 더 축적되었는지, 덜 진행되었는지를 꽤 정확히 알 수 있다고 서술하고 있다.

⑤ 5문단에서 '움직임과 관련된 신체 기능'이 상당히 간단하면서도 정확한 노화 평가 방법이며, 이러한 기능적 항목을 조합해 계산한 생물학적 나이는 인터뷰를 통해 계산한 노쇠 지수에 필적하는 정확도를 보인다고 서술하고 있다.

02	글의 서술 방식 이해하기	②

[정답해설]

제시문은 노화와 연관성이 있는 인체의 이상 소견 개수와 노쇠 지수 그래프 등의 근거 자료를 제시하여 노화란 개념의 특성을 분석하고 있다.

[오답해설]

① 제시문은 노화의 종류를 구분하고 있지 않고, 이를 설명하기 위한 사례도 제시되어 있지 않다.

③ 제시문의 마지막 문장에서 '그렇다면 잘 나이가 드는 것은 어떤 상태를 의미하는 것일까?'라고 질문 방식을 통해 노화의 개념을 추론하도록 유도하고 있으나, 노화란 개념의 정확성에 의문을 드러내고 있는 것은 아니다.

④ 제시문은 근거 자료를 통해 노화란 개념의 특성을 분석하고 있으나, 각각의 특성 항목을 열거하여 통시적으로 설명하고 있지는 않다.

⑤ 제시문의 핵심 개념은 노화로 이와 상반되는 개념이나 양상은 제시되어 있지 않으며, 따라서 두 대상의 공통점도 도출되어 있지 않다.

03 특정 용어의 개념 이해하기 ④

[정답해설]

4문단에서 노화와 연관성이 있는 이상 소견의 개수는 나이에 따라 증가하고, 노쇠 지수도 마찬가지로 인구 집단에서 나이를 추종한다고 서술하고 있다. 그러므로 30개 항목을 측정한 사람들의 나이별 이상 소견 개수는 시간의 영향에 따른 노쇠 지수의 증가와 유사한 패턴을 드러낸다고 볼 수 있다.

[오답해설]

① 노쇠 지수는 정상은 0, 이상은 1로 계산하여 나온 총점수를 구성 항목의 개수로 나눈 값이라고 하였으므로, 30개의 측정 항목 가운데 정상이 24, 이상이 6이면 노쇠 지수는 '$\frac{6}{30}$ =0.2'이다.

② 제시문에서 노쇠 지수를 구하기 위해 진찰이나 면담을 통해 30가지 이상의 항목을 측정한다고 하였으므로, 여러 질병과 관련된 변수를 많이 고려할수록 노쇠 지수의 신뢰도가 높아진다고 추론할 수 있다.

③ 노쇠 지수는 정상은 0, 이상은 1로 계산하여 나온 총점수를 구성 항목의 개수로 나눈 값이므로, 100개 항목을 측정할 때의 노쇠 지수는 이상 항목의 개수를 구성 항목의 개수로 나눈 값이라 할 수 있다.

⑤ 개인의 노쇠 지수를 숫자 나이가 같은 동년배의 평균과 비교해 그 값이 더 높으면 노화가 더 진행된 것으로 볼 수 있다.

04 글의 세부 내용 이해하기 ⑤

[정답해설]

6문단의 마지막 문장에서 필자는 노인의 몸에 이르기 전부터 노화 속도를 늦추는 노력을 통해 질병과 노쇠로 인한 돌봄 요구 기간을 줄일 수 있도록 미리 대비할 필요가 있다고 주장하고 있다. 그러므로 돌봄 요구 기간을 앞당겨 지속 가능성을 유지해야 한다는 ⑤의 설명은 적절하지 않다.

05 부적절한 내용 찾기 ⑤

[정답해설]

1문단에서 생물학 연구에서는 유전자 또는 환경을 조절하거나 생물학적 기전을 조작하는 방법으로 노화의 속도가 달라질 수 있음을 확인

하였다고 하였는데, 이것이 4문단에서 인체의 이상 소견 개수를 대규모 인구 집단에서 평균으로 나타낼 때, 생활 습관이나 유전자의 차이를 제외한 이유이다. 그러므로 개인의 생활 습관이나 유전자를 포함할 때, 나이와 노쇠 지수의 관계를 나타낸 각 개인별 그래프는 개인마다 다른 곡선을 형성할 것이라고 예측할 수 있다.

[오답해설]

① [그림1]에서처럼 노화와 연관성이 있는 이상 소견의 개수는 나이에 따라 증가하고, [그림2]와 같이 노쇠 지수도 마찬가지로 인구 집단에서 나이를 추종하므로 이상 소견 개수가 많아질수록 노쇠 지수가 커지는 추세가 지속될 것이라고 예측할 수 있다.

② [그림2]와 같이 노쇠 지수는 대략 60대 초반 이후부터 곡선의 모양이 급격히 증가하는 데, 이는 이때부터 누군가의 돌봄을 필요로 하는 시간이 계속해서 늘어나는 것을 의미한다. 따라서 건강수명을 늘려 돌봄 시간을 줄이게 되면 노쇠 지수의 기울기가 이전보다 완만하게 나타날 수 있음을 예측할 수 있다.

③ [그림 2]의 그래프에서 완만하게 증가하던 노쇠 지수는 60대 초반까지는 아주 천천히 오르다가 그 이후가 되면 곡선의 모양이 급격히 증가되는 양상을 확인할 수 있다.

④ 3문단에서 측정한 항목 개수가 같다면 사람들의 평균 점수는 나이가 많아질수록 지수적으로 올라가고, 노쇠 지수도 결과적으로 전체 인구 집단에서 나이에 비례한다고 하였다. 또한 4문단에서 [그림1]의 이상 소견의 개수와 [그림2]와 노쇠 지수 모두 인구 집단에서 나이를 추종한다고 하였으므로, 측정한 기능적 항목 개수가 같을 때 이상 소견 개수나 노쇠 지수는 나이가 많아질수록 그 값이 커진다고 볼 수 있다. 즉, 나이대별로 같은 값을 나타내지 않는 것이다.

[06~10] 현대 시

(가) 김광균, 「추일서정」

- **갈래** : 자유시, 서정시
- **성격** : 회화적, 감각적, 주지적
- **제재** : 가을의 풍경
- **주제** : 가을 풍경에서 느끼는 애수와 고독
- **특징**
  - 1930년대 모더니즘 시의 특성을 잘 보여줌
  - 선경후정의 구성으로 시상을 전개함
  - 감각적 이미지를 활용하여 황량한 가을 분위기를 표현함
  - 원근법, 소멸과 조락의 이미지, 도시적 감수성을 드러내는 서구적 이미지를 사용함

(나) 김수영, 「폭포」
- **갈래** : 자유시, 서정시
- **성격** : 주지적, 관념적, 상징적, 참여적
- **제재** : 폭포
- **주제** : 부조리한 현실에 타협하지 않는 의지적 삶의 태도
- **특징**
  - '폭포는 ~ 떨어진다'는 동일한 문장의 반복을 통해 점층적으로 시상을 전개함
  - 폭포의 역동적 심상과 청각적 심상이 두드러짐
  - 감각적이고 비유적인 표현을 통해 대상의 이미지를 선명하게 드러냄
  - 시인의 지적 인식과 정신을 자연물에 효과적으로 투영함

06 　　작품의 내용 이해하기　　 ①

[정답해설]

(가)는 도심지의 황량한 가을 풍경을 보여주는 시각적 심상을 나열하면서 애수와 고독에 젖은 화자의 시상을 형성하고 있다. (나)는 '규정할 수 없는 물결', '고매한 정신', '곧은 소리', '나타와 안정'과 같은 추상적 관념을 반복하면서 부조리한 현실에 타협하지 않는 화자의 의지적 시상을 형성하고 있다.

[오답해설]

② (가)는 황량하고 쓸쓸한 도시의 정적인 장면을 묘사하면서 가을 분위기를 조성하고 있고, (나)는 절벽에서 떨어지는 폭포의 역동성을 표현하고 있다.

③ (가), (나) 모두 자연물이 주는 정감을 주제로 형상화 하고 있지는 않다.

④ (가), (나) 모두 상황의 반전을 통한 작품 속 사건의 의미가 드러나 있지는 않다.

⑤ (가)는 황량한 도시의 비유적 묘사를 통해 고독한 화자의 추상적 감성을 드러내고 있고, (나)는 구체적인 자연 현상의 비유적 묘사를 통해 화자의 추상적 심성을 투영하고 있다.

07 　　부적절한 감상 내용 찾기　　 ③

[정답해설]

(가)에서 화자는 쓸쓸하고 황량한 가을 풍경으로 인해 애수와 고독의 정서를 느끼고 있다. 즉, 화자가 '추일'에 반발하여 '서정'의 정서를 갖게 된 것이 아니라, '추일'에 동화되어 '서정'의 정서를 갖게 된 것이다.

[오답해설]

① 화자는 시각적, 공감각적 이미지를 통해 도시의 가을 분위기를 조성함으로써 '추일'을 경험하고 있다.

② 화자는 쓸쓸하고 황량한 모습의 '추일'을 통해 애수와 고독의 심리적 상황을 표현하고 있다.

④ 황량한 생각에서 벗어나고 싶은 화자의 '서정'이 허공에 돌팔매를 던지는 행위를 통해 겉으로 드러나고 있다.

⑤ 허공에 돌팔매를 던졌으나 고독한 반원을 긋고 잠기어 감으로써 '추일서정'은 결국 애수와 고독에서 벗어나지 못한 화자의 심리적 상태로 그려진다.

08 　　시구의 비유적 표현 이해하기　　 ⑤

[정답해설]

〈보기〉의 '흔들리는 종소리의 동그라미 속으로'는 '종소리'라는 청각적 심상을 '동그라미'라는 시각적 심상에 비유한 공감각적 이미지이다. 마찬가지로 ⑤의 '자욱한 풀벌레 소리 발길로 차며'도 '풀벌레 소리'라는 청각적 심상을 '자욱한'이란 시각적 심상에 비유한 공감각적 이미지이다.

[오답해설]

① '낙엽'이라는 시각적 심상을 '지폐'라고 하는 시각적 심상에 비유하고 있으므로, 공감각적 이미지가 아니다.

② 급행열차의 '증기'라는 시각적 심상을 '담배 연기'라는 시각적 심상에 비유하고 있으므로, 공감각적 이미지가 아니다.

③ '지붕'이라는 시각적 심상을 '이빨'이라고 하는 시각적 심상에 비유하고 있으므로, 공감각적 이미지가 아니다.

④ '구름'이라는 시각적 심상을 '셀로판지'라고 하는 시각적 심상에 비유하고 있으므로, 공감각적 이미지가 아니다.

09 　　작품 속 대상 이해하기　　 ③

[정답해설]

(A)는 '밤'이라는 부정적 현실과 암울한 시대 상황 속에서 자유와 정의를 향한 양심의 '곧은 소리'를 내며 떨어지는 '폭포'의 모습을 형상화한 것이다. 따라서 (나)의 '폭포'는 정의로운 양심의 소리라는 폭포의 본질이 밤이 되면 떨어지는 폭포의 현상에 있지 않음을 보여주고 있다.

10 　　작품의 세부 내용 이해하기　　 ①

[정답해설]

㉠은 황량한 생각에서 벗어나기 위해 허공에 돌을 던졌으나 다시 반원을 긋고 고독에 잠기게 되는 '돌팔매'의 핵심적 속성을 드러내고 있

고, ⓒ은 어떠한 두려움이나 망설임이 없이 자유와 정의를 갈구하는 '폭포'란 대상의 핵심적인 속성을 드러내고 있다.

[오답해설]

② ㉠은 떨어지는 돌의 하강 이미지를 통해 고독에서 벗어나지 못한 화자의 심리적 상태를 나타내고 있고, ⓒ은 떨어지는 폭포의 하강 이미지를 통해 화자의 결연한 자유 의지를 나타내고 있다.

③ ㉠은 고독에서 벗어날 수 없는 화자의 소극적 의지를 표현하고 있지만, ⓒ은 부정적 현실과 타협하지 않겠다는 화자의 단호한 의지를 표현하고 있다.

④ ㉠과 ⓒ 모두 문제를 해결하는 계기를 마련하고 있지는 않다.

⑤ ㉠은 황량한 생각에서 벗어나고자 허공에 돌을 던졌으나 다시 반원을 긋고 떨어지므로 사건의 전후가 상반된 의미를 보이지만, ⓒ은 부정한 현실과 타협하지 않겠다는 화자의 결연한 의지가 일관되게 반영되고 있다.

[11~15] 현대 소설

> **김정한, 「모래톱 이야기」**
> - **갈래** : 단편 소설, 농촌 소설
> - **성격** : 사실적, 저항적, 현실 고발적
> - **시점** : 1인칭 관찰자 시점
> - **배경** : 시간 – 일제 강점기~1960년대/공간 – 낙동강 하류 조마이섬
> - **주제** : 부당한 권력에 맞서 삶의 터전을 지키려는 섬사람들의 시련과 저항 의지
> - **특징**
>   – 구체적인 지역의 비참한 실상을 사실적으로 묘사함
>   – 사투리를 사용하여 현장감, 사실감, 토속성을 부여함
>   – 당대 현실의 문제를 사실적으로 다루고 현실을 정확하게 그려냄
>   – 지식인으로 설정된 1인칭 서술자의 관찰을 통해 사건을 전달함으로써 객관성과 사실성을 확보함

| **11** | 부적절한 감상 내용 찾기 | ④ |

[정답해설]

'나'는 '건우'가 쓴 「섬 얘기」란 제목의 글을 읽고 글 밑바닥에 깔린 '건우'의 날카롭고 냉랭한 심사 때문에 마치 '나'가 무슨 고발이라도 당한 것 같은 기분이 든 것이지, 실제로 '건우'가 '나'를 고발하려는 의도로 글을 쓴 것은 아니다.

[오답해설]

① '건우'는 「섬 얘기」란 제목의 글을 통해 선조 때부터 '조마이섬'에 발을 붙이고 살아오던 사람들과는 무관하게 소유자가 도깨비처럼 뒤바뀌는 것을 안타깝게 생각했다.

② '윤춘삼'은 선조로부터 물려받은 땅을 별안간 왜놈들에게 빼앗긴 것을 개탄하는 '건우 할아버지'의 생각에 동조하며 이글거리는 증오의 눈빛으로 분노했다.

③ '건우 할아버지'는 왜놈들에 이어 '조마이섬'의 소유자로 둔갑한 국회 의원, 하천 부지의 매립 허가를 받은 유력자 등 부당한 권력의 횡포에 대해 '쥑일 놈들'이라며 비판했다.

⑤ 선조 때부터 둑을 만들고 물과 싸워 가며 살아온 '조마이섬 사람들'은 그 땅을 빼앗으려는 외부 '유력자'들의 행위로 인해 그 땅의 소유자임을 인정받지 못한 채 억울하게 살아왔다.

| **12** | 작품의 서술 방식 이해하기 | ⑤ |

[정답해설]

해당 작품은 '건우'란 소년이 쓴 글과 인물들 간의 대화를 통해 '조마이 섬'의 소유권을 둘러싼 아픈 역사를 묘사하고 있다. 즉, 공간적 배경을 상세하게 묘사하여 장소의 외적 특징을 구체화하고 있지는 않다.

[오답해설]

① 윤춘삼 씨와 건우 할아버지의 대화 내용을 통해 '조마이 섬'의 소유권을 둘러싼 과거의 사건이 드러나고 있다.

② '와 빤히 보능기요? 내 안주 술 안 취했음데이. 염려 마이소.'와 같이 경상도 지역 방언을 사용하여 이야기에 현장감을 부여하고 있다.

③ '조마이 섬' 사람들이 처한 현재 상황을 그 땅의 소유권을 빼앗기게 된 과거의 사건들과 연결지어 보여주고 있다.

④ '을사보호조약', '조선토지사업', '한일신협약' 등의 역사적 사건을 직접적으로 언급하여 이야기의 사실성을 부각하고 있다.

| **13** | 작품의 세부 내용 이해하기 | ⑤ |

[정답해설]

ⓒ은 윤춘삼 씨의 '꺽꺽한 목소리'를 통해 건우가 외부 유력자에게 삶의 터전을 빼앗긴 것에 대한 ⓔ의 '저주하듯 한 감정'이 외적으로 발현되고 있는 것이다.

[오답해설]

① ⓒ은 부당한 권력에 적개심을 품은 윤춘삼 씨의 외양을 묘사한 것이지만, ㉠은 「섬 얘기」란 글에 담긴 건우의 심정을 묘사한 것이다.

② ㉠과 ⓒ 모두 자신들의 의사와 상관없이 땅을 빼앗긴 것에 대한 원한과 분노의 정서가 공통적으로 드러나 있다.

③ ㉠과 ⓔ 모두 인물의 심리를 서술하여 부당한 권력에 맞서 삶의 터

전을 지키려는 섬사람들의 저항 의지라는 주제를 부각하고 있다.

④ ⓒ은 외양 묘사를 통해, ⓒ은 심리 묘사를 통해 부당한 권력에 대한 분노와 비판의 정서를 동일하게 담고 있다.

14　　작품의 세부 내용 이해하기　　②

[정답해설]

(A)는 '건우'의 글 속에 적혀 있는 섬의 내력에 초점을 두고 내용을 정리하고 있고, (B)는 '나'가 머릿속에 떠오르는 '을사보호조약'이라는 과거의 사건에 초점을 두고 내용을 정리하고 있다.

[오답해설]

① (A)는 '건우'가 직접적으로 겪은 경험의 기록을, (B)는 '나'가 간접적으로 경험한 사실의 기억을 전달하고 있다.

③ (A)에서는 '일제 때', '해방 후', (B)에서는 '1905년 – 을사년', '정미년'처럼 (A)와 (B) 모두 시대적 배경을 구체적으로 명시하여 이야기의 사실성을 높이고 있다.

④ (A)는 '소유자가 도깨비처럼 뒤바뀌고 있다'처럼 비유적 표현을 활용하여 독자의 정서적 공감을 유도하고 있지만, (B)는 비유적 표현을 사용함이 없이 '나'의 머릿속에 떠오르는 과거의 역사적 사건을 열거하고 있다.

⑤ (B)는 역사적 사건의 내용을 시간적 순서에 따라 인과적으로 서술하고 있지만, (A)는 특정한 사건들을 인과 관계없이 소개하듯 서술하고 있다.

15　　부적절한 감상 내용 고르기　　①

[정답해설]

'내가 건우란 소년에 대해서 관심을 더욱 가지게 된 것'은 '나'가 관찰자로서 '조마이섬'에서 발생한 사건들을 전달하려는 서술자의 역할을 하고 있는 것이다. 즉, 주인공의 위치에서 이야기를 이끌어가는 서술자로서의 '나'가 아니다.

[16~20] 독서 – 사회

16　　글의 설명 방식 이해하기　　①

[정답해설]

제시문은 '집단 기억'이란 개념을 정의한 후, 집단 기억의 형성, 전승, 변화 등 집단 기억에 영향을 미치는 여러 요소들에 대해 설명하고 있다.

[오답해설]

②·③ 제시문은 '집단 기억'이라는 단일 개념을 제시하고 있으며, 그

인과 관계를 분석하거나 장단점을 비교하고 있지는 않다.

④ 제시문은 '집단 기억'에 영향을 미치는 여러 요소들에 대해 설명하고 있으나, 역사적 변천 과정이나 의의 및 한계점 등을 밝히고 있지는 않다.

⑤ 제시문은 '집단 기억'의 개념적 특성 및 영향에 대해 설명하고 있으나 문제점과 해결 방안을 제시하고 있지는 않다.

17　　부적절한 내용 고르기　　②

[정답해설]

제시문은 '집단 기억'이란 개념의 의미를 제시한 후, 집단 기억의 형성, 전승, 영향 등에 대해 설명하고 있으나, 집단 기억이 어떻게 나뉘는지 그 종류를 구분하고 있지는 않다.

[오답해설]

① 2문단에서 '알박스가 제안한 집단 기억은 사회적으로 형성된 집단 차원의 기억을 말한다.'며 집단 기억의 의미에 대해 서술하고 있다.

③ 2문단에서 '집단 기억은 구성원들이 상징적 기호를 공유하고 사회적 상호작용에 참여하여 의미를 획득할 때 형성된다.'며 집단 기억의 형성에 대해 서술하고 있다.

④ 3문단에서 '집단 기억의 전승에는 공간과 시간 그리고 사회 집단과의 연관 등이 관여한다.'며 집단 기억의 전승에 대해 서술하고 있다.

⑤ 4문단에서 '집단 기억은 구성원들이 소속 집단에 대한 귀속감을 갖고 공동체 집단의 정체성을 형성하는 데 기여한다.'며 집단 기억의 영향에 대해 서술하고 있다.

18　　글의 세부 내용 이해하기　　④

[정답해설]

사회 집단의 권력 구조가 집단 기억의 형성 및 전승 과정에 직접적인 영향을 미칠 때, 집단 기억이 권력을 가진 이에 의해 자신에게 유리한 방향으로 왜곡될 수 있으므로 신뢰성에 대한 평가가 필요하다.

[오답해설]

① 사회 집단의 권력 구조가 집단 기억의 형성 및 전승 과정에 직접적인 영향을 미치기도 한다고 하였으므로, 집단 기억의 안정성이 사회 집단의 권력관계와 독립적으로 유지되는 것은 아니다.

② 집단 기억이 형성되는 것을 권력자와 달리 집단 구성원들이 원치 않는지의 여부는 (A)를 통해 알 수 없다.

③ 집단 기억이 권력관계에 영향을 받는 것은 사실이나, 이를 공유하는 것을 금지해야 하는지의 여부는 (A)를 통해 알 수 없다.

⑤ 권력자와 집단 구성원 간에 일방적 권력관계가 형성되는 경우, 그 사회의 집단 기억이 권력을 가진 이에게 유리하도록 왜곡되는 것이지 형성되지 않는 것은 아니다.

19	글의 세부 내용 이해하기	⑤

[정답해설]
〈보기〉에서 아스만은 기억이 사회적 상황에 따라 집단의 관념 속에 존재한다고 하더라도 그 관념이 물질적이고 상징적인 문화적 형식으로 보존되고 전승될 때 신념과 인식으로 기능할 수 있다고 하였다. 그러므로 집단 기억이 말을 통해 전달되며 개인의 의식 속에서 공유된다면 시간의 흐름에 따라 달라지거나 잊혀질 수 있다고 추론할 수 있다.

20	부적절한 내용 고르기	②

[정답해설]
〈보기〉에서 독일인들은 아우슈비츠란 상징적 기호를 통해 유태인을 대량 학살한 가해자로서 기억되는 반면, 유태인들은 대량 학살의 피해자로서 아우슈비츠를 방문해 죽은 이들을 추모하고 민족 절멸의 위기를 기억한다. 따라서 아우슈비츠라는 상징적 기호는 독일인들과 유태인들의 집단 기억 속에서 서로 다른 의미를 갖는다.

[오답해설]
① 공간과 시간에서 형성된 집단 기억은 사회적 상호작용 속에서 상징적 기호를 통해 지속적으로 공유되고 소통된다는 제시문의 내용에 근거해 볼 때, 유태인의 집단 기억에서 아우슈비츠는 제2차 세계대전이라는 전쟁과 대량학살이라는 반인도적 행위를 상징하는 기호로서 공유된다.
③ 집단 기억은 구성원들이 소속 집단에 대한 귀속감을 갖고 공동체 집단의 정체성을 형성하는 데 기여한다는 제시문의 내용에 근거해 볼 때, 유태인이 아우슈비츠에 관한 집단 기억을 전승하는 것은 그들의 공동체 의식 형성에 영향을 미친다고 볼 수 있다.
④ 제시문에 서술된 바와 같이 권력을 가진 이가 자신에게 불리한 기억을 배제하고 억압하는 것을 사회 집단의 권력 구조가 집단 기억에 직접적인 영향을 미치는 것으로 이해할 때, 일부 독일인이 나치와 관련된 건물을 없애려 한 것은 불리한 집단 기억을 제거하기 위한 행동으로 볼 수 있다.
⑤ 문제적인 사건이 발생하면 사회 집단 구성원들은 그 사건에 대한 기억을 교섭하고, 이 과정에서 기억들 간의 경합이 발생한다는 제시문의 내용에 근거해 볼 때, 독일인들은 전쟁에 대한 집단 기억을 형성하면서 가해자로서 기억과 피해자로서 기억이 경합하는 혼란을 경험했다고 볼 수 있다.

[21~25] 독서 – 법률

21	부적절한 내용 고르기	④

[정답해설]
5문단에 따르면 애리조나 주 대법원은 미란다가 조사 과정에서 권리 고지를 받았으며 변호인을 요구하지 않았으며 변호인의 도움받을 권리를 거절당한 사실도 없다는 이유로 그에 대한 유죄 판결을 다시금 확인했다고 서술하고 있다. 따라서 애리조나 주 대법원이 재판 과정에서 피고인의 권리 보호가 충분히 이루어지지 않았다는 변호인의 이의제기를 수용한 것은 아니다.

[오답해설]
① 2문단에서 어네스트 미란다는 어린 시절을 불우한 환경에서 여러 범죄를 저지르며 처벌을 받은 이력이 있는 20대의 히스패닉계 청년이라고 소개하고 있다.
② 2문단에서 경찰관은 미란다에게 신분 확인을 요청한 후 경찰서에 나와 진술해 줄 수 있는지를 물었고, 그는 순순히 동의하며 경찰과 동행했다고 서술하고 있다.
③ 3문단에서 미란다를 신문하면서 경찰관은 일정한 양식의 서류를 내밀었고, 미란다는 거기에 진술 내용을 자세히 적고 자신의 이름과 사인을 했다고 서술하고 있다.
⑤ 8문단에서 연방대법원은 '미란다 원칙'을 채택하고 헌법적 근거를 찾음에 있어 수정헌법 제6조가 아닌 수정헌법 제5조를 선택했다고 서술하고 있다.

22	글의 세부 내용 이해하기	④

[정답해설]
연방대법원 상고심에서 미란다를 변호한 존 플린은 피고인이 피의자 단계에서부터 정당한 권리를 주장할 수 있기 위해서는 수정헌법 제5조의 권리를 확대하여 당사자 지위를 갖출 수 있게 해야 한다고 변론했고, 이에 연방대법원은 상고 허가심에서 '미란다 원칙'을 채택하고 헌법적 근거를 찾음에 있어 수정헌법 제6조가 아닌 수정헌법 제5조를 선택했다. 따라서 '미란다 사건'을 다룬 연방대법원 재판의 핵심적인 쟁점은 '피의자는 당사자로서 법적 권리를 보장받았는가'임을 알 수 있다.

23	부적합한 내용 고르기	⑤

[정답해설]
연방대법원은 상고 허가심에서 '미란다 원칙'을 채택하고 헌법적 근거를 찾음에 있어 수정헌법 제6조가 아닌 수정헌법 제5조를 선택했다. 이 사실을 통해 연방대법원은 미란다 사건에 대해 경찰이 적정절차

조항을 지켜 피의자를 조사하지 않았고, 피의자가 변호인의 조력을 받을 수 있다는 고지를 경찰로부터 받지 못했다고 판단함을 알 수 있다. 즉, 피의자가 변호인의 조력을 거부한 것 때문이 아니라, 피의자가 변호인의 조력을 받을 수 있다는 고지를 받지 못한 것 때문에 진술의 임의성을 인정받기 어려운 것이다.

[오답해설]

① 국선 변호인 무어는 애리조나 주 마리코파 구법원에서 증인으로 나선 경찰관에게 미란다를 조사할 때 진술의 임의성을 확인하기 위한 고지를 하지 않았다는 증언을 이끌어내고 이의를 제기했다. 이 사실을 통해 그는 미란다 사건에서 피의자가 자의에 따라 진술할 수 있다는 사실을 미리 알려주지 않았기에 진술의 임의성이 침해되었다고 판단하고 있음을 알 수 있다.

② 애리조나 주 마리코파 구법원 재판의 검사는 최후 변론을 통해 경찰관의 훌륭한 자질에 비추어볼 때 그들이 피고인의 권리를 빼앗은 적이 없고 피고에게 그러한 권리를 고지하는 것이 불필요했다고 주장했다. 이 사실을 통해 그는 미란다 사건에서 경찰관은 강요하지 않았고 피의자는 자의로 진술했으므로 진술의 임의성이 침해되지 않았다고 판단하고 있음을 알 수 있다.

③ 애리조나 주 대법원은 미란다가 조사 과정에서 권리 고지를 받았고 변호인을 요구하지 않았으며 변호인의 도움받을 권리를 거절당한 사실도 없다는 이유로 그에 대한 유죄 판결을 다시금 확인했다. 이 사실을 통해 대법원은 미란다 사건에서 피고인이 변호인의 조력을 요구하지 않았고 진술서에 기록된 피의자 권리를 확인한 후 서명했으므로 진술의 임의성이 있다고 판단하고 있음을 알 수 있다.

④ 존 플린 변호사는 연방대법원 상고심에서 미란다가 조사를 받으면서 자백을 받기 전에 묵비권과 변호인 선임권, 변호인과 상의할 권리를 고지받지 않았음을 지적했다. 이 사실을 통해 존 플린 변호사는 경찰이 피의자를 조사하기 전 피의자 권리를 고지했어야 하지만 그렇게 하지 않았으므로 진술의 임의성을 침해했다고 판단하고 있음을 알 수 있다.

24	글의 맥락 이해하기	④

[정답해설]

연방대법원 상고 허가심 이전까지 법원은 시민의 권리 보장을 위해 수정헌법 제6조의 보호 아래 재판 전 변호인 선임권을 부여해 왔으며 형편이 안 되는 피고인을 위해 국선 변호인을 두게 하였다. 그런데 연방대법원 상고 허가심에서 수정헌법 제5조에 근거해 '미란다 원칙'을 채택하고 피의자 단계에서부터 정당한 권리를 보장받을 수 있도록 하였다. 따라서 '이때가 역사적인 순간이었다'라는 의미는 글의 맥락상 ④의 '피의자가 보장받아야 할 법적 권리가 처음으로 법원에서 공론화된 순간이었다.'가 가장 적절하다.

25	글의 세부 내용 이해하기	②

[정답해설]

'미란다 원칙'에 구속된 사람은 반드시 신문 전에 묵비권이 있음과 진술한 내용이 법정에서 불리하게 쓰일 수 있다는 사실을 분명하게 고지해야 한다고 8문단에 서술되어 있다. 그러나 〈보기〉에서 밝힌 것처럼 수사 실무 차원에서는 피의자의 묵비권보다 자백이 의외로 높은 비율을 차지하는 데, 이는 많은 피의자들이 자신의 진술이 가져올 법적 판단의 결과나 파장을 잘 알지 못하기 때문이다.

[26~30] 독서 – 심리

26	글의 주제 파악하기	③

[정답해설]

제시문은 에크먼과 윌리 프리센의 '미표정' 연구를 통해 사람들이 거짓말을 할 때 표정 속에 나타나는 자연스럽지 않은 비대칭이나 감정 기반 근육 운동의 부재, 표정의 시점 등을 확인함으로써 꾸며낸 표정을 식별할 수 있다고 서술하고 있다. 그러므로 ③의 '거짓말은 어떻게 가려낼 수 있는가'가 제시문의 주제로 가장 적절하다.

27	부적절한 내용 파악하기	⑤

[정답해설]

6문단에서 에크먼은 거짓말을 할 때 나타나는 여러 단서들을 살피면서, 순간적인 느낌에 관한 거짓말은 감정 숨기기와 표정 꾸미기 중 하나로 이루어지며 그 중 표정을 꾸미는 것이 더 쉽다고 말했다. 그러므로 감정을 숨기는 것이 꾸며낸 표정을 보이는 것보다 쉽다고 이해하는 것은 적절하지 않다.

[오답해설]

① 2문단에서 메리는 더 이상 우울증에 시달리고 있지 않다고 주말 외박을 신청했으나, 나중에 거짓말을 한 것으로 밝혀졌다. 그러므로 말은 생각과 일치하지 않을 때가 있다고 이해하는 것은 적절하다.

② 4문단에서 미표정은 의도적인 은폐일 때나, 또는 자신이 어떤 감정을 느끼는지 알지 못할 때, 즉 감정이 억압된 상태일 때 발생할 수 있다고 하였다. 그러므로 사람은 내면의 모든 감정을 자각하지는 못한다고 이해하는 것은 적절하다.

③ 2문단에서 메리는 거짓말을 할 때 자주 웃었고 긍정적으로 말했으며 쾌활하게 보였기 때문에 그녀를 담당했던 담당 의사도 실제로 그녀를 믿었다고 하였다. 그러므로 꾸며낸 표정은 의도적으로 감정을 숨길 수 있다고 이해하는 것은 적절하다.

④ 6문단에서 대부분의 사회적 상황에서 불쾌한 느낌을 은폐하고 긍정적으로 행동하는 것이 요구된다는 점에서 웃음은 가장 흔히 사

용되는 가면이라고 설명하고 있다. 즉, 사람들이 불쾌한 감정을 숨기려고 할 때 웃음으로 표정을 꾸미는 것처럼, 이와 반대로 숨기려 하지 않는 한 감정은 표정을 통해 드러난다고 이해하는 것은 적절하다.

는 가장 명백하고 유익한 단서가 된다며 거짓의 판명을 위해 추가적인 정보들을 더 검토할 것을 주문하고 있다. 그러므로 〈보기〉는 윗글에 대한 보완적 관점에서 거짓말을 판단할 수 있게 하는 또 다른 단서를 추가하는 논리적 관계에 있다고 볼 수 있다.

28 글의 세부 내용 추론하기 ③

[정답해설]
5문단에서 만약 미표정을 확인할 수 있다면, 누군가의 억압된 감정도 알 수 있겠거니와 그가 일부러 숨긴 감정과 이를 통해 은폐하려 했던 진실에도 한 걸음 더 다가갈 수 있을 것이라고 하였다. 그러므로 미표정에 대해 더 깊이 알게 되면 현실의 문제에서 실용적인 도움을 얻을 수 있다고 추론하는 것은 적절하다.

[오답해설]
① 5문단에서 에크먼은 미표정을 분간하기 위한 반복적 학습과 그 판단의 적절성에 대한 즉각적인 피드백, 그리고 시각적으로 대조하는 훈련을 통해 표정 속에 감추어진 감정을 탐지하는 방법을 익힐 수 있다고 판단했다. 그러므로 정밀한 기계 장치를 사용하지 않으면 미표정을 분간할 수 없다고 추론하는 것은 적절하지 않다.
② 5문단에서 미표정을 확인할 수 있다면, 그가 일부러 숨긴 감정과 이를 통해 은폐하려 했던 진실에 다가갈 수 있을 것이라고 하였으나, 그 사람이 그런 감정을 갖게 된 이유와 배경까지 알 수 있다고 추론하는 것은 적절하지 않다.
④ 4문단에서 미표정은 의도적인 은폐일 때나 또는 자신이 어떤 감정을 느끼는지 알지 못할 때 발생할 수 있으며, 어떤 미표정이 이 둘 중 하나를 가리키는지는 구분이 안 된다고 하였다. 그러므로 어떤 사람이 보인 미표정을 다른 사람에게서 발견한다고 해서 그들이 같은 생각을 하고 있다고 추론하는 것은 적절하지 않다.
⑤ 5문단에서 대화 중 대개 다음 순간 상대방이 무슨 말을 할지에 대한 생각으로 종종 주의를 빼앗겨서 미표정을 놓치기도 한다고 하였다. 그러므로 대화 중 상대방의 말이 진실인지 알려면, 매 순간 주의를 집중하여 그 다음에 어떤 말을 할지 예측해야 한다고 추론하는 것은 적절하지 않다.

29 외적 준거를 통한 논리적 관계 파악하기 ②

[정답해설]
제시문에 따르면 표정 속에 나타나는 자연스럽지 않은 비대칭이나 감정 기반 근육 운동의 부재, 표정의 시점 등을 확인함으로써 꾸며낸 표정을 식별할 수 있고, 이를 통해 거짓말을 판단할 수 있다고 말하고 있다. 이에 추가하여 〈보기〉는 설명 속에 존재하는 모순이나 즉각적인 반응이 요구될 때 나타나는 망설임 또한 거짓일 가능성을 알려주

30 단어의 의미 관계 파악하기 ②

[정답해설]
'표정'은 '마음속에 품은 감정이나 정서 따위의 심리 상태가 겉으로 드러남'을 뜻하고, '미표정'은 '사람들의 진짜 느낌을 비언어적으로 누설하는 아주 잠깐 동안의 얼굴 움직임'을 뜻하므로 '미표정'이 '표정'의 개념에 포함되는 상하 관계이다. 마찬가지로 '생물'은 '생명을 가지고 스스로 생활 현상을 유지하여 나가는 물체'를 뜻하고, '미생물'은 '눈으로는 볼 수 없는 아주 작은 생물'을 뜻하므로 '미생물'이 '생물'에 포함되는 상하 관계이다.

[오답해설]
① '개척'은 '거친 땅을 일구어 논이나 밭과 같이 쓸모 있는 땅으로 만듦'을 뜻하고, '미개척'은 '아직 개척하지 못하거나 아니함'을 뜻하므로 서로 반의어 관계이다.
③ '결정'은 '행동이나 태도를 분명하게 정함'을 뜻하고, '미결정'은 '아직 결정하지 아니함'을 뜻하므로 서로 반의어 관계이다.
④ '소년'은 '아직 완전히 성숙하지 아니한 어린 사내아이'를 뜻하고, '미소년'은 '용모가 아름다운 소년'을 뜻하므로 어떤 의미 있는 관계가 아니다.
⑤ '완성'은 '완전히 다 이룸'을 뜻하고, '미완성'은 '아직 덜 됨'을 뜻하므로 서로 반의어 관계이다.

[31~35] 갈래 복합

(가) 허난설헌, 「규원가」
- **갈래** : 규방 가사, 내방 가사
- **성격** : 원망적, 한탄적, 체념적
- **제재** : 규방 부인의 삶
- **주제** : 규방 부인의 외로움과 한(恨)
- **특징**
  – 현존하는 가장 오래된 내방 가사
  – 대구법, 설의법, 의인법 등 다양한 표현기법이 사용됨
  – 고시를 인용하여 세련된 분위기를 형성함
  – 감정이입과 객관적 상관물을 통해 화자의 정서를 표현함

(나) 박효관, 「임 그리워 하는 꿈이」
- **갈래** : 평시조, 서정시
- **성격** : 연정가, 애상적
- **제재** : 귀뚜라미
- **주제** : 임에 대한 간절한 사랑
- **특징**
  - 추상적인 감정인 연정을 구체적 제재를 통해 형상화 함
  - 자연물에 시적 화자의 감정을 이입하여 정서를 표현함

(다) 조헌, 「연못에 비 뿌리고」
- **갈래** : 평시조, 서정시
- **성격** : 전원적, 애상적
- **제재** : 연못 주변의 봄 정치
- **주제** : 봄의 정취와 외로운 심정
- **특징**
  - 객관적 상관물을 통해 화자의 정서를 간접적으로 드러냄
  - 비 내리는 전원의 풍경을 묘사하여 쓸쓸하고 외로운 심정을 묘사함

31 　　전체적인 작품 내용 파악하기 　　③

[정답해설]

(나)는 가을밤 귀뚜라미에 감정이입을 하여 임을 그리워하는 화자의 심사를 표출하고 있고, (다)는 사공 없는 빈 배와 짝 잃은 갈매기를 통해 화자의 외로운 심사를 표출하고 있다.

[오답해설]

① (가)는 규방에서 늙어 가는 자신의 처지에 대한 한탄과 남편에 대한 원망의 감정을 드러내고 있고, (나)는 임에 대한 그리움을 귀뚜라미에 감정이입하여 표출하고 있으나 감정을 격하게 드러내고 있지는 않다.

② (가)는 과거의 젊은 시절 모습을 회상하고 있으나 과거를 후회하고 있지는 않으며, (다)는 화자의 외로운 심사를 묘사하고 있으나 임과의 만남을 기대하고 있지는 않다.

④ (나)는 임에 대한 그리움을 표현하고 있고, (다)는 쓸쓸하고 외로운 화자의 심정을 나타내고 있다. 즉, (나)와 (다) 모두 현재 상황에 대한 만족감을 드러내고 있지 않다.

⑤ (가)에는 자신을 찾지 않는 임에 대한 원망이 나타나 있지만, (나)와 (다)에서는 임과 이별하는 상황이나 원망의 태도가 보이지 않는다.

32 　　부적절한 내용 고르기 　　①

[정답해설]

화자는 '원근을 모르거니 소식이야 더욱 알랴'라며 임에 대한 소식을 알 수 없어 답답한 심정을 토로하고 있다.

[오답해설]

② 화자는 '차라리 잠을 들어 꿈에나 보려 하니'라며 꿈에서라도 임을 만나고 싶은 소망을 드러내고 있다.

③ 화자는 서러운 마음에 '녹기금 빗겨 안아 벽련화 한 곡조'를 연주하고 있다.

④ 화자의 부모는 '공후 배필은 못 바라도 군자호구 원하더니'라며 화자가 높은 벼슬아치는 아니더라도 좋은 배필을 만나기를 원했다.

⑤ 화자는 '설빈 화안 어디 가고 면목가증 되었구나'라며 세월이 흘러 변해버린 자신의 용모를 안타까워하고 있다.

33 　　중심 시어의 역할 이해하기 　　①

[정답해설]

(나)는 임을 그리워하는 화자의 마음을 '귀뚜라미'에 감정이입하여 간접적으로 드러내고 있고, (다)는 화자의 쓸쓸하고 외로운 심정을 '빈 배'라는 객관적 상관물을 통해 간접적으로 드러내고 있다.

34 　　지시 대상과 성격이 다른 것 찾기 　　③

[정답해설]

㉠의 '연못에 비 뿌리고 버드나무에 안개 끼었는데'는 비 내리는 전원 풍경의 묘사를 통해 쓸쓸하고 외로운 화자의 심경을 드러내는 역할을 한다. 그러나 '삼춘 화류 호시절의 경물이 시름없다'는 꽃이 피고 버들잎 돋아나는 좋은 시절에 아름다운 경치를 보아도 아무런 생각이 없다는 뜻으로, 화자의 현 상황과 대조되는 풍경의 묘사를 통해 화자의 서글픈 심정을 더욱 심화하고 있다. 그러므로 화자가 처한 문제 상황을 드러내는 역할의 성격이 ㉠과 다르다.

[오답해설]

① '겨울밤 차고 찬 제 자취눈 섞어 치니'는 겨울밤 차고 찬 때 자국눈(겨우 발자국이 날 만큼 적게 내린 눈)이 섞여 내린다는 뜻으로, 눈 내리는 추운 겨울밤의 묘사를 통해 화자의 외로운 처지를 표현하고 있다.

② '여름날 길고 길 제 궂은비는 무슨 일인고'는 여름날 길고 긴 때 궂은비는 무슨 일인가라는 뜻으로, 궂은비 내래는 여름날의 묘사를 통해 화자의 답답하고 지루한 마음을 표현하고 있다.

④ '가을 달 방에 들고 실솔이 상에 울 제'는 가을 달이 방에 비치고 귀뚜라미가 침상에서 울 때라는 뜻으로, 화자의 외로움을 귀뚜라미에

감정이입하여 표출하고 있다.
⑤ '죽림 푸른 곳에 새소리 더욱 섧다'는 대나무 숲 푸른 곳에서 들려오는 새소리가 더욱 서럽다는 뜻으로, 돌아오지 않는 임을 기다리는 화자의 서러운 마음을 새소리에 담아 표출하고 있다.

35 부적절한 내용 파악하기 ⑤

[정답해설]
'아마도 이 임의 탓으로 살 동 말 동 하여라'는 아마도 이 임의 탓으로 살 듯 말 듯 하다는 뜻으로, 돌아오지 않는 임을 기다리는 화자의 기구한 운명을 표현하고 있다. 이는 〈보기〉에서 설명한 화자가 남성 위주의 사회에서 억압받으며 살아가면서도 자신의 처지나 상황을 직접적으로 말하지 못하는 안타까운 심정을 드러낸 것이다. 그러므로 남편이 자신을 찾지 않는 현실을 적극적으로 비판하는 화자의 태도를 엿볼수 있다는 ⑤의 설명은 적절하지 않다.

[오답해설]
① '당시의 마음 쓰기 살얼음 디디는 듯'은 그때 마음 쓰기가 살얼음 디디듯 조심스러웠다는 뜻으로, 시집 온 후 남편을 모시며 조심스럽게 살았던 화자의 삶을 엿볼 수 있다.
② '내 얼굴을 내 보거니 어느 임이 날 사랑할까'는 내 얼굴을 내가 보니 어느 임이 나를 사랑하겠냐는 뜻으로, 남편이 자신을 찾지 않는 것을 자신의 용모 탓으로 돌리는 화자의 모습을 드러내고 있다.
③ '삼삼오오 야유원의 새 사람이 났단 말인가'는 삼삼오오 어울려 다니는 기생집에 새 기생이 나타났다는 뜻으로, 기생집을 드나드는 남편의 행실이 바르지 못하다고 여기는 화자의 생각을 엿볼 수 있다.
④ '간장이 구곡되어 굽이굽이 끊쳤어라'는 마음속이 뒤틀리어 굽이굽이 끊어졌다는 뜻으로, 봉건적 규범 속에 살아가는 화자의 깊은 한이 드러나 있다.

[36~40] 독서 – 과학

36 부적절한 내용 고르기 ③

[정답해설]
3문단에서 텍스트는 언어에 따라 의미나 문법 규칙이 전부 다르다는 문제가 있기 때문에 텍스트 데이터를 다룰 때 구조화가 되지 않는 것이 가장 어려운 점이라고 설명하고 있다. 그러므로 텍스트 데이터는 언어 규칙에 일정한 패턴이 있어서 정보를 구조화하는 데 용이하다는 ③의 설명은 적절하지 않다.

[오답해설]
① 5문단에서 데이터 마이닝은 많은 양의 데이터에서 인간이 찾을 수

없는 패턴까지 추출해 스마트 데이터를 찾아내는 것이라고 서술하고 있다. 그러므로 데이터 마이닝은 데이터에서 가치를 추출하고 결과를 분석하는 기술의 종류라고 이해할 수 있다.
② 2문단에서 과거에는 데이터 마이닝이 대부분 정형 데이터 위주였다면, 지금은 비정형 데이터의 비중이 월등히 높다고 설명하고 있다. 그러므로 형태가 구조화된 데이터보다 형태가 일정하지 않은 데이터가 점점 많아지고 있다고 이해할 수 있다.
④ 4문단에서 사용자가 특정한 목적으로 처리하지 않은 상태에 있는 것을 원시 데이터라고 정의하고 있다. 그러므로 원시 데이터는 다양한 데이터가 특정한 목적에 맞게 처리되지 않은 상태의 것을 의미한다고 이해할 수 있다.
⑤ 2문단에서 빅데이터 활용에는 데이터 마이닝이 필수적이며, 이는 빅데이터 안에서 체계적이고 자동적인 규칙이나 패턴을 찾아내는 작업으로, 통계학에서 쓰이는 다양한 기법을 활용한다고 서술하고 있다. 그러므로 빅데이터를 실제로 활용하기 위해서는 많은 양의 데이터에서 목적에 맞는 규칙이나 패턴을 찾아내는 과정을 거쳐야 한다고 이해할 수 있다.

37 지시 대상 이해하기 ④

[정답해설]
㉠의 '원시 데이터'는 사용자가 특정한 목적으로 처리하지 않은 상태에 있는 데이터이고, ㉡의 '스마트 데이터'는 데이터마이닝을 통해 정제 및 가공 처리된 데이터를 말한다. 그러므로 ㉡은 ㉠과 달리 수십억 개 이상의 콘텐츠를 데이터 마이닝을 통해 처리한 결과를 저장한다는 ④의 설명은 적절하다.

[오답해설]
① 효율적인 정보와 지식을 활용하기 위해 패턴을 추출한 결과를 축적한 것은 ㉡의 '스마트 데이터'이다.
② 유튜브와 틱톡 등 동영상 기반 서비스에서 생성된 영상 자료를 그대로 보관한 것은 ㉠의 '원시 데이터'이다.
③ 인공지능 서비스로 생성되는 데이터를 가공 처리한 정보를 기본 형식으로 이루어진 것은 ㉡의 '스마트 데이터'이다.
⑤ 영상, 음악, 이미지 등 다양한 형태로 존재하는 빅데이터를 원재료 상태로 구성한 것은 ㉠의 '원시 데이터'이다.

38 글의 세부 내용 이해하기 ③

[정답해설]
환자가 병원에서 검사를 받을 때 컴퓨터에 입력되는 수치 정보는 구조화된 정형 데이터이고, 검사 기기에서 생성된 생체 정보, 유전자 정보, 질병 정보, 영상 정보 등은 형태와 구조가 정형화 되지 않은 비정

형 데이터이다. 그러므로 (다)는 데이터 환경의 변화로 정형 데이터를 비롯해 비정형 데이터까지 생성되는 예를 들어 설명한 것이라고 볼 수 있다.

[오답해설]

① (가)는 데이터가 생성되는 속도의 변화 양상이 아니라, 데이터 양의 변화 양상을 분석한 것이다.

② (나)는 빅데이터의 종류를 분류한 것이 아니라, 데이터 수집의 원천 매체와 데이터 흐름의 연속성에 대해 설명하고 있다.

④ (가)와 (나) 모두 빅데이터를 사용해 체계적인 규칙과 방법을 적용한 분석과는 관련이 없다.

⑤ (다)는 데이터 처리 방식이 발전함에 따라 빅데이터의 양이 증가된 상황을 구체화하고 있으나, (나)는 각 매체에서 이루어지는 데이터 수집과 관련된 설명으로 빅데이터 양의 증가와는 관련이 없다.

39	부적절한 내용 고르기	④

[정답해설]

〈보기〉에서 인공지능이 예측한 데이터는 갑작스러운 사고나 기후 변화로 인한 변수는 아직 완벽히 반영되는 것 같지는 않았지만, 그래도 빅데이터 분석의 정확도가 워낙 높아져 생산과 재고로 인한 손실은 크게 줄었다고 설명하고 있다. 그러므로 스마트 데이터의 변수에 따른 손실 규모가 과거에 비해 점점 커지는 이유를 상세히 설명할 필요가 있겠다고 생각하는 것은 적절하지 않다.

[오답해설]

① 〈보기〉는 인공지능이 예측한 데이터는 오차 없이 정확했고 빅데이터 분석의 정확도가 워낙 높아져 생산과 재고로 인한 손실이 크게 줄었다며, 빅데이터가 인간의 실생활에 미치는 영향을 사례를 들어 보여주고 있다.

② 〈보기〉는 식재료 주문, 택시 호출, 주변 식당 정보 알림 등 개인에게 제공되는 스마트 데이터가 어떤 도움이 되는지를 일상적 경험을 토대로 제시하고 있다.

③ 〈보기〉는 인공지능이 예측한 데이터는 갑작스러운 사고나 기후 변화로 인한 변수는 아직 완벽히 반영되는 것 같지는 않다며, 불확실하거나 예측 불가능한 상황에 대비하는 빅데이터의 한계에 대해 언급하고 있다.

⑤ 〈보기〉는 택시를 부르려고 음성 인식 스피커에 말을 걸자 음성 인식 스피커가 사람의 마음을 읽어 '택시를 호출할까요?'라고 묻는 상황을 재현하며, 예측 데이터를 활용한 음성 인식 스피커가 인간의 마음을 어디까지 읽어낼 수 있는지를 구체적으로 보여주고 있다.

40	문맥상 단어의 의미 파악하기	④

[정답해설]

ⓐ의 '처리하다'는 ④의 알코올로 '처리하다'와 마찬가지로 '일정한 결과를 얻기 위하여 화학적 또는 물리적 작용을 일으키다.'라는 의미로 사용되었다.

[오답해설]

①·②·③·⑤의 '처리하다'는 모두 '사무나 사건 따위를 절차에 따라 정리하여 치르거나 마무리를 짓다.'라는 의미로 사용되었다.

[41~45] 고전 소설

> 작자 미상, 「홍계월전」
>
> - **갈래** : 여성 영웅 소설, 군담 소설
> - **성격** : 전기적, 우연적, 비현실적
> - **시점** : 전지적 작가 시점
> - **배경** : 명나라 서달의 난 시기
> - **제재** : 홍계월의 영웅적 활약
> - **주제** : 홍계월의 영웅적 행적과 활약
>   남성 중심 사회에 대한 비판
> - **특징**
>   - 영웅 소설의 서사 구조를 지님
>   - 남성보다 우월한 능력을 지닌 여성이 영웅으로 등장함
>   - 신분을 감추기 위한 남장 모티프가 사용됨
>   - 여성의 봉건적 역할을 거부하는 근대적 가치관이 드러남

41	작품의 중심 내용 이해하기	⑤

[정답해설]

적들이 함성을 지르며 보국을 천여 겹이나 에워싸자, 평국이 보국의 위급함을 보고 재빨리 말을 몰고 적진을 헤치고 들어가 보국을 구해 낸 후, 적장 오십여 명과 군사 천여 명을 한칼로 쓸어버리고 본진으로 돌아왔다. 그러므로 평국이 위기에 빠진 보국을 구하러 적진으로 가서 활약하고 돌아오면서 상황이 일단락되었다고 이해하는 것은 적절하다.

[오답해설]

① 반란이 일어나기 전에 평국은 장원 급제하고 대원수가 되어 난을 평정한 적이 있다.

② 명령을 어기는 자가 있으면, 세워 두고 벨 것이라는 평국의 호령에 모든 장수와 군졸들이 두려워했다.

③ 보국은 중군장으로 평국의 부하가 된 것에 불만을 가졌지만, 여공

의 재촉으로 바삐 갑주를 갖추고 진중에 나아가 평국 앞에 엎드렸다.

④ 보국은 평국의 명령에 순종해 말에 올라 삼척장검을 들고 적진으로 뛰어들었다.

| **42** | 작품의 세부 내용 파악하기 | ① |

[정답해설]

(A)에서 '천자'와 '신하들'은 반란이 일어나자 좌승상 '평국'을 불러 이를 해결하고자 하였다.

[오답해설]

② (A)에서 '천자'는 '신하들'의 견해에 따라 급히 '평국'을 불렀다.

③ (A)에서 '천자'와 '신하들'은 반란이 일어난 상황을 인식하고 이에 대한 해결책을 논의했다.

④ (A)에서 최종 의사결정 권한은 '천자'에게 있다.

⑤ (A)에서 '천자'와 '신하들' 모두 반란을 막아낼 인물로 '평국'을 거론하며 그녀의 능력을 인정하고 있다.

| **43** | 작품의 세부 내용 파악하기 | ④ |

[정답해설]

(B)는 '구월 갑자일'에 행군하기 시작하여 '십일월 오일'에 천속산을 지나 영경루에 다다르기까지 '평국'과 그녀의 군사들이 반란군을 평정하기 위해 떠나는 여정을 요약적으로 서술하여 이야기를 전개하고 있다.

| **44** | 부적절한 감상 내용 고르기 | ① |

[정답해설]

'평국'은 '천자'의 부름에 비록 어리석으나 힘을 다해 성은을 만분의 일이나마 갚고자 하니 폐하는 근심하지 말라며, 반란을 진압하기 위한 원수의 직분을 감사히 수락한다. 그러므로 주인공이 자신이 여자라 전쟁에서 원수의 직분을 수행하기에는 능력이 부족하다고 여기고 있지 않음을 알 수 있다.

[오답해설]

② '평국'은 적진으로 들어가 위기에 빠진 '보국'을 구해내고 적장 오십여 명과 군사 천여 명을 한칼로 쓸어버리고 본진으로 돌아온다. 그러므로 수많은 적군을 한칼에 쓸어버리는 모습에서 주인공이 비범한 능력을 가지고 있다고 볼 수 있다.

③ 사관이 와서 천자가 부르는 명령을 전하자, '평국'은 곧바로 여자 옷을 벗고 조복으로 갈아입은 뒤 전쟁에 나선다. 그러므로 주인공이 나라의 위기 상황에서 아내로서의 역할보다 신하로서의 책무를

더 우선시하고 있음을 알 수 있다.

④ 규중에 머물러 있는 여자인지라 차마 불러낼 수 없다는 '천자'의 말에, '신하들'이 '평국'이 비록 아녀자로 집 안에 있으나 조야에 이름이 있고 작록을 거두지 않았으니 아녀자라고 거리낄 없다고 답하고 있다. 그러므로 주인공이 여자라는 이유로 결혼 후 사회적 활동을 제약받긴 하지만 그 능력에 대해서는 인정을 받고 있다고 볼 수 있다.

⑤ "제가 외람되게 폐하를 속이고 높은 관직에 올라 영화롭게 지내기가 황공했는데, 저의 죄를 용서하시고 이처럼 사랑하시니, 제가 비록 어리석으나 힘을 다해 성은을 만분의 일이나마 갚고자 합니다."라는 '평국'의 말을 볼 때, 주인공은 더 높은 관직을 얻고 싶어서가 아니라 자신의 잘못을 용서해 준 천자의 성은에 보답하기 위해 전쟁에 나서기로 했음을 알 수 있다.

| **45** | 상황에 적절한 속담 찾기 | ② |

[정답해설]

결혼 후 '보국'은 '평국'을 소홀히 대하고 괄시하였으나, 전쟁이 일어나자 '보국'은 대원수가 된 '평국'의 부하로써 부름을 받는 처지가 된다. 그러므로 이러한 상황에 어울리는 속담은 '남의 눈에 눈물 내면 제 눈에는 피가 난다.'이다.

> 남의 눈에 눈물 내면 제 눈에는 피가 난다. → 남에게 모질고 악한 짓을 하면 반드시 저는 그보다 더한 고통을 당하게 된다는 말이다.

[오답해설]

① 개미 구멍이 둑을 무너뜨린다. → 작은 결점이라 하여 등한히 하면 그것이 점점 더 커져서 나중에는 큰 결함을 가져오게 됨을 비유적으로 이르는 말이다.

③ 낮말은 새가 듣고 밤말은 쥐가 듣는다. → 아무도 안 듣는 데서라도 말조심해야 한다는 말이다.

④ 사공이 많으면 배가 산으로 간다. → 여러 사람이 저마다 제 주장대로 배를 몰려고 하면 결국에는 배가 물로 못 가고 산으로 올라간다는 뜻으로, 주관하는 사람 없이 여러 사람이 자기주장만 내세우면 일이 제대로 되기 어려움을 비유적으로 이르는 말이다.

⑤ 산이 커야 골이 깊다. → 산이 높고 커야 골짜기가 깊다는 뜻으로, 품은 뜻이 높고 커야 품은 포부나 생각도 크고 깊음을 비유적으로 이르는 말이다.

2025학년도 기출문제 정답 및 해설

2025학년도

[영어]

정답 및 해설

▌ [영어] 2025학년도 | 정답

01	①	02	②	03	③	04	③	05	①
06	②	07	④	08	①	09	④	10	④
11	③	12	②	13	⑤	14	②	15	④
16	⑤	17	②	18	①	19	①	20	③
21	④	22	②	23	①	24	①	25	③
26	②	27	②	28	①	29	③	30	④
31	⑤	32	③	33	⑤	34	④	35	⑤
36	③	37	①	38	②	39	⑤	40	⑤
41	③	42	④	43	③	44	⑤	45	⑤

[영어] 2025학년도 | 해설

01	유사 어휘 고르기	①

[정답해설]

'sacred'는 '신성한, 성스러운'의 뜻으로, 'holy(신성한, 경건한)'와 그 의미가 가장 유사하다.

[오답해설]

② 기이한

③ 요구가 많은

④ 실용적인

⑤ 흔하지 않은

[핵심어휘]

□ violate 어기다, 위반하다

□ profession 직업, 전문직

□ sacred 신성한, 성스러운

□ holy 신성한, 경건한

□ weird 기이한, 기괴한

□ demanding 요구가 많은, 부담이 큰

□ uncommon 굉장한, 흔하지 않은

[본문해석]

그는 직업에서 가장 <u>신성한</u> 규칙 중의 하나를 위반했다.

02	유사 어휘 고르기	②

[정답해설]

'assess'는 '평가하다, 사정하다'의 뜻으로, 'evaluate(평가하다, 감정하다)'와 그 의미가 가장 유사하다.

[오답해설]

① 개선하다

③ 극대화하다

④ 협상하다

⑤ 과대평가하다

[핵심어휘]

□ assess 평가하다, 사정하다

□ belongings 재산, 소유물

□ evaluate 평가하다, 감정하다

□ negotiate 협상하다, 성사시키다

□ overestimate 과대평가하다

[본문해석]

그들에게 당신의 재산 가치를 <u>평가하는</u> 방법에 대한 정보를 보내달라고 요청하세요.

03   유사 어휘 고르기   ③

[정답해설]

'despair'는 '절망, 자포자기'의 뜻으로, 'hopelessness(절망, 가망 없음)'와 그 의미가 가장 유사하다.

[오답해설]

① 분노

② 후회

④ 동정

⑤ 만족

[핵심어휘]

▫ despair 절망, 자포자기

▫ miner 광부

▫ be forced to ~하도록 강요당하다

▫ regret 후회, 유감

▫ hopelessness 절망, 가망 없음

▫ sympathy 동정, 공감

▫ contentment 만족, 안도감

[본문해석]

광부들이 강제로 일해야 하는 상황에서 그녀는 절망에 휩싸였다.

04   유사 어휘 고르기   ③

[정답해설]

'obvious'는 '분명한, 확실한'의 뜻으로, 'evident(분명한, 눈에 띄는)'와 그 의미가 가장 유사하다.

[오답해설]

① 추상적인

② 보이지 않는

④ 풍부한

⑤ 다루기 힘든

[핵심어휘]

▫ tire track 타이어 자국

▫ obvious 분명한, 확실한

▫ abstract 추상적인, 관념적인

▫ invisible 보이지 않는, 무형의

▫ evident 분명한, 눈에 띄는

▫ plentiful 많은, 풍부한

▫ unruly 다루기 힘든, 제멋대로 구는

[본문해석]

눈 속에 새로 생긴 타이어 자국은 누군가 최근에 이 시골길을 운전했다는 확실한 증거였다.

05   유사 어휘 고르기   ①

[정답해설]

'valid'는 '유효한, 타당한'의 뜻으로, 'reasonable(타당한, 합당한)'과 그 의미가 가장 유사하다.

[오답해설]

② 부적절한

③ 다수의

④ 귀중한

⑤ 믿을 수 없는

[핵심어휘]

▫ valid 유효한, 타당한

▫ delay 지연, 지체

▫ delivering 배달, 배송

▫ reasonable 타당한, 합당한

▫ unsound 부적절한, 건전하지 못한

▫ multiple 많은, 다수의

▫ invaluable 매우 유용한, 귀중한

▫ incredible 믿을 수 없는, 믿기 힘든

[본문해석]

그 회사는 고객에게 제품 배송이 늦은 타당한 이유를 제시했다.

06   빈칸 추론하기   ②

[정답해설]

새로운 취미를 배워볼 생각을 해 본 적이 있냐는 A의 물음에 B가 새로운 것을 시작하기에는 너무 나이가 든 거 같다고 망설이고 있다. 그러자 A가 전 연령대의 사람들이 새로운 것을 배우는 것을 보았다며 B를 독려하고 있다. 그러므로 빈칸에 들어갈 말로는 ②의 'it's never too late to learn(배우기에 너무 늦지 않았어)'이 가장 적절하다.

[오답해설]

① 연습이 완벽을 만든다

③ 백지장도 맞들면 낫다

④ 결코 겉모습만 보고 판단하지 마라

⑤ 학문에 왕도는 없다

[핵심어휘]

- pick up 알게 되다, 익히게 되다
- plenty of 많은, 풍부한
- inspire 고무하다, 영감을 주다
- encouragement 격려, 고무
- give it a shot 한번 시도해 봐, 한번 해 봐
- royal road 왕도, 지름길

[본문해석]

A: 새로운 취미를 배워볼 생각을 해본 적이 있니?

B: 모르겠어. 새로운 것을 시작하기에는 너무 나이가 든 거 같아.

A: 전혀! 항상 해보고 싶었던 것이 뭐야?

B: 음, 나는 항상 피아노를 배우고 싶었어.

A: 좋은 생각이네! 성인 초보자를 위한 자료가 많이 있어. 온라인 수업으로 시작하거나 현지 수업에서 찾을 수 있지.

B: 네 말이 맞는 거 같아. 생각해볼게.

A: 전 연령대의 사람들이 새로운 것을 배우는 것을 봤어. 그건 매우 고무적이야. 명심해, 배우기에 너무 늦지 않았어.

B: 격려해 줘서 고마워! 한 번 해볼게!

07	빈칸 추론하기	④

[정답해설]

주말 계획에 대해 이야기하던 중에 B가 하이킹 외에 다른 계획도 있냐고 물었고, A가 기다려온 신작 스릴러를 읽으려고 한다고 답하였다. 그러므로 빈칸에 들어갈 말로는 ④의 'Let me know how the book turns out(책의 결과가 어떻게 되었는지 알려줘)'이 가장 적절하다.

[오답해설]

① 밖에서 더 자주 놀자
② 하이킹은 내가 가장 좋아하는 활동이야
③ 산에서 만나자
⑤ 내일 다른 계획을 세워볼게

[핵심어휘]

- be up to ~하고 있다
- chill 느긋한 시간을 보내다
- It's been a while. 오랜만이야, 간만이야
- awesome 굉장한, 기막히게 좋은
- clear one's head 머리를 식히다
- catch up on ~을 따라잡다, 만회하다
- turn out (일·진행·결과가 특정 방식으로) 되다[되어 가다]

[본문해석]

A: 이번 주말에 뭐 할 거니?

B: 아마 집에서 그냥 쉬고 있을 걸. 너는?

A: 하이킹을 갈까 생각 중이야. 오랜만에.

B: 어디로 갈 건데?

A: 산에서 기막히게 멋진 경치를 볼 수 있는 좋은 곳을 찾았어.

B: 멋지다! 혼자 가니?

A: 응, 머리 식힐 시간이 필요해.

B: 이해해. 하이킹 외에 다른 계획도 있니?

A: 책을 좀 읽을까 해. 기다려온 신작 스릴러가 있어.

B: 완벽한 주말이 되겠구나! 책의 결과가 어떻게 되었는지 알려줘.

A: 알았어.

08	어법상 틀린 것 고르기	①

[정답해설]

settling down → settled down

settling down은 앞의 my grandparents를 주어로 하는 본동사이므로, 분사가 아닌 동사의 형태로 써야 한다. 앞 문장에서 조동사 'would'가 과거 시제이므로 시제의 흐름상 settling down은 settled down으로 고쳐 써야 옳다.

[핵심어휘]

- summer break 여름방학
- worship room 예배실
- stone idol 석상
- throne 왕좌, 왕위
- prayer beads 묵주, 염주
- chant 찬송하다, 기도문을 읊조리다
- in a whisper 속삭이며, 귓속말로
- meditation session 명상 시간
- communion 영적 교감[교섭]
- a higher power (전지전능한) 하느님, 신
- a body of evidence 일련의 증거
- aging-related 노화와 관련된
- cognitive decline 인지력 감퇴
- enhance 높이다, 향상시키다
- cope with ~에 대처[대항]하다
- millennia 천년 간의, 천년 왕국의
- quest 탐구, 탐색
- enlightenment 깨달음, 교화, 계몽
- in parallel with ~와 병행하여
- awareness 인식, 의식
- relief 완화, 경감

[본문해석]

인도에서 성장한 나는 여름 방학에 콜카타에 있는 조부모님 댁을 방문하곤 했다. 매일 오후 할머니는 가족 예배실을 마주본 채 바닥 매트에 앉아 있었는데, 그곳에는 작은 나무 왕좌에 앉아 있는 힌두교 신들의 석상들이 있었다. 30분 동안 할머니는 가만히 앉아 눈을 감고 손가락으로 묵주를 굴리며 크리슈나의 이름을 속삭이듯 찬송했다. 이러한 명상의 시간이 할머니가 신과 교감하는 데 도움이 되었는지 객관적으로 알 수는 없지만, 일련의 과학적 증거에 따르면 할머니는 여러 방식으로 명상을 통해 도움을 받았으리라 생각된다. 이러한 습관은 할머니가 스트레스를 관리하는 효과적인 방법이었을 것이다. 또한 노화와 관련된 인지력 감퇴를 늦추는 데도 도움이 되었을 것이다. 통증에 대처하는 능력도 역시 향상되었을 것이다. 현 순간에 주의를 집중하는 운동으로 가장 폭넓게 정의되는 명상은 영적 깨달음을 추구하는 데 뿌리를 둔 전 세계의 종교적 전통에 의해 수천 년 동안 어떤 형태로든 수행되어 왔다. 오늘날 명상의 인기는 정신 건강과 스트레스 완화의 중요성에 대한 인식과 함께 높아지고 있다.

09 　　　　어법상 틀린 것 고르기　　　　④

[정답해설]

take → to take

make(사역동사) + 목적어 + 동사원형 구문이 수동태가 되면 be made + to 부정사가 된다. 그러므로 'are made take'는 'are made to take'가 되어야 하므로 'take'를 'to take'로 고쳐 써야 옳다.

[핵심어휘]

▫ aggression 공격, 공격성

▫ not one 하나가 아닌, 별개의

▫ aggressive 공격적인

▫ equally 동일하게, 마찬가지로

▫ biologically 생물학적으로

▫ obvious 분명한, 명백한

▫ burst 폭발, 터뜨림

▫ psychologist 심리학자

▫ construct 형성하다, 구성하다

▫ temperamentally 기질적으로, 성질상

▫ prone to ~을 잘 하는, ~의 경향이 있는

▫ extent 정도, 크기

▫ proportion 부분, 비율

▫ anger management 분노 조절

[본문해석]

분노는 분명히 공격성과 관련이 있지만 그것들은 별개이며 동일하지 않다. 화를 내지 않고 공격적인 것이 가능하며 마찬가지로 공격적이지 않고 화를 내는 것도 가능하다. 그러나 이 두 가지(분노의 감정과 공격적인 행동)는 연결되어 있으며 분명한 존재 가치가 있는 생물학적 기초에 기반을 두고 있다. 분노는 항상 에너지 폭발을 훨씬 더 많이 초래하며, 생물학적인 기반을 두고 있음에도 불구하고 일부 심리학자들은 대개 사회적으로 형성된 것으로 보고 있다. 즉, 어떤 사람들은 다른 사람들보다 기질적으로 화를 더 잘 낼 수도 있지만, 이를 표현하는 정도는 아마도 사회적으로 결정된다는 것이다. 예를 들어, 우리 문화에서 사내아이들이 여자아이들보다 더 공개적으로 분노를 표현해도 무방하며, 여자들보다 남자들이 훨씬 더 많은 비율로 분노 조절 학습을 받도록 하고 있다. 이것은 생물학적 차이가 아니라 학습에 의한 차이이다.

10 　　　　문맥에 맞는 낱말 고르기　　　　④

[정답해설]

(A) contrast / (B) maintain / (C) diverse

(A) 앞 문장에서는 인종과 집단의 차이를 없애는 용광로라는 개념에 대해 설명하고 있고, 뒤의 문장에서는 삶에 즐거움을 주는 다양성이란 상반된 개념에 대해 설명하고 있다. 그러므로 빈칸에 들어갈 말로는 'contrast(대조)'가 적절하다.

(B) 다양한 집단이 모여 사는 미국은 그 집단이 자신의 문화유산을 보존거나 아니면 새로운 문화에 동화되는 것을 선택할 수 있다고 설명하고 있다. 그러므로 빈칸에 들어갈 말로는 'maintain(유지하다)'이 적절하다.

(C) 미국은 여러 문화가 혼합된 다문화적인 공통 문화가 존재한다고 설명하고 있다. 그러므로 빈칸에 들어갈 말로는 'diverse(다양한)'가 적절하다.

[핵심어휘]

▫ decade 10년

▫ cultural pluralism 문화적 다원성, 문화 다원주의

▫ recognize 알아보다, 인정하다

▫ in contrast to ~와 대조적으로, ~와 달리

▫ melting pot 용광로, 도가니

▫ erase 지우다, 없애다

▫ ethnic 민족의, 종족의

▫ spice of life 삶의 즐거움, 흥미

▫ shelter 피난처, 안식처

▫ maintain 지탱하다, 유지하다

▫ reform 개혁하다, 개선하다

▫ heritage 유산

▫ assimilate 동화되다, 흡수하다

- as is often the case 흔히 있는 일이지만
- norm 표준, 규범, 기준
- unique 독특한, 고유의
- subsidiary 부수적인, 부차적인
- immigrant 이민자
- slave and free 노예와 해방
- descendant 자손, 후손
- blending 혼합, 혼성
- diverse 다양한, 가지각색의
- paradoxical 역설적인, 모순적인
- multicultural 다문화의, 여러 문화가 공존하는

[본문해석]

최근 수십 년 간의 정치적, 사회적 변화의 결과로 문화 다원주의는 이제 일반적으로 이 사회의 조직 원리로 인정되고 있다. 인종과 집단의 차이를 없애겠다고 약속했던 용광로 개념과 (A) 대조적으로, 이제 아이들은 다양성이 삶의 즐거움이란 것을 안다. 그들은 미국이 다양한 집단에게 안식처를 제공하고 문화유산을 (B) 유지하거나 동화할 수 있도록 해주었으며, 흔히 있는 일이지만 둘 다 할 수도 있다는 것을 안다. 선택은 국가가 아닌 그들의 몫이다. 그들은 문화 다원주의가 자유 사회의 규범 중 하나이며, 집단 간의 차이는 해결해야 할 문제가 아니라 국가적 자원이라는 것을 안다. 실제로 미국의 독특한 특징은 그것의 공통 문화가 부차적인 문화의 상호작용에 의해 형성되었다는 것이다. 이민자, 아메리칸 인디언, 아프리칸인(노예와 해방), 그리고 그 후손들에 의해 시간이 흘러 영향을 받은 문화이다. 미국의 음악, 예술, 문학, 언어, 음식, 의복, 스포츠, 휴일, 관습은 모두 한 국가에서 (C) 다양한 문화가 혼합된 효과를 보여준다. 모순처럼 보일 수도 있지만, 미국에는 다문화적인 공통 문화가 존재한다.

11 문맥에 맞는 낱말 고르기 ③

[정답해설]

(A) reverses / (B) exercising / (C) inseparability

(A) "지식은 권력이다"라는 문구가 지식과 권력의 관계를 나타내는 통속적인 표현인데, Foucault는 "권력은 지식이다"라는 문구를 통해 권력을 부여하는 것은 지식이 아니라고 주장하고 있다. 그러므로 빈칸에 들어갈 말로는 'reverses(뒤집다)'가 적절하다.

(B) Foucault의 분석에 따르면 "권력은 지식이다"라고 말해야만 할 정도로 지식은 이미 큰 권력을 부여받았다고 서술하고 있다. 즉, 지식은 권력을 수행하기 위한 구체적인 수단이 되므로, 빈칸에 들어갈 말로는 'exercising(행사하는)'이 적절하다.

(C) 지식은 결코 권력과 분리된 것이 아니라 권력을 행사하기 위한 구체적인 수단이며, 이 둘의 관계는 권력/지식이라는 용어로 표현될 정도로 철저하게 결합되어 있다고 서술하고 있다. 그러므로 빈칸에 들어갈 말로는 'inseparability(불가분성)'가 적절하다.

[핵심어휘]

- interrelationship 연관성, 상호관계
- phrase 구절, 관용구
- genealogical 족보의, 계보의
- confirm 확인하다, 확신하다
- reverse 뒤바꾸다, 뒤집다
- contend 주장하다, 다투다
- acquisition 습득, 획득
- invest with ~을 부여하다
- analysis 분석
- embody 상징하다, 포함하다
- brute 야만적인, 비인간적인
- coercion 강제, 강압
- potent 센, 강한, 강력한
- translate into ~으로 번역하다
- reflection 반사, 반영
- inseparability 불리할 수 없음, 불가분성
- separability 나눌 수 있음, 분리성
- thoroughgoing 철저한, 철두철미한
- conjoin 결합하다, 묶다

[본문해석]

지식과 권력 사이의 상호관계에 대한 통속적인 이해는 흔히 "지식은 권력이다"라는 문구를 통해 표현된다. Foucault는 계보학 연구에서 이 표현의 논리를 (A) 뒤집는다. 그는 사람에게 권력을 부여하는 것은 지식의 습득이 아니라고 주장한다. 대신에 "권력은 지식이다"라고 말해야만 할 정도로 지식은 이미 항상 큰 권력을 부여받았다. 따라서 Foucault의 분석에 따르면, 지식은 결코 권력과 분리된 것이 아니라 권력을 (B) 행사하기 위한 구체적인 수단이다. 이렇듯이 권력은 단순히 한 개인이나 사회 구조 안에서 구현되고 비인간적인 강제나 처벌로 표현되는 것이 아니다. 권력은 "지식"의 체계로 성공적으로 번역되고 그에 따라 명백한 진실의 베일 하에 반성에서 벗어날 때 가장 강력한 형태로 나타난다. Foucault에 따르면 권력과 지식의 (C) 불가분성은 너무나 철저해서 그는 종종 이 둘을 권력/지식이라는 용어로 묶는다.

12   문맥상 부적절한 낱말 고르기   ②

[정답해설]

broadens → narrows 또는 diminishes

제시문은 기업 간의 경쟁이 제품과 서비스에 혁신을 가져다준다는 일반적인 생각과 달리, 장기적인 관점에서 보면 개방성과 연결성이 순수한 경쟁 메커니즘보다 혁신에 더 가치가 있다는 내용이다. 그러므로 표준 교과서처럼 개인과 조직의 규모에서 혁신을 분석하는 것은 우리의 관점을 좁게 한다고 볼 수 있다. 따라서 ②의 'broadens(넓히다)'는 'narrows(좁히다)' 또는 'diminishes(축소하다)'로 고쳐 써야 옳다.

[핵심어휘]

- long-zoom perspective 장기적인 관점
- broaden 넓히다, 확장하다
- overstate 과장하다, 허풍 떨다
- proprietary 독점의, 전매의
- survival of the fittest 적자생존
- connectivity 연결(성)
- purely 순전히, 전적으로
- recognition 인정, 인식
- intrinsically 본질적으로
- emerge 나타나다, 출현하다
- embrace 받아들이다, 수용하다
- nurture 양육하다, 육성하다

[본문해석]

모든 경제 교과서는 경쟁 기업 간의 경쟁이 제품과 서비스의 혁신으로 이어진다고 말한다. 하지만 장기적 관점에서 혁신을 살펴보면, 경쟁은 우리가 일반적으로 생각하는 것보다 좋은 아이디어의 역사에서 그다지 중심적인 역할을 하지 못하는 것으로 나타났다. 표준 교과서처럼 개인과 조직의 규모에서 혁신을 분석하면 우리의 관점은 넓어진다(→ 좁아진다). 그것은 독점적 연구와 "적자생존"이란 경쟁의 역할을 과장하는 혁신의 그림을 만들어낸다. 장기적인 접근에서 보면 개방성과 연결성이 결국 순수한 경쟁 메커니즘보다 혁신에 더 가치가 있음을 알 수 있다. 이러한 혁신의 패턴은 부분적으로 좋은 아이디어가 역사적으로 나타나는 이유를 이해하는 것이 본질적으로 중요하기 때문에, 그리고 부분적으로 이러한 패턴을 수용함으로써 학교든, 정부든, 사회 운동이든 간에 좋은 아이디어를 더 잘 육성할 수 있는 환경을 구축할 수 있기 때문에 인정받을 만하다. 창의성을 가능하게 하는 많은 관련 환경에 마음을 열면 더 창의적으로 생각할 수 있다.

13   문맥상 부적절한 낱말 고르기   ⑤

[정답해설]

disadvantage → advantage

Edgar Allan Poe가 창시한 현대 단편 소설의 스토리텔링 방식은 작가가 가장 친밀하고 극단적인 방식으로 신비로운 인간의 마음을 탐구할 수 있도록 한다는 것이다. 즉, 이것은 단점이 아닌 장점에 해당하므로, ⑤의 'disadvantage(단점)'는 'advantage(장점)'로 고쳐 써야 옳다.

[핵심어휘]

- lengthy 너무 긴, 장황한
- fable 우화, 꾸며낸 이야기
- realistic 현실적인, 사실적인
- concentrate on ～에 집중하다
- have to do with ～와 관계가 있다
- abnormal 비정상적인
- involving 관련된, 연루된
- murder 살인, 살해
- narrate 이야기 하다, 서술하다
- disturbing 충격적인, 불안감을 주는
- vivid 생생한, 활발한
- aggressor 공격자, 침략자
- give account of ～을 설명하다, 이야기 하다
- disadvantage 약점, 단점
- intimate 친한, 친밀한
- extreme 극도의, 심각한

[본문해석]

장황한 소개가 필요 없는 미국의 위대한 작가 Edgar Allan Poe는 현대 단편 소설을 창시한 작가 중 한 명이다. 현대 단편 소설은 이야기를 현대의 사실적인 배경 위에 설정할 뿐만 아니라 그 형식이 하나의 극적인 사건에 집중한다는 점에서 이전의 이야기나 우화의 형식과는 다르다. Poe의 경우, 이 단일 사건은 전형적으로 죽음과 살인에 연루된 비정상적인 행위와 매우 자주 관련이 있다. Poe의 혁신은 살인자 자신의 관점에서 그러한 충격적인 사건을 서술하는 것이었으므로, Poe의 단편 소설을 읽는 독자는 그가 어떻게 범행을 저질렀는지 상세히 설명하기 위해 세심한 주의를 기울이는 공격자의 생생한 목소리를 들어야만 했다. 이러한 스토리텔링 방식의 단점(→ 장점)은 작가가 가장 친밀하고 극단적인 방식으로 신비로운 것, 즉 인간의 마음을 탐구할 수 있도록 한다는 것이다.

14 　　内容과 불일치 문장 고르기 　　②

[정답해설]

글의 서두에서 Virgil의 거장다운 시는 그에게 가장 위대한 라틴어 시인이라는 유산을 남겼고, 중세와 르네상스 시대에 걸쳐 그의 명성이 더욱 높아갔다고 서술되어 있다. 그러므로 르네상스 시대 동안 그의 명성이 쇠퇴했다는 ②의 설명은 제시문의 내용과 일치하지 않는다.

[오답해설]

① 라틴어로 된 그의 능숙한 시들은 그를 유명한 시인으로 만들었다.
→ Virgil의 거장다운 시는 그에게 가장 위대한 라틴어 시인이라는 유산을 남김

③ 그는 다양한 언어로 된 시에 영향을 미쳤다. → 이탈리아어로 단테, 영어로 밀턴, Aeneid를 중세 로망스 Le Roman d'Eneas로 재작업한 무명의 프랑스 시인을 포함하여 언어별로 시인들에게 영감을 줌

④ 그의 시는 인간의 감정을 명확하게 표현했다. → 르네상스 시대의 작가들 사이에서 Virgil은 인간의 감정을 생생하게 묘사한 것으로 평가받음

⑤ 그의 시는 현대 비평가들로부터 Homer의 시보다 좋게 평가받지 못했다. → 대부분의 현대 학자들은 Vigril의 시가 Homer의 시에 비하면 무색할 정도라고 생각함

[핵심어휘]

▫ masterful 거장다운, 훌륭한
▫ poetry 시, 시가, 운문
▫ legacy 유산
▫ printing press 인쇄기
▫ transmit 전송하다, 전달하다
▫ scribe (인쇄술이 발명되기 전의) 필경사
▫ scarce 부족한, 드문
▫ literate 글을 쓰고 읽을 수 있는, 문학상의
▫ significant 의미심장한, 중요한
▫ anonymous 익명의, 무명의
▫ rework 고치다, 다시 하다
▫ pagan 이교도, 비기독교도
▫ prophet 선지자, 예언자
▫ prediction 예측, 예견
▫ appreciate 인정하다, 평가하다
▫ vivid 생생한, 활발한
▫ portrayal 묘사, 형용
▫ predecessor 전임자, 선임자
▫ epic 서사시, 서사문학
▫ contemporary 동시대의, 현대의
▫ hold that ~라 생각[주장]하다
▫ pale in comparison to ~앞에서 무색해지다, ~에 비해 못하다
▫ reputation 명성, 평판
▫ decline 쇠퇴, 하락

[본문해석]

Virgil의 거장다운 시는 그에게 가장 위대한 라틴어 시인이라는 유산을 남겼다. 중세와 르네상스 시대에 걸쳐, 그의 명성은 더욱 높아갔다. 인쇄기가 발명되기 전, 필경사들의 손으로 전달되는 고전 텍스트가 부족했던 시기에 Virgil의 시는 문학 계층이 이용했고, 그들 중에서도 그는 고대의 가장 중요한 작가로 여겨졌다. 그는 이탈리아어로 단테, 영어로 밀턴, Aeneid를 중세 로망스 Le Roman d'Eneas로 재작업한 무명의 프랑스 시인을 포함하여 언어별로 시인들에게 영감을 주었다. 기독교 문화 시대에, Virgil은 작품의 여러 대사가 그리스도의 도래를 예언하는 것으로 해석되어 이교도 예언자로 여겨졌다. 르네상스 시대의 작가들 사이에서 Virgil은 인간의 감정을 생생하게 묘사한 것으로 평가받았다. 반면 현대 비평가들은 그리 호의적이지 않았다. Virgil의 시는 특히 트로이 전쟁을 묘사한 Homer의 서사시인 일리아드와 오디세이 등, 그리스 전임자들의 시와 연관지어 자주 평가된다. 대부분의 현대 학자들은 Vigril의 시가 Homer의 시에 비하면 무색할 정도라고 생각한다.

15 　　内容과 일치하는 문장 고르기 　　④

[정답해설]

제시문에 따르면 Alice는 몸이 너무 약해서 글을 쓸 수조차 없었고, 그녀의 절친한 친구인 Loring이 Alice를 위해 그녀의 말을 글로 적었다고 서술되어 있다. 그러므로 그녀는 자신의 생각을 받아 적은 글을 남겼다는 ④의 설명은 제시문의 내용과 일치한다.

[오답해설]

① 그녀는 케임브리지의 하층민 가정 출신이다. → 그녀의 가족은 매사추세츠 주 케임브리지에서 유명한 존경받는 가정임

② 그녀는 식구 중 맏이였다. → 그녀는 두 오빠를 둔 막내딸임

③ 그녀의 오빠들은 명성을 얻지 못했다. → 그녀의 오빠인 Henry James는 소설가로, William James는 철학자로 중요한 인물들이며 공적인 경력에서 점점 더 성공을 거두고 있음

⑤ 그녀의 일기장은 다른 여성들에 대한 연민으로 가득했다. → 그녀의 일기는 다른 여성들에 대한 연민이 아니라 자기 연민으로 채워져 있음

[핵심어휘]

▫ be classified as ~로서 분류되다
▫ figure 인물
▫ mental breakdown 신경쇠약, 정신분열
▫ numerous 많은, 다수의
▫ in the meantime 그 동안에, 그 사이에
▫ public career 공인으로서의 경력
▫ journal 저널, 일기
▫ appreciate 이해하다, 인식하다
▫ self-pity 자기 연민
▫ uniquely 특별히, 독특하게

□ feminine 여성

□ reputation 명성, 평판

□ dictate 받아쓰게 하다, 구술하다

[본문해석]

Alice James는 항상 유명인의 여동생 또는 동생으로 분류된다. 그녀의 두 오빠들인 소설가 Henry James와 철학자 William James는 그들의 분야에서 중요한 인물들이다. 그녀의 가족은 본래 매사추세츠 주 케임브리지에서 유명하고 존경받는 가정이었다. 하지만 막내딸인 Alice는 16살에 첫 정신분열을 일으킨 이후로 문제가 있었다. 그녀는 또한 많은 건강 문제를 겪었다. 그 사이에 오빠들은 공적인 경력에서 점점 더 성공을 거두고 있었다. Alice James는 마흔네 살의 나이에 세상을 떠났지만, 그녀는 인생의 마지막 3년 동안 자신의 생각에 대한 가장 흥미로운 기록을 남겼다. 그러나 그녀는 몸이 너무 약해서 글을 쓸 수조차 없었다. 그녀의 절친한 친구인 K. P. Loring은 Alice를 위해 그녀의 말을 글로 적었다. Loring은 또한 Alice의 오빠들과 자신을 위해 그녀의 일기를 인쇄했다. 그녀의 일기를 읽는 데 있어 어려움은 분노, 자기연민, 그리고 물론 필자가 느끼는 고통의 혼합을 이해하는 것이었다. 또한 당시 여성들은 남성 의사들이 연구하고 치료해야 할 "사례" 또는 "문제"로 간주되는 경우가 많았기 때문에 그녀의 일기는 독특한 여성적 경험이었다는 점도 기억해야 한다.

| **16** | 내용과 일치하는 문장 고르기 | ⑤ |

[정답해설]

제시문의 마지막 문장에서 Nagel은 1960년대 록펠러 대학에서의 1년을 제외하고, 컬럼비아 대학에서 과학 철학을 가르치고 글을 쓰며 철학에 대한 논리학의 중심적 역할을 설명하는 데 경력을 보냈다고 서술되어 있다. 그러므로 Nagel이 컬럼비아 대학에서 경력의 대부분을 보냈다는 ⑤의 설명은 제시문의 내용과 일치한다.

[오답해설]

① Cohen은 체코슬로바키아에서 태어났다. → Cohen은 러시아에서 태어남

② Cohen은 1941년까지 뉴욕 시립 대학에서 가르쳤다. → 1912년부터 1938년까지는 시립 대학에서, 1938년부터 1941년까지는 시카고 대학교에서 가르침

③ Cohen은 오직 논리학에 대한 주목으로 유명했다. → 논리학과 과학 철학에 대한 주목으로 유명함

④ Nagel은 1931년에 하버드 대학에서 박사 학위를 받았다. → Nagel은 1931년에 컬럼비아 대학에서 박사 학위를 받음

[핵심어휘]

□ transition 이행, 전환

□ analytic philosophy 분석철학

□ mediate 영향을 주다, 가능하게 하다

□ committed 헌신적인, 열정적인

□ naturalist 자연주의자, 동식물 연구가

□ with the exception of ~은 제외하고

□ centrality 중심적 역할[위치]

[본문해석]

미국의 분석철학으로의 전환은 몇몇 중요한 인물, 기관, 사건들에 의해 가능하게 되었다. 그 중 한 명은 Morris Cohen(1880-1947)이었다. 러시아에서 태어난 그는 뉴욕 시립 대학에서 교육을 받았다. 1905년 하버드에서 박사 학위를 받은 그는 1912년부터 1938년까지 시립 대학에서, 그리고 1938년부터 1941년까지 시카고 대학교에서 가르쳤다. 논리학과 과학 철학에 대한 주목으로 유명해진 그는 철학에서 지식을 얻을 수 있는 비과학적 방법을 인정하지 않는 헌신적인 자연주의자였다. 그의 제자 중 한 명은 체코슬로바키아 태생의 Ernest Nagel이며, 시립 대학에서 학사 학위를 받은 후 1931년 컬럼비아 대학에서 박사 학위를 받았다. 1960년대 록펠러 대학에서의 1년을 제외하고, 그는 컬럼비아 대학에서 과학 철학을 가르치고 글을 쓰며 철학에 대한 논리학의 중심적 역할을 설명하는 데 경력을 보냈다.

| **17** | 빈칸 추론하기 | ② |

[정답해설]

제시문에서 남북전쟁에 대한 상반된 보도를 접했던 Osborne은 역사 기록이 반드시 믿을 만한 사실이 아닐 수도 있음을 경험했고, 그의 아들이 신뢰할 수 없는 역사를 공부하는데 시간을 낭비할 수도 있다고 염려하고 있다. 그러므로 빈칸에 들어갈 말은 ②의 'reliability(신뢰성)'이다.

[오답해설]

① 연속성

③ 재발견

④ 간결함

⑤ 예측 가능성

[핵심어휘]

□ in terms of ~면에서

□ enthusiastic 열렬한, 열광적인

□ contradictory 모순된, 상반된

□ contemporary history 현대사

□ at best 기껏, 잘해야

□ contingent 부수적인, 일시적인

□ warrant 정당[타당]하게 만들다

□ anxiety 불안, 걱정

□ unreliable 믿을 수 없는, 신뢰할 수 없는

- factual 사실에 기반을 둔, 사실을 담은
- yield 산출하다, 생산하다
- continuity 지속성, 연속성
- reliability 신뢰성, 신빙성
- rediscovery 재발견
- conciseness 간결, 간략
- predictability 예언[예보]할 수 있음, 예측 가능성

[본문해석]

교육 측면에서, 역사가 항상 언론의 호평을 받는 것은 아니다. 1656년 아들에게 조언을 건넨 Francis Osborne은 그 주제에 대해 결코 열정적이지 않았다. 자신의 시대(현대사)에 남북전쟁에 대한 상반된 보도를 접한 그의 경험으로 인해 최근 일이 아닌 사건에 대한 기록의 신뢰성에 그는 의문을 품었다. 그는 이러한 역사 기록은 "거짓, 잘해야 일시적인 믿음"을 제시할 가능성이 높기 때문에 진지한 연구가 거의 불필요하다고 여겼다. 아들이 신뢰할 수 없는 역사를 공부하는데 시간을 낭비할 수도 있다는 Osborne의 불안감은 역사를 이상적으로 과거에 대한 확실한 '사실적' 지식을 산출하는 특정 종류로 이해하고 있음을 의미한다. 지금 Osborne의 시대에 이미 이 모델이 도전을 받고 있었지만, 우리 시대까지 어느 정도 지속되어 왔다.

18	**빈칸 추론하기**	①

[정답해설]

인간이 어릴 때부터의 학습을 통해 고양이와 개를 구별할 수 있는 것처럼 인공지능도 무엇을 잘 하려면 학습이 필요하며, 또한 AI가 비약적으로 발전한 것도 AI가 필요로 하는 학습을 제공하는 엄청난 양의 데이터가 있기 때문이라고 서술하고 있다. 그러므로 빈칸에는 ①의 'be taught(학습하다)'가 들어갈 말로 가장 적절하다.

[오답해설]

② 스스로를 능가하다
③ 스스로 생각하다
④ 규칙에 의해 지배되다
⑤ 모든 가능성을 계산하다

[핵심어휘]

- genetically 유전적으로, 유전상으로
- prime 대비시키다, 준비시키다
- categorize 분류하다, 범주에 넣다
- artificial minds 인공지능
- breakthrough 돌파구, 비약적 발전
- incredible 믿을 수 없는, 엄청난, 대단한
- massive 방대한, 엄청나게 큰
- self-tracking 자기 추적의

- online footprint 온라인 발자국
- be akin to ~과 같은, ~과 흡사한
- huge 거대한, 엄청난

[본문해석]

모든 지능은 학습해야 한다. 유전적으로 사물을 분류할 준비가 되어 있는 인간의 뇌도 고양이와 개를 구별할 수 있기까지 어릴 때 열두 가지의 예시를 봐야 한다. 심지어 인공지능의 경우는 더욱 그렇다. 가장 잘 프로그래밍 된 컴퓨터도 체스 게임을 잘 하려면 적어도 천 번은 실행해야 한다. AI의 비약적 발전의 일부는 AI가 필요로 하는 학습을 제공하는 우리 세계에 대한 엄청난 양의 수집 데이터에 있다. 방대한 데이터베이스, 자가 추적, 웹 쿠키, 온라인 발자국, 테라바이트의 저장 공간, 수십 년에 걸친 검색 결과, 그리고 전 디지털 세계가 AI를 똑똑하게 만드는 선생님이 되었다. Andrew Ng는 그것을 이렇게 설명한다. "AI는 로켓 우주선을 만드는 것과 비슷합니다. 거대한 엔진과 많은 연료가 필요합니다. 로켓 엔진이 학습 알고리즘인 반면 연료는 이러한 알고리즘에 공급할 수 있는 엄청난 양의 데이터입니다."

19	**빈칸 추론하기**	①

[정답해설]

상습 도박꾼인 샌드위치 백작에서 유래된 샌드위치란 단어는 한 번 들으면 잊어버리는 사람이 거의 없다며, 어원과 의미 사이의 두 번째 작용에 대해 설명하고 있다. 그러므로 빈칸에 들어갈 말로는 ①의 'prefer memorable or logical origins for words(기억에 남거나 논리적인 어원의 단어들을 선호하다)'이다.

[오답해설]

② 어원의 의미에 거의 주의를 기울이지 않다
③ 단어의 원래 의미를 중요하지 않게 여기다
④ 어원의 상반된 과정을 알지 못하다
⑤ 단어의 사용과 의미 사이의 연관성을 싫어하다

[핵심어휘]

- etymology 어원, 어원학
- derive from ~에서 유래하다, 파생하다
- considerable 상당한, 많은
- implication 영향[결과]
- erosion 부식, 침식
- make sense 의미가 통하다, 이해가 되다
- earl 백작
- compulsive 강박적인, 상습적인
- bout 한바탕, 한차례
- sustain oneself 자신의 생명[생활]을 유지하다
- association 연계, 연관

[본문해석]

어원학은 단어의 뿌리 또는 기원을 연구하는 학문으로, '참'이라는 뜻의 그리스어 어원 etymos에서 유래했다. 어원의 중요성과 영향력은 상당하다. 일반적으로 말하면, 두 가지 상반된 과정이 어원과 의미 사이의 관계에서 작용하고 있다. 첫 번째는 어원과의 연결이 점진적으로 침식되는 것이다. 즉, 단어는 어원의 의미에서 꾸준히 멀어지는 경향이 있다. 이와 반대로 연결을 되살리고 단어가 과거의 단어들과 '의미가 통하기'를 바란다. 사람들은 <u>기억에 남거나 논리적인 어원의 단어들을 선호하며</u>, 심지어 단어가 존재하지 않는다면 창조하기도 한다. 어떤 단어는 실제로 이러한 뚜렷한 기원을 가지고 있다. 샌드위치가 24시간 동안 게임 테이블을 떠나지 않기 위해 토스트 조각 사이에 차가운 소고기 조각을 곁들여 자신을 지탱했던 상습 도박꾼인 샌드위치 백작에서 유래했다는 사실을 (한 번 들으면) 잊어버리는 사람은 거의 없다. 이렇게 샌드위치는 1762년에 처음 기록되어 탄생했다.

---

20   빈칸 추론하기   ③

[정답해설]

제시문에 따르면 체스 선수들의 게임 분석은 반사적으로 이루어지며, 한 눈에 체스판을 검토하고 그 배열을 완벽히 기억하는 등의 세분화 과정이 거의 무의식적으로 일어난다고 설명하고 있다. 그러므로 빈칸에 들어갈 말은 ③의 'occur entirely outside conscious awareness(완전히 의식 밖에서 일어난다)'이다.

[오답해설]

① 마스터의 의식이 작동할 때만 일어난다
② 의미 있는 인식을 의식적으로 전개한다
④ 신중한 분석과 반복을 통해 성공한다
⑤ 다중 감각 정보가 서로 결합될 수 있음을 입증한다

[핵심어휘]

- intuition 직관, 직감
- parsing 어구의 해부, 구문 분석
- reflex 반사 작용(운동)
- glance 힐끗 봄, 일견
- grand master 최고 수준의 체스 선수
- configuration 배열, 환경 설정
- chunk 덩어리, 상당히 많은 양
- segmenting process 세분화 과정
- take into account ~을 고려하다, 계산에 넣다
- piece (체스·장기) 말, 알
- sophisticated 세련된, 정교한
- consciousness 의식, 생각
- unfold 펴다, 펼치다
- repetition 반복, 되풀이

- multisensory 여러 감각의, 다중 감각의

[본문해석]

체스 선수들 사이에서 보드 게임 분석이 반사적으로 이루어진다는 것이 우리 생각이다. 실제 연구에 따르면 최고 수준의 체스 선수는 체스판을 의미 있는 덩어리로 자동 분석하기 때문에 한 눈에 체스판을 검토하고 그 배열을 완벽히 기억한다. 또한 최근의 실험은 이러한 세분화 과정이 정말 무의식적이라는 사실을 보여준다. 즉, 간이 경기를 20밀리초 동안 반짝 보여주고 마스크 사이에 끼워 넣어 보이지 않게 해도 여전히 체스 마스터의 결정에 영향을 미칠 수 있다. 이 실험은 전문적인 체스 선수들에게만 적용되며, 왕이 장군인지 멍군인지를 결정하는 것과 같은 의미 있는 문제를 해결하는 경우에만 해당된다. 이는 시각 체계가 말들(루크 또는 나이트)의 신원과 위치를 고려하여 이 정보를 의미 있는 덩어리("장군을 받은 블랙 킹")와 빠르게 결합시키는 것을 의미한다. 이러한 정교한 작업은 <u>완전히 의식 밖에서 일어난다</u>.

---

21   빈칸 추론하기   ④

[정답해설]

유럽에서 일어난 산업 혁명으로 인해 잠재적인 대규모 산업 노동자들이 도시로 이주하면서 2만 명 이상의 도시가 폭증하고 그 지역이 대부분 도시화되고 고도로 산업화되었다고 설명하고 있다. 그러므로 빈칸에 들어갈 말은 ④의 'the dominant form of human settlement(인간 정착지의 지배적인 형태)'이다.

[오답해설]

① 일부 국가의 지리적 특징
② 제조업 시스템
③ 사회 정의와 평등의 개념
⑤ 노동 계급의 정의

[핵심어휘]

- agricultural 농업의
- transform 변형시키다, 완전히 바꿔 놓다
- gender 성, 성별
- kinship 친족
- composition 구성, 구조
- rural 시골의, 농촌의
- urban 도시의
- overturn 뒤집다, 전복하다
- migration 이주, 이동
- emerging 신흥의, 최근에 생겨난
- bourgeoisie 중산층, 부르주아
- scope 범위, 영역
- demographic 인구학의

- underline 밑줄을 긋다, 강조하다
- estimate 평가하다, 추정하다
- geopolitical 지정학의, 지정학적인
- predominantly 대개, 대부분
- urbanized 도시화된
- geographical 지리학적인, 지리학상의
- dominant 우세한, 지배적인

[본문해석]
18세기와 19세기 동안 유럽에서 일어난 산업(및 관련 농업) 혁명은 일의 성격을 변화시켰을 뿐만 아니라 사회 조직, 성별 및 친족 관계, 그리고 인간 정착지의 지배적인 형태도 극적으로 변화시켰다. 특히 농촌 지역에서 신흥 제조업 중산층 공장이 위치한 도시로 잠재적 산업 노동자들이 대규모로 이주하면서 농촌과 도시의 구성과 연결 관계가 완전히 뒤집혔다. 이 시기에 발생한 인구 변화의 범위는 19세기 초에는 인구가 2만 명 이상인 영국 도시가 15개에 불과했지만, 19세기 말에는 185개에 달했다는 연구 결과를 통해 강조된다. 실제로 1800년 당시 유럽 인구의 2.2%만이 10만 명 이상의 도시에 살고 있었으며, 오늘날 그 지정학적 공간이 대부분 도시화되고 고도로 산업화된 것으로 추정되었다.

22	빈칸 추론하기	②

[정답해설]
(A) 심장병 환자들과 암 환자들의 정서적 고통과 통증 완화, 임산부들의 더 나은 출산결과, 관상동맥 우회 수술 환자의 수술 후 합병증 경감 등을 예로 들어 낙관주의가 미치는 영향에 대해 설명하고 있다. 그러므로 빈칸에 들어갈 말로는 'For instance' 또는 'For example' 등이 적절하다.

(B) 앞에서 낙관적인 태도를 지닌 사람들의 긍정적 영향에 대해 설명한 것과 반대로, 비관적인 태도를 가진 사람들의 부정적 영향에 대해 설명하고 있다. 그러므로 'On the other hand(반면에)'가 빈칸에 들어갈 말로 가장 적절하다.

[핵심어휘]
- proverbial 속담에도 나오는, 유명한
- resilient 회복력 있는, 탄력 있는
- disorder 장애, 이상
- investigator 수사관, 조사관
- emotional distress 정신적[정서적] 고통
- pregnant 임신한
- infant 유아, 젖먹이
- birth outcome 출산결과
- coronary artery bypass surgery 관상동맥 우회 수술
- postoperative complication 수술 후 합병증

- depression 우울증, 우울함

[본문해석]
당신은 속담에 나오는 유리잔을 반이 가득 찬 것으로 보는 사람인가, 아니면 반이 비어 있는 것으로 보는 사람인가? 유리잔을 반이 가득 찬 것으로 보는 사람들은 더 낙관적인 태도를 지닌 사람들로 신체장애와 관련된 스트레스를 포함한 스트레스의 영향에 대해 다른 사람들보다 더 회복력이 좋다. (A) 예를 들면, 조사원들은 낙관주의를 심장병과 암 환자들의 정서적 고통 수준을 낮추고 암 환자들의 보고된 통증 수준을 낮추는 것과 결부시킨다. 임산부의 낙관주의는 심지어 더 나은 출산결과, 예를 들면 유아의 출생 당시 체중이 더 높게 측정될 것으로 예측한다. 관상동맥 우회 수술 환자의 낙관주의는 또한 심각한 수술 후 합병증을 줄이는 것과도 관련이 있다. (B) 반면에, 비관적인 태도를 가진 사람들은 우울증과 사회적 불안의 형태로 더 큰 정서적 고통을 보고하는 경향이 있다.

23	글의 제목 유추하기	①

[정답해설]
제시문은 전자두뇌와 이온 추진 엔진을 탑재했다며, 이달 말 발사 예정인 차세대 우주선인 딥 스페이스 1호의 성능에 대해 소개하고 있다. 그러므로 제시문의 제목으로는 ①의 'A Smart New Kind of Spacecraft(스마트한 새로운 종류의 우주선)'가 가장 적절하다.

[오답해설]
② 무인 로켓의 발사
③ DS1의 위험한 기술 실패
④ 컴퓨터 엔진 시스템의 성능
⑤ 더 큰 소행성으로 항해하는 새로운 임무

[핵심어휘]
- daring 대담한, 위험한
- publicized 알려진, 공개된
- asteroid 소행성
- orbit 궤도를 돌다, 공전하다
- destination 목적지, 도착지
- incidental 부수적인, 부차적인
- launch 진수하다, 발사하다
- unmanned 무인의
- independent-minded 자립심[독립심]이 강한
- liken 비기다, 비유하다
- stuff 것, 물건, 대상
- propulsion 추진, 추진력
- forerunner 선구자, 선인
- prime assignment 주된 임무

□ validate 인증하다, 승인하다
□ a host of 많은, 다수의
□ high-profile 세간의 이목을 끄는, 눈에 띄는

[본문해석]

NASA가 계획한 가장 대담한 심우주 임무 중 하나가 가장 비공개된 임무 중 하나로 밝혀졌다. 목표물은 지구에서 수백만 킬로미터 떨어진 태양 주위를 공전하는 1992KD이라 명명된 대형 소행성이다. 하지만 이 목적지는 이번 여행을 떠날 우주선의 성능에 거의 부수적인 것이다. NASA가 발사한 수많은 무인 우주선과 거의 다르지 않아 보이지만, 이 우주선은 2001년 영화 '스페이스 오디세이'의 독자적인 컴퓨터인 HAL에 비유된 전자두뇌에 의해 항해되며, 오랫동안 기술적 환상의 대상이었던 이온 추진 엔진이라는 시스템의 힘으로 우주를 항해하게 될 것이다. 모든 것이 계획대로 진행된다면, 이달 말 발사 예정인 딥 스페이스 1호는 차세대 우주선의 선구자가 될 것이다. 비행 계획자들은 이 우주선이 목표 소행성의 구성 요소와 표면 구조 등 흥미로운 관측을 할 수 있기를 희망하지만, DS1의 주요 임무는 NASA가 항상 너무 위험해서 세간의 이목을 끄는 임무를 수행하기 어렵다고 생각했던 다수의 신기술을 검증하는 것이다.

---

24   글의 제목 유추하기   ①

[정답해설]

제시문에 따르면 개가 사람에게 귀여움을 받는 능력을 갖고 있는 것처럼 소도 똑같은 능력이 있다고 설명하고 있다. 그러므로 제시문의 제목으로는 ①의 'Cattle Can Be Our New Pets(소는 우리의 새로운 반려동물이 될 수 있다)'가 가장 적절하다.

[오답해설]

② 감정 변화를 표현하는 반려동물
③ 야생 동물을 길들이는 방법
④ 소를 집에 안전하게 몰고 가는 방법
⑤ 다윈의 동물 행동 발견

[핵심어휘]

□ evolve 발달하다, 진화하다
□ a suite of 한 벌의, 한 묶음의
□ sensory 감각의
□ adaptation 각색, 적응
□ detect 감지하다, 탐지하다
□ predator 포식자, 포식 동물
□ herd 떼, 무리
□ discern 알아차리다, 식별[구별]하다
□ endear 사랑[귀염]받게 하다
□ apparent 분명한, 명백한

□ bull 황소
□ horned 뿔이 있는, 뿔 모양의
□ belly 배, 복부
□ rub 비비다, 문지르다
□ domesticate 길들이다, 사육하다

[본문해석]

소는 민감한 생물이다. 소는 먼 거리에서 포식자를 감지하기 위해 감각적으로 적응하도록 진화해 왔다. 소는 적어도 개나 고양이만큼 후각과 청각이 예민하다. 사람들은 코끼리가 절대 잊어버리지 않는다고 말하지만 소도 마찬가지이다. 소는 그들이 아는 사람들뿐만 아니라 무리 동료의 사진도 인식할 수 있다. 찰스 다윈은 인간과 동물 모두 감정 표현에 유사점을 가지고 있다고 주장했다. 물론 우리는 쾌락과 두려움과 같은 기본적인 감정을 구별할 수 있다. 하지만 개가 귀여움을 받는 것은 사람들과 함께 있고 싶은 간절한 눈빛과 전체적인 기쁨의 의지, 즉 우리가 사랑이란 형태로 받아들이는 그들의 명백한 능력 때문이다. 소가 당신을 좋아한다는 것을 어떻게 알 수 있을까? 개와 함께 하는 것과 똑같다. 나의 황소 Ricky Bobby는 내 옆에서 행복하게 누워 뿔 달린 머리를 내 무릎 위에 올려놓는다. 그는 내가 쓰다듬는 것을 좋아하고 심지어 배를 문지르기 위해 몸을 굴리기도 한다.

---

25   글의 제목 유추하기   ③

[정답해설]

글의 서두에서 자신을 제대로 돌볼 수 없거나 돌보지 못할 사람들을 보살펴 줄 것을 경찰이 요청받는 것은 당연한 일이라고 서술하고 있다. 또한 마지막 문장에서 경찰의 지원이 자신을 제대로 돌볼 수 없는 사람들을 위한 유일한 선택인 경우가 많다고 서술하고 있다. 그러므로 제시문의 제목으로는 ③의 'Police Are Here for Those Who Cannot Care for Themselves(스스로를 돌볼 수 없는 사람들을 위해 여기 경찰이 왔다!)'가 가장 적절하다.

[오답해설]

① 경찰은 항상 잠재적인 문제를 주시한다
② 경찰의 핵심 목표: 강력 범죄 예방
④ 다양한 종류의 갈등 해결을 담당하는 사람은 누구인가?
⑤ 경찰 업무의 중추인 순찰하기

[핵심어휘]

□ property 재산, 부동산
□ inevitable 불가피한, 당연한
□ assistance 도움, 원조
□ temporary 일시적인, 임시의
□ shelter 피난처, 쉼터
□ transportation 수송, 운송

- referral 소개, 추천
- underfunded 자금 부족을 겪는, 재정이 부족한
- fortunate 다행인, 운 좋은
- turn a cold shoulder to ～에게 냉대하다
- conflict 갈등, 충돌
- patrol 순찰을 돌다
- backbone 중추, 근간

[본문해석]
경찰은 생명과 재산을 보호하고 질서를 유지한다는 목표 때문에, 그리고 온갖 날씨에도 24시간 근무를 위해 개방해야 하기 때문에 자신을 제대로 돌볼 수 없거나 돌보지 못할 사람들을 보살펴 줄 것을 경찰이 요청받는 것은 당연한 일이다. 이에는 어린 아이들, 노인, 정신질환자, 노숙자 등이 포함된다. 이 사람들에 대한 경찰의 지원은 오직 여기까지이다. 물론 경찰이 다른 사람의 자녀를 키우거나 정신질환자를 치료하거나 이 나라의 모든 노숙자를 위한 집을 지을 수는 없다. 그러나 경찰은 도움이 필요한 사람들을 위해 임시 쉼터와 교통편을 제공하거나 마련할 수도 있고 보통 그렇게 한다. 또한 사람들이 이용할 수 있는 프로그램과 서비스를 활용하도록 추천하고 정보를 제공한다. 경제가 어려울 때, 사회 프로그램 재정이 부족할 때, 많은 시민이 불우한 사람들에게 냉담한 태도를 보일 때, 경찰의 지원이 자신을 제대로 돌볼 수 없는 사람들을 위한 유일한 선택인 경우가 많다.

26   글의 제목 유추하기   ②

[정답해설]
엘리자베스 시대의 무대는 원초적이었기 때문에 셰익스피어가 오로지 개인화된 언어 매체만을 사용하는 특별한 캐릭터를 창조한 것처럼, 이러한 부족함을 보완하기 위해 완전히 새로운 언어 매체가 창조되었다고 설명하고 있다. 그러므로 제시문의 제목으로는 ②의 'The Elizabethan Stage and Its Linguistic Innovation(엘리자베스 시대의 무대와 언어 혁신)'이 가장 적절하다.

[오답해설]
① 엘리자베스 시대의 극장 기술의 발전
③ 셰익스피어의 원시 무대의 효과적 활용
④ 영국의 종교 드라마의 쇠퇴
⑤ 중세 도덕극의 부흥

[핵심어휘]
- morally 도덕적으로, 도의적으로
- enlightening 계몽적인, 교화적인
- respectively 각자, 각각
- miracle play 기적극(그리스도·성도·순교자의 사적·기적을 다룬 중세의 연극)

- morality play 도덕극(15～16세기에 유행하던 도덕적 교훈을 가르치는 것을 목적으로 한 연극)
- playhouse 극장
- catalyst 촉매, 기폭제
- efflorescence 전성기, 개화
- accuracy 정확성, 정확도
- primitive 원시적인, 원초적인
- inadequacy 불충분함, 부족함
- linguistic 언어의, 언어학의
- bare 벌거벗은, 맨
- properties 속성, 특성
- theatrical 연극의, 공연의
- illusion 환상, 환각
- diversity 다양성, 포괄성
- exclusively 배타적으로, 오로지
- philosophize 철학적인 이야기를 하다, 철학적으로 사색하다
- agonize 고민하다, 고뇌하다

[본문해석]
비록 종교적이고 도덕적으로 계몽적인 연극들(각각 기적극과 도덕극이라고 불림)의 오랜 전통이 있었지만, 영국 최초의 공공 극장은 1576년에야 지어졌다. 이것은 Gamini Salgado가 '영국이 보여준 연극적 글쓰기의 가장 위대한 전성기'라고 불렸던 촉매제임을 증명했다. 지금은 전체를 정확하게 재구성하기는 어렵지만 엘리자베스 시대의 무대 상태는 대개 원초적이었다. 이러한 부족함을 보완하기 위해 완전히 새로운 언어 매체가 창조되었다. 연극적 환상을 쌓기 위해 최소한의 속성과 효과를 지닌 맨 무대에서, 위대한 극작가인 셰익스피어는 오로지 개인화된 언어 매체, 즉 그들의 창조물이 철학적으로 사색하고, 고뇌하고, 웃고, 고통 받고, 죽을 수 있는 단어의 세계를 통해서만 특별한 다양한 경험과 캐릭터를 창조했다.

27   글의 주장 이해하기   ⑤

[정답해설]
제시문은 자신의 삶을 스스로 통제할 수 있는 심리적 강점을 신체 능력을 개발하는 것처럼 훈련을 통해 단련시킬 것을 주문하고 있다. 그러므로 ⑤의 '자신을 연약하다고 생각하지 말고 정신적으로 강해져라.'가 필자가 주장하는 내용으로 가장 적절하다.

[오답해설]
① 항상 현실적인 계획이 있어야 한다고 생각하지 마라.
② 성공하는 데 도움이 되는 조건들을 파악하라.
③ 보다 큰 꿈 중 하나를 선택하고 실현해 보라.
④ 달성 가능한 목표를 설정하고 각각의 작은 발전 단계를 즐겨라.

[핵심어휘]
▫ stuck 움직일 수 없는, 꼼짝 못하는
▫ anhedonic 쾌락을 추구하지 않는, 불쾌감의
▫ myth 근거 없는 믿음
▫ absolutely 전적으로, 틀림없이
▫ fall apart 허물어지다, 무너지다
▫ paralyzed 마비된, 쓸모없게 된
▫ rid oneself of ~에서 벗어나다, 버리다
▫ put up with 참다, 견디다
▫ assert 주장하다, 확고히 하다
▫ attainable 이룰 수 있는, 달성할 수 있는
▫ fragile 부서지기 쉬운, 연약한

[본문해석]
당신을 꼼짝 못하게 하는 모든 불쾌한 선택의 이면에는 규칙을 거스르면 자신(또는 삶)이 무너질 것이라는 믿음이 있다. 이것은 터무니없는 믿음이다! 그것은 당신을 완전히 마비시킬 수 있다! 그것에서 벗어날 수 있는 유일한 방법은 심리적 강점을 시험해 보는 것이다. 자신의 삶에서 문제들을 참아 내는 것을 멈추고 변화를 향한 몇 걸음을 내딛기 전까지는 자신이 얼마나 강한지 깨닫는 사람은 거의 없다. 그것은 쉽지 않을 것이다. 몇 번은 쓰러질 수도 있지만 무너지지는 않는다. 오히려 삶을 통제할 수 있는 자신의 능력을 확고히 할수록 더욱 강해질 것이다. 심리적 강점을 개발하는 것은 신체 능력을 개발하는 것과 같다. 운동을 많이 할수록 더욱 강해진다.

---

28 글의 주제 이해하기 ①

[정답해설]
제시문에 따르면 재즈에서는 연주자가 창작, 연주, 듣기의 세 가지 예술 활동을 동시에 모두 결합시킬 필요가 있으며, 재즈에서 음악 창작의 모든 행위는 연주가 창작하는 것처럼 개인적이라고 설명하고 있다. 그러므로 ①의 '연주자의 개성을 반영한 재즈의 특성'이 제시문의 주제로 가장 적절하다.

[오답해설]
② 훌륭한 공연을 위해 재즈를 작곡하는 방법
③ 재즈와 서양 음악의 유사점
④ 현대 재즈계의 유명 인사들
⑤ 전통 음악이 재즈에 미친 영향

[핵심어휘]
▫ clear-cut 명백한, 또렷한
▫ encompass 포함하다, 에워싸다
▫ idiom 관용구, 언어, 표현 양식
▫ comprise 구성되다, 이루어지다

▫ instantaneously 순간적으로, 즉석으로
▫ contribution 기여, 공헌, 이바지
▫ be consistent with ~와 일관되다, 일치하다
▫ trait 특성, 특징
▫ individuality 개성, 특성
▫ celebrated figures 유명 인사들
▫ scene 계, 분야

[본문해석]
모든 재즈를 포괄할 수 있는 명확한 범주는 없다. 각 연주자의 표현 양식은 그 자체로 하나의 스타일이며, 그렇지 않다면 그 음악은 재즈가 아니었을 것이다. 재즈는 거의 모든 다른 음악과 마찬가지로 창작, 연주, 듣기의 세 가지 예술 활동으로 구성된다. 전통적인 서유럽 음악에서, 이 세 가지 활동은 항상 동일인이 수행하는 것은 아니지만 흔히 자주 수행한다. 그러나 재즈에서는 연주자가 이 세 가지를 동시에 모두 결합시킬 필요가 있다. 음악 창작은 재즈 공연의 활동적인 부분이며 창작에 대한 연주자의 이해, 즉 잘 듣는 능력에 의해서만 얻을 수 있는 이해에 달려 있다. 동료 연주자로부터 듣는 것에 즉각적으로 반응해야 하며, 자신의 참여는 전개되는 주제와 분위기에 일치해야 한다. 따라서 재즈에서 음악 창작의 모든 행위는 연주자가 창작하는 것처럼 개인적이다.

---

29 전체 흐름과 관계없는 문장 고르기 ④

[정답해설]
제시문은 대학 교육을 받기를 원하지만 낮에는 일을 해야 하고 밤에는 근처에 야간 대학이 없는 학생들에게 원격 학습이 좋은 대안이 될 수 있다고 설명하고 있다. 그러므로 원격 학습이 일을 계속 미루거나 마감 시간을 지키지 못하는 학생들에게 좋은 선택이 될 수 없다는 ④의 설명은 글의 전체 흐름과 어울리지 않는다.

[핵심어휘]
▫ computer-aided 컴퓨터 지원에 의한, 컴퓨터 보조의
▫ instruction 교수, 교육, 지도
▫ distance learning 원격 학습
▫ enroll 등록하다, 입학하다
▫ entire 전체의, 전부의
▫ stick to deadline 마감 시간을 준수하다

[본문해석]
컴퓨터 보조 교육은 대학 수준의 교육 과정 자체를 변화시키고 있다. 점점 더 많은 학생들이 대학 교육을 원하지만, 낮에는 일을 하고 야간 교육을 제공하는 대학이 근처에 없을 수도 있다. 이 문제에 대한 해결책이 원격 학습인데, 이는 학생들이 실제로 대학에 출석하지 않고도 대학 과정에 등록할 수 있음을 뜻한다. ① 대학에서 제공되는 수강

과정은 학생들이 언제든지 이용 가능한 시간에 개인 컴퓨터로 시청할 수 있도록 녹화되어 제공된다. ② 따라서 컴퓨터 기술이 학생들에게 수강 과정을 제공하기 때문에 시간이나 공간에 구애받지 않고 수강 과정을 제공받을 수 있다. ③ 몇몇 대학에서는 현재 이 기술을 통해 학생들에게 전체 학위 프로그램을 제공하고 있다. ④ 따라서 원격 학습은 일을 계속 미루거나 마감 시간을 지키지 못하는 학생들에게는 좋은 선택이 될 수 없다. ⑤ 학생들은 실제로 대학에 다니지 않고도 대학에서 학위를 취득할 수 있다.

30 　전체 흐름과 관계없는 문장 고르기 　④

[정답해설]

제시문은 데카르트의 이원론적 개념인 정신적 대상과 물질적 대상의 구성 요소들과 그 둘의 상호관계에 대해 서술하고 있다. 그런데 ④는 비판적인 검토 없이 당연하게 여겨지는 독서의 중요성에 대해 서술하고 있으므로, 글의 전체 흐름과 어울리지 않는다.

[핵심어휘]

- □ common knowledge 주지의 사실, 상식
- □ Cartesian Dualist 데카르트적 이원론
- □ consciousness 의식, 자각
- □ clockwork 시계 장치
- □ faculty 능력, 기능
- □ introspection 내성, 자기 성찰
- □ perceive 감지하다, 인지하다
- □ take for granted 당연한 일로 여기다, 대수롭지 않게 여기다
- □ independent 독립적인, 독자적인
- □ causally 원인이 되어, 인과적으로
- □ causal interaction 인과적 상호작용
- □ as it were 말하자면, 이를테면
- □ glue 아교, 접착제

[본문해석]

데카르트가 데카르트적 이원론자였다는 것은 상식이다. (아마도 상식에 지나지 않을 것이다!) ① 모두가 알다시피, 그는 정신적 대상과 동물과 인간의 몸을 포함한 물질적 대상이라는 두 가지 세계가 존재한다고 주장했다. ② 정신적 대상은 '의식의 상태'(예: 고통, 시각적 경험, 신념과 욕망, 두려움과 기쁨)이며, 물질적 대상은 다소 복잡한 '시계 장치'의 일부이다. ③ '내면 세계' 항목은 '자기 성찰'이라는 특별한 기능의 훈련을 통해 이해되며, '외부 세계'의 대상은 오감에 의해 인식된다. ④ 대부분의 '상식' 항목과 마찬가지로, 독서의 중요성은 비판적인 검토 없이 당연하게 여겨지는 경우가 많다. ⑤ 정신 상태와 신체 상태는 논리적으로 독립적이지만 인과적으로 상호 연관되어 있다. 말하자면, 인과적 상호작용은 각 개인의 몸에 정신을 결합하는 접착제와 같다.

31 　주어진 문장의 위치 찾기 　⑤

[정답해설]

주어진 문장이 역접의 접속사 'But'으로 시작하므로 앞 문장은 주어진 문장과 상반되는 내용이 와야 한다. 제시문의 ①~④까지는 인류의 역사를 통틀어 나타난 기술적 변화가 우리 사회의 구조를 근본적으로 변화시킨 경우는 없었다고 설명하고 있다. 그러나 ⑤번의 마지막 문장에서는 AI가 가져올 변화의 핵심과 방식에 대해 설명하고 있다. 그러므로 주어진 문장은 ⑤에 들어가는 것이 가장 적절하다.

[핵심어휘]

- □ humanity 인류, 인간성
- □ preexisting 기존의, 이전부터의
- □ framework 뼈대, 틀, 체제
- □ recognizable 인식할 수 있는, 분간할 수 있는
- □ rifle 소총
- □ musket 머스킷총, 장총
- □ conventional 전통적인, 종래의
- □ unaltered 바뀌지 않은, 변경되지 않은
- □ encounter 마주치다, 접하다
- □ prevailing 우세한, 지배적인
- □ transformation 변화, 변신, 탈바꿈
- □ philosophical 철학의, 철학과 관련된

[본문해석]

> 하지만 AI는 인간 경험의 모든 영역을 변화시킬 것이라고 장담한다.

인류는 역사를 통틀어 기술적 변화를 경험해 왔다. 그러나 기술이 우리 사회의 사회적, 정치적 구조를 근본적으로 변화시킨 경우는 극히 드물다. (①) 우리가 사회 세계를 명령하는 기존의 틀이 적응하고 새로운 기술을 흡수하여 인식 가능한 범주 내에서 진화하고 혁신하는 경우가 더욱 많았다. (②) 자동차는 사회 구조에 전면적인 변화를 강요하지 않고 말을 대체했다. (③) 소총이 머스킷총을 대체했지만, 기존 군사 활동의 일반적인 패러다임은 크게 변화하지 않았다. (④) 우리가 세상을 설명하고 명령하는 기존 방식에 도전하는 기술을 접한 경우는 극히 드물다. (⑤) 그리고 그 변화의 핵심은 궁극적으로 철학적 수준에서 발생하여 인간이 현실을 이해하는 방식과 그 안에서 우리의 역할을 변화시킬 것이다.

32 　주어진 문장의 위치 찾기 　③

[정답해설]

사랑과 욕망의 신인 아프로디테와 에로스가 끔직한 괴물 타이폰과 마

주했을 때 피난처를 찾아 물고기로 변신하여 유프라테스 강으로 뛰어들었고, 이것이 물고기자리가 지금의 별자리 형태로 포착된 순간이다. 그러므로 주어진 문장은 ③에 들어가는 것이 글의 흐름상 가장 적절하다.

[핵심어휘]

- refuge 피난처, 도피처
- leap into ~에 뛰어들다
- constellation 별자리, 성좌
- Pisces 물고기자리, 쌍어궁
- lust 성욕, 욕망
- world-crushing 세상을 뒤흔드는
- alternative 대체 가능한, 대안이 되는

[본문해석]

> 피난처를 찾아 물고기로 변신한 두 사람은 안전을 위해 함께 묶여 유프라테스 강으로 뛰어들었다.

물고기자리는 주로 밧줄로 함께 묶인 물고기 한 쌍으로 상상된다. 이 이미지는 기원전 2천 년의 고대 이집트와 이후 바빌로니아 문헌에 기록되어 있다. 이 두 물고기가 왜 함께 묶여 있었는지 초기 자료에는 기록이 없지만, 이후의 그리스 로마 신화에는 일부 설명이 있다. (①) 신들이 끔찍한 괴물 타이폰을 마주했을 때, 아프로디테와 에로스는 전투에서 멀리 떨어져 있었다고 한다. (②) 사랑과 욕망의 신이었기 때문에 이 둘은 세상을 뒤흔드는 위협에 직면했을 때 할 수 있는 일이 거의 없었다. (③) 이것이 별자리의 형태로 포착된 순간이다. (④) 또 다른 버전에서는 물고기자리의 두 마리 물고기가 그들의 등에 업혀 도망친 신들을 구출하고 있다. (⑤) 그들을 도와준 보답으로 물고기들이 밤하늘에 자리 잡게 되었다.

---

33   주어진 문장의 위치 찾기   ⑤

[정답해설]

주어진 문장의 'this enterprise(이 계획)'은 전쟁에서 패한 후 정신적 회복을 위해 제도종교의 전통적 가치를 계몽된 세계관으로 대체하는 것을 목표로 한 제3공화국의 교육 개혁을 의미하므로, 주어진 문장은 글의 흐름상 ⑤에 들어가는 것이 가장 적절하다.

[핵심어휘]

- principal 주된, 주요한
- vehicle 수단, 매개체
- enterprise (대규모의) 기획, 계획
- dedicate 바치다, 전념하다
- humanism 인문주의, 인본주의

- acute 예리한, 날카로운
- abundant 많은, 풍부한
- intense 강렬한, 열정적인
- flowering 개화기, 전성기
- in the wake of ~에 뒤이어, ~을 뒤따라
- demoralize 사기를 꺾다, 의기소침하게 만들다
- humiliate 굴욕감을 주다, 창피를 주다
- siege 포위, 포위 작전
- terrify 겁을 주다, 무섭게 하다
- bourgeoisie 중산층, 자본가 계급, 부르주아
- anarchy 무정부 상태
- radical 급진적인
- the Commune 코뮌(프랑스의 최소 행정 구역)
- restoration 복원, 부활, 회복
- rejection 거절, 거부
- institutional religion 제도종교

[본문해석]

> 이 계획의 주요 수단은 교육 개혁이었으며 특히 과학, 이성, 인문주의의 이상에 전념하는 대학 시스템을 구축하는 것이었다.

제1차 세계대전이 끝난 직후에 쓴 글에서, 프랑스 철학계의 한 예리한 관찰자는 "지난 30년 동안 우리 사이에서 철학 연구가 그 어느 때보다 풍부하고 진지하며 열정적이었다"고 판단했다. (①) 이러한 전성기는 Franco-Prussian 전쟁에서 사기가 꺾인 패배에 뒤이어 제3공화국에 의해 설립된 새로운 교육 시스템에 철학이 역할을 했기 때문이다. (②) 프랑스는 Sedan에서 나폴레옹 3세가 포로로 붙잡히는 굴욕을 당했고 장기간의 포위로 파리는 폐허가 되었다. (③) 그들은 또한 대부분의 부르주아가 코뮌의 급진적 사회주의 하에서 73일간의 무정부 상태를 겪은 것에 두려움을 느꼈다. (④) 정신적 회복을 위한 새로운 공화국의 노력의 대부분은 제도종교의 전통적 가치를 거부한 데서 비롯되었으며, 이는 계몽된 세계관으로 대체하는 것을 목표로 했다. (⑤) Albert Thibaudet은 제3공화국을 "교수 공화국"이라 칭하면서 이 개혁의 중요성을 강조했다.

---

34   글의 배열순서 정하기   ④

[정답해설]

글 (C)에서 'The remark(이 발언)'은 주어진 문장의 "농부들이 더 많은 가뭄을 ~ 더 많은 도로가 필요합니다."를 가리키므로, 주어진 글 다음에 글 (C)가 와야 한다. 또한 글 (B)가 모든 주장이 설득을 시도하는 것은 아니라며 역접의 접속사 'But(그러나)'을 사용하여 글 (A)와 상반된 내용을 진술하고 있다. 그러므로 글 (A) 다음에 글 (B)가 와야 한다. 따라서 주어진 글 다음에 이어질 글의 순서로는 ④의 (C)-(A)-(B)가 가

장 적절하다.

[핵심어휘]

- national forest 국유림
- drought 가뭄
- persuade 설득시키다, 납득시키다
- distinct 서로 다른, 별개의
- enterprise (대규모의) 계획, 활동
- bother 신경 쓰다, 애를 쓰다
- notoriously 악명 높게
- undisturbed 방해받지 않는, 흔들리지 않는
- statement 성명, 진술, 서술
- portray 그리다, 묘사하다
- in a bad light 나쁘게, 부정적으로

[본문해석]

> "농부들이 더 많은 가뭄을 필요로 하는 것처럼 국유림에는 더 많은 도로가 필요합니다." 누군가가 더 많은 도로가 국유림에 해로울 것이라고 청중을 설득하기 위해 이렇게 말하는 것을 들었다.

(C) 그러나 이 발언은 주장이 아니라, 숲 속 도로 건설을 부정적으로 묘사한 진술일 뿐이다. 일부 작가들은 주장을 누군가에게 어떤 것을 설득하려는 시도로 정의한다. 이것은 옳지 않다.

(A) 주장은 결론을 입증하거나 뒷받침하려고 시도한다. 누군가를 설득하려고 할 때는 그들을 자신의 관점으로 끌어들이려고 노력한다. 설득하는 것과 주장하는 것은 논리적으로 서로 다른 활동이다. 사실, 누군가에게 어떤 것을 설득하고 싶을 때는 주장을 이용할 수도 있다.

(B) 하지만 모든 주장이 설득을 시도하는 것은 아니며, 설득하려는 많은 시도에는 주장이 포함되지 않는다. 사실 주장을 하는 것이 사람들을 설득하는 가장 효과적이지 못한 방법 중 하나이며, 응당 그것이 주장에 신경 쓰는 광고주가 거의 없는 이유이기도 하다. 사람들은 가장 약한 주장에 설득되기도 하고, 때로는 꽤 그럴듯한 주장에도 흔들리지 않는 걸로 유명하다.

35	글의 배열순서 정하기	⑤

[정답해설]

주어진 글에서 일반적으로 기술을 개발하려면 이론 학습, 신중한 연습, 올바른 태도 채택이라는 세 가지 조건이 필요하다고 설명하고 있고, 이 설명에 따라 글 (C)에서는 이론 학습, 글 (B)에서는 신중한 연습, 글 (A)에서는 올바른 태도에 대해 차례대로 서술하고 있다. 그러므로 주어진 글 다음에 이어질 글의 순서로는 ⑤의 (C)–(B)–(A)가 가장 적절하다.

[핵심어휘]

- cognitive 인식의, 인지의
- deliberate 신중한, 계획적인
- adopt 채택하다, 차용하다
- attitude 자세, 태도
- sustainable 지속 가능한, 지탱할 수 있는
- translate 번역하다, 바꾸다, 옮기다
- possess 소유하다, 보유하다

[본문해석]

> 좋은 비판적 사고는 인지 기술이다. 일반적으로 기술을 개발하려면 이론 학습, 신중한 연습, 올바른 태도 채택이라는 세 가지 조건이 필요하다.

(C) 이론상 우리가 기술을 보유하기 위해 알아야만 하는 것은 다시 말해 규칙과 사실이다. 예를 들어, 농구공을 차는 것은 허용되지 않는다는 사례처럼, 경기 규칙을 알지 못하면 훌륭한 농구 선수가 될 수 없다. 마찬가지로 비판적으로 생각하려면 어느 정도의 논리를 알아야 한다.

(B) 그러나 이론을 아는 것과 적용할 수 있는 것과는 다르다. 이론적으로는 자전거를 탈 때 자전거의 균형을 맞춰야 한다는 사실을 알고 있을 수 있지만, 그것이 실제로 자전거를 탈 수 있다는 의미는 아니다. 이론적 지식을 실제 능력으로 변환해야 하기 때문에 바로 이 지점에서 연습이 필요하다.

(A) 그러나 여러분의 태도가 연습이 효과적이고 지속 가능한지에 대한 큰 차이를 만든다. 피아노 치는 것을 싫어한다면 연습을 강요하는 것은 장기적으로 생산적이지 않다.

36	글의 배열순서 정하기	③

[정답해설]

주어진 글에 따르면 이미지를 사용하면 언어 추리를 사용하여 쉽게 해결할 수 없는 문제를 해결하는 데 도움을 준다고 하였고 글 (B)에서 'For example'로 시작하며 하나의 예를 들어 설명하고 있다. 다음으로 글 (C)에서 미국 지도를 이미지화 하여 가상의 여행을 시험해 본 후, 글 (A)에서 이에 대한 해결책을 찾는다. 그러므로 주어진 글 다음에 이어질 글의 순서로는 ③의 (B)–(C)–(A)가 가장 적절하다.

[핵심어휘]

- in regard to ~에 관해서
- imagery 형상화, 이미지
- verbal reasoning 언어 추리
- salesperson 판매원
- route 경로, 노선

▫ virtual 가상의

▫ retrace 되짚어 가다, 되돌아가다

▫ path 길, 방향

[본문해석]

> 문제 해결과 관련하여, 이미지는 언어 추리를 사용하여 쉽게 해결할 수 없는 문제를 해결하는 데 도움을 줄 수 있다.

(B) 예를 들어, 뉴욕시에 거주하는 한 영업사원은 워싱턴 DC, 버팔로, 시카고의 세 도시를 운전해야만 한다. 그 순서대로 도시를 이동한 후 뉴욕으로 돌아갈 계획이라면, 그녀는 최단 경로로 이동한 것이 아닐 수도 있다.

(C) 따라서 그녀는 미국 지도를 이미지화하고 마음속으로 여러 번 가상 여행을 할 수 있다. 워싱턴을 방문한 후 버팔로로 이동한 다음 버팔로를 방문한 후 시카고로 갔다가 뉴욕으로 돌아온다면 자신의 길을 일부 되돌아가게 될 거라는 사실을 깨닫게 된다.

(A) 그 때 그녀는 워싱턴으로 운전한 후 시카고로 갔다가 뉴욕으로 돌아오기 전에 버팔로로 가면 운행 시간을 많이 절약할 수 있다는 사실을 알게 된다.

37 한 문장으로 요약하기 ①

[정답해설]

(A) fewer(더 적은) / (B) intuition(직관)

제시문에 따르면 브레인스토밍 시험에서 얼굴을 마주 대하고 작업한 사람들이 생산성이 더 높을 것으로 기대했지만, 독립적으로 작업한 팀이 얼굴을 마주 대하고 작업한 팀보다 거의 두 배나 많은 아이디어를 냈다고 서술하고 있다. 즉, 브레인스토밍에서 직접 접촉하는 집단의 구성원들이 서로 물리적으로 따로 일하는 집단의 구성원들보다 (A) 적은 아이디어를 만들어냈고, 이는 우리의 (B) 직관에 반하는 것이라고 한 문장으로 요약할 수 있다.

[오답해설]

② 더 적은 … 이익

③ 더 많은 … 결론

④ 더 많은 … 직관

⑤ 더 똑똑한 … 이익

[핵심어휘]

▫ obey 따르다, 순종하다

▫ counterintuitive 직관에 반하는

▫ independently 독립적으로, 자주적으로

▫ come to light 알려지다, 밝혀지다

▫ brainstorming 브레인스토밍(창조적 집단 사고)

▫ thought-provoking 진지하게 생각을 하게 하는, 시사하는 바가 많은

▫ emerge 생겨나다, 나타나다

▫ pool 모으다, 공유[공용]하다, 생각을 서로 내놓다

▫ intuition 직관, 직감

[본문해석]

정말 현명해지려면 온라인 그룹은 하나의 최종 규칙과 다소 직관에 반하는 규칙을 따라야 한다. 구성원들은 서로 너무 많이 접촉할 수 없다. 최선은 구성원들이 독립적으로 생각하고 일할 수 있어야 한다. 이 규칙은 1958년 사회 과학자들이 다양한 브레인스토밍 기술을 시험하면서 밝혀졌다. 그들은 시사하는 바가 큰 질문을 던졌다. 사람이 양손에 엄지손가락이 하나씩 더 생기면 어떤 이점과 문제점이 나타날까? 그런 다음 두 유형의 브레인스토밍 그룹이 답변을 제시했다. 한 그룹에서는 구성원들이 얼굴을 마주 대하고 작업했고, 다른 그룹에서는 구성원들이 각자 독립적으로 작업한 다음 마지막에 답변을 모았다. 얼굴을 마주 대하고 작업한 사람들이 생산성이 더 높을 것으로 기대했지만, 그렇지 않았다. 독립적으로 작업한 구성원들이 있는 팀이 거의 두 배나 많은 아이디어를 냈다. 전통적인 브레인스토밍은 혼자 생각하고 나서 결과를 모으는 것만큼 그리 효과적이지 않았다.

> 브레인스토밍에서 직접 접촉하는 집단의 구성원들이 서로 물리적으로 따로 일하는 집단의 구성원들보다 (A) 적은 아이디어를 만들어내며, 이는 우리의 (B) 직관에 반하는 것이다.

38 한 문장으로 요약하기 ②

[정답해설]

(A) excel(뛰어나다) / (B) limitations(한계)

제시문에 따르면 컴퓨터가 처음 등장했을 때에는 오류투성이였지만, 지금의 컴퓨터는 체스나 의학 진단과 같은 분야에서 그 성능이 (A) 뛰어나다. 그럼에도 불구하고 지금의 컴퓨터가 인간 활동의 상당 부분을 수행하는 데 어려움을 겪는 것은 컴퓨터 자체의 기술적 (B) 한계라기보다는 그것을 프로그래밍하는 프로그래머의 방식이 시대에 뒤떨어졌기 때문이라고 필자는 주장하고 있다.

[오답해설]

① 실패하다 … 문제

③ 작동하지 않다 … 문제

④ 성공하다 … 발전

⑤ 응시하다 … 한계

[핵심어휘]

- □ blunder 큰 실수
- □ tiny 아주 작은
- □ outlandish 이상한, 기이한
- □ maddening 미치게 만드는, 터무니없는
- □ babysit 아이를 봐 주다
- □ instruction-sets 명령어 세트
- □ attribute 속성, 특성
- □ deficiency 결핍, 부족
- □ limitation 제약, 한계
- □ significant 중요한, 상당한
- □ diagnosis 진단, 분석
- □ outdated 구식의, 낡은
- □ inherent 본래의, 내재적인
- □ malfunction 제대로 작동하지 않다
- □ stare 빤히 쳐다보다, 응시하다

[본문해석]

컴퓨터가 처음 등장한 직후, 컴퓨터의 실수는 농담의 대상이 되었다. 프로그래밍의 사소한 오류로 인해 고객의 은행 계좌가 사라지거나, 이상한 금액의 청구서가 발송되거나, 똑같은 실수를 반복하는 순환 루프에 컴퓨터가 갇혀 있었다. 이러한 터무니없는 상식의 부재로 인해 대부분의 사용자는 기계가 결코 지능화될 수 없다는 결론을 내렸다. 물론 지금의 컴퓨터는 더 나은 성능을 발휘한다. 일부 프로그램은 체스에서 사람들을 이길 수 있다. 다른 프로그램은 심장마비를 진단할 수 있다. 하지만 아직 침대를 만들거나 책을 읽거나 아이를 봐 줄 수 있는 기계는 없다. 대부분의 사람들이 할 수 있는 일들을 컴퓨터가 할 수 없는 이유는 무엇일까? 컴퓨터는 더 많은 메모리, 속도 또는 복잡함이 필요할까? 컴퓨터는 잘못된 명령어 세트를 사용하는가? 아니면 기계에는 인간의 뇌만이 가질 수 있는 마법 같은 속성이 없는 것일까? 나는 이러한 모든 한계는 오늘날 기계의 결함에는 책임이 없으며, 대신 프로그래머가 그것들을 프로그래밍하기 위해 선택한 시대에 뒤떨어진 방식에서 비롯되었다고 주장한다.

↓

> 초기 컴퓨터들은 상당한 오류가 있었지만, 현대의 기계는 체스나 의학 진단과 같은 작업에는 (A) 뛰어나나, 내재적인 기술적 (B) 한계보다는 시대에 뒤떨어진 프로그래밍으로 인해 기본적인 인간 활동에 어려움을 겪고 있다.

[39-40]

[핵심어휘]

- □ catastrophic 대변동의, 큰 재앙의
- □ eruption 폭발, 분화
- □ entomb 파묻다, 뒤덮다
- □ resident 거주자, 주민
- □ volcanic ash 화산재
- □ doom 죽음, 파멸, 비운
- □ frontier 최선단, 미개척지
- □ simultaneously 동시에, 일제히
- □ wreck 망가뜨리다, 파괴하다
- □ timeline 연대표, 시각표
- □ collapse 붕괴되다, 무너지다
- □ reveal 드러내다, 밝히다
- □ archaeological 고고학적인, 고고학상의
- □ seismic 지진의
- □ accompany 동반하다, 수반하다
- □ violent 격렬한, 극심한
- □ historical account 역사적 기록
- □ investigate 수사하다, 조사하다
- □ excavation 발굴
- □ archaeoseismology 고고지진학
- □ seismicity 지진 활동도
- □ speculate 추측하다, 짐작하다
- □ insula (고대 로마의) 집단 주택
- □ chaste 순결한, 순수한
- □ encompass 포함하다, 에워싸다
- □ evidently 분명히, 눈에 띄게
- □ interrupt 중단시키다, 가로막다
- □ trigger 촉발시키다, 작동시키다

[본문해석]

폼페이는 서기 79년에 베수비오산의 재앙적인 분화로 파괴되었고, 주민들은 화산재에 겹겹이 파묻혔다. 하지만 고대 로마 도시의 파멸에 대한 이야기는 더 많은 것이 있다. 「지구과학의 최전선」이란 잡지에 발표된 연구에 따르면 폼페이가 대규모 지진에 의해 동시에 파괴되었다는 증거가 있다. 이 발견은 도시 붕괴의 새로운 타임라인을 확립하고 연구에 대한 새로운 접근 방식이 잘 연구된 고고학 유적지로부터 추가적인 비밀을 (a) 밝혀낼 수 있음을 보여준다. 연구자들은 항상 지진 활동이 도시 파괴의 원인이었다는 생각을 가지고 있었다. 고대 작가 Pliny the Younger는 베수비오 화산 폭발이 격렬한 흔들림을 동반했다고 보고했다. 그러나 지금까지 이 역사적 기록을 (b) 뒷받침할 증거는 발견되지 않았다. 이탈리아의 Domenico Sparice가 이끄는 연구팀은 이 기록의 (c) 공백을 조사하기로 결정했다. Sparice 박사는 지

금까지 폼페이 발굴에는 지진이 고대 건축물에 미치는 영향을 다루는 고고지진학 분야의 전문가가 포함되지 않았다고 말했다. 그는 이 분야 (d) 전문가들의 공헌이 이번 발견의 핵심이라고 말했다. Sparice 박사는 "지진의 영향은 과거 학자들에 의해 추측되었지만, 우리 연구 이전에는 실질적인 증거가 보고되지 않았다"며 이번 발견이 "매우 흥미로웠다"고 덧붙였다. 연구팀은 '순결한 연인의 집'에 초점을 맞췄다. 이 지역은 화가들이 화산 폭발로 인해 중단된 것이 분명한 (e) 색칠되지 않은 빨가게와 집을 포함한 여러 건물들로 에워싸여 있다. 발굴과 신중한 분석 끝에, 연구진은 지진으로 인해 그 집의 벽이 무너졌다는 결론을 내렸다.

| **39** | **글의 제목 유추하기** | ⑤ |

[정답해설]

제시문에 따르면 고대 로마 도시인 폼페이가 베수비오산의 화산 폭발로 파괴되었다는 기존의 사실 외에 동시에 대규모 지진에 의해 파괴되었다는 여러 증거들이 새로운 발굴과 분석으로 밝혀졌다고 설명하고 있다. 그러므로 ⑤의 'The Eruption of Mt. Vesuvius Wasn't Pompeii's Only Killer(베수비오산의 분화가 폼페이의 유일한 살인자가 아니었다)'가 제시문의 제목으로 가장 적절하다.

[오답해설]

① 누가 화산재로 뒤덮인 폼페이를 발견하였는가
② 폼페이의 풍경에 영향을 미친 베수비오산
③ 지진으로 촉발된 베수비오산의 분화
④ 폼페이의 고고학적 발견에 의한 지진 연대표

| **40** | **문맥상 부적절한 낱말 고르기** | ⑤ |

[정답해설]

colored → uncolored

연구팀이 초점을 맞춘 '순결한 연인의 집'이 있는 지역의 빨가게와 집은 화가들이 화산 폭발로 인해 색칠 작업을 중단한 것이 분명하다고 하였으므로, (e)의 'colored(색칠된)'는 'uncolored(색칠되지 않은)'로 고쳐 써야 옳다.

[41~42]

[핵심어휘]

▫ personality 성격, 개성, 인성
▫ obvious 분명한, 명확한
▫ uniqueness 독특함, 고유성
▫ remainder 나머지

▫ built in 내장된, 내재된
▫ theorised 이론을 제시하다[세우다]
▫ in a vacuum 진공 상태에서, 외부와 단절된 상태에서
▫ id 이드(인간의 원시적·본능적 요소가 존재하는 무의식 부분)
▫ ego 에고, 자아
▫ superego 초자아
▫ actualise 현실로 만들다, 실현하다
▫ in isolation 홀로, 따로

[본문해석]

성격은 일상생활에서 분명한 인간 상태의 한 부분이다. 우리 각자는 독특하며 이러한 독특함을 강조하는 것이 성격에 대한 연구인 반면, 심리학의 나머지 상당 부분은 사람들 간의 유사성을 강조한다. 성격의 일부는 내재되어 있는 것처럼 보이고 다른 부분은 학습된 것처럼 보인다. 물론 성격은 환경적 필요성이나 또는 신념, 가치관, 견해 및 판단을 통해서 문화에 의해 영향을 받는다.

성격을 어떤 식으로 바라보거나 이론화하든 간에, 그것이 외부와 단절된 상태로 존재하지 않는다는 것은 분명하다. 사람은 이드, 자아와 초자아, 혹은 현실의 자아, 또는 일련의 학습된 사회적 행동, 혹은 일련의 특징으로 구성될 수 있다. 이 중 어느 것이든 맥락 혹은 일련의 상황이나 경험 내에서 발생할 수 있으며, 이 두 가지 모두 동일하지는 않다. 따라서 일반적으로 또는 특히 누군가의 성격을 바라보는 가장 좋은 방법은 상호작용의 시각을 통해서이다. 사람들은 각기 타인에게 영향을 미치는 환경 없이는 존재할 수 없다. 따라서 특정 환경에 존재하는 성격을 이해하는 것이 가장 좋다. 성격은 홀로 존재할 수 없다.

| **41** | **글의 제목 유추하기** | ③ |

[정답해설]

제시문은 성격을 이해함에 있어 성격을 인간의 독특함, 문화에 의한 영향, 상호작용의 맥락에서 설명하고 있다. 그러므로 ③의 'Understanding Personality: Uniqueness, Culture, and Context(성격 이해: 독특함, 문화, 맥락)'가 제시문의 제목으로 가장 적절하다.

[오답해설]

① 나이가 들면서 성격은 어떻게 발달하는가?
② 성격과 사회적 행동의 성별 차이
④ 성격, 사회적 행동을 결정하는 한 가지 요인
⑤ 성격과 특징의 유사점은 무엇인가?

| 42 | 빈칸 추론하기 | ④ |

[정답해설]

제시문의 마지막 부분에 사람들은 각기 타인에게 영향을 미치는 환경 없이는 존재할 수 없으므로 특정 환경에 존재하는 성격을 이해하는 것이 가장 좋다고 하였다. 따라서 성격을 바라보는 가장 좋은 방법은 상호작용의 시각을 통해서이다. 그러므로 빈칸에 들어갈 말은 ④의 'interaction(상호작용)'이 가장 적절하다.

[오답해설]

① 감정
② 창의성
③ 유용성
⑤ 생산성

[43~45]

[핵심어휘]

▫ lean 기대다, 의지하다
▫ graffiti (공공장소에 하는) 낙서
▫ senior class president 수석 반장
▫ What's up? 요즘 어때?, 잘 지냈어?
▫ confident 자신감 있는, 확신하는
▫ scared 겁먹은, 무서워하는
▫ nervous 불안한, 걱정스러운
▫ grab a coffee 커피 한 잔 마시다
▫ acoustic (악기나 공연이) 전자 장치를 쓰지 않는

[본문해석]

(A)

Sophia는 North High의 벽돌 벽에 기대어 손가락으로 낙서를 따라갔다. 마지막 종이 울렸고, 학생들은 빠르게 자리를 떠나고 있었다. 그녀는 주위를 둘러보았지만 언니 Sara를 찾을 수 없었다. 한숨을 쉬며, (a) 그녀는 집으로 걸어가기 시작했다. 다음 주에는 학교 장기자랑이 있었고, 그녀는 노래 부르기를 신청했다. 그녀는 노래 부르는 걸 좋아했지만 많은 청중 앞에서 노래를 불러본 적이 없었다.

(C)

Sophia는 걸으면서 생각에 잠겼고 수석 반장인 Janet이 바로 앞에 있을 때까지 눈치 채지 못했다. Janet과 Sara는 서로 아는 사이였지만, Sophia는 그녀와 대화를 나눈 적이 없었다. "안녕, Sophia," Janet이 활짝 웃으며 말했다. "안녕, Janet. 잘 지냈어?" (c) 그녀는 깜짝 놀라며 대답했다. "장기자랑에 신청했다고 들었어," Janet이 말했다. "무슨 노래를 부를 거야?" Sophia는 걱정스러웠다. "아직 잘 모르겠어," (d) 그녀가 말했다. "아직 고심 중이야." Janet은 다시 미소를 지었다. "커피 한 잔 마시며 얘기해 볼래?"

(D)

그들은 동네 카페로 걸어가 학교와 음악에 대해 이야기했다. Janet은 대화하기에 편했고, Sophia는 (e) 그녀에게 더 편안함을 느꼈다. "어떤 종류의 음악을 좋아해?" Janet이 물었다. "나는 클래식 록을 좋아해," Sophia가 말했다. "그래서 어쿠스틱 버전의 클래식 록을 해볼까 생각 중이야." Janet의 눈이 번뜩였다. "딱 좋은데. 나는 기타를 조금 연주하는데, 같이 연주할래?"

(B)

Sophia의 눈이 휘둥그레졌다. "정말? 대단한데!" 그들은 다음 한 시간 동안 계획하고 연습했다. 마침내 작별 인사를 했을 때, Sophia는 Janet이 많은 도움을 주었기 때문에 자신감이 더욱 생겼다. 그녀가 집으로 걸어갈 때, 석양이 마을을 황금빛으로 물들였다. 그녀는 예상 밖의 순간에 새로운 친구들이 모든 것을 더 좋게 만들 수 있다는 것을 깨달았다. 장기자랑은 더 이상 두려워할 대상이 아니라 (b) 그녀가 빛날 수 있는 기회였다.

| 43 | 글의 배열순서 정하기 | ③ |

[정답해설]

글 (C)의 마지막 부분에서 Janet이 커피 한 잔 마시며 얘기해 보자고 Sophia에게 제안했고, 글 (D)의 첫 부분에서 둘이 동네 카페에서 학교와 음악에 대해 이야기하는 장면이 묘사되어 있다. 그러므로 글 (C) 다음에 글 (D)가 와야 한다. 또한 글 (D)의 마지막 부분에서 Janet이 기타 연주를 같이 하자고 Sophia에게 제안했고, 글 (B)에서 둘이 한 시간 동안 계획하고 연습하는 장면이 묘사되어 있다. 그러므로 글 (D) 다음에 글 (B)가 와야 한다. 따라서 전체적인 글의 흐름상 주어진 글 (A) 다음에 (C)-(D)-(B) 순으로 글이 이어져야 한다.

| 44 | 지칭 대상과 다른 것 고르기 | ⑤ |

[정답해설]

(a), (b), (c), (d)는 모두 Sophia를 가리키지만, (e)는 Sophia가 대화하기에 편안함을 느낀 Janet을 가리킨다.

| 45 | 내용과 불일치 문장 고르기 | ⑤ |

[정답해설]

글 (D)에서 Sophia가 어쿠스틱 버전의 클래식 록을 해보려고 한다는 말에, Janet이 자기가 기타를 조금 연주할 줄 안다면 함께 연주할 것을 제안했다. 그러므로 Sophia가 Janet에게 기타 치는 법을 가르쳤다는 ⑤의 설명은 윗글의 내용과 일치하지 않는다.

[오답해설]

① Sophia는 학교 장기자랑에 노래 부르기를 신청했다. → 글 (A)에 Sophia가 학교 장기자랑에 노래 부르기를 신청했으나, 많은 사람 앞에서 노래를 불러본 적이 없다고 서술됨

② Sophia는 Janet과 함께 연습한 후 더 자신감을 느꼈다. → 글 (B)에 Sophia가 Janet이 많은 도움을 주었기 때문에 자신감이 더욱 생겼다고 서술됨

③ Sophia의 언니와 Janet은 서로 아는 사이였다. → 글 (C)에 Janet과 Sara(Sophia의 언니)는 서로 아는 사이였지만, Sophia는 그녀와 대화를 나눈 적이 없었다고 서술됨

④ Sophia는 클래식 록 노래를 부르려고 생각하고 있었다. → 글 (D)에 Sophia가 클래식 록을 좋아하므로 어쿠스틱 버전의 클래식 록을 불러볼까 생각 중이라고 서술됨

2025학년도 기출문제 정답 및 해설

2025학년도

[수학]

정답 및 해설

▌[수학] 2025학년도 | 정답

01	②	02	①	03	②	04	①	05	⑤
06	①	07	④	08	④	09	③	10	②
11	③	12	④	13	②	14	④	15	⑤
16	④	17	⑤	18	③	19	④	20	②
21	34	22	64	23	74	24	4	25	115

[수학] 2025학년도 | 해설

01	지수의 계산	②

$(2^{\sqrt{3}+1})^{2\sqrt{3}-2}$
$=2^{(\sqrt{3}+1)(2\sqrt{3}-2)}$
$=2^{6-2\sqrt{3}+2\sqrt{3}-2}$
$=2^4=16$
$=16$

02	삼각함수 그래프	①

함수 $f(x)=a\sin(bx)+a$에서 $\sin bx$의 범위는
$-1 \le \sin bx \le 1$이므로 $\sin bx=1$일 때 함수 $f(x)$의 최댓값 $2a$,
$\sin bx=-1$일 때 함수 $f(x)$의 최솟값 0을 갖는다. 또한 주기가
$\dfrac{2\pi}{b}(\because b>0)$이므로 이를 b의 값에 따라 구분하여 그래프로 나
타내면 다음과 같다.

(i) $b=1$인 경우
$f(x)=a\sin x+a$이고 주기가 2π이다.

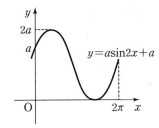

$0 \le x \le 2\pi$에서 위의 그래프와 직선 $y=2$는 서로 다른 네 점에서
만나지 않는다.

(ii) $b=2$인 경우
$f(x)=a\sin 2x+a$이고 주기가 π이다.

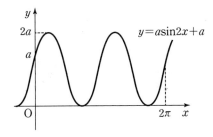

$0 \le x \le 2\pi$에서 위의 그래프와 직선 $y=2$는 서로 다른 네 점에서
만나기 위해서는 $a \ne 2$, $0<2<2a$를 만족해야 한다.
따라서 a의 최솟값은 3이므로 $ab=6$

(iii) $b=3$인 경우

$f(x)=a\sin3x+a$이고 주기가 $\frac{2}{3}\pi$이다.

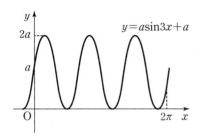

$0\leq x\leq2\pi$에서 위의 그래프와 직선 $y=2$는 서로 다른 네 점에서 만나지 않는다.

(iv) $b=4$인 경우

$f(x)=a\sin4x+a$이고 주기가 $\frac{1}{2}\pi$이다.

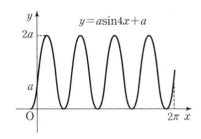

$0\leq x\leq2\pi$에서 위의 그래프와 직선 $y=2$는 서로 다른 네 점에서 만나기 위해서는 $2a=2$, $a=1$을 만족해야 한다.

따라서 a의 최솟값은 1이므로 $ab=4$

(v) $b\geq5$인 경우

$0\leq x\leq2\pi$에서 함수 $f(x)$와 직선 $y=2$는 서로 다른 네 점에서 만나지 않는다.

$\therefore ab$의 최솟값은 4이다.

03　　　　　다항함수의 나눗셈　　　　②

자연수 n에 대하여 다항식 $(x+1)^n$을 $x(x-1)$로 나누었을 때 몫을 $Q(x)$, 나머지를 $R_n(x)=ax+b$(단, a, b는 상수이다)이라 하면,

$(x+1)^n=x(x-1)Q(x)+R_n(x)$
$\quad\quad\quad=x(x-1)Q(x)+ax+b$

$x=0$을 대입하면, $b=1$

$x=1$을 대입하면, $2^n=a+b$이므로 $a=2^n-1$

따라서 $R_n(x)=ax+b=(2^n-1)x+1$이므로
$R_n(2)=(2^n-1)\times2+1=2^{n+1}-1$

$\therefore \sum_{n=1}^{8}R_n(2)=\sum_{n=1}^{8}(2^{n+1}-1)=\frac{4(2^8-1)}{2-1}-8=1012$

04　　　　　　　로그의 계산　　　　　①

$-\log_{\sqrt{2}}m+\log_{\frac{1}{2}}(4n+6)^{-1}=-\log_2m^2+\log_2(4n+6)$

$=\log_2\dfrac{(4n+6)}{m^2}$

이때, $\log_2\dfrac{(4n+6)}{m^2}=k$(단, k는 자연수)라고 하면

$\dfrac{(4n+6)}{m^2}=2^k$, $\dfrac{(4n+6)}{2^k}=m^2$이므로

$\therefore \dfrac{2n+3}{2^{k-1}}=m^2$

$2n+3$은 홀수이고, $k=1$인 경우 $2^{k-1}=1$

$k\geq2$인 경우 2^{k-1}은 짝수이므로 $k=1$이 되어야 한다.

따라서 $2n+3=m^2$이 성립하는 순서쌍 (m,n)은 $(3,3)$, $(5,11)$, $(7,23)$, $(9,39)$이므로 모든 순서쌍 (m,n)의 개수는 4개이다.

05　　　　　　　수열의 계산　　　　　⑤

$1^3-2^3+3^3-4^3+\cdots+19^3=$
$(1^3-2^3+3^3-4^3+\cdots+19^3)-2(2^3+4^3+\cdots+18^3)$

$=\sum_{k=1}^{19}k^3-\sum_{k=1}^{9}2(2k)^3=\sum_{k=1}^{19}k^3-16\sum_{k=1}^{9}k^3$

$=\left(\dfrac{19\times20}{2}\right)^2-16\left(\dfrac{9\times10}{2}\right)^2=190^2-2^2\times90^2$

$=190^2-180^2=(190+180)(190-180)=3700$

06　　　　　　　함수의 연속　　　　　①

함수 $f(x)$는 $x=0,\ 3$에서 불연속이고 함수 $g(x)$는 연속함수인 삼차함수이다.

따라서 $(g\circ f)(x)$가 실수 전체의 집합에서 연속이 되려면 $x=0,\ 3$에서 모두 연속이어야 한다.

(i) $x=0$일 때

$(g\circ f)(0)=g(f(0))=g(0)=5$

$\lim_{x\to0}(g\circ f)(x)=\lim_{x\to0}g(f(x))=\lim_{x\to0}g(1)$

따라서 $g(0)=g(1)=5$

(ii) $x=3$일 때

$(g \circ f)(3) = g(f(3)) = g(0) = 5$

$\lim_{x \to 0}(g \circ f)(x) = \lim_{x \to 0}g(f(x)) = \lim_{x \to 0}g(-2)$

따라서 $g(0) = g(-2) = 5$

$g(0) = g(1) = g(-2) = 5$를 만족하는 최고차항의 계수가 1인 삼차함수 $g(x)$는 $g(x) = x(x-1)(x+2)+5$이므로

$\therefore g(6) = 6 \times 5 \times 8 + 5 = 245$

---

07   미분의 활용   ④

점 P의 시각 $t(t \geq 0)$에서의 위치 x가 $x = t^4 - 4t^3 + 2kt$이므로
점 P의 속도를 v라 하면, v의 값은 x를 미분한 값인
$v = 4t^3 - 12t^2 + 2k$이다.

점 P가 원점을 출발한 후 운동 방향을 두 번 바꾸기 위해서는 속도 $v = 0$이 되는 지점이 두 개 있어야 하므로 방정식
$4t^3 - 12t^2 + 2k = 0$은 서로 다른 두 실근을 가져야 한다.

따라서 $k = -2t^3 + 6t^2$이므로 $y = k$, $y = -2t^3 + 6t^2$는
$t > 0$에서 서로 다른 두 점에서 만나야 한다.

$y = -2t^3 + 6t^2$를 미분한 값은 $y' = -6t(t-2)$이므로 이를 그래프로 나타내면 다음과 같다.

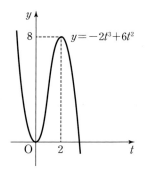

따라서 $0 < k < 8$을 만족하는 정수 k의 개수는 7개이다.

---

08   삼각함수   ④

삼각형 ABC에서 $\angle A = \dfrac{\pi}{3}$을 이용하면 사인법칙에 따라

$\dfrac{\overline{BC}}{\sin \dfrac{\pi}{3}} = \dfrac{\overline{BC}}{\dfrac{\sqrt{3}}{2}} = 8$이므로

$\therefore \overline{BC} = 4\sqrt{3}$

넓이가 $4\sqrt{3}$임을 이용하면

$\triangle ABC = \dfrac{1}{2} \times \overline{CA} \times \overline{AB} \times \sin \dfrac{\pi}{3} = 4\sqrt{3}$이므로

$\therefore \overline{CA} \times \overline{AB} = 16$

코사인법칙에 따라

$48 = \overline{AB}^2 + \overline{CA}^2 - 2 \times \overline{AB} \times \overline{CA} \times \cos \dfrac{\pi}{3}$

$\quad = (\overline{AB} + \overline{CA})^2 - 3 \times \overline{AB} \times \overline{CA}$

$\quad = (\overline{AB} + \overline{CA})^2 - 3 \times 16$

$(\overline{AB} + \overline{CA})^2 = 96, \quad \therefore \overline{AB} + \overline{CA} = 4\sqrt{6}$

따라서 $\overline{AB} + \overline{BC} + \overline{CA} = 4\sqrt{3} + 4\sqrt{6} = 4(\sqrt{3} + \sqrt{6})$

---

09   합성함수   ③

집합 $\{x \mid f(f(x)) = f(x), x$는 실수$\}$에서 $f(x) = x$
방정식 $f(x) = x$의 실근의 개수에 따라 경우가 달라진다.

(i) $f(x) = x$의 실근의 개수가 0인 경우

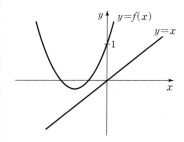

이는 집합 $\{x \mid f(f(x)) = f(x), x$는 실수$\}$의 원소의 개수가 2인 조건을 만족하지 않는다.

(ii) $f(x) = x$의 실근의 개수가 1인 경우

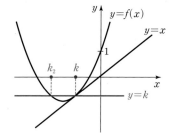

위 그래프에서 $f(x) = x$의 접점의 좌표를 (k, k)라 하면 직선 $y = k$는 함수 $y = f(x)$와 (k, k), (k_2, k)의 두 점에서 만나므로 집합 $\{x \mid f(f(x)) = f(x), x$는 실수$\}$의 원소의 개수가 2인 조건을 만족한다.

$f(x) = x$의 실근의 개수가 1인 조건을 만족하기 위해서는 방정식 $x = x^2 + ax + 1$는 중근을 가져야 하므로
$x^2 + (a-1)x + 1 = 0$의 판별식을 D라 하면 $D = 0$
$D = (a-1)^2 - 4 = a^2 - 2a - 3 = (a-3)(a+1) = 0$
$\therefore a = 3$(단, a는 양수)

(iii) $f(x)=x$의 실근의 개수가 2인 경우

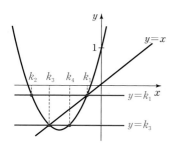

위 그래프에서 $f(x)=x$의 접점의 좌표를 각각 (k_1,k_1), (k_3,k_3)이라 하면 직선 $y=k_1$은 함수 $y=f(x)$와 (k_1,k_1), (k_2,k_2)의 두 점에서 만나고, 직선 $y=k_3$은 함수 $y=f(x)$와 (k_3,k_3), (k_4,k_4)의 두 점에서 만나므로 집합$\{x|f(f(x))=f(x), x$는 실수$\}$의 원소의 개수가 2인 조건을 만족하지 않는다.

따라서 $(i),(ii),(iii)$에 따라 $a=3$

10   삼각함수   ②

직선 $y=x$와 곡선 $y=x^2+2x\sin\theta-\cos^2\theta$의
두 식이 만나는 점을 구하면
$x=x^2+2x\sin\theta-\cos^2\theta$,
$0=x^2+(2\sin\theta-1)x-\cos^2\theta$
이때, 서로 다른 두 실근을 α,β라 하면,
$\alpha+\beta=1-2\sin\theta$, $\alpha\beta=-\cos^2\theta$
두 식이 만나는 두 점 사이의 거리를 구하면
$\sqrt{(\alpha-\beta)^2+(\alpha-\beta)^2}=\sqrt{(2\{(\alpha+\beta)^2-4\alpha\beta\}}$
$=\sqrt{2\{(1-2\sin\theta)^2-4(-\cos^2\theta)\}}$
$=\sqrt{2(1-4\sin\theta+4\sin^2\theta+4\cos^2\theta)}$
$=\sqrt{2(1-4\sin\theta+4)}$
$=\sqrt{2(5-4\sin\theta)}$
이때, 실수 θ에 대하여 $-1\leq\sin\theta\leq1$이고 $\sin\theta=-1$일 때
$\sqrt{2(5-4\sin\theta)}$은 최댓값을 가지므로 $\sqrt{2(5+4)}=3\sqrt{2}$이다.

11   수열, 삼각함수   ③

등차수열 $\{a_n\}$은 첫째항과 공차가 정수이므로 $\{a_n\}$의 모든 항은 정수이다.
따라서 $b_n=n^2\sin(\pi a_n)+n\cos(\pi a_n)+1$에서
$\sin(\pi a_n)=0$이고,
$\cos(\pi a_n)$은 a_n이 홀수이면 -1, 짝수이면 1이므로
$b_n=\begin{cases} -n+1 \ (n은 홀수) \\ n+1 \ (n은 짝수) \end{cases}$

$\sum\limits_{n=1}^{7}b_n=3$이므로 수열 $\{a_n\}$은 첫째항과 공차가 모두 홀수일 때
$\sum\limits_{n=1}^{7}b_n=0+3-2+5-4+7-6=3$을 만족한다.
따라서 b_{49}는 홀수, b_{48}, b_{50}은 짝수이므로
$b_{48}+b_{49}+b_{50}=49-48+51=52$

12   수열   ④

$S_n=2a_n-pn$에서
$S_1=a_1=2a_1-p$이므로 $a_1=p$
$S_{n+1}=2a_{n+1}-p(n+1)$, $S_n=2a_n-pn$이므로
$S_n-S_{n-1}=2(a_n-a_{n-1})-pn+p(n-1)(n\geq2)$,
$a_n=2a_n-2a_{n-1}-1(n\geq2)$
$\therefore a_n=2a_{n-1}+p(n\geq2)$
이때 $S_1=a_1$이므로
$\therefore a_n=p(2^n-1)(n\geq1)$
$\sum\limits_{k=1}^{6}\dfrac{p+a_k}{a_ka_{k+1}}=\sum\limits_{k=1}^{6}\dfrac{p+a_k}{a_k(2a_k+p)}$
$=\sum\limits_{k=1}^{6}\left(\dfrac{1}{a_k}-\dfrac{1}{2a_k+p}\right)$
$=\sum\limits_{k=1}^{6}\left(\dfrac{1}{a_k}-\dfrac{1}{a_{k+1}}\right)$
$=\left(\dfrac{1}{a_1}-\dfrac{1}{a_2}\right)+\left(\dfrac{1}{a_2}-\dfrac{1}{a_3}\right)+\cdots+\left(\dfrac{1}{a_6}-\dfrac{1}{a_7}\right)$
$=\dfrac{1}{a_1}-\dfrac{1}{a_7}$
$=\dfrac{1}{p}-\dfrac{1}{127p}=\dfrac{126}{127p}=3$
$\therefore p=\dfrac{42}{127}$

13   역함수와 넓이   ②

함수 $f(x)$와 역함수 $g(x)$의 교점은 함수 $f(x)$와 직선 $y=x$의 교점과 같으므로
$x^3+6x^2+13+8=x$, $x^3+6x^2+12x+8=0$,
$(x+2)^3=0$이므로 함수 $f(x)$와 직선 $y=x$는 $x=-2$에서 만난다.
따라서 이를 그래프로 나타내면 다음과 같다.

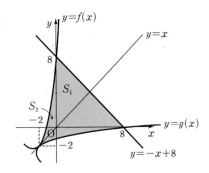

x축, y축, 직선 $y=-x+8$로 둘러싸인 넓이를 S_1
함수 $f(x)$, y축, 직선 $y=x$로 둘러싸인 넓이를 S_2라고 하면,
$$S_1=\frac{1}{2}\times8\times8=32$$
$$2S_2=2\int_{-2}^{0}(x^3+6x^2+13x+8-x)dx$$
$$=2\times\left[\frac{1}{4}x^4+2x^3+6x^2+8x\right]_{-2}^{0}$$
$$=-2(4-16+24-16)=8$$
$$\therefore S_1+2S_2=32+8=40$$

14   지수함수, 절댓값   ④

자연수 n에 대한 함수를 $f(x)=y=|2^{|x-n|}-2n|$ 이라고 하면
$f(2n-x)=|2^{|n-x|}-2n|$ 이므로 이는 $f(x)$와 같다.
따라서 함수 $f(x)=y=|2^{|x-n|}-2n|$는 $x=n$에 대하여
대칭이다.
$x=0$일 때 $f(0)=2^n-2n$,
$x=n$일 때 $f(n)=2n-1$이므로
이를 그래프로 나타내면 다음과 같다.

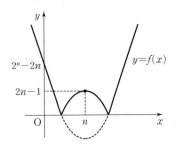

함수 $f(x)=y=|2^{|x-n|}-2n|$는 n의 값의 범위에 따라 그래프의 개형이 달라짐으로 이를 구간을 나누어 판단한다.

(1) $f(n)$과 $f(0)$의 비교
  (ㄱ) $n\le3$일 때 $f(n)>f(0)$
  (ㄴ) $n\ge4$일 때 $f(n)<f(0)$

(2) 직선 $y=15$와 $f(n)$, $f(0)$의 비교
  (ㄱ) $n\le4$일 때 직선 $y=15$는 $f(n)$, $f(0)$보다 큰값을
     가진다.
  (ㄴ) $5\le n\le7$일 때 직선 $y=15$는 $f(n)$, $f(0)$사이의 값을
     가진다.
  (ㄷ) $n=8$일 때 직선 $y=15$는 $f(n)$와 동일한 값을 가진다.
  (ㄹ) $n\ge9$일 때 직선 $y=15$는 $f(n)$보다 작은 값을 가진다.

(i) $n=1, 2$일 때

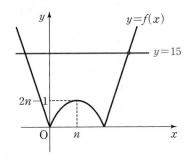

제1사분면에서 만나는 점 1개

(ii) $n=3$일 때

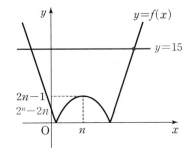

제1사분면에서 만나는 점 1개

(iii) $n=4$일 때

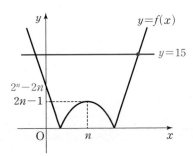

제1사분면에서 만나는 점 1개

(iv) $5 \leq n \leq 7$일 때

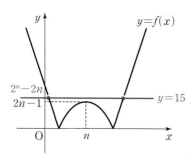

제1사분면에서 만나는 점 2개

(v) $n = 8$일 때

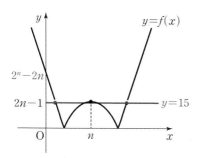

제1사분면에서 만나는 점 3개

(vi) $n \geq 9$일 때

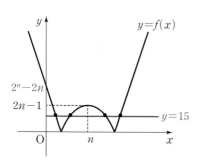

제1사분면에서 만나는 점 4개

$$\therefore \sum_{n=1}^{20} a_n = 1 \times 4 + 3 \times 3 \times 1 + 4 \times 12 = 61$$

15   정적분, 사잇값정리   ⑤

(i) 주어진 조건 정리

삼차함수 $f(x) = ax^3 + bx^2 + cx + d$에 (가), (나)의 조건을 대입

하면

(가) $\displaystyle\int_{-1}^{1} f(x)dx = \int_{-1}^{1}(ax^3 + bx^2 + cx + d)dx$

$\displaystyle = 2\int_{0}^{1}(bx^2 + d)dx = 2\left[\frac{b}{3}x^3 + dx\right]_0^1$

$\displaystyle = \frac{2b}{3} + 2d = 0$

$\displaystyle \therefore d = -\frac{b}{3}$

(나) $\displaystyle\int_{-1}^{1} xf(x)dx = \int_{-1}^{1}(ax^4 + bx^3 + cx^2 + dx)dx$

$\displaystyle = 2\int_{0}^{1}(ax^4 + cx^2)dx = 2\left[\frac{a}{5}x^5 + \frac{c}{3}x^3\right]_0^1$

$\displaystyle = \frac{2a}{5} + \frac{2c}{3} = 0$

$\displaystyle \therefore c = -\frac{3}{5}a$

(ii) ㄱ, ㄴ, ㄷ 판단

ㄱ. $abcd = ab\left(-\dfrac{3}{5}a\right)\left(-\dfrac{b}{3}\right) = \dfrac{1}{5}a^2b^2$, $\dfrac{1}{5}a^2b^2 \geq 0$

ㄴ. 방정식 $f(x)$의 열린구간 $(-1, 0)$에서

$f(-1) = -a + b - c + d = -\dfrac{2}{5}a + \dfrac{2}{3}b$

$f(0) = d = -\dfrac{b}{3}$

$ab < 0$일 때

$f(-1)f(0) = \left(-\dfrac{2}{5}a + \dfrac{2}{3}b\right)\left(-\dfrac{b}{3}\right) = \dfrac{2}{15}ab - \dfrac{2}{9}b^2 < 0$

따라서 $f(-1)$, $f(0)$의 부호가 서로 다르고, 함수 $f(x)$는 닫힌구간 $[0, 1]$에서 연속임으로 방정식 $f(x) = 0$은 열린구간 $(-1, 0)$에서 적어도 한 개의 실근을 갖는다.

ㄷ. 방정식 $f(x)$의 열린구간 $(0, 1)$에서

$f(0) = d = -\dfrac{b}{3}$

$f(1) = a + b + c + d = \dfrac{2}{5}a + \dfrac{2}{3}b$

$ab > 0$일 때

$f(0)f(1) = \left(-\dfrac{b}{3}\right)\left(\dfrac{2}{5}a + \dfrac{2}{3}b\right) = -\dfrac{2}{15}ab - \dfrac{2}{9}b^2 < 0$

방정식 $f(x) = 0$은 열린구간 $(0, 1)$에서 적어도 한 개의 실근을 갖는다.

또한 함수 $f(x)$의 세 근을 각각 α, β, γ라고 하면

$\alpha + \beta + \gamma = -\dfrac{b}{a} < 0$, $\alpha\beta\gamma = -\dfrac{d}{a} = \dfrac{b}{3a} > 0$

이때, $\alpha > 0$이라 하면 $\beta + \gamma < 0$, $\beta\gamma > 0$이므로 β, γ가 모두 0보다 작거나 허근일 경우에만 위 식을 만족할 수 있다.

따라서 방정식 $f(x) = 0$은 열린구간 $(0, 1)$에서 오직 한 개의 실근을 갖는다.

16 정적분의 넓이 ④

함수 $f(x)=x^3-x^2-2x$와 직선 $y=kx$는 서로 다른 세 점에서 만나므로
$$x^3-x^2-2x=kx, \quad x^3-x^2-(2+k)x=0$$
$$x\{x^2-x-(2+k)\}=0$$
이때, 원점 이외의 두 그래프의 교점의 x좌표를 각각 α, β라 하면
$\alpha+\beta=1$, $\alpha\beta=-k-2$이다.

$S_2-S_1=18$을 $S_1-S_2=-18$로 정리하면
$$\int_{\alpha}^{\beta} x(x-\alpha)(x-\beta)dx$$
$$=\int_{\alpha}^{\beta}\{(x-\alpha)+\alpha\}(x-\alpha)(x-\beta)dx$$
$$=\int_{\alpha}^{\beta}(x-\alpha)^2(x-\beta)dx+\alpha\int_{\alpha}^{\beta}(x-\alpha)(x-\beta)dx$$
$$=-\frac{(\beta-\alpha)^4}{12}-\frac{\alpha(\beta-\alpha)^3}{6}=-\frac{(\beta-\alpha)^3(\beta+\alpha)}{12}$$
$$=-\frac{(\beta-\alpha)^3}{12}=-18$$
$$\therefore \beta-\alpha=6$$
따라서 $(\beta-\alpha)^2=(\alpha+\beta)^2-4\alpha\beta=1+4k+8=36$
$$4k=27, \quad k=\frac{27}{4}$$

17 적분, 함수의 미분 ⑤

함수 $g(x)=|x(x-2)|\int_{b}^{x}f(t)dt$에서 $|x(x-2)|$는 0, 2에서 미분 불가능하다. 따라서 함수 $g(x)$가 실수 전체의 집합에서 미분가능하기 위해서는 $\int_{b}^{0}f(t)dt=0$, $\int_{b}^{2}f(t)dt=0$의 값을 만족해야 한다.

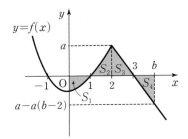

위 그래프에서 $S_1=\left|\int_{0}^{1}(x^2-1)dx\right|$이므로
$$S_1=\left|\left[\frac{1}{3}x^3-x\right]_{0}^{1}\right|=\frac{2}{3}$$
$$S_1=S_2$$이므로 $\frac{1}{2}\times a\times 1=\frac{2}{3}$

$$\therefore a=\frac{4}{3}$$
또한 $S_2=S_3=S_4$이므로
$$\therefore b=4$$
따라서 $a+b$의 최댓값은 $\frac{4}{3}+4=\frac{16}{3}$

18 함수의 극한, 함수의 연속 ③

(i) 함수 $h(x)$ 해석

함수 $h(x)=\frac{f(x)}{g(x)}$ $(x\neq2)$에서 분모는 0이 될 수 없으므로 $g(x)$는 $(x-2)$를 인수로 가진다. 또한 $h(x)$는 실수 전체의 합에서 연속임으로 $f(x)$도 $(x-2)$을 인수로 가진다.

(ii) 조건 (가) 해석

$\lim\limits_{x\to\infty}h(x)=3$이므로 $f(x)$, $g(x)$의 최고차항의 계수를 각각 $3a$, a로 정의할 수 있다.

또한 $\lim\limits_{x\to1}\frac{1}{h(x)}=\lim\limits_{x\to1}\frac{g(x)}{f(x)}=\infty$이므로 이 조건을 만족하기 위해서는 함수 $f(x)$가 $(x-1)^2$를 인수로 가질 때 함수 $g(x)$는 $(x-1)$을 인수로 가지거나, 함수 $f(x)$가 $(x-1)$을 인수로 가질 때 함수 $g(x)$는 $(x-1)$을 인수로 가지지 못한다.

(i), (ii)를 이용하면
(1) $\lim\limits_{x\to2}\dfrac{f(x)}{g(x)}=\lim\limits_{x\to2}\dfrac{3a(x-2)(x-1)^2}{a(x-2)(x-1)(x-b)}=3$,
(2) $\lim\limits_{x\to2}\dfrac{f(x)}{g(x)}=\lim\limits_{x\to2}\dfrac{3a(x-2)(x-1)(x-b)}{a(x-2)(x-b)(x-c)}=3$,
(3) $\lim\limits_{x\to2}\dfrac{f(x)}{g(x)}=\lim\limits_{x\to2}\dfrac{3a(x-2)(x-1)^2}{a(x-2)(x^2+cx+d)}=3$

을 가정할 수 있다.

먼저, $\lim\limits_{x\to2}\dfrac{3a(x-2)(x-1)^2}{a(x-2)(x-1)(x-b)}=3$를 계산하면

$\dfrac{1}{2-b}=1$, $b=1$이므로 $\lim\limits_{x\to1}\dfrac{1}{h(x)}=\lim\limits_{x\to1}\dfrac{g(x)}{f(x)}=\infty$의 조건을 만족하지 못한다.

또한, $\lim\limits_{x\to2}\dfrac{3a(x-2)(x-1)(x-b)}{a(x-2)(x-b)(x-c)}=3$을 계산하면

$\dfrac{1}{2-c}=1$, $c=1$이므로 $\lim\limits_{x\to1}\dfrac{1}{h(x)}=\lim\limits_{x\to1}\dfrac{g(x)}{f(x)}=\infty$의 조건을 만족하지 못한다.

마지막으로, $\lim\limits_{x\to2}\dfrac{3a(x-2)(x-1)^2}{a(x-2)(x^2+cx+d)}=3$을 계산하면

$\dfrac{1}{4+2c+d}=1$, $d=-2c-3$

이때, 조건 (나)에서 방정식 $h(x)=12$가 오직 하나의 실근을 가지므로, $\dfrac{3(x-1)^2}{(x^2+cx-2c-3)}=12$,

$3x^2+2(2c+1)x-8c-13=0$에서 중근을 가져야 한다.

판별식을 D라고 하면, $D=0$이므로

$D/4=(2c+1)^2-3\times(-8c-13)=c^2+7c+10=0$

$\therefore c=-2$ 또는 $c=-5$

함수 $h(x)=\dfrac{f(x)}{g(x)}=\dfrac{3(x-1)^2}{x^2+cx-2c-3}$ $(x\neq2)$가 실수 전체의

집합에서 연속이기 위해서는

$x^2+cx-2c-3$의 판별식을 D'라고 하면 $D'<0$인 조건을

만족해야 한다.

$D'=c^2-4(-2c-3)=c^2+8c+12<0$

$\therefore -6<c<-2$

따라서 $c=-5$이므로, $d=7$이고 $h(0)=\dfrac{3}{7}$이다.

---

19   삼차함수의 절댓값과 미분가능성   ④

조건 (가)에서 $g(0)=f(0)=1$이므로

함수 $g(x)=|f(x)|-f'(x)$의 x에 0을 대입하면,

$g(0)=|f(0)|-f'(0)$, $1=1-f(0)$

$\therefore f'(0)=0$

또한, 조건 (다)에 따라 함수 $g(x)$가 $x=k$에서 미분불가능한 실수 k의 개수가 3개이므로 함수 $|f(x)|$가 $x=k$에서 미분불가능한 실수 k의 개수도 3개이다.

마지막으로, 조건 (나)에서 방정식 $|f(x)|=3$의 서로 다른 실근의 개수는 3개이므로 이를 모두 만족하는 함수 $f(x)$의 그래프는 다음과 같다.

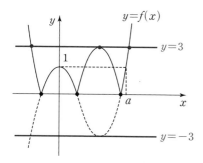

그래프 $y=f(x)$와 $y=1$이 만나는 점 중 $(0,1)$의 값이 아닌 점의 x의 값을 a라 하면

$f(x)=x^2(x-a)+1$ $f'(x)=3x^2-2ax$,

이때, $f'(0)=0$을 만족하는 x는 0 또는 $\dfrac{2}{3}a$

따라서 $f\left(\dfrac{2}{3}a\right)=\left(\dfrac{2}{3}a\right)^2\left(\dfrac{2}{3}a-a\right)+1=3$이므로 $a=3$이다.

$f(x)=x^2(x-3)+1$, $f'(x)=3x^2-6x$

$\therefore g(1)=4$

---

20   접선의 방정식   ②

함수 $f(x)=(x+1)^2(x-1)^2=x^4-2x^2+1$이고,

함수 $y=f'(t)(x-t)+f(t)$는 $(t,f(t))$에서의 접선을 의미한다. 이때, $-1\leq x\leq1$의 범위에서 $f(x)\leq f'(t)(x-t)+f(t)$를 만족하기 위해서는 $(t,f(t))$에서의 접선의 아래에 함수 $f(x)$가 그려져야 하므로 이를 그래프로 나타내면 다음과 같다.

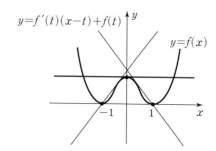

직선 $y=f'(t)(x-t)+f(t)$는

$y=(4t^3-4t)(x-t)+t^4-2t^2+1$이고 t는 $(1,0)$을 지나면서 $y=f(x)$에 접할 때 최댓값을 가지므로

$3t^4-4t^3-2t^2+4t-1=0$, $(t-1)^2(t+1)(3t-1)=0$

$\therefore t=\dfrac{1}{3}$

---

21   수열의 귀납법   34

$a_5=1$이므로 이를 (가)에 대입하면

$a_5=a_4+1$ 또는 $a_5=\dfrac{a_4}{2}$

따라서 $a_4=0$ 또는 $a_4=2$

이때, 수열 $\{a_n\}$은 모든 항이 자연수이므로

$\therefore a_4=2$

이를 다시 (가)에 대입하면

$a_4=a_3+1$이므로 $a_3=1$ 또는

$a_4=\dfrac{a_3}{2}$이므로 $a_3=4$

(i) $a_3=1$인 경우

수열 $\{a_n\}$은 모든 항이 자연수이므로

$a_3=\dfrac{a_2}{2}$, $a_2=2$이고

따라서 $a_1=1$ 또는 $a_1=4$

(ii) $a_3=4$인 경우

$a_3=a_2+1$이므로 $a_2=3$ 또는

$a_3=\dfrac{a_2}{2}$이므로 $a_2=8$

이를 다시 (가)에 대입하면

$(i)\, a_2=3$인 경우

$a_2=a_1+1$이므로 $a_1=2$

이 경우 a_n은 홀수가 아니므로 불가능하다.

또는

$a_2=\dfrac{a_1}{2}$, $a_1=6$

$(ii)\, a_2=8$인 경우

$a_2=a_1+1$이므로 $a_1=7$ 또는

$a_2=\dfrac{a_1}{2}$이므로 $a_1=16$

따라서 모든 a_1의 값의 합은 $1+4+6+7+16=34$

22	지수함수, 로그함수	64

부등식 $x\le\log_2(x+n)$은 $2^x\le x+n$, $2^x-n\le x$

이때, $n=1$부터 차례대로 대입하면

$n=1$일 때, $2^x-1\le x$, $\therefore x=1$

$n=2$일 때, $2^x-2\le x$, $\therefore x=1,2$

$n=3$일 때, $2^x-3\le x$, $\therefore x=1,2$

$\cdots$

$n=5$일 때, $2^x-5\le x$, $\therefore x=1,2,3$

$n=6$일 때, $2^x-6\le x$, $\therefore x=1,2,3$

$\cdots$

$n=12$일 때, $2^x-12\le x$, $\therefore x=1,2,3,4$

$\cdots$

$n=20$일 때, $2^x-20\le x$, $\therefore x=1,2,3,4$

이를 정리하면

$n=1$일 때, $f(n)$의 값은 1개

$2\le n\le4$일 때, $f(n)$의 값은 2개

$5\le n\le11$일 때, $f(n)$의 값은 3개

$12\le n\le20$일 때, $f(n)$의 값은 4개

$\therefore \displaystyle\sum_{n=1}^{20}f(n)=1+2\times3+3\times7+4\times9=64$

23	함수의 극값	74

$f(x-g(y))=(x+4y^2-1)^3-3$에서 $x-g(y)=0$이라 하면

$f(0)=(x+4y^2-1)^3-3=5$, $f(0)=(x+4y^2-1)^3=8$이므

로 $x+4y^2-1=2$

또한, $x-g(y)=0$, $x=g(y)$ 이므로

$g(y)+4y^2-1=2$, $g(y)=-4y^2+3$

$\therefore g(x)=-4x^2+3$

한편, $g(y)=0$이라 하면

$g(y)=-4y^2+3=0$, $4y^2=3$

또한 $f(x-g(y))=(x+4y^2-1)^3-3$에서

$f(x)=(x+3-1)^3-3$,

$\therefore f(x)=(x+2)^3-3$

$h(x)=f(x)-g(x)=x^3+10x^2+12x+2$

$h'(x)=3x^2+20x+12$, $h'(x)=(3x+2)(x+6)$

따라서 함수 $h(x)$는 $x=-6$에서 극댓값을 가지므로

$\therefore h(-6)=74$

24	도함수, 적분	4

조건 (가)에서 $(f'(x)+2)(f'(x)-2)=x(x-4)$는

$\{f'(x)-2\}^2=x(x-4)$, $f'(x)^2=(x-2)^2$

$\therefore f'(x)=x-2$ 또는 $f'(x)=-x+2$

조건 (나)에서 $f(0)<f(4)$이므로 함수 $f(x)$는 실수 전체의 집합에서 증가하는 그래프가 되어야 한다.

따라서

$f'(x)=\begin{cases}-x+2 & (x<2)\\ x-2 & (x\ge2)\end{cases}$ 이므로

$f(x)=\begin{cases}-\dfrac{1}{2}x^2+2x+C_1 & (x<2)\\ \dfrac{1}{2}x^2-2x+C_2 & (x\ge2)\end{cases}$

이때, $f(2)=1$이므로 $C_1=-1$, $C_2=3$

$\therefore f(x)=\begin{cases}-\dfrac{1}{2}x^2+2x-1 & (x<2)\\ \dfrac{1}{2}x^2-2x+3 & (x\ge2)\end{cases}$

$\displaystyle\int_0^4 f(x)dx=\int_0^2 f(x)dx+\int_2^4 f(x)dx$

$=\displaystyle\int_0^2\left(-\dfrac{1}{2}x^2+2x-1\right)dx+\int_2^4\left(\dfrac{1}{2}x^2-2x+3\right)dx$

$=\left[-\dfrac{1}{6}x^3+x^2-x\right]_0^2+\left[\dfrac{1}{6}x^3-x^2+3x\right]_2^4$

$=\left(-\dfrac{8}{6}+4-2\right)+\left(\dfrac{64}{4}-16+12\right)-\left(\dfrac{8}{6}-4+6\right)$

$=4$

$\therefore 4$

25	수열의 합	115

$a_n=f\left(\dfrac{1}{n}\right)+f\left(\dfrac{2}{n}\right)+f\left(\dfrac{3}{n}\right)+\cdots+f\left(\dfrac{n-1}{n}\right)+f\left(\dfrac{n}{n}\right)$

에서 $\dfrac{1}{n}=x$라 하면

$f\left(\dfrac{1}{n}\right)+f\left(\dfrac{2}{n}\right)+f\left(\dfrac{3}{n}\right)+\cdots+f\left(\dfrac{n-1}{n}\right)+f\left(\dfrac{n}{n}\right)$

$=f(x)+f(2x)+f(3x)+\cdots+f(1-x)+f(1)$이고

함수 $f(x) = \dfrac{2^x}{2^x + \sqrt{2}}$ 이므로

$f(1-x) = \dfrac{2^{1-x}}{2^{1-x} + \sqrt{2}} = \dfrac{\sqrt{2}}{2^x + \sqrt{2}}$ 이다.

따라서 $f(x) + f(1-x) = 1$ 이므로 a_n 의 값은

$a_n = \dfrac{1}{2}(n-1) + f(1) = \dfrac{1}{2}(n-1) + \dfrac{2}{2 + \sqrt{2}}$

$= \dfrac{1}{2}(n-1) + 2 - \sqrt{2}$

$\displaystyle\sum_{n=1}^{20} a_n = \dfrac{1}{2} \times \dfrac{19 \times 20}{2} + 40 - 20\sqrt{2} = 135 - 20\sqrt{2}$

$\therefore p + q = 115$

2024학년도 기출문제 정답 및 해설

2024학년도

[국어]
정답 및 해설

▌[국어] 2024학년도 | 정답

01	②	02	⑤	03	④	04	①	05	③
06	①	07	②	08	⑤	09	②	10	③
11	①	12	②	13	⑤	14	②	15	④
16	④	17	③	18	⑤	19	⑤	20	②
21	④	22	⑤	23	③	24	④	25	③
26	②	27	②	28	①	29	⑤	30	②
31	①	32	①	33	②	34	⑤	35	④
36	②	37	②	38	③	39	③	40	③
41	④	42	③	43	①	44	①	45	③

[국어] 2024학년도 | 해설

[01~05] 독서 - 과학

01	글의 중심 내용 파악하기	②

[정답해설]

글의 서두에 19세기 초반부터 의학을 실험실에 접목하려는 실험실 의학이 체계적으로 시도되기 시작했다고 그 중심 내용을 밝히고 있다.

그리고 이후의 단락에서 19세기 초반부터 19세기 후반에 이르기까지 실험실 의학의 정립 과정을 상세히 소개하고 있다. 그러므로 '19세기 실험실 의학의 정립 과정'이 제시문의 중심 내용으로 가장 적절하다.

[오답해설]

① 자연발생설은 1850년대 후반 '파스퇴르-푸셰 논쟁'의 실험 대상으로 소개된 주제일 뿐 제시문의 중심 내용은 아니다.

③ 자연발생 여부를 두고 벌어진 1850년대 파스퇴르와 푸셰의 논쟁은 실험 방법의 중요성을 재확인한 실험실 의학의 정립 과정 중 하나이다.

④ 19세기 중반 파스퇴르와 푸셰의 논쟁, 1860~70년대의 미생물 연구의 진척과 질병세균설 옹호 등의 생물학적 성과는 실험실 의학의 정립 과정을 설명하기 위한 역사적 사건으로 제시된 것일 뿐 제시문의 중심 내용은 아니다.

⑤ 1860년 이후 파스퇴르의 미생물 연구는 질병세균설의 옹호와 더불어 여러 백신을 개발하는 데 성공한 파스퇴르의 업적으로 소개된 내용일 뿐 제시문의 중심 내용은 아니다.

02	내용과 일치하지 않는 것 고르기	⑤

[정답해설]

첫 번째 문단에서 19세기 초반부터 의학을 실험실에 접목하려는 실험실 의학이 체계적으로 시도되기 시작했다고 서술되어 있다. 그러므로 실험실 의학의 중요성은 과학적 실험 방법이 마련된 20세기에 들어와서 비로소 인정되기 시작했다는 설명은 제시문의 내용과 일치하지 않는다.

[오답해설]

① 네 번째 문단에서 1850년대 후반부터 자연발생 여부를 두고 벌어진 '파스퇴르-푸셰 논쟁'은 실험 방법의 중요성이 다시금 확인된 사건이었다고 서술되어 있다. 그러므로 실험을 통해서 파스퇴르와 푸셰가 생물의 자연발생 여부에 관해 논쟁했다는 설명은 적절하다.

② 세 번째 문단에서 영양분이 공급되는 환경에서 생물들이 일종의 화학적 과정을 통해 만들어졌다는 해석이 1830년대 당시 과학자들의 일반적인 견해였다고 서술하고 있다. 그러므로 19세기 초반까지 과학자들이 대체로 생물의 발생을 화학적 과정으로 이해했다는 설명은 적절하다.

③ 네 번째 문단에서 그 이전까지는 발효를 효모가 반응속도만 높이

며 그 스스로는 변하지 않는 촉매 역할을 하는 일종의 화학적 반응으로 이해해 왔으나, 파스퇴르는 실험을 통해 발효가 포도나 밀가루 반죽의 당분을 먹고 살아가는 효모 때문에 일어나는 생물학적 과정임을 보여주었다고 서술하고 있다. 그러므로 효모가 발효 과정에서 촉매 작용만 하지는 않는다는 것을 파스퇴르가 실험을 통해 확인했다는 설명은 적절하다.

④ 다섯 번째 문단에서 파스퇴르는 자연발생이 일어났다는 푸셰의 관찰은 외부 미생물에 의해 실험기구가 오염된 결과라고 주장하였다. 그러므로 파스퇴르는 푸셰가 실험기구를 철저히 관리하지 않아 부정확한 실험 결과를 얻었다고 생각했다는 설명은 적절하다.

---

03   진술 의도 파악하기   ④

[정답해설]

과학적인 진리들은 현재는 최선의 답이지만, 사실 그것들을 대체할 더 나은 무언가를 찾을 때까지만 임시적으로 유용한 차선의 답이라는 것이다. 파스퇴르의 실험을 통해 미생물에 의한 생물학적 과정임이 밝혀지기 전까지는 영양분이 공급되는 환경에서 일종의 화학적 과정을 통해 만들어졌다는 것이 당시에는 ㉠의 질문에 대한 최선의 답이었다. 그러므로 ㉠의 질문에 최선의 답을 모른다면 차선의 답이라도 구해야 함을 의미한다.

---

04   글의 세부 내용 이해하기   ①

[정답해설]

제시문에서 고온의 가열에도 죽지 않는 균이 존재함을 알고 있는 오늘날의 관점에서 보면, 미생물을 발견한 푸셰의 실험 결과가 틀렸다고 하기는 어렵다고 서술하고 있다. 그러므로 "고온의 가열에도 죽지 않는 균이 존재한다."는 설명은 당시의 일반적인 견해에 해당되지 않음을 알 수 있다.

[오답해설]

② 제시문에서 이전까지는 발효를 효모가 반응속도만 높이면 그 스스로는 변하지 않는 촉매 역할을 하는 일종의 화학적 반응으로 이해해 왔다고 설명하고 있다. 그러므로 발효가 효모에 의해 일어나는 화학적 과정이라는 사실은 당시의 일반적 견해에 해당한다.

③ 제시문에서 썩은 고기나 고여 있는 물에서 단순한 생물이 생겨나는 것처럼 보인다는 '자연발생설'은 당시의 해묵은 논쟁이었다고 서술하고 있다. 그러므로 단순한 생물은 자연발생 과정으로 생겨날 수 있다는 사실은 당시의 일반적 견해에 해당한다.

④ 제시문에서 파스퇴르는 자연발생이 일어났다는 푸셰의 관찰은 외부 미생물에 의해 실험기구가 오염된 결과로 보았다고 서술하고 있다. 그러므로 외부적 관찰을 통해 생물의 발생 과정을 확인할 수

있다는 사실은 당시의 일반적 견해에 해당한다.

⑤ 제시문에서 방치된 고기 조각에서 생긴 구더기는 영양분이 공급되는 환경에서 일종의 화학적 과정을 통해 만들어졌다는 것이 당시의 일반적인 견해에 따른 해석이었다고 서술하고 있다. 그러므로 방치된 고기 조각에서 생긴 구더기가 화학적 변화의 결과라는 사실은 당시의 일반적인 견해에 해당된다.

---

05   글의 세부 내용 이해하기   ③

[정답해설]

파스퇴르가 독성이 약해진 닭콜레라 유발 미생물을 닭에게 주사하여 면역 여부를 확인한 것은 파스퇴르가 발효나 미생물 발생 실험에서 동물의 병을 일으키는 원인이 미생물과 관련이 있을 거라는 사실을 이미 알고 있었기 때문이라고 추측할 수 있다.

[06~10] 현대 소설

이청준,「잔인한 도시」

• **갈래** : 현대 소설, 단편 소설

• **성격** : 비판적

• **시점** : 전지적 작가 시점

• **배경** : 시간 – 1970~1980년대, 공간 – 도시의 교도소 근처 공원

• **주제** : 폭력과 억압에서 벗어난 자유로운 세계 추구

• **특징**

  – 알레고리 수법을 이용해 형상화

  – 인간 상주의 따뜻한 고향으로 귀환하려는 한 죄수의 방생 이야기를 담음

  – 인간의 꿈과 그 구제의 가능성을 상징적인 수법으로 그려냄

  – 진정한 자유를 추구하려는 인간에 대한 희망적 주제 의식을 보여줌

  – 고향과 도시의 대비, 인물의 대비를 통해 주제 의식을 형상화함

---

06   서술상 특징 찾기   ①

[정답해설]

전지적 작가 시점은 작가가 등장인물의 행동과 태도는 물론 그의 내면세계까지도 분석·설명하여 이야기를 이끌어가는 방식으로, 해당 작품은 이야기의 전모를 알고 있는 전지적 서술을 통해 인물의 행위와 심리가 밀도 있게 드러나고 있다.

07   서사적 기능 이해하기   ②

[정답해설]

(가)를 통해 사내가 교도소에 복역하며 자유가 억압됐던 상황과 출소 후 자유의 몸이 된 상황의 변화가 대비되어 새 장수에 의해 조작된 구속과 해방이라는 새로운 사건의 계기가 형성되는 서사적 기능을 이해할 수 있다.

[오답해설]

① (가)에서는 시간적 변화의 흐름은 나타나 있지 않으며, 실제로 일어날 법한 일에 대한 개연성을 부각하고 있지도 않다.

③ (가)에서는 교도소에서의 출소라는 특별한 변화가 묘사되어 있으며, 사건의 반전이 아니라 사건의 시작점을 형성하고 있다.

④ (가)에서는 교도소에서 막 출소한 사내의 조심스러운 감정을 느낄 수 있으나, 사건의 위기감이 고조되고 있지는 않다.

⑤ (가)에서는 교도소에서 공원으로 공간적 배경의 변화가 감지되나, 사건 해결의 실마리를 제공하고 있지는 않다.

08   작품 속 대상 이해하기   ⑤

[정답해설]

'녀석'과 함께 고향으로 향하는 '사내'가 재회할 것으로 기대하는 대상은 '사내'의 아들이다. 그러므로 '녀석'은 '사내'가 재회의 기대를 이루어 반가워하는 대상은 아니다.

[오답해설]

① "가엾게도 작은 것이 날개를 너무 상했으니까"라는 말에서 '녀석'은 '사내'의 연민을 부르는 대상임을 알 수 있다.

② '사내'가 한사코 주머니 속에 깊이 아껴 뒀던 노역의 품삯으로 '녀석'을 데려온 것을 보면 '녀석'은 '사내'에게서 특별한 의미를 부여 받은 대상임을 알 수 있다.

③ '사내'가 발가락을 몇 차례 꼼지락거리는 '녀석'의 발짓을 느끼고 있으므로, '녀석'은 '사내'가 몸의 감각을 통해 느낄 수 있는 대상이다.

④ '녀석'의 발짓을 느끼고 있던 사내의 얼굴에 만족스런 웃음기가 번지고 있는 데서, 또한 "녀석도 아마 잘했다고 할 거야."라고 말한 부분에서 '녀석'은 '사내'로 하여금 마음의 위로를 얻게 하는 대상임을 알 수 있다.

09   작품의 세부 내용 이해하기   ②

[정답해설]

ⓒ은 사내 곁을 지나가는 사람들의 말소리가 시끄러워 그들의 말소리가 사라질 때까지 기다린 것이지, 지향하는 가치관이 상반된 이들의 간섭으로 자신의 여정이 방해받고 있는 장면을 연출한 것은 아니다.

[오답해설]

① ㉠은 교도소에서 출소한 사내의 발길이 문득 머무른 곳이 새장의 새를 사서 제 보금자리로 날려 보내게 해 주는 방생의 집인 것을 사내가 확인하고 반가움에 안도한 것이다.

③ ㉢은 새를 방생하느라 모아둔 돈을 다 써버린 사내가 볼품없는 모양새를 하고 빈손으로 아들을 만나러 가는 것에 대해 혹시 아들 녀석이 못 마땅하게 여기지 않을까 하는 의구심을 떨쳐내려는 모습을 표현하고 있다.

④ ㉣은 사내가 직접 아들을 찾기 위해 남쪽으로 길을 나선 것에 대해 자신의 선택이 옳았다는 생각에 몰입해 가는 정황을 드러내고 있다.

⑤ ㉤은 날이 저물고 어두워지는 시간의 변화로, 남쪽으로 가는 사내의 길이 차츰 윤곽이 흐려지고 있음을 표현한 것이다.

10   부적절한 감상 내용 찾기   ③

[정답해설]

'사내'가 자기 판단이 '잘한 일'이라고 말하는 장면에서 도시에 대적한 투쟁의 성공에 대한 확신과 의구심의 혼재는 '새'의 상태에서 비롯된 것이 아니라, 대적의 상대가 현대 사회의 강력한 구조적 문제의 거점인 '도시'인 까닭이다. 따라서 '사내'는 그 싸움의 승패를 섣불리 확신하기가 어렵다.

[오답해설]

① '교도소 길목'에서 '방생의 집'으로 향하는 '사내'의 심정은 억압된 처지에서 벗어나 자유로운 삶에 대한 염원을 새의 방생을 통해 기원하려는 선한 의지와 연결되어 있다.

② 그 '새'가 도시의 추위를 견디지 못하리라고 '사내'가 짐작한 이유는 방생에 쓰일 새들의 날개에 상처를 입혀 멀리 날지 못하게 한 후, 방생된 새들을 다시 수거하여 재사용하는 '방생의 집' 주인의 잔인한 이면을 보았기 때문이다.

④ '사내'와 '새'가 북쪽의 '잔인한 도시'를 떠나 함께 가는 곳은 남쪽에 위치해 있어 '겨울에도 대숲이 푸른 곳'으로, '새'가 겨울을 나고 상처를 치유하기에 적합한 환경이다.

⑤ '사내'의 남행 길을 비추는 '한 줄기 햇볕'이 사내의 가슴속을 끝없이 비춰주는 '영혼의 빛줄기'와 같다고 한 것은, '잔인한 도시'를 떠나 진정한 자유를 추구하는 새로운 삶에 대한 '사내'의 염원을 엿볼 수 있다.

[11~15] 현대 시

(가) 오규원, 「문」
- 갈래 : 자유시, 서정시, 운문시
- 성격 : 비판적, 성찰적, 저항적, 역설적
- 제재 : 문
- 주제 : 문에 대한 일반적인 인식 비틀기
- 특징
  - 동일 구절의 반복으로 문이 있는 일상적인 상황 제시
  - 대비되는 시어를 활용해 주제 의식 강조
  - 통사 구조의 반복으로 운율감의 시적 의미 강조
  - 대상에 대한 통념을 부정하여 새로운 인식 부여

(나) 정지용, 「유리창 1」
- 갈래 : 자유시, 서정시
- 성격 : 감각적, 회화적, 상징적
- 제재 : 어린 자식의 죽음
- 주제 : 죽은 자식에 대한 그리움
- 특징
  - 감각적인 이미지를 사용하여 화자의 정서를 드러냄
  - 애절한 슬픔을 드러내지 않고 절제하여 표현
  - 모순적인 표현으로 시의 함축성을 높임

11   작품의 내용 이해하기   ①

[정답해설]

(가)가 단정적 진술을 사용하여 '문'이라는 사물의 고정관념에 대한 비판의식을 표현하는 반면, (나)는 화자가 유리에 입김을 불고 닦는 행동을 감각적으로 묘사함으로써 어린 자식을 잃은 화자의 슬픔과 그리움을 직접적으로 표현하고 있다.

[오답해설]

② (가)에서는 화자가 현실과 환상을 함께 경험하고 있지 않으며, (나)에서는 화자가 유리창을 닦으면서 아이의 부재에서 오는 '외로움'과 입김으로나마 아이를 느낄 수 있는 '황홀함'의 모순된 감정을 드러내고 있다.

③ (가)에서는 '문'이 지닌 고정관념에 대한 화자의 비판과 저항 의식을 드러내고 있으나, (나)는 그렇지 않다.

④ (가)는 문이 열려 있지만 열려 있지 않다는 표현 등을 통해 '문'이 지닌 일반적인 속성을 부정함으로써 '문'에 대한 기존 통념을 비판하고 있으나, (나)는 그렇지 않다.

⑤ (가)에서는 작품 전반에 걸쳐 유사한 통사 구조의 반복과 병치를 통해 시적 의미를 강조하고 리듬감을 형성하고 있으나, (나)는 그렇지 않다.

12   부적절한 감상 내용 고르기   ②

[정답해설]

(가)는 일상생활에서 접하는 '문'에 대한 통념을 비틀어 '문'에 대한 새로운 인식을 제시하고 있으나, 하루하루 살아가는 과정에서 깨닫게 된 삶의 무상함을 표현하고 있지는 않다.

[오답해설]

① 대상이 '우리 집'에서 '어느 집'으로 확대되어 가면서 '문'에 대한 통념에서 벗어난 시인의 새로운 인식도 확장되고 있다.

③ 각각의 개인이 각각의 '집'이라 생각한다면 '문'이나 '담', '벽' 등은 사람들 사이의 다양한 소통 관계를 뜻한다. '문'은 '소통의 연결'을 의미하는 반면, '담'과 '벽'은 '소통의 단절'을 의미하는 것이 통념인데, 연결의 속성을 가진 '문'이 단절의 속성을 가진 '담'이나 '벽'이 되기도 하고, 심지어 '담'이나 '벽'보다 더 든든한 단절의 속성을 가지기도 한다.

④ 일상에서는 쉽게 놓칠 수 있는 '문'의 여러 특징들을 성찰을 통해 발견함으로써, '소통과 연결'이라는 '문'의 원래 의미와 다른 새로운 접근을 시도하고 있다.

⑤ '문'과 관련한 다양한 상황들을 제시하면서 화자가 그것의 의미들에 대한 단정적 언급을 회피한 것은 독자들의 자각을 통해 당연하다고 생각되는 통념을 비틀어 새로운 시각으로 세상을 바라볼 수 있게 유도하기 위한 것이다.

13   작품의 주제와 유사한 진술 찾기   ⑤

[정답해설]

(가)의 주제는 '문에 대한 일반적인 인식 비틀기'이다. 즉, 일상적인 '문'에 대한 기존 통념을 비틀어 '문'에 대한 새로운 시각을 제시하고 있다. ⑤에서 '웃음'은 일반적으로 선의라고 하는 긍정적 시각이 통념인데, '웃음'이 어색함일 수도 있고 위선일 수도 있다고 하며 '웃음'의 부정적 시각을 제시하고 있다. 그러므로 ⑤는 '웃음'에 대한 일반적인 인식 비틀기로, (가)의 주제와 가장 유사한 발상을 보여 주는 진술이다.

14   작품의 내용 이해하기   ②

[정답해설]

'길들은 양 언 날개'는 사라지는 입김이 새처럼 날개를 파닥거리는 듯하게 보이는 모양으로, 화자가 시적 대상인 죽은 자식의 환영을 불러내었음을 보여준다. 즉, '길들은 양 언 날개'는 시적 대상이 화자를 불러낸 것이 아니라, 화자가 시적 대상을 불러낸 것이다.

[오답해설]

① '차고 슬픈 것'은 화자가 유리창에 입김으로 만들어낸 죽은 자식의

환영으로, 자식을 잃은 슬픔과 안타까움이라는 화자의 내면 심리가 투영되어 있다.

③ '물먹은 별'은 화자가 눈물이 가득 고인 눈으로 별을 바라보는 것으로, 쉼표 다음에 나오는 '반짝'이 이러한 슬픔의 승화를 함축하여 표현하고 있다.

④ '고운 폐혈관이 찢어진 채'는 아이가 죽은 이유로 짐작되며, 이것이 시인이 작품을 창작하게 된 배경임을 암시하고 있다.

⑤ '날아갔구나!'는 어린 자식이 산새처럼 훌쩍 떠나 버린 것에 대한 현실을 화자가 새삼 자각하게 되었음을 드러내고 있다.

---

15 지시 대상 이해하기 ④

[정답해설]

(가)에서 화자는 ㉠(문)을 열리기도 하고 닫히기도 하며, 연결하기도 하고 단절되기도 하는 가변적 속성을 지닌 것으로 인식한다. 또한 (나)에서 화자는 ㉡(유리)을 죽은 자식을 단절하는 동시에 만남을 매개하는 가변적 속성을 지닌 것으로 인식한다.

[오답해설]

① (나)에서 화자는 ㉡(유리)을 통해 죽은 아이와 소통하고 있으나, (가)에서는 화자가 ㉠(문)을 통해 외부와 소통하고 있지는 않다.

② (가)에서 화자는 ㉠(문)이 지닌 여러 아이러니한 속성에 대해 탐구적인 태도를 취하고 있으나, (나)에서 화자는 ㉡(유리)을 죽은 아이와 소통하는 매개체로 보고 있다.

③ (나)에서 화자는 ㉡(유리) 넘어 산새처럼 날아간 죽은 아이를 더 이상 만날 수 없음에 절망하고 있으나, (가)에서 화자는 탐구를 통해 ㉠(문)에 대한 새로운 인식을 부여하고 있다.

⑤ (나)에서 화자는 ㉡(유리)을 통해 죽은 자식과 단절하기도 하고 소통하기도 한다는 점에서 ㉡(유리)과의 관계 형성은 중요한 과제이나, (가)에서 ㉠(문)은 화자에게 탐구의 대상이지 관계 형성의 대상은 아니다.

[16~20] 독서 – 철학

16 부합하는 내용 고르기 ④

[정답해설]

첫 번째 문단에서 인간 삶의 공간은 수행의 진전 여하에 따라 확장되거나 축소될 수 있고 다른 형태로 변경될 수도 있다고 하였다. 그러므로 공간을 고정된 사물로 보는 것은 인간과 공간의 관계에 대한 논의의 전제로 적절하지 않다고 볼 수 있다.

[오답해설]

① 두 번째 문단에서 인간은 공간에 버려진 듯이 느낄 수도 있고 공간

에서 안도감을 느낄 수도 있으며, 공간과 일체감을 느끼기도 하고 공간을 낯설게 여기기도 한다고 하였다. 그러므로 인간과 공간의 일체감이 공간의 의미를 규정하는 유일한 기준은 아니다.

② 세 번째 문단에서 존재의 기획을 성공적으로 수행하지 못할 경우, 인간은 던져진 상태에서 벗어나지 못하는 것이라고 하였다. 따라서 던져진 자리에 머무르는 행위는 실패한 존재의 기획이므로, 존재의 기획을 위한 주요 전략은 아니다.

③ 인간이 어떤 곳에 묶여 있다고 느끼는 공간과의 일체감은 인간이 처한 공간에서 공간과 맺는 관계의 변화 양상 중 하나이므로, 그것이 인간과 공간의 관계에 대한 올바른 이해를 방해하는 것은 아니다.

⑤ 두 번째 문단에서 "공간은 인간 존재의 지향에 따라 의미를 얻는다."는 것은 인간이 특정한 공간에 부여한 의미가 상황이나 조건에 따라 달라질 수 있다는 것을 의미한다. 그러므로 인간이 특정한 공간에 부여한 의미에는 상황이나 조건의 변화에 따라 움직이는 가변의 자질이 있다고 보아야 한다.

---

17 적절한 논지 전개 방식 고르기 ③

[정답해설]

제시문은 장소에 대한 개념적 이해를 바탕으로 논리적 맥락을 형성해 가고 있으며, 이를 추가적으로 지원하기 위해 하이데거의 견해를 사례로 들어 설명하고 있다. 즉, 용어의 개념적 이해를 바탕으로 논의의 논리적 맥락을 형성하고 있는 것이다.

[오답해설]

① 제시문은 장소의 개념적 이해를 바탕으로 하며, 기존 논의의 한계를 지적하거나 새로운 논점을 제시하고 있지는 않다.

② 앞에서 설명한 장소에 대한 논리적 맥락을 추가적으로 지원하기 위해 다른 학자의 견해를 제시하고 있을 뿐, 해석의 가능성을 다양화 하고 있지는 않다.

④ 제시문은 장소의 개념적 이해에 대한 맥락을 형성하고 있을 뿐, 개념이 잘못 적용된 사례를 제시하거나 이를 바로잡는 과정은 나타나 있지 않다.

⑤ 제시문은 난해한 표현을 사용하여 장소에 대한 개념적 이해를 설명하고 있지 않으며 그리고 이를 대체하기 위해 일상적 표현을 사용한 것도 아니다.

---

18 적절한 추론 고르기 ⑤

[정답해설]

인간은 사물들 중의 하나가 아니라 주변 세계와 관계를 맺는 주체로, 그저 세상에 던져져 주어진 자리에 머무른 채 살지 않는 지향성의 존재이다. 반면에 사물은 그릇 속의 존재처럼 공간 속에 머무르는 객체

이다. 그런 의미에서 인간의 존재 방식과 사물의 존재 방식은 공간과 연관될 때 ㉠(지향성)의 자질이 나타나는지의 여부에 따라 다르다고 볼 수 있다.

[오답해설]

① 인간은 어떤 필요에 따라 사물들을 이용하거나 대상에 대해 어떤 감각이나 느낌을 가지고 상호 작용한다. 그러므로 인간이 사물과 관계를 맺는 방식은 ㉠(지향성)을 배제하면 불가능하다.

② 인간은 사물들 중의 하나가 아니라 주변 세계와 관계를 맺는 주체이며, 그저 세상에 던져져 주어진 자리에 머무른 채 살지 않는 지향성의 존재이다. 그러므로 인간을 고정불변의 사물로 규정할 수 없다.

③ 인간이 필요에 따라 사물을 이용할 때 이미 ㉠(지향성)의 방향이 결정된 것이 아니라, 어떤 감각이나 느낌을 가지고 상호 작용을 하며 어떤 일을 처리해 나갈 때 ㉠(지향성)의 방향이 결정된다고 볼 수 있다.

④ 인간의 존재 방식과 사물의 존재 방식은 공간과 연관될 때 ㉠(지향성)의 자질이 나타나는지의 여부에 따라 다르므로, ㉠(지향성)은 인간과 사물을 구별하는 속성이라고 볼 수 있다.

19　지시 대상 이해하기　⑤

[정답해설]

(나)에서 우리가 장소에 내린 뿌리는 애착으로 구성된 것이며, 이 애착이 포괄하고 있는 친밀감은 단지 장소에 대해 세부적인 것까지 알고 있는 것만이 아니라 그 장소에 대한 깊은 배려와 관심이라고 하였다. 그러므로 ㉡(한 장소에 뿌리를 내린다는 것)은 인간이 과거 경험을 통해 미래의 장소에 대해 세부적인 것까지 알게 되는 행위 이상의 것이다.

[오답해설]

① (나)에서 '한 장소에 뿌리를 내린다는 것'은 사물의 질서 속에서 자신의 입장을 확고하게 하는 것이라고 설명하고 있다. 그러므로 ㉡은 인간이 세계에서 입지를 확고하게 할 수 있는 행위라고 할 수 있다.

② (나)에서 '한 장소에 뿌리를 내린다는 것'은 특정한 어딘가에 의미 있는 심리적 애착을 가지는 것이라고 설명하고 있다. 그러므로 ㉡은 인간이 장소에 대해 친밀감을 가지려는 적극적인 행위라고 볼 수 있다.

③ (나)에서 애착을 가지는 장소들은 그 속에 우리의 복잡다단한 경험이 있으며 복잡한 애정과 반응을 불러일으키는 환경이라고 설명하고 있다. 그러므로 ㉡은 인간이 복잡다단한 삶을 이어갈 환경을 마련하는 행위라고 볼 수 있다.

④ (나)에서 '한 장소에 뿌리를 내린다는 것'은 세상을 내다보는 안전지대를 가지는 것이라고 설명하고 있다. 그러므로 ㉡은 인간이 세

계를 경험할 때 자신을 보호해 줄 영역을 확보하는 행위라고 볼 수 있다.

20　부적절한 내용 고르기　②

[정답해설]

(나)에서 장소를 무리하게 인간의 의지에 복종시키려 하지 않으면서 건물을 세우거나 농사를 지음으로써 장소를 돌보는 것은 온당한 자세라고 하였다. 그러므로 인간이 집을 짓고 특정한 공간을 점유하는 인간과 공간의 관계는 공간을 인간 자신의 의지에 복종시키는 부당한 행위라고 볼 수 없다.

[오답해설]

① 집은 인간에게 필요한 수행의 영역이 인간 삶의 공간에 상응하는 것으로, 집을 단순한 건축물이 아니라 공동체적 의미를 지닌 것으로 간주하는 것은 인간이 공간과 일체감을 느끼는 관계로 볼 수 있다.

③ 정착을 통해 집의 가치가 물리적 차원에서 개인적·심리적 가치를 지닌 곳으로 변환될 수 있는 것은 인간이 공간과 맺는 다양한 관계의 변화 양상 중 하나이며, 따라서 공간이 일정한 양태로 환원되지 않는 가변적 양태라는 점을 방증한다.

④ 집이 구성원들을 어우러지게 하는 심리적 터전이라고 보는 것은 특정한 장소에 심리적 애착과 깊은 유대를 가지는 것이 인간의 중요한 욕구이며, 우리가 집이라는 장소에 내린 뿌리는 바로 이 애착으로 구성되어 있기 때문이다.

⑤ 한 장소에 뿌리를 내린다는 것은 세상을 내다보는 안전지대를 가지는 것이며, 사물의 질서 속에서 자신의 입장을 확고하게 파악하는 것이다. 그러므로 가족들이 집에 함께 머무는 것은 결속을 강화하고 외부 세계의 위협에 맞설 수 있는 계기가 된다고 볼 수 있다.

[21~25] 독서 - 사회

21　부적절한 질문 고르기　④

[정답해설]

제시문은 경제 문제의 분석에 적용하기 위한 게임이론의 핵심 개념과 전략적 행동에 대해 서술하고 있으나, 게임이론의 발전 과정에 대해 서술하고 있지는 않다. 그러므로 "게임이론이 만들어져 지금까지 발전해 온 과정은 어떠한가?"라는 질문은 제시문을 통해 알 수 없는 부적절한 질문 내용이다.

[오답해설]

① 게임이론의 핵심 개념은 '최적 대응'과 '내쉬균형'이라고 세 번째 문단에 제시되어 있으므로, "게임이론에서 핵심을 이루는 것은 무

엇일까?"라는 질문은 적절한 질문 내용이다.

② 우월전략, 우월전략균형, 내쉬균형 등 게임이론의 전략적 행동에 대해 세 번째 문단에서 소개하고 있다. 그러므로 "게임이론의 연구 대상인 전략적 행동은 무엇일까?"라는 질문은 적절한 질문 내용이다.

③ 게임이론에서 자주 인용되는 게임은 죄수의 딜레마 게임이라고 두 번째 문단에 제시되어 있으므로, "게임이론에서 다루는 게임에는 어떤 것이 있을까?"라는 질문은 적절한 질문 내용이다.

⑤ 현실에서 접하는 여러 경제 문제가 게임과 비슷한 구조를 지니고 있기 때문에, 게임이론이 경제학에서 상호작용이 중요하게 작용하는 과점기업들의 경쟁을 설명하는 이론으로 활용된다고 첫 번째 문단에 제시되어 있다. 그러므로 "게임이론을 경제 문제의 분석에 적용하게 된 이유는 무엇일까?"라는 질문은 적절한 질문 내용이다.

| 22 | 부적절한 내용 파악하기 | ⑤ |

[정답해설]

네 번째 문단에서 정부가 과점기업들의 명시적 담합을 금지하고 있다고 서술하고 있으나, 과점기업들이 협정을 위반하는 것을 정부가 단속하고 있다는 내용은 제시되어 있지 않다. 그러므로 과점기업들이 협정을 위반하는 것을 정부가 엄격히 단속하기 때문에 과점기업들이 더 많은 이윤을 얻기가 현실적으로 어려운지의 여부는 제시문을 통해 알 수 없다.

[오답해설]

① 첫 번째 문단에서 게임이론이 경제학에서 상호작용이 중요하게 작용하는 과점기업들 간의 경쟁을 설명하는 이론이라고 하였다. 따라서 인접한 두 나라 간의 국제 경제 정책에서도 상호작용이 중요하게 작용하므로, 게임이론을 적용하는 것이 가능하다고 볼 수 있다.

② 완전경쟁시장에서 각 기업의 규모는 시장 전체에 비해 매우 작아서 기업끼리의 상호작용은 중요하지 않다고 첫 번째 문단에 제시되어 있다.

③ 마지막 문단에 일반적으로 과점기업들이 협조 관계를 유지하지 못하여 담합에 실패하는 것이 사회적으로 바람직할 수 있다고 서술되어 있다. 그러므로 담합을 통해 독점 이윤을 얻고자 하는 과점기업들이 협조 관계를 유지하지 못하는 것은 대체로 소비자들에게 유리하다고 볼 수 있다.

④ 첫 번째 문단에서 독점시장에서는 기업이 하나뿐이어서 상호작용이라는 것이 가능하지 않기 때문에 게임이론을 적용할 필요가 없다고 설명하고 있다. 그러므로 특정 재화를 독점 공급하는 기업이 이윤을 극대화하기 위해 가격정책을 수립하는 것에는 게임이론을 적용할 필요가 없다고 볼 수 있다.

| 23 | 지시 대상 이해하기 | ③ |

[정답해설]

제시문에 따르면 내쉬균형의 전략은 주어진 상대방의 전략에 대해서만 최적 대응이라는 성격을 가지며, 균형이 아닌 상태에서는 적어도 한쪽이 자신의 전략을 바꿀 유인을 갖는다고 하였다. 그러므로 '내쉬균형'을 이룬 상태에서 상대가 전략을 바꾸면 균형이 아닌 상태가 되므로 자신의 전략이 바뀔 수 있다.

[오답해설]

① 게임에서 나타날 수 있는 여러 균형 중 우월전략균형과 내쉬균형은 서로 다른 종류의 균형이다. 즉, '우월전략균형'이 '내쉬균형'을 이루기 위한 필수 조건은 아니다.

② 상대의 전략과 상관없이 자신에게 최적인 전략은 '우월전략'이다.

④ 둘 다 우월전략을 선택해서 다른 상태로 바뀔 유인이 없는 상황을 '우월전략균형'이라고 하였으므로, 한 대상만 우월전략을 갖더라도 '우월전략균형'이 이루어지는 것은 아니다.

⑤ 제시문에 죄수의 딜레마 게임처럼 우월전략균형이 존재하는 조건이 현실에서 완전히 충족되기는 무척 어려우며, 어느 한쪽만 우월전략을 갖는 경우도 그리 흔하지 않다고 서술하고 있다. 그러므로 현실에서 '우월전략균형'의 조건이 충족되는 것은 불가능하다고 볼 수 있다.

| 24 | 사례를 추가할 위치 찾기 | ④ |

[정답해설]

〈보기〉의 사례는 기업 간의 협정을 위반해 일시적으로 이득을 얻을 수 있다고 해도 곧 다른 기업의 보복으로 인해 더 큰 손해를 입을 수 있는 상황에 해당하므로, ②에 추가하는 것이 가장 적절하다.

| 25 | 글의 세부 내용 이해하기 | ③ |

[정답해설]

A가 광고를 하고 B가 광고를 하지 않을 경우, A의 수익은 700만원이고 B의 수익은 300만원이므로, B의 수익이 A의 수익보다 적다. 그러므로 B는 수익을 올리기 위해 전략을 수정할 필요가 있다.

[오답해설]

① · ② A, B 모두 광고를 하지 않은 경우, A의 수익은 800만원이고 B의 수익도 800만원으로 동일하다. 그러므로 A와 B 모두 전략을 바꿀 유인을 갖지 않는다.

④ A가 광고를 하지 않고 B가 광고를 한 경우, A의 수익은 300만원이고 B의 수익은 700만원으로 A의 수익이 B의 수익보다 적으므로, A는 전략을 바꿀 유인을 가진다.

⑤ A, B 모두 광고를 한 경우, A의 수익은 400만원이고 B의 수익도 400만원으로 동일하므로, A와 B 모두 전략을 바꿀 유인을 갖지 않는다.

[26~30] 독서 – 기술

26 서술 방식 파악하기 ②

[정답해설]
1973년 슈마허가 적정기술의 개념을 처음 소개할 때, 그것은 첨단기술과 토속기술과 구분되는 중간기술로써 빈곤국의 자원과 필요에 적합하며 소규모이며 간단하고 돈이 적게 드는 기술을 의미했다. 그러나 1973~1974년의 석유 파동, 2004년의 남아시아 대지진, 2008년의 리만 브라더스 파산 등의 위기를 겪으면서 지속 가능한 기술로서의 적정기술이 부각되었고, 오늘날에는 경제적 수익을 창출하는 실용적이고 자립적인 기술로까지 그 개념이 확장되었다고 서술하고 있다. 그러므로 제시문은 시간적 흐름에 따라 적정기술 개념의 발전 과정을 소개하는 서술 방식이라고 볼 수 있다.

[오답해설]
① 적정기술이 이론적으로 타당한 것인지를 검증하기 위해 가설을 세우고 있지는 않다.
③ 적정기술 개념의 발전에 따른 다양한 사례를 들고는 있으나, 적정기술과 상반된 개념과의 절충을 시도하고 있지는 않다.
④ 시간적 흐름에 따른 적정기술 개념의 발전 과정을 서술하고 있으나, 적정기술 개념에 대한 필자의 주장을 드러내고 있지는 않다.
⑤ 사례를 통해 첨단기술의 문제점을 밝히고 이에 대한 대안으로써 적정기술의 재발견을 주목하고 있으나, 서로 다른 관점에서 분석 내용을 비교하고 있지는 않다.

27 내용과 일치하는 것 고르기 ④

[정답해설]
제시문에 따르면 오늘날 적정기술은 경제적 수익을 창출하는 실용적이고 자립적인 기술로까지 그 개념이 확장되어 사용되고 있다고 서술되어 있다. 그러므로 "오늘날 적정기술은 다수의 시민들에게 경제적이며 실용적인 이득을 제공해 줄 수 있다"는 ④의 설명은 제시문의 내용과 일치한다.

[오답해설]
① 적정기술은 극빈국 국민의 삶을 구제하기 위한 원조 기술이 아니라, 저개발국의 기술의 자주성에 초점이 맞춰진 단순한 기술이다.
② 오늘날 적정기술은 경제적 수익을 창출하는 실용적이고 자립적인 기술로까지 그 개념이 확장되고 있으므로, 영리를 기술 개발의 목

적으로 삼는 것도 적정기술의 취지에 부합한다고 볼 수 있다.
③ 적정기술은 기본적으로 지속 가능한 시스템을 배경으로 작동하는 기술이기 때문에 사회 시스템의 도움을 받기 어려운 것은 아니다.
⑤ 적정기술은 단순하고 낮은 수준의 기술뿐 아니라 정보통신기술을 비롯한 첨단기술과의 접목을 추구한다. 그러나 첨단기술로부터 적정기술로의 전환을 의미하는 것은 아니다.

28 핵심 정보 파악하기 ①

[정답해설]
제시문의 마지막 문장에서 적정기술은 정보통신기술을 비롯한 첨단기술과의 접목을 통해 적은 비용으로 자원을 고갈시키지 않으면서 저개발 국가와 선진국의 다양한 사회 문제를 해결하는 복지 기술, 공동체 기술, 혹은 사회 문제 해결 기술 등과 같은 새 시대의 대안적 기술과 사업 모델로서 모색될 전망이라고 서술하고 있다. 그러므로 첨단기술이 적정기술과의 접목 가능성이 낮다고 볼 수 없다.

[오답해설]
② 첨단기술은 기술혁신이 빠르고 기술 집약도가 높으며 고부가가치 창출을 실현하기 위해 대규모로 자원을 소비하는 특징을 지녔으므로, 저비용의 친환경적 기술로 보기 어렵다.
③ 첨단기술은 구매력이 있는 상위의 소비자들만을 대상으로 하기 때문에 저개발 국가에서는 사용하기 어려운 제약이 있다.
④ 첨단기술은 고부가가치 창출을 실현하기 위해 대규모로 자원을 소비하는 특징을 지녔으므로, 대규모 에너지 공급을 안정적으로 지원받아야 한다.
⑤ 첨단기술은 지속 가능성을 염두에 두고 설계된 것이 아니기 때문에 정작 위기상황에 취약하며, 위기상황에 대처하는 유연한 체제를 갖추고 있지 못하다.

29 부적절한 사례 고르기 ⑤

[정답해설]
⑤번 사례의 경우 기부자나 투자자의 자본 및 기술 지원을 받은 소규모 친환경 태양광 발전소는 소규모이고 친환경이라는 점에서는 적정기술에 부합하나, 적은 비용으로 제품을 제작할 수 있고 자주적으로 유지·운영할 수 있는 지속 가능한 기술이 아니라는 점에서 적정기술로 볼 수 없다.

[오답해설]
① 폐지로 만든 '헬프데스크'는 작고 사용하기 간단하며 저렴하고 친환경적이라는 점에서 적정기술에 부합한다.
② 금속과 콘크리트로 만든 '범용 견과 껍질 제거기'는 노동 부담을 줄여주고 판매 수익을 높이는 데 기여하므로, 오늘날의 적정기술이

경제적 수익을 창출하는 실용적이고 자립적인 기술로까지 그 개념이 확장된다는 점에서 적정기술로 볼 수 있다.

③ 현지 대나무 재료를 사용한 '페달 펌프'는 그 지역에서 생산되는 자원을 최대한 활용하고, 자주적으로 유지·운영할 수 있는 지속 가능한 기술이라는 점에서 적정기술에 부합한다.

④ 전등불을 대신하기 위해 물과 표백제를 넣은 투명 페트병은 소규모이고 간단하며 적은 비용의 지속 가능한 기술이라는 점에서 적정기술에 부합한다.

---

30 부적합한 이유 고르기 ②

[정답해설]

〈보기〉에 플레이펌프(PlayPump)를 설치한 마을에서 아이들이 주민들이 먹을 만큼 지하수를 올리려면 학교도 가지 않고 하루 종일 놀이기구를 돌려야 하는 불편을 감수해야 한다는 사실이 확인되었기 때문에 실패한 적정기술이 되었다고 서술하고 있다. 그러므로 지속 가능한 발전을 고려하지 못했다는 점이 플레이펌프(PlayPump)가 적정기술로서 부적합한 가장 주된 이유이다.

[오답해설]

① 다른 지역에 적용하기 어려운 기술이 적정기술로 부적합한 이유는 아니다.

③ 〈보기〉의 지문을 통해 플레이펌프(PlayPump)가 환경 친화적인 기술을 적용했는지 안 했는지 정확하게 알 수 없다.

④ 사업에 필요한 자금을 기부를 통해 모은 것이 적정기술로 부적합한 이유는 아니다.

⑤ 기술을 구현하는 데 많은 천연 자원을 필요로 한 것이 적정기술로 부적합한 이유는 아니다.

[31~35] 갈래 복합

> **(가) 윤선도, 「견회요(遣懷謠)」**
> - **갈래** : 평시조, 연시조(전 5수)
> - **성격** : 우국적, 연군적
> - **정서** : 정의감, 충성심, 그리움
> - **주제** : 사친과 우국충정
> - **특징**
>   - 감정이입을 통해 화자의 정서를 드러냄
>   - 대구법과 반복법을 사용하여 의미와 운율을 강조함
>   - 각 연이 독립적이면서도 전체 주제 안에서 유기적으로 연관을 맺음
>
> **(나) 작자 미상, 「청천에 떠서」**
> - **갈래** : 사설시조, 정형시, 서정시

> - **성격** : 예상적, 대조적
> - **주제** : 임을 만날 수 없는 안타까움
> - **특징**
>   - 기러기를 이중적 의미로 사용하여 기대와 실망을 드러냄
>   - 청자를 설정하여 말을 건네는 어조로 화자의 처지를 드러냄
>   - 화자와 기러기를 대조해 화자의 외로움을 심화함
>   - 시간적, 공간적 배경을 통해 화자의 처지를 드러냄
>
> **(다) 작자 미상, 「황계사」**
> - **갈래** : 가사
> - **성격** : 연모적, 애상적, 해학적
> - **주제** : 임에 대한 간절한 그리움과 기다림
> - **특징**
>   - 이별에 대한 슬픔을 해학적으로 유쾌하게 표현함
>   - 임이 못 오는 까닭을 다양하게 제시하며 원망의 정서를 드러냄
>   - 대중에게 인지도가 높은 고전 작품을 차용하여 호응을 유도함
>   - 후렴구를 삽입하여 구비적 성격을 보여줌

---

31 작품의 공통점 찾기 ①

[정답해설]

(가)에서는 임금과 부모에 대한 그리움, (나)에서는 임을 만날 수 없는 안타까움, (다)에서는 임에 대한 간절한 그리움과 기다림의 정서를 표현하고 있다. 그러므로 (가), (나), (다) 모두 임금, 부모, 임 등의 대상의 부재를 시적 상황으로 삼고 있다.

[오답해설]

② (다)에서는 '춘수(春水)', '하운(夏雲)', '추월(秋月)' 등 계절적 요소를 나타내는 시어들을 사용하여 계절의 변화에 따른 시상을 전개하고 있다. 그러나 (가)와 (나)에서는 계절의 변화가 드러나 있지 않다.

③ (가)에서는 모함을 받아 유배를 가는 세태에 대한 화자의 비판적 시선을 기본으로 하고 있으나, (나)와 (다)에서는 그러한 비판적 시선이 보이지 않는다.

④ (가), (나), (다) 모두 자연과 속세를 대비하여 주제의식을 강조하고 있는 부분은 나타나 있지 않다.

⑤ (가)에서는 〈제5수〉에서 임금을 잊으면 그것이 불효라며 규범과 현실의 괴리로 인한 심리 상태를 부각하고 있으나, (나)와 (다)에서는 그러한 심리 상태가 드러나 있지 않다.

32 적절한 표현상 특징 찾기 ①

[정답해설]

(가)의 〈제4수〉에서 '뫼는 길고 길고', '물은 멀고 멀고', '어버이 그리워하는 뜻은 많고 많고 크고 크고', '외기러기는 울고 울고' 등에서 시어의 반복과 문장의 대구를 통해 각 소재가 갖는 속성을 강조하고 있다.

33 지시 대상 이해하기 ②

[정답해설]

(가)의 ⓐ는 화자의 정서와 관련된 객관적 상관물로써 화자의 감정을 이입한 대상이고, (나)의 ⓑ는 임에게 화자의 바람을 실행해 주기를 기대하는 의인화 된 대상이다.

34 지시 대상 이해하기 ⑤

[정답해설]

ⓜ은 밝은 달빛을 빌려 임이 계신 곳을 비추려는 화자의 모습에서 임을 향한 화자의 간절한 그리움을 표현하고 있다. 그러므로 밝은 달빛을 빌리는 것이 임의 안위에 대한 화자의 걱정을 의미하는 것은 아니다.

[오답해설]

① ⓣ은 밤낮으로 쉬지 않고 흐르는 시냇물처럼 어버이와 임금을 향한 변함없는 사랑과 충성심을 다짐하는 화자의 강한 의지를 보여주고 있다.

② ⓛ은 자식이 부모를 모시듯 신하가 임금을 섬기지 않으면 불효와 같다는 의미로, 충과 효는 하나라는 화자의 가치관을 드러내고 있다.

③ ⓒ은 '월황혼'이라는 시간적 배경과 '빈방'이라는 공간적 배경을 통해 화자의 외로운 처지를 절박하게 표현하고 있다.

④ ⓔ은 임이 못 오는지 안 오는지 궁금해 하는 화자의 어조를 통해 임에 대한 화자의 그리운 심정을 느낄 수 있다.

35 부적절한 감상 내용 고르기 ④

[정답해설]

'춘수가 만사택', '하운이 다기봉', '추월이 양명휘'는 중국 육조 시대의 시인인 도연명의 「사시(四時)」에서 차용한 한시 구절로, 관념적이고 추상적인 사대부 가사에 문제를 제기하기 위한 것이 아니라 대중의 통속적 흥미와 관심에 맞추기 위함이다.

[오답해설]

① '이 아해야 말 듣소'와 같은 표현을 반복적으로 사용한 것은 조선 후기 가창 현장의 자유분방한 분위기가 반영되어 음악적 효과를 형성하기 위한 것이다.

② '육관 대사 성진이는 석교상에서 팔선녀 데리고 희롱한다'는 구절을 제시한 것은 대중들에게 잘 알려진 김만중의 「구운몽」의 내용을 차용함으로써 대중의 흥미를 불러일으키려고 한 것이다.

③ 노랫말의 맥락과는 동떨어진 정서인 '지어자 좋을시고'를 이용한 것은 가창 현장에 모인 대중들의 흥을 돋우기 위해 즉흥적이고 흥겨운 유흥적 상황이 반영된 결과들이다.

⑤ '병풍에 그린 황계 수탉'이 우는 모습을 구체적으로 묘사하여 나타낸 것은 정제된 형식의 틀에서 벗어나 가창 현장의 자유분방한 분위기를 반영하기 위한 것이다.

[36~40] 고전 소설

> 작자 미상, 「숙향전」
> • 갈래 : 염정 소설, 적강 소설, 영웅 소설
> • 성격 : 도교적, 낭만적, 초현실적
> • 시점 : 전지적 작가 시점
> • 배경 : 시간 – 중국 송나라 때 / 공간 – 형초 땅
> • 제재 : 숙향과 이선의 사랑
> • 주제 : 고난의 시련을 극복한 운명적 사랑의 성취
> • 특징
>   – 천상계와 지상계의 이원적 공간이 설정됨
>   – 영웅의 일대기 구조가 나타남
>   – 주인공 숙향은 영웅으로서의 능력을 구비하지 못함

36 서술상 특징 찾기 ②

[정답해설]

상서 부부와 숙향과의 대화를 통해 숙향이 부모님을 잃고 장 승상 댁에 들어가 십 년을 살게 된 까닭, 그리고 이화정 할미와 만나기까지의 경위 등 숙향이 태어나서 열여섯 살이 되기까지 살아 온 과거의 행적이 드러나고 있다.

37 부적절한 내용 고르기 ②

[정답해설]

"다섯 살 때 부모님을 난리 중에 잃고 길거리를 방황했는데 어떤 짐승이 업어다 남군 땅 장 승상 댁에 내려놓았나이다. 마침 그 집에 자식이

없어 저를 친자식처럼 십 년을 기르셨으니, 고향은 물론 부모님의 성명도 모르옵나이다."라는 숙향의 말을 통해 숙향을 데려다 친자식처럼 십 년을 기른 인물이 장 승상임을 알 수 있다.

[오답해설]

① 여 부인이 상서를 심하게 꾸짖으니 상서가 아무 말도 못하였다는 대목과 "더 이상 죄 없는 낭자를 죽이려 하지 마시오."라는 여 부인의 말을 통해 맏누이가 숙향을 죽이려는 상서를 질타했음을 알 수 있다.

③ "네가 내 아들과 나이가 같고, 이름도 선녀가 일러준 것과 같되, 다만 부모가 누구인지 모른다고 하니, 참으로 답답하구나."라는 대목에서 상서 부부는 숙향의 부모가 누구인지 알고 싶어 함을 알 수 있다.

④ 낭자가 "제가 자란 후에 우연히 듣자오니, 지난번에 낙양 수령으로 계시던 김전이 제 부친이라 하더이다. 그러나 제가 어찌 그것을 자세히 알 수 있사오리까?"라고 말한 대목에서 김전이 낙양 수령을 지냈음을 알 수 있다. 또한 상서가 "김전은 이부상서 운수 선생의 아들이라. 가문이 어찌 거룩하지 않으리오."라고 말한 대목에서 김전이 이부상서를 지낸 가문의 자손임을 알 수 있다.

⑤ 부인이 말하기를 "시간이 지나면 자연 알게 되리이다."하고 낭자에게 이선의 처소인 봉황당에 가 있으라고 말한 대목에서 낭자가 상서 부인의 말에 따라 낭군의 처소에 머물게 되었음을 알 수 있다.

| 38 | 부적절한 지시 대상 고르기 | ⑤ |

[정답해설]

상서 부인이 ⑩처럼 말한 이유는 상서가 "김전은 이부상서 운수 선생의 아들이라. 가문이 어찌 거룩하지 않으리오."라는 말을 듣고 기대의 마음에 시간적 여유를 갖고 차차 알아보자는 의미이지, 자연의 이치를 고려하면서 이후에 펼쳐질 사태에 대해 염려하는 것은 아니다.

[오답해설]

① ㉠에서는 상서의 누님이 역사적 사실인 송나라 황제의 예를 들어 상서에게 숙향을 죽이지 말라는 자신의 요구를 관철시키고 있다.

② ㉡은 상서의 누님이 숙향을 죽이지 말라고 상서를 말리자, 상서가 연장자인 누님의 말을 어기지 못하고 마지못해 숙향을 죽이려는 자신의 생각을 고치고 있다.

③ ㉢은 장 승상 댁에서 삼천삼백오십 리나 되는 길을 이틀 만에 왔다는 숙향의 말에 이상하다고 의문을 표하고 있다.

④ ㉣에서 숙향은 지난번에 낙양 수령으로 계시던 김전이 자기 부친이라는 사실이 우연히 들은 이야기라 자세히 알 수 없다고 신중한 태도를 보이고 있다.

| 39 | 지시 대상 이해하기 | ③ |

[정답해설]

ⓐ의 '비단주머니'를 보고 상서 부인이 크게 기뻐한 것이며, 상서가 적극적으로 숙향의 성씨를 추측하는 데서 숙향에 대한 상서 부부의 태도가 호의적으로 바뀌었음을 알 수 있다.

[오답해설]

① ⓐ의 '비단주머니'로 이해할 수 있는 숙향의 출신은 아직 밝혀지지 않은 가설이므로, 사건의 현실성을 의미하는 것은 아니다.

② ⓐ의 '비단주머니'는 현재 사건의 원인이 아니라 숙향의 출신과 신분을 밝혀줄 과거 사실의 증거이다.

④ ⓐ의 '비단주머니'가 선을 권하고 악을 벌한다는 권선징악의 주제 의식을 표출하고 있지는 않다.

⑤ ⓐ의 '비단주머니'를 통해 숙향의 감춰진 재능이 아니라 감춰진 출신과 신분이 드러나고 있다.

| 40 | 부적절한 감상 내용 고르기 | ③ |

[정답해설]

선녀는 상서 부인이 아들인 이선을 낳을 때 해산을 도와준 사람으로, 숙향의 이름이 선녀가 일러준 것과 같다는 상서 부인의 말은 숙향이 선녀가 알려준 사람과 동일한 인물임을 확인한 것일 뿐, 하늘의 예정된 운명을 받아들이려는 의지의 표현을 의미하는 것은 아니다.

[오답해설]

① 화덕진군은 불에 타 죽을 위기에 처한 숙향을 도와준 천상계의 존재이다.

② 부모 몰래 아들이 결혼한 것이 조정의 시빗거리가 되었다는 상서의 말은 개인적 차원의 애정이 권위적인 지배 이념과 충돌하는 대목이다.

④ 아들이 미천한 여자와 결혼했다는 이유로 상서가 낭자(숙향)를 죽이려는 것은 개인적 애정보다 가문의 위상을 중시한 결과로 볼 수 있다.

⑤ 사향의 모함으로 장 승상 댁에서 쫓겨난 숙향이 죽으려 한 것은 남녀 주인공의 결합을 위한 고난의 여정이다.

[41~45] 독서 – 철학

| 41 | 글의 내용 이해하기 | ④ |

[정답해설]

속죄양에 관한 개념을 만들어 자아의 부정적인 이미지를 입히는 것은 무의식이 자율적으로 보상 작용을 발휘하여 의식화하도록 무의식이 작용하는 결과이다.

42　　　　지시 대상 이해하기　　　　③

[정답해설]

세 번째 문단에서 ㉠(무의식이 창조적 작용)은 자율성과 보상 작용으로 표현되는데, 자아 의식이 한 방향으로만 나가면 무의식이 자율적으로 작동하여 의식의 방향과는 다른 방향의 이미지를 보내서 그것을 보상한다고 설명하고 있다. 그러므로 ㉠(무의식이 창조적 작용)은 의식이 한 방향으로만 활성화될 경우 그에 반발하여 표출되는 무의식의 이미지 작용이라고 말할 수 있다.

43　　　　지칭 대상 이해하기　　　　①

[정답해설]

제시문에서 친구한테 비난당할 때 심한 분노를 느낀다면, 바로 그 순간 미처 의식하지 못하고 있던 자기 그림자의 일부를 발견할 수 있다고 하였다. 그러므로 분노의 상황에서는 그림자를 볼 수 있다.

[오답해설]

② 그림자는 자아에게는 보이지 않는 무의식의 그늘에 속하는 인격이다.

③ 그림자의 투사는 집단 차원에서도 벌어지며, 그것은 어떤 집단 성원의 무의식에 같은 성질의 그림자가 형성되어 다른 집단에 투사되는 것을 가리킨다.

④ 그림자는 자아와 비슷하면서도 자아와는 대조되는, 자아가 가장 싫어하는 열등한 성격을 지니고 있다.

⑤ 인간 집단은 집단 행동을 통하여 그림자를 사회 표면으로 끌어 내어 사람들이 그것을 보고 경험하게 하는, '카니발'과 같은 문화적 장치를 가지고 있다.

44　　　　부적절한 내용 찾기　　　　①

[정답해설]

그림자는 집단에서도 발생 가능한 무의식의 그늘에 속하는 인격이므로, 기성 질서에서 지배층도 '집단적 그림자'가 만든 무의식의 그늘에서 벗어날 수는 없다.

[오답해설]

② '가면'을 쓰거나 기괴한 모습으로 '분장'하는 행위는 억압된 욕망이 투사된 '그림자'를 극적으로 연출한 것이라고 할 수 있다.

③ '카니발'은 참여자들의 억눌린 감정을 표출할 수 있는 계기가 되므로, 문화적으로 허용되고 예술적으로 승화된 형태의 '그림자 놀이'

를 설명하는 예로 삼기에 적당하다.

④ '수도원 곳간'은 이교(異敎)의 귀신과 악마와 별의별 부도덕한 불한당과 같은 욕망과 연관된 '집단적 그림자'를 가두는 수용소이다.

⑤ '탈춤'은 양반 세력을 희화화하고 농락함으로써, 신분 질서에 억눌린 욕구가 연희를 통해 투사되는 장을 연다고 할 수 있으므로, '집단적 그림자'가 승화된 형태라 할 수 있다.

45　　　　적절한 바꿔 쓰기　　　　③

[정답해설]

㉡의 '공산이 크다'에서 '공산'은 '어떤 상태가 되거나 어떤 일이 일어날 수 있는 확실성의 정도'를 의미하는 말로, '여지', '가능성'과 유사한 단어이다. 그러므로 '공산이 크다'는 '여지(餘地)가 많다' 또는 '가능성이 크다' 등으로 바꿔 쓸 수 있다.

[오답해설]

① 기회(機會): 어떠한 일을 하는 데 적절한 시기나 경우

② 단서(端緖): 어떤 문제를 해결하는 방향으로 이끌어 가는 일의 첫 부분

④ 예외(例外): 일반적 규칙이나 정례에서 벗어나는 일

⑤ 정보(情報): 관찰이나 측정을 통하여 수집한 자료를 실전 문제에 도움이 될 수 있도록 정리한 지식 또는 그 자료

2024학년도 기출문제 정답 및 해설

2024학년도
[영어]
정답 및 해설

▌[영어] 2024학년도 | 정답

01	②	02	①	03	②	04	①	05	⑤
06	③	07	⑤	08	①	09	②	10	④
11	③	12	③	13	③	14	④	15	④
16	⑤	17	④	18	②	19	⑤	20	⑤
21	①	22	③	23	①	24	②	25	⑤
26	②	27	③	28	④	29	④	30	③
31	④	32	②	33	④	34	③	35	③
36	③	37	⑤	38	④	39	①	40	①
41	⑤	42	①	43	④	44	②	45	⑤

▌[영어] 2024학년도 | 해설

01 　　　유사 어휘 고르기　　　②

[정답해설]
'advocate'는 '옹호하다, 지지하다'의 뜻으로, 'champion(싸우다, 옹호하다)'와 그 의미가 가장 유사하다.

[오답해설]
① 반대하다

③ 무시하다
④ 약화시키다
⑤ 압도하다

[핵심어휘]
□ advocate 옹호하다, 지지하다
□ authority 권위, 권한
□ disregard 무시하다, 묵살하다
□ undermine 약화시키다, 침식시키다
□ overwhelm 압도하다, 제압하다

[본문해석]
어떤 예술도 사람들을 홀로 정복할 수 없다. 사람들은 권위에 의해 옹호되는 삶의 이상에 의해 정복된다.

02 　　　유사 어휘 고르기　　　①

[정답해설]
'impartial'는 '편파적이지 않은, 공평한'의 뜻으로, 'fair(공정한, 공평한)'와 그 의미가 가장 유사하다.

[오답해설]
② 해가 없는
③ 의미 있는
④ 시기적절한
⑤ 창의적인

[핵심어휘]
□ impartial 편파적이지 않은, 공평한
□ harmless 해가 없는, 악의 없는
□ meaningful 의미 있는, 중요한
□ timely 시기적절한, 때맞춘

[본문해석]
우리는 완전히 열린 마음으로 시작하는 일이 거의 없으며, 이는 우리가 어떤 주제를 완전히 공평한 방식으로 논의할 수 있도록 해줄 것이다.

03 유사 어휘 고르기 ②

[정답해설]
'minutes'는 '회의록, 의사록'의 뜻으로, 'records(기록물)'와 그 의미가
가장 유사하다.

[오답해설]
① 시각
③ 순간
④ 기간
⑤ 곡조

[핵심어휘]
▫ read through 다 읽다, 통독하다
▫ minute 회의록, 의사록
▫ duration 지속, 기간

[본문해석]
우리는 지난 회의록을 끝까지 읽었다.

04 유사 어휘 고르기 ①

[정답해설]
'confine'은 '국한하다, 한정하다'의 뜻으로, 'limit(제한하다, 한정하다)'
와 그 의미가 가장 유사하다.

[오답해설]
② 확대하다
③ 분류하다
④ 촉진하다
⑤ 순응하다

[핵심어휘]
▫ confine 국한시키다, 한정[제한]하다
▫ statement 진술, 서술
▫ conform 따르다, 순응하다

[본문해석]
막내 경찰관의 임무는 군중으로부터 진술을 받아내는 것에 국한되
었다

05 유사 어휘 고르기 ⑤

[정답해설]
'it goes without saying that'은 '~은 말할 것도 없다. 두말하면 잔소리

다'의 뜻으로, 'obviously(분명히, 확실히)'와 그 의미가 가장 유사하다.

[오답해설]
① 틀림없이
② 아마도
③ 다행히도
④ 흔쾌히

[핵심어휘]
▫ it goes without saying that ~은 말할 것도 없다. 두말하면 잔소
리다
▫ photography 사진술, 사진 촬영
▫ multiply 증가하다, 배가하다
▫ composition (그림 · 사진의) 구도
▫ arguably 주장하건대, 거의 틀림없이
▫ agreeably 기분 좋게, 흔쾌히
▫ obviously 확실히, 분명히

[본문해석]
구도에 움직임이 더해질 때, 그리고 영상이 비칠 때 컬러 촬영의 어려
움이 배가되는 것은 말할 것도 없다.

06 빈칸 추론하기 ③

[정답해설]
빈칸에 들어갈 말은 축구 경기에 가야할지 아니면 집에서 숙제를 해
야 할지를 묻는 B의 질문에 대한 A의 답변이다. A의 대답에 B가 알고
있다고 말하며, 어떻게 해야 할지 결정을 내리지 못하고 있는 것으로
보아, 빈칸에 들어갈 말로는 "글쎄, 그건 네게 달려 있어."가 가장 적절
하다.

[오답해설]
① 더 열심히 연습했어야 해.
② 내일은 집에 있어야 해.
④ 중요한 질문이 있어.
⑤ 우리는 어제 축구 경기를 보았다.

[핵심어휘]
▫ assignment 과제, 임무
▫ be up to ~에 달려 있다
▫ profound 깊은, 심오한

[본문해석]
A: 숙제는 다 끝냈니?
B: 아니요, 아직이요. 오늘 밤에 하려고요.
A: 오늘 밤? 축구 경기에 가지 않니?

B: 아, 그 경기! 완전히 잊고 있었네요. 그 경기를 기대하고 있었는데요.

A: 그러게. 중요한 결정을 내려야 할 것 같아.

B: 맞아요. 경기에 가야 하나요 아니면 그냥 집에서 숙제를 해야 하나요?

A: 글쎄, 그건 네게 달려 있어.

B: 알아요. 아직 어떻게 해야 할지 모르겠어요.

A: 걱정하지 마. 네가 옳은 결정을 할 거야.

---

07   빈칸 추론하기   ⑤

[정답해설]

자동차 보험사에서 배터리 충전 서비스를 해 준다는 A의 말에 B가 몰랐다며 바로 전화해 본다고 하였으므로, B에 들어갈 말로는 "알려줘서 고마워."가 가장 적절하다.

[오답해설]

① 이거 정말 잘 돼 네!

② 천천히 해.

③ 등록번호가 어떻게 돼?

④ 난 잘못한 게 없어.

[핵심어휘]

▫ insurance company 보험 회사

▫ recharge 충전하다

▫ take your time 천천히 하다, 여유를 가지다

▫ registration 등록

[본문해석]

A: 뭐 하고 있어?

B: 차가 시동이 안 걸려. 뭐가 잘못됐는지 알아보고 있어.

A: 오, 이런. 너 차에 대해 아니? 뭔가 찾았어?

B: 배터리가 다 된 거 같아. 몇 주 동안 외지에 있었는데, 그 동안 아무도 내 차를 이용하지 않았어.

A: 보험사에 전화했니?

B: 무엇 때문에?

A: 보통 자동차 보험사에서 배터리 충전 서비스를 해줘. 바로 와서 충전해 줄 거야. 아주 편해.

B: 아, 난 몰랐네. 알려줘서 고마워. 지금 바로 전화해 볼 게.

A: 천만에.

---

08   어법상 틀린 것 고르기   ①

[정답해설]

become → becoming

'devote to'는 '～에 헌신[전념]하다'는 뜻으로, 'to'가 전치사이므로 뒤에 동사가 올 경우 동명사의 형태로 써야 한다. 그러므로 become은 becoming으로 고쳐 써야 옳다.

[핵심어휘]

▫ script 문자, 활자

▫ remedy 바로잡다, 해결하다

▫ preliminary 예비의, 서문의

▫ inadequate 부족한, 불충분한

▫ decade 10년

▫ devote to ～ing ～하는데 전념[헌신]하다

▫ become acquainted with ～에 정통하다, ～을 익히다[숙지하다]

▫ informed 잘 아는, 유식한, 정통한

▫ full-scale 완벽한, 전면적인

▫ agent 대리인, 대행사

▫ abridge 단축하다, 요약하다

▫ version 버전, 판

▫ illustration 삽화, 도해

▫ footnote 각주(각 페이지 하단에 붙이는 주석)

▫ abridgement 요약, 축약, 간추림

▫ unabridged version 무삭제판, 완본

▫ identification 확인, 검증, 증명

▫ citation 인용, 인용구

[본문해석]

아직 아무도 15세기 통신 수단이 활자에서 인쇄로 이동한 결과를 조사하려고 시도하지 않았다. 이 상황을 해결하기 위해서는 책 한 권 이상이 필요하다는 것을 깨달으면서, 나는 예비적인 노력이 아무리 불충분하더라도 없는 것보다 낫다고 느꼈고, 주로 초기 인쇄에 관한 특별한 문헌과 책의 역사를 숙지하는 데 전념하는 10년간의 연구를 시작했다. 1968년과 1971년 사이에 몇몇 예비 논문들이 학자들의 반응을 이끌어내고 정통한 비판을 이용하기 위해 출판되었다. 나의 완벽한 작품인 「변화의 대행자로서의 인쇄술」은 1979년에 등장했다. 그것은 현재 판본에서 일반 독자들을 위해 요약되었다. 삽화가 추가되었지만 이 요약본에서 각주는 삭제되었다. 요약되지 않은 완본은 모든 인용구와 참고문헌을 완전히 확인하려고 하는 독자라면 누구나 참고해야만 한다.

09	어법상 틀린 것 고르기	②

[정답해설]

swiftly → swift

등위 접속사 and에 의한 A and B의 형태에서, 형용사 + 명사의 구조인 'autonomous mobility(자율적인 이동)'에 대응하여 'swiftly transport'는 'swift transport(신속한 운송)'가 되어야 한다. 즉, 부사 형태인 'swiftly(신속하게)'를 형용사 형태인 'swift(신속한)'로 고쳐 써야 하며, 여기서 'transport'의 품사는 동사가 아니라 명사이다.

[핵심어휘]

- neutral 중립의, 중립적인
- burden 짐, 부담
- mass-produced 대량 생산의
- autonomous mobility 자율이동
- swift 빠른, 신속한
- congestion 혼잡, 밀집
- earth-devastating 지구를 파괴하는
- inception 시작, 개시
- skeptics 회의론자
- destabilize 불안정하게 만들다
- invading 침입하는
- yellow journalism 황색 저널리즘, 선동적 언론
- invasive 급속히 퍼지는, 침략[침입]하는
- misleading 오해의 소지가 있는, 현혹시키는
- ubiquitous 어디에나 있는, 아주 흔한
- deep-fake 가짜의, 조작의
- viral 바이러스성의, 바이러스에 의한

[본문해석]

신기술의 혜택과 부담을 평가하는 데 중립적인 입장은 없다. 20세기 초 대량 생산된 포드 모델 T나 21세기의 자율주행 자동차를 생각해보라. 자동차를 통해, 인간의 혼잡과 지구를 파괴하는 오염과 대조하여 자율적인 이동과 신속한 운송의 이점을 평가한다. 그것은 사진술에서도 마찬가지이다. 시작부터 회의론자들은 광범위하고 통제되지 않은 사진술이 거짓을 퍼뜨리고 사생활을 침해함으로써 공동체와 정부를 불안정하게 할 것이라고 걱정했다. 이러한 불안은 코닥 카메라 초기에, 그것의 인기가 선동적 언론의 확산과 결합하여 침해와 오해의 소지가 있는 사진들을 만들어내면서 발생했다. 이러한 걱정은 아주 흔한 디지털 카메라 폰, 조작 영상, 그리고 바이러스성 인터넷과 더불어 오늘날에도 계속된다. 그때나 지금이나, 카메라의 작동 방법과 사진 표현력에 관한 논쟁은 사생활, 국제 정치 그리고 공공 정의에 관한 것이다.

10	문맥에 맞는 낱말 고르기	④

[정답해설]

(A) share / (B) receptive / (C) positive

(A) 스포츠는 전 세계 사람들이 기후 위기에 대한 인식을 높이는 강력한 도구가 될 수 있으므로, 스포츠와 관련된 수십억 명의 사람들이 환경에 대한 메시지를 함께 할 수 있다. 그러므로 빈칸에 들어갈 말로는 'share(공유하다)'가 적절하다.

(B) 스포츠 팬들은 그들의 생활 습관을 바꿀 정도로 스포츠 행사에서 준비한 생태학적 계획을 적극적으로 받아들인다. 그러므로 빈칸에 들어갈 말로는 'receptive(수용적인)'가 적절하다.

(C) 스포츠 조직이 행하는 환경에 대한 노력은 가정에서 행하는 환경 목표에 또한 바람직한 영향을 미친다. 그러므로 빈칸에 들어갈 말로는 'positive(긍정적인)'가 적절하다.

[핵심어휘]

- awareness 앎, 인식, 관심
- geographical 지리적인, 지리학상의
- restrain 제한하다, 억제하다
- spectator 관중, 관람객
- practitioner 전문직 종사자
- facilitator 조력자, 협력자
- receptive 수용적인, 받아들이는
- ecological 생태학적인
- initiative 시작, 계획, 발의
- regarding ~에 관하여[대하여]
- sustainability 지속[유지] 가능성
- norm 표준, 규범, 기준
- significant 중요한, 상당한, 의미심장한
- perception 지각, 인식, 통찰력
- behavioural intention 행동 목적

[본문해석]

광범위한 인기 덕분에, 스포츠는 지리적인 위치와 사회적 배경에 관계없이 전 세계 사람들에게 기후 위기에 대한 인식을 높이는 강력한 도구가 될 수 있다. 간단히 말해서, 그 산업은 관중, 종사자 또는 협력자로서 스포츠와 관련된 수십억 명의 개인들에게 환경에 대한 중요한 메시지를 (A) 공유할 수 있다. 인식을 높이고 교육을 하는 그러한 전략은 과거에 좋은 결과를 보여주었다. 팬들이 심지어 지속해왔던 그들의 생활 습관을 기꺼이 바꿀 정도로, 스포츠 행사에서 준비된 생태학적 계획에 (B) 수용적이라는 사실이 연구에서 밝혀졌다. 이 연구는 "스포츠 행사와 관련된 규범은 가정에서 이루어지는 환경 행동 목표에도 또한 영향을 미치면서, 스포츠 조직이 행하는 노력에 대한 (C) 긍정적 인식과 상당한 관련이 있다"고 정확히 결론을 내렸다.

11　　문맥에 맞는 낱말 고르기　　③

[정답해설]

(A) frequent / (B) borrowed / (C) picked up

(A) 영어 어원이 아닌 라틴어나 그리스 어원으로 개념에 대한 이름을 짓는 일은 과학적 지식이 급속히 확장함에 따라 점점 더 증가하였다. 그러므로 빈칸에 들어갈 말로는 'frequent(빈번한)'가 적절하다.

(B) 영어로 이름을 붙일 수 없는 개념을 언급하기 위해 라틴어 어원을 가져와 이름을 붙인 것이므로, 빈칸에 들어갈 말로는 'borrowed(차용했다)'가 적절하다.

(C) 일부 단어들은 즉시 사용되지 않았지만, 일부 단어들은 동시대 사람들에 의해 오늘날에도 여전히 사용되므로, 빈칸에 들어갈 말로는 'picked up(받아들였다)'가 적절하다.

[핵심어휘]

▫ rare 드문, 희귀한

▫ make up a name for ~에 대한 이름을 짓다

▫ affix 접사

▫ pick up 들이게[익히게] 되다

▫ take out 없애다, 제거하다

▫ contemporary 동년배, 동시대 사람

[본문해석]

학자들이 영어로 이름을 붙일 수 없는 개념을 언급하기 위해 전문적인 용어가 필요할 때마다, 그들은 그리스어나 라틴어에서 하나를 가져왔다. 만일 그리스어나 라틴어에도 그 개념에 대한 이름이 없다면 – 과학적 지식이 고대인들의 꿈을 넘어 급속히 확장하면서 점점 더 (A) 빈번해진 상황 – 그들은 영어 어원이 아닌 라틴어 및/또는 그리스어 어원에서 그 개념에 대한 이름을 지을 것이다. 이 관행은 오늘날까지 계속되고 있다. 결과적으로 많은 사람들이 라틴어 용어를 (B) 차용했고, 키케로의 시대에 전혀 사용되지 않았던 접사뿐만 아니라 라틴어 어원에서 새로 형성된 단어들이 이 시기에 영어로 들어왔다. 그 단어들의 상당수가 거의 즉시 사용되지 않았지만, 다른 많은 단어들은 동시대 사람들에 의해 (C) 받아들여졌고 오늘날에도 여전히 함께 한다.

12　　문맥에 맞는 낱말 고르기　　③

[정답해설]

(A) expansion / (B) destroyed / (C) stationary

(A) 국제 무역을 포함한 상업 활동이 엄청난 상승의 시기였다고 서술되어 있으므로, 빈칸에 들어갈 말로는 'expansion(팽창)'이 적절하다.

(B) 금전적 이익의 추구로 무서운 결과를 가져온 마이다스의 우화처럼, 그리스 사회 또한 부의 추구로 위험에 빠졌다고 설명하고 있으므로, 빈칸에 들어갈 말로는 'destroyed(파괴하다)'가 적절하다.

(C) 플라톤과 아리스토텔레스 모두 경제 성장이 바람직하지 못한 영향을 미쳤다고 생각하고 있으므로, 그들은 경제활동이 멈추길 바란다. 그러므로 빈칸에 들어갈 말로는 'stationary(정적인)'가 적절하다.

[핵심어휘]

▫ liberalization 자유화

▫ enormous 엄청난, 막대한

▫ tremendous 거대한, 굉장한

▫ disturbance 방해, 소란, 장애

▫ instability 불안정

▫ expansion 확장, 팽창

▫ reduction 축소, 감소

▫ liberate 해방시키다, 자유롭게 해주다

▫ ideal state 이상 국가

▫ constitute 구성하다, 이루다

▫ undesirable 달갑지 않은, 바람직하지 않은

▫ relatively 비교적, 상대적으로

▫ stationary 정지된, 비유동적인

[본문해석]

플라톤과 아리스토텔레스 시대 이전의 2세기는 경제적 자유화의 시기였고, 이것과 더불어 국제 무역을 포함한 상업 활동에 엄청난 상승이 왔다. 더욱이 굉장한 경제적인 혼란과 사회적인 불안정은 급속한 상업적 (A) 팽창을 동반했고, 이것은 플라톤과 아리스토텔레스의 경제적 사고에 큰 영향을 미쳤다. 그들은 그 불안정은 마이다스의 우화가 알려준 것처럼, 무서운 결과를 가져온 금전적 이익의 추구에서 비롯되었다고 믿었다. 마이다스가 금을 쫓기 위해 자신을 (B) 파괴했던 것처럼, 부의 추구 또한 그리스 사회를 위험에 빠뜨렸다. 플라톤과 아리스토텔레스가 이상 국가에서의 삶은 어떠한 모습인지 조사에 착수한 것은 부분적으로 이러한 위협에 대한 대응이었고, 그 상태에서 그들의 분석은 "좋은 삶"을 어떻게 이룰 것인가란 문제를 중심으로 수립되었다. 경제 성장이 바람직하지 못한 영향을 미쳤다는 것은 그들에게 분명했고, 그들은 비교적 (C) 정적인 경제 활동 수준을 생성하는 경제 시스템의 필요성을 강조했다.

13　　문맥상 부적절한 낱말 고르기　　③

[정답해설]

precision → similarity 또는 approximation

제시문에 따르면 모든 역사적 기록들은 시간이 지남에 따라 바뀔 수도 있는 일종의 재구성으로, 절대적인 확실성을 제공할 수 없다고 하였다. 즉, 진정한 역사적 기록들은 존재하지 않으며, 과거 사실의 유사성 또는 근사치만을 제공할 뿐이다. 그러므로 ③의 'precision(정확성)'은 'similarity(유사성)' 또는 'approximation(근사치)' 등으로 고쳐 써야

옳다.

[핵심어휘]

- inevitably 필연적으로, 불가피하게
- account 기록, 설명, 해석
- reconstruction 복원, 재건, 재현
- certainty 확실성, 필연성
- precision 정확, 정밀
- leeway 여지, 자유, 재량
- accommodate 담다, 수용하다
- concise 간결한, 축약된
- no way around 방도가 없는, 피할 수 없는

[본문해석]

과거의 모든 증거는 현재에서만 발견될 수 있기 때문에, 과거에 관한 이야기를 만드는 것은 필연적으로 이 증거를 그 자체의 어떤 역사를 가진 과정의 측면에서 해석하는 것을 의미한다. 그렇게 하는 것은 주변 환경과 우리 자신들 모두 그러한 과정이 되는 것을 경험하기 때문이다. 결과적으로 모든 역사적 기록들은 일종의 재구성이며, 따라서 시간이 지남에 따라 바뀔 수도 있다. 이것은 또한 역사에 관한 연구가 절대적인 확실성을 제공할 수 없고, 단지 한때 그랬던 현실의 <u>정확성</u> (→ 유사성)만을 제공한다는 것을 의미하기도 한다. 다시 말해서, 진정한 역사적 기록들은 존재하지 않는다. 이것은 마치 과거를 바라보는 방식에 끝없는 자유가 있는 것처럼 들릴 수도 있다. 내 생각에는 그렇지 않다. 다른 과학 분야에서와 마찬가지로, 역사적 재구성에 대한 주요한 시험은 그것들이 기존 자료를 간결하고 정확한 방식으로 수용하는가, 그리고 어느 정도로 수용하는가이다. 그럼에도 불구하고 모든 역사적 재구성이 역사가가 생각해 낸 문맥 속에 배치된 선별된 수의 기존 자료들로 구성된다는 사실을 피할 방도는 없다.

14   문맥상 부적절한 낱말 고르기   ④

[정답해설]

solving → causing

일회용 비닐봉지의 대안으로 여겨졌던 재사용 가능 봉지가 탄소 발자국(carbon footprint) 즉, 이산화탄소 배출량이 오히려 더 높게 나타나는 등 새로운 환경 문제를 낳고 있다. 그러므로 ④의 'solving(해결하는)'은 'causing(일으키는)'으로 고쳐 써야 옳다.

[핵심어휘]

- single-use 일회용의
- definitely 분명히, 확실히
- restriction 제한, 제약
- in place 시행 중인, 가동 중인
- eliminate 없애다, 줄이다

- leech 달라붙어 떨어지지 않다
- microplastic 미세 플라스틱
- reusable 재사용[재활용]할 수 있는
- retailer 소매업자, 소매상
- apparently 분명하게, 명백하게
- campaigner 운동가, 활동가
- hoard 축적, 비축
- carbon footprint 탄소 발자국(온실 효과를 유발하는 이산화탄소의 배출량)
- eye-popping 눈이 튀어나올 정도의, 깜짝 놀랄 정도인
- environmentally friendly alternative 환경 친화적 대안
- conventional 전통적인, 재래식의
- replacement 교체, 대체
- straightforward 간단한, 솔직한
- boil down to ~으로 요약하다, ~으로 귀결되다

[본문해석]

일회용 비닐봉지와의 싸움은 패배할지 모르지만, 그것은 확실히 진행 중이다. 그것들의 사용에 대한 제한은 거의 12개의 미국 주들과 세계의 많은 다른 국가들에서 시행 중이다. 그리고 많은 경우, 이러한 노력들은 나무 위에 떠다니고, 수로를 막고, 미세 플라스틱을 땅과 물속에 달라붙게 하고, 해양 생물들에게 해를 끼치는 얇은 비닐봉지의 신규 판매를 줄이는데 성공적이었다. 그러나 이런 종류의 환경에 대한 성공 이야기는 또 다른 문제를 감추고 있다. 우리 중 대다수는 분명 일회용 비닐보다 더 친환경적인 대안으로 소매상들이 값싸게 팔거나 손님들에게 나눠주는 재사용 가능한 봉지에 치이고 있다. 환경운동가들은 재사용 가능한 봉지가 얇은 비닐봉지보다 훨씬 더 이산화탄소 배출량이 높으며, 이러한 봉지 꾸러미가 새로운 환경 문제를 해결하고(→ 일으키고) 있다고 말한다. 한 놀라운 추정에 따르면, 면봉지가 전통적인 비닐봉지의 진정한 환경 친화적 대안이 되려면 최소한 7,100번이 사용되어야 한다. 일회용 비닐봉지의 가장 친환경적인 대체물이 무엇인지에 대한 답은 간단하진 않지만, 그 조언은 이와 같이 요약된다. 집에 있는 어떤 봉지든 가능한 한 많이 재사용하라.

15   내용과 일치하는 문장 고르기   ④

[정답해설]

제시문에서 랑케가 국가의 권력을 질서와 안정의 수호자로 여긴 반면, 부르크하르트는 권력을 악과 연결된 것으로 간주했다. 즉, 권력과 악이 손을 잡고 있다고 생각했다.

[오답해설]

① 야콥 부르크하르트는 결코 목사가 되고 싶지 않았다. → 원래는 아버지를 따라 개신교 목사가 되려고 함
② 야콥 부르크하르트는 바젤에서 미술사를 공부했다. → 바젤에서 신학

을 공부했고, 미술사는 베를린에서 공부함

③ 야콥 부르크하르트와 랑케의 관계는 논란의 여지가 없다. → 부르크
하르트와 랑케의 관계는 역사학자들 사이에서 상반된 관점의 주제임. 즉 논
란의 여지가 많음

⑤ 야콥 부르크하르트는 랑케의 지적 접근법을 받아들였다. → 랑케의
개인적 야망과 직적 접근법 둘 다 거부함

[핵심어휘]

- □ Protestant minister 개신교 목사
- □ theology 신학
- □ contrary 정반대의, 상반된
- □ retain 유지[보유]하다, 지탱하다
- □ regard 존경, 높은 평가
- □ guardian 수호자, 후견인
- □ confidently 자신 있게, 당당히
- □ skeptical 회의적인, 회의론자 같은
- □ withdrawn 내성적인, 내향적인
- □ hostile forces 적군, 적대 세력
- □ reference 말, 언급
- □ reject 거절하다, 거부하다
- □ uncontroversial 논란의 여지가 없는
- □ embrace 받아들이다, 수용하다

[본문해석]

스위스 바젤에서 목사의 아들인 야콥 부르크하르트는 원래 그의 아버
지의 발자취를 따라서 개신교 목사가 되려고 하였다. 그러나 바젤에서
신학을 공부하는 동안, 그는 기독교가 신화라는 결론에 도달했다. 역
사와 미술사 연구로 눈을 돌려, 그는 베를린에서 레오폴드 랑케와 함
께 공부하며 4년을 보냈다. 부르크하르트와 랑케의 관계는 역사학자
들 사이에서 상반된 관점의 주제이다. 어떤 이들은 근본적인 그들의
차이에도 불구하고, 부르크하르트가 일생 동안 랑케를 높게 평가했다
고 주장한다. 랑케가 국가의 권력을 질서와 안정의 수호자로 여긴 반
면, 부르크하르트는 권력을 악과 연결된 것으로 간주했다. 개신교 학
자인 랑케는 과거의 사건들에서 자신 있게 관대한 신의 손을 구했지
만, 회의적이고 내향적인 부르크하르트는 역사에서 적대 세력들 사이
의 끊임없는 투쟁을 보았다. 이러한 차이로 인해 다른 역사가들은 랑
케를 '나의 위대한 주인'이라고 언급한 부르크하르트의 말에 현혹되어
서는 안 된다고 주장하였다. 오히려 부르크하르트는 랑케의 개인적 야
망과 그의 지적 접근법 둘 다 거부하게 되었다.

| **16** | 내용과 불일치 문장 고르기 | ⑤ |

[정답해설]

제시문의 마지막 문장에서 자각몽을 꿀 수 있는 사람들은 자신의 꿈
에 영향을 미칠 수 있고, 그들이 꿈을 꾸고 있다는 것을 인식할 수 있

으며, 원한다면 스스로 깨어날 수도 있다고 서술되어 있다. 그러므로
사람들은 자신의 꿈에 영향을 미칠 수 없다는 ⑤의 설명은 제시문의
내용과 일치하지 않는다.

[오답해설]

① 사람들이 꿈을 꾸는 동안, 그들의 눈은 움직일 수 있다. → 꿈을 꾸는
것은 빠른 눈의 움직임과 특이한 뇌파 패턴에 의해 확인됨

② 모든 사람들이 무슨 꿈을 꾸었는지 기억하는 것은 아니다. → 방금
꿈을 꾼 것을 기억하려고 집중하지 않는 한 무슨 꿈을 꾸었는지 알 수 없음

③ 꿈은 우리의 마음과 생각과 연관이 있다. → 꿈은 우리 자신의 내적인
연상, 기억, 그리고 감정적 투입에 기초함

④ 꿈은 상징적이고 해석될 수 있다. → 꿈속에서 일어나는 상징과 은유로
연상을 추적할 수 있고, 꿈속 장면과 이미지가 표현했던 것이 무엇인지 해독
할 수 있음

[핵심어휘]

- □ characteristic 특유의, 특이한, 독특한
- □ bizarre 기이한, 특이한
- □ internal 내부의, 내적인
- □ association 연계, 연상, 연계
- □ metaphor 은유, 비유
- □ decode 해독하다, 이해하다
- □ sequence 연속적인 사건들
- □ lucid dream 자각몽(꿈꾸고 있음을 자각하면서 꾸는 꿈)
- □ figurative 비유적인, 표상[상징]적인
- □ interpret 설명하다, 해석하다

[본문해석]

빠른 눈의 움직임과 특이한 뇌파 패턴에 의해 확인될 수 있는 수면의
특정 단계 동안, 우리는 꿈을 꾼다. 모두가 꿈을 꾸지만, 방금 꿈을 꾼
것을 기억하려고 집중하지 않는 한, 그 이미지는 우리가 깨어나면 거
의 바로 사라진다. 꿈은 종종 외부의 자극 없이 형성되고 대신 우리 자
신의 내적인 연상, 기억, 그리고 감정적 투입에 기초하기 때문에 특이
하다. 종종 우리는 꿈속에서 일어나는 상징과 은유로 우리의 연상을
추적할 수 있다. 때때로 우리는 꿈속 장면과 이미지가 표현했던 것이
무엇인지 해독할 수 있다. "자각몽"의 존재는 조사 연구에서 확립되었
다. 자각몽을 꿀 수 있는 사람들은 자신의 꿈에 영향을 미칠 수 있고,
그들이 꿈을 꾸고 있다는 것을 인식할 수 있으며, 원한다면 스스로 깨
어날 수도 있다.

| **17** | 내용과 불일치 문장 고르기 | ④ |

[정답해설]

제시문에서 소음 성가심의 정의가 신체적 증상뿐만 아니라 감정적 반
응을 포함하기 때문에, 연구들은 상충되는 결과를 보여주고 있다고 서

술하고 있다. 그러므로 소음 성가심이 감정적인 반응 내에서만 국한된다는 ④의 설명은 제시문의 내용과 일치하지 않는다.

[오답해설]

① 내륙 풍력 발전소에서 발생하는 소음은 과학적으로 논란의 여지가 많은 화제이다. → 내륙 풍력 발전소의 소음은 과학적 논란의 대상임

② 내륙 풍력 발전소 근처의 주민들은 아마도 정신적인 병과 신체적인 병을 모두 경험할 것이다. → 소음 성가심은 신체적 증상뿐만 아니라 감정적 반응도 포함되므로, 주민들은 정신 질환과 신체 질환을 모두 겪음

③ 과학자들은 내륙 풍력 발전소 근처의 주민들이 겪고 있는 증상의 주요 원인을 성공적으로 밝혀내지 못했다. → 과학자들은 내륙 풍력 발전소 소음이 인근 주민들에게 미치는 증상에 대한 연구 계획이나 결과들에 확신을 갖지 못함

⑤ 내륙 풍력 발전소에서 발생하는 소음에 대한 연구결과는 아직 결론이 나지 않았다. → 내륙 풍력 발전소에서 발생하는 소음에 대한 연구결과는 과학자들 사이에서도 상충되고 논란의 여지가 많음

[핵심어휘]

- inland 벽지의, 내륙의
- wind farm 풍력 발전 지역
- provinces 주(州), 지방, 지역
- controversy 논란, 논쟁
- resident 거주자, 주민
- insomnia 불면증
- low-frequency 저주파
- air pressure 기압
- symptom 증상, 징후
- sensitivity 세심함, 예민함, 민감성
- annoyance 시달림, 성가심
- extensive 아주 넓은, 광범위한
- interpretation 해석, 이해, 설명
- controversial 논란이 많은, 논란의 여지가 있는
- inconclusive 결정[확정]적이 아닌, 결론에 이르지 못한

[본문해석]

주로 미국 중서부 그리고 캐나다의 온타리오 주와 퀘벡 주에 위치한 성장 산업의 일부인 내륙 풍력 발전소의 소음은 과학적 논란의 대상이다. 많은 과학자들은 인근 주민들이 수면 손실, 저주파 소음, 그리고 아마도 터빈의 작동으로 인한 기압의 변화에서 비롯된 근육통, 불안, 그리고 우울증뿐만 아니라 불면증과 두통의 대상이 된다고 믿는다. 이러한 증상들이 실제 풍력 터빈의 활동 결과인지, 날씨 민감성 결과인지, 아니면 소음 성가심으로 인한 스트레스 반응의 결과인지 완전히 명확하지는 않다. 소음 성가심의 정의가 신체적 증상뿐만 아니라 감정적 반응을 포함하기 때문에, 연구들은 상충되는 결과를 보여주고 있다. 즉, 논란의 각 측은 광범위한 증거를 인용할 수 있지만, 어느 쪽도 연구 계획이나 결과들에 대한 상대방의 설명에 확신을 얻지 못한다.

---

18   빈칸 추론하기   ②

[정답해설]

문화 상대주의의 입장에서 다른 문화를 대할 때 판단하고 행동하기에 앞서 문화 차이의 본질, 뿌리 및 결과에 대한 정보를 먼저 이해해야 한다고 설명하고 있다. 그러므로 빈칸에 들어갈 말은 ②의 '판단과 행동에 선행하다'이다.

[오답해설]

① 우리 문화의 정체성을 구축하다
③ 전제된 목표를 형성하다
④ 객관적으로 재평가되다
⑤ 기본 원리를 설명하다

[핵심어휘]

- presuppose 필요조건으로 하다, 전제로 하다
- relativism 상대주의, 상대론
- normalcy 정상임, 정상 상태
- negotiation 협상, 교섭, 절충
- precede 앞서다, 선행하다
- cultural identity 문화 정체성
- reevaluate 재평가하다, 재해석하다

[본문해석]

각각의 문화 집단은 다르게 생각하고, 느끼고, 행동한다. 한 집단이 다른 집단보다 본질적으로 더 우월하거나 열등한 것으로 간주하는 과학적 기준은 없다. 집단과 사회 간의 문화 차이를 연구하는 것은 문화 상대주의의 입장을 전제로 한다. 그것은 자신을 위한 정상 상태를 의미하는 것도 아니며, 자신의 사회를 위한 정상 상태를 의미하는 것도 아니다. 그러나 자신과 다른 집단이나 사회를 대할 때는 판단을 요한다. 사회 간 문화 차이의 본질, 뿌리, 그리고 그 결과에 대한 정보가 판단과 행동에 선행되어야만 한다. 협상은 관점의 차이에 대한 이유를 관련 당사자들이 이해할 때 성공할 가능성이 더 높다.

---

19   빈칸 추론하기   ⑤

[정답해설]

제시문에 따르면 과학적인 진리들은 현재는 최고의 진리이지만, 그것들을 대체할 더 나은 무언가를 찾을 때까지만 임시적으로 유용한 것이지 영원한 것은 아니라는 것이다. 그러므로 ⑤의 '영원히 의존할 수 없다'가 빈칸에 들어갈 말로 가장 적절하다.

[오답해설]

① 열망의 증거가 되다
② 우리의 생활 방식을 변화시키다

③ 당신의 삶에 동기를 부여하지 않다

④ 절대적인 진리를 보여주다

[핵심어휘]

- superstructure 상부 구조, 어떤 원리 위에 선 철학
- theological 신학상의, 신학적인
- provisionally 임시로, 잠정적으로
- for the moment 잠시, 당장은, 지금은
- commitment 전념, 헌신, 책무
- wholehearted 전적인, 전폭적인
- displace 대신하다, 대체하다
- aspiration 열망, 염원, 포부
- elusive 찾기 힘든, 달성하기 힘든

[본문해석]

과학적인 상부구조들은 역사적인 진리들 또는 신의 신학적인 개념들과 닮았다. 그것들은 우리가 현재 가지고 있는 최상의 것으로서 임시적으로 유용하지만, 영원히 의존할 수 있는 것은 아니다. 그것들을 대체할 더 나은 무언가를 계속 찾는 동안, 그것들에 대한 수용은 임시적으로 남아 있고, 우리의 헌신은 전폭적이지 않다. 인간이 열망하는 어떤 영역에서든 궁극적인 목표, 즉 '진실', '신', '현실'은 우리의 손길이 미치지 않는 곳에서 영원히 찾기 어려운 채로 남아 있지만, 그것이 그곳에 있다는 우리의 믿음은 계속되는 탐구에 필요한 동기를 부여한다.

20   빈칸 추론하기   ⑤

[정답해설]

곤충들과 절지동물들은 마치 다른 행성에서 온 존재들처럼 생김새나 모습이 매우 이질적으로 보이지만, 사람처럼 보고, 만지고, 듣고, 냄새 맡고, 맛을 본다. 그러므로 빈칸에는 ⑤의 '이상하게 친숙한'이 들어갈 말로 가장 적절하다.

[오답해설]

① 놀랍도록 의심스러운

② 상세히 분류된

③ 꾸준히 발전하는

④ 인간적으로 생산적인

[핵심어휘]

- estimate 평가하다, 추정하다
- virtually 거의, 사실상
- arthropod 절지동물
- alien 외계의, 이국의, 이질적인
- stare 응시하다, 빤히 쳐다보다
- unblinking 눈을 깜박이지 않는

- reproduce 재생하다, 번식하다
- finely 섬세하게, 정교하게
- tuned 조정된, 정비된
- suspicious 의심스러운, 미심쩍은
- minutely 자세하게, 상세하게

[본문해석]

오늘날 살아있는 모든 인간에게는 2억 마리나 되는 개별 곤충들이 있다고 추정된다. 세상의 모든 9천 종의 다른 개미들의 총 무게는 지구상의 모든 인간들의 무게보다 12배나 크다. 그들의 놀라운 숫자와 거의 어디에서나 발견된다는 사실에도 불구하고, 곤충들과 다른 절지동물들은 마치 다른 행성에서 온 존재들처럼 우리에게 여전히 매우 이질적이다. 그들은 여섯 개 이상의 다리로 움직이고, 깜빡이지 않는 눈으로 응시하며, 코 없이 숨을 쉬고, 고리와 판으로 이루어진 피부 없는 딱딱한 몸을 가지고 있지만, 그럼에도 그들에게 또한 이상하게 친숙한 무언가가 있다. 절지동물은 먹이를 찾고, 적으로부터 자신을 방어하고, 번식하는 것과 같이, 사람들이 생존하기 위해 하는 모든 일들을 해야 한다. 그들은 또한 자기 주변의 세상을 보고, 만지고, 듣고, 냄새 맡고, 맛을 보기 위해 정교하게 조정된 감각에 의존한다.

21   빈칸 추론하기   ①

[정답해설]

명상의 효과는 명상을 수행하는 사람마다 차이가 있을 수 있고, 명상을 수행하는 기술보다 명상의 결과에 더 많은 영향을 미칠 수도 있으므로 명상이 치료에 어떤 효과가 있을 지는 계속해서 연구를 해봐야 한다는 것이다. 그러므로 ①의 '명상의 물은 혼탁하다'가 빈칸에 들어갈 말로 가장 적절하다.

[오답해설]

② 명상 비판가들은 명상을 수행하려고 노력해야 한다.

③ 명상은 여러 신체적 고통을 완화시킬 수 있다.

④ 명상의 정의는 이제 명확하다.

⑤ 과학자들은 명상 방법을 조사해야 한다.

[핵심어휘]

- meditation 명상, 묵상
- physiological 생리적인, 생리학상의
- therapist 치료사, 치료 전문가
- hypertension 고혈압
- insomnia 불면증
- psychiatric disorder 정신 질환
- definitive 확정적인, 명확한
- muddy 진흙투성이의, 혼탁한
- unclouded 구름이 없는, 맑은

[본문해석]

명상이 수세기 동안 수행되었다는 것은 사실이다. 비평가들은 그 이유가 무엇이든 간에, 그것이 효과가 있는 것처럼 보인다는 것에 동의한다. 비록 생리학적인 변화가 잘 확립되어 있지 않더라도, 심리적인 이익이 존재할 수도 있다. 더욱이 연구들은 명상을 수행하기로 결정한 사람들과 그렇지 않은 사람들 사이의 가능한 차이를 통제하지 않았다. 대상마다 차이가 존재할 가능성이 있으며 그것들이 기술 자체보다 명상의 결과에 더 많은 영향을 미칠 가능성이 있다. 여기서 우리가 결론을 내릴 수 있는 것은 <u>명상의 물은 혼탁하다</u>는 것이다. 사람들은 명상을 계속할 것이며, 종종 유익한 결과도 있을 것이다. 치료사들은 고혈압, 음주 과다, 약물 남용, 불면증, 그리고 많은 다른 정신 질환들을 치료하기 위해 명상을 계속 이용할 것이다. 마찬가지로 행동 과학자들은 더 확실한 결과들이 나올 때까지 계속해서 명상과 그것의 효과를 연구할 것이다. 그러나 객관적이고 과학적인 증거를 수용과 믿음의 기준으로 받아들이기를 거부하는 사람들은 항상 존재할 것이다.

22 빈칸 추론하기 ③

[정답해설]

철근 콘크리트로 된 대부분의 유럽 항구도시들의 방파제는 파도에 부서지는 반면에, 진흙과 바위 층 및 버드나무 매트로 만들어진 네덜란드의 제방은 유연하게 파도의 충격을 흡수한다. 그러므로 ③의 '자연스러운 리듬에 맞추어 유연하게 움직이다'가 빈칸에 들어갈 말로 가장 적절하다.

[오답해설]

① 객관적인 관찰자로 조용히 남아 있다
② 극적인 변화와 함께 끊임없이 변화하다
④ 생태계의 신비에 적극 대응하다
⑤ 단순히 자연계의 질서를 무시하다

[핵심어휘]

- ecological 생태계의, 생태학의
- mythological 신화의, 신화적인
- dike 제방, 둑
- willow 버드나무, 버드나무 재목
- fury 맹렬, 격렬
- flexibility 신축성, 유연성
- in tune with ~와 맞추어, ~와 조화되어
- sea wall 방파제, 방조제
- steel-reinforced concrete 철근 콘크리트
- firm 단단한, 딱딱한
- smash apart 박살나다, 산산조각 나다
- edict 칙령, 명령
- disregard 무시하다, 묵살하다

[본문해석]

생태학적 사람들은 자연에 능동적으로 작용하는 논리적 사람들과 자연에 수동적으로 작용하는 신화적 사람들과 대조적으로 자연과 상호 작용한다. 그들은 자연과 대화한다. 네덜란드의 제방은 진흙과 바위 층 및 버드나무 매트로 만들어졌다. 북대서양의 맹렬한 파도가 몰아칠 때 이 제방은 파도에 맞추어 움직임으로써 버드나무 가지의 유연성으로 그 충격을 흡수한다. 이 생태학적 해결책은 파도를 막기 위해 철근 콘크리트로 된 방파제를 건설한 대부분의 유럽 항구도시들의 논리적 해결책과 대조를 이룬다. 자연에 역행하는 이 단단한 벽들은 결국 산산조각이 나고 <u>자연의 리듬에 따라 유연하게 움직이는</u> 네덜란드의 제방들과 달리 다시 건립되어야 한다. 신화적 해결책은 단단한 벽도 유연한 제방도 건설하지 않음으로써 자연의 명령을 수동적으로 받아들이는 것이다. 신화적 해결책을 따르면, 네덜란드의 3분의 1이 물에 잠기게 된다.

23 글의 제목 유추하기 ①

[정답해설]

제시문에서 주장은 사실의 반대가 아니며, 우리가 '사실'이라고 생각하는 모든 진술은 실제는 주장이라고 서술하고 있다. 즉, 사실과 주장을 잘못 구분하고 혼용하여 사용하고 있다는 의미이므로, ①의 '사실과 주장을 구분할 수 있을까?'가 제시문의 제목으로 가장 적절하다.

[오답해설]

② 진실한 주장의 표식
③ 사실, 영원한 약속!
④ 사실과 주장의 반대는 무엇인가?
⑤ 의혹에서 결단으로의 여정

[핵심어휘]

- claim 주장, 요구, 요청
- bias 편견, 편향
- suspect 의심하다, 수상하게 여기다
- unbiased 편견이 없는, 선입견이 없는
- misleading 오해의 소지가 있는, 오해를 불러일으키는
- landmark 획기적인 사건, 표식, 목표
- everlasting 영원한, 끊임없는
- suspicion 혐의, 의심
- determination 결정, 확인

[본문해석]

주장은 여러분이 생각하는 것처럼 사실의 반대가 아니다. 어떤 주장이 참이라는 것을 안다고 해서 사실이 되는 것도 아니다. 어떤 주장은 항상 주장이지만, 어떤 주장의 진실은 성립한다. 그리고 어떤 주장이 개인적인 장점이나 편견을 반드시 포함하는 것은 아니다. 비록 일상

의 언어에서 우리는 진실이 의심스럽거나 편향된 진술 그리고 진실이 성립되고 편견이 없는 진술('사실'이라고 불린다)을 구별하기 위해 자주 '주장'이라는 단어를 사용하지만, 이러한 구별은 위험할 정도로 오해를 불러일으킨다. 우리가 '사실'이라고 생각하는 모든 진술은 실제는 주장이다. 즉, 그것들은 너무 광범위하고 명확하게 사실로 받아들여져서 받아들여지지 않는 주장들과 다른 것처럼 보인다. 간단히 말해서, 주장은 세상의 지금 모습이나 또는 세상 본연의 모습에 대한 신념이나 관점을 표현하는 그런 진술이다. 물론 그것들이 참인지 아닌지는 중요하지만, 그것들이 주장인지 아닌지를 결정하지는 않는다.

24　　글의 제목 유추하기　　②

[정답해설]
제시문에서 시도하고 실패하는 것은 진정한 진보이며, 그것은 새로운 에너지와 다시 시도하려는 열망으로 우리를 앞으로 나가게 하는 수단이 된다고 하였다. 그러므로 ②의 '인생의 추진력, 고난을 환영하라'가 제시문의 제목으로 가장 적절하다.

[오답해설]
① 운명의 밑바닥에 머물기
③ 포기는 인생의 시련의 일부이다
④ 지식을 현실에 적용하는 방법
⑤ 새로운 경험에 마음의 문을 열어라

[핵심어휘]
▫ tolerance 관용, 관대
▫ stuck 움직일 수 없는, 꼼짝 못하는
▫ stalemate 교착 상태
▫ in every sense of the word 그 단어의 모든 의미에 있어서, 진정으로
▫ vehicle (운송) 수단, 매개체
▫ launch 시작하다, 착수하다
▫ hardship 고난, 역경

[본문해석]
시도하거나 실패하는 것을 두려워하지 마라. 그것은 여러분에게 힘과 개인적인 도전들을 극복하는 방법을 가르쳐 준다. 인생의 시련들은 여러분에게만 특별한 것은 아니다. 그것들은 정도를 달리하여 모든 사람들에게 일어나고 여러분에게 다른 사람들이 위험을 피하기 위한 도구를 제공하는 정신적 관용과 강인한 성격을 발달시키도록 돕는다. 여러분이 프로젝트나 과제에서 목표했던 결론을 달성하지 못할 때, 그것을 종종 패배로 여긴다. 이러한 사고 과정은 교착 상태에 빠트리고 포기하기 때문에 진정한 진보를 막을 수 있다. 이러한 경험을 결코 나쁜 것으로 보지 마라. 시도하고 실패하는 것은 진정한 진보이다. 그것은 새로운 에너지와 다시 시도하려는 열망으로 여러분을 정말로 앞으로 나

가게 하는 수단임을 증명할 수 있다.

25　　글의 요지 파악하기　　⑤

[정답해설]
제시문에서 평범한 문제들에 대해 평범한 사람들과 평범하게 이야기하는 것이 일상생활에서 영어 사용의 압도적인 대다수를 차지하고 있기 때문에 변화에 대처하는 것은 어떤 문제도 되지 않는다고 하였다. 그러므로 ⑤의 "일상적인 영어 사용은 보통 변화에 대한 대처를 필요로 하지 않는다."가 제시문의 요지로 가장 적절하다.

[오답해설]
① 우리들 대다수는 일상적인 대화에서 부주의한 실수를 한다. → 우리들 대다수는 일상적인 대화에서 가장 편안함을 느낌
② 우리는 일상적인 일에 대해 가족과 친구들과 대립해서는 안 된다. → 일상적인 일로 가족과 친구들을 마주함
③ 언어적으로 다양한 집단의 사람들은 조화롭게 살기 위해 더 노력해야 한다. → 변화에 대한 대처가 필요 없는 일상생활에서의 무의식적인 언어 사용에 대해 서술함
④ 무의식적인 선택을 하는 것은 언어를 창조적으로 사용하는 것이 아니다. → 일상생활에서의 영어 사용에 있어 변화에 대한 대처는 무의식적일 수도 있음

[핵심어휘]
▫ confront 맞서다, 마주치다, 대립하다
▫ cope with ~에 대처하다[대항하다]
▫ variance 변화, 변동, 변천
▫ constitute of a problem 문제가 되다
▫ unconscious 무의식적인, 부지불식간의
▫ at home 편안한
▫ linguistically 언어상, 언어학적으로
▫ account for ~을 차지하다
▫ overwhelming 압도적인, 강력한
▫ vast 어마어마한, 대단한
▫ diverse 다른, 다양한

[본문해석]
우리는 언어 사용에 있어 선택을 해야 하는 필요에 정기적으로 마주친다. 대부분의 경우, 의심의 여지없이, 변화에 대처하는 것은 어떤 문제도 되지 않으며 실제로 무의식적일 수도 있다. 우리는 일상적인 일로 가족과 친구들을 상대하고 있으며, 더욱이 글을 쓰는 것이 아니라 대게 그들과 이야기를 나눈다. 언어적으로나 다른 면에서 우리가 가장 편안한 것은 바로 평범한 문제들에 대해 평범한 사람들과 평범하게 이야기하는 것이다. 그리고 다행히도 이것이 영어 사용이 필요한 압도적인 대다수를 차지하는 상황이다.

26	글의 요지 파악하기	②

[정답해설]

플로리다 사람들에게는 다 똑같아 보이는 눈이 스웨덴 사람들이나 알류트족에게는 다른 종류의 눈으로 보이는 것은 그들만의 렌즈나 필터를 통해 눈을 바라보기 때문이다. 그러므로 ②의 "우리는 주관성의 렌즈를 통해 세상을 본다."가 제시문의 요지로 가장 적절하다.

[오답해설]

① 우리는 인식의 객관적인 필터를 유지해야 한다. → 세상을 주관적으로 바라보는 것에 대한 고찰만 있을 뿐, 객관적인 필터를 유지하라는 조언은 없음

③ 우리의 기대가 꿈을 만든다. → 기대와 꿈과의 관계가 아니라 세상을 바라보는 방법에 대한 기술임

④ 우리의 이성은 왜곡된 정보를 피해야 한다. → 의미가 통하지 않는 것을 왜곡하거나 삭제하는 것이 일반적인 경향임

⑤ 우리가 알고 있는 것을 일반화하는 데 있어 중립적인 입장을 취해야 한다. → 일반화의 방향에 대해서만 서술되어 있고, 일반화의 중립적 입장에 대한 내용은 없음

[핵심어휘]

- take note of ~에 주목하다, 알아채다
- fall into category 범주에 들다[속하다]
- distort 비틀다, 왜곡하다
- edit out ~을 잘라 내다[삭제하다]
- make sense 의미가 통하다, 이해가 되다
- differentiation 차별, 구별
- worldview 세계관
- inconvenience 불편, 애로
- perception 지각, 통찰력, 인식
- subjectivity 주관, 주관성

[본문해석]

"객관적인" 세계를 관찰할 때, 우리는 자신의 렌즈나 필터를 통해 그것을 본다. 우리의 일상적인 환경은 물과 물고기의 관계와 같다. 즉, 그것은 그곳에 있을 뿐이며, 우리는 그것에 주목하지 않는다. 우리의 정신 지도에 그것들을 위한 공간이 이미 있기 때문에, 대부분의 경우 우리는 정상적인 활동이라고 생각하는 것을 특별히 의식하지 않는다. 그것들은 친숙한 범주에 속한다. 언어학자들이 보여주었듯이 우리는 아는 것으로부터 모르는 것으로 일반화하고, 그러한 관점을 고려할 때 의미가 통하지 않는 것은 왜곡하거나 삭제하는(잘라 내는) 경향이 있다. 플로리다 사람들에게는 모든 눈은 똑같아 보일지도 모른다. 그들의 경험은 구별을 위한 "지도"를 제공하지 않기 때문에, 눈의 종류의 차이는 무시된다. 반면에 스웨덴 사람들이나 알류트족들은 많은 다양한 종류의 눈들을 구별할 수 있는 언어를 포함한 세계관을 가지고 있다. 그 정보를 삭제하거나 왜곡하는 것은 그들을 정말 불편하게 할 것이다.

27	글의 주제 파악하기	③

[정답해설]

글의 서두에서 켈트어학은 오랫동안 신화학과 연관된 분야라고 핵심 주제를 밝히고 있다. 그리고 켈트족 문학은 신화학자들에게 주요한 관심의 대상이었고, 켈트족의 종교와 민속 및 문학에 대한 연구는 신화적 해석의 모델이 되어 왔다고 서술되어 있다. 그러므로 ③의 '켈트학의 특징과 신화와의 연관성'이 제시문의 주제로 가장 적절하다.

[오답해설]

① 신들의 초자연적 특성을 설명하는 데 있어 되풀이되는 주제
② 고전문학에 있어서 스코틀랜드 하이랜드 문화의 중요성
④ 켈트어를 사용하는 민족들을 이해하는 방법에 대한 새로운 관점
⑤ 비교 인도유럽 문학학에 존재하는 풍부한 전통 주제

[핵심어휘]

- Celtic 켈트족의, 켈트어의
- amongst = among
- hold up as ~으로 보여주다[간주되다]
- recipient 수령인, 수취인
- description 기술, 묘사, 표현
- Gauls 갈리아인(지금의 북이탈리아, 프랑스, 벨기 등을 포함한 고대 켈트인)
- reappear 재현하다, 재출현하다
- oral culture 구전[구술] 문화
- supernatural 초자연적인
- discipline 규율, 훈련
- comparative 비교적, 상대적인
- philology 문헌학
- aside from ~을 제외하고, ~외에도
- perspective 관점, 투시, 원근법
- mythologist 신화학자, 신화 작가
- folklore 민속, 전통 문화
- interpretation 해석, 이해, 설명
- novel 새로운, 신기한

[본문해석]

켈트어학은 신화학과 오랫동안 연관된 분야이다. 서유럽 상황에서 켈트어를 사용하는 민족들은 그들 중 풍부한 '전통' 주체를 받은 사람들로 아주 흔히 간주되어 왔다. 갈리아인들의 초기 묘사부터 스코틀랜드 하이랜드 문화에 대한 현대적 설명까지 구전 문화에 대한 강조와 일상생활에서 초자연적 현상에 대한 관심이 재현되는 것을 발견한다. 현대 학문에서 켈트족 언어들은 비교 인도유럽 문학학 및 그 부산물인 비교 신화학 이론과 강한 연관성을 발전시켰다. 이러한 외부적인 관점 외에도, 신화학자들에게 주요한 관심 대상은 켈트족 문학 자체 내에 존재하는 매우 강한 신화 감각, 즉 신, 초자연적 특성을 가진 영웅 및

정답 및 해설

먼 과거의 사건에 대한 언급이다. 이러한 이유 때문에 켈트족 종교, 민속 및 문학에 대한 연구는 종종 신화적 해석 모델의 대상이 되어 왔다.

28 전체 흐름과 관계 없는 문장 고르기 ④

[정답해설]

제시문은 동물들의 방어 기술로써 신비의 색이라고도 불리는 동물들의 위장 방법에 대해 소개하고 있다. 그런데 ④에서는 지구 거주자들의 무관심한 환경 문제에 대해 언급하고 있으므로, 글의 전체 흐름과 어울리지 않는다.

[핵심어휘]

- camouflage 위장, 속임수
- cryptic 비밀의, 신비적인
- coloration 천연색, 채색, 배색
- one-size-fits-all 누구에게나 다 맞는, 널리[두루] 적용되도록 만든
- boldly 선명하게, 뚜렷하게
- inhabitant 주민, 거주자, 서식 동물

[본문해석]

신비의 색이라고도 알려진 위장은 동물 세계에서 모두에게 적용되는 방어이다. 곤충만큼 작고 선명한 무늬가 있는 18피트(6미터) 높이의 우뚝 솟은 기린처럼 큰 동물들은 그들이 뒤섞이는 것을 돕기 위해 신비의 색에 의존한다. ① 색과 무늬는 동물이 뒤섞이는 것을 도와줄 뿐만 아니라, 그 모양을 분산시킴으로써 위장할 수도 있다. ② 그런 식으로, 포식자는 처음에 그 동물을 알아보지 못한다. ③ 동물의 색상은 몸을 납작하게 보이게 만들어서, 몸의 통통함을 숨길 수 있다. ④ 거주자들이 환경 문제에 무관심하기 때문에 우리의 행성은 계속해서 훼손된다. ⑤ 색과 무늬는 또한 동물의 그림자를 감추는 것을 도울 수 있다.

29 전체 흐름과 관계 없는 문장 고르기 ④

[정답해설]

제시문은 일정을 정하고 그것에 따라 개인의 활동을 조정하는 등 주어진 시간을 어떻게 보낼 것인지에 대한 시간의 구조화가 갖는 기능에 대해 설명하는 글이다. 그런데 ④는 순서, 단위, 주기와 같은 수학적 개념의 구성 요소에 대해 설명하고 있으므로, 글의 전체 흐름과 어울리지 않는다.

[핵심어휘]

- thereby 그렇게 함으로써, 그것 때문에
- coordinate 조직화하다, 편성[조정]하다
- duration 지속, 기간
- orientation 방향, 성향, 오리엔테이션

- give form to ~을 형성하다
- coherent 일관성 있는, 논리[조리] 정연한
- periodically 정기[주기]적으로
- building block 구성 요소
- impose 도입하다, 부과하다

[본문해석]

시간의 구조화는 많은 기능을 할 수 있는데, 그 중 일부는 다른 문화에서 다소 중요하다. 그러나 어디에서든 주요한 기능 중 하나는 문화의 일정을 설정하고, 그것에 따라 문화에서 개인의 활동을 조정하는 것이다. 다른 기능은 그 집단의 활동을 일부 자연 현상 또는 일부 초자연 현상과 연관시키는 것일 수도 있다. ① 구조는 과거 또는 미래에서 사건을 주문하거나, 사건의 지속 시간을 측정하거나, 서로 또는 현재로부터 얼마나 가깝거나 멀리 있는지를 측정하는 데 사용될 수도 있다. ② 무엇보다도, 구조는 방향성의 수단을 제공하며 문화에서 뿐만 아니라 개인의 삶에서 사건의 발생에 형식을 제공한다. ③ 그것은 정기적으로 반복되는 사건을 표시하고 특별한 사건을 배치하는 연속적이고 일관된 틀을 제공한다. ④ 순서, 단위 및 주기와 같은 근본적인 수학적 개념은 바로 그 구성 요소이다. ⑤ 이와 같이 시간에 부과되는 구조는 그 이상으로, 한 문화에서 많은 것을 반영하고 영향을 미친다.

30 주어진 문장의 위치 찾기 ③

[정답해설]

주어진 문장은 오디세우스가 죽고 부상당한 부하들을 포기하고 남은 부하들을 다시 배에 태우고 떠났다는 내용이다. 즉, 부하들이 공격을 받은 것이므로, 트라키아인들이 이스마루스에서 불길이 치솟는 것을 보고 술에 취한 선원들을 복수심에 불타 공격했다고 서술된 ③에 들어가는 것이 가장 적절하다.

[핵심어휘]

- aboard 탄, 탑승한, 승선한
- in a different light 다른 시각[관점]으로
- priest 사제, 성직자
- undertake to ~할 것을 약속하다, ~할 책임[의무]를 지다
- spare life 목숨을 살려주다
- inland 내륙에, 내지에
- charge 공격하다, 돌격하다
- vengefully 복수심에 불타, 앙심을 품고
- fierce 거센, 사나운, 격렬한
- north-easterly 북동쪽에 있는, 북동쪽으로 향하는
- southernmost 최남단의, 가장 남쪽의
- oar 노, 노 젓는 사람
- bear (왼쪽, 북쪽 등으로) 가다[돌다]
- within sight of ~이 보이는 곳에

▫ Lotus-eaters 로토파고스족

[본문해석]

> 오디세우스는 이들 대부분을 다시 배에 태웠으나, 그는 사망자들과 중상자들을 포기해야만 했다.

오디세우스를 다른 관점에서 보여주는 시인 「오디세이」에 따르면, 그는 트로이를 떠난 후 먼저 트라키아로 항해했다. 그곳에서 그는 도시 항구인 이스마루스를 공격했고 불태웠다. (①) 그가 목숨을 살려주기로 한 아폴로의 한 사제가 감사함에 달콤한 와인 몇 병을 주었고, 그 중 절반은 그의 부하들이 해변으로 나들이 갈 때 마셨다. (②) 내지에 살던 몇몇 트라키아인들은 이스마루스에서 불길이 치솟는 것을 보았고, 술에 취한 선원들을 복수심에 불타 공격했다. (③) 거센 북동쪽 폭풍에 그의 배들은 에게해를 횡단하여 그리스 최남단에 위치한 섬인 시테라로 향했다. (④) 갑자기 폭풍이 잠잠해지자 그는 부하들에게 노를 젓도록 시켰고, 시테라를 돌아 이타카를 향해 북서쪽으로 가려했지만, 폭풍은 전보다 더 사납게 몰아쳤고, 아흐레 동안 불었다. (⑤) 마침내 배가 도착했을 때, 오디세우스는 북아프리카 해안에서 떨어진 로토파고스족의 섬인 시링크스가 눈에 들어왔다.

31 주어진 문장의 위치 찾기 ④

[정답해설]

제시문은 야외 주방에서 그릴을 사용하기 위한 여러 가지 편의 사항들이 계속해서 발전하고 있다는 내용이다. 주어진 문장은 'of course(물론)'를 사용하여 그릴이 야외 주방에서 관심이 증가하고 있는 한 요소일 뿐이라고 단정하고 있으므로, 이후의 문장에서는 '그러나(however)'라는 역접의 내용이 와야 바람직하다. 또한 ④ 다음의 문장에서 these spaces(이러한 공간들)은 주어진 문장의 'outdoor kitchens(야외 주방들)'을 가리킨다. 그러므로 주어진 문장은 ④에 들어가는 것이 적절하다.

[핵심어휘]

▫ component 구성 요소, 구성 성분
▫ flexibility 다루기 쉬움, 융통성, 편의성
▫ outfit 갖추다, 준비하다
▫ pullout drawer 이동 서랍, 접이식 서랍
▫ accommodate 공간을 제공하다, 수용하다
▫ charcoal 숯, 목탄
▫ customize 주문 제작하다
▫ on occasion 가끔, 때때로
▫ opt for ~을 선택하다
▫ tray 쟁반, 상자
▫ invest in ~에 투자하다, ~에 돈을 쓰다

▫ incorporate 포함하다, 통합하다
▫ take on feature 특징을 띠다

[본문해석]

> 물론, 그릴은 야외 주방에서 관심이 증가하고 있는 한 요소일 뿐이다.

더 많은 편의성을 원하는 소비자들을 위해, 점차 더 많은 회사들이 숯과 나무를 사용할 수 있도록 팬이나 이동식 서랍을 갖춘 하이브리드 가스 그릴을 제공하고 있다. (①) 게다가 일부 바비큐는 냉장실이나 심지어 오븐을 포함한 카트로 주문 제작될 수 있어서 동시에 그릴과 구이를 할 수 있다. (②) 그리고 가끔 훈제된 고기를 좋아하는 사람들은 훈제 쟁반이나 훈제 박스와 같은 액세서리를 선택하거나 별도의 훈제기를 쉽게 추가 구매할 수 있다. (③) 또한 그릴은 주야간 활동이기 때문에, 오늘날의 바비큐 중 상당수는 표면 조명뿐만 아니라, 날이 어두워진 후에도 온도 설정이 보이도록 제어 패널에 LED를 포함한다. (④) 그러나 이러한 공간들이 계속해서 기능적으로 확장됨에 따라 일 년 내내 즐길 수 있는 특징들을 띠게 되고, 그릴 기술의 발전 또한 그러할 것이다. (⑤) 결국, 러스 포크가 언급했듯이, "모든 것이 그릴에서 더 맛있다."

32 주어진 문장의 위치 찾기 ②

[정답해설]

주어진 문장은 전염병에 약한 사람들은 죽고 저항력이 더 강한 생존자들은 살아남아 공동체를 다시 형성한다고 설명하고 있다. 즉, 이것이 그러한 '도태(weeding out)'를 가리키므로, 주어진 문장은 ②에 들어가는 것이 가장 적절하다.

[핵심어휘]

▫ epidemic 전염병, 유행병
▫ fierce 격렬한, 극심한
▫ prolonged 오래 지속되는, 장기적인
▫ the Black Death 흑사병
▫ repopulate 다시 사람을 살게 하다
▫ population 인구, 주민, 집단
▫ genetic mutation 유전적 돌연변이
▫ infection 감염, 전염
▫ pathogen 병원균, 병원체
▫ nonmutant 비 돌연변이
▫ counterpart 상대, 대응 관계에 있는 사람[것]
▫ weeding out 잡초 제거, 도태
▫ pre-epidemic 유행 전, 유행 이전의
▫ frequency 빈도, 빈발

463

□ trigger 촉발시키다, 작동시키다

□ genetic profile 유전자 특성[개요]

[본문해석]

> 전염병이 특히 격렬하거나 장기화되면 (흑사병처럼), 약한 사람들이 대다수 사망하고 버텨낸 생존자들이 남아 그들의 공동체를 다시 사람들로 채울 것이다.

전염병이 집단에 발발할 때, 그 집단에는 감염에 더 자연스럽게 저항력을 갖게 만드는 유전적 돌연변이를 가진 개인들이 있을 것이다. (①) 병원체에 노출될 경우, 그들은 정상적인 비 돌연변이 개인들보다 생존할 가능성이 더 높을 것이다. (②) 수 세대에 걸친 그러한 "도태" 이후, 새로운 생존 집단은 본래의 유행 이전 집단보다 훨씬 더 높은 빈도의 돌연변이 개인들을 갖게 될 것이다. (③) 결과적으로, 만약 전염병이 다시 발생한다면, 그들은 유전적으로 더 잘 대비하게 될 것이다. (④) 따라서 전염병은 시간이 지남에 따라 집단의 유전자 특성에 변화를 촉발시키는 선택적인 압력으로 작용할 수 있다. (⑤) 다시 말해, 그것은 인간의 진화를 촉진할 수 있다.

33	주어진 문장의 위치 찾기	④

[정답해설]

주어진 문장에서 지중해 세계에서 온 방문객은 시칠리아 섬 출신의 티마이오스라는 그리스 역사가를 가리킨다. 그 역사가에 의해 구전되어 오던 이야기가 감명 깊은 세계사의 일부로 기록됨으로써 우리가 그 이야기에 대한 줄거리라도 개략적으로 알게 되었다는 내용이다. 그러므로 주어진 문장은 ④에 들어가는 것이 가장 적절하다.

[핵심어휘]

□ a bare outline 기본 개요[윤곽], 개략

□ be passed on by word of mouth 구전되다

□ Mediterranean 지중해의

□ windswept 바람이 많이 부는

□ blazing 활활 타는, 맹렬한, 격렬한

□ dwell 살다, 거주하다

□ legendary 전설적인, 아주 유명한

[본문해석]

> 우리가 개략적이라도 알게 된 유일한 이유는 지중해 세계에서 온 방문객이 그 이야기를 기록할 때까지 그 이야기가 구전되었기 때문이다.

2천여 년 전, 춥고 바람이 많이 부는 대서양 연안에서 어떤 사람이 활활 타오르는 불 앞에 앉아 이야기를 들려주었다. (①) 오래 전에 형

제인 두 신이 있었는데, 바다의 위대한 어머니 여신에게서 함께 태어난 쌍둥이였다고 이 사람은 말했다. (②) 이 형제들이 자랐을 때, 그들은 바다를 뒤로하고 바다 근처에 사는 사람들과 함께 살게 되었다. (③) 그 이야기에는 훨씬 더 많은 부분이 있었지만, 그것이 남아 있는 이야기의 전부이다. (④) 시간이 흘러 그 기록은 알렉산더 대왕의 시대 바로 직후에 살았던 시칠리아 섬 출신의 티마이오스라는 그리스 역사가에게 흘러갔다. (⑤) 그는 전설적인 시대부터 자신의 시대까지 감명 깊은 세계사의 일부로 그 이야기를 기록했다.

34	주어진 문장의 위치 찾기	③

[정답해설]

주어진 문장에서 정복한 프랑크계 게르만인들의 많은 단어들이 프랑스 어휘에 포함되었다고 서술되어 있으므로, 다음 문장에는 어떻게 포함되었는지 그 사례를 설명한 문장이 들어가는 것이 바람직하다. ③ 다음의 문장에서 'These words(이 단어들)'가 주어진 문장의 'many words(많은 단어들)'를 받으며 그 사례에 대한 설명을 시작하고 있으므로, 주어진 문장은 ③에 들어가는 것이 적절하다.

[핵심어휘]

□ Frankish Germans 프랑크계 독일인

□ incorporate 포함하다, 통합하다

□ expansion 확대, 확장

□ subsequently 그 뒤에, 나중에

□ tribe 부족, 민족

□ take control of ~을 장악[지배]하다

□ Franks 프랑크인(라인 강변의 게르만 족)

□ prestige 명성, 신망

[본문해석]

> 프랑스에서, 정복한 프랑크계 게르만인들의 많은 단어들이 어휘에 포함되었다.

5세기에 게르만의 확장은 로마 제국의 몰락을 가져왔다. 그 후 그들을 방어할 로마 군대가 없어, 많은 땅들이 게르만족들의 지배하에 들어갔다. (①) 서양 게르만족들의 이동은 영어에 관한 이야기에서 특히 중요하다. (②) 5세기 말까지, 서게르만어를 사용하는 사람들이 프랑스와 영국의 상당 부분을 장악했다. (③) 이 단어들은 그 땅의 이름 자체를 포함했다. 즉, 로마의 지배 하에서 갈리아(골)라고 불렸던 것이 이제 '프랑크의 땅'인 프란시아(프랑스)로 불리게 되었다. (④) 그럼에도 여전히, 라틴어는 프랑스의 언어로 남아 있었다. (⑤) 정복자들이 정복된 사람들의 언어를 사용하는 것은 아마도 놀랄 일이지만, 위대한 제국과 문명의 언어로서 라틴어의 높은 명성은 그것의 생존에 기여했을지도 모른다.

35 글의 배열순서 정하기 ③

[정답해설]

주어진 문장에서 땅 속 깊이 매장되어 있는 석유를 어떻게 찾을 수 있는지 의문을 제기하고 있다. (B)에서 석유의 성분이 대부분 탄화수소이며, (C)에서 그러한 탄화수소가 암반의 틈을 통해 지표면으로 올라온다고 하였다. 마지막으로 (A)에서 탐사자들은 석유를 먹고 사는 박테리아를 발견했을 때 그곳에 석유가 있다는 것을 알게 된다고 주어진 문장의 의문에 답하고 있다. 그러므로 주어진 글 다음에 (B)–(C)–(A) 순으로 배열되어야 글의 흐름이 가장 적절하다.

[핵심어휘]

- petroleum 석유
- distribution 분배, 분포
- detect 발견하다, 탐색하다
- quantity 양, 수량
- in reserve 비축되어 있는
- organic compound 유기 화합물
- hydrocarbon 탄화수소
- rock formation 암반
- component 요소, 성분
- leak 누설되다, 새다

[본문해석]

석유는 산업의 "피"다. 그러나 땅 속 깊이 매장되어 있기 때문에, 어떻게 그것을 찾을 수 있을까? 때때로 석유의 분포 범위를 정확히 확인하지 않아서 상당한 노동, 재료, 그리고 비용이 소모된다.

(B) 여기서 박테리아는 석유와 신비한 결합을 하고 있다고 할 수 있다. 석유는 다양한 유기 화합물로 구성되어 있는데, 그중 대다수가 탄화수소라 불리는 탄소와 수소의 화합물이다.

(C) 비록 석유가 깊이 매장되어 있지만, 일부 탄화수소가 암반의 틈을 통해 지표면으로 항상 올라온다. 석유의 가스 성분 또한 표면에 누출될 수 있다. 일부 박테리아는 석유를 먹고 산다.

(A) 그러므로, 탐사자들이 어떤 장소에서 많은 양의 그러한 박테리아를 발견했을 때, 그들은 아마도 석유가 있다는 것을 알게 된다. 샘플로 검출된 박테리아의 양에 근거하여, 그들은 또한 비축되어 있는 석유와 가스의 양을 예측할 수 있다.

36 글의 배열순서 정하기 ③

[정답해설]

주어진 문장에서 1942년에 전쟁 정보국(OWI)을 설립하였고, (B)에서 같은 달인 1942년 6월에 영화 산업을 위한 정부 정보 매뉴얼이 발표되었다. 다음으로 (C)에서 그 매뉴얼에 대한 내용을 평가하고 있고, 마지막으로 (A)에서 1942년 후반까지 그 매뉴얼이 스튜디오 제작에 영향을 미쳤다고 서술하고 있다. 그러므로 주어진 글 다음에 (B)–(C)–(A) 순으로 배열되어야 글의 흐름이 가장 적절하다.

[핵심어휘]

- unified 통합된, 통일된
- the Office of War Information(OWI) 전쟁정보국
- agency 대행사, 대리점, 기관
- bureau 부서[국]
- publicise 알리다, 공표하다
- Allies 연합국[군], 동맹국[군]
- domestic branch 국내 지점[지부]
- administration 행정부
- appointee 지명[임명]된 사람
- New Deal 뉴딜 정책
- liberal 자유민주적인, 자유주의의
- self-defense 자기 방어, 정당방위

[본문해석]

진주만은 할리우드의 사회적 관심사의 본질을 바꾸었고, 1942년 상반기에 정부 정보 서비스에 대한 비판으로 대통령은 기존의 세 개 기관에서 하나의 통합된 기구인 전쟁 정보국(OWI)을 설립했다.

(B) 대통령의 가까운 친구이자 조언자인 Lowell Mellett는 OWI 국내 지부의 일부인 영화 산업국의 책임자가 되었다. 같은 달인 1942년 6월에, 행정부는 Mellett의 임명자인 Nelson Pointer와 그의 직원들이 쓴 문서인 영화 산업을 위한 정부 정보 매뉴얼을 발표했다.

(C) 이 매뉴얼은 '할리우드가 어떻게 전쟁에 맞서 싸워야 하는지에 대한 자유주의적 견해인 뉴딜의 가장 명확한 성명서'로 평가돼 왔다. '국민의 전쟁'은 단지 정당방위의 싸움이 아니라 민주주의를 위한 싸움이라고 강조했다.

(A) 그것은 또한 할리우드가 연합군과 노르웨이, 유고슬라비아 및 점령된 유럽의 다른 곳에 있는 저항 단체들의 노력을 알리도록 독려했다. 1942년 후반까지 이 매뉴얼은 스튜디오 제작에 영향을 미치기 시작했다.

37 글의 배열순서 정하기 ⑤

[정답해설]

주어진 문장에서 모든 과학 논문은 객관성을 확보하기 위해 출판되기 전에 저자와 별개로 확인되어야 하며, (C)에서 이러한 확인은 동료들의 성공적인 검토를 통해서라고 밝히고 있다. 다음으로 (B)에서 모든

연구자가 모든 과학 출판물에 쉽게 접근할 수 있어야 하는데, (A)에서 유료화의 벽에 막혀 그렇지 못함을 설명하고 있다. 그러므로 주어진 글 다음에 (C)-(B)-(A) 순으로 배열되어야 글의 흐름이 가장 적절하다.

[핵심어휘]

□ reproducibility 복사[복제] 가능성, 재현성

□ backbone 근간, 중추

□ crucial 중대한, 결정적인

□ independently 독립하여, 별개로

□ peer-reviewed 동료 심사를 받은

□ behind pay-walls 유료화의 벽에 막힌

□ public fund 공금, 공적 자금

□ finance 자금[재원]을 대다

□ taxpayer 납세자, 과세 대상자

□ heritage 유산, 상속 재산

□ collectively 집합적으로, 총괄하여

□ constructive 건설적인, 구조상의

□ verify 확인하다, 검증[입증]하다

[본문해석]

발표된 결과의 복제 가능성은 과학 연구의 근간이다. 객관성은 과학에 아주 중요하며, 출판용으로 승인되기 전에 관찰, 실험 및 이론이 저자와 별개로 확인되어야 한다.

(C) 실제로 과학적으로 인정받기 위한 결과는 동료들이 검토하고 수용한 논문, 즉 연구자들이 이해하고 검증하며 필요한 경우 수정할 수 있는 글로 제시되고 설명되어야 한다. 성공적인 동료 검토를 마친 후에야 새로운 결과가 발표될 수 있고 과학적 지식에 속하게 된다.

(B) 결과적으로, 모든 과학 출판물은 연구자들이 수세기에 걸쳐 집합적으로 구축해왔고, 계속해서 발전하고 있는 공통의 유산이다. 과학의 건설적이고 보편적인 특성을 고려할 때, 어떤 연구자도 모든 과학 출판물에 가능한 한 조기에 그리고 쉽게 접근할 수 있어야 한다.

(A) 불행히도 오늘날은 그렇지 못한데, 동료 검토를 받은 대부분의 학술지들이 유료화의 벽에 막힌 과학 논문을 보관한 소수의 주요 출판사들에 속해 있기 때문이다. 전 세계적으로 대다수의 연구 프로그램들이 납세자들의 자금 지원을 받기 때문에 연구자들뿐만 아니라 모든 출신의 모든 사람들이 과학 출판물을 접할 수 있어야 한다.

| 38 | 글의 배열순서 정하기 | ④ |

[정답해설]

주어진 문장에서 우리가 역사에 신경을 써야 하는가에 대한 답변은

(C)에서 국가의 정체성 의식을 제공하기 위해 교육적으로 필요하다는 역사 수호자들의 진부한 말처럼 빤할 수도 있다. 그러나 (A)에서 너무나 분명해 보이기 때문에 이러한 답변들을 당연한 것으로 여겨서는 안 된다며, Oliver Sacks의 박탈과 비정상의 교훈에 대해 언급한다. 마지막으로 (B)에서는 온전한 정신을 지원하기 위한 개인적 역사에 대해 설명한다. 그러므로 주어진 글 다음에 (C)-(A)-(B) 순으로 배열되어야 글의 흐름이 가장 적절하다.

[핵심어휘]

□ bother 신경 쓰다, 애를 쓰다

□ too obvious to labour 너무나 분명해서 수고를 필요로 하지 않는, 너무 빤한

□ be deprived of ~을 빼앗기다

□ realise = realize

□ deprivation 박탈, 상실, 부족

□ abnormality 기형, 이상, 비정상

□ instructive 유익한, 교육적인, 교훈적인

□ malfunctioning 오작동의, 제대로 작동하지 않는

□ crucial 중대한, 결정적인

□ implication 영향, 함축, 연루

□ sanity 제정신, 온전한 정신, 분별

□ platitude 상투어, 진부한 말

[본문해석]

왜 우리가 역사에 신경을 써야 하는가라는 질문에 대한 심리적 답변은 너무 빤한 것처럼 보일 수도 있다.

(C) 결국, 그 과목이 국가의 정체성 의식을 제공하기 위해 교육의 필수적인 부분으로써 필요하다는 것은 역사 수호자들의 진부한 말이 되었다. 그리고 개인적인 차원에서, 우리가 누구인지, 어디에 있는지, 심지어 가고 싶은 곳이 어디인지와 관련된 기억을 가지고 있다는 것을 우리 모두 충분히 잘 알고 있다.

(A) 그러나 단지 그것들이 너무나 분명해 보이기 때문에, 이러한 대답들은 쉽게 당연한 것으로 여겨질 수 있고, 그것들에 대한 실제적인 의존은 아니더라도, 그것들의 중요성을 깨닫는 것은 오직 우리가 과거를 빼앗겼을 때이다. 그렇기 때문에 Oliver Sacks와 다른 사람들에 의해 기록된 박탈과 비정상의 예들은 매우 교훈적이다.

(B) 그것들로부터 우리는 오작동하는 기억 혹은 완전한 기억의 상실이 개인적 정체성에 대한 우리의 의식과 그에 따라 다른 사람들과 함께 사회에서 살 수 있는 우리의 능력에 중대한 영향을 미치는 것을 볼 수 있다. 우리의 개인적 역사는 우리 자신과 우리의 온전한 정신을 위한 지원을 제공한다.

39 한 문장으로 요약하기 ①

[정답해설]

(A) various(다양한) / (B) prioritize(우선시하다)

훈련을 할 때 많은 여러 요소들이 신체 적응에 영향을 미치며, 무엇을 극대화시킬 것인지 아닌지 결정하는 것이 중요하다. 또한 작은 돌에 앞서 큰 돌들을 채우고 모래에 앞서 작은 돌들을 채우는 것처럼 중요도에 따라 우선순위를 결정해야 한다고 조언하고 있다. 그러므로 훈련에서 (A) 다양한 요소를 고려하는 것이 결과를 극대화하는 데 중요하기 때문에, 중요도 피라미드는 겉보기에는 상충되는 조언보다 핵심 요소를 (B) 우선시하는 데 도움이 될 수 있다고 한 문장으로 요약할 수 있다.

[오답해설]

② 제한된 …… 우선시하다
③ 독특한 …… 발생시키다
④ 다양한 …… 발생시카다
⑤ 강력한 …… 특징짓다

[핵심어휘]

- screw up 망치다, 엉망으로 만들다
- resultant 그 결과로 생긴, 그에 따른
- adaptation 적응, 순응
- trainee 훈련생, 훈련을 받는 사람
- explosively 폭발적으로, 격정적으로
- burn (심한 운동으로) 화끈거리는 느낌
- relative to ~에 관하여, ~에 비례하여
- confusion 혼란, 혼동
- brim (잔·접시·쟁반 등의) 가장자리 cf) fill your cup to the brim 컵을 가득 채우다
- when it comes to ~에 관한 한, ~에 대해서라면
- pebble 자갈, 조약돌
- crucial 중대한, 결정적인
- prioritize 우선순위를 매기다, 우선적으로 처리하다
- diverse 다양한, 여러 가지의
- characterize 특징짓다

[본문해석]

비록 매우 단순하고 빠르게 들리지만, 사람들은 항상 이것을 망친다. 훈련을 할 때, 많은 다른 요소들이 서로 영향을 미치고 그에 따른 신체 적응이 일어난다. 지난 수십 년간의 연구와 결합하여, 지난 세기 동안 전 세계 체육관에서의 훈련들의 경험은 당신의 훈련 노력으로부터 무엇을 극대화시킬 것인지 그렇지 않을 것인지에 대해 꽤 명확한 중요 순서를 세울 수 있도록 하였다. 어떤 훈련을 해야 할지, 얼마나 무거울지, 얼마나 많은 세트를 수행해야 할지, 실패할 때까지 훈련해야 할지, 폭발적으로 또는 천천히 '화끈거림을 느끼도록' 등 겉으로 보기

에 상충되는 조언을 볼 때, 이러한 요소들이 당신의 목표에 비례하여 얼마나 중요한지, 그리고 그것들이 훈련의 다른 측면에 어떤 영향을 미칠지 결정해야 한다. 중요도 피라미드 렌즈를 통해 이 변수들을 살펴봄으로써, 불필요한 혼란을 덜어줄 수 있을 것이다. 고전 속담에 이르기를, 만일 훈련 잠재력에 대해 "컵을 가득 채우고 싶다면", 작은 돌들에 앞서 큰 돌들을 채우고 모래에 앞서 작은 돌들을 채워라.

⬇

> 훈련에서 (A) 다양한 요소를 고려하는 것이 결과를 극대화하는 데 중요하기 때문에, 중요도 피라미드는 겉보기에는 상충되는 조언보다 핵심 요소를 (B) 우선시하는 데 도움이 될 수 있다.

40 한 문장으로 요약하기 ①

[정답해설]

(A) fundamental(기본적인) / (B) overflow(초과)

민주주의 사회에서 관용은 필요하며 책무로써 '보통 인정되는 것보다 더 어렵고 더 긴급할 수도 있다'고 한다. 그러나 '실천적인' 사람들은 그러한 관용을 종종 허용의 과잉으로 치부하기까지 한다고 서술되어 있다. 그러므로 이론적으로 민주주의 사회에서 관용은 (A) 기본적인 것으로 간주되지만, 현실에서 일부 사람들은 허용의 (B) 초과로 보고 그것을 자주 간과한다고 한 문장으로 요약할 수 있다.

[오답해설]

② 기본적인 …… 부족
③ 급진적인 …… 균형
④ 관례적인 …… 사치
⑤ 관례적인 …… 부족

[핵심어휘]

- at odd 다투어, 불화하여, 대립하여
- presumed 당연한 것으로 여겨지는
- contemporary 동시대의, 현대의
- go one's separate ways 각자 제 갈 길을 가다, 다른 길을 가다
- theoretical 이론의, 이론상의
- coherent 통일성 있는, 일관성 있는
- comprehensive 포괄적인, 종합적인
- appropriately 적절히, 알맞게
- make the point that ~이라고 주장하다
- commitment 전념, 헌신, 책무
- urgent 긴급한, 시급한
- recognition 인정, 인식
- accommodation 적응성, 순응성, 수용성
- register 등록하다, 기입하다

467

- so much so that 매우 그러하므로 ~하다, 그게 어찌나 심한지 ~할 정도이다
- dismiss 무시하다, 묵살하다, 치부하다
- permissiveness 허용됨, 관대함, 방임주의
- zero tolerance 제로 관용 정책, 무관용
- overflow 넘침, 범람, 초과
- radical 근본적인, 급진적인
- customary 관례적인, 습관적인
- shortage 부족, 결핍

[본문해석]

이론과 실제는 자주 대립한다. 그러나 현대 사회에서 수용된 이론과 당연한 것으로 여겨지는 관용의 관행이 각각 다른 길을 가는 것처럼 보이는 데는 특히 이상한 무언가가 있다. 관용에 관한 이론적 진술들은 민주주의 사회에서 그것의 필요성과 통일성 있는 이상으로서 그것의 불가능성을 동시에 가정한다. 현대 생활에서 관용과 불관용에 관한 통합 모음집 소개에서, 수잔 멘더스는 자유주의 사회들이 관용을 해야 한다는 책무가 '보통 인정되는 것보다 더 어렵고 더 긴급할 수도 있다'는 점을 적절하게 주장한다. 이론이 주장하는 긴급성과 대조적으로, 실천은 만족스러운 것처럼 보일 수 있다. 즉, 자유 민주 사회들은 인정의 필요성과 차이의 수용성을 그것의 깊이를 명시하지 않고 받아들인 것처럼 보인다. 그게 너무 심해서 '실천적인' 사람들은 그러한 관용을 종종 허용의 과잉으로 치부하기까지 한다. '무관용'이 덜 용서받는 사회를 위한 구호로 성공한 것은 그러한 여론의 분위기가 확산되고 있음을 보여준다.

⬇

> 이론적으로 민주주의 사회에서 관용은 (A) 기본적인 것으로 간주되지만, 현실에서 일부 사람들은 허용의 (B) 초과로 보고 그것을 자주 간과한다.

[41~42]

[핵심어휘]

- ornamentation 장식, 치장, 꾸밈
- add-on 추가[부가]물
- lay 전문 지식이 없는, 문외환의
- resort to ~에 의지[의존]하다, ~에 기대다
- debunk (정체를) 폭로하다, 틀렸음을 드러내다[밝히다]
- material 중요한, 구체적인
- externalize 외부화하다, 구체화하다
- imagery 형상화, 이미지
- integrate 통합하다, 합치다
- hidden power 잠재력

- dissociation 분리, 분열
- supplement 보충[추가](물)
- inseparable 갈라놓을 수 없는, 분리할 수 없는
- underlying 근본적인, 근원적인
- superficial 표면적인, 피상적인
- embodiment 구현, 구체화, 구체화된 것
- externalization 외부화, 구체화

[본문해석]

왜 우리는 제스처를 취할까? 많은 사람들은 제스처가 (일어나고 있는 일의 핵심이라고 가정되는) 말에 강조, 활력 그리고 장식을 준다고 말할 것이다. 간단히 말해서, 제스처는 "추가 기능"이다. 하지만 이에 반대되는 증거가 있다. 문외환의 관점에서 볼 때, 제스처는 어떤 이가 "손으로 말하는" 것이다. 단어를 찾을 수 없기 때문에 제스처에 의존한다. 마리안 걸버그는 이 구식 생각이 틀렸다는 것을 밝혀냈다. 그녀가 간단히 말했듯이, 말이 멈출 때 제스처를 시작하는 것이 아니라, 제스처 또한 멈춘다는 것이다. 우리가 제스처를 취하는 이유는 더 심오하다. 언어는 이미지와 분리할 수 없다. 제스처가 중요한 의미의 전달을 강화하는 동안, 그 핵심은 제스처와 말이 함께 한다. 그것들은 제스처가 "추가 기능" 또는 "장식"이라는 말 이상으로 더 단단히 묶여 있다. 그것들은 생각 그 자체와 통합되어 있다. 어떤 이유로 손의 사용이 제한적이고 제스처가 구체화되지 않더라도, 그것이 구현하는 이미지는 여전히 존재할 수 있고, 숨겨진 채로 말과 통합될 수 있다(예를 들어 발과 같은 신체의 다른 부분에서 나타날 수 있다).

| 41 | 글의 제목 유추하기 | ⑤ |

[정답해설]

제시문에서 많은 사람들은 제스처가 말을 강조하고 활력을 주며, 말을 꾸미는 추가적 기능을 한다고 알고 있다. 그러나 제스처가 중요한 의미의 전달을 강화하고 생각 그 자체와 통합되어 언어와 분리될 수 없는 좀 더 심오한 기능을 한다고 설명하고 있다. 그러므로 ⑤의 '제스처: 추가 이상의 기능'이 제시문의 제목으로 가장 적절하다.

[오답해설]

① 언어의 잠재력
② 제스처와 사고의 분리
③ 제스처의 필수 원칙
④ 생각의 깊이를 측정할 수 있을까?

42   빈칸 추론하기   ①

[정답해설]

제시문에서 제스처와 말은 함께 하며, 제스처가 "추가 기능" 또는 "장식"이라는 말 이상으로 더 단단히 묶여 있다고 설명하고 있다. 즉, 말과 제스처는 따로 분리된 것이 아니라 생각 그 자체와 통합되어 있는 것이다. 그러므로 ①의 'inseparable from imagery(이미지와 분리할 수 없는)'가 빈칸에 들어갈 말로 가장 적절하다.

[오답해설]

② 근본적인 의미에 의해 강조되는

③ 표면적인 형태와 다른

④ 언어 장식에 의존하는

⑤ 외부화에 의해 구축된

[43~45]

[핵심어휘]

- duty-free shop 면세점
- be packed with ~으로 꽉 차다[미어터지다]
- a multitude of 다수의, 많은
- patient 끈기 있게 일하는, 근면한
- considerate 사려 깊은, 배려하는
- transaction 거래, 매매
- attendant 수행원, 승무원, 안내원
- by the skin of one's teeth 가까스로, 간신히
- booth 점포, 부스
- boarding 승선, 승차, 탑승
- make a long face 울상 짓다, 인상 쓰다, 얼굴을 찌푸리다
- be delighted with ~을 기뻐하다

[본문해석]

(A)

"아빠, 시간 잘 보고 있어요?" 톰이 물었다. 그는 지금 탑승구로 가야 한다고 생각했지만, (a) 그의 아빠는 시간에 무심한 것처럼 보였다. "응, 톰. 걱정하지 마. 우리는 늦지 않을 거야."라고 아빠가 말했지만, 그는 적어도 20분 동안 그렇게 말하고 있었다. 아빠는 특별한 상표의 시계가 있는 면세점을 찾았다. 그들이 도착했을 때, 그 곳은 많은 사람들로 꽉 차 있었다. 공항에 있는 모든 사람들이 이 면세점에서 무언가를 원하는 것처럼 보였다.

(D)

가게 안에는 여러 물건들을 파는 작은 부스들이 많이 있었고, 아빠는 다시 시계 부스를 찾기 위해 주위를 걷고 있었다. "비행기는 4시 30분에 출발하고, 탑승은 30분 전에 시작하므로, 우리는 4시까지 탑승구에 도착해야 한다는 의미야." 톰은 마음속으로 계산을 하고 있었고, (e) 그의 시계를 보았다. 거의 4시였다. 그들은 이미 탑승구에 도착했어야만 한다. 그들이 있는 곳에서 탑승구에 도착하려면 적어도 10분은 걸릴 것이다. 톰은 아빠를 바라보며 얼굴을 찌푸렸다.

(B)

그러나 아빠는 아들을 보지도 않았다. 그는 앞에 있는 몇 개의 시계를 살펴보면서 판매원과 이야기를 나누고 있었다. 그 판매원은 매우 근면하고 사려가 깊었다. 마침내 아빠는 하나를 골랐고, 판매원은 "그럼 이걸로 포장해 드리겠습니다."라고 말했다. 아빠는 서둘러 지불했고 (b) 그로부터 포장꾸러미를 받았다. 마침내 거래는 끝이 났다. 아빠는 아들을 향해 돌아서서 "달리자"라고 말했다. 아빠가 그의 말을 마치기도 전에, 톰은 이미 뛰고 있었다.

(C)

그들은 100미터 경주자들처럼 통로를 질주했고, 포장 가방이 날아다니며 그들을 뒤쫓았다. 멀리서 (c) 그 아들이 문이 닫히는 것을 보고 "잠깐만요, 우리가 왔어요!"라고 소리쳤고, "잠깐만요, 제발!"이라고 아버지도 아들 바로 뒤에서 소리쳤다. 승무원이 그들을 보았고, 그들은 가까스로 도착했다. 자리에 앉으면서 아버지는 "봐, 내가 맞았어!"라고 말했다. 톰은 무슨 말인지 몰랐지만, (d) 그는 그저 안도의 한숨을 내쉬었다.

43   글의 배열순서 정하기   ④

[정답해설]

(A)에서는 비행기 탑승 시간이 다 되어가는 데도 느긋하게 아빠가 원하는 브랜드의 시계를 사기 위해 면세점에 들렀고, (D)에서는 비행기 탑승 시간에 늦을까봐 걱정하는 아들이 그러한 아빠를 보며 얼굴을 찌푸린다. (B)에서는 아빠가 아들의 시선은 아랑곳하지 않고 자신이 원하는 시계를 구매한 후 아들에게 탑승구로 뛰자고 말한다. 마지막으로 (C)에서 그들은 간신히 비행기에 탑승하게 되고, 아들은 안도의 한숨을 내쉰다. 그러므로 제시된 글은 (D)-(B)-(C)의 순으로 배열되어야 글의 흐름상 적절하다.

| 44 | 지칭 대상과 다른 것 고르기 | ② |

[정답해설]

(a), (c), (d), (e)는 모두 아들을 가리키지만, (b)는 아빠에게 시계를 판 판매원을 가리킨다.

| 45 | 내용과 불일치 문장 고르기 | ⑤ |

[정답해설]

톰은 비행기 탑승 시간이 다 되어 가는 데도 원하는 브랜드의 시계를 사기 위해 면세점에서 쇼핑하는 아빠를 보고 얼굴을 찌푸렸다. 그러므로 톰이 아빠가 쇼핑하는 것을 기뻐한 것은 아니다.

[오답해설]

① 톰은 시간에 대한 아빠의 태도를 걱정했다. → 톰은 비행기 탑승 시간이 다 되어 가는 데도 시간에 무심한 아빠의 태도를 걱정함

② 톰이 방문한 면세점은 매우 붐볐다. → 톰이 면세점에 도착했을 때, 그곳은 많은 사람들로 꽉 차 있었음

③ 그 판매원은 근면하고 사려 깊은 서비스를 제공했다. → 판매원은 아빠가 원하는 시계를 구입할 수 있도록 성실하게 설명함

④ 톰과 그의 아빠는 성공적으로 탑승했다. → 탑승구로 달려가 간신히 비행기에 탑승한 후 안도의 한 숨을 내쉼

2024학년도 기출문제 정답 및 해설

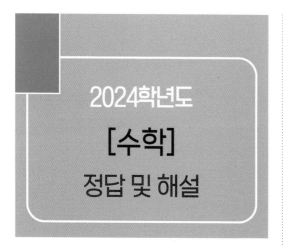

2024학년도

[수학]

정답 및 해설

▌ [수학] 2024학년도 | 정답

01	②	02	⑤	03	⑤	04	②	05	③
06	①	07	①	08	④	09	①	10	②
11	①	12	④	13	③	14	④	15	②
16	③	17	③	18	②	19	①	20	⑤
21	4	22	31	23	9	24	118	25	78

▌ [수학] 2024학년도 | 해설

01	로그	②

$\log_{\frac{1}{2}} x = a$라 하자. 그러면

$(a-2) \times \frac{1}{2} a < 4$, $a^2 - 2a - 8 < 0$에서

$-2 < a < 4$이다.

치환한 a를 다시 바꾸면 $-2 < \log_{\frac{1}{2}} x < 4$이므로,

$\frac{1}{16} < x < 4$이고 이를 만족하는 자연수 x는 1, 2, 3의 3개이다.

02	함수의 극한	⑤

$\lim\limits_{x \to 1^-} (f \circ f)(x) = f(1) = 2$이고

$\lim\limits_{x \to -\infty} \left(-2 - \frac{1}{x+1} \right) = \lim\limits_{x \to -2^+} f(x) = 2$이므로,

$\lim\limits_{x \to 1^-} (f \circ f)(x) + \lim\limits_{x \to -\infty} f\left(-2 - \frac{1}{x+1} \right) = 2 + 2 = 4$

03	삼각함수	⑤

ㄱ. $\tan \frac{3\pi}{2} x$의 주기는 $\frac{2}{3}$, $-\sin 2\pi x$의 주기는 1이므로,

이 함수의 주기는 둘의 최소공배수인 2이다. 그러므로 ㄱ은 참이다.

ㄴ. $\cos 2\pi x$의 주기는 1, $\sin \frac{4}{3} \pi x$의 주기는 $\frac{3}{2}$이므로, 이 함수의 주기는 둘의 최소공배수인 3이다. 그러므로 ㄴ도 참이다.

ㄷ. $\sin \pi x$의 주기는 2, $\left| \cos \frac{3\pi}{2} x \right|$의 주기는 $\frac{2}{3}$이므로,

이 함수의 주기는 둘의 최소공배수인 2이다. 그러므로 ㄷ도 참이다.

04	부정적분	②

조건 (가)에서, 양변을 미분하면

$xf'(x) = 3x^2 + 6x$, $f'(x) = 3x + 6$이다.

또한 조건 (나)에서, 양변을 미분하면

$g'(x) = xf(x)$이다.

$g'(2) = 0$이므로, 이를 대입하면

$2f(2) = 0$에서 $f(2) = 0$이다.

$f'(x) = 3x + 6$이므로 이를 적분하면

$f(x) = \frac{3}{2} x^2 + 6x + C$인데, $f(2) = 0$이므로

$f(x) = \frac{3}{2} x^2 + 6x - 18$이다.

그러므로 $f(-2) = 6 - 12 - 18 = -24$

05 　　거듭제곱　　③

조건 (가)에서, $b^2=-\sqrt{8}a$이므로 $b^4=8a^2$이다.

또한 조건 (나)에서 $\left(a^{\frac{2}{3}}b\right)^2=a^2b^3=\dfrac{b^4}{8}\times b^3=-16$,

$b^7=-2^7$이므로 $b=-2$이고, $a=\dfrac{b^2}{-\sqrt{8}}=-\sqrt{2}$이다.

그러므로 $a^3-2b=(-\sqrt{2})^3+4=4-2\sqrt{2}$

06 　　정적분　　①

$g(x)$는 $f(x)$의 역함수이므로, $f(x)$는 $x=b$, $x=2b$에서 $y=x$와 만난다.

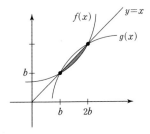

$f(x)$와 $g(x)$는 이러한 형태이며, 이때

$\displaystyle\int_b^{2b}\{g(x)-f(x)\}dx$는 $f(x)$와 $g(x)$로 둘러싸인 면적이므로 $f(x)$와 $y=x$로 둘러싸인 면적(색칠한 면적)의 두배이다.

즉, $\displaystyle\int_b^{2b}\{g(x)-f(x)\}dx=2\int_b^{2b}(x-f(x))dx$이다.

$f(x)$와 $y=x$는 $x=b$, $x=2b$를 근으로 가지므로

$f(x)-x=\dfrac{1}{12}(x-b)(x-2b)$,

$f(x)=\dfrac{x^2}{12}-\dfrac{b}{4}x+x+\dfrac{b^2}{6}$이다.

또한 문제조건에서 $f(x)=\dfrac{x^2}{12}+\dfrac{x}{2}+a$이므로

$b=2$, $a=\dfrac{2}{3}$이다. 그러므로,

$2\displaystyle\int_b^{2b}(x-f(x))dx=2\int_2^4\left(-\dfrac{1}{12}x^2+\dfrac{x}{2}-\dfrac{2}{3}\right)dx=\dfrac{2}{9}$

07 　　삼각함수　　①

3θ가 1사분면의 각이므로 가능한 경우는

1) $0<3\theta<\dfrac{\pi}{2}$인 경우

이 때는 $0<4\theta<\dfrac{2\pi}{3}$이므로, 4θ가 2사분면에 존재할 수 있다.

2) $2\pi<3\theta<\dfrac{5\pi}{2}$인 경우

이 때는 $\dfrac{8\pi}{3}<4\theta<\dfrac{10\pi}{3}$이므로, 4θ가 2사분면에 존재할 수 있다.

3) $4\pi<3\theta<\dfrac{9\pi}{2}$인 경우

이 때는 $\dfrac{16\pi}{3}<4\theta<6\pi$이므로, 4θ가 2사분면에 존재할 수 없다.

4) $6\pi<3\theta<\dfrac{13\pi}{2}$인 경우부터는, 1,2,3의 경우가 반복해서 나타나므로 생략한다.

그러므로 가능한 경우는 1)과 2)뿐이고,

1)의 경우 $0<\theta<\dfrac{\pi}{6}$이므로 θ는 1사분면의 각이고,

2)의 경우 $\dfrac{2\pi}{3}<\theta<\dfrac{5\pi}{6}$이므로 θ는 2사분면의 각이다.

$m+n=1+2=3$

08 　　수열　　④

주어진 식의 양변에 $2a_n$을 곱하면

$a_n^2-2=2\sqrt{n-1}a_n$, $a_n^2-2\sqrt{n-1}a_n-2=0$

$a_n=\sqrt{n-1}\pm\sqrt{n+1}$인데 a_n의 모든 항이 음수이므로

$a_n=\sqrt{n-1}-\sqrt{n+1}$이다.

그러므로 $\displaystyle\sum_{n=1}^{99}a_n=a_1+a_2+\cdots+a_{99}$

$=(\sqrt{0}-\sqrt{2})+(\sqrt{1}-\sqrt{3})+\cdots+(\sqrt{98}-\sqrt{100})$

$=\sqrt{0}+\sqrt{1}-\sqrt{99}-\sqrt{100}=-9-3\sqrt{11}$

09 　　함수의 극한과 연속　　①

조건 (가)에서, $x=0$을 대입하면 $f(0)=\dfrac{1}{2}$이다.

조건 (나)에서, $g(x)$가 $x=2$와 $x=-1$에서 연속이므로 극한값이 존재한다.

그러므로 $2f(2)-7=0$, $2f(-1)-7=0$에서

$f(2)=f(-1)=\dfrac{7}{2}$이다.

이를 다시 조건 (가)에 대입하면

$f(-2)=f(1)=-\dfrac{5}{2}$이다.

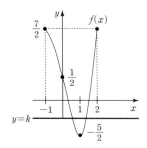

앞서 구한 점들을 지나도록 $f(x)$를 그려보면 대략적으로 위와 같은 형태를 띄게 된다.

이때 $y=k$가 $(0, 2)$에서 $f(x)$와 두 번 이상 만나도록 하는 정수 k는 $0, -1, -2$의 3개이다.

10   적분법   ②

$f(x)$는 $(2, 0)$를 지나면서 기울기가 2.4인 함수이므로, 이를 x축에 대하여 접어 올린 $|f(x)|$는 다음과 같이 그려진다.

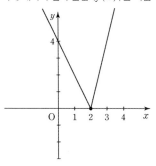

이때 $g(t)$는 $|f(x)|$를 $t-1$부터 $t+2$까지, 길이 3만큼 적분한 것이므로 $g(t)$의 최솟값은,

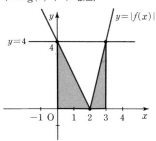

이와 같이 $x=2$를 기준으로 양쪽 직선의 높이가 같아지는 순간이다.

이때 $t=a=1$, $g(t)=3\times4-\dfrac{1}{2}\times3\times4=b=6$이므로

$$a+b=1+6=7$$

11   미분법   ①

점 P의 위치 $x(t)$를 미분하면 속도 $v(t)$를 얻는다.

즉, $v(t)=3t^t-12at+9a^2=3(t-a)(t-3a)$이다.

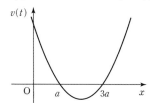

그러므로 $v(t)$는 이와 같은 형태이며

조건 (가)에서 점 P의 운동 방향이 최초로 바뀌는

$t=a$까지 변위가 32이므로 $\displaystyle\int_0^a v(t)dt=32$이다.

그런데 이차함수의 성질에 의해

$\displaystyle\int_0^a v(t)dt=\left|\int_a^{3a} v(t)dt\right|=32$이므로,

$\dfrac{3}{6}\times8a^3=32$에서 $a=2$이다.

$v(t)$를 미분하면 가속도 $a(t)$를 얻는데,

$a(t)=6t-24$이므로 $t=4$에서 가속도가 0이 된다.

이때의 변위는 $\displaystyle\int_0^4 v(t)dt=+32-\dfrac{1}{2}\times32=16$이므로

이때의 위치는 $x(0)+16=b+16=36$이므로 $b=20$이다.

그러므로 $b-a=20-2=18$

12   함수의 연속   ④

$f(x)$가 실수 전체에서 연속이므로

$\displaystyle\lim_{x\to5}f(x)=\lim_{x\to5}\dfrac{x^2+ax+b}{x-5}=\lim_{x\to5}\dfrac{(x-5)\left(x-\dfrac{b}{5}\right)}{x-5}$

$=5-\dfrac{b}{5}=7$, $b=-10$이므로 $f(x)=x+2$ $(x\neq5)$이다.

그러면 $g(x)=\sqrt{2-x}$ $(x<1)$, $x+2$ $(x\geq1)$이고, $h(x)=|(x+2)^2+a|-11$이다.

$g(x)h(x)$이 실수 전체에서 연속이므로

$\displaystyle\lim_{x\to1-}g(x)h(x)=\lim_{x\to1+}g(x)h(x)$,

$|9+a|-11=3\times(|9+a|-11)$이다.

즉 $|9+a|-11=0$에서 $a=2, -20$

그러므로 모든 a값의 곱은 -40

13   삼각함수   ③

조건 (가)에서

$(\cos^2 A - 1) + (\cos^2 B - 1) - (\cos^2 C - 1) = 0,$

$-\sin^2 A - \sin^2 B + \sin^2 C = 0, \ \sin^2 C = \sin^2 A + \sin^2 B,$

$\left(\dfrac{c}{2R}\right)^2 = \left(\dfrac{a}{2R}\right)^2 + \left(\dfrac{b}{2R}\right)^2, \ c^2 = a^2 + b^2$이므로

$\triangle ABC$는 $\angle C = \dfrac{\pi}{2}$인 직각삼각형이다.

이때 조건 (나)에서

$2\sqrt{2}\dfrac{b}{c} + 2\dfrac{a}{c} = 2\sqrt{3}, \ \sqrt{2}b + a = 3c,$

$2b^2 + a^2 + 2\sqrt{2}ab = 3c^2 = 3a^2 + 3b^2,$

$(\sqrt{2}a - b)^2 = 0, \ \sqrt{2}a = b$이다.

이때 외접원의 반지름의 길이 $R = 3$이므로

$c = 2R = 6, \ a^2 + b^2 = 3a^2 = c^2 = 36$이고

$a = 2\sqrt{3}, \ b = 2\sqrt{6}$이다.

그러므로 $\triangle ABC = \dfrac{1}{2} \times 2\sqrt{3} \times 2\sqrt{6} = 6\sqrt{2}$

14   부정적분   ④

조건 (가)에서, 극한값이 존재하므로 분자는 5차 다항함수가 되어야 한다. $f(x)$와 $F(x)$의 최고차항끼리 곱한 항이 5차항이므로, $f(x)$는 이차함수이다.

$f(x) = ax^2 + bx + c, \ F(x) = \dfrac{a}{3}x^3 + \dfrac{b}{2}x^2 + cx + C$라 하면 조건 (가)에서,

$\displaystyle\lim_{x \to \infty} \dfrac{\{F(x) - x^2\}\{f(x) - 2x\}}{x^5} = \lim_{x \to \infty} \dfrac{\dfrac{a^2}{3}x^5 + \cdots}{x^5} = \dfrac{a^2}{3}$

$= 3, \ a = 3$이다.

또한 조건 (나)에서, $f(0) = 2$이고 $f'(0) = 2$이므로

$b = 2, \ c = 2$이다.

또한 조건 (다)에서

$f(0)F(0) = 2F(0) = 4, \ F(0) = 2$이므로 $C = 2$이다.

$y = F(x) - f(x) = x^3 - 2x^2 = x^2(x - 2)$이므로

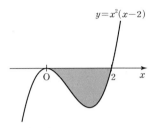

구하는 넓이는 색칠한 부분의 넓이이며

삼차함수의 성질에 의해 색칠한 부분의 넓이는

$\dfrac{1}{12} \times 2^4 = \dfrac{4}{3}$

15   수열   ②

조건 (나)에서 $7a_n > 5a_{n+1}, \ \dfrac{7}{5} > \dfrac{a_{n+1}}{a_n}$이다.

또한 조건 (다)에서 $\dfrac{a_{n+1}}{a_n} = A$로 치환하면

$2\sin^2 A - 5\sin\left(\dfrac{\pi}{2} + A\right) + 1 = 2\sin^2 A - 5\cos A + 1 = 0,$

$2(1 - \cos^2 A) - 5\cos A + 1 = 0,$

$2\cos^2 A + 5\cos A - 3 = 0$이므로 $\cos A = \dfrac{1}{2}, \ A = \dfrac{\pi}{3}$이다.

즉, $a_{n+1} = \dfrac{\pi}{3}a_n$이다.

$a_2 = \pi$이므로 $a_4 = \dfrac{\pi^3}{3^2}, \ a_6 = \dfrac{\pi^5}{3^4}$이다.

그러므로 $\dfrac{(a_4)^5}{(a_6)^3} = \dfrac{\dfrac{\pi^{15}}{3^{10}}}{\dfrac{\pi^{15}}{3^{12}}} = 9$

16   도함수   ③

부등식의 좌변을 $y = 2ax^3 - 3(a+1)x^2 + 6x$라 하자.

$y' = 6ax^2 - 6(a+1)x + 6 = 6(ax - 1)(x - 1)$이므로

1) $a < 1$인 경우

    $a < 1$이므로 $\dfrac{1}{a} > 1$이다. 그러므로 이때의 y'은

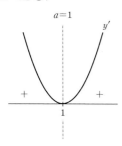

위와 같이 나타난다. 이때 $0 \le x \le 1$에서 y는 증가함수이므로, 이 구간에서 y의 최대값은 $x=1$일 때이다.

$x=1$을 대입하면 $2a-3a-3+6=3-a$이므로

$3-a \le 1$, $2 \le a$에서 모순이 발생하므로 이 경우는 부등식을 만족시키는 a가 존재하지 않는다.

2) $a=1$인 경우

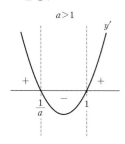

$a=1$인 경우 y'은 $x=1$에서 중근을 가지며 첫 번째 경우와 마찬가지로 $0 \le x \le 1$에서 y는 증가함수이므로, 이 구간에서 y의 최대값은 $x=1$일 때이다.

이 경우 a의 범위는 첫 번째와 같이 $2 \le a$가 나오며 모순이 발생하기 때문에 이 경우에도 부등식을 만족시키는 a가 존재하지 않는다.

3) $a > 1$인 경우

$a > 1$인 경우 $\dfrac{1}{a} < 1$이므로 y는 $0 \le x \le 1$에서

$0 \le x \le \dfrac{1}{a}$까지는 증가하다가 $\dfrac{1}{a} < x \le 1$에서는 감소하게 되

므로 이 구간에서 y의 최대값은 $x=\dfrac{1}{a}$일 때이다. 이를 대입

하면

$\dfrac{2}{a^2} - \dfrac{3(a+1)}{a^2} + \dfrac{6}{a} = \dfrac{3a-1}{a^2}$이므로,

$\dfrac{3a-1}{a^2} \le 1$, $3a-1 \le a^2$, $a^2-3a+1 \ge 0$에서

$a \ge \dfrac{3+\sqrt{5}}{2}$, $a \le \dfrac{3-\sqrt{5}}{2}$인데,

이 경우는 $a > 1$이므로

a의 최소값은 $\dfrac{3+\sqrt{5}}{2}$

17   함수의 극한   ③

조건 (가)에서

$$\lim_{x \to \infty}(\sqrt{(a-b)x^2+ax}-x) = \lim_{x \to \infty}\dfrac{(a-b-1)^2+ax}{\sqrt{(a-b)x^2+ax}+x}$$

$$=\lim_{x \to \infty}\dfrac{(a-b-1)x+a}{\sqrt{(a-b)+\dfrac{a}{x}}+1}=c$$이므로,

$a-b=1$이고 $\dfrac{a}{2}=c$이다.

조건 (나)에서 $b=a-1$을 대입하면

$$\lim_{x \to -\infty}(ax-(a-1)-\sqrt{-ax^2-4x})$$

$$=\lim_{x \to \infty}(-ax-(a-1)-\sqrt{-ax^2+4x})$$

$$=\lim_{x \to \infty}\dfrac{(a^2+a)x^2+\{2a(a-1)-4\}x+(a-1)^2}{-ax-(a-1)+\sqrt{-ax^2+4x}}$$

$$=\lim_{x \to \infty}\dfrac{(a^2+a)x+\{2a(a-1)-4\}+\dfrac{(a-1)^2}{x}}{-a-\dfrac{(a-1)}{x}+\sqrt{-a+\dfrac{4}{x}}}=d$$인데,

분모의 최고차항의 계수가 0이므로 극한값이 존재하려면 분자의 최고차항의 계수도 0이어야 한다.

즉, $a^2+a=0$인데 $a \ne 0$이므로 $a=-1$이다.

그러면 $b=a-1=-2$, $c=\dfrac{a}{2}=-\dfrac{1}{2}$이다.

$a=-1$을 위 극한값에 대입하면 $d=0$이다.

그러므로 $a+b+c+d=-1-2-\dfrac{1}{2}+0=-\dfrac{7}{2}$

18 수열의 합 ②

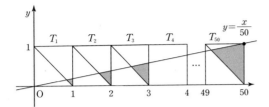

a_{50}은 다음과 같이 $y=\dfrac{1}{50}x$를 그렸을 때,
색칠한 영역들의 넓이의 합을 나타낸다.

각 삼각형의 넓이를 Sn이라 하면
$$S_1=\frac{1}{2}\times\frac{1}{50}\times\frac{1}{51},\ S_2=\frac{1}{2}\times\frac{2}{50}\times\frac{2}{51},\ \cdots$$이므로
$$a_{50}=\sum_{k=1}^{50}\left(\frac{1}{2}\times\frac{k}{50}\times\frac{k}{51}\right)$$
$$=\frac{1}{2}\times\frac{1}{50}\times\frac{1}{51}\times\frac{50\times51\times101}{6}=\frac{101}{12}$$

19 함수의 극한 ①

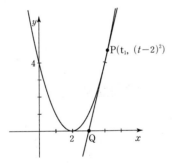

$f(x)=2(x-2)$이므로 점 P에서의 접선의 방정식은
$y=2(t-2)(x-t)+(t-2)^2$이고, Q의 좌표는
$\left(\dfrac{t+2}{2},\ 0\right)$이다.

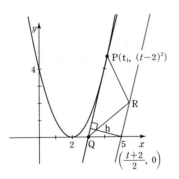

또한 $y=2(t-2)(x-5)$는 $(5,\ 0)$을 지나면서 이 접선과 기울기가 동일한 직선인데.
이때 ΔPQR의 높이 h는 $\overleftrightarrow{\text{PQ}}$와 $(5,\ 0)$사이의 거리와 같으므로
$$S(t)=\frac{1}{2}\times\overline{\text{PQ}}\times h$$
$$=\frac{1}{2}\times\sqrt{\left(\frac{t-2}{2}\right)^2+(t-2)^4}\times\frac{-(t-2)(t-8)}{\sqrt{4(t-2)^2+1}}$$이다.

이를 대입하면 $\displaystyle\lim_{t\to2+}\frac{S(t)}{(t-2)^2}$
$$=\lim_{t\to2+}\frac{\frac{1}{2}\times\sqrt{\left(\frac{t-2}{2}\right)^2+(t-2)^4}\times\frac{-(t-2)(t-8)}{\sqrt{4(t-2)^2+1}}}{(t-2)^2}$$
$$=\lim_{t\to2+}\frac{1}{2}\times\sqrt{\left(\frac{1}{2}\right)^2+(t-2)^2}\times\frac{-(t-8)}{\sqrt{4(t-2)^2+1}}$$
$$=\frac{1}{2}\times\frac{1}{2}\times6=\frac{3}{2}$$

20 삼각함수 ⑤

$\sin x=t$라 하면
$$f(x)=2(1-\sin^2x)-|1+2\sin x|-2|\sin x|+2$$
$$=2(1-t^2)-|1+2t|-2|t|+2$$이다.

t의 값에 따라 범위를 나눠 y를 구해보면
1) $t<-\dfrac{1}{2}$인 경우 $y=-2t^2+4t+5$가 되고,
2) $-\dfrac{1}{2}\leq t<0$인 경우 $y=-2t^2+3$이 되고,
3) $t\geq0$인 경우 $y=-2t^2-4t+3$이 된다.

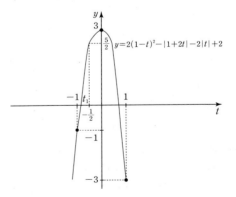

그러므로 t의 값에 따른 y는 이런 형태를 띄게 된다.
이때 $t=\sin x$이므로 $-1\leq t\leq1$인데,

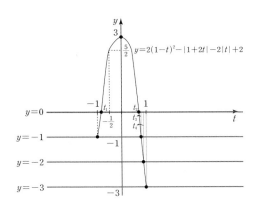

y가 0 이하의 정수가 되도록 하는 t는
$-1, t_1, t_2, t_3, t_4, 1$이다.

문제조건을 만족하는 t가 $-1, t_1, t_2, t_3, t_4, 1$이므로,
$\sin x$가 $-1, t_1, t_2, t_3, t_4, 1$이면 된다.

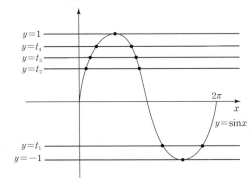

x에 대한 그래프를 그려 보면,
이를 만족하는 x의 개수는 10개이다.

21   도함수의 활용   4

$g(x)$가 실수 전체에서 연속이므로
$\lim\limits_{x \to 1-} g(x) = \lim\limits_{x \to 1+} g(x)$, $f(1) = -f(1)$, $f(1) = 0$이다.
또한 $g(x)$가 실수 전체에서 미분가능하므로
$\lim\limits_{x \to 1-} g'(x) = \lim\limits_{x \to 1+} g'(x)$, $f'(1) = -f'(1)$, $f'(1) = 0$이다.
$g(x)$가 $x = -1$에서 극값을 가지므로
$g'(-1) = f'(-1) = 0$이다.
이때 $f(x)$는 최고차항의 계수가 1인 삼차함수이므로 $f'(x)$는 최고차항의 계수가 3인 이차함수이다.
$f'(1) = 0$, $f'(-1) = 0$이므로
$f'(x) = 3(x+1)(x-1)$이다.

이를 부정적분하면 $f(x) = x^3 - 3x + C$인데
$f(1) = 0$이므로 $C = 2$, $f(x) = x^3 - 3x + 2$이다.
$f(x)$는 $x = -1$에서 극댓값을 가지므로
$f(x)$의 극댓값은 $f(-1) = -1 + 3 + 2 = 4$

22   미분법   31

조건 (가)에서 $2f(x) - (x+2)f'(x) - 8 = 0$이 항등식이므로,
최고차항이 사라지려면 $f(x)$는 이차함수이어야 한다.
$f(x) = ax^2 + bx + c$로 놓으면 $f'(x) = 2ax + b$이므로
두 식을 대입하면
$2(ax^2 + bx + c) - (x+2)(2ax + b) - 8 = 0$,
$(b - 4a)x + 2c - 2b - 8 = 0$에서
$b - 4a = 0$이므로 $a = \dfrac{1}{4}b$이고,
$2c - 2b - 8 = 0$이므로 $c = b + 4$이다.
즉, $f(x) = \dfrac{b}{4}x^2 + bx + b + 4$.

조건 (나)에서
$$\frac{f(0) - f(3)}{0 - (-3)} = \frac{(b+4) - \left(\dfrac{9}{4}b - 3b + b + 4\right)}{3} = \frac{1}{4}b = 3$$
이므로 $b = 12$, $f(x) = 3x^2 + 12x + 16$이다.
그러므로 $f(1) = 3 + 12 + 16 = 31$

23   함수와 그래프   9

$\sqrt{3^x} + \sqrt{3^{-x}} = A$라 하자.
산술, 기하 평균의 관계에 의해 $\sqrt{3^x} + \sqrt{3^{-x}} \geq 2$이므로 $A \geq 2$이다.
$3^x + 3^{-x} + 2 = A^2$, $3^x + 3^{-x} = A^2 - 2$이므로
주어진 방정식은
$A^2 - 2A - |k - 2| + 5 = 0$이 된다.

이 방정식을 다시 써보면,
$A^2 - 2A = |k - 2| - 5$이므로

A≥2에서 $y=A(A-2)$와 $y=|k-2|-5$가 실근을 갖지 않으려면, $|k-2|-5<0$이면 된다.

그러므로 $-3<k<7$이다.

즉, 주어진 방정식이 실근을 갖지 않도록 하는 정수 k는 $-2, -1, \cdots, 6$로 9개이다.

24　　등차수열　　118

b_n이 등차수열이므로 $b_n=2_n-2+b_1$이다.

이를 주어진 식에 대입하면

$n(n+1)(2n-2+b_1)=\sum\limits_{k=1}^{n}(n-k+1)a_k$를 얻는다.

또한 n대신 $n-1$을 대입하면

$(n-1)n(2n-4+b_1)=\sum\limits_{k=1}^{n-1}(n-k)a_k$를 얻는다.

그러면, 위 식에서 아래 식을 빼 주면

$n(6n-6+2b_1)=\sum\limits_{k=1}^{n}a_k$이다.

a_n의 합이 상수항이 없는 이차함수꼴이므로

a_n은 등차수열이고, $a_n=12n-12+2b_1$이다.

$a_5=58$이므로, $b_1=5$이고, $a_n=12n-20$이다.

그러므로 $a_{10}=120-2=118$

25　　지수함수　　78

$y=\dfrac{1}{2^a}\times 4^x-a=4^{x-\frac{1}{2}a}-a$이므로, 이 함수는

$y=4^x$를 x축으로 $\dfrac{1}{2}a$만큼, y축으로 $-a$만큼 평행이동한 것이다.

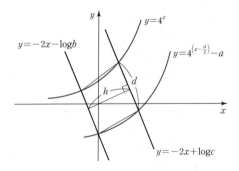

그러면 주어진 함수들로 둘러싸인 면적은 교점으로 이루어진 평행사변형의 넓이와 같게 된다.

이때 $y=4^x$에서 $y=4^{x-\frac{1}{2}a}-a$로 평행이동한 거리를 d,

두 직선 간 거리를 h라 하면 평행사변형의 넓이

$S=dh=30$이다.

d는 가로가 $\dfrac{1}{2}a$, 세로가 a인 직각삼각형의 빗변의 길이이므로

$d=\dfrac{\sqrt{5}}{2}a$이고,

h는 $(0, -\log b)$와 $y=-2x+\log c$ 사이의 거리 공식을 써서

계산하면 $h=\dfrac{1}{\sqrt{5}}(\log b+\log c)$를 얻는다.

즉, $\dfrac{\sqrt{5}}{2}a\times\dfrac{1}{\sqrt{5}}(\log b+\log c)=3$, $a\times\log bc=60$이다.

$a\times\log bc=6$을 만족하는 경우는

1) $a=1$인 경우

　$\log bc=6$, $bc=10^6=2^6\times 5^6$이므로

　약수의 개수는 $7\times 7=49$개이므로

　(b, c)순서쌍은 49개이다.

2) $a=2$인 경우

　$\log bc=3$, $bc=10^3=2^3\times 5^3$이므로

　약수의 개수는 $4\times 4=16$개이므로

　(b, c)순서쌍은 16개이다.

3) $a=3$인 경우

　$\log bc=2$, $bc=10^2=2^2\times 5^2$이므로

　약수의 개수는 $3\times 3=9$개이므로

　(b, c)순서쌍은 9개이다.

4) $a=6$인 경우

　$\log bc=1$, $bc=10=2\times 50$이므로

　약수의 개수는 $2\times 2=4$개이므로

　(b, c)순서쌍은 4개이다.

이상에서 모든 순서쌍 (a, b, c)의 개수는

$49+16+9+4=78$개이다.

2023학년도 기출문제 정답 및 해설

제1교시 국어영역

01 ④	02 ⑤	03 ⑤	04 ①	05 ④	06 ⑤
07 ②	08 ③	09 ②	10 ①	11 ⑤	12 ③
13 ③	14 ②	15 ④	16 ②	17 ④	18 ④
19 ③	20 ⑤	21 ④	22 ①	23 ④	24 ②
25 ⑤	26 ①	27 ③	28 ②	29 ②	30 ③
31 ⑤	32 ①	33 ③	34 ④	35 ①	36 ②
37 ③	38 ④	39 ③	40 ③	41 ①	42 ⑤
43 ②	44 ④	45 ①			

[01~05] 독서 – 철학

01 ④ 제시문에 따르면 경험적 적용은 이론의 예외가 되는 반증 사실이 있는지에 대해 검증하는 것이지 이론을 이상적으로 만드는 것은 아니다. 즉, 반증은 과학 이론에 대해 지속적인 비판이 이루어지는 것을 의미한다.

오답풀이

① 3문단에서 모든 이론의 가설이 동일한 정도로 반증 가능성이 있는 것은 아니라고 서술되어 있다.

② 3문단에서 포퍼는 자연의 진화처럼 과학 이론 역시 끊임없는 반증과 오류 제거를 통해 점진적으로 발전한다고 보았다.

③ 3문단에서 좋은 이론은 반증 가능성이 큰 대담한 내용을 내포함에도 쉽게 무너지지 않는 이론으로 파악하고 있다.

⑤ 2문단에서 과학 이론은 항상 오류 가능성을 포함하고 있기 때문에, 논리적으로 모순이 없다고 해도 반드시 경험적 적용을 통해 타당성을 검증해야 한다고 설명하고 있다.

02 ⑤ 4문단에서 포퍼는 현대 사회가 민주주의 사회로 발전했지만 다수결에 의해 폭군과 독재자가 통치하도록 결정될 수 있다는 역설을 배제할 수 없다고 보았다. 여기서 폭군과 독재자가 통치하도록 결정될 수 있는 사회는 주술적 가치를 통해 지배하는 닫힌 사회이다. 그러므로 주술적 가치가 다수결에 따를 때 나타날 수 없는 가치라는 ⑤의 설명은 옳

지 못하다.

오답풀이

① 4문단에서 통치자가 어떤 반박도 허용하지 않는 주술적 가치를 통해 지배한다고 하였으므로, 주술적 가치는 비판과 검증을 허용하지 않는 가치라고 할 수 있다.

② 4문단에서 포퍼가 보기에 닫힌 사회는 주술적이라고 하였고, 닫힌 사회의 독단주의는 소수의 폐쇄된 집단만 사태를 정확히 인식한다고 전제하는 지적 오만을 드러낸다고 하였다. 그러므로 주술적 가치는 열린 사회에서 배척되어야 하는 가치이다.

③ 4문단에서 열린 사회는 범할 수 있는 오류를 인정하는 사회이므로, 사회를 무오류의 상태로 바꾸려는 가치는 열린 사회와 반대되는 닫힌 사회의 주술적 가치라고 볼 수 있다.

④ 6문단에서 역사적 법칙이 미래를 확실히 예측하는 수단인 것 같지만 실제로 이러한 예측은 불가능하며 오히려 그 법칙이 독단이 되어 국민을 억압하게 된다고 설명하고 있다. 또한 마지막 문단에서 미래가 어떨지는 누구도 알 수 없고, 그것을 주장하는 사람은 마법사일 뿐이라고 서술되어 있다. 그러므로 미래가 어떻게 될지 확신하는 것은 닫힌 사회의 주술적 가치이다.

03 ⑤ 제시문에 따르면 포퍼는 사회도 자연의 진화처럼 시행착오와 오류 제거를 통해 변화한다고 보았으며, 독단의 법칙에 의해 뒷받침되는 불변적이고 절대적인 이상 사회인 유토피아가 최종 목적이 아니라고 보았다. 그러므로 ⑤의 '시행착오로 인한 희생이 있어도 이상적 미래를 구현하게 하는 제도'가 ⓒ에서 말하는 사학하거나 무능한 지배자들이 심한 해악을 끼치지 않도록 하는 정치 제도는 아니다.

오답풀이

① 5문단에서 포퍼는 단편적 지식만 아는 다수가 자신이 아는 지식을 자유롭게 교환하면서 국가의 미래를 논의하는 것이 전체주의보다 낫다고 보았다.

② 소수 집단이라 해도 자신의 의견을 자유롭게 개진하는 것은 열린 사회이므로, 그러한 제도는 사악하거나 무능한 지배자들이 심한 해악을 끼치지 않도록 하는 정치 제도에 해당한다.

③ 치열한 토론과 자유로운 의사 결정은 지식의 자유로운 교

 정답 및 해설

환을 통해 국가의 미래를 결정할 수 있으므로, 그러한 제도는 사악하거나 무능한 지배자들이 심한 해악을 끼치지 않도록 하는 정치 제도에 해당한다.

④ 마지막 문단에서 포퍼는 현재 문제를 점진적으로 해결하려는 합리적 과정을 통해 설정된 단기적 목적을 이루는 것이 더 중요하다고 보았다.

04 ① ⓐ의 '싹트다'는 '어떤 생각이나 감정, 현상 따위가 처음 생겨나다'는 뜻이므로, '어떤 일이나 생기려는 기운이 싹틈'을 의미하는 ①의 '태동(胎動)'과 그 의미가 가장 유사하다.

[오답풀이]

② 준동(蠢動): 벌레 따위가 꿈적거린다는 뜻으로, 불순한 세력이나 보잘것없는 무리가 법석을 부림을 이르는 말이다.

③ 활동(活動): 몸을 움직여서 행동함을 의미한다.

④ 가동(可動): 움직일 수 있음을 의미한다.

⑤ 약동(躍動): 생기 있고 활발하게 움직임을 뜻한다.

05 ④ 칼 포퍼는 '반증주의'를 통해 과학 이론은 항상 오류 가능성을 포함하고 있기 때문에 논리적으로 모순이 없다고 해도 반드시 경험적 적용을 통해 타당성을 검증해야 한다고 보았다. 또한 혁명적 과정에서 나타날 수 있는 정치적 독단은 지적 오만을 드러내고 국민을 억압하게 되므로 문제 해결을 오히려 저해할 수 있다고 설명하고 있다. 그러므로 〈보기〉의 견해에 대해 ④의 설명이 칼 포퍼가 제기할 만한 반론으로 가장 적절하다.

[오답풀이]

① 과학 이론은 경험적 적용을 통해 타당성을 검증해야 하고, 이론의 예외가 되는 반증 사실이 있을 경우 그 이론은 수정되거나 폐기될 수 있다. 그러므로 과학의 이론적 틀이 하나여서 결코 바뀌지 않는 것은 아니다.

② 〈보기〉의 견해는 생각의 틀 자체를 바꾸는 혁명을 통한 급격한 변화가 과학과 정치의 발전을 가져올 수 있다는 내용이므로, 반증의 많고 적음이 과학 이론의 성공을 결정한다는 반론은 적절하지 못하다.

③ 포퍼는 자연의 진화처럼 과학 이론 역시 끊임없는 반증과 오류 제거를 통해 점진적으로 발전한다고 보았으며, 정치 역시 반증 가능성이 발전의 조건이 된다고 보았다.

⑤ 칼 포퍼의 '반증주의'는 과학 이론 또는 정치를 경험적 적용을 통해 타당성을 검증하는 가설이지, 여러 과학 이론이나 정치적 해결책 중 어느 것을 선택할지 결정하는 역할을 하는 것은 아니다.

[06~10] 현대 시 복합

> **(가) 이용악, 「전라도 가시내」**
> - 갈래 : 자유시, 서정시
> - 성격 : 서사적, 애상적, 비극적
> - 제재 : 전라도 가시내
> - 주제 : 일제강점기 유이민들의 비참한 삶
> - 특징
>   – 전형적인 이야기시의 서술 형식을 취함
>   – 토속적인 시어와 사투리를 사용함
>   – 전라도 가시내와 함경도 사내의 대화 형식으로 내용을 전개함
>
> **(나) 김동명, 「파초」**
> - 갈래 : 자유시, 서정시, 참여시
> - 성격 : 상징적, 우의적, 의지적
> - 제재 : 식민지의 극한 상황
> - 주제 : 잃어버린 조국에 대한 향수와 극복 의지
> - 특징
>   – 자아와 세계와의 대결 구조
>   – 자연물에 감정을 이입하여 화자의 정서를 표출함
>   – 대상에 대한 호칭 변화(파초–너–우리)를 통해 정서적 거리감을 좁힘

06 ⑤ (가)에서는 두만강을 건너 북간도로 온 과거 상황을 상상하여 시적 대상인 '가시내'의 슬픈 처지를 이해하고 있으며, (나)에서는 파초에 감정을 이입하여 조국을 떠나온 '파초의 꿈'을 통해 조국을 잃어버린 화자의 처지를 간접적으로 드러내고 있다. 그러므로 (가)와 (나)의 공통점은 '대상의 과거 상황을 상상하여 대상의 현재 처지를 이해한다.'는 ⑤의 설명이 가장 적절하다.

[오답풀이]

① (나)는 3연의 '소낙비를 그리는 너는 정열(情熱)의 여인(女人)'에서 의인법을 사용하여 '너', 즉 '정열의 여인'을 통해 동적인 이미지를 구현하고 있으나, (가)에서는 의인법이 사용되고 있지 않다.

② (가)와 (나) 모두 독백적 어조로 자신의 상황을 반성적으로 성찰한 부분은 보이지 않는다.

③ (가)에서는 단풍이 물들던 가을에 두만강을 건너 겨울인 지금 북간도 술막에서 일하고 있는 '가시내'의 서사적 맥락이 형성되어 있으나, (나)에서는 서사적 맥락이 보이지 않는다.

④ (가)와 (나) 모두 반어의 수사적 표현이 사용되지 않았다.

07 ② (가)에서는 시적 화자인 '함경도 사내'가 북간도 술막에서 일하고 있는 시적 대상인 '전라도 가시내'의 슬픔에 공감과 위로를 보내고 있으며, (나)에서는 시적 화자가 시적 대상인 파초에 감정을 이입하여 조국을 잃어버린 자신의 처지에 공감하고 있다. 그러므로 (가), (나)의 화자가 시적 대상에 대해 가지고 있는 태도는 '공감적' 태도이다.

08 ③ (가)의 5연에서 '잠깐 너의 나라로 돌아가거라'라고 말한 것은 시적 화자인 '함경도 사내'가 '가시내'를 위로하기 위한 말이며, 실제로 '가시내'가 언제 떠날 수 있을 지는 기약이 없다. 오히려 봄이 되면 노래도 없이 자욱도 없이 사라지는 것은 시적 화자인 '함경도 사내'이다. 그러므로 '봄이 오면 술막을 떠날 예정이다.'라는 ③의 설명은 옳지 못하다.

> **오답풀이**
> ① 북간도 술막에서 만난 함경도 사내와의 대화를 통해 '가시내'가 고향을 그리워하고 있음을 알 수 있다.
> ② 3연에서 석 달 전 단풍이 물들 때 두만강을 건너왔다고 하였으므로, '가시내'가 가을 무렵 두만강을 건너왔고 석 달 이후인 지금은 겨울임을 알 수 있다.
> ④ 5연의 '때로 싸늘한 웃음이 소리 없이 새기는 보조개'에서 술집 작부로 전락한 자신의 처지에 대한 냉소적 태도를 엿볼 수 있다.
> ⑤ 전라도 사람인 '가시내'가 먼 길을 떠나 현재의 장소인 북간도까지 오게 된 서사적 과정이 묘사되어 있다.

09 ② '불타는'은 파초의 고향인 남국의 특성이자 잃어버린 조국을 그리워하는 시적 화자의 열정적 마음의 표현이며, '밤'과 '겨울'은 일제 치하의 어두운 현실로 서로 대립적 관계에 있다고 볼 수는 없다. 또한 시적 대상인 '너'는 시적 화자인 '나'가 동반자적 애정과 일체감을 보이는 감정 이입의 대상이지 '밤'과 '겨울' 즉, 일제 치하의 어두운 현실에 저항하는 능동적인 존재는 아니다.

> **오답풀이**
> ① '불타는'과 '정열(情熱)'은 모두 파초의 고향인 남국의 특성으로, 파초가 뜨거운 고향인 남국을 그리워하듯 시적 화자 또한 감정 이입을 통해 잃어버린 조국을 열렬히 그리워하고 있음을 나타낸다.
> ③ 조국에 대한 그리움에 불타 갈증을 느끼는 것에 대해, '샘물'이 그리움이라는 갈증을 해소시켜주는 수단으로 사용되었다.
> ④ 조국에 대한 불타는 향수를 치유할 '소낙비'는 그리움의 대상이지만, '소낙비'가 내리지 않아 발등에 '샘물'을 길어 부음으로써 이를 대신하는 것이다.
> ⑤ '불'과 '정열(情熱)'의 타오르는 모습은 상승적 이미지를 연

상시키며, 시적 화자인 '나'는 감정 이입의 대상인 파초 즉, '너'를 긍정적 가치를 지닌 존재로 파악한다.

10 ① ㉠의 '헤매이자'는 '가시내'의 어두운 옛 이야기를 듣는 나의 모습을 나타낸 것으로 행위 주체는 화자이지만, ㉡의 '가리우자'는 일제 치하의 암울한 현실을 파초와 함께 이겨내자며 청자에게 청유하고 있는 것으로 행위 주체는 청자이다.

> **오답풀이**
> ② ㉠의 '헤매이자'는 '가시내'의 어두운 옛 이야기에 빠져드는 화자의 모습에서, ㉡의 '가리우자'는 어두운 현실을 함께 극복하자는 청유에서 화자와 청자의 심리적 거리가 가까워지고 있다.
> ③ ㉡의 '가리우자'는 암울한 현실을 이겨내고 청자에게 행위의 동참을 요구하고 있지만, ㉠은 그렇지 않다.
> ④ ㉠의 '헤매이자'는 '함경도 사내'가 '가시내'의 어두운 옛 이야기에 빠져드는 모습으로, 불확실한 미래에 대한 걱정을 바탕으로 한 것은 아니다. ㉡의 '가리우자'도 현실 극복에 대한 의지를 나타낸 것으로 불확실한 미래를 걱정하고 있지는 않다.
> ⑤ ㉡의 '가리우자'는 암울한 현실을 극복하면 현실의 고난에서 벗어날 수 있다는 믿음이 담겨 있지만, ㉠에서는 그런 모습을 볼 수 없다.

[11~15] 현대 소설

> - 갈래 : 현대 소설, 중편 소설, 사실주의 소설
> - 성격 : 사실적, 비판적, 자조적
> - 시점 : 1인칭 주인공 시점
> - 배경
>   – 시간 : 3·1 만세 운동 전
>   – 공간 : 일본에서 조선으로 돌아오는 여정
> - 주제 : 지식인의 눈으로 바라본 일제 강점기의 암울한 조선의 현실
> - 특징
>   – 일본에서 조선(부산–김천–서울)으로 돌아오는 여정을 중심으로 전개되는 여로형 소설임
>   – 상세한 묘사와 함께 세태를 사실적으로 묘사함

11 ⑤ 이 글은 1인칭 주인공 시점으로 등장인물인 서술자, 즉 작품 속의 주인공인 '나'가 다른 인물들을 관찰하며 그들의 삶과 내면 심리를 논평하고 있다.

① 위 작품은 인과 관계가 약한 사건들을 병치하여 우연성을 강조하기 보다는 생기를 잃고 무기력하게 살아가는 조선인의 비참한 삶을 있는 그대로 보여주고 있는 사실주의 소설이다.

② 이야기 속 이야기는 외부 이야기가 내부 이야기를 액자처럼 포함하고 있는 소설 기법인데, 위의 작품에서는 이야기 속 이야기가 아니라 대화와 관찰을 통해 인물의 과거를 소개하고 있다.

③ 위 작품은 '무덤'이라는 상징적 소재를 통해 일제 강점기 조선의 식민지 상황을 냉담하게 비판하고 있으나, 중심 갈등이 해소되는 과정은 서술되어 있지 않다.

④ 인물의 내적 독백을 통해 인물들의 긍정적인 면모가 아니라 일제 강점기 조선인들의 암울한 삶에 대한 부정적인 면모를 부각하고 있다.

12 ③ (가)에서 '무덤'은 일제 강점기 식민지 조선의 참담한 모습을 상징하고, '구더기'는 그런 암울한 현실에서 비참하게 살아가는 조선 민중의 모습을 상징한다. 서술자이자 주인공인 '나'가 "이게 산다는 꼴인가? 모두 뒈져 버려라!"고 말한 혼잣말 속에서 한심하게 살아가는 조선 민중에 대한 안타까움과 분노의 태도를 엿볼 수 있다.

① 실의에 빠진 대상을 포용하는 것이 아니라 절망적인 상황을 냉소적인 시선으로 비판하는 태도를 보이고 있다.

② 일방적으로 저주하는 태도가 아니라 조선인의 무기력한 삶의 모습에 안타까움과 분노의 태도를 보이고 있다.

④ 일본인들에게 굴종적인 모습을 보이는 조선인들을 마음의 소리로 표현한 것이지, 큰 소리로 말하고 싶은데 대상이 잘 받아들이지 않을 것을 염려하여 혼잣말로 외친 것은 아니다.

⑤ 무기력한 대상을 구원하려던 시도는 보이지 않으며, 극복 방안 없이 냉소적인 시선으로 비판만 하는 지식인의 한계를 드러내고 있다.

13 ③ "예서 아주 자라났답니다. 제 어머니가 조선 사람인데요."라는 변론하는 듯한 말과 "그렇지!" 하며 얼굴을 들이대는 동료에 대해 '화롯불 가져온 아이'는 싫은 내색을 하거나 언짢아하는 모습을 보이지 않았다.

① "예서 아주 자라났답니다. 제 어머니가 조선 사람인데요."라고 말하는 동무 계집애의 말을 통해 '화롯불 가져온 아이'는 조선에서 태어나고 자랐음을 알 수 있다.

② 조선애가 아닌가도 싶다고 추측하는 '나'의 시선에 "예서 아주 자라났답니다. 제 어머니가 조선 사람인데요."라고

'화롯불 가져온 아이'를 변론하는 듯한 동무 계집애의 말로 보아 '화롯불 가져온 아이'가 자신이 혼혈인 것이 드러나는 것을 꺼린다는 사실을 알 수 있다.

④ 어머니가 대구에 있으며, 대구에 가는 인편을 통해 알아보고 싶다는 말을 통해 어머니와 헤어진 상태임을 알 수 있다.

⑤ "천생 언문으로 편지를 쓸 줄 알아야죠."라는 말을 통해 '화롯불 가져온 아이'가 한글로 편지를 쓸 줄 모른다는 사실을 알 수 있다.

14 ② ⓒ은 조선 사람들에 대한 비판적 내용 중 '소댕 뚜껑이 무거워야 밥이 잘 무른다'는 지식을 예로 들어 조선 사람의 무식함을 외국 사람에게 직접 눈으로 확인시켜 주었다는 비아냥거림을 담고 있다. 그러므로 외국 사람에게 조선인들이 실제 물건들을 사용하여 교육하는 것을 의미하는 것은 아니다.

① ⓐ 다음의 문장에서 조선 사람은 외국인에 대해서 아무 것도 보여 준 것이 없다며 조선 사람들에 대한 비판적 내용을 열거한 것으로 보아, ⓐ의 '이러한 사실'은 문맥상 조선인들이 일본인에게 천대를 받는 것은 조선인들에게 원인이 있다는 사실을 의미한다.

③ 딸자식으로 태어났으면서도 조선 사람인 어머니보다는 일본 사람인 아버지를 찾아가겠다는 것은 부모에 대한 자식의 정리를 지나서 타산이 앞을 서기 때문이라는 것으로 보아, ⓒ의 '어떠한 이해관계'는 일본인 아버지에게 기대어 사는 것이 더 이롭다는 계산을 의미한다.

④ ⓔ은 딸아이가 아버지와 헤어진 조선인 어머니가 아니라 어떠한 이해관계 때문에 일본인 아버지를 찾아간다는 것은 그 어머니가 남편과 딸에게 모두 버림받았기 때문에 더 가엾다고 생각된다는 의미이다.

⑤ ⓜ의 '우중충한 남폿불'은 찻간 사람들의 머리 위를 밝히는 등불이 아니라 무덤 같은 찻간의 분위기를 더욱 무겁게 만드는 흐리고 침침한 램프 불빛을 의미한다.

15 ④ 작품 속 '무덤'은 일제 강점기 식민지 조선의 참담한 모습을 상징하고, '구더기'는 그런 암울한 현실에서 비참하게 살아가는 조선 민중의 모습을 상징한다. 그러므로 당시 조선인들을 무덤 속 구더기로 보는 '나'의 관점에서는 희망도 미래도 없는 무기력한 조선에서 민족의 자주성을 드높이는 만세 운동이 일어난 것은 이해할 수 없는 사건이다.

① 작품 속 주인공인 '나'는 무덤 같은 일제 치하의 환경 속에서 구더기처럼 비굴하게 살고 있는 당시 조선인들의 삶을 비난하고 있지만, 그들이 자주적으로 선택한 삶이라고 보

고 있지는 않다.

② 작품의 서술자인 '나'는 일제 치하에서 구더기처럼 굴종하며 살아가는 조선인들을 비난하고 있다. 그러므로 일본에 기대어야 한다는 생각을 벗어나지 못한 것은 아니다.

③ 작품 속 일본 유학생인 '나'는 구습에 젖은 당시 조선인들의 삶에서 희망을 찾거나 극복 방안을 제시함이 없이 비난만 하는 지식인의 한계를 드러내고 있다. 그러므로 '나'가 희망을 발견하려는 자신이 우월하다는 생각은 찾을 수 없다.

⑤ 작품 속 중인공인 '나'는 시대에 뒤떨어진 조선 민중의 삶에 안타까움과 분노의 태도를 보이며 자조하고 있지, '나'가 일본인들의 잘못을 비난하는 모습은 보이지 않는다.

[16~19] 독서 – 과학

16 ② 1문단에서 유전자 치료 중 현재 가장 발전한 것이 3세대 유전자 가위인 크리스퍼 시스템이라고 정의한 후, '일정한 스페이서를 둔 서열의 발견', '크리스퍼 시스템과 적응 면역의 관련 가능성', '인간의 유전자에 크리스퍼 시스템의 적용' 등 그와 관련된 사항들을 구체적으로 설명하고 있다. 그러므로 "대상을 정의한 후, 그와 관련된 사항들을 구체적으로 설명하고 있다"는 ②의 내용이 제시문의 서술 방식으로 가장 적절하다.

17 ④ ⓒ 박테리아 유전체에서 일정한 스페이서를 둔 서열이 발견된 것은 1987년이다.

ⓐ 세균의 유전자에 존재하는 특정한 반복 염기서열을 크리스퍼로 명명한 것은 2002년이다.

ⓑ 크리스퍼 시스템과 적응 면역의 관련 가능성을 실험적으로 증명한 것은 2007년이다.

ⓓ 인간의 유전자에 크리스퍼 시스템을 사용할 수 있음을 확인한 것은 이듬해인 2008년이다.

18 ④ 제시문에 따르면 근본적인 원인이 되는 비정상 유전자를 고치는 것을 유전자 치료라고 하는데, 이것은 질병의 원인이 되는 표적 염기서열을 절단하는 것이다. 그래서 1세대의 징크핑거 뉴클레아제, 2세대의 탈렌에 이어 크리스퍼 시스템을 3세대 유전자 '가위'라고 한다. 그러므로 ④의 '가이드 RNA와 카스에 의한 표적 염기서열 절단'이 크리스퍼 시스템의 핵심적인 작동 기제라고 볼 수 있다.

19 ③ 5문단의 말미에 크리스퍼 시스템이 아직까지는 기술적 정확성 면에서 한계가 있고 유전자 변이를 완벽히 통제하지 못하고 있다는 제약을 가지고 있으므로, 우생학적 편견 같은 잘못된 가치관을 만났을 때 잘못 이용되지 않도록 유전

자 편집의 경계 기준을 기술적인 차원에서뿐 아니라 생명 윤리 차원에서도 다루어질 필요가 있다고 당부하고 있다. 이것은 크리스퍼 시스템이 ③에서처럼 생명 윤리 차원에서 우생학적 편견을 안고 있는 방법이라고 단정하고 있는 것은 아니다.

오답풀이

① 2문단에서 크리스퍼 시스템은 기술적으로 비교적 다루기 쉽고 비용이 적게 든다는 장점이 있어 〈사이언스〉에서 가장 혁신적인 기술로 선정되었다고 서술되어 있다.

② 4문단의 마지막 문장에 인간을 포함한 고등생물에서도 이 크리스퍼 시스템이 사용될 수 있다는 것이 증명되었다고 서술되어 있다.

④ 5문단의 첫 번째 문장에 크리스퍼 시스템은 생명과학 분야에서 유전자 교정을 통해 동식물의 생산량과 안정성을 조절하는 데 기여할 수 있다고 서술되어 있다.

⑤ 1문단의 마지막 문장에 3세대 유전자 가위인 크리스퍼 시스템이 현재까지는 기술적으로 가장 발전한 유전자 치료 방법이라고 서술되어 있다.

[20~23] 독서 – 경제

20 ⑤ 5문단에서 여느 고객이 누리는 혜택에 더하여 배타적이고 고객 특화적인 추가 혜택이 주어지며 무료 혜택이 함께 부여되는 소비자는 구독료가 비싸더라도 구독 서비스에 충성한다고 하였다. 그러므로 구독 서비스가 충성도 높은 소비자를 유지하기 위해 반드시 값싼 구독료를 유지하는 일반적인 전략을 선택하는 것은 아니다.

오답풀이

① 1문단에서 구독은 '정기적으로 내는 기부금, 가입, 모금, (서비스) 사용'으로 정의되며, 3문단에서 구독은 소비자가 비용을 지불한 이후에도 계약 기간 동안 그 관계가 지속된다고 하였다. 그러므로 구독 서비스는 비용을 지불한 서비스의 계약 기간을 조건으로 한다고 볼 수 있다.

② 3문단에 따르면 기존의 판매는 판매자가 상품을 소비자에게 건네주고 소비자가 그에 맞는 비용을 지불함으로써 그 관계가 일단 완성되는 반면, 구독은 소비자가 비용을 지불한 이후에도 계약 기간 동안 그 관계가 지속된다고 설명하고 있다.

③ 4문단에 모바일 기술이나 콜드 체인 기술 같은 발전된 기술로 인해 판매자와 소비자가 직접 연결될 수 있게 되었고, 소비자의 요구에 따라 특화되거나 개별화된 상품을 신속하게 제공하는 것이 가능하게 되었다고 서술되어 있다.

④ 4문단에 기술적 발전 외에도 가치 소비 세대로서 밀레니얼

세대가 새로운 소비 주체로 등장하게 된 것도 구독 경제의 규모를 키우는 주요한 요인이 되었다고 서술되어 있다

21 ④ 4문단에서 전통적인 유통 채널은 일방향성이라는 소통적 특성과 시간적 지연이 있는 반면에, 구독 서비스는 모바일 기술이나 콜드 체인 기술 같은 발전된 기술로 인해 판매자와 소비자가 직접 연결될 수 있게 되었고, 기업이나 판매자가 소비자와 쌍방향적으로 직접 소통하며 소비자의 요구에 따라 특화되거나 개별화된 상품을 신속하게 제공하는 것이 가능하게 되었다고 서술되어 있다. 그러므로 ④의 '유통 채널의 직접성과 쌍방향성'이 판매와 비교하여 구독 서비스가 갖는 특징으로 가장 적절하다.

오답풀이

① 소비자는 소유에 의한 독점적 이용도 가능하므로, '상품의 독점적 사용'이 구독 서비스만의 특징은 아니다.

② 기업이 소비자의 수요를 고려하여 싸고 질좋은 제품을 판매하는 것은 기본이므로, '상품의 저렴한 가격'이 구독 서비스만의 특징은 아니다.

③ '상품의 높은 품질과 명성'은 충성 고객을 유도하기 위해 전통적인 판매자와 구독 서비스 모두 필요로 하는 특징이다.

⑤ 기업이 소비자의 수요를 고려하여 싸고 질좋은 제품을 판매하는 것은 전통적인 판매의 특징이다.

22 ① 4문단에서 전통적인 유통 채널은 일방향성이라는 소통적 특성과 시간적 지연으로 인해 소비자의 욕구와 불만을 후속 판매에 반영하는 데 제약이 있다고 설명하면서, 소유를 전제로 한 이러한 경제 모델은 미래에도 존재할 것이라고 단서를 달고 있다. 그러므로 미래에는 소유를 목적으로 한 소비는 사라질 것이라는 ①의 설명은 윗글의 맥락과 일치하지 않는다.

오답풀이

② 4문단에서 기술적 발전, 1인 세대의 증가, 새로운 소비 주체로 밀레니얼 세대의 등장 등이 구독 경제의 규모를 키우는 주요한 요인이라고 설명하고 있다. 그러므로 구독 경제가 오늘날 경제에서 규모를 키워가고 있음을 알 수 있다.

③ 4문단에서 기술적 발전 외에 1인 세대가 증가한 것 그리고 가치 소비 세대로서 밀레니얼 세대가 새로운 소비 주체로 등장하게 된 것도 구독 경제의 규모를 키우는 주요한 요인이 되었다고 서술되어 있다. 그러므로 구독 서비스의 활성화는 세대 구성의 변화와 밀접한 관련이 있다고 볼 수 있다.

④ 4문단에서 구독 서비스의 등장을 통해 기업이나 판매자가 소비자와 쌍방향적으로 직접 소통하며 소비자의 요구에 따라 특화되거나 개별화된 상품을 신속하게 제공하는 것이 가능하게 되었다고 설명하고 있다. 그러므로 구독 서비스

에서는 소비자가 상품 생산에 직접적인 영향을 끼치기도 한다는 설명은 타당하다.

⑤ 5문단에서 소비자의 반복된 구독에 의해 생산되는 구독 정보를 구독 서비스의 비용 절감을 위한 평가 및 예측 정보로 활용할 수 있고 나아가 상품이나 서비스와 직접 관련이 없는 소비자 정보까지도 빅데이터로 활용하여 새로운 사업 진출에 중요한 판단 근거로 활용할 수 있다고 하였다. 그러므로 소비자의 구독 정보는 해당 구독 서비스 외의 목적을 위해서도 활용될 수 있다.

23 ④ 〈보기〉의 사례는 꽃 구독 서비스이다. 〈보기〉의 마지막 문장에서 꽃 구독 서비스는 자주 꽃을 사서 직접 장식하기에는 시간과 노력의 부담이 있지만 집을 아름답고 생기 있게 꾸미고자 하는 젊은 가치 소비 세대에게 특히 호응을 얻고 있다고 설명하고 있다. 그러므로 새로운 소비 주체로써 가치 소비 세대인 밀레니얼 세대의 등장을 언급한 4문단 다음(ⓔ)에 들어가는 것이 가장 적절하다.

[24~27] 독서 – 사회

24 ② 제시문에는 집단 내 가스라이팅 방식과 그 극복 방안 등에 대해 설명하고 있으나, 개인적 차원의 가스라이팅이 발생하는 원인이나 발생 방식 등에 대한 설명은 제시되어 있지 않다.

오답풀이

① 1문단에 '가스라이팅'이란 용어는 1944년 조지 쿠커가 감독한 영화 〈가스등(Gaslight)〉에서 유래했다고 제시되어 있다.

③ 2문단에 집단 내 가스라이팅은 특히 억압적 질서와 과잉된 친밀함을 제도화하고 있는 집단에서 강한 권력관계에 의한 불평등한 위계질서를 바탕으로 나타난다고 서술되어 있다. 그러므로 가스라이팅이 일어나는 집단은 억압적 질서와 과잉된 친밀함을 제도화하고 있다는 특징을 보인다.

④ 4문단에서 집단 내 가스라이팅은 상급자에 의해 저질러지는 위계에 의한 성폭력 즉 권력형 성범죄를 포함하여 조직 내 괴롭힘의 형태인 폭력, 갑질, 업무 과중, 따돌림 등의 다양한 방식으로 이루어진다고 서술되어 있다.

⑤ 5문단에 가스라이팅을 당하지 않거나 거기서 벗어나기 위해서 집단의 구성원은 자신의 목소리를 낼 수 있어야 할 뿐 아니라 그 목소리를 키우기 위해 같은 처지의 구성원들과 연대해야 한다고 그 극복 방법을 제시하고 있다.

25 ⑤ 제시문에 따르면 가스라이팅은 지속적인 심리 조작으로 피해자가 자기 불신과 가해자에 대한 자발적 순종 또는 의존을 하게 만드는 심리적 억압 기제를 갖는다고 하였다. 그러

므로 심판의 날이 다가왔다며 종말에 대한 지속적인 심리 조작으로, 신도들 스스로 지옥에 떨어질 수 있다는 불신을 조장하고, 모든 재산을 헌납하고 종교활동에만 몰두하도록 지속적으로 세뇌하는 가해자인 신흥 종교의 교주에게 자발적으로 순종 또는 의존하게 만드는 것은 가스라이팅에 대한 가장 적절한 사례로 볼 수 있다.

오답풀이

① "내가 없어서 그래."라는 말은 친구의 자기 확신이며, 가스라이팅의 요소인 피해자의 자기 불신에 대한 태도가 아니므로 가스라이팅의 적절한 사례로 볼 수 없다.

② 사회의 급격한 인구 감소는 사회 현상에 해당하고, 토론자의 주장은 심리적 억압 기제가 아니므로 가스라이팅의 적절한 사례로 볼 수 없다.

③ 목숨을 바쳐 조국을 지키는 것은 가스라이팅의 요소인 심리적 억압 기제나 불신의 대상이 아니며, 보편적 가치를 지닌 숭고한 정신이다.

④ 학생들에게 명문대에 합격해 줄 것을 부탁하는 교장의 훈시는 당부이자 격려이지, 가스라이팅의 요소인 심리적 억압 기제가 아니다.

26 ① 5문단에서 가스라이터는 자기 주관이 약하고 의존적인 심리를 갖는 사람을 표적으로 삼는다고 하였으므로, 자기 주관이 강한 사람이 주로 가스라이팅의 표적이 된다는 ①의 설명은 옳지 못하다.

오답풀이

② 3문단에서 심지어 가스라이팅을 자신의 무지와 무능 때문에 받는 처벌처럼 받아들이며 피해자가 자책하는 경우도 있다고 설명하고 있다.

③ 2문단에서 '집단 내 가스라이팅'은 억압적 질서와 과잉된 친밀함을 제도화하고 있는 집단에서 강한 권력관계에 의한 불평등한 위계질서를 바탕으로 나타난다고 서술되어 있다.

④ 3문단에 따르면, 집단의 권력 관계가 강해지면 더 커지는 권력 거리를 은폐하기 위해 집단 내 친밀성은 더 강하게 요구되며, 가해자는 친밀함으로 위장된 권력 관계를 이용하여 하급자에 대한 가스라이팅을 일상화한다.

⑤ 4문단에서 피해자의 동료들이 침묵으로 가스라이팅의 방관자가 되고 무력감으로 인해 피해자와 동료들 모두가 순응하게 됨으로써 가스라이팅에 참여하게 된다고 설명하고 있다.

27 ③ 3문단에서 집단 내 가스라이팅'으로 인해 피해자는 가스라이팅을 심지어 자신의 무지와 무능 때문이라며 자책하게 되고, 자신이 겪는 고통도 해결할 수 없기에 가해자에게 의존할 가능성도 더 커진다고 하였다. 즉, ⓒ의 '아이러니한

것'은 가스라이팅의 고통에서 벗어나려고 가해자인 가스라이터에게 더 의존하는 것을 의미한다.

[28~32] 고전 시가 복합

(가) 정철, 「속미인곡」
- 갈래 : 양반 가사, 서정 가사, 정격 가사
- 성격 : 서정적, 충신연주지사
- 제재 : 임에 대한 그리움
- 주제 : 연군의 정
- 특징
  - 대화 형식으로 내용을 전개함
  - 여성 화자의 목소리로 노래함
  - 세련되고 뛰어난 우리말 표현을 구사함

(나) 박인로, 「누항사」
- 갈래 : 양반 가사, 은일 가사, 정격 가사
- 성격 : 고백적, 사실적, 전원적, 사색적
- 제재 : 안분지족의 생활
- 주제 : 누항에 묻혀 사는 선비의 곤궁한 삶과 안빈낙도의 추구
- 특징
  - 운명론적인 인생관이 나타남
  - 농촌의 일상생활과 관련된 어휘들과 어려운 한자어가 많이 쓰임
  - 자연에 은밀하면서도 현실의 어려움을 직시하는 삶을 사실적으로 드러냄

(다) 작자 미상, 「시집살이 노래」
- 갈래 : 민요, 부요(婦謠)
- 성격 : 여성적, 서민적, 풍자적, 해학적
- 제재 : 당대 여성의 고통과 애환
- 주제 : 시집살이의 어려움과 한(恨)
- 특징
  - 언어 유희를 통해 가사에 재미를 줌
  - 시집살이 상황을 해학적으로 그려 냄
  - 대화와 문답의 형식으로 주제 의식을 강화함
  - 대구, 대조, 반복, 열거 등 다양한 표현법을 사용함

28 ② (가)는 을녀가 갑녀와의 대화를 통해 임과 이별한 사연을 서술하고 있지만 그것을 자신과 조물주의 탓으로 돌리고 있으므로, 억울한 일을 당한 원통함의 정서라고 볼 수는 없다. (나) 또한 선비의 궁핍한 농촌 생활을 묘사하고 있지만 억울한 일을 당한 원통함의 정서는 보이지 않는다.

오답풀이

① (가)는 화자와 보조 화자인 '갑녀'와의 대화를 통해 연군의 마음을 전달하고 있고, (나)는 대화체와 일상 언어로 화자의 궁핍한 삶을 묘사하고 있으며, (다)는 대화와 문답 형식으로 시집살이라는 주제 의식을 표현하고 있다.

③ (가)는 여성 화자의 목소리로 연군지정을 노래하고 있고, (다)는 화자인 여성 아낙을 등장시켜 시집살이의 어려움과 애환을 표현하고 있다.

④ (가)에 비해 (나)는 농사를 지을 소가 없어 소를 빌리러 간 데서 화자의 경제적 궁핍이 구체적으로 그려져 있다.

⑤ (가)에 비해 (다)는 밭에 당추와 고추 심기, 밥상 차리기, 물 긷기와 방아 찧기, 아홉 솥에 불 땔 때기, 열두 방에 자리 걷기 등 화자가 시집살이를 통해 겪는 실제적인 어려움이 나타나 있다.

29 ② (가)는 날씨, 식사, 수면 등 건강과 관련하여 '님'에 대한 화자의 걱정을 드러내고 있는 반면에, 〈보기〉는 '님'과의 이별로 인해 한숨짓고 눈물 흘리는 화자의 현재 처지를 나타내고 있다.

오답풀이

① (가)와 (나) 모두 '님'과의 이별을 소재로 시상을 그려내고 있다.

③ (가)는 '님'과의 이별을 자신의 탓으로 돌리는 슬픔과 자책의 감정을 보이고 있으며, 〈보기〉 또한 '님'과의 이별로 분노와 절망이 아닌 슬픔과 눈물을 표현하고 있다.

④ (가)와 (나)의 화자 모두 '님'과의 이별로 인한 슬픔에 경박하고 소심한 태도가 아니라 정중하고 우아한 태도를 보이고 있다.

⑤ (가)는 '빅옥경(白玉京)'과 같은 고유어의 사용은 보이나 고사성어를 사용한 시구는 보이지 않는다. 〈보기〉는 '광한뎐(廣寒殿)', '연지분(臙脂粉)' 등의 한자어의 사용은 보이나 한시구의 사용은 보이지 않는다.

30 ③ (나)는 당시의 음식인 기름에 튀긴 수꿩 음식과 삼해주가 소재로 쓰였고, (다)는 밥상 차리기, 물 긷기와 방아 찧기, 아홉 솥에 불 땔 때기, 열두 방에 자리 걷기 등 시집살이를 통한 가사노동의 양상이 반영되어 있다.

오답풀이

① (나)는 농촌의 일상을 사실적으로 묘사하고 있으며, (다)는 아낙네의 가사노동을 통한 혹독한 시집살이가 묘사되어 있다.

② (나)는 화자가 이른 저녁인 초경(初更)에 소를 빌리러 가고 있지만, 시간의 역전을 통한 시상 전개는 보이지 않는다. (다)는 밭, 부엌, 우물, 방앗간 등의 공간 배치를 통해 가사 노동의 시상을 전개하고 있다.

④ (나)는 농촌 생활의 어려움을 직시하는 삶을 사실적으로 묘사하고 있으나 상징적이고 역설적인 표현은 보이지 않는다. (다)는 언어 유희를 통해 가사에 재미를 주고 시집살이 상황을 해학적으로 그려내고 있다.

⑤ (나)는 농사의 현실적 어려움을 대화를 통해 사실적으로 묘사하고 있으나 대상을 풍자하고 있지는 않다. (다)는 서사적인 상황이 아니라 대화와 문답을 통해 혹독한 시집살이라는 주제 의식을 강화하고 있다.

31 ⑤ (가)의 ㉠은 백옥경을 떠나 '님'과 어떻게 이별하게 되었는지 묻는 갑(甲)녀의 질문에 을(乙)녀인 화자의 발화를 유도하여 '님'과의 이별이라는 주제를 드러내고 있다. (다)의 ㉡은 화자가 형님에게 시집살이가 어떻냐고 물음으로써 형님의 발화를 통해 문답 형식으로 시집살이라는 주제를 이끌어내고 있다.

32 ① 화자는 임을 믿어 아무 생각 없이 한 ⓐ의 행동으로 반기시는 얼굴빛이 옛날과 다르다고 하였고, 이로 인한 '님'과의 이별을 자신의 탓으로 돌리고 있다. 그러므로 ⓐ의 행동은 자기의 행동에 대한 자부심과 만족감이 아니라 후회와 자책감이 드러난 것이라 볼 수 있다.

오답풀이

② 물같이 연약하여 몸이 편한 적이 없었다고 '님'의 건강을 염려하는 모습에서 ⓑ를 통해 화자가 예전에 '님'을 모신 적이 있음을 드러내고 있다.

③ 화자가 소를 빌리러 갔으나 건넛집 사람에게 소를 빌려주기로 되어 있어, 소 주인이 부탁을 들어주기 어렵다는 거절의 뜻을 ⓒ를 통해 완곡하게 전달하고 있다.

④ '푸르다'는 세력이 당당함을 비유한 말로 ⓓ의 비교를 통해 화자를 힘들게 하는 시어머니의 시집살이가 혹독함을 나타낸다.

⑤ 식구들의 시집살이도 힘든데 우는 아이로 인한 자녀 양육이 화자를 더욱 힘들게 하는 마음의 고통을 ⓔ를 통해 나타내고 있다.

[33~37] 고전 소설

(가) 허균, 「홍길동전」
- 갈래 : 고전 소설, 한글 소설, 영웅 소설
- 성격 : 현실 비판적, 영웅적, 전기적
- 시점 : 전지적 작가 시점

- 배경
  - 시간 : 조선 시대
  - 공간 : 조선국과 율도국
- 제재 : 적서 차별
- 주제 : 모순된 사회 제도의 개혁과 이상 사회의 건설
- 특징
  - 우리나라 최초의 국문 소설임
  - 사회 제도의 불합리성을 비판함
  - 영웅의 일대기 구조가 드러나며 전기적 요소가 강함
  - 불합리한 사회 제도에 대한 저항 정신이 반영된 현실 참여 문학임

(나) 작자 미상, 「유충렬전」
- 갈래 : 국문 소설, 영웅 소설, 군담 소설
- 성격 : 영웅적, 전기적, 비현실적
- 시점 : 전지적 작가 시점
- 배경 : 중국 명나라
- 주제 : 유충렬의 고난과 영웅적 행적
- 특징
  - 천상계와 지상계의 이원적 공간 설정
  - 유교, 불교, 도교 사상이 작품에 반영됨
  - 전형적인 영웅 일대기 구조 속에서 사건이 전개됨

33　③ (가)에서는 첫 번째 첩 초란이 길동의 비범한 재주가 장차 화근이 될까 두려워 특재라는 자객을 고용하여 길동이를 해하려 한다. (나)에서는 정한담이 충렬의 아버지인 유심을 모함하여 귀양을 보내게 한 후 유심의 집에 불을 놓아 충렬 모자마저 살해하려 한다. 즉, (가)와 (나)는 모두 주인공 측과 적대자 측의 갈등이 심각한 양상으로 나타난다.

오답풀이

① (가)에서는 서자로 태어난 길동이가 적대자 측의 공격을 방어한 후 아버지에게 인사를 드리고 집을 떠나게 되며, (나)에서는 충렬 모자가 적대자 측의 공격을 피해 목숨을 부지한다. 그러므로 (가)와 (나) 모두 적대자 측이 주인공의 부모 상봉을 방해하는 것은 아니다.

② (가)에서는 길동이 위기에 빠질 것을 스스로 직감하고 대처한 반면에, (나)에서는 꿈속에 나타난 한 노인의 구원 덕택에 위기를 모면하고 목숨을 구한다.

④ (가)와 (나) 모두 전기적 요소가 강한 영웅의 일대기를 그린 작품으로 주인공의 내면적 고뇌보다는 행동과 태도가 중점적으로 나타난다.

⑤ (가)에서는 초란이 자객 특재를 고용하여 길동이를 죽이려 하고, (나)에서는 정한담이 유심의 집에 불을 놓아 충렬 모자마저 살해하려 한다. 즉, (나)에서도 적대자 측에 대한

주인공 측의 포용은 보이지 않는다.

34　⑤ (가)에서는 길동이가 자객의 습격에 죽음을 모면한 후 집을 나와 활빈당을 세우고 율도국의 왕이 된다. (나)에서는 정한담의 습격을 가까스로 모면한 충렬이 후에 도술을 연마하여 반란을 꾀한 정한담을 물리치고 위기에 빠진 나라를 구한다. 그러므로 (가), (나) 모두 최종의 성공에 이르기 위해 영웅이 역경에 처하여 고난을 겪는 과정을 묘사하고 있다.

오답풀이

① (나)의 충렬은 개국 공신의 후예인 유심의 아들로써 고귀한 혈통으로 태어났지만, (가)의 길동은 첩의 아들인 서자 출신으로 태어났다.

② (나)에서는 '옥황께서 주신 아들'이라는 장 부인의 꿈속에 나타난 노인의 말을 통해 영웅이 당하는 고난의 동기가 비정상적인 출생에 있음을 보여주고 있으나, (가)에서는 길동의 비범한 출생이 보이지 않는다.

③ (가)에서는 길동이가 비범한 능력을 발휘하여 초란의 사주를 받은 자객 특재의 공격을 물리치지만, (나)의 충렬 모자는 한담의 공격에 가까스로 도망하여 살아남는다.

④ (가)에서는 길동이 위기에 빠질 것을 스스로 직감하고 대처한 반면에, (나)에서는 꿈속에 나타난 한 노인의 구원 덕택에 위기를 모면하고 목숨을 구한다.

35　① 자객 특재가 길동과 대면하며 한 ㉠의 말에는 길동을 죽이려 하는 이유를 설명하고 있으나, 초란으로부터 돈을 받았다는 내용은 직접적으로 언급되어 있지 않다. 그러므로 ㉠의 말이 길동이 특재의 재물 욕심을 꾸짖는 이유가 된 것은 아니다.

오답풀이

② 자객 특재가 초란의 사주를 받아 길동을 죽이려 한 것이므로 길동에게 개인적인 원한은 없다는 것이다. 그러므로 ㉠은 특재가 자신에게 잘못이 없다는 이유를 댄 것이다.

③ 초란이 무녀인 관상녀와 함께 길동이를 죽일 계획을 세운 것은 맞으나 길동의 아버지인 상공과 의논한 것은 아니다. 즉, ㉠은 특재가 이전의 상황에 거짓을 덧붙여 말한 것이다.

④ 초란의 사주를 받은 특재가 길동을 죽이기 위해 밤에 길동의 거처를 습격하였으나, 길동이 이를 눈치 채고 둔갑술로 피한 후 특재와 대면한다. 그러므로 ㉠은 특재와 길동이 날카롭게 대립하는 중에 나온 말이다.

⑤ 길동은 ㉠의 말을 통해 특재가 자신을 죽이려는 이유를 알고는 분한 마음을 이기지 못하고 그날 밤 바로 관상녀를 찾아가 그녀를 죽인다. 그러므로 ㉠은 관상녀를 죽이는 길

정답 및 해설

동의 행동을 촉발하는 계기로 작용하였다.

36 ② ⓒ에는 정한담의 습격을 피해 도망하는 충렬 모자의 고난의 과정이 작가의 시선으로 잘 묘사되어 있을 뿐, 사건 전개상 이후의 사건을 암시하는 복선은 나타나 있지는 않다.

[오답풀이]

① ⓒ에는 자신들을 죽이려는 정한담의 습격을 피해 도망하는 충렬 모자의 고난의 과정이 잘 묘사되어 있다.

③ (나)는 전지적 작가 시점으로, ⓒ에서 알 수 있는 것처럼 인물과 사건에 대한 서술자의 직접적인 개입이 나타나 있다.

④ ⓒ에서 '백옥 같은 몸에 유혈이 낭자하고 월색같이 고운 얼굴 진흙빛이 되었으니'라는 표현을 통해, 평상시의 고귀한 모습과 대조하여 고난의 현재 모습을 부각하고 있음을 알 수 있다.

⑤ ⓒ에서 '불쌍하고 가련함은 천지도 슬퍼하고 강산도 비감한다'는 표현을 통해, 독자의 동정심을 유발하기 위해 감정을 자극하는 표현을 쓰고 있음을 확인할 수 있다.

37 ③ ⓒ의 '남가일몽(南柯一夢)'은 '덧없는 꿈'을 의미하는 것으로, 충렬의 어머니인 장 부인이 꾼 꿈을 말한다. 즉, 장 부인의 꿈속에서 한 노인이 나타나 곧 위험이 닥치니 충렬을 데리고 피하라는 내용이다.

[오답풀이]

① ⓐ의 '첩첩산중(疊疊山中)'은 '여러 산이 겹치고 겹친 산속'을 뜻하며, 현실 속 배경이 아닌 길동의 진언으로 나타난 환상 속 배경이다.

② ⓑ의 '진퇴유곡(進退維谷)'은 '이러지도 저러지도 못하는 꼼짝할 수 없는 궁지'로, 길동을 죽이러 온 특재가 길동이 도술로 만든 조화 속에 갇힌 상황을 묘사하고 있다.

④ ⓓ의 '일진광풍(一陣狂風)'은 '한바탕 몰아치는 사나운 바람'을 뜻하며, 한담의 나졸들이 충렬 모자를 죽이기 위해 묻은 화약 염초가 폭발했음을 의미한다.

⑤ ⓔ의 '추풍낙엽(秋風落葉)'은 '가을바람에 떨어지는 낙엽'을 뜻하며, 화약 염초의 폭발로 충렬의 집과 세간이 무너진 것을 묘사한 것이다.

[38~41] 독서 – 사회

38 ④ 3문단에서 20세기에 장애인들이 경험했던 배제와 의존성은 자본주의 초기에 손상을 지닌 사람들이 '비생산적'이고 의존적인 존재로 강등되었던 사실에서 기원을 찾을 수 있다며, 사회적 모델론이 초기 자본주가 장애에 끼친 영향을 다루고 있음을 밝히고 있다.

[오답풀이]

① 1문단에서 장애가 오로지 의료나 복지의 문제로만 취급되는 것에 반대하면서, 이를 사회적 억압의 한 형태로 재공식화하는 작업은 1970년대 영국에서 시작되었다고 서술되어 있다. 그러므로 1970년대 이전에는 장애를 의료와 복지의 문제로 취급하였음을 알 수 있다.

② 마지막 문단에 따르면 사회적 모델론자들은 손상을 지닌 삶에 대한 개인적 경험은 장애학의 관심사가 아니라며 이의 중요성을 간과하였고, 이에 대한 비판으로 손상에 대한 체험의 중요성을 강조하는 손상의 사회학과 몸의 사회학이 제기되었다.

③ 5문단에서 코커는 사회적 모델이 견지하는 유물론에서는 인간의 행위 주체성이 누락되고, 담론은 사회 구조의 부수적 효과로 간주되기 때문에, 행위 주체성도 담론도 사회 변화를 위한 초점이 될 수 없다고 비판하였다.

⑤ 4문단의 마지막 문장에서 지구적 자본주의 또는 초자본주의로 특징지어지는 현재의 경제 제도들이 손상을 지닌 사람들의 사회적 위상을 어떻게 변화시키고 있는지를 검토해야 한다고 서술되어 있다.

39 ③ 의료적 모델과 사회적 모델은 그 접근 방법과 해결책을 달리하지만, 장애가 손상 자체로부터 야기된다는 사실은 의료적 모델이든 사회적 모델이든 장애의 공통적 원인이므로 그러한 원인이 의료적 모델에 대한 사회적 모델의 반박 근거는 되지 못한다.

[오답풀이]

① 장애를 손상과 동일한 것으로 보는 의료적 모델에 대해 사회적 모델은 장애를 사회적 억압의 측면에서 손상과 구분되는 개념으로 이해하고 있다.

② 장애를 신체적인 손상으로 보고 이를 치료하여 회복하려는 의료적 모델에 대해 사회적 모델은 장애를 노동 시장에서의 배제나 강요된 빈곤 등 사회 제도에 의한 제약으로 이해하고 있다.

④ 장애를 개인적인 문제로 간주하는 의료적 모델에 대해 사회적 모델은 장애를 손상을 지닌 사람들과 그렇지 않은 사람들 간의 사회적 관계의 결과로 이해하고 있다.

⑤ 의료적 모델이 장애에 대한 해결책을 지식과 기술을 지닌 전문가에게 맡기는 것과 달리, 사회적 모델은 장애에 대한 해결책이 사회의 책임 하에 있으며 '장애인 운동'과 같은 하나의 사회적 양상으로 나타난다.

40 ③ 기술의 발달은 장애인을 사회적 의존 상태에서 벗어나게 하는 것이 아니라 장애 보조 기술이나 보조 장치 등 기술 의존도를 심화시키므로 점점 더 의존적인 존재로 만든다.

오답풀이

① ㉡에서 손상을 지닌 사람들에 관한 부정적인 사회 문화적 인식들이 장애를 구성하는 역할을 하고 있다고 하였으므로, 장애 보조 기술이나 보조 장치 또한 장애를 두드러져 보이게 하므로 장애를 구성하는 데 사회 문화적 인식들이 역할을 하고 있다고 볼 수 있다.

② ㉡에서 혐오스러운 것으로 속성화된 신체적·행동적 차이를 지닌 사람들을 제약한다고 하였으므로, 장애 보조 기술이나 보조 장치의 사용 또한 신체적·행동적 차이가 드러나기에 사회적 제약을 받을 수 있다.

④ ㉡에서 손상을 지닌 사람들에 관한 부정적인 사회 문화적 인식들이 장애를 구성하는 역할을 하고 있다고 하였으므로, 기술이나 장치의 사용으로 숨겨져 있던 장애를 드러내고 이를 통해 장애의 낙인 효과를 발생시키는 '보조 기술 낙인' 또한 장애에 대한 일종의 사회 문화적 인식이라 할 수 있다.

⑤ ㉡에서 손상을 지닌 사람들에 관한 부정적인 사회 문화적 인식들이 장애인들의 자존감과 정체성을 심각하게 훼손한다고 하였으므로, 장애의 낙인 효과를 발생시키는 '보조 기술 낙인' 또한 장애인의 자존감과 정체성을 훼손시킬 수 있다.

41 ① 제시문에 따르면 장애인 운동을 계기로 의료나 복지 문제로만 취급하던 장애를 사회 문제로 취급하는 사회적 모델론이 제시되었다. 또한 장애학의 중심 사상이 된 사회적 모델론은 장애인 운동에 공감하는 장애 단체들을 불러 모아 사회생활의 모든 영역에서 장애인 운동을 다면화시키는 계기가 되었다. 그러므로 ⓐ의 '장애인 운동'과 ⓑ의 '사회적 모델론'은 서로 영향을 주고받는 상호 계기적 관계라고 볼 수 있다.

[42~45] 독서 – 윤리

42 ⑤ 2문단에서 윤리적 이타주의는 타인의 이익을 위해 행동해야 한다는 입장으로 이는 성인(聖人)의 경지라고 하겠지만, 가족을 위할 때나 익명으로 기부할 때처럼 평범한 이들도 이러한 행위를 할 수 있다고 서술되어 있다. 그러므로 "성인이 아닌 평범한 사람은 타인을 위한 행위를 할 수 없다."는 ⑤의 설명은 적절하지 못하다.

오답풀이

① 3문단에서 윤리적 이기주의자들은 자신의 입장이 심리적 이기주의를 기반으로 성립한다고 주장하고 있으며, 심리적 이기주의가 타당하다면 인간은 자기 이익을 위해 행동하는 것이 마땅하다는 윤리 규범도 성립하는 것으로 설명하고 있다.

② 7문단의 마지막 문장에 이기심이 맹목적으로 지금 당장 자신만 위하게끔 하는 경향 외에 무엇이 자신에게 장기적으로 더 이익이 될 것인지 고려하면서 타인과 협력하거나 상호부조를 하게끔 하는 합리적인 경향으로도 나타날 수 있다고 서술되어 있다.

③ 6문단에서 심리적 이기주의를 기반으로 윤리적 이기주의가 성립한다는 주장은 근거가 빈약할뿐더러 윤리적 이타주의로 되돌아가도 인간의 모든 행위를 포괄할 수 없다고 설명하고 있다.

④ 2문단에서 타인의 이익을 위해 행동해야 한다는 입장인 윤리적 이타주의는 무엇이 타인을 위한 행위가 되는지 모를 수 있다고 설명하고 있다.

43 ② 2문단에서 윤리적 이타주의를 행하는데 있어 무엇이 타인을 위한 행위가 되는지 모를 수 있고, 적절한 행위가 떠오른다고 해도 그것을 실제로 행할 능력이 없을 수도 있다고 하였다. 또한 〈보기〉에서 칸트는 마땅히 해야 할 것이라 해도 실천할 수 있어야 규범이 될 수 있다고 설명하고 있다. 그러므로 이타적인 행위가 아무리 옳다고 해도 실천할 수 없다면 ㉡의 '윤리적 이타주의'는 규범으로 성립할 수 없다.

44 ④ 5문단에서 자신과 타인의 이익 대신 오로지 도덕적으로 옳은 것만을 고려하는 의무적 동기에는 그 이면에 자기 이익이라는 동기가 반드시 숨어 있을 것이라고 하였다. 그러므로 말기 암 환자에게 암에 걸린 사실을 알려주고자 한 ⓓ의 행위가 진실을 알려줌으로써 환자에게 죽음에 대비할 시간을 주려고 했을 것이라는 해석에는 자기 이익이라는 동기가 숨어 있지 않으므로 바른 해석으로 볼 수 없다.

오답풀이

① 타인에게 해를 끼치는 악의적 동기는 오로지 자신의 이익만 추구하는 이기적 동기의 변형으로, 그 이면에 자기 이익이라는 동기가 반드시 숨어 있을 것이다. 그러므로 재판에서 피고인을 빠뜨리려고 거짓 증언을 하는 ⓐ의 행위에는 그로 인해 얻는 유형무형의 이익이 반드시 있을 것이다.

② 자신과 타인의 이익을 같이 고려하는 합리적 동기는 자신의 이익을 우선으로 여기므로, 친구와 즐거운 시간을 보내려고 놀이공원에 가고자 하는 ⓑ의 행위는 자신의 즐거움이라는 이익을 보려 한 것이 우선일 것이며, 친구의 즐거움은 부수적일 것이다.

③ 타인의 이익만을 고려하는 이타적 동기는 겉으로는 이타적일지 몰라도 속으로는 심리적 자기만족이라는 동기가 숨어 있다. 그러므로 연인과 헤어진 동료에게 위로차 식사를 대접하고자 하는 ⓒ의 행위는 동료에게 자신이 인간적임을

드러내는 만족감을 느끼려 한 것이다.

⑤ 마음의 유덕한 성품에서 저절로 우러나오는 유덕한 동기는 그 이면에 자기 이익이라는 동기가 반드시 숨어 있을 것이다. 그러므로 길거리에 쓰러진 할머니를 측은하게 여기는 마음으로 돕고자 한 ⓔ의 행위는 할머니를 돕는 데 드는 노력과 시간보다 할머니를 외면함으로써 받을 도덕적 비난을 받지 않는 것이 더 낫다는 자기 이익의 동기가 숨어 있다.

45　① 7문단에서 '합리적인 윤리적 이기주의'는 이기심이 맹목적으로 지금 당장 자신만 위하게끔 하는 경향 외에 무엇이 자신에게 장기적으로 더 이익이 될 것인지 고려하면서 타인과 협력하거나 상호부조를 하게끔 하는 합리적인 경향으로도 나타날 수 있음을 시사한다고 하였다. 즉, '합리적인 윤리적 이기주의'는 타인과 협력하거나 상호부조를 하게끔 하는 이기심이므로 〈보기〉의 사례에서 '그'를 포함한 모든 운전자들이 교통 규칙을 지키는 것이 더 이익이 된다고 믿었으니까 목적지에 빠르고 안전하게 도착하게 된 거라고 '그'에게 말할 수 있다.

2023학년도 기출문제 정답 및 해설

제2교시 **영어영역**

01 ④	02 ②	03 ①	04 ⑤	05 ⑤	06 ⑤
07 ③	08 ①	09 ①	10 ⑤	11 ④	12 ②
13 ①	14 ④	15 ③	16 ④	17 ⑤	18 ⑤
19 ③	20 ②	21 ③	22 ②	23 ②	24 ①
25 ①	26 ②	27 ③	28 ②	29 ①	30 ②
31 ③	32 ①	33 ③	34 ④	35 ④	36 ③
37 ⑤	38 ⑤	39 ②	40 ①	41 ④	42 ③
43 ④	44 ②	45 ①			

01 ④ 'persistent'는 '끊임없이 지속[반복]되는'의 의미로 'chronic(만성의, 고질적인)'과 의미가 가장 유사하다.

어휘

• trainee doctor : 수련의, 견습 의사
• persistent : 끊임없이 지속[반복]되는
• fatal : 죽음을 초래하는, 치명적인
• occasional : 가끔의, 간헐적인
• irregular : 불규칙적인, 비정규의
• infectious : 전염되는, 병을 옮길 수 있는

오답풀이

① fatal → 치명적인
② occasional → 가끔의
③ irregular → 불규칙적인
⑤ infectious → 전염되는

해석

내가 수련의였을 때, 첫 환자들 중 한 명은 만성 기침이 있는 노인이었다.

02 ② 'contradicted'는 '상충되다, 엇갈리다'라는 의미로 'opposed (반대하다, 맞서다)'와 그 의미가 가장 유사하다.

어휘

• televised : TV로 방송되는, TV로 중계된
• court case : 법정 사건
• witness statements : 목격자[증인] 진술

• contradict : 모순되다, 상충되다, 엇갈리다
• confirm : 확인하다, 확정하다
• duplicate : 복사[복제]하다, 사본을 만들다
• appreciate : 인정하다, 고마워하다, 감상하다

오답풀이

① agreed → 동의하다
③ confirmed → 확인하다
④ duplicated → 복사하다
⑤ appreciated → 인정하다

해석

그 법정 사건이 TV로 중계되는 동안, 목격자 진술이 서로 엇갈렸다.

03 ① 'advent'는 '도래, 출현'의 의미로 'emergence(출현, 나타남)'와 그 의미가 가장 유사하다.

어휘

• advent : 도래, 출현
• agribusiness : 기업식 농업[영농]
• emergence : 출현, 나타남
• transformation : 변신, 변형, 탈바꿈
• collapse : 붕괴, 실패
• manipulation : 조작, 처리
• supplement : 보충, 보완

오답풀이

② transformation → 변형
③ collapse → 붕괴
④ manipulation → 조작
⑤ supplement → 보충

해석

농업의 출현이 없었더라면 무려 20억이나 되는 사람들이 지금 존재하지 않았을지도 모른다.

04 ⑤ 'exceptional'은 '예외적인, 이례적인'의 의미로 'unusual(특이한, 드문)'과 그 의미가 가장 유사하다.

어휘

• promotion : 승진, 승격

- exceptional : 예외적인, 이례적인
- circumstances : 사정, 상황
- adverse : 부정적인, 불리한
- suspicious : 의심스러운, 의혹을 갖는
- customary : 관례적인, 습관적인
- profitable : 이익이 되는, 유리한
- unusual : 특이한, 드문

오답풀이

① adverse → 부정적인
② suspicious → 의심스러운
③ customary → 관례적인
④ profitable → 이익이 되는

해석

첫 해 승진은 <u>이례적인</u> 일이다.

05 ⑤ 'substandard'는 '수준 이하의, 열악한'의 의미로 'insufficient (부족한, 불충분한)'와 그 의미가 가장 유사하다.

어휘

- bias : 편견, 편향
- substandard : 수준 이하의, 열악한
- sophisticated : 세련된, 정교한
- considerate : 사려 깊은, 배려하는
- temporary : 일시적인, 임시의
- conventional : 관습적인, 전통적인
- insufficient : 부족한, 불충분한

오답풀이

① sophisticated → 세련된
② considerate → 사려 깊은
③ temporary → 일시적인
④ conventional → 관습적인

해석

간호사가 환자에게 편견을 가질 때, <u>수준 이하의</u> 치료를 제공한다.

06 ⑤ A가 빨간 셔츠를 건조기에서 찾았지만 아직 마르지 않았다고 하였고, 빈칸의 다음 대화에서 통학 버스가 금방 올 것을 염려하고 있다. 그러므로 빈칸에는 대화의 흐름상 ⑤의 "It's going to take at least twenty more minutes.(적어도 20분 이상은 걸릴 거야.)"가 들어갈 말로 적절하다.

어휘

- top drawer : 맨 위 서랍
- any minute : 금방, 금세
- at least : 적어도

오답풀이

① You can buy a new shirt instead.(대신 새 셔츠를 살 수 있어.)
② Then you can wear it right away.(지금 바로 입을 수 있어.)
③ Just put it in the washing machine.(그냥 세탁기에 넣어.)
④ I hope you find your favorite shirt soon.(네가 제일 좋아하는 셔츠를 빨리 찾길 바래.)

해석

A: 엄마, 내가 제일 좋아하는 빨간 셔츠가 어디 있는지 알아요?
B: 네 방의 맨 위 서랍은 확인해봤니?
A: 네, 하지만 거기엔 없었어요.
B: 그럼 건조기 안을 한 번 보렴.
A: 아, 여기 있네요. 근데 아직 마르지 않았어요.
B: <u>적어도 20분 이상 걸릴 거야.</u>
A: 이런! 통학 버스가 금방 올 거예요.
B: 음, 그러면 그냥 다른 셔츠를 입어야 해.

07 ③ B가 명예 훈장을 받은 것에 대해 A가 빈칸 다음에서 겸손하다고 하였으므로, 빈칸에는 B가 자신이 한 일에 대해 겸손함을 드러내는 표현이 들어가야 한다. 그러므로 빈칸에는 글의 흐름상 ③의 "I'm sure anyone else would have done the same.(다른 사람들도 그와 똑같이 했을 겁니다.)"가 들어갈 말로 적절하다.

어휘

- the Medal of Honor : 명예 훈장
- Sergeant : 병장, 하사, 경사
- deserve : ~을 받을 만하다, ~할 가치가 있다
- Commissioner : 위원, 경찰청장
- modest : 겸손한
- department : 부서, 학과
- be doing well : 회복 중이다, 건강하다
- cherish : 소중히 여기다, 간직하다
- right person : 적임자
- criminal : 범인, 범죄자

오답풀이

① I've never been afraid of anything.(저는 아무런 걱정도 없습니다.)
② I've always considered myself to be a hero.(전 항상 스스로를 영웅이라고 생각했습니다.)
④ I'm not sure if you're the right person for this medal.(당신이 이 훈장의 적임자인지 잘 모르겠네요.)
⑤ I think arresting criminals should come before everything.(저는 무엇보다도 범인들을 검거하는 것이 우선이라고 생각합니다.)

해석

A: 명예 훈장을 수여한 것을 축하합니다. 박 경사님.

B: 제가 그럴 자격이 있는지 모르겠네요. 청장님.

A: 물론 그럴 자격이 있습니다. 그 젊은이의 생명을 구한 것은 매우 용감했습니다.

B: 다른 사람들도 그와 똑같이 했을 겁니다.

A: 정말 겸손하네요. 당신은 우리 부서의 자랑입니다.

B: 감사합니다. 그 젊은이가 건강하다니 기쁠 뿐입니다.

A: 덕분에 우리 도시의 거리가 좀 더 안전하고 따뜻해졌습니다.

B: 이 순간을 영원히 간직하겠습니다.

08 ① 'translate'가 포함된 문장에서 관계대명사 'which'의 선행사는 'control of food production'이다. 이때 관계대명사 'which'가 이끄는 종속절의 수와 시제는 앞의 선행사에 일치시켜야 하므로, ①의 'translate'는 3인칭 단수 현재 시제인 'translates'로 고쳐 써야 옳다.

어휘

• common theory : 통설

• physical power : 육체적인 힘, 물리력, 체력

• force into submission : 복종[굴복]시키다

• subtle : 미묘한, 예민한

• version : 설명, 생각, 견해

• claim : 주장, 요청, 권리

• monopolise : 독점하다, 독차지하다

• manual labour : 육체노동

• ploughing : 쟁기질

• in turn : 차례대로, 교대로, 번갈아

• translate : 번역[통역]하다, 바뀌다, 전환되다

• with regard to : ~과 관련하여

• resistant to : ~에 대해 저항하는

• fatigue : 피로, 피곤

• problematically : 문제가 많게, 의심스럽게

• exclude : 제외하다, 거부하다, 배제하다

• priesthood : 사제직, 성직

• craft : 공예, 기술, 기교

해석

남성이 여성보다 강하며, 남성이 여성을 복종시키기 위해 더 큰 물리력을 사용해 왔다고 보는 것이 통설이다. 이 주장에 대한 더 미묘한 견해는 그들의 힘이 쟁기질이나 수확과 같은 힘든 육체노동을 필요로 하는 일들을 남성들이 독점하게 한다고 주장한다. 이것은 그들이 식량 생산을 통제하게 하고, 이는 다시 정치권력으로 전환된다. 그러나 '남성이 여성보다 강하다'는 말은 평균적이거나 특정 형태의 힘에 대해서만 타당하다.

여성은 일반적으로 남성보다 배고픔, 질병 그리고 피로에 더 저항력이 강하다. 또한 대다수 남성들보다 더 빨리 달리고 더 무거운 것을 들 수 있는 여성들도 많다. 게다가, 이 이론에서 가장 문제가 되는 것은 여성들은 역사를 통틀어 현장에서, 작업장에서 그리고 가정에서 힘든 육체 노동에 종사하는 반면, 주로 성직, 법률, 정치와 같은 육체적 노력을 거의 필요로 하지 않은 직업에서 배제되어 왔다는 것이다. 만약 사회 권력이 체력과 직접적 연관성이 있는 분야로 나뉘었다면, 여성들은 훨씬 더 많은 것을 얻었어야 했다.

09 ③ 글의 문맥상 동시동작의 부대상황을 나타나는 분사구문으로 '~while they asked about hugs received.'의 의미이다. 그러므로 ③의 'asked'는 'asking'으로 고쳐 써야 옳다.

어휘

• play a role in : ~에서 역할을 하다

• physical intimacy : 신체적 친밀감

• interplay : 상호 작용

• social support : 사회적 지원, 사회 복지

• exposure : 노출, 폭로

• buck : 달러, 루피

• inhale : 들이마시다, 흡입하다

• nasal drops : 콧물

• draw blood : 피를 뽑다, 혈액을 채취하다

• confirm : 확인해 주다, 사실임을 보여주다

• volunteer : 자원 봉사자, 지원자

• immune : 면역성이 있는

• survey : (설문) 조사하다

• consecutive : 연이은, 순차적인

• symptom : 증상, 징후

• mucus : 점액, 콧물

• quarantine : 격리, 차단

• impervious : 영향받지 않는, 통과시키지 않는

해석

포옹은 신체적 친밀감과 건강 사이에서 어떤 역할을 담당한다. 연구원들이 질병에 대한 노출, 사회 복지, 그리고 매일의 포옹 사이의 상호 작용을 조사했다. 과학이라는 미명하에 (아마 백 달러의 비용을 받고), 404명의 건강한 성인들이 일반적인 감기에 걸리도록 콧물을 들이마시는 것에 동의했다. 우선 연구원들은 지원자들이 면역력이 없다는 것을 확인시키기 위해 혈액 샘플을 채취했다. 그리고 나서 14일 동안 연이어 참가자들을 조사했고, 받은 포옹에 대해 물었다. 마지막으로, 그들은 지원자들을 감기 바이러스에 노출시키고 닷새 동안 격리시킨 상태에서 점액 생성과 같은 증상을 관찰했다. 매일 포옹하는 사람들은 아플 확률이 32퍼센트나 낮았다. 포옹이 감기에

걸리지 않게 만드는 것이 아니라는 사실도 밝혀졌다. 하지만 감기에 걸린 포옹자들은 덜 아팠다. 그들은 증상이 심하지 않았고 더 빨리 나았다.

10 ⑤ (A) 하이브리드 자동차가 도시 운전자들에게 유용한 경우를 설명하고 있으므로, 연비가 '훌륭한', '뛰어난'의 의미인 'superb'가 적절하다.

(B) 하이브리드 자동차가 고속도로 상에서 전기 모터에 의존할 경우 더 빠른 속도를 낼 수 없다는 의미가 되어야 하므로, 앞의 부정어 'doesn't'와 호응하여 'higher'가 적절하다.

(C) 하이브리드 자동차가 생각한 것보다 친환경적이지 못하다는 내용이 와야 하므로 'less'가 적절하다.

어휘

- hybrid : 잡종, 혼성체
- environmentally : 환경적으로
- rely on : ～에 의지하다, ～을 필요로 하다
- emission : 배출, 배기가스
- stationary : 움직이지 않는, 정지해 있는
- crucially : 결정적으로, 중요하게
- superb : 최고의, 최상의, 뛰어난
- fuel economy : 연비
- fall back on : ～에 기대다[의지하다], 후퇴하다, 물러서다
- petrol engine : 가솔린 기관
- comparable : 비슷한, 비교할 만한
- conventional : 전통적인, 재래식의, 기존의
- petrol-powered car : 가솔린 자동차
- take into account : ～을 고려하다, 계산에 넣다
- manufacturing : 제조업
- decommission : 해체하다, 감축하다

해석

하이브리드 자동차는 정말 친환경적일까? 어떻게 사용하느냐에 달려있다. 하이브리드 자동차가 소음이 적고 배기가스를 발생시키지 않는 전기 모터에 거의 전적으로 의존할 수 있을 때, 차가 정지해 있을 때 완전히 꺼져 결정적으로 (A) 뛰어난 연비를 제공할 때 도시 운전자들에게는 아주 유용하다. 하지만 고속도로 상에서 차를 몰면 전기 모터는 (B) 더 빠른 속도로 차를 운전할 수 있는 동력이나 먼 거리를 달릴 수 있는 에너지가 없기 때문에 하이브리드는 가솔린 엔진에 의존해야 할 것이다. 이러한 경우 하이브리드는 유사한 연비와 동일한 배기가스를 배출하는 기존의 가솔린 자동차와 똑같다. 하이브리드 자동차용 배터리를 제조하려면 많은 에너지가 필요하다는 점도 고려해야 한다. 불과 몇 년 후, 배터리 수명이 다해 그것들을 해체하고 재활용하려면 더 많은 에너지를 필요로 한다.

이러한 점과 개발 영향 때문에 실제로 하이브리드 자동차는 제조업체가 믿길 바라는 것보다 (C) 덜 친환경적이다.

11 ④ (A) 미국 사회의 다양성을 고려할 때 학교 조직과 교육과정을 두고 집단 간에 의견 차이가 있다는 의미가 되어야 하므로, '불일치'나 '의견 차이'를 뜻하는 'disagreements'가 적절하다.

(B) 이익 단체들이 교사, 학교 관계자, 그리고 교과서 출판업자들에게 그들의 관점을 강요한다고 하였으므로 교육과정을 정치에 개입시키는 'politicize'가 들어갈 말로 적절하다.

(C) 이익 집단들이 자신의 의제를 내세우며 극단주의의 선을 넘게 되면 교육과정 전체가 이익 집단들에 의해 좌지우지 되고 공교육이 위협받게 된다는 의미이므로, '취약한'의 의미를 지닌 'vulnerable'이 들어갈 말로 적절하다.

어휘

- given : ～을 고려하면, 특정한, 정해진
- diversity : 다양성
- insulate : 보호하다, 격리하다
- result from : 기인하다, 원인이다
- tension : 긴장감, 긴장 상태
- disagreement : 불일치, 의견 차이
- turn up : 나타나다, 도착하다
- racial segregation : 인종차별
- interest group : 이익 단체[집단]
- retain : 유지하다, 보유하다
- politicize : 정치에 개입시키다, 정치화하다
- impose A on B : B에게 A를 강요하다
- school officials : 학교 관계자
- local school boards : 지역 학교 이사회
- myths and fables : 신화와 우화
- imaginative : 창의적인, 상상력이 풍부한
- inject : 주사하다, 주입하다
- creationism : 천지창조설, 천지창조론
- biology : 생물학
- extremism : 극단주의, 극단론
- agenda : 의제, 강령
- without regard to : ～을 고려하지 않고, ～에 상관없이
- vulnerable : 취약한, 연약한

해석

미국 사회의 다양성을 고려할 때, 학교들을 집단 간의 차이와 긴장으로 인한 압박으로부터 격리시키는 것은 불가능했다. 사람들이 기본 가치관이 다를 때, 그러한 (A) 불일치는 학교가

어떻게 조직되는지 혹은 학교가 무엇을 가르쳐야 하는지에 대한 논쟁에서 조만간 나타난다. 때때로 이러한 논쟁은 인종차별과 같은 끔찍한 불공평을 제거한다. 그러나 때때로 이익 단체들은 교육과정을 (B) 정치화하고 교사, 학교 관계자, 그리고 교과서 출판업자들에게 그들의 관점을 강요하려고 한다. 전국적으로, 심지어 지금도, 이익 단체들은 어린 독자들로부터 신화와 우화 그리고 다른 창의적인 문학들을 없애고 생물학에 창조론의 가르침을 주입하도록 지역 학교 이사회를 압박하고 있다. 집단들이 이성이나 타인을 가리지 않고 자신의 의제를 내세우며 극단주의의 선을 넘을 때, 그들은 공교육 자체를 위협하여 어떤 문제도 정직하게 가르치기 어렵고 교육과정 전체가 정치 운동에 (C) 취약해진다.

12 ② (A) 백상아리가 먹이를 몰래 잡기 위해 색깔을 바꾸는 것이므로, '위장'이나 '변장'의 의미인 'camouflage'가 들어갈 말로 적절하다.

(B) 연구원들이 바다표범 미끼를 보트 뒤에 매단 것은 상어들을 유인하기 위한 것이므로 '유인하다', '유도하다'의 의미인 'entice'가 들어갈 말로 적절하다.

(C) 턱에 있는 자국은 해당 상어가 다른 상어들과 구별되는 신체적 특징이므로, '식별할 수 있는'의 의미를 지닌 'identifiable'이 들어갈 말로 적절하다.

어휘

• predatory fish : 포식 어류
• white shark : 백상아리
• impressive : 인상적인, 인상 깊은
• intrigue : 강한 호기심, 흥미진진함
• oceanic beast : 해양 동물
• camouflage : 위장, 변장
• cluster : 무리, 군집
• strategy : 계획, 전략
• sneak up : 살금살금 다가가다, 몰래 다가가다
• prey : 먹이, 희생자
• seal : 바다표범, 물개
• decoy : 미끼
• dispel : 떨쳐 버리다, 없애다
• entice : 유인하다, 유도하다
• identifiable : 알아볼 수 있는, 식별할 수 있는
• jaw : 턱
• verify : 확인하다, 입증하다, 검증하다
• variable : 변수

해석

지구상에서 가장 큰 포식 어류인 백상아리는 300개 이상의 날카로운 이빨로 무장하고 5,000파운드에 달하는 무게로 이

미 인상적이다. 이제, 새로운 연구는 그 해양 동물에게 더 많은 흥미를 더하며, 아마도 먹이를 몰래 잡기 위한 (A) 위장 전략으로 그 동물이 색깔을 바꿀 수 있다는 것을 보여준다. 남아프리카 앞바다의 새로운 실험에서, 연구원들은 바다표범 미끼를 보트 뒤에 매달고 흰색, 회색, 검은색 판으로 특별 제작된 색판 근처에서 물 밖으로 뛰어오르는 몇 마리 상어들을 (B) 유인했다. 연구팀은 상어가 점프할 때마다 사진을 찍으며 하루 종일 실험을 반복했다. 턱에 있는 자국 때문에 쉽게 (C) 식별할 수 있는 한 상어는 어두운 회색과 훨씬 밝은 회색으로 그때그때마다 다르게 나타났다. 과학자들은 컴퓨터 소프트웨어를 사용하여 날씨, 조명 수준, 카메라 설정과 같은 변수들을 수정해 가며 이것을 검증했다.

13 ① 윗글은 비위생적 접촉이 면역력을 강화시킨다는 위생 가설에 대해 설명하고 있다. 즉, 유아기 때 더러워지는 것에 대해 무관심하거나 방치함으로써 비위생적인 접촉에 의해 전염되는 유아기 감염이 튼튼한 면역 체계를 형성하는데 도움이 된다는 설명이다. 그러므로 ①의 'distaste(혐오감)'은 'indifference(무관심)'이나 'negligence(방치)'등으로 바꿔 써야 적절하다.

어휘

• left to one's own devices : 제멋대로 하게 내버려 둔
• hesitate : 주저하다, 망설이다
• doorknob : 문고리, 손잡이
• wipe snot : 콧물을 닦다
• sleeve : 소매
• distaste : 불쾌감, 혐오감
• date to : 연대를 추정하다, ～로 거슬러 올라가다
• allergy : 알레르기
• city slicker : 전형적인 도시인
• epidemiologist : 유행병학자, 전염병학자
• sibling : 형제자매
• susceptible : 민감한, 예민한, 걸리기 쉬운
• hay fever : 꽃가루 알레르기
• eczema : 습진
• infection : 감염, 전염병
• transmit : 전송하다, 전염시키다
• unhygienic : 비위생적인
• foster : 조성하다, 발전시키다
• robust : 튼튼한, 탄탄한
• immune system : 면역 체계
• hygiene hypothesis : 위생 가설
• convenient : 편리한, 적절한, 알맞은
• asthma : 천식
• autoimmune disorder : 자가 면역 질환

정답 및 해설

- multiple sclerosis : 다발성 경화증
- Crohn's disease : 크론병
- microbiologist : 미생물학자

【오답풀이】

② foster → 형성하다

③ convenient → 적절한

④ fearful → 겁내는

⑤ active → 작동하다

【해석】

제멋대로 하게 나두면, 대부분의 아이들은 주저하지 않고 손잡이를 핥거나 소매로 코를 닦는다. 하지만 더러워지는 것에 대한 혐오감(→ 무관심)이 그들의 건강에 이로울 수 있다는 생각에 어떤 근거가 있는가? 그 이론은 1800년대까지 거슬러 올라가는데, 농부들이 전형적인 도시인들보다 알레르기로 덜 고생한다는 사실을 유럽의 의사들이 깨달았던 때이다. 하지만 그 이론은 1989년이 되어서야 비로소 폭넓은 관심을 얻기 시작했는데, 영국의 전염병학자인 David Strachan은 손위의 형이나 누나가 있는 어린 아이들이 다른 아이들보다 꽃가루 알레르기와 습진에 덜 걸린다는 사실을 발견했다. Strachan은 "비위생적인 접촉에 의해 전염되는" 유아기 감염이 튼튼한 면역 체계를 형성하는데 도움이 된다고 말했다. 위생 가설이라고 불리는 그의 이론은 알레르기와 천식뿐만 아니라 다발성 경화증과 크론병과 같은 자가 면역 질환이 1950년대 이후 미국에서 300% 이상 증가한 이유에 대해 적절한 설명을 제공한다. 아마도 서구 사회는 자신의 건강을 위해 지나치게 청결했고, 부모들은 조금의 먼지 도 겁내했다. "현대 세계에서 일어나고 있는 일이 무엇이든 간에, 그것은 불필요할 때 면역 체계가 작동하는 원인이 되고 있다"고 런던 대학의 미생물학자인 Graham Rook이 말한다.

14　④ 생물학적 나이와 실제 나이가 다른 만큼 과학자들이 노화 시계를 개발한 것은 생물학적 나이를 감추기 위해서가 아니라 밝히기 위해서이다. 그러므로 ④의 'veil(감추다)'은 'reveal(드러내다, 밝히다)' 등으로 바꿔 써야 적절하다.

【어휘】

- clock : 기록하다, 재다, 세다
- cope with : ~에 대처하다[대응하다]
- wear and tear : 마모, 소모, 손상
- factor : 요인, 요소
- biological age : 생물학적 나이[연령]
- chronological age : 실제 나이[연령]
- reflection : 반사, 반영
- mortality : 사망자 수, 사망률
- straightforward : 간단한, 솔직한

- decade : 10년
- assess : 재다, 평가하다, 측정하다
- veil : 베일을 쓰다, 가리다, 감추다
- degrade : 저하시키다, 퇴화시키다

【오답풀이】

① clocked → 세다

② reflection → 반영

③ straightforward → 간단한

⑤ degraded → 퇴화하다

【해석】

나이는 당신이 센 생일 숫자보다 훨씬 더 많다. 스트레스, 수면, 그리고 식습관 모두 우리의 장기가 일상생활의 손상에 어떻게 대응하는지에 영향을 미친다. 이와 같은 요소들은 같은 날에 태어난 사람들보다 당신을 더 빨리 혹은 더 천천히 늙게 만들 수도 있다. 그것은 생물학적 나이가 실제 나이, 즉 여러분이 살아온 나이와 상당히 다를 수 있다는 것을 의미한다. 생물학적 나이는 실제 나이보다 신체적 건강과 심지어 사망률을 더 잘 반영한다. 그러나 그것을 계산하는 것은 그리 간단하지 않다. 과학자들은 지난 10년 동안 생물학적 나이를 감추기(→ 밝히기) 위해 신체적 표식을 측정하는 노화 시계라고 불리는 도구를 개발하는데 보냈다. 노화 시계 이면의 큰 개념은 기본적으로 여러분의 장기가 얼마나 퇴화되었는지를 표시하여 건강한 시간이 얼마나 남았는지를 예측하는 것이다.

15　③ 글의 서두에 도자기 탑(Porcelain Tower)은 15세기 초 중국 명나라 영락제가 그의 어머니를 기리기 위해 세웠다고 서술되어 있다. 그러므로 "It was built to honor the Emperor's mother.(그것은 황제의 어머니를 기리기 위해 세웠다.)"는 ③의 설명이 제시문의 내용과 일치한다.

【어휘】

- the Yongle Emperor : 영락제(명나라 제3대 황제)
- Ming dynasty : 명 왕조(명나라)
- construction : 건설, 건축
- towering : 우뚝 솟은, 높이 치솟은
- monument : 기념물, 기념비
- Porcelain Tower : 도자기 탑
- imperial capital : 제국의 수도
- Buddhist Temple complex : 불교사원
- white porcelain : 백자, 백자기
- glisten : 반짝이다, 번득거리다
- adorn with : ~으로 꾸미다[장식하다]
- vibrant : 활기찬, 강렬한, 생생한
- glazed : 유약을 바른, 유약을 입힌
- the remnants : 유적, 유물

- replicate : 모사하다, 복제하다
- slab : 평판, 조각
- fade : 바래다, 사라지다
- decade : 10년
- rural : 시골의, 지방의

(오답풀이)

① Its bricks were all the same size.(그것의 벽돌은 크기가 모두 같았다.) → 벽돌의 크기가 모두 같은 것은 아님

② It stood in a temple of a rural area.(그것은 지방의 사원에 세워졌다.) → 황실의 수도인 난징시의 바오엔 불교 사원에 세워짐

④ It was decorated with the shapes of the sun.(그것은 태양 모양으로 장식되었다.) → 동물, 풍경으로 장식됨

⑤ Its porcelain slabs have been successfully replicated today.(그것의 도자기 평판은 오늘날 성공적으로 복제되었다.) → 성공적으로 복제하지 못함

(해석)

15세기 초, 중국 명나라 영락제는 그의 어머니를 기리기 위해 우뚝 솟은 기념비를 세우라고 명령했다. 도자기 탑은 당시 황실 수도였던 난징시에 웅장한 바오엔 불교 사원의 일부로 세워진 거대한 탑이었다. 그 탑은 백자 벽돌로 건축되어 햇빛에 반짝거렸고, 동물, 하층부, 풍경 등이 녹색, 노란색, 갈색의 생생한 유리로 장식되었다. 유물을 연구하는 역사학자들은 유약을 입힌 도자기 벽돌들이 고도의 숙련공들에 의해 만들어졌다고 말하지만, 안타깝게도 그것들을 만드는 방법은 역사 속으로 사라졌다. 가장 큰 벽돌들 중 몇 개는 두께가 50센티미터 이상이고 무게가 150킬로그램이나 나갔으며, 그 색유리는 수 세기 동안 선명하게 남아 있었다. 오늘날 이 도자기 평판들을 복제하려고 하는 노동자들은 5센티미터 이상의 두께로 만들기 위해 애쓰고 있으며 그 색깔은 불과 10년 후에 사라진다.

16 ④ 글의 서두에서 남아프리카 공화국의 소설가 Nadine Gordimer는 뛰어난 문학 능력뿐만 아니라 흑인과 백인을 엄격히 분리하는 제도인 인종 차별 정책에 대해 일관되고 용기 있는 비판으로 1991년 노벨 문학상을 받았다고 서술되어 있다. 그러므로 "She was acknowledged for her strong stance against racial discrimination.(그녀는 인종 차별에 반대하는 강경한 태도로 그 공적을 인정받았다.)"는 ④의 설명이 제시문의 내용과 일치한다.

(어휘)

- apartheid : (남아프리카공화국의) 인종 차별 정책
- segregating : 차별, 분리
- in all spheres of : 모든 영역에서
- racism : 인종 차별 주의, 민족주의

- for one thing : 우선, 첫째로
- racist system : 인종 차별 제도
- in one's own way : 자기 나름대로
- concentrate on : ∼에 집중하다, ∼에 초점을 맞추다
- moral : 도덕적인, 도덕과 관련된
- dilemma : 딜레마, 진퇴양난
- unambiguous : 모호하지 않은, 분명한
- delicate : 미묘한, 민감한
- inequality : 불평등, 불균등
- injustice : 불공정, 부당함, 불의
- neglect : 방치하다, 소홀히 하다
- ethical : 윤리적인, 도덕적인
- be attributed to : ∼의 탓이다, ∼의 덕분이다
- be acknowledged for : 공적을 인정받다
- strong stance : 강경한 태도[입장]
- racial discrimination : 인종 차별

(오답풀이)

① Her novels neglected the ethical problems faced by the whites.(그녀의 소설은 백인들이 직면한 윤리적 문제를 소홀히 했다.) → 백인들의 도덕적 딜레마에도 초점을 맞춤

② Her fight against apartheid was mainly driven by political ambition.(인종 차별 정책에 대한 그녀의 투쟁은 주로 정치적 야망에 의해 추진되었다.) → 인간적인 측면에 관심을 둠

③ Her growth as a writer was attributed to her middle-class black parents.(작가로서의 그녀의 성장은 중산층 흑인 부모의 덕분이었다.) → 중산층 백인 부모의 덕분임

⑤ She was praised for her ability to avoid delicate issues on South African politics.(그녀는 남아프리카 공화국의 정치에 관한 민감한 문제를 회피하는 능력으로 칭찬을 받았다.) → 일관되고 용기 있는 비판을 함

(해석)

남아프리카 공화국 소설가 Nadine Gordimer는 뛰어난 문학 능력뿐만 아니라 모든 삶의 영역에서 흑인과 백인을 엄격히 분리하는 제도인 인종 차별 정책에 대해 일관되고 용기 있는 비판으로 1991년 노벨 문학상을 받았다. 인종 차별 정책에 대한 그녀의 투쟁은 주로 정치적 제스처가 아니었다. 소설가로서 그녀는 인종 차별 정책과 민족주의의 인간적 측면에 더 큰 관심을 두었다. 우선 그녀는 남아프리카에 사는 백인 중산층 지식인으로서 그 제도의 혜택을 받았다는 것을 알고 있었다. 그녀는 또한 인종 차별 제도를 유지하는 데 책임이 있는 백인들이 나름대로의 고통을 받았다는 사실도 알고 있었다. 그래서 그녀의 소설이나 단편소설은 남아프리카의 사회적 관계에 의해 개인들에게 부과된 도덕적 딜레마에 초점을 맞추고 있다. 비록 지식인으로서 그녀는 민감한 사회적 문제에 대해 분

명한 정치적 발언을 할 수 있지만, 소설가로서 그녀는 불평등과 불공정에 바탕을 둔 사회에서 살아가는 인간의 보다 불명확한 측면에 더 관심이 많다.

17 ⑤ 칸트의 관점에서는 물에 빠진 아이를 구하는 것이 중요한 것이 아니라, 그들을 구하려는 의지나 의도가 중요하다. 즉, 결과론자가 행위의 결과를 중시하는 반면, 칸트는 행위의 동기를 중시한다고 볼 수 있다. 그러므로 빈칸에는 'motivation(동기)'이 들어갈 말로 적절하다.

어휘

• moral : 도덕적인, 도덕상의
• perspective : 관점, 시각
• count : 중요하다
• intention : 의도, 의향
• consequentialist : 결과론자, 결과주의자
• obviously : 분명하게, 명확하게
• be concerned with : ~에 관계가 있다, ~에 관심이 있다
• repression : 탄압, 진압, 억압
• intuition : 직관, 직감
• motivation : 동기

오답풀이

① repression → 억압
② decision → 결정
③ intuition → 직관
④ satisfaction → 만족

해석

물에 빠진 아이를 구하기 위해 강으로 뛰어든다고 생각해보라. 이것은 아마도 대부분의 사람들에게 좋은 일처럼 보일 것이다. 그러나 칸트에게는 물에 빠진 아이를 구하기 위해 강물에 뛰어들어야 하는 것이 자신의 도덕적 의무라는 것을 알았기 때문에 그렇게 하는 것이 좋은 일일 뿐이다. 당신을 멋있게 보이게 할 수도 있고, 친구들에게 감동을 줄 수도 있고, 텔레비전에 나올 수도 있고, 심지어 당신이 아이를 돌봤기 때문에 강물에 뛰어들어 아이를 구한다면, 칸트의 관점에서 그것은 더 이상 도덕적인 행위가 아니다. 칸트에게는 물에 빠진 아이를 구하는 것이 꼭 중요한 일은 아니다. 중요한 것은 그들을 구하려는 의지나 의도이다. 분명한 것은 결과론자가 결과에 주로 초점을 맞추는 반면, 칸트는 선택과 동기에 관심을 갖는다.

18 ⑤ 윗글에 따르면 정보를 측정하고 기록하는 일은 원시 사회와 문명 사회를 구분 짓는 경계선이며, 초기 문명 사회에서 데이터화의 초기 기반이 되었다. 따라서 빈칸에는 정보를 측정하고 기록하는 것이 데이터 생성을 촉진시켰다는 의미가 되어야 하므로 'facilitated'가 들어갈 말로 적절하다.

어휘

• demarcation : 경계, 구분
• primitive : 초기의, 원시의
• conceptual : 개념의, 구상의
• millennium : 천년, 새로운 천년이 시작되는 시기
• significantly : 크게, 상당히, 중요하게,
• accuracy : 정확성, 정확도
• evolution : 진화, 발전
• script : 문자
• precise : 정확한, 정밀한
• method : 방법, 수법
• transaction : 거래, 처리
• retrieve : 되찾다, 검색하다
• datafication : 데이터화
• reverse : 뒤바꾸다, 반전[역전]시키다
• imitate : 모방하다, 흉내내다
• hinder : 방해하다, 저지하다
• facilitate : 가능하게[용이하게] 하다, 촉진시키다

오답풀이

① complicated → 복잡하게 만들다
② reversed → 뒤바꾸다
③ imitated → 모방하다
④ hindered → 방해하다

해석

정보를 기록하는 능력은 원시 사회와 선진 사회의 경계선 중 하나이다. 길이와 무게에 대한 기본적인 계산과 측정은 초기 문명의 가장 오래된 개념적 도구 중 하나였다. 기원전 3천년경에 기록된 정보에 대한 개념은 인더스 계곡, 이집트, 메소포타미아에서 상당히 발전하였다. 일상생활에서 측정의 사용이 증가함에 따라 정확성이 향상되었다. 메소포타미아에서 문자의 진화는 생산과 사업상 거래를 추적하는 정확한 방법을 제공했다. 문자 언어는 초기 문명이 현실을 측정하고, 기록하고, 나중에 검색할 수 있도록 하였다. 측정과 기록 모두 데이터 생성을 촉진시켰다. 그것들은 데이터화의 초기 기반이다.

19 ③ 기술 기업들이 온라인 광고 시장을 지배하면서 언론 본연의 임무인 진실 보도보다는 상업적으로 돈벌이가 되는 자극적인 낚시성 기사를 우선시 하여 '가짜 뉴스'를 양산하였다. 그러므로 빈칸에는 'boring truth(지루한 진실)'이 들어갈 말로 적절하다.

어휘

• bulletin : 뉴스 단신, 공고, 회보
• a profusion of : 많은, 풍성한
• spring up : 휙 나타나다, 갑자기 생겨나다

- compete with : ∼와 경쟁하다[겨루다]
- online-only : 온라인 전용
- article : 글, 기사
- curated : 전문적인 식견으로 엄선한, 관장한
- algorithm : 알고리즘
- struggle : 투쟁하다, 몸부림치다
- dominate : 지배하다, 두드러지다
- print circulation : 발행부수
- collapse : 붕괴되다, 폭락하다
- go bust : 파산하다, 망하다
- prioritise : 우선순위를 매기다, 우선적으로 처리하다
- attention-grabbing : 눈길을 끄는, 주목을 끄는
- clickbait : 낚시성 기사, 클릭 미끼
- propel : 추진하다, 나아가게 하다
- declare : 단언하다, 선언하다
- fake news : 가짜 뉴스
- neologism : 신조어, 새로운 표현
- racy : 흥분되는, 짜릿한, 야한
- exaggerated : 과장된, 부풀린

오답풀이

① subjective opinion(주관적인 의견)

② racy headlines(짜릿한 제목)

④ online etiquette(온라인 에티켓)

⑤ exaggerated ads(과장된 광고)

해석

뉴스가 예전 같지 않다. 요즘 대부분의 소비자들은 뉴스 단신의 대부분을 온라인으로 받는다. 온라인 발행이 저렴하기 때문에, 많은 새로운 소식통이 갑자기 생겨난다. 기성 신문이 운영하는 웹사이트는 페이스북과 트위터와 같은 소셜 미디어 사이트의 알고리즘에 의해 엄선된 논평. 디지털 체인 레터 및 기사의 편집은 말할 것도 없고, 보다 새로운 온라인 전용 매체 및 전문(또는 아마추어) 블로그와 경쟁한다. 기성 매체는 어려움을 겪어왔다. 기자들의 월급을 주던 광고의 많은 부분이 온라인 광고 시장을 지배하는 두 개의 큰 기술 회사인 페이스북과 구글에게 돌아갔다. 발행 부수가 폭락했다. 지역 신문들이 특히 큰 타격을 입었고, 많은 신문사들이 파산했다. 소셜 미디어 알고리즘은 <u>지루한 진실보다 눈길을 끄는 낚시성 기사를 우선시하며</u>, 전 세계적으로 말도 안 되는 일을 추진하는 데 일조한다. 사전 편찬사인 콜린스는 "가짜 뉴스"를 2017년 올해의 신조어로 선언했다.

20 ② 범죄가 만연한 거리, 주차장, 쇼핑몰 등에 클래식 음악을 틀어 놓으면, 그러한 음향 환경을 좋아하지 않는 부랑자들이 그곳을 배회하지 않게 됨으로써 범죄를 막을 수 있다는

논리이다. 그러므로 앞의 부정어 'won't'와 호응하여 ②의 'want to loaf around there(그곳에서 배회하고 싶다)'가 빈 칸에 들어갈 말로 적절하다.

어휘

- team up : 한 팀이 되다, 협력[협조]하다
- pump : 주다, 공급하다
- crime-ridden : 범죄가 많은, 범죄가 만연한
- deter : 단념시키다, 그만두게 하다, 막다
- pipe : 보내다, 송신하다
- a tube station : 지하철역
- robbery : 강도
- vandalism : 공공 기물 파손 행위
- slice : 썰다, 자르다, 줄어들다
- light-rail : 경전철
- transit hubs : 교통 중심지
- Port Authority : 항만청
- vagrancy : 부랑, 부랑률
- crime-stopping : 범죄 예방
- maestro : 명연주자, 거장
- logic : 논리, 타당성
- calming : 진정, 차분함
- loiter : 어슬렁거리다, 빈둥거리다
- vandalize : 공공 기물을 파손하다
- soundscape : 음향 풍경
- annoy : 괴롭히다, 짜증나게 하다
- apparently : 분명하게, 명백하게
- scare away birds : 새를 놀라게 하여 쫓다
- blare : 요란하게[쾅쾅] 울리다
- stable : 안정된, 차분한
- loaf around : 빈둥거리다, 배회하다

오답풀이

① (won't) get emotionally stable(정서적으로 안정되지 않다)

③ (won't) be in the mood for classical music(클래식 음악을 듣고 싶어 하지 않다)

④ (won't) commit a serious crime on the spot(현장에서 중범죄를 저지르지 않다)

⑤ (won't) pay attention to the music any more(음악에 더 이상 귀를 기울이지 않다)

해석

1990년대 이래로, 기업과 경찰은 범죄가 만연한 거리, 주차장, 쇼핑몰에 클래식 음악을 공급하기 위해 협력해왔다. 왜 그럴까? 그것은 바로 한 소절이 범죄를 막을 수 있다는 증거가 있기 때문이다. 2005년, 런던 지하철은 특정 지하철역에 클래식 음악을 방송하기 시작했고, 1년 내에 강도와 공공 기물 파

정답 및 해설

손 행위가 3분의 1로 줄어들었다. 오리건주 포틀랜드의 경전철 역과 뉴욕 항만청 버스 터미널과 같은 다른 교통 중심지들도 비발디와 같은 바로크 거장들의 범죄 예방 덕택에 부랑률이 감소했다고 보도됐다. 원리는? 우선, 클래식 음악은 마음을 진정시킬 수 있다. 그러나 더욱 중요한 것은, 종종 십대들인 어슬렁거리고 공공 기물을 파손하는 이들은 대개 관현악을 즐기지 않는다는 것이다. 그리고 음향 환경에 짜증이 난다면, 그곳에서 배회하고 싶지 않을 것이다. 분명 이것은 동물에게도 또한 효과가 있다. 영국 Staverton에 있는 Gloucstershire 공항에서, 공항 책임자들은 새들을 놀라게 하여 쫓는 가장 좋은 방법은 티나 터너의 빅 히트곡을 튼 밴을 모는 것이라는 사실을 알고 있다.

21 ③ Kenneth와 Mamie Pipps Clark의 실험에서 흑인 아이들이 피부색 때문에 스스로를 열등하게 생각한다는 사실을 알아냈다. 즉, 이것은 흑인 아이들이 피부색 때문에 인종차별을 받고 있다는 자의식이 내재되어 있다는 증거였다. 그러므로 ③의 'internalized the social values of their environment(그들 환경의 사회적 가치를 내면화한)'가 빈칸에 들어갈 말로 적절하다.

어휘

- segregation : 인종 차별
- sense of self : 자아감, 자의식, 자존감
- pale : 창백한, 연한, 옅은
- take A as B : A를 B로 여기다[간주하다]
- internalize : 내면화하다, 내재화하다
- inferior : 못한, 열등한
- attorney : 변호사, 대리인
- lawsuit : 소송 사건
- testify : 증언하다, 증명하다
- self-hatred : 자기 혐오[증오]
- Supreme Court : 대법원
- ruling : 결정, 판결
- integrate : 통합시키다, 합치다
- spur : 원동력이 되다, 박차를 가하다
- burden : 짐을 나르다, 부담을 지우다
- oppressive : 억압하는, 숨이 막힐 듯한
- norm : 표준, 규범, 기준

오답풀이

① felt the need to free themselves to succeed(성공에서 스스로 벗어날 필요성을 느꼈다)
② were burdened with expectations from their elders(어른들로부터의 기대감에 부담감을 가졌다)
④ learned how to avoid oppressive norms and conventions

(억압적인 규범과 관습을 피하는 방법을 배웠다)
⑤ had the desire to develop and realize their own potential(잠재력을 개발하고 실현하려는 욕망이 있었다)

해석

아프리카계 미국인 심리학자인 Kenneth와 Mamie Pipps Clark은 1940년대 인종 차별 속에 살고 있는 흑인 아이들이 어떻게 자의식을 발달시키는지 이해하기 위해 일부는 하얀 피부이고, 일부는 갈색 피부인 아기 장난감 세트를 이용했다. 두 가지 옵션 모두를 제시받은 흑인 아이들은 피부색이 옅은 인형을 선호했고, 어떤 인형들이 그들과 닮았는지 물었을 때 심지어 울기도 했다. Clark 연구원들은 이것을 아이들이 <u>그들 환경의 사회적 가치를 내면화한</u> 증거로 받아들였다. 즉, 그들은 피부색 때문에 <u>스스로를 열등하다</u>고 생각했다. 이 실험은 유명한 브라운 대 교육위원회 소송에서 변호사들에게 깊은 인상을 남겼고, Kenneth는 인종 차별이 자기혐오로 이어졌다고 증언했다. 1954년 대법원의 판결은 마침내 학교들을 통합시켰고 민권 운동 부흥에 박차를 가했다.

22 ② 중국의 궁정 점성가들은 부정확한 예측을 하게 되면 처형되었기 때문에, 어떤 점성가들은 단순히 기록을 조작하여 나중에 해당 사건과 일치시켰다. 그러므로 빈칸에는 ②의 'they were in perfect conformity with events(그 기록들이 사건들과 완벽하게 부합하도록 했다)'가 들어갈 말로 적절하다.

어휘

- astrology : 점성술, 점성학
- contend : 주장하다, 다투다
- constellation : 별자리
- profoundly : 큰, 매우, 완전히
- fate : 운명, 숙명
- Constellation of the Goat : 염소자리
- subtle : 민감한, 예민한
- capital offense : 사형, 죽을 죄
- overthrow : 뒤집다, 전복시키다
- regime : 정권, 정부
- inaccurate : 부정확한, 오류가 있는
- execute : 처형하다, 실행하다
- doctor : 조작하다, 변조하다
- conformity : 순응, 부합
- record-keeping : 기장, 기록 관리
- fuzzy : 흐릿한, 어렴풋한, 모호한
- fraud : 사기, 가짜, 엉터리
- cautious : 조심스러운, 신중한
- descendant : 자손, 후손

① a more cautious position would be adopted(좀 더 신중한 입장을 취할 것이다)

③ people would pay close attention to the stars(사람들은 별에 세심한 주의를 기울일 것이다)

④ descendants could learn from their ancestors(후손들은 그들의 조상들로부터 배울 수 있었다)

⑤ observations of the planets could be encouraged(행성들의 관측은 장려될 수 있었다)

해석

점성술은 여러분이 태어났을 때 행성들이 어느 별자리에 있는지가 여러분의 미래에 큰 영향을 미친다고 주장한다. 수천 년 전에 행성의 움직임이 왕, 왕조, 제국의 운명을 결정한다는 생각이 발달했다. 점성가들은 행성의 움직임을 연구했고, 가령 지난 번 금성이 염소자리에서 떠오를 때 무슨 일이 있었는지 자문했다. 그리고 아마 이번에도 비슷한 일이 일어날 것이다. 그것은 민감하고 위험한 일이었다. 점성가들은 오직 국가에만 고용되었다. 많은 나라에서 공식 점성가가 아닌 다른 사람이 하늘의 징조를 읽는 것은 죽을 죄였고, 정권을 전복시키는 좋은 방법은 그것의 몰락을 예측하는 것이었다. 부정확한 예측을 한 중국 궁정 점성가들은 처형되었다. 다른 이들은 단순히 기록들을 조작하여 나중에 <u>그 기록들이 사건들과 완벽하게 부합하도록 했다.</u> 점성술은 관측, 수학, 그리고 모호한 생각과 거짓으로 신중하게 기록 관리된 이상한 조합으로 발전했다.

23 ② 윗글은 십대들의 침묵에 대해 신뢰, 이해, 유연성의 분위기를 조성해 십대들의 감정을 이해하고 인정하는 방법에 대해 설명하고 있다. 그러므로 빈칸에는 ②의 'Acknowledge and legitimize a teenager's feelings(십대의 감정을 인정하고 정당화하라)'가 들어갈 말로 적절하다.

어휘

• noted : 저명한, 유명한
• reprimand : 질책하다, 문책하다
• suspended animation : 가사상태, 무기력감
• establish : 설립하다, 조성하다
• atmosphere : 대기, 공기, 분위기
• flexibility : 유연성, 신축성
• legitimize : 정당화하다, 합법화하다
• outfit : 옷, 복장
• awful : 끔찍한, 형편없는
• refrain from : ~을 삼가다
• peer : 또래, 친구
• mean : 비열한, 저속한, 못된
• temptation : 유혹, 꾐

• ritual : 의식, 절차
• adolescent : 청소년

① Resist the temptation to control and keep silent(통제하고 싶은 유혹을 뿌리치고 침묵하라)

③ Encourage teens to accept criticism from others(십대들이 다른 사람들의 비판을 받아들이도록 격려하라)

④ Maintain family rituals as a way of staying in touch(연락하고 지내는 방법으로 가족 의례를 유지하라)

⑤ Take adolescent mood swings and silences personally(사춘기의 감정 동요와 침묵을 개인적으로 받아들여라)

해석

십대들은 부모들과 왜 말을 하지 않는가? "기본적으로, 그들은 부모님이 이해하지 못할 거라고 생각합니다."라고 한 저명한 심리학자가 말한다. "계속해서 질책과 지시를 받을 때, 그들은 부모가 자신들의 기분을 신경 쓰지 않는다고 느낄지도 모릅니다." 십대들에게 침묵은 무기다. 그것은 "더 이상 날 통제할 수 없어."라고 말하고 있는 것이다. 하지만 그렇다고 해서 앞으로 수년 간 가사 상태로 살아야 한다는 뜻은 아니다. 그것은 신뢰, 이해, 유연성의 분위기를 조성해야 한다는 것을 의미한다. 십대의 감정을 인정하고 정당화하는 방법은 다음과 같다. 만일 딸이 가장 친한 친구가 자신의 새 옷을 형편없다고 말했다면, "너는 제니퍼의 말에 왜 신경을 쓰니?"라고 말하는 것을 삼가라. 십대들은 자기 또래들이 어떻게 생각하는지 매우 신경을 쓰며, 현명한 부모는 그것을 정상으로 받아들인다. 대신, "그게 너를 마음 아프게 했을 거야. 좋아하는 사람들이 못된 말을 하면 마음이 아파."라고 해라.

24 ① 제시문의 마지막 문장에 나와 있는 'Golden Dustmen(황금 청소부)'처럼 빅토리아 시대에 런던에서 부자가 될 수 있는 직업은 석탄 가루를 치우는 청소부였다. 쓰레기통에서 도시 외곽까지 석탄 가루를 나르는 청소부들이 없었다면 도시의 거리가 막혔을 것이다. 그러므로 윗글의 제목으로 ①의 'When Victorians Got Rich on Dust(빅토리아 시대의 사람들이 먼지로 부자가 되었을 때)'가 가장 적절하다.

어휘

• dig through : ~를 파나가다[파헤치다]
• junkyard : 고철상, 고물상
• resell : 되팔다, 전매하다
• scraps of metal : 고철 조각
• rag : 해진 천, 누더기
• furrier : 모피상
• prized : 소중한, 귀중한
• coal dust : 석탄 가루

- brickmaker : 벽돌제조업자, 벽돌공
- clay : 점토, 찰흙, 진흙
- scarce : 부족한, 결핍한
- open–hearth : 평로, 덮개가 없는 난로
- ash : 재, 잿더미
- clog : 막다, 방해하다
- dustman : (옥외 쓰레기를 치우는) 청소부
- lug : 나르다, 끌다
- dustbin : 휴지통, 쓰레기통
- outskirts : 변두리, 근교, 외곽
- thigh–deep : 허벅지 깊이의
- filthy rich : 대단히 부유한
- outstrip : 앞지르다, 능가하다
- tarnish : 흐려지다, 퇴색하다
- foolproof : 극히 간단한, 바보라도 해 낼
- coal mine : 탄광

오답풀이

② A Foolproof Recipe for Brickmaking(아주 손쉽게 벽돌을 만드는 법)

③ How Bad Is Working in a Coal Mine?(탄광에서 일하는 것이 건강에 얼마나 나쁜가?)

④ Child Labor During the Industrial Revolution(산업 혁명 시대의 소년 노동)

⑤ Air Pollution: Why London Struggled to Breathe(대기 오염: 런던이 숨쉬기 힘든 이유)

해석

빅토리아 시대에 런던에서 아이들이 고물상을 파헤치며 되팔 수 있는 모든 것을 찾는 것은 드문 일이 아니었다. 단추와 비누를 만드는 데 사용될 수 있는 금속 조각, 누더기, 뼈, 그리고 심지어 죽은 고양이까지 그들은 모피상에게 팔았다. 하지만 가장 귀중한 발견물은 석탄 가루였다. 벽돌을 만들기 위해 그것을 진흙과 섞은 벽돌공들은 석탄 가루에 꽤 많은 돈을 지불했다. 석탄 가루가 부족했던 것은 아니다. 사실 덮개 없는 난로 때문에 재가 사방에 날렸고, 쓰레기통에서 도시 외곽까지 그것을 나르는 청소부들이 없었다면 도시의 거리가 막혔을 것이다. 그 장면은 흡사 여자, 남자, 그리고 아이들이 허벅지까지 먼지를 뒤집어쓰고 일하는 디킨스 소설의 정기적인 재활용 작업처럼 보였다. 그들의 상사들은 엄청 부유했지만 런던의 먼지 공급이 수요를 앞지르면서 수익이 감소했다. 19세기 후반까지, 한때 '황금 청소부'였던 이들에 대한 전망은 이미 퇴색되었다.

25 ① 제시문에 따르면 점점 더 많은 세계적인 회사들이 메타버스 내의 공간을 사들여 상점을 차리고 있고, 그 공간을

지배하기 위해 각축을 벌이고 있다고 설명하고 있다. 그러므로 제시문의 제목으로 ①의 'Setting up Shop in the Metaverse(메타버스에서의 상점 개설)'가 가장 적절하다.

어휘

- metaverse : 가상공간, 메타버스
- eventually : 결국, 드디어
- avatar : 화신, 아바타
- fanciful : 상상의, 허황된, 비현실적인
- retailer : 소매업자, 소매상
- dominant : 우세한, 우성의, 지배적인
- fade away : 사라지다, 쇠퇴하다
- obscurity : 무명, 모호함
- ecosystem : 생태계
- eco–friendly : 친환경적인, 환경 친화적인
- climb the social ladder : 출세하기

오답풀이

② Opening Electronic Bank Branches(전자 은행 지점 개설)

③ Building Virtual Eco–friendly Environments(환경 친화적 가상공간 구축)

④ Climbing the Social Ladder in the Metaverse(메타버스에서 출세하기)

⑤ Dominating the Shopping Space with Avatars(아바타로 쇼핑 공간 장악하기)

해석

이전에 페이스북으로 알려진 이 회사는 메타버스가 인터넷의 미래라고 확신해 작년에 이름을 메타로 바꾸었다. 메타와 그 회사 사장인 마크 주커버그는 결국 우리들 대다수가 메타버스에서 일하고, 놀고, 쇼핑할 것이라고 생각한다. 아니면 적어도 우리의 아바타들이 그럴 것이다. 많은 이들에게 이 모든 것이 허황되게 들리겠지만, 점점 더 많은 회사들이 메타버스 내의 공간을 사들여 그곳에 가게를 차리고 있다. 이 회사들은 아디다스, 버버리, 구찌, 토미 힐피거, 나이키, 삼성, 루이비통 그리고 심지어 HSBC와 JP 모건 같은 은행들도 포함한다. 그러나 그러한 사업체들의 문제는 그들이 어떤 장소를 선택하느냐이다. 현재 메타버스 내에는 샌드박스, 디센트럴랜드, 복셀, 솜니움 스페이스 및 메타 소유의 호라이즌 월드를 포함한 가장 인기 있는 50여 개의 세계적 공급사들이 있다. 소매업체와 다른 투자자들은 이들 중 어떤 업체가 우리의 아바타로부터 가장 많은 방문을 받으며 메타버스의 지배적인 세력이 될지 도박을 하고 있다. 그리고 어떤 다른 세계가 무명으로 사라질지 모른다. 더욱이 승리의 생태계 속에서 기업은 가장 인기 있는 영역을 선택하기 위해 노력해야만 한다.

26 ② 제시문에서 화가 많이 난 고객에게 더 많은 보상을 해줄

거라는 일반적인 통념과 달리 문화적 특성과 개인의 수용 수준에 따라 다르다는 것을 실험을 통해 증명하고 있다. 그러므로 제시문의 제목으로는 ②의 "Does the Squeaky Wheel Get the Most Oil?(삐거덕 거리는 바퀴가 기름을 가장 많이 얻을까?)"가 가장 적절하다.

어휘

- compensation : 보상, 배상
- intense : 강한, 강렬한
- service reps : 서비스 직원들
- hierarchy : 계급, 계층
- simulate : 모의 실험하다, 시뮬레이션하다
- service interaction : 서비스 상호작용
- inevitable : 불가피한, 필연적인
- subject : 연구[실험] 대상, 피실험자
- inappropriate : 부적절한, 부적합한
- perception : 지각, 인식, 통찰력
- mitigate : 완화시키다, 경감시키다
- squeaky : 끼익 하는 소리가 나는
- broth : 수프, 죽
- stitch : 바늘땀, (뜨개질의) 코

오답풀이

① Does Time Really Fly When You're Having Fun?(즐거운 시간을 보내면 시간이 정말 빨리 갈까?)
③ Can a Rolling Stone Gather Any Moss?(구르는 돌에 이끼가 낄 수 있을까?)
④ Can Too Many Chefs Spoil the Broth?(요리사가 많으면 스프를 망칠까?)
⑤ Can a Stitch in Time Save Nine?(제때 꿰맨 한 땀이 아홉 땀의 수고를 덜까?)

해석

새로운 연구는 사람들이 서비스 실패 후 더 화가 난 것처럼 보일수록 더 많은 보상을 받을 것이라는 일반적인 통념을 시험하고 종종 그 반대가 사실이라는 것을 보여준다. 연구원들은 강한 분노가 서비스 직원들에게 미치는 영향은 권력 거리 또는 PD로 알려진 문화적 특성, 즉 권력 차이와 위계에 대한 개인의 수용 수준에 따라 다르다는 것을 발견했다. 모의실험을 거친 서비스 상호 작용을 포함한 네 가지 실험에서 PD가 높은 참가자(권력 차이를 자연스러운 또는 불가피한 것으로 받아들인 참가자)는 몹시 화가 난 고객보다 조금 화가 난 고객에게 더 많은 보상을 제공했고, 반면에 PD가 낮은 참가자는 정반대였다. 왜 그럴까? PD가 높은 피실험자들은 강한 분노의 표현을 부적절하다고 보고 그들을 응징한 반면 PD가 낮은 피실험자들은 그 표현을 위협적인 것으로 보고 그들에게 보상을 했다. 그러나 위협에 대한 인식이 완화되었을 때(참가자들

은 고객들이 자신들에게 해를 가할 수 없다고 들었다), PD가 낮은 사람들도 조금 화가 난 고객들에게 더 많은 보상을 해주었다.

27 ③ 세계 각국의 보호무역주의, 전염병과 전쟁으로 인한 공급 부족 및 인플레이션의 심화 등으로 세계화가 정체되면서 각국 정부는 자국의 글로벌 기업들이 우호적인 국가에서 사업하는 것을 선호한다고 하였다. 그러므로 ③의 'the switch to a security-first model of globalisation(세계화의 안보 제일주의 모델로의 전환)'이 제시문의 주제로 가장 적절하다.

어휘

- go-go : 호경기의
- economic integration : 경제 통합
- stall : 멈추다, 지연되다, 지체되다
- aftershock : (큰 지진 후의) 여진
- populist : 포퓰리즘
- revolt : 반란, 혐오
- stagnate : 침체되다, 정체되다
- postpone : 미루다, 연기하다
- give way to : 바뀌다, 대체되다
- wait-and-see : 관망하는
- globalisation : 세계화
- blip : 깜박 신호, 일시적인 상황[문제]
- extinction : 멸종, 소멸
- pandemic : 전국적인 유행병, 전염병
- trigger : 촉발시키다, 방아쇠를 당기다
- reimagine : 재상상하다
- boardroom : 중역 회의실, 이사회실
- trillion : 1조
- inventory : 물품 목록, 재고
- stockpile : 비축하다, 사재기하다
- insurance : 보험, 보장
- prioritise : 우선순위를 매기다, 우선적으로 처리하다
- descend : 내려오다, 내려앉다
- protectionism : 보호주의
- usher : 안내하다, 알려 주다
- efficiency : 효율성, 효율화
- security-first : 안전 제일
- disruption : 방해, 붕괴, 파괴

오답풀이

① the era of globalisation ushered in by new businesses(신생 사업들이 이끄는 세계화 시대)
② the promotion of globalisation through cost efficiency(비용

의 효율성을 통한 세계화 촉진)

④ the disruption of globalisation caused by war(전쟁으로 인한 세계화의 붕괴)

⑤ the threat of globalisation to workers' rights(노동자의 권리에 대한 세계화의 위협)

해석

1990년대와 2000년대의 호경기 이후, 기업들이 금융 위기의 여진, 개방된 국경에 대한 포퓰리즘 반란, 도널드 트럼프 대통령의 무역전쟁으로 어려움을 겪으면서 2010년대에 경제 통합의 속도는 지체되었다. 상품과 자본의 흐름이 정체되었다. 많은 사장들이 해외 투자에 대한 큰 결정을 미루었고, 그에 맞추어 관망하는 쪽으로 선회하였다. 세계화가 일시적인 문제에 직면했는지 아니면 소멸에 직면했는지 아무도 몰랐다. 우크라이나에서 전염병과 전쟁이 한 세대에 한 번꼴로 세계 자본주의를 이사회와 정부에서 재상상하는 계기가 되었기 때문에 이제 기다림은 끝났다. 보이는 모든 곳에서 공급망은 9조 달러의 재고에서 공급 부족과 인플레이션에 대한 보험으로 비축되었고, 글로벌 기업들이 중국에서 베트남으로 옮겨감에 따라 노동자들의 싸움으로 바뀌어 가고 있다. 이러한 새로운 종류의 세계화는 여러분의 정부가 우호적인 국가들에서 여러분이 신뢰할 수 있는 사람들과 사업하는 것을 우선시한다. 그것은 보호무역주의, 큰 정부, 그리고 심화된 인플레이션으로 주저앉을 수 있다.

28 ② 아메리칸 드림은 원래 신분에 관계없이 누구나 열심히 일하면 '무일푼에서 벼락부자로' 성공할 수 있다는 믿음이었으나, 1920년대 이후 미국의 현실과 모순되고 동떨어져 연구원들과 사회 과학자들로부터 비판을 받았다고 설명하고 있다. 그러므로 ②의 'the fallacy of the great American Dream(위대한 아메리칸 드림의 오류)'가 제시문의 주제로 가장 적절하다.

어휘

• the Lost Generation : 잃어버린 세대, 가치관을 잃은 세대(제1차 세계 대전 무렵의 환멸과 회의에 찬 미국의 젊은 세대)

• deception : 속임, 기만, 사기

• prominent : 중요한, 유명한

• vast : 방대한, 막대한

• misery : 고통, 빈곤, 비참

• live the dream : 꿈을 성취[실현]하다

• self-sufficient : 자급자족할 수 있는

• stunningly : 놀랍도록, 기막히게

• prosperity : 번영, 번창

• assumption : 추정, 가정

• perseverance : 인내, 참을성

• risk-taking : 위험을 각오한[무릅쓴, 감수한]

• from rags to riches : 무일푼에서 벼락부자로

• mobile : 이동하는, 움직이는

• misplaced : 부적절한, 잘못된

• contradict : 부정하다, 모순되다

• repentance : 뉘우침, 회개

• self-reliance : 자기 의존, 자립심

• fallacy : 오류, 착오

• revision : 수정, 변경

오답풀이

① the repentance of self-reliance through hard work(열심히 일해서 자립한 것에 대한 회개)

③ the revision of the American Dream(아메리칸 드림의 수정)

④ the criticism of material success in America(미국의 물질적 성공에 대한 비판)

⑤ the realization of the Lost Generation's ideals(잃어버린 세대의 이상 실현)

해석

잃어버린 세대의 일원들은 '아메리칸 드림'에 대한 생각을 거창한 속임수로 보았다. F.S. 피츠제럴드의 위대한 개츠비에서 이 이야기의 서술자 닉 캐러웨이가 개츠비의 막대한 재산이 엄청난 고통으로 보상받았다는 것을 깨닫게 되면서 이것은 유명한 주제가 되었다. 피츠제럴드에게, 열심히 일하면 성공한다는 아메리칸 드림의 전통적인 비전은 변질되었다. 잃어버린 세대에게 '꿈을 실현하는 것'은 더 이상 단순히 자급자족하는 삶을 구축하는 것이 아니라, 필요한 어떤 수단을 써서라도 엄청난 부자가 되는 것이었다. '아메리칸 드림'이란 용어는 그들이 어디에서, 어떤 사회 계층에서 태어났는지에 관계없이 누구나 번영과 행복을 추구할 권리와 자유를 가지고 있다는 믿음을 말한다. 아메리칸 드림의 핵심 요소는 열심히 일하고, 인내하고, 위험을 감수함으로써 누구나 '무일푼에서 벼락부자로' 상승하여 재정적으로 부유하고 사회적으로 출세한 성공 비전을 실현시킨다는 가정이다. 1920년대 이후, 아메리칸 드림은 현대 미국의 현실과 모순된 잘못된 믿음으로 종종 연구원들과 사회 과학자들에 의해 의문의 제기와 비판을 받아왔다.

29 ① 반세기 전에 유행했던 오래된 기술이지만 큰 회사나 정부 기관에서 필수적인 기술이었기 때문에 Mooney는 구직 활동 당시 여러 고용주로부터 고위직을 제안 받았다. 그러므로 ①의 "Old technology can still be of great use. (오래된 기술도 여전히 큰 도움이 될 수 있다.)"가 윗글의 요지로 가장 적절하다.

어휘

• passionate : 열정적인, 열광적인

• Sputnik : 세계 최초의 구소련 인공위성
• stuff : 잡동사니, 하찮은 것
• cool point : 좋은 점수
• insurance : 보험
• government agency : 정부 기관, 정부 당국
• institution : 기관, 시설
• potential : 가능성이 있는, 잠재적인
• expertise : 전문 지식[기술]
• senior position : 상급직, 고위직
• resilience : 회복력, 복원력, 반동
• decades-old : 수십 년 된
• specialize in : ~을 전문으로 하다

오답풀이

② Keep up with the changing times in the tech world.(기술 세계에서 변화하는 시대에 뒤떨어지지 않도록 해라.)

③ The best job is one that makes full use of your abilities.(가장 좋은 직업은 당신의 능력을 최대한 활용하는 것이다.)

④ Silicon Valley is always in the market for new technology. (실리콘 밸리는 항상 새로운 기술을 위한 시장이다.)

⑤ The future of digital technology lies within academic institutions.(디지털 기술의 미래는 학술 기관 안에 있다.)

해석

Caitlin Mooney는 24살이며 스프트닉 시대의 과거 기술에 열정적이다. 최근 뉴저지 공대 컴퓨터 공학과를 졸업한 Mooney는 컴퓨터 메인프레임과 이를 구동하는 코볼이라고 불리는 소프트웨어를 포함하여, 반세기 전에 유행했던 기술의 팬이다. 그런 것들은 실리콘 밸리에서 어떤 좋은 점수도 얻지 못하겠지만, 큰 은행, 보험 회사, 정부 기관 및 다른 큰 기관들에서는 필수적인 기술이다. Mooney의 구직 기간 동안, 잠재적인 고용주들은 그녀의 전문성을 보았고 그녀가 찾고 있던 것보다 더 높은 고위직에 관해 상담하고 싶어 했다. "그 고위직들은 정말 기대됩니다."라고 Mooney는 말했다. 그녀는 지금 여러 일자리 제안 중 하나를 결정하려고 노력하고 있다. 수십 년 된 컴퓨터 기술과 이를 전문으로 하는 사람들의 복원은 새로운 기술이 종종 많은 옛 기술 위에 구축된다는 것을 보여준다.

30 ② Enron 스캔들로 물러난 CEO Jeff Skilling과 7년간 12억 달러의 과다 수익 처리로 불명예 퇴진한 도시바의 Hisao Tanaka의 사례처럼 성공 속에 사기와 기만이 감춰져 있을 수도 있다는 내용이다. 그러므로 ②의 "All that glitters is not gold.(반짝인다고 모두 금은 아니다.)"가 윗글의 요지로 가장 적절하다.

어휘

• multigenerational : 다세대의, 여러 세대의

• midsize : 중형의, 중견의
• sheer : 순전한, 온전한
• longevity : 장수, 수명
• architect : 건축가, 설계자
• attest to : 증명하다, 증언하다
• navigator : 조종사, 항해사
• sustained : 한결같은, 지속적인
• conceal : 숨기다, 은폐하다
• trickery : 사기, 기만, 속임수
• hail : 환영[환호]하다, 축하하다
• well-regarded : 인정받는, 존경받는
• resign : 퇴임하다, 물러나다
• disgrace : 불명예, 치욕
• overstatement : 과장, 과대
• unearth : 파헤치다, 밝혀내다
• feather : 털, 깃털

오답풀이

① A watched pot never boils.(지켜보는 냄비는 결코 끓지 않는다.)

③ Time and tide wait for no man.(세월은 사람을 기다리지 않는다.)

④ Birds of a feather flock together.(깃털이 같은 새들끼리 모인다.)

⑤ Don't put all your eggs in one basket.(한 바구니에 모든 달걀을 담지 마라.)

해석

과거의 성공을 좋은 판단의 표식이라고 가정하는 것은 유혹적이며, 일부 경우에는 그럴 수도 있다. 다세대에 걸친 몇몇 독일 중견기업의 성공과 워런 버핏의 장기간 투자 실적 등은 자주 인용되는 사례이다. 하지만 성공은 다른 부모를 가질 수 있다. 나폴레옹이 그의 장군들에게 요구했던 것으로 유명한 특성인 행운은 종종 인정받지 못한 성공의 설계자이다. 스포츠인들은 기술뿐만 아니라 행운의 중요성을 증언할 수 있다. 네 번의 아메리카 컵 요트 경기에서 승리한 항해사이자 설계자인 Grant Simmer는 경쟁자들의 실수로 인한 행운의 도움을 인정했다. 때로는 지속적인 성공으로 보이는 것이 속임수를 숨길 수도 있다. Enorn 스캔들이 터지기 전인 2001년, CEO Jeff Skilling은 매우 성공적인 리더로 환영받았다. 도시바의 존경받는 상사 Hisao Tanaka는 7년간 12억 달러의 과다 수익이 밝혀진 후 2015년에 불명예 퇴진했다.

31 ③ 머리에 이가 많으면 건강한 사람이라는 뉴헤브리디스 원주민들의 생각은 오랜 관찰 결과 사실이 아닌 걸로 밝혀졌다. 건강한 사람들은 이가 서식하기에 알맞은 체온을 유지했기

505

때문에 이가 많은 것이지 이가 건강의 원인은 아니다. 그러므로 "이의 증식이 인체의 건강을 증진시키는 데 중요한 결정 요인이었다"는 ③의 내용은 전체적인 글의 흐름과 어울리지 않는다.

어휘

• lice : louse(이)의 복수
• observation : 관찰, 관측
• accurate : 정확한, 정밀한
• statistics : 통계, 통계학
• correlation : 연관성, 상관관계
• proliferation : 급증, 확산, 증식
• determinant : 결정 요인
• flesh : 살, 피부
• scatter : 뿌리다, 흩어지다
• prey on : ~을 먹이로 하다, 잡아먹다

해석

수세기 동안 뉴헤브리디스 제도의 원주민들은 이로 가득 찬 머리를 건강의 표시로 여겼다. "수세기에 걸친 관찰로 건강한 사람들은 대개 이가 있고 아픈 사람들은 그렇지 않은 경우가 많다는 사실을 알게 되었습니다. 관찰 자체는 정확하고 믿을 만 했습니다."라고 Darrell Huff는 「통계로 거짓말하는 방법」이란 책에 썼다. ①그러나 그 상관관계가 이가 건강의 열쇠라는 것을 의미하는 것은 아니었다. 오히려 그 반대였다. ②건강한 사람들은 그들의 몸이 딱 알맞은 온도, 즉 벌레를 위한 완벽한 집이었기 때문에 이가 있었다. ③따라서 이의 증식은 인체의 건강을 증진시키는 데 중요한 결정 요인이었다. ④그러나 사람들이 고열이 날 때, 그들의 몸은 뜨거워졌고 이로 인해 이가 흩어졌다. ⑤이는 건강의 원인이 아니라 건강을 해쳤다.

32 ① 제시문에 따르면 암호화폐는 그동안 실제 거래에서 큰 역할을 한 적이 없으며, 실물 경제에 활용도가 높은 제품을 결코 내놓은 적이 없다고 서술되어 있다. 그러므로 "실제 거래에서 유용함을 충분히 입증한 Venmo와 같은 디지털 결제 앱을 사용한다고 가정하자"는 ①의 설명은 전체적인 글의 흐름과 어울리지 않는다.

어휘

• transaction : 거래, 처리
• much-hyped : 대대적으로 과장된, 엄청 선전된
• bitcoin : 비트코인
• national currency : 자국 통화
• disaster : 재앙, 재난
• payment app : 결제 앱
• amply : 광범위하게, 충분하게
• rein in : 억제하다, 고삐를 죄다

• stablecoin : 가격 변동성을 최소화하도록 설계된 암호화폐
• supposedly : 추정상, 아마
• peg : 정하다, 고정시키다
• unregulated : 비규제의, 규제받지 않는
• cascading : 폭포같은, 계속되는, 연속적인
• collapse : 붕괴, 실패
• reminiscent : 연상시키는, 추억에 잠긴
• the Great Depression : 대공황
• crypto industry : 암호화폐 산업
• come up with : ~을 생산하다, 제시하다
• spectacularly : 눈부시게, 극적으로
• cutting edge : 최첨단
• cultivate : 경작하다, 양성하다
• prominent : 저명한, 유명한

해석

암호화폐는 2009년 무렵부터 있었으며, 그동안 실제 거래에서 큰 역할을 한 적이 없는데도 비트코인을 자국 통화로 만들려는 엘살바도르의 대대적인 시도는 재앙이 되었다. ①예를 들어, 실제 거래에서 유용함을 충분히 입증한 Venmo와 같은 디지털 결제 앱을 사용한다고 가정하자. ②그렇다면 어떻게 암호화폐가 절정에 달했을 때 거의 3조 달러의 가치가 되었을까? ③추정컨대 미국 달러에 고정돼 있었지만 분명 비규제 은행의 모든 위험 대상이었고, 대공황에 일조했던 은행 부도의 물결을 연상시키는 연쇄 붕괴를 경험한 지금 '스테이블 코인'을 억제하기 위해 왜 아무런 조치도 취해지지 않았는가? ④내 대답은 암호화폐 산업이 실물경제에 활용도가 높은 제품을 결코 내놓은 적이 없지만, 마케팅 자체는 눈부시게 성공해 최첨단이자 존경할 만한 이미지를 만들어냈다는 것이다. ⑤특히 저명한 인물과 기관을 양성함으로써 그렇게 했다.

33 ③ 고생물학자들은 빙하기 황새 렙탑틸로스 로부스투스가 날지 못하는 종(種)이라고 생각했지만, 왕립학회 오픈 사이언스지에 발표된 렙탑틸로스 로부스투스의 날개 뼈 화석을 통해 이 사실이 잘못되었다는 것을 알았다. 그러므로 주어진 문장은 날지 못하는 종(種)이라고 생각했지만, 12피트 길이의 날개폭은 황새가 머리 위로 날아오르도록 했을 것이라고 서술되어 있는 ③에 들어가는 것이 가장 적절하다.

어휘

• analyze : 분석하다, 조사하다
• fossil : 화석
• hobbit : 호빗(가상의 난장이)
• immense : 엄청난, 거대한
• stork : 황새
• tower over : ~보다 훨씬 높다

- paleontologist : 고생물학자
- previously : 이전에, 미리
- flightless : 날지 못하는
- wingspan : 날개 길이, 날개폭
- soar : 솟구치다, 날아오르다
- prompt : 즉각[지체 없이] ~하다, 촉발하다
- revise : 변경하다, 개정하다
- anatomy : 해부학
- scavenger : 청소부, 죽은 동물을 먹는 동물
- prehistoric : 선사의, 선사 시대의

⟨해석⟩

> 그러나 오늘 왕립학회 오픈 사이언스지에 발표된 날개 뼈를 포함한 새롭게 분석된 화석들이 이 이야기를 바꾸어 놓았다.

인도네시아 동부의 섬인 고대 플로레스에서, '호빗' 크기의 인간은 거대한 새와 그 풍경을 공유했다. (①) 크기가 5피트 이상인 빙하기 황새 렙탑틸로스 로부스투스는 6만 년 이전에 살았던 3피트 크기의 호모 플로레시엔시스보다 더 컸다. (②) 이전에 고생물학자들은 그 큰 새가 고립된 섬 생태계에 적응해 살아가는 날지 못하는 종(種)이라고 생각했다. (③) 황새의 크기에도 불구하고, 12피트 길이의 날개폭은 황새가 머리 위로 날아오르도록 했을 것이다. (④) 이 새로운 사실에 고생물학자들은 L. 로부스투스의 해부학과 행동에 대해 이전에 생각했던 것을 즉각 수정했다. (⑤) 이 새로운 연구는 그 새가 작은 먹이를 사냥하기보다 아마도 죽은 동물들에게서 먹이를 구했던 것으로 알려진 다른 선사시대의 나는 황새들처럼 청소부였을 거라는 사실을 시사한다.

34 ④ 고대 이집트인들이 사용한 아이라이너의 일반적인 제조법에는 납이 포함되어 있었고, 납 이온은 다른 면에서 여전히 독성이 있지만 박테리아가 눈을 감염시키기 전에 죽이는 활성산소인 일산화질소를 생성하는 데 도움을 주었다. 이러한 사실을 파리의 화학 팀이 밝혀낸 것이므로 주어진 문장은 ④에 들어가는 것이 가장 적절하다.

⟨어휘⟩

- lead ions : 납 이온
- toxic : 독성의, 독이 있는
- nitric oxide : 일산화질소
- free radical : 활성 산소
- infect : 감염시키다, 오염시키다
- rim : 가장자리[테]를 이루다[두르다]
- makeover : 미용, 화장
- ritual : 의식상의, 의례적인

- slaughter : 도살, 학살
- manuscript : 원고, 사본
- wearer : 착용하는 사람, 사용하는 사람
- skeptical : 의심 많은, 회의적인
- formula : 공식, 화학식, 제조법
- scraped : 긁어낸
- onto something : 말이 맞는, 뭔가 이루어낸, 좋은 결과의
- compound : 화합물
- deliberately : 의도적으로, 일부러
- dub : 별명을 붙이다, 재녹음하다

⟨해석⟩

> 납 이온은 다른 면에서 여전히 독성이 있지만 또한 박테리아가 눈을 감염시키기 전에 죽이는 활성산소인 일산화질소를 생성하는 데 도움을 주었다.

이집트인들은 눈가에 검은 화장을 하는 것으로 유명하다. 이 화장은 단지 사람만을 위한 것이 아니라, 기원전 2500년의 예술에서 보듯이 도살 의식에 끌려가는 소들 또한 머리에 칠을 했다. (①) 그 시대의 기록들은 아이라이너가 눈의 감염으로부터 사용자들을 보호한다고 주장했지만, 현대 과학자들은 회의적이었다. (②) 결국 가장 일반적인 제조법에는 납이 포함되어 있었다. (③) 하지만 2009년, 파리의 Pierre와 Marie Curie 대학의 연구원이 이끄는 화학 팀은 무덤에서 긁어낸 샘플을 분석했고 고대인들의 말이 맞다는 것을 발견했다. (④) 게다가, 아이라이너의 일부 화합물은 이집트가 원산지가 아니어서, 연구원들은 이 화장품이 단지 수중에 있었기 때문에 사용된 것이 아니라 의도적으로 제조된 것이라고 믿게 되었다. (⑤) 이 연구의 저자들은 그 아이라이너를 우리에게 알려진 최초의 대규모 화학 제조 공정이라고 이름 붙였다.

35 ④ 고대 그리스는 국민 주권에 대한 개념을 제시한 반면 로마는 공화주의 개념을 제시했다. 즉, 그리스와 로마의 정부 형태는 달랐지만 수세기에 걸쳐 공화주의와 민주주의가 얽히면서 오늘날 우리가 알고 있는 현대 자유민주주의 체제를 만들어냈다. 그러므로 비록 고대 그리스 & 로마의 정부 형태는 (A)달랐지만(dissimilar), 그들은 함께 현대 민주주의의 (B)토대(foundation)를 마련했다고 한 문장으로 요약할 수 있다.

⟨어휘⟩

- governing decision : 통치 결정
- lay out : 제시하다, 설계하다
- republicanism : 공화주의
- representation : 대표, 대리
- popular sovereignty : 국민 주권

- derive : 끌어내다, 유도하다, 도출하다
- legislative body : 입법부, 입법 기관
- senate : 원로원
- liberal democracy : 자유민주주의
- intertwine : 뒤얽히다, 엮이다
- regime : 정권, 제도, 체계
- deficiency : 결핍, 결점
- interchangeable : 교환[교체]할 수 있는, 호환할 수 있는
- dissimilar : 다른, 같지 않은
- groundbreaking : 획기적인, 신기원을 이룬

오답풀이

① (A) primitive → 원시적인
　(B) deficiencies → 결점
② (A) interchangeable → 교환할 수 있는
　(B) inspiration → 영감
③ (A) ideal → 이상적인
　(B) riddles → 수수께끼
⑤ (A) groundbreaking → 획기적인
　(B) groundwork → 기반

해석

고대 그리스 민주주의는 대중이 정부의 일에 직접 참여하여 정책을 선택하고 통치 결정을 내리도록 하였다. 이런 의미에서 국민은 국가였다. 이와 대조적으로, 로마 제국은 국가 내의 권력 분립과 선출된 관리들을 통한 대중의 대표성을 강조하는 공화주의의 개념을 제시했다. 따라서 그리스가 국민 주권에 대한 개념을 제시한 반면, 원로원과 같은 입법 기관의 개념을 도출한 것은 로마이다. 그들의 초기 형태에서, 그리스의 민주주의도 로마의 공화주의도 오늘날의 기준으로 자유 민주주의로 정의되지는 않을 것이다. 둘 다 특정의 민주적 요소를 강조했지만 근본적인 방법으로 제한했다. 수세기에 걸쳐 정치적 권리와 제도가 확대되면서 공화주의와 민주주의가 얽혀 오늘날 우리가 알고 있는 현대 자유민주주의 체제를 만들어냈다.

↓

비록 고대 그리스와 로마의 정부 형태는 (A)달랐지만, 그들은 함께 현대 민주주의의 (B)토대를 마련했다.

36　③ (A) 꽃은 수분을 위해 그리고 양봉가는 꿀을 위해 각각의 입장에서 꿀벌의 목적을 예로 들어 설명하고 있다. 그러므로 (A)에 들어갈 연결어구는 예시의 의미를 나타내는 'For instance(예를 들어)'가 가장 적절하다.
(B) 특정한 목적을 위해 무언가를 이용하고 있지만, 자연에서는 누가 누구를 이용하고 있는지 명확하지 않다고 했으므

로, (B)에는 역접의 의미를 나타내는 'Yet(하지만)'이 들어갈 연결어구로 가장 적절하다.

어휘

- perceived : 인지된, 감지된
- pollinate : 수분하다, 꽃가루를 주다
- beekeeper : 양봉가
- hive : 벌집
- be relative to : 관계가 있다
- exploit : 이용하다, 착취하다
- tick : 진드기
- hide : (짐승의) 가죽
- rhinoceros : 코뿔소
- rid : 없애다, 제거하다

해석

우리가 목적을 바라보는 방법은 종종 인지된 중요성과 관련이 있다. (A)예를 들어, 꽃을 주된 관심의 대상으로 본다면 꿀벌의 목적은 꽃을 수분시키는 것이라고 말한다. 하지만 우리가 양봉가라면, 꿀벌의 목적은 벌집에 공급할 꿀을 생산하는 것이라고 말할 가능성이 더 높다. 여기서 목적은 꽃을 위해 씨앗을 운반하거나 벌집을 위해 꿀을 생산하는 더 큰 맥락과 관련이 있다고 볼 수 있으며, 특정한 목적을 위해 무언가를 착취하거나 이용하는 것과 관련이 있다. (B)하지만, 자연에서는 누가 누구를 이용하고 있는지 종종 명확하지 않다. 코뿔소 가죽의 진드기를 먹는 작은 새는 코뿔소를 모두가 먹을 수 있는 큰 뷔페로 이용하는가, 아니면 코뿔소가 성가신 진드기를 없애는 수단으로 그 새를 이용하는가? 그 둘은 서로가 필요하다. 그래서 목적은 상대적인 것이며, 어떤 사물이나 사람의 상대적인 중요성과 관련이 있다.

37　⑤ 주어진 문장에서 화자는 최근에 여성 운동이 활발하지 못한 것에 의문을 던졌고, 글 (C)에서 실제 여성 운동이 유럽과 미국 전역에서 폭발했던 당시 상황을 설명하였다. 다음으로 글 (B)의 마지막 문장에서 일본 여성에 대한 사례를 언급했고, 글 (A)에서 그에 대한 구체적인 설명을 제시하였다. 그러므로 주어진 글 다음에 (C) − (B) − (A)의 순으로 글이 이어져야 한다.

어휘

- burst : 터뜨리다, 폭발하다
- enormous : 거대한, 엄청난
- dissipate : 소멸되다, 사라지다
- extremely : 매우, 극도로
- explosion : 폭발, 폭파
- end up with : 결국 ~하게 되다
- narrow section : 좁은 부분

• population : 인구, 주민

(해석)

> 60년대 이후 여성 운동은 전통적인 남성의 사고방식을 그대로 반영하는 방향으로 발전했다. 그것은 마치 뇌 속으로 타들어가는 모양과 같아서 밖으로 빠져나갈 수 없다. 나는 최근에 왜 여성 운동이 전체적으로 잠재력을 발휘하지 못하는지 생각해 보았다.

(C) 여성 운동은 유럽과 미국 전역에서 엄청난 에너지를 내며 현장에서 폭발했다. 하지만 에너지는 사라졌고, 실제로 성취된 것은 모든 유럽 국가들과 아마도 60년대에 젊고 현재 중년이 된 미국과 캐나다의 중산층 여성들이 오히려 더 잘 해냈다는 것이다.

(B) 그들은 대개 텔레비전과 라디오, 신문 등과 같은 문화적인 일에 좋은 직업을 갖고 있다. 이것은 일본처럼 여성들이 매우 힘든 시간을 보내는 나라들도 또한 사실이다.

(A) 오늘날 일본에는 공적인 생활을 하는 여성이 극히 드물고, 서구의 어느 곳보다 훨씬 적으며, 그들이 있을 때는 거의 항상 문화적인 일에 있다. 그래서 모든 엄청난 에너지의 폭발은 결국 여성 인구의 극히 일부만이 이전보다 더 잘하게 되었다.

38 ⑤ 주어진 글에서 문화를 숙주의 몸 속에 기생하는 기생충에 비유하여 화제를 던지고 있고, 글 (C)에서 한 숙주에서 다른 숙주로 증식하며 퍼지는 기생충의 특성에 대해 설명하고 있다. 글 (B)에서 이런 식으로 문화적인 사상 또한 인간의 마음속에 기생하여 전파된다고 설명하고 있으며, 마지막으로 글 (A)에서 기생충에 잡아먹힌 숙주처럼 인간은 죽지만 그 사상은 퍼지며, 문화는 정신적 기생충이라고 결론을 내린다. 그러므로 주어진 글 다음에 (C) – (B) – (A)의 순으로 글이 이어져야 한다.

(어휘)

• infection : 감염, 전염병
• parasite : 기생충
• unwitting : 자신도 모르는, 부지불식간의, 무의식적인
• host : 주인, 성체, 숙주
• organic parasite : 유기[생물에서 나온] 기생충
• multiply : 증가하다, 증식하다
• feed off : ~을 먹다
• pass along : 전달하다, 부담시키다, 떠넘기다
• in this fashion : 이런 식으로
• dedicate : 바치다, 헌신하다
• conspiracy : 음모, 모의

• emerge : 나오다, 드러나다

(해석)

> 점점 더 많은 학자들이 문화를 정신적인 감염이나 기생충의 일종으로 보고 있으며, 인간을 무의식적인 숙주로 여긴다. 바이러스와 같은 유기 기생충은 숙주의 몸 속에 기생한다.

(C) 이 기생충들은 한 숙주에서 다른 숙주로 증식하여 퍼지면서 숙주를 먹고, 약화시키며, 때로는 죽이기도 한다. 숙주가 기생충에게 물려줄 만큼 충분히 오래 사는 한 숙주의 상태는 거의 신경 쓰지 않는다.

(B) 바로 이런 식으로, 문화적인 사상은 인간의 마음속에 살아 있다. 이들은 증식하여 한 숙주에서 다른 숙주로 전파되며, 때로는 숙주를 약화시키고 때로는 죽이기도 한다. 문화적인 사상은 심지어 죽음의 대가를 치르더라도 그 사상을 퍼뜨리기 위해 사람의 생명을 바치도록 강요할 수 있다.

(A) 인간은 죽지만, 그 사상은 퍼진다. 이 접근법에 따르면, 문화는 다른 사람들을 이용하기 위해 어떤 사람들에 의해 꾸며진 음모가 아니다. 오히려 문화는 우연히 나타난 정신적 기생충이며, 그 이후에 감염된 모든 사람들을 이용한다.

[39~40]

(어휘)

• liberally : 듬뿍, 아낌없이
• troop : 병력, 부대
• overthrow : 타도하다, 전복하다
• be preoccupied with : ~에 골몰하다[몰두하다]
• hyperorganized : 과조직화된
• monarchy : 군주국, 왕정
• side with : ~의 편을 들다, 두둔하다
• the Confederacy : 남부연합(미국의 남북전쟁 당시 북부에 대항하는 남부 연방)
• defeat : 패배시키다, 물리치다
• Latino : (미국에 사는) 라틴 아메리카인
• spontaneous : 자발적인, 즉흥적인
• take place in : ~에서 열리다, 일어나다
• slavery : 노예, 노예제도
• significance : 중요성, 중대성, 의의
• fall by the wayside : 도중에 실패하다, 사라지다
• spirits industry : 양주 산업, 양주 업계
• seize : 붙잡다, 장악하다
• ubiquitous : 어디에나 있는, 도처에 있는

- rage : 노하다, 맹위를 떨치다, 성행하다
- geographically : 지리적으로
- conspiracy : 음모, 모의
- ridden : 시달리는, 사로잡힌
- distorted : 왜곡된, 비뚤어진
- cuisine : 요리, 요리법
- immigration : 이민, 이주
- restoration : 부활, 회복

해석

많은 미국인들에게, 싱코 데 마요는 멕시코 음식을 먹고 아낌없이 마시는 날이다. 그러나 실제 역사는 훨씬 더 정치적 사안이다.

그것은 1860년대에 시작되었다. 프랑스는 멕시코로 제국을 확장하고 싶어 했고, 나폴레옹 3세는 아브라함 링컨이 내전에 몰두하는 동안 멕시코에서 민주적으로 선출된 대통령 베니토 후아레스를 타도하기 위해 그의 군대를 멕시코시티로 진격하도록 명령했다. 과조직화된 프랑스군은 승리할 것으로 크게 기대되었고, 이는 남부연합의 편에 설 새로운 멕시코 군주국을 탄생시켰다.

그러나 1862년 5월 5일, 멕시코군은 푸에블라 전투에서 프랑스를 물리쳤다. 그 뜻밖의 승리는 골드러시 기간 동안 북쪽으로 온 라틴 아메리카인들을 하나로 모았고, 자발적인 축하행사로 이어졌다고 「미국의 전통인 엘 싱코 데 마요(첫 번째는 캘리포니아의 투올룸네 카운티에서 열렸다.)의 저자 데이비드 E. 헤이스-바티스타는 말한다. 곧 그들은 멕시코와 미국의 두 노예제도에 대항하는 투쟁을 지원하기 위해 단체들을 조직하기 시작했다.

그러나 1930년대에 남북 전쟁에 대한 기억이 더 멀어지면서 민권 공휴일로서의 싱코 데 마요의 중요성은 점차 사라지기 시작했다. 1980년대와 1990년대까지 히스패닉 소비자의 수가 급격히 증가했고, 특히 양주 업계 판매자들이 그 순간을 장악했다. 그들은 그 공휴일을 멕시코-미국 문화의 일반적인 축제로 전환시켜 어디에서나 열었고, 파티는 오늘날에도 성행하고 있다.

39 ② 싱코 데 마요는 푸에블라 전투, 남북 전쟁, 노예제도에 대한 투쟁 등의 역사에 비추어 볼 때, 멕시코-미국 문화의 일반적인 축제 이상의 정치적으로 훨씬 무게가 실린 사안이다. 그러므로 ②의 'politically charged(정치적 사안의)'가 빈칸에 들어갈 말로 가장 적절하다.

오답풀이

① geographically driven(지리적으로 추진된)
③ conspiracy ridden(음모에 사로잡힌)
④ culturally distorted(문화적으로 왜곡된)

⑤ economically balanced(경제적으로 균형 잡힌)

40 ① 제시문에 싱코 데 마요는 멕시코군이 푸에블라 전투에서 프랑스군을 물리친 후 라틴 아메리카인들의 자발적인 축하행사에서 비롯되었고, 이후 1980년대와 1990년대에 히스패닉 소비자의 수가 급격히 증가하면서 양주 업계 판매자들이 그 날을 멕시코-미국 문화의 일반적인 축제로 전환시켰다고 서술되어 있다. 그러므로 ①의 'The Surprising Evolution of Cinco de Mayo(싱코 데 마요의 놀라운 진화)'가 윗글의 제목으로 가장 적절하다.

오답풀이

② The Political Significance of Mexican Cuisine(멕시코 요리의 정치적 중요성)
③ Revisiting the History of Mexican Immigration(멕시코 이민의 역사 다시보기)
④ All Against Slavery: Struggles of the Confederacy(노예 제도에 반대하는 모든 것: 남부 연합의 투쟁)
⑤ The Restoration of Civil Rights Through Cinco de Mayo(싱코 데 마요를 통한 시민권 회복)

[41~42]

어휘

- gasp at : ~에 놀라 숨이 막히다
- glance up : 흘깃[휙] 보다, 언뜻 보다
- shrink : 줄어들다, 움츠리다
- dub : 별명을 붙이다, 더빙하다
- moon illusion : 달 착시
- phenomenon : 현상, 사건
- trickery : 사기, 속임수
- disagree : 의견이 다르다, 일치하지 않다
- deceive : 속이다, 기만하다
- supermoon : 슈퍼문, 초대형 달
- coincide with : ~와 일치하다, 동시에 일어나다
- lunar orbit : 달의 (공전) 궤도
- roughly : 대략, 거의
- naked eye : 육안
- barely : 겨우, 거의
- juxtapose : 병치하다, 옆에 놓다, 나란히 놓다
- foreground : 전경, 앞 경치
- hypothesis : 가설, 추정
- intrigue : 강한 흥미[호기심]
- take the time to : ~하는데 시간을 내다[할애하다]
- savor : 맛, 풍미, 음미

- lunar eclipse : 월식
- breathtaking : 숨이 막히는, 숨이 멎는 듯한
- optical illusion : 착시, 착시 현상

해석

여러분은 밤의 지평선을 보고 엄청나게 큰 달이 뜨는 광경에 가슴이 벅찬 적이 있는가? 몇 시간 후에 하늘을 올려다보면, 대게는 달이 작아진 것처럼 보일 것이다. 달 착시라고 불리는 이 현상은 수천 년 동안 목격되어 왔으며, 모두가 마음속에서 일어나는 시각적 속임수이다. 그리고 그렇게 오랜 시간이 지난 후에도, 과학자들은 여전히 우리의 뇌에서 정확히 무슨 일이 일어나고 있는지에 대해 의견이 분분하다. 그것을 시험해 보려면, 지평선에서 떠오르는 달 사진을 찍어 그날 밤 늦게 찍은 이미지와 비교하면 된다. 눈은 순간적으로 속지언정, 그 크기는 일정하게 유지될 것이다. (A)마찬가지로 슈퍼문 기간 동안 보름달의 날짜가 달의 궤도에서 지구와 가장 가까운 곳에 일치하고 달이 약 7% 더 크게 보일 때, 비록 다르다고 확신하더라도 육안으로는 그 차이를 거의 볼 수 없다.

그 착각에 대한 일반적인 설명은 달이 지평선 가까이 있을 때, 하늘과 마주하여 나란히 있는 나무나 건물들이 뇌를 속여 달이 지구에 더 가깝고 따라서 더 크다고 인식하는 것이다. (B)그러나, 궤도상의 우주 비행사들 또한 앞에 물체가 없는데도 달 착시를 목격하기 때문에, 이 설명이 문제를 완전히 해결하지는 못한다. 다른 가설들이 많지만, 달 착시는 여전히 과학자들과 이 달의 신비를 편안히 앉아 음미하는데 시간을 할애하는 사람들에게 약간의 흥미를 유발한다.

41 ④ 주어진 제시문은 수천 년 동안 목격된 달의 착시 현상에 대해 설명하고 있으며, 달이 작아지는 것처럼 보이는 이유에 대한 다양한 가설을 제공하고 있다. 그러므로 ④의 'The Optical Illusion of the Size of the Moon(달의 크기에 대한 착시 현상)'이 윗글의 제목으로 가장 적절하다.

오답풀이

① Traveling to the Moon Made Easy(손쉬운 달 여행)
② Lunar Eclipse During Supermoons(슈퍼문 기간 동안의 월식)
③ The Breathtaking View from Outer Space(우주에서 바라본 숨막히는 광경)
⑤ The Shrinking Universe: A Cause for Worry?(작아지는 우주: 걱정거리인가?)

42 ③ (A) 달 착시를 시험하기 위해 그 결과가 유사한 두 가지 방법을 제시하고 있다. 그러므로 'Similarly(마찬가지로)'가 빈칸 (A)에 들어갈 연결어구로 가장 적절하다.
(B) 나무나 건물들 때문에 달 착시가 나타난다는 앞의 설명

과 달리 우주 비행사들은 앞에 물체가 없는데도 달 착시를 목격한다고 서술하고 있다. 그러므로 역접의 접속사 'However(그러나)'가 빈칸 (B)에 들어갈 연결어구로 가장 적절하다.

[43~45]

어휘

- be stuck in : ~에 처박혀 있다, ~에 갇히다
- polio : 소아마비
- antidote : 해독제, 해결책
- supposedly : 추측컨대, 아마도
- grab : 붙잡다, 움켜쥐다
- butcher paper : 고기 포장용지
- grasp : 완전히 이해하다, 파악하다
- instruction : 지시, 설명
- delicious-sounding : 맛있는 소리를 내는
- ward : 실, 병동
- keep under wraps : 숨기다, 비밀로 하다
- decade : 10년
- epidemic : 유행병, 전염병
- bowling alley : 볼링장
- moviegoer : 영화 관람객
- wary : 경계하는, 조심하는
- coupled with : ~와 결부된, 동반된
- eradicate : 근절하다, 뿌리 뽑다
- be inducted into : ~에 가입되다, 헌액[추대]되다
- the National Toy Hall of Fame : 국립 장난감 명예의 전당
- humble : 겸손한, 겸허한
- keep a low profile : 겸손함을 유지하다
- devote : 바치다, 헌신하다
- exploration : 탐사, 탐구
- royalty check : 저작권료
- bittersweet : 달콤한, 달콤쌉싸름한
- boost : 높이다, 신장시키다
- arithmetic : 산수, 산술
- be struck with : ~에 휩싸이다
- hospitalize : 입원시키다

해석

(A) 1948년이었고, 엘리너 애벗은 지루했다. 퇴임한 선생님은 그녀처럼 소아마비를 앓고 있는 어린 아이들에게 둘러싸여 샌디에이고 병원에 갇혀 있었다. 아이들은 외롭고 슬퍼했으며, 달리 할 일이 없었던 애벗은 유쾌한 보드 게임이 완벽한 해결책이 될 수 있으리라 생각했다. 그래서 그녀는

아마도 고기 포장용지 한 장을 쥐고 도안을 그리기 시작했다.

(D) 최종 결과 어린 아이들은 대만족이었다. 세거나 읽을 필요 없이, 참가자는 단순히 색을 파악하여 카드 상의 지시에 따라 보드를 여행하고, 도중에 맛있는 소리를 내는 여러 위치에 멈추면 되었다. 그녀는 소아마비 병동의 아이들과 그 게임을 함께 했고, 아이들은 좋아했다. 1년 후 밀턴 브래들리가 그 게임을 사들였는데, 그것은 공전의 히트작인 캔디랜드였다.

(B) 밀턴 브래들리는 수십 년 동안 그 이야기를 비밀에 부쳤지만, 그 게임과 병과의 연관성은 거기서 멈추지 않았다. 소아마비가 캔디랜드를 유명하게 만드는 데 일조했을 가능성이 있다. 1950년대 초, 소아마비 전염병이 전국을 휩쓸었다. 건강을 지키는 가장 좋은 방법은 사람들을 만나지 않는 것이었다. 공공 수영장, 놀이터, 그리고 볼링장은 폐쇄되었다. 영화 관람객들은 극장에서 서로 멀리 떨어져 앉도록 안내 받았다. 조심스러운 부모들은 아이들을 밖에서 놀도록 내버려두지 않았다. 건강하든 아프든, 모두가 시간을 보내는데 도움이 될 오락거리가 필요했다. 전후 미국인들이 그 어느 때보다 많은 돈과 여가 시간을 가졌다는 사실과 더불어, 그것은 어린이 보드 게임이 인기를 끌기 위한 이상적인 조건을 제공했다. 게다가, 그것은 사탕에 관한 것이지 않은가!

(C) 오늘날, 소아마비는 사실상 지구상에서 근절되었다. 그러나 캔디랜드는 계속해서 기부를 하고 있다. 그 게임은 4천만 장 이상이 팔렸고 2005년에 국립 장난감 명예의 전당에 헌액되었다. 하지만 애벗은 남은 여생 동안 겸손함을 유지했다. 뉴욕 로체스터에 있는 박물관인 더 스트롱의 니콜라스 리케츠에 따르면, 애벗은 첫 저작권료를 받았을 때, 그 돈의 상당 부분을 병동에서 만난 아이들에게 바로 돌려주었다. 얼마나 자상한가!

43 ④ 우선 글 (A)에서 앨리너 애벗이 소아마비 병동에서 보드 게임을 만든 상황을 설명하고 있고, 다음으로 보드 게임을 하는 방법에 대해 설명한 글 (D)가 이어져야 한다. 글 (D)의 말미에 밀턴 브래들리가 그 게임을 사들여 히트시킨 것이 캔디랜드였고, 그것이 유명하게 된 이유를 글 (B)에서 설명하고 있다. 마지막으로 글 (C)에서 캔디랜들를 처음 도안한 엘리너 애벗의 훈훈한 미담에 대해 설명하고 있다. 그러므로 글 (A) 다음에 (D)–(B)–(C)의 순서로 글이 이어져야 한다.

44 ② 캔디랜드는 엘리너 애벗이 샌디에이고 병원에 입원중일 때 소아마비에 걸린 아이들을 위해 고안했고, 소아마비가 사라진 이후에도 계속해서 기부를 이어가고 있으며, 애벗이

첫 저작권료를 받았을 때도 그 돈의 상당 부분을 병동에서 만난 아이들에게 돌려주었다고 서술하고 있다. 그러므로 ②의 'The Bittersweet History of Candy Land(캔디랜드의 달콤한 역사)'가 윗글의 제목으로 가장 적절하다.

오답풀이

① How to Play Candy Land with Kids(아이들과 캔디랜드 놀이하는 방법)
③ Using Candy Land as an Educational Tool(캔디랜드를 교육 도구로 사용하기)
④ Candy Land: Boosting Children's Confidence(아이들의 자신감을 높여주는 캔디랜드)
⑤ The Decline of the Popularity of Candy Land(캔디랜드의 인기 하락)

45 ① 글 (D)에서 세거나 읽을 필요 없이, 참가자는 단순히 색을 파악하여 카드 상의 지시에 따라 보드를 여행하고, 도중에 맛있는 소리를 내는 여러 위치에 멈추면 된다고 그 게임에 대해 설명하고 있다. 그러므로 "Candy Land requires basic arithmetic skills.(캔디랜드는 기본적인 산술 능력을 필요로 한다.)"는 ①의 설명은 윗글의 내용과 일치하지 않는다.

오답풀이

② America was struck with an epidemic in the 1950s.(미국은 1950년대에 전염병이 유행하였다.)
③ Eleanor Abbott made Candy Land while hospitalized.(엘리너 애벗은 입원 중에 캔디랜드를 만들었다.)
④ Eleanor Abbott shared her first royalty check with others.(엘리너 애벗은 처음 받은 저작권료를 다른 사람들과 나누었다.)
⑤ At first, Milton Bradley did not reveal the origin story of Candy Land.(처음에 밀턴 브래들리는 캔디랜드의 유래를 밝히지 않았다.)

2023학년도 기출문제 정답 및 해설

제3교시 **수학영역**

01 ①	02 ④	03 ③	04 ⑤	05 ①	06 ③
07 ④	08 ⑤	09 ⑤	10 ③	11 ②	12 ④
13 ②	14 ③	15 ③	16 ①	17 ①	18 ②
19 ④	20 ②	21 146	22 250	23 7	24 14
25 34					

01 $\overline{AB}$, $\overline{AC}$의 길이가 각각 3, 5이고 주어진 삼각형의 넓이가 $5\sqrt{2}$이므로

$5\sqrt{2} = \dfrac{1}{2} \times 3 \times 5 \times \sin A$,

$\sin A = \dfrac{2\sqrt{2}}{3}$

이때, $\sin^2 A + \cos^2 A = 1$이므로

$\dfrac{8}{9} + \cos^2 A = 1$,

$\cos A = \dfrac{1}{3}$

따라서 코사인법칙을 이용하여 $\overline{BC}$의 길이를 구하면

$\overline{BC}^2 = 3^2 + 5^2 - 2 \times 3 \times 5 \times \dfrac{1}{3} = 24$,

$\overline{BC} = 2\sqrt{6}$

외접원의 반지름의 길이를 R이라 할 때, 사인법칙을 이용하면

$2R = \dfrac{2\sqrt{6}}{\sin A}$,

$\therefore R = \dfrac{3\sqrt{3}}{3}$

02 원점에서 출발하는 두 점 P, Q의 시각 t에서의 위치를 각각 $x_P(t)$, $x_Q(t)$라고 하면

$x_P(t) = \displaystyle\int_0^t 3t^2 + 2t - 4 \, dt = t^3 + t^2 - 4t$

$x_Q(t) = \displaystyle\int_0^t 6t^2 - 6 \, dt = 2t^3 - 3t^2$

$t^3 + t^2 - 4t = 2t^3 - 3t^2$,

$t^3 - 4t^2 + 4t = 0$,

$t(t-2)^2 = 0$

$\therefore t = 2$

따라서 $t = 2$일 때, 두 점이 처음으로 만나므로 이때의 위치는

$\therefore x_P(2) = x_Q(2) = 4$

03 $x = a$일 때, P, Q, R의 좌표는 각각 $P(a, 4^a)$, $Q(a, 2^a)$,

$R\left(a, -\left(\dfrac{1}{2}\right)^{a-1}\right)$이다.

이때, $\overline{PQ} : \overline{QR} = 8 : 3$이므로 이를 식으로 나타내면

$4^a - 2^a : 2^a + \left(\dfrac{1}{2}\right)^{a-1} = 8 : 3$,

$3(4^a - 2^a) = 8(2^a + 2^{1-a})$,

$3 \times 2^{3a} - 11 \times 2^{2a} - 16 = 0$,

$(2^a - 4)(3 \times 2^{2a} + 2^a + 4) = 0$,

$\therefore a = 2$

04 집합 A에서 $2 \leq a \leq k$이므로 a는 1보다 큰 자연수이다.

따라서 $\log_a b \leq 2$, $b \leq a^2$

또한, 자연수 k는 $k \geq 2$이므로 $a = 2$부터 집합 A에 차례대로 대입하면,

$a = 2$일 때, $b \leq 4$이므로

$(a, b) = (2, 1), (2, 2), (2, 3), (2, 4)$: 4개

$a = 3$일 때, $b \leq 9$이므로

$(a, b) = (3, 1), (3, 2), \cdots, (3, 9)$: 9개

$a = 4$일 때, $b \leq 16$이므로

$(a, b) = (4, 1), (4, 2), \cdots, (4, 16)$: 16개

$a = 5$일 때, $b \leq 25$이므로

$(a, b) = (5, 1), (5, 2), \cdots, (5, 25)$: 25개

따라서 $a = 1$부터 $a = 5$까지 원소의 개수의 합이 54이므로 자연수 a와 k의 최댓값은 5, 자연수 b의 최댓값은 25이다.

$\therefore 5 + 25 + 5 = 35$

05 주어진 조건에서 사차함수 $f(x)$가 x^3으로 나누어떨어지므로 $f(x)$는 x^3을 인수로 가져야한다.

$\therefore f(x) = ax^3(x-b)$

이때, 함수 $f(x)$는 $x = 1$에서 극값 2를 가지므로,

$f'(1) = 0$, $f(1) = 2$

함수 $f(x)$의 양변을 x에 대해 미분하면

$f'(x) = 3ax^2(x-b) + ax^3$이므로

$f'(1) = 3a(1-b) + a = 0$,

$f(1) = a(1-b) = 2$

위의 두 식을 연립하여 a, b를 구하면

$\therefore a=-6$, $b=\dfrac{4}{3}$

따라서 $f(x)=-6x^3\left(x-\dfrac{4}{3}\right)=-6x^4+8x^3$

한편,

$\displaystyle\int_0^2 f(x-1)dx=\int_{-1}^1 f(x)dx$이므로

$\displaystyle\int_{-1}^1 -6x^4+8x^3\,dx=-2\int_0^1 6x^4\,dx$

$\displaystyle\qquad\qquad=-2\times\left[\dfrac{6}{5}x^5\right]_0^1$

$\displaystyle\qquad\qquad=-\dfrac{12}{5}$

06

함수 $y=\cos x$그래프에서 $y=0$을 만족시키는 x값은

$x=\pm\dfrac{\pi}{2}$, $\pm\dfrac{3\pi}{2}$, $\pm\dfrac{5\pi}{2}$, $\pm\dfrac{7\pi}{2}$, $\cdots$이므로

$\cos\dfrac{(a-b)\pi}{2}=0$에서 $(a-b)=\pm(홀수)$의 값을 만족시켜

야 한다.

따라서 $a^2+b^2\leq13$와 $(a-b)=\pm(홀수)$를 동시에 만족시키

는 값을 구하면

$a=0$일 때, $b^2\leq13$이므로 순서쌍 (a,b)는

$(0,1)$, $(0,-1)$, $(0,3)$, $(0,-3)$

$a=\pm1$일 때, $b^2\leq12$이므로 순서쌍 (a,b)는

$(1,0)$, $(-1,0)$, $(1,2)$, $(-1,2)$, $(1,-2)$, $(-1,-2)$

$a=\pm2$일 때, $b^2\leq9$이므로 순서쌍 (a,b)는

$(2,1)$, $(-2,1)$, $(2,-1)$, $(-2,-1)$, $(2,3)$, $(-2,3)$,

$(2,-3)$, $(-2,-3)$

$a=\pm3$일 때, $b^2\leq4$이므로 순서쌍 (a,b)는

$(3,0)$, $(-3,0)$, $(3,2)$, $(-3,2)$, $(3,-2)$, $(-3,-2)$

$\therefore$ 순서쌍 (a,b)는 총 24개

07 최고차항의 계수가 1인 삼차함수 $f(x)$가 $x=1$, $x=-1$에서

극값을 가지므로

$\therefore f'(x)=3(x-1)(x+1)$, $f(x)=x^3-3x+C$

(단, C는 적분상수)

한편, $f(x)\leq9x+9$에서 부등호의 양변을 함수 $y=f(x)$, 함

수 $y=9x+9$라 하고, 이를 그래프로 나타내면 다음과 같다.

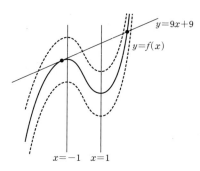

위의 그림에서 $f(x)\leq9x+9$의 값을 만족시키는 구간이

$(-\infty,a]$이므로 경우를 나누어 이를 판단하면

(i) 함수 $y=f(x)$와 함수 $y=9x+9$의 그래프가 서로 다른

세 점에서 만날 때

함수 $y=f(x)$가 함수 $y=9x+9$보다 아래쪽에 위치한

부분이 두 군데 생기므로

$\{x|f(x)\leq9x+9\}=(-\infty,a]$의 조건을 만족시키지 않

는다.

(ii) 함수 $y=f(x)$와 함수 $y=9x+9$의 그래프가 한 점에서

만날 때 (단, a는 양수)

함수 $y=f(x)$가 함수 $y=9x+9$보다 아래쪽에 위치한

부분이 한 군데 생기므로

$\{x|f(x)\leq9x+9\}=(-\infty,a]$의 조건을 만족시키나 a

가 최솟값이 되지 않는다.

(iii) 함수 $y=f(x)$와 함수 $y=9x+9$의 그래프가 두 점에서

만날 때 (단, a는 양수)

함수 $y=f(x)$가 함수 $y=9x+9$보다 아래쪽에 위치한

부분이 한 군데 생기므로

$\{x|f(x)\leq9x+9\}=(-\infty,a]$의 조건을 만족시키며 a

가 최솟값이다.

따라서 함수 $y=f(x)$와 함수 $y=9x+9$의 그래프가 두 점

에서 만날 때, 주어진 조건이 성립하므로 두 함수는 한 점에서

접하고, 다른 한 점에서 만난다.

이때, 접점에서의 접선의 기울기가 9이므로

$f'(x)=3(x-1)(x+1)=9$, $x^2=4$

$\therefore x=\pm2$

이때, $x=2$이면, a의 값이 음수가 되므로 $x=-2$이고, 이때

의 교점의 좌표는 $(-2,-9)$이므로 이를

$f(x)=x^3-3x+C$에 대입하면 $C=-7$

따라서 두 함수 $y=f(x)=x^3-3x-7$와 $y=9x+9$의 교점

은

$x^3-3x-7=9x+9$, $x^3-12x-16=0$

$(x+2)^2(x-4)=0$

$\therefore a=4$

08 주어진 원 $x^2+y^2=r^2$ 위의 점의 좌표가 (a, b)이므로

$a^2+b^2=r^2$

이때, 산술기하평균을 이용하면

$r^2=a^2+b^2 \geq 2\sqrt{a^2b^2}$,

$\therefore \dfrac{r^2}{2} \geq |ab|$

한편, $\log_r|ab|$에서 r은 1보다 큰 실수이므로 $|ab|$가 최댓값을 가질 때, $\log_r|ab|$도 최댓값을 갖는다. 따라서

$f(r)=\log_r\dfrac{r^2}{2}=2-\log_r 2$

$\therefore f(64)=2-\log_{64}2=2-\dfrac{1}{6}=\dfrac{11}{6}$

09 조건 (나)에서 $\log\{f(1)+f(2)+f(3)\}=\log 12$이므로

$\therefore f(1)+f(2)+f(3)=12$

따라서 집합 $A=\{1, 2, 3, 4, 5\}$에서 A로의 함수에서 위의 식이 성립할 수 있도록 하는 $f(1), f(2), f(3)$의 값은 다음과 같다.

(i) $f(1), f(2), f(3)$이 $(5, 5, 2)$로 구성되어 있을 때
  : 총 3가지

(ii) $f(1), f(2), f(3)$이 $(5, 4, 3)$으로 구성되어 있을 때
  : 총 6가지

(iii) $f(1), f(2), f(3)$이 $(4, 4, 4)$로 구성되어 있을 때
  : 총 1가지

한편, 조건 (다)에서 $\log\{f(4)f(5)\} \leq 1$이므로

$\therefore f(4)f(5) \leq 10$

따라서 집합 $A=\{1, 2, 3, 4, 5\}$에서 A로의 함수에서 위의 식이 성립할 수 있도록 하는 $f(4), f(5)$의 순서쌍은 다음과 같다.

$(f(4), f(5))=(1, 1), (1, 2), (1, 3), (1, 4), (1, 5),$
$(2, 1), (2, 2), (2, 3), (2, 4), (2, 5),$
$(3, 1), (3, 2), (3, 3),$
$(4, 1), (4, 2),$
$(5, 1), (5, 2)$

: 총 17가지

이때, 조건 (가)에 의해 함수 값이 같은 $\log f(x)$가 적어도 한 개 이상 존재해야 하므로

조건 (나)에서 구한 (i), (iii)의 값들은 이미 조건 (가)를 만족한다.

반면, (ii)는 $(f(4), f(5))=(1, 2), (2, 1)$일 때, 함수 $\log f(x)$가 일대일함수가 되므로 조건 (가)를 만족시키지 않는다.

따라서 위의 조건을 모두 만족시키는 $f(x)$의 개수는

$\therefore 3 \times 17+6 \times (17-2)+1 \times 17=158$

10 주어진 함수 $f(x)$와 직선 $y=mx+4$를 그래프로 나타내면 다음과 같다.

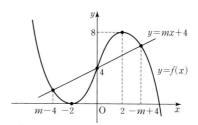

위의 그림에서 $h(m)$은 함수 $f(x)$와 직선 $y=mx+4$로 둘러싸인 영역이다.

이때, 두 영역은 점 $(0, 4)$에 대해 대칭이므로 넓이가 같다. 따라서

$h(m)=2\displaystyle\int_{m-4}^{0}\{(mx+4)-(x+2)^2\}dx$

$=2 \times \dfrac{|-1|}{6} \times (4-m)^3$

$=\dfrac{(4-m)^3}{3}$

이때, $h(-2)+h(1)$의 값은

$\therefore \dfrac{\{4-(-2)\}^3}{3}+\dfrac{(4-1)^3}{3}=72+9=81$

11 주어진 수열 $\{a_n\}$의 일반항을 변형하면

$a_n=\dfrac{\sqrt{9n^2-3n-2}+6n-1}{\sqrt{3n+1}+\sqrt{3n-2}}$

$=\dfrac{\sqrt{(3n+1)(3n-2)}+(3n+1)+(3n-2)}{\sqrt{3n+1}+\sqrt{3n-2}}$

이때, 분자와 분모에 $(\sqrt{3n+1}-\sqrt{3n-2})$를 곱하여 유리화하면

$a_n=\dfrac{\{\sqrt{(3n+1)(3n-2)}+(3n+1)+(3n-2)\}(\sqrt{3n+1}-\sqrt{3n-2})}{(\sqrt{3n+1}+\sqrt{3n-2})(\sqrt{3n+1}-\sqrt{3n-2})}$

$=\dfrac{(\sqrt{3n+1})^3-(\sqrt{3n-2})^3}{(3n+1)-(3n-2)}$

$=\dfrac{(\sqrt{3n+1})^3-(\sqrt{3n-2})^3}{3}$

따라서

$\displaystyle\sum_{n=1}^{16}a_n=\dfrac{1}{3}\sum_{n=1}^{16}(\sqrt{3n+1})^3-(\sqrt{3n-2})^3$

$=\dfrac{1}{3}\{(\sqrt{4^3}-\sqrt{1^3})+(\sqrt{7^3}-\sqrt{4^3})+\cdots+(\sqrt{49^3}-\sqrt{46^3})\}$

$=\dfrac{1}{3}(\sqrt{49^3}-\sqrt{1^3})=114$

12 주어진 조건에서 점 $(18, -1)$을 지나면서 곡선 $y=x^2-1$에 만나는 원 C를 그릴 때, 반지름의 길이가 최소가 되는 지점은 원이 곡선 $y=x^2-1$와 접하는 임의의 점 $P(t, t^2-1)$에서의 접선과 원의 지름이 수직을 이룰 때이고, 이를 그래프로 나타내면 다음과 같다.

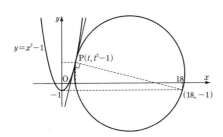

따라서 함수 $y=x^2-1$ 위의 점 $P(t, t^2-1)$에서의 접선의 기울기 $2t$와, 점 $P(t, t^2-1)$과 $(18, -1)$을 지나는 직선의 기울기 $\dfrac{(t^2-1)-(-1)}{t-18}$가 서로 수직이므로,

$2t \times \dfrac{t^2}{t-18}=-1$,

$2t^3+t-18=0$,

$(t-2)(2t^2+4t+9)=0$

$\therefore t=2$이므로 $P(2, 3)$

이때, $P(2, 3)$와 $(18, -1)$의 두 점 사이의 길이는

$\sqrt{16^2+4^2}=4\sqrt{17}$

따라서 원 C의 반지름의 길이는

$\therefore 2\sqrt{17}$

13 임의의 점 (a, b)에서 함수 $y=x^2$에 그은 접선이 만나는 접점을 (t, t^2)라고 하면

$\therefore y=2t(x-a)+b$

이때, 접선 $y=2t(x-a)+b$에서의 기울기 $2t$는 점 (t, t^2)과 점 (a, b) 사이의 기울기와 같으므로

$\therefore 2t=\dfrac{t^2-b}{t-a}$, $t^2-2at+b=0$

한편, 접점 (t, t^2)는 곡선 $y=x^2$ 위에 두 군데 생기는 점이므로 이를 각각 $P(m, m^2)$, $Q(n, n^2)$라고 하면

$t^2-2at+b=0$의 두 근이 m, n이므로 근과 계수의 관계에 의해

$\therefore mn=b$

또한, 접점 $P(m, m^2)$에서 (a, b)로 그은 접선의 기울기와, 접점 $P(m, m^2)$에서 (a, b)로 그은 접선의 기울기가 각각 $2m, 2n$이고 두 접선은 수직이므로

$\therefore 2m \times 2n=-1$, $mn=-\dfrac{1}{4}$

따라서 $b=-\dfrac{1}{4}$

$a^2+b^2 \le \dfrac{37}{16}$에서 $b=-\dfrac{1}{4}$을 대입하면

$a^2+\dfrac{1}{16} \le \dfrac{37}{16}$, $a^2 \le \dfrac{9}{4}$

$\therefore -\dfrac{3}{2} \le a \le \dfrac{3}{2}$

$b=-\dfrac{1}{4}$로 고정된 값이므로 $a+b$는 $a=-\dfrac{3}{2}$일 때 최소가

되고, $a=\dfrac{3}{2}$일 때 최대가 된다.

따라서 $p=\dfrac{5}{4}$, $q=-\dfrac{7}{4}$이므로

$\therefore pq=-\dfrac{35}{16}$

14 주어진 식에서 $\dfrac{1}{x}=t$로 치환하면 $t \to 0$이므로

$\displaystyle\lim_{t \to 0}\sum_{k=1}^{4}\left\{\dfrac{f(1+3^k t)g(1+3^k t)}{t}\right\}$

$\displaystyle =\lim_{t \to 0}\sum_{k=1}^{4}\left\{f(1+3^k t) \times \dfrac{g(1+3^k t)}{t}\right\}$

$\displaystyle =\sum_{k=1}^{4}f(1) \times \lim_{t \to 0}\sum_{k=1}^{4}\left\{\dfrac{g(1+3^k t)}{t}\right\}$

이때, $g(1)=0$이므로 위의 식을 변형하면

$\displaystyle \sum_{k=1}^{4}f(1) \times \lim_{t \to 0}\sum_{k=1}^{4}\left\{\dfrac{g(1+3^k t)}{t}\right\}$

$\displaystyle =\sum_{k=1}^{4}f(1) \times \lim_{t \to 0}\sum_{k=1}^{4}\left\{\dfrac{g(1+3^k t)+g(1)}{3^k t} \times 3^k\right\}$

$\displaystyle =\sum_{k=1}^{4}\left\{f(1) \times g'(1) \times 3^k\right\}$

이때, $f(1)=2$, $g'(1)=20$이므로

$\displaystyle \sum_{k=1}^{4}\left\{f(1) \times g'(1) \times 3^k\right\}=\sum_{k=1}^{4}4 \times 3^k$

$\qquad\qquad =4(3+3^2+3^3+3^4)$

$\qquad\qquad =480$

15 정삼각형 ABC에 내접하는 반지름의 길이가 1인 원 S를 그래프로 나타내면 다음과 같다.

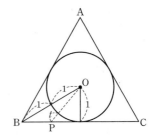

이때, 삼각형 위의 임의의 점 P에서 원 S까지 거리가 실수 $t(0 \le t \le 1)$이므로

구간을 나누어보면 다음과 같다.

(i) $t=0$일 때, P는 정삼각형 ABC와 원 S가 접할 때의 점

(ii) $0<t<1$일 때, P는 t값이 커질수록 정삼각형 ABC의 꼭짓점에 가까워진다.

(iii) $t=1$일 때, P는 정삼각형 ABC의 꼭짓점

한편 $f(t)$는 점 P부터 원 S까지 거리가 t인 점 P의 개수이므로

(i), (iii) 즉, $t=0$, $t=1$일 때, 점 P는 3개이므로 $f(0)=3$, $f(1)=3$이고

(ii) 즉, $0<t<1$일 때, 점 P는 6개이므로 이때의 $f(t)=6$이다.

따라서 $f(t)$를 그래프로 나타내면 다음과 같다.

위의 그래프에서 불연속인 지점은 $k=0$, $k=1$일 때의 두 곳이므로

$\therefore a=2$

$\lim_{t \to 1^-} f(t)=6$이므로

$\therefore b=6$

따라서 $a+b=8$

16 주어진 조건에서 정사각형 $ABCD$의 변 위에 점 P가 있고, 내부에 점 (a, b)가 있으므로 이를 그래프로 나타내면 다음과 같다.

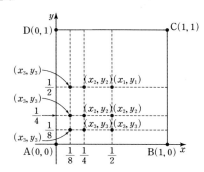

위의 그래프에서 n의 값을 $n=1$부터 차례대로 대입하면

(i) $n=1$일 때의 점 (a, b)를 (x_1, y_1)이라 하면,

점 P와 점 (x_1, y_1) 사이의 거리의 최솟값이 $\frac{1}{2^1}=\frac{1}{2}$

이므로

이를 만족시키는 (x_1, y_1)는 $\left(\frac{1}{2}, \frac{1}{2}\right)$이다.

$\therefore n=1$일 때 (a, b)의 값은 총 1개이므로 $a_1=1$

(ii) $n=2$일 때의 점 (a, b)를 (x_2, y_2)라 하면,

점 P와 점 (x_2, y_2) 사이의 거리의 최솟값이 $\frac{1}{2^2}=\frac{1}{4}$

이고,

조건 (다)에 의해 x_2와 y_2의 분자는 항상 1의 값을 가지므로

이를 만족시키는 (x_2, y_2)는 $\left(\frac{1}{4}, \frac{1}{2}\right)$, $\left(\frac{1}{4}, \frac{1}{4}\right)$,

$\left(\frac{1}{2}, \frac{1}{4}\right)$이다.

$\therefore n=2$일 때 (a, b)의 값은 총 3개이므로 $a_2=3$

(iii) $n=3$일 때의 점 (a, b)를 (x_3, y_3)이라 하면,

점 P와 점 (x_3, y_3) 사이의 거리의 최솟값이 $\frac{1}{2^3}=\frac{1}{8}$

이고, 조건 (다)에 의해 x_3와 y_3의 분자는 항상 1의 값을 가지므로 이를 만족시키는 (x_3, y_3)는 $\left(\frac{1}{8}, \frac{1}{2}\right)$, $\left(\frac{1}{8}, \frac{1}{4}\right)$,

$\left(\frac{1}{8}, \frac{1}{8}\right)$, $\left(\frac{1}{4}, \frac{1}{8}\right)$, $\left(\frac{1}{2}, \frac{1}{8}\right)$이다.

$\therefore n=3$일 때 (a, b)의 값은 총 5개이므로 $a_3=5$

$\vdots$

따라서 일반항 a_n을 구하면 $a_n=2n-1$이므로

$\therefore \sum_{n=1}^{10} a_n=\sum_{n=1}^{10} 2n-1=100$

17 주어진 함수 $f(x)$의 주기는 $\frac{2\pi}{|a\pi|}=\frac{2}{a}$이고, 범위는

$-1+2b \leq f(x) \leq 1+2b$이므로 이를 그래프로 나타내면 다음과 같다.

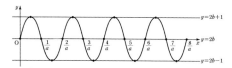

한편, 집합 $\{x|\log_2 f(x)$는 정수$\}$에서 $\log_2 f(x)=k$라고 하면 $f(x)=2^k$(단, k는 정수)이고,

이때, 원소의 개수가 8이 되어야 하므로, 위의 그래프와 직선 $y=2^k$(단, k는 정수)가 만나는 점의 개수가 8개가 되어야 한다.

a, b가 모두 자연수이므로 위의 그래프에 $b=1$부터 차례대로 대입하면,

(i) $b=1$일 때, 함수 $f(x)$의 범위는 $1 \leq f(x) \leq 3$

이때, 직선 $y=2^k$와 접점이 생기기 위한 k값은 $k=0$, $k=1$

따라서 함수 $f(x)$와 $y=2^k$의 접점의 개수가 8개를 만족시키는 a의 값은 5

$\therefore a=5$

(ii) $b=2$일 때, 함수 $f(x)$의 범위는 $3 \leq f(x) \leq 5$

이때, 직선 $y=2^k$와 접점이 생기기 위한 k값은 $k=2$.

따라서 함수 $f(x)$와 $y=2^k$의 접점의 개수가 8개를 만족시키는 a의 값은 7

$\therefore a=7$

(iii) $b=3$일 때, 함수 $f(x)$의 범위는 $5 \leq f(x) \leq 7$

직선 $y=2^k$와 접점이 생기기 위한 k값은 존재하지 않는다.

(iv) $b=4$일 때, 함수 $f(x)$의 범위는 $7 \leq f(x) \leq 9$

이때, 직선 $y=2^k$와 접점이 생기기 위한 k값은 $k=3$.

따라서 함수 $f(x)$와 $y=2^k$의 접점의 개수가 8개를 만족시키는 a의 값은 7

$\therefore a=7$

(ⅴ) $b=5$일 때, 함수 $f(x)$의 범위는 $9\leq f(x)\leq 11$

직선 $y=2^k$와 접점이 생기기 위한 k값은 존재하지 않는다.

$\vdots$

따라서 $a=5$, $a=7$이외의 다른 a의 값은 존재하지 않으므로 모든 a의 값의 합은

$\therefore 5+7=12$

18 주어진 함수 $g(x)$에 $x=-1$을 대입하면 $g(-1)=0$이고 함수 $g(x)$를 정리하면

$$g(x)=2x\int_{-1}^{x}f(t)dt-\int_{-1}^{x}f(t)^2 dt \text{이다.}$$

이때, 양변을 x에 대하여 미분하면

$$\therefore g'(x)=2\int_{-1}^{x}f(t)dt+2xf(x)-\{f(x)\}^2$$

한편, 함수 $f(x)$는 x값의 구간에 따라 식이 달라지므로 x값의 범위를 나누어 $g'(x)$를 구하면

(ⅰ) $x<-1$일 때, $f(x)=0$

$$g'(x)=2\int_{-1}^{x}0dt+2x\times 0-0^2=0$$

(ⅱ) $-1\leq x<0$일 때, $f(x)=1+x$

$$\begin{aligned}g'(x)&=2\int_{-1}^{x}(1+t)dt+2x(1+x)-(1+x)^2\\&=x^2+2x+1+2x+2x^2-x^2-2x-1\\&=2x^2+2x\end{aligned}$$

(ⅲ) $0\leq x<1$일 때, $f(x)=-x+1$

$$\begin{aligned}g'(x)&=2\int_{-1}^{x}(-t+1)dt+2x(-x+1)-(-x+1)^2\\&=\left\{2\int_{-1}^{0}f(t)dt+2\int_{0}^{x}(-t+1)dx\right\}\\&\qquad\qquad +2x(-x+1)-(-x+1)^2\\&=2\times\frac{1}{2}+2\left(-\frac{1}{2}x^2+x\right)-2x^2+2x\\&\qquad\qquad\qquad\qquad\qquad -x^2+2x-1\\&=-4x^2+6x\end{aligned}$$

(ⅳ) $1\leq x$일 때, $f(x)=0$

$$\begin{aligned}g'(x)&=2\int_{-1}^{1}f(t)dt+\int_{1}^{x}f(x)dx+2x\times 0-0^2\\&=2\times 1+0+0-0=2\end{aligned}$$

따라서 좌표평면에 함수 $y=g'(x)$의 그래프를 그리면 다음과 같다.

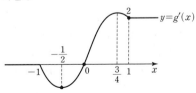

위의 그래프에서 $x=0$일 때, 함수 $g(x)$가 극솟값을 가지므로 $g(0)$일 때 최솟값이다.

따라서

$$\begin{aligned}g(0)&=-\int_{-1}^{0}f(t)^2 dt=-\int_{-1}^{0}(1+t)^2 dt\\&=-\int_{-1}^{0}t^2+2t+1dt\\&=\left[\frac{1}{3}t^3+t^2+t\right]_{-1}^{0}\\&=-\frac{1}{3}\end{aligned}$$

19 주어진 조건에서 함수 $y=f(x)$의 그래프를 y축에 대칭이동한 함수가 $y=g(x)$이므로 함수 $f(x)$와 함수 $g(x)$는 우함수 관계이다.

$\therefore f(x)=g(-x)$

한편,

조건 (가)에서 $\lim\limits_{x\to 1}\dfrac{f(x)}{x-1}$의 값이 존재하기 위해서는 (분모)→0으로 갈 때, (분자)→0으로 가야하므로

$\therefore f(1)=0$

이와 마찬가지로, 조건 (나)에서 $\lim\limits_{x\to 3}\dfrac{f(x)}{(x-3)g(x)}$는 임의의 k값으로 수렴하므로 (분모)→0으로 갈 때, (분자)→0으로 가야 하므로

$\therefore f(3)=0$

조건 (다)에서 $\lim\limits_{x\to -3+}\dfrac{1}{g'(x)}=\infty$ 즉, 양의 무한대로 발산하므로 $\lim\limits_{x\to -3+}g'(x)=0+$으로 수렴해야한다. 따라서

$g'(-3)=0$

이때, $f(x)=g(-x)$이므로 함수 $f'(x)$와 함수 $g'(x)$는 기함수 관계 즉, $f'(x)=-g'(-x)$

$\therefore g'(-3)=-f'(3)=0$, $f'(3)=0$

따라서 위의 조건에 따라 함수 $f(x)$를 설정하면

$\therefore f(x)=a(x-1)(x-3)^2\times Q(x)$

(단, a는 양수이고, $Q(x)$는 임의의 다항식)

이를 다시 조건 (나)에 대입하면

$$\lim_{x\to 3}\frac{a(x-1)(x-3)^2\times Q(x)}{(x-3)g(x)}$$

$$=\lim_{x\to 3}\frac{a(x-1)(x-3)\times Q(x)}{g(x)}=k$$

또한, $g(x)=f(-x)$이므로

$$\lim_{x\to 3}\frac{a(x-1)(x-3)\times Q(x)}{g(x)}$$

$$=\lim_{x\to 3}\frac{a(x-1)(x-3)\times Q(x)}{f(-x)}$$

$$=\lim_{x\to 3}\frac{a(x-1)(x-3)\times Q(x)}{a(-x-1)(-x-3)^2\times Q(-x)}=k$$

이때, k는 0이 아닌 상수라는 조건을 만족시켜야 하는데, 분자에 $(x-3)$을 인수로 지니고 있으므로 $Q(-x)$는 $(x-3)$을 인수로 지니는 다항식이 되어야 한다.

$\therefore Q(-x)=(x-3)P(x)$ (단, $P(x)$는 임의의 다항식)

즉, $Q(x)=(-x-3)P(-x)=-(x+3)P(-x)$

이므로

$\therefore f(x)=-a(x-1)(x-3)^2(x+3)P(-x)$

함수 $f(x)$의 차수는 임의의 다항식 $P(-x)$가 상수항일 때 최소이므로

$\therefore m=4$

또한, 이때의 k값은

$$\lim_{x \to 3}\frac{a(\dot{x}-1)(x-3)\times -(x+3)P(-x)}{a(-x-1)(-x-3)^2\times (x-3)P(x)}=\frac{1}{12}=k$$

$\therefore k=\dfrac{1}{12}$

따라서 $m+k=4+\dfrac{1}{12}=\dfrac{49}{12}$

20 곡선 $y=x^3-x^2$ 위의 점 A에 그은 접선의 기울기가 8이므로

$y'=3x^2-2x=8$,

$3x^2-2x-8=0$,

$(3x+4)(x-2)=0$

$x=-\dfrac{3}{4}$ 또는 $x=2$

이때, 점 A는 제 1사분면에 있는 점이므로

$\therefore A(2, 4)$

한편, 주어진 조건에 따라 점 $B(0, 4)$, 원 S, 원 위의 임의의 점 X, 그리고 위에서 구한 $A(2, 4)$를 좌표평면에 나타내면 다음 그림과 같다.

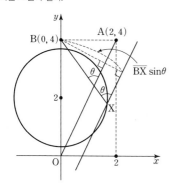

위의 그림에서 두 직선 OA와 BX가 이루는 예각의 크기가 θ이므로,

$\overline{BX}\sin\theta$의 값은 점 $B(0, 4)$에서 직선 OA와 평행하면서 X를 지나는 직선에 내린 수선의 발의 길이이다.

따라서 $\overline{BX}\sin\theta$가 최대인 지점은 직선 OA와 평행하면서 X를 지나는 직선이 원에 접할 때이고, 이때 $\overline{BX}\sin\theta$ 값이 $\dfrac{6\sqrt{5}}{5}$이다.

원 S의 반지름의 길이를 r이라 할 때, 삼각형의 닮음을 이용하여 r을 구하면

직선 OA와 평행하면서 원 S와 접하는 접선, 이 접선과 수직이면서 점 $B(0, 4)$를 지나는 직선, 그리고 y축으로 이루어진 직각삼각형과 직각삼각형 OAB는 두 각의 크기가 같은 AA 닮음이므로 이때의 삼각형의 비는 $2:1:\sqrt{5}$

이때, 직선 OA와 평행하면서 원 S와 접하는 접선과 y축이 만나는 점을 M이라 하면,

$1:\dfrac{6\sqrt{5}}{5}=\sqrt{5}:\overline{BM}$

$\therefore \overline{BM}=6$

따라서 원의 반지름 r과 y축 그리고 직선 OA와 평행하면서 원 S와 접하는 접선을 각각 한 변으로 하는 직각삼각형의 비도 이와 같으므로

$r:\dfrac{6\sqrt{5}}{5}=4:6$

$\therefore r=\dfrac{4\sqrt{5}}{5}$

21 $\displaystyle\sum_{k=1}^{n}\frac{a_k}{2k-1}=2^n$에서 $n=1$을 대입하면 $a_1=2$

한편, $S_n=\displaystyle\sum_{k=1}^{n}\frac{a_k}{2k-1}=2^n$이므로

$S_n-S_{n-1}=\dfrac{a_n}{2n-1}=2^n-2^{n-1}$

$\therefore S_5-S_4=\dfrac{a_5}{9}=2^5-2^4$, $a_5=9(32-16)$, $a_5=144$

$a_1+a_5=2+144=146$

22 주어진 식을 정리하면,

$\log a+\log b-\log 2=(\log a)(\log b)$,

$\log b+\log c-\log 2=(\log b)(\log c)$,

$\log c+\log a=(\log c)(\log a)$

이때, $\log a=A$, $\log b=B$, $\log c=C$라고 하면

(ⅰ) $A+B-\log 2=AB$,

(ⅱ) $B+C-\log 2=BC$,

(ⅲ) $C+A=CA$

위의 식에서 (ⅰ)−(ⅱ)를 한 후 양변을 정리하면

$A-C=AB-BC$,

$A-C=B(A-C)$,

$(A-C)-B(A-C)=0$,

$(1-B)(A-C)=0$

따라서 $B=1$ 또는 $A=C$

그러나 $B=1$인 경우 $\log b=1$, $b=10$이므로 a, b, c가 모두 10보다 크다는 조건에 모순이다.

$\therefore A=C$

이를 (ⅲ)에 대입하면 $2A=A^2$이므로,

$\therefore A=2$, $C=2$, $B=2-\log 2$

따라서 $a=100$, $c=100$, $b=500$이므로

$\therefore a+b+c=250$

정답 및 해설

23 함수 $f(x)$는 최고차항이 1인 이차함수이므로 꼭짓점을 $(t, f(t))$라고 하면,

$$\therefore f(x)=(x-t)^2+f(t)$$

한편, 함수 $g(x)$는 $(x<1)$인 영역에서 함수 $y=-x^2+2x+2=-(x-1)^2+3$이고, $(x\geq 1)$인 영역에서 $f(x)$이므로, 이를 그래프로 나타내면 다음과 같다.

함수 $g(x)$는 $x=1$에서 연속이므로 $f(1)=3$

$$f(1)=(1-t)^2+f(t)=3,$$
$$t^2-2t+1+f(t)=3,$$
$$\therefore f(t)=-t^2+2t+2$$이므로 $f(x)=x^2-2tx+2t+2$

또한, t값의 범위가 $1<t$인 경우 감소하는 부분이 존재하므로 실수 전체의 집합에서 증가하는 함수라는 조건에 모순이 생긴다. 따라서 조건을 만족시키는 t값의 범위는 $t\leq 1$

$f(x)$에 $x=3$을 대입하면 $f(3)=-4t+11$이므로 $t=1$일 때 최솟값을 갖는다.

$\therefore f(3)$의 최솟값은 7

24 $\sin^2 x+\cos^2 x=1$, $\sin^2 x=1-\cos^2 x$이므로 주어진 부등식을 정리하면

$$(a\sin^2 x-4)\cos x+4$$
$$=\{a(1-\cos^2 x)-4\}\cos x+4\geq 0$$

이때, $\cos x=t$ $(-1\leq t\leq 1)$라고 하면

$$\{a(1-t^2)-4\}\times t+4\geq 0,$$
$$at-at^3-4t+4\geq 0,$$
$$-at^3+(a-4)t+4\geq 0$$
$$at^3-(a-4)t-4\leq 0$$
$$\therefore (t-1)(at^2+at+4)\leq 0$$

위의 부등식에서 t값의 범위는 $-1\leq t\leq 1$이므로 모든 t에 대하여 $(t-1)\leq 0$가 성립한다.

따라서 부등식 $(t-1)(at^2+at+4)\leq 0$의 조건을 만족하기 위해서는 $(at^2+at+4)\geq 0$가 되어야 한다.

함수 $f(t)=at^2+at+4$라고 하면 $f(t)\geq 0$,

$$f(t)=a\left(t+\frac{1}{2}\right)^2-\frac{a}{4}+4$$이고,

a의 범위에 따라 함수 $f(t)$의 값이 달라지므로 구간을 나누어 이를 판단하면

(i) $a<0$일 때

함수 $f(t)$의 최고차항의 계수가 음수이므로 위로 볼록한

이차함수며,

t값의 범위가 $-1\leq t\leq 1$이므로 이를 그래프로 나타내면 다음과 같다.

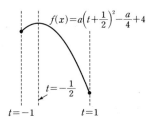

따라서 함수 $f(t)$는 $t=1$에서 최솟값을 가지므로

$$f(1)=2a+4$$
$$\therefore 2a+4\geq 0, \ -2\leq a<0$$

(ii) $a=0$일 때

함수 $f(t)=4$이므로 $4\geq 0$,

$\therefore a=0$일 때 성립

(iii) $a>0$일 때

함수 $f(t)$의 최고차항의 계수가 양수이므로 아래로 볼록한 이차함수며,

t값의 범위가 $-1\leq t\leq 1$이므로 이를 그래프로 나타내면 다음과 같다.

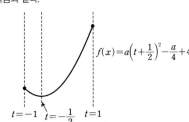

따라서 함수 $f(t)$는 $t=-\frac{1}{2}$에서 최솟값을 가지므로

$$f\left(-\frac{1}{2}\right)=-\frac{1}{4}a+4$$
$$\therefore -\frac{1}{4}a+4\geq 0, \ 0<a\leq 16$$

(i), (ii), (iii)에 의해 a의 범위는 $-2\leq a\leq 16$이므로 최댓값과 최솟값의 합은

$$\therefore -2+16=14$$

25 삼각형의 빗변을 $\overline{OP}=a$, 빗변 $\overline{OP}$와 x축이 이루는 각을 θ라고 할 때,

점 P의 좌표는 $P(a\cos\theta, \ a\sin\theta)$이다.

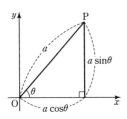

위의 그림을 참고하여 집합 A를 해석하면,

빗변 $\overline{OP}$의 길이가 2이고, 빗변 $\overline{OP}$와 x축이 이루는 각이 θ인

삼각형의 점 P의 좌표는

$P(2\cos\theta,\ 2\sin\theta)$이고, 이를 x축의 방향으로 2만큼 y축의 방

향으로 2만큼 움직이면

$$\therefore P(2+2\cos\theta,\ 2+2\sin\theta)\left(\text{단},\ -\frac{\pi}{3}\le\theta\le\frac{\pi}{3}\right)$$

이와 마찬가지로 집합 B를 해석하면,

$P(2\cos\theta,\ 2\sin\theta)$이고, 이를 x축의 방향으로 -2만큼 y축의

방향으로 2만큼 움직이면

$$\therefore P(-2+2\cos\theta,\ 2+2\sin\theta)\left(\text{단},\ \frac{2\pi}{3}\le\theta\le\frac{4\pi}{3}\right)$$

또한, 집합 C는 두 직선 $y=2+\sqrt{3},\ y=2-\sqrt{3}$가 $x=-3$부터

$x=3$까지의 영역에서 그려지므로 집합 $A\cup B\cup C$ 즉, 도형

X의 그래프는 다음과 같다.

이때, 집합 X로 둘러싸인 부분의 넓이는 α이므로

$$\therefore \alpha=6\{(2+\sqrt{3})-(2-\sqrt{3})\}+4\left(\frac{1}{2}\times 2^2\times\frac{1}{3}\pi-\frac{\sqrt{3}}{2}\right)$$

$$=12\sqrt{3}+\frac{8}{3}\pi-2\sqrt{3}$$

$$=10\sqrt{3}+\frac{8}{3}\pi$$

한편, 곡선 $y=-\sqrt{3}x^2+2$는 꼭짓점의 좌표가 $(0,\ 2)$이고 위

로 볼록한 이차함수이므로

도형 X와 곡선 $y=-\sqrt{3}x^2+2$를 그래프로 그리면 다음과

같다.

이때, 도형 X와 곡선 $y=-\sqrt{3}x^2+2$가 만나는 점은

$(1,\ 2-\sqrt{3}),\ (-1,\ 2-\sqrt{3})$이므로

$$\therefore c=2-\sqrt{3}$$

따라서 곡선 $y=-\sqrt{3}x^2+2$와 직선 $y=2-\sqrt{3}$로 둘러싸인

부분의 넓이가 β이므로

$$\therefore \beta=\frac{|-\sqrt{3}|\times\{1-(-1)\}^3}{6}$$

$$=\frac{4\sqrt{3}}{3}$$

따라서 $\alpha-\beta$의 값은

$$\alpha-\beta=10\sqrt{3}+\frac{8}{3}\pi-\frac{4\sqrt{3}}{3}$$

$$=\frac{8\pi+26\sqrt{3}}{3}$$

$p=8,\ q=26$이므로

$$\therefore p+q=34$$

2022학년도 기출문제 정답 및 해설

01 ①	02 ①	03 ②	04 ③	05 ①	06 ①
07 ①	08 ②	09 ②	10 ④	11 ④	12 ④
13 ③	14 ②	15 ⑤	16 ③	17 ③	18 ②
19 ⑤	20 ①	21 ②	22 ②	23 ④	24 ②
25 ①	26 ⑤	27 ⑤	28 ①	29 ②	30 ③
31 ④	32 ④	33 ⑤	34 ④	35 ⑤	36 ⑤
37 ③	38 ③	39 ④	40 ⑤	41 ⑤	42 ①
43 ②	44 ③	45 ④			

[01~05] 문법 – 언어

01 ① 외국인에게 있어 한국어의 어려움은 글의 6문단에서 통사 수준의 어려움은 음운 구조의 어려움보다 훨씬 더하다고 말하고 있다. '통사 구조가 한국어와 꽤 엇비슷한 일본어 화자의 경우'라는 문장에서 통사 구조는 문장에서 문장의 구성 요소들이 문장을 이루는 구조를 뜻한다. 한국어와 일본어의 문장을 이루는 구조는 엇비슷하며, 한국어와 일본어는 어순이 비슷하다는 것을 알 수 있다.

오답풀이

② 외국인이 한국어를 배우는 데 있어 어려움에 대한 것은 서술하고 있지만 배우려는 외국인이 늘고 있다는 내용에 대해선 서술하고 있지 않다.

③ 2문단에서 외국인이 한국어를 배우는 데 있어 음운 구조와 통사 구조가 주류 언어들과 크게 달라 어려움을 겪을 수밖에 없음을 말하고 있지만 음운 구조가 체계적이라는 점은 말하고 있지 않다.

④ 3문단의 한국어의 유성음에 대한 말과 4문단의 무성 평자음이 두 유성음 사이에서 유성 자음으로 변화하는 규칙에 대해 말했다. 5문단에서 대다수 한국인들도 이러한 음운 규칙이 일어나는 이유에 대해서는 모른다고 말하고 있다.

⑤ 2문단에서 많은 외국어는 조음부가 같은 자음에 대해 성대 울림 유무에 따라 변별된다고 말하고 있다. 한국어의 조음부는 공기의 흐름을 어떻게 방해하는지에 따라 이 자음들을 변별한다고 말하고 있다.

02 ① [A]에서 무성 평자음은 두 유성음 사이에서 유성 자음으로 변하는 규칙이다. 3문단에서 유성 자음에 대해 /ㄴ/ /ㄹ/ /ㅁ/ /ㅇ/ 소리 말고는 유성음 사이의 동화로만 실현되며, 무성 평자음 'ㄱ'은 그것을 둘러싼 모음의 영향을 받으면 유성음으로 변한다고 말하고 있다. 논리[놀리]는 무성 평자음에 해당하는 'ㄱ'이 없기 때문에 적절하지 않다.

오답풀이

② '독립문'에서 '독'의 받침 'ㄱ'에 '립'의 'ㄹ'이 연결되면 [ㄴ]으로 발음되고, 받침 'ㄱ'은 [ㄴ]으로 인해 [ㅇ]으로 발음되어 [동닙]으로 '닙'의 받침 'ㅂ'은 '문'의 'ㅁ'으로 인해 'ㅁ'으로 발음되어 [동님문]으로 발음한다. 이러한 규칙에 따라 '섭리'는 [섬니]로 발음한다.

③ 유음화 현상으로 'ㄹ'과 'ㄴ'이 가까이 있게 되면 'ㄴ'이 'ㄹ'에 동화하여 'ㄹ'로 바뀐다. 그러므로 '칼날'은 [칼랄]로 발음한다.

④ 연음 법칙에 해당하는 사례로, 앞 음절의 모음으로 시작되는 형식 형태소가 이어지면 앞 받침이 뒤 음절의 첫소리로 발음한다. 홑받침 또는 쌍받침이 모음으로 시작되는 조사, 모음으로 시작되는 어미, 접미사와 결합하는 경우와 겹받침의 두 번째 자음이 뒤 음절의 첫소리로 이동하는 경우가 있다.

⑤ 자음이 단어의 끝 또는 다른 자음 앞에 오게 되면 음절 종성에 위치하게 된다. 받침소리는 7개 자음(ㄱ, ㄴ, ㄷ, ㄹ, ㅁ, ㅂ, ㅇ)만 발음할 수 있기 때문에 '갓'과 '갖'의 받침 'ㅅ', 'ㅊ'은 [ㄷ]으로 발음되어 [갇]으로 발음하게 된다.

> **TIP** 표준 발음법 제20항
>
> 'ㄴ'은 'ㄹ'의 앞이나 뒤에서 [ㄹ]로 발음한다.
> 1. 난로[날:로], 신라[실라], 천리[철리], 광한루[광:할루], 대관령[대:괄령]
> 2. 칼날[칼랄], 물난리[물랄리], 줄넘기[줄럼끼], 할는지[할른지]
> [붙임] 첫소리 'ㄴ'이 'ㅀ', 'ㄾ' 뒤에 연결되는 경우에도 이에 준한다.
> 예 닳는[달른], 뚫는[뚤른], 핥네[할레]

03 ② 3문단에서 한국인들은 유성음과 무성 평자음의 변화에 대한 규칙을 깊이 내면화하고 있어 깨닫지 못한 상태에서 실현하지만 외국인은 자신의 모국어에 이러한 규칙이 없다고 말하고 있다. 복잡한 음운규칙의 내면화는 한국어에만 해

을 변별한다고 말하고 있다.

당되는 내용으로 외국어를 발음하기 쉽다는 추론은 적절하지 않다.

오답풀이

① 5문단에 외국인의 모국어에 /ㅡ/나 /ㅢ/에 가까운 모음이 없는 경우에는 외국인들이 이 소리를 제대로 익히는 일이 쉽지 않다고 말하고 있다.

③ 6문단에 결론에 외국인들이 통사 구조를 익히는 것만으로 마무리되는 것이 아니라 한국인들도 헷갈릴 만큼 복잡한 경어 체계로 인해 외국인들이 실수로 반말하는 경우가 복잡한 경어 체계 때문이다.

④ 6문단 → 외국인들에게 낯선 주격조사와 보조사
6문단에서 한국어 초보자인 외국인들에게 주격 조사 '이', '가'와 보조사 '은', '는'의 구별은 악몽이라 말하고 있다.

⑤ 1문단에 한국어를 구사하는 외국인들의 모국어가 새로 익힌 한국어에 간섭하고 있다며, 한국인이 외국어를 배울 때에도 생기는 일이라 말한다. "Marry with me."는 한국인의 모국어인 한국어가 간섭한 결과이다.

04 ③ 3문단에서 '가구'의 첫 음절과 둘째 음절은 둘 다 'ㄱ'으로 시작하지만 음성 수준에선 각각 [k]와 [g]로 실현된다고 말하고 있다. 〈보기〉에서는 음성은 의미 변별의 기준이 되지 못한다고 서술하고 있다. 그러므로 유성음이 되어 의미 변별이 된다는 것은 적절하지 않다.

오답풀이

① 3문단에서 '가구'의 첫 번째, 두 번째 음절은 둘 다 'ㄱ'으로 이루어져 있으나, [k]와 [g]로 실현된다. 그러므로 외국인들에게는 서로 다르게 들릴 수 있다.

② 〈보기〉에서 음성은 사람이 말할 때 사용 되는 소리를 가리키며 [kaːgu]에서 [k]와 [g]는 말할 때 사용되는 소리이기 때문에 음성에 해당된다.

④ 2문단에 많은 외국어는 성대 울림 유무로 자음을 변별하지만, 한국어는 공기의 흐름을 어떻게 방해하는지에 따라 자음을 변별한다고 말하고 있다. 그러므로 한국어는 성대 울림 유무만으로 단어의 뜻이 변별되는 경우는 없다.

⑤ 〈보기〉에서 음운은 머릿속에서 추상적으로 인식하는 소리라고 서술했다. 최소의 소리 단위로 자음과 모음의 변화가 단어의 의미를 다르게 하는 것이다. 4문단에서 '낮', '낯', '낫'은 자음인 'ㅈ', 'ㅊ', 'ㅅ'으로 의미를 변별하여 음운의 자격을 갖추게 된다.

05 ① ㉠ 방해는 '남의 일을 간섭하고 막아 해를 끼치다'라는 의미로, 2문단에서 한국어의 자음은 공기의 흐름을 어떻게 방해하는지에 따라 구별된다고 말하고 있다. ㉡, ㉢, ㉣, ㉤과 달리 ㉠은 '공기의 흐름'을 가리키고 있다.

오답풀이

② ㉡의 넘지 못할 산이 가리키는 것은 자음의 변별에 대해 한국인들에게 너무 쉽지만, 한국어를 배우는 외국인들에게는 극복해야 하는 장애물임을 나타낸다.

③ ㉢의 악몽이 가리키는 것은 주격조사 '이', '가'와 보조사 '은', '는'의 구별은 한국어 초보자인 외국인에게 있어 한국어 공부를 힘들게 할 정도로 어렵다는 것을 나타낸다.

④ ㉣의 괴물이 가리키는 것은 외국인의 모국어에는 없는 문법 개념일 경우에 구별하지 못하게 되면 한국어를 어색하게 구사할 수밖에 없는 어려운 문법 요소임을 나타낸다.

⑤ ㉤의 어려움이 가리키는 것은 외국인이 한국어를 배우는 경우에 겪을 수밖에 없는 모든 어려운 문법 요소이다.

[06~08] 독서 – 기술

06 ① 패러다임은 한 시대의 사람들의 견해 또는 사고를 근본적으로 규정하는 테두리로서의 인식 체계이다. 2문단에서 디지털 시대는 글쓰기 조건, 지식 전달 방식, 지식 분배 방식과 대화 구조에서 사용되는 양방향적 채널을 통해 지식을 확대·재생산한다. 그러므로 문맥상 ㉠ 패러다임의 변화의 의미는 디지털 시대의 글쓰기 조건과 방식, 도구, 정보 전달 방향을 포함한 모든 변화이다.

오답풀이

② 3문단의 ㉡ 디지털 시대의 저자는 문자와 개념을 디지털 이미지로 만들어 수용자와 주고받는 사람을 나타낸다. 이미지와 상징을 문자로 표현하는 사람은 디지털 시대 이전의 저자에 해당된다.

③ 4문단에서 ㉢ 기술적 형상은 이전 시대의 주도적 소통 방식인 문자의 개념적 의미를 이미지로 펼쳐 보인 것이라 말하고 있다. 따라서 '디지털 도구나 기계로 만든 대화 구조'라는 의미는 적절하지 않다.

④ 5문단에서 ㉣ 기술적 상상력은 기술적 형상을 이해하고 기술을 이용해 상상과 개념을 종합한 새로운 능력이라 말하고 있다. 그러므로 '문자가 개념화한 의미를 선형적으로 배열하는 능력'에 대한 의미로 적절하지 않다.

⑤ 5문단에서 ㉤ 정보 유희자는 기술적 상상가를 달리 이르는 용어라는 것을 알 수 있다. 1문단과 2문단에서 과거에 일방적이었던 전달 방식에 대해 말하는 내용이 있으며 정보 유희자가 내포하고 있는 의미와 거리가 멀다.

07 ① [A]에서 디지털 시대는 글쓰기의 조건, 지식 전달 방식, 지식 분배 방식을 변화시킨다. 디지털 글쓰기의 양방향적 채널은 지식을 확대·재생산하고 '구조화한 지식의 특징을 비판적으로 수용'할 수 있게 한다. 바둑, 장기, 체스 경기 이

해에 필요한 기본 규칙은 구조화한 지식을 비판적으로 수용할 수 없기 때문에 거리가 먼 사례에 해당된다.

오답풀이

② 대화 구조에서 사용되는 양방향적 채널에 대해 지식을 확대·재생산 할 수 있으며 과거의 일방적이었던 전달 방식이 구조화한 지식의 특징까지 비판적으로 수용할 수 있다고 말하고 있다. 과거에는 매체, 사건 등을 눈으로 직접 보는 일방적인 전달방식을 취했다면, 디지털 시대에는 먼 거리에서 매체와 사건 등을 통해 개인의 의사를 전달할 수 있다.

③ 디지털 시대는 글쓰기 조건, 지식전달 방식, 지식 분배 방식의 변화는 누구나 글을 올리고 수정할 수 있는 소프트웨어 미디어 위키 등의 매체를 통해 지식을 전달할 수 있음을 알 수 있다.

④, ⑤ 디지털 시대의 조건 및 방식의 변화와 양방향적 채널이 복합적으로 작용한다. 스마트 기기 사용자는 관심 또는 취향에 관련한 검색어 및 선호 매체 등을 저장하여 SNS 알고리즘을 통해 같은 선호 유형을 가진 사용자에게 추천하거나, 새롭게 나온 선호 매체를 추천하여 누구나 정보를 자유롭게 접할 수 있도록 한다.

08 ② 5문단에서 새로운 소통방식인 기술적 형상에 대해 대중이 비판의 필요성을 간과, 무시했을 때, 권력, 자본은 대중 매체를 통해 정보 수용자들을 탈정치화, 탈윤리화, 탈가치화 할 수 있다고 강조한다. 따라서 기술적 발전으로 의미의 해독과 생산을 방해해 탈정치화한다는 근거는 글에서 말하는 논지와 거리가 멀다.

오답풀이

① 4문단에서 기술적 발전과 대중 매체 확산에 따른 대중문화 현상들이 인간과 세계를 의미화하는 강력한 방식으로 대두되었다. 기술적 형상은 이전 시대의 소통 방식이었던 문자의 개념적 의미를 이미지로 변환해 수용자에게 빠르게 전달할 수 있다는 내용을 통해 디지털 사회와 깊은 연관성을 갖고 있음을 알 수 있다.

③ 플루서는 1문단에서 저자와 독자의 상호 대화적 관계로의 변화, 2문단의 지식의 전달 및 분배 방식의 변화, 양방향적 채널을 통한 지식의 확대 재생산을 제시하고 있다. 이를 통해 상호 작용성, 지식 개방과 공유, 참여와 협력 등을 내비치고 있음을 알 수 있다.

④ 정보 수용자들이 쉽고 간단한 이미지에 만족해 메시지를 주고받는 것에만 집중하고 비판의 필요성을 간과, 무시한다면 권력, 자본에 의해 탈정치화 될 수 있음을 말하고 있다. 그러므로 디지털 글쓰기 주체들은 협력적으로 지식을 생산, 공유해 저항하는 것은 지지하는 근거로 적절하다.

⑤ 플루서는 디지털 이미지가 은폐와 기만의 작용을 하고 있

으며 우리는 아직 새로운 소통 방식인 기술적 형상에 어울리는 의식을 갖추지 못했다고 주장하고 있다. 이는 권력과 자본이 대중 매체를 이용하여 통제될 수 있음을 암시하기 때문에 새로운 소통 방식(기술적 형상)에 어울리는 의식을 갖추어야 한다.

[09~13] 현대 시 복합

(가) 정지용, 「바다2」
- 갈래 : 서정시, 자유시
- 성격 : 감각적, 역동적
- 제재 : 바다
- 주제 : 밀려오고 밀려나는 바다의 모습
- 특징
  - 역동적 이미지를 부각
  - 색채 대비를 통한 선명한 시각적 표현
  - 현실에서 상상으로 시상이 확장됨

(나) 곽재구, 「사평역에서」
- 갈래 : 서정시, 자유시
- 성격 : 회고적, 애상적
- 제재 : 사평역 대합실의 풍경
- 주제 : 막차를 기다리는 사람들의 애환
- 특징
  - 감각적 표현의 사용으로 삶의 애환을 나타냄
  - 힘겹게 살아가는 사람에 대한 연민을 표현

(다) 김선우, 「단단한 고요」
- 갈래 : 서정시, 자유시
- 성격 : 감각적, 개성적, 산문적
- 제재 : 도토리묵
- 주제 : 도토리묵이 되는 과정에 대한 개성적 통찰
- 특징
  - 의인법을 활용하여 살아있는 존재로 표현함
  - 청각적 심상을 통해 대상을 개성화함
  - 도치법, 역설법을 사용하여 도토리묵을 강조함

09 ② 의인법을 활용하여 살아 있는 것처럼 생동감을 드러내고 있다. (가)는 바다를, (다)는 도토리 알을 소재로 의인법을 사용했다.

오답풀이

① 개인의 서정 및 자연을 시어로 활용하고 있으므로 이국적인 것과 거리가 멀다.

③ (나)는 화자가 막차를 기다리며 소외된 사람들에 대한 연민과 삶의 애환이며, (다)는 도토리 알이 도토리묵이 되기까지 다양하고 개성적인 통찰을 정서로 하고 있다.

④ (가), (나), (다)에서 시제 변화를 나타낸 표현을 찾을 수 없다.

⑤ (다)의 외부에서 아궁이로의 시선의 이동에 따른 공간 변화를 제외하면, (가), (나)에서는 화자의 시선 이동으로 인한 공간 변화를 찾을 수 없다.

10 ④ 반어적 표현으로 파도의 흔적을 구체화한 것이 아니라 시각적 표현으로 파도의 흔적을 나타내고 있다.

> **오답풀이**
>
> ① 빠르게 움직이는 파도를 '푸른 도마뱀떼'로 비유하였고, 모래사장과 뒤섞이는 파도의 흔적을 '붉고 슬픈 생채기'로 비유하여 다양한 비유 및 선명한 이미지가 사용되었다.
>
> ② 4연의 '흰 발톱(파도)에 찢긴'과 파도가 남긴 '산호보다 붉고 슬픈 생채기!'를 통해 색채 대비를 엿볼 수 있다.
>
> ③ 7연의 '찰찰 넘치도록'과 '돌돌 구르도록'에서 바다가 밀려오고 밀려나는 것을 음성적인 시어로 나타내고 있다.
>
> ⑤ 1연부터 6연까지 바다에서 일어나는 파도를 관찰하는 이미지가 형성되고, 7연과 8연에서 화자의 시상이 확대되면서 상상을 중심으로 시상을 전개하고 있다.

11 ④ '모두들 아무 말도 하지 않았다'는 고단한 삶을 사는 사람들의 모습을 표현한 것으로 서로를 믿지 않음을 암시하는 것으로 적절하지 않다.

> **오답풀이**
>
> ① 사람들의 애환이 느껴지는 공간으로 고단한 삶을 살고 있는 사람들이 잠시 머무르다 떠나는 곳이다.
>
> ② 막차를 기다리는 사람의 고단한 삶을 위로해주는 소재이다.
>
> ③ 고단한 삶에 지친 사람들의 모습을 형상화한다.
>
> ⑤ 사람들의 애환에 대한 화자의 연민과 슬픔을 나타낸다.

12 ④ ⓐ <u>단풍잎 같은 몇 잎의 차창</u>에서 원관념은 <u>단풍잎 같은</u> 보조관념은 <u>몇 잎의 차창</u>이 된다. 〈보기〉에서 ⓐ는 원관념과 보조 관념 모두 구상성을 지닌다고 제시한다. 구상성은 사물이나 대상이 갖는 구체적인 성질, 추상성은 실제로 존재하지 않거나 구체적으로 경험할 수 없는 성질을 의미한다. 구상성은 실제로 존재하는 것을 뜻하므로 '푸른 건반인 듯 주름진 계단'이 ⓐ와 유사한 관계를 형성하고 있다.

> **오답풀이**
>
> ① 사랑과 숭고한 정념은 실제로 존재하여 구체화되지 않는 성질로 추상성에 해당한다.
>
> ② 내 마음같이는 추상성에 해당하며, 푸른 모래밭은 구상성에 해당한다.
>
> ③ 추억인 양은 추상성, 내리는 물안개는 구상성에 해당한다.
>
> ⑤ 해바라기처럼은 구상성, 타오르는 기도는 추상성에 해당한다.

13 ③ 가슴 동당거리는 소리, 이별 인사 하는 소리, 저토록 시끄러운, 저토록 단단한 등의 시구를 통해 정서를 드러냈음을 알 수 있다. 그러므로 정서를 배제했다는 설명은 적절하지 않다.

> **오답풀이**
>
> ① 1연에서 가슴 동당거리는 소리, 어루만져 주는 소리, 이별 인사 하는 소리, 저희끼리 다시 엉기는 소리, 서로 핥아주는 소리 등으로 유사한 시구를 반복적으로 사용하고 있다.
>
> ② 3연에서 '저 고요'와 '저토록 시끄러운'은 서로 역설적인 관계로 구성되어 있으며 2연의 '다갈빛 도토리묵', 3연의 '모든 소리들이 흘러들어 간 뒤에 비로소 생겨난 저 고요…'는 도치법이 사용되었다.
>
> ④ 멍석 위에 나란히 잠든, 채머리 떠는 소리, 맷돌 속에서 껍질 타지며 가슴 동당거리는 소리 등의 시구를 통해 청각적 감각이 두드러지며 시각적인 감각도 활용하여 도토리의 변화과정을 나타내고 있다.
>
> ⑤ 가을에 익어 떨어진 도토리를 모아 햇볕에 말리고, 맷돌로 갈아 가루로 만든 뒤에 아궁이에서 엉기고 단단해져 도토리묵이 되는 과정을 나타내고 있다.

[14~17] 독서 – 철학

14 ② 1문단에서 4문단까지는 플라톤이 주장한 이데아론의 통념을 제시했다. 현실 세계와 이데아 세계의 구분과 이데아에 가까운 것과 멀어진 것을 구분 하는 것이 중요하다는 것이 통념의 요점이 된다.

반면 5문단에서 플라톤이 이데아론을 체계화한 목적은 현실 세계 사물들 사이에 위계를 세우기 위함이었음을 추측하고 있다. 이데아는 허상으로부터 그은 직선을 연장할 때 도달하는 가장 진실한 극점이라 말한다. 역으로 극점에서 직선을 그어 연장했을 때 반대 극점은 허상이 된다고 주장한다. 이를 통해 이데아론이 가치론적 맥락에서 착상되었다는 기존의 통념과 다른 해석 관점을 주장하고 있다.

15 ⑤ 2문단의 '진짜가 존재하고 우리가 그것을 알 수 있다면, 다른 모든 것들은 진짜에 대한 모방의 성공 정도에 입각해 존재론적으로 파악할 수 있다'와 3문단의 '현실 세계의 의자는 의자의 이데아를 모방한 인공물이다' 등을 통해 이데아의 세계가 현실 세계보다 더 가치가 있음을 알 수 있다. 그러므로 현실 세계가 이데아의 세계보다 존재론적으로 가치가 있다는 내용은 일치하지 않는다.

> **오답풀이**
>
> ①, ② 3문단에서 인공물인 의자와 의자 그림은 존재론적 위계에서 차이가 난다. 현실 세계의 의자는 의자의 이데아를

모방한 인공물이다. 의자를 그린 그림은 현실 세계의 의자를 모방하였기에 이데아로부터 두 단계나 떨어져 있다고 주장한다.

③ 3문단에 이데아 모방론을 전제할 때, 결론 중 하나는 인공물에 대한 자연물의 존재론적 우위이다. 자연은 이데아를 모방했지만, 인공물은 자연물을 다시 모방한 산물이라는 것을 말하고 있다.

④ 4문단에서 플라톤은 저서인 『소피스트』를 통해 모상술, 사상술, 허상술로 위계화한다. 이데아와 현실을 구분하는 것 못지않게, 이데아로부터 아예 멀어진 것을 구분하는 것이 중요하다고 말한다. 3문단의 현실 세계의 의자와 의자를 그린 그림을 통해 이데아로부터 얼마나 가까운지, 떨어져 있는 지를 알 수 있다.

16 ③ 3문단에서 현실 세계의 의자는 이데아를 모방한 것이 되며 의자를 그린 그림은 현실 세계의 의자를 모방하였기 때문에 현실 세계의 의자보다 이데아에서 더 멀어졌다는 통념을 제시하고 있다. '성공한 케이팝 아이돌의 이미지'는 곧 현실 세계의 의자를 모방한 '의자를 그린 그림'에 가까우며 이데아와는 거리가 멀다. 즉, '아이돌'의 원형적인 이미지가 이데아에 가깝다고 할 수 있다.

오답풀이

① 2문단에서 현실 세계가 제작된 것으로 보는 관점에서 현실 세계가 이데아 세계를 모방하도록 창조되었다는 것을 말하고 있다. 그러므로 실제의 남자 철수와 여자 순이는 남자의 이데아, 여자의 이데아를 모방한 존재이다. 그러므로 남자의 이데아, 여자의 이데아는 현실 세계에 존재할 수 없다.

② 3문단에서 자연은 이데아를 모방한 산물이라는 통념을 통해 비슷한 맥락으로 봤을 때, 인간(자연물)은 신(이데아)를 모방한 창조물이 될 수 있다.

④ 5문단에 이데아는 허상으로부터 직선을 긋고 그 선을 계속 연장할 때 도달하게 되는 가장 진실한 극점이 이데아다. 역으로 이데아라는 극점에서 직선을 긋고 그 직선을 계속 연장했을 때 도달하는 반대 극점은 허상이라는 관점을 제시하고 있다. 이를 통해 원근법, 명암, 투시법은 이데아라는 극점에서 직선을 그어 계속 연장하여 도달한 반대 극점인 허상이 된다.

17 ③ 3문단의 이데아를 모방한 자연, 자연물을 모방한 인공물에 대한 통념을 통해 〈보기〉의 모방 대상을 이데아라고 빗댄다면 '서사시가 역사보다 위대하다.'고 본 것은 모방 대상의 본질을 꿰뚫은 허구(서사시)는 역사보다 모방 대상(이데아)에 더 가깝다는 결론을 내릴 수 있다. 그러므로 '서사시'는 '역사'보다 가치론적으로 우위에 있다고 할 수 있다.

오답풀이

①, ② 〈보기〉의 시적 진실에 대한 설명에서 '모방 대상의 본질을 꿰뚫은 허구'는 이데아에 가깝다고 말한다. 그러므로 시적 진실은 현실을 모방한 가짜의 극점으로 적절하지 않다.

② 3문단에서 현실 세계의 의자는 '의자의 이데아'를 모방한 인공물이므로 현실 세계에 존재하는 의자는 의자의 이데아에서 한 단계 떨어지는 위계에 있으며, 〈보기〉의 시적 진실에 적용하면 역사보다 이데아에 떨어져 있는 것은 적절하지 않다.

④ 〈보기〉의 내용만으로 허구의 가치가 허상의 위계를 명확히 구분할 수 있는지에 대해 알 수 없다.

⑤ 〈보기〉에서 '서사시와 역사보다 위대하다.'는 문장에서 서사시와 역사가 3문단의 내용처럼 이데아를 모방한 것을 다시 모방했다는 관계를 〈보기〉에서 설명하고 있지 않기 때문에 현실 세계에 대한 폄하가 반영되어 있다는 것은 적절하지 않다.

[18~20] 독서 – 과학

18 ② 3문단에서 꿈꾸는 사람은 외부 세계로 향하던 정신적 에너지를 자아로 되돌려 집중하고, 4문단에서 정신적 에너지를 내면 세계로 집중한다고 말하고 있으므로 정신에너지가 외부로 향한다는 것은 적절하지 않다.

오답풀이

① 5문단에서 '깨어 있는 의식은 내면 세계를 가리거나 보호해 내면의 관찰을 방해하기 때문이다.'라는 내용을 반대로 본다면, 꿈은 인간의 내면세계를 들여다볼 수 있게 해주는 기제가 된다.

③ 4문단에서 정신적 에너지를 내면 세계로 집중함으로써 평소에 억누르고 있던 내적 욕구나 콤플렉스를 민감하게 느낄 수 있다. 3문단에서 꿈속에서는 모든 감각이 크게 과장되며 이를 꿈의 과장성이라 하며, 그 이유로 정신적 에너지를 자아에 집중하기 때문이라는 것을 말하고 있다.

④ 5문단의 깨어 있을 때는 꿈이 알려 주는 문제를 쉽사리 알아내기 어렵다는 내용이 있다.

⑤ 3문단의 꿈속에서는 모든 감각이 크게 과장되어 있기 때문에 깨어 있을 때보다 더 빨리, 더 분명하게 신체적 이상을 감지할 수 있다는 내용이 있다.

19 ⑤ ⓐ 퇴행은 말을 배우기 전의 유아처럼 스스로 한 행동에 대해 책임을 지지 않아도 되는 상태로 돌아가 자아를 보호하려는 방어기제라고 설명하고 있다. 그러므로 동생이 태어난 후에 정신적인 충격 등으로 대소변을 제대로 못 가리는 아이가 ⓐ에 해당하는 사례로 가장 적절하다.

20 ① 4문단에서 꿈꾸는 사람이 깨닫지 못하는 무의식의 세계를 구체적 형태로 바꾸어서 보여 준다는 점과 정신 분석학에서 무의식의 세계를 외적 형태로 구체화하는 꿈의 역할을 '투사'라 설명하고 있다. 4문단과 〈보기〉의 내용을 참고하면, 꿈은 즉각적인 쾌락을 추구하는 무의식인 이드(id)를 의식 세계와 연결하는 역할을 한다고 이해할 수 있다.

오답풀이

② 1문단의 '자아를 보호하려는 방어기제', 3문단의 '사람이 외부 세계로 향하던 정신적 에너지를 자아로 되돌려 집중하기 때문에 가능하다.' 등의 내용을 통해 '내면'에 가깝다고 볼 수 있으므로 쾌락 원칙으로 해석하기 어렵다.

③ 3문단의 꿈속에서 모든 감각이 크게 과장된 것을 '꿈의 과장성'이라 하였고, 〈보기〉의 초자아는 규범과 가치를 내면화한 의식이며 도덕 원칙을 따른다고 정의하고 있다. 그러므로 초자아는 꿈의 과장성보다 내면 세계를 가리거나 보호하는 '깨어 있는 의식'에 더 가깝다고 볼 수 있다.

④ 쾌락 원칙을 따르는 '이드'는 꿈에 의해 의식 세계와 연결되고, 4문단에서 외부 세계로 향하던 정신적 에너지를 자아(내부)로 집중하기 때문에 정신 작용의 방향을 외부가 아니라 내부로 돌린다고 이해할 수 있다.

⑤ 꿈은 외부가 아닌 내부 세계에 대한 관심이며, 도덕 원칙이 아니라 쾌락 원칙에 해당된다.

[21~25] 현대 소설

┌─────────────────────────────────────┐

이동하 「장난감 도시」

• 갈래 : 현대소설, 연작소설(3부작)
• 배경 : 6 · 25전쟁 직후의 도시
• 성격 : 회고적, 독백적
• 시점 : 1인칭 주인공 시점
• 주제 : 도시에서의 암울한 삶을 통한 소년의 의식 성장
• 구성
 – 발단 : 6 · 25전쟁이 끝난 직후, '나'와 가족들은 도시의 판자촌으로 이사함
 – 전개 : '나'와 가족은 가난한 생활로 도시의 냉혹한 현실을 깨닫고, 아버지는 풀빵과 냉차 장사를 시작함
 – 위기 : 아버지의 장사는 장마로 인해 끝나고, 형편이 더욱 어려워짐
 – 절정 : 아버지가 장물인 줄 모르고 나른 짐 때문에 경찰에 의해 유치장으로 끌려감
 – 결말 : 가족은 해체되고 '나'는 아버지를 잃은 슬픔, 도시 생활에 회의를 느낌

└─────────────────────────────────────┘

21 ② 화자는 어린 아이이며 6 · 25전쟁 이후, 가족들과 도시로 이사 온 '나'가 겪은 경험에 대해 서술하고 있다. 그러므로 '인물이 서술자가 되어 자신의 경험을 서술하고 있다'가 가장 적절하다.

22 ② 다른 사람들이 도시로 가는 '나'를 부러워 할 것이라 생각했지만, 도시는 훨씬 가까운 곳에 있어 다른 사람이 작정하면 금방 따라올 것이란 생각을 하게 되고 자존심이 상한 것이다. 그러므로 ⓒ 나는 조금 자존심이 상했다는 스스로 부끄럽게 생각한 것으로 적절하지 않다.

오답풀이

① '도시는 더 멀고 아득한 곳에 있어야 한다'는 내용에서 아무나 갈 수 없는 도시에 대한 이상과 동경을 투영한 것이다.

③ 도시와 도시 생활이 주는 경이와 흥분을 오래도록 느끼고 싶은 마음에 돈을 주고 산 물을 마시지 않은 것이다.

④ 물장수가 컵을 들고 가려는 '나'를 불러 세우자, 스스로 어떤 잘못을 했는지 몰라 당혹해하고 있다.

⑤ 다른 사람들은 쉽게 오기 힘든 도시의 생활에 자부심을 느끼며 행동하고 있었지만, '나'의 실수로 물장수에게 시골출신이라 무안당한 나의 심리가 드러난다.

23 ④ ⓐ는 실수한 '나'가 물장수로부터 시골출신이라며 무안당한 것 때문에 어정거릴(한가하게 이리저리 천천히 걸음) 겨를이 없어질 정도로 부끄러웠던 것이다. 그러므로 비슷한 의미를 지닌 '쥐구멍에라도 들어가고 싶다.'가 적절하다.

오답풀이

① '먹은 것이 적어 먹으나 마나 하다'의 의미를 지니고 있으므로 '나'의 상황과 거리가 멀다.

② 일의 순서가 뒤바뀌어 애쓴 보람이 없거나 뜻하지 않게 이익을 보는 경우를 가리키며, '나'의 상황과 거리가 멀다.

③ 자그마한 나쁜 일도 버릇이 되면 나중에 큰 죄를 저지르게 된다는 뜻으로, '나'가 처한 상황과 거리가 멀다.

⑤ 좋지 않은 어떤 일을 피하려다 더 불행한 일을 만난다는 뜻으로, '나'가 처한 상황에 맞지 않는 표현이다.

24 ② 물을 먹고 탈이 난 '나'는 어지러움을 느끼다 토하게 된다. 그러므로 ⓑ는 '나'가 낯선 도시 생활에 적응하지 못하고 있다는 것을 비유적으로 나타낸 것이다.

오답풀이

① '나'가 물을 잘못 먹고 탈이 났기 때문에 일어난 일로써 가족 간 갈등이 일어날 조짐과는 거리가 멀다.

③ 도시의 물을 비롯하여 주변 환경이 비위생적인 이유로 토한 것이 아니며 그러한 내용으로 볼 수 없다.

④ 도시 위치를 몰랐던 것을 알게 된 이유와 거리가 멀다.

⑤ '나'가 도시를 두려워하거나 피하고 있다고 볼 수 없다.

25 ① 〈보기〉의 도시의 인상과 감정이 시골에서의 추억과 대비되는 장면은 '시골에서 봐왔던 도시 골목에 잔뜩 쌓여 있는 세간살이들은 이물스런 느낌을 준다'는 내용이다. 이물스런 느낌은 시골에서 그대로 가져온 세간살이에 대해 도시와 어울리지 않음을 나타내는 것이다. 그러므로 '나'가 세간살이들이 이사 와서 보니 촌스럽고 보잘것없게 느껴졌다는 것과 거리가 멀다.

오답풀이

② 글 마지막 부분에 공동펌프장에서 길어 온 물로 밥을 지어 노란색을 띄고 녹 냄새가 났다는 내용이 서술되어 있다.

③ 글 중간에 물장수가 컵을 가져가려는 '나'를 불러 시골에서 왔다는 말을 들은 뒤, 이후 도시의 이물스러움을 견디지 못해 속이 가슴이 답답하고, 머리가 어지럽고, 속이 메스껍게 된 것이다.

④ 글 처음에 지금까지 상상해왔던 도시는 급행열차로 하루 낮, 하루 밤을 걸리는 아주 먼 곳이었지만 털털거리는 짐차를 타고 두세 시간 만에 도착 한 것에 '결함처럼 내게는 느껴졌다'라는 장면에서 실망했음을 알 수 있다.

⑤ 글 중간에 좁고 어둡고 질척한 많은 골목들 등의 내용을 통해 코크스 덩어리와 검은 탄가루 등을 통해 시골 교실과 반대되는 풍경임을 알 수 있다.

[26~30] 독서 – 경제

26 ⑤ 글의 서술 방식은 계약 이행에 대한 개념과 사례를 제시하고 있다. (가), (나)의 사례 및 [표]를 통한 예시로 이해를 돕고 있으며, 질문을 통해 설명의 범위를 확장시키고 있다.

오답풀이

① 통계자료와 논지의 신뢰성을 강화하고 있는 내용을 서술하고 있지 않다.

② 계약의 이행, 불이행 등으로 발생하는 사회적 순편익과 신뢰손실에 대해 어떠한 결과가 나오는지 설명하고 있지만 다양한 추론과 해석으로 문제의 원인을 규명하는 것으로 적절하지 않다.

③ 글에서는 가설을 세워 검증하는 내용을 서술하지 않았다.

④ 서로 다른 주장과 사례를 비교하는 내용을 서술하지 않았다.

27 ⑤ ㉠의 의미는 2문단에서 큰 레스토랑을 개업하려고 한빛조명이란 회사와 계약한 A의 사례를 들고 있다. 3문단에서 A가 2백만 원을 지출하여 개업 전단지를 돌렸다. 한빛조명이 계약을 이행하지 않으면 쓸모없는 지출이 될 수 있음에도 A가 계약이 이행될 것이라 믿고 행한 투자를 '신뢰투자'

라고 설명하고 있다. 같은 사례로 해외에 있는 친구가 집을 못 빌려 줄 수 있음에도 비행기표를 <u>미리 구입하는 경우</u>를 ㉠에 해당하는 사례로 볼 수 있다.

오답풀이

① 캠페인에 참가하여 헌혈하는 경우는 계약이행을 위해 투자한 것이 아니기 때문에 신뢰투자로 볼 수 없다.

② 편의점을 임대하고 점포세를 받는 것은 계약이행을 위한 투자의 개념과 거리가 멀다.

③ 지인의 조언으로 부동산을 매입 한 것은 계약을 맺어 자신의 소유로 한 것이기 때문에 계약을 통한 투자의 개념에 해당되지 않는다.

④ 조카에게 게임기를 사 주겠다며 친구와 사이좋게 지내라고 하는 것은 이득을 얻기 위한 투자에 해당되지 않는다.

28 ① 8문단에서 계약을 위반한 측이 손해를 본 측에게 만일 계약이 이행되었더라면 누렸을 효용 수준과 동일한 수준을 보장하는 금액인 ⓐ 기대손실의 원칙, 만약 그 계약이 맺어지지 않았더라면 누렸을 효용 수준과 똑같은 수준의 효용을 보장하는 금액인 ⓑ 신뢰손실의 원칙에 대해 설명하고 있다. 6문단에 있는 [표]에서 구입자의 순편익 항목에 ⓐ를 적용하면 계약 이행시 비용과 손실된 신뢰투자분을 더한 5백만 원을, ⓑ를 적용하면 손실을 입은 신뢰투자분 2백만 원을 A에게 지불해야 한다.

29 ② 5문단에서 한빛조명이 B의 제의를 받아들이고 A의 계약을 불이행하면 이윤은 700만 원이 된다. 문제는 A와 계약을 위반한 것 때문에 어느 정도의 손해배상을 해 주어야 하는가에 있다. 6문단의 [표]에서 계약 불이행시 사회적 순편익은 900만 원이 된다.
그러므로 B의 순편익과 한빛 조명의 이윤을 더한 값이 사회적 순편익이 될 수 없으며, A에게 손해배상 할 신뢰투자분까지 빼야 사회적 순편익이 된다.

오답풀이

① A는 한빛조명과 2천만으로 샹들리에를 계약했지만, 5문단에서 건축업자 B가 A와 계약한 샹들리에를 보고 2천 4백만 원에 샹들리에를 팔라고 제의 한다. 이에 한빛조명이 이윤을 따져 검토를 하게되면 효율적 계약불이행의 사례가 된다.

③ 6문단의 [표]에서 계약을 이행했을 때, 사회적 순편익은 600만 원이며, 계약 불이행 시 사회적 순편익은 900만 원이므로, 계약 불이행 시의 사회적 순편익이 더 크다.

④ 5문단에서 B가 제안한 샹들리에의 가격은 2천 4백만 원이다. 2문단에서 한빛조명의 샹들리에 제작비는 1천 7백만 원이 된다. 그러므로 A와의 계약을 불이행하면 B가 제안한 2천 4백만 원에서 샹들리에 제작비 1천 7백만 원을 뺀 것이 된다.

⑤ 한빛조명이 B의 제의를 거절해 계약이 불이행된다면, 5문단의 B가 상들리에 구입에 지불할 용의가 있던 최고 금액인 2천 8백만 원에서 A와 계약한 상들리에를 보고 지불하겠다고 제의한 2천 4백만 원을 뺀 값이 B의 순편익이 된다.

30 ③ 9문단에서 '(가) 사례의 경우에는 신뢰손실의 원칙이 효율적 계약불이행을 유발하며, 기대손실의 원칙하에서는 계약이 이행되는 비효율적 결과가 나타난다.'라 말하고 있다. 10문단에서는 9문단의 결론을 통해 신뢰손실의 원칙이 언제나 효율적인 계약불이행을 가져다주며, 기대손실의 원칙은 언제나 비효율적인 결과를 유발하지는 않는다고 말한다. 그러므로 어떤 손해 배상의 원칙이 효율적인 결과를 가져오는지는 주변 여건에 따라 달라지지 않는다는 추론은 적절하지 않다.

오답풀이

① 기대손실 원칙, 신뢰손실 원칙 모두 계약을 위반한 측이 손해를 본 측에게 배상하는 것이다. 두 가지 원칙 모두 계약을 위반한 측에게 손해액을 보상받게 되므로, 손해를 본 측은 지연 등의 이유로 나타난 손실을 제외하고 손해를 입을 위험이 없게 된다. 그러므로 과다한 신뢰투자를 유발하게 된다.

② 12문단에서 '한빛조명이 기대손실의 원칙하에서 손해 배상액이 계약파기로 증가하는 이익보다 크므로 계약을 그대로 이행하기로 결정한다.'는 내용에서 기대손실의 원칙이 효율적인 결과를 가져오는 상황으로 반전되었음을 알 수 있다.

④ 9문단에서 A의 계약 불이행으로 인한 손해 배상액이 회사가 얻게 될 추가적 이윤보다 작으면 계약을 파기하면 신뢰손실의 원칙이 효율적인 계약불이행을 유발했다고 볼 수 있다. 신뢰손실의 원칙하에서는 예약 불이행으로 얻는 이익이 더 크므로 과다한 계약 파기 문제, 과소한 계약 이행 문제가 발생한다.

[31~35] 고전 시가 복합

(가) 작자미상, 「만전춘별사」
- 갈래 : 고려속요
- 성격 : 남녀상열지사, 퇴폐적, 노골적
- 주제 : 임과의 영원한 사랑을 소망하는 여인의 모습
- 특징
  - 화자의 임에 대한 사랑을 직접적으로 표현함
  - 과장법을 활용하여 화자의 사랑을 부각시킴
  - 「쌍화점」, 「이상곡」 등으로 대표되는 남녀상열지사 작품 중 하나

(나) 매창, 「이화우 흩날릴 제~」
- 갈래 : 평시조
- 성격 : 애상적, 연정적
- 주제 : 임을 그리는 마음과 이별의 슬픔
- 특징
  - 하강적인 심상의 시어로 화자의 쓸쓸한 감정을 심화함
  - 은유법을 사용하여 임과 이별한 애상적인 분위기를 부각시킴

홍랑, 「뫼ㅅ버들 가려 꺾어~」
- 갈래 : 평시조
- 성격 : 애상적, 연정적
- 주제 : 임을 그리는 마음과 이별의 슬픔
- 특징
  - 자연물에 의탁하여 임에 대한 지고지순한 사랑을 노래함
  - 상징법과 도치법을 사용하여 임을 강하게 그리워하고 있음을 표현함

(다) 작자 미상, 「상사별곡」
- 갈래 : 잡가
- 성격 : 비애적, 영탄적
- 주제 : 독수공방의 외로움과 사랑하는 임에 대한 그리움을 표현함
- 특징
  - 4음보 율격 구성으로 운율을 형성하고 있음
  - 자연물을 소재로 임과 이별한 화자의 심정을 상징화
  - 시조의 구성과 유사한 음보 및 단 구조

31 ④ (가), (나), (다)의 공통점은 임을 떠나보낸 화자가 소식이 없는 임에 대한 답답함과 애절함을 나타내고 있다. 화자는 자신을 두고 멀리 떠난 임에 대한 추억과 원망의 감정을 표현하고 있다. 정서적으로, 물리적으로 먼 곳에 있는 임과의 추억과 임을 향한 원망의 감정이 가장 고조되는 밤을 시간대로 삼아 시상을 전개하고 있다.

32 ④ (나)의 '추풍낙엽'과 (다)의 '오동추야'는 가을(秋)이라는 시간대를 나타내고 있으며, '낙엽'과 '오동'으로 대표되는 자연물을 활용하여 임을 떠나보낸 화자의 심정을 드러내고 있다.

오답풀이

① (가)는 극한적인 상황을 표현하여 사랑이 죽음(얼어 죽는 것)보다 강함을 나타냈다. (나)는 임과의 정서적 거리가 천리만큼 멈을 나타냈다. 그러나 과장된 표현을 반복하여 화자의 심정을 고조시키고 있지 않다.

② (가)의 '아련 비올하'와 (나)의 '피는 불이 일러나면'은 임이 화자로부터 떠나는 것에 대해 원망하는 감정을 드러내는

정답 및 해설

것으로 풍자적 기법과는 거리가 멀다.

③ (가)의 '보내노라 님의손대'는 어순 도치를 사용했지만, (다)의 '듣고지고 임의 소리'는 앞의 '보고지고 임의 얼굴'을 반복적으로 표현하여 리듬감을 형성하고 있다.

⑤ (나)의 '새 잎 곧 나거든'은 화자를 잊지 말아달라는 임에게 보내는 화자의 소망이 담겨있다. (다)의 '일촌간장 구비 썩어'는 화자의 애타는 심정이 나타나는 표현이다. 그러므로 과거와 현재를 대비하여 화자의 처지를 부각한 것은 적절하지 않다.

33 ⑤ (나)의 [B] '뫼ㅅ버들 가려 겪어'는 임에 대한 화자의 사랑의 매개체이자 화자의 분신으로 화자의 사랑을 나타낸 표현이다. 그러므로 화자의 원망으로 이해한 것은 적절하지 않다.

오답풀이

① (가)의 '도화'는 단어 그대로 복숭아꽃을 뜻한다. 아름답게 핀 복숭아꽃과 반대로 화자는 임을 떠나보내고 외로워하는 상태이다. 도화는 외로운 상태에 있는 화자의 마음을 아프게 하는 객관적 상관물이 된다.

② (가)의 '넋시라도'에서 넋(마음) 만이라도 임과 함께 살고 싶다고 임과 이별하기 전에 화자가 함께 약속하는 장면이다.

③ (가)의 화자가 상상해 낸 공간으로 임과 다시 만나고픈 화자의 욕망이 직접적으로 드러나는 장소이다.

④ [A]의 화자는 임을 그리워하고 있지만 정서적 거리가 멀다는 것을 알고 있어 임과 다시 만나기 어려울 것이라는 심리가 드러나 있다.

34 ③ '천금주옥(금은보화)'에도 관심 없으며 세사 일부(세상에서 제일가는 부자)에 상관하지 않으며 오직 임만을 생각하는 화자의 사랑이 드러난 부분이다. 그러므로 화자가 임과 이별한 이유를 간접적으로 드러낸 부분으로 적절하지 않다.

오답풀이

① '화자와 임과 만나지 못하는 상태(상사불견)'이며, 내 마음(진정)은 누구도 모른다는 것을 드러내고 있다. ㉠은 작품 전체의 내용과 주제를 압축적으로 제시하고 있다.

② 첩첩한(여러 겹으로 겹침) '산'과 충충(물이 흐리고 침침함) 흘러 '소(늪)'가 되는 물은 모두 임과의 만남을 방해하는 소재이며 화자의 고립감을 부각하고 있다.

④ 적적(조용하고 쓸쓸함). 혼자는 임을 만날 수 없어 화자가 내쉬는 한숨의 의미를 강조하고 있다.

⑤ 화자가 흘리는 눈물로 배를 탈 정도로 화자에 대한 연정을 과장되면서 설의적으로 나타내고 있다.

35 ⑤ (가)의 제6연 중 '아소 님하'는 〈보기〉를 통해 고려 속요에서 발견된다는 내용을 찾아볼 수 없으며, 후렴구는 각 연마다 반복되는 특징을 지니고 있기 때문에 형식상 특징으로 적절하지 않다.

오답풀이

① 제2연의 '경경 고침상애/어느 ᄌ미 오리오' 등과 제5연의 '남산애 자리 보와/옥산을 벼여 누어' 등을 통해 시조의 4음보 율격이 드러나 있음을 알 수 있다.

② 〈보기〉의 '3단 구성이 보이는 10구체 향가, 시조, 고려 속요' 등의 내용과 제2연, 반복되는 부분을 뺀 제5연은 시조의 3단 구성과 유사하다는 것을 알 수 있다.

③ 제3연의 '넉시라도 님을 ᄒ딗'는 〈보기〉에서 '넉시라도 님은 ᄒ딗 녀져라 아으'에서 확인할 수 있다.

④ 제3연 '녀닛 경(景) 너기더니'는 〈보기〉의 '위~경(景) 긔 엇더ᄒ니잇고'라는 내용을 통해 경기체가의 양식적 특징과 유사함을 알 수 있다.

[36~40] 독서 – 과학

36 ⑤ 1문단에서 과학자들은 유전자를 조작해 해당 종에게 특성을 제공하는 생명 공학을 통해 자연 선택의 법칙을 위반하는 중이며, 자연 선택을 지적 설계로 대체하는 기술로 사이보그 공학, 비유기물 공학 등을 제시했다. 이러한 지적설계는 4문단에서 프로젝트 중 가장 혁명적인 것은 '뇌와 컴퓨터를 직접 연결하는 방법'이라고 제시하고 있다.

오답풀이

① 6문단에서 유전적 프로그래밍의 원형은 컴퓨터 바이러스다. 백신 프로그램까지 피하는 능력이 있는 '변종 바이러스'가 나타난다면 더 잘 살아남을 것이라는 내용이 있다. 그러므로 컴퓨터 바이러스가 백신 프로그램을 무력화할 수 있도록 만들어졌다는 것과 일치하지 않는다.

② 2문단에서 사이보그 공학에서 말하는 사이보그는 생물과 무생물을 부분적으로 합친 존재라 제시하고 있다. 인간이 '사이보그가 되는 경계선'을 넘게 되면 성격, 정체성 등이 달라지게 하는 비유기물적 속성을 갖게 된다. 그러므로 인간은 비유기물적 속성을 선천적으로 갖고 있다는 내용과 일치하지 않는다.

③ 4문단에서 과학자들은 뇌와 컴퓨터를 직접 연결하는 방법을 시도하고 있으며 컴퓨터가 인간의 뇌에 전기 신호를 읽어내는 동시에 뇌가 읽을 수 있는 신호를 내보내는 것을 통해 '뇌 인터넷으로 발전할 수 있을 것'이라 예측하고 있다. 그러므로 스스로 복제할 수 있는 능력이 없다는 것은 글의 내용과 일치하지 않는다.

④ 3문단에서 '광세포'는 감각수용체로서 눈에 비치는 빛을 흡수해 전기 신호로 바꾸는 역할을 한다. 전기 신호는 망막의

손상되지 않은 신경 세포로 전달된다고 제시하고 있다. 그러므로 망막의 신경 세포가 외부의 빛을 전기 신호로 바꾸어 뇌에 보낸다는 것과 일치하지 않는다.

37 ③ 1문단에서 과학자들은 살아 있는 개체의 유전자를 조작해 원래 해당 종에게 없던 특성을 제공하는 것을 ㉠ 생명 공학을 통해 자연 선택의 법칙을 위반하는 중이라 말한다. 뇌의 신경망을 모방한 컴퓨터 전기 회로를 컴퓨터 안에 심는 것은 2문단의 사이보그 공학에 해당되는 내용이므로 ㉠의 예로 적절하지 않다.

〔오답풀이〕

①, ②, ④, ⑤ 유전자 변형에 의한 생명공학에 해당한다.

38 ③ 2문단에서 사이보그의 예로 생체 공학적 의수를 지닌 인간을 들었고, 타고난 감각과 기능을 안경, 심장 박동기, 의료 보장구, ㉡ 컴퓨터와 스마트폰으로 보완하고 있다고 말하고 있다. 그러므로 자료 저장 처리의 부담을 덜어준다고 할 수 있다.

〔오답풀이〕

① 글에서 인간의 생리 기능 등에 해당하는 내용을 말하고 있지 않다.

② 글에서 인간이 자연 선택 결과에 해당하는 내용을 말하고 있지 않다.

④ 컴퓨터와 스마트폰이 전기적 명령을 해석할 수 있는 생체 공학용 팔의 원시적 형태물이라는 것과 관련된 내용을 말하고 있지 않다.

⑤ 컴퓨터와 스마트폰은 인간의 뇌가해야 하는 저장, 처리 등을 보완하는 역할을 하며, 데이터를 처리하는 능력의 한계와 거리가 멀다.

39 ④ 5문단에서 자연 선택의 법칙을 바꾸는 또 다른 방법은 완전히 무생물적 존재를 제작하는 것으로, 많은 프로그래머들이 창조자에게서 완전히 독립한 상태로 학습, 진화할 능력을 지닌 '프로그램을 창조하는 꿈'을 꾼다고 말하고 있다. 〈보기〉에서 비유기물 공학에서 독립적인 진화가 가능한 대상을 연구하고 있으므로, ㉰에 들어갈 적절한 말은 '컴퓨터 프로그램'이 된다.

40 ⑤ '부분을 맞추어 전체를 꾸며 만들다'의 뜻으로 사용한 ⓐ 짰기는 '만들다' 또는 '여러 요소를 모아 일정하게 짜서 이룸' 등의 어감으로 이해하면, 제작(製作), 구성(構成), 조직(組織), 개발(開發) 등으로 바꿔 쓸 수 있다. 활용(活用)은 '충분히 잘 이용함'의 의미를 지니고 있으므로 ⓐ와 바꿔 쓸 수 있는 말로 적절하지 않다.

〔TIP〕 **동음이의어 '짜다'**

• **짜다¹**
  – 사개를 맞추어 가구나 상자 등을 만듦
  – 실이나 끈 등을 씨와 날로 결어 천 등을 만듦
  – 머리를 틀어 상투를 만듦
• **짜다²**
  – 누르거나 비틀어 물기나 기름 따위를 빼냄
  – 온갖 수단을 동원해 남의 재물 등을 빼앗음
  – 새로운 것을 생각해 내기 위해 온 힘·정신을 쏟음
• **짜다³** : 소금과 같은 맛이 있음

[41~45] 고전 소설

김시습 「만복사저포기」

• 갈래 : 전기소설, 한문소설
• 성격 : 비극적, 비현실적
• 시점 : 전지적 작가시점
• 배경
  – 시간적 배경 : 고려 말 공민왕이 재위할 무렵
  – 공간적 배경 : 만복사, 개녕동, 보련사
• 구성
  – 기 : 양생이 불전에서 소원을 빌다가 부처와 저포 놀이 시합에서 이기고 여인을 만남
  – 승 : 여인(하씨녀)과 절에서 하룻밤을 보내고 서로 손을 잡으며 사랑을 나눔
  – 전 : 양생은 여인이 이 세상 사람이 아닌 것을 알게 되며, 결국 이별하게 됨
  – 결 : 이별한 슬픔을 이기지 못한 양생은 지리산으로 들어가 약초를 캐며 은둔함
• 주제 : 남녀 간의 시공을 초월한 사랑
• 특징
  – 불교 용어 및 소재를 사용함
  – 한시를 통해 남녀 간의 감정을 은유적으로 전달함
  – 최초의 한문소설이며 몽유록계 소설의 효시

41 ⑤ 여인(하씨녀)의 부모가 은그릇을 들고 길가에서 기다리던 양생을 보고 '여인이 노략질하던 왜구의 손에 죽어 장례를 치르지 못하다 절에서 재(불교에서 죽은 이를 천상에 가도록 기원하는 일)를 베풀어 저승 가는 길을 배웅하려는 참'이라는 대화를 통해 양생은 여인이 장례 후에 저승으로 간다는 사실을 알 수 있다.

〔오답풀이〕

① 여인이 양생의 아내가 되어 함께 살다가 죽음을 맞이한 것

이 아니라, 이승에 있는 사람이 아님에도 양생의 아내가 되고 싶었지만 이별할 수밖에 없는 상황에 슬퍼하고 있다.

② 여인은 양생에게 자신이 저승 사람이라는 사실을 고백하지 못하고 있다.

③ 부모가 양생을 만나기 위해 일행을 이끌고 보련사로 향한 것이 아니라, 여인이 길가에서 기다렸다 자신의 부모와 함께 절에 가달라고 양생에게 부탁한 것이다.

④ 지나가는 이들은 양생 옆에 여인이 함께 가는 것을 알지 못한 채로 어디로 가는지 묻고 있으며, 양생은 이들의 질문에 마지못해 대답했다는 서술은 글에서 찾아볼 수 없다.

42 ① [A]는 여인과 양생이 한시로 서로의 감정을 은유적으로 드러내고 있음을 알 수 있다. 〈보기〉에서 한시는 서사적 기능을 담당하며 그 중에서 '등장인물 간 대화를 대신하는 것'이 [A]의 역할로 가장 적절하다.

오답풀이

② 여인의 우스갯소리는 양생에게 자신의 감정을 전달하고 있고, 양생 또한 여인에 대한 자신의 감정을 전달하고 있다. 그러므로 남녀 주인공의 감정을 위로하는 것은 적절하지 않다.

③ 내용 상, 남녀 주인공은 이미 절(만복사)에서 하룻밤을 보내고 난 뒤에 해당되며, 첫 만남을 매개하는 것은 적절하지 않다.

④ 경물을 묘사한 것은 사건의 결말을 암시하는 것이 아니라 서로의 감정을 전달하기 위한 매개체이다.

⑤ 이별의 슬픔을 표현하고 있지 않다. 여인이 장난스럽게 한시로 운을 떼고, 이어 양생도 화답하듯 한시로 화답하여 서로 감정을 전달하고 있다.

43 ② 여인의 부모는 양생이 여인과 있었던 일을 말했음에도 의심하는 마음을 지을 수 없어 딸과 함께 절로 와 주기를 청한 것이며, 재를 베풀어 저승길을 배웅하려고 절에 온 것이다.

오답풀이

① [앞부분 줄거리]에서 노총각 양생은 법당에서 좋은 배필을 달라고 소원을 빌고, 부처와 저포놀이 시합에서 이긴 것을 통해 여인을 만나기 위한 필요조건이라는 것을 알 수 있다.

③ 양생과 여인이 손을 잡고 하얀 장막 안으로 들어가 밥을 먹기 시작했을 때, 수저 소리가 들리고 그가 한 말이 맞았음을 안 여인의 부모는 그를 믿게 된다.

④ 공자의 시경과 서경은 유교 서적이며 과거시험의 주요 출제 경전으로서, 이를 통해 여인이 명문가 규수로 유교적인 소양을 갖춘 인물임을 알 수 있다.

⑤ '양생의 아내가 되어 평생 도리를 다하고 싶었지만, 정해진 운명은 피할 수 없고 이승과 저승의 경계는 넘을 수 없었다.'는 내용을 통해 여인은 운명론적 세계관을 지니고 있음을 알 수 있다.

44 ③ ©의 여인이 양생과 헤어지기 전 건넨 '은그릇'은 두 남녀의 사랑의 징표이자 여인과 관련 있는 사람임을 알리는 매개체이다. 은그릇은 이어지는 사건 전개에 필연성을 강화하는 소재가 된다.

오답풀이

① ㉠의 사건 이해에 필요한 대상의 특징을 묘사하는 상황이 아니라 절에서 마을로 이동하는 공간의 변화를 나타낸 것이다.

② ㉡의 들판을 뒤덮은 쑥과 하늘을 가릴 정도로 가시나무가 뒤덮인 것은 비현실적인 배경을 나타내기 위한 소재에 해당된다.

④ ©의 하인이 한 말은 양생의 비범한 능력을 부각한 것이 아니라 여인이 이미 죽은 존재임을 은유적으로 암시하고 있다.

⑤ ㉣의 다가오고 있는 여자 한 사람과 여종이 이승의 존재가 아님을 직설적으로 드러내는지 알 수 없다.

45 ④ [B]에서 한밤중에 양생에게 나타난 여인이 '규범을 어기면서까지 양생과 사랑을 맺으려 시도했지만, 운명에 의해 이별할 수밖에 없는 것을 슬퍼하는 것'이다. 그러므로 현실 세계의 고달픈 삶을 긍정하는 민중의식으로 이해하는 것은 적절하지 않다.

오답풀이

① 명혼(冥婚)은 '부부가 되지 못하고 죽은 남녀'를 위해 인연을 맺게 하는 의식이다. 왜구에 의해 죽은 뒤, 골짜기에 묻힌 여인과 부모를 일찍 여의고 만복사에서 외롭게 지내던 양생은 각자 짝이 없는 결핍 상태에 처해 있다. 두 남녀가 만난 만복사는 현실(양생)과 비현실(여인)이 인연을 맺는 공간이 되며, 결핍 상태(짝이 없음)인 현실 세계의 벗어나고픈 욕망을 형상화한다고 볼 수 있다.

② 이승과 저승 간의 경계를 상징하는 불교 용어로 삼도천, 황천 등이 있다. 두 내(川)에는 이승에서 저승으로 이동하면 돌아올 수 없는 규칙이 있다. 이는 이승에서 저승으로 왕래할 수 없음을 상징한다. 그러므로 이승에 있는 양생과 곧 저승으로 가야하는 여인은 이어질 수 없으며, 양생의 고독은 해소될 수 없음을 의미한다.

③ 여인은 저승으로 갔어야 하지만 이를 어기고 양생과 사랑하고 싶었지만 결국 이별할 수밖에 없는 상황은 죽음을 넘어서고 싶었지만 운명에 의해 실현되지 못한 비극적 아이러니에 해당된다.

⑤ [앞부분 줄거리]에 나온 양생이 불전에서 빈 소원과 [B]의 여인이 고백한 자신의 사연이 담긴 축원문의 바람이 서로 통하여 두 남녀의 인연이 부처에 의해 이루어졌음을 알 수 있다.

2022학년도 기출문제 정답 및 해설

제2교시 영어영역

01 ③	02 ⑤	03 ⑤	04 ①	05 ③	06 ④
07 ④	08 ①	09 ①	10 ③	11 ①	12 ②
13 ④	14 ④	15 ②	16 ⑤	17 ④	18 ④
19 ⑤	20 ⑤	21 ③	22 ⑤	23 ③	24 ①
25 ④	26 ①	27 ③	28 ②	29 ⑤	30 ③
31 ①	32 ②	33 ③	34 ③	35 ①	36 ⑤
37 ②	38 ②	39 ③	40 ⑤	41 ①	42 ②
43 ③	44 ②	45 ②			

01 ③ 'ubiquitous'는 '어디에나 있는, 아주 흔한'이라는 의미로 'omnipresent(어디에나 있는)'와 의미가 가장 유사하다.

오답풀이

① 소리 높여 표현하는

② 모호한

④ 거침없는

⑤ 무료의

어휘

• Track : 추적하다

• stray : (자기도 모르게) 제 위치[길]를 벗어나다

• thanks to : ~의 덕분에, 때문에

• soon : 곧

• microchip : 마이크로칩

• vociferous : 소리 높여 표현하는

• equivocal : 모호한

• inexorable : 거침없는

• complimentary : 무료의

해석

어디에서나 볼 수 있는 마이크로칩 덕분에 길 잃은 개를 추적하는 것이 곧 쉬워질 것이다.

02 ⑤ 'unscrupulous'는 '부도덕한'이라는 의미로 'dishonest(정직하지 못한)'과 가장 의미가 유사하다.

오답풀이

① 신중한

② 비정상적인

③ 근면한

④ 무관심한

어휘

• Through : …을 통해[관통하여]

• public : 일반인[대중]의

• education : 교육

• advocacy : (생각·행동 노선·신념 등에 대한 공개적인) 지지[옹호]

• protests : 항의[반대/이의] (운동), 시위

• prudent : 신중한

해석

공교육, 정치적 옹호, 시위를 통해 개방된 공간과 숲을 부도덕한 개발자들로부터 보호하고자 했다.

03 ⑤ 'ostracized'는 '외면하다'의 의미로 'excluded(제외되는)'과 가장 의미가 유사하다.

오답풀이

① 당혹한

② 정류한

③ 범람한

④ 스며들다

어휘

• Individual : 각각[개개]의

• risk : 위험

• fellow : 동료

• worker : 노동자

• bewildered : 당혹한

• rectified : 정류한

• inundated : 범람한

해석

그런 행동을 한 개인들은 동료들로부터 외면을 당할 위험이 있었다.

정답 및 해설

04 ① 'nemesis'는 '강적'의 의미로 'adversary(적수)'와 가장 의미가 유사하다.

오답풀이

② 촉매
③ 관습
④ 영재
⑤ 천정

어휘

• Stuttering : 말을 더듬는
• embarrassing : 난처한
• struggled : 투쟁[고투]하다
• throughout : 도처에
• childhood : 어린 시절
• catalyst : 촉매
• convention : 관습

해석

말을 더듬는 것은 티모시가 어린 시절 내내 고군분투했던 당혹스러운 강적이었다.

05 ③ 'banal'은 '지극히 평범한'이라는 의미로 'ordinary(일상적인)'와 가장 유사하다.

오답풀이

① 다정한
② 혐오의
④ 걱정되는
⑤ 과장된

어휘

• exchanged : 교환
• climbers : 등반가
• inwardly : 마음속으로
• frantic : 정신없이[미친 듯이]
• affectionate : 다정한
• aversive : 혐오의

해석

등반가들과 지극히 평범한 축하 인사를 주고받다 보니 속으로 걱정이 앞섰다.

06 ④ A는 지난밤 국제 우주 정거장을 봤다고 말한다. B의 말에 A는 '나는 쉽게 그것과 별들 사이의 차이점을 쉽게 구별할 수 있어.' 라고 답한다. 따라서 B가 무엇을 물어봤는지 예상할 수 있다. ④의 "How did you know that it was the ISS (어떻게 구별을 했어?)"가 빈칸에 들어갈 말로 가장 적절하다.

오답풀이

① ISS와 NASA의 차이점을 설명해줄래?
② 구름의 중심에 있는 별이 보여?
③ ISS를 본 이유가 뭐야?
⑤ 지구에서 얼마나 떨어져 있니?

어휘

• International Space Station : 국제 우주 정거장(ISS)
• amazing : (감탄스럽도록) 놀라운
• possible : 가능한
• Earth : 지구, 세상
• across : 건너서
• location : (…이 일어나는 · 존재하는) 장소[곳/위치]
• neat : 정돈된

해석

A : 이봐, 그거 알아? 어젯밤에 국제 우주 정거장을 봤어!
B : 정말? 대단해! 정말 ISS를 볼 수 있어? 지구에서?
A : 응. 하늘을 가로지르는 밝은 별처럼 보였어.
B : 어떻게 구별을 했어?
A : 그것은 굉장히 빨리 움직여서 그 주변의 별들 사이에서 쉽게 구별할 수 있었어. ISS 위치를 보려면 NASA 웹사이트에서 확인할 수 있어.
B : 정말 깔끔하게 들리네. 한번 해볼게.

07 ④ B는 블로그를 통해 접한 Nessie라고 불리는 스코틀랜드 호수의 괴물에 대해 이야기 하고 있다. 빈칸 이후 A는 사진이 수정 되었을 수도 있으니 보이는 모든 것을 믿지 말라고 이야기 한다. 따라서 ④의 "There are lots of photos of Nessie, though(하지만 Nessie의 사진이 많아.)"가 적절하다.

오답풀이

① 실제로 과학자들은 그것의 존재를 믿었어.
② 하지만 그것은 나의 실수인 것 같아.
③ 괴물은 자연의 질서를 어지럽혀.
⑤ 응, 그것들은 실존함이 입증되었어.

어휘

• interesting : 흥미로운
• quite : 꽤
• proven : 입증[증명]된
• modified : 수정된
• approach : 접근법
• reasonable : 타당한
• suspicion : 의심
• authentic : 진본[진품]인

해석

A : 뭐 하고 있어?

B : 블로그를 통해 몇 가지 흥미로운 것들에 대해 살펴보고 있어.

A : 뭐가 그렇게 흥미로운데?

B : 이 블로그에 따르면, 스코틀랜드의 한 호수에 Nessie라는 괴물이 살고 있대.

A : 오, 꽤 흥미롭긴 한데, 믿지 않는 게 좋을 거야. 이런 종류의 것들은 증명되지 않았어.

B : 하지만 Nessie의 사진이 많아.

A : 사진이 수정되었을 수 있어. 보이는 모든 것을 믿는 것보다 합리적인 의심을 가지고 접근하는 것이 중요하다고 생각해.

B : 알겠어. 명심할게.

08 ① 능동인지 수동인지 고르는 것이 관건이다. factors가 고려하는 요소인지 고려되는 요소인지 확인해본다. factors는 고려되는 요소이다. 따라서 ①의 'considering'을 'considered'로 고쳐 써야 한다.

어휘

• illness : 병, 아픔

• chemical : 화학의

• imbalance : 불균형

• factors : 요인, 인자

• environment : (주변의) 환경

• injury : 부상

• opinions : (개인의) 의견[견해/생각]

• society : (공동체를 이루는 일반적인) 사회

• supervision : 감독

• psychiatrist : 정신과 의사

• treatment : 치료, 처치

• pioneered : (특정 지식·문화 부문의) 개척자[선구자]

• whereby : (그것에 의하여) …하는

• receives : 받다, 받아들이다

• above : (위치나 지위 면에서) …보다 위에[위로]

해석

정신질환은 여러모로 우리에게 수수께끼로 남아 있다. 어떤 과학자들은 그것이 유전적이라고 생각한다. 다른 사람들은 이것이 신체의 화학적 불균형에 의한 것이라고 생각한다. 고려되는 다른 요인으로는 사람의 환경이나 뇌손상 등이 있다. 전문가들은 무엇이 정신질환을 유발하는지에 대해 각기 다른 의견을 가지고 있고, 그것을 어떻게 치료할지에 대해서는 다른 생각을 가지고 있다. 정신질환자를 병원이나 교도소에 배치해 사회로부터 격리시키는 것도 한 방법이다. 또 다른 방법은 정

신과 의사의 감독 아래 약을 투여해 행동을 수정하는 것이다. 약물 치료를 받고 있는 정신질환자들은 감독된 주택에서 생활하는 경우가 많다. Sigmund Freud가 개척한 또 다른 치료 방법은 정신분석으로, 환자는 정신과에서 많은 시간 동안 상담과 상담치료를 받는 것이다. 위의 치료법들은 종종 결합된다.

09 ① (A) 위험을 향해 달려가는 사람들의 이야기가 전개 되어야 하므로 안전하게 사는 것을 불안해 한다는 문장이 나와야 한다. 'nervous(불안)'이 적절하다.

(B) 과학자들은 왜 고의적으로 상해, 죽음을 얻으려고 하는지 궁금해 하므로 'court(…을 얻으려고 하다)'가 적절하다.

(C) 육체적 또는 정신적으로 스트레스를 받는 상황이 유발되는 것을 의미하므로 'arises(발생하다)'가 적절하다.

어휘

• nervous : 불안해[초조해/두려워] 하는

• relaxed : 느긋한, 여유 있는

• placidly : 잔잔하게

• surely : 확실히

• minuscule : 극소의

• deliberately : 고의로, 의도[계획]적으로

• evade : (어떤 일이나 사람을) 피하다[모면하다]

• interplay : 상호 작용

• ingredient : (특히 요리 등의) 재료[성분]

• adrenaline : 아드레날린

• chemical : 화학의, 화학적인 (변화를 수반한)

• adrenal : 신장 부근의

• arises : 생기다, 발생하다

• disappears : (눈앞에서) 사라지다

• swiftly : 신속히

• forcefully : 힘차게

해석

어떤 사람들은 차분하고 안전하게 살면 (A) 불안해한다. 그들은 대부분의 사람들이 위험으로부터 도망치는 것처럼 확실하게 위험을 향해 달려간다. 번지점프를 하거나 산악자전거를 타고 자갈길을 미끄러져 내려가거나 벼랑 앞 틈에 끼어 손끝으로 매달리거나 심지어 위험한 모험을 하기 위해 안전한 직장을 그만두기도 한다. 그들은 위험을 감수하는 사람들이고, 과학자들은 오랫동안 궁금해해왔다. 왜 고의적으로 상실, 상해, 심지어 죽음에 대한 (B) 구애를 하는지. 그 질문에 대한 대답은 심리적인 요인과 생리적인 요인의 복잡한 상호작용을 포함한다. 위험에 대한 신체의 생리학적 반응의 핵심 요소는 아드레날린이다. 신체는 이 화학물질을 신장의 부신 중앙에서 생산한다. 육체적으로나 정신적으로 스트레스를 받는 상황이

(C) 발생했을 때, 혈류로 흘러 들어가는 아드레날린은 신체가 스스로를 보호하기 위해 신속하고 강력하게 행동할 수 있도록 준비시킨다.

10 ③ (A) 사냥감의 속도와 지구력, 민첩성이라는 지문이 나오므로 'Fleeing(도망치는)'이 적절하다.

(B) 사자, 표범, 치타가 단거리의 폭발적인 스피드만 낼 수 있다는 것을 알고 있다고 했으므로 'panic(허둥지둥함)' 할 일이 거의 없다는 것이 적절하다.

(C) 개들은 고양이만큼 빠르지는 않지만, 몸이 약하거나 늙거나 병든 먹이를 소진시킬 정도로 오랫동안 달릴 수 있다는 의미가 되어야 하므로 'exhaust(소진시키다)'가 적절하다.

어휘

- Fleeing : 도망치는
- Hunting : 사냥
- inspiring : (…하도록) 고무[격려/자극]하는
- endurance : 인내(력), 참을성
- antelopes : 영양
- against : …에 반대하여[맞서]
- hoofed : …한 발굽이 있는
- rarely : 좀처럼 …하지 않는
- idle : 게으른, 나태한
- panic : 허둥지둥함
- predator : 포식자
- deadly : 치명적인
- prey : (사냥 동물의) 먹이[사냥감]
- depend : 의존하다
- endurance : 인내(력)
- exhaust : 다 써 버리다, 고갈시키다
- invigorate : 활성화하다

해석

(A) 도망치는 것은 사냥감의 속도와 지구력, 민첩성의 신화적 수준에 영감을 주며 정교한 예술로 완성되었다. 영양, 가젤, 얼룩말과 같은 평범한 동물들 또한 공격자들의 재능과 자신의 능력을 비교하는 법을 배웠다. 사자, 표범, 치타가 단거리의 폭발적인 스피드만 낼 수 있다는 것을 알고 있는 발굽이 달린 것들은 달리기와 유리한 출발이 가능한 한 고양이를 보고 (B) 허둥지둥 하는 일이 거의 없다. 중요한 것은 맹수가 "기지를 공격"하지 않고 치명적인 전력 질주를 할 수 있을 만큼 가까이 가지 않도록 감시하는 것이다. 그러나 사냥개와 늑대에 맞서는 먹잇감 동물은 지구력만으로는 의존할 수 없다는 것을 알고 있다. 개들은 고양이만큼 빠르지는 않지만, 몸이 약하거나 늙거나 병든 먹이를 (C) 소진시킬 정도로 오랫동안 달릴 수 있다.

11 ① (A) 멜로디가 올라가면 최저음을 떨어뜨리며, 대조적인 모션을 취하고 있으므로 'contrary(대조적으로)'가 적절하다.

(B) 방향이 반대로 가는 것을 의미하므로 'separating(분리 시키다)'가 적절하다.

(C) 단 하나의 선이 곡조를 전달하는 것으로 식별될 수 있게 하기 위해 다른 부분은 조화를 이루어야 함을 의미하므로 'harmony(조화)'가 적절하다.

어휘

- struggling : 발버둥이 치는
- contrary : ~와는 다른[반대되는]
- parallel : (두 개 이상의 선이) 평행한
- In other words : 다시 말해서
- fall : 떨어지다, 빠지다, 내리다
- equally : 똑같이, 동일[동등]하게
- separating : 분리
- discord : 불화, 다툼
- harmony : 조화, 화합
- identified : 확인된, 인정된, 식별된
- Somehow : 어떻게든

해석

만약 여러분이 선율적이고 조화로운 결합체에 대해 생각하고 있다면 두 가지 요소들을 결합시키는 방법은 (A) 대조적인 모션을 해야 효과가 있다. 너의 선율이 올라감에 따라 화음진행에 가장 낮은음을 떨어뜨리도록 노력해라. 마찬가지로 너의 멜로디가 떨어질 때 최저음을 위쪽으로 올려라. 대조적인 움직임은 두가지의 파트와 그들사이의 미러가 있다고 상상하고 (B) 분리시켜라. 한 방향으로의 움직임이 유발한다. 다른 부분이 다른 방향으로 움직이도록. 단 하나의 선이 곡조를 전달하는 것으로 확인 될 수 있게 하기 위해 (C) 조화를 이루어야 곡조가 전달이 된다.

12 ② 제시문은 콘벨트에 대한 내용이다. 강우량이 풍부하며, 길고 따뜻한 생장기가 있고 이 모든 것이 땅을 매우 가치 있게 만든다고 했으므로 ②의 'futile(쓸데없는)'이 아니라 'useful(유용한)'등으로 바꿔 써야 적절하다.

오답풀이

① (특히 가축을 도살하기 전에) 살찌우다
③ 소작인
④ 공급하다
⑤ 설치되다

어휘

- running : 운영, 경영

- farm : 농장, 농원
- operation : (대규모) 기업, 사업체
- particularly : 특히, 특별히
- grown : 재배하다
- rainfall : 강우(량)
- valuable : 가치가 큰
- machinery : (특히 큰 기계를 집합적으로 가리켜) 기계(류)
- fertilizer : 비료
- owned : [복합어를 이루어] …이 소유하는
- insurance : 보험
- rent : 임대
- equipped with : …을 갖춘
- electric lighting : 전기 조명
- round-the-clock : 24시간[밤낮 없이] 계속되는

해석

오늘날 중서부에서 농장을 운영하는 것은 매우 돈이 많이 드는 운영이 될 것 같다. 이는 특히 가축의 대부분을 살찌우는 옥수수가 재배되는 콘벨트에서 더욱 그렇다. 콘벨트의 중심은 아이오와, 일리노이, 인디애나에 있다. 토양은 극히 쓸데없고(→유용하고), 강우량이 풍부하며, 길고 따뜻한 생장기가 있다. 이 모든 것이 땅을 매우 가치 있게 만든다. 토지에 가축, 종자, 기계, 연료, 비료 등의 비용을 더하면 농사는 매우 돈이 많이 드는 운영이 된다. 그러므로 많은 농부들이 소작인들이고 땅의 많은 부분은 은행, 보험 회사 또는 부유한 사업가들이 소유하고 있다. 이 주인들은 일반적으로 기계와 노동력을 제공하는 농부들에게 땅을 임대해준다. 일부 농장은 제분업체와 계약하여 운영된다. 기업들은 농장을 매입하고 경영자를 투입해 농사를 짓게 하고 농사를 지을 수 있는 기계를 공급하며 농산물을 자체 용도로 가져간다. 기계에는 24시간 작동이 가능하도록 전기 조명이 설치되는 경우가 많다.

13 ④ 제시문은 디지털 정보와 지식의 불확실성에 대해 설명하고 있다. 지식의 위상이 도전받는 이유는 접근할 수 있는 것의 품질이 종종 알려져 있지 않기 때문이라고 한다. 그러므로 ④의 'unveiled(공개되다)'가 아닌 'cover(감추다)'로 바꿔 써야 적절하다.

오답풀이

① 방해하다
② (통계 조사의) 표본
③ 알려지지 않은
⑤ 상대적인

어휘

- uncertainty : 불확실성, 반신반의
- infinitude : 무한

- response : 대답, 응답
- esoteric : 소수만 이해하는
- disciplines : 규율, 훈육
- stature : 지명도, 위상
- accessed : (장소로의) 입장[접근]
- publisher : 출판인
- affiliation : (개인의 정치·종교적) 소속[가입]
- clearly : 또렷하게
- deliberately : 고의로, 의도[계획]적으로
- simplistic : 지나치게 단순화한
- correct : 맞는, 정확한
- overcome : 극복하다
- nevertheless : 그렇기는 하지만, 그럼에도 불구하고
- caveat : 통고[경고]

해석

디지털 정보는 지식의 불확실성을 증가시키는 데 한몫을 한다. 첫째, 인터넷을 통해 접근할 수 있는 정보의 무한성은 어떤 주제에 숙달하려는 어떠한 시도도 어렵게 만든다. 어떤 분야에서든 무엇이 알려져야 하는지를 더 이상 알 수 없다. 그 응답은 점점 더 좁혀지거나 난해해지는 것에 초점을 맞추는 것이다. 훈련이나 관심사를 인정하거나, 할 수 있는 모든 것은 그 분야를 시도하는 것이다. 둘째, 지식의 위상이 도전받는 이유는 접근할 수 있는 것의 품질이 종종 알려져 있지 않기 때문이다. 인쇄된 책에는 대개 품질 출판사, 저자 소속 등의 표시가 선명하게 표시되어 있다. 그러나 인터넷 정보의 질이 항상 그렇게 명백하고, 때로는 의도적으로 공개되고(→감추어지고), 때로는 단순하지만 시끄럽지는 않다. 백과 사전도 보장되지 않는다. 위키백과는 다음과 같이 주장한다. 누구나 편집할 수 있는 무료 백과사전. 올바른 소재가 대개 잘못된 것을 극복한다는 이론에도 불구하고, 지식은 항상 상대적이라는 주의사항이 있다.

14 ④ 카페의 절반 이상의 손님들이 정기적으로 방문 한다고 하였으므로, 'More than half of the customers visit this cafe regularly. (이 카페는 고객의 절반 이상이 정기적으로 방문합니다.)'는 ④의 설명이 제시문의 내용과 일치한다.

오답풀이

① Songbird House는 1904년에 유명한 유적지였다.
② Songbird House에서는 조식이 제공되지 않는다.
③ 신입사원들은 자주 채용된다.
⑤ Songbird House는 거실을 개조하는 회사이다.

어휘

- located : …에 위치한
- historic : 역사적으로 중요한, 역사에 남을 만한, 역사적인

• pastries : 패스트리

• proud : 자랑스러워하는, 자랑스러운

• personally : (다른 사람을 통하거나 하지 않고) 직접, 개인적으로

• assured : 확실한, 확실시 되는

• variety : 여러 가지, 갖가지, 각양각색

• creatives : 창의적인 사람, (창작 활동을 하는) 작가

• nursing mothers : 양모, 수양어머니

• comfortable : 편(안)한, 쾌적한

• extension : (세력·영향력·혜택 등의) 확대

• frequently : 자주, 흔히

• renovates : 개조하다

해석

Songbird House는 2012년 7월 23일 오픈하였으며 이 건물은 1904년 지어진 역사적인 집입니다. 저희는 커피와 차에 중점을 두고 있지만, 여러분은 수제 페이스트리와 아침 샌드위치를 좋아하실 것입니다. 우리는 낮은 직원 이직률을 자랑스럽게 여겨서 우리 모두가 고객을 개인적으로 알게 되고 고객은 한결같은 것에 대해 확신하게 됩니다. 우리가 환영하는 얼굴의 60%는 단골들이지만, 우리는 매일 각계각층의 아름다운 다양한 사람들을 만나는 것이 즐겁습니다. 당신이 누구이든, 누구를 사랑하든, 당신이 어디에 있던 간에 방문하세요. 사업가, 학생, 작가, 양모 편안히 계세요. Songbird House는 당신의 거실의 연장선입니다.

15 ② 제시문은 코브라 백합에 대한 내용을 이야기 하고 있다. 코브라 백합은 놀라운 외모와 함께 작은 척추동물뿐만 아니라 곤충도 잡아먹는다고 서술되어 있으므로 'It is eaten by small animals with a backbone. (그것은 척추 동물들에게 먹힌다.)라는 ②의 설명은 제시문의 내용과 일치하지 않는다.

오답풀이

① 잎은 코브라의 머리를 닮았다.

③ 습지대에서 종종 발견된다.

④ 그것은 기분 좋은 냄새를 분비하여 곤충을 유인한다.

⑤ 빗물을 모아 먹잇감을 가두지 않는다.

어휘

• eye-catching : (단번에) 눈길을 끄는

• dramatic : 극적인

• curling : (둥그렇게) 감기다[감다], (몸이[을]) 웅크러지다[웅크리다]

• foliage : 나뭇잎

• appearance : (겉)모습, 외모

• carnivorous : 〈식물이〉 식충성의

• feed on : ~을 먹고 살다

• insects : 곤충

• distinct : 뚜렷한, 분명한

• boggy : 늪지, 습지, 수렁

• devoid : ~이 전혀 없는

• nutrition : 영양

• attracts : 마음을 끌다

• fuel : 연료

• trapping : 덫, 올가미

• digesting : (음식을) 소화하다[소화시키다], 소화되다

• prey : (사냥 동물의) 먹이[사냥감]

• enzymes : 효소

• rainwater : 빗물

해석

코브라 백합은 코브라 뱀의 머리를 닮은 독특한 잎 덕분에 눈길을 끄는 식물이다. 그것의 웅크러진 잎은 식물의 밑부분에서 솟아올라 후드 잎으로 둥글게 된다. 이 육식성 식물은 놀라운 외모와 함께 작은 척추동물뿐만 아니라 곤충도 잡아먹는다. 북아메리카가 원산지인 코브라 백합은 종종 영양이 부족한 습지대에서 뚜렷한 집단으로 자란다. 후드를 쓴 잎은 곤충을 유인하는 향기를 분비하고, 식물이 먹이를 가두고 소화시켜 연료를 모을 수 있게 한다. 일단 안으로 들어가면 곤충들이 탈출하기 어렵고, 식물은 또한 동물성 물질을 분해하는 것을 돕기 위해 소화효소를 분비할 것이다. 그러나 다른 많은 낭상엽 식물들과 달리 코브라 백합 식물들은 먹이를 가두기 위해 빗물을 모을 수 없다.

16 ⑤ 한국음식의 인기와 그에 따른 위기를 설명하고 있는 내용이므로 ⑤의 'Popularity and Crisis of Korea's National Dish (대한민국 국민요리의 인기와 위기)'가장 적절하다.

오답풀이

① 김치 : 치솟는 인기

② 김치는 건강에 어떤 영향을 미치나요?

③ 한국, 중국과의 무역전쟁에서 승리하다

④ 김장 : 유네스코 선정

어휘

• unmistakable : 오해의 여지가 없는, 틀림없는

• permeates : 스며들다, 침투하다

• admirer : (유명한 사람·물건을) 찬미하는 사람, 팬

• valued : 존중되는, 귀중한, 소중한

• refrigerators : 냉장고

• peninsulA : 반도

• cabbage : 양배추

• traditionally : 전통적으로

• communal : (한 공동체 내의) 집단들이 관련된

- heritage : (국가 · 사회의) 유산
- copious : 엄청난 (양의), 방대한
- damage : 손상, 피해
- Health : (몸 · 마음의) 건강
- Award : (부상이 딸린) 상

[해석]

이 냄새는 출퇴근 시간대에 서울 지하철 객차에 스며들며, 찬미자들은 이 냄새가 지구상에서 가장 건강에 좋은 음식이라고 주장한다. 냉장고가 들어오기 전에 비타민C 의 원천으로 평가받던 김치는 이제 한반도에서 멀리 떨어진 메뉴에서 떠오르고 있다. 맵고 마늘 냄새가 나는 양배추 요리는 영국, 호주, 미국에서 피자 토핑과 소를 채운 타코 음식으로 발견된다. 김치를 담그는 전통적인 공동 행위인 김장은 최근 유네스코로부터 세계문화유산으로 인정받았다. 그러나 로스앤젤레스부터 런던까지 한국 국적의 레스토랑에서 인기가 높아졌음에도 불구하고 요리는 원산지에서 위기에 처해있다. 배추, 마늘, 양념, 고춧가루 등 김치의 기본 재료에 중국과의 무역전쟁이 한국 문화의 정체성에 지속적인 손상을 우려하는 목소리가 더해진다.

17 ④ 제시문은 전체적으로 기술 준비 상태에 도달한 솔루션은 거의 없었고 효율성 및 환경 영향에 대해 검증된 솔루션은 없었다고 한다. 그러므로 제시문의 제목으로는 ④의 'Want to Heal the Ocean? More Work Needed (바다를 치유하고 싶나요? 더 많은 작업이 필요함)'이 적절하다.

[오답풀이]

① 해양 동물 구하기 : Microlitter 대상 지정
② 해양 발견을 위한 소극적 여정
③ 인류에 대한 해양 위협
⑤ 해양폐기물 재활용의 효용성에 대한 의문

[어휘]

- Innovative : 획기적인
- solutions : (문제 · 곤경의) 해법, 해결책
- restore : (이전의 상황 · 감정으로) 회복시키다
- developed : (산업 · 경제 · 기술 등이) 발달한, 선진의
- implemented : 시행하다
- scattered : 산발적인
- accessible : 접근[입장/이용] 가능한
- prevention : 예방, 방지
- wastewater : 폐수, 하수
- inconsistent : 일관성 없는
- harmonization : 조화
- assess : (특성 · 자질 등을) 재다[가늠하다]
- targeted : 목표가 된
- Overall : 종합[전반]적인, 전체의

- readiness : 준비가 되어 있음
- validated : 적합하며
- environmental : (자연) 환경의

[해석]

해양 쓰레기를 예방, 감시, 청소하기 위한 혁신적인 솔루션은 건강한 해양을 복원하고 시간이 지남에 따라 그것의 안녕을 유지하기 위해 필요하다. 또한, 이러한 솔루션 중 몇 개가 개발 및 구현되었는지, 플랫폼 전체에 정보가 분산되어 쉽게 액세스할 수 없는 상황에서 어느 정도까지 효과적인지 거의 알려지지 않았다. 글로벌 분석 또한 Nature Sustainability에서도 177개의 PMC 솔루션을 식별한 연구진은 그 중 106개가 모니터링, 33개는 (대부분 폐수 처리를 통해) 33개는 예방, 30개만 청소하는 것으로 나타났다. 그들은 또한 다양한 개발자에 걸쳐 쓰레기 크기 용어의 일관되지 않은 사용을 발견한다. 이는 처리 대상 쓰레기의 유형을 평가하기 위한 조화와 노력이 필요했으며, 이는 해결책 중 137개가 Microlitter를 대상으로 한다는 것을 보여준다. 전체적으로 기술 준비 상태에 도달한 솔루션은 거의 없었고 효율성 및 환경 영향에 대해 검증된 솔루션은 없었다.

18 ④ 제시문은 미국에서 노인들을 대상으로 한 '케어'를 관찰한 결과, 그 문화에서의 개인화는 특정한 상징과 지위의 획득뿐만 아니라 일련의 성공의 성취도 포함한다고 결론지을 수 있을 뿐이라고 이야기 한다. 따라서 제시문의 제목으로는 ④의 'one aspect of personalization in the United States (미국의 개인화의 한 측면)'이 적절하다.

[오답풀이]

① 개인화의 여러 가지 전략
② 노인에 대한 전형적인 오해
③ 미국의 노인요양문제
⑤ 미국 경제에 대한 소비의 기여

[어휘]

- observing : 관찰하는
- aged : 고령의, 연로한
- personalization : 개인화, 인격화
- acquisition : 습득
- achievement : 업적, 성취한 것
- a series of : 일련의
- individual : 각각[개개]의
- withdrawn : (뒤로) 물러나다, 철수하다
- displaced : 추방된
- scarcely : 거의 …않다
- symbolize : 상징하다
- retention : 보유

• machinery : 기계 부품들

• adequate : 충분한

• indispensable : 없어서는 안 될

해석

미국에서 노인들을 대상으로 한 '케어'를 관찰한 결과, 그 문화에서의 개인화는 특정한 상징과 지위의 획득뿐만 아니라 일련의 성공의 성취도 포함한다고 결론지을 수 있을 뿐이다. 그 징표에 따르면 성공할 능력이 상실되거나 실패한 개인은 성공 메커니즘에서 물러났기 때문에 덜한 사람으로 간주된다. 미국의 노인들은, 그들이 직업 체계에서 물러났거나 쫓겨났기 때문에, 성공하거나 실패할 수 있는 능력을 박탈당한다; 그들은 여전히 지속적인 소비 능력으로 그들의 과거의 성공을 상징할 수 없는 한, 거의 없는 사람으로 보여진다. 이런 식으로 개인의 소비능력 보유는 성공 시스템에서 물러난 후에도 다음과 같이 받아들여진다. 이러한 소비를 통해, 경제에 없어서는 안 될 서비스가 제공되기 때문에, 성공을 대체할 적절한 수단이 된다.

19 ⑤ 제시문은 어떤 사람들은 주어진 기술을 사용하기로 선택하지만, 다른 사람들은 그렇지 않으며 어떤 기술이든, 개인이 사용하지 않기로 선택하는 경우가 될 수 있다고 하였다. 따라서 ⑤의 'the destiny of a technology determined by individual choices (개인의 선택에 의해 결정되는 기술의 운명)'이 제시문의 주제로 가장 적절하다.

오답풀이

① 자율성에 대한 기술적 비판

② 윤리가 혁신 기술에 미치는 영향

③ 윤리 기술을 이해하고 활용하는 방법

④ 사람들이 좋아하는 기술을 홍보해야 하는 이유

어휘

• unclear : 불확실한, 분명하지 않은

• inevitable : 불가피한, 필연적인

• perspective : 관점, 시각

• autonomous : 자주적인, 자치의

• individuals : 각각[개개]의

• elect : (선거로) 선출하다

• competitor : (특히 사업에서) 경쟁자[경쟁 상대]

• arise : 생기다, 발생하다

• argument : 논쟁; 언쟁, 말다툼

• implemented : 시행하다

• decisions : 결정, 판단

• Insofar : …하는 한에 있어서는

• reflect : 반영하다

해석

적어도 윤리적인 관점에서 기술이 어떻게 불가피할 수 있는지, 어떻게 자율적일 수 있는지 알 수 없다. 어떤 사람들은 주어진 기술을 사용하기로 선택하지만, 다른 사람들은 그렇지 않다. 어떤 기술이든, 모든 개인이 사용하지 않기로 선택하는 경우가 될 수 있다. 경쟁자가 생기거나 도덕적 논쟁이 나타나 다수의 사람들이 더 이상 기술을 사용하지 않도록 설득할 수 있다. 그 기술은 개인의 결정으로 인해 구현되지 않는다. 따라서 기술 또는 적어도 구현이 불가피한 것은 아니다. 그것을 유지하기로 한 개인의 선택에 의존하는 한, 그것은 자율적이지 않다. 기술의 필연성과 자율성을 바탕으로 기술 윤리를 구현하려는 노력은 사람들이 선택을 하는 방식을 반영하지도 않고, 윤리적 의사결정을 내리지도 않으며, 개인과 기술의 전체 관계를 반영하지도 않는다.

20 ⑤ 제시문에 따르면 이민자들이 미국의 어떤 주류 문화를 형성했는지에 대해 설명하고 있다. 그러므로 ⑤의 'The immigrants released their own cultures into the American mainstream. (이민자들은 그들만의 문화를 미국 주류로 내보냈다.)'가 제시문의 요지로 적절하다.

오답풀이

① 미국의 국경들은 예상치 못한 문제들을 극복했다.

② 그 위험한 피해는 새로운 사람들에 의해 일어났다.

③ 다양한 이민자들이 르네상스를 일으켰다.

④ 소문화는 미국의 공공생활에 적합하도록 변화된다.

어휘

• foreign-born : 외국 태생의

• native-born : 토박이

• minority : 소수자의

• professionals : 전문가

• priests : 사제들

• ministers : 장관들

• religions : 종교

• politics : 정치학

• institutions : 기관

• feast : 연회, 잔치

• emptied : 비어 있는, 빈

• Day of Atonement : 속죄일(금식하고 참회의 기도를 드리는 날)

• fraternal : 공제(共濟)의(사상·이해관계가 같은 개인·집단이 서로 돕기 위한 것)

• ghetto : (흔히 소수 민족들이 모여 사는) 빈민가[게토]

• ragtime : 래그타임

물밀 듯이 밀려오는 외국태생과 토착태생, 백인, 흑인 등 다양한 인종. 소수만이 전문직 종사자였다: 사업가, 교사, 의사와 변호사, 성직자, 목사, 랍비. 대부분의 사람들은 공장을 가득 채우고, 집을 짓고, 바닥을 닦고, 유복한 자들의 아기들을 돌보는 일꾼들이었다. 그러나 이 새로운 거주자들은 더 많은 것을 도시로 가져왔다. 그들은 그들의 종교, 정치, 제도, 예술을 가져왔다. 그들은 마을 잔치에는 거리를 가득 메웠고 속죄일에는 거리를 비웠다. 그들은 작은 가게 앞 교회와 공제조직을 만들었다. 그들은 유대 연예인들이 그들의 기술을 연마하는 보드빌 극장들과 래그타임 밴드들이 미국 음악의 경계를 허무는 게토 댄스홀로 서둘렀다. 그리고 그들은 도시의 공공의 생활에 나타났다.

21 ③ 제시문은 대등하지 못한 지위를 누리고 있었지만 사과를 함으로써 독일의 도움을 받을 수 있게 된 체코에 대한 내용이다. 그러므로 ③의 'Apologies restore equilibrium in domestic and international relations. (사과는 국내외 관계의 평형을 회복하게 해준다.)'가 제시문의 요지로 가장 적절하다.

오답풀이

① 독일은 체코가 전후 행동에 대해 사과할 때까지 체코 피해자들에게 돈을 주지 않았다.
② 사과는 부유한 나라와 가난한 나라 사이의 분열을 바로잡는 데 도움을 준다.
④ 사과는 사람으로 하여금 지나간 일을 잊게 만든다.
⑤ 미국은 매독 치료를 거부당한 흑인들에게 사과했다.

어휘

• apologies : 사과
• veritable : (강조의 뜻으로 쓰여) 진정한
• Government : 정부, 정권
• demonstrate : 증거[실례]를 들어가며 보여주다, 입증[실증]하다
• wronged : 부당한 취급을 받은, 학대받은
• experiment : (과학적인) 실험
• effective : 효과적인
• restitution : 배상, 보상
• persecution : 박해, 학대
• formally : 정식으로, 공식적으로
• expulsion : (어떤 장소에서의) 축출[추방]
• receiving : 받는
• reparations : 배상금, 배상물
• responded : 대답[응답]하다, 답장을 보내다

배려의 표시로서의 사죄의 힘은 우리가 지금 공식적으로 보고 있는 진정한 사태의 핵심에 있다. 예를 들어, 정부는 1997년 미국이 의학 실험의 일환으로 매독 치료를 거부당한 흑인들에게 사과했을 때처럼 부당했던 집단에 대해 관심이 있다고 발표할 수 있다. 다른 나라에 사과를 하는 것은 향후 협력의 토대를 마련하는 효과적인 방법이다. 1990년대 후반, 체코는 유럽 국가 중 유일한 국가로 남아 있었다. 2차 세계 대전 동안 있던 나치에 박해에 있어 독일이 배상금을 제공하지 않은 유일한 국가는 체코다. 독일은 체코가 전후 Sudetenland에서 독일계 동포를 추방한 것에 대해 공식적으로 사과할 때까지 체코 피해자들에게 배상금을 지불하기를 거부했다. 체코 정부는 1997년 나토 가입에 대한 독일의 지원과 배상금을 모두 받기 위해 사과의 뜻을 밝혔다. 독일은 체코의 이익을 위해 기금을 마련하는 것으로 대응했고, NATO와 유럽연합은 체코를 그들의 멤버에 합류하도록 초청했다.

22 ⑤ 이 제시문은 최악의 실수 중 하나는 당신이 무엇을 하든 모든 전화를 받는 습관을 들이는 것이라고 하며 전화를 다루는 방법에 대해 설명하고 있다. 그러므로 ⑤의 'Insulate yourself as much as possible from interruption. (방해를 받지 않도록 최대한 차단하라)'가 제시문의 요지로 가장 적절하다.

오답풀이

① 편안함과 즐거움을 함께 계획하라
② 성공에 대한 두려움이 사라지지 않도록 주의하라.
③ 자연스러운 최적의 작업 주기를 알아두어라
④ 성공을 최종 목적지가 아닌 과정으로 생각하라

어휘

• jarring : 삐걱거림, 진동; 부조화
• nervous : 신경이 과민한
• repeated : 반복[되풀이]되는
• interruptions : 중단(시키는 것), 중단(된 기간)
• midst : 중앙, 한가운데
• concentrating : (정신을) 집중하다[집중시키다], 전념하다
• worst : 가장 나쁜[못한], 최악의
• segment : 부분
• rude : 무례한, 예의 없는, 버릇없는
• wise : 지혜로운, 현명한, 슬기로운
• victim : (속임수를 당한) 피해자
• consciously : 의식[자각]하여
• enjoyment : 즐거움, 기쁨
• Beware : 조심[주의]하다
• fears : 공포, 두려움

해석

중요한 문제에 집중하고 있을 때 반복되는 방해만큼 신경계에 거슬리는 것은 없다. 최악의 실수 중 하나는 당신이 무엇을 하든 모든 전화를 받는 습관을 들이는 것이다. 전화를 다루는 좋은 방법은 오전 9시에서 10시 사이, 오후 4시에서 5시 사이 등 한 번에 통화를 집중시키는 것이다. 그 시간 동안 당신은 모든 전화를 받고, 당신에게 전화한 사람들에게 다시 전화해라. 바쁘다고 전화를 거절하는 건 무례한 행동이 아니다. 당신은 현명한 것이다. 만약 당신이 전화의 희생자라면, 전화 심사는 당신의 직장생활을 바꿀 수 있다.

23 ③ 제시문에서는 텔레비전이라는 단어를 사용하여 그 묶음의 다양한 부분, 즉 산업, 콘텐츠, 그리고 다른 모든 부분에 대해 이야기하기 때문에 텔레비전을 어렵게 생각할 필요가 없다고 한다. 또한 만약 우리가 삶의 모든 시스템의 모든 세부사항을 항상 생각해야 한다면, 우리는 과다 노출로 기절할 것이라고 했으므로 빈칸에는 'ambiguity(모호함)'이 들어갈 말로 가장 적절하다.

오답풀이

① 일관성
② 글을 읽고 쓸 줄 아는 능력
④ (자유) 재량(권)
⑤ 인기

어휘

• expressed : (감정의견 등을) 나타내다, 표(현)하다
• seems : (…인·하는 것처럼) 보이다
• confusing : (무엇이) 혼란스러운
• various : 다양한
• industry : 산업, 공업, 제조업
• content : (어떤 것의) 속에 든 것들, 내용물
• overexposure : 노출 과다
• bundling : 일괄 판매, 시스템 판매
• collect : 모으다, 수집하다
• preserve : (원래 상태좋은 상태를 유지하도록) 보존[관리]하다
• rare : (존재하는 수가 많지 않아서) 진귀한[희귀한]
• first editions : (책의) 초판
• mass-market : 일반 대중을 대상으로 한, 대량 판매 시장용의
• novel : (장편) 소설
• legitimately : 합법적으로, 정당하게

해석

가게에서 텔레비전을 살 수 있기 때문에 집에서 텔레비전을 볼 수 있지만, 당신이 사는 텔레비전은 당신이 보는 텔레비전이 아니며 당신이 보는 텔레비전은 당신이 사는 텔레비전이 아니다. 그렇게 표현하면 혼란스러워 보이지만 일상 생활에서는 전혀 혼란스럽지 않다. 텔레비전이 무엇인지에 대해 너무 어렵게 생각할 필요가 없고, 텔레비전이라는 단어를 사용하여 묶음의 다양한 부분, 즉 산업, 콘텐츠, 가전제품에 대해 이야기하기 때문이다. 언어는 우리가 적절한 수준의 모호함을 가지고 일할 수 있게 해준다. 만약 우리가 삶의 모든 시스템의 모든 세부사항을 항상 생각해야 한다면, 우리는 과다 노출로 기절할 것이다. 이와 같은 객체 및 산업, 제품 및 서비스, 비즈니스 모델의 묶음들은 텔레비전에서만 볼 수 있는 것이 아니다. 희귀한 초판본을 수집 보존하는 사람들, 그리고 대량 판매 시장용의 로맨스 소설을 사서 다음 주에 나눠주는 사람들은 모두 합법적으로 label book 애호가에게 권리를 주장할 수 있다.

24 ① 제시문에서 역사적 증언은 진위에 달려 있기 때문에, 전자 역시 실질적인 기간이 더 이상 중요하지 않게 되면 재생산에 의해 위태로워진다고 말하고 있다. 그러므로 빈칸에는 'authority(권한)'이 들어갈 말로 가장 적절하다.

오답풀이

② 소극성
③ 승진
④ 실적
⑤ 국한

어휘

• situations : 상황, 처지, 환경
• product : (어떤 과정에 의한) 산물
• mechanical : 기계적인
• reproduction : 복사, 복제
• bring : 가져오다, 데려오다
• presence : (특정한 곳에) 있음, 존재(함)
• depreciated : 가치가 떨어지다[절하되다]
• landscape : 풍경
• spectator : 관중
• nucleus : 중심
• interfered : 간섭[개입/참견]하다
• vulnerable : (~에) 취약한, 연약한
• transmissible : 보낼[전할, 전도할] 수 있는; 전염하는
• substantive : 실질적인
• duration : 지속, (지속되는) 기간
• testimony : 증거

해석

기계적 재생산의 산물을 가져올 수 있는 상황은 실제 미술 작품에 영향을 미치지 않을 수 있지만, 그 존재의 질은 항상 절하된다. 이는 영화가 관객보다 먼저 심사하는 풍경은 물론 미

술 작품까지 적용된다. 가장 민감한 중심인 미술 대상의 경우 진위성이 방해받는 반면, 점수에 취약한 자연 대상은 그렇지 않다. 사물의 진위는 그 실체적 지속 시간부터 그 실체적 증언, 그 실체가 경험한 역사까지 모든 것의 본질이다. 역사적 증언은 진위에 달려 있기 때문에, 과거 역시 실질적인 기간이 더 이상 중요하지 않게 되면 재생산에 의해 위태로워진다. 그리고 역사적으로, 정말로 위태로운 것은 증언은 대상의 권한에 영향을 받는다.

저 있다. 짝이 없는 전자를 가진 과산화물과 같은 원자와 분자를 자유라디칼이라고 한다. 자유 라디칼의 짝이 없는 전자는 원자나 분자를 불안정하게 만든다. 원자의 전자는 쌍으로 존재하지 않는다. 짝을 이루지 않은 전자를 가진 원자는 다시 안정되기를 원하기 때문에 다른 원자나 분자로부터 "훔쳐올" 또 다른 전자를 재빨리 찾는다. 활성산소의 불안정성은 DNA, RNA, 단백질, 그리고 지방산과 같은 거대 분자에 위협을 가하는 것이다.

25 ④ 제시문은 짝이 없는 자유라디칼에 대해 설명하고 있다. 자유라디칼의 짝이 없는 전자는 원자나 분자를 불안정하게 만든다. 원자들은 다시 안정되기를 원하기 때문에 훔쳐올 무언가를 찾는다고 한다. 그러므로 빈칸에는 ④의 'another electron(다른 전자)'이 들어갈 말로 가장 적절하다.

[오답풀이]

① 다른 세포
② 강력한 에너지
③ 안정된 핵
⑤ 영양분이 많은 단백질

[어휘]

• remember : 기억하다
• electrons : 음전하를 가지는 소립자
• orbiting : 궤도를 선회하는
• nucleus : (원자)핵
• atom : 원자
• stable : 안정된
• stability : 안정, 안정성[감]
• depend on : ~에 의존하다
• orbit : (특정 개인조직 등의) 영향권[세력권]
• pairs : (둘씩) 짝을 짓다
• unpaired : 짝이 없는
• superoxide : 슈퍼옥사이드
• molecules : 분자
• free radical : 짝짓지 않은 전자를 가지는 원자단
• steal : 훔치다, 도둑질하다
• instability : 불안정
• fatty acids : 지방산

[해석]

원자의 핵을 돌고 있는 전자를 기억해라. 이 전자들은 에너지를 포함하고 있지만, 이 에너지가 항상 안정적이지는 않다. 안정성은 원자 안에 있는 전자의 수에 따라 달라진다. 원자는 전자가 짝을 지어 공전할 때 더 안정적이다. 홀수 전자를 가진 원자는 짝이 없는 전자를 가져야 한다. 산소가 짝을 이루지 않은 전자 하나를 가지고 있을 때 그것은 슈퍼옥사이드로 알려

26 ① 귀인 이론이란 자신이나 다른 사람들의 행동의 원인을 찾아내기 위해 추론하는 과정을 설명하는 이론을 뜻한다. 사람들이 자신의 성공과 실패의 원인을 어떻게 설명하느냐에 초점을 맞춘다고 한다. 언어 수업에서 좋은 점수를 받지 못하였을 때 여러 가지 원인에 초점을 맞출 것이다. 그러므로 빈칸에는 ①의 'just plain old bad luck (그저 오래된 불운을 드러내기 위함)'이 들어갈 말로 가장 적절하다.

[오답풀이]

② 이전의 학습 경험
③ 언어 학습에 대한 지나친 자부심
④ 부적절한 교수법 사용
⑤ 자기 효능감의 부족

[어휘]

• underlying : (겉으로 잘 드러나지는 않지만) 근본적인[근원적인]
• self-esteem : 자부심
• learning : 학습
• fundamental : 근본적인
• attribution : 귀착시킴, 귀속, 귀인(歸因)
• self-efficacy : 자기 효능감
• failures : 실패
• describes : (~이 어떠한지를) 말하다[서술하다], 묘사하다
• explanations : 해명, 이유; 설명
• ability : (~을) 할 수 있음, 능력
• perceived : 인지된
• luck : 좋은 운, 행운
• internal : 내부의
• dimensions : 면적
• judged : (…로 미루어) 판단하다[여기다]

[해석]

언어 학습에서 자존감의 역할에 대한 이슈의 근본은 귀속과 자기 효율성의 개념이다. 귀인 이론은 사람들이 자신의 성공과 실패의 원인을 어떻게 설명하느냐에 초점을 맞춘다. Bernard Weiner는 성공 및/또는 실패에 대한 네 가지 설명(능력, 노력, 업무의 어려움 인식, 행운)으로 귀인 이론을 설명한

다. 이 네 가지 요소 중 두 가지는 학습자의 내부 요인, 즉 능력과 노력이다. 그리고 두 가지는 학습자의 내부 요인이다. 학습자 이외의 외부 상황(과제 난이도 및 행운)에 기인한다. Weiner에 따르면, 학습자들은 이 4차원의 과제를 성공적으로 수행했다고 설명하는 경향이 있다고 한다. 개인에 따라 여러 가지 인과적 결정 요인이 인용될 수 있다. 그러므로, 언어 수업 기말고사에서 높은 점수를 받지 못하는 것은 그들의 부족한 능력이나 노력의 결과라고 판단될 수 있고, 다른 사람들은 시험의 난이도가 높다고 여기고, 다른 사람들은 그저 오래된 불운을 드러내기 위해서라고 판단될 수도 있다.

27 ③ 제시문은 히스패닉계의 뉴요커는 이 도시 인구의 51%를 차지하지만, Covid-19 사망자의 62%를 차지한다고 하며 그것은 그들의 여러 결과의 요인일 수 있음을 강조한다. 적절한 의료 서비스가 부족하며 여러 이유로 진단을 받기를 거부하는 요소들이 나열된다. 그러므로 ③ 'the virus exploits weaknesses (그 바이러스는 나약함을 이용한다)'가 들어갈 말로 적절하다.

오답풀이
① 의사들은 그들의 역할을 하는 것을 꺼린다.
② 소수민족이 적합한 정책을 개발하다.
④ 우리는 긴급한 일을 이해했다.
⑤ Covid-19의 변종에 대한 치료는 교육을 필요로 한다.

어휘
• population : 인구, (모든) 주민
• account for : 설명하다
• compared with : ~과 비교하여
• adjusted : 조절[조정]된
• disparity : (특히 한쪽에 불공평한) 차이
• strongly : 튼튼하게
• associated : 관련된
• poorly : 좋지 못하게, 저조하게, 형편없이
• Lack of : ~이 부족하다
• appropriate : 적절한
• health care : 의료 서비스
• trust : 신뢰, 신임
• undiagnosed : 진단 미확정[회피]의
• potentially : 가능성 있게, 잠재적으로; 어쩌면
• diagnosis : 진단
• explanation : 해명, 이유; 설명

해석
흑인 및 히스패닉계 뉴요커들은 이 도시 인구의 51%를 차지하지만, Covid-19 사망자의 62%를 차지한다. 나이를 조절하여 봤을 때 백인에 비해 사망률이 두 배나 된다. 이러한 차이

는 여러 요인의 결과일 가능성이 높다. 고혈압과 당뇨병과 같은 병적 질환은 Covid-19로 인한 사망과 밀접한 관련이 있으며 흑인과 히스패닉의 사회에서 더 흔하다. 하지만 무엇이 고혈압과 당뇨병의 높은 비율을 야기할까? 적절한 의료 서비스가 부족하다. 돈, 시간, 위치 또는 믿음에 대한 이유로 집에 머물며 바이러스를 퍼뜨릴 가능성이 높을 수 있으며 치료와 진단의 지연을 경험할 수 있다. 이 설명은 이탈리아, 뉴올리언스, 그리고 아마도 이란과 같은 뉴욕시에 대해서도 마찬가지다: 이 바이러스는 나약함을 이용한다. 건강과 건강관리의.

28 ② 제시문은 창의성을 어떻게 정의해야 하는지 그 어려움에 관해 설명하고 있다. 심리학자와 사회학자들의 예시를 들며 어떤 논쟁을 벌이는지 서술하고 있다. 또한 역사적, 문화적 시대에 따라 그 정의가 달라짐을 설명하고 있다. 그러므로 창의성의 정의에 대해 설명하기 위해서는 그것이 무엇인지 동의해야 함을 이야기 한다. ②의 'first need to agree on what it is (그것이 무엇인지에 대해 동의)'가 들어갈 말로 적절하다.

오답풀이
① 일련의 규칙을 정해야 한다.
③ 이 단어에 대한 광범위한 연구를 해야한다.
④ 그 용어의 심리학적인 결과를 조사한다.
⑤ 주로 그 의미의 본질에 집중한다.

어휘
• sociocultural : 사회 문화적인
• attacking : 공격하다
• creativity : 창조적임, 창조성
• surprisingly : 놀랍게도
• argue : (논거를 들어) 주장하다, 논증하다
• definitions : (어떤 개념의) 의미[정의]
• intelligence : 지능
• institution : (특정 집단 사이에서 오랫동안 존재해 온) 제도 [관습]
• defining : 본질적인 의미를 규정하는
• creative : 창조적인, 창의적인
• complimentary : 칭찬하는
• praise : 칭찬, 찬사, 찬양
• whether : …인지 (아닌지 · (아니면) ~인지)
• useful : 유용한, 도움이 되는, 쓸모 있는
• scientific : 과학의

해석
사회문화적 접근은 문제의 핵심을 공격하는 것으로 시작된다. 창의성이란 무엇인가? 창의성을 설명하기 위해서는 먼저 그것이 무엇인지에 대해 동의해야 하는데, 이것은 놀랄 만큼 어

려운 것으로 나타났다. 모든 사회과학은 일상적이고 친숙해 보이는 개념을 정의해야 하는 과제에 직면해 있다. 심리학자들은 지능, 감정, 기억의 정의에 대해 논쟁을 벌인다; 사회학자들은 집단, 사회 운동, 그리고 제도의 정의에 대해 논쟁을 벌인다. 하지만 창의성을 정의하는 것은 사회과학이 직면한 가장 어려운 일 중 하나일 수 있다. 왜냐하면 모두가 창의적이라고 믿고 싶어하기 때문이다. 사람들은 일반적으로 "창의력"을 칭찬의 표현으로 사용한다. 역사적, 문화적 시대에 따라 창의적이라고 불리는 것이 달라졌다는 것이 밝혀졌다. 심리학자들은 때때로 우리가 창의성에 대한 합의를 이끌어낼 수 있을지, 심지어 그것이 과학 연구에 유용한 주제일지에 대해서도 궁금해 했다.

29 ⑤ 제시문은 새로운 기술로 사는 것은 사고방식과 행동에 영향을 미친다는 이야기이다. 따라서 사고와 행동에 영향을 미친다는 문장이 나와야 한다. 그러므로 빈칸에는 ⑤ 'how they bias everyday life (기술이 우리의 일상생활에 어떻게 편향시키는가)'가 들어갈 말로 적절하다.

(오답풀이)

① 왜 기술이 과거에 무시당했는지
② 전신이 제 기능을 하는 방법
③ 미래에는 어떤 혁신이 이루어져야 하는가
④ 기술 혁신을 일으키는 요소

(어휘)

• shapes : (중요한 영향을 미쳐서) 형성하다
• cognition : 인식, 인지
• enlarging : 확대[확장]하다, 확대[확장]되다
• knowledge : 지식
• dramatically : 희곡[연극]적으로, 극적으로
• bickered : 다투다
• technological : 과학[공업] 기술의[에 관한], (과학) 기술(상)의
• apocalypse : (성서에 묘사된) 세상의 종말
• pundit : 전문가
• wrong : 틀린, 잘못된
• pushes : (힘으로) 밀어붙이다[젖히다], 밀치다
• nudging : (…을 특정 방향으로) 살살[조금씩] 밀다[몰고 가다]
• familiar : 익숙한, 친숙한
• understanding : (특정 주제·상황에 대한) 이해
• functions : (사람사물의) 기능
• bias : 편견, 편향

(해석)

모든 새로운 기술은 우리의 사고방식을 형성한다. 인쇄된 단어는 우리의 지식을 저장하는 것을 크게 확장시키는 것과 함께 우리의 인식을 선형적이고 추상적으로 만드는 데 도움이

되었다. 신문은 세계를 움츠러들게 만들었다. 그리고 전신은 그것을 훨씬 더 극적으로 축소시켰다. 모든 혁신과 함께, 예언자들은 우리가 기술적 종말론에 직면하고 있는지 아니면 유토피아에 직면하고 있는지에 대해 언짢을 했다. 빅토리아 시대 전문가에게 물어본 바에 따르면, 전신은 세계 평화의 시대를 안내하거나 바보 같은 잡동사니로 우리를 빠져들게 할 것이다. 물론 어느 예측도 옳지 않았지만, 어느 것도 틀리지 않았다. 종말론자와 유토피아가 모두 이해하고 동의하는 한 가지는 모든 새로운 기술이 우리를 새롭고 친숙한 행동으로부터 멀어지게 하면서 새로운 형태의 행동으로 내몰고 있다는 것이다. 기술이 우리의 일상생활에 어떻게 편향시키는지 이해하는 것을 의미한다.

30 ③ 제시문은 도덕적인 주장에 관한 설명이다. 도덕적인 논쟁의 혼란은 우리가 다른 사람들에게 강요할 권리가 없다는 생각에서 생겨난다. 즉, 우리의 견해를 다른 사람들에게 강요해서는 안 된다는 하나의 주장이 있다고 설명한다. 도덕적인 논쟁은 입장을 고려하기를 거부할 때 중단된다고 했으므로 빈칸에는 ③의 'that is just your opinion(그것은 단지 당신의 의견)'이 들어갈 말로 가장 적절하다.

(오답풀이)

① 말보다는 행동이 중요하다.
② 당신의 의견에 전적으로 동의한다.
④ 나도 같은 처지야
⑤ 겉만 보고 판단하지 마라

(어휘)

• argument : 논쟁; 언쟁, 말다툼
• stopped : 멈춘, 정지된; 저지된
• refuses : (요청·부탁 등을) 거절[거부]하다
• opinion : (개인의) 의견[견해/생각]
• implication : (행동·결정이 초래할 수 있는) 영향[결과]
• judgement : 판단력
• bearing : 관련, 영향
• similarly : 비슷하게, 유사하게
• implied : 함축된, 은연중의, 암시적인, 언외의
• disapprove : 탐탁찮아[못마땅해] 하다
• relevance : (표현 등의) 적절, 타당성
• confusion : (정신 상태의) 혼란
• deny : (무엇이) 사실이 아니라고 말하다, 부인[부정]하다
• asserting : (사실임을 강하게) 주장하다
• respect : 존중, 정중

(해석)

도덕적인 논쟁은 누군가가 '그것은 단지 당신의 의견'이라고 말하면서 입장을 고려하기를 거부할 때 종종 중단된다. 그 의

미는 누군가의 판단력이 다른 사람만큼 뛰어나고, 아무도 다른 사람에게 말할 권리가 없다는 것이다. 내가 바나나를 좋아하지 않는다는 사실은 나에 대한 사실일 수 있지만, 당신이 무엇을 좋아하는지와는 상관이 없다. 이와 비슷하게, 내가 어떤 것에 동의하지 않는다면, 그것은 나에 대해 말해 줄 수 있지만, 그것은 당신이 해야 할 일과 관련이 없다. 이 모든 것의 혼란은 우리가 다른 사람들에게 말 할 '권리'가 없다는 생각에서 나타난다. 우리는 도덕적 주장이 모두를 구속할 수 있다는 것을 부인하는 동시에, 우리 모두가 존중해야 할, 즉 우리의 견해를 다른 사람들에게 강요해서는 안 된다는 최소한 하나의 도덕적 주장이 있다고 하는 것 같다.

31 ① (A) 애착의 성격이 매우 중요하며 나중에 만들 수 있는 믿음에 강한 영향을 미친다고 한다. 처음에 경험한 애착에 관하여 설명하고 있으므로 빈칸에 들어갈 연결어구는 예시의 의미를 나타내는 'for example(예를 들어)'가 가장 적절하다.

(B) 처음 경험한 애착이 애증이 엇갈리는 감정을 느꼈다면 결국 그만두는 경향으로 이어진다고 한다. 이어지는 내용은 안정된 애착을 경험한 사람에 대한 설명이 나오므로 비교의 의미를 나타내는 'in comparison(~와 비교하여)'이 가장 적절하다.

어휘

• initial : 처음의, 초기의
• attachments : 애착
• crucial : 중대한, 결정적인
• development : 발달, 성장
• social : 사회의, 사회적인
• influence : 영향
• ambivalent : 반대 감정이 병존하는, 애증이 엇갈리는
• insecure : (자기 자신에 대해서나 다른 사람과의 관계에 대해) 자신이 없는
• commitment : 헌신
• reluctantly : 마지못해서, 꺼려하여
• enthusiastic : 열렬한, 열광적인
• alert : (문제·위험 등을) 경계하는
• perceived : 인지된
• straightforward : 간단한, 쉬운, 복잡하지 않은
• reasonably : 합리적으로
• steadfast : (태도·목표가) 변함없는
• membership : 회원 (자격·신분)

해석

우리가 삶에서 처음 경험한 애착의 성격은 나중에 우리의 발달과 사회적, 정서적 경험에 매우 중요하다. 이러한 애착은 우

리가 나중에 만들 수 있는 믿음에 강한 영향을 미친다. (A) 예를 들어, 만약 처음에 경험한 애착이 애증이 엇갈리는 감정이었다면, 안전하다고 느끼는 것과 불안하다고 느끼는 것 사이를 왔다갔다 한다면, 그것은 또한 집단에 대한 개인의 헌신이 될 수 있다. 어떤 사람은 마지못해 이익집단에 가입하거나, 잠시 동안 열성적이 되기는 하지만, 그 집단의 다른 구성원들이 초래한 사회적 경시나 지위 상실에 대해 끊임없이 경계하게 된다. 이것은 그만두는 경향으로 이어질 것이다. (B) 이와 비교하여 처음에 경험한 애착이 안정적이었던 사람은 그룹에 가입하고 회원 자격을 합리적으로 확고하게 유지하는 데 직접적인 방법으로 끌릴 수 있다.

32 ② 제시문은 보편적인 창조예술의 의문에 관해 서술하고 있다. 재즈와 록의 혁신은 인간의 경험에서 더 직접적으로 생겨난다고 하며 해답을 알려줄 수 있을 것이라고 한다. 그러나 ②의 할리우드 작곡가들이 재즈의 어휘와 록의 구조화 모델을 실험하였다는 문장은 전체적인 글의 흐름과 어울리지 않는다.

어휘

• deeper : (위에서 아래까지) 깊은
• probe : 캐묻다, 캐다, 조사하다
• different : 다른, 차이가 나는
• depth : (위 표면에서 아래쪽 바닥까지의) 깊이
• exploring : 탐구[분석]하다
• causation : (다른 사건의) 야기
• dominated : (...의) 가장 중요한[두드러지는] 특징이 되다
• arising : 생기다, 발생하다
• directly : 곧장, 똑바로
• excavate : 발굴하다, 출토하다
• Nevertheless : 그럼에도 불구하고
• composers : (특히 클래식 음악) 작곡가
• experimenting : 실험하기
• entail : 수반하다
• universal : 보편적인
• evolutionary biology : 진화 생물학
• literate : 글을 읽고 쓸 줄 아는

해석

다른 시각에서 다른 시각으로 더 깊이 들어가 인과관계를 탐구할 때. 창조 예술이 역사를 통틀어 모든 곳에서 인간의 마음을 빼앗은 이유는 무엇일까? 우리는 최고의 미술관과 심포니 홀에서도 답을 찾지 못할 것이다. ① 재즈와 록의 혁신은 인간의 경험에서 더 직접적으로 생겨나는데, 아마도 우리에게 그 답을 더 잘 알려 줄 수 있을 것이다. ② 그럼에도 불구하고 할리우드 작곡가들은 재즈의 용어와 록의 구조화 모델을 실험

하기 시작했다. ③ 창조 예술은 보편적이고 유전적인 특성을 수반하기 때문에 답은 진화 생물학에 있다. ④ 호모 사피엔스는 약 10만년 동안 존재해 왔지만 문명 문화는 그 중 10분의 1도 되지 않았다. ⑤ 그래서 왜 보편적인 창조 예술이 있는지에 대한 미스터리는 인간이 존재의 처음 10분의 9동안 무엇을 하고 있었는지에 대한 질문으로 귀결된다.

33 ③ 제시문은 유리가 깨지지 않도록 작업하는 방법에 대해 서술하고 있다. pull-type 스크레이퍼를 사용하며, 유리고정핀을 제거하려면 pull-type 스크레이퍼의 날카로운 모서리를 부드러운 metal points에 걸고 퍼티와 함께 당겨 빼내라고 한다. 그러나 ③의 유리 제조사들이 생산 원가를 줄이기 위해 공장을 동아시아 일부 국가로 이전하기 시작했다는 것은 전체적인 글의 흐름과 어울리지 않는다.

어휘

- keep : (특정한 상태·위치에)계속 있다[있게 하다]
- break : 깨어지다, 부서지다; 깨다, 부수다
- movement : (몸·신체 부위의) 움직임
- parallel : (두 개 이상의 선이) 평행한
- pressure : 압박, 압력
- scraping : (무엇을 긁거나 깎아서 생긴) 부스러기
- scraper : (흙·성에 등을) 긁어내는 도구
- away from : ~에서 떠나서
- glazing points : 유리고정핀(퍼티가 완전히 굳기 전까지 유리를 고정시키기 위해 설치하는 끝이 뾰족한 작은 못)
- manufacture : (기계를 이용하여 대량으로 상품을) 제조[생산]하다
- factories : 공장
- production cost : 생산비
- beside : 옆에
- edge : (가운데에서 가장 먼) 끝, 가장자리, 모서리
- loose : (떨어질 것처럼) 헐거워진[풀린]

해석

유리가 깨지지 않도록 하려면 유리 근처와 유리의 모든 움직임이 평행이어야 하며(긁을 때 유리에 압력을 가하지 않아야 함), 항상 pull-type 스크레이퍼를 사용해야 한다. ① 그렇게 하면 모든 힘이 유리에서 떨어져서 깨지지 않는다. ② 유리고정핀을 제거하려면 pull-type 스크레이퍼의 날카로운 모서리를 부드러운 metal points에 걸고 퍼티와 함께 당겨 빼낸다. ③ 유리 제조사들이 생산 원가를 줄이기 위해 공장을 동아시아 일부 국가로 이전하기 시작했다. ④ 유리 부분이 모두 제거되었는지, 유리 가장자리 옆과 아래에 있는 오래된 퍼티가 느슨한지 다시 확인한다. ⑤ 그렇지 않다면, 당신은 다시 한 번의 열기가 필요하다.

34 ③ 주어진 문장에서 심리학자들과 행동 생태학자들은 유전적 전달보다 학습능력을 우선시 해야 한다고 하였다. 그러므로 글 (B)에서 그러한 전달 수단은 학습 비용을 피하고 자손이 접하는 환경은 부모의 환경과 비슷하기 때문이라고 설명한다. 뒤에 이어질 내용으로 (C) 과거의 경험은 예측 가치가 없고 학습된 반응보다 고정된 반응의 유전적 전달이 선호된다고 한다. 마지막으로 (A) 데이비드 스티븐스는 위와 같은 의견에 동의하면서도 다양한 유형의 안정성은 분리되어야 한다며 환경 안정성에 대한 가정에 이의를 제기해 왔다고 설명하고 있다. 그러므로 주어진 글 다음에 (B) – (C) – (A)의 순으로 이어져야 한다.

어휘

- Psychologists : 심리학자
- ecologist : 생태학자
- favoured : (조건 등이) 좋은
- environment : (주변의) 환경
- often : 자주, 흔히, 보통
- In such a case : 그런 경우
- stable : 안정된, 안정적인
- enough : 필요한 만큼의[충분한]
- stability : 안정, 안정성[감]
- separated : 갈라선
- genetic : 유전의, 유전학의
- rarely : 드물게, 좀처럼 …하지 않는
- learning : 학습
- Past experience : 과거 경험
- predictive : 예측[예견]의
- fixed : 고정된
- Somewhere : 어딘가에[에서/에로]
- worth : …의 가치가 있는[되는]

해석

> 심리학자들과 행동 생태학자들은 동물이 사는 환경이 자주 변하지만 적당히 변할 때 고정된 특성의 유전적 전달보다는 학습 능력이 우선시 되어야 한다고 생각한다.

(B) 정보는 환경이 거의 변하지 않을 때 유전적 전달에 의해 전달되는 것이 가장 좋다. 왜냐하면 그러한 전달 수단은 학습 비용을 피하고 자손이 접하는 환경은 부모의 환경과 비슷하기 때문이다. 하지만 환경이 끊임없이 변화한다면 배운 것이 다음 상황에서 완전히 무관한 것이므로 배울 가치가 없다.

(C) 따라서 과거의 경험은 예측 가치가 없다. 학습된 반응보다는 고정된 반응의 유전적 전달이 좋다. 변하지 않는 환경과 항상 변하지 않는 환경 사이 어디쯤에서 배움은 학습 비용을 지불할 가치가 있기 때문에 고정된 반응의 유전적

전달보다 좋다.

(A) 이 경우 환경은 학습에 유리할 정도로 안정적이지만 유전적 전달에 유리할 정도로 안정적이지 않다. 데이비드 스티븐스는 위와 같은 의견에 동의하면서도 다양한 유형의 안정성은 분리되어야 한다며 환경 안정성에 대한 가정에 이의를 제기해 왔다.

35 ① 주어진 문장에서 최근 창의성 이론 중 하나는 심리경제학이라고 하였다. 그것은 창의성을 뒷받침하는 교육을 설계하는데 문제의 이유를 명확히 하는데 도움이 된다고 한다. 그에 대한 예시가 나와야 하므로 (A) 예를 들어 교육 목표에 대한 개념을 고려한다고 한다. 이어지는 문장은 커리큘럼이 명확한 보상을 받아야 함을 의미하지만 창의성을 그렇지 않다는 (C)가 와야 한다. 마지막으로 (B) 창의적 사고는 독창적이기 때문에 문제의 효익이 불확실하고 비용을 정당화하기 어렵다는 설명이 있어야 한다. 그러므로 주어진 글 다음에 (A) − (C) − (B)의 순으로 이어져야 한다.

어휘

- psychoeconomic : 심리학과 경제학의 특성을 가지고 있는
- applies : 쓰다, 적용하다
- clarify : 명확하게 하다, 분명히 말하다
- designing : 설계의, 도안의
- creativity : 창조적임, 창조성; 독창력, 창조력
- Consider : 사례[고려/숙고]하다
- educational : 교육의, 교육적인
- objectives : 목적, 목표
- accountability : 책임 (있음), 의무
- original : 독창적인
- definition : (어떤 개념의) 의미[정의]
- educator : 교육자
- open−ended : 제약[제한]을 두지 않은
- uncertain : 불확실한, 불안정한
- justify : 정당화시키다[하다], 해명[옹호]하다

해석

가장 최근의 창의성 이론 중 하나는 심리경제학이다. 이것은 교육에 직접적으로 적용되는 것처럼 들리지는 않겠지만, 실제로 교실에서 해야 할 일이 무엇인지, 그리고 창의성을 뒷받침하는 교육을 설계하는 데 문제가 있는 이유를 명확히 하는 데 도움이 된다.

(A) 예를 들어, 교육 목표에 대한 개념을 고려한다. 교육자들은 학교생활에 많은 시간과 자원을 가지고 있을 뿐이며, 적어도 미국에서는 오늘날의 학교에서는 많은 책임감이 있다.

(C) 이는 커리큘럼이 명확한 보상을 받아야 함을 의미한다. 창

의성은 그렇지 않다. 그것은 종종 학생의 본질적인 동기부여와 개별 학생의 자기표현에 달려있다.

(B) 또한 창의적 사고는 독창적이기 때문에, 교육자가 실제로 창의적 사고를 할 수 있는 열린 과제를 제시한다면 그 결과가 어떻게 될지 알 수 없다. 따라서 문제는 효익이 불확실하고 비용(즉, 시간의 투자)을 정당화하기 어렵다는 것이다.

36 ⑤ 주어진 문장은 일부 사업은 회계기간이 경과함에 따라 각 매각을 특정 판매원가와 일치시키는 것이 실용적이지 않다고 한다. 그러므로 판매 수익을 판매 당시 판매된 상품의 원가와 일치시킨다는 문장의 뒤인 ⑤에 위치하는 것이 가장 적절하다.

어휘

- practical : 현실[실질/실제]적인
- figure : (특히 공식적인 자료로 제시되는) 수치
- period : 기간,. 시기
- identified : 확인된, 인정된, 식별된
- inclusion : 포함
- income : 소득, 수입
- statement : 성명, 진술, 서술
- retailers : 소매업자, 소매상; 소매업
- devices : 장치
- simultaneously : 동시에
- particular : 특정한
- relatively : 비교적
- revenue : (정부·기관의) 수익[수입/세입]
- accounting : 회계 (업무)
- period : 기간, 시기

해석

그러나 일부 사업(예: 소규모 소매업체)은 회계기간이 경과함에 따라 각 매각을 특정 판매원가와 일치시키는 것이 실용적이지 않다고 생각한다.

기간 동안의 판매원가(또는 판매된 재화의 원가) 수치는 다른 방법으로 식별할 수 있다. (①) 일부 사업장에서는 판매시점에 판매원가를 파악한다. (②) 매출액은 매출원가와 밀접하게 일치하므로 손익계산서에 포함하기 위한 매출원가를 식별하는 것은 문제가 되지 않는다. (③) 많은 대형마트(예: 슈퍼마켓)는 각각의 판매를 기록하는 동시에 특정 판매의 대상이 되는 상품의 원가를 픽업하는 POS(Point−of−Sale) 장치를 보유하고 있다. (④) 상대적으로 적은 수의 고부가가치 품목을 판매하는 다른 사업체들도 판매 수익을 판매 당시 판매된 상품의 원가와 일치시키는 경향이 있다. (⑤) 이들은 회계기간 말에 판매원가를 보다 쉽게 파악할 수 있다.

[37~38]

어휘

- mustered : (특히 병사들이) 소집[동원]되다, 소집[동원]하다
- completing : 완료하다, 끝마치다
- duty : 직무, 임무
- hostility : 적의, 적대감, 적개심
- fellow : 같은 처지에 있는, 동료의
- parades : 열병식
- unpopular : 인기 없는
- incident : (국가 간의, 흔히 무력이 개입되는) 사건[분쟁]
- chain-smoking : 줄담배를 피우다
- isolation : 외로운[고립된] 상태
- appeared : 나타나다, 보이기 시작하다
- timidly : 겁많게, 소극적으로
- gesture : (특정한 감정의도의) 표시[표현]
- undoubtedly : 의심할 여지없이, 확실히
- continuing : 연속적인, 계속적인
- survived : 살아남다, 생존[존속]하다
- stranger : 낯선[모르는] 사람

해석

1970년 6월 23일, 나는 베트남에서 1년간의 군복무를 마치고 막 전역했다. 나는 23세의 육군 참전용사로 캘리포니아 오클랜드에서 텍사스 달라스로 귀국하는 비행기에 타고 있었다.

나는 당시 많은 동포들이 적개심을 느꼈다는 경고를 받았다. 우리가 그 평판이 좋지 않은 전쟁에서 집으로 돌아왔을 때 우리를 위한 고향의 열병식은 없었다. 수만 명의 다른 사람들처럼, 나도 아무런 일도 없이 집에 가려고 했다.

나는 제복을 입고 창가 좌석에 앉아 줄담배를 피우며 동료 승객들과 눈을 마주치지 않았다. 옆자리에 아무도 앉지 않아 고립감을 더했다. 10살이 채 안 된 어린 소녀가 갑자기 통로에 나타났다. 그녀는 미소를 지으며 말없이 소심하게 나에게 잡지 한 권을 건넸다. 나는 그녀의 잡지를 받아들였다. "집에 온 것을 환영한다." 라는 말에 "고맙다"는 말밖에 할 수 없었다. 그녀가 어디에 앉았는지, 누구와 함께 있었는지 모른다. 왜냐하면 그녀에게서 잡지를 받은 직후, 나는 창문 쪽으로 몸을 돌려 눈물을 흘렸기 때문이다. 그녀의 작은 연민의 몸짓은 내가 오랜만에 경험하는 것이었다.

저 어린 소녀는 의심의 여지없이 수년 전 일에 대한 기억이 없다. 나는 그녀가 커서 다른 사람들을 보듬어 주고 그녀의 아이들에게도 똑같이 하도록 가르친다고 생각한다. 어머니로부터 나에게 "선물"을 주라는 말을 들었을 수도 있다는 걸 안다. 그녀의 아버지는 그 시점에 아직 베트남에 있었을 수도 있고 전쟁에서 살아남지 못했을 수도 있다. 그녀가 왜 나에게 그 잡지를 주었는지는 중요하지 않다. 중요한 건 그녀가 그랬다는

사실이다.

그 이후로, 나는 그녀를 본받았고, 다른 방식으로 그들을 위해 똑같이 하려고 노력했다. 오래 전에 비행기를 탔던 나처럼, 그들은 왜 낯선 사람이 시간을 내어 손을 뻗었는지 결코 알 수 없을 것이다. 하지만 그 이후로 내 시도는 모두 그 어린 소녀 때문이라는 것을 알고 있다. 그녀가 지치고 겁에 질려 외로운 군인에게 잡지를 주었다는 것은 내 인생에서 상기된다.

37 ② 제시문은 환영받지 못한 군인에게 베푼 낯선 소녀의 위로에 대한 내용이다. 낯선 소녀의 작은 친절에 군인은 크게 감동을 느끼며 그녀를 본받기 위해 노력한다고 했다. 그러므로 제시문의 제목으로는 ②의 'A Small Act of Kindness Matters (작은 친절의 중요성)'이 가장 적절하다.

오답풀이

① 전투에서 승리할 수 있을까?
③ 용기있는 병사의 승리
④ 참전용사들의 마음의 고통
⑤ 어린 소녀 찾기

38 ② 서술자는 군인 중 한 사람으로 1970년 6월 23일, 베트남에서 1년간의 군복무를 마치고 막 전역했다. 그러므로 ②의 'The narrator had been one of the military personnel. (서술자는 군인 중 한 사람이다.)'은 제시문의 내용과 일치한다.

오답풀이

① 서술자는 한 달 후에 베트남으로 돌아가야 한다.
③ 서술자는 어린 소녀로 하여금 감정적으로 상처를 받았다.
④ 그 어린소녀는 서술자의 좋은 친구였다.
⑤ 어린 소녀는 서술자의 발자취를 따라갔다.

[39~40]

어휘

- twentysomething : 20대 풋내기
- period : 기간, 시기
- adulthood : 성인(임), 성년
- equivalent : (가치 · 의미 · 중요도 등이) 동등한[맞먹는]
- quarterlife crisis : 청년위기
- overwhelming : 압도적인, 너무도 강력한[엄청난], 저항[대응]하기 힘든
- instability : 불안정
- apprehension : 우려, 불안
- encounter : (특히 반갑지 않은 일에) 맞닥뜨리다[부딪히다]
- disorientation : 방향 감각 상실, 혼미
- confusion : (정신 상태의) 혼란

• independence : (개인의) 자립

• premature : 너무 이른, 시기상조의

• emerging : 최근 생겨난, 최근에 만들어진

• infinite : (수량이) 무한한[무한정의]

• mind : 마음, 정신

• steel : (~에 대비해서) 마음을 단단히 먹다

해석

20대 연령대를 성인이 된 시기라고 부르는 경우가 많다. 어떤 사람들은 30살이 되는 것이 이제 한 세대 전에 21살이 되는 것과 같다고 말한다. 청년 위기라는 용어는 20대들이 직면하고 있는 문제와 문제들을 묘사하기 위해 만들어졌다. 최근 대학 졸업자들에 따르면, 분기별 위기는 "압도적인 불안정성, 끊임없는 변화, 너무 많은 선택, 그리고 극심한 공포의 무력감"이라고 한다. 가족과 대학의 보호 영역을 떠날 때 20대는 정체성, 직업 선택, 생활 준비, 독립성 확립, 삶의 열정을 발견하고 활용하고 새로운 소셜 네트워크를 만드는 것에 대한 방향 감각과 혼란을 겪는다. 주요한 삶의 결정을 내리고 책임을 받아들이는 경험이 거의 없는 20대들은 무엇을 해야 하고, 어디로 가야 하고, 누가 되어야 하는지에 대한 지침을 찾으려는 전환의 영역에 놓여 있다. <u>시행착오</u>의 시기로 조급한 결심을 하고 때로는 우유부단으로 마비되기도 한다.

39 ③ 제시문은 청년위기라는 용어를 사용하며 20대들이 겪는 불안감에 대해 서술하고 있다. 삶의 결정을 내리고 책임을 받아들이는 경험이 없는 20대들은 전환의 영역에서 큰 혼란스러움을 겪는다고 한다. 그러므로 ③ 'Challenges : What the Emerging Adult Faces (도전 : 성인에 직면하다)'가 제시문의 제목으로 가장 적절하다.

오답풀이

① 20대의 전성기

② 20대의 청춘

④ 20대의 무한한 가능성

⑤ 20대의 강한 정신

40 ⑤ 주요한 삶의 결정을 내리고 책임을 받아들이는 경험이 거의 없는 20대들은 무엇을 해야 하고, 어디로 가야하고, 누가 되어야 하는지에 대한 지침을 찾으려는 전환의 영역에 놓여 있다고 한다. 그러므로 빈칸에는 ⑤의 'trial and error(시행착오)'가 들어갈 말로 가장 적절하다.

오답풀이

① 몸과 마음

② 원인과 결과

③ 자랑거리

④ 장단점

[41~42]

어휘

• filial imprinting : 부모 각인

• range : (변화차이의) 범위[폭]

• elicit : (정보·반응을 어렵게) 끌어내다

• imprinting : 각인

• visual : 시각의, (눈으로) 보는

• auditory : 청각의

• olfactory : 후각의

• Movement : (몸·신체 부위의) 움직임

• stationary : 움직이지 않는, 정지된

• important : 중요한

• properly : 제대로, 적절히

• individual : 각각[개개]의

• odor : 냄새

• chain : 일련, 띠(처럼 이어진 것)

• demonstrates : 증거[실례]를 들어가며 보여주다, 입증[실증]하다

• shrews : 땃쥐류

해석

모체에 대한 반응을 부모 각인이라고 한다.

어린 새들의 접근과 애착을 이끌어낼 수 있는 물체의 범위는 매우 크다. 각인 자극은 시각, 청각 또는 후각일 수 있다. 시각 자극의 범위에는 제한이 없는 것 같다. 움직임은 번쩍이는 불빛처럼 주의를 끌도록 돕는다. 정지된 물체는 배경과 대비되는 경우라면 어린 새들을 유인할 수 있다.

청각 자극은 많은 어린 새들에게 매력적인 것으로 밝혀졌다. 예를 들어, 청동오리 새끼들에게 있어 소리는 어미를 따라가도록 유도하는 데 매우 중요하다. 미국원앙새는 나무 구멍에 둥지를 튼다. 둥지 구멍 밖의 물에서 어머니의 부름은 어린 아이들이 어머니를 제대로 보지 못했음에도 불구하고 어미에게 다가가게 된다.

냄새 자극의 예는 생후 5일에서 14일 된 아기 땃쥐에 의해 제공된다. 아기 땃쥐들은 그들을 돌보는 어미의 냄새에 각인된다. 어린 땃쥐들은 일찍부터 어미의 냄새를 알게 되어 캐러밴을 형성하게 되며, 그 냄새를 따라가게 된다. 생후 5~6일 된 땃쥐를 다른 종의 어미가 돌보게 되면 이 돌봐준 어미의 냄새가 땃쥐에게 각인된다.

나중에, 그 땃쥐들이 15일이 되면, 그들은 그들의 진짜 어미에게로 돌아간다. 이 형제들은 그녀를 따라가지도 않고, 어떤 형제들에게도 사슬처럼 캐러밴을 형성하지도 않는 것으로 보였다. 하지만, 그들은 그들을 돌봐준 어머니의 냄새가 스며든 천 조각을 따라갔다. 어린 땃쥐들이 <u>어렸을 때 그들을 돌보는 어미의 냄새로 각인된다는 것을 보여주는 반응이다.</u>

41 ① 주절의 주어 'The range'가 단수 이므로 동사도 단수가 되어야 한다. 따라서 'are'는 'is'로 고쳐야한다.

42 ② 아기 땃쥐들은 그들을 돌보는 어미의 냄새에 각인된다. 어린 땃쥐들은 일찍부터 어미의 냄새를 알게 되어 캐러밴을 형성하게 되며, 그 냄새를 따라가게 된다. 생후 5~6일 된 땃쥐에게 다른 종의 어미를 대신하면 이 어미의 냄새가 땃쥐에게 각인된다고 하였으므로 빈칸에는 ②의 'odor of whoever nurses them when they are young (어렸을 때 그들을 돌보는 어미의 냄새)'가 들어가는 것이 가장 적절하다.

오답풀이

① 그들이 돌봐준 어머니를 따라다니며 보낸 시간
③ 둥지를 떠나기 전에 돌봐주는 어미를 부른다
④ 그들의 친모에 대한 시각적 관심의 양
⑤ 그들이 자라서 친모를 돌본다

[43~45]

어휘

- handgun : 근접 전투용 ·호신용 총기
- expressionless : 표정[감정]이 없는
- sideways : 옆으로, 옆에서
- awning : (창이나 문 위의) 차양, 비[해] 가리개
- seasick : 뱃멀미
- mottle : 얼룩덜룩하게 하다
- obscured : 잘 알려져 있지 않은, 무명의
- admission : 입장료
- Canadian : 캐나다 사람
- intensity : 강렬함, 강함, 격렬함
- deck : (배의) 갑판
- deprived : 궁핍한, 불우한
- whenever : …할 때는 언제든지
- locker : 로커, (자물쇠가 달린) 개인 물품 보관함
- wristband : 손목 밴드
- warm : (더) 따뜻해지다, 데워지다
- psyched : (특히 곧 있을 일에 대해) 들뜬[흥분한]

해석

(A) "과일이나 권총을 소지하고 계십니까?"
"물론, 트렁크에는 3킬로그램의 키위가 있고 그녀의 지갑에는 44구경 매그넘이 들어 있습니다."
아니, 국경수비대엔 그렇게 말하지 않았다. 이 사람들하고는 농담하지 않는 게 좋다. 그들은 유머 감각이 별로 없고 차를 뒤지는 것을 좋아한다. 국경수비대는 나를 긴장시킨다. 그 무표정한 눈과 얼어붙은 얼굴을 벗어나자마자 기분

이 좋아졌다.

(B) 비가 옆으로 내리면서 덮개로 쓰려고 했던 비 가리개 안으로 다시 들어가게 된다. 페리가 흔들리기 시작했다. 마가렛은 디젤 연기와 파도로 인해 뱃멀미를 할 때 시칠리아에서 몰타까지 페리를 타고 갔던 이야기를 들려준다. 몇몇 아이들은 플라스틱 시트를 위 아래로 움직이며 장난감 자동차를 운행하고 있다. 빗방울 창을 통해 보는 산꼭대기는 안개 속에 가려져 있다. 곧 우리는 저편 부두로 차를 몰고 들어간다. 배에서 차들이 줄지어 떨어지고, 온천까지 9마일이라는 소리가 들렸다. 캐나다인의 입장료는 $4.00이다.

(C) Kootenai 호수를 따라 50마일을 도는데, 자동차가 전체 길을 통과할 수 있는 지점은 약 3개뿐이다. 우리는 마지막 탑승차였다. 남색 옷을 입은 항해사가 아래쪽 갑판에 있는 주차 공간으로 안내한다. 우리는 승객 층까지 가파른 계단을 오른다. 여객선이 부두에서 벗어나 호수를 가로질러 향할 때 바람과 비가 강렬해진다. 단 1분 동안만. 갑판 위로 걸어갈 뿐이지만.

(D) 하지만 Ainsworth의 여행은 백 명의 국경 수비대를 맞닥뜨릴 가치가 있는 곳이다. Ainsworth Hot Springs. 몇 년 전부터 가고 싶었다. 내가 아는 사람들은 전부 그곳을 방문했다. 누가 Ainsworth 얘기를 할 때마다 박탈감이 들 정도였다. 그래서 내 친구 마가렛과 나는 춥고 비가 오는 11월 화요일에 온천에 가기엔 나쁘지 않은 하루를 보낸다. 캐나다로 몇 마일 들어가면 길이 바뀐다.

(E) 사물함은 없다. 각자 옷을 넣을 비닐봉지를 준비한다. 접수번호가 적힌 벨크로 손목밴드를 나눠주는 점원에게 확인한다. 내 것은 38이다. 수영장으로 향할 때 비가 내 몸에 얼룩덜룩 묻게 내린다. 따뜻한 커다란 수영장, 기분전환하기에 좋은 장소, 위쪽의 수영장과 동굴들. 동굴! 그게 바로 Ainsworth가 특별한 이유다. 우리는 뜨거운 물을 따라 다시 산중턱으로 노를 저어 들어간다. 희미한 불빛이 놀라운 광경을 보여준다.

43 ③ 국경수비대에게는 농담을 하지 않는 것이 좋다며 여행의 서막을 알리는 지문이 나온다. 하지만 Ainsworth의 여행은 백 명의 국경 수비대를 맞닥뜨릴 가치가 있는 곳이라며 Ainsworth Hot Springs에 대하여 그 가치를 서술하는 (D)가 나오는 것이 적절하다. 캐나다로 몇 마일을 돌면 길이 바뀐다고 하였고 이어지는 (C)로 자동차가 전체 길을 통과할 수 있는 지점은 약 3개뿐이며, 필자는 마지막 탑승차라는 것이 이어짐이 적절하다. 페리가 부두에서 벗어나 호수를 가로질러 향할 때 바람과 비가 강렬해진다고 하였으므로 비가 옆으로 내리면서 필자가 덮개로 쓰려고 하는 비 가리개 안으로 다시 들어가게 된다는 설명의 (B)가 이어지는 것이 적절하다. 마지막으로 (E)의 동굴들! 그게 바로 Ainsworth가

특별한 이유라고 하였다. 마침내 Ainsworth를 마주한 필자의 감동적인 심정이 이어지는 것이 적절하다.

44 ② 필자는 누군가 Ainsworth얘기를 할 때마다 박탈감이 들 정도로 그곳에 가고 싶었다. 따라서 Ainsworth에 가고싶은 마음이 확고하였다(determined). 마침내 Ainsworth에 도착한 순간 신이 나고 흥분한(excited) 모습을 보인다.

오답풀이

① 안도하는 → 정신적으로 긴장한

③ 겁먹은 → 놀란

④ 유감스러워 하는 → 열성적인

⑤ 낙담한 → 무관심한

45 ② Ainsworth가 캐나다 국경에서 얼마나 떨어져 있었는지는 언급되지 않았다. 그러므로 ②의 'Ainsworth was nine miles away from the anadian border. (Ainsworth는 캐나다 국경에서 9마일 떨어져 있었다.)'는 제시문의 내용과 일치하지 않는다.

오답풀이

① 해설자는 국경수비대와 가벼운 대화를 나누지 않았다.

③ 여행객들은 페리에서 폭우와 바람을 만났다.

④ Margaret은 필자와 함께 여행을 갔다.

⑤ 동굴은 Ainsworth를 다른 온천과 구별하게 만든 핵심이다.

2022학년도 기출문제 정답 및 해설

제3교시 수학영역

01 ④	02 ②	03 ③	04 ④	05 ①	06 ②
07 ③	08 ①	09 ①	10 ④	11 ⑤	12 ③
13 ⑤	14 ④	15 ②	16 ⑤	17 ③	18 ⑤
19 ②	20 ①	21 12	22 49	23 21	24 5
25 217					

01 $\log_a b = A$로 치환하면 $\log_b a = \dfrac{1}{A}$이므로

$\dfrac{1}{A} + A = \dfrac{1}{5} + 5$로 나타낼 수 있다.

따라서 $\log_a b = 5$이고 $a^5 = b$

문제에서 $ab = 27$이므로

$ab = a \times a^5 = a^6 = 3^3$

$a^2 = 3 \cdots \unicode{0x1D4F}$

$b^2 = (a^5)^2 = (a^2)^5 = 3^5$

$b^2 = 3^5 \cdots \unicode{0x1D4FE}$

$\unicode{0x1D4F}$, $\unicode{0x1D4FE}$을 더하여 답을 구한다.

$\therefore a^2 + b^2 = 246$

02 $4\cos^2 A - 5\sin A + 2 = 0$

$4(1 - \sin^2 A) - 5\sin A + 2 = 0$

$4\sin^2 A + 5\sin A - 6 = 0$

$(4\sin A - 3)(\sin A + 2) = 0$

$\sin A = \dfrac{3}{4} (\because -1 \le \sin A \le 1)$

$\dfrac{\overline{BC}}{\sin A} = 2R$ (R은 외접원의 반지름의 길이)이므로

$R = \dfrac{1}{2} \times \dfrac{3}{\frac{3}{4}} = 2$

$\therefore$ 삼각형 ABC의 외접원의 반지름의 길이 $= 2$

03 $v(1) = a + b = 15 \cdots \unicode{0x1D4F}$

$v(2) = 4a + 2b = 20 \cdots \unicode{0x1D4FE}$

$\unicode{0x1D4F}$, $\unicode{0x1D4FE}$을 연립하면 $a = -5$, $b = 20$

즉 $v(t) = -5t(t-4)$

$t = 1$에서 $t = 5$까지 점 P가 움직인 거리를 S라 하면

$S = \displaystyle\int_1^5 |v(t)|\,dt$

$= \displaystyle\int_1^4 (-5t^2 + 20t)\,dt + \int_4^5 (5t^2 - 20t)\,dt$

$= \left[-\dfrac{5}{3}t^3 + 10t^2 \right]_1^4 + \left[\dfrac{5}{3}t^3 - 10t^2 \right]_4^5$

$= \left(-\dfrac{320}{3} + 160 + \dfrac{5}{3} - 10 \right) + \left(\dfrac{625}{3} - 250 - \dfrac{320}{3} + 160 \right)$

$= -\dfrac{10}{3} + 60$

$= \dfrac{170}{3}$

$\therefore t = 1$에서 $t = 5$까지 점 P가 움직인 거리 $= \dfrac{170}{3}$

04 (가)에서 $f(x) - ax^2$의 이차항의 계수가 1이어야 하므로

$f(x)$의 이차항의 계수는 $(a+1)$이다.

$f(x) = (a+1)x^2 + bx + c$로 놓는다.

$\displaystyle\lim_{x \to 0} \dfrac{f(x)}{x^2 - ax} = \dfrac{(a+1)x^2 + bx + c}{x(x-a)} = 2$에서

$x \to 0$일 때 (분모) $\to 0$이고 극값이 존재하므로

(분자) $\to 0$이어야 한다.

즉 $\displaystyle\lim_{x \to 0}(a+1)x^2 + bx + c = 0 + 0 + c = 0$, $c = 0$

$f(x) = (a+1)x^2 + bx$

$= x\{(a+1)x + b\}$

이를 (나)에 대입하여 계산하면

$\displaystyle\lim_{x \to 0} \dfrac{f(x)}{x^2 - ax} = \lim_{x \to 0} \dfrac{x((a+1)x^2 + b)}{x(x-a)}$

$= \displaystyle\lim_{x \to 0} \dfrac{(a+1)x^2 + b}{(x-a)}$

$= \dfrac{b}{-a}$

$= 2$

즉 $b = -2a$이고 이를 $f(x)$에 대입한다.

$f(x) = (a+1)x^2 + bx = (a+1)x^2 - 2ax$

$f(x)$에 2를 대입하면

$f(2) = 4a + 4 - 4a = 4$

$\therefore f(2) = 4$

05 문제의 조건에 따라 $1 \le a \le 4$, $1 \le b \le 4$이다.

$\log_2(a+b) = k$ (k는 정수) $\to a+b = 2^k$

$2 \le a+b \le 8$이므로 $2 \le 2^k \le 8$

즉 $k=1, 2, 3$

따라서 $(a, b)=(1, 1), (1, 3), (2, 2), (3, 1), (4, 4)$

$(3, 1)$에서 거리의 최솟값을 갖고, $(1, 1), (1, 3)$에서 거리의 최댓값을 갖는다.

$m=\sqrt{(4-3)^2+(2-1)^2}=\sqrt{2}$

$M=\sqrt{(4-1)^2+(2-1)^2}=\sqrt{10}$

$\therefore m^2+M^2=12$

06 $a_1=2a_4=2a_1r^3$

이를 정리하여 r을 구한다.

$r^3=2^{-1}$

즉 $r=2^{-\frac{1}{3}}$

$a_3^{\log_2 3}=3^{\log_2 a_3}=27=3^3$

$\log_2 a_3=3$

$a_3=2^3$

따라서 $a_3=8$

$\log_4 a_n-\log_2 \dfrac{1}{a_n}=\log_2 a_n-\log_2 \dfrac{1}{a_n}$

$\qquad\qquad\qquad\quad =\dfrac{1}{2}\log_2 a_n-\log_2 1+\log_2 a_n$

$\qquad\qquad\qquad\quad =\dfrac{3}{2}\log_2 a_n$

$\dfrac{3}{2}\log_2 a_n=k$라 놓으면 $\log_2 a_n=\dfrac{2k}{3}$

$a_n=2^{\frac{2k}{3}}$

k가 자연수가 되기 위해서는 $2k$가 짝수가 되어야 한다.

$a_3=2^3=2^{\frac{9}{3}}$, $a_2=2^{\frac{10}{3}}$, $a_1=2^{\frac{11}{3}}$과 같이 값은 작아지므로 만족하는 a_n은 $2^{\frac{10}{3}}, 2^{\frac{8}{3}}, 2^{\frac{6}{3}}, 2^{\frac{4}{3}}, 2^{\frac{2}{3}}$이다.

따라서 $n=2, 4, 6, 8, 10$으로 총 5개이다.

07 $f(x)=x^3+kx^2+(2k-1)x+k+3$

$\qquad =k(x^2+2x+1)+x^3-x+3$

k값에 관계없이 항상 점 P를 지난다고 했으므로

$x^2+2x+1=0, x=-1$

즉 $P(-1, 3)$

'곡선 $y=f(x)$ 위의 점 P에서의 접선이 곡선 $y=f(x)$와 오직 한 점에서 만난다'의 의미는 곡선 $y=f(x)$의 변곡점에서 접선이라는 의미이다.

즉 $f''(x)=0$을 만족하는 k값을 구한다.

$f''(x)=6x+2k$

$f''(-1)=-6+2k=0$

$\therefore k=3$

08 $\displaystyle\lim_{x \to \infty}\dfrac{f(x)-x^3}{x^2}=2$에서 분모의 차수가 2인데

극한값이 2로 존재하므로 $f(x)-x^3=2x^2+ax+b$

$f(x)=x^3+2x^2+ax+b$가 된다.

$f(x)=0$의 한 실근을 k라 가정하면 $g(x)$가 $f(x)=0$이 되는 경계에서 함수가 바뀌므로 $g(x)$가 실수 전체의 집합에서 연속이 되려면 $x=k$에서 좌극한, 우극한, 함숫값이 모두 같아야 한다. 즉 $\displaystyle\lim_{x \to k}\dfrac{x-1}{f(x)}=\dfrac{1}{n}$이어야 한다.

$f(x)=0$의 실근이 하나이고 나머지는 허근일 때 성립한다. (이외의 경우는 발산한다.)

$f(x)=x^3+2x^2+ax+b=(x-k)(x^2+ax+\beta)$

$\displaystyle\lim_{x \to k}\dfrac{x-1}{f(x)}$에서 (분모) $\to 0$인데 극한값이 존재하므로 (분자) $\to 0$으로 간다. 따라서 $k=1$이 된다.

$f(x)=(x-1)(x^2+ax+\beta)$

$f(x)=x^3+(a-1)x^2+(\beta-a)x-\beta$

$\qquad =x^3+2x^2+ax+b$

$a-1=2$

$a=3$

$f(x)=(x-1)(x^2+3x+\beta)$

$x^2+3x+\beta$이 허근이 되어야 하므로 $D<0$이어야 한다.

따라서 $9-4\beta<0$이고 $\beta>\dfrac{9}{4}$가 된다.

$\displaystyle\lim_{x \to 1}\dfrac{x-1}{(x-1)(x^2+3x+\beta)}=\lim_{x \to 1}\dfrac{1}{x^2+3x+\beta}=\dfrac{1}{4+\beta}$

$n=4+\beta$

$\beta>\dfrac{9}{4}$이므로 $n>4+\dfrac{9}{4}(=6.25)$

$\therefore n$의 최솟값$=7$

09 $f(x)$의 그래프 위의 점 $(t, f(t))$에서의 접선의 방정식은

$y=f'(t)(x-t)+f(t)$

$\quad =(3t^2+2t)(x-t)+t^3+t^2$

$\quad =(3t^2+2t)x-2t^3-t^2$

$g_1(t)=-2t^3-t^2$

$f(x)$의 그래프 위의 점 $(t+1, f(t+1))$에서의 접선의 방정식은

$y=f'(t+1)(x-t-1)+f(t+1)$

$\quad =\{3(t+1)^2+2(t+1)\}\{x-(t+1)\}+(t+1)^3+(t+1)^2$

$\quad =\{3(t+1)^2+2(t+1)\}x-2(t+1)^3-(t+1)^2$

$g_2(t)=-2(t+1)^3-(t+1)^2$

$$h(t)=|g_1(t)-g_2(t)|$$
$$=|(-2t^3-t^2)-\{-2(t+1)^3-(t+1)^2\}|$$
$$=|-2t^3-t^2+2t^3+6t^2+6t+2+t^2+2t+1|$$
$$=|6t^2+8t+3|$$
$$=\left|6\left(t+\frac{2}{3}\right)^2+\frac{1}{3}\right|$$

$\therefore$ 함수 $h(t)$의 최솟값은 $\dfrac{1}{3}$

10 $a_n=\displaystyle\sum_{k=1}^{n}k$

$$=1+2+3+\cdots+n$$
$$=\frac{n(n+1)}{2}\cdots\text{㉠}$$

㉠을 문제의 b_n의 식에 대입한다.

$$b_n=b_{n-1}\times\frac{a_n}{a_n-1}$$
$$=b_{n-1}\times\frac{\dfrac{n(n+1)}{2}}{\dfrac{n(n+1)}{2}-1}$$
$$=b_{n-1}\times\frac{\dfrac{n(n+1)}{2}}{\dfrac{n(n+1)-2}{2}}$$
$$=b_{n-1}\times\frac{n(n+1)}{(n-1)(n+2)}$$
$$\frac{b_n}{b_{n-1}}=\frac{n(n+1)}{(n-1)(n+2)}$$
$$b_{100}=\frac{b_{100}}{b_1}$$
$$=\frac{b_2}{b_1}\times\frac{b_3}{b_2}\times\frac{b_4}{b_3}\times\cdots\times\frac{b_{100}}{b_{99}}$$
$$=\frac{2\times3}{1\times4}\times\frac{3\times4}{2\times5}\times\frac{4\times5}{3\times6}\times\cdots\times\frac{100\times101}{99\times102}$$
$$=\frac{3}{1}\times\frac{100}{102}$$
$$=\frac{50}{17}$$

$\therefore b_{100}=\dfrac{50}{17}$

11 원주각의 크기와 호의 길이는 정비례한다.

$\angle A+\angle B+\angle C=180°$, $\angle A:\angle B:\angle C=4:5:3$이므로

$\angle A=60°$, $\angle B=75°$, $\angle C=45°$

삼각형 ABC의 외접원의 반지름의 길이를 R이라 하면

$2\pi R=3+4+5$

$R=\dfrac{6}{\pi}\cdots\text{㉠}$

$\overline{BC}=a$, $\overline{AC}=b$라 하면

$$S=\frac{1}{2}ab\sin C$$
$$=\frac{1}{2}(2R\sin A)(2R\sin B)\sin C$$

$$=2R^2\sin A\sin B\sin C$$
$$=2R^2\times\frac{\sqrt{3}}{2}\times\frac{\sqrt{6}+\sqrt{2}}{4}\times\frac{\sqrt{2}}{2}$$

㉠을 대입하여 계산하면

$$S=2\times\frac{36}{\pi^2}\times\frac{\sqrt{3}}{2}\times\frac{\sqrt{6}+\sqrt{2}}{4}\times\frac{\sqrt{2}}{2}$$
$$=\frac{9}{\pi^2}\times\frac{\sqrt{6}(\sqrt{6}+\sqrt{2})}{2}$$
$$=\frac{9}{\pi^2}\times(3+\sqrt{3})$$
$$\frac{\pi^2 S}{9}=\frac{\pi^2}{9}\times\frac{9}{\pi^2}\times(3+\sqrt{3})=3+\sqrt{3}$$

$\therefore \dfrac{\pi^2 S}{9}=3+\sqrt{3}$

12 문제의 조건 (가)에서

$$f(x)+x^2+2ax-3=\int_1^x\left\{\frac{d}{dt}(2f(t)-3t+7)\right\}dt$$
$$f(x)+x^2+2ax-3=\int_1^x(2f'(t)-3)dt$$

좌변과 우변을 미분하면

$$f'(x)+2x+2a=2f'(x)-3$$
$$f'(x)=2x+2a+3\cdots\text{㉠}$$
$$\lim_{h\to0}\frac{f(3+h)-f(3-h)}{h}$$
$$=\lim_{h\to0}\frac{f(3+h)-f(3)-(f(3-h)-f(3))}{h}$$
$$=\lim_{h\to0}\frac{f(3+h)-f(3)}{h}-\lim_{h\to0}\frac{f(3-h)-f(3)}{h}$$
$$=f'(3)+f'(3)$$
$$=6$$
$$f'(3)=3$$

이를 ㉠에 대입하면

$$f'(3)=6+2a+3=3$$
$$2a=-6$$

$\therefore a=-3$

13 $x=\sqrt[3]{2}$로 치환하면 $r=\dfrac{3}{x^2-x+1}$

식의 우변에 $\dfrac{x+1}{x+1}$을 곱하면

$$r=\frac{3}{x^2-x+1}\times\frac{x+1}{x+1}$$
$$=\frac{3(x+1)}{x^3+1}$$
$$=\frac{3(x+1)}{(\sqrt[3]{2})^3+1}$$
$$=\frac{3(x+1)}{3}$$
$$=x+1$$
$$=\sqrt[3]{2}+1$$

$r-1=\sqrt[3]{2}$

$(r-1)^3=2$

$r-1=t$로 치환하여 $r+r^2+r^3$을 t에 관한 식으로 정리한다.

$r+r^2+r^3=(t+1)+(t+1)^2+(t+1)^3$

$\qquad\qquad =t^3+4t^2+6t+3$

$\qquad\qquad =2+4\sqrt[3]{4}+6\sqrt[3]{2}+3$

$\qquad\qquad =4\sqrt[3]{4}+6\sqrt[3]{2}+5$

$a\sqrt[3]{4}+b\sqrt[3]{2}+c=4\sqrt[3]{4}+6\sqrt[3]{2}+5$

따라서 $a=4$, $b=6$, $c=5$이다.

$\therefore a+b+c=15$

14

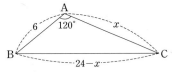

코사인법칙에 의해

$(24-x)^2=x^2+6^2-2\times x\times6\times\left(-\dfrac{1}{2}\right)$

$x^2-48x+576=x^2+6x+36$

$54x=540$

따라서 $x=10$

코사인법칙 변형에 의해

$\cos B=\dfrac{6^2+14^2-10^2}{2\times6\times14}$

$\qquad =\dfrac{132}{12\times14}$

$\qquad =\dfrac{11}{14}$

$\therefore \cos B=\dfrac{11}{14}$

15 $m<a<b$에서 $\displaystyle\int_a^b(x^3-x^2-px+1)dx>0$을 만족하려면

$m<x$인 모든 실수 x에 대하여

$x^3-x^2\geq px-1$이 되어야 한다.

즉 다음 그림처럼 $y=px-1$이 곡선 $y=x^3-x^2$에 접해야 m이 최소가 된다.

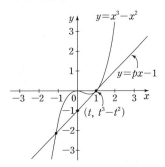

두 그래프의 접점의 좌표를 $(t,\ t^3-t^2)$이라 하면

접점에서의 접선의 식은

$y=(3t^2-2t)(x-t)+(t^3-t^2)$

이 접선은 점 $(0,\ -1)$을 지나므로 대입하면

$-1=-2t^3+t^2$

$2t^3-t^2-1=0$

$(t-1)(2t^2+t+1)=0$

$2t^2+t+1$은 허근을 가지므로 $t=1$

따라서 접점의 좌표는 $(1,\ 0)$이고 $p=1$이다.

$x^3-x^2=x-1$

$x^3-x^2-x+1=0$

$(x-1)^2(x+1)=0$이므로

$x=1,\ -1$

$\therefore m$의 최솟값$=-1$

16 $n=1$부터 대입하여 살펴보면,

(i) $n=1$일 때 $y=\sin(\pi x)$

y좌표가 자연수인 점의 개수는 1개 이므로 $a_1=1$

(ii) $n=2$일 때 $y=2\sin(2\pi x)$

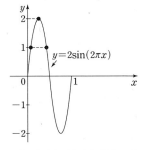

y좌표가 자연수인 점의 개수는 3개 이므로 $a_2=3$

(iii) $n=3$일 때 $y=3\sin(3\pi x)$

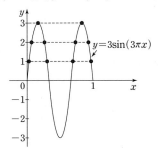

y좌표가 자연수인 점의 개수는 10개이므로 $a_3=10$

(iv) $n=4$일 때 $y=4\sin(4\pi x)$

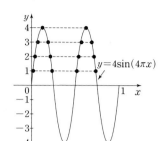

y좌표가 자연수인 점의 개수는 14개 이므로 $a_4 = 14$

$a_1 \sim a_4$는 다음과 같이 표현할 수 있다.

$a_1 = 1$

$a_2 = 1 \times (2 \times 1 + 1)$

$a_3 = 2 \times (2 \times 2 + 1)$

$a_4 = 2 \times (2 \times 3 + 1)$

이어서 a_5부터 a_{10}까지 표현하면 다음과 같다.

$a_5 = 3 \times (2 \times 4 + 1)$

$a_6 = 3 \times (2 \times 5 + 1)$

$a_7 = 4 \times (2 \times 6 + 1)$

$a_8 = 4 \times (2 \times 7 + 1)$

$a_9 = 5 \times (2 \times 8 + 1)$

$a_{10} = 5 \times (2 \times 9 + 1)$

$a_1 + a_2 + a_3 + \cdots + a_{10}$

$= 1 + 3 + 10 + 14 + 27 + 33 + 52 + 60 + 85 + 95$

$= 380$

$\therefore \sum_{n=1}^{10} a_n = 380$

17 함수 $f(x) = |x^2 - 4|(x^2 + n)$에서 n은 자연수이므로,

$x^2 + n > 0$

따라서 $f(x) = |(x^2 - 4)(x^2 + n)|$

$\therefore x = 2, x = -2$에서 $f(x)$는 극값

함수 $g(x)$를 $g(x) = (x^2 - 4)(x^2 + n)$이라 하면

$f(x) = |g(x)|$

$g(x) = (x^2 - 4)(x^2 + n)$이므로

$g'(x) = 2x(x^2 + n) + (x^2 - 4)(2x)$

$\quad\quad = 2x(2x^2 + n - 4)$

따라서 $g'(x) = 0$을 만족하는 x의 값은

$x = 0$ 또는 $x = \pm\sqrt{\dfrac{4 - n}{2}}$

극값이 4개 이상이라는 조건을 만족해야 하므로 $4 - n > 0$이다. 자연수 n의 값은 1, 2, 3이다. n의 값이 클수록 극솟값 $f(0)$의 값이 커지므로, $f(x)$의 모든 극값의 합이 최대가 되도록 하는 n의 값은 3이다.

18 $f(x)$를 미분하여 0이 되는 x값을 구하면

$f'(x) = 6x^2 - 2(t + 3)x + 2t$

$\quad\quad = 2\{3x^2 - (t + 3)x + t\}$

$\quad\quad = 2(3x - t)(x - 1)$

$\quad\quad = 0$

$x = \dfrac{t}{3}$, 1이 된다.

이 때 $0 < t < 3$이므로 $0 < \dfrac{t}{3} < 1$이다.

따라서 다음 그림과 같은 모양의 그래프가 되고 $x = \dfrac{t}{3}$에서 극댓값을 갖는다.

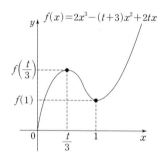

문제에서 $x = a$에서 극댓값을 갖는다고 하였으므로

$\dfrac{t}{3} = a, \ t = 3a$

따라서 $g(t) = g(3a) = \dfrac{1}{2} \times a \times f(a)$

문제의 $\int_0^a f(x)dx$을 먼저 계산한 후 대입한다.

$\int_0^a f(x)dx = \left[\dfrac{1}{2}x^4 - \dfrac{(3a + 3)}{3}x^3 + 3ax^2\right]_0^a$

$\quad\quad\quad\quad\quad = \dfrac{1}{2}a^4 - a^4 - a^3 + 3a^3$

$\quad\quad\quad\quad\quad = -\dfrac{1}{2}a^4 + 2a^3 \cdots \text{㉠}$

㉠을 구하고자 하는 식에 대입하여 계산한다.

$\displaystyle\lim_{t \to 0} \dfrac{1}{g(t)}\int_0^a f(x)dx$

$= \displaystyle\lim_{t \to 0} \dfrac{\int_0^a f(x)dx}{g(t)}$

$= \displaystyle\lim_{a \to 0} \dfrac{-\dfrac{1}{2}a^4 + 2a^3}{g(3a)}$

$= \displaystyle\lim_{a \to 0} \dfrac{-\dfrac{1}{2}a^4 + 2a^3}{\dfrac{1}{2} \times a \times (2a^3 - (3a + 3)a^2 + 6a^2)}$

$= \displaystyle\lim_{a \to 0} \dfrac{-\dfrac{1}{2}a^3(a - 4)}{-\dfrac{1}{2}a^3(a - 3)}$

$= \displaystyle\lim_{a \to 0} \dfrac{a - 4}{a - 3} = \dfrac{4}{3}$

$\therefore \displaystyle\lim_{t \to 0} \dfrac{1}{g(t)}\int_0^a f(x)dx = \dfrac{4}{3}$

19 함수 $f(x)$를 그림으로 나타내면 다음과 같다.

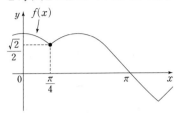

$g(x)=\cos ax$의 주기는 $\dfrac{2\pi}{a}$이다.

닫힌구간 $\left[0, \dfrac{\pi}{4}\right]$에서 $g(x)$의 주기인 $\dfrac{2\pi}{a}$가 $\dfrac{\pi}{4}$보다 작으면 두 곡선 $f(x)$와 $g(x)$의 교점의 개수가 2이상이다. 따라서 $a>8$이다.

이 때, 교점의 개수가 3이 되도록 하는 a가 최솟값이 되려면 $g(x)$가 $\left(\dfrac{\pi}{4}, \dfrac{\sqrt{2}}{2}\right)$를 지나야 하므로 $\cos\dfrac{\pi}{4}a=\dfrac{\sqrt{2}}{2}$

$a=1, 7, 9, 15\cdots$

따라서 $p=9$이고 다음 그림과 같다.

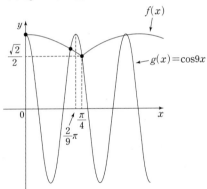

닫힌구간 $\left[0, \dfrac{11}{12}\pi\right]$에서 두 곡선 $y=f(x)$와 $y=\cos 9x$를 그리면 다음 그림과 같다.

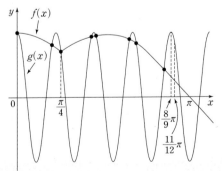

교점의 개수는 8개이므로 $q=8$이다.

$\therefore p+q=17$

20 (가) 조건에 의해 $P(-4)\neq0$, $P(4)\neq0$, $Q(-4)\neq0$이다.

(나) 조건에 의해 $a_1=-2$, $a_2=0$, $a_3=2$이다.

(다) 조건에 의해 $P(x)=(x-a)^2$이다.(a는 -2, 0, 2 중에 하나)

(ⅰ) $a=-2$일 때
$$f(x)=(x+4)(x+2)^2$$
$$g(x)=(x-4)x(x-2)$$
다음 그림과 같이 그려지며 교점은 없다.

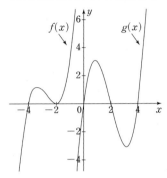

(ⅱ) $a=0$일 때
$$f(x)=(x+4)x^2$$
$$g(x)=(x-4)(x+2)(x-2)$$
다음 그림과 같이 그려지며 교점은 2개이다.

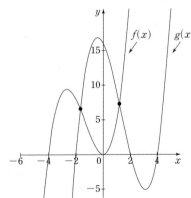

(ⅲ) $a=2$일 때
$$f(x)=(x-2)^2(x+4)$$
$$g(x)=(x-4)x(x+2)$$
다음과 같이 그려지며 교점은 없다.

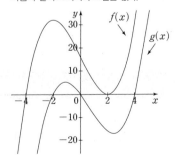

따라서 $f(x)=(x+4)x^2$, $g(x)=(x-4)(x+2)(x-2)$
일 때의 두 교점의 x좌표의 합을 구하면 된다.
$$(x+4)x^2=(x-4)(x+2)(x-2)$$
$$x^3+4x^2=x^3-4x^2-4x+16$$
$$8x^2+4x-16=0$$
$2x^2+x-4=0$에서 근과 계수와의 관계에 의해
두 교점의 x좌표의 합은 $-\dfrac{1}{2}$이다.

21 $\log_2(x+4)+\log_{\frac{1}{2}}(x-4)$
$=\log_2(x+4)+\log_{2^{-1}}(x-4)$
$=\log_2(x+4)-\log_2(x-4)$
$=\log_2\dfrac{x+4}{x-4}$
$=1$
$\dfrac{x+4}{x-4}=2$
$x+4=2x-8$
$\therefore x=12$

22 근과 계수와의 관계에 의해 $\alpha+\beta=1$, $\alpha\beta=-1$이다.
(i) $k=1$일 때
$\quad a_3=\dfrac{1}{2}(\alpha^3+\beta^3)$
$\quad\quad =\dfrac{1}{2}\{(\alpha+\beta)^3-3\alpha\beta(\alpha+\beta)\}$
$\quad\quad =2$
(ii) $k=2$일 때
$\quad a_6=\dfrac{1}{2}(\alpha^6+\beta^6)$
$\quad\quad =\dfrac{1}{2}\{(\alpha^3+\beta^3)^2-2(\alpha\beta)^3\}$
$\quad\quad =9$
(iii) $k=3$일 때
$\quad a_9=\dfrac{1}{2}(\alpha^9+\beta^9)$
$\quad\quad =\dfrac{1}{2}\{(\alpha^3+\beta^3)(\alpha^6+\beta^6)-\alpha^3\beta^3(\alpha^3+\beta^3)\}$
$\quad\quad =38$
$\therefore \displaystyle\sum_{k=1}^{3}a_{3k}=49$

23 $\displaystyle\lim_{x\to 1}\dfrac{g(x)}{x-1}=2$에서 (분모) $\to 0$이고 극한값이 존재하므로
(분자) $\to 0$이어야 한다.
즉 $g(1)=0$
$g(x)=\displaystyle\int_{-1}^{x}f(t)dt$의 양변에 -1을 대입하면
$g(-1)=0$

$g'(x)=f(x)$이므로 $f(x)$는 최고차항의 계수가 1인 이차함
수이므로 $g(x)$는 계수가 $\dfrac{1}{3}$인 삼차함수이다.
$$g(x)=\dfrac{1}{3}(x-1)(x+1)(x+a)$$
$\displaystyle\lim_{x\to 1}\dfrac{g(x)}{x-1}$
$=\displaystyle\lim_{x\to 1}\dfrac{\dfrac{1}{3}(x-1)(x+1)(x+a)}{x-1}$
$=\displaystyle\lim_{x\to 1}\dfrac{1}{3}(x+1)(x+a)$
$=\dfrac{2}{3}+\dfrac{2}{3}a$
$=2$
$a=2$
$g(x)=\dfrac{1}{3}(x-1)(x+1)(x+2)$
$g(x)=\dfrac{1}{3}(x^2-1)(x+2)=\dfrac{1}{3}x^3+\dfrac{2}{3}x^2-\dfrac{1}{3}x-\dfrac{2}{3}$
$g'(x)=f(x)=x^2+\dfrac{4}{3}x-\dfrac{1}{3}$
$f(4)=16+\dfrac{16}{3}-\dfrac{1}{3}=21$
$\therefore f(4)=21$

24 문제의 조건을 그림으로 표현하면 다음과 같다.

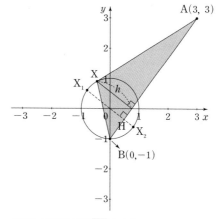

삼각형 ABX의 밑변 $\overline{AB}$의 길이는
$\overline{AB}=\sqrt{(3-0)^2+(3+1)^2}$
$\quad\quad =\sqrt{9+16}$
$\quad\quad =5$
점 A, B를 지나는 직선의 방정식은 $4x-3y-3=0$이므로
원점과 $\overline{AB}$의 사이의 거리 d는
$$d=\dfrac{|-3|}{\sqrt{4^2+3^2}}=\dfrac{3}{5}$$
$\overline{X_1H}$의 거리는 $1+\dfrac{3}{5}=\dfrac{8}{5}$

$\overline{X_2H}$는 반지름의 길이에서 d를 뺀 값이므로 $\frac{2}{5}$가 된다.

위의 그림에서 높이 h는 $0<h\leq\frac{8}{5}$이고

$0<t\leq4,\ t=\frac{1}{2}\times5\times h$이다.

$0<h<\frac{2}{5}$일 때, $0<t<1$이고 $f(t)=4$

$h=\frac{2}{5}$일 때, $t=1$이고 $f(t)=3$

$\frac{2}{5}<h<\frac{8}{5}$일 때, $1<t<4$이고 $f(t)=2$

$h=\frac{8}{5}$일 때, $t=4$이고 $f(t)=1$

t와 $f(t)$와의 관계를 그래프로 나타내면 다음 그림과 같다.

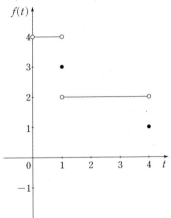

$0<t\leq4$에서 함수 $f(t)$가 연속하지 않을 때에는

$t=1,\ 4$이므로

$\therefore\ 5$

25 $\log a_n+\log a_{n+1}=2n$

$\log a_n a_{n+1}=2n$

$a_n a_{n+1}=10^{2n}=100^n$

$n=1$부터 대입하여 나열하면

$a_1\times a_2=100$

$a_2\times a_3=100^2$

$a_3\times a_4=100^3$

$\vdots\qquad\vdots$

a_1부터 a_4까지 가능한 수를 정리하면 다음과 같다.

a_1	a_2	a_3	a_4
1	100	100	$10000(=100\times100)$
2	50	200	$5000(=50\times100)$
4	25	400	$2500(=25\times100)$
$\vdots$	$\vdots$	$\vdots$	$\vdots$

집합 Y의 모든 원소는 a_4로 가능한 모든 값들의 합을 의미한다.

$a_4=a_2\times100$이므로

p는 100의 양의 약수의 합과 같다.

$p=(1+2+2^2)(1+5+5^2)$

$\quad=7\times31$

$\quad=217$

2021학년도 기출문제 정답 및 해설

제1교시 **국어영역**

01 ②	02 ③	03 ①	04 ②	05 ②	06 ①
07 ④	08 ③	09 ②	10 ③	11 ①	12 ⑤
13 ⑤	14 ③	15 ④	16 ⑤	17 ⑤	18 ②
19 ③	20 ④	21 ④	22 ①	23 ③	24 ①
25 ②	26 ③	27 ⑤	28 ②	29 ③	30 ③
31 ⑤	32 ②	33 ①	34 ④	35 ⑤	36 ④
37 ①	38 ⑤	39 ③	40 ⑤	41 ①	42 ④
43 ④	44 ④	45 ⑤			

01 ② 맞춤법에서 ⑦ 표음주의는 소리 나는 대로 적는 것이고 ⑥ 표의주의는 어법에 맞도록 적는 것이다. '쓰레기(쓸-+-에기)'는 발음 나는 그대로 적었으므로 표음주의의 사례이고, '달맞이'는 '달마지'라고 소리나는 대로 적지 않고 어간의 원형을 살려 적었으므로 표의주의의 사례이다.

• 표음주의 : 무르팍(무릎+-악), 쓰레기(쓸-+-에기), 코끼리 (곯+길-+-이)
• 표의주의 : 쇠붙이, 달맞이

오답풀이

① 쇠붙이는 표의주의의 사례이고 무르팍은 표음주의의 사례이다.
③ 달맞이와 쇠붙이 모두 표의주의의 사례이다.
④ 코끼리와 쓰레기 모두 표음주의의 사례이다.
⑤ 무르팍과 코끼리 모두 표음주의의 사례이다.

> **TIP** 한글 맞춤법 제19항
> 어간에 '-이'나 '-음/-ㅁ'이 붙어서 명사로 된 것과 '-이'나 '-히'가 붙어서 부사로 된 것은 그 어간의 원형을 밝히어 적는다.
> 1. '-이'가 붙어서 명사로 된 것
>   예 길이 높이 달맞이 먹이 살림살이 쇠붙이
> 2. '-음/-ㅁ'이 붙어서 명사로 된 것
>   예 걸음 믿음 얼음 엮음 웃음 죽음 앎
> 3. '-이'가 붙어서 부사로 된 것
>   예 같이 굳이 높이 많이 실없이 짓궂이
> 4. '-히'가 붙어서 부사로 된 것
>   예 밝히 익히 작히

다만, 어간에 '-이'나 '-음'이 붙어서 명사로 바뀐 것이라도 그 어간의 뜻과 멀어진 것은 원형을 밝히어 적지 아니한다.
예 굽도리 무녀리 코끼리 거름(비료) 노름(도박)
[붙임] 어간에 '-이'나 '-음' 이외의 모음으로 시작된 접미사가 붙어서 다른 품사로 바뀐것은 그 어간의 원형을 밝히어 적지 아니한다.
(1) 명사로 바뀐 것
   예 귀머거리 까마귀 너머 무덤 쓰레기 주검
(2) 부사로 바뀐 것
   예 너무 바투 불긋불긋 비로소 차마
(3) 조사로 바뀌어 뜻이 달라진 것
   예 나마 부터 조차

02 ③ '논의'의 '의'는 이중 모음 'ㅢ'로 발음하되, '다만(2)'에 의하여 단어의 첫 음절 이외의 '의'에 해당하므로 [ㅣ]로 발음하는 것도 허용된다. 즉 '논의'는 [노늬] 또는 [노니] 모두 표준 발음이다.

오답풀이

① '의식'은 이중 모음 'ㅢ'를 살려 [의식]으로 발음한다.
② '너희'의 '희'는 자음 'ㅎ'을 첫소리로 가지므로 '다만(1)'을 적용하여 [너히]로 발음해야 한다. [너희]는 틀린 발음이다.
④ '의의'는 [의의] 또는 [의이]로 발음해야 한다. [으이]는 틀린 발음이다.
⑤ '너의 (집)'는 이중 모음 'ㅢ'를 살려 [너의]로 발음한다. 그런데 여기서의 '의'는 조사이므로 '다만(2)'를 적용하여 [너에]로 발음해도 옳다.

> **TIP** '의'의 여러 가지 발음
> • '민주주의의 의의'의 표준 발음
> – [민주주의의 의의]
> – [민주주의의 의이]
> – [민주주이의 의의]
> – [민주주이의 의이]
> – [민주주의에 의의]
> – [민주주의에 의이]
> – [민주주이에 의의]
> – [민주주이에 의이]

03 ① '비+어서 → [벼:서]'는 모음 'ㅣ'와 'ㅓ'가 만나서 'ㅕ[ㅕ:]'로

축약이 된 것이므로 모음이 탈락하였다는 ㉠의 사례로는
적절하지 않다.

오답풀이

② 모음 'ㅓ'가 탈락하였다.

③ 모음 'ㅓ'가 탈락하였다.

④ 모음 'ㅡ'가 탈락하였다.

⑤ 모음 'ㅡ'가 탈락하였다.

04 ② 첫 번째 문장에서의 부사어는 부사 '몰래'가 쓰였으나, 두
번째 문장에서 부사어는 '예전에'로, 부사가 아니라 명사
'예전'에 부사격 조사를 붙인 것이다.

오답풀이

① 첫 번째 문장에서 '나는/선물을/엄마에게'라는 주어, 목적
어, 부사어가 필요한 서술어 '드리다'가 쓰였고, 두 번째 문
장 역시 '나는/선생님께/편지를'이라는 주어, 부사어, 목적
어가 필요한 서술어 '보내다'가 쓰였다. 그러므로 두 문장
모두 세 자리 서술어가 쓰였다.

③ 객체 높임은 동사의 행위가 미치는 대상을 높이는 표현
인데, 첫 번째 문장에서는 '드렸다'가, 두 번째 문장에서는
'께'가 쓰였다.

④ 첫 번째 문장에서는 '정성껏 만든'이라는 선물을 꾸며주는
관형어가, 두 번째 문장에서는 '존경하던'이라는 선생님을
꾸며주는 관형어가 안겨 있다.

⑤ 문법적 관계를 나타내는 품사는 조사인데, 두 문장 모두 조
사가 쓰였다.

TIP 문장성분의 종류

• 주성분
– 주어 : 동작이나 상태, 성질의 주체가 되는 문장성분
– 서술어 : 주어의 동작이나 성질, 상태 따위를 풀이하는 기능을 함
– 목적어 : 서술어의 동작 대상이 되는 문장성분
– 보어 : 서술어의 설명의 부족함을 보완해주는 문장성분
• 부속 성분
– 관형어 : 체언 앞에서 체언을 수식하는 기능을 함
– 부사어 : 용언이나 부사 앞에서 이들을 수식하는 기능을 함
• 독립 성분
– 독립어 : 홀로 독립하여 쓰이는 문장성분

05 ② '병따개'에는 '-개'라는 접사가 들어있지만 '병'과 '따개'로
쪼개지는 합성어이다. '병'과 '따개' 모두 어근 또는 어근의
자격을 지니고 있기 때문이다.

오답풀이

① 나뭇가지 ← 나무 + 가지 : 합성어

③ 손가락질 ← 손가락 + -질 : 파생어

④ 아침밥 ← 아침 + 밥 : 합성어

⑤ 비웃음 ← 비웃- + -음 : 파생어

TIP 단어의 형성

• 어근과 접사
– 어근 : 실질적인 의미를 나타내는 부분
– 접사 : 어근에 붙어 그 뜻을 제한하는 부분
• 합성어 : 둘 이상의 어근이 결합된 복합어 (어근 + 어근)
– 어근이 대등하게 본래의 뜻을 유지하는 합성어
– 한쪽의 어근이 다른 한쪽의 어근을 수식하는 합성어
– 어근들이 완전히 하나로 융합하여 새로운 의미를 나타내는 합
성어
• 파생어 : 하나의 어근에 접사가 붙어 결합된 복합어 (접사 + 어근,
어근 + 접사)

06 ① '넣다'는 활용할 때 '넣으니, 넣어, 넣은, 넣으면, 넣어지다'
등으로 'ㅎ'이 탈락하지 않으므로 〈보기〉에서 설명하는 사
례에 속하지 않는다.

오답풀이

② 울다 : 우니, 운, 웁니다, 우시다, 우오

③ 젓다 : 저어, 저으니, 저은, 저어도, 저었다

④ 벌겋다 : 벌건, 벌거니, 벌거면, 벌게지다

⑤ 잇다 : 이어, 이으니, 이은, 이어도, 이었다

07 ④ 타동사는 동작의 대상인 목적어를 필요로 하는 동사이고,
자동사는 동사가 나타내는 동작이나 작용이 주어에만 미치
는 동사를 의미한다. '그가 부르던 노랫소리가 그쳤다.'에서
는 노랫소리가 그쳤으므로 자동사로, '그는 하던 일을 갑자
기 그쳤다.'에서는 일을 그친 것이므로 타동사로 쓰였다.

오답풀이

① '그는 사람들에게 천사로 불렸다.'에서는 '부르다'의 피동사
로, '그는 갖은 방법으로 재산을 불렸다.'에서는 '붇다'의 사
동사로 쓰였다.

② '그는 수배 중에 경찰에게 잡혔다.'에서는 붙들린다는 뜻인
'잡다'의 피동사로, '그는 자기 집도 저당으로 잡혔다.'에서
는 담보로 맡겨진다는 뜻인 '잡다'의 피동사로 쓰였다.

③ '그가 접은 배가 물에 잘 떴다.'에서는 물속이나 지면 따위
에서 가라앉거나 내려앉지 않고 물 위나 공중에 있거나 위
쪽으로 솟아오른다는 뜻인 '뜨다'의 자동사로, '그는 집에
가기 위해 자리를 떴다.'에서는 다른 곳으로 가기 위하여
있던 곳에서 다른 곳으로 떠난다는 뜻인 '뜨다'의 타동사로
쓰였다. 그러나 이 두 문장에서 쓰인 '뜨다'는 서로 의미가
다른 동음이의어이기 때문에 '동일한' 동사가 아니므로 ㉠
의 예로 적절하지 않다.

⑤ '그는 품행이 매우 발랐다.'에서는 말이나 행동 따위가 사
회적인 규범이나 사리에 어긋나지 아니하고 들어맞는다는 뜻

인 형용사 '바르다'로, '그는 손에 연고만 발랐다.'에서는 약 따위를 물체의 표면에 문질러 묻힌다는 뜻인 '바르다'의 자동사로 쓰였다.

08 ③ 사람들이 틈(어떤 행동을 할 만한 기회)을 이용하여 도주한 것이므로 어떤 조건이나 시간, 기회 등을 이용한다는 의미의 예문으로 적절하다.

오답풀이

① '바닥이 미끄러운 곳에서 어떤 기구를 이용하여 달리다'의 예문으로 적절하다.

② '다량의 액체에 소량의 액체나 가루 따위를 넣어 섞다'의 예문으로 적절하다.

④ '그네나 시소 따위의 놀이 기구에 몸을 싣고 앞뒤로, 위아래로 또는 원을 그리며 움직이다'의 예문으로 적절하다.

⑤ '바람이나 물결, 전파 따위에 실려 퍼지다'의 예문으로 적절하다.

09 ② 'ㅐ'는 'ㅑ'와 'ㅣ'의 두 글자가 합쳐진 글자이다.

TIP 표준어의 모음

- 표준어의 모음은 다음 21개로 한다.

ㅏ, ㅐ, ㅑ, ㅒ, ㅓ, ㅔ, ㅕ, ㅖ, ㅗ, ㅘ, ㅙ, ㅚ, ㅛ, ㅜ, ㅝ, ㅞ, ㅟ, ㅠ, ㅡ, ㅢ, ㅣ

- 기본모음

ㅏ, ㅑ, ㅓ, ㅕ, ㅗ, ㅛ, ㅜ, ㅠ, ㅡ, ㅣ

- 기본모음 외의 모음

ㅏ ㅑ ㅓ ㅕ	+ ㅣ	ㅐ ㅒ ㅔ ㅖ
ㅗ +	ㅏ ㅐ(ㅏ+ㅣ) ㅣ	ㅘ ㅙ ㅚ
ㅜ +	ㅓ ㅐ(ㅏ+ㅣ) ㅣ	ㅝ ㅞ ㅟ
ㅡ	+ ㅣ	ㅢ

10 ③ 선혜가 꽃을 사고 싶어했는데, 구이가 이는 대궐에 ⓒ 보내어 부처께 바칠 꽃이라서 안된다고 하였다. 그러므로 ⓒ은 '선혜'를 높이는 말이 아니다.

오답풀이

① 선혜가 정성이 ㉠ 지극하시므로

② 선혜가 … 꽃이 솟아나거늘 좇아서 불러 사고 싶다고 ⓒ 하시니

④ 구이가 (꽃을 사고 싶다는 선혜에게) ㉢ 물으시되

⑤ (선혜가 꽃을 사서) 무엇에 ⓜ 쓰시리?

[11~14] 독서 – 예술

11 ① 주어진 글은 '인공 지능이 그린 그림을 예술품이라고 할 수 있을까?', '적어도 누군가 돈을 주고 샀으니 예술품인 걸까?', '하지만 작품은 언제나 작가에 의해 만들어질까?' 등의 질문을 계속해서 제시하며 쟁점 사항을 구체화하여 설명을 전개하고 있다.

12 ⑤ 주어진 글의 2문단에서 예술에 특별한 의미를 부여하는 사람들은 예술의 가치를 돈으로 평가하는 것 자체에 거부감을 느낄 수도 있다고 하였다.

오답풀이

① 5문단에서 동물은 자신이 그린 그림의 지적 재산권을 가질 수 없다고 하였으므로 침팬지의 그림 역시 지적 재산권을 가질 수 없다.

② 7문단에서 인공 지능의 작품이 예술품이 되지 못하도록 막는 것은 예술은 인간만이 할 수 있다는 근거 없는 믿음이라고 하였다.

③ 2문단에서 인공 지능이 만든 작품의 거래에 있어 그림이 진짜 예술품인지 여부는 중요하지 않다고 하였다.

④ 6문단에서 법인(法人)은 인간이 아니더라도 인간의 법적 권리를 가질 수 있다고 하였다. 재단 법인은 인간의 모든 권리를 갖는 것은 아니더라도 인간의 필요에 의해서 권리의 일부를 부여받을 수 있기 때문이다.

13 ⑤ 주어진 글의 '하는'은 '어떤 직업이나 분야에 종사하거나 사업체 따위를 경영하다'의 의미로 쓰였다. '문학을 하다, 피아노를 하다, 회사를 하다' 등으로 쓰이는데, 이와 문맥적 의미가 가장 가까운 것은 ⑤의 '전공을 했다'이다.

오답풀이

① '표정이나 태도 따위를 짓거나 나타내다'의 의미로 쓰였다.

② '어떤 일을 그렇게 정하다'의 의미로 쓰였다.

③ '먹을 것, 입을 것, 땔감 따위를 만들거나 장만하다'의 의미로 쓰였다.

④ '(간접 인용의 경우에는 '고'가, 직접 인용의 경우에는 '라고'가 쓰인다) 이르거나 말하다'의 의미로 쓰였다.

14 ③ 5문단에서 앤디 워홀이 그의 작품을 직접 제작하지 않았음에도 그의 작품이 예술품이라고 한다면, 인간은 기획이나 지시만으로도 예술품을 만들 수 있다는 말이 된다고 하였다. 즉 인간이 주체라면 의도만으로도 예술품을 만들 수 있

정답 및 해설

다는 뜻인데, 이는 7문단으로 이어져 인간이 의도를 가지고 인공 지능을 이용하여 작품을 만들면 그것 역시 예술품이 될 수 있다고 본 것이다. 그러므로 앤디 워홀의 기획과 지시를 통해 만들어진 작품이나 인간의 의도가 반영된 인공 지능의 창작이나 같은 맥락으로 볼 수 있다.

오답풀이

① 앤디 워홀과 오비어스의 그림 창작에 들인 공력을 비교할 수는 없다.

② 앤디 워홀이 작품을 직접 제작하지 않았고 오비어스가 그림을 직접 그렸다.

④ 콩고 역시 인간이 아니기 때문에 콩고의 그림 매매와 오비어스의 그림 매매는 서로 같은 문제로 볼 수 있다.

⑤ 오비어스의 그림과 콩고의 그림 수준을 비교할 수는 없다.

[15~19] 현대 시 복합

(가) 이상 「거울」

- **갈래** : 자유시, 초현실주의 시
- **성격** : 초현실주의적, 주지적, 실험적, 자의식적
- **제재** : 거울, 자아의식
- **주제** : 자아 분열 양상과 현대인의 불안 심리
- **특징**
  - 자동 기술법 사용으로 초현실주의적 경향을 보임
  - 역설적 표현으로 자아의 모순성 드러냄
  - 띄어쓰기를 무시하는 실험성을 드러냄
- **구성**
  - 1연 : 조용한 거울 속의 세상
  - 2연 : 현실과 단절된 거울 속의 세상
  - 3연 : 두 자아의 화해 실패
  - 4연 : 차단과 만남이라는 거울의 모순성
  - 5연 : 자아 분열의 심화
  - 6연 : 서로 완전히 분리된 두 자아에 대한 안타까움
- **이해와 감상** : '거울'이라는 소재를 통해 현실적 자아(거울 밖의 나)와 내면적 자아(거울 속의 나)의 분열을 보여주는 작품이다. 둘은 서로 화합이 불가능한 상태이며 이때 거울은 차단과 만남이라는 모순성을 지니는 상징물이다. 또한 자동 기술법과 띄어쓰기의 파괴를 통해 무의식의 자유로운 표출과 자아 분열의 양상, 현대인의 불안 심리를 부각시키고 있다.

(나) 윤동주 「자화상」

- **갈래** : 자유시, 서정시
- **성격** : 성찰적, 고백적
- **제재** : 우물에 비친 자신의 모습
- **주제** : 자아 성찰과 자신에 대한 애증
- **특징**

- '-ㅂ니다'로 끝나는 구어체의 산문적 표현
- 시상 전개에 따른 화자의 심리 변화가 분명히 보임
- **구성**
  - 1연 : 우물을 들여다보며 자아를 성찰함
  - 2연 : 우물 속의 아름다운 풍경
  - 3연 : 자아에 대한 미움
  - 4연 : 자아에 대한 연민
  - 5연 : 자아에 대한 미움과 그리움
  - 6연 : 추억 속 자아에 대한 그리움
- **이해와 감상** : 이 시의 화자는 우물을 통해 자기 반성과 내면 성찰을 하고 있다. 일제 강점기라는 시대에 적극적으로 대처하지 못하는 지식인의 고뇌와 부끄러움을 드러내고 있으며 자신에 대한 애증을 반복하며 내적 갈등을 해소하고자 한다.

(다) 최두석 「성에꽃」

- **갈래** : 자유시, 서정시
- **성격** : 감각적, 상징적, 현실 참여적
- **제재** : 성에
- **주제** : 어두운 현실을 살아가는 서민들의 삶에 대한 애정
- **특징**
  - 역설적인 표현의 사용
  - 촉각적 이미지와 시각적 이미지로 성에를 표현함
- **구성**
  - 1~4행 : 새벽 시내버스 차창에 핀 성에꽃
  - 5~19행 : 성에꽃에 나타난 서민들의 삶
  - 20~22행 : 만날 수 없는 친구에 대한 안타까움
- **이해와 감상** : 새벽 시내버스의 창가에 낀 성에를 보며 1980년대를 힘겹게 살아가는 서민들의 삶에 대해 노래한 작품이다. 암울한 시대 속 서민들에 대해서 애정과 연민을 보여 주며, '면회마저 금지된'이라는 표현을 통해 자유를 억압받던 시대 상황을 짐작하게 한다.

15 ④ (가), (나) 모두 두 개의 자아가 등장하며 자아 성찰이 이루어지고 있으나, 그 대립과 갈등을 직접적으로 드러냈다고는 볼 수 없다.

오답풀이

① 무의식에서 떠오르는 내용을 그대로 기술하는 '자동 기술법'을 사용하고 띄어쓰기를 무시하는 방식으로 자의식의 세계를 보여 주고 있다.

② 우물 속 아름다운 풍경, 그 속의 사나이(자아) 등을 병렬적으로 나열하여 화자의 현실(일제 강점기를 살아가며 고뇌하는 지식인)과 대비되는 세계를 표현하고 있다.

③ 성에꽃이라는 은유적 표현을 사용하여 시적 대상의 아름다움을 감각적으로 표현하고 있다.

⑤ (나)에서는 자아에 대해, (다)에서는 서민들에 대해 연민의

정서를 드러내고 있다.

16 ⑤ 거울은 만남이자 단절의 매개체이기 때문에 '나'는 거울을 통해 거울 속 세상의 자신을 바라볼 수 있다. 그러나 거울을 쳐다보지 않을 때에 거울 속 자신의 모습을 어떻게 생각하는지는 알 수 없다.

오답풀이

① 1~2연에서 거울 속 세상은 조용하며 내 말을 알아듣지 못하는 귀가 있다고 하였으므로 '나'는 거울 속 세상을 아무 소리도 들리지 않는 곳이라고 느끼고 있다.

② 3연에서 거울 속의 나는 '나'의 악수를 받을 줄 모른다고 하였다.

③ 2연에서 '나'의 말을 알아듣지 못한다고 하였으므로 거울 속 자신에게 대화를 시도하지만 거울 속의 나에게는 들리지 않음을 알 수 있다.

④ 4연에서 거울 속 나를 만져보지 못한다 하였으므로 '나'는 거울 속 자신과 단절되었다고 생각하면서도 거울이 아니었다면 거울 속의 자신을 만날 수조차 없었을 것이라고 생각하고 있다.

17 ⑤ 화자는 우물 속에 보이는 아름답고 평화로운 자연을 통해 과거의 순수했던 자신을 추억하고 있다.

오답풀이

① 화자는 우물을 찾아가 우물 속의 평화로운 풍경을 보며 자아를 성찰하려 하고 있으나, 현실에 비판적인 자신에 대한 부끄러움을 드러내고 있지는 않다.

② 화자는 현실 초월적인 자신의 모습에 슬픔을 느끼거나 공감하고 있는 것이 아니라 초라한 자아에 대해 부끄러움을 느끼고 있다.

③ 화자는 미래를 동경하고 있는 것이 아니라 자아에 연민을 느끼고 있다.

④ 화자는 자신에 대한 애증을 반복하고는 있으나 그것을 현실에 대한 타협적인 태도라고 볼 수는 없다.

18 ② ㉡의 엄동 혹한은 고단한 삶을 살아가는 서민들의 암담한 현실을 의미한다.

오답풀이

①·③·④·⑤ 차창에 서린 성에를 의미한다.

19 ③ 사람들의 입김 때문에 '차창'에 생긴 성에를 보고 화자는 같은 버스에 앉아 있던 서민들을 생각하게 된다. 창에 닿은 서민들의 입김과 숨결이 성에꽃, 기막힌 아름다움 등으로 감각적이게 표현되며 '차창'이 세상을 바라보게 하는 통로의 역할을 하고 있다.

오답풀이

① '거울'은 사회를 반영하는 대상이 아니라 현실의 자아가 내면의 자아를 들여다볼 수 있게 해주는 매개체이다.

② '우물'은 자신의 내면을 비추는 사물로 자아 성찰의 매개체이지, 양면성을 통해 현대인의 불안 의식을 강조하는 기능을 하고 있지 않다.

④ '거울'과 '차창'은 밖과 안의 대비를 드러내는 소재가 아니다.

⑤ '우물'을 통해 자아 성찰을 하며 내적 갈등을 해소하게 될 수는 있지만, 그것이 자기 자신을 긍정의 대상으로 심화하는 사물이라고 보기는 어렵다.

[20~23] 독서 – 사회

20 ④ 주어진 글은 저작권이 적용되는 기준에 대한 설명을 시작으로 더 나아가 저작권법으로 보호될 수 있는 요건을 갖추었더라도 저작권 보호가 부인되는 경우에 대한 설명까지 심화하여 다루고 있다.

21 ④ 5문단에서 '사실상의 표준'을 인정하면서 최초 창작자의 권리 역시 충분히 보호받을 수 있도록 해야 한다고 하였으므로 저작권과 무관하다는 설명은 적절하지 않다.

오답풀이

① 1문단에서 아이디어는 제한 없이 공유되고 소통되어야 하므로 저작권이 미치지 않는다고 하였다. 반면에 기술과 산업 분야에서의 착상은 특허법 등 다른 법률에 의해 보호된다고 하였으므로 아이디어와 착상은 법적으로 서로 다르다.

② 3문단에서 저작권법으로 보호될 수 있는 요건을 갖춘 표현이라 할지라도 특정 아이디어를 표현할 수 있는 방법이 매우 제한된 경우에는 저작권 보호가 부인된다고 하였다.

③ 2문단에서 실제 저작물에서 아이디어와 표현을 분리하는 것은 쉽지 않다고 하며 소설을 예로 들었다. 즉, 표현으로 보호하는 범위는 분명하게 정해져 있는 것이 아니라 판단하는 이에 따라 다를 수 있다고 볼 수 있다.

⑤ 1문단에서 저작권의 보호 범위를 판단할 때 표현과 아이디어를 구분해야 한다고 하였는데, 이때 사상과 표현의 자유는 이와 관련이 있다.

22 ① 저작권 적용의 여부는 가치 인정에 있는 것이 아니라 표현과 아이디어의 구분에 있다.

오답풀이

② 저작권은 표현에는 적용되고 아이디어에는 적용되지 않는다고 하였는데, 요리책은 저자의 요리 레시피를 소개하여 정식으로 '표현'한 것이고 요리 방법은 '아이디어'에 해당하

므로 이에 따라 각각 저작권 침해의 여부가 갈린다.

③ 가위바위보의 승패 규칙을 설명하는 방식은 지극히 제한되어 있기 때문에 '합체의 원칙'이 적용된다.

④ 현재 가장 보편적으로 쓰이는 컴퓨터 자판 배열은 '쿼티 키보드'인데, 이 배열이 이미 업계의 표준으로 굳어져 통용되고 있으므로 '사실상의 표준'이 적용된다.

⑤ 황량한 들판에서의 총잡이의 결투 장면은 서부 영화에서 전형적으로 등장하는 유형이므로 예술적 저작물에 주로 적용되는 '필수 장면'이 적용된다.

23 ③ ⓒ에서 쓰인 '어떤'의 문맥적 의미는 '주어진 여러 사물 중 대상으로 삼는 것이 무엇인지 물을 때 쓰는 말'이다. 저작권법으로 보호될 수 있는 표현이라 할지라도 <u>어떤</u> 기준에 의하여 판단했을 시 저작권 보호가 부인될 수도 있다는 내용이 3문단에 나오고 그 뒤로 3가지의 기준이 나온다. 그러므로 ⓒ에서 쓰인 '어떤'은 3문단 뒤로 이어지는 기준들 중에 하나를 선택하는 의미로 쓰였다.

오답풀이

①·②·④·⑤ 여기에서 쓰인 '어떤'은 대상을 뚜렷이 밝히지 아니하고 이를 때 쓰는 말이다.

[24~28] 고전 소설

작자 미상 「임진록」
- **갈래** : 역사 소설, 군담 소설, 영웅 소설
- **성격** : 전기적, 설화적
- **시점** : 전지적 작가 시점
- **배경**
  - 시간적 배경 : 조선 선조 임진왜란 전후
  - 공간적 배경 : 조선 및 왜국
- **주제** : 임진왜란 때 영웅들의 활약상
- **특징**
  - 역사적 사실을 바탕으로 설화와 혼용하여 창작됨
  - 영웅들이 활약하는 애국적 무용담을 순차적으로 엮음
- **구성**
  - 기 : 임진왜란이 일어나기 직전의 국내외 형편과 왜의 침략 의도
  - 승 : 민중의 저항과 통치자들의 무능
  - 전 : 전쟁에서의 승리
  - 결 : 왜에 건너가 항복을 받아냄
- **이해와 감상** : 임진왜란이라는 역사적 사실을 소재로 허구적 요소를 덧붙여 쓴 역사 소설이자 군담 소설로, 실제로는 패전한 전투를 우리의 승리로 바꾸어 적음으로써 허구의 세계에서나마 정신적 위안을 얻고자 하였다.

24 ① 이여송 – 상 – 이항복의 대화, 곽재우의 전투와 곽준의 딸 부부의 죽음, 순신과 진인의 여러 일화 등을 통하여 임진왜란이라는 전체 사건에 대한 여러 모습을 보여 주고 있다.

25 ② 진인은 천성이 강포한 자라 그를 두려워하는 사람이 많았다는 점을 통해 진인의 위세를 등에 업은 진인의 군사가 조선의 관리에게 횡포를 부린 것임을 알 수 있다.

오답풀이

① 임금에게 벌레를 권하는 이여송에게 이항복이 생낙지를 권한 것은 임금이 벌레를 먹지 못하는 것과 마찬가지로 이여송 역시 생낙지를 먹지 못할 것이라 생각했기 때문이다.

③ 진인은 왜군과의 싸움에서 조선을 도우러 온 것이다. '진인이 수십여 척을 머물러 싸움을 돕게 하니라'라고 한 것을 보면 알 수 있다.

④ 진인이 천총을 내친 것은 조선의 군사는 적을 백여 명 죽였으나 천병은 하나도 잡지 못하였다는 보고를 듣고 분노하였기 때문이다.

⑤ 이순신의 이러한 행동은 천병이 민간을 노략하였기 때문이다.

26 ③ 조선 군사는 도적 떼를 물리쳤으나 천병은 그러지 못하였다며 분노하는 진인에게 나의 승리는 곧 당신의 승리라며 위로하고 있는 장면이다.

오답풀이

① 벌레 따위를 왕에게 권하는 제독의 무례함을 넌지시 꾸짖고 있다.

② 상의 질책이 담긴 물음에 제독은 답하지 못하고 멋쩍게 웃고 말을 돌리며 인정하고 있다.

④ 진인은 이순신을 '이야(李爺)'라 일컬었는데 '이(李)'는 순신의 성이고 '야(爺)'는 남자의 존칭으로, 진인이 이순신을 공경하고 있음을 알 수 있다.

⑤ 다른 곳으로 가려는 순신을 진인이 만류하려 하는 행동이다.

27 ⑤ 의병장 곽재우는 물러가는 적의 뒤를 쫓아 그들을 몰아내었다.

오답풀이

① 적이 곽재우가 지키는 화왕산성을 치려다 산세가 험하여 물러가 황석산성을 치는 등 전세의 변화에 따라 적의 행로가 바뀌기도 하였음을 알 수 있다.

② 적이 승승장구하여 각읍 수령이 다 도망하였다고 하였다.

③ 곽준의 딸은 지아비와 아비, 오라비가 모두 죽자 그들을 따라 죽었다.

④ 각읍 수령이 도망하였으나 곽준과 같이 끝까지 남아 항전한 자들도 있었다.

28 ② 여러 장수와 의병들은 나라를 지키기 위해 항전을 치르지만, 왕과 양반들은 도망치기에 급급하였다. 그러므로 '상'은 백성을 위하는 왕이라고 할 수 없다.

오답풀이

① 명의 제독 이여송 등의 부정적 모습을 통해 조선을 직접적으로 공격한 왜군에게뿐만 아니라 원군으로 온 명군에 대한 반감도 드러남을 알 수 있다.

③ 곽준이 죽고 그의 딸마저 따라 죽는 장면은 왜군에 대한 분노가 반영되었다고 볼 수 있다.

④ 이순신의 역량을 인정받는 장면을 통해 조선에 뛰어난 인물이 존재한다는 점을 드러내려 하였다.

⑤ 이순신이 책임감을 느끼는 모습을 통해 백성을 위하는 마음을 엿볼 수 있다.

[29~32] 독서 – 사회

29 ③ 주어진 글은 지역마다 문명 발달의 차이가 생긴 원인에 대해 분석하고 있는데, 4문단에서는 생물학적 관점을, 5문단에서는 환경적 요인에 의한 관점을 제시하고 있다. 그러나 글 전체를 보았을 때 문명 발달을 위해 환경적 제약을 극복해야 한다는 내용은 나타나 있지 않다.

오답풀이

① 주어진 글은 지역에 따라 과학 기술이나 사회 제도의 발달에 차이를 보이게 된 이유에 대해 다루고 있는 글이므로 문명의 발달이 지역에 따라 차등적으로 이루어졌다는 내용을 기본으로 하고 있다.

② 1문단에서 지역의 삶의 방식과 문명의 발달에 따라 약탈과 정복의 역사가 비롯되었다고 하였다.

④ 4문단에서 지역별 인종의 능력 차이는 문명 발달 차이의 원인으로 수용할 수 없다고 하였다.

⑤ 3문단에서 발달된 문명을 가진 지역의 경우에는 과학이 발달해 있고, 정치 체제를 비롯한 사회 구조도 갖추어져 있다고 하였다.

30 ③ 지역에 따라 과학 기술이나 사회 제도의 발달이 차이를 보이게 된 이유를 묻는 질문에 대한 답변을 생물학적 관점과 환경적 관점으로 나누어 소개하고 있다.

오답풀이

① 인용이 나타난 부분은 없다.

② 통계 자료를 인용한 부분은 없다.

④ 다양한 사례로 공통점과 차이점을 설명하고 있지 않다.

⑤ 쟁점에 대한 근본적 원인을 분석하려고 하고 있으나 일관된 해결책을 정립하는 것이 아니라 관점이 다른 두 가지

의 견해만을 제시하고 있다.

31 ⑤ ⓐ와 ⓑ 모두 자연환경에 따른 사회 · 경제적, 문화적 차이에 대한 내용이다. 토양이 척박한가 비옥한가, 가뭄이 빈번한가 큰 강이 많은가 등은 모두 환경적인 요인이기 때문에 각각의 지역이 처한 생태 환경적 요인으로 인하여 문명 발달의 차이가 나타났다고 설명하는 ⓒ의 사례로 활용될 수 있다.

32 ② 〈보기〉에서 세계사의 서술 대상은 발전된 문명을 가진 경우가 중심이 된다고 하였는데, 이는 왜 이집트나 중국 등은 문명이 발전하였고 아프리카나 오세아니아 등과 같은 지역은 문명이 발달하지 못했는가에 대한 근본적인 이유는 설명하지 못한다. 같은 시기임에도 지역마다 다른 역사가 나타나게 된 것에 대한 이유를 명백히 밝힐 필요가 있다.

[33~37] 고전 시가

> **작자 미상 「노처녀가」**
> • **갈래** : 내방가사
> • **성격** : 해학적, 독백적
> • **주제** : 혼기를 놓친 노처녀의 신세 한탄과 양반의 허위의식 비판
> • **특징**
>   – 대조되는 소재와 대비를 통한 화자의 처지 부각
>   – 기대와 실망이 반복되는 상황을 해학적으로 그림
> • **이해와 감상** : 40세가 되도록 혼인을 하지 못한 양반가 노처녀가 자신의 처지를 한탄하는 가사이다. 화자는 자신이 노처녀가 된 것은 몰락한 양반임에도 허위의식을 버리지 못한 부모 탓이라고 생각하여 원망한다. 시집을 가지 못한 한을 불특정 다수에게 하소연하듯 시작하여 자신의 처지에 대한 한탄과 부모에 대한 원망으로 전개하고 혼기가 다 지나고 늙어가는 것에 대한 슬픔으로 마무리 짓는다.

33 ① 화자가 겪고 있는 시집가지 못한 상황에 대해 반복적으로 제시하며(손님이 오면 중매쟁이로 기대하지만 사실은 관리가 온 것이고, 편지가 오면 청혼서로 기대하지만 사실은 부고였음 등) 한탄을 하고 있다.

오답풀이

② 처음부터 끝까지 화자는 일관되게 시집을 가고 싶어하며 부모를 원망하고 있으므로 시간의 흐름에 따라 화자의 정서가 달라진다는 설명은 적절하지 않다.

③ '아마도 모진 목숨 죽지 못해 원수로다' 등의 표현으로 보아

화자는 미래 상황을 부정적으로 보고 있음을 알 수 있다.

④ 화자는 내면의 심리를 직접적으로 드러내고 있다.

⑤ 화자가 겪어 온 갈등의 양상이 드러나 있지는 않다.

34 ④ 상처(喪妻)했다는 말은 아내가 죽었다는 뜻으로, 아내를 잃은 김동(金童)이나 칠거지악을 저지른 아내를 버린 이동(李童)이 모두 현재 아내가 없기 때문에 화자가 혼인 상대로 바라보고 있는 대상이다.

오답풀이

① 화자가 자신의 사연을 털어놓는 대상은 맞지만, 화자의 고민을 해결해 주는 존재는 아니다.

② 사십이 되도록 시집을 가지 못한 자신과는 달리 이십이 되기도 전에 시집을 간 대상으로 화자의 부러움의 대상이기도 하지만 그의 앞날을 축복하고 있는지는 알 수 없다.

③ 조만간 시집을 가는 이웃으로, 화자와 아픔을 공유해 왔던 친구인지도 알 수 없으며 그를 비난하고 있지도 않다.

⑤ 화자가 아이들과 화해를 시도하고 있다는 설명은 적절하지 않다.

35 ⑤ 화자는 거울에 인격을 부여하여 나나 너나 모두 쓸데없다며 동병상련을 느끼고는 있지만, 대화를 주고받는 것이 아니라 거울을 보며 혼잣말로 신세 한탄을 하고 있다.

오답풀이

① '흐르는 이 세월에 아까울손 나의 거동'이라며 시집을 가지 못한 채 흘러가는 시간을 안타까워하고 있다.

② '감정 암소 살져 있고 봉사 전답 같건마는/사족 가문 가리면서 이대도록 늙히노니'에서 혼인하기 위한 최소한의 경제적 여건은 준비되어 있으나 양반이기 때문에 상대의 가문을 따지느라 시집갈 상황이 되지 않음을 알고 있다.

③ '연지분도 있건마는 성적 단장 전폐하고'를 보면 얼굴을 단장할 도구를 지니고 있지만 성적(成赤) 단장, 즉 혼인날 신부가 얼굴에 분을 바르고 연지를 찍는 일을 전폐한다고 하였다.

④ '원산 같은 푸른 눈썹 세류 같은 가는 허리/아름답다 나의 자태 묘하도다 나의 거동'이라면서 화경 거울 앞에서 자신의 모습에 자부심을 느끼고 있다. 이때 대구법이 사용되었다.

36 ④ '풍헌 약정 환자 재촉'에서 풍헌과 약정은 향약 조직의 임원이고 환자는 환곡, 즉 국가에서 빌려주던 곡식을 의미한다. 그러므로 '풍헌 약정 환자 재촉'은 관리들이 환곡을 받으러 왔다는 뜻은 맞지만, 환곡은 수탈의 도구가 아니라 백성 구휼을 위한 제도이고, ⓔ의 앞뒤 문맥적 상황을 살펴보면 어디서 온 손님이 중매쟁이일 줄 알고 기대하였으나 알

고보니 환곡을 받으러 온 관리여서 실망하였다는 설명이 더 적절하다고 볼 수 있다.

오답풀이

① 혼자 살거나 처녀로 산다고 해서 더 오래 사는 것도 아니라는 자조적 한탄을 통해 본성이 억제된 삶에 대한 부정적 시각을 표출하고 있다.

② 집이 가난함에도 불구하고 양반이라는 지위에 집착하여 딸이 나이가 먹도록 시집을 못 보내고 있는 부모의 허위의식을 폭로하고 있다.

③ 부친은 반편(지능이 보통사람보다 모자라는 사람을 낮잡아 이르는 말)이고 모친은 숙맥불변(사리 분별을 못 하고 세상 물정을 잘 모름을 이르는 말)이라 하며 부모의 절대적 권위에 반발하고 있다.

⑤ 경제적 형편이나 신분에 상관없이 개인이 보기에 인물 풍채 마땅하다면 혼인 상대로 괜찮다는 가치관을 드러내고 있다.

37 ① 화자는 반드시 혼례를 하고 싶어하는 마음을 [B]에서 가상 혼례를 치름으로써 이루어냈다. 그러나 첫 줄에서 '남이 알까 부끄러우나'라고 시작한 것을 보아 자신의 행동을 스스로 자랑스럽게 여긴 것은 아님을 알 수 있다.

[38~40] 독서 – 과학

38 ⑤ 8문단에서 각방을 쓰지 않고 한 방에 두 개씩 들어가는 것은 금지되어있다고 하였다. 먼저 각각의 전자로 모든 방을 완전히 채운 후, 빈방이 없을 때에만 다른 성질의 전자를 각각의 방에 들어가게 할 수 있다.

오답풀이

① 산소는 6개의 전자 중 양쪽 손을 제외한 네 개의 손이 서로 두 개씩 손을 잡고 있어 뼈대를 이루지 못한다고 하였다.

② 물은 산소 1개와 수소 2개가 공유 결합을 하여 이루어진다.

③ 2문단에서 원자들은 가장 바깥 껍질의 전자를 공유하는 방식으로 분자를 구성한다고 하였다.

④ 탄소의 전자들은 같은 성질을 가진 네 개의 전자들이 각 방에 하나씩만 들어가 있다.

39 ③ 주어진 글은 유추를 통해 새로운 이론을 정립하는 글이 아니라 의인화와 예시 등을 사용해 원자의 공유 결합이라는 과학적 현상을 쉽게 풀어 설명하고 있는 글이다.

오답풀이

① 분자를 구성하는 방식에 대해 설명하면서 전자, 공유 결합, 오비탈 등의 용어를 제시하고 있다.

② 원자들이 공유 결합하는 것을 손과 손을 맞잡는 것이라고 의인화를 사용해 표현함으로 이해를 돕고 있다.

④ '도대체 이 능력은 어디에서 온 것일까?', '어떻게 나눠 쓸 수 있을까?' 등의 물음을 던진 후 그에 대한 대답을 설명으로 이어나가고 있다.

⑤ 공유 결합을 설명하면서 물을 예로 들고, 오비탈을 설명하며 호텔방을 예로 들어 이해를 돕고 있다.

40 ⑤ A는 가장 바깥 껍질에 5개의 전자가 있고 방이 5개 있으므로 다른 원자와 공유할 수 있는 전자의 수, 즉 손이 5개이다. B는 가장 바깥 껍질에 7개의 전자가 있고 방이 4개가 있으므로 4개의 전자가 먼저 방을 채우고 남은 3개의 전자가 하나씩 이미 채워져 있는 방에 들어가게 된다. 그러면 전자가 1개만 채워진 방이 하나만 남게 되므로 B는 다른 원자와 공유할 수 있는 전자의 수, 즉 손이 1개뿐이다. 그러므로 A와 B가 결합하면 AB_5와 같은 분자가 만들어진다.

(오답풀이)

① A는 방도 5개, 전자도 5개이므로 모두 각방을 사용해야 한다.

② 5개의 방에 전자가 1개씩만 들어있으므로 다른 원자와 공유할 수 있는 전자도 5개이다.

③ B는 3개의 방에 전자가 2개씩 들어있고 남은 하나의 방에만 전자가 1개 있으므로 다른 원자와 공유할 수 있는 전자의 수는 1개이다.

④ 7개의 전자가 4개의 방에 들어가야 하므로 각방을 사용하는 것은 1개이다.

[41~45] 현대 소설

김정한 「수라도」

• **갈래** : 중편 소설, 가족 소설

• **배경**

– 시간적 배경 : 일제 강점기부터 광복 직후까지

– 공간적 배경 : 낙동강 유역의 어느 농촌

• **성격** : 회고적, 고발적

• **시점** : 3인칭 관찰자 시점이지만, 부분적으로 전지적 작가 시점이 섞임

• **주제** : 오봉 선생의 애국심과 가야 부인의 종교적 초월 의지

• **구성**

– 발단 : 손녀 분이가 가야 부인이 시집오던 일을 회상함

– 전개 : 시조부와 시동생의 사망 후 집안이 흔들리자 불심에 의지하는 가야 부인

– 위기 : 시아버지 오봉 선생의 투옥과 사망

– 절정 : 박 서방이 옥이를 구한 후 결혼함

– 결말 : 광복 후에도 가문이 살아나지 못하고 가야 부인은 사망함

• **이해와 감상** : '수라도'는 불교에서 말하는 아수라도(阿修羅道)중 하나로, 교만과 시기심이 많은 사람이 죽어서 가는 곳이다. 작품의 제목이 수라도인 것은 작품 내의 세상이 전쟁과 수탈로 인해 역경을 겪고 있음을 나타낸다. 이러한 역경 속에서 일제에 협력하는 자들을 비판하고 불의에 대항하려는 의지와 당시 우리 민족의 수난사를 보여 주는 작품이다.

41 ① 주어진 글은 3인칭 관찰자 시점과 전지적 작가 시점이 섞여 있는 글로 서술자가 인물의 말과 행동에 내재된 심리를 서술하고 있다.

42 ④ 가까운 미륵당에 시주를 하고 '관세음보살'을 염하며 이웃들을 위로하는 모습을 보아, 가야 부인은 유교를 신봉했다기보다는 불교에 의지하며 한(恨)을 달랬음을 알 수 있다.

(오답풀이)

① 가족을 잃고 미륵불 앞에서 흐느끼는 이웃들을 위로하는 모습을 보아 알 수 있다.

② 김 진사는 위엄 있는 말씨를 갖춘 기백있는 인물로, 오봉 선생의 상갓집에 와있는 이와모도 참봉에게 호통을 치는 등의 모습을 보아 암울하고 부조리한 현실에 대해 비판적인 태도를 지녔음을 알 수 있다.

③ 김 진사가 자신을 비난하자 상갓집에서 자리를 뜨는 것을 통해 알 수 있다.

⑤ 오봉 선생과 김 진사는 옥중 동지였다고 하였다.

43 ④ 주어진 글은 가족을 잃은 슬픔을 종교에 의탁해 해소하려는 사람들을 비판하려는 작품이 아니다. 오히려 ⓔ은 '수라도'를 걷는 듯한 고통의 삶을 종교적 초월을 통해 헤쳐나가려는 극복 의지를 보여 주는 장면이다.

(오답풀이)

① ㉠에서 김 진사는 까막소(감옥소)에서 오봉 선생과 아는 사이였음을 드러내고 가야 부인의 친정과 자신의 출신 지역을 언급하며 친밀감을 표출하고 있다.

② 김 진사는 상갓집에 와 있는 이와모도 참봉에게 오봉은 네 자식이 죽인 것이라며 오봉 선생의 죽음에 대한 원인을 직접적으로 언급하며 분노하고 있다.

③ 이와모도 참봉이 오봉 선생의 죽음과 관련이 있음을 드러내며 김 진사와의 갈등에 개연성을 부여하고 있다.

⑤ 시조부와 시동생, 시아버지를 모두 잃은 가야 부인은 자신과 비슷한 처지에 놓인 이웃들에게 동병상련을 느끼며 그들을 위로하고 있다.

44 ④ ⓐ는 오봉 선생과 옥중 동지였던 김 진사가 오봉의 며느리
인 가야 부인을 알아보고 위로하러 온 이유에 대한 설명이
고, ⓓ는 가난한 집 처녀 총각, 젊은 사내들이 기차를 타지
않고 태고나루에서 떼를 지어 짐배를 타고 가는 이유에 대
한 설명이다.

오답풀이

① ⓐ는 인물의 의도라기보다는 인물이 그렇게 행동한 데에
대한 이유라고 볼 수 있다. ⓑ 역시 독자의 궁금증을 유발
하고 있다고 보기는 힘들다.

② ⓒ는 방언과 표준어에 대한 내용이 아니라 일본 원어와 그
에 대한 해석을 달아놓은 것이다.

③ ⓒ는 일본 원어에 대한 의미를 설명해놓은 것이고, ⓓ는 있
는 사실 그대로를 서술한 것이라 문장의 내포적 의미를 상
세하게 풀이하였다고 보기는 어렵다.

⑤ ⓑ와 ⓓ 모두 인물의 행동과 사건의 진행을 직접적으로 지
시한다고 보기는 어렵다.

45 ⑤ "그들은 말없는 미륵불 앞에 엎드리어 떠난 아들딸들이 무
사히 살아 돌아오기를 빌고 또 비는 것이었다."라는 부분은
항일 독립운동 내력을 가진 집안의 모습을 보여 준다기보
다는 일제 치하에서 고통받는 사람들이 불심을 통해 간절
히 희망을 바라고 슬픔을 초월하며 이겨내길 바라는 모습
을 보여 주는 것이라고 할 수 있다.

2021학년도 기출문제 정답 및 해설

제2교시 영어영역

01 ②	02 ③	03 ②	04 ③	05 ④	06 ③
07 ⑤	08 ①	09 ①	10 ③	11 ⑤	12 ④
13 ⑤	14 ①	15 ③	16 ⑤	17 ②	18 ⑤
19 ③	20 ④	21 ①	22 ④	23 ②	24 ①
25 ①	26 ②	27 ③	28 ③	29 ③	30 ①
31 ②	32 ②	33 ③	34 ④	35 ①	36 ⑤
37 ⑤	38 ④	39 ④	40 ①	41 ③	42 ④
43 ③	44 ④	45 ③			

01 ② 'tawdry'는 '저속한'의 의미로 'immoral(음란한)'과 그 의미가 가장 유사하다.

오답풀이
① 합법적인
③ 열정적인
④ 뜻밖의
⑤ 기이한

어휘
- rock star : 록 스타
- tawdry : (싸구려 티가 나게) 번쩍거리는[야한], 저속한, (도덕적으로) 지저분한
- affair : 일[사건], 불륜(관계), 정사
- shockwave : 충격파, (나쁜 일로 인한) 충격적인 여파
- passionate : 열정적인
- weird : 기이한, 섬뜩한

해석
그 록 스타의 저속한 불륜 소식은 전 세계 팬들을 충격에 빠뜨렸다.

02 ③ 'irk'는 '짜증스럽게 하다'의 의미로 'annoy(짜증나게 하다, 귀찮게 하다)'와 그 의미가 가장 유사하다.

오답풀이
① 몰아내다
② 속임수를 쓰다

④ 실망한
⑤ 설득하다

어휘
- suburb : 교외
- irk : 짜증스럽게[귀찮게] 하다
- apartment : 아파트, 콘도
- neighbor : 이웃, 옆자리 사람
- ousted : 몰아내다

해석
Joanne은 아파트 이웃들에게 쉽게 짜증이 나기 때문에 교외의 한 집으로 이사했다.

03 ② 'parsimonious'는 '(돈에 지극히) 인색한'의 의미로, 'stingy((특히 돈에 대해) 인색한[쩨쩨한])'와 그 의미가 가장 유사하다.

오답풀이
① 무관심한
③ 먼
④ 목적
⑤ 사려 깊은

어휘
- philanthropist : 독지가, 자선가
- pass away : 사망하다
- relative : 친척
- reveal : 드러내다[밝히다/폭로하다]
- parsimonious : (돈에 지독히) 인색한
- lifestyle : 생활 방식
- apathetic : 무관심한, 심드렁한

해석
자선가가 세상을 떠난 후, 가까운 친척들은 그가 자신의 생활 방식에 관해서라면 인색했었다는 것을 밝혔다.

04 ③ 'languid'는 '나른한'의 의미로 'peaceful(평화로운)'과 그 의미가 가장 유사하다.

오답풀이
① 더딘

② 습한

④ 변덕스러운

⑤ 매력적인

어휘

• favorite : 매우 좋아하는

• pastime : 취미

• porch : 현관

• languid : (움직임이) 힘없는, 나른한

• tardy : 더딘, 늦은[지체된]

• capricious : 변덕스러운, 잘 변하는

해석

Brown 씨가 가장 좋아하는 취미 생활은 <u>나른한</u> 여름 오후의 현관에 앉아 있는 것이었다.

05 ④ 'arcane'은 '신비로운'의 의미로 'secretive(비밀스러운)'와 그 의미가 가장 유사하다.

오답풀이

① 동일한

② 향상된

③ 상속한

⑤ 변화가 많은

어휘

• cheesecake : 치즈 케이크

• popular : 인기 있는

• among : ~중에서

• New Yorker : 뉴욕시민

• recipe : 조리[요리]법

• arcane : 신비로운, 불가사의한

• generation : 세대[대]

• identical : 동일한, 똑같은

• inherited : 상속한, 유전의

• diversified : 변화가 많은

해석

Marley의 치즈 케이크는 뉴욕시민들 사이에서 매우 인기가 있으며, 그들의 레시피는 대대로 <u>신비로웠다</u>.

06 ③ Dan's 백화점에 가는 길을 묻는 A에게 B는 처음에는 30분 정도 걸어가야 한다고 말했다. 그러나 A가 너무 멀다며 다른 방법을 묻자 여기서 두 블록 떨어진 곳에서 M11 버스를 타고 가면 된다고 말한다. 그 뒤에 이어지는 A의 질문에 Houston Street 정류장이라고 답하였으므로, ③의 "Where do I get off?(어디서 내려야 하죠?)"가 빈칸에 들어갈 말로 가장 적절하다.

오답풀이

① 버스로 얼마나 걸릴까요?

② 걷기로 하면 어때요?

④ Dan's까지 길을 안내해줄 수 있나요?

⑤ 몇 시에 문을 여는지 아나요?

어휘

• department store : 백화점

• half-hour : 30분

• besides : ~외에, 게다가, 뿐만 아니라

• get off : 떠나다, (타고 있던 것에서) 내리다

• direction : 방향[위치]

• lead : 안내하다[이끌다/데리고 가다]

해석

A : 실례합니다만, Dan's 백화점으로 가는 길을 아십니까?

B : 물론이죠, 하지만 여기서 30분 정도 걸으면 좋아요.

A : 그건 꽤 머네요, 걷는 것 말고 다른 방법은 없을까요?

B : 여기서 두 블록 떨어진 곳에서 M11 버스를 타도 돼요.

A : <u>어디서 내려야 하죠?</u>

B : Houston Street 정류장. Dan's는 거기서 멀지 않아요.

A : 내릴 때 누군가에게 길을 물어볼게요. 정말 고마워요.

B : 괜찮아요, 행운을 빌어요.

07 ⑤ 이제 졸업을 하며 정식으로 경찰이 되어 Tonawanda 경찰서에서 일을 하게 될 Lee 생도에게 Louis 경사가 축하 인사를 전하고 있다. 빈칸에는 마지막으로 자신에게 해줄 지혜로운 말이 있느냐는 Lee 생도의 물음에 대한 답변이 들어가야 한다. 그에 대해서 Lee 생도가 "I won't"라고 하며 항상 시민들을 위해 일을 하겠다고 다짐을 하였으므로 경찰로서의 좌우명을 잊지 말라는 ⑤의 "Never forget our motto, "to serve and to protect",("봉사와 보호"라는 우리의 좌우명을 절대 잊지 마라.)"가 빈칸에 들어갈 말로 가장 적절하다.

오답풀이

① 경찰로서의 특전을 활용하라

② 열심히 하면 훌륭한 경찰이 될 수 있다

③ 누구든 범인이 될 수 있으니 항상 의심하라

④ 이 일이 네게 맞지 않는다면 내게 알려주렴

어휘

• cadet : (경찰·군대의) 간부[사관] 후보생, 생도

• sergeant : 병장, 경사

• deserve : …을 받을 만하다

• parting words : 결별의 인사

• citizen : 시민, 주민

- perk : 특전
- officer of the law : 경(찰)관
- suspicious : 의혹을 갖는, 수상쩍은
- criminal : 범죄의, 범죄자, 범인
- motto : 모토, 좌우명

해석

A : 축하해, Lee 생도.

B : 감사합니다, Louis 경사님.

A : 오늘 졸업식이 끝나면 Tonawanda 경찰서에서 정식으로 경찰관이 될 거야.

B : 네. 스스로 믿겨지지가 않네요.

A : 넌 그럴 자격이 있어. 너 정말 열심히 했잖아.

B : 감사합니다. 해주실 지혜로운 결별 인사가 있으십니까?

A : "봉사와 보호"라는 우리의 좌우명을 절대 잊지 마.

B : 그럴게요. 저는 항상 우리 도시의 시민들을 위해 일할 것입니다.

A : 나는 네가 우리를 자랑스럽게 만들 거라고 확신해.

08 ① 'which' 뒤의 문장이 불완전한 문장이기 때문에 이때의 which는 관계부사로 쓰인 것이 아니다. 그러므로 전치사 + 명사절을 만들기 위해서 선행사를 포함하는 관계대명사 what을 써서 ①의 'which'를 'what'으로 고쳐 써야 한다.

어휘

- complicated : 복잡하게 만들다
- intelligent : 총명한, 똑똑한, 지능이 있는
- out of touch with : ~과 동떨어져 있다
- hiccups : 딸꾹질
- singultus : 딸꾹질
- physician : 의사, 내과 의사
- ridiculous : 웃기는, 터무니없는
- diaphragm : 횡격막
- irritate : 짜증나게 하다, 거슬리다, 자극하다
- rapidly : 빨리, 급속히, 신속히, 순식간에
- irregular : 고르지[가지런하지] 못한, 불규칙적인
- distension : 팽창, 확대
- gastric : 위(胃)의
- tobacco : 담배
- excess : 지나침, 과도, 과잉
- excitement : 흥분, 신남

해석

의사들은 복잡한 단어들을 사용하는 것으로 알려져 있는데, 복잡한 단어들은 매우 지능적이거나 대부분의 사람이 이해할 수 있는 것과 완전히 동떨어지게 들리게 한다. 딸꾹질을 뜻하는 의학 용어인 singultus는 의사들이 우스꽝스럽게 들렸을

때를 보여 주는 완벽한 예다. 딸꾹질은 횡격막이 자극되어 불규칙한 소리를 내는 방식으로 공기를 빠르게 밀어올릴 때 발생한다. 횡격막을 자극하고 딸꾹질을 유발하는 것은 음식, 알코올 또는 공기, 위가 팽창하는 현상, 위 온도의 급격한 변화 또는 알코올 및/또는 담배를 과도하게 사용하는 것이다. 딸꾹질은 또한 흥분이나 스트레스에 의해 유발될 수 있다. 대부분의 딸꾹질은 몇 분밖에 지속되지 않지만, 딸꾹질의 몇몇 경우는 며칠 또는 몇 주 동안 지속될 수 있다. 하지만 이것은 매우 이례적인 일이긴 하지만, 이것은 보통 또 다른 의학적 문제의 징후다.

09 ① 'since' 뒤에 완전한 문장이 왔으므로 이 문장에서 'since'는 '~이후로'의 의미를 지닌 시간의 접속사이다. 이때 주절의 동사는 현재완료 또는 현재완료진행을 쓰고 부사절인 since절에는 과거시제를 써야하므로 'was'로 고쳐 써야 한다.

어휘

- wrench : 확 비틀다, 빼다
- tinker with : …을 서투르게 만지작거리다[손을 대다]
- mechanic : 정비공
- population : 인구, (모든) 주민
- rural area : 시골 지역
- ethos : (특정 집단·사회의) 기풍[정신]
- carry over : (다른 상황에서 계속) 이어지다
- encourage : 격려[고무]하다, 권장[장려]하다

해석

Tim Richardson의 엄마인 Doris Bohannon은 그가 세 살 때부터 자전거를 타왔고 그 후 얼마 되지 않아 비틀거렸다고 말한다. 그리고 그녀는 알아야 한다. 그녀는 쓰레기 더미에서 망가진 자전거를 집으로 가져와 아이들이 만질 수 있도록 그에게 자전거를 고치는 법을 가르쳐준 사람이다. 인구 832명의 웨스트 버지니아 주 Odd에서 자란 Richardson은 "엄마는 집안에서 정비공이다"라고 말한다. "농촌에 살면서 당신은 직접 자전거 수리하는 법을 배웠거나, 타지 않았거나 중 하나이다." 그 정신은 버지니아주 해리슨버그에 있는 그의 자전거 가게인 Shenandoah 자전거 회사로 이어졌고, 그곳에서는 고객들이 그들 자신의 자전거 문제를 알아내도록 격려한다.

10 ③ (A) 8월은 여름이라 덥고 햇빛이 강하기 때문에 아스팔트가 뜨거워진다는 내용이 전개되어야 하므로 'heat(열)'이 적절하다.

(B) 도로의 색을 밝게 하는 것이 지구 온난화를 낮추는 데 도움이 된다는 이야기를 하면서 '알베도'에 대한 설명을 해야 하므로 표면에서 태양 에너지를 'reflective(반사하

는)'가 적절하다.

(C) 뒷부분에 'cool roof'가 냉방비를 20% 이상 줄일 수 있다고 하였으므로 열 흡수율이 낮은 지붕 재질을 선택하면 에너지를 절약할 수 있다는 내용이 되므로 'absorbs(흡수하는)'가 적절하다.

어휘

- parking lot : 주차장, 주차 지역
- blacktop : 아스팔트, 아스팔트 도로
- soak up : 빨아들이다, 흡수하다
- rethink : 다시 생각하다[재고하다]
- pavement : 인도, 보도
- calculate : 계산하다, 산출하다, 추정하다
- keep out of : ~에 들이지 않다
- global warming : 지구 온난화
- billion : 10억
- roughly : 대략, 거의, 거칠게
- equivalent : 동등한[맞먹는]
- elegantly : 우아하게, 고상하게
- albedo : 알베도(달·행성이 반사하는 태양 광선의 비율)
- abrasive : 거친, 거슬리는
- reflective : 빛[열]을 반사하는
- consciousness : 의식, 자각
- climate : 기후, 분위기, 풍조
- absorb : 흡수하다, 빨아들이다
- repel : 격퇴하다, 쫓아 버리다
- substantial : 상당한

해석

8월에 주차장을 건넌 사람은 아스팔트가 (A) 열을 많이 흡수한다는 것을 알고 있다. 우리 주변의 표면의 색을 재고하는 것이 지구를 식히는 데 도움이 될 수 있을 것이 드러났다. 지붕과 보도는 도시 지역의 60%를 차지한다. 과학자들은 전세계적으로 그들의 색깔을 밝게 하는 것이 485억 톤의 이산화탄소를 대기 중에 배출하지 못하게 하는 것과 같은 효과를 지구 온난화에 가져올 수 있다고 계산한다. 그것은 대략 18년 동안 세계의 모든 자동차를 도로에서 떼어내는 것과 맞먹는다. 이 우아하고 간단한 해결책은 알베도-표면에서 태양 에너지를 (B) 반사하는 정도의 증가 때문에 효과가 있다. 집으로 갈수록, 색채 의식이 기후변화와 싸우는 것보다 더 많은 것을 한다. 열을 덜 (C) 흡수하는 지붕 재질을 선택하는 것은 상당한 에너지 절감을 의미할 수 있다. "쿨루프"가 냉방비를 20% 이상 줄일 수 있다는 연구결과가 나왔다.

11 ⑤ (A) 70억 명의 사람들이 각자 가지고 있는 70억 개의 의제들 중 큰 그림(지구 온난화나 자유 민주주의와 같은)을

생각하는 것은, 당장 하루하루 생존의 위기에 놓인 사람들에게는 부족할 것 없는 자들의 배부른 소리라고 느껴질 수 있으므로 'luxury(사치)'가 적절하다.

(B) 큰 그림을 사치라 말하면서 지금 당장 생존의 위기에 놓인 사람들의 예를 들고 있는 문장이므로 바다 한가운데서 발 디딜 땅을 찾는 'refugees(난민들)'가 적절하다.

(C) 끼니를 걱정하고, 정착할 땅을 찾고, 조금이라도 삶을 더 살아보려는 노력이 지구 온난화나 자유 민주주의와 같은 문제보다 훨씬 생존과 직결되는 문제이므로 'urgent(시급한)'가 적절하다.

어휘

- agenda : 의제[안건]
- relatively : 비교적
- frugality : 절약, 검소
- struggling : 발버둥 치는, 기를 쓰는, 분투하는
- refugees : 난민
- vacationers : 휴가객, 피서객
- Mediterranean : 지중해
- overcrowded : 너무 붐비는, 초만원인
- trivial : 하찮은, 사소한
- urgent : 긴급한, 시급한
- crisis : 위기, 최악의 고비
- liberal democracy : 자유 민주주의

해석

70억의 사람들이 70억의 의제를 가지고 있는데, 큰 그림을 생각하는 것은 비교적 보기 드문 사치. 뭄바이 빈민가에서 두 아이를 키우느라 고군분투하는 미혼모 한 명이 다음 식사에 집중하고, 지중해 한복판에 있는 배를 탄 난민들이 지평선을 살피며 육지의 흔적을 살피고, 초만원인 런던 병원에서 죽어가는 한 남자가 한 번 더 숨을 들이쉬기 위해 남은 모든 힘을 모은다. 그들 모두는 지구 온난화나 자유 민주주의의 위기보다 훨씬 더 시급한 문제를 안고 있다.

12 ④ 제시문은 해양 플라스틱이 해양에 미치는 환경적 문제에 대한 내용이다. 수많은 해양 동물들이 이로 인해 피해를 보고 있는데, 글쓴이는 이를 하와이의 빅아일랜드에서 해변을 걷다가 플라스틱을 밟으며 심각한 문제로 인식하게 되었다고 하였다. 문맥상 오염되어 있지 않은 해변에서조차 미세플라스틱이 발견되었다는 내용이 와야 하므로 ④의 'tainted(오염된)'을 'untainted(더럽혀지지 않은)' 등으로 바꿔 써야 적절하다.

오답풀이

① 멸종위기에 처한
② 눈에 띄게

③ 크기
⑤ 재앙

어휘

- estimate : 추산[추정]하다
- million : 백만
- marine animal : 해양 동물
- endangered : 멸종위기에 처한
- affected : 영향을 미치다
- visibly : 눈에 띄게, 분명히
- strangle : 교살하다, 옭죄다
- abandon : 버려진, 유기된
- discard : 버리다, 폐기하다
- zooplankton : 동물성 플랑크톤
- microplastic : 미세 플라스틱 조각
- taint : 더럽히다, 오염시키다
- paved road : 포장도로
- ankle-deep : 발목까지 올라오는
- crunch : 으드득[뽀드득], 아작아작 씹다
- looming : 어렴풋이 보이기 시작하는, 무시무시한
- catastrophe : 참사, 재앙
- mention : 말하다, 언급[거론]하다

해석

해양 플라스틱은 매년 수백만 마리의 해양 동물을 죽일 것으로 추정된다. 멸종위기종을 포함한 700여 종이 피해를 본 것으로 알려졌다. 일부는 버려진 어망이나 버려진 6팩 고리에 의해 눈에 띄게 목이 죄인 채 해를 입는다. 아마도 눈에 보이지 않게 해를 입은 경우도 많을 것이다. 동물성 플랑크톤에서 고래에 이르기까지 모든 크기의 해양 종들은 현재 가로 세로 5분의 1인치보다 작은 미세 플라스틱을 먹는다. 하와이 빅아일랜드의, 오염되어온(→ 더럽혀지지 않은) 것 같은 해변에서, 포장도로가 없이 이어진 길을, 나는 발목까지 올라오는 미세 플라스틱 사이로 걸어왔다. 그들은 내 발밑에서 라이스 크리스피들처럼 으드득거렸다. 그 후, 나는 왜 몇몇 사람들이 해양 플라스틱을 기후 변화와 같이 언급할만한 다가오는 재앙으로 보는지 이해할 수 있었다.

13 ⑤ 제시문은 위기에 대처하는 자아의 힘에 대해 설명하면서 어떠한 위기 상황에서 자아의 힘이 줄 수 있는 여러 가지 긍정적인 영향을 나열하고 있다. 위기에서 발생하는 두려움을 약화시키는 것도 자아의 힘의 긍정적 영향 중 하나일 것이다. 그러므로 ⑤의 'reinforcing(강화하는)'을 'weakening(약화하는)' 등으로 바꿔 써야 적절하다.

오답풀이

① 광범위한
② 쾌히 받아들이는
③ 인정
④ 용인하다, 참다, 견디다

어휘

- factor : 요인, 인자
- cope : 대처[대응]하다
- crisis : 위기, 최악의 고비
- psychologist : 심리학자
- strength : 힘
- independent : 독립된
- dependent on : …에게 의존하고 있는
- approval : 인정, 찬성, 승인
- tolerate : 용인하다, 참다, 견디다
- perceive : 감지[인지]하다
- accurately : 정확히
- sound : 건전한, 건강한, 소리
- essential : 필수적인
- reinforce : 강화하다
- paralyze : 마비시키다, 무력[무능]하게 만들다
- arise : 생기다, 발생하다

해석

위기에 대처하는 데 중요하고 사람마다 다른 요인은 심리학자들이 '자아의 힘'이라고 부르는 것이다. 그것은 자신감을 포함하지만 훨씬 더 광범위하다. 자아의 힘이란 자기 자신에 대한 감각을 가지고 있고, 목적 의식을 가지고 있으며, 자신을 있는 그대로 받아들이는 것을 의미하며, 인정이나 생존을 위해 다른 사람에게 의존하지 않는 자랑스러운 독립된 인격체로 자신을 받아들이는 것을 의미한다. 자아의 힘은 강한 감정을 참을 수 있고, 스트레스 안에서 집중을 유지할 수 있으며, 자신을 자유롭게 표현하고, 현실을 정확하게 인지하며, 건전한 결정을 내릴 수 있는 것을 포함한다. 그러한 연계된 자질들은 새로운 해결책을 모색하고 위기에서 종종 발생하는 마비되는 두려움을 강화하는 데(→ 약화하는 데) 필수적이다.

14 ① 식당에는 가금류가 들어오는 것이 허용되지 않는 것이 보통이지만, San Marcos 카페는 다양한 가금류가 식당 주변에 돌아다니는 것으로 유명하다. 특히 Buddy라는 레그혼 수탉은 오랫동안 카페에서 비공식 웨이터 주임으로 있었을 정도였으므로, 'Various poultry can be spotted around the cafe. (카페 주변에서 다양한 가금류를 발견할 수 있다)'는 ①의 설명이 제시문의 내용과 일치한다.

② 수탉이 식탁 공간에 들어갈 수 있도록 한다.

③ 수탉 한 마리가 10년 전부터 웨이터 역할을 했다.

④ Buddy의 의상은 빨간 넥타이로 구성되었다.

⑤ 그들은 더 이상 계피롤을 제공하지 않는다.

어휘

• quite : 꽤, 상당히

• mismatched : 짝을 잘못 짓다

• flock : 떼, 무리

• peacock : (수컷) 공작

• peahen : (암컷) 공작

• cavort : 신이 나서 뛰어다니다

• poultry : 가금(닭 · 오리 · 거위 따위)

• tenure : 임기, 재임 기간

• maitre d' : 웨이터 주임, 호텔 지배인

• notwithstanding : …에도 불구하고, 그래도

• cozy : 아늑한, 친밀한

• ranchhouse : 목장주 주택, 랜치 하우스

• spot : 점, 얼룩, 발견하다

해석

San Marcos 카페를 방문했을 때 상당한 인사를 기대하라. 어울리지 않는 수컷 공작과 암컷 공작, 야생 칠면조, 그리고 수탉의 무리들은 모두 식당 앞과 뒤쪽을 돌아다닌다. 식당에는 가금류가 허용되지 않지만, 약 15년 전에 Buddy라는 이름의 아주 유명한 레그혼 수탉 한 마리가 있었는데, 그는 이 식당의 비공식적인 웨이터 주임으로 오랫동안 복역했다. 검은 넥타이를 맨 Buddy는 문앞에서 기분 좋게 손님을 맞았고 아침식사 시간 내내 울었다. 방황하는 닭들에도 불구하고, San Marcos 카페는 진정한 발견이다. 시골 부엌 스타일로 꾸며진 아늑하고 매력적인 목장으로, 최고의 계피롤 중 하나를 제공한다.

15 ③ 제시문은 생태학자이자 생물학자인 Thomas Eisner의 연구들과 업적에 대한 이야기를 하고 있다. 그는 곤충과 절지동물에 대한 연구를 하고 Jerrold Meinwald를 도와 화학 생태학 분야를 연구하는 등의 업적이 많은데, 그의 아내와는 여러 자연 속의 사진을 찍어 Science지에 실리기도 하였다고 서술되어 있다. 그러므로 'His wife founded the field of chemical ecology. (그의 아내와 화학 생태계를 세웠다)'라는 ③의 설명은 제시문의 내용과 일치하지 않는다.

① 파킨슨병 합병증으로 81세에 사망했다.

② 그는 곤충이 먹이를 어떻게 잡는가에 관심이 있었다.

④ 그의 의제는 열대우림의 생물 다양성을 보호하는 것을 포함했다.

⑤ 그의 사진작품은 Science지에 실렸다.

어휘

• ecologist : 생태학자

• evolutionary biologist : 진화 생물학자

• complications : 합병증

• bombardier beetles : 폭탄먼지벌레

• arthropod : 절지동물(곤충, 거미, 게 등)

• capture : 포로로 잡다, 포획하다

• prey : 먹이[사냥감]

• collaborator : 공동 연구자, 합작자

• outspoken : 노골적으로[거침없이] 말하는

• conservationist : 환경 보호 활동가

• biodiversity : 생물 다양성

• larval hook : 유충 갈고리

• grace : 우아함, 품위, 꾸미다[장식하다]

해석

코넬 대학의 생태학자 겸 진화 생물학자인 Thomas Eisner는 지난주 81세의 나이로 파킨슨병으로 인한 합병증으로 사망했다. 거미줄에서부터 폭탄먼지벌레에 이르기까지 다양한 주제에 대한 수백 편의 저널 기사에서, Eisner는 곤충과 절지동물이 어떻게 스스로를 방어하고 먹이를 잡으며 때때로 복잡한 방법으로 짝을 유혹하는지를 탐구했다. 코넬의 협력자 Jerrold Meinwald와 함께, 그는 화학 생태학 분야, 즉 동물과 식물이 어떻게 화학물질을 사용하여 의사소통을 하는지에 대한 연구를 하는 것을 도왔다. 노골적인 환경 보호 활동가인 Eisner는 생물 다양성을 보호하기 위한 기금을 마련하기 위해 기업들이 유용한 화학물질을 얻기 위해 열대우림에서 "생물자원 탐사"를 할 수 있도록 하는 아이디어를 홍보했다. Eisner는 또한 유명한 과학 작가이자 피아니스트였고, 그의 아내 Maria와 함께, 유충 갈고리, 딱정벌레 털, 그리고 다른 미세한 경이로운 사진들로 Science지의 많은 페이지와 표지를 장식했던 자연 사진 작가였다.

16 ⑤ 제시문에 따르면 인플레이션 이후 미국의 평범한 중위 가계소득은 정체되어 있고, 기업들은 생산성과 임금 문제를 더욱 해치고 있다. 그러므로 제시문의 제목으로는 ⑤의 'Economic Outlook for the Average Joe: Cloudy with Rain(평범한 사람의 경제전망: 흐리고 비)'이 가장 적절하다.

① 인플레이션: 경제의 큰 장애물

② 기업투명성에 대한 국민의 요구

③ 테크노크라트가 재채기를 하면 은행들은 감기에 걸릴까?

④ 유럽경제 약세의 나비효과

- median : 중앙에 있는, 중앙값
- household : (한 집에 사는 사람들을 일컫는) 가정
- income : 수입, 소득
- adjust : 조정하다, 적응하다
- stagnate : 침체되다, 부진해지다
- soar : 급증[급등]하다[치솟다]
- stark : 삭막한[황량한], 냉혹한, 극명한
- direction : (위치 · 이동의) 방향, (발전 · 전개해 나가는) 방향
- corporate : 기업[회사]의, 법인(체)의
- productivity : 생산성
- wage : 임금
- accompany : 동반하다
- hollowing : 산업공동화
- democracy : 민주주의
- replacement : 교체, 대체
- hurdle : 허들[장애물]
- demand : 요구, 요구하다, 따지다
- transparency : 투명도[투명성]
- faltering : 비틀거리는
- outlook : 관점, 전망

해석

1967년 이후 인플레이션에 맞춰 조정된 미국의 중위 가계소득은 미국 최고 부자들의 부와 소득이 급증했음에도 불구하고 인구의 하위 60%에 대해 정체되었다. 유럽의 변화는 덜 극명하지만 같은 방향을 가리키고 있다. 기업 이익은 1960년대 이후 최고 수준이지만 기업들은 투자보다는 저축을 선택함으로써 생산성과 임금을 더욱 해치고 있다. 그리고 최근, 이러한 변화들은 민주주의의 공동화와 세계화된 엘리트들에 의한 기술정치적 통치로 대체되는 것을 동반하고 있다.

17 ② 개인 병실에 누워서 Fred에 대해 회고하고 있는 내용이므로, ②의 'Reminiscing About a Bedfellow on a Dark Morning(어두운 아침의 잠동무에 대한 회고)'이 가장 적절하다.

오답풀이

① 책 대 애완동물: 누가 더 좋은 동반자를 만들까?
③ 사랑하는 닥스훈트로부터의 희망의 메세지
④ 예상치 못한 강아지의 도착: 새로운 시작
⑤ 의료정치 이면의 진실

어휘

- starlings : 찌르레기
- vantage : 우세, 유리, 유리한 점[위치]
- democrat : 민주주의자, 민주당원

- lack : 부족, 결핍
- dachshund : 닥스훈트(몸통과 귀가 길고 다리가 짧은 작은 개)
- occasion : 때[기회/경우], 행사
- everlasting : 영원한, 변치 않는, 끊임없는
- attend : 주의를 기울이다, 참석하다
- lecherous : 호색의
- physician : 의사, 내과 의사
- reluctantly : 마지못해서, 꺼려하여
- rumple : 헝클다
- oppressive : 억압적인, 후텁지근한, 답답한
- fraudulent : 사기를 치는
- improvement : 향상, 개선, 호전
- rudeness : 버릇없음, 무례함, 오만함
- pretension : 허세, 가식, 주장, 자처
- versus : …대(對)
- companion : 동반자, 동행
- medical care : 의료, 건강 관리

해석

난 지금 2번가와 3번가 사이에 있는 마을 동쪽에 있는 내 개인 병실에 누워 침대의 유리한 지점에서 찌르레기를 보고 있다. 민주당원 3명: Harry Truman(타임즈의 케케묵은 사본), Adlai Stevenson(하퍼스), Dean Acheson('그의 당을 바라보는 한 민주당원'이라고 불리는 책이)이 나와 함께 침대에 누워 있다. 민주당원들은 닥스훈트가 부족하기 때문에 나와 함께 잠자리에 드는데, 사실 이런 경우에 나는, 몇 년 동안 죽어가고 있는 나의 닥스훈트인 Fred의 유령이 방문할 것을 거의 확신한다. 인생에서 Fred는 항상 병자를 간호했고, 어떤 음란한 늙은 의사처럼 환자와 함께 침대로 바로 올라갔으며, 나쁜 상황을 더 악화시켰다. 이 어두운 아침 내내, 나는 구겨진 담요 위에서 마지못해 그를 즐겁게 해주었고, 그의 강압적인 몸무게를 느꼈으며, 그의 사기 보고를 들었다. 그는 살아있을 때 불편한 침대 동료였다; 죽음은 별로 나아지지 않았다-나는 여전히 붐비고, 그의 타고난 무례함과 그의 가식을 왜 참아냈는지 여전히 궁금하다.

18 ⑤ 제시문에 따르면 정책입안자들은 경제체제의 본질적 취약성을 해결하고 금융시스템의 탄력성을 높이기 위한 개혁을 설계해야 한다고 설명하고 있다. 그러므로 ⑤의 'reforming an economic system to withstand distress(고난에 견딜 수 있는 경제체제 개혁)'가 제시문의 주제로 가장 적절하다.

오답풀이

① 통계에 근거한 경제정책 입안
② 특색있는 사건들을 바탕으로 한 경제 건설
③ 기업보다 사람들의 요구를 앞세우는 것

정답 및 해설

④ 경제체제의 잠재적 문제점 예측

어휘

- inherent : 내재하는
- fragility : 부서지기 쉬움, 여림, 허약, 허무함
- reform : 개혁[개선]하다, 개혁[개선]
- objective : 목적, 목표, 객관적인
- eliminate : 없애다, 제거[삭제]하다
- failure : 실패
- institution : 기관[단체/협회]
- spur : 박차, 원동력[자극제]이 되다
- efficiency : 능률, 효율(성)
- strive : 분투하다
- enhance : 높이다[향상시키다]
- resilience : 회복력, 탄성, 탄력
- transfer : 옮기다, 이동[이송/이전]하다
- idiosyncratic : 특유한, 기이한, 색다른
- insulated : 절연[단열/방음] 처리가 된

해석

경제체제의 본질적인 취약성은 그것이 더 안전하게 만들어질 수 없다는 것을 의미하지 않는다. 많은 것들이 행해질 수 있고, 행해져 왔으며, 여전히 행해질 수 있다. 그러나 개혁을 설계할 때는 신중하게 목표를 선택하는 것이 중요하다. 개별 은행이나 대형 기관의 부실 위험을 없애는 게 목표가 돼서는 안 된다. 실패에는 장점이 있다. 올바른 인센티브를 창출하고 혁신을 촉진하며 효율성을 촉진하는 것이 중요하다. 오히려 정책입안자들은 보다 광범위한 금융시스템의 탄력성을 높이기 위해 노력해야 한다. 시스템이 극심한 스트레스를 받을 때도 결제, 재산권 처분 서비스 제공, 신용 제공, 리스크 이전 등의 기본적인 기능을 수행할 수 있어야 한다. 즉, 정책입안자들은 독특한 사건이 시스템적인 위기로 바뀌지 않는 시스템을 구축하도록 노력해야 한다. 이는 재정적인 고통의 확률을 낮출 뿐만 아니라 실물경제가 그것으로부터 절연되어 있을 확률을 높이려는 것을 의미한다.

19 ③ 제시문에 따르면 언어가 의사소통 체계로 발전한 후 인간은 꾸준히 음악을 통해 누구와 의사소통을 해야 하는지에 대해 의문을 가져왔다고 하였다. 인간들 사이에서의 의사소통은 음악보다는 언어를 이용하는 것이 훨씬 나았고, 결국 현대인들은 초자연적인 존재들과 소통하기 위해서 음악을 이용하게 되었다고 설명하고 있다. 그러므로 ③의 'music as a means to communicate with the supernatural(초자연적인 사람들과 소통하기 위한 수단으로서의 음악)'이 제시문의 주제로 가장 적절하다.

오답풀이

① 음악이 우리의 초자연적 관점에 미치는 영향
② 언어에 비해 음악의 기능적 다양성
④ 의사소통 수단으로서의 언어의 장점
⑤ 음악이 언어발전에 미치는 영향

어휘

- principal : 주요한, 주된
- communicative : 말을 잘 하는, 의사 전달의
- compulsion : 강요, 충동
- among : …간에, …중에서
- fulfill : 실현[성취]하다
- achieve : 달성하다, 성취하다
- prelinguistic : 전언어적
- infant : 유아, 젖먹이, 아기
- entity : 독립체
- propensity : 경향[성향]
- shaman : 샤먼, 주술사, 무당
- composition : 구성, 작품, 작곡

해석

언어가 현대 인류의 주요 의사소통 체계로 발전한 후, 사람들은 음악을 통해 누구와 의사소통을 해야 하는지에 대한 질문을 남겨두었다. 음악은 결국 '흥'의 파생물로서, 그 자체가 의사소통의 수단으로 진화했기 때문에 의사소통 기능은 쉽게 떨어질 수 없었다; 오늘날에도 여전히 존재하는 것처럼 현대 인간들 사이에는 음악과 의사소통해야 하는 강박 관념이 남아 있었다. 어떻게 이것이 실현될 수 있었을까? 다른 인간들과의 의사소통은 이제 언어 이전기의 유아들을 제외하고, 음악보다는 언어에 의해 훨씬 더 잘 성취되었다. 그러나 현대 인간들의 마음 속에는 이제 그들이 소통할 수 있고 소통해야 할 또 다른 유형의 실체인, 초자연적인 존재들이 있었다. 그래서 음악을 통해 의사소통을 하는 인간의 성향은 무당의 북을 치거나 바흐의 작품을 통해 초자연적인 것에 초점을 맞추게 되었다.

20 ④ 제시문에 따르면 무탄소 문명을 이뤄나가기 위해서는 유럽연합, 미국, 중국 세 나라가 서로 협력하여 규정, 기준 등을 정하고 다른 나라를 이끌어야 한다고 설명하고 있다. 그러므로 ④의 'Cooperation among the key members is essential for a zero-carbon world. (무탄소 세계를 위해서는 주요 구성원 간의 협력이 필수적이다)'가 제시문의 요지로 가장 적절하다.

오답풀이

① 인구 문제는 탄소 시대 이후로 질주하기 전에 해결해야 한다.
② 코끼리 3마리가 모두 동시에 행진하는 상황에서 어느 경쟁자도 우승할 수 없다.

③ 중국의 참여는 배출제로 경제를 위한 낙관적 신호이다.
⑤ 무탄소 문명은 20년 안에 역효과를 낼 운명이다.

어휘

- lead the charge : 먼저 책임을 지고 이끌다, 임무를 선도하다
- emission : 배출, 배출물, 배기가스
- roar : 으르렁거리다, 함성[아우성]을 지르다
- transition : 이행[과도]
- era : 시대
- poised : 태세를 갖추고 있는, 준비가 다 된
- herd : 떼, 사람들[대중]
- marching : 행진하는
- in sync : (동작·작업 등이 속도를 맞추어) 동시에 이뤄지는, 화합하는
- common : 공동의, 공통의
- regulations : 규칙, 법령
- standard : 기준
- humanity : 인류, 인간, 인간성
- fold : 접다, (가축, 특히 양의) 우리
- participation : 참가, 참여
- optimistic : 낙관적인, 낙관하는
- backfire : 역효과를 낳다

해석

5억 1천 2백만 명의 시민이 살고 있는 유럽연합은 최근까지 배출제로의 녹색 경제를 선도했다. 14억에 가까운 인구를 가진 중화인민공화국은 최근 몇 년 동안 탄소 시대 이후로의 전환 계획으로 아우성쳐왔다. 그리고 이제 3억 2천 5백만 명의 시민이 있는 미국은 이 무리에 동참할 준비가 되어 있다. 세 마리 코끼리가 모두 동조하여 행진하고, 우수사례를 공유하고, 공통의 코드, 규정, 기준, 인센티브를 제정하고, 나머지 인류를 우리로 끌어들이기 위해 손을 내밀지 않으면, 20년도 채 안 되어서 무탄소 문명화를 향한 경주에서 우리는 지고 말 것이다.

21 ① 제시문은 내 주변의 사람(배우자와 같은)에 의해서 목표 추구에 영향을 받는다는 내용이다. 특히 행복한 관계에서 오는 안정감은 목표 추구를 더 쉽게 해준다고 하였다. 그러므로 ①의 'The chances of achieving your goals hinge on your spouse. (목표 달성의 가능성은 배우자에게 달려 있다)'가 제시문의 요지로 가장 적절하다.

오답풀이

② 심리적 안정감이 웰빙의 주요 지표다.
③ 현실적인 목표를 설정하는 것은 파트너의 영향을 많이 받는다.
④ 개인적인 감정은 목표를 추구하는 것과 직결된다.

⑤ 배우자의 성실성은 성공적인 결혼으로 이어진다.

어휘

- treat : 대하다, 여기다, 치부하다
- pursuit : 추구, 좇음, 추격
- solitary : 혼자 하는
- endeavor : 노력, 시도, 애씀
- foster : 조성하다, 발전시키다
- impede : 지연시키다[방해하다]
- tofu : 두부
- influence : 영향, 영향력
- conscientious : 양심적인, 성실한
- organized : 조직화된, 조직적인
- reliable : 믿을 수 있는
- predict : 예측[예견]하다
- posit : 사실로 상정하다[받아들이다]
- predictable : 예측[예견]할 수 있는
- feel in control : 무엇이든 할 수 있다고 느끼다, 자신에 차 있다
- hinge on : …에 달려있다
- spouse : 배우자
- psychological stability : 심리적 안정성
- indicator : 지표, 계기[장치]
- conscientiousness : 성실성

해석

전통적으로, 연구는 목표 추구를 독단적인 노력으로 취급해왔다. 그러나 일상적인 경험은 우리의 관계가 우리의 발전을 촉진하거나 방해할 수 있다는 것을 보여 준다. 매일 아침 일찍 일어나려면 밤 10시에 침대 옆 램프를 끄는 배우자와 함께 사는 것이 좋다. 채식주의자가 되고 싶다면 두부 vs 스테이크에 대한 배우자의 감정이 아마도 영향을 미칠 것이다.

현재 연구원들은 그 영향을 조사하고 있다. 워싱턴 대학의 한 연구는 성실한 배우자, 즉 조직적이고 신뢰할 수 있는 자와 결혼하는 것은 미래의 직업 만족도와 더 높은 수입을 예견한다는 것을 발견했다. 독일 퀼른 대학의 Wilhelm Hofmann의 연구는 높은 관계 만족도가 목표 추구에 대한 통제 감정에 긍정적인 영향을 미친다는 것을 보여 준다. Hofmann은 행복한 관계의 안정성이 집중을 더 쉽게 한다고 단언한다. Hofmann에 따르면, "사람들의 일상이 안정되고 예측 가능하다고 느낄 때, 그들은 목표를 추구하는 능력에 대해 더 자신감을 느낀다"라고 한다.

22 ④ 제시문에 따르면 풍차가 매년 최소 4만 5천 마리의 새와 박쥐를 죽이지만 사실 이것은 많은 수가 아니라고 설명하며 그에 대한 방증으로 고양이 한 마리가 죽이는 새의 수

를 보여 주었다. 그러므로 ④의 'Windmills do not threaten avian wildlife as much as outdoor cats. (풍차는 야외 고양이만큼 조류 야생동물을 위협하지 않는다)'가 제시문의 요지로 가장 적절하다.

오답풀이

① 새와 박쥐에 대한 정책은 통계에 근거해야 한다.
② 고양이 주인에게 고양이가 야외에서 자유롭게 돌아다니지 못하게 하기를 권고한다.
③ 풍차는 환경기준에 적합하도록 규제할 필요가 있다.
⑤ 생태적 균형을 위해 야외 고양이 개체 수를 억제해야 한다.

어휘

• windmill : 풍차, 풍차 터빈
• estimate : 추산[추정]하다
• in perspective : 원근법에 의하여, 전체적 시야로, 긴 안목에서
• measure : 측정하다[재다]
• toll : 사용세, 요금, 사상자[희생자] 수
• equivalent to : ~와 같음, 상응함
• statistic : 통계, 통계학
• roam : 돌아다니다, 배회[방랑]하다
• regulate : 규제하다, 조절하다
• avian : 새[조류]의
• curb : 억제[제한]하다

해석

미국에서 풍차는 매년 최소 4만 5천 마리의 새와 박쥐를 죽일 것으로 추정된다. 그것은 많은 수의 새와 박쥐처럼 들린다. 그 숫자를 원근법에 넣기 위해. 주인의 집을 드나드는 것을 허용하는 애완 고양이들이 고양이 한 마리당 평균 300마리 이상의 새를 죽이는 것으로 측정되었다고 생각해 보라. 만약 미국의 야외 고양이 개체 수가 약 1억 마리로 추산된다면, 미국에서는 풍차에 의해 연간 4만 5천 마리의 새와 박쥐가 죽는 것에 비해, 고양이는 최소한 300억 마리의 새를 죽이는 것으로 계산될 수 있다. 그 풍차의 희생자 수는 단지 150마리의 고양이의 일과 맞먹는다.

23 ② 제시문에서 우리가 통계적 샘플을 기하학의 원리나 중력처럼 생각한다고 하였는데, 이들은 결코 변하지 않는 과학적 진리이다. 또한 우리가 그렇게 생각하는 것과는 달리 요즘과 같은 빅데이터의 시대에 통계적 샘플에 의존하는 것은 자동차 시대에 말의 채찍을 잡고 있는 것과 같이 뒤떨어진 행동이라고 말하고 있다. 그러므로 빈칸에는 'immutable(불변의)'이 들어갈 말로 가장 적절하다.

오답풀이

① 무례한

③ 미숙한
④ 임박한
⑤ 공정한

어휘

• statistical : 통계적인, 통계학상의
• bedrock : 기반
• geometry : 기하학
• concept : 개념
• constraint : 제약
• clutch : (꽉) 움켜잡다
• whip : 채찍
• predominant : 두드러진, 뚜렷한, 우세한
• aim : (무엇을 성취하는 것을) 목표하다
• impertinent : 무례한
• immutable : 불변의
• immature : 미숙한
• imminent : 임박한
• impartial : 공정한

해석

우리는 통계적 샘플링을 기하학의 원리나 중력의 법칙과 같이 일종의 불변의 기반이라고 생각하는 경향이 있다. 그러나 그 개념은 1세기도 안 된 것이며, 특정한 기술적 제약 속에서 특정한 순간에 특정한 문제를 해결하기 위해 개발되었다. 그러한 제약조건은 더 이상 같은 정도로 존재하지 않는다. 빅데이터 시대에 무작위 표본에 도달하는 것은 자동차 시대에 말의 채찍을 움켜쥐는 것과 같다. 우리는 여전히 특정 상황에서 샘플링을 사용할 수 있지만, 대규모 데이터 세트를 분석하는 방법이 될 필요는 없으며 앞으로도 없을 것이다. 점점 더 우리는 모든 것을 추구하는 것을 목표로 할 것이다.

24 ① 제시문에 따르면 기술 혁신이 이루어짐에 따라 여성들이 가질 수 있는 임신에 대한 선택권이 확대되었고, 개개인은 기술적 수단을 통해 생물학적 번식을 조절할 수 있게 되었다. 또한 입양과 이혼을 통해 가족의 재구성이 이루어진다고 하였으므로 그동안 널리 통용되던 가족의 의미가 약화되었다고 볼 수 있다. 그러므로 빈칸에는 'undermine(약화시키다)'이 들어갈 말로 가장 적절하다.

오답풀이

② 복사하다
③ 요약하다
④ 통합하다
⑤ 단순화하다

어휘

- fetus : 태아
- invisible : 보이지 않는, 무형의
- innovation : 혁신, 쇄신
- decade : 10년
- physical : 육체[신체]의, 물질[물리]적인
- prevent : 막다[예방/방지하다]
- redefine : 재정립하다
- terminate : 끝내다, 종료하다
- pregnancy : 임신
- conflict : 갈등[충돌]
- contraception : 피임
- abortion : 낙태
- dispute : 분쟁, 논란, 논쟁
- uncouple : 분리시키다
- reproduction : 생식, 번식, 복제, 재생
- parenting : 육아
- artificial insemination : 인공 수정
- in vitro fertilization : 체외 수정
- embryo implantation : 배아 삽입
- reconfiguration : 구조 변경
- adoption : 입양
- divorce : 이혼
- unconventional : 색다른, 독특한
- undermine : 약화시키다
- duplicate : 복사하다
- consolidate : 통합하다

해석

인간 태아는 최근까지 대부분 보이지 않고 말없이 사는 사회 구성원이었다. 지난 몇 십 년 동안의 기술 혁신은 태아에게 더 큰 물리적 현실과 법적 권리에 대한 새로운 주장을 제공하는 동시에 여성들에게 임신을 예방하고, 재정의하며, 심지어 종료할 수 있는 더 많은 근거를 제공했다. 피임과 낙태를 위한 기술적 선택권 확대와 관련된 갈등은 이 문제들에 대한 하나의 유리한 점을 제공한다. 또 다른 일련의 분쟁은 인공수정, 체외수정, 배아삽입과 같은 기술적 수단을 통해 사회적 양육으로부터 생물학적 번식을 점진적으로 분리하는 것에 관한 것이다. 입양과 이혼을 통해 가족의 재구성과 교차하면서, 이러한 색다른 생식 경로는 "어머니", "아버지", "자식", "가족"이라고 통용되는 의미를 약화시키기 시작했다.

25 ① 우리의 눈, 코, 귀, 입 등은 정보를 수집하고, 팔과 다리는 행동을 할 수 있게 해준다. 살아가면서 여러 가지 선택을 하거나 협상을 하게 될 때 우리는 이러한 능력에 의존하게 되는데 진정으로 선택할 수 있으려면 고무망치에 맞은 무

류이 경련을 일으키는 것처럼 단순한 감각정보에 대한 반응 이상을 행해야 한다. 그러므로 빈칸에는 ①의 'reacting to sensory information(감각정보에 대한 반응하기)'이 들어갈 말로 가장 적절하다.

오답풀이

② 극도의 욕망에 굴복하기
③ 가장 유익한 것 선택하기
④ 즉각적인 만족감 찾기
⑤ 타고난 본능 억누르기

어휘

- instrument : 기구, (차량 · 기계에서 측정용)계기
- capability : 능력, 역량
- negotiate : 협상[교섭]하다
- satiation : 포만감
- vulnerability : 취약성
- twitch : 씰룩거리다, 경련하다, 홱 당겨지다
- mallet : 망치
- evaluate : (양 · 가치 · 품질 등을) 평가하다
- vital : 필수적인
- sensory : 감각의
- utmost : 최고의, 극도의
- gratification : 만족감
- instinct : 본능
- suppress : 금하다, 참다[억누르다]

해석

우리가 거울을 볼 때, 우리는 선택에 필요한 몇 가지 "기구"를 본다. 우리의 눈, 코, 귀, 입이 우리의 환경으로부터 정보를 수집하는 반면, 우리의 팔과 다리는 우리가 그것에 대해 행동할 수 있게 해준다. 우리는 배고픔과 포만감, 안전과 취약성, 심지어 삶과 죽음 사이에서조차 효과적으로 협상하기 위해 이러한 능력에 의존한다. 그러나 우리의 선택하기 위한 능력은 단순히 감각정보에 반응하는 것 이상을 포함한다. 의사의 고무망치로 적당한 곳을 맞히면 무릎이 경련을 일으킬 수도 있지만, 아무도 이 반사작용을 선택으로 여기지 않을 것이다. 진정으로 선택할 수 있으려면 가능한 모든 선택권을 평가하고 가장 좋은 선택을 해야 하며, 정신을 육체처럼 선택에 필수적인 것으로 만들어야 한다.

26 ② 젊었을 때 창업을 하는 것이 더 쉬운 것은 사실이지만, 일부 산업에서는 나이로부터 오는 경험 덕분에 젊지 않은 나이에도 창업에 성공하였음을 알 수 있다. 이는 곧 재정적인 자원, 올바른 네트워크, 훌륭한 아이디어를 가지고 있다면 창업을 하는 데에 나이는 상관 없음을 의미한다. 그러므로 빈칸에는 ②의 'age is nothing but a number (나이는 숫자

26

에 불과하다)'가 들어갈 말로 가장 적절하다.

오답풀이

① 내면의 성공은 보상이다

③ 모든 것이 당신이 아는 사람에게 전해진다

④ 퍼즐의 마지막 조각은 자본이다

⑤ 젊은은 언제나 승리할 수 있는 길을 찾을 것이다

어휘

• responsibility : cordla(맡은 일), 책무

• capitalist : 자본가, 자본주의자

• gush : 솟구치다, 쏟아 내다

• entrepreneur : 사업가[기업가]

• obstacle : 장애물

• founder : 창립자, 설립자

• capital : 수도, 자본금, 자금

• prevail : 승리하다[이기다], 만연[팽배]하다

해석

젊었을 때 창업이 더 쉽다는 것은 의심의 여지가 없다. 비업무에 대한 책임감이 적을수록 새로운 벤처기업에 피와 땀과 눈물을 쏟을 가능성이 높다. 하지만 그렇다고 해서 당신이 어리다고 해서 학교를 떠나거나 회사를 차려야 한다는 뜻은 아니다. 벤처 투자가들은 종종 신선한 고기를 선호한다. 실리콘밸리의 가장 큰 VC 회사 중 하나인 세쿼이아캐피탈의 Michael Moritz는 20대 중후반 기업가들에 대해서 "그들이 넘을 수 없는 경계도, 한계도, 장애물은 없다고 본다"라고 입을 모았다. 그러나 생명공학이나 비즈니스 소프트웨어와 같은 일부 산업의 창업자들은 창업자의 나이와 함께 오는 경험으로부터 우위를 점하고 있다. 한 기술 사업가의 연구에 따르면, 이들 및 기타 고성장 산업에서 성공적인 창업자의 평균 연령은 40세였다. 그것은 만약 여러분이 재정적인 자원, 올바른 네트워크, 그리고 가장 중요한, 훌륭한 아이디어를 가지고 있다면, <u>나이는 숫자에 불과하다는 것</u>을 보여 준다.

27 ① 굴절되지도 않고 피부를 통과하여 뼈 사진을 찍을 수 있게 하는 엑스레이라는 새로운 광선이 발견되자 과학계는 혼란스러우면서도 열띤 연구에 돌입하였다. 뿐만 아니라 이러한 신비한 광선은 광고, 노래, 만화 등에서도 선풍적인 인기를 끌었다. 그러므로 빈칸에는 ①의 'Popular culture was equally mesmerized(대중문화도 똑같이 매혹되었다)'가 들어갈 말로 가장 적절하다.

오답풀이

② 광고주와 정치인이 뒤를 이었다

③ 이 발견은 많은 사람들의 도전을 받았다

④ 금융권에서 충격을 받았다

⑤ 대중적 열풍을 반영하는 경우는 드물다

어휘

• notion : 개념, 관념, 생각

• unrefractable : 굴절되지 않는

• indifferent : 무관심한

• befuddle : 어리둥절하게 하다

• precipitate : 촉발시키다, 치닫게 하다

• feverish : 몹시 흥분한, 과열된

• implication : 영향[결과], 함축, 암시

• mesmerize : 완전 넋을 빼놓다

• penetrate : 관통하다, 침투하다

• flesh : 피부, 살, 고기

• intoxicating : 도취시키는

• prose : 산문

• follow suit : 방금 남이 한 대로 따라 하다

• be taken aback : ~에 깜짝 놀라다[충격을 받다]

• craze : 대유행[열풍]

해석

우르츠부르크 바이에른 대학의 Wilhelm Roentgen 교수는 1895년 12월에 처음으로 엑스레이를 발견했다. 굴절되지 않고 전자기장에 무관한 새로운 종류의 광선의 개념은 과학계를 혼란스럽게 했고 그들의 본성과 빛과 물질의 오랜 이론에 대한 함의에 대한 열띤 연구를 촉발시켰다. 대중문화도 똑같이 매혹되었다. 유리처럼 쉽게 피부를 관통하고 골격의 사진 이미지를 연출할 수 있는 '어두운 빛'이라는 개념은 도취적이었다. 하룻밤 사이에 이 신비로운 광선은 광고, 산문, 노래, 만화에서 끊임없이 마주치는 인기 있는 아이콘이 되었다. 1896년 한 해에만 이 주제에 관한 1,000여 편의 기사와 50여 권의 책이 출판되었다.

28 ⑤ 제시문은 효과적으로 위협하는 발언을 하는 방법에 대한 글이다. 노골적으로 위협하지 않더라도 청자가 <u>스스로 그 위협의 내용을 예측하고 이해한다</u>는 내용이 들어와야 한다. 그러므로 빈칸에는 ⑤의 'negative consequences to the addressee(수신인에게 부정적인 결과)'가 들어갈 말로 가장 적절하다.

오답풀이

① 수족관으로의 다정한 초대

② 향후 조치의 명시적 철회

③ 현황 유지

④ 협력의 무언의 동의

어휘

• threat : 협박, 위협

• utterer : 발언자, 공표자

• utterance : 표현함, 발언

- carry out : 수행하다
- addressee : 수신인
- prompting : 설득[유도]
- forecast : 예측, 예보, 예측[예보]하다
- consequence : 결과, 중요함
- explicitly : 명쾌하게, 명백하게
- remark : 발언[말/논평/언급]
- overtly : 명백히, 공공연하게
- chilling : 으스스한
- imminent : 목전의, 임박한
- doom : 죽음, 파멸, 비운
- cordial : 화기애애한, 다정한
- explicit : 분명한, 명쾌한, 명백한
- withdrawal : 철회, 취소, 기권
- maintenance ; 유지[지속]
- cooperation : 협력, 합동, 협조

해석

위협이 효과적이 되려면, 발언자는 위협을 수행할 수 있는 수단을 가지고 있어야 하며 수신인이 발언의 설득이 없는 경우와는 다르게 행동을 하기를 바란다. 그렇다면 일단 화자가 대상에게 그러한 힘의 위치에 있는 것으로 보이면, 비록 명백하게 발언자 자신의 행동을 수반하는 것으로 프레임을 씌우지 않더라도, 수신인에게 부정적인 결과를 예측하는 어떤 발언도 위협으로 합리적으로 이해될 수 있다. 노골적으로 위협적인 내용이 담기지 않은 발언의 이치다. 예를 들어 영화 속 마피아 보스가 "오늘 밤 물고기들과 함께 자자"고 했을 때, 수족관이 있는 방에 있는 화자의 집에서 자고 가자는 초대장이 아니라, 임박한 파멸의 소름끼치는 메시지로 받아들여진다.

29 ③ 네안데르탈인과 호모 사피엔스와 현대 사람들의 뇌 크기에 대해 설명하면서 뇌 크기와 영리함은 연관이 없다고 하였다. 추운 기후에 사는 사람들은 더 큰 뇌를 가지고 있고, 뼈역시 그보다 컸으며, 큰 근육이 있으면 지능과는 무관하게 더 큰 뇌를 필요로 한다. 그러므로 빈칸에는 ③의 'is also related to muscularity and climatic conditions (근육 및 기후 조건과도 관련이 있다)'가 들어갈 말로 가장 적절하다.

오답풀이

① 불가피하게 지능과 체중을 결정한다
② 근육 손실 및 영양실조에 대한 보상
④ 서식지와 주변 환경을 나타낸다
⑤ 인류를 위한 지성의 그릇으로 오랫동안 알려져 왔다

어휘

- specimen : 견본, 샘플, 표본, 시료
- clever : 영리한, 똑똑한, 재주가 있는

- massive : (육중하면서) 거대한, 엄청나게 큰
- stocky : (체격이) 다부진
- correlate : (밀접한) 연관성[상관관계]이 있다
- neuroanatomist : 신경 해부학자
- measurement : 측정, 측량, 치수[크기/길이/양]
- independent of : …와는 관계없이, …와는 별도로
- inevitably : 필연적이다시피, 예상한대로, 불가피하게
- determine : 결정하다, 알아내다, 밝히다
- compensation : 보상(금), 보상[이득]
- malnutrition : 영양실조
- muscularity : 근골의 건장함, 강건, 근육질
- indicate : 나타내다[보여 주다], 내비치다[시사하다]
- vessel : (대형) 선박[배], 그릇[용기/통]

해석

네안데르탈인의 뇌 용적은 1,200∼1,750 cc로 현대 호모 사피엔스의 초기 및 현재 표본(1,200∼1700 cc)과 거의 같은 범위였다. 이것은 그들이 현대인만큼 영리했다는 것을 의미하지는 않는데, 뇌의 크기는 근육과 기후 조건과도 관련이 있기 때문이다. 더 추운 기후에 사는 사람들은 더 큰 뇌를 갖는 경향이 있고 네안데르탈인은 추운 기간 동안 유라시아에서 살았다. 네안데르탈인의 뼈 또한 그들이 거대했다는 것을 보여 준다. 그들은 짧고 다부진 몸매를 가지고 있었는데, 수컷은 아마도 몸무게가 약 145파운드였고 키는 5피트 7인치도 되지 않았다. 또한 뇌 용적은 밀접하게 연관된 종에서 더 무거운 근육과 몸무게와 상관관계가 있다. 독일의 신경 해부학자 Heinz Stephan은 지난 40년 동안 많은 종에서 뇌의 크기와 다양한 부분을 연구해왔다. 그의 세밀한 측정은 큰 근육은 지능과 무관하게 더 큰 뇌를 필요로 한다는 것을 보여준다.

30 ① 제시문에 따르면 기술이 발전하면서 디지털 기계를 이용한 재택근무, 은행 계좌 업무 등이 늘어나고 있다. 그러면서 사람 대 사람으로 처리했던 일들을 기계가 대신하게 되었다. 그러므로 빈칸에는 ①의 'technology is isolating us(기술이 우리를 고립시키고 있다)'가 들어갈 말로 가장 적절하다.

오답풀이

② 직원들이 과로하고 있다
③ 인공 지능은 인간에게 유익하다
④ 재정 관리가 최우선이다
⑤ 인력이 균등하게 배분된다

어휘

- secretary : 비서, 총무[서기]
- accountant : 회계사
- terminals : 단자
- actually : 실제로, 정말로, 사실은

- impersonal : 인간미 없는, 비인격적인
- credit : 신용거래, 입금하다
- eliminate : 없애다, 제거[삭제]하다, 탈락시키다
- paycheck : 급료(지불 수표), 봉급(으로 받는 수표)
- coworker : 함께 일하는 사람, 협력자, 동료
- detache : 떼다[분리하다]
- interact : 소통하다[교류하다]
- deposit : 보증금
- withdraw : 빼내다, 철수하다
- loan : 대출[융자](금), 빌려주다, 대출[융자]하다
- reject : 거부[거절]하다
- isolate : 격리하다, 고립시키다, 분리[구분]하다
- overwork : 과로하다, 혹사하다
- artificial intelligence : 인공 지능
- priority : 우선 사항
- evenly : 고르게, 반반하게, 균등하게
- allocate : 할당하다

해석

비즈니스 세계는 기술이 우리를 고립시키고 있는 한 영역이다. 많은 사람들이 이제 집에서 혼자 일한다. 대형 중앙컴퓨터를 이용할 수 있게 되면서 비서, 보험대리점, 회계사 등 직원들이 자택 내 디스플레이 단말기에서 업무를 수행한다. 그들은 더이상 그들이 상대하는 사람들을 실제로 볼 필요가 없다. 게다가 직원들은 비인격적인 방법으로 급여를 받는 경우가 많다. 근로자의 급여는 자동으로 은행 계좌에 입금돼, 급료 지급 수표가 필요 없게 된다. 급여를 받거나 수표를 현금으로 바꾸기 위해 동료들과 줄을 서는 사람들이 더 적다. 마지막으로 개인 뱅킹은 분리된 과정이 되고 있다. 고객들은 계좌에서 돈을 입출금하기 위해 사람들이 아닌 기계와 교류한다. 심지어 일부 은행 대출도 대출 담당자와의 인터뷰가 아닌 컴퓨터 프로그램에 의해 승인되거나 거부된다.

31 ② (A) 생물학자들은 뇌가 수십억 개의 뉴런에서의 생화학 반응을 통해 마음을 생산한다고 추측한다. 하지만 아직까지 이 추측에 대한 정확한 근거를 찾아내지는 못하였다고 설명하고 있다. 그러므로 빈칸에 들어갈 연결어구는 역접의 의미를 나타내는 'However(그러나)'가 가장 적절하다.

(B) 마음이 뇌에서 나온다고 추측하고는 있지만 아직까지 그에 대한 근거를 찾지 못하였기 때문에 실제로 이것이 사실이라 할지라도 적어도 지금으로서는 뇌와 마음을 개별적으로 연구해야 한다고 설명하고 있다. 그러므로 빈칸에 들어갈 연결어구는 인과의 의미를 나타내는 'Hence(이런 이유로)'가 가장 적절하다.

어휘

- neurons : 뉴런
- synapses : 시냅스
- biochemical : 생화학의, 생화학 물질
- subjective : 주관적인
- assume : 추정[상정]하다
- somehow : 어떻게든, 왠지
- reaction : 반응, 반작용
- so far : 지금까지
- absolutely : 전적으로, 틀림없이, 전혀, 극도로
- explanation : 해명, 이유, 설명
- emerge : 나오다, 드러나다, 알려지다, 생겨나다
- particular : 특정한, 특별한
- how come : 어째서, 왜
- clue : 단서, 실마리, 힌트
- undertaking : 일[프로젝트], 약속

해석

많은 과학자들을 포함한 많은 사람들은 뇌와 마음을 혼동하는 경향이 있지만, 그것들은 정말 매우 다른 것이다. 뇌는 뉴런, 시냅스, 생화학 물질의 물질적 네트워크다. 마음은 고통, 쾌락, 분노, 사랑 등 주관적인 경험의 흐름이다. 생물학자들은 뇌가 어떻게든 마음을 생산하고, 수십억 개의 뉴런에서 생화학 반응이 어떻게든 고통과 사랑 같은 경험을 만들어 낸다고 추측한다. (A) 그러나, 지금까지 우리는 뇌에서 어떻게 정신이 나오는지에 대한 아무런 설명도 가지고 있지 않다. 어째서 수십억 개의 뉴런이 특정 패턴으로 전기 신호를 발사하고 있을 때 나는 고통을 느끼고, 뉴런이 다른 패턴으로 발화했을 때 나는 사랑을 느낄 수 있을까? 전혀 감이 안 잡힌다. (B) 이런 이유로, 비록 마음이 실제로 뇌에서 나온다고 해도, 적어도 지금으로서는 마음을 연구하는 것이 뇌를 연구하는 것과는 다른 일이다.

32 ② 제시문은 IoT를 여러 산업 분야에 어떻게 적용할 수 있는지, 그로 인해 얻을 수 있는 혜택은 무엇인지에 대해 설명하고 있다. 그러나 ②는 IoT를 동원할 수 있는 기반시설이 없는 산업도 많다고 하고 있으므로 전체적인 글의 흐름과 어울리지 않는다.

어휘

- revolutionize : 대변혁[혁신]을 일으키다
- landscape : 풍경, 조경을 하다
- bridge : 다리, 가교, 다리를 놓다[형성하다]
- previously : 이전에, 미리
- reliant : 의존[의지]하는
- infrastructure : 사회[공공] 기반 시설
- mobilize : 동원되다, 동원하다

- specific : 구체적인, 명확한
- optimize : …을 최대한 좋게[적합하게] 만들다[활용하다]
- occupancy : 사용
- spoilage : (음식 · 식품의) 부패[손상]
- generate : 발생시키다, 만들어 내다
- revenue : 수익

해석

사물인터넷(IoT)은 디지털과 물질세계를 연결함으로써 기업과 소비자 지형을 혁신할 수 있다. ① 기존에 인터넷에 연결되지 않았던, 물체를 제작하고, 이동하고, 판매하던 것에 의존하던 산업은 누구나 혜택을 받을 수 있다. ② 그러나 IoT를 동원할 수 있는 5세대(5G) 광대역통신 기반시설이 없는 산업도 많다. ③ IoT가 기업에 가져올 수 있는 구체적인 혜택은 기술 활용 방법에 따라 달라진다. ④ 일례로 센서 활용으로 사용 수준에 따라 조명이나 난방을 최적화하여 폐기물을 줄이거나, 온도 모니터링으로 운반 중인 제품의 변질을 줄일 수 있다. ⑤ IoT는 파이프라인을 통해 활동을 분석하여 출력을 극대화하고 새로운 자원 풀의 식별을 돕는 음향 해상 유전 센서 등 수익 창출과 생산성 향상도 가능하다.

33 ③ 우리가 지금 마약이라고 생각하는 물질들도 처음에는 일반 약물들과 다르게 취급되지 않았고 심지어는 식품첨가물로도 쉽게 구할 수 있었다. 그러다 1914년 해리슨 법이 통과되고 나서부터 본격적으로 마약이 범죄라는 것을 인식하게 되었다고 설명하고 있다. 그러나 지난 40년을 언급하며 특정 약물의 억제를 위해 마약전쟁을 선포했다는 ③은 전체적인 글의 흐름과 어울리지 않는다.

어휘

- criminology : 범죄학, 형사학
- unaware : …을 알지[눈치 채지] 못하는
- criminalization : 유죄로 하기
- construe : ~을 ~으로 이해[해석]하다
- array : 집합체[모음/무리], 배열
- arguably : 주장할 수 있는
- enhance : 높이다, 향상시키다
- hard drug : 중독성 마약
- readily : 손쉽게, 순조롭게
- stimulating : 자극이 되는, 고무적인
- enforcement : 시행, 집행, 강조
- aggressively : 공격적으로
- contemporary : 동시대의, 현대의, 당대의
- opiate : 아편제
- legislation : 제정법

해석

일반 시민뿐 아니라 범죄학 학생들도 마약의 범죄화가 20세기 미국 창작물이라는 사실을 모르는 경우가 많다. 이전에, 우리가 지금 "마약"이라고 해석하는 것은 건강을 해칠(혹은 향상시킬) 가능성이 있는 방대한 양의 다른 물질들과 다르게 다루어지지 않았다. ① 지금 우리가 생각하는 '중독성 마약'은 한때 의약품으로, 식품첨가물로도 쉽게 구할 수 있었다. ② 코카콜라는 코카인을 자극성 재료로 포함시켜 '진짜'라고 광고에 부응한 적이 있으며, 이후 카페인으로 대체되었다. ③ 지난 40년간 법 집행부가 특정 약물을 적극적으로 제거해야 한다는 생각을 근거로 한 '마약 전쟁'이 목격되어왔다. ④ 의회가 1914년 해리슨 법을 통과시키면서 약물에 대한 우리의 현대적 관점은 아편제의 판매와 소유를 효과적으로 범죄화하면서 시작되었다. ⑤ 마리화나를 불법화하는 법률은 1930년까지 16개 주에서, 1937년까지 모든 주에서 시행되었다.

34 ④ 주어진 문장은 애벌레들이 시력이 있든 없든 막대기의 색에 맞추어 자신들의 몸 색깔을 변화시켰다는 실험에 대한 결과이다. 그러므로 실험의 준비단계에 해당하는 문장의 뒤인 ④에 위치하는 것이 가장 적절하다.

어휘

- caterpillar : 애벌레
- vision : 시력, 눈, 시야
- Peppered moth : 얼룩나방
- camouflage : 위장, 위장하다
- blend : 섞다, 혼합하다, 섞이다
- obscure : 보기[듣기/이해하기] 어렵게 하다
- adapt : 맞추다, 적응하다
- finding : (조사 · 연구 등의) 결과
- evidence : 증거, 흔적
- dermal : 피부의, 진피의
- photoreception : 광선 감수성

해석

> 연구원들이 상자를 열었을 때, 그들은 시력이 있든 없든 거의 모든 애벌레들이 상자 안의 막대기에 맞추어 몸의 색깔을 바꾸었다는 것을 발견했다.

얼룩나방은 위장술의 달인이다. (①) 애벌레 단계에서, 그들은 주변 환경을 보지 않고도 피부색을 그들의 환경에 섞이게 바꿀 수 있다는 새로운 연구결과가 나왔다. (②) 300마리 이상의 얼룩나방 유충을 기른 후 영국 연구진은 검은 페인트로 일부 유충의 시야를 가렸다. (③) 유충은 흰색, 녹색, 갈색 또는 검은 막대기가 들어있는 상자에 넣어 적응할 시간을 부여했다. (④) 연구자들은 그 애벌레들을 두 가지 다른 색깔의

막대기가 들어있는 새 상자로 옮겼고, 약 80%의 곤충들이 자신의 몸 색깔에 맞는 막대기에 의지하여 휴식을 취하기로 선택했다. (⑤) 연구진은 이 연구결과가 얼룩나방 유충이 피부로 볼 수 있는 피부 광선 감각 능력이 있다는 강력한 증거를 제공한다고 밝혔다.

35 ① 주어진 문장에서 미국에 전기가 공급되기 시작하면서 공장이 전기화되고, 자동차를 중심으로 양산품 시대가 문을 열었다고 하였다. 그러므로 전기로 인한 자동차의 대량 생산이 사회의 방향을 바꾸었다고 한 글 (A)가 그 다음에 와야 한다. 글 (C)에서 점점 자동차의 수요가 증가하게 되고, 글 (B)에서 증가한 자동차들을 위한 콘크리트 고속도로가 만들어졌다고 설명하고 있다. 그러므로 주어진 글 다음에 (A) – (C) – (B)의 순으로 이어져야 한다.

어휘

- urban : 도시의, 도회지의
- electrify : 전기를 통하게 하다
- onset : 시작
- rural : 시골의
- kingpin : 중심인물
- affordable : 줄 수 있는, (가격이) 알맞은
- alter : 변하다, 달라지다, 바꾸다
- temporal : 시간의, 시간의 제약을 받는
- spatial : 공간의, 공간적인
- orientation : 방향, 지향, 성향
- stretch : 늘이다, 뻗은 지역
- culminating : 절정에 달하는, 궁극의
- seamless : 아주 매끄러운
- interstate highway : 주간 고속도로
- impetus : 자극, 추진력
- emerge : 나오다, 드러나다
- suburb : 교외
- nascent : 발생기의, 초기의
- rev up : 활성화되다, 활기띠다
- assembly line : 조립 라인

해석

1900년부터 대공황이 시작되기 전인 1929년까지 미국의 도시 지역은 전기가 공급되었고, 1936년부터 1949년 사이에 미국의 시골 지역 뒤를 이었다. 공장의 전기화는 자동차를 중심으로 양산품 시대를 열었다.

(A) 전기가 없었다면 Henry Ford는 노동자들에게 일을 제공하고 수백만 명의 미국인들이 사용할 수 있는 적당한 가격의 자동차를 제조할 수 있는 전력 도구가 없었을 것이다. 가

솔린 모델 T 자동차의 대량 생산은 사회의 시간적, 공간적 방향을 바꾸었다.

(C) 수백만 명의 사람들이 말과 벌레를 자동차와 교환하기 시작했다. 증가하는 연료 수요를 충족시키기 위해 초창기 석유 산업은 탐사 및 시추에 박차를 가하고 전국에 송유관을 건설했으며 조립 라인에서 나오는 수백만 대의 자동차에 동력을 공급하기 위해 수천 개의 주유소를 설치했다.

(B) 미국 전역에 콘크리트 고속도로가 설치되었고, 세계 역사상 가장 큰 공공 사업인 미국 주간 고속도로 시스템이 절정에 달해 완벽한 해안 간 도로 시스템을 만들었다. 주간 고속도로는 도시 지역에서 고속도로 출구에서 튀어 나오는 새로 생겨난 교외 지역으로 수백만 가구의 대규모 이주를 촉발했다.

36 ⑤ 주어진 글에서 자신의 감정이 타인에게 미치는 영향에 대해 언급했고, 그 감정이 적절하다 할지라도 문제로 이어질 수 있다고 하였다. 그에 대한 설명이 글 (C)에 나와 있고 감정은 일치하거나 일치하지 않을 수도 있다고 하였으므로 일치하는 경우에 대해 설명한 글 (B)가 다음에 와야 한다. 실제의 감정과 드러난 말과 말투가 다를 때 오는 문제를 글 (A)에서 정리하고 있으므로 주어진 글 다음에 (C) – (B) – (A)의 순으로 이어져야 한다.

어휘

- be aware of : ～을 알다
- appropriate : 적절한
- intensity : 강렬함, 격렬함, 강도
- inappropriate : 부적절한, 부적합한
- recipient : 받는 사람, 수령[수취]인
- facilitate : 가능하게[용이하게] 하다
- derail : 탈선하다[시키다]
- psychotherapy : 심리 요법, 정신 치료
- congruent : 알맞은, 적절한, 합동의
- indicate : 나타내다[보여 주다]
- refer to : 언급하다, …에 적용되다
- verbal : 언어[말]의, 구두의
- incongruent : 맞지 않는, 조화하지 않는

해석

모든 사람이 자신의 감정이 인생에서 다른 사람에게 어떤 영향을 미치는지 알고 있는 것은 아니다. 감정이 적절할 때에도, 그들의 강도는 문제로 이어질 수 있다. 물론 어떤 감정은 부적절하다.

(C) 감정이 적절한 것으로 간주되는지 여부는 감정이 표시되는 맥락과 관련된 사람들과 관련이 있다. 감정은 또한 일

치하거나, 일치하지 않을 수도 있다.

(B) 그들이 일치할 때, 그 감정은 전달되고 있는 메시지와 들어맞는다. 어떤 사람들은 그들의 말과 말투로 다른 감정을 나타낼 수도 있다. 때때로 이것은 언어적 행동과 비언어적 행동의 차이점이라고 일컬어진다.

(A) 그러한 메시지는 그 감정의 수신자를 혼란스럽게 하는 경향이 있고 문제를 일으킬 수 있다. 사람들이 감정을 표현할 때, 그들은 관계를 촉진하거나 그들을 탈선시킬 수 있다. 감정표현의 영향을 이해하는 것이 심리치료의 핵심이다.

[37~38]

어휘

- barely : 간신히, 가까스로, 겨우
- fiercely : 사납게, 맹렬하게
- chores : 잡일, 허드렛일
- regardless : 개의치[상관하지] 않고
- hold back : 기다리다, 저지[억제]하다
- velvety : 벨벳같은, 아주 부드러운
- soapy water : 비눗물
- beat : 이기다, 통제[억제]하다
- pitching : 투구
- ranch : 목장
- annual : 연간의, 매년의
- driveway : 진입로[차도]
- platter : 접시
- grin from ear to ear : 활짝 웃다[싱글벙글하다]
- folks : 사람들
- cuisine : 요리법, 요리
- custom : 관습, 풍습

해석

어느 날 아침, 잠에서 깨어 보니 기온이 겨우 5도였고 바람도 매섭게 불고 있었다. 아빠와 다른 카우보이들은 상관없이 집안일을 했지만 엄마는 나를 제지했다. "너와 내가 오늘 초콜릿 케이크를 만드는 게 어때?"라고 그녀가 말했다.

엄마는 내가 찾아야 할 재료들을 말해주셨고 밀가루와 설탕을 그릇에 숟가락으로 떠서 넣기 시작했다. "사용량을 어떻게 알아요?" 하고 나는 물었다. 나는 그녀가 요리 레시피를 보는 것을 본 적이 없다.

"적당한 균형을 찾는 거야. 처음에는 실수를 하겠지만 그렇게 배우는 거란다."라고 말했다.

곧 그 집은 풍성하고 벨벳 같은 초콜릿의 달콤한 향기로 가득 찼다. 오븐에서 나오는 열기는 따뜻하고 반가웠다.

"다음엔 무슨 일이 생길지 알지?" 엄마가 내게 물었다.

"먹어요!" 하고 나는 말했다.

엄마는 웃었다. "먼저 청소를 하러 와야지." 그녀가 싱크대를 뜨거운 비눗물로 가득 채우며 말했다. 음, 심지어 재미있는 일도 힘든 일을 필요로 했다. "요리의 즐거움은 먹는 것에 관한 것이 아니란다. 사람들 얼굴에 비친 미소를 보는 거야."

나는 몇 살 더 먹었을 때까지 미소가 초콜릿 케이크 한 조각을 어떻게 이길 수 있는지 잘 보지 못했다. 나는 15살이었고, 아빠, 오빠, 그리고 나는 친구의 목장에서 이웃집이라고 불리는 연례 행사인 일을 하고 있었다. 한낮중, 구슬땀을 얼굴에 흘리는 아빠가, "오늘은 봉급을 잘 받는 게 좋겠다."라 하는 것을 들었다. 와우, 현금 받는구나, 하고 나는 생각했다. 그리고 차도를 따라 내려오는 차를 보기 위해 고개를 들었고, 사람들이 프라이드 치킨 접시와 빵가루 입힌 돼지고기, 각종 샐러드, 케이크와 파이를 들고 왔다. 카우보이들은 활짝 웃고 있었다. 오늘에 이르기까지, 나는 아침에 열심히 일한 후에 먹은 그 음식이 얼마나 맛있었는지 기억한다. 그날 오후, 카우보이들은 웃고 떠들며 두 배나 열심히 일했다. 나는 엄마가 왜 요리하는 것을 좋아했는지에 대해 뭐라고 말했는지 생각해 보았다. 사람들에게 그렇게 많은 즐거움을 줄 수 있다는 건 꽤 특별해 보였다.

37 ⑤ 엄마가 말한 요리의 즐거움은 음식을 먹는 것이 아니고 그 음식을 먹는 사람들의 행복한 얼굴을 보는 것이다. '나'는 이것을 처음에는 이해하지 못하였지만, 나중에 직접 경험해 보고 그 말을 이해하게 된다. 그러므로 제시문의 제목으로는 ⑤의 'A Lesson on the Joy of Cooking(요리의 즐거움에 대한 교훈)'이 가장 적절하다.

오답풀이

① 오래된 습관은 쉽게 사라지지 않음
② 당신이 먹는 것이 당신을 만든다
③ 당신은 좋은 이웃인가?
④ 다양한 카우보이 요리

38 ④ 나는 아버지가 말한 '지불'이 돈인줄 알았으나, 실제로 그들이 받은 것은 맛있는 음식들이었다. 그러므로 ④의 'What the old man meant by payment was the food. (아빠가 말한 지불을 의미하는 것은 음식이었다)'는 제시문의 내용과 일치한다.

오답풀이

① 엄마가 요리를 할 때는 레시피를 충실히 따랐다.
② 엄마는 요리에 있어 가장 중요한 것은 맛이라고 했다.
③ 이웃을 부르는 풍습은 매달 행해졌다.
⑤ 카우보이들은 오후에 일하는 것을 좋아하지 않았다.

[39~40]

어휘

- interface : 인터페이스, 접속기
- exploit : 이용하다, 착취하다
- fort : 보루, 요새, 진지
- arithmetic : 산수, 연산, 계산
- transmission : 전염, 전파, 전송
- outperform : 능가하다
- demonstrate : 증거를 들어가며 보여 주다, 입증하다
- complications : 합병증
- hemorrhage : 출혈
- stimulating : 자극이 되는, 고무적인
- subthalamic nucleus : 시상밑핵
- immobilize : 움직이지 못하게 하다, 고정시키다
- lurk : 숨어 있다
- cognitive : 인식[인지]의
- complaint : 불평[항의], 통증
- alleviate : 완화하다
- functionality : 기능성, 목적, 기능
- breakthrough : 돌파구
- augment : 늘리다, 증가시키다
- dwindle : 줄어들다
- neuroscience : 신경 과학
- deprivation : 박탈[부족]
- authoritative : 권위적인, 권위 있는
- establishments : 시설, 기관, 지배층

해석

때때로 뇌와 컴퓨터 간 직접 연결 체계, 특히 임플란트는 인간이 디지털 컴퓨팅, 즉 완벽한 리콜, 빠르고 정확한 산술 계산, 고대역폭 데이터 전송의 요새를 이용할 수 있게 해줌으로써 결과적으로 하이브리드 시스템이 증강되지 않은 뇌를 획기적으로 능가할 수 있게 해 줄 수 있다고 제안된다. 그러나 인간의 두뇌와 컴퓨터 사이의 직접적인 연결 가능성은 입증되었지만, 그러한 인터페이스가 가까운 시일 내에 향상으로 널리 사용될 것 같지는 않다.

우선, 뇌에 전극을 이식할 때 감염, 전극 변위, 출혈, 인지 저하 등 의학적으로 심각한 합병증의 위험이 있다. 아마도 뇌 자극을 통해 얻을 수 있는 이점에 대한 현재까지 가장 생생한 예시는 파킨슨병 환자들의 치료일 것이다. 파킨슨 임플란트는 뇌와 실제로 소통하는 것이 아니라 단지 시상밑핵에 자극적인 전류를 공급한다는 점에서 비교적 간단하다. 실험 비디오는 실험 대상자가 의자에 털썩 주저앉아 질병에 의해 움직이지 못하다가 전류가 켜졌을 때 갑자기 살아나는 모습을 보여준다: 실험 대상자는 이제 팔을 움직이고, 일어서서 방을 가로

질러 걷고, 돌아서서 피루엣을 공연한다. 그러나 이 특히 간단하고 거의 기적적으로 성공한 절차 뒤에는 부정적인 면이 숨어 있다. 심뇌 임플란트를 받은 파킨슨 환자들에 대한 한 연구는 언어 유창성, 선택적 주의력, 색상 이름 지정, 언어 기억력 등이 대조군에 비해 감소하는 것으로 나타났다. 치료 대상자들은 또한 더 많은 인지적 불만을 보고했다. 그러한 위험과 부작용은 심각한 장애를 완화하기 위해서라면, 이 수술을 사용하는 것을 견딜 수 있을 것이다. 하지만 건강한 피실험자들이 신경외과에 자원하기 위해서는, 정상적인 기능성을 <u>상당히 향상시켜야</u> 할 것이다.

39 ④ 제시문은 뇌 자극을 통해 파킨슨병 환자가 움직임을 보이는 긍정적인 결과가 있는 반면에 언어 유창성, 선택적 주의력, 색상 이름 지정, 언어 기억력 등은 대조군에 비해 감소한다는 것을 언급한다. 그러므로 ④의 'Direct Brain-Computer Interfaces: Pros and Cons(뇌와 컴퓨터 간 직접 연결 체계: 장단점)'이 제시문의 제목으로 가장 적절하다.

오답풀이

① 뇌와 컴퓨터 간 연결 체계를 통한 전체 기능 확보
② 파킨슨병 치료의 돌파구
③ 임플란트를 통한 뇌의 힘 증가시키는 최고의 방법
⑤ 신경 과학에서의 성공에 대한 희망의 감소

40 ① 파킨슨병에 걸린 환자들은 뇌 자극 실험에 여러 가지 부작용이 있음에도 병을 완화시킬 수 있다면 견딜 수 있다고 한다. 하지만 건강한 사람이 이 실험을 하려면 여러 부작용에 대비하여 미리 정상적인 기능들을 향상시켜 놓아야 할 것이다. 그러므로 빈칸에는 ①의 'substantial enhancement(대폭 향상)'가 들어갈 말로 가장 적절하다.

오답풀이

② 보편적 허용
③ 복잡한 업적
④ 완전 박탈
⑤ 권위 있는 시설들

[41~42]

어휘

- disabled : 장애를 가진, 장애인들
- inflict : (괴로움 등을) 가하다
- definition : 정의, 의미
- proof : 증거(물), 증명(서)
- fascinated : 매료된
- obedient : 순종적인, 복종하는

- divine : 신[하느님]의, 신성한
- liberate : (사회적 제약·편견에서) 해방된[자유로운]
- deduce : 추론[추정]하다, 연역하다
- centre : 중심, 중앙, 가운데
- orbit : 궤도, 영향권, 궤도를 돌다
- cast : (빛을) 발하다, (그림자를) 드리우다
- chink : 틈, 가늘게 새어 들어오는 빛
- contemporary : 동시대의, 현대의, 당대의
- stunning : 굉장히 아름다운[멋진], 깜짝 놀랄
- realisation : 깨달음, 자각, 인식, 실현
- decipher : 판독하다, 해독하다
- reveal : 드러내다, 밝히다
- transcend : 초월하다

해석

수세기 동안 나 같은 장애인들은 신이 가한 시련을 받으며 살고 있다고 믿어졌다. 글쎄, 내가 저 위에서 누군가를 (A) 속상하게 했을 가능성이 있다고 생각하지만, 나는 모든 것이 자연의 법칙에 의해 다른 방식으로 설명될 수 있다고 생각하는 것을 선호한다. 만약 당신이 나처럼 과학을 믿는다면, 당신은 항상 지켜지는 어떤 법칙이 있다고 믿는다. 원한다면 율법은 신의 일이라고 할 수 있지만 그것은 신의 존재에 대한 증거라기보다는 신의 정의라고 할 수 있다. 기원전 300년경, Aristarchus라는 철학자는 특히 월식에 매료되었다. 그는 그들이 정말 신들에 의해 야기된 것인지 의문을 제기할 만큼 (B) 용감했다. Aristarchus는 진정한 과학의 선구자였다. 그는 천하를 주의 깊게 연구하여 대담한 결론에 도달했다. 그는 월식이 실제로 달 위를 지나가는 지구의 그림자라는 것과 (C) 신성한 사건이 아니라는 것을 깨달았다. 이 발견으로 자유로워진 그는 머리 위에서 실제로 무슨 일이 일어나고 있는지 알아낼 수 있었고, 태양과 지구와 달의 진정한 관계를 보여주는 도표를 그릴 수 있었다. 거기서 그는 더욱 주목할 만한 결론에 도달했다. 그는 모두가 생각했던 것처럼 지구가 우주의 중심이 아니라 태양을 공전하는 것이라고 추론했다. 사실, 이 배열의 이해는 모든 일식과 월식을 설명한다. 달이 지구에 그림자를 드리울 때, 그것은 일식이다. 그리고 지구가 달을 음영으로 가리면, 그것은 월식이다. 그러나 Aristarchus는 그것을 더 이어나갔다. 그는 그의 동시대인들이 믿었던 것처럼 별들이 천국의 바닥에서 쨍그랑거리는 것이 아니라, 별들은 우리와 같은, 아주 먼 곳에 있는 다른 태양들일 뿐이라고 제안했다. 얼마나 놀라운 현실이었을까. 우주는 인간의 정신으로 이해될 수 있는 원리나 법칙에 의해 지배되는 기계다.

41 ③ (A) 장애는 신으로부터 받은 시련이라고 믿고 있는 사람들이 있다고 하였으므로, 'upset(속상하게 하다)'이 적절하다.

(B) 월식과 같은 자연 현상이 정말로 신들에 의해 야기된 것일지에 대해 의문을 가진 것이므로, 신의 권능에 도전하는 것이라고 볼 수 있다. 그러므로 'brave(용감한)'가 적절하다.

(C) 월식은 신의 능력이 아니라 단지 지구의 그림자가 달을 지나가는 자연적인 현상일 뿐이라는 것을 발견해낸 것이므로, 'divine(신성한)'이 적절하다.

42 ④ 장애나 일식, 월식 등의 자연 현상은 과학이 발전하기 이전에는 인간이 이해할 수 없는 신의 권능이라고 생각되었지만, 여러 연구를 통해 그것들 역시 어떠한 원리나 법칙에 의해 움직인다는 것을 알게 되었다. 그러므로 빈칸에는 ④의 'can be understood by the human mind (인간의 정신으로 이해될 수 있다)'가 들어가는 것이 가장 적절하다.

오답풀이
① 신의 암호를 해독하다
② 신의 존재를 밝혀내다
③ 인간의 과학적 역량을 초월하다
⑤ 신과 자연의 유대를 강화하다

[43~45]

어휘

- frizzy-hair : 곱슬곱슬한 머리
- bachelorette : 미혼[독신] 여성
- variation : 변화, 변형, 변주곡
- composer : 작곡가
- foyer : 로비, 현관[입구]
- opus : 작품
- weasel : 족제비
- experiment : 실험을 하다
- atonal : 무조의
- desperately : 절망적으로, 필사적으로
- exceedingly : 극도로, 대단히
- jackass : 멍청이
- occasional : 가끔의
- allusion : 암시
- dissonance : 불협화음
- brutality : 잔인성, 야만성, 무자비
- commotion : 소란, 소동
- choreographer : 발레 편성가, 안무가
- discordant note : 불협 화음
- jubilant : 승리감에 넘치는, 의기양양한
- impartial : 공정한

- amusing : 재미있는, 즐거운
- candid : 솔직한
- reserved : 내성적인
- dexterity : 재주
- suffer from : ~로 고통받다
- knack : 재주, 요령
- overshadow : 빛을 잃게[무색하게] 만들다
- comprehensive : 포괄적인, 종합적인
- riot : 폭동, 모임[집합]

해석

나는 사실 Stravinsky에 대해 아주 일찍부터 알고 있었다. 나는 12살쯤이었다. 나는 멋지고 곱슬머리에 30대 미혼인 Denise에게서 피아노 레슨을 받고 있었는데, 그는 바흐의 변주곡인 Für Elise와 내 흥미를 유지하기 위한 스타워즈의 테마를 가르쳐 주기 위해 우리 아파트로 오곤 했다. 음악적 재능을 전혀 보이지 않는다는 사소한 문제에도 불구하고, 나는 어떻게든 그것을 다음 단계로 가야겠다고 결심했다. 나는 작곡가가 되어야 했다.

그래서 어느 주에는 매일 오후 몇 시간씩 우리 현관의 피아노 주위를 어슬렁거리고, 메모를 쓰고, 지우고, 또 몇 개 더 썼다. 마침내 금요일에 Denise가 왔고, 나는 그녀를 위해 내 작품을 연주했다. Madison 거리의 교통체증, 팩스기, 그리고 발정난 족제비들이 합쳐진 소리 같았다.

"잘했어, A.J."라고 그녀가 말했다. "너는 무조 구성에서 실험을 하고 있구나."

"네, 저는 무조 구성에 관심이 많아요." 물론, 나는 무조 작곡이 무엇인지 전혀 알지 못했다. 사실, 나는 필사적으로 조성 작곡을 하려고 노력하고 있었다. 단지 (A) 내 귀가 100% 깡통이었던 것이다.

"Stravinsky가 생각나는구나."라고 그녀가 말했다.

"아, 네, Stravinsky." 나는 고개를 끄덕이며 대답했다. Denise는 아주 친절하게 대해주고 있었다. 그녀는 나를 좌절시키고 싶지 않아 했지만, Stravinsky를 떠올릴 수 있는 유일한 방법은 Stravinsky가 우연히 건반에 앉는 것이었다.

그렇게 해서 러시아 거장을 처음 알게 되었다. 그 후, 대학에서는 Stravinsky에 대한 지식을 The Rites of Spring(봄의 제전)이라는 네 단어만큼 넓혔다. 봄의 제전을 쓴 무조 작곡가. 그것이 나의 견해였다.

Britannica로부터 나는 두 가지 중요한 것을 배웠다. 먼저, 봄의 제전이다. 단 하나의 의식이었다. 그래서 내가 Stravinsky를 가끔 넌지시 말할 때 나는 내내 얼간이처럼 들렸었다. 둘째, '봄의 제전'은 1913년 5월 29일 테레 드 샹젤리제스에서 데뷔했을 때 '개야 폭동'을 일으키기에 충분했다. Stravinsky의 점수는 "스캔들한 불협화음과 율동적인 야만성"으로 시크한 파리 관객들 사이에서 소란을 일으켰다. 소동이

너무 커서 발레 무용수들은 근처 구덩이에서 오케스트라의 소리를 들을 수 없었다. 그러나 무용수들은 어쨌든 무대 옆의 의자에 서서 소리를 지르고 리듬을 흉내내는 안무가의 재촉을 받으며 계속 춤을 추었다.

난 이게 너무 좋다. 1세기 전만 해도 불협화음을 낸 발레가 실제 폭동을 일으킬 수 있다는 사실이 믿기지 않는다. 요즘 발레단의 관객들은 거의 폭동을 일으키지 않는다. 그들은 종종 잠이 들기에 너무 바쁘다. 혹은 그들이 정말로 화가 났다면, 그들은 어디선가 멋진 파스타 저녁을 먹기 위해 첫 번째 연극이 마치고 떠난다.

43 ③ 자신이 연주하는 음악에 대해 표현하는 태도나 불협화음을 내는 무조음악을 듣고 솔직하게 반응했던 1세기 전의 분위기를 사랑했다고 하는 것으로 보아 필자의 태도는 'amusing and candid(재미있고 솔직한)'하다고 할 수 있다.

오답풀이

① 낙천적이고 의기양양한
② 객관적이고 공정한
④ 짜증이 나고 비판적인
⑤ 차분하고 내성적인

44 ④ 제시문에 따르면, '나'는 무조 음악에 대해 알지도 못하였고, 음조 음악을 쓰려고 하였으나 선생님의 귀에는 무조 음악처럼 들렸다. 그러므로 (A)가 의미하는 바로는 ④의 'I could not hear the differences between musical notes. (나는 음악적 음의 차이점을 들을 수 없었다)'가 가장 적절하다.

오답풀이

① 나는 작곡가의 기대에 못 미치는 건반 실력을 가졌었다.
② 나는 내 귀를 향한 Denise의 강타로 고통받았다.
③ 나는 무조 음악과 음조 음악을 작곡하는 데 재주가 있었다.
⑤ 내 연주로 인해 내 작곡 실력은 무색해졌다.

45 ③ 나는 Stravinsky에 대해 원래 알고 있었고, 그에 대해 대학에서는 그의 작품 '봄의 제전'에 대한 지식이 넓어졌다는 서술만 되어있으므로 ③의 'I gained a comprehensive understanding of Stravinsky in college. (나는 대학에서 Stravinsky에 대한 포괄적 이해를 얻었다)'가 제시문의 내용과 일치하지 않는다.

오답풀이

① 나의 피아노 선생님은 미혼이고 30대였다.
② 나는 피아노로 스타워즈 테마를 배운 적이 있다.
④ Britannica는 Stravinsky에 대한 나의 오해를 깨닫게 해주었다.
⑤ 나는 불협 화음이 폭동을 일으킨 것에 놀랐다.

2021학년도 기출문제 정답 및 해설

01 ⑤	02 ②	03 ①	04 ③	05 ④	06 ①
07 ③	08 ③	09 ①	10 ②	11 ⑤	12 ①
13 ④	14 ③	15 ②	16 ③	17 ①	18 ②
19 ④	20 ⑤	21 480	22 13	23 973	24 31
25 3					

01 $\log_3 x = t$ 라 하면

$\log_3(\log_{27} x) = \log_{27}(\log_3 x)$ 에서

$\log_3\left(\dfrac{t}{3}\right) = \dfrac{1}{3}\log_3 t$ 이다.

식을 정리하면

$\log_3 t - 1 = \dfrac{1}{3}\log_3 t$

$\log_3 t = \dfrac{3}{2}$

따라서 $t = 3^{\frac{3}{2}}$ 이다.

$(\log_3 x)^2 = t^2$

$= (3^{\frac{3}{2}})^2$

$= 3^3$

$= 27$

$\therefore (\log_3 x)^2 = 27$

02 $x = \dfrac{1+\sqrt{2}+\sqrt{3}}{1-\sqrt{2}+\sqrt{3}}$ 에서 양변에 각각 $\sqrt{2}$ 를 빼면

$x - \sqrt{2} = \dfrac{1+\sqrt{2}+\sqrt{3}}{1-\sqrt{2}+\sqrt{3}} - \sqrt{2}$

$= \dfrac{1+\sqrt{2}+\sqrt{3}}{1-\sqrt{2}+\sqrt{3}} - \dfrac{\sqrt{2}(1-\sqrt{2}+\sqrt{3})}{1-\sqrt{2}+\sqrt{3}}$

$= \dfrac{1+\sqrt{2}+\sqrt{3}-\sqrt{2}+2-\sqrt{6}}{1-\sqrt{2}+\sqrt{3}}$

$= \dfrac{3+\sqrt{3}-\sqrt{6}}{1-\sqrt{2}+\sqrt{3}}$

$= \dfrac{\sqrt{3}(1-\sqrt{2}+\sqrt{3})}{1-\sqrt{2}+\sqrt{3}}$

$= \sqrt{3}$

따라서 $x = \sqrt{2}+\sqrt{3}$

$x(x-\sqrt{2})(x-\sqrt{3}) = (\sqrt{2}+\sqrt{3}) \times \sqrt{3} \times \sqrt{2}$

$= \sqrt{12}+\sqrt{18}$

$= 2\sqrt{3}+3\sqrt{2}$

$\therefore x(x-\sqrt{2})(x-\sqrt{3}) = 3\sqrt{2}+2\sqrt{3}$

03 어느 대학에 입학하는 학생 한 명의 입학시험점수를 확률변수 X 라 하면 확률변수 X 는 정규분포 $N(63.7, 10^2)$ 을 따르고 $Z = \dfrac{X-63.7}{10}$ 로 놓으면 확률변수 Z 는 표준정규분포 $N(0, 1)$ 을 따른다.

50명을 모집하는데 5000명이 지원하였고 이 대학에 입학하기 위한 최저점수를 a 라 하면

$P(X \geq a) = P\left(Z \geq \dfrac{a-63.7}{10}\right) = 0.01\left(=\dfrac{50}{5000}\right)$

$P\left(Z \geq \dfrac{a-63.7}{10}\right) = 0.01 = 0.5 - P\left(0 \leq Z \leq \dfrac{a-63.7}{10}\right)$

따라서 $P\left(0 \leq Z \leq \dfrac{a-63.7}{10}\right) = 0.49$

표준정규분포표에서 $P(0 \leq Z \leq 2.33) = 0.490$ 이므로

$\dfrac{a-63.7}{10} = 2.33$

$a - 63.7 = 23.3$

$a = 23.3 + 63.7 = 87$

94.6점 이상인 학생이 장학금을 받으므로

$P(X \geq 94.6) = P\left(Z \geq \dfrac{94.6-63.7}{10}\right)$

$= P(Z \geq 3.09)$

$= 0.5 - P(0 \leq Z \leq 3.09)$

$= 0.5 - 0.499$

$= 0.001$

즉 상위 0.1%의 학생들이 장학금을 받는다.

5000명 중 0.1%는 5명이므로 $b = 5$

$\therefore a + b = 87 + 5 = 92$

04 $\lim\limits_{x \to 2} \dfrac{f(x)}{x-2} = 4$ 에서 $x \to 2$ 일 때 (분모) $\to 0$ 이고

극한값이 존재하므로 (분자) $\to 0$ 이어야 한다.

즉, $f(2) = 0$

이를 $\lim\limits_{x \to 4} \dfrac{f(x)}{x-4} = 2$ 에 적용하면 $f(4) = 0$ 이다.

따라서 $f(x) = (x-2)(x-4)Q(x)$ ($Q(x)$ 는 다항함수)

$\lim\limits_{x \to 2} \dfrac{f(x)}{x-2} = \dfrac{(x-2)(x-4)Q(x)}{x-2}$

$$=-2Q(2)$$
$$=4$$

따라서 $Q(2)=-2$

$$\lim_{x\to 4}\frac{f(x)}{x-4}=\frac{(x-2)(x-4)Q(x)}{x-4}$$
$$=2Q(4)$$
$$=2$$

따라서 $Q(4)=1$

그런데 $Q(x)$는 다항함수이므로 모든 실수 x에서 연속이다. 이 때 $Q(2)Q(4)<0$이므로 사잇값 정리에 의해 $Q(x)=0$ 은 구간 $[2,\ 4]$에서 적어도 하나의 실근을 가지므로 방정식 $f(x)=0$은 구간 $[2,\ 4]$에서 적어도 3개의 실근을 갖는다.

05 $f(x)=x^2-1$라 하면 $f'(x)=2x$

점 $(t,\ t^2-1)$에서의 접선의 기울기는 $f'(t)=2t$이므로 접선 l의 접선의 방정식은

$$y-(t^2-1)=2t(x-t)$$
$$y-t^2+1=2tx-2t^2$$
$$y=2tx-t^2-1$$

구하고자 하는 도형의 넓이를 S라 하면

$$S=\int_0^1\{(x^2-1)-(2tx-t^2-1)\}dx$$
$$=\int_0^1(x^2-2tx+t^2)dx$$
$$=\left[\frac{1}{3}x^3-tx^2+t^2x\right]_0^1$$
$$=\frac{1}{3}-t+t^2$$
$$=\left(t-\frac{1}{2}\right)^2+\frac{1}{3}-\frac{1}{4}$$
$$=\left(t-\frac{1}{2}\right)^2+\frac{1}{12}$$

따라서 $t=\frac{1}{2}$일 때 넓이 S의 최솟값은 $\frac{1}{12}$이다.

$$\therefore \frac{1}{12}$$

06 첫날에 파란색 밴드를 사용하였으므로 둘째 날에는 파란색 밴드를 제외한 4가지 선택이 가능하다. 셋째 날에는 둘째 날에 사용하지 않은 색을 사용해야 하므로 4가지, 넷째 날에는 셋째 날 사용하지 않은 색을 사용해야 하므로 4가지, 다섯째 날에는 넷째 날에 사용하지 않은 색을 사용해야 하므로 4가지. 즉, 전체 경우의 수는 $4^4=256$가지이다.

구하는 경우의 수는 셋째 날에 파란색 밴드를 사용하는 경우의 수와 사용하지 않는 경우의 수를 더한 것과 같다.

1	2	3	4	5
파란색 밴드		파란색 밴드		파란색 밴드

(i) 첫째, 셋째, 다섯째 날 파란색 밴드를 사용하면 둘째, 넷째 날에 올 수 있는 경우의 수는 (빨, 주, 노, 초)의 4가지 색이 각각 올 수 있으므로 총 경우의 수는 $4\times 4=16$가지이다.

(ii) 첫째, 다섯째 날에 파란색 밴드를 사용한다면 둘째 날에는 (빨, 주, 노, 초)의 4가지 색을 사용할 수 있다. 또한 넷째 날에는 파란색 밴드를 사용할 수 없다.

둘째 날에 빨간색 밴드를 사용했다고 가정하면

1	2	3	4	5
파란색 밴드	빨간색 밴드			파란색 밴드

셋째 날에는 (주, 노, 초)의 3가지 색을 사용할 수 있다. 셋째 날에 주황색 밴드를 사용했다고 가정하면

1	2	3	4	5
파란색 밴드	빨간색 밴드	주황색 밴드		파란색 밴드

넷째 날에는 (빨, 노, 초)의 3가지 색을 사용할 수 있다.

따라서 총 경우의 수는 $4\times 3\times 3=36$가지이다.

구하는 확률은 $\dfrac{16+36}{4^4}=\dfrac{4\times 13}{4\times 4\times 4\times 4}=\dfrac{13}{64}$

$$\therefore \frac{13}{64}$$

07 등비수열 $\{a_n\}$의 첫 번째 항을 a, 등비수열 $\{b_n\}$의 첫 번째 항을 b, 공비를 r이라 하여 일반항을 구하면

$a_n=ar^{n-1}$, $b_n=br^{n-1}$이다.

$a_nb_n=\dfrac{(a_{n+1})^2+4(b_{n+1})^2}{5}$에 대입하여 계산하면

$$abr^{2n-2}=\frac{(ar^n)^2+4(br^n)^2}{5}$$
$$\frac{abr^{2n}}{r^2}=\frac{r^{2n}(a^2+4b^2)}{5}$$
$$\frac{ab}{r^2}=\frac{a^2+4b^2}{5}$$
$$\frac{1}{r^2}=\frac{a^2+4b^2}{5ab}=\frac{a}{5b}+\frac{4b}{5a}$$

$a>0$, $b>0$이므로 산술·기하 평균에 의하여

$$\frac{1}{r^2}=\frac{a}{5b}+\frac{4b}{5a}$$
$$\geq 2\sqrt{\frac{a}{5b}\times\frac{4b}{5a}}$$
$$\geq 2\sqrt{\frac{4}{25}}$$
$$\geq \frac{4}{5}$$

$\dfrac{1}{r^2}\geq\dfrac{4}{5}$이므로 $r^2\leq\dfrac{5}{4}$이다.

따라서 $-\dfrac{\sqrt{5}}{2}\leq r\leq\dfrac{\sqrt{5}}{2}$이고 모든 항이 양수라고 하였으므로

r의 범위는 $0 < r \leq \dfrac{\sqrt{5}}{2}$가 된다.

구하는 r의 최댓값은 $\dfrac{\sqrt{5}}{2}$이다.

08 5개의 숫자를 1, 2, 3, x, y라 하면 모든 자리 수의 합이 10이라고 하였으므로 $x+y=4$이다.

(ⅰ) 0, 1, 2, 3, 4가 올 때

다섯 자리 자연수라고 하였으므로 맨 앞에 올 수 있는 숫자의 경우의 수는 4가지이다.

따라서 $4 \times 4 \times 3 \times 2 \times 1 = 96$가지

(ⅱ) 1, 1, 2, 3, 3이 올 때

$\dfrac{5!}{2! \times 2!} = \dfrac{5 \times 4 \times 3 \times 2 \times 1}{2 \times 1 \times 2 \times 1} = 30$가지

(ⅲ) 1, 2, 2, 2, 3이 올 때

$\dfrac{5!}{3!} = \dfrac{5 \times 4 \times 3 \times 2 \times 1}{3 \times 2 \times 1} = 20$가지

따라서 구하는 총 경우의 수는 $96+30+20=146$가지이다.

09 $\dfrac{8}{a_k} = b_k$라 치환하면 주어진 관계식은

$\left(4 - \dfrac{8}{b_{k+1}}\right)\left(2 + \dfrac{8}{b_k}\right) = 8$

$\dfrac{32}{b_k} - \dfrac{16}{b_{k+1}} - \dfrac{64}{b_k b_{k+1}} = 0$에서 양변을 16으로 나누면

$\dfrac{2}{b_k} - \dfrac{1}{b_{k+1}} - \dfrac{4}{b_k b_{k+1}} = 0$을 통분하면

$\dfrac{2b_{k+1} - b_k - 4}{b_k b_{k+1}} = 0$

따라서 $2b_{k+1} - b_k - 4 = 0$이므로 이를 전개하여 정리하면

$b_{k+1} = \dfrac{1}{2}b_k + 2$

$\left(b_{k+1} - 4\right) = \dfrac{1}{2}(b_k - 4)$

$(b_k - 4) = (b_1 - 4)\left(\dfrac{1}{2}\right)^{k-1}$

$b_k = 4 + 4\left(\dfrac{1}{2}\right)^{k-1}$

$\displaystyle\sum_{k=1}^{9} b_k = \sum_{k=1}^{9} 4 + \sum_{k=1}^{9} 4\left(\dfrac{1}{2}\right)^{k-1}$

$\qquad = 36 + 4\displaystyle\sum_{k=1}^{9}\left(\dfrac{1}{2}\right)^{k-1}$

$\qquad = 36 + 4 \times \dfrac{1 - \left(\dfrac{1}{2}\right)^9}{1 - \dfrac{1}{2}}$

$\qquad = 36 + 8\left\{1 - \left(\dfrac{1}{2}\right)^9\right\}$

$\qquad = 44 - \left(\dfrac{1}{2}\right)^6$

따라서 구하는 정수 부분은

$\therefore 43$

10 1쌍의 부부가 상품을 받을 확률은 $\dfrac{1}{3} \times \dfrac{1}{3} = \dfrac{1}{9}$이므로

$\dfrac{57}{32}\left(\dfrac{8}{9}\right)^n$

$= {}_nC_0\left(\dfrac{1}{9}\right)^0\left(\dfrac{8}{9}\right)^n + {}_nC_1\left(\dfrac{1}{9}\right)^1\left(\dfrac{8}{9}\right)^{n-1} + {}_nC_2\left(\dfrac{1}{9}\right)^2\left(\dfrac{8}{9}\right)^{n-2}$

$= \left({}_nC_0 + {}_nC_1\left(\dfrac{1}{9}\right)^1\left(\dfrac{8}{9}\right)^{-1} + {}_nC_2\left(\dfrac{1}{9}\right)^2\left(\dfrac{8}{9}\right)^{-2}\right)\left(\dfrac{8}{9}\right)^n$

$= \left(1 + \dfrac{n}{8} + \dfrac{n(n-1)}{128}\right)\left(\dfrac{8}{9}\right)^n$

$1 + \dfrac{n}{8} + \dfrac{n(n-1)}{128} = \dfrac{57}{32}$

양변에 128을 곱하면

$128 + 16n + n(n-1) = 228$

전개하여 인수분해하면

$128 + 16n + n^2 - n = 228$

$n^2 + 15n - 100 = 0$

$(n+20)(n-5) = 0$이고 n은 자연수이므로

$\therefore n = 5$

11 $a_{2k+1} + 2a_m = g(m+k)$에서

$k=0$, $m=1$을 대입하면

$a_1 + 2a_1 = g(1) = 3$

$k=0$, $m=2$를 대입하면

$a_1 + 2a_2 = g(2) = 7$

$k=1$, $m=1$을 대입하면

$a_3 + 2a_1 = g(2)$

$a_3 + 2 = 7$

$a_3 = 5$

$k=1$, $m=2$를 대입하면

$a_3 + 2a_2 = g(3) = 11$

즉 $g(k)$는 첫째 항이 3이고 공차가 4인 등차수열임을 알 수 있다.

따라서 $g(k) = 4k - 1$이다.

$\displaystyle\sum_{k=1}^{10} g(k) = \sum_{k=1}^{10}(4k-1)$

$\qquad = 4\displaystyle\sum_{k=1}^{10} k - \sum_{k=1}^{10} 1$

$\qquad = 4 \times \dfrac{10 \times 11}{2} - 10$

$\qquad = 220 - 10$

$\qquad = 210$

$\therefore \displaystyle\sum_{k=1}^{10} g(k) = 210$

12 $a^x = t$라 하면 $\dfrac{1}{a} \leq t \leq a$이고

$f(t) = t^2 + 4t - 2$

$t = a$에서 최댓값 10을 가지므로

$f(t)=t^2+4t-2$에 a를 대입하면

$a^2+4a-2=10$

$a^2+4a-12=0$

$(a+6)(a-2)=0$

$a=2$이다. $(a>1)$

따라서 최솟값은 $t=\dfrac{1}{a}=\dfrac{1}{2}$일 때이므로

$f\left(\dfrac{1}{2}\right)=t^2+4t-2=\dfrac{1}{4}+2-2=\dfrac{1}{4}$

13 $f(x)=x^3+1$이라 하면 $f'(x)=3x^2$

점 $(1, 2)$에서의 접선의 기울기는 $f'(1)=3$이므로 접선 l의 접선의 방정식은

$y-2=3(x-1)$

$y-2=3x-3$

$y=3x-1$

이때, 원의 중심에서 점 $(1, 2)$에 그은 직선은 l과 수직이므로 그 직선을 m이라 하면

$y=-\dfrac{1}{3}x+\dfrac{7}{3}$

직선 m은 $\left(0, \dfrac{7}{3}\right)$을 지나고, 중심이 y축 위에 있는 원이라고 하였으므로 원의 중심은 $\left(0, \dfrac{7}{3}\right)$이다.

반지름의 길이(r)는 $\left(0, \dfrac{7}{3}\right)$와 $(1, 2)$사이의 거리이므로

$r=\sqrt{(0-1)^2+\left(\dfrac{7}{3}-2\right)^2}$

$\quad=\sqrt{1+\dfrac{1}{9}}$

$\quad=\sqrt{\dfrac{10}{9}}$

따라서 구하는 원의 넓이는 $\left(\sqrt{\dfrac{10}{9}}\right)^2\pi$

$\therefore \dfrac{10}{9}\pi$

14 $\{(x+1)-y\}^{n+2}$의 전개식에서 x^ny^2의 계수를 포함한 식은 다음과 같다.

$_{n+2}C_2(x+1)^n(-y)^2$

따라서 $f(n)=\,_{n+2}C_2=\dfrac{(n+2)(n+1)}{2}$

$\dfrac{1}{f(n)}=\dfrac{2}{(n+2)(n+1)}=2\left(\dfrac{1}{n+1}-\dfrac{1}{n+2}\right)$

$\displaystyle\sum_{n=1}^{2020}\dfrac{1}{f(n)}=\dfrac{1}{f(1)}+\dfrac{1}{f(2)}+\cdots+\dfrac{1}{f(2020)}$

$\quad=2\left(\dfrac{1}{2}-\dfrac{1}{3}+\dfrac{1}{3}-\dfrac{1}{4}+\cdots+\dfrac{1}{2021}-\dfrac{1}{2022}\right)$

$\quad=2\left(\dfrac{1}{2}-\dfrac{1}{2022}\right)$

$\quad=2\times\dfrac{1010}{2022}$

$\quad=\dfrac{1010}{1011}$

따라서 $a=1010$, $b=1011$이다.

$\therefore a+b=1010+1011=2021$

15 점 P는 $y=2^x-\sqrt{2}$ 위에 있고 x좌표가 a_n이라고 하였으므로 $P(a_n, 2^{a_n}-\sqrt{2})$

점 P의 x축에 내린 수선의 발을 R이라 하자. 삼각형 PQR은 빗변의 길이가 n이고 점 P, Q를 지나는 직선의 기울기가 -1이므로 직각이등변삼각형이다.

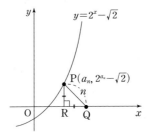

따라서 $\overline{PR}=\dfrac{n}{\sqrt{2}}$이다.

P의 y좌표의 값과 $\overline{PR}$이 같으므로

$2^{a_n}-\sqrt{2}=\dfrac{n}{\sqrt{2}}$

$\sqrt{2}\times(2^{a_n}-\sqrt{2})=n$

$\sqrt{2}\times 2^{a_n}=n+2$

$2^{a_n}=\dfrac{n+2}{\sqrt{2}}$

$a_n=\log_2\dfrac{n+2}{\sqrt{2}}$

$\quad=\log_2(n+2)-\log_2\sqrt{2}$

$\quad=\log_2(n+2)-\dfrac{1}{2}$

$\displaystyle\sum_{n=1}^{6}a_n=a_1+a_2+\cdots+a_6$

$\quad=\left(\log_2 3-\dfrac{1}{2}\right)+\left(\log_2 4-\dfrac{1}{2}\right)+\cdots+\left(\log_2 8-\dfrac{1}{2}\right)$

$\quad=\log_2(3\times4\times\cdots\times8)-3$

$\quad=\log_2(2^6\times315)-3$

$\quad=\log_2 315+3$

$2^8<315<2^9$이므로 $\log_2 315=8.\times\times\times\cdots$

따라서 $\displaystyle\sum_{n=1}^{6}a_n$의 정수 부분은 11이다.

$\therefore 11$

16 $y=2-x^2$ 위의 점 P를 $(t, 2-t^2)$이라 하자.

$(\overline{AP})^2=(1-t)^2+(t^2-2)^2 \cdots$ ㉠

$\quad=t^2-2t+1+t^4-4t^2+4$

$\quad=t^4-3t^2-2t+5$

$f(t)=t^4-3t^2-2t+5$라 하면

$f'(t) = 4t^3 - 6t - 2 = 2(t+1)(2t^2 - 2t - 1)$

$f'(t) = 0$에서 $t = -1, \dfrac{1-\sqrt{3}}{2}, \dfrac{1+\sqrt{3}}{2}$

다음 그림과 같이 차례대로 극솟값, 극댓값, 극솟값을 갖는다.

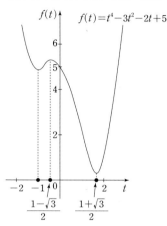

$f(t)$의 최솟값은 $t = \dfrac{1+\sqrt{3}}{2}$일 때이므로

㉠에 대입하여 계산하면

$1 - t = \dfrac{1-\sqrt{3}}{2},\ t^2 - 2 = \dfrac{\sqrt{3}-2}{2}$

$(1-t)^2 + (t^2-2)^2 = \left(\dfrac{1-\sqrt{3}}{2}\right)^2 + \left(\dfrac{\sqrt{3}-2}{2}\right)^2$

$\qquad\qquad\qquad\qquad = \dfrac{1 - 2\sqrt{3} + 3 + 3 - 4\sqrt{3} + 4}{4}$

$\qquad\qquad\qquad\qquad = \dfrac{11 - 6\sqrt{3}}{4}$

17 $y = \log_{\frac{1}{2}}(2x - m)$에서 $2x - m = 0$이 되는 $x = \dfrac{m}{2}$이 점근

선이고 $2x - m = 1$이 되는 $x = \dfrac{m}{2} + 1$에서 x축과 만난다.

따라서 $x = n$이 $y = \log_{\frac{1}{2}}(2x - m)$와 만나려면 $x = \dfrac{m}{2}$보다

오른쪽에 있어야 하므로

$\dfrac{m}{2} < n \cdots$ ㉠

$y = |2^{-x} - m|$의 그래프의 모양은 다음 그림과 같다.

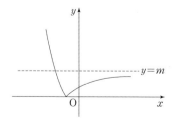

따라서 직선 $y = n$이 그래프와 두 점에서 만나려면

$n < m \cdots$ ㉡

㉠, ㉡을 연립하면 m의 범위는

$n < m < 2n$

$a_n = (n+1) + (n+2) + \cdots + (2n-1)$

$\qquad = \dfrac{(n-1)(n+1+2n-1)}{2}$

$\qquad = \dfrac{3}{2}n(n-1)$

$\displaystyle\sum_{n=5}^{10} \dfrac{1}{a_n} = \sum_{n=5}^{10} \dfrac{2}{3} \times \dfrac{1}{n(n-1)}$

$\qquad\quad = \dfrac{2}{3} \sum_{n=5}^{10} \left(\dfrac{1}{n-1} - \dfrac{1}{n}\right)$

$\qquad\quad = \dfrac{2}{3} \times \left(\dfrac{1}{4} - \dfrac{1}{5} + \dfrac{1}{5} - \dfrac{1}{6} + \cdots + \dfrac{1}{9} - \dfrac{1}{10}\right)$

$\qquad\quad = \dfrac{2}{3} \times \left(\dfrac{1}{4} - \dfrac{1}{10}\right)$

$\qquad\quad = \dfrac{2}{3} \times \dfrac{3}{20}$

$\qquad\quad = \dfrac{1}{10}$

$\therefore \displaystyle\sum_{n=5}^{10} \dfrac{1}{a_n} = \dfrac{1}{10}$

18 접점을 $(t, f(t))$라 하면

$f'(x) = 5x^4 - 4ax^3$일 때 $f'(t) = 1$이므로

$5t^4 - 4at^3 = 1 \cdots$ ㉠

$y = x - 1$에 접하므로 $f(t) = t - 1$

$t^5 - at^4 = t - 1 \cdots$ ㉡

㉠, ㉡을 a에 대해 정리하면

$\dfrac{5t^4 - 1}{4t^3} = \dfrac{t^5 - t + 1}{t^4}$

$5t^5 - t = 4t^5 - 4t + 4$

$t^5 + 3t - 4 = 0$

$(t-1)(t^4 + t^3 + t^2 + t + 4) = 0$

따라서 $t = 1$

접점의 좌표는 $(1, 0)$이고 $(1, 0)$을

$f(x) = x^4(x - a)$에 대입하면

$f(1) = 1 - a = 0$

따라서 $a = 1$

$g(x) = k(x-1)(x-b)$의 그래프가

$y = x - 1$에 접한다고 하였으므로 $g'(x) = 1$

$g'(x) = k\{(x-b) + (x-1)\} = 1$,

접점의 좌표가 $(1, 0)$이므로

$x = 1$을 $g'(x)$에 대입하면

$g'(1) = 1 = k(1 - b)$

$k = \dfrac{1}{1 - b} \cdots$ ㉢

따라서 $f(x)$와 $g(x)$의 그래프의 모양은 다음 그림과 같다.

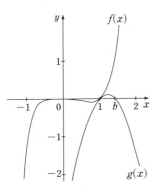

$f(x)$의 그래프와 x축으로 둘러싸인 넓이는

$$\int_0^1 |x^5-x^4|\,dx = \left|\frac{1}{6}-\frac{1}{5}\right| = \frac{1}{30}$$

$g(x)$의 그래프와 x축으로 둘러싸인 넓이는

$$\int_1^b |k(x-1)(x-b)|\,dx = \frac{|k|(b-1)^3}{6}$$

이 둘의 넓이가 같다고 하였으므로

$$\frac{1}{30} = \frac{|k|(b-1)^3}{6}$$

$$|k|(b-1)^3 = \frac{1}{5}$$

$$|k| = \frac{1}{5(b-1)^3}$$

이를 ⓒ과 연립하여 계산하면

$$\frac{1}{1-b} = -\frac{1}{5(b-1)^3}(k<0)$$

$$\frac{1}{b-1} = \frac{1}{5(b-1)^3}$$

$$(b-1)^2 = \frac{1}{5}$$

$$b = 1 \pm \frac{1}{\sqrt{5}}$$

따라서 $b=1+\frac{1}{\sqrt{5}}(b>1)$, $k=-\sqrt{5}$

$$\therefore abk = -1-\sqrt{5}$$

19 $f'(x)$가 $x=-1$에서 최솟값을 갖는다고 하였다.

따라서 $x=-1$이 축이고 $f(x)$의 변곡점의 x좌표가 -1이다.($x=-1$의 좌우에서 $f''(x)$의 부호가 바뀌기 때문에)

$f(x)=x^3+ax^2+bx+c$라 하면 $f'(x)=3x^2+2ax+b$

$f'(x)=3(x+1)^2+d$라 하면

$$3x^2+2ax+b=3(x+1)^2+d$$

$$3x^2+2ax+b=3x^2+6x+3+d$$

$$2a=6,\ b=3+d$$

$$a=3$$

한편, $y=|f(x)-f(-3)|$은 $f(x)$를 $f(-3)$만큼 평행이동 후 x축 아래 부분을 x축에 대칭시켰다. 따라서 $x=-3$에서 x축과 만나므로 $f(-3)=0$이다.

$f(x)=x^3+3x^2+bx+c$에서

$f(-3)=-3b+c=0,\ c=3b$

c에 $3b$를 대입하여 인수분해하면

$$f(x)=x^3+3x^2+bx+3b$$
$$=x^2(x+3)+b(x+3)$$
$$=(x+3)(x^2-b)$$

(i) $x=-3$에서 접하지 않을 때

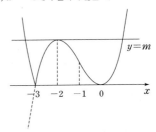

※ 삼차함수의 그래프의 극대(극소)인 점 A에서 그은 접선이 이 삼차함수의 그래프와 점 B에서 만날 때, 선분 AB를 $2:1$로 내분하는 점의 x좌표가 극소(극대)인 점의 x좌표와 같다.(선분 AB의 $1:2$ 내분점은 변곡점이다.)

따라서 $x=-2$에서 극댓값을 갖고 $x=0$에서 극솟값을 갖는다.

$f(x)=(x+3)(x^2-b)$에서 $f(0)=0$이므로 $b=0$

따라서 (i)의 경우 $f(x)=x^2(x+3)$

이 때 극댓값은 $f(-2)=4$

$$m=4$$

(ii) $x=-3$에서 접할 때

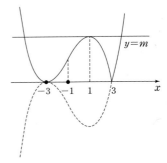

$f(x)=(x+3)(x^2-b)$에서 $f(3)=0$이므로 $b=9$

따라서 (ii)의 경우 $f(x)=(x+3)^2(x-3)$

이 때 극솟값은 $f(1)=-32$

$$m=32$$

(i), (ii)의 경우에서 m의 최댓값은 32

20 선분 DE가 최소가 될 때는 다음 그림과 같이 수선 AH가 원의 지름일 때이다.

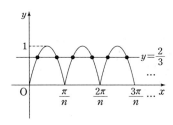

삼각형 ACH에서 $(7-a)^2+(2r)^2=6^2$ ··· ㉠

삼각형 ABH에서 $a^2+(2r)^2=5^2$ ··· ㉡

㉠$-$㉡을 하면 $a^2-14a+49-a^2=11$

$14a=38$

$a=\dfrac{19}{7}$

㉡에 대입하여 r을 구하면

$\left(\dfrac{19}{7}\right)^2+4r^2=25$

$4r^2=25-\dfrac{361}{49}=\dfrac{864}{49}$

$r^2=\dfrac{216}{49}$

$r=\dfrac{6\sqrt6}{7}$

삼각형 ABC에서

$\cos A=\dfrac{5^2+6^2-7^2}{2\times5\times6}=\dfrac{1}{5}$

$\sin^2A+\cos^2A=1$이므로

$\sin^2A+\dfrac{1}{25}=1$

$\sin^2A=\dfrac{24}{25}$

$\sin A=\dfrac{2\sqrt6}{5}$ ($A<180°$이므로 $\sin A>0$)

삼각형 ADE의 외접원의 반지름의 길이를 r이라 하면

$\dfrac{\overline{DE}}{\sin A}=2r$이므로

$\overline{DE}=2r\times\sin A=2\times\dfrac{6\sqrt6}{7}\times\dfrac{2\sqrt6}{5}=\dfrac{144}{35}$

$\therefore$ $\overline{DE}$의 최솟값$=\dfrac{144}{35}$

21

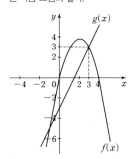

$y=|\sin nx|$의 주기는 $\dfrac{\pi}{n}$이고 한 주기마다 2개의 실근을 가

지므로 $0\leq x\leq2\pi$에서 방정식 $|\sin nx|=\dfrac{2}{3}$의 서로 다른

실근의 개수는

$a_n=2\times\dfrac{2\pi}{\dfrac{\pi}{n}}=4n$

또한 서로 다른 모든 실근의 합은

$b_n=\left(0+\dfrac{\pi}{n}\right)+\left(\dfrac{\pi}{n}+\dfrac{2\pi}{n}\right)+\left(\dfrac{2\pi}{n}+\dfrac{3\pi}{n}\right)+\left(\dfrac{3\pi}{n}+\dfrac{4\pi}{n}\right)$

$\qquad\qquad+\cdots+\left\{\left(2\pi-\dfrac{\pi}{n}\right)+2\pi\right\}$

$=\dfrac{\pi}{n}+\dfrac{3\pi}{n}+\dfrac{5\pi}{n}+\dfrac{7\pi}{n}+\cdots+\dfrac{(4n-1)\pi}{n}$

$=\dfrac{\pi}{n}[\{1+5+9+\cdots+(4n-3)\}+\{3+7+11+\cdots$

$\qquad\qquad\qquad\qquad\qquad+(4n-1)\}]$

$=\dfrac{\pi}{n}\{(2n^2-n)+(2n^2+1)\}$

$=\dfrac{\pi}{n}\times4n^2$

$=4n\pi$

$a_5=4\times5=20$, $b_6=4\times6\times\pi=24\pi$

$a_5b_6=20\times24\pi=480\pi$

$\therefore$ $k=480$

22 $h(x)=\begin{cases}f(x) & (f(x)\geq g(x)) \\ g(x) & (f(x)<g(x))\end{cases}$

$h(x)$가 극솟값 3을 가진다고 하였으므로 $f(x)$, $g(x)$, $h(x)$는 다음 그림과 같다.

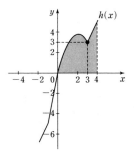

$h(x)$의 극솟값이 3일 때의 x값을 구하면

$-x^2+4x=3$

$x^2-4x+3=0$

$(x-1)(x-3)=0$

$x=3$(극솟값이 3)

$(3, 3)$을 $g(x)$에 대입하면

$3=2\times3-a$

$a=3$

위의 그림에서 색칠한 부분의 넓이를 구해야하므로

$$\int_0^4 h(x)dx=\int_0^3 f(x)dx+\int_3^4 g(x)dx$$
$$=\int_0^3(-x^2+4x)dx+\int_3^4(2x-3)dx$$
$$=\left[-\frac{1}{3}x^3+2x^2\right]_0^3+\left[x^2-3x\right]_3^4$$
$$=9+4$$
$$=13$$
$$\therefore \int_0^4 h(x)dx=13$$

23 $\log_a b=\frac{3}{2}$에서 $b=a^{\frac{3}{2}}$

$\log_c d=\frac{3}{4}$에서 $d=c^{\frac{3}{4}}$

$b=a^{\frac{3}{2}}$에서 a를 p^2, b를 p^3으로 치환한다.

$d=c^{\frac{3}{4}}$에서 c를 q^4, d를 q^3로 치환한다.

문제에서 $a-c=19$라고 하였으므로

$p^2-q^4=19=(p+q^2)(p-q^2)$

a, b, c, d는 모두 자연수이므로

$p=10$, $q=3$이 된다. 이를 대입하여 $b-d$의 값을 구하면

$b-d=p^3-q^3$
$$=10^3-3^3$$
$$=1000-27$$
$$=973$$
$$\therefore b-d=973$$

24 조건 (가)에 의하여 ab는 12의 약수이고, $c+d+e\geq3$이므로 $ab=1$, $ab=2$, $ab=3$, $ab=4$인 경우로 나누어 생각할 수 있다.

(i) $ab=1$인 경우

(a, b)는 $(1, 1)$의 한 가지

이 각각에 대하여 $c+d+e=12$이고 조건 (나)를 만족시키려면 c, d, e가 모두 짝수이어야 한다.

$c=2c'+2$, $d=2d'+2$, $e=2e'+2$

$(c', d', e'$는 음이 아닌 정수)로 놓으면,

$c'+d'+e'=3$

이를 만족시키는 모든 순서쌍 (c', d', e')의 개수는 서로 다른 3개에서 3개를 택하는 중복조합의 수와 같으므로

${}_3H_3={}_{3+3-1}C_3={}_5C_3=10$

따라서 이 경우의 수는 $1\times10=10$

(ii) $ab=2$인 경우

(a, b)는 $(1, 2)$, $(2, 1)$의 두 가지

이 각각에 대하여 $c+d+e=6$이고 조건 (나)를 만족시키려면 c, d, e가 모두 짝수이거나 c, d, e 중 2개는 홀수, 1개는 짝수이어야 한다.

짝수가 되는 경우는 $(2, 2, 2)$인 경우뿐이다.

c, d, e중에서 홀수가 될 2개를 택하는 경우의 수는

${}_3C_2=3$

이 각각에 대하여 홀수 2개를 $2p+1$, $2q+1$, 짝수 1개를 $2r+2(p, q, r$은 음이 아닌 정수)로 놓으면

$p+q+r=1$

이를 만족시키는 (p, q, r)의 개수는 3가지이므로

이 경우의 수는 $3\times3=9$

따라서 이 경우의 수는 $2\times(1+9)=20$

(iii) $ab=3$인 경우

(a, b)는 $(1, 3)$, $(3, 1)$의 두 가지

이 각각에 대하여 $c+d+e=4$이고 조건 (나)를 만족시킬 수 없다.

(iv) $ab=4$인 경우

(a, b)는 $(1, 4)$, $(2, 2)$, $(4, 1)$에서 조건 (가), (나)를 모두 만족시키는 경우는 (a, b)가 $(2, 2)$일 때 (c, d, e)가 $(1, 1, 1)$뿐이므로 이 경우의 수는 1

(i)~(iv)에 의하여 구하는 순서쌍의 개수는

$10+20+1=31$

25 $\displaystyle\sum_{i=1}^5(ax_i+b-y_i)^2$
$$=(ax_1+b-y_1)^2+(ax_2+b-y_2)^2+\cdots+(ax_5+b-y_5)^2$$
$$=(-2a+b-1)^2+(-a+b-2)^2+(b-3)^2$$
$$\qquad+(a+b-2)^2+(2a+b-4)^2$$
$$=\{(-2a+b-1)^2+(2a+b-4)^2\}+\{(-a+b-2)^2$$
$$\qquad+(a+b-2)^2\}+(b-3)^2$$
$$=(8a^2+2b^2-12a-10b+17)+(2a^2+2b^2-8b+8)$$
$$\qquad+(b^2-6b+9)$$
$$=10a^2+5b^2-12a-24b+34$$

$S=10a^2+5b^2-12a-24b+34$라 하고 식을 정리하면

$S=10a^2-12a+5b^2-24b+34$
$$=10\left(a-\frac{12}{20}\right)^2+5\left(b-\frac{24}{10}\right)^2+\frac{16}{10}$$

S가 최소가 되기 위해서는 $\left(a-\frac{12}{20}\right)^2$, $\left(b-\frac{24}{10}\right)^2=0$을 만족해야 하므로

$a=\frac{12}{20}$, $b=\frac{24}{10}$

$\therefore a+b=3$

2020학년도 기출문제 정답 및 해설

제1교시 **국어영역**

01 ⑤	02 ②	03 ①	04 ⑤	05 ③	06 ①
07 ④	08 ④	09 ②	10 ③	11 ④	12 ②
13 ②	14 ③	15 ④	16 ①	17 ③	18 ③
19 ③	20 ④	21 ②	22 ⑤	23 ①	24 ④
25 ①	26 ⑤	27 ①	28 ③	29 ③	30 ④
31 ④	32 ③	33 ③	34 ③	35 ④	36 ⑤
37 ②	38 ①	39 ③	40 ④	41 ①	42 ③
43 ③	44 ④	45 ⑤			

01 ⑤ '굴복하면서'의 '굴복하다'는 '…에'를 필요로 하는 서술어이므로 부사어 '자연에'를 보충하여 '인간은 자연의 위대한 힘과 맞설 때도 있었지만 대개는 자연에 굴복하면서 살아왔다.'로 써야 한다. '섞이다'는 '…과' 또는 '…에'를 필요로 하는 서술어이므로 문맥 상 부사어 '수돗물에'를 보충하여 '대도시의 수도관이 낡고 녹슬어서 수돗물에 녹이 섞이거나, 물이 새는 일이 적지 않다.'로 써야 한다.

> **TIP** 문장성분의 호응
>
> 주어와 서술어, 주어와 부사어 또는 수식어와 피수식어 사이에 짝이 이뤄져야 한다.
> - 그 일은 담당자에게 상의하십시오.
>   → 그 일은 담당자와 상의하십시오.
> - 어제는 비와 바람이 불었다.
>   → 비가 오고 바람이 불었다.
> - 용감한 그의 아버지는 적군을 향해 돌진했다.
>   → 그의 용감한 아버지는 적군을 향해 돌진했다.
> - 확실한 사실은 그가 지금까지 성실하게 살아왔다.
>   → 확실한 사실은 그가 지금까지 성실하게 살아왔다는 것이다.

02 ② '본따서는' 어법상 틀린 표현이다. '본떠서는' 어간 '본뜨-'에 연결어미 '-어서'가 결합한 말이므로 모음 '-'가 탈락해 '본떠서'로 표기하는 것이 옳다.

오답풀이

① '아니에요'는 어간 '아니-'와 어미 '-에요'가 연결된 말로, '아니에요'라고 써야 한다. '아니예요'는 틀린 표현이다.

③ '빨갛다'는 색상을 나타낸 형용사로, 어간 '빨갛-'에 어미 '-네'가 결합한 형태이다. '빨가네'처럼 'ㅎ'이 탈락한 형태도 허용된다.

④ '누레지다'는 '누렇게 되다'의 의미로, 모음 조화에 의해 음성모음은 음성모음끼리 이어져야 하므로 'ㅜ' 뒤에 'ㅔ'가 오는 것이 적절하다. '누래지다'는 틀린 표현이다.

⑤ '가팔라서'는 '가파르-'와 '-아서'가 결합한 말로, '르' 불규칙 활용 때문에 '가팔라서'가 된다.

> **TIP** '르' 불규칙 활용
>
> 어간의 끝음절 '르'가 어미 '-아', '-어' 앞에서 'ㄹㄹ'로 바뀌는 활용
> ⓔ '자르-' + '-아' → 잘라
>   '부르-' + '-어' → 불러

03 ① '열여섯'은 앞 말이 자음으로 끝나고 뒷 말이 'ㅕ'로 시작하므로 'ㄴ'이 첨가되는 'ㄴ'첨가와 음절의 끝소리 규칙에 의해 '열녀섣'이 된다. 이 과정에서 발생하는 음운 변동은 음운 첨가와 음운 교체이고, 유음화에 의해 'ㄴ'이 'ㄹ'로 변해 '열녀섣'이 [열려섣]으로 발음될 때 발생하는 음운 변동은 음운 교체이다. 즉, ㉠에서는 음운의 첨가와 교체, ㉡에서는 음운의 교체 현상이 발생한다.

> **TIP** 음운의 교체
>
> - **음절의 끝소리 규칙** : 음절의 끝에서 'ㄱ, ㄴ, ㄷ, ㄹ, ㅁ, ㅂ, ㅇ'만 발음되는 현상
>   ⓔ 옷[옫], 낮[낟]
> - **자음군 단순화** : 음절 끝에 두 개의 자음이 놓일 때 하나의 자음만 남고 나머지 하나의 자음은 탈락하는 현상
>   ⓔ 몫[목], 여덟[여덜], 밟고[밥꼬]
> - **된소리되기** : 두 개의 예사소리가 만나 뒤 음절의 첫소리가 'ㄲ, ㄸ, ㅃ, ㅆ, ㅉ'으로 발음되는 현상
>   ⓔ 국밥[국빱]
> - **자음 동화** : 음절 끝의 자음이 뒤에 오는 자음과 비슷해지거나 같은 소리로 바뀌는 현상
>   – 비음화 : 'ㅂ, ㄷ, ㄱ' + 'ㄴ, ㅁ' → [ㅁ, ㄴ, ㅇ]
>   ⓔ 밥물[밤물], 닫는[단는]
>   – 유음화 : 'ㄴ' + 'ㄹ' → [ㄹ]
>   ⓔ 칼날[칼랄], 신라[실라]
> - **구개음화** : 'ㄷ, ㅌ' + 'ㅣ' → 'ㅈ, ㅊ'
>   같이[가치], 굳이[구지]

599

정답 및 해설

04 ⑤ ⑩의 '집현전'은 [지편전]으로 발음된다. 그러나 〈보기〉의 4번을 참고하면 '집현전'은 명사이므로 'ㅎ'을 밝혀 적어야 한다. 따라서 '집현전'은 'Jiphyeonjeon'으로 표기해야 한다.

오답풀이

① '신라'는 유음화에 의해 [실라]로 발음되므로 〈보기〉의 1번을 참고하면 'silla'로 표기해야 한다.

② '알약'은 'ㄹ'첨가에 의해 [알략]으로 발음되므로 〈보기〉의 2번을 참고하면 'allyak'으로 표기해야 한다.

③ '같이'는 구개음화에 의해 [가치]로 발음되므로 〈보기〉의 3번을 참고하면 'gachi'로 표기해야 한다.

④ '놓다'는 격음화에 의해 [노타]로 발음되고, 용언이므로 〈보기〉의 4번을 참고하면 'nota'로 표기해야 한다.

TIP 로마자 표기법 제3장

제1항

음운 변화가 일어날 때에는 변화의 결과에 따라 다음 각호와 같이 적는다.

1. 자음 사이에서 동화 작용이 일어나는 경우

| 백마[뱅마] | Baengma | 신문로[신문노] | Sinmunno |
| 왕십리[왕심니] | Wangsimni | 신라[실라] | Silla |

2. 'ㄴ, ㄹ'이 덧나는 경우

| 학여울[항녀울] | Hangnyeoul | 알약[알략] | allyak |

3. 구개음화가 되는 경우

| 해돋이[해도지] | haedoji | 같이[가치] | gachi |

4. 'ㄱ, ㄷ, ㅂ, ㅈ'이 'ㅎ'과 합하여 거센소리로 소리 나는 경우

| 좋고[조코] | joko | 놓다[노타] | nota |
| 잡혀[자펴] | japyeo | 낳지[나치] | nachi |

05 ③ ㉠의 '가는'은 '가다'의 어간 '가-'와 어미 '-는'이 결합한 형태이다. ㉡의 '가는'은 '갈다'의 어간 '갈-'과 '-는'이 결합한 형태이다. ㉢의 '가는'은 '가늘다'의 어간 '가늘-'과 어미 '-는'이 결합한 형태이다. 따라서 적절한 것은 ③이다.

TIP 형태소

• 자립성 유무에 따라

  – 자립 형태소 : 독립된 단어가 될 수 있는 형태소

  – 의존 형태소 : 다른 형태소와 결합할 때 단어가 될 수 있는 형태소

• 의미의 기능 여부에 따라

  – 실질 형태소 : 실질적 의미를 가지고 있는 형태소

  – 형식 형태소 : 문법적인 기능을 하는 형태소

• 형태소의 분석 : 단어의 원형을 밝혀야 한다.

  예 떠내려갔다 : 뜨-/-어/내리-/-어/가-/-았-/-다 → 7개

  여쭈어봤다 : 여쭈-/-어/보-/-았-/-다 → 5개

06 ① 밑줄 친 '비교적'은 '쉽다'를 수식하고 있고, '쉽다'는 형용

사이므로 용언에 속한다. 용언을 수식하는 품사는 부사이므로 '비교적'은 부사이다.

오답풀이

② 밑줄 친 '비상식적'은 서술격 조사 '-이다' 앞에 결합했으므로 조사와 결합한 '비상식적'은 명사이다.

③ 밑줄 친 '기술적'은 뒤의 체언 '결함'을 수식하므로 관형사이다.

④ 밑줄 친 '전국적'은 조사 '-으로'가 결합했으므로 명사이다.

⑤ 밑줄 친 '평화적'은 뒤의 체언 '방법'을 수식하므로 관형사이다.

07 ④ '-라도'와 '-이라도'는 앞 말의 환경에 따라 다르게 적용되는 이형태 관계이다. '-라도'는 앞말이 모음으로 끝났을 때, '-이라도'는 앞말이 자음으로 끝났을 때 결합하는 조사이다.

TIP 형태소의 이형태

• 음운론적 이형태 : 특정 음운 조건에서 자동으로 변동되어 나타나는 이형태로, 대부분의 조사가 이형태에 해당함

  예 선생님이 / 친구가

• 형태론적 이형태 : 특정 형태소와 어울릴 때 변동되어 나타나는 이형태

  – 어간의 마지막 말 모음에 'ㅏ, ㅗ'가 있을 때 : '-아서'와 결합

  – 어간의 마지막 말 모음에 'ㅏ, ㅗ'가 없을 때 : '-어서'와 결합

  – 어간의 마지막 말 모음에 '-하-'가 있을 때 : '-여서'와 결합

  예 잡아서, 보아서, 먹어서, 주어서, 하여서

08 ④ ④는 부사절 '누나를 설득하도록'을 포함한 안은문장으로, 밑줄 친 '설득하도록'은 '누나를'이 선행하므로 ㉠【…을】의 용례이다.

㉣의 용례로는 '누나에게 집에 가도록 설득했다'가 있다.

오답풀이

① 밑줄 친 '설득하여'는 '용의자를'이 선행하므로 ㉠【…을】의 용례이다.

② 밑줄 친 '설득하였다'는 '학생들에게 용기를 낼 것을'이 선행하므로 ㉡【…에게 …을】의 용례이다.

③ 밑줄 친 '설득하였다'는 '범인에게 투항하기를'이 선행하므로 ㉢【…에게 -기를】의 용례이다.

⑤ 밑줄 친 '설득하였다'는 '두 사람에게 그만 화해하라고'가 선행하므로 ㉤【…에게 -고】의 용례이다.

09 ② 밑줄 친 '머리에 털 나고'는 '세상에 태어나서'라는 의미이다.

오답풀이

① '손을 떼다'는 '하던 일을 중도에 그만두다'라는 의미이다.

③ '입에 풀칠하다'는 '겨우 목숨이나 부지할 정도로 굶지나

않고 산다'라는 의미이다.

④ '눈에 흙이 들어가다'는 '사람이 죽어 땅에 묻히다'라는 의미이다.

⑤ '가슴에 새기다'는 '잊지 않게 단단히 마음에 기억하다'라는 의미이다.

10 ③ 도서관에서 떠드는 사람에게 "거, 조용히 좀 합시다."라고 하는 것은 조용히 하는 행동의 주체가 청자이므로 ⓒ이 아닌 ⓔ의 예시가 된다.

오답풀이

① 문제를 논의하는 행동의 주체가 화자와 청자이므로 ㉠의 예로 적절하다.

② 밥을 먹는 행동의 주체가 청자이므로 ⓛ의 예로 적절하다.

④ 길을 비키는 행동의 주체가 청자이므로 ⓔ의 예로 적절하다.

⑤ 책을 보는 행동의 주체가 화자이므로 ⓜ의 예로 적절하다.

11 ④ '太子'는 사람이고 높임의 대상이다. 관형격 조사 'ㅅ'은 높임의 대상인 유정물에 사용하므로 무정물이라서 관형격 조사 'ㅅ'을 사용했다는 설명은 적절하지 않다.

오답풀이

① '호리이다'는 'ᄒᆞ오리이다'에서 'ㆍ'이 탈락한 것으로 'ᄒᆞ오리이다'에는 선어말어미 '-오-'가 들어 있다.

② '내 롱담ᄒᆞ다라'에서 '-하라'체를 사용한 것을 보면 화자가 청자보다 상위자임을 알 수 있다.

③ '太子'는 주어이므로 '太子ㅣ'의 'ㅣ'는 주격 조사임을 알 수 있다.

⑤ '아니 ᄒᆞ시는'에서 '아니'는 동사 'ᄒᆞ다'를 수식하므로 부사임을 알 수 있다.

12 ② '가다가'의 '-다가'가 연결어미이므로 ㉠의 동일 모음 탈락이 적용된 예로는 적절하지 않다.

오답풀이

① '자도'는 '자-'와 '-아도'의 결합에서 동일 모음 '-아'가 탈락한 것이다. '닫아도', '잡아도' 등은 어간이 자음으로 끝났으므로 '-아'가 탈락하지 않았다.

③ '떠나야'는 '떠나-'와 '-아'의 결합에서 동일 모음 '-아'가 탈락한 것이다. '닫아야', '잡아야' 등은 어간이 자음으로 끝났으므로 '-아'가 탈락하지 않았다.

④ '서서'는 '서-'와 '-어'의 결합에서 동일 모음 '-어'가 탈락한 것이다. '먹어서' '들어서' 등은 어간이 자음으로 끝났으므로 '-어'가 탈락하지 않았다.

⑤ '자'는 '자-'와 '-아'의 결합에서 동일 모음 '-아'가 탈락한 것이다. '문 닫아'의 '닫아'는 어간이 자음으로 끝났으므로 '-아'가 탈락하지 않았다.

[13~17] 독서 – 인문

13 ② 주어진 글은 웃음의 발생 원리와 특징에 대한 다양한 견해를 설명한 글이다. 따라서 ②의 '웃음에 관한 다양한 이해'가 적절한 제목이다.

14 ③ 주어진 글은 3문단부터 웃음 발생에 관여하는 영역, 웃음에 관련된 실험 등에 대한 전문가의 견해를 통해 웃음에 대한 과학적 논의를 설명하고 웃음이 사회적 신호임을 밝히고 있다.

15 ④ 〈보기〉는 인위적인 감정의 변화가 실제 감정의 변화에 영향을 준다는 사실을 설명하고 있다. 따라서 이를 참고해 주어진 글의 '웃음'에 대해 바르게 이해한 것은 ④이다.

16 ① [A]에 따르면 여자들은 같은 여자와 함께 영화를 볼 때보다 남자와 영화를 볼 때 많이 웃으며 낯선 남자와 함께 볼 때 더 크게 웃는 반면 혼자 영화를 보거나 여자들과 영화를 볼 때는 웃음소리가 점점 잦아들었다고 하였으므로 여성은 남성과 개그 프로그램을 볼 때 혼자 볼 때보다 크게 웃을 것이다.

오답풀이

② [A]에 따르면 여자들은 같은 여자와 함께 영화를 볼 때보다 낯선 남자와 함께 볼 때 더 크게 웃는다고 하였으므로 낯선 여성들과 볼 때 조용할 것이다.

③ [A]에 따르면 남자들은 아는 남자와 함께 영화를 볼 때 여성이나 낯선 사람과 영화를 볼 때보다 더 크게 웃는다고 하였으므로 낯선 여성과 볼 때 더 조용할 것이다.

④ 여성이 낯선 남자와 함께 영화를 볼 때 더 크게 웃는다고 하였으므로 아는 남성과 볼 때보다 더 크게 웃을 것이다.

⑤ 남자들은 아는 남자와 함께 영화를 볼 때 낯선 사람과 영화를 볼 때보다 더 크게 웃는다고 하였으므로 아는 남성과 볼 때 더 크게 웃을 것이다.

17 ③ 2문단에서 웃음소리를 들으면 웃음 감지 영역이 자극되고, 신호가 웃음 발생 영역으로 전달되어 따라 웃게 되는 것이라고 하였으므로 자극되는 영역의 순서는 '웃음 감지 영역 → 웃음 발생 영역'이다.

오답풀이

① 4문단에서 웃음 유발 영역이면서 감정적 판단과 의사결정을 관장하는 전두엽은 고등동물일수록 발달된다고 하였으므로 다른 동물들보다 발달했을 것이다.

② 4문단에서 우울증 환자들은 전두엽 하단이 정상적으로 반응하지 않는다고 하였다.

④ 3문단에서 피실험자들에게 다른 사람의 웃음소리를 녹음한 테이프를 들려주고 핵자기공명영상(MRI)을 이용해 뇌의 어떤 부분이 웃음에 관여하는지 실험했다고 하였다.

⑤ 6문단에서 농담을 듣는 사람보다 농담을 하는 사람이 1.5배 더 많이 웃는다고 하였으므로 전두엽 하단이 더 활성화된다.

[18~21] 독서 – 사회

18 ③ 주어진 글은 제2차 세계대전 이후 비트 세대 작가들의 반문화 형성과 그 배경 및 의의를 설명한 글로, 가설을 세워 그 논리를 비교하는 방식은 나타나있지 않다.

오답풀이

① 1문단에서 비트 세대 작가들에 대해 제2차 세계대전 이후 1950~60년대 미국의 지배적인 정치, 경제, 문화 상황에 저항하면서 반문화를 형성한 작가들이라고 정의하고 있다.

② 7문단에서 앨런 긴즈버그(Allen Ginsberg)의 대표작 「절규」를 비트 세대 작가들의 저항과 대안 추구의 예로 들어 그 내용을 구체화하고 있다.

④ 3문단에서 로버트 로웰(Robert Lowell)의 견해와 8문단에서 비트 작가인 윌리엄 버로스(William Burroughs), 게리 스나이더(Gary Snyder)의 견해를 소개하면서 설명을 뒷받침하고 있다.

⑤ 6문단에서 미국 사회의 개인이 매체에 의해 쉽게 선동되는 일차원적 인간이 된 것이 자본주의적 경제와 통치의 효율성을 위하여 개인의 사적인 경험, 자율적인 판단, 자유는 억압되거나 유보되었기 때문이라는 원인을 밝히고 있다.

19 ③ 8문단에서 케루악의 방랑이 '정신적 소외, 불안감, 불만'에서 시작된 것이었고 스나이더는 방랑의 시작이 '1950년대 미국의 정신적, 정치적 외로움'이었다고 하였다.

오답풀이

① 3문단에서 1950년대 미국 사회가 '진정제 맞은 1950년대'라고 규정되었던 이유는 당시 미국 사회는 순응과 획일성을 강요받아 마치 진정제를 맞은 환자처럼 그저 평온한 사회였기 때문이라고 하였다.

② 6문단에서 미국의 개인주의는 냉전 시기에 그 존립 근거를 상실했다고 하였다.

④ 9문단에서 비트 세대 작가들은 선불교 사상 등을 수용하여 주류문화에 저항하고자 했다고 하였다.

⑤ 10문단에서 비트 세대 작가들은 주류 사회가 강요한 가치들과 대조되는 가치를 추구하여 자아 표현으로 나아가고자 했다고 하였다.

20 ④ 6문단에서 제시된 '일차원적 인간'은 소비로 불안감을 대신하고 대중문화나 매체에 의하여 쉽게 선동되어 스스로 결정을 하지 못하는 인간이라고 하였으므로 사회적 현안에 대해 자신의 관점을 갖지 못하는 경향이 있다는 설명이 가장 적절하다.

21 ② ㉠의 '밝히다'는 '진리, 가치, 옳고 그름 따위를 판단하여 드러내 알리다.', '드러나지 않거나 알려지지 않은 사실, 내용, 생각 따위를 드러내 알리다.'의 의미이므로 ②의 '밝히다'와 의미가 유사하다.

[22~27] 현대 수필

김현 「두꺼운 삶과 얇은 삶」
• 갈래 : 경수필
• 성격 : 비판적, 사색적, 자기 고백적
• 제재 : 아파트에서의 삶과 땅집에서의 삶
• 주제 : 정신적 가치가 살아 있는 삶의 중요성
• 특징
　– 땅집에서의 삶과 아파트에서의 삶을 대조하여 주제를 전달함
　– 현재의 삶을 비판적으로 인식하고 반성함
• 이해와 감상 : 이 글은 단순한 주거공간으로서가 아닌 인간의 사고 양식으로서의 아파트와 땅집을 대조하고 있다. 글쓴이는 아파트에서의 삶은 인위적이고 표면적으로 드러나는 삶이고, 땅집에서의 삶은 자연적이고 정신적인 가치가 존중되는 삶이라고 말하면서 현대인의 삶에 대한 비판적인 시각을 드러낸다.

22 ⑤ 주어진 글에서는 글쓴이가 '땅집'에 대한 자신의 추억을 이야기하는 부분이 있지만 허구적인 상황을 설정하여 서술의 초점을 이동하고 있지는 않다.

23 ① 글쓴이는 1문단에서 아파트가 비밀을 가질 수 없는 공간인 이유에 대해 '모든 것이 같은 높이의 평면 위에 나열되어 있어 자신을 숨길 데가 없다'고 이야기하고 있다. 아파트가 삶을 효율적으로 만든다는 부분은 제시되어 있지 않다.

오답풀이

② 1문단에서 아파트는 같은 높이의 평면 위에 있어 아파트에서의 삶은 입체감을 갖고 있지 않은 반면 땅집은 모든 것이 나름의 두께와 깊이를 가지고 있다고 하였다.

③ 1문단에서 아파트는 모든 방이 한 평면에 나열되어 있어 한눈에 드러난다고 하였고, 4문단에서 땅집이 아름다운 것은

땅집이 아름다운 것은 곳곳에 우물과 같은 비밀스러운 것들이 있기 때문이라고 하였다.

④ 2문단에서 땅집이 아름다운 것은 땅집에서는 모든 것이 자기 나름의 두께와 깊이를 가지고 있기 때문이라고 하였다.

⑤ 2문단에서 글쓴이는 다락방이나 지하실에 혼자 들어가, 낯설지만 흥미로운 것들을 한두 시간 매만지면서 혼자만의 세계에 잠겨 있었을 때와 글쓴이가 태어난 태어난 시골의 외갓집 부엌을 회상하고 있다.

24 ④ 글쓴이는 2문단에서 땅집의 다락방과 지하실에서는 하찮은 것들도 굉장한 신비를 가진 것들로 나타나 우리를 쓰임새의 세계에서 안 쓰임새의 세계로 인도해 간다고 하였으므로 하찮은 것들에도 의미를 부여하는 공간이 '땅집'임을 알 수 있다. 따라서 땅집에서의 삶이 쓸모 있는 것과 쓸데없는 것을 구분해준다는 설명은 적절하지 않다.

> 오답풀이

① 2문단에 낯설지만 흥미로운 것들을 한두 시간 매만질 때에 행복했다는 것이 제시되어 있다.

② 2문단에 땅집의 다락방과 지하실이 우리를 쓰임새의 세계에서 안 쓰임새의 세계로 인도해 간다고 하였다.

③ 2문단에 황혼이 느리게 내려 모든 것이 있음과 없음의 그 미묘한 중간에 있는 것을 보고 느낄 때의 심정이 제시되어 있다.

⑤ 2문단에 이미 전기가 들어와 바깥은 컴컴하나 안은 눈처럼 밝은 것을 볼 때의 심정이 제시되어 있다.

25 ① 은수저는 '은 + 수저'의 의미 구조를 지니며 '은'은 장소의 의미가 아니라 재료의 의미를 지니므로 '땅집'과 의미 구조가 다르다.

> 오답풀이

② 산돼지는 산에 사는 돼지라는 뜻으로 '장소 + 대상'의 의미 구조를 지닌다.

③ 가로등은 길거리에 있는 등이라는 뜻으로 '장소 + 대상'의 의미 구조를 지닌다.

④ 북극곰은 북극에 사는 곰이라는 뜻으로 '장소 + 대상'의 의미 구조를 지닌다.

⑤ '섬마을'은 섬에 있는 마을이라는 뜻으로 '장소 + 대상'의 의미 구조를 지닌다.

26 ⑤ 주어진 글의 글쓴이는 '땅집'이 아름다운 이유에 대해 비밀을 간직한 깊이 있는 공간의 의미를 가지기 때문이라고 설명하고 있다. 이런 점에서 본 〈보기〉의 '골목길'은 옛 추억과 담긴 의미 있는 공간이다. 따라서 적절한 반응은 ⑤이다.

27 ① 등급(정도) 반의어는 두 단어 사이에 중간 단계가 있거나 정도를 나타내는 수식어의 꾸밈을 받을 수 있는 반의어이지만 상보 반의어는 동시에 긍정하거나 부정할 수 없다. ㉠의 '높거나 낮은'는 동시에 긍정 또는 부정이 가능한 반면 ㉡의 '살다 – 죽다'는 '살지도 않고 죽지도 않다'라고 동시에 부정하면 모순되므로 상보 반의어에 속한다.

> 오답풀이

② '춥다 – 덥다'는 '춥지도 않고 덥지도 않다'로 동시에 부정할 수 있으므로 등급 반의어에 속한다.

③ '좋다 – 싫다'는 '좋지도 않고 싫지도 않다'로 동시에 부정할 수 있으므로 등급 반의어에 속한다.

④ '크다 – 작다'는 '크지도 않고 작지도 않다'로 동시에 부정할 수 있으므로 등급 반의어에 속한다.

⑤ '빠르다 – 느리다'는 '빠르지도 않고 느리지도 않다'로 동시에 부정할 수 있으므로 등급 반의어에 속한다.

> **TIP** 반의 관계의 종류

- **상보 반의어** : 개념 영역이 상호배타적으로 양분되는 반의어로, 한쪽 항이 성립되면 다른 항은 반드시 부정되며 중간항이 있을 수 있다.
- **정도(등급) 반의어** : 반의어의 쌍은 양 극단적 의미 영역이며 중간 영역이 존재한다.
- **방향(대칭) 반의어** : 두 단어가 상대적 관계를 형성하고 있으며, 의미상 대칭을 이루어 일정한 방향성을 가진 대립쌍을 이루고 있다.

[28~32] 고전 소설

작자미상 「운영전」
- **갈래** : 염정 소설, 몽유 소설, 액자 소설
- **성격** : 염정적, 비극적
- **시점**
  - 외화 : 전기적 작가 시점
  - 내화 : 1인칭 주인공 시점
- **배경**
  - 시간적 배경 : 조선 초기~중기
  - 공간적 배경 : 한양의 수성궁, 천상계
- **특징**
  - 액자식 구성으로 되어 있음
  - 궁중을 배경으로 함
  - 고전 소설 중 보기 드물게 비극적 결말을 보임
  - 단순한 액자식 구성이 아닌 '입몽'과 '각몽'의 형태가 다른 구성을 나타냄
- **구성**
  - 발단 : 선비 유영이 안평 대군의 집터에서 홀로 술을 마시

다 잠이 들고, 운영과 김 진사를 만나 그들의 사랑 이야기
를 들음
- 전개 : 안평 대군의 궁녀였던 운영과 시객이었던 김 진사
가 우연히 만나 연정을 나누고 밤마다 몰래 만남
- 위기 : 안평 대군이 운영과 김 진사 사이를 의심하여 두 사
람이 만나지 못하게 함
- 절정 : 안평 대군이 운영과 궁녀들을 문책하자 운영이 자
결함
- 결말 : 유영이 졸다가 깨어 보니 운영과 김 진사의 이야기
를 기록한 책만 남아 있음
• 이해와 감상 : 이 작품은 안평 대군의 수성궁을 배경으로 '운
영'과 '김 진사'의 사랑 이야기를 그린 애정 소설, 유영에
대한 외부 이야기와 김 진사, 운영에 대한 내부 이야기로 구
성된 액자식 구성 방식으로 사건이 전개되고 있다. 또한 고전
소설에서는 보기 힘든 비극적인 결말을 통해 자유연애에 대
한 선구적인 시대 의식도 담고 있다.

28 ⑤ 대군은 궁녀들이 올린 초사를 다 보고 점차 화가 풀려 궁
녀들을 풀어준 것이지 '김 진사'와의 의리 때문에 궁녀들을
용서하고 있는 것은 아니다.

오답풀이

① 자란은 "남녀의 정욕이 어찌 유독 저희들에게만 없겠습니
까?"라며 본성을 근거로 운영의 사랑을 옹호하고 있다.
② 운영은 "정절을 고수하지 못한 것이 저의 첫 번째 죄입니
다.", "끝내 사실대로 아뢰지 못한 것이 저의 두 번째 죄입니
다.", "죄 없는 서궁 사람들이 저 때문에 함께 죄를 입게
된 것이 저의 세 번째 죄입니다."라며 모든 잘못을 자기 탓
으로 돌리고 있다.
③ 옥녀는 "서궁의 영광을 제가 이미 함께 했는데, 서궁의 재
난을 저만 홀로 면하겠습니까?"라며 죄를 함께 받을 것이
라는 소신을 밝히고 있다.
④ 유영은 잠에서 깬 뒤 침식을 모두 폐하고 명산을 두루 유
람하였다.

29 ⑤ ⑪는 운영과 김 진사의 과거를 회고하는 부분으로, 안평대
군이 몰락한 일로 비통해 하는 이유가 나타나 있는 부분은
⑭이다.

30 ② 궁녀들은 "운영이 하루 저녁에 아침 이슬처럼 스러진다면,
주군께서 비록 측은한 마음을 두시더라도 돌이켜 보건대
어떤 이익이 있겠습니까?"라며 운영의 죽음이 초래할 결과
에 대해 일깨워 주고 있다.

31 ④ 유영과 김 진사의 대화에서, 김 진사는 운영과 김 진사는

원래 천상의 선인(仙人)이었으나 김 진사가 옥원의 과실을
운영에게 주었다가 발각되어 인간 세상에 오게 된 것임을
밝히고 있다. ⓐ~ⓔ의 시간적 순서는 'ⓓ → ⓐ → ⓒ →
ⓑ → ⓔ'이다.

32 ③ 운영은 수성궁에 다시 와 지난날을 추억하는데 이미 대군
이 몰락하여 수성궁에 주인이 없어져 달라져버린 모습에
서글퍼하고 있으므로 '옛 자취 찾노니 눈물이 수건 적심 금
치 못하네'를 통해 ③이 유영의 정서와 가장 가까움을 알
수 있다.

오답풀이

① '거문고 타매 한스러움 현(絃)을 올리네. 가슴속 원망 끝이
없어서'를 통해 한의 정서가 나타나 있음을 알 수 있다.
② '바람 맞으며 홀로 설워하나니'를 통해 서러움의 정서가 나
타나 있음을 알 수 있다.
④ '기러기는 울며 초나라로 돌아가누나'를 통해 그리움의 정
서가 나타나 있음을 알 수 있다.
⑤ '눈 빠지게 기다리나 소식이 없네'를 통해 기다림의 정서가
나타나 있음을 알 수 있다.

[33~37] 고전 시가 복합

(가) 정서 「정과정」

• 갈래 : 고려 가요, 향가계 고려 가요
• 성격 : 애상적
• 제재 : 임과의 이별
• 주제 : 임금을 향한 변함없는 충절
• 특징
- 형식 면에서 향가의 전통을 이음
- 감정 이입을 통해 정서를 표출함
• 이해와 감상 : 이 작품은 고려 가요 가운데 작가나 내용이 가
장 분명한 작품으로, 화자는 권신들의 세력 다툼 과정에서 고
향인 동래로 귀양을 오게 되었으나 아무리 기다려도 왕이 자
신을 다시 부르지 않자 결백을 알리기 위해 이 작품을 지었
다. 즉, 몸은 떨어져 있지만 마음만은 임금과 함께 한다는 것
을 노래하며 다시 자신을 사랑해 주기를 간절히 호소하고 있
는 내용이다. 이 작품은 3단 구성으로 되어있다는 점, '아소
님하'와 같은 여음구가 사용되고 있다는 점을 볼 때 10구체
향가의 전통을 잇는 작품으로 평가된다. 내용면에서는 표현
의 진솔함과 자유로움이 돋보여 고려 가요의 특징도 가지고
있다고 할 수 있다.

(나) 조위 「만분가」

• 갈래 : 가사, 유배 가사
• 성격 : 한탄적, 원망적

- 제재 : 무오사화로 인한 유배
- 주제 : 귀양살이의 억울함과 연군의 정
- 특징
  - 고사를 활용하여 유배에 대한 억울한 심정을 토로함
  - 자연물에 의탁하여 정서를 드러냄
- 이해와 감상 : 이 작품은 무오사화(戊午士禍)로 인해 유배를 간 화자가 자신의 억울한 심정을 담은 작품으로, 유배생활의 슬픔과 원통함을 선왕(先王)인 성종에게 하소연하는 형식이 나타난다. 또한 이 작품은 조선 전기 유배 가사의 전형적인 형태를 띠고 있으며, 조선 후기 유배 가사의 형성에도 많은 영향을 끼쳤다.

(다) 정철 「속미인곡」
- 갈래 : 서정 가사, 양반 가사, 정격 가사
- 성격 : 서정적, 여성적, 연모적
- 제재 : 임에 대한 그리움
- 주제 : 임에 대한 그리움, 연군지정(戀君之情)
- 구성
  - 서사 : 임과 이별하게 된 사연
    갑녀의 질문 – 백옥경을 떠난 이유
    을녀의 답 – 조물의 탓(자책과 체념)
  - 본사 : 갑녀의 위로와 을녀의 사연
  - 결사 : 을녀의 사설인 임에 대한 죽어서라도 이루려는 사모의 정과 갑녀의 위로로 맺음
- 특징
  - 우리말의 구사가 절묘함
  - 대화 형식으로 되어 있음
  - 은유법, 미화법 등을 사용함
- 이해와 감상 : 이 작품은 '사미인곡'의 속편으로, '사미인곡'과는 다르게 '갑녀'와 '을녀'의 대화체로 구성되어 있으며 '사미인곡'보다 언어의 구사와 시의의 간절함이 더 뛰어나다는 평가를 받는다. 임금을 그리워하는 마음을 노래한 이 작품은 고유어의 미를 살려 소박하고 진실하게 자신의 심정을 표현하고 있다. 또한 작품 속 '갑녀'와 '을녀'는 작자의 분신이면서 작자의 의도를 더 효과적으로 표현하기 위해 등장하는 인물로, '갑녀'는 '을녀'의 하소연을 유도하며 더 극적으로 가사를 종결짓게 하는 역할을 하고 있다.

33 ③ (가)의 '아소 님하 도람 드르샤 괴오쇼셔'를 통해 임이 다시 사랑해 주기를 간절히 바라는 심정이, (나)의 '중의 싸힌 말숨 쓸커시 수로리라'를 통해 자신의 억울함을 하소연하고 싶은 심정이, (다)의 '님다히 쇼식이 더옥 아득ᄒ뎌이고'를 통해 임의 소식을 알고 싶은 심정이 드러난다. 이를 통해 (가)~(다) 화자의 현재 상태를 벗어나고픈 욕망이 드러난다.

오답풀이
① 4음보의 율격으로 화자의 정서를 표출하는 것은 (다)이다.
② '아소'의 감탄사를 사용하여 시상을 집약하며 마무리하고 있는 것은 (가)이다.
④ 화자가 현재 상황에 처하게 된 원인이 제시되어 있는 것은 참소의 말이 거짓임을 드러내고 있는 (가)와 조정의 혼란 탓에 유배에 처하게 된 상황을 드러내고 있는 (나)이다.
⑤ (가), (나), (다) 모두 임을 만나고 싶어 하지만 만날 수 없는 현실에 대해 안타까워하고 있으므로 같은 공간에 놓여 있는 상황이 아니다.

34 ③ (나)의 '천상(天上) 백옥경(白玉京)'은 임금이 계신 곳을, (다)의 '높픈 뫼'는 높은 곳에 있는 임과의 거리를 좁혀 보려는 화자의 끝없는 노력을 의미한다.

오답풀이
① (가)의 '산(山) 접동새'는 화자의 감정 이입 대상을, (나)의 '가태부(賈太傅)'의 넋'은 자신의 처지를 비유한다.
② (가)의 '괴오쇼셔'는 '사랑해 주세요'의 뜻으로 임에 대한 사랑의 소망을, (나)의 '꿈'은 꿈에서라도 궁궐에 닿고 싶다는 소망을 담고 있다.
④ (나)의 '구름'은 화자의 심정을 전해주는 것이고, (다)의 '비길'은 '뱃길'의 뜻으로, 화자가 임을 만나는 소망을 성취할 수 있는 길을 의미한다.
⑤ (다)의 '구름'과 '브람', '믈결'은 모두 화자와 임의 사랑을 방해하는 장애물을 의미한다.

35 ④ 7행의 '과(過)도 허믈도 천만(千萬) 업소이다'는 자신의 억울함을 호소하는 구절로, 왕을 모시고 싶다는 충정은 5행에서 드러난다.

오답풀이
① 1, 2행의 접동새의 울음은 접동새에 감정을 이입하는 것으로 자신의 한스러움과 억울함을 표상하고 있다.
② 4행의 '잔월효성(殘月曉星)'은 '지는 달과 새벽 별'이라는 뜻으로 절대자, 초월적 존재를 의미한다.
③ 5행의 '넉시라도 님은 ᄒ티 녀져라'는 임을 모시고 싶다는 화자의 충정이 드러난다.
⑤ 10행의 '니미 나를 ᄒ마 니즈시 니잇가'에서는 원망과 기원의 심정이, 11행의 '도람 드르샤 괴오쇼셔'에서는 임에 대한 그리움의 심정이 드러난다.

36 ⑤ (다)의 보조 화자인 '갑녀'는 주 화자인 '을녀'에게 궂은 비가 되어 임 곁에 있으라는 위로의 말을 건네고 있다. '궂은 비'는 임에 대한 적극적인 사랑을 의미하므로 보조 화자는 주 화자에게 사랑의 표현을 좀 더 적극적으로 할 것을 조

정답 및 해설

언하고 있는 것이다.

오답풀이

① ㉠의 보조 화자의 조언을 통해 가사의 끝을 맺고 있다.

② ㉠은 죽어서라도 임에게 가고 싶다는 의미이다.

③ ㉠의 조언을 건넨 화자의 발화가 주 화자의 발화보다 강렬하고 의미가 있다는 점을 보아 두 화자 모두 작가의 처지를 대변하고 있음을 알 수 있다.

④ 보조 화자는 주 화자의 죽어서라도 임에게 가고 싶은 심정을 공감하며 ㉠의 조언을 건네고 있다.

37 ② ⓑ의 '황하수(黃河水)'는 고사를 인용하여 화자의 억울함을 강조하기 위한 대상으로 화자의 외로움을 심화시키는 대상은 아니다.

오답풀이

① ⓐ의 '산(山) 접동새'는 화자가 외로운 감정을 이입하는 감정 이입 대상이다.

③ ⓒ의 '빈 배'는 화자의 쓸쓸하고 외로운 마음을 간접적으로 보여 주는 객관적 상관물이다.

④ ⓓ의 '초가집 찬 잠자리'는 임이 곁에 없는 상황을 촉각적 심상을 통해 드러내는 것으로, 화자의 외로움을 심화시킨다.

⑤ ⓔ의 '벽 가운데 걸려있는 등'은 임을 위해 걸어두었으나 임이 오지 않는 상황을 시각적 심상을 통해 드러내는 것으로, 화자의 외로움을 심화시킨다.

[38~41] 현대 시 복합

(가) 전봉건 「사랑」

• **갈래** : 자유시, 서정시

• **성격** : 상징적, 비유적

• **제재** : 사랑, 과목(果木)

• **주제** : 온갖 정성과 마음을 쏟아야 하는 사랑의 참된 의미

• **특징**

　– 수미상관을 통해 시상의 안정감을 부여함

　– 사랑하는 것을 과목을 키우는 행위에 비유함

• **구성**

　– 1~2연 : 과목을 가꾸듯 사랑의 토대를 만들기 위한 과정

　– 3~4연 : 사랑한다는 것은 정성을 다해 곁에서 지켜봐 주는 것

• **이해와 감상** : 이 시의 화자는 '사랑'에 대해 저절로 생겨나는 것이 아니라 온갖 정성과 보살핌을 통해 이루어지는 것이라고 말하고 있다. 또한 '사랑한다는 것'을 과목을 가꾸는 행위에 빗대어 사랑에도 열매 맺기 위한 준비 과정이 중요함을 강조한다. 3연에서는 사랑이란 상대방이 고난과 시련에 흔들

릴 때 옆에서 지켜봐 주는 것이라고 말하고 있다.

(나) 이육사 「교목」

• **갈래** : 자유시, 상징시, 저항시

• **성격** : 지사적, 상징적, 저항적, 현실참여적

• **제재** : 교목(喬木)

• **주제** : 극한 상황 대처를 위한 결의, 부정적 현실에 굴하지 않는 의지

• **특징**

　– 사물을 의인화하여 화자의 태도를 암시적으로 표현함

　– '–라'의 종결어미를 반복하여 주제를 강조함

　– 절제된 언어를 사용함

• **구성**

　– 1연 : 굽힐 수 없는 강인한 의지와 의연한 자세

　– 2연 : 후회 없는 삶의 결의

　– 3연 : 극한 상황에 대한 대결 의지와 결연한 부동의 자세

• **이해와 감상** : 조국 해방을 위한 현실 극복의 의지가 나타나 있는 작품이다. 이 시의 '교목'은 화자 자신, 또는 강인한 의지와 의연한 자세를 가진 사람을 지칭하고 있다. '～라' 형식의 종결어미 또한 부정적인 현실에 대한 저항 의지를 나타내는 요소이다.

(다) 김영랑 「독을 차고」

• **갈래** : 참여시

• **성격** : 상징적, 의지적, 직설적, 참여적

• **제재** : 독(毒)

• **주제** : 죽음을 각오한 현실 저항 의지

• **특징**

　– 내면의 직서적으로 표출함

　– 현실의 상황을 우의적이고 상징적으로 표현함

　– 두 삶의 자세가 대조적으로 드러남

• **이해와 감상** : 일제 강점기의 치열한 삶의 자세와 대결 의지가 나타나는 작품으로, 이 시의 '독'은 현실의 시련 속에서 치열하게 살아가려는 대항 의식이며 의지이다. 화자는 끝이 죽음으로 끝나더라도 무기력하게 생명을 잃어버리고 덧없이 소멸하는 외로움으로부터 자신을 구원할 수 있는 '독'을 품을 수밖에 없음을 말하고 있다.

38 ① (가)의 화자는 마음속에 '밤새 지켜보는 일'인 '사랑'의 가치를 간직하고 있고, (나)의 화자는 부정적인 상황 속에서도 현실과 타협하지 않는 꿋꿋한 기상과 신념을 지니고 있으며 (다)의 화자는 죽음을 각오하고 현실과 대항하려는 강력한 의지를 지니고 있다.

39 ② (가)는 이루어지지 못한 사랑을 의미하는 '뿌리가 썩은 나무', 새로운 사랑을 의미하는 '새 과목', 사랑을 뒤흔드는 시

련과 역경을 상징하는 '비바람이 삼킨 밤' 등의 상반된 의미의 함축적인 시어를 사용하고 있다.

[오답풀이]

① (가)의 화자는 성찰적 어조를 통해 대상에 대한 인식을 드러내고 있다.

③ 비유, 대조의 표현 방법을 사용하고 있지만 두 가지 이상의 감각이 공존하는 공감각적 표현은 나타나지 않는다.

④ 추상적인 것을 '과목'을 가꾸는 행위에 빗대어 나타내고 있지만 계절의 변화를 드러내는 시어는 사용되지 않았다.

⑤ 수미상관의 구성을 통해 시상을 강조하고 있지만 점층적 표현은 사용되지 않았다.

40 ④ ㄹ의 '검은 그림자'는 암울한 시대적 상황 속 그림자처럼 살 수밖에 없는 자신의 처지를 의미한다.

[오답풀이]

① ㄱ의 '푸른 하늘'은 작가가 염원하는 이상적인 것. 조국 해방을 의미한다.

② ㄴ의 '낡은 거미집'은 암담하고 부정적인 현실의 모습을 상징한다.

③ ㄷ의 '끝없는 꿈길'은 끊임없는 조국 해방을 위한 투쟁. 즉 마음속의 이상을 의미한다.

⑤ ㅁ의 '바람'은 일제 강점기의 가혹한 탄압. 시련을 의미한다.

41 ① '독'은 일제 강점기라는 암울한 현실 속에서 정신적 순결을 지키려는 의지. 일제에 대한 저항과 대결 의지를 의미한다.

[오답풀이]

② '독'은 정신적 순결을 지키려는 매서운 지조와 의지로, 독을 차면 덧없이 소멸하는 외로움으로부터 자신을 구원할 수 있다고 믿었다.

③ '독'은 일제 강점기의 암울한 현실에서 가질 수밖에 없는 화자의 정신적 순결을 지키려는 삶의 태도이다.

④ '독'은 부정적인 현실 속에서 자신을 구원할 수 있는 힘의 원천이다.

⑤ '독'은 '허무한데 독은 차서 무엇하느냐'라고 말하는 허무주의적인 세계관을 가진 사람들과 갈등을 겪게 한다.

[42~45] 현대 소설

박경리 「불신 시대」
• 갈래 : 단편소설
• 배경
　– 시간적 배경 : 9 · 28 수복 직후의 혼란기
　– 공간적 배경 : 1950년대 서울

• 성격 : 혼란기 사회의 부정에 대한 고발.
• 시점 : 전지적 작가 시점
• 주제 : 혼란기의 부정적 사회에 대한 분노와 고발.
• 구성
　– 발단 : 전쟁 중 남편과 사별한 진영은 유일한 희망인 아들 문수마저 의사의 무성의한 치료로 잃게 된다.
　– 전개 : 사회에 대한 진영의 불신은 더욱 증폭된다.
　– 절정 · 결말 : 아들의 명복을 위해 절에 맡겼던 문수의 사진과 위패를 되찾아 태움으로써 그녀의 사회에 대한 증오는 절정에 달한다.
• 구성
　– 발단 : 전쟁 중 남편과 사별한 진영은 유일한 희망인 아들 문수마저 의사의 무성의한 치료로 잃게 된다.
　– 전개 : 사회에 대한 진영의 불신은 더욱 증폭 된다.
　– 절정 · 결말 : 아들의 명복을 위해 절에 맡겼던 문수의 사진과 위패를 되찾아 태움으로써 그녀의 사회에 대한 증오는 절정에 달한다.
• 이해와 감상 : 이 작품은 박경리의 전쟁 체험이 담겨 있는 자전적 소설로, 전쟁의 상황에서 훼손되는 인간의 존엄성. 그리고 위선과 허위의 세계를 살아가는 의사나 종교가들의 모습을 통해 전쟁으로 인한 인간성의 황폐화를 우회적으로 형상화하고 있다. 작품의 마지막 대목에서 주인공 진영은 아들의 위패를 불에 태우는데, 이를 통해 인간성이 황폐화된 사회와 맞서 싸우려는 주인공의 의지가 드러난다.

42 ③ 주어진 작품은 전지적 작가 시점이지만 사건과 상황의 전개가 주인공 진영의 시각에서 진영의 체험과 의식 위주로 제시되고 있다.

43 ③ 주어진 글의 '창백한 볼이 불그스름해진다. 폐결핵에서 오는 발열이다.'를 통해 주인공 진영이 폐결핵이라는 병을 앓고 있음이 드러난다.

[오답풀이]

① '진영'의 아들은 넘어져 병원에 갔으나 엑스레이도 찍어보지 않고, 약 준비도 하지 않은 의사의 무관심으로 인해 죽었다고 하였다.

② '진영'의 어머니는 일찍부터 홀로 되어 외동딸인 진영에게 의지하며 살아왔다고 하였다.

④ '진영'은 연탄가스가 새고 있다고 생각했지만 가스가 가득 차면 죽을 것이라는 생각을 하고 잠에 들었으므로 집을 떠나고 싶어 하지 않는다.

⑤ 절의 늙은 중에게 아들의 위패를 달라며 쏘아붙이고 있다.

44　④ ㉣은 아들의 위패를 가져오겠다는 결심에 찬 모습을 나타
내는 것이지 늙은 중과의 언쟁을 예측할 수 있는 상황이
아니기 때문에 화가 나 있음을 의미하지는 않는다.

오답풀이

① 의사의 무관심 속에 발생한 아이의 죽음을 '도수장 속의 망
아지'에 비유하고 있다.

② 아이의 죽음 이후에 눈을 감은 '진영'에게 아이 울음소리의
환청이 들리는 것을 보아 인물이 아이의 죽음을 잊지 못하
고 있음을 알 수 있다.

③ 인물이 괴로운 잠에 들어 '내장이 터진 소년병'의 꿈을 꾸
는 것을 통해 인물이 겪고 있는 심리적 고통이 드러난다.

⑤ 아들의 위패를 가져 와 '사진'을 태우고 "내게는 아직 생명
이 남아 있었다."라고 말하는 것을 통해 새로운 삶에 대한
의지를 드러내고 있다.

45　⑤ [A]는 주인공이 자신이 처한 전후 시대의 황폐화된 현실 내
에서 내면적으로 극복 의지를 갖게 되는 부분이다. 이 작품
에서는 의사뿐만 아니라 종교가들도 위선과 허위의 세계를
살아가는 인물로 그려지므로 종교적 믿음으로 극복 의지를
갖게 된 것은 아니다.

2020학년도 기출문제 정답 및 해설

제2교시 **영어영역**

01 ②	02 ⑤	03 ①	04 ①	05 ⑤	06 ④
07 ④	08 ⑤	09 ③	10 ④	11 ③	12 ③
13 ①	14 ③	15 ④	16 ②	17 ④	18 ①
19 ⑤	20 ①	21 ②	22 ③	23 ②	24 ⑤
25 ①	26 ③	27 ②	28 ②	29 ⑤	30 ③
31 ②	32 ①	33 ④	34 ①	35 ④	36 ④
37 ③	38 ⑤	39 ⑤	40 ④	41 ⑤	42 ②
43 ②	44 ①	45 ③			

01 ② 'procrastination'은 '미루는 버릇, 지연, 연기'의 의미로 'postponement(지연, 연기, 미루기)'와 그 의미가 가장 유사하다.

오답풀이

① 조급함
③ 자발적임
④ 걱정
⑤ 과장

어휘

• procrastination : 미루는 버릇, 지연, 연기
• slipshod : 대충하는, 아무렇게나 하는
• inadequate : 불충분한, 부적당한
• properly : 제대로, 적절히, 올바르게
• hastiness : 조급함, 성급함, 경솔
• postponement : 지연, 연기, 미루기
• spontaneity : 자발적임, 즉흥적임
• exaggeration : 과장, 허풍

해석

중요한 업무나 책무가 끝나지 않거나 대충 완료되었을 때 그 업무를 제대로 완수하는 데 시간이 부족하기 때문에 <u>미루는 버릇</u>은 직장 생활에서 큰 문제가 된다.

02 ⑤ 'plummeted'는 '곤두박질치다, 급락하다'의 의미로 'drop sharply(폭락하다, 급락[급감]하다)'와 그 의미가 가장 유사하다.

오답풀이

① 갑작스럽게 호황을 맞다
② 다시 회복되다
③ 꼼짝 못하게 되다
④ 차이를 만들다

어휘

• financial crisis : 금융 위기
• the last half : 후반기, 하반기
• currency : 통화, 통용, 유통
• plummet : 곤두박질치다, 급락하다
• boom : 호황을 맞다, 번창[성공]하다
• bounce back : 다시 회복되다
• get stuck : 꼼짝 못하게 되다
• drop sharply : 폭락하다, 급락[급감]하다

해석

세계 금융 위기는 1997년 하반기에 시작되었는데, 그 때 몇몇 아시아 경제의 통화가치가 <u>폭락했다</u>.

03 ① 'abjure'는 '포기하다, 영구히 버리다'의 의미로 'abandon (포기하다, 버리다)'과 그 의미가 가장 유사하다.

오답풀이

② 구성하다
③ 수정하다
④ 영감을 떠올리다
⑤ 정성 들여 만들다

어휘

• quotation : 인용, 인용구[문]
• deftly : 솜씨 좋게, 능숙하게
• fabric : 직물, 구조, 뼈대
• prose : 산문
• abjure : 포기하다, 영구히 버리다
• paraphrase : 다른 말로 바꾸어 표현하다, 바꾸어 쓰다[말하다]
• abandon : 포기하다, 버리다
• brainstorm : 브레인스토밍을 하다, 영감[멋진 생각]을 떠올리다

정답 및 해설

• elaborate : 정성 들여 만들다, 공들여 해내다

해석

산문의 구조에 능숙하게 인용구를 엮을 수 없다면, 그것들을 모두 버리고 대신 다른 말로 바꾸어 표현하라.

04 ① 'rudimentary'는 '기초적인, 기본적인'의 의미로 'basic(기본적인, 근본적인)'과 그 의미가 가장 유사하다.

오답풀이

② 깊은
③ 최적의
④ 의식하는
⑤ 추상적인

어휘

• application : 응용프로그램
• responsive : 즉각 반응[대응]하는, 호응하는
• spelling checker : 철자법 검사기
• rudimentary : 기초적인, 기본적인
• optimal : 최적의, 최상의
• conscious : 의식하는, 지각하는

해석

개인용 컴퓨터의 성능 향상은 사용자에게 더 똑똑하고 더 즉각 반응하는 응용프로그램의 개발을 가능하게 하고 있다. 철자법이나 문법 검사기를 사용해 본 사람이라면 매우 기초적인 수준에서 이런 유형의 응용프로그램을 경험해 본 적이 있다.

05 ⑤ 'tenacious'는 '질긴, 끈질긴'의 의미로 'persistent(끈질긴, 집요한)'과 그 의미가 가장 유사하다.

오답풀이

① 독단적인
② 믿을 수 있는
③ 유용한
④ 도식의

어휘

• written language : 문어(文語), 문자 언어
• more or less : 거의, 약[대략]
• extremely : 극히, 매우
• tenacious : 질긴, 끈질긴, 집요한
• arbitrary : 제멋대로인, 독단적인
• reliable : 믿을 수 있는, 신뢰할 만한
• persistent : 끈질긴, 집요한

해석

문자 언어가 지금과 거의 비슷해 보일 것이라고 생각하는 한

가지 이유는 지금까지 그것들이 매우 끈질긴 것으로 판명되었기 때문이다. 중국어 체계는 3천 년 이상 거의 변하지 않았고, 현대 그리스어는 거의 오랫동안 사용되어 온 알파벳으로 쓰여 왔다.

06 ④ 'haphazardly'는 '무턱대고, 되는 대로'의 의미로 'randomly(무작위로, 닥치는 대로)'와 그 의미가 가장 유사하다.

오답풀이

① 은밀히
② 변함없이
③ 명쾌하게
⑤ 정확하게

어휘

• formula : 식, 공식, 방식
• reactive : 반응을 보이는
• fall back on : ~에 기대다[의지하다]
• haphazardly : 무턱대고, 되는 대로
• covertly : 은밀히, 몰래, 살며시
• invariably : 변함없이, 언제나
• explicitly : 명쾌하게, 명확하게
• randomly : 무작위로, 닥치는 대로
• precisely : 바로, 꼭, 정확히

해석

결정을 내리는 데 명확한 방식이 부족하면, 우리는 반응을 보이게 되고 무엇을 해야 할지 결정하는 데 익숙하고 편안한 방법에 의지하게 된다. 결과적으로, 우리는 우리의 목표를 지지하지 않는 방법을 무턱대고 선택한다.

07 ④ 'that' 이하의 종속절의 주어는 앞의 'the Description del'Egyptek'이므로, 이를 대신하는 지시대명사는 복수 형태인 'they'가 아니라 단수 형태인 'it'을 사용해야 한다.

오답풀이

① 선행사 'the date'를 수식하기 위한 형용사절로 '전치사 + 관계대명사'의 형태인 'at which'를 사용한 것은 적절하며, 때를 나타내는 관계부사 'when'으로 바꿔쓸 수 있다.
② 'become' 다음에 과거분사가 와서 형용사의 역할을 대신하므로, 과거분사 'transformed'를 사용한 것은 적절하다.
③ 글의 문맥상 '~에서 기인하다[비롯되다]'의 의미인 'result from'을 사용한 것은 적절하다.
⑤ 분사구문의 형태로 현재분사인 'providing'을 사용한 것은 적절하다.

사 'as'를 사용한 것은 적절하다.

어휘

- antiquarianism : 골동품 연구[취미]
- supersede : 대체하다, 대신하다
- archaeology : 고고학
- antiquity : 고대, (고대의) 유물
- discipline : 학과, 학문, 지식 분야
- Egyptology : 이집트학
- expedition : 탐험[대], 원정[대]
- remains : 유적, 유물
- pharaonic : 파라오의[같은]
- multi-volume : 권수가 많은, 여러 권으로 된
- accuracy : 정확[도], 정밀[도]
- constitute : 구성하다, 이루다
- internally : 내부로, 내적으로
- consistent : 한결같은, 일관된, 변함없는
- appraisal : 평가[회], 평가제
- assessment : 평가, 부과
- entirety : 전체, 전부 cf) in one's entirety 통째로, 전부

해석

유럽의 골동품 연구가 고고학으로 대체된 날짜의 문제와 마찬가지로, '조기 여행자'의 저술과 이집트 유물의 수집이 현대 이집트 학문 분야에 근접한 것으로 변형된 구체적인 날짜를 제시하기는 쉽지 않다. 그러나 이집트 고고학의 대부분의 역사는 19세기 초 나폴레옹의 탐험을 이집트의 파라오 입석 유적을 기록하고 묘사하려고 한 최초의 조직적 시도로 여긴다. 탐험으로 비롯된 여러 권의 출판물인 '델 이집택의 묘사'의 중요성은 높은 수준의 정확성뿐만 아니라 학자들 집단에 의한 지속적이고 내적으로 일관된 평가회를 구성하였다는 사실에 있으며, 이로 인해 고대 이집트에 대한 최초의 실제 평가를 제공했다.

08 ⑤ 선행사 'a worry'를 수식하기 위한 형용사절이 와야 하므로 관계대명사를 사용해야 하고, 종속절이 완전한 문장이므로 '전치사 + 관계대명사'의 형태인 'about which'로 바꿔 써야 한다.

오답풀이

① 'million'은 수의 단위를 나타내며 앞에 수사가 있어도 복수형으로 하지 않는다. 따라서 단수 형태의 'million'을 사용한 것은 적절하다.

② 'half'는 한정사보다 앞에 쓰여서 명사를 수식하는 전치한정사로써 적절하게 사용되었다.

③ 글의 문맥상 'bad'의 최상급 형태인 'worst'를 사용한 것은 적절하다.

④ 글의 문맥상 '~함에 따라(비례 용법)'의 의미를 지닌 접속

어휘

- ha : 헥타르(hectare)
- illegal : 불법적인, 비합법적인
- logging : 벌목
- land clearing : 개간, 개척지
- hazard : 위험, 모험
- sub-Saharan : 사하라 사막 이남의
- account for : (부분·비율을) 차지하다
- corrupt : 부패하게 만들다, 타락시키다
- ineffective : 비효과적인, 무능한, 무력한
- poverty : 빈곤, 가난
- civil unrest : 사회 불안
- internal : 내부의, 국내의
- refugee : 난민, 망명자
- drought : 가뭄
- infestation : 침입, 습격, 만연
- catastrophically : 파멸로, 비극으로

해석

화재는 매년 약 3억 5천만 헥타르(1,350 평방미터)의 숲을 파괴한다. 어떤 화재는 사람들이 불법적인 벌목이나 토지 개간을 은폐하기 위해 계획된다. 다른 화재는 자연적인 원인에 의해 시작된다. 세계에서 가장 큰 화재 위험은 전 세계의 약 절반 비율을 차지하는 사하라 사막 이남 아프리카에 있다. 방치된 화재는 부패하거나 무능한 정부 그리고 높은 수준의 빈곤, 시민 불안 및 내부 난민을 가진 나라에서 최악이 되기 쉽다. 세계 기후 변화로 세계 각 지역에 가뭄과 곤충이 들끓음에 따라, 산불이 비극적으로 증가할 우려가 있다.

09 ③ 'Had Clinton not been as agile as ~'는 'If Clinton had not been as agile as ~'에서 접속사 'if'가 생략되고 주어와 동사가 도치된 가정법 과거완료 구문이다. 따라서 주절의 동사인 'would be'도 가정법 과거완료 구문에 해당하는 동사인 'would have been'으로 바꿔 써야 한다.

오답풀이

① 종속절의 주어가 3인칭인 'experience'이므로, 현재완료 시제로 'has + p.p'의 형태인 'has taught'를 사용한 것은 적절하다.

② 동사 'succeed'는 '성공하다'와 '뒤를 잇다'의 두 의미로 사용되는데, 전자의 명사형은 'success(성공)'이며 후자의 명사형은 'succession(연속)'이다. 본문에서 'a succession of'는 '일련의, 연이은'의 의미로 문맥상 올바르게 사용되었다.

④ 'just the opposite'은 '정반대'의 의미로 올바르게 사용되었다.

⑤ 'even if(비록 ~일지라도, ~라 하더라도)'는 양보를 나타내는 접속사로 문맥상 올바르게 사용되었다.

어휘

- contemporary : 동시대의, 현대의, 당대의
- hit the ground running : (성공적으로) 잘 나가다, 의욕적으로 시작하다
- stumble : 비틀거림, 실수, 잘못, 실착
- succession : 연속, 잇따름, 계승
- legislative : 입법의, 입법부의
- debacle : 대실패, 와해, 붕괴
- Congress : 의회, 국회
- agile : 날렵한, 민첩한, 재빠른
- one-term : 한 임기의, 단임의
- transformational : 변형의, 변화의, 변혁적인
- the head of a union : 노조위원장
- stature : 지명도, 위상, 지위
- presidency : 대통령 직[임기], 회장 직[임기]
- evaporate : 증발하다, 사라지다
- Hundred Days : 백일 의회(루즈벨트 대통령의 뉴딩 정책 등 중요 법안 가결)

해석

만약 동시대의 경험이 우리에게 무언가를 가르쳐준다면, 확실히 대통령이 의욕적으로 시작할 필요가 있다. 레이건의 빠른 출발과 클린턴의 비틀거림의 차이로 하나는 입법부의 승리가 계속되는 길에 접어들었고 다른 하나는 의료의 붕괴와 의회의 패배로 가는 길에 들어섰다. 만약 클린턴이 1993년 말에 회복 중에 있는 것만큼 민첩하지 못했더라면, 1995년에 다시 그는 한 임기의 대통령이 되었을 것이다. 그 상황이었다면, 그는 결코 자신이 바라던 변혁적인 인물이 되지 못했다. 대부분의 기관에서 지도자의 권력은 시간이 지남에 따라 커진다. CEO, 대학 총장, 노조위원장은 장기간의 실적을 통해 지위를 얻는다. 대통령직은 정반대이다. 즉, 권력이 빠르게 사라지기 쉽다. 대통령이 그의 첫 100일 동안 프랭클린 루즈벨트에 필적해야 하는 것은 아니지만, 취임 첫 달은 그가 두 번의 임기를 모두 채우더라도, 보통 그에게 열린 가장 넓은 기회의 창이다. 그래서 그는 서둘러 움직여야만 한다.

10 ④ 제시문에 따르면 미래에 대한 예측을 분석하는 방법도 의학과 마찬가지로 엄격하게 적용하기를 바라지만, 20세기 초의 의학이 여전히 증거보다는 주로 명성에 토대를 두고 있었으므로 그것은 쉽지 않은 싸움이 될 것이다. 그러므로 ④의 'easy(쉬운)'는 문맥상 'difficult(어려운)' 등으로 바꿔 써야 적절하다.

어휘

- superforecasting : 초예측
- prediction : 예측, 예견
- medicine : 의학, 의술, 의료
- black art : 마법, 마술
- fledged : 깃털이 다 난, 날 수 있게 된 cf) fully fledged 완전히 발달한, 필요한 자격을 다 갖춘
- controversial : 논란이 많은, 논란의 여지가 있는
- qualification : 자격, 자격증
- eminence : 명성, 저명
- confidence : 신뢰, 믿음
- irrelevant : 무관한, 상관없는
- treatment's effectiveness : 치료 효과
- statistically : 통계상으로, 통계적으로
- rigorously : 엄격히, 엄밀히
- bring about : 야기하다, 초래하다
- rigor : 엄격, 준엄, 엄격한 적용
- evidence : 증거, 증언

해석

'초예측 : 예측 기법과 과학'이란 저서는 1909년에 태어난 스코틀랜드 의사인 Archie Cochrane에 대한 토론으로 시작되는데, 그는 아마 누구 이상으로 의학을 마법에서 완전히 발달한 과학으로 탈바꿈시켰다. 반세기 전에 심도 깊은 논란이 되었던 그의 통찰력은 의사의 자격, 명성 및 신뢰는 무관한 것이며 치료 효과에 대한 유일한 시험은 통계적으로나 엄밀하게 효과를 보여줄 수 있는 지의 여부였다. 이 책의 저자인 'Tetlock'씨는 사람들이 미래에 대한 예측을 분석하는 방법도 마찬가지로 엄격하게 적용하기를 희망한다. 그것은 쉬운(→ 어려운) 싸움이 될 것이다. 예측은 20세기 초의 의학과 마찬가지로 여전히 증거보다는 주로 명성에 토대를 두고 있다.

11 ③ 제시문의 마지막 문장에서 응답자의 1/4에서 1/3이 실제로 투표하지 않았을 때 투표했다고 말한 것으로 일관되게 나타났다고 서술되어 있으므로, 응답자들은 자신들이 투표하지 않는다는 것을 인정하지 않을 수도 있다. 그러므로 ③의 'deny(부인하다)'는 'admit(인정하다)' 등으로 바꿔 써야 적절하다.

오답풀이

① 진실성
② 가리다
④ 진실성
⑤ 분류하다

어휘

• polling : 투표, 여론조사
• wiggle : 흔들림 cf) wiggle room 자유 재량권
• veracity : 진실성, 정직함
• shade : 그늘지게 하다, 가리다, 감추다
• embarrassing : 당혹스러운, 난처한
• overstate : 과장하다, 부풀리다
• integrity : 완전, 무결, 흠 없음
• crucially : 결정적으로, 중요하게
• sort : 분류하다, 구분하다
• pollster : 여론 조사원[조사자]
• self-reported : 자가 보고된, 스스로 보고하는 형식의
• consistently : 지속적으로, 끊임없이, 항상

해석

여론조사는 인터넷 데이트와 같다. 제공된 정보의 진실성에는 약간의 흔들림의 여지가 있다. 특히 질문이 난처하거나 민감할 때, 우리는 사람들이 진실을 가린다는 것을 알고 있다. 응답자들은 그들의 수입을 부풀릴 수 있다. 그들은 자신들이 투표하지 않는다는 것을 <u>부인하지(→ 인정하지)</u> 않을 수도 있다. 그들은 평판이 나쁘거나 사회적으로 용납될 수 없는 견해를 밝히는 데 주저할 수도 있다. 이 모든 이유로, 가장 세심하게 계획된 여론조사조차도 응답자들의 답변의 진실성에 의존한다. 선거 여론조사는 선거일에 투표할 사람과 그렇지 않은 사람을 분류하는 데 결정적으로 달려 있다. 사람들은 여론 조사원들이 듣고 싶은 말이라고 생각하기 때문에 종종 그들이 투표할 거라고 말한다. 자체 보고된 투표 행동과 선거 기록을 비교한 연구에 따르면 응답자의 1/4에서 1/3이 실제로 투표하지 않았을 때 투표했다고 말한 것으로 일관되게 나타난다.

12 ③ (A) 불독과 스패니얼처럼 서로 짝짓기를 해서 계속 자손을 번식할 수 있다면 같은 종에 속한다고 할 수 있으므로 'fertile(생식력 있는)'이 적절하다.

(B) 말과 당나귀는 서로 다른 두 종(種)이기 때문에 짝짓기를 한다 해도 그 새끼는 번식력이 없으므로 'sterile(불임의)'이 적절하다.

(C) 말과 당나귀는 결과적으로 서로 다른 두 종이기 때문에 그 진화 경로가 다르다. 즉 분리된 진화 경로에 따라 움직이므로 'separate(분리된)'가 들어갈 말로 적절하다.

어휘

• biologist : 생물학자
• organism : 유기체, 생물
• species : 종(種)
• mate with : ~와 짝짓기하다
• give birth to : 낳다, 출산하다
• fertile : 새끼를 많이 낳는, 번식력이 있는
• sterile : 불임의, 새끼를 낳지 못하는
• offspring : 자식, 새끼
• trait : 특성, 특징
• induce : 유도하다, 유발하다
• mutation : 돌연변이, 변화[변형]
• vice versa : 거꾸로, 반대로
• consequently : 결과적으로, 그 결과
• distinct : 별개의, 서로 다른, 구별되는
• evolutionary : 진화의
• bulldog : 불독
• spaniel : 스패니얼(기다란 귀가 뒤로 쳐져 있는 작은 개)
• pair off with : ~와 짝이 되다

해석

생물학자들은 생물을 종으로 분류한다. 동물들이 서로 짝짓기를 해서 (A) 생식력 있는 새끼를 낳는다면 같은 종(種)에 속한다고 한다. 말과 당나귀는 현세의 공통 조상을 가지고 있고 많은 신체적 특징들을 함께한다. 그러나 그 동물들은 서로에게 성적인 관심을 거의 보이지 않는다. 그 동물들은 그렇게 하도록 유도되면 짝짓기를 하겠지만 그 새끼는 (B) 불임이다. 따라서 당나귀 DNA의 돌연변이는 결코 말에게 건너갈 수 없으며, 그 반대도 마찬가지이다. 이 두 종류의 동물은 결과적으로 서로 다른 두 종으로 여겨지며, (C) 분리된 진화 경로를 따라 움직인다. 이와 대조적으로 불독과 스패니얼은 매우 다르게 보일 수도 있지만, 그 동물들은 같은 종의 일원으로 동일한 DNA 풀을 공유하고 있다. 그들은 행복하게 짝짓기를 할 것이고 그들의 강아지들은 자라서 다른 개들과 짝짓기를 하여 더 많은 강아지를 낳을 것이다.

13 ① (A) 정보 범람의 속도가 데이터를 신속하고 효율적으로 처리하는 속도를 넘어서는 것이므로, 'overwhelm(능가하다)'이 적절하다.

(B) 빅데이터를 효과적으로 이용하기 위한 방법과 도구들을 찾지 못한다면 정보의 홍수에 계속해서 빠지는 것이므로, 'drown(물에 빠지다)'이 적절하다.

(C) 빅데이터의 힘을 성공적으로 이용하기 위해 이미 취해진 조치들과 더불어 지금 취할 수 있는 조치가 많다는 의미이므로, 'harness(이용하다)'가 적절하다.

어휘

- drawback : 단점, 결점, 문제점
- overwhelm : 압도하다, 능가하다
- maximize : 극대화하다
- take action : 조치를 취하다, 행동에 옮기다
- appropriate : 적절한, 타당한
- methodology : 방법론
- evolve : 진화하다, 발달하다
- drown : 물에 빠져 죽다, 익사하다
- security : 보안, 경비, 안전
- adequate : 충분한, 적절한
- deadly : 치명적인, 극도의
- ensure : 보장하다, 보호하다
- harness : 마구를 채우다, 이용하다
- renounce : 포기하다, 단념하다

해석

빅데이터에는 단점이 있다. 정보의 범람은 일부는 유용하고 일부는 그렇지 않은데, 신속하고 효율적으로 데이터를 처리하고 적절한 조치를 취하는 능력을 (A) 능가할 수 있다. 만약 우리가 빅데이터를 효과적으로 이용하기 위해 방법론과 도구를 만들어 활용하지 못한다면, 우리는 계속해서 그 속에 (B) 빠질지도 모른다. 국가 안보의 맥락에서, 적절한 빅데이터 도구가 없다면 엄청나고 심지어 치명적인 결과를 초래할 수 있다. 하지만, 우리가 빅데이터의 힘을 성공적으로 (C) 이용하기 위해 많은 경우에 이미 취해진 조치들, 즉 지금 취할 수 있는 조치들이 있다.

14 ③ 제시문에 따르면 미국 사회는 인종적, 종교적, 언어적 다양성의 존재를 인정하고 피부색, 성별, 나이에 상관없이 모든 사람들이 동등한 권리를 보장받는다고 서술하고 있다. 그러나 ③은 갈등적 요소에 대해 언급하고 있으므로 전체적인 글의 흐름과 어울리지 않는다.

어휘

- melting pot : 용광로, 도가니
- diversity : 다양성, 포괄성
- attitude : 자세, 태도, 사고방식
- constitutional : 입헌의, 헌법적인
- separation : 분리, 분열
- principle : 원리, 원칙
- guarantee : 보장하다, 약속하다
- worship : 예배, 숭배
- diverse : 다양한, 가지각색의
- conflict : 충돌, 갈등
- regardless of : ~에 상관없이

- gender : 성, 성별
- geographical : 지리학의, 지리적인

해석

미국은 서로 다른 배경의 사람들이 어떤 식으로든 모두 똑같아진다는 점에서 사실 '용광로'가 아니다. 미국은 항상 생각, 태도, 행동의 다양성을 내재하고 있다. ① 예를 들어, 미국의 초기부터 존재한 기본 원칙인 교회와 주(州)의 헌법적 분리는 모든 종교인들이 숭배와 종교 행위에 대해 똑같은 자유와 권리를 갖는다는 것을 보장한다. ② 다양한 종교적 배경을 가진 사람들이 함께 하나의 종교로 '융합'될 것으로 기대되지 않는다. ③ 갈등은 배경이 같든 다르든 간에, 단순히 사람들 사이에서 일어난다. ④ 다른 법들은 피부색, 성별, 나이에 상관없이 모든 사람들의 동등한 권리를 보장한다. ⑤ 미국은 심지어 공식적인 국가 언어조차 가지고 있지 않으며, 다양한 지역에서 많은 정부 간행물과 다른 출판물 또한 다양한 언어로 제공된다. 요컨대, 한 국가로서 미국은 다양성의 현실과 이점을 항상 인식해 왔다.

15 ④ 제시문에 따르면 기계 기술의 발전은 일시적으로 개별 근로자를 대체하여 고용 위기를 불러오지만, 장기적으로 비용과 가격을 낮추고 수요를 증가시킴으로써 새로운 고용 기회를 창출한다고 하였다. 따라서 기계가 인간 기술의 필요성을 감소시킨다는 ④의 내용은 전체적인 글의 흐름과 대치되므로 적절하지 못하다.

어휘

- displace : 대신하다, 대체하다
- obsolete : 더 이상 쓸모가 없는, 한물간, 구식의
- fireman : (증기기관차의) 화부(火夫), 기관 조수
- employee : 종업원, 직원
- shovel : 삽질하다, 삽으로 푸다
- locomotive boiler : 기관차 보일러
- union support : 노조 지원
- cease : 그만두다, 멈추다
- temporary : 일시적인, 임시의
- reduce : 줄이다, 감소하다
- hold down : 억제하다, 견뎌내다
- employment : 고용, 취업
- establish : 설립하다, 구축하다

해석

기계가 특정 직업에서 개별 근로자를 대체하고 단기적으로는 이것이 종종 어려운 문제를 일으킨다는 것에 대해 아무도 의문을 제기하지 않는다. ① 예를 들어, 철도에 디젤 엔진과 전력의 사용으로 화부(火夫), 즉 기차의 증기기관용 증기를 생산하는 기관차 보일러에 삽으로 석탄을 퍼넣는 직원의 자리는

쓸모없게 되었지만, 노조의 지원 때문에 철도회사는 기차에 사용된 증기 동력이 중단된 후 수년 동안 이 자리를 채워야만 했다. ② 그러나 그러한 문제들은 일시적이다. ③ 궁극적으로, 기계 기술의 발전은 비용과 가격을 낮추거나 그것을 억제하는 경향이 있고, 사람들이 더 많은 상품을 구입할 수 있도록 함으로써 새로운 고용 기회를 창출한다. ④ 기계는 인간 기술의 필요성을 감소시킨다. ⑤ 만약 어떤 산업에서 더 적은 노동자를 고용한다면, 다른 산업에서 더 많은 노동자를 고용한다. 동시에 신상품이 도입되고 신산업이 구축된다.

16 ② 제시문은 법적 성인은 어떤 치료도 거부할 권리가 있으나 정신병은 예외적으로 강제적인 치료를 규정하고 있다는 내용이다. 그러므로 빈칸에는 'compulsory(강제적인, 의무적인)'가 들어갈 말로 가장 적절하다.

오답풀이

① 대체 가능한
③ 부가적인
④ 증가의
⑤ 예방을 위한

어휘

• competent : 유능한, 법적 능력[자격]이 있는
• treatment : 치료, 처치
• apply to : ~에 적용되다
• Mental Health Act : 정신보건법
• mental disorder : 정신 장애[이상]
• alternative : 대체 가능한, 대안이 되는
• compulsory : 강제적인, 의무적인, 필수의
• adjunctive : 부속의, 첨부의, 부가적인
• incremental : 증가의, 증대하는
• preventive : 예방[방지]를 위한

해석

법적 성인은 심지어 생명을 구하는 어떤 치료도 거부할 권리가 있다는 것이 많은 법체제의 원칙이다. 이 원칙은 신체 질병의 치료에 적용된다. 그러나 많은 나라에서 정신병을 앓고 있는 사람들에게는 적용되지 않는다. 영국의 경우를 보면, 정신병 환자의 강제적인 치료를 규정한 정신보건법이 있다.

17 ④ 제시문에 따르면 테니스, 수영, 골프, 스키를 포함한 일부 스포츠는 비용이 많이 들어서 주로 부유층이 참여하지만, 축구, 야구, 농구는 모든 소득수준의 사람들이 접할 수 있다고 하였다. 즉, 부의 정도나 사회적 지위에 따라 스포츠의 종류를 선택할 수 있는 것이므로, 빈칸에는 'standing(지위, 평판)'이 들어갈 말로 가장 적절하다.

오답풀이

① 속박
② 요구
③ 유행
⑤ 선호

어휘

• social-conflict : 사회적 갈등
• analysis : 분석
• inequality : 불평등, 불균형
• participation : 참여, 참가
• well-to-do : 부유한, 잘사는
• accessible : 접근 가능한, 이용 가능한
• reflect : 반사하다, 반영하다
• bonds : 구속, 굴레
• standing : 지위, 평판
• preference : 선호, 애호

해석

사회 갈등 분석은 스포츠가 사회적 불평등과 밀접하게 관련이 있다고 지적하는 것에서 시작된다. 테니스, 수영, 골프, 스키를 포함한 일부 스포츠는 비용이 많이 들어서 참여는 주로 부유층에 국한된다. 그러나 축구, 야구, 농구는 모든 소득수준의 사람들이 접할 수 있다. 요컨대, 사람들이 하는 게임은 단순히 선택의 문제가 아니라 사회적 지위를 반영한다.

18 ① 제시문에서 동기부여적 자극은 중간 난이도로 추정되는 작업에서 가장 좋다고 나타나므로, 만약 성공률이 매우 높거나 또는 매우 낮다고 여겨지면 동기부여적 자극은 약해지게 된다. 그러므로 빈칸에는 'weakened(약화시키다)'가 들어갈 말로 가장 적절하다.

오답풀이

② 동원하다
③ 등락을 거듭하다
④ 안정시키다
⑤ 교체하다

어휘

• expectancy : 기대치, 기대하는 것
• motivational : 동기부여적인
• arousal : 자극, 흥분
• assumption : 가정, 추정
• indicate : 나타내다, 보여주다
• moderate : 보통의, 중간의
• difficulty : 어려운 정도, 난이도
• mobilize : 동원하다, 집결시키다

- fluctuate : 변동[등락]을 거듭하다
- stabilize : 안정시키다, 고정시키다
- alternate : 번갈아 나오다, 교대[교체]하다

해석

성공이 동기부여에 미치는 영향은 무엇인가? 동기는 반드시 높여야 하는가? 앞선 주장은 일부 활동에서 성공적인 성과가 목표로 이어진다는 것을 학습자가 깨닫게 되면 기대치가 상승할 가능성이 높다는 것을 시사한다. 이것은 성공이 동기부여를 증가시키는 경향이 있다고 말하는 것처럼 보이지만, 문제는 그렇게 간단하지 않다. 이 주장은 잠재적인 동기는 고려하고 동기부여적 자극은 무시한다. 동기부여적 자극은 활동을 올바르게 수행하기 위해 얼마나 많은 노력이 필요한지에 대한 한 사람의 추정에 근거한다. 연구에 따르면 동기부여적 자극은 중간 난이도로 추정되는 작업에 가장 좋다고 나타난다. 만약 성공률이 매우 높거나 매우 낮다고 여겨지면, 동기부여적 자극은 약해진다. 다시 말해서, 우리가 도전적이라고 생각하지만 거의 불가능하지 않은 것들을 위해 우리는 가장 열심히 노력한다.

19 ⑤ 지네딘 지단은 마르세유에서 태어나고 자란 프랑스인이자 그의 부모가 알제리에서 이민 온 북아프리카 사람이기도 하다. 또한 이슬람교도이자 유명한 축구선수이다. 이러한 지네딘 지단의 정체성은 그가 어디에서 어떻게 생각하느냐에 따라 달라지므로, 그의 정체성은 유동적이라는 것이다. 그러므로 빈칸에 들어갈 말로는 'fluid(유동적인)'가 가장 적절하다.

오답풀이

① 독특한
② 민족의
③ 정치적인
④ 토종의

어휘

- identity : 신원, 신분, 정체성
- tricky : 힘든, 까다로운
- compilation : 편집, 편찬, 편성
- claim : 주장하다, 요청[요구]하다
- impose : 강요하다, 부과하다
- outsider : 외부인, 국외자
- aftermath : 여파, 후유증 cf) in the aftermath of ~의 여파로
- emigrate : 이민을 가다, 이주하다
- reportedly : 전하는 바에 따르면, 들리는 바로는
- fiercely : 사납게, 맹렬하게, 지독하게
- ancestral : 조상의, 전래의
- multifaceted : 다면적인

- unique : 고유의, 독특한
- ethnic : 민족의, 종족의
- indigenous : 토종의, 토착의
- fluid : 유동적인, 가변적인

해석

아프리카의 역사가들에게 정체성은 까다로운 이지적 문제가 될 수 있다. 어느 곳의 사람들과 마찬가지로 아프리카인들은 수많은 정체성을 구성하고 있는데, 그 중 일부는 개인적으로나 집단적으로 주장되고, 다른 일부는 외부인에 의해 강요된다. 만약 사람들에게 누가 현존하는 가장 유명한 아프리카인이냐고 묻는다면, 통상적 대답은 '넬슨 만델라'이다. 그러나 2006년 월드컵의 여파로 이것에 답할 때, 현존하는 가장 유명한 아프리카인이 지네딘 지단이라고 말하는데 충분한 사유가 있다. 이 한 사람을 자세히 살펴보자. 지단이 누구며 어떤 사람인가? 그는 마르세유에서 태어나고 자란 프랑스인이다. 그러나 또한 북아프리카 사람이고, 부모는 알제리에서 이민을 왔다. 그리고 가족의 뿌리인 베르베르족(族)은 카빌 산에 있으며, 들리는 바로는 자기 조상 마을에 대해 매우 자랑스러워한다고 한다. 그는 또한 자신을 이슬람교도라고 설명한다. 그리고 물론 그는 축구선수다. 지단 스스로 선택해 사용할 이 꼬리표들 중 어느 것이든 그가 어디에 있는지 그리고 그때 어떻게 생각하고 있는가에 달려 있다. 즉, 정체성은 다면적인 것만큼 유동적이다.

20 ① 피카소, 마야 안젤로, 아인슈타인 등은 각 분야에서 많은 작품과 논문을 발표했지만 정작 호평을 받은 것은 소수에 불과했다. 즉, 위인의 명성은 하루 아침에 이루어진 것이 아니라 부단한 작품 활동과 끊임없는 연구의 결과이므로, ①의 'do a lot of work (많은 일을 해라)'가 빈칸에 들어갈 말로 가장 적절하다.

오답풀이

② 채무불이행을 거부하다
③ 급진적인 위험을 무릅쓰다
④ 새로운 통찰력을 얻다
⑤ 더 나은 방법을 탐구하다

어휘

- oeuvre : 일생의 작품, 모든 작품, 전작(全作)
- sculpture : 조각, 조소, 조각품
- ceramic : 도자기
- drawing : 그림, 소묘, 데생
- not to mention : ~은 말할 것도 없이, 물론이고
- rug : 깔개, 양탄자, 무릎덮개
- tapestry : 태피스트리(색실로 짠 추단)
- fraction : 부분, 일부

- garner : 얻다, 모으다
- acclaim : 찬사, 칭찬, 호평
- poetry : 시, 시가
- recite : 암송하다, 낭송하다
- memoir : 회고록, 전기
- pay attention to : ~에 주의를 기울이다
- autobiography : 자서전, 수기
- relativity : 상대성, 상대성 이론
- reject : 거부하다, 거절하다
- default : 불이행, 태만
- radical : 과격한, 급진적인

해석

피카소 일생의 작품에는 인쇄물, 러그, 태피스트리는 물론이고, 1,800여 점의 그림, 1,200여 점의 조각품, 2,800여 점의 도자기, 그리고 12,000여 점의 소묘가 포함되어 있는데, 이 중 극히 일부만이 호평을 얻었다. 시 분야에서, 우리가 마야 안젤로의 고전 시인 "Still I Rise"를 낭송할 때, 우리는 그녀가 165편의 다른 시를 썼다는 것을 잊어버리기 쉽다. 우리는 그녀의 감동적인 회고록 "I Know Why the Caged Bird Sings"를 기억하나 그녀의 다른 6편의 자서전에는 관심을 덜 기울인다. 과학 분야에서, 아인슈타인은 물리학에 변혁을 가져온 일반 상대성 이론과 특수 상대성 이론에 관한 논문을 썼지만, 그의 248권의 출판물 중 상당수가 최소한의 영향을 미쳤다. 'This American Life'와 팟캐스트 'Serial'의 제작자인 아이라 글래스는 만약 당신이 독창적인 사람이 되고 싶다면 "당신이 할 수 있는 가장 중요한 일은 <u>많은 일을 하는 것이다.</u>"라고 말한다.

21 ② 제시문에서 Witmer가 박사학위를 받을 당시, 심리학은 본질적으로 학문적 연구 분야였지 그 분야를 특징짓는 응용 기능은 거의 없었다고 하였다. 그러므로 빈칸에는 1800년대 후반의 심리학의 특징을 설명한 ②의 "psychologists didn't practice psychology, but studied it (심리학자들은 심리학을 실습하지 않고 연구했다)"이 들어갈 말로 가장 적절하다.

오답풀이

① 실험심리학 분야는 인기가 없었다
③ Lightner Witmer는 독일의 대표적인 심리학자였다
④ 심리학 박사학위를 받는데 많은 노력을 했다
⑤ Wilhelm Wundt는 임상심리학 탄생의 장을 마련했다

어휘

- doctorate : 박사학위
- experimental psychology : 실험심리학
- pioneer : 개척자, 선구자
- essentially : 근본적으로, 본질적으로

- academic discipline : 학과, 교과
- apply : 신청하다, 지원하다, 적용하다
- characterize : 특징짓다, 특징 지우다
- doctoral degree : 박사학위
- set the stage for : ~을 위한 장을 마련하다, ~의 기초를 닦다
- clinical psychology : 임상심리학

해석

Lightner Witmer는 1892년 독일에서 심리학 박사학위를 받았는데, 많은 사람들이 실험심리학의 창시자로 여긴 Willhelm Wundt 수하에 있었다. 그는 또한 실험심리학의 또다른 개척자인 James KcKeen Cattell 수하에서 연구했다. Witmer가 박사학위를 받을 당시, 심리학은 본질적으로 학문 연구 분야였다. 오늘날 그 분야를 특징짓는 응용 기능은 거의 없었다. 요컨대 1800년대 후반에 <u>심리학자들은 심리학을 실습하지 않고 연구했다.</u>

22 ③ 제시문에 따르면 물의 효용성은 생사의 문제가 될 만큼 엄청난 가치를 지니고 있지만 공짜이거나 매우 낮은 가격에 팔리는 반면, 다이아몬드는 필수품이라고 생각하는 사람이 거의 없는데도 매우 높은 가격에 팔린다. 그러므로 ③의 'a good's utility may have little influence on its price(재화의 효용이 가격에 거의 영향을 미치지 않을 수도 있다)'가 빈칸에 들어갈 말로 가장 적절하다.

오답풀이

① 재화의 가격은 효용성에 달려 있을 수도 있다
② 재화의 가격은 가치와 밀접한 관계가 있을 수도 있다
④ 재화의 효용은 공급과 수요에 달려 있을 수도 있다
⑤ 필요한 재화의 양은 가격에 달려 있지 않을 수도 있다

어휘

- lecture : 강의하다, 강연하다
- demand : 수요, 요구
- pose a puzzle : 수수께끼를 내다
- commodity : 상품, 물품
- utility : 효용, 유용성
- enormous : 거대한, 막대한
- availability : 효용, 유효성, 활용성
- necessity : 필수품, 생필품
- intertwine : 엮다, 뒤얽히다, 밀접하게 관련되다
- quantity : 양, 수량

해석

애덤 스미스는 1760년대에 Glasgow 대학에서 강의할 때, 수수께끼를 내서 수요에 관한 연구를 소개했다. 상식적으로 상품의 가격은 그 재화가 소비자들에게 어느 정도의 가치가 있

느냐 즉, 상품이 제공하는 효용의 양에 달려 있다고 그는 말했다. 그러나 스미스는 일부 사례에서 <u>재화의 효용이 가격에 거의 영향을 미치지 않을 수도 있다</u>고 지적했다. 스미스는 다이아몬드와 물을 예로 들었다. 그는 물은 대부분의 소비자들에게 엄청난 가치를 지니고 있다고 언급했는데 사실, 물의 효용성은 생사의 문제가 될 수 있다. 그럼에도 불구하고 물은 일반적으로 공짜이거나 매우 낮은 가격에 팔리는 반면, 다이아몬드는 필수품이라고 생각하는 사람이 거의 없는데도 매우 높은 가격에 팔린다.

23 ② 제시문에 따르면 받은 편지함의 최신 메일이 항상 맨 앞에 위치한다고 해서 모두 다 중요한 메일은 아니듯, 가장 큰 소리를 낸다고 해서 우선순위가 가장 높은 것은 아니라는 것이다. 그러므로 빈칸에는 ②의 'don't always scream the loudest(항상 가장 큰 소리를 내는 것은 아니다)'가 들어갈 말로 가장 적절하다.

〔오답풀이〕
① 쉽게 나쁜 길로 빠지게 할 수 있다
③ 때때로 우리의 성공을 깎아내린다
④ 우리가 가장 먼저 생각했던 것들이다
⑤ 가장 중요치 않은 일에 휘둘리다

〔어휘〕
• to-do list : 해야 할 일을 적은 목록
• intention : 의도, 의향 cf) good intention 선의
• tyrannize : 압제[압박]하다, 폭군같이 굴다
• trivial : 사소한, 하찮은
• stuff : 것, 물건, 잡동사니
• obligate to : 어쩔 수 없이[억지로] ~하다
• love-hate relationship : 애증 관계
• priority : 우선순위, 우선권, 상위, 중요함
• inbox : 받은 편지함
• dictate : 받아쓰게 하다, 구술하다, 지시[명령]하다
• masquerade : 가장하다, 꾸미다 cf) masquerade as ~으로 가장하다, ~인 체하다
• tackle : 씨름하다, 태클을 걸다
• squeaky : 끼익 소리가 나는, 삐걱거리는
• deserve : ~을 받을만한 가치가 있다
• grease : 기름, 윤활유
• prime minister : 수상, 총리
• duly : 적당히, 알맞게
• astray : 길을 잃은, 못된 길에 빠진
• undermine : 약화시키다, 깎아내리다, 해치다
• at the mercy of : ~에 좌우되어, ~에 휘둘리는

〔해석〕
해야 할 일을 적은 목록은 좋은 의도로 유용한 것을 모아놓는 역할을 하는 반면, 그것들은 또한 목록에 있기 때문에 어쩔 수 없이 해야 하는 사소하고 중요치 않은 일들로 우리를 옥죈다. 그런 연유로 우리들 대부분은 해야 할 일을 적은 목록과 애증 관계에 있다. 허락된다면 그 목록은 받은 편지함이 우리의 하루 일과를 불러줄 수 있는 것처럼 우리의 우선순위를 정한다. 대부분의 받은 편지함은 우선권을 가장한 체 중요하지 않은 이메일로 넘쳐난다. 우리가 받은 순서대로 이 과제들과 씨름하는 것은 마치 삐걱거리는 바퀴에 즉시 기름칠을 하는 것처럼 행동하는 것이다. 그러나 호주 총리 Bob Hawke가 적절하게 언급했듯이, "가장 중요한 것은 <u>항상 가장 큰 소리를 내는 것은 아니다.</u>"

24 ⑤ 블록체인이 이중 지출 문제를 방지하기 위해 공유 원장을 제공한 것처럼 부패 또는 사기 행위를 방지하기 위한 효과적인 도구를 제공하기 위해서는 또 하나의 불변성이 필요하다. 그것은 어떤 당사자가 문서 또는 디지털 기록으로 처리할 수 있기 때문에 과거의 입력 내용을 변경하는 것을 방지하는 것이다. 그러므로 빈칸에는 공통으로 ⑤의 'immutability(불변성, 불역성)'이 들어갈 말로 가장 적절하다.

〔오답풀이〕
① 활용성
② 혁신
③ 다양성
④ 유연성

〔어휘〕
• blockchain : 블록체인(공공 거래 장부)
• bitcoin : 비트코인(디지털 화폐)
• double-spend : 이중 지출의
• digital currency : 디지털 통화[화폐]
• ledger : (거래 내역을 적은) 원장
• ensure : 보증하다, 보장하다
• transact : 거래하다, 사무를 보다
• detect : 알아내다, 감지하다
• fraudulent : 사기를 치는, 정직하지 못한
• premised on : ~을 전제한
• innovation : 혁신, 쇄신
• alter : 바꾸다, 변경하다
• multiplicity : 다수, 다양성
• flexibility : 구부리기 쉬움, 유연성
• immutability : 불변성, 불역성

해석

블록체인은 이중 지출 문제를 방지하기 위해 비트코인에 사용된다. 비트코인 이전의 디지털 화폐의 문제는 누군가가 똑같은 단위의 디지털 화폐를 여러 곳에서 동시에 사용할 수 있다는 것이었다. 블록체인은 공유 원장을 제공함으로써 이러한 문제를 해결하는데, 이것은 모든 사람이 어느 시점에서 사용자들 사이에 얼마나 많은 디지털 화폐가 거래되었는지를 알고 동의하도록 한다. 블록체인은 부패 또는 사기 행위를 알아내고 방지하는 효과적인 도구를 제공할 수 있다고 생각된다. 이러한 생각은 블록체인의 불변성을 전제로 한다. 그 불변성은 어떤 당사자가 문서 또는 디지털 기록으로 처리할 수 있기 때문에 과거의 입력 내용을 변경하는 것을 방지한다.

25 ① (A) 일하는 여성이 늘어난 것은 가정을 지키고 다른 식구들을 부양해야 하기 때문이므로, 실제 자신의 필요에 의해서가 아니라 사회적인 필요 때문이라고 설명하고 있다. 그러므로 빈칸에 들어갈 연결어구는 인과관계를 나타내는 'Therefore(그러므로)'가 가장 적절하다.

　(B) 최근에 일하는 여성이 많이 늘어났지만, 사실 흑인과 다른 소수 여성들에게 일은 백인 여성들보다 훨씬 오래 동안 필수적이었다고 설명하고 있다. 그러므로 빈칸에 들어갈 연결어구는 역접의 의미를 나타내는 'However(그러나)'가 가장 적절하다.

어휘

- former : 이전의, 전자의
- Congresswoman : 여성 하원의원
- pinpoint : 정확히 찾아내다[보여주다]
- workforce : 노동자[직원], 노동인구[노동력]
- unprecedented : 전례[선례, 유례]가 없는, 공전의 cf) unprecedented numbers 엄청난 수
- meet : 충족시키다
- minority : 소수, 소수집단
- female : 암컷, 여성
- working age : 취업 연령
- analyst : 분석가
- high-income : 고소득

해석

Patricia Schroeder 전 하원의원은 유례없이 많은 여성이 이처럼 일을 하는 주된 이유는 가정을 지켜야 하기 때문이라고 주장하면서 여성들이 직장에 들어가는 가장 중요한 이유 중 하나를 정확히 찾아냈다. 많은 가정주부들이 어쩔 수 없이 일을 한다. 비록 가족은 더 작아졌지만, 다른 식구들을 위해 필요한 것은 더 많아졌다. (A) 그러므로 이러한 가정주부들에게 일은 실제 필요한 것이 아니라 사회적 필요이다. 그것은 가족이 자신의 욕구를 충족시킬 수 있는 유일한 방법이다. (B) 하지만 흑인과 다른 소수 여성들에게 일은 백인 여성들보다 훨씬 오래 동안 필수적이었다. 전체 취업 연령 여성 중 일하는 여성의 비율이 1972년 32%에서 2000년대 초반 70% 이상으로 높아졌다. 이러한 추세를 연구하는 분석가들은 일부 고소득 여성들이 일을 그만두고 아이들과 함께 집에 있는 것을 선택할 수도 있지만 자녀를 둔 일하는 여성의 비율은 계속해서 증가할 것으로 예상된다고 말한다.

[26~27]

어휘

- convinced that : ~라고 확신하는
- derive from : ~에서 유래하다, 파생하다
- address : 다루다, 처리하다
- activate : 작동시키다, 활성화시키다
- judiciously : 사려 깊게, 신중하게
- evolve : 진화하다, 발전하다
- cluster : 무리, 송이
- evocative : 생각나게 하는, 환기하는, 연상되는
- spinning wheel : 물레
- ply : 연장을 부지런히 쓰다, 능숙하게 다루다
- rebel : 반란을 일으키다, 저항[반항]하다
- denounce : 맹렬히 비난하다, 고발하다
- dignity : 존엄, 위엄, 가치, 중요성
- rural : 시골의, 지방의
- elite : 엘리트, 정예
- mass : 대중, 무리
- emblem : 상징, 표상
- manual labor : 육체노동
- despise : 경멸하다, 멸시하다
- compassion : 동정, 연민
- proceeds : 수입, 매상
- urge : 재촉하다, 촉구하다
- give away : 주다, 기부하다, 인도하다
- needy : 어려운, 궁핍한
- infinitely : 대단히, 엄청, 무한히
- moral : 도덕상의, 도덕적인
- patronize : 후원하다, 지원하다
- donation : 기부, 기증

해석

인간의 행동이 그들의 감정 에너지를 '심장'으로부터 끌어냈고, 이는 신중하게 선택된 상징들에 의해서만 처리되고 활성화될 수 있다고 확신하면서, 간디는 물레, 소, 그리고 '간디 모

자(그에 의해 대중화된 하얀 면 모자)'를 포함한 문화적으로 연상되는 한 무리의 강력한 상징을 발전시켰다. 예를 들어 간디가 모두에게 부지런히 쓰도록 요구했던 물레는 몇 가지 상징적인 목적을 수행했다. 그것은 현대 기술 문명에 대해 조용하게 저항하고 인도의 농촌 생활 방식의 가치를 비난하는(→ 찬양하는) 방법이었다. 그것은 도시와 마을, 서구화된 엘리트들과 대중들을 하나로 묶었고, '유대감의 상징'이 되었다. 물레는 또한 육체노동과 그것에 종사하는 사람들의 가치를 확립하고 이 둘 모두를 경멸하는 전통적인 인도 문화에 맞섰다. 그것은 사회적 연민을 상징했는데, 그 생산품의 수입을 필요로 하지 않는 사람들이 궁핍한 사람들에게 그 생산품을 나누어주도록 재촉받았기 때문에, 이는 기부금을 후원하는 사람들에게 대단히 우월한 도덕적 행위였다. 그리고 그것은 또한 그 사람을 혼자 있게 둬서 적어도 얼마 동안은 침묵을 지키도록 했다. 간디는 이런 종류의 수많은 상징들을 발전시켰을 뿐만 아니라 스스로도 하나의 상징이 되었다.

26 ③ 간디가 모두에게 부지런히 쓰도록 요구했던 물레는 현대 기술 문명에 대한 조용한 저항과 인도의 농촌 생활 방식의 가치를 찬양하는 상징적인 목적을 수행했다. 그러므로 ③의 'denouncing(비난하는)'은 'admiring(찬양하는)' 등으로 바꿔 써야 적절하다.

오답풀이

① 연상되는

② 저항하는

④ 도전하는

⑤ 후원하는

27 ② ①, ③, ④, ⑤의 'it'은 모두 여러 가지 상징적 의미를 지녔던 'the spinning wheel(물레)'을 가리키나, ②의 'it'은 앞의 'manual labor(육체노동)'을 가리킨다.

28 ② Annemarie는 독일군 병사가 기차 안에까지 있어 긴장했고 어디로 가냐고 검문을 받을 때 몹시 겁이 났다(terrified). 그러나 분위기를 누그러뜨리는 Kirsti의 유쾌한 대화에 독일군 병사들이 지나가자 안도하였다(relieved).

오답풀이

① 희망적인 → 실망한

③ 흥분된 → 불쾌한

④ 놀란 → 속상한

⑤ 비참한 → 부끄러운

어휘

· tense : 긴장한, 긴박한

· stroll : 거닐다, 산책하다

· glance at : ~을 힐끗 보다

· stick : 찌르다, 박다

· probe : 캐묻다, 조사하다

· distort : 비틀다, 일그러뜨리다

· frightened : 겁먹은, 무서워하는

· fascination : 매혹, 매료, 심취

· calmly : 고요히, 침착하게, 태연하게

· stare at : ~을 응시하다, 뚫어지게 쳐다보다

· puzzled : 당황하는, 어리둥절한

· exclaim : 소리치다, 외치다

· sink : 빠지다, 가라앉다

· chatter : 수다를 떨다, 재잘거리다

· chirp : 짹짹거리다, 재잘거리다

· brand-new : 신품의, 신상품의

· chuckle : 빙그레[싱긋] 웃다, 껄껄 웃다

· gaze : 응시하다, 바라보다

· blur : 희미한[흐릿한] 것

· relieved : 안도하는, 안심하는

· offended : 불쾌한, 화가 난

· upset : 속상한, 마음이 상한

· miserable : 비참한, 불행한

해석

기차가 다시 출발했다. 그들의 차량 끝에 있는 문이 열리면서 두 명의 독일군 병사가 나타났다. Annemarie는 긴장했다. 여기 말고 기차에도? 그들은 어디에나 있었다. 병사들은 승객들을 힐끗 보며 함께 차량 안을 거닐었고, 여기저기 멈춰 서서 질문을 던졌다. 그들 중 한 사람은 이빨에 무언가 끼어 있었고, 혀로 더듬느라 자신의 얼굴을 찡그렸다. Annemarie는 두 사람이 다가오자 겁에 질린 표정으로 지켜보았다. 병사들 중 한 명이 따분한 표정을 지으며 내려다보았다. "어디로 갑니까?" 그가 물었다. "Gilleleje"라고 Mama가 침착하게 대답했다. "오빠가 거기 살아요, 그를 방문할 예정이에요." 병사가 돌아서자 Annemarie는 안도했다. 그때 아무런 예고 없이, 그가 뒤로 돌아섰다. "새해를 맞아 오빠를 찾아가는 겁니까?"라고 그가 갑자기 물었다. Mama는 당황한 표정으로 그를 응시했다. "새해?"라고 그녀가 물었다. "이제 겨우 10월이에요." "맞춰 보세요!"라고 Kirsti는 갑자기 큰 목소리로 병사를 바라보며 소리쳤다. Annemarie는 가슴이 철렁 내려앉으며 어머니를 바라보았다. Mama의 눈은 겁에 질려 있었다. "쉬, Kirsti", Mama가 말했다. "그렇게 수다 떨지 마." 그러나 Kirsti는 여느 때처럼 Mama에게 전혀 주의를 기울이지 않았다. 그녀는 쾌활하게 병사를 바라보았고, Annemarie는 그녀가 무슨 말을 하려는지 알았다. 이 애는 우리 친구 Ellen이고 그녀가 새해를 맞아요! 그러나 그녀는 아니었다. 대신에 Kirsti는 그녀의 발을 가리켰다.

"Henrik 삼촌을 만나러 갈 거예요."라고 그녀는 재잘거렸고, "그리고 나는 신상품의 윤이 나는 검은 신발을 신었어요!"라고 말했다. 병사는 껄껄 웃으며 움직였다. Annemarie는 다시 창문을 바라보았다. 해안을 따라 북쪽으로 계속 갈 때, 나무와 발트해 그리고 흐린 10월의 하늘이 희미하게 지나갔다.

29 ⑤ 제시문에 따르면 고양이들은 고기의 다른 맛들을 구별하기 위해 '달콤한' 미뢰를 개조했는데, 이것이 애완 고양이들이 가끔 주인에게 괜찮아 보이는 음식을 멀리하는 이유라고 설명하고 있다. 그러므로 "고양이는 고기의 다른 맛을 구별하지 못한다."는 ⑤의 설명은 제시문의 내용과 일치하지 않는다.

오답풀이

① 고양이의 조상은 수백만 년 전에 유전적 변이를 겪었다.
② 고양이는 많은 양의 동물성 단백질을 필요로 한다.
③ 고양이는 번식에 필수적인 호르몬을 만들 수 없다.
④ 고양이는 설탕 맛을 느끼지 못한다.

어휘

- genetic : 유전의, 유전학의
- felid : 고양이과 동물
- lock : 고정되다
- animal protein : 동물성 단백질
- amino acid : 아미노산
- taurine : 타우린(아미노산의 일종)
- prostaglandin : 프로스타글란딘(호르몬 물질)
- essential : 필수적인, 근본적인
- reproduction : 생식, 번식, 복제
- niacin : 니아신(비타민 B3)
- thiamine : 티아민(비타민 B1)
- retinol : 레티놀(비타민 A)
- extract from : ~에서 뽑아내다, 추출하다
- adapt : 개조하다, 개작하다
- taste bud : 미뢰, 맛봉오리
- flavor : 맛, 풍미
- come to light : 알려지다, 밝혀지다
- captive breeding : 포획 사육
- clouded leopard : 구름무늬 표범, 타이완 표범

해석

수백만 년 전, 대략 열두 번의 유전적 변이가 오늘날의 모든 고양이과 동물 조상에서 일어났는데, 그 이후로 그들은 고기를 먹도록 정해졌다. 모든 고양이들은 먹이에 다량의 동물성 단백질을 필요로 한다. 식물성 단백질에는 고양이가 필요로 하는 타우린과 같은 특정 아미노산이 부족하지만 다른 포유류들(인간 포함)은 그렇지 않다. 고양이들은 번식하는 데 필수적

인 호르몬인 프로스타글란딘을 직접 만들 수 없기 때문에 고기로부터 이것을 얻을 필요가 있다. 다른 포유류들에 비해, 모든 고양이들은 니아신, 티아민, 레티놀과 같은 많은 양의 비타민을 필요로 하는데, 이것은 식물보다 고기에서 추출하는 것이 더 쉽다. 그리고 익은 과일과 익지 않은 과일의 차이를 구별할 필요가 없기 때문에, 고양이들은 설탕 맛을 볼 수 있는 능력을 잃어버렸다. 고양이들은 고기의 다른 맛들을 구별하기 위해 '달콤한' 미뢰를 개조했는데, 이것이 애완 고양이들이 가끔 주인에게 괜찮아 보이는 음식을 멀리하는 이유이다. 이러한 지식은 지난 40년 동안 밝혀졌고, 애완용 고양이뿐만 아니라 구름무늬 표범과 같은 멸종위기에 처한 고양이과 동물의 포획 사육에도 도움을 주었다.

30 ③ 제시문에 따르면 Philip은 이후 20년 동안 홀로 떠나기로 선택한 Sparta를 제외하고 그리스 본토 전체를 조직적으로 정복했다고 서술되어 있다. 그러므로 "Sparta를 정복했다."는 ③의 설명은 제시문의 내용과 일치하지 않는다.

오답풀이

① 창의 길이를 약 18피트로 늘렸다.
② 기병을 전선에 추가하였다.
④ Athens와 Thebes의 연합군을 격퇴했다.
⑤ 그리스 본토를 통합했다.

어휘

- throne : 왕좌, 왕위
- spear : 창, 투창
- sarissa : 사리사(고대 그리스의 마케도니아군이 사용한 창)
- hoplite : (고대 그리스의) 장갑(裝甲) 보병
- retain : 유지하다, 보유하다
- wedge formation : 설대 대형
- cavalry : 기갑부대
- incorporate : 합병하다, 편입하다
- element : (소)부대, 분대
- phalanx : (고대 그리스의) 방진(方陣)
- mainland : 본토
- defeat : 패배시키다, 물리치다, 격퇴하다
- combined forces : 연합군
- era : 시대, 대(代)
- territory : 영토, 영역

해석

왕위에 오르자마자, Philip은 마케도니아 군대를 Thebes에서 보았던 것보다 더욱 성공적인 모습으로 변모시키기 시작했다. Philip은 Thebans가 사용했던 이미 긴 창을 더 길게 늘여, 길이가 약 18피트인 창인 마케도니아 사리사를 만들었는데, 이는 전통적인 그리스 호블라이트 창의 두 배였다. 그는

Thebans의 설대 대형을 유지하면서도 또한 중무장 기병을 전선에 추가하여, 마케도니아의 가장 강한 부대를 방진(方陣)에 편입시켰다. 그 결과는 자명했는데, Philip은 이후 20년 동안 홀로 떠나기로 선택한 Sparta를 제외하고 그리스 본토 전체를 조직적으로 정복했다. Philip의 마지막 대승은 Chaeronea 전투(B.C. 338년)에서였는데, 이 전투에서 마케도니아 군대는 Athens와 Thebes의 연합군을 격퇴하였다. Philip이 본토 전체를 정복한 것은 한 시대의 끝이었고, 처음으로 영토 전체가 한 왕의 지배 아래 통합되었다.

31 ② 제시문에 따르면 함무라비 법전은 주로 결혼과 상속, 가족 관계, 재산권, 그리고 상업적 관습과 같은 민사 업무를 다루었다고 서술되어 있다. 그러므로 "법전은 형법을 주로 다루었다."는 ②의 설명은 함무라비 법전에 대한 제시문의 내용과 일치하지 않는다.

오답풀이

① 법전이 새겨진 비석이 19세기에 발견되었다.
③ 신분에 따라 동일 범죄에 대한 처벌이 달랐다.
④ 사형제도가 포함되었다.
⑤ 재판관들은 상해의 고의성 여부를 구별하였다.

어휘

• the code of laws : 법전
• bear name : 이름을 붙이다
• authority : 권한, 권위
• to that effect : 그런 취지로
• subject : 백성, 국민, 신하
• decree : 법령, 법칙, 판결
• collectively : 집합적으로, 총괄하여, 통틀어
• term : 부르다, 칭하다, 일컫다
• inscribe : 쓰다, 새기다
• stone stelae : 석비(石碑)
• erect : 건립하다, 세우다
• civil affairs : 민정, 민사
• inheritance : 유산, 상속
• property rights : 재산권
• business practice : 상업적 관습, 실무
• criminal offense : 형사 범죄
• severity : 혹독, 엄격
• offender and victim : 가해자와 피해자
• commoner : 평민, 서민
• restitution : 반환, 배상, 보상
• noble : 상류층, 귀족
• trial : 재판, 공판
• ordeal : 시련, 고난

• retribution : 응징, 징벌
• retaliatory action : 보복 행위
• capital punishment : 사형, 극형
• intentional : 의도적인, 고의로 한
• injury : 피해, 상해
• monetary : 화폐의, 통화의, 금전의
• fine : 벌금, 과태료
• malicious : 악의적인, 적의 있는
• intent : 의사, 의도, 목적
• manifest : 나타내다, 드러내 보이다
• morality : 도덕(성), 윤리
• restrict : 제한하다, 한정하다
• application : 적용, 응용
• apply to : ~에 적용하다

해석

기원전 약 1792년부터 약 1750년까지 메소포타미아를 통치했던 바빌로니아 황제 함무라비는 자신의 이름을 붙인 법전으로 가장 유명한데, 그것은 지금까지 발견된 가장 초기의 법전 중 하나이다. 그의 주된 관심사는 그의 권한을 통해 제국의 질서를 유지하는 것이었는데, 이는 그의 백성들의 요구에 부응하는 것이었다. 그런 취지로, 그는 신하들에게 복잡한 법전을 하사했다. 통틀어 함무라비 법전이라 불리는 282개의 법령은 비석이나 기둥에 새겨졌고 여러 곳에 세워졌다. 하나는 19세기에 페르시아의 Susa에서 발견되었고 현재 파리의 루브르 박물관에 있다.

이 법전은 주로 결혼과 상속, 가족 관계, 재산권, 그리고 상업적 관습과 같은 민사 업무를 다루었다. 형사 범죄는 가해자와 피해자의 사회적 지위에 따라 엄격함의 정도가 다르게 처벌되었다. 상류층의 권리와 평민의 권리는 분명한 차이가 있었다. 일반적으로 귀족들이 평민들에게 입힌 손해에 대한 배상금은 지급이 허용된다. 그러나 귀족에게 손해를 입힌 평민은 죽음으로 지불해야 할지로 모른다. 시련에 의한 재판, 보복 행위에 의한 응징, 그리고 사형은 일반적인 관행이었다. 그러나 재판관들은 고의적인 상해와 의도하지 않은 상해를 구별하였고, 금전적인 벌금은 일반적으로 악의적인 의도가 드러나지 않는 처벌에 사용되었다. 종종 함무라비 법전과 관련된 '눈에는 눈'의 도덕성은 그 적용이 상대적으로 제한되었고, 사회적 평등에 반하여 저질러진 범죄에만 적용되었다.

32 ① 제시문에 따르면 동시에 두 가지 일을 하려고 하다가 어느 한 쪽도 제대로 할 수 없다. 즉, 멀티태스킹이 더 많은 일을 할 수 있는 효과적인 방법이라고 생각하지만 그것은 잘못된 생각이라는 것이다. 그러므로 제시문의 제목으로는 ①의 'Fallacy of Multitasking(멀티태스킹에 대한 잘못된 생각)'이 가장 적절하다.

오답풀이

② 멀티태스킹의 기초

③ 멀티태스킹: 이유와 방법

④ 멀티태스킹 수요의 대응 전략

⑤ 위대한 결과 뒤의 단순한 진리: 멀티태스킹

어휘

• chew : 씹다, 깨물다

• repercussion : 영향, 반향

• airliner : 여객기

• clear : 승인하다, 허가하다

• medicine : 약, 약물

• toddler : 유아, 걸음마를 배우는 아이

• unattended : 방치된, 돌보지 않는

• tragedy : 비극

• multitasking : 다중 작업, 멀티태스킹

• get it backward : 거꾸로 하다

• get less done : 덜 끝내다

• fallacy : 틀린 생각, 오류, 착오

• ABC : 기본, 기초, 입문

• coping : 대응[대항]하다, 맞서다

• strategy : 계획, 전략

해석

사람들은 실제로 걷기와 말하기, 껌을 씹고 지도를 읽는 것과 같은 두 가지 이상의 일을 동시에 할 수 있다. 하지만 컴퓨터처럼 우리가 할 수 없는 것은 동시에 두 가지 일에 집중하는 것이다. 우리의 관심은 앞으로 왔다 갔다 한다. 이것은 컴퓨터에게는 괜찮지만, 인간에게는 심각한 영향을 미친다. 두 대의 여객기가 같은 활주로에 착륙하도록 허가된다. 어떤 환자에게 약을 잘못 투여한다. 유아가 욕조에 방치된다. 이 모든 잠재적 비극들이 공통적인 것은 사람들이 동시에 너무 많은 일을 하려고 노력하다가 그들이 해야 할 일을 잊어버린다는 것이다. 동시에 두 가지 일을 하려고 할 때, 둘 중 어느 쪽도 할 수 없거나 잘 하지 못할 것이다. 만약 멀티태스킹이 더 많은 일을 할 수 있는 효과적인 방법이라고 생각한다면, 그것을 거꾸로 행한 것이다. 덜 하는 것이 효과적인 방법이다.

33 ④ 제시문에 따르면 통계상 오늘날의 이혼율이 과거보다 높아진 것은 가정 불행의 결과만은 아니며, 이혼한 사람들의 가능성이 높아지고 이혼을 하는 것이 더 쉬워졌기 때문이라고 설명하고 있다. 그러므로 ④의 'cautious interpretation of divorce statistics(이혼 통계에 대한 신중한 해석)'가 제시문의 주제로 가장 적절하다.

오답풀이

① 이혼 통계의 용도

② 이혼 통계의 수집

③ 사람들이 이혼을 하는 이유

⑤ 이혼과 가정 파탄에 대한 대처

어휘

• divorce : 이혼, 분리

• statistics : 통계, 통계 자료

• disorganization : 해체, 분열

• cite : 인용하다, 소환하다

• entirely : 전적으로, 완전히, 전부

• ostracism : 외면, 배척

• poverty : 빈곤, 가난

• route : 길, 노선

• cautious : 신중한, 조심스러운

• interpretation : 해석, 이해, 설명

• cope with : ~에 대처[대응]하다

• breakdown : 고장, 와해, 붕괴, 파탄

해석

이혼 통계는 가족 해체의 척도로 흔히 사용되며, 현재의 높은 이혼율은 미국 가정이 심각한 문제에 처해 있다는 증거로 인용되고 있다. 그러나 오늘날의 이혼율이 과거보다 높아진 것은 전적으로 가정 불행의 결과만은 아니다. 이전 세대에는 결혼 생활이 불행했음에도 불구하고 많은 부부들이 이혼을 피했다. 여성의 경우에 그것은 사회적 외면 혹은 잘 살 수 있는 기회가 거의 없기 때문에 가난을 의미했다. 이혼한 사람들의 가능성이 높아지고 이혼을 하는 것이 더 쉬워지면서, 더 많은 불행한 부부들이 이 길을 택했다.

34 ① 제시문에 따르면 후진국은 유아 사망률이 높은데, 영양 섭취, 건강 관리, 전염병 예방 접종 등으로 유아 사망률이 감소되었을 때 대부분의 지역에서 출산율 하락을 동반했다고 설명하고 있다. 그러므로 ①의 "Infant mortality rates affect birth rates. (유아 사망률은 출생률에 영향을 미친다)"가 제시문의 요지로 가장 적절하다.

오답풀이

② 전 세계의 유아 사망률이 매우 빠르게 감소하고 있다.

③ 부의 불균형은 유아 사망률에 반영된다.

④ 유아 사망의 주된 원인은 수질이 나쁘기 때문이다.

⑤ 산전 관리를 잘 하면 유아 사망률을 낮출 수 있다.

어휘

• infant : 유아, 젖먹이

• mortality rate : 사망률

- ensure : 보장[보증]하다, 확신하다
- sustained : 지속된, 한결같은, 일관된
- birth rate : 출생률
- precede : 선행하다, ~에 앞서다
- demographically : 인구 통계학상의
- nutrition : 영양, 영양 섭취
- rehydration : 재수화, 복원 cf) oral rehydration therapy 경구 수분 보충 요법(설사로 인한 탈수증 완화 요법)
- immunization : 면역, 예방주사
- infectious disease : 전염병
- reduction : 감소, 축소
- preventable : 막을 수 있는, 예방할 수 있는
- communicable : 전달되는, 전염성의 cf) communicable disease 전염병
- disparity : 차이, 격차
- prenatal : 태어나기 전의, 태아기의 cf) prenatal care 산전 관리

해석

개발도상국의 대부분이 그렇듯이 유아 사망률이 높을 때, 부모들은 몇 명의 아이들이 성년기까지 살아남는 것을 보장하기 위해 아이를 많이 갖는 경향이 있다. 유아 사망률이 지속적으로 감소하기 전에 먼저 선행되지 않았던 출생률이 지속적으로 감소한 적은 없었다. 인구 통계학적으로 분류된 세계에서 가장 중요한 차이점 중 하나는 후진국의 유아 사망률이 높다는 것이다. 더 나은 영향 섭취, 개선된 건강 관리, 간단한 경구 수분 보충 요법, 그리고 전염병 예방 접종은 유아 사망률을 획기적으로 감소시켰으며, 이는 대부분의 지역에서 출산율 하락을 동반했다. 쉽게 예방할 수 있는 전염병으로부터 매년 5백만 명의 아이들의 목숨을 구하면 2,000만 명 혹은 3,000만 명의 추가 출산을 피할 수 있을 것으로 추정된다.

35 ④ 주어진 문장에서 'ubiquity(편재성)'란 골고루 있지 않고 하나에 치우쳐 있다는 의미로, 우주 질량의 80% 이상이 암흑 물질로 구성된 것은 암흑 물질의 편재성을 의미한다. 또한 그런 편재성에도 불구하고 천문학자들이 암흑 물질을 구성하는 입자에 대해 실감하지 못하고 있으므로, 주어진 문장은 이를 추정하고 있는 ④에 위치하는 것이 가장 적절하다.

어휘

- ubiquity : 도처에 있음, 편재(성)
- astronomer : 천문학자
- constitute : 구성하다, 본질을 이루다
- dark matter : 암흑 물질
- infer : 추론하다, 뜻하다, 암시하다
- gravitational : 중력의

- distribution : 분배, 분포, 유통
- galaxy cluster : 은하단
- mass : 덩어리, (물체의) 질량
- subatomic particle : 아원자 입자(원자보다 작은 입자)
- neutrino : 중성미자, 중성미립자
- hypothetical : 가설의, 가상의
- axion : 악시온(원자보다 작은 입자)
- elude : 피하다, 빠져 나가다
- detection : 발견, 간파, 탐지
- elementary particle : 소립자
- weakly interacting massive particles(WIMPs) : 약한 상호작용을 하는 거대 입자
- apparently : 분명하게, 명백하게
- electromagnetic radiation : 전자기 방사선, 전자기 복사
- conventional : 전통적인, 관례적인

해석

그러나, 그것의 편재성에도 불구하고, 천문학자들은 무엇이 암흑 물질을 구성하는지에 대해 실감하지 못하고 있다.

암흑 물질을 측정할 수 있지만, 단지 보이지 않을 뿐이다. (①) '어두워서' 보이지 않는다. (②) 천문학자들은 은하가 어떻게 스스로를 지탱하는지, 중력 렌즈가 어떻게 작용하는지 그리고 은하단에서 보이는 고온 가스의 관측된 온도 분포를 설명하기 때문에 암흑 물질의 존재를 추론한다. (③) 결론은 우주 질량의 80% 이상이 우리가 단지 볼 수 없는 형태라는 것이다. (④) 무거운 중성미자와 같은 아원자 입자나 악시온 같은 여타 가상 입자를 포함할 수 있다. (⑤) 그 중 일부는 단지 탐지를 막는 물체에 갇혀 있을 수도 있다. 현재 천문학자들은 대부분의 암흑 물질이 약한 상호작용을 하는 거대한 입자(WIMP)로 불리는 새로운 소립자로 구성되어 있다고 믿는데, 그것은 분명 전자기 방사선이나 원자와 상호작용하지 않는다. 그러므로 그것들은 전통적인 탐지 방법으로 보이지 않는다.

36 ④ 주어진 문장에서 심신이 소모된 근로자들은 그들이 도와야 할 사람들을 비인격화시키고 물건이나 사물로 생각한다고 서술되어 있다. 그러므로 심신이 소모된 사회복지사가 위탁 아동을 대하는 태도를 예로 들어 설명한 ④에 위치하는 것이 가장 적절하다.

어휘

- burned-out : 소진된, 녹초가 된
- depersonalize : 비인격화하다, 인격을 박탈하다
- burnout : 극도의 피로, 심신 소모
- afflict : 괴롭히다, 피해를 입히다
- employee : 종업원, 고용인, 직원

- day in and day out : 매일, 연일, 언제나
- social worker : 사회복지사
- due to : ~ 때문에, ~에 기인하는
- exhaustion : 탈진, 소진, 고갈
- be worn out : 지치다, 고단하다, 기진맥진하다
- desperate : 필사적인, 절실한
- foster child : 수양 자녀, 위탁 아동
- scared : 겁먹은, 무서워하는
- behavioral : 행동의, 행동에 관한

해석

> 심신이 소모된 근로자들은 때때로 그들이 도와야 할 사람들을 비인격화시키고, 그들을 인간으로 대하기보다 물건이나 사물로 생각한다.

심신 소모는 특별한 종류의 심리적 스트레스 결과로, 연일 연장 근무로 높은 수준의 업무 스트레스를 겪는 일부 직원들을 괴롭힌다. 그것은 특히 직원들이 다른 사람들을 돕거나 보호하거나 돌보는 책임을 질 때 발생할 가능성이 높다. 간호사, 의사, 사회복지사, 교사, 변호사, 경찰관은 직업 특성상 심신 소모로 발전할 위험이 크다. (①) 심신 소모의 세 가지 주요 증상은 낮은 개인적 성취감, 정서적 피로감, 그리고 비인격화이다. (②) 심신이 소모된 근로자들은 종종 자신이 남을 돕거나 해야 할 만큼 성취하지 못하고 있다고 느낀다. (③) 감정상 그들은 때때로 도움이 절실한 사람들을 대해야 하는 끊임없는 스트레스로 지쳐버린다. (④) 예를 들어, 심신이 소모된 사회복지사는 신규 도움이 필요한 위탁 아동을 매우 겁먹은 12살짜리 아이가 아니라 사례 번호로 생각할 수도 있다. (⑤) 이러한 심리적 결과는 심신이 소모된 사회복지사가 아이를 냉담하고 동떨어진 태도로 대할 때 행동 결과로 이어질 수도 있다.

37 ③ 주어진 문장에서 합리적 분석 방식은 의사결정 과정의 속도가 느리므로 속도와 효과의 절충에 대해 언급한 글 (B)가 다음에 와야 한다. 글 (B)에서 직관력이 합리적 모델보다 더 나은 결과를 산출할 수 있다고 하였으므로, 업무 유형에 따라 합리적 의사결정보다 직관이 더 효과적이라고 설명한 글 (C)가 다음에 와야 한다. 마지막으로 글 (C)의 업무 유형은 글 (A)에 설명되어 있다. 그러므로 주어진 글 다음에 (B) – (C) – (A)의 순으로 이어져야 한다.

어휘

- analytic : 분석적인, 분해적인
- superior : 우세한, 우월한
- intuition : 직관(력), 직감
- human resource management : 인적자원 관리

- strategic : 전략상 중요한, 전략적인
- aesthetic : 미학적인, 심미적인
- judgmental : 판결상의, 판단상의, 주관적 판단의
- holistic : 전체론의, 전체론적인
- versus : ~에 비해, ~와 대조적으로, ~대(對)
- trade-off : 균형, 절충
- at hand : 가까운, 머지않은, 당면한
- put simply : 간단히 말해
- prim : 대비시키다, 준비시키다
- subdivide : 더 작게 나누다, 세분하다, 하위 구분하다
- chunk : 덩어리, 상당히 많은 양

해석

> 역사적으로 합리적 분석 방식은 종종 직관에 비해 우세한 결과를 제공하는 것으로 보여지지만, 이러한 의사결정 과정은 훨씬 더 느리다.

(B) 따라서 어떤 사람들은 의사결정에 있어서 속도 대 효과의 절충에 대해 이야기한다. 그러나 의사 결정자의 경험 수준과 당면한 업무의 성격에 따라 직관력이 합리적 모델보다 더 나은 결과를 산출할 수 있다.

(C) 간단히 말해, 특정 분야에서 많은 경험을 가진 개인(즉, 전문가)은 그들이 직면하는 업무의 유형에 따라 합리적인 의사결정을 하는 것보다 직관으로 더 효과적인 대비를 한다. 일반적으로 전문가들은 당면한 업무가 하나 이상의 정답이 있거나 업무를 더 작은 덩어리로 쉽게 세분화할 수 없을 때 직관적인 의사결정의 사용에 가장 효과적이다.

(A) 이러한 유형의 업무는 인적자원 관리, 전략적, 미학적, 투자 결정 등에서 흔히 볼 수 있다. 요컨대, 직관은 전문가들이 판단력이 필요한 전체론적 업무를 수행할 때 가장 효과적이다.

38 ⑤ 주어진 문장에서 효과적인 의사소통의 필요성에 대해 언급했고, 이에 대한 사례를 글 (C)에서 보여주고 있다. 글 (C)에서 에어 플로리다 737기가 Potomac 강 위의 다리와 충돌했을 때의 원인을 글 (B)에서 설명하고 있다. 마지막으로 이에 대한 대책으로 글 (A)에서 효과적인 의사소통 능력을 갖추기 위한 적극성과 감수성 훈련에 대해 설명하고 있다. 그러므로 주어진 글 다음에 (C) – (B) – (A)의 순으로 이어져야 한다.

어휘

- cabin crew : 객실 승무원
- flight attendant : 스튜어디스, 승무원
- vital : 필수적인, 매우 중대한
- Federal Aviation Administration : 미 연방항공국

- assertiveness training : 적극성 훈련
- sensitivity training : 감수성 훈련
- mandatory : 법에 정해진, 의무적인
- investigator : 수사관, 조사관
- crash : 추락, 충돌
- in part : 부분적으로는, 어느 정도는
- copilot : 부[보조] 조종사, 부기장
- engine power readings : 엔진 출력 측정치
- tragic : 비극의, 비극적인
- take off : 이륙하다, 출발하다

해석

> 오늘날 항공사 객실 승무원, 조종사, 승무원 등이 서로 간에 그리고 승객들과 효과적으로 의사소통할 수 있는 능력이 위기를 예방하는 데 필수적이라는 사실을 우리 모두 알고 있다.

(C) 효과적인 의사소통이 아주 중요하다는 것을 보여준 비극적인 사례가 에어 플로리다 737기가 워싱턴 D.C.의 국립 공항에서 이륙한 후 Potomac 강 위의 다리와 충돌했을 때 일어났다.

(B) 미 연방항공국 조사관들은 부기장이 엔진 센서의 얼음으로 인해 발생한 엔진 출력 측정치에 대한 문제를 조종사에게 알리지 않았기 때문에 부분적으로 추락의 결과가 나왔다고 판단했다.

(A) 이 사건과 부족한 의사소통이 원인이 된 다른 위험한 사건들 때문에, 미 연방항공국은 모든 항공사 승무원들이 효과적으로 의사소통할 수 있는 능력을 갖도록 하기 위해 의무적으로 적극성과 감수성 훈련을 실시했다.

[39~40]

어휘

- facilitate : 용이하게 하다, 촉진하다, 조장하다
- festivity : 축제, 행사
- stimulus : 자극, 고무, 격려
- celebrity : 유명 인사, 명사
- pair : 짝을 짓다, 부부가 되다
- evident : 분명한, 눈에 띄는
- relative : 비교상의, 상대적인
- enormous : 거대한, 엄청난
- expose : 드러내다, 노출시키다, 폭로하다
- parental : 부모의, 아버지[어머니]의
- predictor : 예측 변수, 예언자, 예보자
- peer : 또래, 동배

- facilitation : 용이[간편]함, 촉진, 조장
- liking : 애호, 기호, 취향
- internalized : 내면화된, 내재화된
- sensory : 감각의, 감각상의
- property : 특성, 속성
- craving : 욕구, 갈망, 열망
- innate : 타고난, 선천적인
- judicious : 신중한, 판단력 있는
- child rearing : 육아

해석

어린 시절부터 가족 내에서든 다른 집단과이든 사회적 상호작용은 대부분의 음식 경험이 발생하는 맥락을 제공하고, 이에 따라 좋아하는 음식에 대한 학습이 촉진된다. 예를 들어, 친구와 함께 하는 음식 축제와 같은 그러한 상호작용과 관련된 즐거움은 단 것만큼이나 새로운 음식 맛을 위한 조건부 자극에 긍정적일 수도 있다. 따라서 음식점에서 음식에 대한 평가는 요리사의 솜씨와 같은 사회적 환경과 많은 관련이 있을 수도 있다. 아이들의 경우 음식을 친구들의 존재, 좋아하는 유명인 또는 어른들의 관심과 짝을 짓는 것은 모두 이러한 음식에 대한 호감을 증가시키며, 의심의 여지 없이 이 집단들의 긍정적인 가치를 아이에게 반영한다. 이러한 과정은 다양한 사회적 상호작용이 아이들의 음식 선호도에 미치는 상대적인 영향에서 강하게 나타난다. 놀랍게도, 부모들이 먹는 음식을 자녀들이 접할 수 있는 가정에서 엄청난 기회에도 불구하고, 부모의 선호도는 자녀의 음식 선호도의 강한(→ 약한) 예측 변수이다. 사실, 그들은 다른 어른들의 선호도보다 더 나은 예측 변수는 아니다. 이것은 이러한 선호도의 범위가 가족 내의 특정한 음식 습관보다 더 넓은 문화와 관련이 있음을 시사한다. 한 아이의 음식에 대한 호불호는 부모의 음식보다 또래, 특히 특정 친구와 훨씬 더 연관이 있을 가능성이 높다. 음식 선택의 사회적 촉진에 대한 궁극적인 영향은 그 취향이 결국 내면화 된다는 것이다. 즉, 다른 사람들이 그렇게 하기 때문에 선택된 음식들은 그들 자신의 감각적 특성으로 좋아지게 된다.

39 ⑤ 제시문에 따르면 아이들의 음식에 대한 선호도는 다양한 사회적 상호작용에 강하게 영향을 받아 그 취향이 내면화 되는 것이라고 설명하고 있다. 그러므로 ⑤의 "How is Food Preference Socially Constructed? (음식 선호도는 사회적으로 어떻게 만들어지는가?)"가 제시문의 제목으로 가장 적절하다.

오답풀이

① 단 것에 대한 갈망
② 냠냠: 음식에 대한 타고난 반응
③ 새로운 맛을 위한 조건부 자극

④ 육아를 위한 신중한 음식 선택

40 ④ 아이들의 음식 선호도는 다양한 사회적 상호작용의 영향을 강하게 받으므로, 부모의 음식 선호도가 자녀의 음식 선호도에 미치는 영향은 적다는 것이다. 그러므로 (d)의 'strong(강한)'은 'weak(약한)'로 바꿔 써야 한다.

오답풀이
① 촉진되다
② 사회적인
③ 상대적인
⑤ 내면화된

[41~42]

어휘
• meerkat : 미어캣(몽구스의 일종인 남아프리카산의 작은 육식 동물)
• boast : 뽐내다, 자랑하다
• formidable : 가공할, 어마어마한
• rhino's horn : 코뿔소의 뿔
• cheetah : 치타
• subterranean : 지하의
• play host to : ~를 초대하다, ~의 수용처가 되다
• colony : 집단, 군집, 군단
• communally : 공동으로
• mongoose : 몽구스(사향고양잇과의 포유동물)
• claw : 발톱
• acute : 예리한, 예민한, 잘 발달된
• handy : 유용한, 편리한, 가까운
• spot : 발견하다, 찾다, 알아채다
• burrow : 굴을 파다, 파고들다
• sentry : 보초, 감시
• birds of prey : 맹금류
• lookout : 망보는 곳, 망보는 사람, 보초
• shrill : 날카로운, 째는 듯한
• bark : 짖는[우는] 소리, 큰 소리
• make a dash for : ~을 향해 돌진하다
• bolthole : 빠져나갈 구멍, 도피처
• cover : 숨을 곳, 잠복 장소
• signify : 의미하다, 뜻하다, 나타내다
• territorial : 영토의, 세력의
• alpha : 첫째가는 것, 우두머리
• pitch in : 착수하다, 협력하다
• babysit : 아이를 봐 주다

• room : 묵다, 유숙[하숙]하다, 재우다
• pup : 새끼, 아동
• play-fighting : 싸움 놀이
• scorpion : 전갈
• biology : 생물학, 생명 작용[활동]
• harsh : 가혹한, 혹독한, 냉혹한
• vast : 방대한, 막대한, 광대한
• predator : 포식자, 포식 동물
• make a meal of : ~을 먹다
• burrow : 굴, 피난처, 은신처

해석
(A) 미어캣은 아프리카 평원에서 가장 큰 동물이 아닐 수도 있고, 코뿔소의 뿔처럼 특별히 가공할 무기나, 치타의 속도처럼 인상적인 기술을 자랑하는 것처럼 보이지도 않을 것이다.

(D) 그럼에도 불구하고, 강인한 생명력과 영리한 속임수 그리고 독특한 공동체 정신의 결합을 통해, 이 포유류들은 가혹한 환경에 완벽하게 적응했다. 그들은 땅속 굴에서 살며 그들을 잡아먹으려는 많은 포식자들뿐만 아니라 남아프리카의 극한 기온에서 벗어난다.

(B) 이 땅속 굴 중 일부는 보통의 한 군집이 동굴 크기의 약 절반이지만, 두세 가족이 공동으로 함께 생활하며, 최대 50마리 이상을 수용할 수 있다. 몽구스의 일종인 그들은 땅을 파거나 자기방어에 사용되는 뾰족하고 구부러진 발톱과 위험을 알아채는 데 매우 유용한 잘 발달된 시력을 갖고 있다. 사실 그들이 먹이를 찾아 위험을 무릅쓰고 굴 밖으로 나올 때, 주로 그들의 가장 중요한 적인 맹금류들을 찾아 하늘을 쳐다보며 적어도 한 마리의 미어캣이 바위나 덤불 속에서 항상 보초를 설 것이다.

(C) 어떤 위험이라도 감지되는 즉시, 보초가 날카로운 경고음으로 울부짖으면 다른 미어캣들은 즉시 근처 구멍이나 다른 숨을 곳을 향해 돌진할 것이다. 미어캣은 다양한 위험을 알리기 위해 수십 가지의 다른 소리를 내는 것으로 여겨진다. 미어캣은 영역 내에서 함께 사냥을 하는 것뿐만 아니라, 육아 의무도 함께한다. 일반적으로 이 군집의 우두머리 쌍만이 짝짓기를 하지만, 다른 모든 미어캣들도 새끼를 돌보고 재우고 먹이는 것뿐만 아니라, 어디에서 먹이를 구할 것인지, 싸움 놀이를 할 것인지 그리고 전갈의 어느 부분을 먹을 것인지와 같은 소중한 삶의 기술을 보여주기 위해 협력한다.

41 ⑤ 글 (A)에서 평범한 미어캣의 신체적 특성에 대해 설명하고 있고, 글 (D)에서는 그럼에도 불구하고 가혹한 환경에 완벽하게 적응했다고 서술되어 있다. 글 (D)에 이어 글 (B)에서 미어캣의 땅굴 생활을 자세히 설명하고 있으며, 글 (B)에

이어 글 (C)에서 위험에 대처하는 미어캣의 생활 모습을 설명하고 있다. 그러므로 글 (A) 다음에 글 (D) – (B) – (C)의 순서로 이어져야 한다.

42 ② 제시문에 따르면 미어캣은 최대 50마리 이상을 수용할 수 있는 땅속 굴에서 두세 가족이 공동으로 함께 생활한다고 하였다. 그러므로 "미어캣은 일반적으로 독립적인 생활을 한다."는 ②의 설명은 제시문의 내용과 일치하지 않는다.

오답풀이
① 미어캣은 몽구스의 한 종류이다.
③ 미어캣은 땅을 파거나 자기방어를 위한 뾰족한 발톱이 있다.
④ 미어캣은 우두머리가 짝짓기를 한다.
⑤ 미어캣은 위협이 있을 경우 보초가 즉시 동료에게 알린다.

[43~45]

어휘
• spacial reasoning test : 공간추리 시험
• observation : 관찰[관측], 논평[의견]
• doting : 맹목적으로 사랑하는, 애지중지하는
• around the clock : 24시간 내내, 밤낮으로
• obviously : 확실히, 분명히, 명확히
• suspicious : 의심스러운, 수상쩍은
• evidence : 증거, 증언
• spatial intelligence : 공간 지각 능력
• infant : 유아, 젖먹이
• disconfirm : 확신하지 않다, 부정하다
• narrated story : 구연동화
• alert : 기민한, 민첩한, 주의 깊은
• prodigy : 영재, 천재, 신동
• fidelity : 충실, 충성
• pedagogical : 교육학의
• implication : 암시, 함축, 연루, 관계
• duplicate : 복사[복제]하다, 다시[중복해서] 하다

해석
[가] 두 명의 연구원들은 대학생들이 모차르트 피아노 소나타를 듣고 난 후 공간추리 시험에서 더 높은 점수를 받았다고 보고했다. 이 논평이 뉴스에 나간 직후, 맹목적인 부모들은 밤낮으로 그들의 아기에게 모차르트를 들려줬다. 분명 그들은 대학생들처럼 그들의 아기가 더 똑똑해지기를 바랐다. 그러나 부모들은 그러한 마법의 혜택을 제공한다고 주장하는 어떠한 행위도 의심해야 봐야 한다.
[다] '모차르트 효과'의 가장 큰 (B) 문제점은 원래의 실험이 성인에게 이루어졌다는 것이다. 즉, 그것은 우리에게 유아

에 관한 말은 아무것도 없었다. 또한, 이 연구는 다른 유형의 음악을 시험하지 않았다. 왜 그 문제에 바흐나 슈베르트의 음악을 사용하지 않나? 더욱 중요한 물음은 모차르트 효과가 실제로 존재하는가이다.
[나] 그 증거가 시사하는 바는 무엇인가? 몇몇 연구들은 모차르트의 음악을 들은 후 공간 지각 능력이 조금 향상된다는 것을 알았다. 그러나 대부분의 연구원들은 그 효과를 (B) 반복할 수 없었다.
[라] 왜 일부 연구들은 그 효과를 지지하고 다른 연구들은 부정하는가? 대부분의 연구는 음악을 들은 학생들과 조용히 쉬는 학생들을 비교했다. 하지만, 두 심리학자는 이야기를 듣는 것도 시험 점수를 향상시킨다는 사실을 발견했다. 이것은 이야기를 듣기 좋아하는 학생들에게 특히 사실이다. 따라서 모차르트를 듣고 더 높은 점수를 받은 학생들은 그저 더 주의 깊거나 기분이 더 좋을 뿐이었다.

43 ② 글 [가]에서는 대학생들에게 행한 모차르트 효과가 아기들에게도 과연 효과가 있는지 의문을 제기하고 있다. 다음으로 글 [다]에서 이러한 모차르트 효과의 여러 문제점들을 지적하고 있으며, 글 [나]에서는 모차르트 효과가 반복해서 나타나지 않아 우연한 것임을 설명하고 있다. 마지막으로 글 [라]에서 모차르트 효과가 실제로 효과가 없음을 결론 내리고 있다. 그러므로 글 [가] 다음에 전체적인 글의 흐름상 [다] – [나] – [라]의 순서로 배열되어야 한다.

44 ① 제시문은 모차르트 효과의 실효성에 대해 의문을 제기하고 여러 증거들을 통해 모차르트 효과가 실제 효력이 없음을 설명하고 있다. 그러므로 ①의 "Mozart Effect: Nothing Magical (모차르트 효과: 마법은 없다.)"가 제시문의 제목으로 가장 적절하다.

오답풀이
② 모차르트: 신동 만들기
③ 클래식 음악이 왜 아기에게 좋은가?
④ 모차르트의 소나타: 최고의 음악적 충실도
⑤ 모차르트 음악과 교육적인 영향

45 ③ (A) 글 [나]에서는 일부 나타난 모차르트 효과도 반복되어 나타나지 않아 우연한 것임을 설명하고 있다. 그러므로 빈칸에는 'duplicate(반복해서 하다)'가 들어갈 말로 가장 적절하다.
(B) 글 [다]에서는 원래의 실험과 그 대상이 다른 것, 모차르트 음악에 한정된 것, 그리고 모차르트 효과의 실효성 여부에 관한 것 등 '모차르트 효과'가 갖는 문제점을 열거하고 있다. 그러므로 빈칸에는 'problem(문제점)'이 들어갈 말로 가장 적절하다.

2020학년도 기출문제 정답 및 해설

01 ②	02 ①	03 ④	04 ④	05 ③	06 ③
07 ⑤	08 ①	09 ④	10 ②	11 ⑤	12 ③
13 ③	14 ①	15 ④	16 ②	17 ②	18 ⑤
19 ⑤	20 ③	21 2	22 4	23 202	24 17
25 23					

01 $2^{3x}=9$에서

$2^{3x}=(2^3)^x=8^x$, $9=3^2$

$\therefore 3^2=8^x$, $3^{\frac{2}{x}}=8$

02 $\log_x 1000+\log_{100}x^4=3\log_x 10+2\log_{10}x$

$x>1$이므로 $\log_x 10>0$, $2\log_{10}x>0$이다.

산술 · 기하 평균에 의하여

$3\log_x 10+2\log_{10}x \geq 2\times\sqrt{\dfrac{3\log_{10}10}{\log_{10}x}\times\dfrac{2\log_{10}x}{\log_{10}10}}=2\sqrt{6}$

(단, 등호는 $3\log_x 10=2\log_{10}x$일 때이다.)

따라서

$3\log_x 10=2\log_{10}x$를 만족하는 $x=10^{\frac{\sqrt{6}}{2}}$일 때,

$\log_x 1000+\log_{100}x^4$은 최솟값 $2\sqrt{6}$을 갖는다.

$\therefore a=10^{\frac{\sqrt{6}}{2}}$, $m=2\sqrt{6}$

$\log_{10}a^m=\log_{10}(10^{\frac{\sqrt{6}}{2}})^{2\sqrt{6}}$

$=\log_{10}10^6$

$=6$

03 $\displaystyle\lim_{x\to-1-}f(x)=\lim_{x\to-1-}\left(\lim_{n\to\infty}\dfrac{x^{2n+1}-2x^{2n}+1}{x^{2n+2}+x^{2n}+1}\right)$

$=\lim_{n\to\infty}\left(\lim_{x\to-1-}\dfrac{x^{2n+1}-2x^{2n}+1}{x^{2n+2}+x^{2n}+1}\right)$

$=\lim_{n\to\infty}\left(\lim_{x\to-1-}\dfrac{x-2+\dfrac{1}{x^{2n}}}{x^2+1+\dfrac{1}{x^{2n}}}\right)$

$=\dfrac{-1-2}{1+1}$

$=-\dfrac{3}{2}$

$\displaystyle\lim_{x\to1-}f(x)=\lim_{x\to1-}\left(\lim_{n\to\infty}\dfrac{x^{2n+1}-2x^{2n}+1}{x^{2n+2}+x^{2n}+1}\right)$

$=\lim_{n\to\infty}\left(\lim_{x\to1-}\dfrac{x^{2n+1}-2x^{2n}+1}{x^{2n+2}+x^{2n}+1}\right)$

$=\dfrac{1}{1}$

$=1$

$\therefore a=-\dfrac{3}{2}$, $b=1$, $\dfrac{b}{a+2}=2$

04 $\displaystyle\sum_{k=308}^{400}{}_{400}C_k\left(\dfrac{4}{5}\right)^k\left(\dfrac{1}{5}\right)^{400-k}$가 주어졌고, 400은 충분히 크므로

이항분포 $B\left(400,\dfrac{4}{5}\right)$는 근사적으로 정규분포 $N(320,8^2)$을

따른다.

평균 $E(X)=400\times\dfrac{4}{5}=320$

분산 $V(X)=400\times\dfrac{4}{5}\times\dfrac{1}{5}=64$

표준편차 $\sigma(X)=\sqrt{64}=8$

$P(X\geq308)=P\left(Z\geq\dfrac{308-320}{8}\right)$

$=P(Z\geq-1.5)$

$=P(0\leq Z\leq1.5)+0.5$

$=0.4332+0.5$

$=0.9332$

05 $a_k=\displaystyle\lim_{n\to\infty}\dfrac{5^{n+1}}{5^n k+4k^{n+1}}$이므로

$a_1=\displaystyle\lim_{n\to\infty}\dfrac{5^{n+1}}{5^n+4}=5$

$a_2=\displaystyle\lim_{n\to\infty}\dfrac{5^{n+1}}{2\cdot5^n+4\cdot2^{n+1}}=\dfrac{5}{2}$

$\vdots$

$a_4=\displaystyle\lim_{n\to\infty}\dfrac{5^{n+1}}{4\cdot5^n+4^{n+2}}=\dfrac{5}{4}$

$a_p=\dfrac{5}{p}(p=1,\,2,\,3,\,4)$

$a_5=\displaystyle\lim_{n\to\infty}\dfrac{5^{n+1}}{5^{n+1}+4\cdot5^{n+1}}=\dfrac{1}{5}$

$a_6=\displaystyle\lim_{n\to\infty}\dfrac{5^{n+1}}{6\cdot5^n+4\cdot6^{n+1}}=0$

$\vdots$

$$a_{10}=\lim_{n\to\infty}\frac{5^{n+1}}{10\cdot5^n+4\cdot10^{n+1}}=0$$

$$a_q=0(q=6,\,7,\,8,\,9,\,10)$$

따라서

$$\sum_{k=1}^{10}ka_k=\sum_{k=1}^{5}ka_k$$

$$=\sum_{k=1}^{4}\left(k\times\frac{5}{k}\right)+5\times\frac{1}{5}$$

$$=\sum_{k=1}^{4}5+1$$

$$=21$$

06 $f(1)-1=f(2)-2=f(3)-3=k$라고 하면 k의 값은 0, 1, 2 중 하나이다.

(i) $f(1)-1=0$인 경우

$f(1)=1,\,f(2)=2,\,f(3)=3$이고, $f(4)$와 $f(5)$의 값이 될 수 있는 경우는 $5\times5=25$가지이다.

(ii) $f(1)-1=1$인 경우

$f(1)=2,\,f(2)=3,\,f(3)=4$이고, $f(4)$와 $f(5)$의 값이 될 수 있는 경우는 $5\times5=25$가지이다.

(iii) $f(1)-1=2$인 경우

$f(1)=3,\,f(2)=4,\,f(3)=5$이고, $f(4)$와 $f(5)$의 값이 될 수 있는 경우는 $5\times5=25$가지이다.

따라서 조건을 만족하는 함수 f의 개수는 75개이다.

07 $y=|x^2-4|$의 그래프는 다음과 같다.

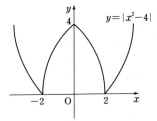

곡선 $y=|x^2-4|$와 직선 $y=x+t$와의 교점을 실수 t에 범위에 따라 함수 $g(t)$로 나타내면

$t<-2,\,g(t)=0$

$t=-2,\,g(t)=1$

$-2<t<2,\,g(t)=2$

$t=2,\,g(t)=3$

$2<t<\frac{17}{4},\,g(t)=4$

$t=\frac{17}{4},\,g(t)=3$

$\frac{17}{4}<t,\,g(t)=2$

함수와 직선의 교점을 구한다.

함수 $y=g(x)$와 직선 $y=\frac{x}{2}+2$의 그래프는 다음과 같다.

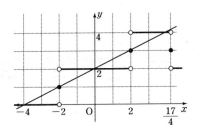

따라서 교점의 개수는 5개이다.

08 $n(A\cap B)=a,\,n(B-A)=b,\,n(U-(A\cup B))=c$라 하면

$a+b+c=4(a,\,b,\,c$는 0 이상의 정수$)$

따라서 가능한 순서쌍은 $(0,\,0,\,4),\,(0,\,1,\,3),\,(0,\,2,\,2),\,(1,\,1,\,2)$이다.

(i) 순서쌍이 $(0,\,0,\,4)$인 경우

$a,\,b,\,c$ 중 하나가 4이므로 총 3가지

(ii) 순서쌍이 $(0,\,1,\,3)$인 경우

원소 4개를 1개, 3개로 나누는 경우의 수는 $_4C_1$가지, $(a,\,b,\,c)$의 순서쌍의 개수는 $3!$가지이다.

$\therefore\ _4C_1\times3!=24$가지

(iii) 순서쌍이 $(0,\,2,\,2)$인 경우

원소 4개를 2개, 2개로 나누는 경우의 수는 $_4C_2$가지, $(a,\,b,\,c)$의 순서쌍의 개수는 3가지이다.

$\therefore\ _4C_2\times3=18$가지

(iv) 순서쌍이 $(1,\,1,\,2)$인 경우

원소 4개를 1개, 1개, 2개로 나누는 경우의 수는 $_4C_1\times_3C_1$가지, $(a,\,b,\,c)$의 순서쌍의 개수는 3가지이다.

$\therefore\ _4C_1\times_3C_1\times3=36$가지

구하는 총 경우의 수는 $3+24+18+36=81$가지이다.

09 주어진 식을 전개하여 정리한다.

$$\int_0^x(x-t)^2f'(t)dt$$

$$=\int_0^x(x^2-2tx+t^2)f'(t)dt$$

$$=x^2\int_0^xf'(t)dt-2x\int_0^xtf'(t)dt+\int_0^xt^2f'(t)dt$$

$$=\frac{3}{4}x^4-2x^3$$

함수 $f(x)$의 부정적분을 $F(x)$라 하고,

$$x^2\int_0^xf'(t)dt-2x\int_0^xtf'(t)dt+\int_0^xt^2f'(t)dt=\frac{3}{4}x^4-2x^3$$

의 양변을 x에 대하여 미분을 하면

$$2x\{f(x)-f(0)\}+x^2f'(x)-2\{xf(x)-F(x)+F(0)\}$$
$$-2x^2f'(x)+x^2f'(x)$$

$$=-2x+2F(x)-2F(0)$$

$$= 3x^3 - 6x^2 (\because f(0) = 1)$$

$$\therefore F(x) = \frac{3}{2}x^3 - 3x^2 + x + F(0)$$

$$\int_0^1 f(x)dx = F(1) - F(0)$$

$$= \frac{3}{2} - 3 + 1 + F(0) - F(0)$$

$$= -\frac{1}{2}$$

10 17보다 작은 정수의 제곱수는 0, 1, 4, 9, 16이다. 0, 1, 4, 9, 16 중 합이 17이 되는 경우는 (0, 0, 1, 16), (0, 4, 4, 9) 두 가지이다.

(i) (0, 0, 1, 16)의 경우

a, b, c, d 중 두 수는 0이고, 하나는 ± 1, 나머지 하나는 ± 4이다. 따라서 총 경우는 $_4C_2 \times _3C_1 \times 2 \times 2 = 48$가지 이다.

(ii) (0, 4, 4, 9)의 경우

a, b, c, d 중 두 수는 ± 2이고, 하나는 0, 나머지 하나는 ± 3이다. 따라서 총 경우는 $_4C_2 \times _3C_1 \times 2 \times 2 \times 2 = 96$가 지이다.

따라서 구하는 총 경우의 수는 $48 + 96 = 144$가지이다.

11 $P(x) = ax^3 + bx^2 + cx + d$이므로

$P'(x) = 3ax^2 + 2bx + c$

$0 \le x \le 1$에서 $|P'(x)| \le 1$이므로 $-1 \le P'(x) \le 1$이다.

$P'(x) = 3ax^2 + 2bx + c$에서 a의 값이 최대가 되기 위해서 는 $P'(x)$의 그래프는 아래로 볼록이며, 점 (0, 1), (1, 1)을 지나고, $x = \frac{1}{2}$을 축으로 하며 y의 값은 -1이어야 한다.

($\because a$가 최대려면 이차함수의 폭이 좁아야 한다.)

$P'(0) = c = 1$, $P'(1) = 3a + 2b + 1 = 1$,

$P'\left(\frac{1}{2}\right) = \frac{3}{4}a + b + 1 = -1$

$3a + 2b = 0$, $\frac{3}{4}a + b = -2$의 식을 연립하면

$a = \frac{8}{3}$, $b = -4$

따라서 a의 최댓값은 $\frac{8}{3}$이다.

12 함수 $g(x)$가 $x = -1$, $x = 5$에서 미분이 가능하고 미분계수 가 모두 0이므로

$f'(-1) = f'(5) = 0$, $f'(x) = 3(x+1)(x-5)$

($\because f(x)$의 삼차항의 계수가 1)

$f'(x) = 3x^2 - 12x - 15$, $f(x) = x^3 - 6x^2 - 15x + C (C$는 상수)

ㄱ. 함수 $f(x)$ 삼차항의 계수가 양수이므로 $x = -1$에서 극

댓값, $x = 5$에서 극솟값을 갖는다.

ㄴ. $f(9) = 0$이면 $729 - 486 - 135 + C = 0$, $C = -108$이 고, $a = |f(-1)| = 100$, $b = |f(5)| = 208$이므로 $a < b$ 이다.

ㄷ. $a = b$이면 $|f(-1)| = |f(5)|$, $|C+8| = |C-100|$이 다. 따라서 $C = 46$이다.

13 $(g \circ f)(x) = g(f(x)) = \begin{cases} 1 & (f(x) > 0) \\ 0 & (f(x) \le 0) \end{cases}$이므로, 합성함수

$(g \circ f)(x)$가 연속이려면 모든 실수 x에 대하여

$f(x) > 0$ 또는 $f(x) \le 0$이어야한다.

(i) $f(x) > 0$

$f(x) = (a-3)(x^2 + 2bx + c)$의 최고차항의 계수는

양수이고, 이차방정식의 판별식 $\frac{D}{4} = b^2 - c < 0$을 만족해

야 한다.

$a - 3 > 0$이면 $a > 3$

$a = 4, 5, 6$

$b^2 - c < 0$이면 $b^2 < c$

$b = 1$이면 $c = 2, 3, 4, 5, 6$, $b = 2$이면 $c = 5, 6$

따라서 경우의 수는 $3 \times (5+2) = 21$가지이다.

(ii) $f(x) \le 0$

$f(x) = (a-3)(x^2 + 2bx + c)$의 최고차항의 계수는

음수이고, 이차방정식의 판별식 $\frac{D}{4} = b^2 - c \le 0$을 만족해

야 한다.

$a - 3 < 0$이면 $a < 3$

$a = 1, 2$

$b^2 - c \le 0$이면 $b^2 \le c$

$b = 1$이면 $c = 1, 2, 3, 4, 5, 6$, $b = 2$이면 $c = 4, 5, 6$

따라서 경우의 수는 $2 \times (6+3) = 18$가지이다.

(iii) $a - 3 = 0$

$a - 3 = 0$인 경우 b, c의 값에 상관없이 합성함수 $(g \circ f)$

(x)가 연속이다.

따라서 경우의 수는 $6 \times 6 = 36$가지이다.

구하는 총 경우의 수는 $21 + 18 + 36 = 75$가지이다.

따라서 합성함수 $(g \circ f)(x)$가 연속일 확률은

$$\frac{75}{6 \times 6 \times 6} = \frac{25}{72}$$이다.

14 (가)의 모든 실수 t에 대하여 $\int_{a-t}^{a+t} f(x)dx = 0$이므로 함수

$f(x)$는 점 $(a, f(a))$를 기준으로 대칭이고, $f(a) = 0$이다.

(나)에서 $f(a) = f(0)$이므로 (가)에 의하여

$f(0) = f(a) = f(2a) = 0$

$\therefore f(x) = x(x-a)(x-2a) (a > 0)$

$$f(x)=x(x-a)(x-2a)$$
$$=x^3-3ax^2+2a^2x$$
$$\int_0^a f(x)dx=\int_0^a (x^3-3ax^2+2a^2x)dx$$
$$=\left[\frac{1}{4}x^4-ax^3+a^2x^2\right]_0^a$$
$$=\frac{1}{4}a^4$$
$$=144$$
$$\therefore a=2\sqrt{6}(\because a>0)$$

15 두 곡선의 교점에 대하여 구한다.

곡선 $y=x^3+4x^2-6x+5$, $y=x^3+5x^2-9x+6$의 교점은
$x^3+4x^2-6x+5=x^3+5x^2-9x+6$, $x^2-3x+1=0$
$x^2-3x+1=0$의 두 근이 두 곡선의 교점의 x좌표인 α, β
이다.

근과 계수와의 관계에 의하여
$\alpha+\beta=3$, $\alpha\beta=1$, $\beta-\alpha=\sqrt{5}(\because \alpha<\beta)$
곡선 $y=6x^5+4x^3+1$과 두 직선 $x=\alpha$, $x=\beta$와 x축으로
둘러싸인 부분의 넓이를 식으로 나타내면
$\int_\alpha^\beta (6x^5+4x^3+1)dx$이다.

$$\int_\alpha^\beta (6x^5+4x^3+1)dx=\left[x^6+x^4+x\right]_\alpha^\beta$$
$$=(\beta^6+\beta^4+\beta)-(\alpha^6+\alpha^4+\alpha)$$
$$=(\beta^6-\alpha^6)+(\beta^4-\alpha^4)+(\beta-\alpha)$$
$$=(\beta^3+\alpha^3)(\beta^3-\alpha^3)+(\beta^2+\alpha^2)(\beta^2-\alpha^2)+(\beta-\alpha)$$
$$=(\beta+\alpha)(\beta-\alpha)(\beta^2+\alpha\beta+\alpha^2)(\beta^2-\alpha\beta+\alpha^2)$$
$$\qquad +(\beta^2+\alpha^2)(\beta^2-\alpha^2)+(\beta-\alpha)$$
$$=3\times\sqrt{5}\times8\times6+7\times3\times\sqrt{5}+\sqrt{5}$$
$$=166\sqrt{5}$$
$$\therefore a=166$$

16 (가)에서 $f(x)=0$이 서로 다른 세 실근을 가지므로 함수 $f(x)$는 하나의 중근을 갖는다.
(나)에서 두 극솟값의 곱이 0이 아닌 25이므로 a의 값은 2
이다.
$$\therefore f(x)=kx(x-1)^2(x-2)(k>0)$$
$f(x)=kx(x-1)^2(x-2)$이므로
$f'(x)$
$=k(x-1)^2(x-2)+2kx(x-1)(x-2)+kx(x-1)^2$
$=2k(x-1)(2x^2-4x+1)$
따라서 $x=1\pm\frac{1}{\sqrt{2}}$일 때, 극솟값을 갖고, 두 극솟값의 곱은
25이다.
$$f\left(1+\frac{1}{\sqrt{2}}\right)\times f\left(1-\frac{1}{\sqrt{2}}\right)$$

$$=k^2\left(1+\frac{1}{\sqrt{2}}\right)\left(\frac{1}{\sqrt{2}}\right)^2\left(-1+\frac{1}{\sqrt{2}}\right)\left(1-\frac{1}{\sqrt{2}}\right)\left(\frac{1}{\sqrt{2}}\right)^2$$
$$\left(-1-\frac{1}{\sqrt{2}}\right)$$
$$=\frac{1}{16}k^2$$
$$=25$$
따라서 k는 20이다.
$$\therefore a=2, k=20, ak=40$$

17 $f(x-y)=f(x)-f(y)+3xy(x-y)$에
$y=0$을 대입하면
$f(x)=f(x)-f(0)$, $f(0)=0$
$f(x-y)-f(x)+f(y)=3xy(x-y)$
$f(x-y)-f(x)+f(y)-f(0)=3xy(x-y)$
양변을 0이 아닌 y로 나누면
$$\frac{f(x-y)-f(x)}{y}+\frac{f(y)-f(0)}{y}=3x(x-y)$$
위의 식을 y가 0으로 가는 극한을 취하면
$$\lim_{y\to 0}\frac{f(x-y)-f(x)}{y}+\lim_{y\to 0}\frac{f(y)-f(0)}{y}$$
$$=\lim_{y\to 0}3x(x-y)$$
$$-f'(x)+f'(0)=3x^2$$
$$\therefore f'(x)=-3x^2+f'(0)$$
함수 $f(x)$가 $x=2$에서 극댓값을 가지므로
$f'(2)=-12+f'(0)=0$, $f'(0)=12$
$f'(x)=-3x^2+12$이므로
$f(x)=-x^3+12x(\because f(0)=0)$
함수 $f(x)$는 $x=2$에서 극댓값 16을 가진다.
$$\therefore a=16, b=12, b-a=4$$

18 a_1부터 a_{12}까지의 자연수 중 a_1과 a_{12}는 한 번씩만 연산이 되
므로 1과 12의 가운데 두 수 6과 7을 a_1, a_{12}로 놓으면
$|a_1-a_2|+|a_2-a_3|+|a_3-a_4|+\cdots+|a_{11}-a_{12}|$의 값
이 최대가 된다.

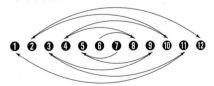

$a_1=6$이면 $a_{12}=7$, $a_2=8$이면 $a_{11}=9$, $\cdots$
수의 나열은 $6, 8, 4, 10, 2, 12, 1, 11, 3, 9, 5, 7$이다.
따라서
$|a_1-a_2|+|a_2-a_3|+|a_3-a_4|+\cdots+|a_{11}-a_{12}|$의 최
댓값은 71이다.

19 $\log_2(x+\sqrt{2}y)+\log_2(x-\sqrt{2}y)=20$이므로

$\log_2(x^2-2y^2)=2$

$x^2-2y^2=4\,(x>|\sqrt{2}y\,|)$

$|x|-|y|=k$로 치환하여 $x^2-2y^2=4$에 대입하면

$x^2-2(x^2-2k|x|+k^2)=4$

$-x^2+4k|x|-2k^2-4=0$

$x^2-4k|x|+2k^2+4=0$

이차방정식이 실수인 근을 가지므로 판별식 $D\geq0$이다.

$\dfrac{D}{4}=(2k)^2-2k^2-4=2k^2-4\geq0$

$\therefore k\geq\sqrt{2},\ |x|-|y|\geq\sqrt{2}$

20 $\dfrac{1}{a}+\dfrac{1}{b}\leq4,\ a+b\leq4ab$

$(a-b)^2=(a+b)^2-4ab=16(ab)^3$

$(a+b)=x,\ ab=y$로 치환을 하면

$x\leq4y,\ x^2-4y=16y^3,\ x^2=16y^3+4y$

$x\leq4y$이므로 $x^2\leq16y^2,\ x^2=16y^3+4y$을 대입하면

$16y^3+4y\leq16y^2$

$16y^3-16y^2+4y\leq0$

$4y(4y^2-4y+1)\leq0$

$a,\ b$가 양수이므로 y도 양수이다.

따라서 $(4y^2-4y+1)\leq0$을 만족하는 y의 값은 $\dfrac{1}{2}$이다.

$\therefore y=ab=\dfrac{1}{2},\ x=a+b=2$

21 $x^3+ax-1=0\,(a>0)$의 실근이 r이므로

$r^3+ar-1=0$

$\displaystyle\sum_{n=1}^{\infty}r^{3n-2}$이 수렴함을 이용해 a를 구한다.

$\displaystyle\sum_{n=1}^{\infty}r^{3n-2}=r+r^4+r^7+\cdots=\dfrac{1}{2}$

$\displaystyle\sum_{n=1}^{\infty}r^{3n-2}$이 수렴하므로 r^3의 범위는 $-1<r^3<1$이다.

$\therefore \displaystyle\sum_{n=1}^{\infty}r^{3n-2}=\dfrac{r}{1-r^3}=\dfrac{1}{2}$

$\dfrac{r}{1-r^3}=\dfrac{1}{2}$이므로

$2r=1-r^3,\ r^3+2r-1=0$

$\therefore a=2$

22 상자 A에서 검은 공이 나올 확률 $\mathrm{P}(A)$는 $\dfrac{2}{4}=\dfrac{1}{2}$이다.

상자 B에서 검은 공이 나올 확률 $\mathrm{P}(B)$는 $\dfrac{1}{4}$이다.

구하는 확률 $\mathrm{P}(B|A\cup B)$는

$\mathrm{P}(B|A\cup B)=\dfrac{\mathrm{P}(B)}{\mathrm{P}(A)+\mathrm{P}(B)}=\dfrac{\frac{1}{4}}{\frac{1}{2}+\frac{1}{4}}=\dfrac{1}{3}$

$\therefore p=1,\ q=3,\ p+q=4$

23 $\left|n-\sqrt{m-\dfrac{1}{2}}\right|<1$이므로

$-1<n-\sqrt{m-\dfrac{1}{2}}<1$

$-1-n<-\sqrt{m-\dfrac{1}{2}}<1-n$

$n-1<\sqrt{m-\dfrac{1}{2}}<n+1$

$(n-1)^2+\dfrac{1}{2}<m<(n+1)^2+\dfrac{1}{2}$

$\therefore a_n=(n+1)^2-(n-1)^2=4n$

$\dfrac{1}{100}\displaystyle\sum_{n=1}^{100}a_n=\dfrac{1}{100}\sum_{n=1}^{100}4n$

$=\dfrac{1}{100}\times4\times\dfrac{100\times101}{2}$

$=202$

24 $S_n=\displaystyle\sum_{k=1}^{n}\dfrac{1}{\sqrt{2k+1}}$의 일반항 $a_n=\dfrac{1}{\sqrt{2n+1}}$이다.

$\dfrac{1}{\sqrt{2n+1}}<\dfrac{1}{\sqrt{2n-1}}$이므로

$\dfrac{1}{\sqrt{2n+1}}<\dfrac{2}{\sqrt{2n-1}+\sqrt{2n+1}}=\sqrt{2n+1}-\sqrt{2n-1}$

$\dfrac{1}{\sqrt{2n+1}}>\dfrac{1}{\sqrt{2n+3}}$이므로

$\dfrac{1}{\sqrt{2n+1}}>\dfrac{2}{\sqrt{2n+1}+\sqrt{2n+3}}=\sqrt{2n+3}-\sqrt{2n+1}$

따라서 일반항 a_n의 범위는

$\sqrt{2n+3}-\sqrt{2n+1}<\dfrac{1}{\sqrt{2n+1}}<\sqrt{2n+1}-\sqrt{2n-1}$

$S_{179},\ S_{180}$의 범위를 구하면

$\displaystyle\sum_{k=1}^{179}(\sqrt{2k+3}-\sqrt{2k+1})=\sqrt{361}-\sqrt{3}$

$\sqrt{1}=1,\ \sqrt{4}=2$이므로

$19-2<\sqrt{361}-\sqrt{3}<S_{179}<S_{180}$

$\displaystyle\sum_{k=1}^{180}(\sqrt{2k+1}-\sqrt{2k-1})=\sqrt{361}-1=18$

$\therefore 17<S_{179}<S_{180}<18$

따라서 S_{180}의 정수 부분은 17이다.

25 $g(a)$를 간단한 표현으로 나타낸다.

$g(a)$

$=\displaystyle\lim_{n\to\infty}\dfrac{f(a)+f\left(a-\dfrac{2}{n}\right)+f\left(a-\dfrac{4}{n}\right)+\cdots+f\left(a-\dfrac{2(n-1)}{n}\right)}{n}$

$=\displaystyle\lim_{n\to\infty}\dfrac{\sum_{k=1}^{n}f\left(a-\dfrac{2(k-1)}{n}\right)}{n}$

$=\displaystyle\lim_{n\to\infty}\sum_{k=1}^{n}f\left(a-\dfrac{2(k-1)}{n}\right)\cdot\dfrac{2}{n}\cdot\dfrac{1}{2}$

$=\dfrac{1}{2}\displaystyle\int_{a-2}^{a}f(x)dx$

$$f(x)=\begin{cases}\dfrac{[x]^2+x}{[x]} & (1\leq x<3) \\ \dfrac{7}{2} & (x\geq3)\end{cases}\text{이므로}$$

$$f(x)=f(x)=\begin{cases}1+x & (1\leq x<2) \\ \dfrac{4+x}{2} & (2\leq x<3) \\ \dfrac{7}{2} & (x\geq3)\end{cases}$$

함수 $f(x)$의 그래프는 다음과 같다.

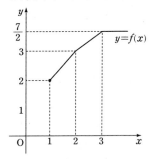

$$g(3)=\frac{1}{2}\int_1^3 f(x)dx$$

$$=\frac{1}{2}\int_1^2 f(x)dx+\frac{1}{2}\int_2^3 f(x)dx$$

$$=\frac{1}{2}\left\{\frac{1}{2}\times(2+3)+\frac{1}{2}\times\left(3+\frac{7}{2}\right)\right\}$$

$$=\frac{23}{8}$$

$$\therefore 8\times g(3)=8\times\frac{23}{8}=23$$

2019학년도 기출문제 정답 및 해설

01 ③	02 ⑤	03 ②	04 ③	05 ④	06 ③
07 ⑤	08 ①	09 ②	10 ①	11 ⑤	12 ④
13 ③	14 ③	15 ⑤	16 ⑤	17 ③	18 ②
19 ②	20 ④	21 ④	22 ④	23 ②	24 ②
25 ③	26 ④	27 ③	28 ⑤	29 ①	30 ③
31 ⑤	32 ③	33 ④	34 ①	35 ⑤	36 ③
37 ④	38 ①	39 ①	40 ①	41 ⑤	42 ②
43 ③	44 ①	45 ②			

01 ③ '동일 하자로 고장 발생 시 3회까지는 무료로 수리해 드립니다.' 라는 문장은 문장 성분 간의 호응과 단어의 쓰임이 적절하므로 어법에 맞는 자연스러운 문장이다.

오답풀이

① 웃으면서 다가오는 주체가 누구인지 알 수 없는 중의적 표현이다.

② 필요한 문장 성분이 생략되었으므로 어법에 맞지 않는 문장이다.

④ 목적어와 서술어의 호응이 적절하지 않은 문장이다.

⑤ 단어의 쓰임이 적절하지 않은 문장이다.

02 ⑤ 부사격조사 중 '에게', '한테', '더러', '보고'에서, '에게'는 주로 문어체나 공식적인 대상에 쓰인다. '한테', '더러', '보고'는 주로 친한 대상에게 쓰이며 공식적인 대상에 대해서는 잘 쓰이지 않는다. 따라서 구어체를 문어체로 수정한 문장으로 가장 적절한 것은 ⑤이다.

03 ② '지팡이>지팽이'는 'ㅣ'모음 역행 동화 현상으로 'ㅣ'모음이 앞의 모음 'ㅏ, ㅓ, ㅗ, ㅜ'에 영향을 주어 'ㅐ, ㅔ, ㅚ, ㅟ'로 변하게 하는 현상이다. 따라서 혀의 전후 위치가 달라진다.

오답풀이

① '그리고>그리구'는 입술 모양과 혀의 전후 위치가 달라지는 변동이다.

③ '블>불'은 입술 모양이 달라지는 변동이다.

④ '거죽>가죽'은 혀의 높낮이가 달라지는 변동이다.

⑤ '윗어른>웃어른'은 혀의 전후 위치가 달라지는 변동이다.

> **TIP** 모음동화
>
> • 전설모음 'ㅣ' 앞 혹은 뒤에서 모음이 변화하는 현상. 수의적 변화이며 표준발음으로 인정하지 않는다.
>
> • 모음동화는 다음의 두 가지 환경에서 일어난다.
>
>   1) 'ㅣ'소리 앞에서('ㅣ'모음 역행동화/전설모음화/움라우트) : [ㅏ, ㅓ, ㅗ, ㅜ]→[ㅐ, ㅔ, ㅚ, ㅟ]
>
>   예 손잡이 → [손잽이], 먹이다 → [멕이다], 고기 → [괴기], 죽이다 → 주기다 → [쥐기다]
>
>   2) 'ㅣ'소리 뒤에서 : [ㅓ, ㅗ]→[ㅕ, ㅛ]
>
>   예 기어 → [기여], 먹이었다 → [머기엳따], 미시오 → [미시요], 당기시오 → [당기시요]
>
> ※모음동화에 의한 발음은 표준 발음으로 인정하지 않지만, 예외적으로 표준 발음으로 인정하는 단어들도 있다. 예 냄비, 멋쟁이, (불을)댕기다, 서울내기, 풋내기, 멋쟁이, 소금쟁이, 담쟁이덩굴, 되어[되어/되여], 피어[피어/피여], 이오[이오/이요], 아니오[아니오/아니요]

04 ③ ⓒ에 들어갈 어형은 '핥이다'이며 'ㄾ' 받침 뒤에 조사나 접미사의 '-이, -히'가 결합되는 구조이다.

오답풀이

① 종속적 관계란, 형태소 연결에 있어서 실질 형태소인 체언, 어근, 용언 어간 등에 형식 형태소인 조사, 접미사, 어미 등이 결합하는 관계를 말한다.

② '맏이', '핥이다'는 품사의 변화가 일어나지 않았다.

④ '같이', '끝이'는 선행 음절의 받침이 같고 '가치', '끄치'와 같이 구개음이 같게 실현된다.

⑤ '훑이다'는 '부푼 듯하고 많던 것이 다 빠져서 졸아들다.'라는 뜻으로 '훑다'의 피동사이다.

05 ④ '값'은 '값이'에서는 '값'으로, '값도'에서는 '갑'으로, '값만'에서는 '감'으로 소리가 다르게 나타난다. 이때 '값', '갑', '감'을 형태소 '값'의 이형태라고 한다.

06 ③ 사잇소리 현상은 두 개의 형태소 또는 단어가 합쳐져 합성 명사를 만들 때, 앞말의 끝소리가 울림소리이고, 뒷말의 첫

소리가 안울림 예사소리이면 뒤의 예사소리가 된소리로 변하는 현상을 말한다. '빨랫줄'은 사잇소리를 첨가하여 표기하고 된소리로 발음한다. '빨래집게'는 사잇소리 현상이 나타나지 않는다.

오답풀이

① ㉠, ㉡, ㉢은 모두 둘 이상의 어근이 결합되거나 어근과 접사가 결합되어 이루어진 단어인 복합어이다.

② ㉠, ㉡, ㉢은 모두 직접 구성 요소 중 앞의 요소인 '빨래'가 뒤의 요소를 꾸며준다.

④ '빨랫줄'과 '빨래터'를 이루는 직접 구성 요소들은 모두 어근에 해당한다.

⑤ '빨래집게'는 '빨래', 동사인 '집다', 접미사인 '-게'가 결합되어 세 개의 구성요소로 이루어졌다.

TIP 복합어

복합어를 구성하고 있는 둘 이상의 형태소의 성격이 무엇인가에 따라 합성어와 파생어로 구분된다.

• **합성어** : 둘 이상의 실질형태소가 결합된 것(어근 + 어근)
  예) 집안, 소나무, 작은형, 높푸르다
• **파생어** : 실질형태소에 형식형태소가 결합된 것(어근 + 접사)
  예) 맏아들, 맨손, 풋사랑, 먹이다

07 ⑤ 파생 접미사 '-음'과 명사형 전성 어미 '-음'은 문장에서의 역할에 따라 구별하여야 한다. 일반적으로 파생 접미사와 명사형 전성 어미는 주어가 있거나, 서술성이 있거나, 부사의 수식을 받거나, 선어말 어미가 쓰일 수 있으면 명사형 전성 어미이고, 이것들이 모두 불가능하면 파생명사이다.

오답풀이

① · ② · ③ · ④ 용언의 명사형 → '-음/-ㅁ'이 붙어서 명사로 된 것

08 ① 혼자서는 쓰이지 못하고 반드시 다른 용언의 뒤에 붙어서 의미를 더하여 주는 용언을 보조용언이라 한다. 보조용언은 기본적으로 선행하는 본용언의 어미가 '-아/-어, -게, -지, -고'로 한정되나 '-ㄴ/은가, -ㄹ/을까, -(으)면' 등이 오기도 한다.

• 밖의 날씨가 매우 더운가 <u>보다</u>.
• 이 부분을 소리 내어 읽어 <u>보렴</u>.

TIP 본용언과 보조용언의 구별

• 용언이 두 개 이상 연이어 있을 때 맨 앞의 것이 무조건 본용언이다.
• 둘째 이하의 용언 중, 다음의 경우는 보조 용언이다.(홑문장)
  − 단독으로 서술어가 될 수 없는 경우
  − 단독으로 서술어가 될 수 있어도 본래 의미를 상실하는 경우
• 두 번째 이하의 용언이 단독으로 서술어가 되어도 의미 변화가 없으면 본용언이고 이때는 문장의 이어짐이다. 본용언 + 본용언(겹문장)
• 본용언 + 보조용언은 하나의 서술어로 간주한다.

09 ③ '다'문장은 대상의 일부로 그 전체를 나타내는 제유법에 해당하며, '마'문장은 대상과 관련된 속성으로 그 대상 자체를 나타낸 환유법에 해당한다. 따라서 ㉠, ㉡에 해당하는 용례를 바르게 짝 지은 것은 ③이다.

오답풀이

가. 주전자 안에 들어 있는 내용물이 끓는 것을 의미하는 환유법이다.

나. 대유법이 사용되지 않은 문장이다.

라. 대유법이 사용되지 않은 문장이다.

10 ① 문장 유형과 발화 의도가 일치하는 발화를 직접 발화라고 하고, 문장의 유형과 발화 의도가 일치 하지 않는 발화를 간접 발화라고 한다. 간접 발화는 수행하고자 하는 기능과 다른 문장 유형을 사용하기 때문에 상황에 따라 구체적인 의미가 달라진다. ①의 발화는 명령형 어미를 사용하여 명령행위를 하고 있으므로 직접적인 발화이다.

오답풀이

② 아이가 늦게 들어온 것에 대해서 어머니가 비난하고 경고하는 의도를 담고 있다.

③ 비가 많이 오니 우산을 들고 가라는 의미를 담고 있으므로 간접화법에 해당한다.

④ 지갑을 까먹고 안 가지고 왔으므로 대신 계산을 부탁한다는 의미를 담고 있다.

⑤ 음악 소리를 줄여 달라는 의미를 담고 있으므로 간접화법에 해당한다.

TIP 직접발화와 간접발화

• **직접발화** : 문장 유형과 발화 의도가 일치하며 상황보다 의도가 우선적으로 고려됨
• **간접발화** : 문장 유형과 발화 의도가 불일치

11 ⑤ '-샤'는 주체 높임 선어말어미에 연결어미 '-아'가 결합된 형태로, 현대국어의 '-시어'에 대응된다.

TIP 중세 국어의 주체높임

주체높임법 : 문장의 주체를 높이고 존중하는 어법

• **현대** : 주격조사 '께서'와 선어말어미 '-시'로 실현됨

　예 엄마가 밥을 준비한다. = 엄마께서 밥을 준비하신다.

• **중세** : 선어말 어미 '-샤-'(모음 어미 앞에 사용), 선어말 어미 '-시-'(자음 어미 앞에 사용)

　예 – 선어말 어미 '-샤-'(모음 어미 앞에 사용) : 궁듕잉니라샤대 (니라샤오대)

　　　– 선어말 어미 '-시-'(자음 어미 앞에 사용) : 善쎤慧혜 드르시고

[12~14] 독서 – 인문

12 ④ 지라르는 욕구는 본능적으로 실제 대상을 향하는 실질적인 것인 반면, 욕망은 실제 대상 그 자체보다는 그 대상과 관련된 것을 향하는 관념적인 것이라고 보았다.

오답풀이

① 지라르는 심층적으로 보면 나의 비밀과 타인의 비밀 사이의 차이는 없으며, 한 사람의 심층적 자아는 보편적 자아라고 할 수 있다고 하였다.

② 우구를리엠은 주변 사람들과의 대칭적 교환과 만남의 한가운데에서 일어나는 지속적 창조 행위의 결과가 우리의 자아라고 주장하였다.

③ 프로이트의 심리학은 욕망이 주체의 타고난 본능에서 나온다고 보았다.

⑤ 우구를리엠은 자아가 고정된 것이 아니며 궁극적으로 유동적이고 가변적인 운동 상태라고 보았다.

13 ③ 지라르의 주장에 따르면 욕망이란 욕망 주체와 욕망 대상 사이의 2자 관계에서 나오는 게 아니라 욕망 주체와 이 주체가 본받고 싶어 하는 모델, 그리고 욕망 대상의 삼각관계에서 나온다고 주장하였다. 즉 인간이 욕망하는 것이 사실은 중개자의 욕망을 모방한다고 보았으므로 칸트를 흠모하는 철학도가 매일 규칙적으로 생활하는 것은 ㉠의 사례를 이해한 것으로 적절하다.

14 ③ 〈보기〉에서는 중개자를 통해 욕망하던 대상이 제한적일 경우, 주체가 중개자를 존경의 대상이 아닌 경쟁자나 적으로 인식하기도 한다고 하였다. 즉 타인이 욕망의 매개로 개입하여 욕망하는 주체와의 모방적 경쟁관계를 통해 욕망을 부추긴다고 보았으므로 중개자가 주체의 일상 안에 들어온 경우, 욕망의 주체는 대상이 희소성을 띨수록 중개자와 갈등 관계에 놓일 가능성이 높다는 것은 옳은 추론이다.

[15~19] 현대 시

(가) 정지용, 「인동차(忍冬茶)」

• **갈래** : 자유시, 서정시

• **성격** : 감각적, 회화적, 관조적, 탈속적

• **제재** : 인동차

• **주제** : 정신적 고결함을 지키면서 혹독한 현실을 견디는 삶의 자세

• **특징**

– 시적 화자의 감정을 절제하여 대상을 객관적으로 표현함

– 눈 내리는 겨울, 깊은 산중이라는 탈속의 공간을 배경으로 하고 있음

– 주로 시각적 이미지의 시어를 사용하였으며, 색채의 대비가 돋보임

• **구성**

– 1연 : 인동차를 마시는 노주인

– 2연 : 자작나무의 붉은 불

– 3연 : 추위 속에 돋아난 무순

– 4연 : 풍설 소리에 잠착함

– 5연 : 눈 덮인 산중

(나) 이성부, 「누룩」

• **갈래** : 자유시, 서정시

• **성격** : 상징적, 의지적, 희망적, 참여적

• **제재** : 누룩

• **주제**

– 공동체를 위한 희생의 역설

– 민중에 대한 기대와 신뢰감

• **구성**

– 1연 : 누룩이 뜨는 까닭에 대한 인식(=민중의 연대감)

– 2연 : 누룩이 겪는 고통과 시련(=민중의 강인한 의지)

– 3연 : 누룩의 기다림(=민중의 인내)

– 4연 : 누룩의 발효(=희생을 통해 가치를 이룩하는 민중)

– 5연 : 누룩 냄새의 확산(=민중 세력에 대한 기대감)

• **이해와 감상** : 이 시는 술을 담글 때 쓰이는 '누룩'을 의인화하여 민중의 저력을 형상화하고 있다. 알맞은 바람을 만나고 좋은 물을 만나 썩어 문드러짐을 통해 다른 누군가를 기쁘게 하는 누룩의 속성을 통해 자신을 희생하고 사회적 연대를 통해 억압된 현실을 극복해가는 민중의 모습을 그리고자 하였다.

(다) 박성우, 「애호」

• **갈래** : 자유시, 서정시

• **성격** : 자연친화적, 성찰적

• **제재** : 호박넝쿨

• **주제** : 호박에서 본 자연 본연의 생명력

• **특징**

– '애호'라는 시어의 이중적 의미를 통해 의외로 자연 본연

의 생명력을 깨달음을 전달함
 – 어법에 맞지 않은 연 구분으로 화자의 놀라는 마음을 전달함
- **이해와 감상** : 이 작품은 인간의 손에서 벗어난 존재인 호박넝쿨을 통해 자연을 인간의 시점이 아닌 그 자체로서 보여주는 작품이다. 화자는 자신이 심은 소나무 전체를 덮어버린 호박넝쿨을 통해 인간의 의도와 무관한 자연 본연의 생명력을 깨닫는다.

15 ⑤ (가)는 노주인의 태도를 통해 바깥 세상에 초연한 채 몸을 다스리고, 정신적 고결함을 지키면서 혹독한 현실을 견디고자 하는 의지를 드러내고 있으며, (다)는 인간의 의도와는 무관한 자연 본연의 생명력을 나타내고 있다. 따라서 자연의 변화가 눈앞의 현실과 지향하는 현실 사이의 대립을 초래하고 있다는 설명은 적절하지 않다.

오답풀이

① (가)는 초연한 자세로 혹독한 현실의 시련을 견뎌내는 고결한 삶의 자세를 그리고 있다.

② (나)는 고통과 핍박을 이겨내고 새로운 시대를 만들어가는 민중의 힘을 형상화하였다.

③ (다)는 소나무와 호박 넝쿨을 통해 경계에 길들여진 인간의 식을 성찰하고 있다.

④ (가)와 (나)는 자연의 생명력에 빗대어 암담하고 절망적인 상황에서도 좌절하지 않고 인내심을 가지면 현실을 이겨낼 수 있으리라는 의지와 소망이 담겨 있다.

16 ⑤ ㉠, ㉡, ㉢, ㉣의 시어는 일제 강점하의 현실을 견디게 하는 인내와 기다림의 힘, 역경에 굴하지 않는 강인한 생명력 등을 상징하며 ㉤ 하이얀 삼동은 일제 강점하의 험난한 현실을 상징한다.

TIP 「인동차(忍冬茶)」의 감상

이 시는 정지용의 동양 고전에 대한 관심을 보여 주는 작품이다. 인동차를 마시며 살아가는 노주인인 작중 인물은 바로 시인 자신이며, 그가 마시는 인동차는 겨울로 표상된 일제 치하를 견디게 하는 인내와 기다림의 힘을 상징한다. 특히 2연과 3연은 어떤 역경에도 굴하지 않는 강인한 생명력을 상징한다. 즉 꺼진 줄 알았던 자작나무 덩그럭 불이 도로 피어 붉고 마당 한 구석에 묻어 둔 무가 순 돋아 파릇한 모습은 암담하고 절망적인 상황에서도 좌절하지 않고 인내심을 가지고 생활하면 현실의 상황(겨울)도 충분히 이겨낼 수 있으리라는 시인의 의지와 소망이 상징적으로 담겨 있다고 할 수 있다. 현실은 비록 삼동이 하이얀 시절(험난한 시절)이지만 흙냄새가 훈훈히 김도 사라졌다가 바깥 풍설 소리에 잠착하듯 굳은 인내심을 가지면 언젠가 이 겨울 같은 모진 시련을 벗어날 수 있으리라는 기대와 믿음을 저버리지 않는 것이다.

17 ③ (나)는 술을 빚는 데 사용하는 발효제인 누룩을 이용하여 술을 만드는 과정을 보면서, 이를 민중의 연대와 사랑, 새로운 시대를 열기 위한 그들의 저항과 실천에 연결시키고 있으며, (다)는 호박 넝쿨의 모습에서 자연은 인간의 시점이 아닌 그 자체로서의 주체임을 깨닫고 있다. 따라서 (나)와 (다) 모두 대상의 외적 모습에서 화자의 내적 변화를 이끌어 내고 있다.

18 ② (나)의 시적 화자는 누룩을 이용하여 술을 만드는 과정을 보면서, 이를 민중의 연대와 사랑, 새로운 시대를 열기 위한 그들의 저항과 실천에 연결시키고 있다. 민초는 고통과 핍박 속에서 누룩처럼 썩어가지만, 절망하고 죽는 것이 아니라 새로운 시대에 대한 각자 나름대로의 응어리진 기다림을 추구한다. 그러다가 이들이 좋은 기회를 만나 서로 뭉치고 연대하여 새로운 시대를 열어나간다는 것이다. 즉 새로운 시대를 여는 것은, 스스로 썩고 희생하며 서로 뭉쳐 싸워나가는 민중에 의해 실현된다는 시인의 믿음이 표현되어 있으므로 제재의 부정적 속성을 강조한다는 설명은 적절하지 않다.

19 ② 박성우 시에서의 공동체에 대한 탐구는 인간 중심의 문화를 근본적으로 성찰하는 문제의식으로 심화되며, 모든 인간적 시점을 뒤로한 채 자연 그 자체를 주체로 세운다고 하였으므로 인간 중심의 문화에 대한 화자의 초월적 태도를 보여준다는 설명은 적절하지 않다.

[20~23] 독서 – 사회

20 ④ 윗글의 필자는 여러 학자들의 이론을 검토한 뒤 라드브루흐의 이론을 바탕으로 자신의 입장을 정리하고 있다.

21 ④ 옐리네크(㉠)는 법과 도덕을 포함 관계로 설정하고 법은 도덕 가운데에서 특별히 그 실현을 강제할 필요가 있는 경우에 한하여 성립한다고 보았으며, 슈몰러(㉡)는 법의 효력을 중시하여, 법에는 강제력이 있으므로 도덕보다는 실효성이 확고하다고 보았다.

오답풀이

① 옐리네크(㉠)는 도덕중에서 실현을 강제할 필요가 있는 경우를 택하여 법으로 성립해야 한다고 보았다. 따라서 슈몰러(㉡)에 비해 법 규범의 제정에 보다 신중할 것이다.

② 슈몰러(㉡)는 도덕적 가치의 실현이 법을 통해 가능하다고 보았으므로 법 규범의 효과에 대해 확신하는 태도를 보일 것이다.

③ 라드브루흐(㉢)는 '법은 도덕을 실현할 가능성과 동시에 부

도덕을 실현할 가능성도 지닌다.'라고 하였으며 옐리네크
(㉠)와 달리 법과 도덕의 영역을 포함 관계로만 생각하지
않았다.
⑤ 옐리네크(㉠), 슈몰러(㉡), 라드브루흐(㉢)는 모두 법과 도덕
이 적절한 관계를 유지해야 한다는 데에 동의하였다.

22 ④ ㉯ 간통죄 위헌 결정은 부부 간의 정조 의무를 위반한 행
위가 비도덕적이기는 하나 법으로 처벌할 사항은 아니
라고 보았으므로, 도덕적으로 허용되지 않는 행위가 반
드시 위법한 행위가 된다고 본다는 설명은 적절하지 않
다.

오답풀이

① 착한 사마리아인의 법은 '위기에 빠진 사람을 외면해서는
안 된다'는 근본적으로 도덕적·윤리적 문제 아래 시행되
는 법이다.
② ㉮는 도덕적 차원의 문제를 법의 강제력으로 실현하려 하
였다는 점에서 프로이센 '일반란트법'의 제179조나 미국의
'금주법'과 그 취지가 상통하다고 볼 수 있다.
③ ㉯ 간통죄 위헌 결정은 도덕의 영역이 법의 영역보다 더
크다는 전제를 바탕으로 하였다.
⑤ ㉮와 ㉯는 도덕과 법이 공통의 목적과 사명을 띠고 있다는
전제를 바탕으로 한다.

23 ② ⓑ '자체'는 '바로 그 본래의 바탕'이라는 뜻으로 밑줄 친
'자체'와 그 문맥적 의미가 일치한다.

오답풀이

① ⓐ **지지**: 어떤 사람이나 단체 따위의 주의·정책·의견 따
위에 찬동하여 이를 위하여 힘을 쓰다.
지지: 무거운 물건을 받치거나 버티다.
③ ⓒ **차원**: 사물을 보거나 생각하는 처지. 또는 어떤 생각이
나 의견 따위를 이루는 사상이나 학식의 수준.
차원: 기하학적 도형, 물체, 공간 따위의 한 점의 위치
를 말하는 데에 필요한 실수의 최소 개수.
④ ⓓ **허용**: 허락하여 너그럽게 받아들임.
허용: 주로 각종 경기에서, 막아야 할 것을 막지 못하여
당함. 또는 그런 일.
⑤ ⓔ **기초**: 사물이나 일 따위의 기본이 되는 토대.
기초: 글의 초안을 잡다.

[24~28] 고전 산문

작자미상 「적벽가」
• **갈래** : 판소리 사설
• **성격** : 풍자적, 해학적, 희화적
• **시점** : 전지적 작가 시점
• **배경** : 중국 후한 말, 양자강 적벽 일대
• **주제** : 적벽 대전 영웅들의 활약상과 전쟁으로 인한 하층민의
고통
• **특징**
  – '삼국지연의'의 '적벽 대전'을 바탕으로 함
  – 조조로 표상되는 당대 양반층에 대한 민중의 신랄한 저항
  정신을 표출함
  – 군사들을 통해 서민들의 고통과 전쟁의 참혹함을 드러냄
• **이해와 감상** : 적벽가는 '삼국지연의(三國志演義)' 중 적벽 대
전의 이야기를 바탕으로 한 판소리 사설로, 재창조 과정에서
원작을 새롭게 해석하여 우리 실정에 맞게 주체적으로 재구
성하여 우리 민족의 주체성과 감각을 살리고 있는 작품이다.
'삼국지연의'는 영웅을 중심으로 한 이야기이지만 '적벽가'는
영웅이 아닌 전쟁에 강제 동원된 병사들이 전장에서 겪는 고
통의 이야기를 첨가하여 해학적인 희극미를 형상화하고 있
다. 또한 영웅적 인물 '조조'를 졸장부로 희화화하여 기성 권
위와 권력을 비판·풍자하고 있다.

24 ② [A]에서 고사를 활용하여 발화자의 행위를 구체적으로 묘
사하고 있는 부분은 나타나지 않는다.

오답풀이

① '공든 탑이 무너지며 심든 남기가 꺾어지랴.', '자식밖에 또
있느냐.' 등에서 설의적 표현을 통하여 발화자의 판단을 강
조하고 있다.
③ '터덕터덕', '방긋방긋', '도리도리' 등 의태어를 활용하여 인
물에 대한 애정을 드러내고 있다.
④ '여봐라, 군사들아'에서 청자들을 호명하여 주의를 끌고
있다.
⑤ '위국땅 백성들아, 적벽으로 싸움 가자. 나오너라.'에서 발
화 속에 등장하는 인물의 말을 직접 인용하여 생동감을 높
이고 있다.

25 ③ 윗글에서 '아내'는 '날 죽이고 가오, 살려 두고는 못 가리라.
이팔홍안 젊은 년을 나 혼자만 떼어 놓고 전장을 가랴시
오.'라며 전장에 나가려는 남편을 붙잡고 있다. 따라서 국
가에 대한 책무보다는 자신과 가족의 소중함을 앞세우고
있다.

오답풀이

① '한 군사'는 고향에 두고 온 자식을 그리는 사연을 이야기
하며 자신의 처지가 서러움을 표현하고 있다.

② '또 한 군사'는 고향의 아내를 그리는 사연으로 생사가 조
석이라 하였다. 따라서 공을 세울 수 있다는 확신을 지닌다
는 설명은 적절하지 않다.

④ 윗글에서 조조는 엎어지고 자빠지며 황급히 도망가고 있으
므로 일시적인 패배를 만회할 기대를 품고 있다는 설명은
적절하지 않다.

⑤ 정욱과 조조는 함께 도망가는 상황이며 적대감을 직설적으
로 표출하여 갈등을 빚는 부분은 나타나지 않는다.

26 ④ 적벽가는 외래문화를 주체적으로 변용하여 수용하였으며,
징발되어 가는 백성들을 통해 서민들의 고통과 전쟁의 참
혹함을 드러내며 조조로 표상되는 당대 양반층에 대해 민
중의 신랄한 저항 정신을 표출하고 있다. 그러나 윗글에서
백성들은 적국에 대한 적개심 보다는 부모와 아내, 자식들
과의 이별에 대한 설움을 표현하고 있으므로 외세에 대한
비판 의식이 팽배했을 것이라는 추론은 적절하지 않다.

27 ③ ⓒ은 과거에 아내의 손을 뿌리치고 전장으로 나온 일을 떠
올리며 세월이 지나도 끝나지 않는 전쟁 상황에 대한 한탄
을 표출하고 있다.

오답풀이

① ㉠은 고향에 두고 온 자식을 그리워하며 서러워하는 군사
에게 나머지 군사들이 꾸짖고 있는 부분이다.

② ㉡은 아내가 전장에 나가는 남편을 붙잡는 모습으로 행동
에 포함된 허위를 드러내고 있다는 설명은 적절하지 않다.

④ ㉣은 조조가 정욱과 함께 도망가는 장면을 과장되게 묘사
한 것으로 사건 전개에 개연성을 부여하는 것과 상관이
없다.

⑤ ㉤은 전쟁에서 지고 생사가 위태로이 도망가는 처지에 술
안주를 생각하는 조조를 해학적으로 나타내는 부분이다.
따라서 상대의 처지에 공감한다는 설명은 적절하지 않다.

28 ⑤ [B]는 전쟁에서 패배하여 생사가 위태로운 처지에 놓인 조
조가 정욱과 함께 도망가는 상황이다. 이러한 처지에도 술
안주를 떠올리는 조조의 모습을 풍자와 해학으로 표현하
고 있다. 〈보기〉는 지은이가 황진이를 생각하며 지은 시조
로 임이 오지 않으리라는 생각 속에서도 안타깝게 기다리
는 그리운 마음을 드러내고 있다.

> **TIP** 서경덕, 「마음이 어린 후니」
> - **갈래** : 평시조, 정형시, 서정시
> - **성격** : 감상적, 낭만적
> - **제재** : 기다림
> - **주제** : 임을 기다리는 마음
> - **해석** : 마음이 어리석으니 하는 일이 모두 어리석구나.
>   구름이 겹겹이 쌓여 험난하고 높은 이 산 중으로 어느(어
>   찌) 임이 나를 찾아오겠는가 마는.
>   떨어지는 나뭇잎 소리와 바람 부는 소리에 혹시 임이 오는
>   소리가 아닌가 하노라.

[29~31] 독서 - 예술

29 ① 윗글은 고려청자와 조선백자를 비교·대조하는 방식으로
조선백자의 아름다움을 표현한 글이다. 그러나 조선백자를
유형별로 세분화하여 종류와 특징을 구체적으로 나열하는
부분은 나타나지 않는다.

30 ③ 고려청자(㉠)는 고려의 귀족 문화를 그대로 반영한 듯 섬
세함과 유려함이 있고 명성만큼이나 화려하지만, 조선백자
(㉡) 역시 고려청자에 필적할 만큼 기술력이 뛰어나고 예술
성은 어떤 의미에선 고려청자보다 훨씬 높은 경지에 있다
고 하였으므로 기술력의 차이가 두드러지게 드러난다는 설
명은 적절하지 않다.

오답풀이

① 고려청자(㉠)는 모양이나 상감된 문양에 섬세함과 유려함,
거기에 기기묘묘함까지 깃들어 있어 고려 시대 문학사에서
하나의 지평을 열었다는 이규보는 고려청자의 아름다움을
하늘의 조화를 빌려 빚은 '천공술(天工術)'이라고 극찬한
바 있다고 하였다.

② 조선백자(㉡)의 형태는 단순하고 빛깔은 소박하여 단순미
와 평범함을 미학적 자질로 삼는 아름다움의 세계를 담고
있다.

④ 조선백자(㉡)는 고려청자(㉠)와 달리 안으로 착 가라앉은
듯 순하고 부드러운 빛깔을 지니며 어떤 의미에서는 고려
청자보다 훨씬 높은 경지에 있다고 하였다.

⑤ ㉠과 ㉡은 모두 동아시아 도자 문화사에서 기술력이 아주
뛰어난 예술로 손꼽힌다.

31 ⑤ 〈보기〉에서 글쓴이는 조선의 도자기에 재현된 평범함은 생
래적인 아름다움이라고 생각하며 단순한 미적 가치를 퇴색
하고 싶지 않아한다. 윗글에서도 조선 예술이 평범한 점을
들어 미적 요소가 부족한 것으로 인식하는 것을 생각하면
가슴 한 켠이 답답해진다고 하였으므로 윗글에 나타난 예
술관을 추론한 것으로 가장 적절한 것은 ⑤이다.

[32~36] 고전 시가 복합

(가) 송순, 「면앙정가」

• 갈래 : 서정 가사, 양반 가사, 은일 가사
• 율격 : 3(4) · 4조, 4음보
• 어조 : 풍류를 즐기는 호방한 어조
• 구성
　– 서사 : 제월봉의 위치와 형세, 면앙정의 모습
　– 본사1 : 면앙정 주변의 풍경(근경에서 원경으로 시선 이동)
　– 본사2 : 사계절에 따른 면앙정의 주변 풍경
　– 결사 : 풍류와 호연지기 및 군은(君恩)
• 주제 : 아름다운 대자연 속의 풍류 생활
• 이해와 감상 : 이 작품은 작가가 벼슬에서 물러나 고향인 담양에 머물던 시기에 창작한 작품으로, 작가는 면앙정의 경치를 묘사하면서 아름다운 자연에서 얻은 흥취를 사계절의 변화에 따라 서술하였다. 또한 이 작품은 비유. 대구 등의 다양한 표현법과 우리말의 아름다움을 잘 살려 문학적 가치가 높은 작품으로 평가받는다.

(나) 정철, 「성산별곡」

• 갈래 : 서정 가사, 양반 가사
• 성격 : 전원적, 풍류적, 묘사적
• 주제 : 당시의 문인 김성원이 세운 서하당(棲霞堂) · 식영정(息影亭)을 중심으로 성산의 풍물과 김성원의 풍류를 예찬
• 구성
　– 서사 : 김성원의 풍류를 즐기는 모습과 식영정 주변의 모습
　– 본사1 : 성산의 봄 풍경
　– 본사2 : 성산의 여름 풍경
　– 본사3 : 성산의 가을 풍경
　– 본사4 : 성산의 겨울 풍경
　– 결사 : 전원생활의 멋과 풍류
• 이해와 감상 : 이 작품은 담양군에 있는 '성산'의 사계절 풍경과 식영정 정자, 서하당 정자에 대한 내용으로, 사계절에 따른 그 곳의 풍물과 김성원에 대한 흠모의 정을 노래한 작품이다. 한자어의 사용이 많고 한 개인의 칭송에 치우친 점이 있지만 전원 생활의 흥취와 개성이 잘 드러난 작품이다.

(다) 작자미상, 「백사장 홍료변에」

• 갈래 : 평시조
• 성격 : 세태가
• 주제 : 인생살이가 힘들고 어려움을 탄식함
• 이해와 감상 : 세상살이의 어려움을 백로를 통해 우의적으로 표현하고 있다. 먹고살기 위해 온갖 어려움을 참고 견디며 살아가는 우리 인간들의 삶의 모습을 신랄하게 풍자하고 있는 작품이다.

32 ③ (가)는 면앙정에서 작가의 풍류 생활과 임금의 은혜에 감사하는 마음을 노래하고 있으며, (나)는 자연에 묻혀 풍류를 향유하는 식영정의 주인을 칭송하며 전원생활의 멋을 노래하고 있다. 따라서 계절감을 지닌 소재들을 활용하여 계절의 변화를 묘사하고 있다는 설명은 적절하지 않다.

33 ④ (가)의 '누으락 안즈락'에서는 누웠다가 앉았다가 하며 화자가 흥취를 즐기는 모습이 나타난다. 또한 (나)의 '일락 배락'의 현대어 풀이는 '흥했다가 망했다가'로서 세상의 흥망성쇠에 대한 화자의 의식이 투영되었다.

오답풀이

① (가)에서는 술과 노래로 태평성대를 구가하는 생활의 흥취를 즐기고 있으며, (나)에서 역시 술잔을 기울이니 마음에 맺힌 시름이 조금이나마 덜어진다고 하였다.

② (가)는 벗과 함께 술을 마시고, 노래를 부르고 악기를 타며 취흥을 즐기고 있으며 (나)에서 벗의 부재를 아쉬워하는 부분은 나타나지 않는다.

③ (가)에서는 모든 시름을 잊고 전원생활의 즐거움을 만끽하고 있으며, (나)에서는 인간의 흥망성쇠에 애달픔을 느끼며 험한 세상에 시름하고 있다.

⑤ (가)의 '나의 이 삶이야말로 신선의 삶이로다'에서 화자가 신선과 일체감을 느끼고 있다는 것을 알 수 있다. (나)에서는 신선같이 풍류를 즐기며 사는 주인의 모습을 '진선(학)'에 비유하며 칭송하였다.

34 ① 〈보기〉의 화자는 가난하지만 풍월을 벗하며 사는 삶은 어떤 부귀영화와도 바꿀 수 없다는 자연에 대한 애착과 그 속에서 사는 즐거움을 노래하고 있다. (가)에는 자신의 세계관을 타인과 공유하는 부분이 나타나지 않는다.

TIP 조찬한, 「빈천을 팔랴 하고」

• 갈래 : 평시조, 서정시
• 성격 : 풍자적
• 제재 : 자연애(自然愛)
• 주제 : 강산풍월을 벗삼아 살고자 함. 자연 속에 묻혀 사는 즐거움

35 ⑤ ⑩ '힝혀 아니 만나신가'의 현대어 풀이는 '혹시 만나지 않았는가'로서 세속을 떠나 신선 같은 삶을 사는 주인을 진선(학)에 비유해 칭송하며 달 아래에서 혹시 만난 적이 있지 않느냐고 묻는 부분으로, 대상과 재회하고자 하는 기대감이 나타났다고 할 수 없다.

36 ③ (다)는 백로를 통해 세상사의 어려움을 우의적으로 표현하고 있는 작품이다. 즉 먹고 살기 위해 온갖 어려움을 참으며 살아가고 있는 인간들의 모습을 먹이를 찾아 먹기 위해

몸을 굽혔다 폈다 하는 백로의 모습에 빗대어 풍자하고 있다. 따라서 일상적으로 자행되던 탐욕에 대한 묘사라는 설명은 적절하지 않다.

오답풀이

① 〈보기〉에서 조선 후기 시조는 삶의 체험을 다루는 쪽으로 조절되는 양상이 두드러졌다고 하였으므로 '백사장 홍료변'은 일상생활 공간으로서의 의미를 지닌다고 볼 수 있다.

② '굽니러 먹는 져 빅노'는 하루하루 먹고 살아가기 위해 고군분투하는 인간의 모습을 표현하고 있다.

④ (다)의 화자는 '우리도'라는 말을 통해 화자가 속한 인간들의 처지가 '백로'의 처지와 같다고 하여 일상적 삶에 대한 성찰을 집약하고 있다.

⑤ '구복이 웬슈'란 입으로 먹고 배를 채우는 일이 원수 같다는 뜻으로, 당시 삶의 고달픔을 강조하기 위한 표현이라고 볼 수 있다.

[37~40] 독서 – 과학

37 ④ 윗글은 빙하의 변화, 이동과정 등의 현상이 발생하는 원인을 유추의 방식으로 설명하고 구체적 수치를 자료로 활용하여 빙하에 대한 개념을 소개함으로써 독자들의 이해를 돕는 글이다. 그러나 동일한 현상을 설명하는 상반된 이론의 특징을 대비하는 부분은 나타나지 않는다.

38 ① 눈이 얼음 결정을 이루면서 새 빙하가 생성되는 시기를 집적대, 얼음 결정이 기화 또는 액화되면서 빙하의 규모가 줄어드는 시기를 소모대라 한다. 150만 년 전에는 빙하의 비율이 지금보다 2배 이상 높았고 이후 확장과 축소를 20번 넘게 반복하였다고 하였으므로 집적대보다 소모대가 항상 우세하였다는 설명은 적절하지 않다.

오답풀이

② 보통 기후 조건에 따라 빙하의 변동 폭에 차이가 생기며 소모대에 비해 집적대가 확장될 경우 빙하가 성장하고, 반대일 경우 빙하의 규모는 자연히 줄어든다고 하였다.

③ 빙하의 무게로 발생하는 압력이 높아지면 빙하의 표면과 지면 사이에 충돌이 격화되고 그 결과 빙하가 이동하게 된다고 하였다.

④ 액화 현상이 빙하와 지면 사이의 마찰을 줄이면서 빙하의 이동을 가속화하는 결정적인 원인이 된다고 하였다.

⑤ 빙하의 침식 작용은 암석 덩어리에 분열이 일어나면서 파편이 되는 것과, 작은 암석 퇴적물이 빙하 아래의 기반암을 사포로 긁어내듯 갈아 내는 것이 있다.

39 ① 수위가 높으면 대류가 잘 일어나고 대류가 잘 일어나면 물이 움직이므로 얼음이 잘 얼지 않아 빙하가 생성되기 어렵다. 〈보기〉에서 대류의 규모는 수위와 비례한다고 하였으므로 다른 조건들이 모두 같다면 수위가 높은 바닷물에서는 빙하가 생성되기 어려울 것이라고 추론할 수 있다.

오답풀이

② 기온이 내려가면 물 분자가 압력을 받으면서 협소해진 공간 안에 있던 물의 분자 구조가 재결정 작용이 일어난다고 하였으므로 어는점이 낮은 바닷물은 얼음 입자들이 생기는데 불리할 것이다.

③ 바닷물 속에 포함된 염분 때문에 어는점이 낮다고 하였으므로 다른 조건들이 모두 같다면 염분이 높은 바닷물 보다는 염분이 낮은 바닷물에서 빙하가 생성되기 더 쉬울 것이다.

④ 바닷물이 얼어서 빙하가 만들어지는 경우는 눈의 무게가 없어 빙하의 생성이 어렵다.

⑤ 흐르는 물에서는 물의 분자 구조가 재배치되기 어려워 빙하가 잘 만들어지지 않는다고 하였으므로 바다에서는 대류 현상 때문에 물 분자가 압력을 받는데 불리할 것이다.

40 ① @의 '이른다.'는 어떤 대상을 무엇이라고 이름 붙이거나 가리켜 말한다는 뜻으로 그 문맥적 의미가 같은 것은 ① 이다.

오답풀이

② 어떤 사람의 잘못을 윗사람에게 말하여 알게 하다.

③ 무엇이라고 말하다.

④ 잘 깨닫도록 일의 이치를 밝혀 말해 주다.

⑥ 책이나 속담 따위에 예부터 말하여지다.

[41~45] 현대 소설

> **김정한, 「사하촌」**
>
> • **갈래** : 단편소설, 농민소설
> • **배경** : 일제시대, 관과 절의 횡포와 수탈의 대상이 되고 있는 사하촌 성동리
> • **시점** : 전지적 작가 시점
> • **의의** : 농민 다수를 주동 인물로 설정하여 농민 문제 해결책 암시
> • **주제** : 부조리한 농촌 현실과 농민들의 저항 의지
> • **구성**
> – 발단 : 극심한 가뭄으로 인한 궁핍한 농촌의 삶 묘사
> – 전개 : 가뭄과 지주들의 횡포로 인한 농민과 농민, 지주와 소작인 간의 갈등
> – 위기·절정 : 간평원을 통한 지주의 횡포와 농민들의 불만

고조

– 결말 : 농민들의 소작 쟁의

• **이해와 감상** : 이 작품은 보광리와 성동리 마을을 배경으로, 친일 세력과 보광사 중들로 이루어진 지주 계층에게 수탈당하는 농민의 저항 의식을 사실주의적 수법으로 나타낸 작품이다. 농민들의 끈질긴 삶을 통해 이 땅의 민중에 대한 애정을 보여주고 있으며, 모순에 맞서는 민중의 모습을 인상적으로 제시하고 있다. 작가는 극중 친일 세력과 농사 조합 평의원, 보광사 중들로 이루어진 지주 계층과 현실 속에서 고통을 겪는 농민들의 대립을 통해 자연 재해와 소작 제도의 모순을 보여 준다.

41 ⑤ 이 작품은 절 소유의 농토를 부쳐 먹고 사는 가난한 농민들의 고통스런 삶을 제재로 하여, 수탈과 착취의 사회상을 그리고 있는 현대 소설로 서술자가 현실 문제를 객관적으로 관찰하고 보고하는 형식으로 상황을 설명하고 있다는 것은 적절하지 않다.

42 ② 치삼 노인은 젊었을 때 중의 꾐에 빠져 보광사에 논을 기부하고는 이제 그 논을 소작하는 신세로, 딱한 살림에 아들 보기에 여간 미안스러운 일이 아니라고 하였다. 따라서 자신의 과거 행동으로 인해 지금의 상황을 초래한데 대한 미안함을 가지고 있다는 설명이 적절하다.

43 ③ 가을이 되었으나 추수할 것이 없을 정도의 흉작이었으므로 ⓒ은 아들에 대한 두려움으로 쉽게 말을 꺼내지 못하는 것이 아니라 상황이 안 좋다는 대답이 나올 것을 알기에 대답을 두려워하는 것으로 보는 것이 적절하다.

44 ① 개미떼는 농민들의 삶을 궁지에 몰아넣는 사람들이고 지렁이는 그들의 무관심과 횡포에 의해 더욱 찌들어 가는 농민을 상징한다. 따라서 지렁이는 들깨에 적용할 수 있으며 개미떼는 보광사의 중들에 적용할 수 있다.

45 ② '기사년'이란 그들의 기억 속에 있는 극심한 가뭄이든 해를 말한다. 지금의 가뭄이 그때보다 더 심함을 말한 것이다. 농민들 간의 대립이 첨예화된 현재의 원인과 당시의 상황이 발생한 원인이 같다고 생각하고 있다는 설명은 적절하지 않다.

2019학년도 기출문제 정답 및 해설

제2교시 영어영역

01 ④	02 ⑤	03 ④	04 ①	05 ②	06 ④
07 ⑤	08 ③	09 ④	10 ⑤	11 ③	12 ⑤
13 ⑤	14 ③	15 ⑤	16 ⑤	17 ①	18 ②
19 ⑤	20 ②	21 ④	22 ③	23 ③	24 ②
25 ①	26 ④	27 ②	28 ①	29 ②	30 ⑤
31 ③	32 ③	33 ①	34 ①	35 ③	36 ④
37 ③	38 ④	39 ②	40 ②	41 ⑤	42 ①
43 ③	44 ③	45 ③			

01 ④ 'pensive'는 '깊은 생각에 잠긴, 수심 어린'의 의미로 'thoughtful(생각에 잠긴, 심사숙고하는)'과 그 의미가 가장 유사하다.

오답풀이

① 명시적인, 공공연한
② 지나친, 과도한
③ 만연하는, 스며드는
⑤ 낙관적인, 낙천적인

어휘

• pensive : 깊은 생각에 잠긴, 수심 어린
• gentleness : 상냥함, 온화함, 관대함
• overt : 명시적인, 공공연한
• excessive : 지나친, 과도한
• pervasive : 만연하는, 스며드는

해석

수심에 잠긴 온화함에도 불구하고, 이 편지의 어조보다 더 단호한 것은 없다.

02 ⑤ 'exhaustive'는 '철저한, 완전한'의 의미로 'thorough(빈틈없는, 철두철미한)'와 그 의미가 가장 유사하다.

오답풀이

① 보람 있는, 수익이 많이 나는
② 혁명적인, 획기적인

③ 관대한, 온화한
④ 독립적인, 독자적인

어휘

• assert : 주장하다, 단언하다
• genome : 게놈, 유전체
• by no means : 결코 …이 아닌
• exhaustive : 철저한, 완전한
• rewarding : 보람 있는, 수익이 많이 나는
• revolutionary : 혁명적인, 획기적인
• lenient : 관대한, 온화한
• independent : 독립적인, 독자적인
• thorough : 빈틈없는, 철두철미한

해석

그 의사는 인간 게놈에 관한 자신의 평생 연구가 결코 완전하지 못했다고 단언했다.

03 ④ 'conundrum'은 '난제, 수수께끼'의 의미로 'puzzle(퍼즐, 수수께끼)'와 그 의미가 가장 유사하다.

오답풀이

① 기구, 도구
② 강도, 강탈
③ 범인, 범죄자
⑤ 시위, 설명

어휘

• conundrum : 난제, 수수께끼
• instrument : 기구, 도구
• robbery : 강도, 강탈
• criminal : 범인, 범죄자
• puzzle : 퍼즐, 수수께끼
• demonstration : 시위, 설명

해석

이 수수께끼는 그 경찰관들이 이전에 직면했던 것과는 전혀 달랐다.

04 ① Jack과의 다툼 후 A의 말에 B가 그것은 용기가 필요하다고 했으므로, ①의 "It's never too late to apologize(사과하

기에는 결코 늦지 않았어)"가 빈칸에 들어갈 말로 가장 적절하다.

오답풀이

② 항상 모든 사람들을 기쁘게 할 수는 없어

③ 때로는 다툼이 팀에 도움이 되기도 해

④ 다른 것들과 마찬가지로, 시간이 모든 상처를 치유해 주지

⑤ 말하기에 앞서 생각해야 하는 이유야

어휘

• ounce : 온스, 아주 적은 양

• apologize : 사과하다, 사죄하다

• quarrel : 다툼, 언쟁, 싸움

• heal : 고치다, 치료하다

• wound : 상처, 부상

해석

A : 어제 데이트는 어땠어?

B : 최악이었어.

A : 무슨 일이 있었어?

B : 내가 해서는 안 될 말을 해서 Jack은 이제 나랑 말도 안 해.

A : 사과하기에 결코 늦지 않았어.

B : 그렇게 하려면 모든 용기를 끌어 모아야 해.

05 ② Mills 형사가 범죄현장에서 나온 지문과 용의자의 지문을 대조해 보지 않은 상태에서 목격자의 진술로만 체포 영장을 발부받기에는 충분하지 않다고 했으므로, ②의 "We move on evidence, not feelings(느낌이 아니라 증거로 움직입니다.)"가 빈칸에 들어갈 말로 가장 적절하다.

오답풀이

① 바로 체포 영장을 청구할게요

③ 이미 필요한 모든 증거를 확보했다고 생각해요

④ 목격자의 진술에 집중합시다

⑤ 우리의 주 임무는 시민의 안전을 보장하는 것입니다

어휘

• detective : 형사, 수사관, 탐정

• print : 흔적, 자국, 지문

• the scene of the crime : 범죄현장

• witness : 목격자, 증인

• description : 묘사, 서술, 인상착의

• arrest warrant : 체포 영장, 구속 영장

• perpetrator : 가해자, 범인

• concentrate on : ~에 집중하다

• ensure : 보장하다, 확실하게 하다

해석

A : Mills 형사님, 이 사람이 우리가 찾고 있는 사람인거 같아요.

B : 그의 지문을 범죄현장에서 나온 것과 대조해 봤나요, Flaherty 경관님?

A : 결과가 아직 나오지 않았지만, 두 명의 목격자가 그와 같은 인상착의를 지닌 사람을 봤다고 말했어요.

B : 그것만으로 체포 영장을 발부받기에는 충분하지 않아요.

A : 하지만, 난 이 사람이 범인이라고 확신해요.

B : 우리는 느낌이 아니라 증거로 움직입니다.

A : 알겠어요. 그렇다면 감식반에서 나올 결과를 기다려야겠군요.

06 ④ 'those'는 앞의 'standpoint(견지, 관점)'를 받는 지시대명사로 단수이기 때문에 'that'으로 고쳐 써야 옳다.

어휘

• recurrent : 되풀이되는, 반복되는, 재발되는

• court : 법정, 법원

• adopt : 택하다, 채택하다

• disclose : 밝히다, 폭로하다, 공개하다

• medical practitioner : 의사, 개업의

• specialty : 전공

• be grounded in : ~에 근거하다

• therapeutic : 치료상의, 치료법의

• privilege : 특권, 특전

• preeminent : 탁월한, 현저한

• withhold : 보류하다, 주지 않다

• deferential : 경의를 표하는, 공손한

• standpoint : 견지, 관점

• adequacy : 적절, 타당성

해석

법정에서 반복되는 이슈는 환자들의 의학적 치료에 관해 얼마만큼 환자들에게 공개해야 하는지를 결정하는 데 있어 누구의 관점을 선택하느냐 하는 것이다. 대다수의 주(州)들은 전문가들을 선호하며, 같은 공동체와 같은 전공 내의 '합리적인 의사'에 의해 합리적이라고 여길 만큼만 의사들이 공개에 책임이 있다는 입장을 취한다. 이러한 접근법은 소위 치료적 특권에 근거하며, 환자에게 해가 될 수 있는 어떤 정보도 알려주지 않을 의사의 현저한 특권을 인정한다. 이를 덜 옹호하는 소수자의 규칙은 공개의 적절성이 '합리적인 의사'의 관점에서가 아니라 '합리적인 환자'의 관점에서 결정되어야 한다는 입장을 취한다. 비록 이러한 일반적인 규칙들이 잘 정착된다 하더라도, 공개의 타당성에 관한 의문들은 여전히 제기된다.

07 ⑤ 'make + 목적어 + 목적보어'의 구문에서 목적보어인 'satisfy' 의 형태는 'the practice of raku'가 사물이므로 'satisfying(만족시키는)'이 적절하다. 목적어가 사람이라면 만족하는 것이므로 수동의 의미인 과거분사 'satisfied'가 와야 한다.

어휘

- low–temperature : 낮은 온도, 저온
- fast–firing : 급속으로 굽는
- chance : 우연한
- ceramic ware : 도자기류, 세라믹 제품
- crackle : 잔금, 잔금을 넣어 구은 도자기
- glaze : 유약
- humble : 변변치 않은, 작은
- sculptural : 조각의, 조각술의
- abstract : 추상적인, 관념적인
- figurative : 구상의, 조형의
- vibrant : 활기찬, 생기가 넘치는
- infinite : 무한한, 한계가 없는
- ceramist : 도예가, 요업가
- relatively : 비교적, 어느 정도

해석

라쿠는 도자기 제품에 흥미롭고 우연한 표면 효과를 내며 저온에서 급속히 굽는 대중적인 공정이다. 소박한 하얀 잔금 무늬 유약에서 놀랄 말한 스펙트럼 색상까지, 그리고 작은 찻잔에서 추상적이고 구상의 조각 형태에 이르기까지, 라쿠 작업에 존재하는 가능성과 혁신의 범위는 그것을 항상 참신하고 생기 넘치게 해준다. 그것의 목적과 마찬가지로, 이 고대 공정의 현대적인 서구식 작업은 동양의 뿌리와는 다르지만, 다양성, 에너지 그리고 미(美)에 있어서 라쿠의 결과는 여전히 무한하다. 일본과 서양 라쿠는 도예가에게 굽기의 최종 결과물을 비교적 단기간에 경험할 기회를 제공해주며, 바로 이러한 특징이 라쿠 작업을 매우 만족스럽게 만든다.

08 ③ (A) 해마의 꼬리가 지속적인 손상 없이 평상시 크기의 절반까지 줄어드는 것이므로 '확장되는(expanded)'이 아니라 '압축되는(compressed)'이 들어갈 말로 적절하다.
  (B) 해마는 4개의 골 판으로 된 약 36개의 정사각형 마디 구조로 인해 그것의 꼬리가 평상시 크기의 절반까지 압축되었다가 다시 회복하는 것이므로 'resilience(복원력)'가 들어갈 말로 적절하다.
  (C) 척추의 등뼈를 콜라겐으로 연결하여 해마의 척추를 안전한 상태로 유지하는 것이므로 'safe(안전한)'가 들어갈 말로 적절하다.

어휘

- manta ray : 쥐가오리

- crush : 으스러뜨리다, 쭈그러뜨리다
- armor : 갑옷, 철갑
- compress : 압축하다, 꾹 누르다
- expand : 확장하다, 넓히다
- resilience : 회복력, 복원력, 탄성, 탄력
- rigidity : 단단함, 강직, 경직
- approximately : 대략, 대충, 약
- segment : 부분, 조각, 마디
- bony plate : 골 판
- spinal column : 척추
- vertebrae : 척추뼈, 등골, 등뼈
- collagen : 콜라겐
- glide : 미끄러지다
- spine : 척추, 등뼈
- vulnerable : 취약한, 연약한
- mimic : 흉내 내다, 모방하다
- flexible : 신축성 있는, 유연한
- excursion : 유람, 여행
- detonate : 폭발시키다, 터뜨리다

해석

게, 새, 쥐가오리가 저녁거리로 해마를 계속해서 으스러뜨리려 하지만, 해마는 독특한 보호 갑옷을 입고 있다. 해마의 꼬리는 지속적인 손상 없이 평상시 크기의 절반까지 (A) 압축될 수 있는 것으로 샌디에이고에 있는 캘리포니아 대학 연구원들이 최근 밝혔다. 그 꼬리의 (B) 복원력은 각각 4개의 골 판으로 만들어진 약 36개의 정사각형 마디인 그것의 구조에서 비롯된다. 그 판은 척추의 등뼈를 콜라겐과 연결하고, 척추를 (C) 안전한 상태로 유지하면서 서로 미끄러질 수 있다. 궁극적으로 연구원들은 3D 프린터로 해마의 유연하고 튼튼한 꼬리를 모방한 로봇 팔을 만들고 싶어 하며, 수중여행을 위해 또는 폭탄을 폭발시키기 위해 그것을 사용하고 싶어 한다.

09 ④ (A) 윗글은 점화 효과의 예시로 투표소의 위치나 노출이 투표 행위에 영향을 미친다는 내용이다. 그러므로 점화 효과로 인해 개인의 자아를 '확인하는(confirm)' 것이 아니라 '위협하게(threaten)' 된다.
  (B) 투표는 정책에 대한 가치와 평가를 반영하며 이와 관련이 없는 것으로부터 영향을 받아서는 안 되는 행위이다. 그러므로 '무관한 것(irrelevancies)'이 들어갈 말로 적절하다.
  (C) 점화 효과에 따라 교실과 학교 사물함의 모습을 공개하는 것은 참석자들이 학교 법안 발의를 지지하는 경향을 '감소시킨(minimized)' 것이 아니라 '증가시켰음(increased)'을 보여준다.

어휘

- priming effect : 점화 효과
- confirm : 사실임을 보여주다, 확인해 주다
- autonomous : 자주적인, 자율적인
- vote : 투표
- deliberate : 사려 깊은, 신중한
- assessment : 평가, 사정
- consensus : 의견 일치, 합의
- irrelevancy : 논외, 무관함
- affect : 영향을 미치다, 발생하다
- polling station : 투표소
- precinct : 구역[지구], 선거구
- proposition : 제안, 제의, 과제
- expose : 드러내다, 폭로하다, 노출시키다
- tendency : 성향, 기질, 경향
- initiative : 주민 법안 발의

해석

점화 효과에 대한 연구는 우리의 판단과 선택에 대한 의식적이고도 자율적인 작가로서 우리의 자아상을 (A) 위협하는 발견을 낳았다. 예를 들어, 우리들 대부분은 투표를 정책에 대한 가치와 평가를 반영하며 (B) 무관한 것에 의해 영향을 받아서는 안 되는 신중한 행위라고 생각한다. 예를 들어, 투표는 투표소의 위치에 의해 영향을 받아서는 안 되지만, 그것은 영향을 받는다. 2000년에 애리조나 선거구에서의 투표 패턴에 관한 연구는 투표소가 가까운 곳에 위치해 있을 때보다 학교 내에 위치해 있을 때, 학교 기금을 늘리자는 제안에 대한 지지가 훨씬 더 크다는 것을 보여주었다. 또 다른 실험에서 교실과 학교 사물함의 모습을 공개하는 것이 참석자들이 학교 법안 발의를 지지하는 경향을 (C) 증가시켰음을 또한 보여주었다. 그 이미지의 효과는 부모들과 다른 투표자들 간의 차이보다 더 컸다.

10 ⑤ 어떤 해답이 폭넓은 이론화를 위한 구축물의 역할을 한다는 의미로만 즉시 사용되는 곳에서 추가 작업이 그 자체로 중요하고 긴급한 경우, 조금이라도 더 빨리 해답을 구하는 것이 대단히 가치 있는 경우이므로 문맥상 'later(나중에)'가 아니라 'earlier(더 일찍)'가 적절하다.

어휘

- point in time : 때, 어떤 시점
- elude : 피하다, 빠져나가다
- benefit : 유익하다, 유용하다
- slightly : 약간, 조금
- immensely : 엄청나게, 대단히
- plausible : 그럴듯한, 이치에 맞는

- deploy : 배치하다, 효율적으로 사용하다
- serve as : …의 역할을 하다
- theoretical : 이론적인, 이론상의
- urgent : 긴급한, 시급한, 다급한

해석

'발견'을 더 나중의 시점에서 더 이른 시기로 정보의 도달을 옮기는 행위라고 생각해보라. 발견의 가치는 발견된 정보의 가치와 ① 동등하지 않으며, 오히려 그렇지 않았을 때보다 더 일찍 이용 가능한 정보를 소유하는 가치와 동등하다. 과학자나 수학자는 많은 사람들이 ② 회피한 해답을 찾는 데 첫 번째 존재가 됨으로써 위대한 기술을 보여줄 지도 모르나, 그 문제가 어떤 식으로든 빨리 풀리게 된다면, 그 일은 아마도 세상에 많은 ③ 도움이 되지 못했을 것이다. 조금이라도 더 빨리 해답을 구하는 것이 대단히 가치 있는 경우가 있지만, 그러나 이것은 그 해답이 즉각 활용될 때 가장 그럴듯하며, 몇몇 실용적인 목적을 위해 ④ 효율적으로 사용되거나 혹은 더 나아가 이론적인 작업의 토대 역할을 한다. 그리고 후자의 경우 어떤 해답이 폭넓은 이론화를 위한 구축물의 역할을 한다는 의미로만 즉시 사용되는 곳에서, 추가 작업이 그 자체로 중요하고 긴급한 경우에만 해답을 조금 더 ⑤ 나중에 얻는 것이 엄청난 가치가 있다.

11 ③ 과학은 항상 확률적이고 수정의 대상이며, 언제라도 우리의 이해에 대한 망설임과 불확실성을 인식하고 있는 가치 시스템이라고 했으므로, 세상에 대한 '확고부동한(steadfast)' 일반화가 아니라 '변경 가능한(changeable)' 일반화이다.

어휘

- be committed to : ~에 헌신[전념]하다
- persuade A of B : A에게 B를 확신시키다
- and therefore : 그 때문에
- tacitly : 암암리에, 암묵적으로
- validity : 유효함, 타당성
- theorem : (수학) 정리(定理), 일반 원리, 법칙
- be entitled to : ~할 권리가 있다
- observation : 관찰, 감시
- steadfast : 변함없는, 확고부동한
- dazzling : 눈부신, 휘황찬란한
- manipulate : 조작하다, 처리하다
- albeit : 비록 …일지라도
- probabilistic : 개연론의, 확률적인, 가망성의
- revision : 수정[정정], 검토
- institution : 기관, 단체, 협회
- evaluate : 평가하다, 감정하다

• candidate : 후보자, 지원자

• cognizant of : …를 인식하고 있는

• tentativeness : 시험[실험]적임, 망설임

• uncertainty : 불확실성, 반신반의

해석

우리는 이성에 전념한다. 만일 우리가 질문을 하고, 가능한 대답들을 평가하고, 다른 사람들에게 그러한 대답들의 가치를 확신시키려고 노력한다면, 그 때 우리는 추론하게 되고 그 때문에 이성의 ① 타당성에 대해 암묵적으로 동의하게 된다. 우리는 수학과 논리의 정리(定理)처럼 이성의 세심한 적용에서 나오는 결론은 무엇이든 또한 전념하게 된다. 비록 우리가 물리적인 세계에 관한 어떤 것도 논리적으로 ② 입증할 수 없더라도, 그것에 관한 어떤 믿음에 확신을 가질 권리가 있다. 세상에 대한 ③ 확고부동한 일반화를 발견하는 이성과 관찰의 적용은 우리가 과학이라 부르는 것이다. 세상을 설명하고 조작하는 데 눈부신 성공을 거둔 과학의 진보는, 비록 항상 확률적이고 수정의 대상이지만 우주에 관한 지식이 ④ 가능함을 보여준다. 과학은 사실 우리가 지식을 얻는 방법에 대한 패러다임이며, 이는 과학의 특정한 방법이나 제도가 아닌, 말하자면 세상에 대한 설명을 추구하고, 후보 설명들을 ⑤ 객관적으로 평가하며, 언제라도 우리의 이해에 대한 망설임과 불확실성을 인식하고 있는 가치 시스템이다.

12 ⑤ 야생동물에게 미치는 플라스틱의 피해 사례로, 수년 간 질긴 플라스틱에 옥죄어 거북의 껍데기가 상처가 없는 (unscathed) 것이 아니라 상처가 생긴 것이므로 'scathed' 또는 'wounded'를 사용해야 한다.

어휘

• biologist : 생물학자

• plier : 집게, 펜치

• extract : 추출하다, 뽑다

• nostril : 콧구멍

• writhe in agony : 고통으로 몸부림치다

• profusely : 풍부하게, 잔뜩

• tick : 째깍[똑딱]거리다, 작동하다

• log : 기록하다, 항해[비행]하다

• desperate : 필사적인, 발악하는

• dislodge : 제거하다, 내몰다, 쫓아내다

• raw : 날것의, 가공되지 않은

• lay bare : 발가벗기다

• toll on : (~에 끼치는) 피해, 손해

• albatross : 알바트로스 새, 신천옹

• burst with : …으로 터질 듯하다

• refuse : 쓰레기, 찌꺼기

• stuck : 움직일 수 없는, 꼼짝 못하는, 갇힌

• unscathed : 다치지 않은, 상처 없는

• strain : 잡아당기다, 죄다

• snare : 덫, 올가미

• discard : 버리다, 폐기하다

해석

코스타리카에서 떨어진 보트 위에서, 어떤 생물학자가 바다거북의 콧구멍에서 플라스틱 빨대를 뽑아내기 위해 스위스 군용 칼의 집게를 사용하고 있다. 그 거북이는 잔뜩 피를 흘리며 고통으로 ① 몸부림을 치고 있다. 고통스러운 8분 동안 유튜브 비디오가 작동하고, 시청하기가 아주 힘들지만 2천만 명 이상의 시청 ② 기록을 달성했다. 결국, 점점 더 필사적인 생물학자들이 그 동물의 코에서 4인치 길이의 빨대 한 개를 간신히 ③ 제거한다. 야생동물에게 끼치는 플라스틱의 피해를 ④ 발가벗기는 이와 같은 가공되지 않은 장면들에 익숙해지고 있다. 배가 쓰레기로 터질 듯이 죽은 신천옹, 수년 간 질긴 플라스틱에 옥죄어 ⑤ 상처 없는 껍데기가 여섯 개의 팩 고리에 갇힌 거북이, 버려진 어망에 잡힌 바다표범. 누구에게 책임이 있는가? 거울을 잘 들여다보라.

13 ⑤ 지구가 다양한 생물들을 수용하는 유일한 존재인지 아니면 우리가 지구에 존재하는 것들만큼이나 복잡한 생명체로 가득한 우주에 살고 있는 지에 대한 물음에 후자가 점점 가능성이 높아지고 있다고 답하고 있다. 또한 우주에는 잠재적으로 사람이 거주할 수 있는 무수히 많은 외계행성과 외계위성들이 존재한다고 설명하고 있으므로, ⑤의 'Is Anybody Out There? (밖에 누구 있어요?)'가 윗글의 제목으로 가장 적절하다.

오답풀이

① 지구, 그 놀라운 서식지

② 은하계 사이의 초고속도로

③ 미생물이 정말 우리의 조상인가?

④ 우주 동물원: 엄청난 속임수

어휘

• rare : 드문, 진귀한, 희귀한

• exceptional : 예외적인, 이례적인, 특출한

• pretty much : 거의

• diversity : 다양성, 포괄성

• microbe : 미생물

• teem with : 바글[와글]거리다, 풍부하다, 가득하다

• vast : 방대한, 막대한

• rage : 몹시 화를 내다, 격노하다

• exoplanet : 태양계 외 행성, 외계행성

• trillions of : 무수히 많은

- habitable : 거주할 수 있는, 살 수 있는
- exomoon : 외계위성
- emerge from : ~에서 벗어나다, 나오다
- property : 속성, 특성
- intergalactic : 은하계 사이의
- hoax : 농간, 거짓말, 속임수

해석

우리는 진귀한 지구에 살고 있는가? 다른 행성들이 기껏해야 단순한 미생물의 서식지가 될 때, 아주 이례적으로 생명체의 풍부한 다양성을 수용하는 거의 유일한 존재인가? 또는 우리가 거대한 우주 동물원의 일부로 존재하는 것을 의미하면서, 여기에 존재하는 것들만큼이나 복잡한 생명체로 가득한 우주에 살고 있는가? 이에 관한 논쟁이 한창이지만, 우리는 후자가 매우 가능성이 높다는 것을 받아들일 때가 되었다고 말한다. 지금까지 우리는 적어도 3,700개의 외계행성에 대해 알고 있으며, 잠재적으로 거주할 수 있는 무수히 많은 외계행성들과 외계위성들이 우리 은하계 내에 그리고 그 너머에 존재하는 것 같다. 우리는 생명체가 보통 그 행성 위에서 어떻게 생겨나는지 모르지만, 많은 과학자들은 그것이 어떤 적합한 행성의 화학적이고 물리적인 특성에서 아마 생겨났을 거라고 생각한다.

14 ③ Frank O'Connor는 1931년부터 미국에서 잡지를 정기적으로 발행하였고 몇 년 동안 하버드와 노스웨스턴 대학에서 가르쳤다. 이 때부터 그의 작가 경력이 자리 잡기 시작했으므로 "His writing career in the US took off in the early 1930s. (그의 작가 경력은 1930년대 초반 미국에서 시작했다.)"는 ③의 설명이 윗글의 내용과 일치한다.

오답풀이

① 그는 하버드 대학에서 학위를 딴 아일랜드 극작가이다.
② 그는 Abbey 극장에서 무대 요원의 일원이었다.
④ 그는 이야기꾼의 목소리에서 리듬을 모호하게 하였다.
⑤ 그의 이야기는 초기 미국의 관습과 관련이 있다.

어휘

- struggle for independence : 독립 투쟁
- briefly : 대략, 잠시, 잠깐
- librarian : 사서
- declared : 공표한, 선언한, 공언한
- prolific : 다작의, 다산의
- playwright : 극작가, 각본가
- stage crew : 무대 요원, 무대계원
- take off : 도약하다, 출발하다
- blur : 흐릿해지다, 희미해지다

해석

Frank O'Connor는 너무 가난해서 대학교육을 시켜줄 수 없었던 아일랜드 Cork의 한 가정에서 태어났다. 아일랜드의 독립 투쟁 동안에 그는 잠시 아일랜드 공화국 군대의 일원이었다. 그 후 그는 Cork와 Dublin에서 도서관 사서로 일했으며, 단편소설의 작가로 자리 잡기 전까지 Abbey 극장의 감독이었다. 1931년부터 그는 미국에서 잡지를 정기적으로 발행하였으며, 몇 년 동안 하버드와 노스웨스턴 대학에서 가르쳤다. 그가 공언한 목표는 소재를 만드는 데 있어 이야기꾼의 목소리에서 자연스러운 리듬과 강세를 찾는 것이었다. 그는 사실 아일랜드의 관습과 아일랜드의 인물에 관한 다작의 역사가였다.

15 ⑤ 윗글의 마지막 문장에서 세계 야생동물 기금(WWF)은 그 종들이 발견되거나 소생될 경우를 대비하여 양쯔강돌고래가 서식 가능한 어떤 지역이든 보존을 요청하였다고 서술하고 있으므로, "The World Wildlife Fund has given up all hope in reviving the species. (세계 야생동물 기금은 그 종을 소생시키려는 모든 노력을 포기했다.)"는 ⑤의 설명은 윗글의 내용과 일치하지 않는다.

오답풀이

① 그것의 유일한 서식지는 양쯔강이었다.
② 그것은 중국의 흰색 돌고래와 혼동되지 않는다.
③ 산업화는 그것의 개체수를 감소시키는 역할을 하였다.
④ 그것은 2006년 탐사 기간 동안 나타나지 않았다.

어휘

- baiji : 민물돌고래, 양쯔강돌고래
- extinct : 멸종된, 사라진
- freshwater : 담수, 민물
- be confused with : ~과 혼동되다
- drastically : 과감하게, 철저하게
- decade : 10년
- hydroelectricity : 수력 전기
- extinction : 소멸, 멸종
- conserve : 아껴 쓰다, 보호[보존]하다
- expedition : 탐험, 탐사, 원정
- reportedly : 전하는 바에 따르면, 소문에 의하면
- preservation : 보존, 보호, 유지
- habitat : 서식지
- revive : 회복하다, 소생하다
- decline : 감소하다, 줄어들다
- population : 인구, 개체수

해석

양쯔강돌고래는 이전에 중국의 양쯔강에서만 발견된 담수 돌

고래로 기능상 멸종된 종이다. 그것은 또한 중국의 민물돌고래로 불린다. 그것은 중국의 흰색 돌고래와 혼동되지 않는다. 중국이 산업화가 되고 어획, 운송, 수력전기를 위해 강을 과도하게 사용하게 됨에 따라 양쯔강돌고래의 개체수는 수십 년간 급격히 감소했다. 양쯔강돌고래는 역사상 인간이 멸종으로 내몬 첫 번째 돌고래 종이 될 수도 있었다. 그 종들을 보존하기 위한 노력이 있었지만, 2006년 후반 탐사대는 그 강에서 한 마리의 양쯔강돌고래도 발견하지 못했다. 2007년 8월, 소문에 의하면 한 중국인 남성이 양쯔강에서 헤엄치고 있는 양쯔강돌고래로 추정되는 커다란 하얀 동물을 촬영했다고 한다. 세계 야생동물 기금(WWF)에서는 그 종들이 발견되거나 소생될 경우를 대비하여, 양쯔강돌고래가 서식 가능한 어떤 지역이든 보존을 요청하고 있다.

16 ⑤ 윗글은 새로 이사 온 이웃의 십대 아이들이 음악을 크게 틀어 놓아서 이웃 주민 중 한 사람이 그 부모에게 볼륨을 줄여달라고 정중히 부탁하는 내용이다. 그러므로 ⑤의 'to complain about a neighbor's loud music (이웃의 큰 음악 소리에 대해 항의하기 위해)'가 윗글의 목적으로 가장 적절하다.

오답풀이

① 어려운 이웃을 위한 기부를 요청하기 위해
② 주민 파티에 이웃을 초대하기 위해
③ 떠나는 가족에게 행복을 빌기 위해
④ 더 좋은 스테레오 스피커로 교환을 요구하기 위해

어휘

- opportunity : 기회
- address as : …라고 부르다[호칭하다]
- unofficial : 비공식적인, 공인되지 않은
- appreciate : 고마워하다, 감사하다
- turn down : (볼륨을) 줄이다, 낮추다
- solicit : 간청[요청]하다, 얻으려고 하다
- donation : 기부, 기증
- a block party : 주민 파티

해석

이번 기회에 제 소개를 하며 이웃으로 오신 것을 환영합니다. 새로 이사 온 집의 도로 바로 위에 있는 19번지에서 제 아내 Monica와 제가 살고 있습니다. 우리는 Meadow Street에서 지난 20년간 살아왔습니다. 아마도 제가 이 주변에 있는 모든 사람들보다 나이가 더 많기 때문에, 마을의 비공식적인 '시장'으로 종종 불립니다.
저는 당신이 이사 온 이래 발생한 문제들에 관하여 우리의 몇몇 이웃들로부터 그들의 요청을 전해달라는 부탁을 받았습니다. 우리 모두 음악을 사랑하고 우리 중 대부분은 10대 자녀가

있거나 생길 겁니다. 그래서 당신의 십 대 자녀에게 볼륨을 줄여달라고 부탁하면 감사하겠습니다.
제대로 정착이 된 후 우리 모두 만나서 인사할 것을 고대합니다.

17 ① 윗글은 진지함만을 토대로 하는 관계 보다는 웃음을 기반으로 하는 관계가 유익하다고 설명하고 있다. 그러므로 ①의 "A key to a healthy relationship is laughing together. (유익한 관계의 핵심은 함께 웃는 것이다.)"가 윗글의 요지로 가장 적절하다.

오답풀이

② 말뿐인 실천은 관계 실패의 근원이다.
③ 진지한 말은 끊임없이 서로를 비판하게 된다.
④ 놀라움이 당신의 관계에 웃음을 준다.
⑤ 많이 웃어라, 그러면 결국 새로운 관계를 형성할 것이다.

어휘

- laughter : 웃음
- compatibility : 양립[공존] 가능성, 호환성
- child : 만들어낸 것, 소산
- beware of : …에 주의하다
- intimate : 친한, 친밀한, 사적인
- dour : 시무룩한, 재미없는
- seed : 씨, 씨앗, 종자
- end up with : 결국 ～하게 되다

해석

웃음은 양립 가능한 하나의 실마리이다. 웃음은 장기간에 걸쳐 얼마나 서로 어울릴지를 말해준다. 만일 당신과 함께한 웃음이 다른 이들을 상하게 하지 않으면서 유익하고 건강하다면, 당신은 세상과 좋은 관계를 맺고 있는 것이다. 웃음은 놀라움의 소산이다. 만일 서로를 웃게 만들 수 있다면, 당신은 항상 서로를 놀라게 할 수 있다. 만일 당신이 서로를 항상 놀라게 할 수 있다면, 당신 주변의 세계를 새롭게 할 수 있다. 웃음이 없는 관계를 조심하라. 단지 진지함을 토대로 한 가장 친밀한 관계조차도 시무룩하게 되는 경향이 있다. 시간이 지남에 따라, 세상에 관한 공통의 진지한 관점을 공유하는 것은 당신으로 하여금 같은 관점을 공유하지 않는 사람들에게서 등을 돌리게 하는 경향이 있으며, 당신의 관계는 함께 비판적인 것에 근거할 수 있다.

18 ② 아프리카의 해안선이 아메리카의 해안선과 일치하는 이유에 대해 지리학자뿐만 아니라 지질학자도 물리학자도 동원되므로, 이를 설명하기 위해 모든 과학자가 필요하다는 의미이다. 그러므로 빈칸에는 'dispensable(불필요한)'이 들어갈 말로 가장 적절하다.

오답풀이

① 무죄의, 결백한

③ 꼼꼼한, 세심한

④ 자격이 있는, 제한적인

⑤ 연결된, 접촉된

어휘

- reductionism : 환원주의, 환원론
- unify : 통합하다, 통일하다
- put …under the microscope : …을 철저히 조사하다
- geographer : 지리학자
- coastline : 해안 지대, 해안선
- landmass : 광대한 토지, 대륙
- adjacent : 인접한, 가까운
- drift : 떠돌다, 표류하다
- geologist : 지질학자
- upwelling : 용승
- push apart : 떠밀다
- innocent : 무죄의, 결백한
- dispensable : 없어도 되는, 불필요한
- meticulous : 꼼꼼한, 세심한
- qualified : 자격이 있는, 제한적인

해석

훌륭한 환원주의란 한 분야의 지식을 또 다른 지식으로 대체하는 것이 아니라 그것들을 연결하거나 통합하는 형태로 이루어진다. 한 분야에 사용된 빌딩블록은 다른 분야에 의해 철저히 조사된다. 어떤 지리학자는 아프리카의 해안선이 아메리카의 해안선과 꼭 맞는 이유를 대륙이 한 때 인접해있었으나 서로 떨어져 각기 다른 판에 안착했다고 설명할 수도 있다. 그 판들이 이동하게 된 이유를 묻는 질문은 그 판들을 떠미는 마그마의 용승에 호소하는 지질학자들을 거쳐 가게 된다. 마그마가 어떻게 그렇게 뜨거워졌는지에 대해 말하면, 그들은 지구의 핵과 맨틀에서의 반응을 설명하기 위해 물리학자들을 소환한다. 과학자들 중 어느 누구도 <u>불필요한</u> 사람은 없다.

19 ⑤ 미국이 세계에서 가장 부유한 경제대국이 될 수 있었던 핵심은 최근의 중국처럼 고속 성장에 있는 것이 아니라 두 세기 동안 소득성장률을 꾸준히 유지한 것에 기인한다. 그러므로 빈칸에는 'consistency(지속성)'가 들어갈 말로 가장 적절하다.

오답풀이

① 속도, 속력

② 독창성, 창의력

③ 투명성, 투명도

④ 유동성, 환금성

어휘

- annual : 매년의, 연례의
- sustain : 계속시키다, 지속시키다
- per capita : 1인당
- twenty-five-fold : 20배
- spectacularly : 구경거리로, 극적으로
- velocity : 속도, 속력
- originality : 독창성, 창의력
- transparency : 투명성, 투명도
- liquidity : 유동성, 환금성
- consistency : 일관성, 지속성

해석

연간 경제성장률의 작은 차이조차도, 수십 년 또는 수 세기 동안 지속된다면 결국 경제적 행복의 수준도 엄청난 차이가 난다. 예를 들어 미국의 1인당 국민 총생산(GNP)은 1820년에서 1998년의 기간 동안 해마다 연 1.7%씩 성장했다. 이것은 생활 수준에서 25배의 증가를 가져왔는데, 이는 1820년도에 1인당 약 1,200 달러에서 오늘날 1990년의 달러로 약 30,000 달러의 1인당 소득이 증가한 것이다. 미국이 세계에서 가장 부유한 경제대국이 된 핵심은 연간 8퍼센트의 성장을 보이는 중국의 최근 실적처럼 극적인 빠른 성장에 있지 않다. 그 핵심은 <u>지속성</u>이며, 이는 미국이 거의 두 세기 동안 소득성장률을 유지했다는 사실이다.

20 ② 어떤 이유에 관한 믿음을 추론할 때 그 자체가 반드시 분명해지는 않더라도 자기 자신의 믿음에 관한 이성적인 설명을 표현하는 능력을 필연적으로 수반한다고 하였으므로, 빈칸에는 ②의 "need not be the result of any conscious process at all (어떤 의식적인 과정의 결과일 필요가 전혀 없다)"가 들어갈 말로 가장 적절하다.

오답풀이

① 종종 상호 반박의 상황에 기인한다

③ 어떤 결론을 검토하는 그 주체의 능력 속에 있을 수도 있다

④ 전제와 결론의 존재를 거의 부정한다

⑤ 관련 원칙에 따라 지속적으로 중재되어야만 한다

어휘

- explicit : 분명한, 명쾌한
- introspection : 자기 성찰, 반성
- self-observation : 자기 성찰
- relevant : 관련 있는, 연관된
- manifest : 나타나다, 분명해지다
- expressive : 표현적인, 표현이 풍부한

정답 및 해설

• self-explanation : 자기 설명
• mutual : 서로의, 상호간의
• contradiction : 모순, 반박
• premise : 전제, 근거
• constantly : 지속적으로, 거듭, 한결같이
• mediate : 중재하다, 조정하다

【해석】

이유에 관한 믿음은 <u>어떤 의식적인 과정의 결과일 필요가 전혀 없다</u>. 나는 내 이웃이 아무도 그를 방문한 적이 없다는 이유로 친구가 거의 없다고 믿을지도 모른다. 나는 결코 이러한 추론을 나 자신이나 그 밖의 다른 누구에게도 명백히 해본 적이 없을 수도 있다. "왜 당신은 그가 친구가 거의 없을 거라고 생각하나요?"라고 묻는다면, 여전히 나는 어떠한 반성이나 자기 성찰 없이 대답할 수 있다. "왜냐하면 아무도 그를 방문한 적이 없으니까요."라고 말이다. 어떤 주제가 연관된 상황 속에 있다는 것은 그 추론을 의식적으로 검토할 때, 반드시 그 자체가 분명하지는 않지만, 입증의 형태 그리고 표현이 풍부한 자기 설명의 형태로, 즉 사람이 그저 할 수 있는 자기 자신의 믿음에 관한 이성적인 설명을 표현하는 능력을 필연적으로 수반한다.

21 ④ 인간 공학이 몇몇 분야에서는 이미 진화보다 훨씬 뛰어나며 남은 영역에서도 머지않아 뛰어나게 될 것이므로, 진화가 지능을 만들었듯이 마찬가지로 인간 공학도 그렇게 할 수 있다는 것이다. 그러므로 빈칸에는 ④의 'soon be able to do the same (곧 같은 일을 할 수 있다)'가 들어갈 말로 가장 적절하다.

【오답풀이】

① 슈퍼지능과 경쟁하다
② 진화 과정보다 훨씬 뒤처지다
③ 스스로 사람 수준의 인공지능으로 위장하다
⑤ 비슷한 실수를 반복하다

【어휘】

• blind : 눈이 먼, 맹목적인
• evolutionary : 진화의, 진화적인
• foresight : 예지력, 선견지명
• genetic : 유전적인
• efficiency : 효율, 능률
• theoretically : 이론적으로, 이론상
• feasible : 실현가능한, 그럴듯한
• vastly : 대단히, 엄청나게
• compete against : ~과 경쟁하다
• lag behind : …보다 떨어지다, 뒤쳐지다
• disguise : 변장[위장]하다, 숨기다

【해석】

우리는 맹목적인 진화의 과정이 인간 수준의 보통 지능을 만들어낼 수 있다는 사실을 안다. 왜냐하면 한 때 적어도 이미 그렇게 해봤기 때문이다. 예지력이 있는 진화 과정, 즉 지적인 인간 프로그래머에 의해 설계되고 유도된 유전적 프로그램은 훨씬 더 효율적으로 비슷한 결과를 도출할 수 있어야만 한다. 인간 수준의 인공지능이 이론상 가능할 뿐만 아니라 금세기 내에 실현가능하다고 주장하는 몇몇 철학자들과 과학자들에 의해 이러한 관찰이 행해졌다. 그 개념은 우리가 진화와 지능을 만들어내는 인간 공학의 상대적인 역량을 추정할 수 있다는 것이며, 그리고 인간 공학이 몇몇 분야에서는 이미 진화보다 훨씬 뛰어나며 남은 영역에서도 머지않아 뛰어나리라는 것을 알게 된다는 것이다. 진화가 지능을 만들어 냈다는 사실인 즉 인간 공학이 곧 같은 일을 할 수 있을 것임을 시사한다.

22 ① 전기 자동차의 폭발적인 증가로 인한 배터리 재활용 문제를 언급하고 이로 인한 환경오염 문제를 나열하고 있으므로, 빈칸에는 ①의 "This has an environmental cost (이것은 환경상의 대가가 따른다)"가 들어갈 말로 가장 적절하다.

【오답풀이】

② 더 많은 조치가 금지되었다
③ 그 원인을 파악했다
④ 이것은 파리 기후 협약을 비준한다
⑤ 이것은 현 에너지 정책을 지지한다

【어휘】

• International Energy Agency(IEA) : 국제 에너지 기구
• Paris climate agreement : 파리 기후 협약
• give off : 발산하다, 방출하다
• toxic : 유독성의
• ingredient : 재료, 성분, 구성 요소
• finite : 한정된, 유한한
• extraction : 뽑아냄, 추출
• depletion : (자원의) 고갈, 소모
• prohibit : 금지하다, 못하게 하다
• take steps : 조치를 취하다
• identify : 확인하다, 알아보다
• ratify : 비준하다, 인준하다

【해석】

전 세계의 전기 자동차 수는 작년에 2백만 대를 넘어섰으며 만일 국가들이 파리 기후 협약의 목표치를 충족시킨다면, 국제 에너지 기구는 2030년까지 전 세계적으로 1억 4천만 대의 차량이 될 것으로 추산한다. 이러한 전기 자동차 호황은 지금부터 2030년 사이에 재활용이 필요한 소모된 리튬이온 전지

1100만 톤이 넘게 될 수 있다. 그러나 EU에서는 겨우 5%의 리튬이온 전지들만이 재활용된다. 이것은 환경상의 대가가 따른다. 전지들이 만약 손상될 경우 유독 가스를 방출하는 위험을 수반할 뿐만 아니라, 리튬과 코발트와 같은 핵심 성분들은 유한하고 추출은 수질 오염과 다른 환경적 결과들 사이에서 자원의 고갈을 야기할 수 있다.

23 ③ 전자는 거대한 대양의 한 방울의 물처럼 그리고 밤중에 몰아치는 바람 속의 돌풍처럼 그 위치를 알아낼 수 없는 자기장의 일부라고 했으므로, 빈칸에는 ③의 "they have no identity of their own (그것들은 자신만의 독자성을 갖지 못한다)"가 들어갈 말로 가장 적절하다.

오답풀이

① 그것들은 우주의 중심에 매개체를 제공한다
② 그것들은 양자기장에서 파급 효과를 생성한다
④ 그것들은 완벽한 전위(電位)를 하지 못한다
⑤ 그것들은 기폭제로서 여러 반응을 제공한다

어휘

- electromagnetic field : 전자기장
- electron : 전자
- identical : 동일한, 똑같은
- quantum field : 양자기장
- macroscopic : 육안으로 보이는, 거시적인
- gust : 세찬 바람, 돌풍
- localize : …의 위치를 알아내다
- mingle : 섞다, 어울리다
- entity : 실재, 존재, 독립체
- vector : 벡터, 매개체, 진로
- ripple effect : 파급 효과
- identity : 정체, 독자성
- potential : (물리) 전위(電位), 자위(磁位)
- catalyst : 촉매, 기폭제

해석

전자기장은 어디에나 있으며 우주에 존재하는 모든 단일 전자는 그곳에 속할 뿐만 아니라 언제 어디서든 다른 전자와 정확히 동일하다. 그것들 중 두 개를 교환해보라, 그러면 우주는 알아차리지 못할 것이다. 그런 이유로, 그것들이 표출하는 양자기장 때문에, 전자는 육안으로 보이는 물체를 묘사하는 것처럼 묘사될 수 없다. 그것들은 그 자기장에 속해 있다. 그것들은 거대한 대양의 한 방울의 물처럼, 혹은 밤중에 몰아치는 돌풍처럼, 그 위치를 알아낼 수 없는 한 방울 혹은 하나의 돌풍 같은 자기장의 일부이다. 하나가 보이지 않는 한, 방울들과 돌풍들은 바람이나 대양 그 자체와도 같다. 그것들 자신보다 훨씬 더 거대한 실체에 섞인 채, 그것들은 자신만의 독자성을 갖지 못한다.

24 ② 생산비 개념은 전체 경제에 대한 이해에서 그다지 유용하지 않은 요소인데, 비경제학자들은 생산비에 대한 지나친 의존으로 생산비를 한정된 분석이 아니라 하나의 목표로 여기게 된다. 그러므로 빈칸에는 ②의 'an end rather than a tool with limited analytic capability (한정된 분석적 능력을 가진 도구라기보다는 하나의 목표)'가 들어갈 말로 가장 적절하다.

오답풀이

① 농업 투자 결정에 쓸모 있는 자원
③ 장기간의 시장 성장에 가장 미약한 지수 중 하나
④ 연관 산업의 합동 평가에 관한 시험
⑤ 시장 자산에 관한 모호한 측정

어휘

- appropriate : 적절한, 적합한
- comparison : 비교, 비유
- reliance : 의존, 의지
- inherent : 내재하는, 타고난, 본질적인
- devote to : …에 전념하다[쏟다]
- relate well to : ~을 잘 이해하다
- length-of-run : 실행 기간
- obvious : 분명한, 명확한
- instrumental : 쓸모 있는, 도움이 되는
- analytic : 분석적인
- indices : 지수(index의 복수)
- inter-industry : 연관 산업
- collaboration : 공동 작업[연구], 협력
- assessment : 평가, 사정
- obscure : 모호한, 막연한
- asset : 자산, 재산

해석

생산비 개념은 마치 피자를 만드는 비용이 피자 산업을 이해하는데 그다지 유용하지 않은 것처럼, 농업경제학을 이해하는데 그다지 유용하지 않다. 농업에 있어서 공동 생산의 본질을 고려해 볼 때, 더 적절한 비유는 피자의 생산 비용과 외식산업의 구조적 이해와의 관계이다. 뒤 이은 분석의 내재적 취약성 때문에 생산비에 대한 지나친 의존은 위험한데, 다른 곳에서 더 잘 사용될 수 있는 생산비에 몰입하는 자원들, 그리고 생산비의 강조가 원인이 될 수 있는 문제들의 제한된 집중이 그것이다. 표면적으로 볼 때, 생산비는 경제학적 분석에서 유용하고 기본적인 요소처럼 보인다. 더욱이 공급함수, 투입 수요함수, 실행 기간과 다른 중요한 사안들은 덜 명확한 개념인 반면에, 비경제학자들은 생산비의 개념을 잘 이해한다. 그 결과 생

갖지 못한다.

산비는 종종 한정된 분석적 능력을 가진 도구라기보다는 하나
의 목표로 간주된다.

25 ① 윗글에서 먹을 수 있는 유아식이 모유 밖에 없는 수렵채집
인들의 양육 기간은 그렇지 않은 사람들보다 더 길었다고
설명하고 있다. 그러므로 ①의 'relationship between the
age of weaning and available food (젖을 떼는 나이와 먹
을 수 있는 음식 사이의 관계)'가 윗글의 주제로 가장 적절
하다.

> 오답풀이
② 수렵채집 사회에서 일찍 젖을 떼야 할 필요성
③ 아이들의 건강에 있어 젖떼기의 역할 논쟁
④ 아이들이 일찍 젖을 떼기 위한 농사 독려
⑤ 농부와 수렵채집인 사이의 인구학적 비교

> 어휘
- proportion : 부분, 비율, 몫
- infant : 유아, 아기, 젖먹이
- nurse : 양육하다, 기르다
- wean : 젖을 떼다, 이유를 시작하다
- hunter-gather : 수렵채집인
- baby formula : 유아용 유동식, 분유
- replacement : 교체품, 대체물
- nourish : 영양분을 공급하다, 키우다
- chew : 씹다, 깨물다, 물어뜯다
- controversy : 논란, 논쟁
- demographic : 인구학의
- contrast : 대조, 비교

> 해석
미국에서 어머니에 의해 조금이라도 양육된 유아의 비율과,
그렇게 양육된 유아가 젖을 떼는 연령은 20세기 대부분 감소
했다. 예를 들어, 1970년대까지 미국 아이들 중 5%만이 6개월
의 나이에 양육을 받았다. 그와 달리, 농부들과 접촉하지 않고
경작된 식품을 이용하지 못한 수렵채집인들 사이에서, 유아는
6개월 이상 양육을 받는다. 왜냐하면 그들이 먹을 수 있는 적
합한 유아식은 모유뿐이기 때문이다. 그 유아들은 젖소의 우
유, 아기용 분유, 부드러운 음식 대체품에 접근할 수 없다. 7개
이상의 수렵채집인 집단에서 젖을 떼는 평균 연령은 약 3살이
며, 이는 아이들이 충분히 딱딱한 음식을 씹어 마침내 영양공
급을 스스로 할 수 있는 연령이다.

26 ④ 채무 불이행으로 인한 피해액이 채권시장의 0.1%에 불과
하고, 중국 정부가 어려움에 빠진 큰 회사를 지원할거라고
설명하고 있으므로, ④의 'the unwarranted concern about
China's bond market (중국의 채권시장에 대한 불필요한

걱정)'이 윗글의 주제로 가장 적절하다.

> 오답풀이
① 중국 경제의 복병
② 중국의 사회기반시설에 대한 위험한 투자
③ 중국 정부 개입의 비판 필요성
⑤ 중국 누적 부채의 암울한 미래

> 어휘
- bond market : 채권 시장
- default : 채무 불이행
- second quarter : 2분기
- cost of credit : 대손비용
- shoot up : 급증하다, 급등하다
- state-owned company : 국영 기업
- infrastructure : 사회기반시설
- sacrosanct : 신성불가침의, 아주 신성한
- backlog : 잔무, 재고
- casualty amount : 피해액
- rescue : 구조하다, 구출하다
- recent past : 가까운 과거
- a hidden pitfall : 숨어있는 함정, 복병
- intervention : 개입, 간섭
- unwarranted : 불필요한, 부적절한
- doomed : 불운한, 어두운, 암울한

> 해석
중국의 채권시장이 이렇게 폭풍우가 몰아치는 봄을 맞이한 적
은 없었다. 이미 2분기에 채무 불이행 기록을 달성했다. 기업
에 대한 대손비용은 급증했다. 심지어 사회기반시설에 투자하
는 신성불가침의 국영 기업들조차 위험해 보인다. 무엇이 잘
못되었을까? 질문에 대한 답은 전혀 없다. 채무 불이행은 중
국을 위한 발전이며, 이는 누적 부채의 잔고를 정리할 필요가
있다. 올해 피해액은 채권시장의 0.1%에 불과하다. 하지만 투
자자들이 정부가 어려움에 빠진 큰 회사를 지원할거라고 예상
할 때, 그것은 여전히 가까운 과거에 대한 향상이다.

27 ② (A) 타고난 재능 중 부족한 점은 노력을 통해 보완할 수 있
는데, 명작을 읽고 사고하는 것이 그 작품을 창작한 많
은 기술을 이해할 수 있는 것처럼 노력을 통해 재능을
습득할 수 있다. 그러므로 'create(창조하다, 만들다)'가
빈칸에 들어갈 말로 적절하다.
(B) 우리가 위대하고 특별한 재능이라고 부르는 것은 보통
질적인 것이라기보다는 속도의 우월성을 의미하지만,
과학자의 경우 생산 속도가 아니라 품질로 그 결과물을
판단한다. 그러므로 'speed(속도)'가 빈칸에 들어갈 말
로 적절하다.

어휘

- deficiency : 부족, 결핍
- innate : 타고난, 선천적인
- compensate for : 보상하다, 보충하다, 보완하다
- persistent : 끈질긴, 집요한, 지속[반복]되는
- concentration : 집중, 전념
- substitute : 대리자, 대용품, 대체품
- provided that : 만약 ~하다면, ~을 전제로
- plasticity : 가소성, 신축성
- assimilate : 완전히 이해하다, 동화하다
- expeditious : 신속한, 급속한, 빠른 속도의
- qualitative : 질적인
- undertaking : 일, 사업, 업적
- suppress : 진압하다, 억제하다

해석

타고난 능력 중 부족한 점은 지속적인 노력과 집중을 통해 보완될 수 있다. 노력은 재능을 대신하는 것이거나, 더 나아가 노력이 재능을 (A) 만든다고 누군가 말할 수도 있다. 자신의 능력을 향상시키기로 확고히 결심한 사람은 그렇게 할 것이며, 이는 신경 세포의 신축성이 크게 감소하는 시기에, 교육이 너무 늦게 시작되지 않는다는 것을 전제로 한다. 명작을 읽고 사고하는 것이 그 작품을 창작한 많은 기술을 이해시킨다는 것을 잊지 마라. 물론 저자의 통찰력, 지도 원칙, 심지어 스타일까지 결론을 넘어 확장시키는 것을 전제로 한다. 우리가 위대하고 특별한 재능이라고 부르는 것은 보통 질적인 것이라기보다는 속도의 우월성을 의미한다. 그러나 과학적 업적에서 예술가처럼 과학자들은 생산 (B) 속도가 아니라 그들이 생산한 것의 품질에 의해 판단되기 때문에 느린 것이 빠른 것만큼이나 유용한 것으로 판명된다.

28 ① (A) 직업은 정치와 종종 양립할 수 없는 가치를 구현하는데, 스스로 정치와 단절하기 위한 공공 직업들 모두 이러한 투쟁을 해왔다. 그러므로 빈칸에는 'resistance(저항)'가 들어갈 말로 적절하다.
　　(B) 전문가들 또한 관료주의를 좋아하지 않는데, 공직을 선택하는 전문가는 정치와 관료주의에 대한 좋지 않은 감정을 극복해야 한다. 그러므로 빈칸에는 'antipathy(반감)'가 들어갈 말로 적절하다.

오답풀이

② (A) 일치
　 (B) 친밀
③ (A) 저항
　 (B) 친밀
④ (A) 일치

　 (B) 반감
⑤ (A) 불일치
　 (B) 열정

어휘

- expertise : 전문 지식[기술]
- prestige : 위신, 명성, 선망
- autonomy : 자치권, 자주성, 자율성
- dignity : 존엄, 위엄, 품위
- incompatible : 양립할 수 없는, 공존할 수 없는
- purge A of B : A에게서 B를 제거하다
- party hack : 정당의 일꾼, 정치인
- librarian : 도서관 사서
- censor : 검열관, 감시관
- ideologue : 이론가, 공상[몽상]가
- bureaucracy : 관료제, 관료주의, 관료정치
- impediment : 장애, 방해, 걸림돌
- federal : 연합의, 동맹의
- bluntly : 직설적으로, 노골적으로
- resistance : 저항, 반대
- antipathy : 반감, 증오
- congruence : 일치, 조합, 합동
- affinity : 친밀감, 친화력
- incompatibility : 양립할 수 없음, 불일치, 상반성
- aspiration : 열망, 포부

해석

직업은 전문 지식, 명성, 자율성, 품위 및 정규 학습, 정치와 종종 양립할 수 없는 가치를 구현한다. 스스로 정치와 단절하기 위한 공공 직업의 역사적 투쟁, 예를 들어 도시 관리자 대 정치인들, 도서관 사서 대 무지한 검열관, 환경 과학자 대 정치적 몽상가, 모두는 이러한 (A) 저항을 반영한다. 전문가들 또한 관료주의를 좋아하지 않는데, 그들은 관료주의를 종종 자신의 전문 분야를 자유롭게 행사하는 데 장애로 여긴다. 연방 정부에서 근무하는 과학자 및 기술자와 같은 특수한 전문가들은 연방 행정관보다 업무에 대한 만족도가 훨씬 낮다. 직설적으로 말해서, 공직을 선택하는 전문가는 종종 공직의 두 가지 주요 특징인 정치와 관료주의에 대한 (B) 반감을 극복해야 한다.

29 ② 호기심은 다루기 힘든 것이라고 제시문에서 설명한 후 글 (B)에서 그것의 특성을 열거하여 서술하고 있다. 이어 글 (A)에서 역사적인 인물들을 들어 이를 요약한 후 글 (C)에서 진보, 혁신, 창의력을 믿는 사회에서의 호기심에 대한 대처 방식을 보여주고 있다. 그러므로 (B) – (A) – (C)의 순으로 글이 배열되는 것이 적절하다.

어휘

- distraction : 주의산만, 혼란
- corrosive : 좀먹는, 갉아 먹는
- unruly : 다루기 힘든, 제멋대로의
- deviant : 벗어난, 일탈적인
- be liable to : ~할 것 같다
- attest : 증명하다, 증언하다, 입증하다
- provisional : 임시의, 일시적인, 잠정적인
- laceration : 괴롭힘, 상처
- disdain : 무시하다, 멸시하다, 경시하다
- diversion : 전환, 바꾸기
- excursion : 여행, 유람
- impulsive : 충동적인, 충격적인
- constitute : 구성하다, 여겨지다
- probe : 조사하다, 살피다, 탐색[탐구]하다
- stamp on : ~을 짓밟다, 각인시키다

해석

대부분의 서양 역사에서, 호기심은 기껏해야 주의 산만이며, 최악의 경우 영혼과 사회를 좀먹는 독약이다. 이것에는 이유가 있다. 호기심은 다루기가 힘들기 때문이다.

(B) 그것은 규칙을 싫어하며, 적어도 모든 규칙은 임시적이라고 생각하여 아직 아무도 물어볼 생각을 하지 못한 현명한 질문에 상처를 낸다. 그것은 승인된 경로를 무시하고, 전환, 계획되지 않은 여행, 충동적인 좌회전을 선호한다.

(A) 요컨대, 호기심은 일탈적이다. 그것을 추구하는 것은 갈릴레오에서 찰스다윈과 스티브 잡스에 이르기까지 모든 이들이 입증했던 것처럼, 어느 시점에서 권위와 충돌하게 한다. 무엇보다 질서를 중시하는 사회에서는 호기심을 억누르려고 애쓸 것이다.

(C) 그러나 진보, 혁신, 창의력을 믿는 사회는 사람들의 탐구심이 사회의 가장 중요한 자산을 구성함을 인정하면서, 그것을 육성할 것이다. 계몽주의 시대까지 유럽 사회는 그들의 미래가 호기심에 있다는 것을 알고 그것을 짓밟기 보다는 탐구하는 질문을 독려했다.

30 ⑤ 제시문에서 드론을 비행하는 것은 법적으로 숙련된 기사가 하도록 되어 있다고 설명한 후 글 (C)에서 법적 안정성 고지에 대해 서술하고 있다. 또한 글 (B)에서는 글 (C)에서 언급한 '무인상자'에 대한 용어를 설명하고 있으며, 마지막으로 글 (A)에서 드론의 역할에 대해 설명하고 있다. 그러므로 (C) – (B) – (A)의 순으로 글이 배열되는 것이 적절하다.

어휘

- maintenance : 지속, 유지 보수
- autonomously : 자체적으로, 독자적으로
- remotely : 원격으로
- operative : 직공, 정보원, 첩보원
- aspire : 열망하다, 염원하다
- associated : 관련된, 연합의[지지의]
- a base station : 기지국
- implication : 함축, 암시, 내포된 뜻
- be up to : ~에 달려 있다, ~가 할[결정할] 일이다
- hence : 이런 이유로, 이로부터

해석

대부분의 기존 드론은 숙련된 기사가 비행을 조정해야 한다. 사실, 법도 이것을 종종 요구한다. 또한 드론은 기술적인 지원과 유지 보수가 필요하다.

(C) 그리고 드론을 조종하는 사람들은 하는 일에 대한 법적 안전성 고지를 이해하도록 권고 받는다. 이런 까닭에 '무인 상자'에 매력이 있다.

(B) 이것은 관련 걱정 없이 드론의 장점을 판매하기를 열망하는 몇몇 회사의 제공품에 적용되는 용어이다. 문제의 상자는 드론을 보관하고, 그것을 재충전하며, 드론이 수집한 데이터를 고객에게 전송하는 기지국이다.

(A) 드론은 미리 프로그램 된 일정에 따라 독자적으로 비행할 수 있으며, 방문하도록 명령을 받은 지점까지 자동으로 그것의 경로를 찾거나, 지구 어느 곳에서나 통제 센터에서 시스템을 공급하는 회사 직원에 의해 원격으로 조종될 수 있다.

31 ③ 윗글은 생존을 위해 피를 서로 빌려주는 흡혈박쥐의 습성에 대해 설명하고 있다. 그러므로 진화와 관련된 설명을 한 ③의 내용은 글 전체의 흐름과 연관성이 떨어진다.

어휘

- loan : 대출, 대부, 대여
- lender : 빌려주는 사람, 대출자
- vampire bat : 흡혈박쥐
- congregate : 모으다
- prey : 먹이, 사냥감, 희생자[피해자]
- incision : 절개, 벤 자리, 벤 상처
- suck : 빨다, 흡입하다
- victim : 피해자, 희생자, 제물
- cope with : …에 대처[대응]하다, …에 대항하다
- uncertainty : 불확실성, 반신반의

- alleviate : 완화하다, 가볍게 하다
- regurgitate : 토하다, 게우다
- debtor : 채무자, 빚쟁이
- reciprocate : 화답하다, 응답하다
- favour : 호의, 친절

해석

많은 동물들은 효과적으로 협력하고, 몇몇 동물들은 심지어 빌려주기도 한다. 자연에서 가장 유명한 대출자는 흡혈박쥐이다. 이 박쥐들은 동굴 내부에 수천 마리가 모여 매일 밤 먹이를 찾아 날아다닌다. 잠자는 새나 부주의한 포유류를 발견하면, 그것의 피부에 작은 상처를 내고 피를 빨아먹는다. ① 하지만 모든 흡혈박쥐가 매일 밤 먹이를 구하는 것은 아니다. ② 불확실한 삶에 대처하기 위해, 흡혈귀들은 피를 서로에게 빌려준다. ③ (그러나 흡혈귀들은 진화적 압박을 완화하고자 대출을 하지 않는다.) ④ 먹이를 구하는 데 실패한 흡혈귀는 둥지로 돌아와 좀 더 운이 좋은 친구가 훔친 피를 게워내도록 부탁할 것이다. ⑤ 흡혈귀들은 피를 빌려준 녀석을 아주 잘 기억하여, 그래서 나중에 그 친구가 배가 고파 둥지로 돌아오면, 그 호의를 빚진 녀석에게 다가갈 것이다.

32 ④ 윗글은 철의 녹과 물의 관계를 예로 들어 풀의 색깔과 녹색의 관계에 대한 인식의 전환에 대해 설명하고 있다. 즉, 녹슨 것이 실제로 물 자체의 속성이 아니라 물이 철과 반응한 속성임을 볼 때, 녹색은 풀에서 방출한 빛이 뇌의 신경세포와 반응할 때 생기는 경험이라고 서술하고 있다. 이것은 인간의 인식이므로 주어진 문장은 ④에 들어가는 것이 가장 적절하다.

어휘

- A is no more B than C is D : A가 B가 아닌 것은 C가 D가 아닌 것과 같다
- property : 속성, 특성
- rustish : 녹이 슨
- perception : 지각, 자각, 인식
- a bar of : (금, 철, 비누 등) 한 덩이의, 한 개의
- inconvenient : 불편한, 곤란한
- perspective : 관점, 시각
- bounce off : 튀어나오다, 방출하다
- neuron : 뉴런, 신경 세포
- rust : 녹

해석

당신이 풀을 녹색으로 볼 때, 녹슨 것이 물의 속성이 아니듯 녹색은 풀의 속성이 아니다.

당신이 한 조각의 철이라고 상상해보라. 그래서 물 한 방울이 다가올 때, 당신은 평소처럼 아무것도 하지 않고 앉아 있다. 당신은 그 물에 대해 어떻게 인식할 것인가? 물론 한 덩이의 철은 뇌가 없고, 전혀 인식하지 못할 것이다. 하지만 그 불편한 사실을 무시하고, 한 조각의 철이 물을 감지할 수 있다면 어떤 기분이 들지 상상해보자. 한 조각의 철의 관점에서 볼 때, 물은 우선 녹이 슬게 하는 것이다. (①) 이제 인간의 관점으로 돌아가라. (②) 녹슨 것이 실제로 물 자체의 속성이 아니라 물이 철과 반응한 속성임을 안다. (③) 인간의 인식도 마찬가지이다. (④) 녹색은 풀에서 방출한 빛이 뇌의 신경세포와 반응할 때 생기는 경험이다. (⑤) 녹이 철 조각에 들어 있는 것처럼 녹색은 우리 내부에 있다.

33 ① 필자가 브뤼셀을 향해 기차를 타고 가던 중에 주머니에 숨긴 반지를 독일 세관원들에게 들킬까봐 불안감이 극에 달했으나, 무사히 지나치자 조용한 안도의 한숨이 입에서 흘러나왔다. 그러므로 필자의 심경은 불안하고 초조한(nervous) 마음에서 안도의(relieved) 마음으로 바뀌었다.

오답풀이

② 기쁜 → 낙담한
③ 무관심한 → 격분한
④ 짜증 난 → 무서운
⑤ 놀란 → 실망한

어휘

- distressing : 괴로움을 주는, 고통스러운
- customs officials : 세관원
- forewarn : 미리 경고하다, 미리 주의를 주다
- initial : 이름의 첫 글자
- anxiety : 근심, 걱정, 염려
- unbearable : 참을 수 없는, 견딜 수 없는
- undisturbed : 방해받지 않은, 평온한
- faint : 희미한, 약한
- sigh : 한숨, 탄식
- discouraged : 낙담한, 실망한
- outraged : 화가 난, 격분한
- irritated : 짜증 난, 귀찮은

해석

나는 1939년 4월 기차 편으로 브뤼셀을 향해 떠났다. 내가 겨우 아홉 살 때, 부모님을 두고 떠난 것은 몹시 괴로웠다. 독일과 벨기에 사이의 국경에 다다랐을 때, 기차는 잠시 멈추었고 독일 세관원들이 탑승했다. 그들은 내가 가진 보석과 다른 귀중품들을 보여 달라고 요구했다. 나는 함께 여행 중인 젊은 여성으로부터 이러한 요청에 대해 미리 경고를 받았다. 그래서 나는 내 이니셜이 적힌 작은 금반지를 주머니에 숨겨두었

데, 그것은 일곱 번째 생일 선물로 받은 것이었다. 그들이 기차에 탑승했을 때, 나치 장교들이 모습을 드러내자 불안감은 거의 극에 달했고, 그들이 반지를 발견할까봐 나는 두려웠다. 다행히도 그들은 내게 거의 관심을 기울이지 않았고, 내가 방해받지 않은 채로 가게 해주었다. 그들의 발소리가 점차 희미해짐에 따라, 조용한 한숨이 입에서 흘러나왔다.

[34~35]

어휘

• extract : 추출하다, 뽑다
• mental model : 심성 모형
• mastery : 숙달, 통달, 지배
• representation : 묘사, 표현
• instant : 순간, 찰나
• decipher : 판독하다, 해독하다
• subtle : 민감한, 예민한, 미묘한
• seam : 솔기, 이음매, 접합선
• winnow : 골라내다, 추려내다
• extraneous : 관련 없는
• perceptual : 지각의, 인지의
• distraction : 주의산만, 혼란
• variation : 변화, 변형
• stay on top of : ~을 잘[훤히] 알다, 최신 정보를 알다
• cull out : 골라내다, 발췌하다, 제외하다
• identifying : 감별, 확인, 식별
• split-second : 순식간의, 눈 깜짝할 사이의
• go wild : 미쳐 날뛰다, 미친 듯이 열중하다
• baseball 101 : 야구의 기초[기본]
• anatomy : 해부, 분석
• endowment : 기부, 기금
• de facto : 사실상의, 실질적인

해석

새로운 자료로부터 핵심 아이디어를 추출하여 심성 모형을 조직하고 <u>기존 지식</u>에 이 모형을 연결하는 법을 배우는 사람은 복잡한 숙달 과정을 배우는 데 있어 유리함을 보여준다. 심성 모형은 어떤 외부 현실의 정신적 표현이다. 투구를 기다리는 야구 타자를 생각해 보라. 그는 그것이 커브볼인지, 체인지업인지, 아니면 다른 볼인지를 해독하는데 찰나도 걸리지 않는다. 어떻게 그럴 수 있는가? 투수가 예비동작을 하는 방식, 던지는 방식, 공의 솔기 회전 등 몇 가지 미묘한 신호가 도움이 된다. 훌륭한 타자는 아무 관련 없는 지각의 산만함을 골라내고, 투구에서의 이러한 변화만을 보며, 연습을 통해 각 종류의 투구에 대한 다른 단서들을 기반으로 뚜렷한 심성 모형을

형성한다. 그는 볼의 구질을 잘 알기 위해서, 타격 자세, 스트라이크 존 및 스윙에 관해 그가 알고 있는 것과 이 모형을 연결한다. 이것들은 선수 위치에 따라 심성 모형과 연결한다. 즉, 1위와 2위를 차지한 사람을 주자로 두었다면, 아마도 그는 주자를 전진시키기 위해 희생 플레이를 할 것이다. 그는 각 종류의 투구를 식별하고 응답하는 가장 중요한 요소를 제외한 모든 요소를 골라내고, 그 학습으로부터 심성 모형을 구축하고, 이 복잡한 게임의 다른 필수 요소에 대한 숙달 과정에 그러한 모형을 연결했기 때문에, 전문 선수는 매번 플레이트에 올라갈 때마다 직면한 거대하고 가변적인 정보를 이해할 수 없는 경험이 부족한 선수보다 득점을 올릴 확률이 더 높다.

34 ① 야구의 타자는 투수가 던지는 볼의 구질이 커브볼인지, 체인지업인지, 아니면 다른 볼인지를 순간적으로 파악하여 기존의 지식과 연결한다. 이렇게 함으로써 훌륭한 타자는 불필요한 요소를 골라내고 투구에서의 변화에만 집중하여 심성 모형을 구축한다. 그러므로 윗글의 제목으로는 ①의 'Split-Second Decisions Made Easy (순간의 결정이 일을 쉽게 만든다)'가 가장 적절하다.

오답풀이

② 야구 선수가 미친 듯이 열중할 때
③ 야구의 기본: 오른손 타자를 선택하라
④ 야구 투수에 대한 분석
⑤ 타자가 볼을 얼마나 멀리 칠 수 있는가?

35 ③ 야구의 타자가 투수가 던지는 볼의 구질을 파악하기 위해 타격 자세, 스트라이크 존, 스윙 등 기존에 알고 있던 지식을 동원하는 것처럼, 새로운 자료로부터 핵심 아이디어를 추출하여 심성 모형을 조직하고 기존 지식에 이 모형을 연결하는 법을 배우는 사람들은 복잡한 숙달 과정을 배우는 데 있어 유리함을 보여준다. 그러므로 ③의 'prior knowledge (기존 지식)'이 빈칸에 들어갈 말로 가장 적절하다.

오답풀이

① 향후의 사건 경로
② 운동선수의 기부
④ 실질적인 원칙
⑤ 통제된 동기부여

[36~37]

어휘

• vernacular : 사투리, 방언, 자국어
• take exception to : ~에 반대하다, ~에 이의를 제기하다

- relentlessly : 가차 없이, 용서 없이, 끊임없이
- wage : 벌이다, 계속하다
- in full swing : 한창 진행 중인, 무르익은
- reiterate : 반복하다, 되풀이하다
- contentment : 만족, 자족
- encapsulate : 요약하다, 압축하다
- spectacularly : 구경거리로, 극적으로
- dialect : 방언, 사투리
- extinction : 멸종, 소멸
- diversity : 다양성, 포괄성
- for one's sake : ～을 위해
- prestige : 위신, 명성, 품위

해석

사실 세계의 영어권 지역의 대부분이 그렇듯이, 내가 자란 서부 뉴욕 주에서는 'doesn't'의 형태가 모국어에는 (a) 거의 존재하지 않는다. 내가 어디 출신인지에 대해 거의 모든 사람이 'it don't matter' 그리고 'He don't need that'이라고 말한다. 물론, 고등학교 영어 선생님인 Breck 부인은 이러한 어법을 강하게 반대했으며, 이에 대한 자신만의 작은 전쟁을 끊임없이 (b) 벌였다. 나는 그녀의 캠페인이 한창 진행 중인 어느 날 수업 시간에 앉아 있던 것이 잘 기억난다. 그날 나의 반 친구 노먼이 700번째로 "그는 그걸 몰라요(don't)"처럼 말하는 것을 듣고 그녀는 지적하기로 결심했다. "그는 그걸 몰라(doesn't)란다, 노먼" 노먼은 "네, 그게 맞네요."라고 대답했다. Breck 부인은 얼굴에 흥분한 표정을 지으며 "he don't"의 "don't"가 아니야, 노먼", "그는 그걸 몰라(DOESN'T)라고 말해"라고 반복해서 말했다. "하지만… 하지만…" 노먼의 얼굴에 (c) 만족스러운 모습이 나타났다. "하지만 그것은 올바르게 들리지 않아요(don't)!"
이 작은 에피소드는 우리가 표준 영어라고 부르는 특정 형태의 영어와 우리가 통틀어 비표준 영어라고 칭하는 모든 다양한 다른 영어 사이의 (d) 대조를 아주 깔끔하게 요약한다. 대다수의 영어 사용자는 표준 영어와는 거의 항상 상당히 다르고, 때때로 극적으로 다른 (e) 현지 자국어 형태의 영어를 배우고 말하면서 자란다.

36 ④ 윗글은 부정문에서 3인칭 단수 현재일 때 대동사 'doesn't'를 사용해야 하는데, 'don't'를 사용하는 문제를 두고 표준영어와 비표준영어의 사용에 대한 에피소드를 전하고 있다. 그러므로 ④의 "Standard vs. Non-standard English: Don't It Matter? (표준영어 대 비표준영어: 'Don't'가 문제인가요?)"가 윗글의 제목으로 가장 적절하다.

오답풀이

① 좋았던 옛 시절: 나의 영어 선생님의 모습

② 다양성을 위해 방언의 소멸을 막아라
③ 올바른 소리: 정책 입안자를 위한 딜레마
⑤ 자국어 대 정통 영어 : 그 전쟁의 결말

37 ③ 반 친구 Norman이 선생님의 지적에 틀린 말 같다고 수긍하지 못하는 표정을 짓고 있으므로, (c)의 'contentment(만족)'은 'discontent(불만족)'으로 고쳐 써야 옳다.

[38~39]

어휘

- induce : 설득하다, 유도[유발]하다
- soothing : 달래는, 위로하는, 진정하는
- despondency : 낙담, 의기소침, 허탈감
- duration : 지속, 지속 기간
- questionnaire : 설문지, 질문지
- dismiss : 물러가게 하다, 해산시키다
- experimenter : 실험자
- volunteer : 자원봉사자, 지원자
- adverse : 부정적인, 불리한
- instill : 스며들게 하다, 서서히 주입시키다
- assistance : 도움, 원조
- contradict : 부정[부인]하다, 반박하다

해석

음악이 좋은 기분을 유발함으로써 협력과 도움을 증대시킬 수 있다는 사실이 실험으로 입증되었다. Rona Fried와 Leonard Berkowitz는 Wisconsin 대학에서 학생들과 함께 연구에 착수했다. 그들은 4개 그룹으로 나누고 그들 중 3그룹에 다양한 음악 작품을 연주하여 각기 다른 분위기를 유도했다. 멘델스존의 'Songs Without Words'에서 두 곡이 한 그룹에 차분한 분위기를 심어주기 위해 선택되었다. 듀크 엘링턴의 'One O'clock Jump'는 다른 그룹에 신나는 기분이 들도록 연주되었다. 존 콜트레인의 'Meditations'은 세 번째 그룹에서 슬픔과 낙담의 부정적인 감정을 주입하는 데 사용되었다. 네 번째 통제 그룹은 음반이 연주되는 7분 내내 침묵 속에 앉아 있었다. 학생들은 음악을 듣기 전과 후의 기분에 관한 설문지를 작성해야 했으며, 이것은 음악으로 인해 그들의 감정에 상당한 차이를 보였음을 확인했다.
그들이 해산되기 직전에 실험자들은 지원자들에게 15분에서 2시간 정도의 시간을 필요로 하는 전혀 무관한 다른 실험을 도와달라고 부탁했다. 그들은 도울 준비가 되었는지를 명시하기 위해 양식을 작성하도록 요구받았고, 만약 그렇다면 총 시간의 양도 함께 작성하도록 요구받았다. 물론 이것은 실험자가 그들이 들었던 음악 유형에 따라 도움을 주려는 의지가 네 그

룹에서 변경되었는지를 알아내려는 도움에 관한 실험이었다. 이것은 <u>사실로 판명되었다</u>. 두 번째 실험을 도울 의지와 도와줄 준비가 되어 있는 시간의 길이를 측정했을 때, 멘델스존의 음악 작품을 들은 사람들이 가장 도움이 되는 것으로 나타났다. 두 가지 측정 모두에서 부정적인 감정을 주는 콜트레인의 음악을 들은 학생들이 도움이 될 의지가 가장 적었다.

38 ④ 윗글은 실험을 통해 차분한 음악인 멘델스존의 음악을 들은 사람들이 부정적인 감정을 주는 음악인 콜트레인의 음악 유형보다 남을 도우려는 의지가 강했음을 밝히고 있다. 그러므로 ④의 "Types of music influenced people's willingness to help. (음악의 유형은 돕고자 하는 사람들의 의지에 영향을 미쳤다.)"가 윗글의 요지로 가장 적절하다.

오답풀이

① 협력 그룹은 멘델스존의 음악을 선호하는 경향이 있다.
② 고전 음악은 사람들에게 차분한 분위기를 심어준다.
③ 협력과 도움은 음악적인 재능에 의해 영향을 받는다.
⑤ 신나는 기분은 사람들에게 더 많은 도움을 준다.

39 ② 음악 유형에 따라 도움을 주려는 의지가 변경되었는지를 파악하기 위한 두 번째 실험 결과 그것이 사실로 나타났으므로, 빈칸에는 ②의 'proved to be the case (사실로 판명되었다)'가 들어갈 말로 가장 적절하다.

오답풀이

① 사전에 검증되었다
③ 많은 이들에게 도전 받았다
④ 앞선 결과들을 반박했다
⑤ 더 많은 지지를 필요로 했다

[40~42]

어휘

- insignificant : 대수롭지 않은, 사소한, 하찮은
- dominate : 지배하다, 군림하다
- elusive : 찾기 힘든, 파악하기 어려운
- ingredient : 재료, 성분, 구성 요소
- correlation : 연관성, 상관관계
- aptitude : 소질, 적성
- flunk : 낙제하다, 떨어지다
- push up the daisy : 죽다, 사라지다
- in no time : 곧, 즉시
- acute : 뾰족한, 날카로운, 예리한
- stone-tipped : 돌로 깎은, 돌로 다듬은

- spear : 창
- mammoth : 맘모스, 매머드
- dexterous : 솜씨 좋은, 능수능란한
- crucial : 중대한, 결정적인
- nimble-fingered : 손이 빠른
- chimp : 침팬지
- crafty : 술수가 뛰어난, 교활한
- deft : 날랜, 재빠른, 능숙한
- eternally : 영원히, 영구히
- prey : 먹이, 사냥감, 희생자[피해자]
- split : 쪼개다, 찢다
- flint stone : 부싯돌
- uranium : 우라늄
- dexterity : 재주, 솜씨

해석

지능에 관한 대부분의 정의에 따르면, 100만 년 전 인류는 세계의 1등 도구 제작자였을 뿐만 아니라 이미 지능이 가장 높은 동물이었지만, 주변 생태계에 거의 영향을 미치지 못하는 하찮은 생명체였다. 그들은 지능과 도구 제작 이외의 몇 가지 핵심 특징이 분명히 부족했다.

어쩌면 인류는 결국 지구를 지배하게 되었는데, 그것은 어떤 찾기 힘든 세 번째 핵심 요소 때문이 아니라, 단지 훨씬 높은 지능과 훨씬 우수한 도구 제작 능력의 진화 때문일까? 그렇게 보이지는 않는다. 왜냐하면 역사적 기록을 조사할 때, 우리는 인간 개인의 지능 및 도구 제작 능력과 전체로서의 우리 종의 능력 사이의 직접적인 연관성을 보지 않기 때문이다. 2만 년 전, 평균적인 사피엔스는 오늘날의 평균적인 사피엔스보다 더 높은 지능과 더 나은 도구 제작 능력을 지녔다. 현대의 학교와 고용주들은 때때로 우리의 소질을 시험할 수 있지만, 아무리 불량하더라도 복지국가는 항상 기본적인 필수품은 보장한다. 석기시대에 자연의 선택은 매일 매 순간마다 당신을 시험했고, 만일 무수히 많은 시험들 중 하나에서 떨어지면, <u>즉시 데이지 꽃을 들어 올렸을 것이다</u>. 그러나 석기시대 조상들의 뛰어난 도구 제작 능력과 날카로운 정신 및 훨씬 더 예리한 감각에도 불구하고, 2만 년 전 인류는 오늘날보다 훨씬 약했다. 이렇게 2만 년 이상 인류가 돌로 다듬은 창으로 매머드를 사냥하는 것에서 우주선으로 태양계를 탐험한 것은 더 솜씨 좋은 손이나 더 큰 두뇌의 진화 덕분이 아니다. 대신 우리가 세상을 정복하는 데 중요한 요소는 많은 인간들을 서로 연결하는 능력이었다. 오늘날 인간은 지구를 완전히 지배하고 있는데, 이는 인간 개개인이 침팬지나 늑대보다 훨씬 영리하고 손이 더 빠르기 때문이 아니라, 지구상에서 호모 사피엔스가 유연하게 수없이 협력을 할 수 있는 유일한 종이기 때문이다. 지능과 도구 제작 역시 분명히 매우 중요했다. 그러나 만약 인간

이 수없이 유연하게 협력하는 법을 배우지 못했다면, 우리의 뛰어난 두뇌와 솜씨 좋은 손은 여전히 우라늄 원자가 아닌 부싯돌을 쪼개고 있을 것이다.

40 ② 밑줄 친 (A) 'were pushing up the daisies in no time(즉시 데이지 꽃을 들어 올렸을 것이다.)'의 의미는 죽음을 의미한다. 즉, 석기시대에 인간은 자연의 선택에 따라 매 순간 시험을 치렀고, 그 시험에 떨어지면 도태되어 살아남지 못했을 거라는 의미이므로 ②의 'would die soon(곧 죽었을 것이다)'을 뜻한다.

오답풀이
① 영원히 번영을 이루었다
③ 도구를 천천히 갈았다
④ 꽃들을 빨리 꺾었다
⑤ 결국 농부가 되었다

41 ⑤ 본문에서 인간이 침팬지나 늑대보다 훨씬 영리하고 손이 빠르기 때문이 아니라, 유연하게 무수히 협력을 할 수 있는 유일한 종이기 때문에 지구를 지배하는 것이 가능했다고 설명하고 있다. 그러므로 빈칸에는 인간이 협력하는 법을 배우지 못했다면 있을 수 있는 일을 추론해야 하므로, ⑤의 'splitting flint stones rather than uranium atoms (우라늄 원자가 아닌 부싯돌을 쪼개다)'가 빈칸에 들어갈 말로 가장 적절하다.

오답풀이
① 훨씬 더 예리한 감각을 키우다
② 생태계에 중요한 영향을 미치다
③ 야생에서 수많은 난관을 극복하다
④ 무리지어 쉽게 먹이를 구하다

42 ① 호모 사피엔스의 세계 (D) 지배에서 핵심적인 역할을 한 것은 더 높은 지능이나 더 나은 (C) 솜씨가 아니라, 대대적인 유연한 협동 능력이다.

오답풀이
② (C) 솜씨
　　(D) 탐험
③ (C) 진화
　　(D) 경직
④ (C) 복지
　　(D) 지배
⑤ (C) 복지
　　(D) 탐험

[43~45]

어휘
• in perspective : 전체적 시야로, 긴 안목에서
• innocent : 순수한, 결백한
• be weighed down : 억제받다, 짓눌리다
• a day-care center : 아동, 노인 탁아시설
• relate : …에 대하여 이야기하다[들려주다]
• annual : 매년의, 연례의
• multicultural : 다문화의
• diversity : 다양성, 포괄성
• enthusiasm : 열광, 열정
• in the midst of : ~중에[가운데에]
• commotion : 소란, 소동, 야단법석
• get out of : 회피하다, 버리다
• charge down : 몸으로 막다
• in advance : 미리, 사전에

해석
(A) 어린아이 같은 세계관이 자주 어른의 삶을 긴 안목에서 볼 수 있게 한다는 사실을 알고 있는가? 아이들의 순수한 관점은 어른들이 그들의 문제에 짓눌리지 않는데 도움이 될 수 있다. 탁아소의 관리자인 Nancy Craver는 아이의 관점이 어떻게 큰 문제를 작은 문제로 바꾸는 데 (a) 그녀에게 도움이 되었는지 다음 이야기를 통해 들려준다. 그 일은 탁아소의 연례행사인 다문화 저녁 식사에서 있었던 일인데, 부모와 자녀 및 직원이 그들의 다양성과 모두가 일을 잘 할 수 있는 능력을 축하하기 위해 마련되었다.

(C) 작년의 축하 행사는 Nancy가 마치 새로운 관리자로 고용된 것처럼, 그녀에게는 크나 큰 도전이었다. 올해 (d) 그녀는 안심하고 저녁 식사에 참여할 수 있도록 일찌감치 계획을 세웠다. 처음에는 단지 사소한 일들이 잘못되었다. 그 후 누군가가 저녁 식사 후 프레젠테이션에 사용될 예정이었던 슬라이드 프로젝트를 떨어뜨렸다. 바로 그 저녁 식사가 끝났을 때, 아이들을 다른 곳으로 데려가 놀게 하려고 고용된 여자가 나타나지 않았다. 아이들은 쉬지 않고 뛰어다니기 시작했다.

(D) 이렇게 소동이 벌어지는 가운데, 어떤 노인이 주차장에서 자기 차를 막고 있는 차를 이동시켜 달라고 누군가에게 말했다. 긴장과 체온이 상승한 Nancy는 그가 주차장에서 빠져나가도록 도우러 갔다. (e) 그녀가 막 건물로 돌아오는 순간, 어린아이 하나가 계단을 몸으로 막고 그녀에게 몸을 던졌다. 아이가 공중에 떠올랐을 때, Nancy의 마음속에 문득 떠오른 상상은 다친 아이, 충격을 받은 부모, 그리고 사람들이 "거봐, 그녀는 우리 아이들을 통제하거나 보호조차 할 수 없어!"라고 말하는 내용이 포함되어 있었다.

(B) (b) <u>그녀가</u> 본능적으로 팔을 뻗었을 때, 그 어린아이를 잡았을 뿐만 아니라 웃음과 흥분 또한 붙잡았다. 즉시 그러한 첫 번째 끔찍한 상상들이 사라졌다. (c) <u>그녀를</u> 흔들면서, Nancy는 아이의 열정으로 이것이 축하 행사라는 생각이 떠올랐다. 그녀의 웃음과 놀이는 상황을 바꾸지는 못했지만, 그러나 그 일은 Nancy의 관점을 바꾸었다. 그리고 저녁은 그녀와 주변 사람들을 위해 계속해서 더욱 잘 진행되었다.

43 ③ 글 (D)의 'commotion(소동)'이란 글 (C)의 슬라이드 프로젝트가 떨어지고, 아이들을 돌봐줄 사람이 나타나지 않고, 아이들이 쉬지 않고 뛰어다니기 시작하는 것을 말하므로 글 (C) 다음에 글 (D)가 와야 한다. 그리고 계단을 몸으로 막고 Nancy에게 몸을 던져 공중에 떠오른 아이를 글 (B)에서 Nancy가 본능적으로 팔을 뻗어 그 아이를 잡았으므로 글 (D) 다음에 글 (B)가 와야 한다. 그러므로 글의 배열순서는 (C) – (D) – (B) 순이다.

44 ③ (c)의 'her'는 Nancy가 붙잡은 어린 여자 아이를 가리키며, (a), (b), (d), (e)는 모두 Nancy를 지칭한다.

45 ③ 윗글은 탁아소의 관리자인 Nancy가 겪은 경험담을 서술한 글로, 그녀가 언제 관리자가 되었는지는 글에 나타나 있지 않다. 그러므로 ③의 "She became the director three years ago. (그녀는 3년 전에 관리자가 되었다.)"라는 설명은 윗글의 내용과 일치하지 않는다.

오답풀이

① 그녀는 탁아소의 책임을 맡고 있었다.
② 그녀는 공중에 떠 있는 아이를 붙잡았다.
④ 그녀는 올해의 저녁 식사를 미리 준비했다.
⑤ 그녀는 주차 문제를 도와주었다.

2019학년도 기출문제 정답 및 해설

01 ②	02 ④	03 ⑤	04 ④	05 ④	06 ③
07 ②	08 ②	09 ⑤	10 ⑤	11 ①	12 ④
13 ⑤	14 ③	15 ①	16 ⑤	17 ①	18 ②
19 ①	20 ③	21 7	22 13	23 172	24 3
25 40					

01 등차수열 $\{a_n\}$에서 첫째항을 a_1, 공차를 d라고 하면

$a_1+a_3=10$에서 $a_1+(a_1+2d)=10$

$a_1+d=5$

$a_6+a_8=40$에서 $(a_1+5d)+(a_1+7d)=40$,

$a_1+6d=20$

두 식을 연립하면 $a_1=2$, $d=3$

$a_{10}+a_{12}+a_{14}+a_{16}$

$=(a_1+9d)+(a_1+11d)+(a_1+13d)+(a_1+15d)$

$=4a_1+(9+11+13+15)d$

$=4a_1+48d$

$=4\times2+48\times3$

$=8+144$

$=152$

02 $1\leq a\leq|b|\leq|c|\leq7$을 만족하는 모든 순서쌍

$(a, |b|, |c|)$의 개수는 1, 2, 3, 4, 5, 6, 7 중에서 중복을 허락하여 3개를 택하는 중복조합의 수와 같으므로

$_7H_3={}_{7+3-1}C_3={}_9C_3=\dfrac{9\times8\times7}{3\times2\times1}=84$

이때 정수 b, c는 각각 절댓값이 같고 부호가 다른 두 개의 값을 가질 수 있으므로 순서쌍의 개수는 $84\times2\times2=336$

03 $x^2-x-6\leq0$을 만족하는 모든 실수가 $x^2-2x+k\leq0$을 만족하지 않는다.

즉, $-2\leq x\leq3$인 모든 실수가 $x^2-2x+k>0$을 만족한다.

$y=x^2-2x+k$

$=(x^2-2x+1)-1+k$

$=(x-1)^2+k-1$

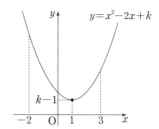

즉 이차함수의 최솟값 $k-1$은 항상 양수이어야

$-2\leq x\leq3$에서 모든 실수가 $x^2-2x+k>0$을 만족한다.

$k>1$이므로 정수 k의 최솟값은

$\therefore 2$

04 $(3x+2y)^2=9x^2+12xy+4y^2$

$=36\left(\dfrac{x^2}{4}+\dfrac{y^2}{9}\right)+12xy$

$=36+12xy$

$\dfrac{x^2}{4}+\dfrac{y^2}{9}\geq2\sqrt{\dfrac{x^2}{4}\times\dfrac{y^2}{9}}$

$1\geq2\times\dfrac{x}{2}\times\dfrac{y}{3}$

$xy\leq3$

따라서 $(3x+2y)^2\leq36+12\times3$, $(3x+2y)^2\leq72$

$\therefore$ 최댓값$=72$

다른풀이

코시-슈바르츠 부등식을 이용하면

$(3x+2y)^2\leq(6^2+6^2)\left\{\left(\dfrac{x}{2}\right)^2+\left(\dfrac{y}{3}\right)^2\right\}$

이때, $\dfrac{x^2}{4}+\dfrac{y^2}{9}=1$이므로

$(3x+2y)^2\leq72\times1$

$\therefore$ 최댓값$=72$

05 $n(A\cap B)\leq2$의 만족하는 집합 B를 찾기 위해

$n(A\cap B)=0$, $n(A\cap B)=1$, $n(A\cap B)=2$로 나눠 구해보자.

먼저 $n(A\cap B)=0$의 경우 $A=\{1, 2, 3\}$이므로

집합 B는 4, 5 원소만으로 이루어져야 한다.

즉 집합 B의 개수는 $2^2=4$

$n(A\cap B)=1$의 경우 $A\cap B$가 될 수 있는 집합은

{1}, {2}, {3}로 3가지이고

이 경우 $n(A \cap B)=0$에서 구한 집합들과 합집합도

$n(A \cap B)=1$을 만족한다.

{1}의 경우 집합 B가 될 수 있는 집합은

{1, 4}, {1, 5}, {1, 4, 5}, {1}로 4가지

마찬가지로 {2}, {3}의 경우도 각각 4가지

따라서 만족하는 집합 B의 개수는 $3 \times 4 = 12$

$n(A \cap B)=2$의 경우 $A \cap B$가 될 수 있는 집합은 $_3C_2$

{1, 2}, {1, 3}, {2, 3}

또한 $n(A \cap B)=0$, $n(A \cap B)=1$과의 합집합이 모두

$n(A \cap B)=2$를 만족하므로 집합 B의 개수는

$3 \times 4 = 12$

$\therefore 4+12+12=28$

06 $\log_{ab}3=x$, $\log_{bc}3=y$, $\log_{ca}3=z$라고 하면

$$\begin{cases} \log_{ab}3 + \log_{bc}9 = 4 & x+2y=4 \\ \log_{bc}3 + \log_{ca}9 = 5에서 & y+2z=5 \\ \log_{ca}3 + \log_{ab}9 = 6 & z+2x=6 \end{cases}$$

세 방정식을 연립하면

$x=2$, $y=1$, $z=2$

$\log_{ab}3=2$, $\log_{bc}3=1$, $\log_{ca}3=2$

$ab=\sqrt{3}$, $bc=3$, $ca=\sqrt{3}$

세 수를 모두 곱하면 $(abc)^2=9$

$\therefore abc=3$

07 선분 AB와 평행하고 포물선 $y=f(x)$ 위의 점 a(a는 실수)

에 접하는 직선을 l이라 하면

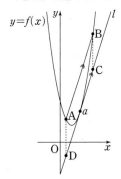

$f(x)=x^2-4x+7$

$f'(x)=2x-4$

직선 AB의 기울기는 $\dfrac{19-4}{6-1}=\dfrac{15}{5}=3$

포물선 위의 점 a에서의 접선 l의 기울기도 3임을 알 수 있다.

즉, $f'(a)=3$, $2a-4=3$, $a=\dfrac{7}{2}$

$f\left(\dfrac{7}{2}\right)=\left(\dfrac{7}{2}\right)^2 - 4 \times \dfrac{7}{2} + 7 = \dfrac{21}{4}$

따라서 접선 l은 $y=3\left(x-\dfrac{7}{2}\right)+\dfrac{21}{4}$

$y=3x-\dfrac{21}{4}$

점 D는 접선 l과 $x=1$이 만나는 점이므로

$3 \times 1 - \dfrac{21}{4} = -\dfrac{9}{4}$

점 D의 좌표는 $\left(1, -\dfrac{9}{4}\right)$이므로

$\overline{AD}$의 길이는 x의 좌표가 같으므로

$4 - \left(-\dfrac{9}{4}\right) = \dfrac{25}{4}$

따라서 평행사변형 ABCD의 넓이는 $\overline{AB} \times \overline{AD}$이므로

$\therefore (6-1) \times \dfrac{25}{4} = \dfrac{125}{4}$

08 주머니 A에는 1, 2, 3, 4

주머니 B에는 1, 2, 3, 4, 5가 적힌 공이 있을 때,

확률변수 X는 주머니 A, B에서 공을 꺼내어 나오는 두 자연

수 중 작지 않은 수이므로

즉, 두 자연수 중 크거나 같은 수를 X라 하고

X는 1, 2, 3, 4, 5가 된다.

$X=1$을 만족하는 (A, B)의 순서쌍은 $(1, 1)$이므로

$P(X=1)=\dfrac{1}{4} \times \dfrac{1}{5} = \dfrac{1}{20}$

$X=2$을 만족하는 (A, B)의 순서쌍은

$(2, 1)$, $(1, 2)$, $(2, 2)$이므로

$P(X=2)=\dfrac{1}{20} \times 3 = \dfrac{3}{20}$

$X=3$을 만족하는 (A, B)의 순서쌍은

$(3, 1)$, $(3, 2)$, $(3, 3)$, $(1, 3)$, $(2, 3)$이므로

$P(X=3)=\dfrac{1}{20} \times 5 = \dfrac{5}{20}$

$X=4$을 만족하는 (A, B)의 순서쌍은

$(4, 1)$, $(4, 2)$, $(4, 3)$, $(1, 4)$, $(2, 4)$, $(3, 4)$, $(4, 4)$

이므로

$P(X=4)=\dfrac{1}{20} \times 7 = \dfrac{7}{20}$

$X=5$을 만족하는 (A, B)의 순서쌍은

$(1, 5)$, $(2, 5)$, $(3, 5)$, $(4, 5)$이므로

$P(X=5)=\dfrac{1}{20} \times 4 = \dfrac{4}{20}$

확률 $P(X=x)$의 값을 이산확률분포표로 정리하면

X	1	2	3	4	5	계
$P(X=x)$	$\dfrac{1}{20}$	$\dfrac{3}{20}$	$\dfrac{5}{20}$	$\dfrac{7}{20}$	$\dfrac{4}{20}$	1

$E(X)$

$=\dfrac{1}{20}\{(1 \times 1) + (2 \times 3) + (3 \times 5) + (4 \times 7) + (5 \times 4)\}$

$$=\frac{70}{20}=\frac{7}{2}$$

09 함수 $f(x)=(x-1)^3+(x-1)$의 그래프는
$y=x^3+x$를 x축 방향으로 $(+1)$ 평행이동한 그래프이다.
또한 $y=g(x)$는 $y=f(x)$의 역함수이므로 나타내면

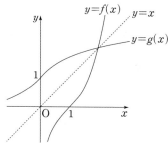

$\int_2^{10} g(x)dx$의 값은 원래 함수 $g(x)$의 식을 구해야 하지만
함수 $f(x)$의 역함수임을 이용하면 더 쉽게 구할 수 있다.

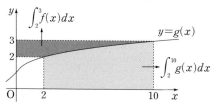

구하고자 하는 값은

$\int_2^{10} g(x)dx$

$=(10\times3)-(2\times2)-\int_2^3 f(x)dx$

$=30-4-\int_2^3\{(x-1)^3+(x-1)\}dx$

$=26-\left[\frac{1}{4}(x-1)^4+\frac{1}{2}(x-1)^2\right]_2^3$

$=26-\left\{\frac{1}{4}(2^4-1^4)+\frac{1}{2}(2^2-1^2)\right\}$

$=26-\frac{21}{4}$

$=\frac{83}{4}$

10 곡선 $y=x^2-8x+17$을 정리하면
$y=(x-4)^2+1$
꼭짓점의 좌표는 $(4, 1)$
$1\le t\le3$에서 삼각형 PQR을 나타내면

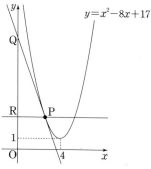

점 Q의 좌표는 접선의 방정식의 y절편이므로
$f(x)=x^2-8x+17$이라 하면
$f'(x)=2x-8$
$f'(t)=2t-8$
접선의 방정식을 구하면
$y=(2t-8)(x-t)+t^2-8t+17$
$\quad=(2t-8)x-t^2+17$
즉, $\mathrm{Q}(0, -t^2+17)$이므로
$\overline{\mathrm{QR}}=(-t^2+17)-(t^2-8t+17)$
$\quad=-2t^2+8t$
$\overline{\mathrm{PR}}=t$이므로
넓이 $S(t)=\frac{1}{2}\times t\times(-2t^2+8t)=t^2(4-t)$

$S(t)=t^2(4-t)$

$S'(t)=t(8-3t)$

$S'(t)=0$이 되는 $t=0$ 또는 $t=\frac{8}{3}$

$S(t)$의 그래프를 나타내면

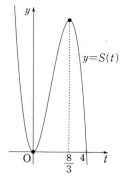

주어진 t의 범위 $1\le t\le3$에서

$S(t)$가 최대가 되는 t의 값은 $\frac{8}{3}$

11 백인 → 백, 흑인 → 흑, 동양인 → 동이라고 하면
P(백)$=0.8$, P(흑)$=0.1$, P(동)$=0.1$
P(백|백)$=0.9$, P(흑|흑)$=0.9$, P(동|동)$=0.9$
P(동|백)$=0.1$, P(동|흑)$=0.1$

목격자가 동양인이라고 진술한 범인이 실제로 동양인일 확률은

$$\frac{P(동)\cdot P(동|동)}{P(백)\cdot P(동|백)+P(흑)\cdot P(동|흑)+P(동)\cdot P(동|동)}$$

$$=\frac{0.1\times 0.9}{(0.8\times 0.1)+(0.1\times 0.1)+(0.1\times 0.9)}$$

$$=\frac{9}{8+1+9}=\frac{1}{2}$$

12 $f(x)=\dfrac{ax+b}{x+c}=a+\dfrac{b-ac}{x+c}$

두 교점 P, Q의 좌표를 이용하면

$$f(0)=\frac{b}{c}=1, \ b=c$$

$$f(3)=\frac{3a+b}{3+c}=4$$

$$\frac{3a+b}{3+b}=4$$

$$3a+b=12+4b$$

$$a-b=4$$

$f(x)=a+\dfrac{b-ac}{x+c}$ 와 $y=x+1$의 교점을 P, Q라 하고,

곡선 $y=f(x)$ 위의 다른 두 점을 R, S라고 하면

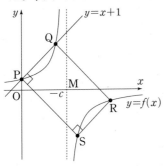

직사각형 PQRS의 넓이가 30이므로

$$\overline{PQ}\times\overline{PS}=30$$

$\overline{PQ}=\sqrt{3^2+(4-1)^2}=3\sqrt{2}$이므로

$$\overline{PS}=\frac{30}{3\sqrt{2}}=5\sqrt{2}$$

이때, $\overline{PQ}\perp\overline{PS}$이므로 기울기의 곱$=-1$

$\overline{PQ}$의 기울기$=1$이므로 $\overline{PS}$의 기울기$=-1$

특수각의 삼각비를 이용하면

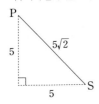

$S(0+5, 1-5)=(5, -4)$

마찬가지 방법으로 점 R의 좌표는

$R(3+5, 4-5)=(8, -1)$

직사각형 PQRS의 대각선의 교점이 두 점근선의 교점 M과 동일하므로 M의 좌표를 알 수 있다.

M$=$점 P와 R의 중점$=$점 Q와 S의 중점

$(-c, a)=(4, 0)$

$c=-4, a=0, b=-4$

따라서 $f(x)=\dfrac{-4}{x-4}$이므로

$$\therefore f(-2)=\frac{2}{3}$$

13 $a_n=\dfrac{(n!)^4}{(pn)!}$

$$a_{n+1}=\frac{\{(n+1)!\}^4}{\{p(n+1)\}!}$$

$$\frac{a_n}{a_{n+1}}$$

$$=\frac{(n!)^4}{(pn)!}\times\frac{\{p(n+1)\}!}{\{(n+1)!\}^4}$$

$$=\frac{n!\times n!\times n!\times n!\times\{p(n+1)\}!}{(n+1)!\times(n+1)!\times(n+1)!\times(n+1)!\times(pn)!}$$

$$=\frac{1}{(n+1)^4}\times\frac{(pn+p)!}{(pn)!}$$

$$=\frac{1}{(n+1)^4}\times\frac{1\times 2\times\cdots\times pn\times(pn+1)\times\cdots\times(pn+p)}{1\times 2\times\cdots\times pn}$$

$$=\frac{(pn+1)\times(pn+2)\times\cdots\times(pn+p)}{(n+1)^4}$$

$$\frac{a_n}{a_{n+1}}=\frac{(pn+1)\times(pn+2)\times\cdots\times(pn+p)}{(n+1)^4}$$

극한이 존재하려면 분자, 분모의 차수가 같아야 하므로

$$p=4$$

즉, $\displaystyle\lim_{n\to\infty}\frac{a_n}{a_{n+1}}$

$$=\lim_{n\to\infty}\frac{(4n+1)\times(4n+2)\times(4n+3)\times(4n+4)}{(n+1)^4}$$

$$=\lim_{n\to\infty}\frac{4^4n^4+\cdots}{n^4+\cdots}$$

$$=4^4$$

따라서 $\alpha=4^4$이므로 $\log_2\alpha=\log_2 4^4$

$$\therefore 8$$

14 원 위에 일정한 간격으로 8개의 점이 있다고 하면

이때 세 개의 점을 연결하여 삼각형을 만드는 경우의 수는

$_8C_3=56$

①이 둔각이 되는 꼭짓점일 때 그릴 수 있는 삼각형은 다음과
같다.

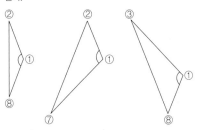

즉, 각 꼭짓점마다 3개의 둔각삼각형을 그릴 수 있으므로

$8\times3=24$

따라서 구하는 확률은

$\therefore \dfrac{24}{56}=\dfrac{3}{7}$

---

15 조건 (나)에서 네 수의 곱이 15의 배수라고 했으므로

5와 3의 배수 3, 6, 9 중 적어도 한 개가 뽑혀야 한다.

또한 조건 (가)에서 네 수의 합이 홀수이므로 5 이외의 3개의
합은 짝수이어야 한다.

따라서 5와 다른 합이 짝수인 경우를 구하고 이 중 3의 배수
가 뽑히지 않은 경우를 제외하여 사건의 경우의 수를 구할 수
있다.

(i) 5를 제외한 홀수는 1, 3, 7, 9

　짝수는 2, 4, 6, 8에서

　홀수 2개, 짝수 1개인 경우 : $_4C_2\times_4C_1=24$

　홀수 0개, 짝수 3개인 경우 : $_4C_3=4$

(ii) 3의 배수가 뽑히지 않은 경우는

　홀수는 1, 7과 짝수는 2, 4, 8에서

　홀수 2개, 짝수 1개인 경우 : $_2C_2\times_3C_1=3$

　홀수 0개, 짝수 3개인 경우 : 1

사건의 경우의 수는 (i)−(ii)이므로

$(24+4)-(3+1)=24$

전체 경우의 수는 총 9개의 공 중 임의로 4개의 공을 동시에
꺼내므로 $_9C_4=126$

따라서 구하는 확률은

$\therefore \dfrac{24}{126}=\dfrac{4}{21}$

---

16 일반항 t^{n-1}로 주어지는 등비수열에서

$P_0 \to P_1 \to P_2 \to \cdots \to P_n$의 총 경로의 길이는 등비급수
가 된다.

무수히 많은 점들이 변 DA 위에 있다는 말은 급수의 합이 3
보다 크고 4보다 작다는 의미이다. 또는 급수의 합이 7보다
크고 8보다 작거나, 11보다 크고 12보다 작아도 모두 만족한

다. A → B → C → D → A로 한 바퀴를 돌고나서 다시 선
분 DA에 위치할 수 있기 때문이다.

급수의 합 $\dfrac{1}{1-t}$

$k<t<\dfrac{39}{40}$에서

$1-k>1-t>1-\dfrac{39}{40}$

$\dfrac{1}{1-k}<\dfrac{1}{1-t}<40$

위의 부등식은 39보다 크고 40보다 작다는 것을 의미하므로

$\dfrac{1}{1-k}=39$

$\therefore k=\dfrac{38}{39}$

---

17 $y=x^3+1$에서 $y'=3x^2$

곡선 위의 점 $(t,\ t^3+1)(t$는 실수)에서 그은 접선의 방정식은

$y=3t^2(x-t)+t^3+1$

　$=3t^2x-2t^3+1$

이때 점 $(a,\ b)$가 이 접선을 지나므로

$b=3t^2a-2t^3+1$을 만족하는 t가 3개가 존재해야 한다.

$2t^3-3t^2a=1-b$에서

$g(t)=2t^3-3t^2a$라 하면

$g(t)=t^2(2t-3a)$

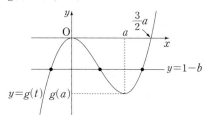

$y=1-b$가 $g(a)$와 0 사이의 범위에 있어야 실근이 3개가
된다.

즉 $g(a)<1-b<0,\ -a^3<1-b<0,\ 1<b<a^3+1$

이때, $a,\ b$의 좌표평면에 $1<b,\ b<a^3+1$인 영역을 나타내면

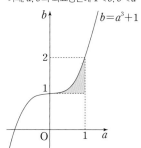

주어진 $0\leq a\leq1$의 범위를 만족하는 영역은

$\therefore \displaystyle\int_0^1(x^3+1)dx-1=\dfrac{1}{4}$

18 함수 $y=[4x]$, $y=[6x]$, $y=\left[\dfrac{x}{2}\right]$, $y=\left[\dfrac{x}{4}\right]$의

불연속인 점을 살펴보면

$y=[4x]$에서 불연속이 되는 x의 값은 $\dfrac{1}{4}$, $\dfrac{2}{4}$, $\dfrac{3}{4}$, $\dfrac{4}{4}$, $\cdots$

$y=[6x]$에서 불연속이 되는 x의 값은 $\dfrac{1}{6}$, $\dfrac{2}{6}$, $\dfrac{3}{6}$, $\dfrac{4}{6}$, $\cdots$

$y=\left[\dfrac{x}{2}\right]$에서 불연속이 되는 x의 값은 2, 4

$y=\left[\dfrac{x}{4}\right]$에서 불연속이 되는 x의 값은 4

x의 범위를 나눠보면

(i) $0<x<2$에서 $\left[\dfrac{x}{2}\right]-\left[\dfrac{x}{4}\right]=0$으로 일정

　　$[4x]$의 불연속인 점은 7개

　　$[6x]$의 불연속인 점은 11개

　　이때, $[4x]$, $[6x]$가 $x=\dfrac{1}{2}$, 1, $\dfrac{3}{2}$에서

　　동시에 정수가 되는 순간 연속이므로 $3\times2=6$개를

　　빼주면

　　$7+11-6=12$개

(ii) $x=2$에서

$$f(x)=[4x]-[6x]+\left[\dfrac{x}{2}\right]-\left[\dfrac{x}{4}\right]$$

　　$\displaystyle\lim_{x\to2-}f(x)=7-11+0+0=-4$

　　$\displaystyle\lim_{x\to2+}f(x)=8-12+1+0=-3$

　　$\displaystyle\lim_{x\to2-}f(x)\neq\lim_{x\to2+}f(x)$이므로 불연속이다.

(iii) $2<x<4$에서 $\left[\dfrac{x}{2}\right]-\left[\dfrac{x}{4}\right]=1$로 일정

　　불연속인 점은 $0<x<2$와 같이 12개

(iv) $x=4$에서

$$f(x)=[4x]-[6x]+\left[\dfrac{x}{2}\right]-\left[\dfrac{x}{4}\right]$$

　　$\displaystyle\lim_{x\to4-}f(x)=15-23+1-0=-7$

　　$\displaystyle\lim_{x\to4+}f(x)=16-24+2-1=-7$

　　$f(4)=16-24+2-1=-7$

　　$\displaystyle\lim_{x\to4-}f(x)=\lim_{x\to4+}f(x)=f(4)$이므로 연속이다.

(v) $4<x<5$에서 $\left[\dfrac{x}{2}\right]-\left[\dfrac{x}{4}\right]=1$로 일정

　　불연속인 점은 $0<x<1$과 같이 6개

(i)~(v)을 통해 함수 $f(x)$가 불연속이 되는 실수 a의 개수는

$\therefore 12+1+12+6=31$

19 함수 $f(x)$에서 극한값은 x^{2n}, x^{-2n}꼴로 되어있으므로 x는

$|x|$를 기준으로 범위를 나눠 구한다.

(i) $0<|x|<1$일 때,

　　$\displaystyle\lim_{n\to\infty}x^{2n}=0$, $\displaystyle\lim_{n\to\infty}x^{-2n}=\infty$이므로

$$f(x)=\lim_{n\to\infty}\frac{x(x^{2n}-x^{-2n})\div(x^{-2n})}{(x^{2n}+x^{-2n})\div(x^{-2n})}$$

$$=\lim_{n\to\infty}\frac{x(x^{4n}-1)}{x^{4n}+1}$$

$$=-x$$

(ii) $|x|>1$일 때,

　　$\displaystyle\lim_{n\to\infty}x^{2n}=\infty$, $\displaystyle\lim_{n\to\infty}x^{-2n}=0$이므로

$$f(x)=\lim_{n\to\infty}\frac{x(x^{2n}-x^{-2n})\div(x^{2n})}{(x^{2n}+x^{-2n})\div(x^{2n})}$$

$$=\lim_{n\to\infty}\frac{x(1-x^{-4n})}{1+x^{-4n}}$$

$$=x$$

(iii) $|x|=1$일 때, $f(x)=0$

(i)~(iii)에서 함수 $f(x)$의 식은

$$f(x)=\begin{cases}-x & (0<|x|<1)\\ x & (|x|>1)\\ 0 & (|x|=1)\\ 0 & (x=0)\end{cases}$$

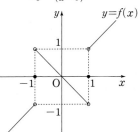

방정식 $f(x)=(x-k)^2$에서 서로 다른 실근의 개수가 3이므로 함수 $y=f(x)$와 함수 $y=(x-k)^2$가 만나는 교점의 개수가 3개라는 의미이다.

$y=(x-k)^2$는 $y=x^2$을 x축으로 k만큼 평행이동한 그래프이므로 나타내보면

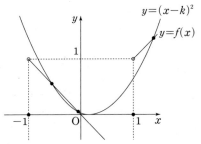

$y=(x-k)^2$ 그래프가 $(-1, 1)$, $(0, 0)$, $(1, 1)$을 지나서 처음으로 교점이 3개가 되고,

$y=-x$와 접하기 바로 전까지 교점이 3개가 된다.

(i) $y=(x-k)^2$ 그래프가 $(-1, 1)$, $(0, 0)$, $(1, 1)$을 지날 때

　　$(0, 0)$을 기준으로 대칭이므로 $y=x^2$

　　따라서 $k=0$

(ii) $y=(x-k)^2$ 그래프가 $y=-x$와 접할 때

　　$x^2-2kx+k^2=-x$

$$x^2-(2k-1)x+k^2=0$$

판별식 $D=0$을 이용하면

$$(2k-1)^2-4k^2=0,\ k=\frac{1}{4}$$

(i), (ii)을 통해 실수 k의 범위는

$0<k<\frac{1}{4}$에서 $a=0,\ b=\frac{1}{4}$이므로

$$\therefore a+b=\frac{1}{4}$$

20 집합 $X=\{1,\,2,\,3,\,4,\,5\}$에서

$\{(f\circ f)(x)\mid x\in X\}\cup\{4,\,5\}=X$

즉, $\{1,\,2,\,3\}\subset f(f(X))\subset f(X)$

(i) $f(X)=X$인 경우

　$\{1,\,2,\,3,\,4,\,5\}\to\{1,\,2,\,3,\,4,\,5\}$에서 $5!=120$가지

(ii) $f(X)=\{1,\,2,\,3,\,4\}$인 경우

　$f(f(X))=\{1,\,2,\,3\}$일 때,

　$f(5)=4$로 1가지

　$\{1,\,2,\,3,\,4\}\to\{1,\,2,\,3\}$인 경우는 $3\times\dfrac{4!}{2!}=36$가지

　$f(f(X))=\{1,\,2,\,3,\,4\}$일 때,

　$f(5)$의 값은 $\{1,\,2,\,3,\,4\}$ 모두 가능하므로 4가지

　$\{1,\,2,\,3,\,4\}\to\{1,\,2,\,3,\,4\}$에서 $4!=24$가지

　경우의 수는 $4\times24=96$가지

(iii) $f(X)=\{1,\,2,\,3,\,5\}$인 경우는 (ii)의 경우와 마찬가지이다.

(iv) $f(X)=\{1,\,2,\,3\}$인 경우

　$f(f(X))=\{1,\,2,\,3\}$이므로

　$f(4),\ f(5)$의 값은 $\{1,\,2,\,3\}$ 모두 가능하므로

　$3\times3=9$가지

　$\{1,\,2,\,3\}\to\{1,\,2,\,3\}$에서 $3!=6$가지

　경우의 수는 $9\times6=54$가지

(i)~(iv)을 통해 구하는 함수 f의 개수는

$\therefore 120+2(36+96)+54=438$

21 $\displaystyle\lim_{n\to\infty}\frac{1}{n^3}\{(n+3)^2+(n+6)^2+\cdots+(n+3n)^2\}$

$=\displaystyle\lim_{n\to\infty}\frac{1}{n}\left\{\left(1+\frac{3}{n}\right)^2+\left(1+\frac{6}{n}\right)^2+\cdots+\left(1+\frac{3n}{n}\right)^2\right\}$

$=\displaystyle\lim_{n\to\infty}\frac{1}{n}\sum_{k=1}^{n}\left(1+\frac{3k}{n}\right)^2$

이때, $1+\dfrac{3k}{n}=x$라 하면 $\dfrac{3}{n}=dx$이므로

$\dfrac{1}{3}\displaystyle\int_1^4 x^2dx=\dfrac{1}{3}\left[\dfrac{1}{3}x^3\right]_1^4=7$

22 $S_n+S_{n+1}=(a_{n+1})^2$에서

$n=1$일 때, $S_1+S_2=a_2{}^2$

$S_1=a_1$이므로

$a_1+(a_1+a_2)=a_2{}^2$

$a_2{}^2-a_2-2a_1=0$

$a_2{}^2-a_2-20=0$

$(a_2-5)(a_2+4)=0$

따라서 $a_2=5$

$(S_{n+1}+S_{n+2})-(S_n+S_{n+1})=(a_{n+2})^2-(a_{n+1})^2$

$(S_{n+2}-S_{n+1})+(S_{n+1}-S_n)=a_{n+2}+a_{n+1}$

두 식을 빼주면

$a_{n+2}+a_{n+1}=(a_{n+2})^2-(a_{n+1})^2$

$a_{n+2}{}^2-a_{n+2}-a_{n+1}(a_{n+1}+1)=0$

$(a_{n+2}+a_{n+1})\times\{a_{n+2}-(a_{n+1}+1)\}=0$

이때, 항상 $a_n>0$이므로

$a_{n+2}-a_{n+1}=1$

따라서 $n\geq2$인 수열 $\{a_n\}$은 공차가 1인 등차수열이다.

$\therefore a_{10}=a_2+8=5+8=13$

23 $10^{10}\leq2^x5^y$

양변에 상용로그를 취하면

$\log 10^{10}\leq\log 2^x5^y$

$10\leq x\log2+y\log5$

$y\geq-\dfrac{\log2}{\log5}x+\dfrac{10}{\log5}$

$y=-\dfrac{\log2}{\log5}x+\dfrac{10}{\log5}$의 윗부분을 만족하는 $(x,\,y)$에

대해서 x^2+y^2의 최솟값이므로

$x^2+y^2=r^2(r$은 실수$)$라고 하면

중심이 $(0,\,0)$이고 반지름의 길이가 r인 원이므로

원점에서 직선 $y=-\dfrac{\log2}{\log5}x+\dfrac{10}{\log5}$까지 거리의 제곱이

m이다.

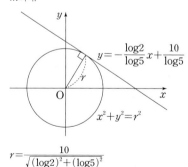

$r=\dfrac{10}{\sqrt{(\log2)^2+(\log5)^2}}$

$m=r^2=\dfrac{100}{(\log2)^2+(\log5)^2}$

$\quad=\dfrac{100}{(0.3)^2+(0.7)^2}$

$\quad=\dfrac{100}{0.09+0.49}$

$\quad=\dfrac{100}{0.58}\fallingdotseq172.413$

$\therefore$ m의 정수부분=172

24 함수 $f(x)$가 연속일 조건을 이용하면

$x=0$에서 $g(0)=1$

$x=2$에서 $g(2)=1$

함수 $f(x)$가 미분가능할 조건을 이용하면

$x=0$에서 $g'(0)=1$

$x=2$에서 $g'(2)=k$

함수 $g(x)$에 대해 $\dfrac{1}{4}<g(1)<\dfrac{3}{4}$이므로

함수 $f(x)$의 그래프를 그려보면

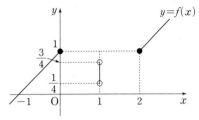

이때 다항함수 $g(x)$는 삼차함수라 하면

$g(x)=ax^3+bx^2+cx+d$ (a, b, c, d는 실수)

$g'(x)=3ax^2+2bx+c$

$g(0)=d=1$

$g'(0)=c=1$

$g(x)=ax^3+bx^2+x+1$

$g'(x)=3ax^2+2bx+1$

또한 $g(2)=8a+4b+3=1$에서 $8a+4b=-2$

$g'(2)=12a+4b+1=k$에서 $4a+(8a+4b)+1=k$

$4a-2+1=k$, $k=4a-1$

$\dfrac{1}{4}<g(1)<\dfrac{3}{4}$에서

$\dfrac{1}{4}<a+b+2<\dfrac{3}{4}$

$1<4a+4b+8<3$

$1<-4a+6<3$

$3<4a<5$

$2<4a-1<4$

$2<k<4$인 자연수 k의 값은

$\therefore$ 3

25 가로로 한 칸 가는 것을 a

세로로 한 칸 가는 것을 b라고 하면

A → B로 가는 모든 경우의 수는

a가 5번, b가 3번

a, a, a, a, a, b, b, b

$\dfrac{8!}{5!3!}=56$

가로 또는 세로의 길이가 3이상인 직선 구간은

$a, b, \underline{a, a, a}, b, b, a$

또는 $a, a, a, \underline{b, b, b}, a, a$

a가 3개 인접해있거나 b가 3개 인접해있는 경우를 말한다.

이때 여사건을 이용하면

a가 동시에 3개가 인접하지 않고, b도 동시에 3개가 인접하지

않는 경우를 생각해보자.

(i) $a, a, a, (a, a)$의 경우

(a, a)를 하나로 보고 배열하면 $\dfrac{4!}{3!}=4$가지

그 사이사이가 떨어져 있어야 하므로

$a, \boxed{b}, a, \boxed{b}, a, \boxed{b}, (a, a)$

위의 경우처럼 b의 배열은 1가지만 가능하다.

따라서 경우의 수는 $4\times1=4$가지

(ii) $a, (a, a), (a, a)$의 경우

(a, a)를 하나로 보고 배열하면 $\dfrac{3!}{2!}=3$

그 사이사이가 떨어져야 하고

$\square, a, \blacksquare, (a, a), \blacksquare, (a, a), \square$

특히 색칠된 두 곳은 반드시 b가 있어야 하므로

남은 1개의 b는 네 자리 중 어느 곳에 들어가도 된다.

가능한 b의 배열은 4가지

따라서 경우의 수는 $3\times4=12$

(i), (ii)을 통해 구하는 경우의 수는

$\therefore$ $56-4-12=40$